LA

PHILOSOPHIE DES GRECS

II

PARIS. — IMPRIMERIE A. LAHURE
9, rue de Fleurus, 9

LA
PHILOSOPHIE DES GRECS

CONSIDÉRÉE

DANS SON DÉVELOPPEMENT HISTORIQUE

PAR ÉDOUARD ZELLER

PROFESSEUR DE PHILOSOPHIE A L'UNIVERSITÉ DE BERLIN

PREMIÈRE PARTIE

LA PHILOSOPHIE DES GRECS AVANT SOCRATE

TRADUITE DE L'ALLEMAND, AVEC L'AUTORISATION DE L'AUTEUR

PAR ÉMILE BOUTROUX

Maître de conférences à l'École normale supérieure

TOME DEUXIÈME

LES ÉLÉATES — HÉRACLITE, EMPÉDOCLE, LES ATOMISTES
ANAXAGORE — LES SOPHISTES

PARIS
LIBRAIRIE HACHETTE ET Cie
79, BOULEVARD SAINT-GERMAIN, 79
—
1882

Tous droits réservés

AVANT-PROPOS
DU TRADUCTEUR.

Ce volume représente la seconde moitié du premier volume de l'original. Il va jusqu'à la fin de la première période, laquelle comprend la philosophie grecque antérieure à Socrate. On remarquera que la répartition des matières entre les deux premiers volumes de la traduction ne coïncide pas avec les divisions intrinsèques de la première période. La philosophie antésocratique est en effet divisée par M. Zeller en trois chapitres de la manière suivante : 1° les anciens Ioniens, les Pythagoriciens et les Éléates; 2° Héraclite, Empédocle, les Atomistes, Anaxagore; 3° les Sophistes. Une raison d'ordre purement matériel nous a fait terminer le premier volume avec les Pythagoriciens, et commencer le second avec les Éléates.

Cette traduction est, comme pour le premier volume, littérale et complète. La seule modification que nous ayons faite consiste dans l'addition de sous-titres. Désireux de faciliter au lecteur le recours à l'original, nous avons continué à inscrire en marge les numéros des pages du texte allemand (4ᵉ édition); c'est de même aux pages du texte allemand que se rapportent tous les renvois que l'on trouvera dans ce volume.

Les deux volumes de traduction publiés jusqu'ici ne représentent que le cinquième de l'ouvrage de M. Zeller. Il reste *Socrate, Platon* et *Aristote*, 2 vol., 3ᵉ édition, 1875, 1879; et *la Philosophie postérieure à Aristote*, 2 vol., 3ᵉ édition, 1880, 1881. Encouragée par le suffrage des hommes compétents et par la souscription du ministère de l'instruction publique, la maison Hachette est résolue à poursuivre la publication de *la Philosophie des Grecs*. Quant à moi, j'ai dû renoncer à un travail qu'il m'est impossible de mener avec la rapidité nécessaire; et, avec l'autorisation de M. le professeur Zeller, je remets la continuation de cette traduction aux mains de collaborateurs distingués et zélés, qui, se partageant la tâche, la mèneront plus promptement à bonne fin. MM. Lucien Lévy et Jules Legrand, professeurs agrégés de philosophie, ont entrepris la traduction du deuxième volume de l'original, comprenant Socrate et Platon; et M. Gérard, professeur de philosophie à la Faculté des lettres de Nancy, s'est chargé du volume consacré à Aristote.

LA
PHILOSOPHIE DES GRECS

CONSIDÉRÉE

DANS SON DÉVELOPPEMENT HISTORIQUE.

III

LES ÉLÉATES.

§ 1. LES SOURCES : LE *DE MELISSO*, *XÉNOPHANE* *ET GORGIA*.

Les sources. — Les ouvrages des philosophes éléates ne nous sont parvenus que par fragments isolés[1]. En dehors de ces fragments, les renseignements fournis par Aristote sont notre source principale pour la connaissance de la doctrine éléatique. A ces documents viennent s'ajouter les indications complémentaires d'écrivains plus récents, parmi lesquels Simplicius occupe la première place, tant par la connaissance qu'il a eue des écrits éléatiques eux-mêmes, que par le soin avec lequel il a recueilli les anciens témoignages. Ces documents sont à coup sûr très-incomplets. Toutefois ils contiennent trop de choses, et l'excès ici a peut-être contribué, plus encore que le défaut,

---

[1]. Les fragments de Xénophane, de Parménide et de Mélissus ont été réunis et commentés par BRANDIS, *Commentationum eleaticarum p. I*; ceux des deux premiers l'ont été également par KARSTEN, *Philosophorum græcorum reliquiæ*. MULLACH les donne avec un commentaire plus court dans son édition du *De Melisso*, etc., et dans ses *Fragm. philos. græc.*, 1, 99 sqq., 259 sqq.

à rendre difficile une connaissance exacte du fondateur de l'école éléatique.

Le de Melisso, Xenophane et Gorgia. — Nous possédons, sous le nom d'Aristote, un écrit[1] où les doctrines de deux philosophes éléates et les démonstrations analogues de Gorgias sont exposées et critiquées. Mais quels sont ces deux Éléates, et quelle est la valeur historique des témoignages contenus dans cet écrit, c'est ce qu'il est difficile d'établir avec certitude. La plupart des manuscrits donnent à l'ouvrage le titre suivant : *De Xénophane, Zénon et Gorgias*. D'autres manuscrits donnent un titre plus général : *Des opinions*, ou *Des opinions des philosophes*. Quant aux parties de cet ouvrage, la première (c. 1, 2) est considérée d'ordinaire comme concernant Xénophane. Toutefois, dans quelques manuscrits, et notamment dans le meilleur, le Codex de Leipzig, cette partie est considérée comme concernant Zénon. Ces mêmes témoins considèrent d'ailleurs la seconde partie (c. 3, 4), laquelle porte d'ordinaire en titre le nom de Zénon, comme se rapportant à Xénophane[2].

La première partie. — En ce qui concerne la première partie, il est indubitable qu'elle ne traite ni de Xénophane ni de Zénon, mais de Mélissus. Le texte lui-même le dit déjà très-clairement[3], et le contenu philosophique est

---

1. Intitulé d'ordinaire *De Xenophane, Zenone et Gorgia*. Mullach, dans son édition (reproduite *Fragm.*, I, 271 sqq.), écrit au contraire : *De Melisso, Xenophane et Gorgia*. Sur le texte, l'authenticité et le contenu de cet ouvrage, voyez F. Kern, *Quæstionum Xenophanearum capita duo*, Naumb., 1864; *Symbolæ criticæ ad libell. Aristot. π. Ξενοφ.*, etc., Oldenb., 1867; Θεοφράστου π. Μελίσσου (*Philologus*, vol. XXVI, 271 sq.); *Beitrag z. Darst. d. Philosoph. d. Xenoph.*, Danzig, 1871; *Ueber Xenophanes v. Kol.*, Stettin, 1874, p. 316.
2. Pour les preuves, voy. Bekker et Mullach.
3. C. 1, 977 b, 21. Cf. c. 1, comm. et 974 b, 20; c. 2, 975 a, 21; c. 6, 979 b, 21; cf. c. 1, 974 a, 11; b, 8. Dans le texte (c. 2, 976 a, 32), le philosophe dont la doctrine avait été exposée au chapitre 2 est encore distingué nettement de Xénophane; et le texte (c. 5, 979 a, 22), suppose qu'il a été parlé de Mélissus dans ce qui précède.

d'une nature telle, qu'il ne peut être rapporté à aucun autre philosophe. Car, selon l'affirmation précise d'Aristote[1], Mélissus est le premier qui ait soutenu que l'être unique est sans limites (c. 1, 974 a, 9). Xénophane, quant à lui, ne s'est pas expliqué sur cette question; et les arguments qui, d'après l'opinion ordinaire, seraient mis ici dans la bouche de Xénophane ou de Zénon appartiennent certainement à Mélissus, comme le prouvent les indications non suspectes d'Aristote et les fragments de Mélissus conservés par Simplicius[2]. De plus, cet accord du contenu lui-même avec les témoignages primitifs en confirme la valeur dès que nous le rapportons à Mélissus, et il n'y a sans doute ici rien autre chose qu'un titre inexact.

LA SECONDE PARTIE. — En ce qui concerne la seconde partie, au contraire, on peut se demander, non-seulement de qui elle traite, mais encore dans quelle mesure le texte en est digne de foi. Les manuscrits la rapportent, ainsi que nous l'avons dit, soit à Zénon, soit à

---

1. *Metaph.*, I, 5, 986 b, 18. Cf. *Phys.*, III, 5, 207 a, 15.
2. Comme l'a montré BRANDIS, *Comment. eleat.*, 185 sqq., 209 sq.; *Gr.-röm. Philos.*, I, 398, sqq, et avant lui SPALDING, dans ses *Vindiciæ philosoph. Megaricorum subjecto commentario in priorum partem libelli de X., Z. et G.*, Berl., 1793, et comme il résultera également de nos recherches ultérieures sur Mélissus. Ritter, il est vrai (*Gesch. u. abendl. Phil.*; II, b, 28), ne voit « pas la moindre raison » de rapporter à Mélissus le texte c. 1 sq.; mais cette opinion va de pair avec le dédain suprême qu'il manifeste (ibid., a, 186) à l'égard de tous les doutes qui peuvent s'élever sur l'authenticité de cet ouvrage; tout cela ne change en rien l'état de la question. De même, de tout ce que Ritter dit de Xénophane (l. c., a, 174-242; b, 22-42), en tant qu'il ne répète pas des choses déjà connues, c'est à peine s'il y a quelque chose à retenir. On ne peut attacher aucune importance à sa prétendue découverte (a, 188, 216), d'après laquelle Xénophane aurait eu constamment pour objet de combattre les doctrines d'Anaximandre, et aurait notamment opposé sa théorie de la divinité au concept d'Anaximandre « d'un Dieu un en quatre substances ». Non-seulement cette découverte est dénuée de toute preuve historique, mais encore elle repose sur une conception absolument arbitraire et fausse des doctrines d'Anaximandre. Enfin on ne saurait attendre aucun éclaircissement sur l'ouvrage attribué à Aristote d'un interprète qui torture à ce point les textes. Selon lui, par exemple (p. 208), la proposition : « le non-être n'est nulle part (c'est-à-dire dans aucun espace) », énonce « l'identité de l'espace infini et du néant ».

Xénophane. L'auteur lui-même renvoie à des passages sur Zénon que l'on pourrait être tenté de chercher dans notre troisième partie. Mais il est plus satisfaisant d'admettre qu'une partie perdue de l'ouvrage traitait de Zénon[1]; et notre conjecture se trouve confirmée par cette remarque, qu'il est question de Zénon dans le troisième chapitre tout autrement qu'il n'en serait question dans un écrit traitant précisément de Zénon[2]. Il semble résulter de là que, dans

---

1. Dans la partie relative à Gorgias, nous lisons, c. 5, 979 a, 21 : ὅτι οὐκ ἔστιν οὔτε ἓν οὔτε πολλά, οὔτε ἀγέννητα οὔτε γενόμενα, τὰ μὲν ὡς Μέλισσος τὰ δ' ὡς Ζήνων ἐπιχειρεῖ δεικνύειν μετὰ τὴν ἰδίαν αὐτοῦ ἀπόδειξιν, etc.; c. 6, 979 b, 25 : μηδαμοῦ δὲ ὂν οὐδὲν εἶναι (sc. Γοργίαν) λαμβάνει κατὰ τὸν Ζήνωνος λόγον περὶ τῆς χώρας. Ibid., l. 35, d'après le texte complété par MULLACH : τὸ γὰρ ἐπόμενον, φησίν, οὐδὲν ἔχον χώραν παραπλησίαν τοῦ Ζήνωνος λόγῳ. Je ne puis pas plus que par le passé admettre que ce passage se rapporte à des arguments de Zénon non cités dans l'ouvrage lui-même. L'auteur se propose de faire connaître à ses lecteurs les opinions de Mélissus et de Xénophane; dès lors, comment supposer chez eux une connaissance des opinions de Zénon telle, qu'ils puissent entendre parfaitement de semblables allusions? Ce qui me paraîtrait le plus vraisemblable, dans le cas où l'on ne pourrait trouver d'autre solution, ce serait que ces renvois se rapportent à des passages de la seconde partie, laquelle, dans ce cas, traiterait de Zénon au lieu de traiter de Xénophane. Le texte du chapitre 5 se rapporterait alors (de même que le c. 1, 974 a, 2, 11) au chapitre 3, où l'on démontre l'unité et l'éternité de Dieu. En vain objecterait-on que l'auteur dit (loc. cit.) : « Gorgias prouve, en partie d'après Mélissus, en partie d'après Zénon, que l'être n'est ni un ni multiple, ni créé ni éternel. » Car ni Zénon ni Mélissus ne peuvent avoir argumenté contre l'unité et l'éternité de l'être. Si donc Gorgias s'est servi de leurs arguments, ç'a été uniquement pour soutenir que l'être n'est ni multiple ni créé, et non pour soutenir qu'il n'est ni un ni éternel. Peu importe que le texte de notre auteur, pris à la lettre, dise le contraire : l'expression, en tout cas, est inexacte. Quant à l'objection de KERN (Quaest. Xen., 42), elle ne porte pas; car elle est dirigée contre une interprétation du texte en question que je n'ai pas donnée. Les textes du chapitre 6 devraient, dans l'hypothèse, être rapportés au chapitre 3, 977 b, 13 : τὸ γὰρ μὴ ὂν οὐδαμῇ εἶναι. Mais ces mots ne peuvent suffire à expliquer les renvois, même en recourant au principe (ibid., l. 5) : οἷον τὸ μὴ ὂν οὐκ ἂν εἶναι τὸ ὄν. Il me paraît donc plus naturel de rapporter les textes du chapitre 5 que nous avons cités à un chapitre perdu de l'ouvrage, lequel traitait de Zénon. Peut-être est-ce déjà à ce chapitre que renvoie le passage : chapitre 2, 976 a, 25. En fait, DIOGÈNE (V, 25) nomme parmi les ouvrages aristotéliciens, outre des traités sur Mélissus, Gorgias et Xénophane, un traité πρὸς τὰ Ζήνωνος.

2. Dans sa critique (c. 4, 978 b, 37) des opinions exposées (c. 3), l'auteur s'occupe de l'assertion (977 b, 11 sqq.) suivant laquelle la divinité ne peut se mouvoir, parce que tout mouvement suppose une multiplicité de choses dont l'une prend la place de l'autre. Il objecte que la divinité, elle aussi, pourrait se mouvoir en prenant la place d'autre chose, οὐδαμῶς· γὰρ λέγει ὅτι ἓν μόνον (texte complété par KERN, l. c., 35), ἀλλ' ὅτι εἷς μόνος θεός· (la leçon de BERGK, Comm. de Arist. lib. e X., Z. et G., Marb., 1843, p. 36 sq. : εἰ δὲ καὶ μὴ αὐτό, est plus vraisemblable), τί κωλύει εἰς ἄλληλα κινουμένων τῶν μερῶν τοῦ..... κύκλῳ φε...

l'intention de l'auteur, cette partie traite non de Zénon, mais de Xénophane. Toutefois il est étrange que, dans une exposition de la doctrine des Éléates, le fondateur de l'école soit placé entre Mélissus et Gorgias. Mais cette difficulté disparaît si l'on admet que l'ordre dans lequel l'auteur parle des philosophes éléates n'est pas déduit de leur rapport historique, mais d'un point de vue dogmatique. Dans un passage célèbre de la *Métaphysique* d'Aristote, il est question d'abord de Parménide, puis de Mélissus, et seulement ensuite de Xénophane[1]. Notre auteur a pu de même traiter en premier lieu des Éléates qui posent l'être comme limité, comme Zénon et sans doute aussi Parménide[2]; puis venait Mélissus, qui considère l'être comme illimité; puis Xénophane, qui dit que l'être n'est

---

θεόν (il faut sans doute dire ici : τ. μ. τοῦ παντὸς [ou τοῦ ὅλου] κύκλῳ φέρεσθαι τὸν θεόν); Félicien traduit : *quid vetat partes omnia ambientis Dei in sese mutuo moveri?* c'est pourquoi Kern lit : « τ. μ. τοῦ πάντα περιέχοντος θεοῦ. » Mais si cette traduction est littérale, elle nécessite un plus grand changement dans le texte; si elle ne l'est pas, le mot *ambientis* peut avoir été amené par le κύκλῳ qui n'est point traduit; οὐ γὰρ δὴ τὸ τοιοῦτον ἓν ὥσπερ ὁ Ζήνων πολλὰ εἶναι φήσει (telle est la leçon du cod. Lips.; la leçon ordinaire est φύσει) αὐτός γὰρ σῶμα εἶναι λέγει τὸν θεόν, etc. Dans la deuxième édition de cet ouvrage j'ai trouvé embarrassants les mots : ὥσπερ ὁ Ζήνων; en effet l'opinion suivant laquelle l'un deviendrait multiple s'il changeait de place (et ici il s'agit uniquement de cette opinion, le τοιοῦτον ἓν est le κύκλῳ φερόμενος θεός) se trouve dans l'extrait de Mélissus (c. 1, 974. a, 18 sqq.), et n'est d'ailleurs attribuée nulle part à Zénon (non pas même ap. Thémist., *Phys.*, 18, au haut, p. 122, Sp.). J'ai donc proposé soit de supprimer ὥσπερ, soit de lire « Μέλισσος » au lieu de Ζήνων, soit enfin (et c'est ce qui me paraissait le plus vraisemblable) d'admettre que les mots ὥσπερ ὁ Ζήνων, qui certainement renvoient à un passage précédent de l'ouvrage, ont été ajoutés par un commentateur qui rapportait le chapitre 1 à Zénon. Mais si l'ouvrage contenait lui-même primitivement une exposition des doctrines de Zénon (voy. note précéd.), cette conjecture devient inutile. Alors les mots dont il est question se rapportent à cette exposition. Quant au sens précis de ces mots, il n'importe pas à la présente recherche. Je n'ai d'ailleurs aucune raison de renoncer à l'interprétation que j'avais donnée et d'après laquelle les mots οὐ γὰρ, etc., signifieraient : « car notre adversaire ne peut objecter, comme Zénon, qu'une unité qui se meut circulairement n'est pas une, puisque lui même appelle la divinité sphérique. »

1. Voy. *infra*, p. 478, 1.
2. Philopon (*Phys.*, B, 9, au bas) est, il est vrai, le seul qui parle d'un traité relatif à Parménide et attribué à Aristote. Mais cette indication est très-plausible, car il n'est guère vraisemblable qu'un auteur traitant des autres Éléates eût oublié Parménide. Si l'on admet l'exactitude de cette indication, on doit rapporter à cette partie les textes : c. 2, 976 a, 3; c. 4, 978 b, 8. Seulement il faut supposer que cette partie a été perdue de bonne heure, puisque Diogène déjà n'en parle pas.

ni limité ni illimité ; enfin Gorgias, qui nie non-seulement la possibilité de connaître l'être, mais encore l'être lui-même.

Ainsi l'opinion suivant laquelle l'auteur traite de Zénon[1] ne peut se soutenir, même en ce qui concerne les chapitres 3 et suivants. Si maintenant l'on examine le contenu philosophique, on ne saurait y trouver une exposition exacte de la doctrine de Zénon[2]. Le texte dit du philosophe dont il expose la doctrine qu'il a nié le devenir et la multiplicité *en ce qui concerne la divinité*[3] ; et, par suite, les preuves à l'appui de cette négation ne sont données qu'à l'égard de la divinité, bien que ces preuves comportent en grande partie une application plus générale. Or, parmi les autres témoignages, il n'en est aucun qui restreigne ainsi l'assertion de Zénon. Tous les textes s'accordent à dire que Zénon a battu en brèche, avec Parménide, le devenir et la multiplicité en un sens universel. Xénophane est le seul, comme nous le verrons, qui ait suspendu au problème théologique l'ensemble de sa polémique contre le point de vue du commun des hommes. Quant à Zénon, si l'on met à part l'écrit en question, il n'est cité de lui aucune proposition théologique. Il est à coup sûr vraisemblable que ce philosophe, lui aussi, a donné à l'être un le nom de Dieu ; mais il ne l'est nullement que,

---

1. Comme le prétendent Fries (*Gesch. d. Phil.*, I, 157 sq., 167), Marbach (*Gesch. d. Phil.*, I, 145 sq.). Schleiermacher (*Gesch. d. Phil.*, 61 sq.), Ueberweg (voy. note suivante). J'avais moi-même exprimé cette opinion dans les premières éditions de cet ouvrage.
2. C'est ce que supposent Fries et Marbach. Schleiermacher est plus circonspect. Il dit (loc. cit.) : « Nous ne trouvons ici que des idées de Zénon exprimées dans le style de Xénophane ; le texte tout entier n'est certainement qu'une compilation. » Plus tard, Ueberweg (*Ueber d. histor. Werth der Schrift De Melisso*, etc., *Philologus*, VIII, 104 sqq.) a cherché à démontrer l'exactitude de son opinion, citée plus haut. Mais, dans la suite, il a changé d'avis et a estimé que l'auteur parlait vraisemblablement ici de Xénophane, mais qu'on ne pouvait regarder comme authentique ni ce qu'il dit de lui ni ce qu'il dit de Zénon (*Grundriss*, I, § 17). Comme, à cet égard, il se réfère expressément à mes observations contraires aux siennes, je ne crois pas devoir omettre ces observations dans la présente édition.
3. Τοῦτο λέγων ἐπὶ τοῦ θεοῦ (c. 3, comm.).

dans son argumentation, il ait démontré de la seule *Divinité*
qu'elle doit être éternelle, une, etc. Il a exposé d'une manière tout à fait générale que la multiplicité et le devenir
sont impossibles[1]. Donc la doctrine rapportée dans l'ouvrage en question ne peut convenir à un autre Éléate que
Xénophane; et, de même, les détails de cette partie conviennent beaucoup mieux à Xénophane qu'à Zénon[2]. Parménide et Mélissus attribuent, il est vrai, à l'être cette même
unité, cette même uniformité et cette même immobilité
que Xénophane attribue à son Dieu. Mais le fait même que,
chez eux, ces propriétés soient attribuées, non à la divinité,
mais à l'être, montre clairement l'importance du progrès
accompli de Xénophane à Parménide. Or, en ce qui concerne Zénon, il est hors de doute qu'il s'est tenu exactement
à la doctrine de Parménide. On ne peut admettre qu'il ait
abandonné la forme métaphysique de la doctrine des Éléates
et rejeté ainsi la plus belle partie de l'œuvre de Parménide,
pour revenir à la forme théologique, laquelle était, relativement, moins parfaite.

La manière dont l'ouvrage parle de la divinité n'est pas
moins singulière. La divinité, dit l'auteur, n'est ni limitée
ni illimitée, ni en mouvement ni immobile; et, bien qu'elle
soit sans limites, elle a pourtant la forme d'une sphère. Mais

---

1. Comme l'affirme déjà PLATON (*Parm.*, 127 c. sqq.).
2. On trouve (*De Mel.*, c. 3, 977 a, 36) l'indication suivante : ἓν δ᾽ ὄντα (τὸν θεόν) ὅμοιον εἶναι πάντη, ὁρᾶν τε καὶ ἀκούειν τάς τε ἄλλας αἰσθήσεις ἔχοντα πάντη; ce qui est évidemment une reproduction des paroles de Xénophane (fr. 2) : οὖλος ὁρᾷ, οὖλος δὲ νοεῖ, οὖλος δὲ τ᾽ἀκούει. (Cf. p. 490, 4; 494, 2.) Puis 977 b, 11 : la divinité n'est pas en mouvement, κινεῖσθαι δὲ τὰ πλείω ὄντα ἑνὸς, ἕτερον γὰρ εἰς ἕτερον δεῖν κινεῖσθαι. Cf. XÉNOPH., fr. 4 : αἰεὶ δ᾽ ἐν ταὐτῷ τε μένειν κινούμενον οὐδὲ μετέρχεσθαί μιν ἐπιπρέπει ἄλλοτε ἄλλῃ. La preuve de l'unité de Dieu donnée 977 a, 23 sq., s'accorde parfaitement avec ce que PLUTARQUE (*ap.* Eus., *Pr. ev.*, I, 8, 4) cite de Xénophane : ἀποφαίνεται δὲ καὶ περὶ θεῶν ὡς οὐδεμιᾶς ἡγεμονίας ἐν αὐτοῖς οὔσης; οὐ γὰρ ὅσιον δεσπόζεσθαί τινα τῶν θεῶν. Car Xénophane n'a pu tirer de là qu'une conclusion, savoir qu'il n'y a pas plusieurs dieux. Xénophane est également le premier qui ait dit que la divinité n'a pas eu de commencement. Enfin l'assertion suivant laquelle la divinité n'est ni limitée ni illimitée, ni en mouvement ni immobile, doit être considérée comme une interprétation erronée des témoignages d'Aristote et de Théophraste sur Xénophane; mais elle ne peut être appliquée qu'à Xénophane, et non à Zénon, car ce dernier, d'après ce que nous savons, n'a rien dit qui pût y donner lieu.

comment cela est-il possible? Dans sa critique de l'opinion commune, Zénon pense en démontrer péremptoirement la fausseté, en faisant remarquer qu'elle attribue simultanément aux choses des prédicats opposés¹. Dès lors comment admettre que le même Zénon a lui-même attribué à la divinité des prédicats qui s'excluent réciproquement? Selon UEBERWEG, il est vrai, Zénon ne songe nullement à attribuer ces prédicats à la divinité : il les lui refuse, afin de l'élever ainsi au-dessus de la sphère de l'espace et du temps². Mais cette intention n'apparaît pas chez notre philosophe; au contraire, il décrit expressément la divinité comme ayant la forme d'une sphère. Le Zénon de l'histoire refuse, en outre, toute réalité à ce qui n'est pas étendu³. On ne peut admettre que Zénon se fût tenu à ces opinions de son maître, si l'idée d'un Dieu inétendu eût été présente à son esprit. On ne peut croire davantage qu'un penseur aussi subtil eût à la fois soutenu la sphéricité de Dieu et nié sa limitation. Sans doute on peut trouver chez Zénon, comme chez d'autres philosophes, des contradictions internes; mais on ne découvre ces contradictions qu'à l'aide de raisonnements que lui-même n'a pas faits. Nous n'avons aucun exemple d'une juxtaposition expresse et immédiate de thèses contradictoires, semblable à celle qui résulterait, en ce sens, du texte en question⁴.

---

1. PLATON, l. c. Voy. *infra*.
2. KERN exprime la même opinion (*Quæst. Xen.*, 11 sqq.) pour le cas où nous aurions ici un document digne de foi sur Xénophane. Depuis (*Beitr.*, 17), il a considérablement modifié cette opinion (voy. *infra*, p. 479, 1).
3. Voyez la note suivante et le chapitre sur Zénon.
4. UEBERWEG dit que, d'après THÉMISTIUS (*Phys.*, 18 a, 122 Sp.) et SIMPLICIUS (*Phys.*, 30 a), Zénon aurait soutenu que le réel est indivisible et étendu, tandis que d'après ARISTOTE (*Metaph.*, III, 4, 1001 b, 7), il aurait prétendu que l'Un ne peut être indivisible, parce que, s'il l'était, il ne serait pas une grandeur, et par conséquent ne serait rien. Mais Aristote ne dit pas que Zénon ait affirmé rien de pareil. Voici ce qu'il dit : « Si l'on admettait le postulat de Zénon, savoir que ce qui ne produit ni augmentation ni diminution, quand on l'ajoute ou le retranche, n'est rien, il s'ensuivrait que l'Un doit nécessairement être une grandeur, et par conséquent ne peut être indivisible. » Il est certain que tel est le sens du passage d'Aristote. Cela résulte et de ce texte lui-même, et de ce que SIMPLICIUS ajoute (l. c. et p. 21 a, mil.; b. mil.). De plus l'affirmation de Thémistius ne se

Mais, même pour la doctrine de Xénophane, cet écrit n'est pas une source digne de confiance. On croit, il est vrai, trouver dans Théophraste une garantie en faveur de l'authenticité de cette exposition. On admet en effet[1] que les textes de Simplicius et de Bessarion sur Xénophane, lesquels s'accordent avec cette exposition, sont empruntés à Théophraste; mais ceci est très-invraisemblable.

En ce qui concerne Bessarion[2], il est évident qu'il n'a pas entre les mains un écrit de Théophraste qui serait perdu pour nous; il reproduit tout simplement un passage de la *Physique* de Simplicius, où ce commentateur, se référant à Théophraste, expose la doctrine de Xénophane d'une manière qui s'accorde avec la troisième partie de l'ouvrage dont nous nous occupons[3].

472

---

rapporte pas non plus à cette question: car elle n'a pas trait à l'un, mais au multiple; cf. p. 541, 1.

1. C'est l'opinion, non-seulement de tous les anciens critiques sans exception, mais encore de STEINHART (*Plat. Werke*, III. 394, 10) et de MULLACH (*Præf.*, XIV. Voy. *Fragm. phil. gr.*, I, 271 sqq. où est reproduite sans modification la préface de 1845), bien qu'il renonce à considérer l'ouvrage comme authentique et entièrement digne de foi. KERN (*Beitr.*, 2; *Xenoph.*, 8. Cf. *Quæst. Xen.*, 48 sq.) considère aussi le témoignage de Simplicius comme emprunté à Théophraste. Il explique la concordance de ce témoignage avec le texte du *De Melisso*, etc., en conjecturant que ce dernier est une note de Théophraste utilisée par Simplicius pour le commentaire du passage de la *Physique*.

2. *C. calumniat. Plat.*, II, 11, p. 32 b (reproduit par BRANDIS, *Comm. eleat.*, 17 sq., par MULLACH, p. XI de son édition séparée, et I, 274 dans les *Fragmenta*, et par KERN, l. c., 47) : [*Theophrastus*] *Xenophanem, quem Parmenides audivit atque secutus est, nequaquam inter physicos numerandum, sed alio loco constituendum censet. Nomine,* inquit, *Unius et Universi Deum Xenophanes appellavit, quod unum, ingenitum, immobile, æternum dixit: ad hæc, aliquo quidem modo, neque infinitum neque finitum, alio vero modo etiam finitum, tum etiam conglobatum, diversa scilicet notitiæ ratione, mentem etiam universum hoc idem esse affirmavit.*

3. KRISCHE partage mon opinion; KERN (*Quæst. Xen.*, 44 sqq.) avait d'abord soutenu le contraire, d'accord en cela avec BRANDIS (l. c.), KARSTEN (*Xenoph. rel.*, 107) et d'autres; mais il s'est rétracté depuis (*Beitr.*, 6, rem.). En somme, le traité de Bessarion sur Xénophane ne contient absolument rien qui n'ait pu être emprunté à Simplicius; seulement Bessarion y a mis assez de négligence. C'est dans Simplicius seul (l. c. et p. 7 b, au haut; 45 b, au haut) qu'il a pu puiser ce qu'il ajoute immédiatement après les mots cités plus haut, encore qu'il reproduise inexactement l'assertion de son auteur : *nec vero Theophrastus solus hæc dicit: sed Nicolaus quoque Damascenus et Alexander Aphrodisiensis eadem de Xenophane referunt* (voy., à ce sujet, *infra*, p. 480, 1, éd. all.) *, usque Melissi de ente et natura inscriptum dicunt* (Simplicius seul dit cela, 45 b, au haut, et non les deux autres). *Parmenidis de veritate et opinione* (aucun des

Quant à SIMPLICIUS, il ne se réfère pas à Théophraste pour tout ce qu'il dit de Xénophane. Il ne se réfère à lui qu'à propos d'une remarque préliminaire, laquelle ne nous apprend rien qui ne nous soit déjà connu par la *Métaphysique* d'Aristote[1]. Le reste, il l'expose en son propre nom,

---

trois ne dit rien de pareil; Simplicius dit (7 b, au haut) : φησίθῶν... ὁ Παρμενίδης... ἀπὸ ἀληθείας, ὡς αὐτός φησιν, ἐπὶ δόξαν). De même, dans ce qui précède il y a (comme KERN l'a déjà prouvé, *Quæst.*, 47) un emprunt évident fait à SIMPLICIUS (*Phys.*, 7 a).

1. Voici le texte (*Phys.*, 5 b, au bas) : μίαν δὲ τὴν ἀρχὴν ἤτοι ἓν τὸ ὂν καὶ πᾶν, καὶ οὔτε πεπερασμένον οὔτε ἄπειρον, οὔτε κινούμενον οὔτε ἠρεμοῦν, Ξενοφάνην τὸν Κολοφώνιον τὸν Παρμενίδου διδάσκαλον ὑποτίθεσθαί φησιν ὁ Θεόφραστος, ὁμολογῶν ἑτέρας εἶναι μᾶλλον ἢ τῆς περὶ φύσεως ἱστορίας τὴν μνήμην τῆς τούτου δόξης. Ceci ne dit rien de plus que le texte d'ARISTOTE (*Met.*, I, 5, 986 b, 21). Xénophane, selon ce texte, n'a pas dit expressément s'il se figurait l'être primitif comme limité ou comme illimité. Théophraste ajoute seulement qu'il n'a pas dit davantage si le premier être est en repos ou en mouvement. Mais rien ne nous force à conclure de ces paroles que Xénophane ait affirmé expressément ce que dit le *De Melisso*, savoir que l'Un n'est ni limité ni illimité, ni en repos ni en mouvement. Quand même Simplicius, en mettant les paroles de Théophraste sous la forme indirecte, ne les aurait ni écourtées ni modifiées en aucune manière (ce qu'il faudrait prouver); quand même, par conséquent, Théophraste aurait réellement écrit : μίαν δὲ τὴν ἀρχήν... ἠρεμοῦν Ξ. ὁ Κολοφώνιος ὁ Παρμενίδου διδάσκαλος ὑποτίθεται, je ne vois aucune raison qui doive nous empêcher de traduire : « Mais Xénophane pose le principe comme un, c'est-à-dire la totalité de l'être comme une, sans dire si cet un est limité ou illimité, s'il est en mouvement ou immobile; » KERN, il est vrai (*Quæst.*, 50; *Beitr.*, 4. 1), fait l'observation suivante : comme le verbe n'est accompagné d'aucune négation, il faut expliquer : « Il ne pose l'ὂν καὶ πᾶν ni comme limité ni comme illimité; » mais j'avoue que je n'entends rien à cette observation. Dans la proposition : οὔτε πεπερασμένον οὔτε ἄπειρον ὑποτίθεται, on peut faire rapporter la négation aussi bien à ὑποτίθεται qu'à πεπερασμ. ou ἄπειρον; cette proposition peut signifier, ou bien : il ne dit de l'être ni qu'il est limité ni qu'il est illimité; ou bien : il dit que l'être n'est ni limité ni illimité. Or nous devons admettre le premier sens, si nous ne voulons pas mettre Théophraste en contradiction avec l'affirmation d'Aristote (cf. p. 478, 1), d'autant que cette contradiction n'est nullement probable : il résulte, en effet, non-seulement du fragment en question, mais encore des observations de Théophraste sur Parménide (voy. *infra*, p. 520, 1) et sur Anaxagore (voy. sup., p. 189, 1, éd. all. Cf. ARIST., *Metaph.*, I, 5, 986 b, 18 sqq., c. 8, 989 a, 30 sqq.); ainsi que du fragment 18 (ap. SIMPL., *Phys.*, 6 b, mil. Cf. ARIST., *Metaph.* I. 6. s. init.), que, précisément dans le chapitre de la *Physique* auquel notre fragment est emprunté, Théophraste avait suivi les idées exprimées par Aristote dans le premier livre de la *Métaphysique*. Et l'on ne peut objecter qu'il eût été impossible de dire que Xénophane ne s'est pas prononcé sur le mouvement de l'ὂν καὶ πᾶν, parce que dans le fragment 4 (cité p. 469, 3, t. all.) il déclare que Dieu est immobile. (Voy. KERN, l. c.) En cet endroit, Xénophane combat les idées mythiques de pérégrinations des dieux, telles que celles du Jupiter homérique et de Neptune chez les Éthiopiens, et il soutient que la *divinité* reste immobile ἐν ταὐτῷ. Quant à la question de savoir si le monde, l'ὂν καὶ πᾶν, est également immobile, il n'en dit rien ici. Or il résulte d'autres documents (voy. p. 495 sqq.) qu'il était loin de nier le mouvement dans le monde. Nous n'avons donc pas le droit de transporter au monde ce qu'il dit de Dieu (l. c.). Si d'ailleurs on admettait ce transport, l'explication donnée

sans dire d'où il le tire¹. Mais à coup sûr il ne le puise pas
à la même source que ces généralités du commencement
qu'il a empruntées à la *Physique* de Théophraste. Ses
propres paroles en font foi². La source de cet écrit n'est
autre que le *De Melisso* lui-même : témoin la ressemblance des deux expositions pour le fond et pour la forme³.

par Kern du passage de Théophraste devrait être rejetée aussi bien que la mienne. En effet, si Xénophane avait dit que le πᾶν est toujours immobile au même endroit, ou, en d'autres termes, qu'il est, *non-mobile, mais en repos*, on n'aurait évidemment pu soutenir qu'il ne le considérait *ni* comme mobile *ni* comme immobile.

1. Immédiatement après le mot ὁρᾶς, Simplicius poursuit sous la forme directe : τὸ γὰρ ἓν τοῦτο καὶ πᾶν, etc. (voy. 475). Il ne résulte pas nécessairement de ce changement de tour que ce qui suit n'est pas emprunté à Théophraste ; mais il en résulte encore moins que le mode d'exposition de Simplicius prouve que ce passage est emprunté à Théophraste.

2. Car les mots : ὁμολογῶν, etc., prouvent clairement que la citation précédente est empruntée à la φυσικὴ ἱστορία de Théophraste. Nous savons d'ailleurs que cet ouvrage traitait de Xénophane et de Parménide, comme de la plupart des anciens philosophes. Voy. Diog., IX, 22 ; Stob., *Ecl.*, I. 522 ; Alex. Aphr.; in *Metaph.*, I, 3, 984 b, 1, p. 24 ; Bon.; Simpl., *Phys.*, 25 a, au haut ; b, mil., et ailleurs. Mais Théophraste ne peut, d'après ses propres paroles, être entré profondément dans l'examen des doctrines de Xénophane. Kern (*Beitr.*, 3) prétend que, par cette courte exposition de la philosophie de Xénophane, Théophraste a pu avoir en vue de justifier, aux yeux de ses lecteurs, le jugement qu'il porte sur cette philosophie et l'omission qu'il en fait plus loin dans sa *Physique*. Mais une pareille manière de procéder ne me semble pas vraisemblable, et les analogies tirées d'Aristote et citées par Kern (l. c.), ne sont pas concluantes. On nous dit encore (Brandis, *Comm. eleat.*, 17 ; Kern, *Quest.*, 50 ; *Beitr.*, 2 sq.) que, si Simplicius ne s'était plus appuyé sur Théophraste dans ses développements ultérieurs, il n'eût pas manqué de nous en avertir. Mais, d'après ce qui précède, il eût été plus naturel qu'il nous prévînt, d'une manière quelconque, s'il avait également trouvé dans Théophraste les idées dont il vient justement de nous dire que cet écrivain n'a pas voulu les discuter dans sa *Physique*. Kern ajoute que la concordance du texte relatif à Xénophane (τὸ γὰρ ἕν, etc.) avec les paroles de Théophraste citées auparavant serait incompréhensible, si celui-ci n'était pas également l'auteur de ce texte. Mais la question est justement de savoir si les paroles de Théophraste doivent être entendues dans le sens de ce texte. Enfin Kern fait l'observation suivante : Simplicius ne se borne pas à nommer Théophraste avant ses développements sur Xénophane ; après ces développements, il nomme encore Nicolas et Alexandre. Qu'est-ce que cela prouve ? je ne le vois pas. Simplicius nomme ses auteurs là où il veut s'appuyer sur leur témoignage ; mais il ne s'ensuit pas qu'il s'appuie encore sur leur témoignage là où il ne les cite pas.

3. Voici en effet les deux textes :

Simpl. : τὸ γὰρ ἓν τοῦτο καὶ πᾶν, τὸν θεὸν ἔλεγεν ὁ Ξενοφάνης.

De Xenoph., c. 3 : ἀδύνατόν φησιν εἶναι, εἴ τι ἔστι, γενέσθαι, τοῦτο λέγων ἐπὶ τοῦ θεοῦ.

ὃν ἕνα μὲν δείκνυσιν ἐκ τοῦ πάντων κράτιστον εἶναι· πλειόνων γάρ, φησιν, ὄντων, ὁμοίως ἀνάγκη ὑπάρχειν πᾶσι τὸ κρατεῖν·

... εἰ δ' ἔστιν ὁ θεός; ἁπάντων κράτιστον ἕνα φησὶν αὐτὸν προσήκειν εἶναι· εἰ γὰρ δύο ἢ πλείους εἶεν, οὐκ ἂν ἔτι κρα-

476 Par conséquent, on n'a pas besoin d'admettre que Simpli-

τὸ δὲ πάντων κράτιστον καὶ ἄριστον ὁ θεός.	τιστον καὶ βέλτιστον αὐτὸν εἶναι πάντων. ἕκαστος γὰρ ὢν τῶν πολλῶν ὁμοίως ἂν τοιοῦτος εἴη. τοῦτο γὰρ θεὸν καὶ θεοῦ δύναμιν εἶναι, κρατεῖν, ἀλλὰ μὴ κρατεῖσθαι, καὶ πάντων κράτιστον εἶναι, etc.
ἀγένητον δὲ ἐδείκνυεν ἐκ τοῦ δεῖν τὸ γιγνόμενον ἢ ἐξ ὁμοίου ἢ ἐξ ἀνομοίου γίγνεσθαι· ἀλλὰ τὸ μὲν ὅμοιον ἀπαθές φησιν ὑπὸ τοῦ ὁμοίου· οὐδὲν γὰρ μᾶλλον γεννᾶν ἢ γεννᾶσθαι προσήκει τὸ ὅμοιον ἐκ τοῦ ὁμοίου· εἰ δ' ἐξ ἀνομοίου γίγνοιτο, ἔσται τὸ ὂν ἐκ τοῦ μὴ ὄντος. καὶ οὕτως ἀγένητον καὶ ἀΐδιον ἐδείκνυ.	ἀδύνατον... θεοῦ (voy. *sup.*) ἀνάγκη γὰρ ἤτοι ἐξ ὁμοίου ἢ ἐξ ἀνομοίου γενέσθαι τὸ γιγνόμενον. δυνατὸν δὲ οὐδέτερον· οὔτε γὰρ ὅμοιον ὑφ' ὁμοίου προσήκειν τεκνωθῆναι μᾶλλον ἢ τεκνῶσαι· ταὐτὰ γὰρ ἅπαντα τοῖς γε ἴσοις καὶ ὁμοίοις οὐχ ὑπάρχειν πρὸς ἄλληλα· οὔτ' ἂν ἐξ ἀνομοίου τἀνόμοιον γενέσθαι. εἰ γὰρ γίγνοιτο ἐξ ἀσθενεστέρου τὸ ἰσχυρότερον, etc... τὸ ὂν ἐξ οὐκ ὄντος ἂν γενέσθαι, ὅπερ ἀδύνατον· ἀΐδιον μὲν οὖν διὰ ταῦτα εἶναι τὸν θεόν.
καὶ οὔτε δὲ ἄπειρον οὔτε πεπερασμένον εἶναι· διότι ἄπειρον μὲν τὸ μὴ ὄν, ὡς οὔτε (μήτε) ἀρχὴν ἔχον μήτε μέσον μήτε τέλος, περαίνειν δὲ πρὸς ἄλληλα τὰ πλείω. (un peu plus loin : ἀλλ' ὅτι μὲν οὔτε ἄπειρον οὔτε πεπερασμένον αὐτὸ δείκνυσιν, ἐκ τῶν προειρημένων δῆλον. πεπερασμένον δὲ καὶ σφαιροειδὲς αὐτὸ διὰ τὸ πανταχόθεν ὅμοιον λέγει.)	.....ἀΐδιον δ' ὄντα καὶ ἕνα καὶ σφαιροειδῆ οὔτ' ἄπειρον εἶναι οὔτε πεπεράνθαι. ἄπειρον μὲν τὸ μὴ ὂν εἶναι· τοῦτο γὰρ οὔτε ἀρχὴν οὔτε μέσον οὔτε τέλος οὔτε ἄλλο μέρος οὐδὲν ἔχειν... οἷον δὲ τὸ μὴ ὂν οὐκ ἂν εἶναι τὸ ὄν· περαίνειν δὲ πρὸς ἄλληλα εἰ πλείω εἴη.
παραπλησίως δὲ καὶ κίνησιν ἀφαιρεῖ καὶ ἠρεμίαν· ἀκίνητον μὲν γὰρ εἶναι τὸ μὴ ὄν· οὔτε γὰρ εἰς αὐτὸ ἕτερον, οὔτε αὐτὸ πρὸς ἄλλο ἐλθεῖν· κινεῖσθαι δὲ τὰ πλείω τοῦ ἑνός· ἕτερον γὰρ εἰς ἕτερον μεταβάλλειν.	... τὸ δὴ τοιοῦτον ὂν ἕν... οὔτε κινεῖσθαι οὔτε ἀκίνητον εἶναι. ἀκίνητον μὲν γὰρ εἶναι τὸ μὴ ὄν· οὔτε γὰρ εἰς αὐτὸ ἕτερον. οὔτ' αὐτὸ εἰς ἄλλο ἐλθεῖν· κινεῖσθαι δὲ τὰ πλείω ὄντα ἑνός· ἕτερον γὰρ εἰς ἕτερον δεῖν κινεῖσθαι, etc.

Cette analogie des deux textes ne peut s'expliquer en supposant que les deux auteurs ont puisé en commun dans l'ouvrage de Xénophane (comme le montre très-bien Bergk., *Comment. de Arist. lib. de Xen.*, 6). En effet cet ouvrage, qui était un poëme, avait une tout autre forme. Le rapprochement que nous avons fait prouve que, dans l'exposition de Simplicius, il n'y a rien qui ne puisse être considéré comme tiré de l'ouvrage attribué à Aristote. *L'ordre des arguments* et les expressions sont parfois modifiés; mais cela est évidemment sans importance. Ce que Simplicius ajoute : ὥστε καὶ ὅταν ἐν ταὐτῷ μένειν λέγῃ καὶ μὴ κινεῖσθαι (αἰεὶ δ' ἐν ταὐτῷ τε μένειν, etc.) οὐ κατὰ τὴν ἠρεμίαν τὴν ἀντικειμένην τῇ κινήσει μένειν αὐτόν φησιν, etc., n'est plus une citation, mais une réflexion personnelle. Mais si l'on doit reconnaître que Simplicius a puisé dans le *De Melisso*, on n'a nulle raison de changer cet emprunt direct en un emprunt indirect, en supposant, avec Kern (voy. *sup.*, p. 471, 2, éd. all.), que Simplicius, quant à lui, n'a eu entre les mains que la *Physique* de Théophraste, mais que celle-ci a puisé dans le *De Melisso*. Et d'abord, non-seulement on ne peut prouver que Simplicius ait tiré ses indications de la *Physique* de Théophraste; mais encore les termes mêmes dont il se sert réfutent une pareille hypothèse. D'autre part, la concordance qui existe entre son exposition et celle du π. Μελ. est trop grande pour qu'on puisse la rencontrer dans deux ouvrages dont l'un n'aurait pas été utilisé pour composer l'autre. Or, si cette concordance s'explique suffisamment dans cette dernière hypothèse, de quel droit rejetterions-nous cette explication si simple pour en

cius a attribué le *De Melisso* à Théophraste[1], ou que l'ouvrage vient réellement de cet auteur[2], pour s'expliquer le témoignage de Simplicius lui-même[3]. Le langage de Simplicius prouve uniquement qu'il a eu sous les yeux, outre la remarque de Théophraste dans sa *Physique*, le *De Melisso*, quelque nom que portât d'ailleurs cet ouvrage; qu'il l'a considéré comme une source historique digne de foi; et que, dans l'exemplaire qu'il a connu, le troisième et le quatrième chapitre étaient rapportés à Xénophane. Mais ce précédent ne peut naturellement faire loi pour nous.

Le contenu de ce chapitre est inconciliable avec ce que nous savons de première main sur Xénophane. Tandis que Xénophane déclare la divinité immobile[4], le traité en question dit qu'elle n'est ni en mouvement ni en repos[5];

chercher une autre moins naturelle? Nous savons ce que contenait le *De Melisso*: nous savons que Simplicius a connu ce traité: il est évident que ce dernier suffit pour expliquer le texte de Simplicius. Quand, en calculant avec des grandeurs connues, on arrive à un résultat si satisfaisant, de quel droit introduire dans son calcul des éléments incertains et inconnus? Car on ne peut appeler d'un autre nom les prétendues explications de la *Physique* de Théophraste sur Xénophane, et l'hypothèse suivant laquelle ces explications seraient empruntées au π. Μελίσσου, surtout en présence de l'assertion de Théophraste portant que ces explications ne font pas partie de la *Physique*. Les mêmes arguments peuvent servir à réfuter la conjecture de Teichmüller (*Stud. z. Gesch. d. Begr.* 593 sq.). Celui-ci prétend que Simplicius avait sous les yeux, non-seulement le traité sur Mélissus, mais encore une exposition des doctrines de Xénophane faite par un Éléate plus récent, exposition qui avait servi à l'auteur même de ce traité. L'ouvrage de Simplicius ne contient rien qui ne puisse être expliqué en admettant que cet auteur a utilisé l'ouvrage pseudo-aristotélicien sans le copier littéralement, ainsi que les vers de Xénophane qu'il connaissait. Nous n'avons donc pas le droit de chercher pour cet ouvrage d'autres sources, dont les traces se retrouveraient certainement quelque part.

1. Ce que fait le manuscrit du Vatican.
2. Comme le présument Brandis (*Gr.-röm. Phil.*, I, 158, III, a, 291), Cousin (*Fragm. philos.*, I, 25, 7), et surtout Kern (voy. sup., 471, 2, éd. all.). Dans ses *Comment. eleat.*, 18, Brandis dit que ce traité n'est pas d'Aristote, mais il ne l'attribue pas directement à Théophraste; dans sa *Gesch. d. Entw. d. gr. Phil.*, I, 83, il admet que cet ouvrage a pu être composé par un Péripatéticien de date plus récente.
3. Je ne puis admettre l'objection de Brandis (*Comment. eleat.*, 18), d'après laquelle Simplicius n'aurait pas nommé Théophraste en tant que source et n'aurait pas passé sous silence le nom d'Aristote, s'il avait attribué à celui-ci l'ouvrage dont il se servait. Simplicius nous donne sur les anciens philosophes beaucoup de renseignements qu'il tire d'Aristote, sans nommer son autorité.
4. Dans le fragment 4 cité p. 469, 3, éd. all.
5. Les moyens employés par Simplicius (voy. sup., p. 476) pour lever cette

et tandis qu'Aristote affirme que Xénophane ne s'est pas
478 expliqué sur la nature limitée ou illimitée de l'Un[1], ces

contradiction [Kern les avait adoptés (*Quæst.*, 11), mais y a renoncé plus tard (*Beitr.*, p. 17)] n'expliquent rien. Il prête à Xénophane des distinctions inconnues avant Aristote. Kern a encore un autre expédient, auquel il revient (*Beitr.*, 4). Xénophane, dit-il, a pu changer d'opinion avec le temps ; il a pu refuser à la divinité, d'abord le mouvement seul, ensuite le mouvement et le repos. Certes il est impossible de déclarer a priori que ce philosophe n'a pu changer d'opinion. Mais, pour soutenir la réalité de ce changement, il faudrait avo des indices et des témoignages certains ; or on ne trouve de tels indices, ni dans les vers de Timon cités p. 503, ni dans le fragment 1 de Xénophane (voy. p. 489, 1, éd. all.). Et, comme aucun traité sur ce philosophe, sans excepter celui qui nous occupe, ne mentionne de changement dans son point de vue; comme tous ces traités (sauf le *De Melisso* et le passage de Simplicius qui en est tiré) affirment que Xénophane refusait à la divinité le mouvement seul et non le repos (cf. p. 492, 3), nous n'avons nul droit d'admettre que les témoins avaient sous les yeux des affirmations contradictoires du philosophe sur cette question. Cette hypothèse est une conjecture destinée à concilier les indications de notre traité avec les autres témoignages; mais cette conjecture ne serait fondée que dans le cas où nous serions assurés de l'exactitude de ces indications. Teichmüller (*Stud. z. Gesch. d. Begr.*, 619 sq.) espère lever la contradiction par la remarque suivante : Xénophane, dit-il, a bien nié le mouvement de l'ensemble du monde, mais il n'a pas nié le mouvement dans l'intérieur de ce tout. Mais c'est là une erreur. En effet, le *De Melisso* nie le mouvement et le repos, non pas de différents sujets. — savoir, l'un de l'ensemble du monde, l'autre de ses différentes parties — mais d'un seul et même sujet, Ἕν, ὃν τὸν θεὸν εἶναι λέγει. C'est ce qui ressort clairement du chapitre 3, 977 b, 8, ainsi que du chapitre 4, 978 b, 15, 37.

1. *Met.*, I, 5, 986 b. 18 : Παρμενίδης μὲν γὰρ ἔοικε τοῦ κατὰ τὸν λόγον ἑνὸς ἅπτεσθαι, Μέλισσος δὲ τοῦ κατὰ τὴν ὕλην· διὸ καὶ ὁ μὲν πεπερασμένον, ὁ δ' ἄπειρόν φησιν αὐτό· Ξενοφάνης δὲ πρῶτος τούτων ἑνίσας οὐδὲν διεσαφήνισεν, οὐδὲ τῆς φύσεως τούτων οὐδετέρας ἔοικε θιγεῖν, ἀλλ' εἰς τὸν ὅλον οὐρανὸν ἀποβλέψας τὸ ἓν εἶναι φησι τὸν θεόν. Évidemment, selon ce passage, non-seulement Xénophane n'a pas dit expressément s'il se représentait l'Un comme un principe formel ou comme un principe matériel; mais il ne s'est même pas prononcé sur la question de savoir si l'Un est limité ou illimité. Parménide et Mélissus ne s'étaient pas non plus prononcés sur la première question. Mais Aristote invoque ce qu'ils ont dit sur la seconde pour en déduire ce qu'ils pensaient sur la première. C'est seulement à la seconde question que peuvent se rapporter les mots οὐδὲν διεσαφήνισεν. Il est impossible d'expliquer ces mots en disant, avec Kern (*Quæst.*, 49), que Xénophane émet des assertions contradictoires sur la divinité. Aristote lui aurait certainement reproché cette contradiction, mais il n'aurait pu dire qu'il ne s'est pas expliqué clairement sur la question de savoir si la divinité est limitée ou illimitée. Comment en effet s'expliquer plus clairement que Xénophane ne l'aurait fait, d'après l'ouvrage dont il s'agit? Et ces difficultés subsistent, même après la nouvelle réplique de Kern (*Beitr.*, 6 sq.). Il dit : « le οὐδὲν διεσαφήνισεν ne saurait se rapporter à la question de la limitation ou de l'illimitation, puisque, dans ce cas, Aristote aurait ajouté περὶ τούτων ou quelque chose d'analogue; par ces mots : οὐδὲν διεσαφήνισεν, il désigne la doctrine de Xénophane comme étant, d'une manière générale, peu claire. » Mais cette addition, réclamée par Kern, se trouve dans le texte : οὐδὲ τῇ φύσεως τούτων οὐδετέρας ἔοικε θιγεῖν, dont le sens est évidemment que Xénophane n'a pas touché à cette question, sur laquelle Parménide et Mélissus sont en désaccord. Kern cherche aussi à montrer que Xénophane s'est, en fait, exprimé d'une façon contradictoire sur la limitation et l'illimitation de l'Un : d'une part en effet (ap. Timon) il nomme Dieu (voy. *inf*, p. 493, 4) Ἴσον ἁπάντη,

deux prédicats sont ici niés de l'Un expressément et avec développement. Cette assertion est d'autant plus étrange qu'elle se contredit elle-même, et qu'elle contredit l'assertion immédiatement précédente, selon laquelle la divinité a la forme d'une sphère[1]. Puis il est très-invraisemblable qu'Aristote ait complétement passé sous silence une opinion aussi remarquable dans des textes tels que *Métaph.*, I, 5, et *Phys.*, I, 3. Nous lisons que, jusqu'au troisième siècle de notre ère, les plus savants commentateurs d'Aristote ont été divisés sur la question de savoir si Xénophane considérait la divinité comme limitée ou illimi-

ce que Sextus (*Pyrrh.*, I. 224) explique par σφαιροειδῆ; d'autre part il prétend que les racines de la terre s'étendent à l'infini (voy. p. 494, 5). Mais le σφαιροειδῆ de Sextus dérive à coup sûr soit directement, soit indirectement, du *De Melisso* lui-même (c. 3, 977 b, 1 : πάντη δ' ὅμοιον ὄντα σφαιροειδῆ εἶναι); Ἴσον ἁπάντη de Timon ne se rapporte pas à la forme, mais à l'ὄγκος, etc. (Voy. *inf.*, l. c.) Quant à l'étendue illimitée de la terre, nous montrerons plus tard que nous n'avons pas le droit de transporter cette qualification à la divinité.

1. Ritter, il est vrai (*Gesch. der Philos.*, I. 476 sq.), croit que Xénophane a trouvé, dans la forme sphérique qu'il attribuait à Dieu, l'unité du limité et de l'illimité, parce que la sphère se limite elle-même; et, selon lui, si Xénophane a nié l'immobilité de Dieu, il a simplement voulu indiquer par là qu'il n'existe pas de rapport permanent entre Dieu et un autre objet. Il paraît difficile de prouver par les textes l'exactitude de pareilles conjectures, beaucoup trop subtiles d'ailleurs quand il s'agit d'un philosophe d'une si haute antiquité. Nous ne pouvons admettre davantage l'interprétation de Kern (*Beitr.*, 17. Cf. Xénoph., 10 sq.) : « Xénophane, dit-il, n'a nié la limitation que dans l'intérieur de l'Être et à l'égard de quelque chose qui existerait en dehors de l'Être, et il n'a nié l'illimitation que relativement à l'Un, qui est le tout; il s'est donc représenté son Un (Dieu) comme un être sans lacune (ne trouvant nulle part en soi de limite), sphérique et remplissant l'espace entier »; il a, vraisemblablement en opposition avec la doctrine des Pythagoriciens, écarté de l'Être les catégories du πέρας et de l'ἄπειρον, afin de le distinguer du non-être aussi bien que du multiple. Toute cette dissertation tend à prouver que par limitation refusée à l'Être Xénophane n'est que la limitation d'une chose par une autre. Mais le texte ne dit pas de l'Être qu'il n'est pas limité par autre chose; il dit absolument (977 b, 3) : οὔτ' ἄπειρον εἶναι οὔτε πεπεράνθαι. Ainsi, d'après le sens constant de ce mot, Xénophane nie de l'Être toute limitation, et non pas seulement la limitation par autre chose. Kern, il est vrai, pour prouver sa thèse, raisonne ainsi : Les parties du multiple étant limitées l'une par l'autre, et l'Un n'étant pas semblable au multiple, l'Un doit nécessairement être illimité. Mais il ne saurait résulter de cette observation que les mots οὔτε πεπεράνθαι, eux aussi, puissent signifier : n'être pas limité par autre chose, et, par conséquent, puissent de même être appliqués à l'Un sphérique. A tout le moins cette conséquence est impossible du moment qu'on ne cite pas un seul texte dans lequel les mots πεπεράνθαι ou πεπερασμένον εἶναι tout seuls (c. 3, fin) signifient : être limité par autre chose. Au surplus, la réfutation de la proposition attribuée à Xénophane, que l'on lit c. 4, 978 a, 16 sqq., montre d'une façon évidente que l'auteur, en l'écrivant, n'a pas songé à une telle limitation.

tée¹. Or ce fait serait inintelligible s'ils avaient eu sous les yeux, indépendamment du traité attribué à Aristote, des développements précis et détaillés émanant de Xénophane lui-même, tels que cet écrit les suppose. Lors même qu'il aurait existé une semblable exposition originale, le *De Melisso* ne nous en donnerait jamais qu'une reproduction considérablement remaniée²; car autrement on ne s'expliquerait pas la disparition complète du langage poétique et de la forme épique propres à Xénophane³. Et, abstraction faite du contenu de l'exposition, il est invraisemblable que nous ayons ici la reproduction d'une œuvre de Xénophane. Car l'exposition dont il s'agit est conduite d'une façon méthodique; du commencement à la fin, elle a la forme scolastique d'une réfutation par voie de dilemmes et de réduction à l'absurde; elle suit régulièrement une marche dialectique. Or peut-on admettre, d'après les lois de l'analogie historique, qu'une telle exposition appartienne au prédécesseur de Parménide, au philosophe dont Aristote⁴ blâme la pensée encore inexpérimentée⁵ ?

---

1. Simplic., *Phys.*, 6 a, au haut : Ξενόφανος δὲ ὁ Διογένους ὡς ἄπειρον καὶ ἀκίνητον λέγοντος αὐτοῦ τὴν ἀρχὴν ἐν τῷ περὶ θεῶν ἀπομνημονεύει · Ἀλέξανδρος δὲ ὡς πεπερασμένον αὐτὸ καὶ σφαιροειδές.

2. Brandis reconnaît aussi que cela est possible. Il dit en effet (*Gesch. d. Entw.*, I, 83) « : L'historien peut avoir condensé ce qui, dans le poëme didactique, était séparé ou mal coordonné. » De même nous lisons dans Kern (*Quæst.*, p. 52) : « Les termes, ainsi que plusieurs parties de l'argumentation, peuvent appartenir à l'auteur. » Mais alors qui nous garantit que celui-ci reproduit fidèlement pour le reste la doctrine de Xénophane ? Ce ne saurait être le nom de l'auteur : car il s'agit justement de savoir si c'est à bon droit que cet ouvrage le porte; ce ne peuvent être non plus (voy. note suiv.) les expressions poétiques sur lesquelles Brandis s'appuie.

3. Brandis (l. c., 82) croyait, il est vrai, pouvoir signaler dans l'ouvrage un certain nombre de formes certainement poétiques et analogues aux fragments de Xénophane; mais Kern lui-même remarque (*Quæst.*, 52, *Beitr.*, 15) que, parmi celles qu'il cite, le mot ἀτρεμεῖν seul a quelque importance. Or évidemment un tel mot isolé ne peut être pris en considération, et le texte même qu'ajoute Kern : οὐδὲ γὰρ οὐδὲ πάντα δύνασθαι ἂν ἃ βούλοιτο (977 a. 35), ne me porte nullement à croire, pour ma part « que l'auteur rende compte d'un ouvrage poétique ».

4. *Metaph.*, I, 5, 986 b, 26 : les Éléates sont ἀφετέοι πρὸς τὴν νῦν παροῦσαν ζήτησιν, οἱ μὲν δύο καὶ πάμπαν, ὡς ὄντες μικρὸν ἀγροικότεροι, Ξενοφάνης καὶ Μέλισσος.

5. C'est principalement cette difficulté qui a déjà porté A. Wendt (voy. p. 163

L'OUVRAGE N'EST PAS AUTHENTIQUE. — Toutes ces considérations rendent déjà très-invraisemblable l'opinion qui attribue le traité soit à Aristote, soit à Théophraste[1]; mais

de son édition du 1er vol. de la *Gesch. d. Phil.* de Tennemann, 1827) à penser que l'auteur de cet ouvrage était probablement un écrivain plus récent, qui a puisé en commun avec Simplicius dans une source indirecte, et qui a donné aux opinions citées ici la forme d'arguments. Il ne paraît pas avoir eu sous les yeux le poëme de Xénophane lui-même. La forme dialectique et prosaïque est aussi la raison principale qui a amené REINHOLD (*Gesch. d. Phil.*, I, 63, 3e éd.; *Programme* de l'année 1847 : *De genuina Xenophanis disciplina*), VERMEHREN *Die Autorschaft der dem Arist. zugeschriebenen Schrift π. Ξενοφ.*, Jena, 1861, p. 43), BERGK (*Comment. de Arist. lib. de Xen.*, etc., Marburg, 1843) et ROSE (*De Arist. libr. ord.*, etc., 72 sqq.) à rejeter l'authenticité de cet ouvrage. KERN (*Quaest.*, 53) fait, il est vrai, cette objection spécieuse : « Mélissus, lui aussi, est compris dans le jugement qu'Aristote a porté sur Xénophane, et pourtant nous trouvons dans les fragments de ses ouvrages une exposition entièrement dialectique. » Mais, lors même que l'argumentation de Mélissus témoignerait d'un talent dialectique égal à celui que manifeste l'ouvrage attribué à Xénophane, — ce que, pour ma part, je conteste, malgré les nouvelles considérations de KERN (*Beitr.*, 16), — il resterait toujours une grande différence entre Mélissus et Xénophane, et l'on ne pourrait dire avec KERN : *Cur paullo ante Parmenidem idem fieri potuisse negandum sit, quod aetate Parmenidea factum esse certissimis testimoniis constat, non video.* Entre l'époque où Mélissus (qui était, non le contemporain de Parménide, mais de 30 ans environ plus jeune que lui) a composé ses ouvrages et celle où Xénophane a composé les siens, il y a, selon toute probabilité, un intervalle d'au moins 50 années; et dans cet intervalle viennent se placer, non-seulement Héraclite et les débuts de l'atomistique, mais encore l'action exercée par ces philosophes et d'où résulta le point de vue rigoureusement métaphysique ainsi que la méthode dialectique de l'école d'Élée, d'un Parménide et d'un Zénon. Il est naturel que nous ne trouvions pas au commencement de cet intervalle de temps ce que nous trouvons à la fin. Nous ne pouvons chercher, dans les poëmes de Xénophane, une dialectique surpassant, au point de vue de la forme, celle de Parménide, dialectique dont les fragments de Xénophane qui nous ont été conservés ne contiennent d'ailleurs aucune trace. C'est pourquoi, si disposé que je sois à « reconnaître la possibilité interne d'une philosophie aussi profonde à une époque si reculée, pourvu que l'existence en soit établie par des preuves extrinsèques suffisantes », je ne suis nullement prêt à faire cette concession quand les preuves font défaut, comme il arrive ici. D'ailleurs, à ce qu'il semble, non-seulement l'analogie historique, mais encore l'antiquité tout entière confirme ma manière de voir. KERN est tout à fait conséquent avec lui-même quand il s'appuie sur le περὶ Μελίσσου pour placer Xénophane comme philosophe au-dessus de Parménide. Si Xénophane a réellement dit tout ce que cet ouvrage met dans sa bouche, et s'il l'a dit dans le sens que Kern y trouve, non-seulement il est supérieur à son successeur en ce qui concerne l'habileté dialectique, mais encore il aurait déjà enseigné, en somme, sur la divinité et sur le monde, tout ce que Parménide a enseigné sur l'Être. Dans ce cas, la part de ce dernier, sans être déclarée complètement nulle, serait considérablement amoindrie. Mais alors comprendrait-on pourquoi non-seulement Aristote (auquel Kern reproche de mettre Xénophane au-dessous de Parménide), mais encore Platon (voy. p. 510), placent ce dernier bien au-dessus de tous les autres philosophes de l'école d'Élée ?

1. MULLACH est d'un avis contraire. Aristote, dit-il (voy. p. XII, sq. *Fragm. phil.*, I, 274), à l'encontre de BERGK, s'est encore contredit ailleurs en exposant

de plus, il y a dans ce traité un certain nombre de propositions qui ne se comprendraient ni de l'un ni de l'autre de ces deux philosophes. L'assertion suivant laquelle Anaximandre a fait de l'eau la substance de toutes choses contredit tout ce qu'Aristote et Théophraste disent d'ailleurs sur Anaximandre[1]; le texte relatif à Empédocle n'est nullement aristotélicien[2]; il est parlé d'Anaxagore d'une manière telle, que l'auteur semble ne le connaître que par ouï-dire[3]; et, dans la critique des

les opinions des autres philosophes; d'une manière générale il affirme un grand nombre de choses auxquelles on ne saurait ajouter foi. KERN s'exprime de même (*Quæst.*, 15). Je conteste absolument l'exactitude de ces assertions. Aristote n'a exposé les idées d'aucun de ses prédécesseurs aussi faussement et aussi contradictoirement qu'il aurait exposé celles de Xénophane, s'il était réellement l'auteur de l'ouvrage en question. Nous montrerons plus tard le peu de valeur des objections de Mullach contre l'exposition que fait Aristote des doctrines de Parménide. Kern, pour justifier sa thèse, dit qu'Aristote ramène souvent d'une manière abusive les théories de ses prédécesseurs aux catégories propres à son système, et ne fait pas toujours preuve d'équité dans sa critique. Il est possible; mais la faute serait bien autrement grave s'il avait nié expressément que Xénophane se fût prononcé sur une question à laquelle, selon le *De Melisso*, il a donné une solution claire et nette, ou si, inversement, il lui avait attribué une dialectique qui dépassait le point de vue de son époque. Mais du moment où l'on admet qu'Aristote a pu réellement écrire ce qui est contenu dans le *De Melisso*, on n'a nulle raison de supposer (MULL., l. c.) que cet écrit est simplement un extrait d'ouvrages plus considérables d'Aristote. Il serait plus naturel en ce cas d'admettre l'hypothèse de KARSTEN (p. 97), estimant que c'est une esquisse composée par Aristote pour son propre usage.

1. Cf. *B.*, 205, 2; 188, 2; 190, 2.
2. C. 2, 976 b, 22 : ὁμοίως δὲ καὶ Ἐμπεδοκλῆς κινεῖσθαι μὲν ἀεί φησι συγκρινόμενα (telle est la leçon du cod. de Leipz., au lieu de συγκρινούμενα) τὸν ἅπαντα ἐνδελεχῶς χρόνον... ὅταν δὲ εἰς μίαν μορφὴν συγκριθῇ, ὡς ἓν εἶναι, οὐδέν φησι τό γε κενὸν πέλει οὐδὲ περισσόν. S'il est dit ici qu'Empédocle admet véritablement un mouvement sans fin, cela contredit les assertions très-nettes d'Aristote, qui attribue à Empédocle la doctrine de l'alternative du mouvement et du repos (voy. *infra*, p. 704, sq.). Si l'on donne au passage (avec KERN, *Symbolæ crit. ad lib. Arist. π. Ξενοφ*, Oldenb., 1867, p. 25) le sens suivant : « pendant la période de combinaison des substances le mouvement continue sans interruption », les mots τὸν ἅπαντα ἐνδελεχῶς χρόνον contiennent un pléonasme très-peu familier à Aristote; ensuite on ne voit pas comment l'auteur (dans les mots ὅταν δὲ, etc.), voulant prouver qu'un mouvement est possible dans le vide, peut avancer que dans le *sphaïros* d'Empédocle il n'y a pas non plus de vide, parce qu'autrement le mouvement aurait fini par se changer en repos; mais, ni dans les mots en question ni dans l'ensemble du texte, on ne peut découvrir l'intention de « démontrer que la doctrine d'Empédocle ne peut être qu'en partie invoquée contre Mélissus » (KERN, *Beitr.*, 13).
3. C. 2, 975 b, 17 : ὡς καὶ τὸν Ἀναξαγόραν φασί τινες λέγειν ἐξ ἀεὶ ὄντων καὶ ἀπείρων τὰ γινόμενα γίνεσθαι. Peut-on croire qu'Aristote ou Théophraste se seraient exprimés ainsi à propos d'un philosophe qu'ils connaissaient si bien et dont ils exposent d'ailleurs la doctrine avec tant de précision? KERN (*Beitr.*, 13) s'appuie

doctrines, on trouve, à côté de plusieurs idées justes, beaucoup de remarques que l'on ne peut attribuer ni à Aristote ni à Théophraste[1]. Ces détails viennent confirmer la conclusion qui se déduisait déjà du contenu essentiel de l'ouvrage, en ce qui concerne son authenticité ; si chacun d'eux, pris isolément, n'est pas décisif, ils fournissent du moins, par leur concordance, un ensemble d'indices plus propre à nous convaincre que le témoignage des manuscrits et de quelques écrivains récents, témoignage que l'on pourrait invoquer de même en faveur d'un grand nombre d'autres écrits, évidemment inauthentiques.

ORIGINE DE L'OUVRAGE. — Quand et par qui les trois traités ont-ils été composés ? C'est ce qu'on ne peut déterminer avec certitude. Il est vraisemblable qu'ils émanent de l'école péri-

---

sur ARISTOTE, Metaph., IV, 3, 1005 b, 23 : ἀδύνατον γὰρ ὁντινοῦν ταὐτὸν ὑπολαμβάνειν εἶναι καὶ μὴ εἶναι, καθάπερ τινές οἴονται λέγειν Ἡράκλειτον. Mais cette analogie disparaît, si nous examinons le passage plus attentivement. Aristote attribue, il est vrai, assez souvent à Héraclite cette proposition que la même chose est et n'est pas en même temps, ou que des contraires existent en même temps (voy. infra, p. 601, sq.). Mais il ne croit pas que cette proposition ait été énoncée sérieusement par son auteur, il la compte parmi les θέσεις, λόγου ἕνεκα λεγόμενα (Phys., I, 2, 185 a, 5); il admet qu'Héraclite lui-même n'en a pas bien saisi le sens (Metaph., XI, 5, 1062 a, 31), et c'est justement pour indiquer ce fait qu'il emploie (Metaph., IV, 3) l'expression : τινὲς οἴονται λέγειν. Λέγειν signifie ici : énoncer quelque chose comme étant son opinion, affirmer quelque chose, ainsi qu'il résulte clairement de la suite du passage (ibid.) : οὐκ ἔστι γὰρ ἀναγκαῖον, ἄ τις λέγει ταῦτα καὶ ὑπολαμβάνειν. S'il s'était seulement agi de savoir si le passage cité reproduisait les paroles d'Héraclite, Aristote aurait dit simplement : καθάπερ Ἡρ. λέγει ; mais, au lieu de cela, il se sert des expressions : τινὲς οἴονται λέγειν, c'est donc qu'il ne veut pas affirmer que ce texte reproduise sa propre opinion. Mais, dans l'assertion du De Melisso touchant Anaxagore, il n'y avait pas, pour l'auteur, la moindre raison de décliner ainsi la responsabilité.

1. Par exemple, on ne reconnaît pas Aristote dans l'examen insignifiant de cette question : quelque chose peut-il provenir du néant ? (C. 1, 975 a, 3, sqq.) On ne retrouve pas dans ce texte cette réponse aristotélicienne, que rien ne peut sortir du néant pur et simple, mais que tout sort du néant relatif, du δυνάμει ὄν. La question posée c. 4 (sub init.) est très-étrange : τί κωλύει μήτ' ἐξ ὁμοίου τὸ γιγνόμενον γίγνεσθαι, ἀλλ' ἐκ μὴ ὄντος ; il en est de même de l'objection élevée c. 1, 975 a, 7, alléguant que l'on admet fréquemment un devenir parti du néant. Enfin, c. 2, 976 a, 33, sqq., à propos de cette observation : « Il pourrait aussi y avoir plusieurs infinis, comme le supposait Xénophane dans son assertion sur l'infinité de la profondeur terrestre et de l'atmosphère », on cite des vers dans lesquels Empédocle blâme cette assertion. N'est-ce pas là une superfluité inopportune ?

patéticienne : c'est du moins ce qui résulte du caractère interne de l'ouvrage, ainsi que de la mention qui en est faite dans la liste de Diogène[1]. A ces trois traités s'ajoutaient sans doute deux morceaux actuellement perdus sur Parménide et sur Zénon[2]; et ainsi l'ouvrage était une exposition et un examen complet des doctrines éléatiques. Quant à l'ordre dans lequel ces doctrines étaient exposées, nous l'avons déduit d'un passage d'Aristote d'une manière qui paraît satisfaisante[3]. Seulement l'auteur a joint aux philosophes dont nous avons parlé Zénon et Gorgias. Il a cherché leurs opinions tout d'abord dans leurs propres écrits; et il en a reproduit fidèlement le sens, quant à l'essentiel, là où il était en présence d'une argumentation compliquée, comme c'était le cas pour Mélissus et Gorgias. Au contraire, en ce qui concerne Xénophane, l'auteur semble avoir mal compris les textes d'Aristote et de Théophraste[4], et être parti de cette supposition que Xénophane refusait à la divinité aussi bien la limitation que l'illimitation, le mouvement que le repos. Il a développé lui-même ces doctrines d'après les indications qu'il trouvait ou croyait trouver dans les poëmes de Xénophane. Peut-être aussi un autre auteur l'avait-il précédé dans cette voie, et s'est-il appuyé sur cette exposition, non sur Xénophane lui-même. Et maintenant, qu'y a-t-il dans cet ouvrage que l'on puisse attribuer à Xénophane? C'est ce que l'on ne peut décider que par la comparaison avec les autres témoignages. Là où cet ouvrage est notre seule source, il ne suffit pas à établir le caractère historique des propositions qu'il renferme.

L'ENSEMBLE DE LA PHILOSOPHIE ÉLÉATIQUE. — Le développement de la philosophie éléatique est représenté par trois

---

1. Diogène cite (V, 25), parmi les ouvrages aristotéliciens : πρὸς τὰ Μελίσσου αʹ.... πρὸς τὰ Γοργίου αʹ.... πρὸς τὰ Ξενοφάνους αʹ, πρὸς τὰ Ζήνωνος αʹ.
2. Cf. p. 466, sqq.
3. Cf. p. 468; 478, 1.
4. Supra, p. 178, 1; 472, 2.

générations de philosophes dont l'œuvre remplit environ un siècle. Xénophane, le fondateur de l'école, énonce le principe général, qui est l'unité et l'éternité de l'être; mais il présente ce principe sous une forme théologique. Il oppose au polythéisme l'idée d'un être unique, incréé, embrassant toutes choses, et il admet comme corollaire l'unité et l'éternité de l'ensemble du monde. Mais, à côté de cet être, il laisse subsister le multiple et le changeant à titre de réalité. Parménide donne à ce principe son fondement métaphysique et son expression purement philosophique, en ramenant les oppositions de l'un et du multiple, de l'éternel et du devenir, à l'opposition fondamentale de l'être et du non-être, en déduisant les propriétés de l'être et du non-être de leurs concepts, et en démontrant d'une manière universelle l'impossibilité du devenir, du changement et de la pluralité. Enfin Zénon et Mélissus défendent les propositions de Parménide contre l'opinion commune; mais, dans cette polémique, ils s'écartent tellement des idées reçues, que l'impossibilité d'expliquer les phénomènes par le principe éléatique devient manifeste.

§ 2. XÉNOPHANE.

SA VIE[1] ET SES ÉCRITS. — Ce que nous savons de la doctrine de Xénophane nous vient de sources de deux espèces,

---

1. Colophon est, en général, désignée comme la patrie de Xénophane. Son père s'appelait, selon APOLLODORE, Orthoménès; selon d'autres, Dexius ou Dexinus (DIOG., IX, 18; LUCIEN, Macrob., 20; HIPPOLYTE, Refut., I, 14; THÉODORET, Cur. gr. aff., IV, 5, p. 56). Sur l'époque où il a vécu, APOLLOD. (ap. CLÉM., Strom., I, 301 c) dit : κατὰ τὴν τεσσαρακοστὴν Ὀλυμπιάδα γενόμενον παρατετακέναι ἄχρι τῶν Δαρείου τε καὶ Κύρου χρόνων. Nous devons admettre que ces deux rois ont été effectivement nommés par lui, et qu'il ne peut être question de substituer, à Κύρου, « Ξέρξου », ou de supprimer Δαρείου. Le nom de Cyrus est également confirmé par HIPPOLYTE (l. c.); et ce nom seul pourrait paraître étrange, en ce sens qu'on ne pouvait regarder comme une preuve de la longévité bien connue de Xénophane (παρατετακέναι, sc. τὸν βίον) cette circonstance que, né dans la 40° olympiade, il avait vécu jusqu'à l'époque de Cyrus. Si le nom de Darius se trouve placé avant celui de Cyrus, c'est pour des raisons de métrique, comme DIELS le prouve suffisamment (Rhein. Mus., XXXI, 23); on sait qu'APOLLODORE

qui ne semblent pas s'accorder parfaitement entre elles.
488 Dans les fragments de son poëme didactique qui nous ont

écrivait en trimètres. Mais au lieu de la 40° olympiade (M), il faut certainement
mettre la 50° (N) comme époque de sa naissance. En effet (DIELS, p. 23) l'indication (DIOG., IX, 20) suivant laquelle il était à la fleur de l'âge dans la 60° olympiade est, d'après tous les indices, tirée également d'Apollodore; or l'ἀκμή est
généralement placée dans la 40° année de la vie. Mais, comme SEXTUS (*Mathem.*,
I, 257) donne aussi la 40° olympiade comme l'époque de sa naissance, il semble
que l'erreur s'était déjà glissée dans une ancienne biographie où il a puisé en
commun avec Clément. D'après DIOGÈNE (*l. c.*), c'est la fondation d'Élée, chantée
par Xénophane (DIELS, *l. c.*), qui a servi à fixer l'époque de l'ἀκμή, d'après
laquelle Apollodore, lui aussi, a calculé vraisemblablement l'année de la naissance. EUSÈBE mentionne Xénophane dans la 60° aussi bien que dans la 56° olympiade; mais c'est là un fait sans importance. SOTION (*ap.* DIOG., IX, 18) le nomme
simplement un contemporain d'Anaximandre; EUSÈBE (*Pr. ev.*, X, 14, 14: XIV,
17, 10) dit qu'il était contemporain de Pythagore et d'Anaxagore (EUSÈBE, d'ailleurs, fait également vivre ce dernier trop tôt); JAMBLIQUE (*Theol. Arithm.*, p. 41)
nomme seulement Pythagore. HERMIPPUS, ap. DIOG., VIII, 56 (cf. *ibid.*, IX, 20),
dit qu'il a été le maître d'Empédocle. TIMÉE (*ap.* CLÉM., *l. c.*) et PLUTARQUE (*Reg-
apophtheg. Hier.*, IV, p. 175) en font un contemporain d'Hiéron et d'Épicharme.
Ps.-LUCIEN en fait même le disciple d'Archélaüs, et le Scholiaste *ad Aristo-
phanem* (*Pax*, 696) lui attribue une assertion touchant Simonide, à laquelle il
n'y a d'ailleurs pas à ajouter grande importance; cf. KARSTEN (*Phil. græc. rell.*,
I, 81, sq.). Lui-même semble parler de Pythagore comme d'un philosophe déjà
mort, tandis qu'Héraclite le désigne comme un prédécesseur (voy. sup., p. 418,
1; 443. 2, éd. all.); il a aussi parlé d'Épiménide, après la mort de celui-ci (DIOG.,
I, 111; IX, 18). Il dit lui-même (fr. 17, ap. ATHÉN. II, 54 e) que le commencement de la lutte entre les colonies ioniennes et les Perses eut lieu dans sa jeunesse; car on lui demande dans un banquet : πηλίκος ἦσθ', ὅθ' ὁ Μῆδος ἀφίκετο; et
cette question ne peut se rapporter à un événement récent, tel que l'expédition
des Perses contre Athènes, mais seulement à quelque fait de date ancienne. (Cf.
COUSIN, *Fragm. philos.*, I. 3, sq., KARSTEN, p. 9.) Cela s'accorde bien avec l'assertion de DIOGÈNE (IX, 20) d'après laquelle il aurait célébré la fondation d'Élée
(61° olymp.) en 2000 hexamètres, et avec l'anecdote (*ap.* PLUT., *De vit. pud.*, c. V,
p. 530) d'après laquelle il aurait été en relation avec Lasus d'Hermione (vers 520-
500). En résumé, l'époque où il a vécu est vraisemblablement la seconde moitié
du sixième siècle. Sa naissance paraît devoir être placée dans le premier quart
de ce siècle, sa mort dans le siècle suivant. Car il est certain qu'il vécut très-
longtemps. Dans les vers cités *ap.* DIOG., IX, 18, il dit qu'il y a soixante-sept ans,
depuis sa vingt-cinquième année, qu'il voyage en Grèce. LUCIEN (*l. c.*) le fait
vivre quatre-vingt-onze ans, ce qui est trop peu. CENSORINUS (*De die nat.*, 15, 3) le
fait vivre cent ans. — Quant à sa vie, on raconte qu'il fut chassé de sa patrie et
vécut dans plusieurs villes, notamment à Zanclé, à Catane et à Élée (DIOG., IX, 18;
ARIST., *Rhet.*, II, 23, 1400 b, 5; KARSTEN, p. 12, 87), et qu'il fut très-pauvre (DIOG.,
IX, 20, d'après Démétrius et Panétius, PLUT., *Reg. apophth..* IV, p. 175). Les textes
qui en font un disciple du pythagoricien Télaugès (DIOG., I, 15), ou d'un Athénien
inconnu nommé Boton, ou même d'Archélaüs (DIOG., IX, 18; Ps.-LUCIEN, *l. c.*),
ne doivent pas être pris en considération. Quand PLATON (*Soph.*, 242 d) dit de
l'école d'Élée : ἀπὸ Ξενοφάνους τε καὶ ἔτι πρόσθεν ἀρξάμενον, il n'est pas vraisemblable qu'il pense à tels ou tels prédécesseurs de Xénophane (comme les Pythagoriciens, ainsi que le veut COUSIN, p. 7; car Platon ne pouvait les désigner
comme les promoteurs de la doctrine éléatique sur l'unité de l'être). Il parle
(BRANDIS, *Comm. el.*, 7; KARSTEN, 92, sq.) d'après cette supposition générale, que
des opinions analogues aux siennes avaient pu être professées par des philosophes

été conservés, nous ne trouvons qu'un petit nombre de propositions relatives à la physique : les opinions théologiques sont de beaucoup prédominantes. Au contraire, les anciens écrivains lui attribuent en général des opinions métaphysiques, par lesquelles il se rattache plus étroitement à son successeur Parménide. C'est du rapport établi entre ces deux sources que dépend essentiellement la détermination de la doctrine de Xénophane.

CRITIQUE DU POLYTHÉISME. — Si l'on consulte les textes de Xénophane qui nous ont été conservés, on voit en lui avant tout un philosophe qui combat le polythéisme popu-

antérieurs; c'était, en effet, déjà la coutume de chercher les doctrines des philosophes chez les anciens poëtes. Mais je ne puis admettre l'hypothèse de LOBECK (*Aglaoph.*, I, 613), d'après laquelle Platon ferait spécialement allusion à la théogonie orphique. Une anecdote de PLUTARQUE, qui fait supposer un voyage en Égypte (*Amator.*, 18, 12, p. 763; *De Is.*, 70, p. 379), et qui est reproduite sans que le nom de Xénophane soit mentionné, *ap.* CLÉMENT (*Cohort.*, 15 b), transporte arbitrairement en Égypte un événement qui, d'après ARISTOTE (*l. c.*), s'est passé à Élée. Mais il est très-admissible que, dans sa patrie déjà, ses recherches l'aient poussé vers la philosophie ionienne de la nature, alors à ses débuts. Lors donc que Théophraste (voy. DIOG., IX, 21) le désigne comme un disciple d'Anaximandre, nous n'avons aucune raison de mettre cette assertion en doute. De même, l'indication (DIOG., IX, 18) d'après laquelle il aurait contredit Thalès et Pythagore, peut reposer sur ce fait, qu'il avait parlé, en les blâmant, de Thalès et de Pythagore (voy. p. 418, 1, éd. all.; p. 501, éd. all.). Le témoignage d'Héraclite (voy. *sup.*, p. 443, 2) donne à penser que Xénophane possédait des connaissances exceptionnelles. Il se fit principalement connaître de ses contemporains par des poëmes qu'il récitait dans ses voyages, selon l'ancienne coutume (DIOG., IX, 18). Les écrivains postérieurs lui attribuent des poëmes de toute espèce, des épopées, des élégies, des iambes (DIOG., *l. c.*; cf. KERN, *Xenoph.*, 18), des tragédies (EUS., *Chron. Ol.*, 60, 2), des parodies (ATHÉN., II, 54 c), des silles (STRABON, XIV, 1, 28, p. 643; Scholiaste *ad* Aristoph. [*Équites*, 408]; PROCL. *ad* Hes. *Op. et Dies*, 284; EUSTATHE, *ad* Il., II, 212; TZETZ., édition Bernhardy des *Geograph. min.*, p. 1010), ou, comme dit APULÉE (*Floril.*, IV, 20, où cependant les auteurs des manuscrits lisent : *Xénocrate*), des satyres. COUSIN (p. 9) et KARSTEN (19, sqq.) lui contestent les silles; cf. WACHSMUTH, *De Timone Phliasio*, 29, sq. Ses opinions philosophiques étaient exposées dans un poëme didactique écrit dans le mètre épique, et dont quelques fragments nous ont été conservés. Ce poëme, à ce que disent des écrivains postérieurs (STOB., *Ecl.*, I, 294; POLL., *Onomast.*, VI, 46), portait le titre Περὶ φύσεως; mais leur témoignage n'est pas très-sûr, car cet ouvrage se perdit de très-bonne heure; cf. BRANDIS, *Comm. el.*, 10 sqq.; KARSTEN, 26, sqq.; SIMPLICIUS, par exemple, nous dit (*De cælo*, 233 b, 22, *Schol. in Aristot.*, 506. a, 40) qu'il ne l'a pas vu. Jusqu'ici, on avait lu (*ap.* DIOG., I, 16) que *Xénophane* était compté parmi les auteurs philosophiques les plus féconds ; mais, dans ce passage, il faut lire, avec NIETZSCHE (*Rh. Mus.*, XXV, 220, sq.), Ξενοκράτης. ATHÉNÉE (XIV, 632 d) porte sur les vers de Xénophane un jugement plus favorable que Cicéron (*Acad.*, II, 23, 74).

laire. C'est déjà en ce sens qu'il a été célèbre dans l'antiquité[1]. A la prétendue multiplicité des dieux il oppose l'unité de Dieu, à leur génération dans le temps son éternité, à leur mutabilité son immutabilité, à leur nature encore humaine sa nature supérieure, à leur imperfection physique, intellectuelle et morale sa spiritualité infinie.

Un seul Dieu commande aux dieux et aux hommes; car la divinité est l'être suprême, et il ne peut y avoir qu'un seul être suprême[2]. Ce Dieu est sans commencement : car ce qui a commencé est périssable, et la divinité ne peut être conçue que comme immortelle[3].

---

1. Cf., entre autres, ARIST. (*Poet.*, 25, 1460 b, 36) : on peut défendre les poètes en disant qu'ils représentent les choses telles qu'elles sont, ou telles qu'elles devraient être; εἰ δ' οὐδετέρως, ὅτι οὕτω φασίν, οἷον τὰ περὶ θεῶν. ἴσως γὰρ οὔτε βέλτιον οὕτω λέγειν, οὔτ' ἀληθῆ, ἀλλ' ἔτυχεν ὥσπερ Ξενοφάνης (sc. λέγει; la plupart des manuscrits donnent toutefois Ξενοφάνει ou Ξενοφάνη, et RITTER suppose que le texte exact est : ὡς ποτε Ξενοφάνει)· ἀλλ' οὖ φασι. Ces mots, changés sans nécessité par quelques éditeurs modernes et souvent mal interprétés (cf. KARSTEN, p. 188), doivent être traduits tout simplement : « car il est bien possible que les conceptions ordinaires sur les dieux ne soient ni bonnes ni exactes, et que l'opinion de Xénophane soit le vrai. Mais la foule pense autrement. » Ritter, à la vérité, considère tout le chapitre comme une addition postérieure; mais, même dans ce cas, ce chapitre serait fondé sur quelque texte authentique : or les mots dont il s'agit ont précisément une empreinte très-aristotélicienne.

2. Fr. 1. ap. CLÉM., *Strom.*, V, 601 c. :

εἷς θεὸς ἔν τε θεοῖσι καὶ ἀνθρώποισι μέγιστος,
οὔτε δέμας θνητοῖσιν ὁμοίιος οὔτε νόημα.

ARIST., *De Melisso*, c. III, 977 a, 23, sq.) : εἰ δ' ἔστιν ὁ θεὸς πάντων κράτιστον, ἕνα φησὶν αὐτὸν προσήκειν εἶναι. εἰ γὰρ δύο ἢ πλείους εἶεν, οὐκ ἂν ἔτι κράτιστον καὶ βέλτιστον αὐτὸν εἶναι πάντων, etc. PLUT., ap. EUS., *Pr. ev.*, I, 8; voy. sup., 469, 3; cf. 485, où il est également montré pourquoi et dans quel sens on peut tirer de l'écrit pseudo-aristotélicien un témoignage sur Xénophane. Les paroles d'Aristote citées p. 478, 1, prouvent aussi que Xénophane, dans ses écrits, avait parlé de l'unité de Dieu. Mais il est impossible de s'appuyer sur le fragment dont nous nous occupons pour soutenir l'hypothèse d'après laquelle Xénophane ne serait devenu que plus tard monothéiste pur, tandis qu'auparavant il aurait enseigné à la vérité l'existence d'un Dieu suprême, bien supérieur aux autres dieux, mais non pas l'existence d'un Dieu unique (KERN, *Beitr.*, 4). Il n'est pas nécessaire de considérer comme réels les dieux multiples, dont l'Un est le Dieu suprême. XÉNOPHANE, tout en pensant que ces dieux n'existent que dans l'esprit des hommes, pouvait, surtout dans le langage poétique, leur comparer le vrai Dieu et dire que celui-ci est plus grand qu'eux. « Le plus grand parmi les dieux et parmi les hommes » veut dire : le plus grand d'une façon absolue. Héraclite dit de même (voy. inf., 586, II, éd. all.) : « Aucun des dieux ni des hommes n'a créé le monde, » voulant simplement signifier par là que le monde est éternel. Dans un chant de l'Église chrétienne, Dieu n'est-il pas nommé « le Dieu des dieux »?

3. Fr. 5. ap. CLÉMENT, l. c., et avec quelques divergences, ap. THÉOD., *Cur.*

De même, Dieu est immuable, il reste immobile en un seul et même lieu, il ne voyage pas d'un point à un autre[1]. De quel droit lui attribuons-nous une forme humaine? Chacun fait les dieux à sa propre image. Le nègre se les représente noirs et avec un nez épaté; les Thraces se les représentent avec des yeux bleus et une chevelure rouge; et si les chevaux et les bœufs savaient peindre, ils se représenteraient certainement les dieux sous la forme de chevaux et de bœufs[2]. Il en est de même de toutes les autres imperfections de la nature humaine que nous transportons à la divinité. Non-seulement les histoires immorales qu'Homère et Hésiode racontent des dieux[3], mais d'une manière générale toute imperfection

gr. aff., III, 72, p. 49 : ἀλλὰ βροτοὶ δοκέουσι θεοὺς γεννᾶσθαι... τὴν σφετέρην δ' ἐσθῆτα (Théod. donne αἴσθησιν, qui semble préférable) ἔχειν φωνήν τε δέμας τε. Arist., *Rhet.*, II, 23, 1399 b, 6 : Ξ. ἔλεγεν, ὅτι ὁμοίως ἀσεβοῦσιν οἱ γενέσθαι φάσκοντες τοὺς θεοὺς τοῖς ἀποθανεῖν λέγουσιν· ἀμφοτέρως γὰρ συμβαίνει μὴ εἶναι τοὺς θεούς ποτε. *Ibid.*, 1400 b, 5 : Ξ. Ἐλεάταις ἐρωτῶσιν εἰ θύωσι τῇ Λευκοθέᾳ καὶ θρηνῶσιν, ἢ μή, συνεβούλευεν, εἰ μὲν θεὸν ὑπολαμβάνουσι, μὴ θρηνεῖν, εἰ δ' ἄνθρωπον, μὴ θύειν. (Sur la manière dont Plutarque raconte cette anecdote, cf. p. 487, au bas, éd. all.) *De Mel.*, c. III (voy., p. 475, éd. all.), où l'argumentation n'est certainement pas de Xénophane. Diog., IX, 19 : Πρῶτος τ' ἀπεφήνατο, ὅτι πᾶν τὸ γινόμενον φθαρτόν ἐστι.

1. Fr. 4, *ap.* Simpl., *Phys.*, 6, l. c. (voy. sup., 469, 3; 473; au bas, éd. all.). Cf. Arist., *Metaph.*, I, 5, 986 b, 17, où il est dit des Éléates d'une manière générale : ἀκίνητον εἶναί φασι (τὸ ἕν).

2. Fr. 1, 5. Voy. sup., fr. 6, *ap.* Clém., *Strom.*, V, 601 d; Théod., *l. c.*; Eus., *Pr. ev.*, XIII, 13, 36 :

ἀλλ' εἴτοι χεῖρας γ' εἶχον βόες ἠὲ λέοντες,
ἢ γράψαι χείρεσσι καὶ ἔργα τελεῖν ἅπερ ἄνδρες (sc. εἶχον),
ἵπποι μέν θ' ἵπποισι βόες δέ τε βουσὶν ὁμοίας

(telle est la leçon de Théod.; les autres donnent ὁμοίοι),

καί κε θεῶν ἰδέας ἔγραφον καὶ σώματ' ἐποίουν
τοιαῦθ' οἷόν περ καὐτοὶ δέμας εἶχον ὁμοῖον.

La suite *ap.* Théod., *l. c.*, et Clém., *Strom.*, VII, 711 b. C'est également à ce sujet que se rapporte le texte de Diog., IX, 19 : οὐσίαν θεοῦ σφαιροειδῆ, μηδὲν ὅμοιον ἔχουσαν ἀνθρώπῳ· ὅλον δ' ὁρᾶν καὶ ὅλον ἀκούειν μὴ μέντοι ἀναπνεῖν. si ces derniers mots s'appuient sur les propres paroles de Xénophane. Je ne crois pas, d'ailleurs, qu'ils soient dirigés contre la théorie pythagoricienne de la respiration du monde. (Kern., *Beitr.*, 17; *Xenoph.*, 25. Voy. sup., 404, 3.)

3. Fr. 7, *ap.* Sext., *Math.*, IX, 19, 3; I, 289 :

πάντα θεοῖς ἀνέθηκαν Ὅμηρός θ' Ἡσίοδός τε
ὅσσα παρ' ἀνθρώποισιν ὀνείδεα καὶ ψόγος ἐστίν,
οἱ

est indigne de la divinité. La divinité ne ressemble pas plus aux mortels en ce qui concerne l'esprit qu'en ce qui concerne la forme. Elle est tout yeux, tout oreilles, toute pensée, et par sa pensée elle gouverne tout sans fatigue[1]. Nous voyons ici la religion naturaliste et la pluralité des dieux faire place à un monothéisme plus pur. Mais les textes que nous avons cités ne nous autorisent pas à attribuer à ce monothéisme un caractère rigoureusement philosophique[2].

Unité de l'être en général. — Toutefois d'autres témoignages nous conduisent plus loin, en étendant à l'ensemble des choses ce que dit Xénophane sur l'unité et l'éternité de Dieu. Déjà Platon réunit l'opinion de Xénophane et celle de ses successeurs dans la formule : Tout est un[3]. De même Aristote appelle Xénophane le promoteur de la doctrine de l'unité de toutes choses, en disant expressément qu'il a eu en vue l'ensemble des choses dans ses assertions sur l'unité de Dieu[4]. Théophraste[5] dit qu'en affir-

---

(leç. d'Henri Estienne. Les manuscrits donnent ὅς, KARST. et WACHSM., p. 74 : καὶ

πλεῖστ' ἐφθέγξαντο θεῶν ἀθεμίστια ἔργα,
κλέπτειν, μοιχεύειν τε καὶ ἀλλήλους ἀπατεύειν.

À cause de cette inimitié contre les poètes de la religion populaire, Timon (ap. Sext., *Pyrrh.*, I. 224. Diog., IX, 18) nomme notre philosophe : Ὁμηραπάτης ἐπισκώπτην (ou mieux : ἐπικόπτην); et Diogène (l. c.), dit de lui : γέγραφε δὲ... καθ' Ἡσιόδου καὶ Ὁμήρου ἐπικόπτων αὐτῶν τὰ περὶ θεῶν εἰρημένα. C'est à ce passage et à des passages analogues que se rapporte le texte d'Aristote dont nous avons parlé, p. 488, 1, éd. all.

1. Fr. 1, voy. p. 489, 1. Fr. 2, ap. Sext., IX, 144 (cf. Diog., IX, 19. Plut., ap. Eus., *Pr. ev.*, I, 8, 4) : οὖλος ὁρᾷ, οὖλος δὲ νοεῖ, οὖλος δέ τ' ἀκούει. Fr. 3, ap. Simpl., *Phys.*, 6 a, mil. : ἀλλ' ἀπάνευθε πόνοιο νόου φρενὶ πάντα κραδαίνει. Cf. Diog., l. c., σύμπαντα τ' εἶναι [τὸν θεὸν] νοῦν καὶ φρόνησιν καὶ ἀίδιον. Timon, ap. Sext. *Pyrrh.*, I. 224 : ἐκτὸς ἀπ' ἀνθρώπων (correction de Fabricius) θεὸν ἐπλάσατ' ἴσον ἀπάντη, ἀπαθῆ,.... νοερώτερον ἠὲ νόημα. Voy. 192, 3. Peut-être l'autre indication, ap. Diog., a-t-elle le même sens : ἔφη δὲ καὶ τὰ πολλὰ ἥσσω νοῦ εἶναι.

2. Tel est également le caractère de la réfutation de la Mantique, que Cicéron (*Divin.*, I, 3, 5) et Plutarque (*Plac.*, V, 1, 2) attribuent au philosophe de Colophon.

3. *Soph.*, 242 d : τὸ δὲ παρ' ἡμῖν Ἐλεατικὸν ἔθνος, ἀπὸ Ξενοφάνους τε καὶ ἔτι πρόσθεν ἀρξάμενον, ὡς ἑνὸς ὄντος τῶν πάντων καλουμένων οὕτω διεξέρχεται τοῖς μύθοις.

4. *Met.*, I, 5, 986 b, 10 : εἰσὶ δέ τινες οἳ περὶ τοῦ παντὸς ὡς ἂν μιᾶς οὔσης φύσεως ἀπεφήναντο. Il est dit plus loin de ces philosophes que leur premier être unique n'est pas, comme la matière primitive des physiciens, le principe du devenir, mais ἀκίνητον εἶναί φασιν.... Ξενοφάνης δέ, etc. Voy. sup. 478, 1.

5. Ap. Simpl.; *supra*, p. 472, 3.

mant l'unité du premier principe il a affirmé l'unité de tout ce qui existe; et Timon lui fait dire que, partout où il a tourné ses regards, il a vu toutes choses se résoudre dans une seule et même essence, toujours identique à elle-même[1]. A ces témoignages unanimes des écrivains les plus dignes de foi viennent s'ajouter des témoignages d'écrivains postérieurs[2]. Devons-nous mettre en doute la valeur de ces assertions? Devons-nous dire qu'un tel panthéisme ne se concilie pas avec le pur monothéisme de Xénophane[3]? Nous n'en avons pas le droit. Qui peut nous assurer que les développements de Xénophane sur l'unité, l'éternité,

---

1. *Ap.* Sext., *Pyrrh.*, I, 224, il lui fait dire :

   ... ὅππη γὰρ ἐμὸν νόον εἰρύσαιμι
   εἰς ἓν ταὐτό τε πᾶν ἀνελύετο · πᾶν δ' ἐὸν αἰεὶ
   πάντη ἀνελκόμενον μίαν εἰς φύσιν ἵσταθ' ὁμοίαν.

2. Cic., *Acad.*, II, 37, 118 : *Xenophanes... unum esse omnia neque id esse mutabile et id esse Deum, neque natum unquam et sempiternum, conglobata figura.* — *N. D.*, I, 11, 28 : *tum Xenophanes, qui mente adjuncta omne praeterea, quod esset infinitum, Deum voluit esse.* Krische (*Forschungen*, I, 90) montre que le premier passage est traduit du grec. On trouve une exposition en grec assez analogue (naturellement d'après une autre source) dans Théodoret, *Cur. gr. aff.*, IV, 5, p. 57, Sylb. : Ξ... ἓν εἶναι τὸ πᾶν ἔφησε, σφαιροειδὲς καὶ πεπερασμένον, οὐ γεννητόν, ἀλλ' ἀΐδιον καὶ πάμπαν ἀκίνητον. Voy. aussi Plut., *ap.* Eus., *Pr. ev.*, I, 8, 4 : Ξεν. δὲ.... οὔτε γένεσιν οὔτε φθορὰν ἀπολείπει, ἀλλ' εἶναι λέγει τὸ πᾶν ἀεὶ ὅμοιον, εἰ γὰρ γίγνοιτο τοῦτο, φησίν, ἀναγκαῖον πρὸ τούτου μὴ εἶναι · τὸ μὴ ὂν δὲ οὐκ ἂν γένοιτο, οὐδ' ἂν τὸ μὴ ὂν ποιήσαι τι, οὔτε ὑπὸ τοῦ μὴ ὄντος γένοιτ' ἄν τι. Sext., *Pyrrh.*, I, 225 (cf. III, 218) : ἐδογμάτιζε δὲ ὁ Ξ... ἓν εἶναι τὸ πᾶν καὶ τὸν θεὸν συμφυῆ τοῖς πᾶσιν · εἶναι δὲ σφαιροειδῆ καὶ ἀπαθῆ καὶ ἀμετάβλητον καὶ λογικόν. Hippolyte (*Reful.*, I, 14) : λέγει δὲ ὅτι οὐδὲ γίνεται οὐδὲ φθείρεται οὐδὲ κινεῖται, καὶ ὅτι ἓν τὸ πᾶν ἐστιν ἔξω μεταβολῆς · φησὶ δὲ καὶ τὸν θεὸν εἶναι ἀΐδιον καὶ ἕνα καὶ ὅμοιον πάντῃ καὶ πεπερασμένον καὶ σφαιροειδῆ καὶ πᾶσι τοῖς μορίοις αἰσθητικόν. Galien (*H. phil.*, c. 3, p. 234) : Ξενοφάνην μὲν περὶ πάντων ἠπορηκότα, δογματίσαντα δὲ μόνον τὸ εἶναι πάντα ἓν καὶ τοῦτο ὑπάρχειν θεόν, πεπερασμένον, λογικόν, ἀμετάβλητον. De nombreux indices démontrent que tous ces comptes rendus dérivent probablement de la même source. Alexandre dit aussi que Xénophane a enseigné l'unité de l'être tout entier (*Metaph.*, 23, 18, Bon. *ad* 984 a, 29) : λέγει μὲν περὶ Ξενοφάνους καὶ Μελίσσου καὶ Παρμενίδου · οὗτοι γὰρ ἓν τὸ πᾶν ἀπεφήναντο. *Ibid.*, 32, 17 (*ad* 986 b, 8) : τῶν ἓν τὸ ὂν εἶναι θεμένων... ὡς τοῦ παντὸς μιᾶς φύσεως οὔσης, ὅν ἦν Ξενοφάνης τε καὶ Μέλισσος καὶ Παρμενίδης. *Ibid.*, 33, 10 (*ad* 986 b, 17, voy. *sup.*, 178, 1) : τὸ δὲ « ἐνίσας » ἴσον ἐστὶ τῷ πρώτως ἓν εἶναι τὸ ὂν εἰπών.

3. Voy. Cousin (*Fragm. philos.*, I, 37, sqq.; Karsten, 134 sqq.). De même, Brandis (*Gr.-röm. Phil.*, I, 365) conteste que Xénophane ait enseigné l'unité de l'être, en alléguant qu'il n'a pu mettre sur la même ligne le divisé, qui apparaît dans le devenir, et l'être un et simple. Krische (*Forsch.*, 94) n'admet pas qu'on le regarde comme panthéiste, par cette raison qu'il ne considère comme la divinité que l'être séparé du devenir. Mais il s'agit précisément de savoir si Xénophane a distingué l'être du devenir aussi nettement qu'on le prétend ici.

la perfection, la spiritualité de Dieu étaient conçus au sens théistique et non pas plutôt au sens panthéistique? Ses propres paroles laissent la question tout à fait indécise. Or, même indépendamment des témoignages des anciens, la vraisemblance serait du côté de la conception panthéistique. Car les dieux grecs ne sont autre chose que les forces de la nature et de la vie humaine personnifiées. Si donc un penseur entreprenait de réfuter la pluralité des dieux, il devait incliner à les réunir dans l'idée de l'ensemble du monde ou de la force de la nature en général, plutôt que dans l'idée d'un Dieu extérieur au monde.

Nous avons donc tout lieu de croire que Xénophane, dans ses affirmations sur l'unité de Dieu, entend soutenir en même temps l'unité du monde; et nous nous expliquerons très-bien qu'il en soit ainsi, si nous admettons que la seconde de ces assertions lui paraissait donnée immédiatement avec la première. Dans ses réflexions sur le principe des choses, il se conforma tout d'abord à la foi religieuse, laquelle place ce principe dans l'action de la divinité. Mais la pluralité, l'imperfection et la forme humaine des dieux ne pouvaient se concilier avec l'idée qu'il se faisait de la divinité. De plus, l'unité du monde lui paraissait établie, d'abord, pour l'intuition sensible, par la limite visible que forme la voûte céleste, ensuite, pour une réflexion plus profonde, par l'uniformité et la connexion des phénomènes. Cette unité du monde lui paraissait réclamer l'unité de la force organisatrice[1]; et il ne se représentait pas cette force comme séparée du monde lui-même. Pour lui, Dieu et le monde sont entre eux dans le même rapport que l'être et le phénomène. Si la divinité est une, l'essence des choses doit être une, et réciproque-

---

1. Tiμov, dans les vers cités plus haut. Arist., *l. c.* : εἰς τὸν ὅλον οὐρανὸν ἀποβλέψας; ce qui veut dire que, sans distinguer dans les choses la forme de la matière, il est allé de la considération du monde à la conception de l'unité. Cette interprétation est confirmée par sa doctrine sur l'éternité du monde et l'immutabilité de l'univers.

ment. La religion naturaliste panthéistique se transforme ainsi en panthéisme philosophique.

XÉNOPHANE NE NIE PAS LE DEVENIR. — Xénophane semble avoir rattaché à sa doctrine de l'unité de Dieu la doctrine de son identité absolue, et avoir soutenu ainsi la simplicité qualitative de l'essence divine en même temps que son unité. Du moins, c'est ce qui paraît résulter de témoignages relativement anciens[1]. On peut se demander cependant si cette assertion, présentée sous cette forme, n'est pas simplement une déduction postérieure, tirée des expressions qu'avait employées ce philosophe pour dépeindre la science divine[2].

Quant à l'indication suivant laquelle il aurait désigné la divinité comme sphérique et limitée, ou au contraire, ainsi que d'autres le prétendent, comme illimitée et infinie[3], elle est en contradiction avec le témoignage précis d'Aristote et de Théophraste[4]. Ces deux assertions doivent pourtant avoir quelque fondement. D'une part, Xénophane attribue au monde une étendue infinie, quand il dit que l'air, dans la région supérieure, et les racines de la terre, dans la région inférieure, se prolongent indéfiniment[5]. D'autre part,

---

1. Cf. sup., p. 469, 3; 491, 1. 492, 2, 3, les citations empruntées au *De Melisso*, à Timon et à Hippolyte.
2. Cette conjecture est fondée sur le texte du π. Mel., qui, dans l'exposition aussi bien que dans la critique de la doctrine de Xénophane, rattache la proposition de l'identité de Dieu à l'οὖλος ὁρᾶν, etc. Cf. c. 3, 977 a, 36. — c. 4, 978 a, 3 (leçon de Mull.) : ἕνα δὲ ὄντα πάντη ὁρᾶν καὶ ἀκούειν οὐδὲν προσήκει... ἀλλ' ἴσως τοῦτο βούλεται τὸ πάντη αἰσθάνεσθαι, ὅτι οὕτως ἂν βέλτιστα ἔχοι, ὅμοιος ὢν πάντη. De même, Timon, dans les vers cités p. 491. l. éd. all., rattache le ἴσον ἅπαντη au νοερώτερον δὲ νόημα.
3. Voy. sup., p. 480, 1. 492, 3. 490, 3, éd. all. PHILOPON (*Phys.*, A, 5, ap. KARSTEN, p. 126) dit également que Xénophane et Parménide ont considéré le premier être comme limité.
4. Voy. sup., 478, 1, 472, 3 (édit. all.).
5. Lui-même, à la vérité, ne dit cela que de la terre (fr. 12, ap. ACH. TAT., *Isag.*, p. 127 e. Pet.) : γαίης μὲν τόδε πεῖρας ἄνω παρὰ ποσσὶν ὁρᾶται αἰθέρι προσπλάζον, τὰ κάτω δ' ἐς ἄπειρον ἱκάνει. Mais ARISTOTE déjà, dans le passage (*De cælo*, II, 12, 294 a, 21) où il parle de ceux qui ἄπειρον τὸ κάτω τῆς γῆς εἶναι φασιν, ἐπ' ἄπειρον αὐτὴν ἐρριζῶσθαι λέγοντες, ὥσπερ Ξενοφάνης, lui applique le blâme adressé par Empédocle à l'opinion suivant laquelle ἀπείρονα γῆς τε βάθη καὶ δαψιλὸς αἰθήρ. De même, *De Mel.*, c. 2, 976 a, 32 : ὁ καὶ Ξενο-

il a, nous dit-on, considéré en même temps le monde
comme sphérique[1]. Mais la contradiction de ces deux
propositions démontre à elle seule qu'il s'agit moins
ici de thèses scientifiques que d'assertions accessoires
qui se trouvaient à différents endroits du poëme de
Xénophane. Ce philosophe peut avoir parlé tantôt de la
forme sphérique du ciel, tantôt de la profondeur infinie
de la terre et de l'étendue infinie de l'air, sans s'être mis
en peine de concilier ces deux assertions entre elles;
mais il n'est pas vraisemblable que, dans l'une ou l'autre
des deux assertions, il ait voulu exprimer une opinion
arrêtée sur la forme ou l'étendue du monde. Et il est
encore moins vraisemblable que ces deux propositions,
dans sa pensée, se soient rapportées à la divinité.

Au contraire, quand nous lisons qu'il a considéré le
monde comme exempt de commencement, éternel et
impérissable[2], nous sommes bien plus fondés à songer
aux propositions analogues qu'il a émises touchant la divinité. Ce qui est vrai de la divinité à cet égard s'applique
immédiatement à l'univers, parce que la divinité, pour
notre philosophe, n'est autre chose que le principe immanent du monde. Mais il semble n'avoir attribué cette éternité qu'au monde considéré en général, c'est-à-dire à sa
substance, sans prétendre pour cela que le système du
monde, dans son état actuel, soit également incréé[3]. De
même, en disant que tout demeure identique[4], il a pu
penser à la régularité du cours du monde et à l'immu-

ράντος ἄπειρον τό τε βάθος τῆς γῆς καὶ τοῦ ἀέρος φησὶν εἶναι, etc. Cette indication
est reproduite dans PLUT., *ap.* Eus., *Pr. ev.*, I, 8, 4; *Plac.*, III, 9, 4 (GALIEN, c. 21);
HIPPOLYTE, I, 14; KOSMAS INDICOPL., p. 149; GEORG. PACHYM., p. 118. Voy. BRANDIS,
Comm. el., 48. KARSTEN, 154. COUSIN, 24 sq.

1. Voy. *sup.*, 492, 3; 480, 1.
2. Voy. *sup.*, 492, 3, et PLUT., *Plac.*, II, 4, 3 (STOB., I, 416): Ξενοφάνης
(Stobée donne, au lieu de Ξενοφάνης, Μέλισσος; dans un autre manuscrit, on lit
en marge : Ξενοφάνης, Παρμενίδης, ΜΩ.) ἀγέννητον καὶ ἀΐδιον καὶ ἄφθαρτον τὸν
κόσμον. Cf. cependant p. 498, 3.
3. Voy. *sup.*, p. 498, 3 (éd. all.).
4. PLUTARQUE, CICÉRON, HIPPOLYTE, etc., voy., p. 492, 3.

tabilité de l'ensemble des choses. Mais on ne peut admettre, avec des écrivains postérieurs[1], qu'il ait nié absolument tout changement et tout mouvement dans le monde. Car les anciens témoins et les fragments de notre philosophe gardent le silence sur ce point[2] ; et, de plus, un certain nombre de doctrines physiques, portant sur la génération des choses particulières et sur les révolutions de la terre, sont attribuées à Xénophane, sans qu'il nous soit jamais dit[3] qu'il ait, comme Parménide, voulu exposer uniquement les apparences trompeuses, et non la réalité des choses. Aucun témoin n'affirme qu'il ait déjà, à la manière de son successeur, opposé l'être au non-être et tenu le premier seul pour réel.

DOCTRINES PHYSIQUES. — Les idées de Xénophane en matière de physique ont à peine un lien quelconque avec ses principes philosophiques. Ce sont des observations et des conjectures isolées, tantôt pleines de sens, tantôt grossières et puériles, comme il devait arriver au début des sciences naturelles. Voici en peu de mots ce qui nous est rapporté à ce sujet.

Xénophane nous est donné comme ayant fait résider, dans la terre selon les uns, dans la terre et l'eau selon les autres, la substance fondamentale de toutes choses[4].

---

1. Voy. les preuves, l. c. Cf. p. 469, 3.
2. ARISTOTE dit, il est vrai (Met., I, 5, 986 b, 17), des Éléates en général : ἀκίνητον εἶναί φασιν; mais le sujet d'ἀκίνητον n'est pas τὸ πᾶν, mais bien τὸ ἕν.
3. Comme le prétend BRANISS (Gesch. d. Phil. s. Kant, I, 115), et comme le veut RITTER (I, 477), interprétant les fragments 15, 18, dont nous parlerons plus bas.
4. Les deux opinions sont mentionnées par SEXTUS (Math., X, 313, sq.) et par HIPPOL. (Reful., X, 6, sq., p. 498), lesquels citent les vers sur lesquels elles s'appuyaient, savoir, pour la première, le fr. 6 : ἐκ γαίης γὰρ πάντα καὶ εἰς γῆν πάντα τελευτᾷ, et, pour la seconde, le fr. 9 : πάντες γὰρ γαίης τε καὶ ὕδατος ἐκγενόμεσθα. Cf. fr. 10 : γῆ καὶ ὕδωρ πάνθ' ὅσσα γίνονται ἠδὲ φύονται. Pour la première opinion se prononcent PLUT., ap. EUS., l. c.; STOB., Ecl., I, 294; HIPPOL., I, 14; THÉOD., Cur. gr. aff., II, 10, p. 22, IV, 5, p. 56; pour la seconde : SEXT., Math., IX, 361. Pyrrh., III, 30; PORPH., ap. SIMPL., Phys., 41 a, mil., et PHILOP., Phys., B, 2, mil. (Schol. in Aristot., 338 b, 30; 339 a, 5. Cf. sup., p. 224, 2). Ps.-PLUT. (peut-être aussi Porphyre), V. Hom., 93. EUSTATHE, ad Il., VII, 99. GALIEN, H. Phil., c. 5, p. 243. EPIPH., Exp. fid., p. 1087 b.

Encore les vers sur lesquels repose cette indication semblent-ils ne se rapporter qu'aux êtres terrestres[1], et ainsi ne pas dépasser ce que nous rencontrons d'ailleurs en maint endroit[2]. ARISTOTE, dans le passage où il énumère les principes matériels posés par ses prédécesseurs, ne parle pas de Xénophane. Il y a plus, il dit expressément[3] : « Aucun de ceux qui n'ont admis qu'une seule substance primitive, n'a attribué ce rôle à la terre. » Son témoignage exclut donc rigoureusement la première des deux assertions. On ne peut d'ailleurs voir une confirmation de la seconde[4] dans le texte où il mentionne le sec et l'humide parmi les substances tenues pour primitives[5]. Car, à plusieurs reprises, il cite Parménide comme le seul des philosophes éléates qui ait admis deux éléments contraires, en dehors de la substance unique[6]. Les écrivains postérieurs devaient être d'autant plus portés à interpréter les vers de Xénophane dans le sens dont il s'agit, que ce philosophe faisait procéder les étoiles elles-mêmes du dessèchement de la terre et de l'eau. (Voy. infra.)

On veut encore que la terre elle-même, selon Xénophane, ait été formée par l'air et le feu[7] ; mais ceci est certainement inexact[8]. C'est vraisemblablement par suite

---

1. L'assertion de SABINUS (ap. GALIEN., in Hipp. de nat. hom., I, p. 25, K) suivant laquelle Xénophane aurait considéré la terre comme la substance de l'homme (et non de toutes choses, comme le dit KARSTEN. 150), n'est donc pas erronée, et Galien a tort de l'en blâmer si vertement (c'est ce que BRANDIS reconnaît aussi, l. c.).

2. Voy. 1, Moïse, 3, 19, ou HOMÈRE, Il., VII, 99 : ὕδωρ καὶ γαῖα γένοισθε.

3. Met., I, 8, 989 a, 5.

4. Comme le prétend PORPHYRE, l. c.

5. Phys., I, 5. 188 b, 33 : οἱ μὲν γὰρ θερμὸν καὶ ψυχρόν, οἱ δ᾽ ὑγρὸν καὶ ξηρόν (ἀρχὰς λαμβάνουσι).

6. Metaph.. I, 4. 5. 984. b 1. 986, b 27 sq.

7. PLUT., Plac., III, 9 (GALIEN, c. 21) : ἐξ ἀέρος καὶ πυρὸς συμπαγῆναι.

8. BRANDIS (Gr.-röm. Phil., I, 372) suppose que l'on confond ici, comme il arrive souvent ailleurs, Xénophane avec Xénocrate. Mais PLUTARQUE (Fac. lun., 29, 4, p. 944) n'attribue pas cette opinion à ce dernier. D'après KARSTEN (p. 157), l'indication provient de ce que Xénophane fait dériver de la terre l'air et le feu, c'est-à-dire la vapeur et la chaleur. C'est l'explication de RITTER (I, 479. — Cf. BRANDIS, Comm. el., 47) qui me paraît la plus vraisemblable. Il dit que, dans leur contexte primitif, ces mots signifiaient simplement que l'influence de l'air et du feu avait fait passer la terre de l'état liquide à l'état solide (voy. infra).

d'une méprise analogue que la doctrine des quatre élé- 498
ments lui a été attribuée[1]. Car les philosophes postérieurs
devaient retrouver très-aisément leurs quatre substances
primitives dans une exposition physique quelconque. Or
ARISTOTE[2] nomme expressément Empédocle comme le
fondateur de cette doctrine; de plus le lien de cette doctrine avec la métaphysique de Parménide est très-évident.
On n'est donc pas fondé à admettre qu'avant Empédocle
il se soit déjà trouvé un philosophe qui ait, non pas accidentellement, mais expressément désigné les quatre substances comme le principe de tous les corps composés.

On doit certainement accorder plus de confiance à l'indication suivant laquelle la terre, d'après Xénophane,
a passé de l'état liquide à l'état solide, et repassera, avec
le temps, sous l'influence de l'eau, à l'état de limon.
Xénophane avait remarqué des pétrifications d'animaux
marins au milieu des terres et même sur les montagnes;
et il ne réussissait à s'expliquer ce phénomène que par
l'hypothèse suivante : la terre, ou tout au moins la surface terrestre, avait dû être soumise à un passage périodique de l'état liquide à l'état solide, et réciproquement;
le genre humain avait dû être englouti par l'eau avec sa
demeure, pour renaître avec la réapparition de la terre
ferme[3]. Peut-être Xénophane reliait-il cette opinion avec

---

1. Diog., IX, 19.
2. *Metaph.*, I, 4, 985, a, 31.
3. HIPPOLYTE, I, 14 : Ὁ δὲ Ξ. μίξιν τῆς γῆς πρὸς τὴν θάλασσαν γενέσθαι δοκεῖ καὶ τῷ χρόνῳ ἀπὸ τοῦ ὑγροῦ λύεσθαι, φάσκων τοιαύτας ἔχειν ἀποδείξεις, ὅτι ἐν μέσῳ γῇ καὶ ὄρεσιν εὑρίσκονται κόγχαι, καὶ ἐν Συρακούσαις δὲ ἐν ταῖς λατομίαις λέγει εὑρῆσθαι τύπον ἰχθύος καὶ φωκῶν, ἐν δὲ Πάρῳ τύπον ἀφύης ἐν τῷ βάθει τοῦ λίθου, ἐν δὲ Μελίτῃ πλάκας συμπάντων θαλασσίων. (Xénophane semble avoir été le premier qui ait observé ces faits paléontologiques; ils frappèrent également les écrivains plus récents, comme nous le voyons notamment dans HÉROD., II, 12; THÉOPH., fr. 30; 3; STRABON, I, 3, 4, p. 49 sq.) ταῦτα δὲ φησι γενέσθαι ὅτε πάντα ἐπηλώθησαν πάλαι, τὸν δὲ τύπον ἐν τῷ πηλῷ ξηρανθῆναι, ἀναιρεῖσθαι δὲ τοὺς ἀνθρώπους πάντας, ὅταν ἡ γῆ κατενεχθεῖσα εἰς τὴν θάλασσαν πηλὸς γένηται, εἶτα πάλιν ἄρχεσθαι τῆς γενέσεως· καὶ τοῦτο πᾶσι τοῖς κόσμοις γίνεσθαι καταβάλλειν (Dunck.: καταβολήν, peut-être faut-il lire καταλλήλως). Cf. PLUT. ap. Eus., *Pr. ev.*, I, 8, 4 : ἀποφαίνεται δὲ καὶ τῷ χρόνῳ καταφερομένην συνεχῶς καὶ κατ᾽ ὀλίγον τὴν γῆν εἰς τὴν θάλασσαν χωρεῖν. Ces assertions sont beaucoup trop précises pour permettre d'adopter l'hypothèse

ses doctrines philosophiques à l'aide de cette idée, que l'essence divine est seule immuable, et que toute essence terrestre, au contraire, est soumise à un changement continuel[1].

Des écrivains récents interprètent les transformations innombrables de la terre dans le sens d'une infinité de mondes[2]. Mais cette opinion serait en contradiction avec

(TEICHMÜLLER, *Stud. z. Gesch. d. Begr.*, 604, *Neue Stud.*, etc., I, 219) selon laquelle Xénophane aurait cru à l'existence éternelle des hommes sur la terre. Cette hypothèse d'ailleurs ne repose sur aucun témoignage. Quand même Xénophane aurait admis l'éternité du monde, il ne s'ensuivrait pas qu'il eût admis également l'existence éternelle des hommes sur la terre. On pourrait dire dans ce cas, avec Hippolyte, que, selon l'opinion de notre philosophe, l'humanité disparaissait au moment où la terre était engloutie par les flots de la mer, et qu'elle reparaissait dès que la terre était de nouveau formée. Mais ni le témoignage des *Placita* (cité p. 495, 2. édit. all.) ni les indications (reproduites p. 492. 3, édit. all.) d'écrivains plus récents (qui ne distinguent pas nettement entre les assertions de Xénophane relatives à la divinité et les assertions de ce philosophe relatives à l'ensemble du monde) ne nous autorisent à lui attribuer la croyance à l'éternité du monde. Encore moins pouvons-nous, en nous fondant sur ces indications, accuser ARISTOTE (qui conteste à tous ses prédécesseurs sans exception la doctrine de l'éternité du monde, *De cælo*, I, 10, 279 b, 12) d'avoir commis une erreur ou (comme fait Teichmüller) une méprise intentionnelle (voy. TEICHMÜLLER, *Neue Stud.*, etc., I, 218. Cf. p. 233 et 229 et sqq. Ces conjectures, dont nous ne pouvions parler p. 378 sq., ne jettent pas une lumière nouvelle sur la question, et ne tiennent compte ni de l'article que j'ai publié dans *Hermes*, X, 186 sq., ni de ce que je dis dans le présent ouvrage, p. 377 sq.). En réalité, il n'y a point de contradiction insoluble entre la déclaration d'Aristote et l'opinion attribuée à Xénophane. Quand Aristote parle de l'éternité du monde, il entend cette éternité, non-seulement de la substance, mais encore de la forme, c'est-à-dire qu'il soutient l'éternité de notre univers actuel. Aussi compte-t-il Héraclite, malgré sa déclaration bien connue, parmi ceux qui considèrent ce monde comme ayant eu un commencement (cf. p. 629, 1). Mais on ne peut considérer comme ayant cru à l'éternité du monde actuel un philosophe qui enseigne, comme l'a fait Xénophane, que la terre est engloutie de temps en temps par les flots de la mer pour s'y modeler à nouveau, et que le soleil ainsi que les astres disparaissent et renaissent chaque jour. Il a pu soutenir que le tout, c'est-à-dire la masse totale de la matière, n'a pas eu de commencement, mais il admettait des alternatives dans la forme que revêtait cette matière. Aristote ne pouvait donc lui attribuer la doctrine de l'éternité du monde dans le sens où il la concevait lui-même, pas plus qu'il ne pouvait attribuer cette doctrine à Héraclite et à Empédocle. Ne voyons-nous pas Diogène (voy. *infra*, p. 500, 1), et Hippolyte, c'est-à-dire les témoins chez qui ces écrivains puisent leurs indications, lui attribuer la croyance à une pluralité de mondes (se succédant les uns aux autres) ?

1. Nous avons trouvé quelque chose d'analogue dans Épicharme, p. 469 sq.

2. DI O., IX, 19 : κόσμους δ' ἀπείρους ἀπαραλλάκτους δέ. Au lieu d'ἀπαραλλάκτους, KARSTEN met : οὐκ ἀπαραλλάκτους. COBET lit παραλλάκτους. Si on lit ἀπαραλλάκτους, on trouve que Xénophane a admis, comme plus tard les Stoïciens (cf. 3e partie, a, p. 141, 2e éd. all.), que chaque monde est exactement semblable au précédent. Si l'on suit la leçon de Karsten ou de Cobet, on trouve que Xénophane

la doctrine fondamentale de Xénophane. Toutefois cette indication peut avoir été déterminée par les idées de Xénophane sur les astres.

Il considérait en effet le soleil, la lune et les étoiles, ainsi que l'arc-en-ciel[1] et certains autres phénomènes célestes[2], comme produits par des amas de vapeurs enflammées et lumineuses, en un mot comme des nuages de feu[3]. Il admettait que ces nuages s'éteignent en tombant, comme des charbons, et qu'en montant ils se rallument[4] ou plutôt se reconstituent[5]. Les éclipses de soleil et de lune se produisent, selon lui, de la même manière[6]. Mais ces masses de vapeur ne décrivent pas un cercle autour de la terre : c'est du moins ce que Xénophane dit expressément en parlant du soleil. Elles flottent au-dessus de la

---

a nié cette similitude. Mais ces deux interprétations semblent être également inexactes. Le mot ἀπαραλλάκτους ou οὐκ ἀπαραλλάκτους vient sans doute du témoignage insignifiant d'un écrivain postérieur, lequel, entendant parler des mondes en nombre infini de Xénophane, voulait également savoir ce qu'avait pensé Xénophane de l'identité ou de la diversité de ces mondes. Cousin, p. 24. traduit ἀπαραλλάκτους par « immobiles », et pense que les ἄπειροι κόσμοι ἀπαράλλακτοι désignent les fondements incommensurables de la terre; ce sont là évidemment deux erreurs. STOBÉE (Ecl., I, 496; voy. sup., 215, 5) et, d'après la même source, THÉODORET (Cur. gr. aff., IV, 15. p. 58) donnent Xénophane comme partisan de la théorie des mondes innombrables sans autre détermination, en même temps qu'Anaximandre, Anaximène, Démocrite, Épicure.

1. Fr. 13, ap. EUSTATHE, in Il., A, 27 et d'autres scholiastes : ἥν τ' Ἶριν καλέουσι, νέφος καὶ τοῦτο πέφυκε πορφύρεον καὶ φοινίκεον καὶ χλωρὸν ἰδέσθαι.
2. STOB., I, 580; Plac., III, 2, 12 (sous le titre : περὶ κομητῶν καὶ διαττόντων καὶ τῶν τοιούτων) : Ξ. πάντα τὰ τοιαῦτα νεφῶν πεπυρωμένων συστήματα ἢ κινήματα (κολήμ. Cf. Plac., II, 25, 2; STOB., I, 510). Sur les éclairs et les Dioscures voy. STOB., p. 514, 592; PLUT., Plac., II, 18; GALIEN, c. 13.
3. STOB., Ecl., I, 522 : Ξ. ἐκ νεφῶν πεπυρωμένων εἶναι τὸν ἥλιον.... Θεόφραστος ἐν τοῖς φυσικοῖς γέγραφεν (τὸν ἥλιον εἶναι, d'après Xénophane) ἐκ πυριδίων μὲν τῶν συναθροιζομένων ἐκ τῆς ὑγρᾶς ἀναθυμιάσεως· συναθροιζόντων δὲ τὸν ἥλιον. De même sur la lune, p. 559. Voy. aussi HIPPOL., l. c.; PLUT., ap. EUS., l. c., Plac., II, 20, 2, 25, 2; GALIEN, H. phil., c. 14-15. Au lieu des mots ὑγρᾶς ἀναθυμιάσεως, il y a, dans Galien, ξεροὶ ἀτμοί. Cf. KARSTEN, p. 161 sq.
4. ACHILLE TAT., Isag. in Arat., c. 11, p. 133 : Ξ. δὲ λέγει τοὺς ἀστέρας ἐκ νεφῶν συνεστάναι ἐμπύρων καὶ σβέννυσθαι καὶ ἀνάπτεσθαι ὡσεὶ ἄνθρακας· καὶ ὅτε μὲν ἅπτονται φαντασίαν ἡμᾶς ἔχειν ἀνατολῆς, ὅτε δὲ σβέννυνται δύσεως. De même à peu près STOB., I, 512; PLUT., Plac., II, 13, 7; GALIEN, c. 13, p. 271; THÉOD., Cur. gr. aff., IV, 19, p. 59. De même HIPPOL., l. c. : τὸν δὲ ἥλιον ἐκ μικρῶν πυριδίων ἀθροιζομένων γίνεσθαι καθ' ἑκάστην ἡμέραν.
5. Voy. p. 501, 2 (édit. all.).
6. STOB., I, 522, 560; PLUT., Plac., II, 24, 4; GALIEN, c. 14, p. 278. Schol. ad Plat. Rep. 498 a (p. 409, Bekk.).

terre en suivant une ligne droite infinie; et si leur cours nous paraît circulaire, c'est là une pure illusion d'optique. De même les autres nuages, quand ils s'approchent du ciel, nous paraissent monter, et, quand ils s'en éloignent, nous paraissent descendre au-dessous de l'horizon. Il suit de là qu'il doit constamment entrer des astres nouveaux dans notre cercle de vision, et que différentes régions terrestres, très-éloignées les unes des autres, peuvent être éclairées par des lunes et des soleils différents[1].

On attribue encore à Xénophane un certain nombre d'autres propositions relatives à la physique. Quelques-unes ne lui appartiennent certainement pas[2]. D'autres contien-

---

1. Cela résulte du texte suivant : Stob., I, 534 (Plac., II, 24, 7; Galien, c. 14. fin) : Ξ. πολλοὺς εἶναι ἡλίους καὶ σελήνας κατὰ τὰ κλίματα τῆς γῆς καὶ ἀποτομὰς καὶ ζώνας, κατὰ δέ τινα καιρὸν ἐκπίπτειν τὸν δίσκον εἴς τινα ἀποτομὴν τῆς γῆς οὐκ οἰκουμένην ὑφ' ἡμῶν, καὶ οὕτως ὡσπερεὶ κενεμβατοῦντα ἔκλειψιν ὑποφαίνειν· ὁ δ' αὐτὸς τὸν ἥλιον εἰς ἄπειρον μὲν προϊέναι δοκεῖν δὲ κυκλεῖσθαι διὰ τὴν ἀπόστασιν. Cf. Hippol., l. c. : ἀπείρους ἡλίους εἶναι καὶ σελήνας. Des témoignages si récents et si peu sûrs ne suffiraient pas à prouver d'une façon certaine que Xénophane ait eu réellement ces opinions, si nous n'avions pour garants la concordance de toutes ces indications cosmologiques et leur caractère particulier qui marque bien la première enfance de l'astronomie. A première vue, on pourrait croire que Xénophane est ici confondu avec Héraclite; mais ce soupçon disparaît quand on réfléchit que, malgré leur affinité, les opinions de ces deux philosophes présentent des différences essentielles. Le texte même que nous citons réfute Karsten (p. 167), quand il dit que Xénophane n'a pu admettre plusieurs soleils et plusieurs lunes coexistant dans le ciel, et quand il suppose que cette indication provient de ce qu'on a confondu la succession des soleils et des lunes avec leur présence simultanée. Il n'y a pas lieu de s'arrêter à la remarque de Teichmüller (Stud. z. Gesch. d. Begr., 601, 621) d'après laquelle Xénophane aurait nié le mouvement circulaire du ciel parce que, les bases de la terre se prolongeant, selon lui, jusqu'à l'infini, il était impossible que le ciel tournât autour d'elle. En effet, l'étendue infinie de la terre (supposée cylindrique) par en bas n'empêchait nullement d'admettre une révolution circulaire des astres autour d'elle dans des orbites qui, tantôt s'élevant au-dessus du plan de l'horizon, tantôt descendant au-dessous, l'entourent latéralement, à condition qu'on ne se représentât pas ces orbites comme inclinées sur le plan de l'horizon de façon à passer sous la terre elle-même. Anaximène, Anaxagore, Diogène et Démocrite croyaient également à un mouvement latéral du ciel.

2. P. ex. l'indication du Pseudo-Galien, H. phil., c. 13, d'après laquelle Xénophane croit que les étoiles se meuvent toutes dans le même plan. Mais Stobée (I, 514) et Plutarque (Plac., II, 15) attribuent avec raison cette opinion à Xénocrate et non à Xénophane. Cicéron (Acad., II, 39, 123) dit que Xénophane considère la lune comme un pays habité, et Cousin (22) défend cette assertion. Brandis prouve (84, 55), ainsi que Karsten (p. 171), que Xénophane est ici confondu avec quelque autre philosophe (comme Anaximandre, Anaxagore ou Philolaüs).

nent si peu d'idées remarquables, qu'il est inutile d'y insister [1].

SENTENCES MORALES. — De même, les sentences morales que l'on trouve dans les fragments de Xénophane ne peuvent, à la rigueur, être mises au compte de sa philosophie, parce qu'elles ne se rattachent par aucun lien scientifique aux principes généraux de sa conception du monde. Les idées exprimées dans ces sentences sont d'ailleurs très-belles et très-philosophiques. Le poëte rappelle avec blâme la vie de plaisir que menaient jadis ses compatriotes [2]. Il se plaint que la force et l'adresse corporelles rapportent plus d'honneur que la sagesse, laquelle, pourtant, est bien plus précieuse pour l'État [3]. Il repousse la preuve du serment, parce qu'il y voit un privilége pour l'impiété [4]. Il aime les gais festins assaisonnés de discours pieux et [5] instructifs; mais il désapprouve les entretiens vides qui roulent sur les descriptions mythiques des poëtes [5]. Sans doute, ici encore, on reconnaît l'ami de la science et l'ennemi des mythes : mais ces sentences ne dépassent pas, en somme, le point de vue de la gnomique populaire.

SON PRÉTENDU SCEPTICISME. — Il reste une doctrine qui lui est attribuée par plusieurs, et qui, si elle lui apparte-

---

1. Il enseignait, nous dit-on, que le goût salé de la mer vient de ce qu'elle est mélangée de terre (HIPPOL., *l. c.*); que les nuages, la pluie et les vents viennent des vapeurs qui s'échappent de la mer sous l'influence de la chaleur solaire (STOB., dans les extraits de JEAN DAMASC., *Parall.*, I, 3; *Florit.*, vol. IV, 151, Mein. DIOG., IX, 19); que la lune a une lumière propre (STOB., I, 556), qu'elle n'a aucune influence sur la terre (*ibid.*, 564); que l'âme est un souffle (DIOG., IX, 19; cf. TERTULL., *De an.*, c. 43). BRANDIS (*Comm. el.*, 37, 57) conclut de ce passage et du fragm. 3 de Xénophane que ce philosophe plaçait le νοῦς au-dessus de la ψυχή, et les φρένες au-dessus du νοῦς; mais je ne trouve cette théorie ni dans DIOGÈNE ni dans XÉNOPHANE lui-même, et je ne puis croire que celui-ci l'ait réellement professée.
2. Fr. 20, *ap.* ATHÉN., XII, 324 b. Cf. l'anecdote, *ap.* PLUT., *De vit. pud.*, 5, p. 530.
3. Fr. 19, *ap.* ATHÉN., X, 413.
4. ARIST., *Rhet.*, I, 15, 1377 a, 19; texte dont KARSTEN (p. 79) fait arbitrairement un vers.
5. Fr. 17, 21, 23, *ap.* ATHÉN., II, 54 e; XI, 462 e; 782 a (1036 Dind.).

nait en effet, aurait plus d'importance. On nous représente Xénophane, soit comme ayant nié complétement la possibilité de la science, soit comme ayant restreint cette possibilité à la connaissance de la divinité, soit encore comme ayant réservé la vérité pour la seule connaissance rationnelle, à l'exclusion de la connaissance sensible[1]. Mais si nous considérons les textes mêmes sur lesquels s'appuie cette assertion, nous trouverons qu'ils sont loin d'avoir une telle portée. Xénophane remarque que la vérité ne se découvre que progressivement[2]. Il croit que l'absolue certitude est impossible, et que, lors même qu'en fait on rencontre le vrai, on n'est jamais parfaitement sûr de le posséder; et, pour cette raison, il ne présente ses opinions, même sur les points les plus importants, que comme vraisemblables[3].

---

1. Diog., IX. 20 : φησὶ δὲ Σωτίων πρῶτον αὐτὸν εἰπεῖν ἀκατάληπτ' εἶναι τὰ πάντα, πλανώμενος. Le même (IX, 72), parlant des Pyrrhoniens : οὐ μὴν ἀλλὰ καὶ Ξενοφάνης, etc., κατ' αὐτοὺς σκεπτικοὶ τυγχάνουσιν. Didym., ap. Stob., Ecl., II. 14 : Xénophane a le premier enseigné ὡς ἄρα θεὸς μὲν οἶδε τὴν ἀλήθειαν, δόκος δ' ἐπὶ πᾶσι τέτυκται. Sext., Math., VII, 48 sq. : καὶ δὴ ἀνεῖλον μὲν αὐτὸ [τὸ κριτήριον] Ξενοφάνης τε, etc. (Id., Pyrrh., II, 18) ὃν Ξενοφ. μὲν κατά τινας εἰπὼν πάντα ἀκατάληπτα, etc. Ibid., 110 : Ξεν. δὲ κατὰ τοὺς ὡς ἑτέρως αὐτὸν ἐξηγουμένους... φαίνεται μὴ πᾶσαν κατάληψιν ἀναιρεῖν, ἀλλὰ τὴν ἐπιστημονικήν τε καὶ ἀδιάπτωτον, ἀπολείπειν τὴν δοξαστήν. D'après cette interprétation, ajoute Sextus, il ferait du λόγος δοξαστὸς le criterium de la certitude. Hippolyte (l. c.) suit la première exposition : οὗτος ἔφη πρῶτος ἀκαταληψίαν εἶναι πάντων, Epiph., Exp. fid., 1087 b : εἶναι δὲ... οὐδὲν ἀληθές, etc., et Plut., ap. Eus., l. c. : ἀποφαίνεται δὲ καὶ τὰς αἰσθήσεις ψευδεῖς καὶ καθόλου σὺν αὐταῖς καὶ αὐτὸν τὸν λόγον διαβάλλει. Proclus (in Tim., 78 b) suit la seconde exposition. Timon (voy. inf., p. 504, 2, éd. all.) s'écarte des deux, et blâme Xénophane d'avoir, d'une part, admis l'impossibilité de connaître les choses, et, d'autre part, émis des propositions dogmatiques sur la divinité et l'unité de l'être. Enfin on trouve une quatrième interprétation dans Aristoclès (Eus., Pr. ev., XIV, 17, 1), lequel réunit l'opinion de notre philosophe et celle des autres Éléates et des Mégariens dans cette phrase : δεῖν τὰς μὲν αἰσθήσεις καὶ τὰς φαντασίας καταβάλλειν, αὐτῷ δὲ μόνῳ τῷ λόγῳ πιστεύειν. L'assertion d'Aristote, dont il reproduit ici certaines expressions, se rapporte seulement à Mélissus (voy. infra, 556, 4, éd. all.). Le texte d'Aristote (Metaph., IV, 5; Poet., 25) n'a pas de rapport avec ce dont il s'agit ici, comme il a été montré p. 461, 4; 488, 1.

2. Fr. 16, ap. Stob., Ecl., I, 224; Floril., 39, 41 : οὔ τοι ἀπ' ἀρχῆς πάντα θεοὶ θνητοῖς ὑπέδειξαν, ἀλλὰ χρόνῳ ζητοῦντες ἐφευρίσκουσιν ἄμεινον.

3. Fr. 14, ap. Sextus, l. c. et ailleurs :

καὶ τὸ μὲν οὖν σαφὲς οὔτις ἀνὴρ γένετ' οὐδέ τις ἔσται
εἰδώς, ἀμφὶ θεῶν τε καὶ ἄσσα λέγω περὶ πάντων·
εἰ γὰρ καὶ τὰ μάλιστα τύχοι τετελεσμένον εἰπών,
αὐτὸς ὁμῶς οὐκ οἶδε· δόκος δ' ἐπὶ πᾶσι τέτυκται.

(Il est donné à tous d'avoir une opinion.) Fr. 15, ap. Plut., Quæst. conv., IX, 41, 7 : ταῦτα δεδόξασται μὲν ἐοικότα τοῖς ἐτύμοισι.

Or on ne doit pas confondre cette réserve du philosophe avec une théorie sceptique, encore qu'une telle réserve parte à coup sûr d'une disposition au doute. Car, si l'incertitude de la science est ici affirmée, ce n'est point une conclusion tirée de l'étude générale de notre faculté de connaître, c'est simplement un résultat de l'expérience personnelle du philosophe. Par là même, la considération de cette incertitude n'empêche pas Xénophane d'énoncer ses idées théologiques et physiques avec une entière conviction. Le départ de la connaissance rationnelle et de la trompeuse perception des sens n'est pas encore fait, et les affirmations philosophiques sont encore mises sur la même ligne que les autres. Ce départ en effet, chez les Éléates, repose sur les objections élevées contre l'existence du devenir et de la pluralité que nous montrent les sens. Or Xénophane, ainsi que nous l'avons montré plus haut, n'a pas fait ces objections[1].

Conclusion. — Nous sommes encore moins fondés à suivre

---

[1]. Cousin (p. 48, sq.) et Kern (Beitr., 4; Xenoph., 13) donnent une autre solution. Le premier croit que les vers de Xénophane ne se rapportent qu'aux idées polythéistes de ses contemporains, et que c'est seulement à l'égard de ces idées qu'il a une attitude sceptique. Mais ses paroles ont une portée plus générale; et d'autre part, dans sa critique du polythéisme, il ne se comporte pas en sceptique : il considère le polythéisme non-seulement comme incertain, mais encore comme absurde. D'après Kern, Xénophane n'aurait proclamé que plus tard sa théorie de l'unité de l'être, après s'être contenté longtemps d'exprimer des doutes sur les idées cosmiques des autres philosophes. Kern appuie son opinion sur les vers de Timon (ap. Sextus, Pyrrh., I, 224), qui met dans la bouche de notre philosophe les plaintes suivantes : ὡς καὶ ἐγὼν ὄφελον πυκινοῦ νόου ἀντιβολῆσαι ἀμφοτερόβλεπτος· δοιὴ δ' ὁδῷ ἐξαπατήθην πρεσβυγενὴς ἐτέων καὶ ἀμενθήριστος (oublieux, faut-il lire sans doute) ἁπάσης σκεπτοσύνης· ὅπῃ γὰρ, etc. (voy. sup., p. 492, 2). Mais l'expression πρεσβυγενής n'indique pas qu'il ne soit arrivé à ses opinions sur l'unité de l'être que dans un âge avancé; elle dit simplement que, malgré son âge (ou aussi : à cause de la faiblesse de l'âge), il ne s'est pas maintenu au point de vue sceptique. Mais on pouvait s'exprimer ainsi, alors même qu'il avait exposé sa théorie de l'unité de l'être en même temps et dans le même poëme que les assertions que l'on cite et que l'on interprète dans un sens sceptique. En effet, il renvoie lui-même (fr. 14, note préc.), précisément dans la sentence qui semble la plus empreinte de scepticisme, à ce qu'il a enseigné sur les dieux et le monde (car si les mots ἀμφὶ θεῶν doivent être tout d'abord rattachés à εἰδώς, les mots « sur les dieux et sur tout ce dont je parle » indiquent du moins qu'il avait aussi parlé des dieux). On ne peut donc admettre que ses assertions sceptiques aient été antérieures à ses opinions dogmatiques.

l'exemple de quelques anciens, qui lui attribuent non-seulement des études physiques, mais encore des recherches logiques[1], ou même qui vont jusqu'à le ranger à côté des éristiques postérieurs[2]. Sa doctrine est une physique au sens antique du mot; et ce caractère apparaît surtout avec évidence, si nous comparons les idées de Xénophane avec le système beaucoup plus abstrait de Parménide. On a pu avec raison considérer sa doctrine comme une transition entre les recherches des Ioniens et le système complet des Éléates sur l'être pur[3].

D'après THÉOPHRASTE, Xénophane était lui-même un disciple d'Anaximandre[4], et rien ne nous empêche d'admettre que c'est sous l'influence de ce philosophe qu'il a réfléchi sur l'être et les principes du monde. Quant aux doctrines mêmes de son prédécesseur, il ne les reprend que sur un petit nombre de points relativement peu importants. Dans l'ensemble de ses recherches, il suit une autre voie et aboutit à des résultats différents.

Comme Anaximandre, il admet que la terre et ses habitants sont produits par le desséchement du limon primitif[5]; et si le premier enseigne que tour à tour le monde sort de la substance primitive et rentre dans cette substance, lui-même en dit autant de la terre, laquelle est, à ses yeux, la partie la plus importante du monde. L'opinion suivant laquelle les astres ne seraient que des masses de vapeur nous rap-

---

1. SEXT., *Math.*, VII, 14 : τῶν δὲ διμερῆ τὴν φιλοσοφίαν ὑποστησαμένων Ξ. μὲν ὁ Κολοφώνιος τὸ φυσικὸν ἅμα καὶ λογικόν, ὥς φασί τινες, μετήρχετο.
2. ARISTOCLES, *ap.* Eus., *Pr. ev.*, XI, 3, 1 : Ξ. δὲ καὶ οἱ ἀπ' ἐκείνου τοὺς ἐριστικοὺς κινήσαντες λόγους, ποιὸν μὲν ἐνέβαλον ἔλεγχον τοῖς φιλοσόφοις, οὐ μὴν ἐπόρισάν γέ τινα βοήθειαν.
3. BRANDIS, *Gr.-rœm. Phil.*, I, 359. L'interprétation de COUSIN (*l. c.*, p. 40, 46) est moins exacte. Il voit dans le système de Xénophane une combinaison des éléments ioniens et pythagoriciens. Mais on pourrait plutôt considérer la théologie de Xénophane comme la source de la théologie pythagoricienne que la théologie pythagoricienne comme la source de celle de Xénophane. La chronologie elle-même contredit l'opinion de Cousin, surtout lorsque, comme lui, l'on recule la naissance de Xénophane jusqu'à l'année 617.
4. Voy. le texte de DIOG., IX, 21, cité p. 508 (éd. all.).
5. Cf. p. 198 avec p. 209, 205, 2 (éd. all.).

CONCLUSION.

pelle cette assertion[1], que le feu des astres est entretenu par les exhalaisons de la terre[2]; et l'étendue infinie de la profondeur de la terre et de l'atmosphère[3] fait songer à l'étendue illimitée de la substance primitive d'Anaximandre.

Mais les opinions de Xénophane relatives au système du monde s'éloignent beaucoup de la conception d'Anaximandre. Celui-ci s'est à tout le moins efforcé d'expliquer au point de vue physique la formation et la structure du monde. Xénophane, selon les textes que nous possédons, ne fait aucune tentative de ce genre. Bien plus, ses idées sur la nature des astres nous montrent clairement combien peu l'étude physique des phénomènes répondait aux tendances de son esprit. Sans doute il recherche les causes des choses, mais cette recherche prend immédiatement chez lui une tournure théologique ; elle le conduit à l'examen des idées régnantes sur les êtres en qui l'on cherche habituellement la cause première des choses, c'est-à-dire à la critique de la croyance aux dieux ; et elle fait naître en lui la pensée d'un être un, éternel, immuable, qui ne peut se comparer à aucune chose finie. La philosophie naturaliste n'est que le point de départ de sa propre philosophie. Celle-ci, en se développant, se tourne en métaphysique théologique[4].

---

1. Voy. p. 206 sq. (éd. all.).
2. Dans les *Plac.*, II, 25, 2, il est dit que Xénophane considérait la lune comme un νέφος πεπιλημένον, et les comètes (cf. p. 500, 3, éd. all.), ainsi que les météores analogues, comme des πιλήματα νεφῶν, de même qu'Anaxagore (voy. Stob., *Ecl.*, I, 510) regardait les astres comme des πιλήματα ἀέρος. Mais cette assertion me paraît de nulle valeur, d'abord parce que nous ne savons pas si Xénophane lui-même a employé cette expression, ensuite parce qu'elle n'aurait pas eu pour lui le même sens que pour Anaximandre ; pour celui-ci, elle aurait désigné une combinaison solide ; pour celui-là, une agrégation sans consistance.
3. Voy. *sup.*, p. 494, 5 (éd. all.).
4. Teichmüller (*Stud. z. Gesch. d. Begr.*, 612) remarque avec raison que « les idées métaphysiques de Xénophane procèdent, non de réflexions sur la nature, mais de la lutte de la raison contre la théologie existante. » Seulement cette remarque ne s'accorde pas avec ce qu'il dit (*ibid.*, 620, 598) à propos de ce même philosophe : « Quand on veut comprendre la métaphysique des anciens, il faut toujours considérer d'abord la manière dont ils expliquent la nature. » Il me semble que cette dernière proposition ne peut s'appliquer d'une manière générale aux philosophes antérieurs à Socrate ; je veux dire à Parménide, à Héraclite, ou même à

507 Toutefois il ne conçoit pas encore l'être primordial d'une manière purement métaphysique, comme l'Être pur et simple, sans autre détermination. Il le conçoit, d'une manière théologique, comme la divinité, ou comme l'esprit divin qui gouverne le monde. Par suite, il n'est pas encore forcé de contester la réalité du multiple et du changeant, et de considérer le phénomène comme une apparence trompeuse. Il dit sans doute que tout, au fond, est éternel et un; mais il ne nie pas encore qu'à côté de l'Un il n'existe une pluralité de choses créées et périssables; et il semble ne pas remarquer encore la difficulté que recèle sa doctrine au point de vue où il s'est placé, non plus que la tâche qu'elle suscitait pour la spéculation philosophique. Parménide est le premier qui ait fait ces remarques, et qui ait développé la doctrine éléatique avec une conséquence absolue en heurtant de front les idées communément reçues.

§ 3. PARMÉNIDE.

508 SA VIE ET SES ÉCRITS[1]. PARMÉNIDE ET XÉNOPHANE. L'ÊTRE. — Le grand progrès que la philosophie éléatique a fait avec

---

Xénophane. Pour ma part, je n'ai pu voir clairement dans l'exposition de Teichmüller comment les idées de ce dernier sur la divinité et l'unité du monde auraient pu sortir du petit nombre de propositions physiques que nous connaissons de lui. De même, je ne vois pas de lien entre l'ἄπειρον d'Anaximandre et sa métaphysique. TEICHMÜLLER croit (p. 620 sq.) que Xénophane a nié le mouvement du monde parce que le mouvement circulaire admis par Anaximandre n'est possible que si la terre flotte au milieu de l'atmosphère : ce qui lui paraissait une hypothèse trop invraisemblable. Cette explication est inadmissible pour plusieurs raisons. D'abord, Xénophane a nié à la vérité (voy. p. 498, 3, éd. all.) un commencement et un anéantissement du monde, mais il affirme expressément un changement périodique de son état. En second lieu, Anaximandre n'a pas admis un mouvement circulaire du monde (voy. p. 206, 3); le mouvement du ciel qu'il admettait pouvait très-bien s'accorder avec l'étendue infinie des profondeurs de la terre. (Cf. p. 501, 2.)

1. Parménide d'Élée était fils de Pyrès ou Pyrrhès (THÉOPH. ap. ALEX. in Metaph., I, 3, 984 b, 1; DIOG., IX, 21; SUIDAS, Παρμ.; THÉOD., Cur. gr. aff., IV, 7; p. 57, etc. De même, chez DIOGÈNE, IX, 25, où, d'après la leçon ordinaire, il est appelé fils de Teleutagoras, il faut, ou bien effacer les mots Πύρητος τοῦ δὲ Παρμενίδην, comme le veut COBET [dont on ne sait malheureusement jamais si, dans ses corrections, il s'appuie sur des témoignages manuscrits], ou bien il faut, avec

L'ÊTRE. 43

Parménide consiste, en dernière analyse, dans la rigueur toute nouvelle avec laquelle ce philosophe a conçu l'unité de

KARSTEN (*Phil. græc. rell.*, I, b, 3). opérer une transposition, de façon que le passage soit ainsi conçu : Ζήνων Ἐλεάτης · τοῦτον Ἀπολλόδωρός φησιν εἶναι ἐν χρόνοις φύσει μὲν Τελευταγόρου, θέσει δὲ Παρμενίδου · τὸν δὲ Παρμενίδην Πύρητος). Issu d'une famille riche et illustre, il se lia d'abord, à ce qu'on raconte, avec les Pythagoriciens. C'est sous l'impulsion du pythagoricien Ameinias qu'il se voua, dit-on, à la vie philosophique. Il eut pour un autre pythagoricien, Diochaitès, une telle vénération, qu'il lui éleva un monument après sa mort. (SOTION, *ap.* DIOG., *l. c.*) Des écrivains récents le nomment lui-même un pythagoricien (STRABON, 27, I, 1, p. 252 : Ἐλέαν... ἐξ ἧς Παρμενίδης καὶ Ζήνων ἐγένοντο ἄνδρες Πυθαγόρειοι. KALLIMAQUE, *ap.* PROCL., in *Parm.*, t. IV, 5, Cous. JAMBL., *V. P.*, 267. Cf. 166, ANON. PHOT., *Cod.*, 249, p. 439 a. 35): et vivre à la manière de Parménide est donné comme synonyme de vivre à la manière pythagoricienne (CÉBÈS, *Tab.*, c. 2 : Πυθαγόρειόν τινα καὶ Παρμενίδειον ἐζηλωκὼς βίον). Mais, dans ses opinions philosophiques, il se rattacha principalement à Xénophane. A-t-il été son disciple et l'a-t-il connu personnellement? ARISTOTE (*Metaph.*, I, 5, 986 b, 22) dit seulement : ὁ γὰρ Παρμενίδης τούτου λέγεται μαθητής. D'autres (PLUT., *ap.* EUS., *Pr. ev.*, I, 8, 5. EUS., *ibid.*, XIV, 17, 10. Cf. X, 14, 15. CLÉM., *Strom.*, I, 304, D. DIOG., *l. c.* SIMPL., *Phys.*, 2 a. au bas. SEXT., *Math.*, VII, 111. SUID., Παρμ.) sont beaucoup plus affirmatifs. THÉOPHRASTE, au contraire, dit seulement (*ap.* ALEX., *l. c.*) : τούτῳ (Ξενοφάνει) ἐπιγενόμενος Παρμ.). En tout cas, Parménide et Xénophane ont dû se connaître; car ils ont longtemps vécu ensemble à Élée. On peut concilier les deux opinions en disant que Parménide a pu avoir plus de relations personnelles avec les Pythagoriciens et adopter leurs coutumes; mais que, dans sa philosophie, il a subi davantage l'influence de Xénophane. (Empédocle a été de même un partisan de la vie pythagoricienne, sans adopter la philosophie des Pythagoriciens.) Tel est précisément le sens du passage de DIOG., *l. c.* : ὅμως δ'οὖν ἀκούσας καὶ Ξενοφάνους οὐκ ἠκολούθησεν αὐτῷ: ἀκολουθεῖν désigne ici, comme dans ce qui suit, les relations amicales. Mais il est certain qu'il n'a pas entendu Anaximandre; dans le texte de DIOGÈNE, *l. c.* : Η... διήκουσε Ξενοφάνους· τοῦτον Θεόφραστος ἐν τῇ ἐπιτομῇ Ἀναξιμάνδρου φησὶν ἀκοῦσαι, il faut faire rapporter τοῦτον, non pas à Parménide, mais à Xénophane; et quand SUIDAS dit de *Parménide* que, d'après Théophraste, il a été un disciple d'Anaximandre, ce compilateur comprend mal le texte de DIOGÈNE qu'il transcrit. Sur l'indication bizarre de quelques scolastiques (indication tirée de MARC. CAPELLA, *De nupt. M. et V.*, I, 4), suivant laquelle il aurait appris en Égypte la logique et l'astronomie, voy. BRANDIS, *Comm.*, 172 ; KARSTEN, p. 11, sq., *Notices et Extraits des Manuscrits*, t. XX, b, 12 (de Remigius d'Auxerre). Cf. *Schol. in Arist.*, 533 a, 18 sqq. L'époque où vécut Parménide est connue d'une manière générale, mais difficile à déterminer. DIOGÈNE (IX, 23) prétend, sans doute d'après Apollodore, qu'il était à la fleur de l'âge dans la 69e olympiade (504-500 av. J.-C.) ; SCALIGER (*ap.* KARSTEN, p. 6). FULLEBORN (*Beitr.*, VI, 9 sqq.), STALLBAUM (Plat. *Parm.*, p. 24) disent dans la 79e. Je ne sais si cette correction peut être admise. On ne sait en aucune façon si le calcul d'Apollodore repose sur des documents certains, ou s'il s'en est simplement tenu (comme le prétend DIELS, *Rh. Mus.*, XXXI, 34 sq.) au synchronisme général existant entre Parménide et Héraclite. PLATON, de son côté (*Parm.*, 127 a sq.; *Theæt.*, 183 e ; *Soph.*, 217 c), nous montre Socrate rencontrant à Athènes, dans sa première jeunesse (σφόδρα νέος), Parménide et Zénon, âgés alors, l'un d'environ soixante-cinq ans, l'autre de quarante ; et c'est dans la bouche du premier que sont mises les recherches dialectiques du Parménide de Platon. Admettons que Socrate ait eu seulement quinze ans à cette époque, nous n'arrivons néanmoins, pour la naissance de Parménide, qu'à l'année 519 ou 520. Si, avec GROTE (*Hist. of Gr.*, VIII, 145 sq., éd. 1872), l'on place le dialogue en 448

509 l'être, cette idée maîtresse des Éléates, ainsi que dans l'argumentation par laquelle il a déduit cette unité du concept

av. J.-C., on arrive à l'an 513. Si, enfin, avec HERMANN (*De theoria Pl.*, 7 ; *De philos. Jon. ætatt.*, 11), on voit un renseignement historique dans cette observation de SYNÉSIUS (*Calv. encom.*, c. 17), que Socrate avait à cette époque vingt-cinq ans, on est obligé de placer la naissance de Parménide dans l'année 510. Mais rien ne nous autorise à considérer l'exposition de Platon comme un document historique. Déjà ATHÉNÉE (IX, 505 sq.) et MACROBE (*Sat.*, I, 1) en contestaient l'exactitude chronologique. Que si les discours échangés dans ce dialogue entre Socrate et Parménide ne peuvent être historiques; si le fond du récit, à savoir l'affirmation d'une influence scientifique de Parménide sur Socrate, est incontestablement une fiction, pourquoi serait-il inadmissible que les circonstances extérieures, la rencontre des deux hommes, par exemple, et les détails relatifs à cette rencontre, notamment leur âge à cette époque, fussent également des inventions? On n'accuse pas plus Platon de falsification préméditée dans un cas que dans l'autre (BRANDIS, I, 376). Autrement, il faudrait également appeler falsification l'exactitude apparente du début du *Protagoras*, du *Théétète*, du *Banquet* et d'autres dialogues. La licence poétique n'est pas plus forte ici que là. ALBERTI (*Sokrates*, p. 16 sq.) pense que Platon n'a pu transgresser les lois de la vraisemblance au point d'insérer dans ses fictions des impossibilités historiques. Mais que sont donc les anachronismes nombreux et évidents qui se trouvent dans les dialogues de Platon (Cf. mon étude dans les *Abh. d. Berl. Akad.*, 1873, hist.-phil. Kl., 79 sqq.), sinon des impossibilités historiques? Peut-on rien imaginer de plus invraisemblable que les conversations supposées par Platon entre Socrate et les philosophes éléates? Comment prouver que lui-même et ses lecteurs fussent tellement versés dans la chronologie de Parménide que ses indications, fussent-elles inventées, dussent leur paraître inadmissibles? Enfin, pourquoi l'écrivain aurait-il hésité à nous représenter Parménide comme plus jeune qu'il n'était en réalité, quand, dans un cas tout à fait analogue (*Tim.*, 20 e sqq.), avec la même apparence d'exactitude historique, il retranche à Solon une vingtaine d'années au moins? On peut admettre que Parménide ne s'est jamais rencontré avec Socrate, et même qu'il n'est jamais allé à Athènes (ce qui est pour nous une question insoluble) : les motifs poétiques suffisent parfaitement à rendre raison du procédé de Platon. Pour s'expliquer sur le rapport de la philosophie éléatique avec son propre système, Platon était amené à supposer un contact personnel de Socrate avec les maîtres éléates et surtout avec le chef de l'école. Cette supposition une fois faite, le reste allait de soi (Cf. STEINHART, *Plato's Werke*, III, 249 sqq., et la page 92 de mon étude citée plus haut ; la valeur historique de l'exposition de Platon, admise autrefois par STEINHART [*Allg. Enc. v.Ersch und Gruber*, sect. III, vol. XII, 233 sq.] et par moi-même [*Plat. Stud.*, 191], est soutenue par SCHLEIERMACHER [*Plato's W.*, I, 2,93], KARSTEN [*Parm.*, 4, sqq.], BRANDIS [l. c.], MULLACH [*Fragm. Philos. gr.*, I, 109], SCHUSTER [*Heraklit*, 368], etc. COUSIN [*Fragm. philos.*, I, 51, sq.] soutient que les deux Éléates avaient été à Athènes dans la 79ᵉ olympiade, mais il ne croit pas qu'ils se soient entretenus avec Socrate; SCHAARSCHMIDT partage cette opinion [*Plat. Schr.*, 69], quoiqu'il conteste l'authenticité du Parménide). C'est peut-être dans Platon que sont puisées les indications d'EUSÈBE (*Chron.* =. Ol. 80, 4) et de SYNCELLUS (254 c), d'après lesquelles Parménide est placé dans la 80ᵉ olympiade, en même temps qu'Empédocle, Zénon et Héraclite ; ailleurs (Eus., *Ol.* 86; SYNC., 257 c), les mêmes auteurs le font vivre un quart de siècle plus tard, à l'époque de Démocrite, de Gorgias, de Prodicus et d'Hippias. Ce qui nous est connu de la vie de Parménide se réduit à l'indication suivant laquelle il a donné des lois aux Éléates. (SPEUSIPPE, *ap.* DIOG., IX, 23. Cf. STRABON, l. c.). Les Éléates devaient, chaque année, jurer de nouveau obéissance à ces lois.

même de l'être. Xénophane avait déduit l'unité du monde de l'unité de la force organisatrice, ou de la divinité; mais il n'avait nié ni la multiplicité ni la mutabilité des êtres individuels. Parménide montre que le tout, en soi, ne peut être conçu que comme unité, parce que tout ce qui est est identique quant à l'essence : c'est pourquoi il ne reconnaît aucune réalité à ce qui n'est pas compris dans cette unité. L'être seul *est*, le non-être ne peut pas plus être qu'il ne peut être exprimé ou conçu. Le plus grand contre-sens, l'erreur la plus incompréhensible, c'est de traiter l'être et le non-être, malgré leur différence incontestable, comme une seule et même chose [1].

(Plut., *Adv. Col.*, 32, 3. p. 1126.) On ne peut conclure de ce fait qu'il ne se soit livré à la philosophie que dans un âge avancé (Steinhart, *A. Enc.*, l. c., 231), ce qu'aucun historien, d'ailleurs, ne prétend; quant à l'opinion de Deutinger (*Gesch. d. Philos.*, I, a, 358 sqq.), suivant laquelle il aurait d'abord été physicien, et n'aurait été amené que par Anaxagore à sa doctrine sur l'unité de l'être, cette opinion est en contradiction avec la chronologie, ainsi qu'avec les rapports intimes des deux systèmes. — L'antiquité est unanime pour accorder son tribut d'estime au caractère personnel et philosophique de Parménide. L'Éléate, *ap.* Plat., *Soph.*, 237 a, le nomme ὁ μέγας.; Socrate dit de lui (*Theæt.*, 183 c) : Η. δέ μοι φαίνεται, τὸ τοῦ Ὁμήρου, αἰδοῖός τε ἅμα δεινός τε.... καί μοι ἐφάνη βάθος τι ἔχειν παντάπασι γενναῖον, et, dans le *Parménide*, 127 b, il en parle comme d'un vieillard à l'aspect vénérable. Aristote (*Met.*, I, 5, 986 b, 25) lui donne nettement, au point de vue scientifique, la supériorité sur Xénophane et Mélissus — Parménide a exposé ses opinions philosophiques dans un poème, dont les fragments ont été rassemblés et expliqués par Brandis et Karsten, par Mullach (Arist., *De Melisso*, etc., p. 111 sq.; *Fragm. phil.*, I, 109 sq. [voy. p. 464]), par Théod. Vatke (*Parm. vel. Doctrina*, Berl., 1864), et Stein (*Symb. philol. Bonnens.*, 763 sqq.). Le titre περὶ φύσεως, que l'on ne peut déduire avec certitude de Théophr., *ap.* Diog., VIII, 55, est donné par Sextus, *Math.*, VII, 111. Simpl., *De cælo*, 249 b, 23. *Schol. in Arist.*, 509 a, 38. Porphyre (*Antr. nymph.*, c. 22) le nomme φυσικόν, Suidas φυσιολογία; la désignation platonicienne π. τῶν ὄντων (Procl., *in Tim.*, 5 a. Cf. Simpl., *Phys.*, 9 a, au haut) se rapporte seulement à la première partie : le terme κοσμογονία (Plut., *Amator.*, 13. 11, p. 756) se rapporte à la seconde. V. plus loin, pour plus de détails sur ces deux parties. L'indication suivant laquelle Parménide aurait également écrit en prose (Suidas) repose certainement sur une fausse interprétation du texte de Platon, *Soph.*, 237 a. Un prétendu fragment en prose, *ap.* Simpl., *Phys.*, 7 b, au haut, est certainement inauthentique. Les anciens ne connaissent absolument qu'un écrit de notre philosophe. Voy. Diog., *Proœm.*, 16. Plat., *Parm.*, 128 a, c. Théophr., *ap.* Diog., VIII, 55. Clément, *Strom.*, V, 552 c. Simpl., *Phys.*, 31 a, au bas. On trouve des jugements sur le caractère artistique de l'œuvre dans Cic., *Acad.*, II, 23, 74. Plut., *De aud. poet.*, c. 2. *De audiendo*, c. 13 (p. 16, 45). Procl., *In Parm.*, IV, 62, Cous. — Voir, pour plus de détails, Karsten, l. c., 15 sq.

1. Parmén., v. 33 sqq. :

εἰ δ' ἄγ' ἐγὼν ἐρέω, κόμισαι δὲ σὺ μῦθον ἀκούσας,

Une fois ce principe reconnu, le reste s'ensuit par une simple déduction[1]. L'être ne peut commencer ou cesser d'être, il n'a pas été, il ne sera pas, il *est* dans un pré-

>   αἵπερ ὁδοὶ μοῦναι διζήσιός εἰσι νοῆσαι·
>   ἡ μὲν, ὅπως ἔστιν τε καὶ ὡς οὐκ ἔστι μὴ εἶναι,   35
>   πειθοῦς ἐστι κέλευθος, ἀληθείη γὰρ ὀπηδεῖ·
>   ἡ δ' ὡς οὐκ ἔστιν τε καὶ ὡς χρεών ἐστι μὴ εἶναι,
>   τὴν δή τοι φράζω παναπευθέα ἔμμεν ἀταρπόν·
>   οὔτε γὰρ ἂν γνοίης τό γε μὴ ἐὸν, οὐ γὰρ ἐφικτόν (al. ἀνυστόν),
>   οὔτε φράσαις· τὸ γὰρ αὐτὸ νοεῖν ἐστίν τε καὶ εἶναι.   40

Cela ne veut pas dire : « Le penser et l'être sont une seule et même chose. » Il faut, d'après le sens général, lire ἔστιν, et traduire : « Car le même peut être pensé et être. » En d'autres termes : il n'y a que ce qui peut être qui puisse être pensé.

V. 43 :   χρὴ τὸ λέγειν τὸ νοεῖν τὸ ὂν ἔμμεναι·

Tel est le texte de SIMPL., *Phys.*, 19 a, mil.; MULLACH écrit : λέγειν τε νοεῖν τ' ἐὸν ἔμμ. Il serait encore plus simple de lire : χρὴ τὸ λέγειν τὸ νοεῖν τ' ἐὸν ἔμμεναι : le parler et le penser doivent être un être. Peut-être aussi faut-il lire avec GRAEBERT, *ap.* BRANDIS, I, 379 : χρή σε λέγειν τε νοεῖν τ', ἐὸν ἔμμεναι, ou : χρή τε λέγειν· — on ne peut résoudre la question avec certitude, parce que l'on ne connait pas l'ensemble du passage où se trouvaient ces vers

>   ἔστι γὰρ εἶναι
>   μηδὲν δ' οὐκ εἶναι· τά τε σε φράζεσθαι ἄνωγα·
>   πρῶτον τῆσδ' ἀφ' ὁδοῦ διζήσιος εἶργε νόημα,   45
>   αὐτὰρ ἔπειτ' ἀπὸ τῆς, ἣν δὴ βροτοὶ εἰδότες οὐδὲν
>   πλάζονται δίκρανοι· ἀμηχανίη γὰρ ἐν αὐτῶν
>   στήθεσιν ἰθύνει πλαγκτὸν νόον. οἱ δὲ φορεῦνται
>   κωφοὶ ὁμῶς· τυφλοί τε τεθηπότες, ἄκριτα φῦλα,
>   οἷς τὸ πέλειν τε καὶ οὐκ εἶναι ταὐτὸν νενόμισται
>   κ' οὐ ταὐτόν, πάντων δὲ παλίντροπός ἐστι κέλευθος (Cf. p. 761, 1).

V. 52 : οὐ γὰρ μήποτε τοῦτο δαῇς, εἶναι μὴ ἐόντα,

Je place ce vers ici avec MULLACH, qui, par conséquent, compte un vers de plus que KARSTEN ; quant à la manière de le lire, la leçon τοῦτο δαῇς εἶναι me parait la plus vraisemblable, même après les observations de BERGK dans la *Zeitschr. f. Alterthumsw.*, 1854, p. 433; STEIN, l. c., 485, propose δαμῇ.)

>   ἀλλὰ σὺ τῆσδ' ἀφ' ὁδοῦ διζήσιος εἶργε νόημα,
>   μηδέ σ' ἔθος πολύπειρον ὁδὸν κατὰ τήνδε βιάσθω,
>   νωμᾶν ἄσκοπον ὄμμα καὶ ἠχήεσσαν ἀκουήν   55
>   καὶ γλῶσσαν· κρῖναι δὲ λόγῳ πολύδηριν ἔλεγχον
>   ἐξ ἐμέθεν ῥηθέντα. μόνος δ' ἔτι μῦθος ὁδοῖο
>   λείπεται, ὡς ἔστιν.

ARISTOTE (*Phys.*, I, 3, 187 a, 1. Cf. 185 a, 22 sq.) exprime la pensée essentielle de ce passage en disant : ὅτι πάντα ἕν, εἰ τὸ ὂν ἓν σημαίνει. Le témoignage de Théophraste et d'Eudème est identique (voy. 515, 2).

1. V. 58 :   ταύτῃ δ' ἐπὶ σήματ' ἔασι,
>   πολλὰ μάλ', ὡς ἀγένητον ἐὸν καὶ ἀνώλεθρόν ἐστιν,
>   οὖλον, μουνογενές τε καὶ ἀτρεμὲς ἠδ' ἀτέλεστον.

L'ÊTRE. 47

sent absolu et indivisible[1]. De quoi aurait-il pu naître? Du néant? Mais le néant n'est pas et ne peut rien produire. De l'être? En ce cas l'être ne produirait autre chose que lui-même. On peut en dire autant de l'anéantissement[2]. D'une manière générale, ce qui a été ou sera n'est pas; et l'on ne saurait dire de l'être qu'il n'est pas[3]. De plus l'être est indivisible. Car nulle part il n'existe un être différent de lui, qui puisse en séparer les parties les unes des autres; tout l'espace est rempli par lui seul[4]. Il est

---

1. V. 61 :   οὐ ποτ' ἔην οὐδ' ἔσται, ἐπεὶ νῦν ἔστιν ὁμοῦ πᾶν
  ἓν ξυνεχές.

Le mot ξυνεχές désigne, comme il résulte du vers 78, le non-divisé; et ici c'est le non-divisé au point de vue du temps, non au point de vue de l'espace. L'être n'est pas divisé; aucune partie de son être ne peut, par conséquent, être dans l'avenir ou dans le passé.

2. V. 62 sqq. :   τίνα γὰρ γένναν διζήσεαι αὐτοῦ;
  πῆ πόθεν αὐξηθέν; οὔτ' ἐκ μὴ ἐόντος ἐάσω
  φάσθαι σ' οὐδὲ νοεῖν· οὐ γὰρ φατὸν οὐδὲ νοητόν
  ἔστιν ὅπως οὐκ ἔστι· τί δ' ἄν μιν καὶ χρέος ὦρσεν
  ὕστερον ἢ πρόσθεν τοῦ μηδενὸς ἀρξάμενον φῦν';
  οὕτως ἢ πάμπαν πέλεμεν χρεών ἐστιν ἢ οὐχί.
  οὐδέ ποτ' ἐκ τοῦ ἐόντος ἐφήσει πίστιος ἰσχὺς
  γίγνεσθαί τι παρ' αὐτό. τοῦ εἵνεκεν

(leçon de PRELLER, au lieu de τοῦ γε κεν, Hist. phil., p. 93)

  οὔτε γενέσθαι
  οὔτ' ὄλλυσθαι ἀνῆκε δίκη.

Au vers 65, τοῦ μηδενὸς ἀρξάμενον veut dire : « tirant son commencement du néant. » Je considère φῦν' comme une abréviation de φῦναι régi par ὦρσεν. VATKE (l. c., 49) et PRELLER pensent que c'est un participe.

3. V. 71 sqq. :   ἡ δὲ κρίσις περὶ τούτων ἐν τῷδ' ἔστιν·
  ἔστιν ἢ οὐκ ἔστιν. κέκριται δ' οὖν, ὥσπερ ἀνάγκη,
  τὴν μὲν ἐᾶν ἀνόητον, ἀνώνυμον, οὐ γὰρ ἀληθής
  ἐστιν ὁδός, τὴν δ' ὥστε πέλειν καὶ ἐτήτυμον εἶναι.
  πῶς δ' ἂν ἔπειτα πέλοι τὸ ἐόν; πῶς δ' ἄν κε γένοιτο;
  εἰ γε γένοιτ' οὐκ ἔστ', οὐδ' εἴ ποτε μέλλει ἔσεσθαι.
  τὼς γένεσις μὲν ἀπέσβεσται καὶ ἄπιστος ὄλεθρος.

A cause de cette négation du devenir, PLATON (Theæt., 181) nomme les Éléates οἱ τοῦ ὅλου στασιῶται, et ARISTOTE les désignait, selon SEXTUS (Math., X. 46), comme στασιώτας τῆς φύσεως καὶ ἀφυσίκους. Voy. les citations d'Aristote et de Théophr., p. 472, 5.

4. V. 78 sqq. :   οὐδὲ διαιρετόν ἐστιν, ἐπεὶ πᾶν ἐστιν ὅμοιον,
  οὐδέ τι τῇ μᾶλλον τό κεν εἴργοι μιν ξυνέχεσθαι
  οὐδέ τι χειρότερον· πᾶν δὲ πλέον ἐστιν ἐόντος.
  τῷ ξυνεχὲς πᾶν ἐστιν, ἐὸν γὰρ ἐόντι πελάζει.

immobile, occupe toujours un seul et même lieu, reste identique à lui-même[1]; et, comme il ne peut être imparfait et défectueux, il doit être limité[2]. La pensée n'est pas distincte de l'être. Car en dehors de l'être il n'y a rien, et toute pensée est pensée de l'être[3]. L'être est donc, en un mot, tout ce qui est, en tant qu'unité, sans commencement ni fin, sans changement de lieu ou de forme, un tout absolument indivis, homogène, équilibré de tous les côtés, également parfait de tout point. Parménide a, pour cette raison, comparé l'être à une sphère parfaitement ronde[4].

Sur la leçon du vers 79, où MULLACH propose de remplacer τῇ par πῇ, voyez KARSTEN. Avec Ritter (I, 493), je rapporte aussi à ce passage le vers 90 :

λεῦσσε δ' ὅμως ἀπεόντα νόῳ παρεόντα βεβαίως

(considère l'éloigné comme présent).

οὐ γὰρ ἀποτμήξει τὸ ἐὸν τοῦ ἐόντος ἔχεσθαι,
οὔτε σκιδνάμενον πάντη πάντως κατὰ κόσμον
οὔτε συνιστάμενον. (Cf. vers 104 sqq.)

1. V. 82 sqq. : αὐτὰρ ἀκίνητον μεγάλων ἐν πείρασι δεσμῶν
ἐστιν, ἄναρχον, ἄπαυστον ἐπεὶ γένεσις καὶ ὄλεθρος
τῆλε μάλ' ἐπλάγχθησαν, ἀπῶσε δὲ πίστις ἀληθής·
τωυτὸν δ' ἐν τωυτῷ τε μένον καθ' ἑαυτό τε κεῖται.

Comment Parménide a-t-il prouvé l'immobilité de l'être? C'est ce que nous ne voyons nulle part. Le texte de PLATON (Theæt., 180 e.) que nous citons plus loin laisse pendante la question de savoir si l'argument (qui s'y trouve appartient à Parménide ou à Mélissus, chez qui nous le rencontrerons. FAVORIN., ap. DIOG., IX, 29, attribue à Parménide un argument qui appartient à Zénon. (Cf. p. 546. I).

2. V. 86 sqq. : οὕτως ἔμπεδον αὖθι μένει· κρατερὴ γὰρ ἀνάγκη
πείρατος ἐν δεσμοῖσιν ἔχει, τό μιν ἀμφὶς ἐέργει.

(Leçon de SIMPL., 9 a. mil., tandis que, p. 7 a, au bas; 31 b, au haut, on lit τε au lieu de τό; il est inutile d'introduire d'autres changements; τὸ relatif se rapporte à πείρ.).

οὕνεκεν οὐκ ἀτελεύτητον τὸ ἐὸν θέμις εἶναι·
ἔστι γὰρ οὐκ ἐπιδευές, ἐὸν δέ (sc. ἀτελεύτητον) κε παντὸς ἐδεῖτο.

Voy. aussi v. 102 sqq. Si ÉPIPH. (Exp. fid., 1087 c) dit de Parménide : τὸ ἄπειρον ἔλεγεν ἀρχὴν τῶν πάντων, c'est qu'il le confond avec Anaximandre.

3. V. 94 sqq : τωυτὸν δ' ἐστὶ νοεῖν τε καὶ οὕνεκέν ἐστι νόημα.
οὐ γὰρ ἄνευ τοῦ ἐόντος ἐν ᾧ πεφατισμένον ἐστὶν
εὑρήσεις τὸ νοεῖν· οὐδὲν γὰρ ἔστιν ἢ ἔσται
ἄλλο πάρεξ τοῦ ἐόντος.

Cf. v. 43 (sup., p. 512).

4. V. 97 :   ἐπεὶ τό γε μοῖρ' ἐπέδησεν
οἶον (SIMPL. : οὖλον) ἀκίνητον τ' ἔμεναι, τῷ πάντ' ὄνομ' ἐστὶν
ὅσσα βροτοὶ κατέθεντο, πεποιθότες εἶναι ἀληθῆ,

L'ÊTRE.

Les écrivains postérieurs ont donc raison, quant au fond, de lui attribuer d'un commun accord cette doctrine, que l'être seul existe et qu'en dehors de l'être il n'y a rien, que tout se réduit à une essence unique, éternelle, immobile[1].

En revanche, cette proposition, que le monde est éternel

γίγνεσθαί τε καὶ ὄλλυσθαι, εἶναί τε καὶ οὐκί, 100
καὶ τόπον ἀλλάσσειν διά τε χρόα φανὸν ἀμείβειν.
αὐτὰρ ἐπεὶ
(KARSTEN lit ainsi, au lieu d'ἐπεί)
πεῖρας πύματον, τετελεσμένον ἐστί,
πάντοθεν εὐκύκλου σφαίρης ἐναλίγκιον ὄγκῳ,
μεσσόθεν ἰσοπαλὲς πάντη· τὸ γὰρ οὔτε τι μεῖζον
οὔτε τι βαιότερον πελέναι χρεών ἐστι τῇ ἢ τῇ.   105
οὔτε γὰρ οὐκ ἐὸν ἔστι τό κεν παύῃ μιν ἱκνεῖσθαι
εἰς ὁμόν, οὔτ' ἐὸν ἔστιν ὅπως εἴη κεν ἐόντος
(leçon de KARSTEN, au lieu de κενὸν ἐόντος)
τῇ μᾶλλον τῇ δ' ἧσσον, ἐπεὶ πᾶν ἐστιν ἄσυλον.
ἢ γὰρ πάντοθεν ἶσον ὁμῶς ἐν πείρασι κυρεῖ.

1. PLATON (*Parm.*, 128 a) : οὐ μὲν γὰρ ἐν τοῖς ποιήμασιν ἓν φής εἶναι τὸ πᾶν καὶ τούτων τεκμήρια παρέχει. *Theæt.*, 180 e : Μέλισσοί τε καὶ Παρμενίδαι.... διισχυρίζονται, ὡς ἕν τε πάντα ἐστί καὶ ἕστηκεν αὐτὸ ἐν αὑτῷ, οὐκ ἔχον χώραν ἐν ᾗ κινεῖται. *Soph.*, 242 d (sup., 491, 3, éd. all.). ARIST. *Metaph.*, I, 5, 986 b, 10 (ibid., note 4). Ibid., ligne 28 : παρὰ γὰρ τὸ ὄν τὸ μὴ ὄν οὐδὲν ἀξιοῖ εἶναι Παρμ... ἐξ ἀνάγκης ἓν οἴεται εἶναι τὸ ὄν καὶ ἄλλο οὐδέν. III, 4, 1001 a, 31 : si l'être, comme tel, est la substance, comment peut-on concevoir la pensée du multiple? τὸ γὰρ ἕτερον τοῦ ὄντος οὐκ ἔστιν. ὥστε κατὰ τὸν Παρμενίδου λόγον συμβαίνειν ἀνάγκη ἓν ἅπαντα εἶναι τὰ ὄντα καὶ τοῦτο εἶναι τὸ ὄν. *Phys.*, I, 2. sub init. : ἀνάγκη δ' ἤτοι μίαν εἶναι τὴν ἀρχήν ἢ πλείους, καὶ εἰ μίαν, ἤτοι ἀκίνητον, ὥς φησι Παρμενίδης καὶ Μέλισσος, etc. L'examen de cette opinion n'appartient, à proprement parler, ni à la physique, ni aux recherches sur les principes : οὐ γὰρ ἔτι ἀρχή ἐστιν, εἰ ἓν μόνον καὶ οὕτως ἓν ἐστιν. De même, *Metaph.*, I, 5. Ibid., 185 b, 17, et *Metaph.*, I. c.. 986 b, 18, sur la limitation de l'être chez Parménide. SIMPL., *Phys*, 25 a, au haut (cf. 29 a, mil.) : ὡς ὁ Ἀλέξανδρος ἱστορεῖ, ὁ μὲν Θεόφραστος οὕτως; ἐκτίθεται (sc. τὸν Παρμενίδου λόγον) ἐν τῷ πρώτῳ τῆς φυσικῆς ἱστορίας· τὸ παρὰ τὸ ὄν οὐκ ὄν, τὸ οὐκ ὄν οὐδέν, ἓν ἄρα τὸ ὄν· Εὔδημος δὲ οὕτως· τὸ παρὰ τὸ ὄν οὐκ ὄν, ἀλλὰ καὶ μοναχῶς λέγεται τὸ ὄν, ἓν ἄρα τὸ ὄν. Simplicius ajoute qu'il n'a pas trouvé cela dans la *Physique* d'Eudème, mais il cite un passage tiré de cet ouvrage, où se trouve une observation sur Parménide qui avait déjà été faite par ARISTOTE, *Phys.*, I, 3, 186 a, 22 sqq., et déjà au chap. 2, à savoir que Parménide n'a pas encore pensé aux différentes significations du mot *être*, et que, même dans le cas où ce mot n'aurait qu'une seule signification, on ne saurait démontrer l'unité de l'être. En tout cas, les mots ἀλλὰ καὶ μοναχῶς λέγεται τὸ ὄν ne renferment qu'une explication d'Eudème. Il dit lui-même de Parménide, *l. c.* (ainsi qu'ARIST., *Phys.*, l. c.), qu'il n'a pas encore pensé aux différentes significations du mot *être*, d'où il résulte qu'il ne les a pas non plus écartées expressément. Pour les témoignages des écrivains postérieurs, voy. BRANDIS, *Comm. el.*, 136 sqq.; KARSTEN, *Parm.*, 158, 168. Nous parlerons plus loin d'une argumentation en faveur de l'unité de l'être que PORPHYRE attribue à tort à Parménide. Voy. p. 543, 2 (éd. all.).

et impérissable¹, ne peut, à parler rigoureusement, lui être attribuée. Car du moment que toute pluralité et tout changement sont niés, il ne peut plus être question d'un monde. C'est pour la même raison que Parménide semble n'avoir nulle part désigné l'être sous le nom de divinité². Nous donnons en effet le nom de Dieu au premier être, pour le distinguer du monde; mais quand on nie absolument que le fini existe à côté de l'éternel, on n'a que faire du mot de divinité³.

L'ÊTRE EST CORPOREL. — On pourrait demander avec plus de raison si Parménide a vraiment exclu du concept de l'être tout ce qui, à notre point de vue, paraît impliquer une pluralité et transporter des déterminations sensibles dans l'être supra-sensible. A cette question nous devons faire une réponse négative. Sans doute la comparaison de l'être avec une sphère, en elle-même, ne prouve rien, puisque ce n'est qu'une comparaison. Mais tout ce que dit Parménide sur la limitation, l'homogénéité, l'indivisibilité de l'être⁴, prouve qu'il se le représente comme placé dans

---

1. Stob., Ecl., I, 416; Plut., Plac., II, 4, 3 (s., p. 495, 2). On reste davantage dans la vérité historique quand on dit que, selon Parménide, le *tout* est éternel, sans commencement, immobile; ainsi s'expriment Platon (*Theæt.*, 181 a : οἱ τοῦ ὅλου στασιῶται), Aristote. (*Metaph.*, I, 3, 984 a, 28 sq.). ἐν τάσκοντες εἶναι τὸ πᾶν), Théophraste ap. *Alex. ad Met.*, I, 3, 984 b, 1; Alex., *ibid.*; Plut., Plac., I, 24; Hippol., *Refut.*, I, 11; Eus., *Pr. ev.*, XIV, 3, 9. Car les prédicats ὅλον et πᾶν sont attribués aussi à l'Être par Parménide. L'expression τὴν φύσιν ὅλην ἀκίνητον εἶναι, qui se trouve dans Aristote (*l. c.*), est moins exacte.

2. Dans les fragments de Parménide, on ne trouve nulle part cette expression. Des écrivains postérieurs comme Stobée (*Ecl.*, I, 60), Ammonius (π. ἑρμην., p. 58; au mil. [voy. aussi ap. Brandis, *Comm.*, 141; *Gr.-röm. Phil.*, I, 382; Karsten, 208; cf. *Parm.*, v. 61, 75 sq.], Boèce. *Consol.*, III, sub fin.) la donnent, il est vrai; mais cela n'a aucune importance. Le texte du *De Melisso, Zen. et Gorgia*. c. 4, 978 b, 7, ne prouverait rien, quand bien même l'authenticité de cet ouvrage serait moins contestable.

3. Nous n'avons pas besoin d'admettre que des scrupules religieux l'ont empêché de s'expliquer sur le rapport de son Être avec la divinité (Brandis, *Comm. cl.*, 178). L'explication est facile : sa philosophie était toute plastique, et ne laissait aucune place à des doctrines théologiques.

4. Voy. sup., p. 513 sq. Je ne vois pas comment Strümpell (*Gesch. d. theor. Phil. d. Griech.*, p. 44) a pu conclure de ces passages que l'un « *n'est pas* étendu dans l'espace. »

l'espace, et qu'il ne conçoit pas encore un être exempt de la condition de l'étendue. Loin d'écarter les déterminations relatives à l'espace comme inadmissibles, il décrit expressément l'être comme une masse continue et homogène, se prolongeant uniformément dans tous les sens à partir de son point central, occupant toujours un seul et même lieu dans son enceinte limitée, ne comportant aucune lacune produite par le non-être, et ne contenant en aucun point une quantité d'être plus grande qu'en un autre point. Nous ne serions autorisés à prendre ces expressions au figuré, que si Parménide lui-même indiquait en quelque endroit qu'il conçoit son être comme incorporel et si, dans les autres parties de ses expositions philosophiques, il employait des expressions figurées ; mais c'est précisément ce qui n'a lieu nulle part. Nous verrons de plus que Zénon et Mélissus font également de l'être une chose étendue, que les Atomistes, se référant visiblement à la doctrine de Parménide, identifient l'être et le corps, le non-être et l'espace vide.

Nous ne devons donc nous faire aucun scrupule de prendre au propre les paroles de Parménide. L'Être, pour lui, n'est pas un concept purement métaphysique, sans aucun mélange d'éléments sensibles. C'est un concept qui a sa source dans l'intuition sensible et qui porte encore clairement les traces de cette origine. Le réel est le plein (πλέον), c'est-à-dire ce qui remplit l'espace. La distinction du corporel et de l'incorporel est étrangère à Parménide ; il y a plus : cette distinction est incompatible avec le point de vue auquel il se place. Car l'unité de l'être et de la pensée, qu'il affirme comme conséquence logique de sa doctrine de l'unité, n'est possible, étant donné le caractère réaliste de cette doctrine, que si la distinction du corporel et de l'incorporel n'a pas encore été faite. Selon la juste remarque d'Aristote[1], Parménide s'occupe de la sub-

1. Cf. p. 152, 1, 2 et 150 sqq.

stance du corporel lui-même, et non d'une substance distincte du corporel. En disant : l'Être seul est, il entend dire pour obtenir une conception exacte des choses, il faut faire abstraction de la multiplicité et de la mutabilité des apparences sensibles, et ne retenir que leur substrat simple indivis et immuable, comme le seul élément réel. Certes cette abstraction est déjà très-forte; mais elle ne brise pas avec l'antique philosophie naturaliste, comme ferait une doctrine qui, s'élevant au-dessus de tout ce qui est donné par les sens, chercherait le principe des choses dans un concept purement métaphysique.

LA CONNAISSANCE RATIONNELLE ET L'OPINION. — En tant que la connaissance du réel n'est possible que par cette abstraction, la considération abstraite et intellectuelle des choses peut seule prétendre à la vérité. C'est à la raison seule (λόγος) qu'il appartient de juger. Les sens, qui nous présentent les choses sous la forme de la pluralité et du changement, de la naissance et de l'anéantissement, sont la cause de toutes nos erreurs. Parménide nous exhorte donc de la manière la plus pressante à nous confier, non aux sens, mais à la seule raison[1]; et il prépare ainsi, de concert avec Héraclite, une distinction qui, dans la suite, est devenue extrêmement importante, tant pour la théorie de la connaissance que pour la métaphysique. Toutefois, dans sa propre philosophie, cette distinction n'a pas encore une telle importance : elle n'est qu'une conséquence de la doctrine métaphysique; elle n'est pas le fondement de l'ensemble du système. Aussi, chez Parménide, la connaissance sensible et la connaissance rationnelle ne sont-

---

1. Parm., v. 33 sq., 52 sq. (voy. sup., 512, 1). Les écrivains postérieurs (Diog., IX, 22; Sextus, Math., VII, 111; Plut. ap. Eus., Pr. ev., I, 8, 5; Aristocles, ibid, XIV, 17, 1; Jean Damasc., Parall. s., II, 25, 23, in Stob., Floril., éd. Mein., 234; cf. Arist., Gen. et Corrupt., I, 8, 325 b, 13) n'ajoutent rien de nouveau. Naturellement, il ne faut attacher aucune importance à ce fait, que plusieurs sceptiques ont rangé parmi les leurs Parménide, ainsi que son maître Xénophane (Cic., Acad., II, 23, 74. Plut., Adv. Col., 26, 2).

elles pas opposées l'une à l'autre par leurs caractères formels, mais seulement par leur contenu. D'une manière générale, l'étude psychologique de la faculté de connaître est encore tellement négligée, que notre philosophe, comme nous le verrons plus loin, attribue à la pensée la même origine qu'à la perception, et les déduit toutes deux du mélange des substances.

LE DOMAINE DE L'OPINION : LA PHYSIQUE. — Si tranchée que soit l'opposition établie par Parménide entre la réalité et l'apparence, entre la pensée rationnelle et les illusions des sens, il ne peut s'empêcher de montrer, dans la seconde partie de son poëme, quelle conception du monde il obtiendrait en se plaçant au point de vue du vulgaire, et comment il expliquerait, en ce sens, les détails de l'univers[1].

L'ÊTRE ET LE NON-ÊTRE, LE CLAIR ET LE SOMBRE. — Pour voir les choses telles qu'elles sont, il faut, en tout, ne reconnaître qu'un élément, l'être. L'opinion commune y ajoute le non-être[2], et, par suite, considère les choses comme formées d'éléments opposés; mais, à vrai dire, l'un des deux contraires seul est une réalité[3]. L'opinion aperçoit donc l'un comme multiple, l'immuable comme devenant et changeant. Si maintenant nous nous plaçons au point de vue de l'opinion, nous devrons admettre deux éléments, dont l'un correspondra à l'être, et l'autre au non-être. Parménide nomme le premier la lumière ou le feu, le second la

---

1. On ne doit voir qu'une impropriété d'expression dans le texte de PLUTARQUE ap. Eus., Pr. ev., I, 8, 5 : Παρμ.... ὁ ἑταῖρος Ξενοφάνους ἅμα μὲν καὶ τῶν τούτου δοξῶν ἀντεποιήσατο, ἅμα δὲ καὶ τὴν ἐναντίαν ἐνεχείρησε στάσιν, comme il résulte du passage correspondant, plus clair, mais plus incomplet, de THEODORET, Cur. gr. aff., IV, 7, p. 57.
2. V. 33 sqq., 45 sqq. (voy. sup., 512, 1, éd. all.).
3. V. 113 : μορφὰς γὰρ κατέθεντο δύο γνώμας ὀνομάζειν,
    (τῶν μίαν οὐ χρεών ἐστιν, ἐν ᾧ πεπλανημένοι εἰσίν)
    ἀντία δ' ἐκρίναντο δέμας καὶ σήματ' ἔθεντο
    χωρὶς ἀπ' ἀλλήλων.

nuit; et, dans les fragments qui nous sont parvenus, il fait du premier le ténu, du second l'épais et le grave[1]. Certains auteurs appellent encore ces éléments le chaud et le froid, le feu et la terre[2]. Il semble que Parménide se soit effectivement servi de ces deux dernières expressions. Quant aux termes abstraits de *chaud* et de *froid*,

1. V. 116 : τῇ μὲν φλογὸς αἰθέριον πῦρ
ἤπιον ἐόν, μέγ᾽ ἐλαφρόν, ἑωυτῷ πάντοσε τωυτόν,
τῷ δ᾽ ἑτέρῳ μὴ τωυτόν· ἀτὰρ κἀκεῖνο κατ᾽ αὐτὸ
ἀντία νύκτ᾽ ἀδαῆ πυκινὸν δέμας ἐμβριθές τε.
V. 122 : αὐτὰρ ἐπειδὴ πάντα φάος καὶ νὺξ ὀνόμασται
καὶ τὰ κατὰ σφετέρας δυνάμεις ἐπὶ τοῖσί τε καὶ τοῖς,
πᾶν πλέον ἐστὶν ὁμοῦ φάεος καὶ νυκτὸς ἀφάντου,
ἴσων ἀμφοτέρων, ἐπεὶ οὐδετέρῳ μέτα μηδέν.

(Ces derniers mots doivent sans doute être expliqués, comme le veut KARSTEN, par les vers 117 sq. : « qui sont tous deux homogènes et sans mélange. ») Voy. aussi la glose citée par SIMPL., *Phys.*, 7 b, au haut : ἐπὶ τῷδέ ἐστι τὸ ἀραιὸν καὶ τὸ θερμὸν καὶ τὸ φῶς καὶ τὸ μαλθακὸν καὶ τὸ κοῦφον, ἐπὶ δὲ τῷ πυκνῷ ὠνόμασται τὸ ψυχρὸν καὶ τὸ ζόφος καὶ τὸ σκληρὸν καὶ τὸ βαρύ. ταῦτα γὰρ ἀπεκρίθη ἑκατέρως ἑκάτερα.

2. ARIST., *Phys.*, I. 5, sub init. : καὶ γὰρ Π. θερμὸν καὶ ψυχρὸν ἀρχὰς ποιεῖ, ταῦτα δὲ προσαγορεύει πῦρ καὶ γῆν. *Metaph.*, I. 5, 986 b, 31, après le passage cité p. 515, 2 : ἀναγκαζόμενος δ᾽ ἀκολουθεῖν τοῖς φαινομένοις καὶ τὸ ἓν μὲν κατὰ τὸν λόγον πλείω δὲ κατὰ τὴν αἴσθησιν ὑπολαμβάνων εἶναι, δύο τὰς αἰτίας καὶ δύο τὰς ἀρχὰς πάλιν τίθησι, θερμὸν καὶ ψυχρόν, οἷον πῦρ καὶ γῆν λέγων. Cf. aussi *Met.*, I, 3, 984 b, 1 sq., IV, 2, 1004 b, 32. SIMPL., *Phys.*, 7 b, au haut : τῶν μὲν γεννητῶν ἀρχὰς καὶ αὐτὸς στοιχειώδεις μὲν τὴν πρώτην ἀντίθεσιν ἔθετο, ἣν φῶς καλεῖ καὶ σκότος, πῦρ καὶ γῆν, ἢ πυκνὸν καὶ ἀραιόν, ἢ ταὐτὸν καὶ ἕτερον. (Ces derniers mots sont évidemment une méprise relative aux vers 117 sq.) ALEX., *ad Met.*, I. 5. 986 b. 17 ; IV, 2. 1004 b, 29. Le même, *ap.* PHILOP., *Gen. et corr.*, 64 a, mil. PHILOP., *Phys.*, A. 9, au bas, C. 11, au bas, etc.; PLUT., *Adv. Col.*, 13, 6, p. 1114, où les deux éléments sont appelés τὸ λαμπρὸν καὶ σκοτεινόν ; *De an. procr.*, 27, 2, p. 1026, où ils sont appelés φῶς et σκότος. C'est là ce qui a causé la méprise de CLÉMENT (*Cohort.*, 42 c) : Π... θεοὺς εἰσηγήσατο πῦρ καὶ γῆν. Voy. la note suivante.

3. BRANDIS (*Comment.*, 164) et KARSTEN (p. 222 et pass.) en doutent, d'abord à cause de l'expression οἷον, *ap.* ARIST., *Metaph.*, l. c., ensuite parce que SIMPL. dit (*Phys.*, 6 b, au haut) : Π. ἐν τοῖς πρὸς δόξαν πῦρ καὶ γῆν, μᾶλλον δὲ φῶς καὶ σκότος (ἀρχὰς τίθησιν) ; cf. ALEXANDRE (*inf.*, p. 522, 1, éd. all.). Mais les expressions de Simplicius et d'Alexandre peuvent aussi être interprétées comme nous l'avons indiqué dans le texte ; et BONITZ, dans son commentaire sur la *Métaphysique*, p. 76, montre qu'Aristote se sert souvent du mot οἷον, là où il ne veut exprimer ni une comparaison ni un doute ; les mots οἷον, etc., signifient donc simplement : « il nomme l'un feu, l'autre terre, » et ne sont nullement en contradiction avec les termes de la *Physique* et du *De generatione et corruptione*, qui ne laissent place à aucune amphibologie (voy. la note suiv.). D'ailleurs, d'après la manière dont Aristote rend ordinairement compte des opinions d'autrui, il est très-possible que Parménide n'ait appelé terre l'élément obscur qu'au moment où il parlait de la formation de la terre, c'est-à-dire au moment où il faisait sortir la terre de l'élément obscur. A cela se rapporte l'indication de PLUTARQUE *ap.* EUS., I, 8, 7 : λέγει δὲ τὴν γῆν τοῦ πυκνοῦ καταρρυέντος ἀέρος γεγονέναι.

Aristote dit en propres termes qu'il les a lui-même substitués le premier aux termes plus concrets employés par ses prédécesseurs.

Selon le témoignage d'Aristote[1], Parménide rangeait la lumière du côté de l'être, la nuit du côté du non-être. Cette indication est confirmée par les fragments mêmes de Parménide. Nous y lisons que la vérité et la réalité n'appartiennent qu'à l'un des deux éléments dont on a coutume de déduire les choses, et que l'autre élément est considéré à tort comme réel[2]. Par suite, Parménide considère l'un des deux éléments comme l'être, l'autre comme le non être; et, pour cette raison, il donne à l'élément igné les mêmes caractères qu'à l'être : il le décrit comme parfaitement homogène[3].

Il aurait de plus, nous dit-on, considéré l'élément igné comme le principe actif, le sombre comme le principe passif ou matériel[4]. Mais cette indication ne doit pas être

---

1. Aristote (*Metaph.*, l. c.) continue ainsi : τούτων δὲ κατὰ μὲν τὸ ὂν τὸ θερμὸν τάττει, θάτερον δὲ κατὰ τὸ μὴ ὄν. Le même (*Gen. et corr.*, I, 3, 318 b, 6) : ὥσπερ Παρμ. λέγει δύο, τὸ ὂν καὶ τὸ μὴ ὂν εἶναι φάσκων, πῦρ καὶ γῆν. Alexandre (*ad Metaph.*, 986 b, 17) ne peut être regardé comme un témoin original, puisqu'il a évidemment puisé dans Aristote. De même Philopon (*Gen. et corr.*, p. 13 a, au haut). Karsten (p. 223), Mullach (*ad* V. 113) et Steinhart (*Allg. Enc.*, sect. III, vol. XII, 234 sq. ; *Plato's W.*, VI, 226) contestent l'indication d'Aristote, parce qu'aucun des deux éléments du périssable ne peut être mis sur la même ligne que l'être. Les remarques faites ci-dessus démontrent que cette observation est sans fondement.

2. V. 114 (*sup.*, 519, 3, éd. all.). Après les mots τῶν μίαν οὐ χρεών ἐστι, il faut suppléer καταθέσθαι. Ces mots ne doivent pas être traduits, ainsi que l'ont ait Simplicius, Krische (*Forsch.*, 102), Karsten, Mullach, Steinhart (*Allg. Enc.*, 240) : « dont il est malséant de n'admettre qu'une seule »; car ce texte dit précisément que l'erreur des hommes consiste à admettre deux espèces de réalités, de même que le vers 37 dit que c'est une illusion d'admettre le non-être à côté de l'être. Le sens véritable est : « dont l'une ne devrait pas être admise, car l'idée qu'elle existe repose sur une illusion. »

3. V. 117. Cf. v. 85, 109 (*sup.*, 519, 3; 514, 2; 515, 1, éd. all.).

4. Aristote fait déjà cette remarque (*Metaph.*, I, 3, 984 b, 1) : τῶν μὲν οὖν ἓν φασκόντων εἶναι τὸ πᾶν οὐθενὶ συνέβη τὴν τοιαύτην (τὴν κινητικὴν) συνιδεῖν αἰτίαν πλὴν εἰ ἄρα Παρμενίδῃ καὶ τούτῳ κατὰ τοσοῦτον ὅσον οὐ μόνον ἓν ἀλλὰ καὶ δύο πως τίθησιν αἰτίας εἶναι. τοῖς δὲ δὴ πλείω ποιοῦσι μᾶλλον ἐνδέχεται λέγειν, οἷον τοῖς θερμὸν καὶ ψυχρὸν ἢ πῦρ καὶ γῆν· χρῶνται γὰρ ὡς κινητικὴν ἔχοντι τῷ πυρὶ τὴν φύσιν, ὕδατι δὲ καὶ γῇ καὶ τοῖς τοιούτοις τοὐναντίον. Théophraste (*ap.* Alexandre, *ad h. l.*, p. 24, 5, Bon.) est plus précis : Παρμενίδης... ἐπ' ἀμφοτέρας ἦλθε τὰς ὁδούς· καὶ γὰρ ὡς ἀίδιόν ἐστι τὸ πᾶν ἀποφαίνεται καὶ γένεσιν ἀποδιδόναι πειρᾶται τῶν ὄντων, οὐχ ὁμοίως περὶ ἀμφοτέρων δοξάζων, ἀλλὰ κατ' ἀλήθειαν μὲν ἓν τὸ πᾶν καὶ ἀγέννητον

parfaitement exacte. Parménide a pu attribuer à la chaleur, dans la formation des êtres organiques et du monde, une influence vivifiante et informatrice. Mais naturellement il ne s'est pas servi des expressions aristotéliciennes que nous venons de rapporter; et, de plus, il ne peut avoir eu la pensée de déduire de la chaleur le mouvement en général, à la manière d'Héraclite. S'il avait eu cette pensée, il n'aurait pas eu besoin, pour expliquer la combinaison des substances, d'imaginer, comme un personnage mythique spécial[1], cette déesse qui trône au milieu du monde et qui régit le cours de l'univers[2]. Nous le voyons représenter le mélange de la lumière et des ténèbres d'une manière symbolique, comme un mariage. Il désigne Éros comme la première créature issue de la déesse qui gouverne le monde[3], et les deux éléments eux-mêmes comme

---

καὶ σφαιροειδὲς ὑπολαμβάνων, κατὰ δόξαν δὲ τῶν πολλῶν εἰς τὸ γένεσιν ἀποδοῦναι τῶν φαινομένων δύο ποιῶν τὰς ἀρχάς, πῦρ καὶ γῆν, τὸ μὲν ὡς ὕλην, τὸ δὲ ὡς αἴτιον καὶ ποιοῦν. Les écrivains postérieurs répètent la même chose; Cic. (*Acad.*, II, 37, 118) : *P. ignem qui movet, terram quæ ab eo formetur.* Diog., IX, 21 : δύο τε εἶναι στοιχεῖα, πῦρ καὶ γῆν, καὶ τὸ μὲν δημιουργοῦ τάξιν ἔχειν, τὴν δὲ ὕλης. Hippolyte (*Refut.*, I, 11, sans doute indirectement, d'après Théophraste, que nomme aussi Diogène) : Π. ἓν μὲν τὸ πᾶν ὑποτίθεται ἀΐδιόν τε καὶ ἀγέννητον καὶ σφαιροειδές, οὐδὲ αὐτὸς ἐκφυγὼν τὴν τῶν πολλῶν δόξαν, πῦρ λέγων καὶ γῆν τὰς τοῦ παντὸς ἀρχάς· τὴν μὲν γῆν ὡς ὕλην, τὸ δὲ πῦρ ὡς αἴτιον καὶ ποιοῦν. Alex. (*ap.* Simpl., *Phys.*, 9 a, au haut) : κατὰ δὲ τὴν τῶν πολλῶν δόξαν καὶ τὰ φαινόμενα φυσιολογῶν... ἀρχὰς τῶν γινομένων ὑπέθετο πῦρ καὶ γῆν, τὴν μὲν γῆν ὡς ὕλην ὑποτιθείς, τὸ δὲ πῦρ ὡς ποιητικὸν αἴτιον... καὶ ὀνομάζει, φησί, τὸ μὲν πῦρ φῶς, τὴν δὲ γῆν σκότος. Philop. (*Gen. et corr.*, 12 a, au haut) : τὴν μὲν γῆν μὴ ὂν ὠνόμασεν, ὡς ὕλης λόγον ἐπέχουσαν, τὸ δὲ πῦρ ὄν, ὡς ποιοῦν καὶ εἰδοποιοῦν. Aristote (*Gen. et corr.*, II, 9, 336 a, 3 sqq.) ne semble pas parler spécialement de Parménide, mais plutôt d'Anaximène (voy. sup., p. 224, 2) et de Diogène (p. 241).

1. Comme le remarque déjà Simpl., *Phys.*, 9 a, contre Alexandre.

2. V. 128 : ἐν δὲ μέσῳ τούτων (voy. p. 485, 1) Δαίμων ἣ πάντα κυβερνᾷ·
πάντη γὰρ στυγεροῖο τόκου καὶ μίξιος ἀρχή,
πέμπουσ' ἄρσενι θῆλυ μιγῆναι, ἐναντία δ' αὖθις
ἄρσεν θηλυτέρῳ.

D'après Stobée, *Ecl.*, I, 482, sq., *Parall.* (cf. p. 158, éd. all.), Théod., *Cur. gr. aff.*, VI, 13, p. 87, Parménide a appelé cette déesse κυβερνῆτις, κληροῦχος (Karsten, p. 241, propose κληροῦχος), δίκη et ἀνάγκη; il semble cependant qu'on ait fait intervenir ici des textes qui n'avaient pas trait à la même chose, notamment le commencement du poème; cf. Krische (*Forsch.*, p. 107).

3. V. 132 (cf. Platon, *Symp.*, 178 b; Arist., *Met.*, I, 4, 984 b, 25) : πρώτιστον μὲν ἔρωτα θεῶν μητίσατο πάντων. Le sujet de μητίσατο est, d'après l'indication précise de Simpl., *l. c.*, la δαίμων, v. 128. Plutarque (*Amator.*, 13, 11, p. 756) dit

le masculin et le féminin[1]. Indépendamment d'Éros, Parménide semble avoir admis d'autres êtres symboliques à titre de divinités[2]. Mais nous n'avons pas de renseignements sur le rôle qu'il faisait jouer à ces divinités dans la formation du monde.

Il n'est pas vraisemblable que Parménide ait emprunté sa théorie des deux éléments à une théorie physique antérieure. D'abord nous n'en connaissons aucune qui puisse être considérée comme l'origine de celle de Parménide[3]; ensuite il désigne lui-même, d'une manière tout à fait générale, les opinions humaines comme formant l'objet de son exposition dans la seconde partie du poëme. Ainsi, ce qui constitue le fond de cette exposition, c'est un fait qui ne pouvait guère échapper à un observateur, savoir que la perception sensible et l'opinion commune voient en toutes choses l'union de substances et de forces opposées. L'explication de ce fait, la réduction de toutes les oppositions à l'opposition fondamentale de l'être et du non-être, de la lumière et des ténèbres; l'introduction de divinités organisatrices du monde, doivent être considérées comme son œuvre personnelle. Toutefois, à ces deux points de vue, les poëmes cosmogoniques, d'une part[4], les anciennes théories ioniennes sur la formation du monde et la doctrine pythagoricienne des oppositions primordiales, d'autre

---

Ἀρρόδιτη; mais cette différence s'explique suffisamment par la description de la déesse et notamment par cette circonstance qu'elle est la mère d'Éros.

1. Cette interprétation plus large du vers 130 sq. semble indiquée par le sens général et par le rôle cosmologique qui est attribué à Éros.

2. Le témoignage de Cicéron ou plutôt de Philodème (Cic., *N. D.*, I, 11, 28 : *quippe qui bellum, qui discordiam, qui cupiditatem ceteraque generis ejusdem ad Deum revocat*) ne serait pas décisif. On peut se demander si Parménide n'est pas confondu ici avec Empédocle. Mais le mot πρώτιστον θεῶν πάντων, dans Parménide (v. 132), indique que d'autres dieux viennent après Éros. Voy. Krische. *l. c.*, 111. sq.

3. Les textes d'Aristote que l'on pensait devoir rapporter à de telles théories, inconnues d'ailleurs (voy. p. 522, 1), peuvent s'expliquer sans recourir à cette hypothèse (voy. p. 671, éd. all.).

4. Comme les indications d'Hésiode, Acusilaüs et Ibycus sur Éros, d'Acusilaüs sur l'éther et la nuit, etc. Voy. *supra*, p. 70, 79, éd. all.

part[1], lui offraient des indications qui ont pu exercer sur lui une influence.

Cosmologie. — Dans le développement de ses doctrines physiques, Parménide s'occupa de tout ce qui faisait l'objet ordinaire des recherches scientifiques à son époque[2]. Cette partie de sa doctrine ne nous a été conservée que très-incomplétement. Dans sa description du système du monde, il se rattache au système pythagoricien, sans le suivre pourtant sur tous les points. Il se représente l'univers comme composé de plusieurs sphères ou cercles[3] qui s'enveloppent les uns les autres. La sphère intérieure et la sphère extérieure, formées par l'élément

---

1. Parmi lesquelles se trouve aussi, comme on sait, l'opposition de la lumière et des ténèbres.
2. Il dit lui-même :

τῶν σοι ἐγὼ διάκοσμον ἐοικότα πάντα φατίζω,   120
ὡς οὐ μή ποτέ τίς σε βροτῶν γνώμη παρελάσσῃ.

Plus loin, v. 133 sqq. :

εἴσῃ δ' αἰθερίην τε φύσιν τά τ' ἐν αἰθέρι πάντα
σήματα καὶ καθαρᾶς εὐαγέος ἠελίοιο
λαμπάδος ἔργ' ἀΐδηλα καὶ ὁππόθεν ἐξεγένοντο,
ἔργα τε κύκλωπος, πεύσῃ περίφοιτα σελήνης·
καὶ φύσιν εἰδήσεις δὲ καὶ οὐρανὸν ἀμφὶς ἔχοντα
ἔνθεν ἔφυ καὶ ὥς μιν ἄγουσ' ἐπέδησεν ἀνάγκη
πείρατ' ἔχειν ἄστρων.
... πῶς γαῖα καὶ ἥλιος ἠδὲ σελήνη   140
αἰθήρ τε ξυνὸς γάλα τ' οὐράνιον καὶ ὄλυμπος
ἔσχατος ἠδ' ἄστρων θερμὸν μένος ὡρμήθησαν
γίγνεσθαι.

Plutarque (Adv. Col., 13, 6) dit de lui : ὅς γε καὶ διάκοσμον πεποίηται, καὶ στοιχεῖα μιγνὺς, τὸ λαμπρὸν καὶ σκοτεινὸν, ἐκ τούτων τὰ φαινόμενα πάντα καὶ διὰ τούτων ἀποτελεῖ. καὶ γὰρ περὶ γῆς εἴρηκε πολλὰ καὶ περὶ οὐρανοῦ καὶ ἡλίου καὶ σελήνης καὶ ἄστρων, καὶ γένεσιν ἀνθρώπων ἀφήγηται καὶ οὐδὲν ἄρρητον... τῶν κυρίων παρῆκεν. On a déjà fait observer (p. 109, 1, éd. all.) que dans le vers 141 on voit percer la distinction pythagoricienne entre l'οὐρανὸς et l'ὄλυμπος. Dans Stobée également (note suiv.), la partie du ciel la plus voisine de la terre s'appelle οὐρανὸς, tandis que dans le vers 137 οὐρανὸ désigne la limite extrême du monde. Stein (p. 798 sq.) attribue sans nécessité les vers 131-139 à Empédocle.

3. On ne voit pas clairement d'après les textes s'il s'agit de cercles ou de sphères. L'expression στεφάνη, dont Parménide s'était servi, éveillerait tout d'abord l'idée de zones. Mais comme on a dû nécessairement attribuer la forme sphérique au dernier de ces cercles, à la voûte concave du ciel (c'est pourquoi il est dit vers 137 : οὐρανὸς ἀμφὶς ἔχων), et cela non-seulement d'après ce que nous voyons nous-mêmes directement, mais encore d'après la propre doctrine de Parménide

massif et sombre, constituent l'une le noyau solide, l'autre le mur d'enceinte du monde. Autour de la sphère intérieure et au-dessous de la sphère extérieure se trouvent des cercles de feu sans mélange; dans la région intermédiaire se trouvent des cercles où les ténèbres et le feu sont mélangés [1]. Ce que Parménide appelle le cercle le plus extérieur n'est sans doute autre chose que la voûte céleste, conçue 526 comme solide [2]; le cercle de feu qui vient immédiatement au-dessous rappelle la périphérie ignée des Pythagoriciens. La sphère solide du milieu ne peut être que la terre. Il nous est d'ailleurs attesté que Parménide se la représentait comme une sphère, reposant immobile au milieu du monde [3]. Quant au cercle de feu qui entoure cette sphère,

---

sur l'être (voy. *supra*. p. 515, 517. éd. all.). comme la terre, d'autre part, doit également être une sphère (voy. p. 526, 2. éd. all.); on ne voit guère ce que pourraient être les couches intermédiaires si elles n'étaient des sphères creuses (cf. p. 384, 1).

1. Stob., *Ecl*., I. 482 (le commencement aussi ap. Plut.. *Plac*., II, 7. 1. Galien, c. 11, p. 267) : Ἡ στεφάνας εἶναι περιπεπλεγμένας, ἐπαλλήλους, τὴν μὲν ἐκ τοῦ ἀραιοῦ τὴν δὲ ἐκ τοῦ πυκνοῦ· μικτὰς δὲ ἄλλας ἐκ φωτός· καὶ σκότους μεταξὺ τούτων· καὶ τὸ περιέχον δὲ πάσας τείχους δίκην στερεὸν ὑπάρχειν, ὑφ' ᾧ πυρώδης στεφάνη, καὶ τὸ μεσαίτατον πασῶν [sc. στερεὸν ὑπάρχειν] περὶ ὃν (l. ὅ) πάλιν πυρώδης· τῶν δὲ συμμιγῶν τὴν μεσαιτάτην ἁπάσαις τοκέα (sic Davis ad Cic., *N. D*., I, 11. pour τε καὶ. Krische. *Forsch*., 101, conjecture αἰτίαν, d'après Parménide, v. 129. — Voy. *sup*., 522. 3. — On pourrait conjecturer, au lieu de « ἁπάσαις τε καὶ » : ἀρχήν τόκου τε καὶ) πάσης κινήσεως καὶ γενέσεως· ὑπάρχειν, ἥντινα καὶ δαίμονα καὶ κυβερνῆτιν καὶ κληροῦχον ἐπονομάζει, δίκην τε καὶ ἀνάγκην. (Cf. p. 522. 3. éd. all.) καὶ τῆς μὲν γῆς τὴν ἀπόκρισιν εἶναι τὸν ἀέρα, διὰ τὴν βιαιοτέραν αὐτῆς ἐξατμισθέντα πίλησιν, τοῦ δὲ πυρὸς ἀναπνοὴν τὸν ἥλιον καὶ τὸν γαλαξίαν κύκλον· συμμιγῆ δ' ἐξ ἀμφοῖν εἶναι τὴν σελήνην τοῦ τ' ἀέρος καὶ τοῦ πυρός· περιστάντος δὲ ἀνωτάτω πάντων τοῦ αἰθέρος· ὑπ' αὐτῷ τὸ πυρῶδες ὑποταγῆναι, τοῦθ' ὅπερ κεκλήκαμεν οὐρανόν, ὑφ' ᾧ ἤδη τὰ περίγεια. Ce texte (dont Krische, *Forsch*., 101 sq.. parait avoir donné l'explication la plus juste, explication qui redresse essentiellement celle qu'avaient donnée Brandis, *Comment*., 160 sqq., et Karsten, 241 sqq.) est confirmé en partie par l'indication confuse qu'on trouve ap. Cic., *N. D*., I. 11, 28 : *nam Parmenides quidem commenticium quiddam coronæ similitudine efficit : Stephanen appellat, continente ardore lucis orbem, qui cingit, cælum, quem appellat Deum* (cette dernière assertion est complètement fausse ou résulte d'une méprise faite à propos d'une proposition vraie); mais il est surtout confirmé par *Parm*., v. 126 :

αἱ γὰρ στεινότεραι [sc. στεφάναι] πεποίηντο πυρὸς ἀκρήτοιο, 126
αἱ δ' ἐπὶ ταῖς νυκτός, μετὰ δὲ φλογὸς ἵεται αἶσα.
ἐν δὲ μέσῳ, etc.

(Voy. *supra*, p. 522, 3. éd. all. Cf. V. 113 sqq., *supra*, 519, 3.)

2. Ἔσχατος Ὄλυμπος, comme il est dit vers 141.

3. Diog., IX, 21 : πρῶτος δ' οὗτος τὴν γῆν ἀπέφηνε σφαιροειδῆ καὶ ἐν μέσῳ κεῖσθαι. Plut., *Plac*., III, 15. 7 : Parménide et Démocrite soutiennent que la terre reste

ce ne peut être que l'air, lequel est désigné comme ténu et lumineux, sans doute par opposition à la terre[1]. Entre ces deux points extrêmes est le ciel stellaire[2]. On ne peut savoir avec certitude comment Parménide rangeait les sphères particulières dans le ciel des étoiles, ni s'il s'écartait de l'ordre adopté communément[3]. La même incertitude règne sur les autres opinions cosmologiques qui lui sont attribuées[4]. Au milieu de l'uni-

en équilibre et immobile parce qu'elle est également éloignée de toutes les extrémités du monde. Si SCHÄFER (*Die astron. Geogr., d. Gr.*, Fleusb., 1873. p. 12 sq.) croit, à l'exemple de SCHAUBACH et de FORBIGER, que Parménide n'a pas attribué à la terre la forme d'une sphère, mais celle d'un disque, il oublie que l'indication de Diogène vient de Théophraste. Si ce dernier, selon Diogène (VIII, 48), dit de Parménide : πρῶτον ὀνομάζει τὴν γῆν στρογγύλην, le mot στρογγύλην doit désigner, comme dans le *Phédon* de PLATON, 97 d (πότερον ἡ γῆ πλατεῖά ἐστιν ἢ στρογγύλη), la forme sphérique: car Parménide ne pouvait certainement être considéré comme le premier qui eût attribué à la terre la forme d'un disque.

1. Ce sont ces propriétés, et non la chaleur, qui paraissent être, pour Parménide, le caractère essentiel du feu (v. 116 sq.; voy. *supra*, p. 519, 5). Il le nomme même ἧκιον.

2. Appelé dans STOBÉE, *l. c.*, πυρῶδες et οὐρανός.

3. STOBÉE (I, 518) dit : Η. πρῶτον μὲν τάττει τὸν Ἑῷον, τὸν αὐτὸν δὲ νομιζόμενον ὑπ' αὐτοῦ καὶ Ἕσπερον, ἐν τῷ αἰθέρι· μεθ' ὃν τὸν ἥλιον, ὑφ' ᾧ τοὺς ἐν τῷ πυρώδει ἀστέρας, ὅπερ οὐρανὸν καλεῖ. (Cf. *ibid.*, p. 500.) Si cette exposition est exacte, on pourrait admettre que Parménide a placé, dans la voûte solide du ciel, au haut la voie lactée, au bas les autres étoiles fixes, dans l'espace intermédiaire les planètes, le soleil et la lune. Mais on peut se demander si l'auteur cité *ap.* Stobée a puisé ses indications dans une connaissance exacte du poème de Parménide, et s'il n'a pas plutôt arrangé par lui-même, d'après les vers cités p. 525, 2, et d'après d'autres passages, un système astronomique dépassant la propre opinion de Parménide (cf. KRISCHE, p. 115).

4. D'après STOB., I, 484 (voy. *supra*, p. 525, 2), 524, il aurait attribué à la voie lactée et au soleil une nature ignée, à la lune une nature mixte ; mais, comme tous les trois sont rangés parmi les sphères mixtes, il ne pourrait en tout cas s'agir ici que d'une quantité plus ou moins grande d'élément igné et d'élément obscur. A la p. 574 (*Plac.*, III, 1, 6; GALIEN, c. 17, p. 283), STOBÉE dit : la couleur de la voie lactée provient du mélange du dense et du ténu; selon le même Stobée, p. 564, notre philosophe explique par la même cause le visage de la lune ; p. 532, il est dit que Parménide faisait procéder à la fois le soleil et la lune de la voie lactée, le premier de la partie ténue, la seconde de la partie dense du mélange. P. 550 (*Plac.*, II, 26 *parall.*) il est dit : Η. πυρίνην [τὴν σελήνην] ἴσην δὲ τῷ ἡλίῳ, καὶ γὰρ ἀπ' αὐτοῦ φωτίζεσθαι (voy. aussi Parm., v. 144 sq.); dans ce passage il faut, ou supprimer γάρ, qui n'existe pas dans les autres textes, ou supposer (avec KARSTEN, p. 284) que le mot ἴσην, dans Parménide, ne se rapporte pas à la grandeur, mais à l'orbite de la lune. — STOBÉE (I, 510) exprime l'opinion de Parménide relative à la nature des astres de la manière suivante : il les a, dit-il, considérés comme des πιλήματα πυρός, c'est-à-dire des masses de vapeur ignée (ainsi qu'Héraclite, Xénophane, Anaximandre, etc.), lesquelles (si l'on a raison d'attribuer cette opinion à Parménide) se nourriraient des émanations de la terre. Quelques-uns prétendent qu'il a découvert l'identité de l'étoile du matin et de

vers¹ siége, nous dit-on, selon Parménide, la divinité qui gouverne le monde, la mère des dieux et de toutes choses. Cette divinité correspond certainement au feu central, à la 528 mère des dieux des Pythagoriciens, génératrice du monde.

IDÉES ANTHROPOLOGIQUES. — A côté de ces opinions cosmologiques, on cite de Parménide quelques opinions anthropologiques. Il semble avoir enseigné que l'homme s'est formé primitivement du limon de la terre, sous l'influence de la chaleur solaire². Aussi son opinion sur ce point a-t-elle été rapprochée³ de celle d'Empédocle⁴. Ce qu'il disait sur

l'étoile du soir, question sur laquelle il doit certainement s'être expliqué (Diog., IX, 23. Cf. VIII, 14, Scid., Ἕσπερος). D'autres attribuent cette découverte à Pythagore (voy. sup., p. 396, 1, éd. all.). La division de la terre en cinq zones, dont Parménide, d'après certains écrivains (Posidon., ap. Strabon, II, 2, 2, p. 94. Acil. Tat., ad Arat., c. 31, p. 157, C. Plut. Pl., III, 11, 4), est également l'auteur, est attribuée par d'autres aux Pythagoriciens (voy. supra, p. 417, 1), auxquels Parménide pourrait bien l'avoir transmise.

1. Stobée (sup., 525, 2) dit : « au milieu des sphères mixtes » ; mais Krische, 105 sq., considère avec raison cette indication comme le résultat d'une interprétation inexacte du mot τούτων dans le v. 128, cité p. 522. 3. Simplicius (Phys., 8 a, mil.) dit également de Parménide : ποιητικὸν αἴτιον... ἓν κοινὸν, τὴν ἐν μέσῳ πάντων ἱδρυμένην καὶ πάσης γενέσεως αἰτίαν δαίμονα τίθησιν, et de même Jambl. (Theol. Arithm., p. 8), après avoir parlé du feu central : ἔοικασι δὲ κατά γε ταῦτα κατηκολουθηκέναι τοῖς Πυθαγορείοις οἵ τε περὶ Ἐμπεδοκλέα καὶ Παρμενίδην... φάμενοι τὴν μοναδικὴν φύσιν Ἑστίας τρόπον ἐν μέσῳ ἱδρύσθαι. Je ne puis approuver l'opinion contraire d'Apelt (Parm. et Emp. doctrina de mundi structura, Ienae, 1857, p. 5 sqq.).

1. Diogène dit (IX, 22), probablement d'après Théophraste : γένεσιν ἀνθρώπων ἐξ ἡλίου πρῶτον γενέσθαι. Au lieu d'ἡλίου, il faut sans doute lire, avec l'édition de Bâle et avec beaucoup de modernes, ἰλύος, ou, avec Steinhart (Allg. Enc., l. c., 242), ἡλίου τε καὶ ἰλύος. Même en adoptant la leçon ἡλίου, nous ne pourrions songer, avec Krische (Forsch. 105), à une production des âmes par le soleil. Cette conception ne peut guère se déduire du texte ; et, ni le prétendu exemple des Pythagoriciens (sup., p. 413, 1), ni l'assertion (citée p. 539, 3, éd. all.) ap. Simpl., Phys., 9, ne nous donneraient le droit de l'attribuer à Parménide. Mais on devrait entendre par là, avec Karsten, p. 257, une génération produite par la chaleur du soleil. Plut. (supra, 524, 3, éd. all.) dit également que Parménide avait parlé de la génération des hommes.

2. Censorinus (De die nat., 4, 8), après avoir cité l'opinion d'Empédocle : Hæc eadem opinio etiam in Parmenide Veliensi fuit, paucalis exceptis ab Empedocle dissensis (dissentientibus). Cf. 210, 245, et aussi 498.

3. Bien qu'il considérât l'élément igné comme le plus noble, il admettait que les femmes sont d'une nature plus chaude que les hommes, et il expliquait ainsi l'abondance plus grande de leur sang et la menstruation (Arist., Part. anim., II, 648 a, 28 ; cf. General. anim., IV, 1, 765 b, 19) ; pour la même raison, il prétendait que les premiers hommes étaient nés dans le Nord et les premières femmes dans le Midi (Plut., Plac., V, 7, 2 ; Galien, c. 32, p. 324).

la différence des sexes[1] et sur la manière dont ils s'étaient formés lors de la création des choses, est sans intérêt[1]. Il est plus important pour nous de savoir qu'il expliquait par le mélange des substances dans le corps les phénomènes de la vie psychologique, la perception et la pensée. Il admettait que chacune des deux substances fondamentales sent ce qui a avec elle un rapport de parenté, et, par suite, que les représentations et les pensées des hommes sont telles ou telles, que les souvenirs se conservent ou se perdent, selon que l'élément chaud ou l'élément froid prédomine dans le corps. Il cherchait dans la chaleur le principe de la vie et de la raison. Là même où la chaleur manque complétement, comme dans le cadavre, il admettait encore l'existence d'un certain degré de sensibilité. Seulement cette sensibilité devait se rapporter, non à la lumière et à la chaleur, mais seulement au froid, à l'obscur, etc.[2]. Nous voyons par ces différents traits

---

1. D'après le vers 150, les garçons viennent de la partie droite, les filles de la partie gauche des organes génitaux de l'homme et de la femme; l'indication (*ap.* Plut., *Pl.*, V, 11, 2 ; Cens., *De die nat.*, 6, 8) suivant laquelle les enfants issus du côté droit ressemblent au père, les autres à la mère, est sans doute une méprise. Censorinus pourrait plutôt être dans le vrai quand il dit (c. 6, 5; cf. 5, 4) : La semence du père et celle de la mère luttent pour la prédominance ; l'enfant ressemble à celle des deux qui l'emporte. De même, il faut admettre l'authenticité des vers (traduits en latin *ap.* Cœl. Aurélien, *De morb. chron.*, IV, 9, p. 545, v. 150 sqq. Karst.) d'après lesquels la bonne constitution des enfants résulte du mélange convenable de la semence de l'homme et de la femme, les monstruosités et les difformités de la lutte des deux semences. L'indication des *Placita*, V, 7, 4, sur l'origine des deux sexes est en tout cas inexacte.

1. C'est pourquoi Stobée dit, dans sa terminologie récente : Π. πυρώδη (τὴν ψυχήν). C'était aussi par une diminution de chaleur qu'il expliquait le sommeil et la vieillesse. Tert., *De an.*, c. 43; Stob., *Floril.*, 115, 29.

2. Parm., v. 146 sqq. :

ὡς γὰρ ἑκάστῳ ἔχει κρᾶσις μελέων πολυκάμπτων,
τὼς νόος ἀνθρώποισι παρέστηκεν · τὸ γὰρ αὐτὸ
ἔστιν ὅπερ φρονέει μελέων φύσις ἀνθρώποισι
καὶ πᾶσιν καὶ παντί · τὸ γὰρ πλέον ἐστὶ νόημα.

La meilleure explication de ce fragment se trouve dans Théophraste (*De sensu*, 3 sq.) : Παρμ. μὲν γὰρ ὅλως οὐδὲν ἀφώρικεν (il n'a pas parlé spécialement de chaque sens pris en particulier), ἀλλὰ μόνως, ὅτι δυοῖν ὄντοιν στοιχείοιν κατὰ τὸ ὑπερβάλλον ἐστὶν ἡ γνῶσις · ἐὰν γὰρ ὑπεραίρῃ τὸ θερμὸν ἢ τὸ ψυχρόν, ἄλλην γίνεσθαι τὴν διάνοιαν · βελτίω δὲ καὶ καθαρωτέραν τὴν διὰ τὸ θερμόν · οὐ μὴν ἀλλὰ καὶ ταύτην δεῖσθαί τινος συμμετρίας · ὡς γὰρ ἑκάστῳ φησίν, etc. τὸ γὰρ αἰσθάνεσθαι καὶ τὸ φρονεῖν ὡς ταὐτὸ λέγει · διὸ καὶ τὴν μνήμην καὶ τὴν λήθην ἀπὸ τούτων γίνεσθαι

que l'opposition du spirituel et du corporel est encore 530 loin de la pensée de Parménide. Il s'en faut encore de beaucoup que la perception et la pensée soient distinguées ici quant à leur origine et quant à leur caractère formel, bien que Parménide reconnaisse nettement la supériorité du discours raisonnable sur l'intuition sensible. Il est d'ailleurs indifférent que cette opinion ne soit exprimée que dans la seconde partie du poëme. Si Parménide avait eu une idée claire de cette distinction, il ne l'aurait point passée sous silence, même à cette place : il se serait efforcé de l'expliquer au point de vue du sens commun[1]. Mais il n'a certainement pas fait de recherches approfondies sur la nature des idées et des actes psychiques[2].

On ne sait au juste si dans sa physique il enseignait la

διὰ τῆς κράσεως. ἂν δ' ἰσάζωσι τῇ μίξει πότερον ἔσται φρονεῖν ἢ οὔ, καὶ τίς ἡ διάθεσις, οὐδὲν ἔτι διώρικεν· ὅτι δὲ καὶ τῷ ἐναντίῳ καθ' αὐτὸ ποιεῖ τὴν αἴσθησιν, φανερὸν ἐν οἷς φησι τὸν νεκρὸν φωτός μὲν καὶ θερμοῦ καὶ φωνῆς οὐκ αἰσθάνεσθαι διὰ τὴν ἔκλειψιν τοῦ πυρός, ψυχροῦ δὲ καὶ σιωπῆς καὶ τῶν ἐναντίων αἰσθάνεσθαι · καὶ ὅλως δὲ πᾶν τὸ ὂν ἔχειν τινὰ γνῶσιν. Cf. ALEX., ad Metaph., 1009 b. 21, qui conclut ainsi son explication des vers de Parménide (p. 263, 22, Bon.) : τὸ γὰρ πλέον λέγεται νόημα· ὡς γὰρ (?) τοῦ φρονεῖν ἠρτημένου τῆς σωματικῆς κράσεως· καὶ ἀεὶ κατὰ τὸ πλεονάζον καὶ ἐπικρατοῦν ἐν τῇ σωματικῇ διαθέσει αὐτοῦ γενομένου. RITTER, I, 495, traduit πλέον, par « le plein »; HEGEL (Gesch. d. Phil., I, 277), par « l'élément dominant »; BRANDIS (Gr.-röm. Phil., I, 392), par « le plus puissant »; STEINHART, l. c., 243, par « l'élément igné prépondérant »; le sens de πλέον doit être, selon l'explication exacte de Théophraste, τὸ ὑπερβάλλον, l'élément prépondérant : et la proposition entière signifie : des deux éléments, le principal est la pensée, laquelle engendre et détermine les idées. C'est à cause de cette opinion que Théophraste (§ 1) compte Parménide parmi ceux qui font naître la perception de l'analogie de l'objet et du sujet.

1. THÉOPHRASTE dit : τὸ αἰσθάνεσθαι καὶ τὸ φρονεῖν ὡς ταὐτὸ λέγει. ARISTOTE (Met., IV, 5, 1009 b. 12. 21) range Parménide parmi ceux qui ont identifié φρόνησις et αἴσθησις; et DIOGÈNE (IX. 22), d'après Théophraste et d'accord avec STOBÉE (I. 790), dit : τὴν ψυχὴν καὶ τὸν νοῦν ταὐτόν εἶναι (II. ἀπέρχει). Ces indications sont exactes au fond, en ce sens que Parménide n'a pas encore remarqué la différence qui sépare la perception de la pensée. Par là même, il n'a pas non plus nié explicitement cette différence, et dans le φρονέει du vers 148, la perception est comprise.

2. Voy. p. 529. 2. D'après JEAN DAMASCÈNE (Parall., II, 25, 28; STOB., Floril., éd. Mein., IV, 235), Parménide, de même qu'Empédocle, aurait expliqué la perception des sens en admettant l'existence de pores dans les organes sensitifs. Mais c'est à tort que le nom de Parménide figure ici : ce philosophe n'est point mentionné ap. PLUT., Plac., IV, 9, 3, ni ap. GALIEN, c. 14. p. 303. Il est dit, ibid., n° 30 : Παρμ. Ἐμπεδοκλῆς δι' εὐφυΐα τροφῆς τὴν ὄρεξιν, indication inintelligible, même si elle est exacte ; car l'explication de KARSTEN, p. 269, selon laquelle le désir se produit quand l'un des éléments existe en quantité trop faible est très-incertaine. Enfin

transmigration des âmes et la préexistence¹. L'indication
531 suivant laquelle il aurait admis un anéantissement du
monde² semble reposer sur une méprise³.

VALEUR DE LA PHYSIQUE. — Quelle valeur Parménide
attribuait-il à sa physique? Sur ce point les avis des anciens étaient déjà partagés⁴. Les uns admettent que, dans
sa physique tout entière, Parménide se place au point de
vue des apparences trompeuses et du sens commun, et
qu'il ne s'agit pas ici de la propre conviction du philosophe. D'autres, au contraire, croient qu'il n'a pas l'intention de dénier toute vérité au monde des apparences comme

PLUTARQUE dit encore (*Plac.*, IV, 5, 5) : Η. ἐν ὅλῳ τῷ θώρακι (τὸ ἡγεμονικόν) καὶ
'Επίκουρος. Naturellement, Parménide ne s'est pas exprimé en ces termes; cette
proposition est déduite de quelque opinion qu'il aura émise.

1. SIMPLICIUS (*Phys.*, 9 a, au mil.) dit de la divinité qui gouverne le monde,
selon Parménide : καὶ τὰς ψυχὰς πέμπειν ποτὲ μὲν ἐκ τοῦ ἐμφανοῦς εἰς τὸ ἀειδές,
ποτὲ δὲ ἀνάπαλιν φησι. RITTER (I. 510) et KARSTEN (p. 272 sqq.) prétendent qu'ἐμφανὲς désigne la lumière ou l'éther, et ἀειδές les ténèbres ou la terre, et qu'en
conséquence Parménide considérait la naissance comme une descente du monde
supérieur et la mort comme un retour dans ce dernier. Les expressions ἐμφανὲς et
ἀειδές ne désignent pas la lumière et les ténèbres, mais ce qui est visible et ce
qui est caché pour nous : le monde supérieur, et le monde inférieur ou Hadès.
Le sens est donc : la divinité envoie les âmes tantôt hors de la vie, tantôt
dans la vie. Pris dans leur sens strict, ces mots impliqueraient l'idée d'une préexistence. Mais il reste à savoir si nous devons presser ainsi ce texte et si nous
devons y voir autre chose qu'une expression poétique. Il est d'ailleurs fort possible que Parménide, dans son exposition, ait admis la doctrine commune de la
transmigration des âmes. De même, les mots στυγεροῦ τόκου (Parm., v. 129, sup.
p. 522, 3) ne peuvent exprimer précisément ce que RITTER y trouve, à savoir
qu'il vaudrait mieux pour les hommes ne pas venir en ce monde; ils se rapportent
peut-être simplement aux douleurs de l'enfantement. Déjà le mot πάντη indique
qu'il ne s'agit pas uniquement du monde des hommes.

2. HIPPOL., *Refut.*, I, 11 : τὸν κόσμον ἔφη φθείρεσθαι, ᾧ δὲ τρόπῳ, οὐκ εἶπεν.

3. Comme les *Philosophoumena* eux-mêmes disent que Parménide ne s'est pas expliqué sur la fin du monde, il est vraisemblable que l'indication qu'ils renferment n'a d'autre base que les derniers vers du poème de Parménide :

οὕτω τοι κατὰ δόξαν ἔφυ τάδε νῦν τε ἔασι,
καὶ μετέπειτ' ἀπὸ τοῦδε τελευτήσουσι τραφέντα·
τοῖς δ' ὄνομ' ἄνθρωποι κατέθεντ' ἐπίσημον ἑκάστῳ.

Mais ces vers semblent se rapporter moins à la fin de l'univers qu'à la fin des
êtres particuliers.

4. L'exposition la plus complète des opinions des anciens sur cette question se
trouve *ap.* BRANDIS (*Comm. el.*, 149 sqq. Cf. *Gr.-röm. Phil.*, I, 394, sq.) et *ap.*
KARSTEN, p. 143 sqq. Je n'entrerai point dans le détail; car c'est à peine si le
jugement d'Aristote, dont nous allons faire mention tout à l'heure, pourrait être
pour nous d'un poids décisif.

tel, mais qu'il veut simplement distinguer l'essence multiple et changeante du monde, d'avec l'essence une et indivisible de l'être véritable.

Cette dernière opinion n'a pas manqué de défenseurs, 532 même dans ces derniers temps [1] : je ne puis toutefois la partager. Parménide dit lui-même d'une façon trop nette qu'il ne reconnaît comme véritable que l'essence unique et immuable; qu'il n'attribue pas la moindre vérité à la représentation, laquelle nous montre la multiplicité et le changement; et que, par suite, il s'agit, dans la seconde partie de son poëme, non de sa conviction personnelle, mais d'opinions étrangères [2]. ARISTOTE, de son côté, n'a pas compris autrement la doctrine de Parménide [3]; et PLATON [4] dit que, dans la réfutation de l'opinion commune, Zénon a suivi exactement la pensée de son maître. Or il est indubitable que Zénon a nié purement et simplement la multipli-

---

1. SCHLEIERMACHER (*Gesch. d. Phil.*, 63) : « Le vrai, c'est que tout cela ne vaut que de l'être absolu; que, par conséquent, la multiplicité n'est pas une multiplicité de l'être absolu, » etc. KARSTEN, 145 : *Ille nec unam amplexus est veritatem, nec sprevit omnino opiniones; neutrum exclusit, utrique suum tribuit locum.* Parménide, ajoute Karsten (cf. p. 149), a distingué l'éternel du variable, sans déterminer exactement le rapport entre les deux domaines, mais il ne lui est jamais venu à l'idée de regarder le phénomène comme une apparence trompeuse. Cf. RITTER, I, 499 sq. : D'après les Éléates, nous ne pouvons saisir la vérité divine, hormis dans quelques principes généraux; que si, nous conformant à l'opinion des hommes, nous admettons la multiplicité et le changement, nous sommes dupes de l'illusion des sens; mais il faut reconnaître que même au sein de choses qui nous paraissent multiples et changeantes réside le divin; seulement il est voilé et méconnu.

2. Cf. les vers cités p. 512, 1; 515, 1; 531, 2, éd. all., notamment la conclusion de la première partie du poëme, v. 110 sq. :

ἐν τῷ σοι παύω πιστὸν λόγον ἠδὲ νόημα
ἀμφὶς ἀληθείης· δόξας δ' ἀπὸ τοῦδε βροτείας
μάνθανε, κόσμον ἐμῶν ἐπέων ἀπατηλὸν ἀκούων.

3. Cf. les passages cités p. 491, 4, 515, 2, et *De Cœlo*, III, 1, 298 b, 14 : οἱ μὲν γὰρ αὐτῶν ὅλως ἀνεῖλον γένεσιν καὶ φθοράν· οὐδὲν γὰρ οὔτε γίγνεσθαί φασιν οὔτε φθείρεσθαι τῶν ὄντων, ἀλλὰ μόνον δοκεῖν ἡμῖν, οἷον οἱ περὶ Μέλισσόν τε καὶ Παρμενίδην. De même, *De gen. et corr.*, I, 8, 325 a, 2. Sans doute, il cite aussi les opinions relatives au monde phénoménal, et loue Parménide d'avoir également tenu compte de ce domaine (*Metaph.*, I, 5; voy. *supra*, p. 520, 1); mais cela ne prouve rien contre ce que nous avançons, puisque ces citations et cet éloge ne font rien connaître sur les rapports qui existent, selon notre philosophe, entre le phénomène et la réalité.

4. *Parm.*, 128 a.

cité et le changement. On peut à coup sûr s'étonner que
Parménide s'étende longuement sur des opinions auxquelles
il n'attribue pas la moindre valeur, et qu'il aille jusqu'à
construire une théorie spéciale en se plaçant à ce point
de vue. On peut trouver invraisemblable qu'il ait nié
absolument la vérité de ce qui nous est attesté par les
sens, et qu'il ait cru épuiser la vérité tout entière dans un
petit nombre de propositions plus négatives qu'affirmatives sur l'Un[1]. Mais pouvait-il concevoir des doutes à
ce sujet? pouvait-il s'étendre davantage sur la réalité,
quand il partait de cette proposition que l'être seul existe,
et que le non-être n'existe absolument pas, sous aucun
rapport? Pouvons-nous, du moins, attendre une exposition plus étendue d'un homme qui ne soupçonnait pas
les fines distinctions dialectiques au moyen desquelles
Platon et Aristote ont depuis combattu la doctrine de
Parménide?

Que si, néanmoins, il s'est longuement étendu sur la
considération du monde phénoménal, cette manière de procéder s'explique suffisamment par son intention de ne point
passer sous silence les doctrines différentes de la sienne[1].
Il veut que le lecteur ait sous les yeux les deux opinions,
la vraie et la fausse, de manière à pouvoir se décider plus
sûrement pour la première. La fausse conception du monde,
il est vrai, n'est pas exposée comme chez les philosophes
antérieurs. Parménide expose cette conception comme il
pense qu'on devrait le faire. Mais d'autres écrivains ont procédé de même. Platon, lui aussi, corrige, pour le fond
comme pour la forme, les opinions qu'il combat; Thucydide
ne met pas dans la bouche de ses personnages ce qu'ils
ont dit en réalité, mais ce que lui-même aurait dit à leur
place. Parménide procède suivant cette même méthode
dramatique. Il présente la conception ordinaire du monde

---

1. Ritter, l. c.
2. V. 121 (supra, 524, 3).

comme lui-même la comprendrait, s'il se plaçait au point
de vue du sens commun. Cependant il n'a pas l'intention
d'exposer ses propres opinions, mais bien d'exposer des
opinions étrangères. Sa théorie physique tout entière n'a
qu'une valeur hypothétique. Elle tend à montrer comment
le monde des apparences devrait être compris, si nous
devions le considérer comme quelque chose de réel. Or
il se trouve que ce monde ne s'explique qu'en admettant 534
deux principes, dont l'un seulement correspond à l'être,
tandis que l'autre correspond au non-être ; que par conséquent le monde suppose, dans toutes ses parties, l'existence
du non-être. On n'en voit que plus clairement par là combien peu le monde lui-même, en tant que distinct de
l'être un et éternel, peut prétendre à la réalité.

D'un autre côté, Parménide n'a pas encore entrepris
cette profonde réfutation dialectique du sens commun que
les témoins les plus dignes de foi nous donnent pour
l'œuvre propre de Zénon[1]. Quelques écrivains postérieurs
lui attribuent, il est vrai, cette méthode dialectique[2]; mais
en cela ils le confondent avec Zénon. Son argumentation
contre l'existence du non-être ne nous offre que l'ébauche
de cette méthode.

§ 4. ZÉNON.

PARMÉNIDE ET SES SUCCESSEURS. — Parménide avait porté
la doctrine éléatique à un point de développement qu'elle
ne pouvait matériellement dépasser. La seule tâche qui
restât pour ses successeurs, c'était de défendre ses idées
contre les objections du sens commun et de les établir

---

1. Les textes à l'appui vont être donnés immédiatement ; il suffit ici de rappeler le passage de PLATON, *Parm.*, 128 a sq.
2. Selon SEXTUS (*Math.*, VII, 5 sq.), quelques-uns le rangeaient non-seulement parmi les Physiciens, mais encore parmi les Dialecticiens. FAVORINUS (*ap.* DIOG., IX, 23) lui attribue l'invention de l'Achille, et PORPHYRE (*ap.* SIMPL., *Phys.*, 30 a, au bas, voy. p. 543, au bas), la preuve par dichotomie. Nous verrons que ces deux raisonnements appartiennent à Zénon. Cf. aussi ce qui a été cité p. 518, 2

plus solidement dans le détail. Mais plus on examinait attentivement le rapport du point de vue éléatique avec le point de vue de l'opinion, plus devait se manifester l'impossibilité absolue de les concilier, ainsi que l'impuissance de la doctrine éléatique à expliquer les phénomènes. D'autre part, si l'on tentait un rapprochement avec le sens commun, la pureté de la doctrine de l'Être en devait être immédiatement altérée. C'est ce qu'ont montré Zénon et Mélissus. D'ailleurs ils professent tous deux la même doctrine, c'est-à-dire celle de Parménide. La seule différence, c'est que le premier, très-supérieur au second en habileté dialectique, reste exactement placé au point de vue du maître, et entre en lutte directe avec le sens commun, tandis que Mélissus, dont l'esprit est moins vigoureux, s'écarte sensiblement de Parménide, pour se rapprocher du sens commun.

Vie et écrits de Zénon. Sa doctrine. — Zénon[1], ami intime et disciple de Parménide, paraît ne s'être écarté sur

---

1. Zénon d'Élée, fils de Téleutagoras (Diog., IX, 25; voy. sup., 508, 1), serait, selon Platon (Parm., 127 b), de vingt-cinq ans plus jeune que Parménide. Il aurait été âgé de quarante ans à une époque qui doit tomber entre 455 et 450 av. J.-C. Il serait, par conséquent, né entre 495 et 490 av. J.-C., c'est-à-dire dans la 70ᵉ ou la 71ᵉ olympiade. Mais j'ai déjà fait remarquer (l. c.) que cette indication ne peut guère être considérée comme ayant une valeur historique. Suidas place la principale période de la vie de Zénon dans la 78ᵉ olympiade; Diogène (IX, 29), dans la 79ᵉ; Eusèbe (Chron.), dans la 80ᵉ olympiade. Ces indications elles-mêmes manquent de précision. De plus, on peut se demander si elles ont pour fondement une tradition certaine, ou si elles sont seulement déduites du passage de Platon, ou enfin si elles ne sont pas le résultat d'un calcul approximatif, d'après lequel on faisait naître Zénon quarante ans après son maître, dont l'ἀκμή était placée dans la 69ᵉ olympiade. La seule chose qu'on puisse affirmer, c'est que Zénon est né au commencement ou peu après le commencement du cinquième siècle, et que, dès avant le milieu de ce siècle, il joua un rôle comme maître et comme écrivain. Ses rapports avec Parménide furent très-intimes. Platon (l. c.) dit qu'il a été considéré comme son favori (παιδικά). Athénée (XI, 505 f) repousse cette assertion; mais on n'est pas obligé de la prendre en mauvaise part. D'après Apollodore (ap. Diog., l. c.), Zénon aurait été le fils adoptif de Parménide. La chose est possible en elle-même. Mais le silence de Platon à ce sujet fait supposer que le mot « fils adoptif » a été mis à la place de « favori », pour prévenir une fausse interprétation de cette expression; peut-être aussi est-ce le résultat d'une méprise à propos du terme employé dans le Soph., 241 d. Selon Strabon (VI, 1, 1, p. 252), Zénon partage avec Parménide le titre honorifique d'ἀνὴρ Πυθαγόρειος; et la réputation d'avoir travaillé à la législation et à l'organisation d'Élée. Dans

aucun point des doctrines de son maître. PLATON du moins dit expressément que, dans son ouvrage, il se propose de réfuter la pluralité des choses et par là de prouver indi-

DIOGÈNE (IX, 28), Zénon est loué d'avoir, par attachement à sa patrie, passé sa vie à Élée sans même visiter Athènes (οὐκ ἐπιδημήσας τὸ παράπαν πρὸς αὐτούς). Mais cette indication ne peut guère être parfaitement exacte, car PLUTARQUE (*Per.*, c. 4, c. 5, *sub fin.*), parle d'un séjour de Zénon à Athènes, pendant lequel Périclès fut en relation avec lui, et c'est précisément ce fait qui semble avoir été pour Platon l'occasion du récit où il fait venir Parménide à Athènes. Je pourrais encore citer le *Premier Alcibiade*, de Platon, où il est dit que Pythodore et Callias payèrent chacun à Zénon 100 mines pour l'enseignement qu'il aurait donné à ce dernier à Athènes même; mais cet ouvrage est une source trop peu sûre pour que nous ajoutions foi aux assertions qui s'y trouvent. Fait prisonnier dans une entreprise contre un tyran, Zénon montra, dit-on, la plus grande constance dans les tortures. Cet événement est attesté par un grand nombre d'écrivains : HÉRACLIDE, DÉMÉTRIUS, ANTISTHÈNE, HERMIPPUS, etc., *ap.* DIOG., IX, 26 sq.; DIOD., *Exc.*, p. 557; PLUT., *Garrulit.*, c. 8, p. 505, etc.; Sto. *rep.*, 37, 3, p. 1051, *Adv. Col.*, 32, 10, p. 1126; PHILON, *Quod omn. prob. lib.*, 881 c sq., Hösch. : CLÉMENT, *Strom.*, IV, 496 c; CIC., *Tusc.*, II. 22, 52 : *N. D.*, III, 33, 82; VAL. MAX., III, 3, 2 sq.; TERT., *Apologet.*, c. 50; AMM. MARC., XIV, 9; PHILOSTR., *V. Apoll.*, VII, 2; SUIDAS, Ἐλέα, etc. Mais les circonstances particulières sont racontées très-diversement. La plupart placent l'événement à Élée; Valère Maxime (III, 3, 2 sq.) le place à Agrigente, Philostrate en Mysie, Ammien, qui confond Zénon avec Anaxarque, à Chypre. Le tyran s'appelle tantôt Dioméḍon, tantôt Démylus, tantôt Néarque. Valère Maxime nomme même Phalaris, Tertullien Denys. Les uns disent que Zénon a nommé les amis du tyran; d'autres que, pour ne trahir personne, il s'est coupé la langue avec les dents; selon une troisième version, il aurait coupé avec les dents l'oreille du tyran : traits qu'on rapporte aussi à d'autres personnages. — On n'est pas non plus d'accord sur sa fin. Selon Diogène, le tyran aurait été également tué; selon Diodore, Zénon, à ce qu'il semble, serait redevenu libre; Valère Maxime parle même de deux attentats, dont l'un fut commis par notre philosophe et le second par un autre Zénon. (Cf. BAYLE. *Dict.* : *Zénon d'Élée*, Rem. C.) Si donc le fait paraît historique, nous ne pouvons du moins rien préciser à cet égard. Nous ne savons si l'allusion *ap.* ARIST., *Rhet.*, I, 12, 312 b, 3, a trait à cet événement, ni de quelle manière elle doit être expliquée. — PLATON (*Parm.*, 127 c sqq.) parle d'un ouvrage qu'avait composé Zénon dans sa jeunesse, comme du seul ouvrage connu dont ce philosophe soit l'auteur (τὰ Ζήνωνος γράμματα, τὸ σύγγραμμα). SIMPLICIUS (*Phys.*, 30 a, mil.) ne connaît non plus qu'un seul ouvrage de Zénon (τὸ σύγγραμμα), selon toute vraisemblance celui-là même dont parle Platon. Cet ouvrage était consacré à la réfutation de l'opinion commune : il attaquait dialectiquement les fondements de cette opinion. Il se divisait en plusieurs parties (λόγοι dans Platon), et chacune d'elles en différents chapitres (appelés par Platon ὑποθέσεις, par Simplicius ἐπιχειρήματα). Chacun de ces chapitres était destiné à réduire à l'absurde l'une des propositions communément admises. (PROCLUS, *in Parm.*, 4, 100. Cousin, qui entend par λόγοι les preuves particulières, et par ὑποθέσεις les prémisses de chaque syllogisme, et qui parle de quarante λόγοι, n'a sans doute pas vu l'ouvrage de Zénon lui-même. C'est d'après lui certainement que DAVID (*Schol. in Arist.*, 22 b, 34 sqq.) exprime la même opinion.) — L'ouvrage était écrit en prose, comme on en trouve la preuve dans Platon et dans les extraits donnés par Simplicius. C'est très-vraisemblablement ce même ouvrage qu'ARISTOTE (*Soph. el.*, c. 10, 170 b, 22) a en vue quand il dit : καὶ ὁ ἀποκρινόμενος καὶ ὁ ἐρωτῶν Ζήνων. Car, bien qu'il y eût dans cet ouvrage des demandes et des réponses, il ne s'ensuit pas que ce fût un véritable dialogue, et

rectement l'unité de l'être, qu'avait affirmée Parménide[1]. Zénon doit donc avoir conçu l'être de la même manière que son prédécesseur. Les propositions physiques que l'on cite de Zénon s'accordent également en partie avec la physique hypothétique de Parménide. Toutefois, comme une partie de ces indications est évidemment inexacte, comme, de plus, les témoins auxquels nous devons principalement ajouter foi ne citent aucune opinion physique de Zénon, le plus vraisemblable, c'est que Zénon n'a pas développé cette partie de la doctrine de Parménide[2].

il n'y a pas lieu de considérer Zénon comme le premier qui ait composé des dialogues, ainsi que le prétend DIOGÈNE (48), en ajoutant toutefois φασί. Aristote n'a rien dit de tel, comme le prouvent le texte même de Diogène et le texte d'ATHÉNÉE, XI, 505 c. — Zénon a-t-il composé plusieurs ouvrages? Le pluriel βιϐλία, qui se trouve dans DIOGÈNE (IX, 26), ne prouve rien à ce sujet, car ce pluriel peut se rapporter aux différentes parties d'un seul ouvrage. Mais SUIDAS cite quatre ouvrages de Zénon : ἔριδες, ἐξήγησις Ἐμπεδοκλέους, πρὸς τοὺς φιλοσόφους, π. φύσεως. On trouve ailleurs encore quelques traces de l'ἐξήγησις Ἐμπεδοκλέους, qui est certainement inauthentique (voy. p. 538). Les trois autres écrits, mentionnés seulement par EUDOCIA, peuvent être que des désignations différentes de l'unique écrit de Zénon. Selon SIMPLICIUS (l. c.), l'ouvrage de Zénon n'a pu être entre les mains d'Alexandre et de Porphyre. Proclus semble également ne l'avoir pas connu. Mais Simplicius lui-même avait sous les yeux plus que des fragments, bien qu'on ne puisse être sûr que son exemplaire fût complet (voy. p. 21 b, au mil.). A la page 131 a (au mil.), il parle seulement d'après Eudème.

1. *Parm.*, 127 c : ἆρα τοῦτό ἐστιν ὃ βούλονταί σου οἱ λόγοι, οὐκ ἄλλο τι ἢ διαμάχεσθαι παρὰ πάντα τὰ λεγόμενα, ὡς οὐ πολλά ἐστι; καὶ τούτου αὐτοῦ οἴει σοι τεκμήριον εἶναι ἕκαστον τῶν λόγων, ὥστε καὶ ἡγεῖ τοσαῦτα τεκμήρια παρέχεσθαι, ὅσους περ λόγους γέγραφας, ὡς οὐκ ἔστι πολλά; .... Οὐκ, ἀλλά, φάναι τὸν Ζήνωνα, καλῶς συνῆκας ὅλον τὸ γράμμα ὃ βούλεται. Parménide et Zénon, remarque ici Socrate, disent donc exactement la même chose, l'un directement, l'autre indirectement : οὐ μὲν γὰρ (Parm.) ἐν τοῖς ποιήμασιν ἕν φησι τὸ πᾶν εἶναι, σὺ δὲ αὖ οὐ πολλὰ φῇσιν εἶναι, et Zénon en convient lui-même au fond, lorsqu'il explique en détail comment il est arrivé à composer son ouvrage. Voy. *infra*, 539, 2.

2. Les textes à ce sujet sont peu nombreux. DIOGÈNE (IX, 29) dit : ἀρέσκει δ' αὐτῷ τάδε · κόσμους εἶναι, κενόν τε μὴ εἶναι· γεγενῆσθαι δὲ τὴν τῶν πάντων φύσιν ἐκ θερμοῦ καὶ ψυχροῦ καὶ ξηροῦ καὶ ὑγροῦ, λαμϐανόντων εἰς ἄλληλα τὴν μεταϐολήν· γένεσίν τ' ἀνθρώπων ἐκ γῆς εἶναι καὶ ψυχὴν κρᾶμα ὑπάρχειν ἐκ τῶν προειρημένων κατὰ μηδενός· τούτων ἐπικράτησιν. STOB., *Ecl.*, I, 60 : Μέλισσος καὶ Ζήνων τὸ ἓν καὶ πᾶν καὶ μόνον ἀΐδιον καὶ ἄπειρον τὸ ἕν· καὶ τὸ μὲν ἓν τὴν ἀνάγκην, ὕλην δὲ αὐτῆς τὰ τέσσαρα στοιχεῖα, εἴδη δὲ τὸ νεῖκος καὶ τὴν φιλίαν. λέγει δὲ καὶ τὰ στοιχεῖα θεούς, καὶ τὸ μίγμα τούτων τὸν κόσμον, καὶ πρὸς ταῦτα ἀναλυθήσεται (peut-être λύεσθαι) τὸ μονοειδές· (tout ce qui est identique en apparence, comme le bois, la chair, etc., ce qu'Aristote nomme le ὁμοιομερές, se résout en définitive dans les quatre éléments;) καὶ θείας μὲν οἴεται τὰς ψυχάς, θείους δὲ καὶ τοὺς μετέχοντας αὐτῶν καθαροὺς καθαρῶς. Cette dernière exposition rappelle tellement la doctrine d'Empédocle que HEEREN a proposé de mettre le nom d'Empédocle à la place de ces mots singuliers : ὕλην δὲ αὐτῆς. Je serais disposé à conjecturer, ou bien avec STURZ (*Empedocl.*, p. 168) que le nom d'Empédocle a été supprimé

Nous ne pouvons lui attribuer avec certitude que les rai- 538
sonnements destinés à défendre la doctrine de son maître 539
contre le sens commun[1].

RÉFUTATION DE L'OPINION COMMUNE. DIALECTIQUE. — Zénon
se servait pour cet objet d'une méthode indirecte. Parménide avait déduit immédiatement sa doctrine sur l'être du concept de l'être lui-même. Zénon établit cette même doctrine d'une manière indirecte, en montrant que les opinions contraires aboutissent à des difficultés et à des contradictions inextricables ; que l'être ne peut être conçu comme quelque chose de multiple, de divisible et de changeant. Il se propose de prouver la doctrine éléatique en réduisant à l'absurde l'opinion commune[2]. Il pratiqua cette

---

devant ces mots, ou plutôt, avec KRISCHE (*Forsch.*, I, 123), que cette suppression a eu lieu devant τὸ μὲν ἕν, etc., ou bien enfin que tout le passage est puisé dans l'ἐξήγησις Ἐμπεδοκλέους faussement attribuée à Zénon. Mais cet écrit ne peut être authentique, à moins qu'il n'ait porté à l'origine le nom du stoïcien Zénon. Car en premier lieu il est très-invraisemblable et sans exemple dans la littérature ancienne qu'un philosophe tel que Zénon ait commenté l'œuvre d'un contemporain. En second lieu, il est très-bizarre qu'il ait choisi pour un travail de ce genre, non pas un écrit de son maître, mais une exposition si peu conforme à sa propre manière de voir. En outre, il semble résulter de nos citations (p. 536) que Zénon n'a composé qu'un seul ouvrage. De plus, le silence absolu d'Aristote et de ses commentateurs sur les opinions que Zénon aurait émises en physique nous permet de conjecturer que ces écrivains les ont complétement ignorées. Enfin, il est évident que Stobée prête à Zénon certaines propositions qui lui sont complétement étrangères. On peut faire valoir à peu près les mêmes raisons contre les indications de Diogène ; cependant la plupart de ces dernières sont moins invraisemblables, en ce sens qu'elles concordent avec la doctrine de Parménide. Celui-ci aussi a nié l'espace vide, regardé la chaleur et le froid comme des éléments, admis que les premiers hommes venaient de la terre et que l'âme était une combinaison des éléments. La proposition : κόσμους εἶναι ne peut appartenir à aucun Éléate, soit que l'on entende par les κόσμοι une multiplicité de mondes coexistants, soit que l'on entende par ces mots une multiplicité de mondes successifs. On semble avoir confondu ici Zénon l'Éléate avec Zénon le Stoïcien, et nous reconnaissons la doctrine stoïcienne et aristotélicienne dans ce qui est dit sur les éléments. Nous voyons également une confusion de Zénon d'Élée avec Zénon le Stoïcien dans ce passage d'ÉPIPHANE (*Exp. fid.*, 1087 c) : Ζήνων ὁ Ἐλεάτης ὁ ἐριστικὸς ἴσα τῷ ἑτέρῳ Ζήνωνι καὶ τὴν γῆν ἀκίνητον λέγει καὶ μηδένα τόπον κενὸν εἶναι.

1. STALLBAUM (Plat. *Parm.*, 25 sqq.) croit que c'est surtout contre Anaxagore et Leucippe ; mais nous ne trouvons rien dans les démonstrations de Zénon qui se rapporte spécialement à l'un ou à l'autre de ces philosophes.

2. Dans PLATON (*Parm.*, 128 c), Zénon continue en ces termes : ἔστι δὲ τό γε ἀληθὲς βοήθειά τις ταῦτα τὰ γράμματα τῷ Παρμενίδου λόγῳ πρὸς τοὺς ἐπιχειροῦντας αὐτὸν κωμῳδεῖν, ὡς εἰ ἕν ἐστι, πολλὰ καὶ γελοῖα συμβαίνει πάσχειν τῷ λόγῳ καὶ

méthode avec un talent supérieur, et fut appelé, pour cette raison, par ARISTOTE l'inventeur de la dialectique[1]. PLATON dit de lui qu'il a réussi à présenter à ses auditeurs une seule et même chose comme semblable et dissemblable, comme une et multiple, comme immobile et en mouvement[2]. Sans doute cette dialectique a fourni une grande partie des armes dont s'est servi plus tard l'éristique des Sophistes[3]. Toutefois elle se distingue de cette éristique par son but positif, et, par ce même caractère, elle se distingue davantage encore du scepticisme[4]. L'argumentation dialectique est ici, lors même qu'elle ne dédaigne pas les allures sophistiques, un simple procédé, destiné à établir une doctrine métaphysique, celle de l'unité et de l'immutabilité de l'être.

Les raisonnements de Zénon, autant qu'ils sont connus de nous, se rapportent soit à la pluralité, soit au mouvement. Les arguments qui nous ont été transmis contre la pluralité des choses en concernent : 1° la grandeur, 2° le nombre,

ἐναντία αὐτῷ, ἀντιλέγει δὴ οὖν τοῦτο τὸ γράμμα πρὸς τοὺς τὰ πολλὰ λέγοντας, καὶ ἀνταποδίδωσι ταῦτα καὶ πλείω, τοῦτο βουλόμενον δηλοῦν, ὡς ἔτι γελοιότερα πάσχοι ἂν αὐτῶν ἡ ὑπόθεσις, εἰ πολλά ἐστιν, ἢ ἡ τοῦ ἓν εἶναι, εἴ τις ἱκανῶς ἐπεξίοι.

1. DIOG., VIII, 57; IX, 25. SEXT., Math., VII, 7, cf. TIMON, ap. DIOG., l. c. (PLUT., Pericl., c. 4; SIMPL., Phys., 230 b, au haut) :

ἀμφοτερογλώσσου τε μέγα σθένος οὐκ ἀλαπαδνόν
Ζήνωνος πάντων ἐπιλήπτορος, ἠδὲ Μελίσσου,
πολλῶν φαντασμῶν ἐπάνω, παύρων γε μὲν εἴσω.

2. Phædr., 261 d : τὸν οὖν Ἐλεατικὸν Παλαμήδην λέγοντα οὐκ ἴσμεν τέχνῃ ὥστε φαίνεσθαι τοῖς ἀκούουσι τὰ αὐτὰ ὅμοια καὶ ἀνόμοια, καὶ ἓν καὶ πολλά, μένοντά τε αὖ καὶ φερόμενα. Il est clair qu'il est ici question de Zénon, et non d'Alcidamas, comme le croit QUINTILIEN (III, 1, 2). Au surplus, PLATON dit lui-même (Parm., 127 e) : πῶς, φάναι, ὦ Ζήνων, τοῦτο λέγεις; εἰ πολλά ἐστι τὰ ὄντα, ὡς ἄρα δεῖ αὐτὰ ὅμοιά τε εἶναι καὶ ἀνόμοια, τοῦτο δὲ δὴ ἀδύνατον; .... Οὕτω, φάναι τὸν Ζήνωνα. De même, ISOCR., Enc. Hel. comm. : Ζήνωνα, τὸν ταὐτὰ δυνατὰ καὶ πάλιν ἀδύνατα πειρώμενον ἀποφαίνειν, car ces mots ne se rapportent certainement pas à une preuve particulière, mais désignent d'une manière générale la méthode antinomique de Zénon.

3. Avec laquelle PLUTARQUE, l. c. (cf. le même ap. Eus., Pr. ev., I, 8, 7), l'identifie de trop près. Quant à SÉNÈQUE, il fait évidemment confusion quand il attribue à Zénon l'assertion de Gorgias : nihil esse, ne unum quidem. Cette indication bizarre vient peut-être d'une fausse interprétation d'une assertion analogue à celle d'Aristote, que nous citons p. 541, 1.

4. D'après DIOGÈNE (IX, 72), les sceptiques le revendiquaient comme un de leurs; mais Timon (l. c.) n'énonce pas encore cette prétention.

3° l'existence dans l'espace, 4° l'action réciproque. Les arguments contre le mouvement sont aussi au nombre de quatre ; mais Zénon ne les a pas donnés dans le meilleur ordre et ne les a pas répartis suivant un principe nettement établi. Voici l'ensemble de ces arguments.

Arguments contre la pluralité. — 1. Si l'être était multiple, il devrait être à la fois infiniment petit et infiniment grand.

Il devrait être *infiniment petit*. En effet, toute pluralité est une série d'unités, et une unité véritable ne peut être qu'une essence indivisible. Par suite, chaque membre de la pluralité doit ou bien être lui-même une unité indivisible, ou bien être composé d'unités indivisibles. Or ce qui est indivisible ne peut avoir de grandeur, car tout ce qui a une grandeur est divisible à l'infini. Par conséquent les éléments dont est composé le multiple n'ont pas de grandeur. Par suite encore, ils n'augmentent pas la grandeur de l'objet auquel on les ajoute, de même qu'ils ne diminuent pas la grandeur de l'objet dont on les retranche. Mais ce qui, ajouté ou retranché, n'influe pas sur la grandeur des choses, est nul. Le multiple est donc infiniment petit, puisque chacun des éléments qui le composent est tellement petit, qu'il est égal au néant[1].

---

1. Simplicius (*Phys.*, 30 a, mil.) : ἐν μέντοι τῷ συγγράμματι αὐτοῦ πολλὰ ἔχοντι ἐπιχειρήματα καθ᾿ ἕκαστον δείκνυσιν, ὅτι τῷ πολλὰ εἶναι λέγοντι συμβαίνει τὰ ἐναντία λέγειν. ὧν ἕν ἐστιν ἐπιχείρημα, ἐν ᾧ δείκνυσιν, ὅτι εἰ πολλά ἐστι καὶ μεγάλα ἐστὶ καὶ μικρά, μεγάλα μὲν ὥστε ἄπειρα τὸ μέγεθος εἶναι, μικρὰ δὲ οὕτως, ὥστε μηδὲν ἔχειν μέγεθος. ἐν δὴ τούτῳ (dans le chapitre destiné à montrer que cette grandeur doit être infiniment petite) δείκνυσιν, ὅτι οὗ μήτε μέγεθος μήτε πάχος μήτε ὄγκος μηθείς ἐστιν, οὐδ᾿ ἂν εἴη τοῦτο· οὐ γὰρ εἰ ἄλλῳ ὄντι, φησί, προσγένοιτο, οὐδὲν ἂν μεῖζον ποιήσειε, μεγέθους γὰρ μηδενὸς ὄντος, προσγινομένου δὲ (ce δὲ doit être biffé. Il vient sans doute du mot οὐδὲν qui suit) οὐδὲν οἷόν τε εἰς μέγεθος ἐπιδοῦναι, καὶ οὕτως ἂν ἤδη τὸ προσγινόμενον οὐδὲν εἴη. (Zénon a sans doute ajouté ici : de même une chose ne devient pas plus petite, quand cela en est retranché). εἰ δὲ ἀπογινομένου τὸ ἕτερον μηδὲν ἔλαττόν ἐστι, μηδὲ αὖ προσγινομένου αὐξήσεται, δῆλονότι τὸ προσγινόμενον οὐδὲν ἦν, οὐδὲ τὸ ἀπογινόμενον. (Cf. Eudème, voy. *inf.*, et Arist., *Metaph.*, III, 4, 1001 b, 7 : ἔτι εἰ ἀδιαίρετον αὐτὸ τὸ ἕν, κατὰ μὲν τὸ Ζήνωνος ἀξίωμα οὐδὲν ἂν εἴη. ὃ γὰρ μήτε προστιθέμενον μήτε ἀφαιρούμενον ποιεῖ μεῖζον μηδὲ ἔλαττον, οὔ φησιν εἶναι τοῦτο τῶν ὄντων, ὡς δῆλον ὅτι ὄντος μεγέθους τοῦ ὄντος.) καὶ ταῦτα

542 D'autre part les parties du multiple doivent être *infiniment grandes*. En effet, comme ce qui n'a pas de grandeur n'est pas, les composés, pour être, doivent avoir une

οὐχὶ τὸ ἓν ἀναιρῶν ὁ Ζήνων λέγει, ἀλλ' ὅτι, εἰ μέγεθος ἔχει ἕκαστον τῶν πολλῶν καὶ ἀπείρων, οὐδὲν ἔσται ἀκριβῶς ἓν διὰ τὴν ἐπ' ἄπειρον τομήν. δεῖ δὲ ἓν εἶναι. ὁ δείκνυσι, προδείξας ὅτι οὐδὲν ἔχει μέγεθος, ἐκ τοῦ ἕκαστον τῶν πολλῶν ἑαυτῷ ταὐτὸν εἶναι καὶ ἕν. καὶ ὁ Θεμίστιος δὲ τὸν Ζήνωνος λόγον ἓν εἶναι τὸ ὂν κατασκευάζειν φησὶν ἐκ τοῦ συνεχὲς τὸ (l. τε) αὐτὸ εἶναι καὶ ἀδιαίρετον. εἰ γὰρ διαιροῖτο, φησιν, οὐδὲν ἔσται ἀκριβῶς ἓν διὰ τὴν ἐπ' ἄπειρον τομὴν τῶν σωμάτων. ἔοικε δὲ μᾶλλον ὁ Ζήνων λέγειν, ὡς οὐδὲ πολλὰ ἔσται. Le passage de Thémistius, *Phys.*, 18 a, au haut, p. 122, Sp. porte : Ζήνωνος, ὃς ἐκ τοῦ συνεχές τε εἶναι καὶ ἀδιαίρετον ἓν εἶναι τὸ ὂν κατεσκεύαζε, λέγων, ὡς εἰ διαιρεῖται οὐδὲ ἔσται ἀκριβῶς ἓν διὰ τὴν ἐπ' ἄπειρον τομὴν τῶν σωμάτων. Il résulte de l'ensemble du texte dans lequel se trouvait, selon Simplicius, cette assertion de Zénon, que Simplicius a parfaitement raison contre Thémistius. Zénon ne parle pas ici proprement de l'être unique. Il part de l'hypothèse de la multiplicité, et dit comment chaque élément de cette multiplicité devrait être conçu. Mais en tant qu'il montre ici que chaque chose, pour être une, doit être indivisible, il émet une affirmation qui pourrait également s'appliquer à l'être unique. L'être, lui aussi, pour être un, doit être indivisible. ἓν συνεχές. — Eudème semble avoir en vue la preuve citée ici, quand il dit *ap.* Simpl. (*Phys.*, 21 a, au bas, cf. 30 a, au mil., 31 a, au bas): Ζήνωνά φασι λέγειν, εἴ τις αὐτῷ τὸ ἓν ἀποδοίη τί ποτέ ἐστι λέξειν (ἔστιν, ἕξειν) τὰ ὄντα λέγειν ἠπόρει δὲ ὡς ἔοικε (telle est la leçon de Brandis, I, 416, d'après un manuscrit; dans le texte imprimé ces mots manquent ici, mais se trouvent p. 30 a, au mil.) διὰ τὸ τῶν μὲν αἰσθητῶν ἕκαστον κατηγορικῶς τε πολλὰ λέγεσθαι καὶ μερισμῷ, τὴν δὲ στιγμὴν μηδὲ ἓν τιθέναι ὃ γὰρ μήτε προστιθέμενον αὔξει μήτε ἀφαιρούμενον μειοῖ οὐκ ᾤετο τῶν ὄντων εἶναι. Simplicius (21 b, au mil.) remarque à ce sujet : ὁ μὲν τοῦ Ζήνωνος λόγος ἄλλος τις ἔοικεν οὗτος εἶναι παρ' ἐκεῖνον τὸν ἐν βιβλίῳ φερόμενον οὗ καὶ ὁ Πλάτων ἐν τῷ Παρμενίδῃ μέμνηται. ἐκεῖ μὲν γὰρ ὅτι οὐκ ἔστι πολλὰ δείκνυσι... ἐνταῦθα δὲ, ὡς ὁ Εὔδημός φησι, καὶ ἀνῄρει τὸ ἕν. τὴν γὰρ στιγμὴν ὡς τὸ ἓν εἶναι λέγει, τὰ δὲ πολλὰ εἶναι συγχωρεῖ. ὁ μέντοι Ἀλέξανδρος καὶ ἐνταῦθα τοῦ Ζήνωνος ὡς τὰ πολλὰ ἀναιροῦντος μεμνῆσθαι τὸν Εὔδημον οἴεται. « ὡς γὰρ ἱστορεῖ, φησιν, Εὔδημος, Ζήνων ὁ Παρμενίδου γνώριμος ἐπειρᾶτο δεικνύναι ὅτι μὴ οἷόν τε τὰ ὄντα πολλὰ εἶναι, τῷ μηδὲν εἶναι ἐν τοῖς οὖσιν ἕν, τὰ δὲ πολλὰ πλῆθος εἶναι ἑνάδων. » καὶ ὅτι μὲν οὐχ ὡς τὰ πολλὰ ἀναιροῦντος Ζήνωνος Εὔδημος μέμνηται, νῦν δῆλον ἐκ τῆς αὐτοῦ λέξεως. οἶμαι δὲ μήτε (μηδὲ) ἐν τῷ Ζήνωνος βιβλίῳ τοιοῦτον ἐπιχείρημα φέρεσθαι, οἷον ὁ Ἀλέξανδρός φησι. De ce qui précède il résulte cependant qu'Alexandre avait saisi le sens exact de la proposition de Zénon et de celle d'Eudème, tandis que Simplicius commet ici la même méprise qu'il corrige plus loin chez Thémistius. Zénon pense que, pour savoir ce que sont les choses, il faudrait tout d'abord savoir ce que sont les éléments dont elles sont faites. Or c'est ce qui est impossible. Car, en tant que parties aussi petites que possible, elles devraient être sans grandeur, c'est-à-dire identiques au néant. Ainsi que Philopon (*Phys.*, II, 1, au haut, 15, au mil.) le fait voir en somme, malgré l'addition de quelques considérations personnelles, Zénon veut montrer que la pluralité ne peut exister, et il raisonne ainsi : toute pluralité se compose d'unités; or, parmi toutes les choses qui se présentent à nous comme pluralités, parmi les συνεχῆ, rien n'est véritablement un. Brandis (I, 416) a le tort de composer une preuve particulière, à l'aide des indications fournies par Eudème et Aristote (*l. c.*); Ritter (I, 522) tire de l'indication d'Eudème cette assertion risquée, que Zénon aurait reconnu, aussi bien que Parménide, que ses déterminations de l'Un n'en renferment pas la connaissance vraie et entière. L'exposition précédente montre pourquoi je ne partage l'avis ni de l'un ni de l'autre.

grandeur. Par suite, les parties des composés doivent être éloignées les unes des autres. En d'autres termes, il doit y avoir d'autres parties dans les intervalles. On peut en dire autant de ces nouvelles parties : elles-mêmes doivent avoir une grandeur et être séparées les unes des autres par d'autres parties, et ainsi de suite à l'infini, ce qui conduit à admettre une infinité de grandeurs ou une grandeur infinie[1].

2. Zénon montre de la même manière qu'au point de vue du nombre le multiple devrait être à la fois limité et illimité.

Il doit être *limité* : car il contient tel nombre déterminé d'unités, ni plus ni moins.

Il doit être *illimité* : car deux choses ne sont vraiment deux, que si elles sont séparées l'une de l'autre. Or, pour qu'elles soient séparées l'une de l'autre, il faut qu'il y ait quelque chose entre elles; il en est de même de cette nouvelle dualité et de toute dualité, et ainsi de suite à l'infini[2]. Zénon arrive ici à l'idée du nombre infini, comme il est arrivé précédemment à l'idée de la grandeur infinie. Il conçoit la pluralité comme une collection de grandeurs séparées; et entre deux grandeurs séparées il en introduit une troisième, comme cause de la séparation.

---

1. SIMPLICIUS (*l. c.*, 30 b, au mil.), après avoir parlé de la preuve par la division, que nous allons exposer tout à l'heure, ajoute : καὶ οὕτω μὲν τὸ κατὰ τὸ πλῆθος ἄπειρον ἐκ τῆς διχοτομίας ἔδειξε. τὸ δὲ κατὰ τὸ μέγεθος πρότερον κατὰ τὴν αὐτὴν ἐπιχείρησιν. προδείξας γὰρ, ὅτι εἰ μὴ ἔχει τὸ ὂν μέγεθος οὐδ' ἂν εἴη, ἐπάγει « εἰ δὲ ἔστιν, ἀνάγκη, ἕκαστον μέγεθός τι ἔχειν καὶ πάχος καὶ ἀπέχειν αὐτοῦ τὸ ἕτερον ἀπὸ τοῦ ἑτέρου. καὶ περὶ τοῦ προύχοντος ὁ αὐτὸς λόγος· καὶ γὰρ ἐκεῖνο ἕξει μέγεθος καὶ προέξει αὐτοῦ τι. ὁμοῖον δὴ τοῦτο ἅπαξ τε εἰπεῖν καὶ ἀεὶ λέγειν. οὐδὲν γὰρ αὐτοῦ τοιοῦτον ἔσχατον ἔσται οὔτε ἕτερον πρὸς ἕτερον οὐκ ἔσται. οὕτως, εἰ πολλά ἐστιν, ἀνάγκη αὐτὰ μικρά τε εἶναι καὶ μεγάλα. μικρὰ μὲν ὥστε μὴ ἔχειν μέγεθος, μεγάλα δὲ ὥστε ἄπειρα εἶναι. » Par le mot « προέχον » j'entends ce qui est placé devant une autre chose, et qui la sépare ainsi d'une troisième.

2. SIMPLICIUS (*l. c.*, 30 b, au haut) : δεικνὺς γὰρ, ὅτι εἰ πολλά ἐστι τὰ αὐτὰ πεπερασμένα ἐστὶ καὶ ἄπειρα, γράφει ταῦτα κατὰ λέξιν ὁ Ζήνων· « εἰ πολλά ἐστιν, ἀνάγκη τοσαῦτα εἶναι ὅσα ἐστὶ καὶ οὔτε πλείονα αὐτῶν οὔτε ἐλάττονα. εἰ δὲ τοσαῦτά ἐστιν ὅσα ἐστί, πεπερασμένα ἂν εἴη. καὶ πάλιν, εἰ πολλά ἐστιν, ἄπειρα τὰ ὄντα ἐστίν. ἀεὶ γὰρ ἕτερα μεταξὺ τῶν ὄντων ἐστὶ, καὶ πάλιν ἐκείνων ἕτερα μεταξύ, καὶ οὕτως ἄπειρα τὰ ὄντα ἐστι. » καὶ οὕτω μέν, etc. Voyez la note précédente.

Aussi les anciens nomment-ils d'ordinaire cette partie des deux arguments, la preuve par dichotomie[1].

3. Si tout ce qui existe est dans l'espace, l'espace, lui aussi, doit être dans un espace, et ainsi de suite à l'infini. Comme cela est inconcevable, rien d'existant ne peut être dans l'espace[2].

4. Nous trouvons l'indication d'une quatrième preuve

---

1. ARISTOTE (*Phys.*, I, 3, 187 a, 1), après avoir parlé en détail de la doctrine de Parménide et de Mélissus sur l'Un ajoute : ἔνιοι δ' (les Atomistes) ἐνέδοσαν τοῖς λόγοις ἀμφοτέροις, τῷ μὲν ὅτι πάντα ἕν, εἰ τὸ ὂν ἓν σημαίνει, ὅτι ἔστι τὸ μὴ ὄν, τῷ δὲ ἐκ τῆς διχοτομίας, ἄτομα ποιήσαντες μεγέθη. (SIMPLICIUS a raison de mettre en doute ce dernier point; on trouve le motif de cette erreur dans le passage d'Eudème cité p. 541, au bas.) Ensuite viennent les textes relatifs à la preuve de Zénon qui sont reproduits p. 541, puis (p. 30 a, au bas) la remarque suivante : ὁ μέντοι Πορφύριος καὶ τὸν ἐκ τῆς διχοτομίας λόγον Παρμενίδου φησὶν εἶναι, ἓν τὸ ὂν ἐκ ταύτης πειρωμένου δεικνύναι. γράφει δὲ οὕτως· « ἕτερος δὲ ἦν λόγος τῷ Παρμενίδῃ ὁ διὰ τῆς διχοτομίας, οἰόμενος δεικνύναι ὂν ἓν εἶναι μόνον καὶ τοῦτο ἀμερὲς καὶ ἀδιαίρετον. εἰ γὰρ εἴη, φησί, διαιρετόν, τετμήσθω δίχα, κἄπειτα τῶν μερῶν ἑκάτερον δίχα· καὶ τούτου ἀεὶ γινομένου δῆλόν, φησιν, ὡς ἤτοι ὑπομενεῖ τινὰ ἔσχατα μεγέθη ἐλάχιστα καὶ ἄτομα πλήθει δὲ ἄπειρα καὶ τὸ ὅλον ἐξ ἐλαχίστων πλήθει δὲ ἀπείρων συστήσεται, ἢ φροῦδον ἔσται καὶ εἰς οὐδὲν ἔτι διαλυθήσεται καὶ ἐκ τοῦ μηδενὸς συστήσεται, ἅπερ ἄτοπα· οὐκ ἄρα διαιρεθήσεται, ἀλλὰ μενεῖ ἕν. καὶ γὰρ δὴ ἐπειδὴ πάντῃ ὁμοίόν ἐστιν, εἴπερ διαιρετὸν ὑπάρχει πάντῃ ὁμοίως ἔσται διαιρετόν, ἀλλ' οὐ τῇ μὲν τῇ δ' οὔ. διῃρήσθω πάντῃ. δῆλον οὖν πάλιν, ὡς οὐδὲν ὑπομενεῖ, ἀλλ' ἔσται φροῦδον, καὶ εἴπερ συστήσεται πάλιν ἐκ τοῦ μηδενὸς συστήσεται· εἰ γὰρ ὑπομενεῖ τι, οὐδέπω γενήσεται πάντῃ διῃρημένον. ὥστε καὶ ἐκ τούτων φανερόν, φησιν, ὡς ἀδιαίρετόν τε καὶ ἀμερὲς καὶ ἓν ἔσται τὸ ὄν ». .... (Le texte qui suit, et qui est extrait de Porphyre, n'est pas en cause ici.) ἐρωτίνεων δὲ ἄξιον, εἰ Παρμενίδου καὶ μὴ Ζήνωνός ἐστιν ὁ λόγος, ὡς καὶ τῷ Ἀλεξάνδρῳ δοκεῖ. οὔτε γὰρ ἐν τοῖς Παρμενιδείοις ἔπεσι λέγεταί τι τοιοῦτον, καὶ ἡ πλείστη ἱστορία τὴν ἐκ τῆς διχοτομίας ἀπορίαν εἰς τὸν Ζήνωνα ἀναπέμπει, καὶ δὴ καὶ ἐν τοῖς περὶ κινήσεως λόγοις ὡς Ζήνωνος ἀπομνημονεύεται (cf. *infra*, la première et la seconde preuve contre le mouvement). καὶ τί δεῖ πολλὰ λέγειν, ὅτε καὶ ἐν αὐτῷ φέρεται τῷ τοῦ Ζήνωνος συγγράμματι. δεικνὺς γάρ, etc. (Voy. note préc.) Ces raisons de Simplicius sont parfaitement convaincantes. Si Porphyre croit que la preuve par dichotomie appartient à Zénon et non à Parménide, cette erreur vient sans doute de ce qu'Aristote, dans sa critique de la doctrine de Parménide, parle de cette preuve sans nommer Zénon. Lui-même ne connaît pas l'ouvrage de Zénon. Ce qu'il dit de cette preuve, il ne le sait qu'indirectement, et il ne le donne pas sous la forme qui était propre à Zénon.

2. ARISTOTE (*Phys.*, IV, 3, 210 b, 22) : ὁ δὲ Ζήνων ἠπόρει, ὅτι εἰ ἔστι τι ὁ τόπος, ἐν τίνι ἔσται, λύειν οὐ χαλεπόν. *Ibid.*, c. 1, 209 a, 23 : ἡ γὰρ Ζήνωνος ἀπορία ζητεῖ τινα λόγον· εἰ γὰρ πᾶν τὸ ὂν ἐν τόπῳ, δῆλον ὅτι καὶ τοῦ τόπου τόπος ἔσται καὶ τοῦτο εἰς ἄπειρον πρόεισιν. EUDÈME, *ap.* SIMPL., *Phys.*, 131 a, m.: ἐπὶ ταὐτὸν δὲ καὶ ἡ Ζήνωνος ἀπορία φαίνεται ἄγειν· ἀξιοῖ [ἀξιοῖ. Cf. dans la suite : εἰ μὲν οὖν ἐν τόπῳ ἠξίωσεν εἶναι τὰ ὄντα] γὰρ πᾶν τὸ ὂν ποῦ εἶναι, εἰ δὲ ὁ τόπος τῶν ὄντων, ποῦ ἂν εἴη; οὐκοῦν ἐν ἄλλῳ τόπῳ. κἀκεῖνος δὴ ἐν ἄλλῳ καὶ οὕτως εἰς τὸ πρόσω. SIMPLICIUS, 130 b, au bas. ὁ Ζήνωνος λόγος ἀναιρεῖν ἐδόκει τὸν τόπον ἐρωτῶν οὕτως· εἰ ἔστιν ὁ τόπος ἐν τίνι ἔσται; πᾶν γὰρ ὂν ἔν τινι· τὸ δὲ ἔν τινι καὶ ἐν τόπῳ· ἔσται ἄρα καὶ ὁ τόπος ἐν τόπῳ· καὶ τοῦτο ἐπ' ἄπειρον· οὐκ ἄρα ἔστιν ὁ τόπος. De même, *ibid.*, 124 b, au haut.

dans l'exemple suivant : quand un boisseau de fruits rend un son pendant qu'on le vide, chaque grain et chaque parcelle de grain devrait rendre un son, ce qui paraît contraire à l'observation [1]. La question générale qui fait le fond de cet exemple est celle-ci : comment est-il possible que plusieurs choses, réunies, produisent un effet que chacune d'elles, prise isolément, ne produit pas ?

ARGUMENTS CONTRE LE MOUVEMENT. — Les arguments que nous venons d'exposer tendaient à nier la pluralité, pour établir l'unité de l'être, premier principe de la doctrine éléatique. Les quatre arguments qui suivent tendent à nier le mouvement, pour établir le second principe du système, l'immutabilité de l'être [2].

1. Le premier argument peut s'énoncer ainsi. Avant que le corps en mouvement n'arrive au but, il doit nécessairement arriver au milieu du chemin; avant d'arriver à ce milieu, il doit être arrivé au milieu de la première moitié; avant d'arriver à ce point, il doit avoir atteint le milieu du premier quart, et ainsi de suite à l'infini. Donc, pour aller d'un point à un autre, tout corps serait obligé de parcourir des espaces en nombre infini. Or l'infini ne peut être parcouru en aucun temps donné. Il est donc

---

4. ARISTOTE (*Phys.*, VII, 5, 250 a, 19) : διὰ τοῦτο ὁ Ζήνωνος λόγος οὐκ ἀληθής, ὡς ψοφεῖ τῆς κέγχρου ὁτιοῦν μέρος. SIMPLICIUS (*ad h. l*, 255 a, mil.) : διὰ τοῦτο λύει καὶ τὸν Ζήνωνος τοῦ Ἐλεάτου λόγον, ὃν ἤρετο Πρωταγόραν τὸν σοφιστήν. εἰπὲ γάρ μοι, ἔφη, ὦ Πρωταγόρα, ἆρα ὁ εἷς κέγχρος καταπεσὼν ψόφον ποιεῖ, ἢ τὸ μυριοστὸν τοῦ κέγχρου; τοῦ δὲ εἰπόντος, μὴ ποιεῖν· ὁ δὲ μέδιμνος τῶν κέγχρων καταπεσὼν ποιεῖ ψόφον ἢ οὔ; τοῦ δὲ ψοφεῖν εἰπόντος τὸν μέδιμνον, τί οὖν, ἔφη ὁ Ζήνων, οὐκ ἔστι λόγος τοῦ μεδίμνου τῶν κέγχρων πρὸς τὸν ἕνα καὶ τὸ μυριοστὸν τοῦ ἑνός; τοῦ δὲ φήσαντος εἶναι· τί οὖν, ἔφη ὁ Ζήνων, οὐ καὶ τῶν ψόφων ἔσονται λόγοι πρὸς ἀλλήλους; οἱ αὐτοί· ὡς γὰρ τὰ ψοφοῦντα καὶ οἱ ψόφοι. τούτου δὲ οὕτως ἔχοντος, εἰ ὁ μέδιμνος τοῦ κέγχρου ψοφεῖ ψοφήσει καὶ ὁ εἷς κέγχρος καὶ τὸ μυριοστὸν τοῦ κέγχρου. (Voy. aussi sur ce dernier point p. 256 b, au bas.) D'après cette exposition, on ne peut admettre que cette preuve se soit trouvée dans l'ouvrage de Zénon; et ainsi les détails donnés par Simplicius doivent appartenir à un écrivain plus récent. Mais le fond de cette preuve est déjà garanti par Aristote comme appartenant à Zénon.

5. Voy. GERLING, *De Zen. paralogismis motum spectantibus*, Marb., 1825. WELLMANN, *Zeno's Beweise gegen die Bewegung und ihre Widerlegungen*, Francfort-sur-l'Oder, 1870.

impossible d'aller d'un point à un autre, et ainsi le mouvement est impossible[1].

2. Le second argument, appelé l'Achille, n'est que le précédent sous une autre forme[2]. Ce qu'il y a de plus lent, la tortue par exemple, ne peut être atteint par ce qu'il y a de plus rapide, par Achille, du moment que l'un a sur l'autre une avance, si petite qu'elle soit. Car, pour rattraper la tortue, Achille devrait d'abord arriver au point où celle-ci se trouvait quand Achille a commencé à courir, puis au point où, pendant ce temps, est arrivée la tortue, puis au point qu'elle a atteint pendant qu'Achille regagnait la seconde avance, et ainsi de suite à l'infini. Or, s'il est impossible que le plus lent soit atteint par le plus rapide, il est, d'une manière générale, impossible d'atteindre un but quelconque, et le mouvement est impossible[3].

---

1. Aristote (*Phys.*, VI, 9, 239 b, 9) : τέτταρες δ' εἰσὶ λόγοι περὶ κινήσεως Ζήνωνος οἱ παρέχοντες τὰς δυσκολίας τοῖς λύουσιν. πρῶτος μὲν ὁ περὶ τοῦ μὴ κινεῖσθαι διὰ τὸ πρότερον εἰς τὸ ἥμισυ δεῖν ἀφικέσθαι τὸ φερόμενον ἢ πρὸς τὸ τέλος, περὶ οὗ διείλομεν ἐν τοῖς πρότερον λόγοις, à savoir c. 2, p. 233 a, 21, où il est dit : διὸ καὶ ὁ Ζήνωνος λόγος ψεῦδος λαμβάνει τὸ μὴ ἐνδέχεσθαι τὰ ἄπειρα διελθεῖν ἢ ἅψασθαι τῶν ἀπείρων καθ' ἕκαστον ἐν πεπερασμένῳ χρόνῳ. Simplicius, 236 b, au bas (cf. 221 a, au bas; 302, au mil.; Thémistius, *Phys.*, 55 b, au bas; 392 Sp., est plus bref et moins clair), donne l'explication suivante : εἰ ἔστι κίνησις, ἀνάγκη τὸ κινούμενον ἐν πεπερασμένῳ χρόνῳ ἄπειρα διεξιέναι· τοῦτο δὲ ἀδύνατον· οὐκ ἄρα ἐστὶ κίνησις. ἐδείκνυ δὲ τὸ συνημμένον (la majeure hypothétique) ἐκ τοῦ τὸ κινούμενον διάστημά τι κινεῖσθαι, παντὸς δὲ διαστήματος ἐπ' ἀπείρου ὄντος διαιρετοῦ, τὸ κινούμενον ἀνάγκη τὸ ἥμισυ πρῶτον διελθεῖν οὗ κινεῖται διαστήματος· καὶ τότε τὸ ὅλον. ἀλλὰ καὶ πρὸ τοῦ ἡμίσεως τοῦ ὅλου τὸ ἐκείνου ἥμισυ, καὶ τούτου πάλιν τὸ ἥμισυ. εἰ οὖν ἄπειρά τι ἡμίση διὰ τὸ παντὸς τοῦ ληφθέντος δυνατὸν εἶναι τὸ ἥμισυ λαβεῖν, τὰ δὲ ἄπειρα ἀδύνατον ἐν πεπερασμένῳ χρόνῳ διελθεῖν, τοῦτο δὲ ὡς ἐναργές, ἐλάμβανεν ὁ Ζήνων, ἀδύνατον ἄρα κίνησιν εἶναι. C'est à cette preuve que se rapporte le texte : Arist., *Top.*, VIII, 8, 156, b, 7 ; Sext., *Math.*, X, 47.

2. Selon Favorinus, *ap.* Diog., IX, 29, Parménide aurait déjà employé cet argument. Mais cela est faux. Tous les autres témoins l'attribuent à Zénon. Diogène (*l. c.*) dit explicitement qu'il a été trouvé par Zénon ; et tout ce que nous savons de Parménide, ainsi que le texte souvent cité de Platon (*Parm.*, 128 a) prouve que Parménide ne s'est pas encore appliqué de cette manière à réfuter l'opinion commune.

3. Aristote (*l. c.*, 239 b, 14) : δεύτερος δ' ὁ καλούμενος Ἀχιλλεύς· ἔστι δ' οὗτος, ὅτι τὸ βραδύτερον οὐδέποτε καταληφθήσεται θέον ὑπὸ τοῦ ταχίστου· ἔμπροσθεν γὰρ ἀναγκαῖον ἐλθεῖν τὸ διῶκον, ὅθεν ὥρμησε τὸ φεῦγον, ὥστ' ἀεί τι προέχειν ἀναγκαῖον τὸ βραδύτερον. Simplicius (237 a, au mil.) et Thémistius (56 a) expliquent ce texte dans le sens que reproduit notre exposition.

Le nerf de la preuve, ici comme dans l'argument précédent, est cette thèse, qu'un espace donné ne peut être parcouru que si toutes ses parties sont parcourues, et que cela est impossible parce que les parties sont en nombre infini[1]. La seule différence, c'est que dans le premier cas il est question d'un espace dont les limites sont fixes, et dans le second d'un espace dont les limites sont mobiles.

3. Tant qu'une chose est dans un seul et même espace, elle est en repos. Or une flèche qui vole est, à chaque instant, dans le même espace. Elle est donc en repos à chaque instant de son vol, par conséquent aussi pendant toute la durée de son vol, et ainsi le mouvement de la flèche n'est qu'apparent[2].

---

1. Comme le remarque très-justement Aristote, quand il ajoute : ἔστι δὲ καὶ οὗτος ὁ αὐτὸς λόγος τῷ διχοτομεῖν (la même preuve que la première, celle qui repose sur la dichotomie continuée), διαφέρει δ' ἐν τῷ διαιρεῖν μὴ δίχα τὸ προσλαμβανόμενον μέγεθος... ἐν ἀμφοτέροις γὰρ συμβαίνει μὴ ἀφικνεῖσθαι πρὸς τὸ πέρας διαιρουμένου πως τοῦ μεγέθους· ἀλλὰ πρόσκειται ἐν τούτῳ, ὅτι οὐδὲ τὸ τάχιστον τετραγῳδημένον ἐν τῷ διώκειν τὸ βραδύτατον. De même dans les commentaires.

2. Aristote (239 b, 30) : τρίτος δ' ὁ νῦν ῥηθεὶς ὅτι ἡ ὀϊστὸς φερομένη ἕστηκεν. Cf. l. 5 : Ζήνων δὲ παραλογίζεται· εἰ γὰρ ἀεί, φησιν, ἠρεμεῖ πᾶν ἢ κινεῖται, ὅταν ᾖ κατὰ τὸ ἴσον, ἔστι δ' ἀεὶ τὸ φερόμενον ἐν τῷ νῦν, ἀκίνητον τὴν φερομένην εἶναι ὀϊστόν. D'autres lisent ἐν τῷ νῦν τῷ κατὰ ἴσον ἀκίν., Gerling (l. c., p. 16) lit : ἢ κινεῖται, au lieu de ἢ κινεῖται. Ce texte, sous sa forme actuelle, présente de grosses difficultés. Je crois que le texte primitif a dû être : εἰ γὰρ, φησιν, ἠρεμεῖ πᾶν, ὅταν ᾖ κατὰ τὸ ἴσον, ἔστι δ' ἀεὶ τὸ φερόμενον ἐν τῷ νῦν κατὰ τὸ ἴσον, ἀκίνητον, etc. : ce qui donne le sens auquel je me suis arrêté. Thémistius (p. 55 b, au bas, p. 392 sp.) semble avoir ce texte pour base, lorsqu'il donne la paraphrase suivante : εἰ γὰρ ἠρεμεῖ, φησιν, ἅπαντα ὅταν ᾖ κατὰ τὸ ἴσον αὐτῷ διάστημα, ἔστι δὲ ἀεὶ τὸ φερόμενον κατὰ τὸ ἴσον ἑαυτῷ διάστημα, ἀκίνητον ἀνάγκη τὴν ὀϊστὸν εἶναι τὴν φερομένην; de même, p. 56 a, au mil., 394, Sp. : ἀεὶ μὲν γὰρ ἕκαστον τῶν κινουμένων ἐν τῷ νῦν τὸ ἴσον ἑαυτῷ κατέχει διάστημα. Nous trouvons une confirmation de ce texte dans la remarque d'Aristote (l. c.) contre Zénon. Sans citer aucun principe impliqué par la doctrine de Zénon, il dit que sa preuve repose entièrement sur cette idée inexacte, que le temps est composé de moments isolés (ἐκ τῶν νῦν τῶν ἀδιαιρέτων). Il est vrai que Simplicius dit (236 b, au haut), d'accord avec le texte de nos manuscrits : ὁ δὲ Ζήνωνος λόγος προλαβών, ὅτι κἂν ὅταν ᾖ κατὰ τὸ ἴσον ἑαυτῷ ἢ κινεῖται ἢ ἠρεμεῖ, καὶ ὅτι οὐδὲν ἐν τῷ νῦν κινεῖται, καὶ ὅτι τὸ φερόμενον ἀεὶ ἐν τῷ ἴσῳ αὐτῷ ἐστι καθ' ἕκαστον νῦν, ἐψκει συλλογίζεσθαι οὕτως· τὸ φερόμενον βέλος ἐν παντὶ νῦν κατὰ τὸ ἴσον ἑαυτῷ ἐστι, ὥστε καὶ ἐν παντὶ τῷ χρόνῳ· τὸ δὲ ἐν τῷ νῦν κατὰ τὸ ἴσον ἑαυτῷ ὂν οὐ κινεῖται, ἠρεμεῖ ἄρα, ἐπειδὴ μηδὲν ἐν τῷ νῦν κινεῖται, τὸ δὲ μὴ κινούμενον ἠρεμεῖ, ἐπειδὴ πᾶν ἢ κινεῖται ἢ ἠρεμεῖ. τὸ ἄρα φερόμενον βέλος ἕως φέρεται ἠρεμεῖ κατὰ πάντα τὸν τῆς φορᾶς χρόνον. Mais la déduction qu'il expose dans ce passage est loin d'avoir même l'apparence de la rigueur que nous trouvons, d'ailleurs, dans toutes les

Cet argument repose sur le même principe que les précédents. Là, c'était l'espace à parcourir qui était résolu dans ses parties infiniment petites : ici, c'est la durée du mouvement ; et, cela posé, on montre que tout mouvement est inconcevable. Cette déduction est, comme le reconnaît Aristote, parfaitement correcte. Dans un moment, comme tel, aucun mouvement, aucun changement n'est possible. Si je demande où est la flèche volante à tel moment, on ne peut répondre : elle passe de l'espace A dans l'espace B, ce qui reviendrait à dire : elle est en même temps en A, en B. On ne peut dire que ceci : elle est dans l'espace A. Si donc on considère le temps, non comme une grandeur continue, mais comme une série de moments successifs en nombre infini, on obtient, au lieu du passage d'un lieu à un autre, une existence successive dans différents lieux ; dès lors le mouvement est aussi inconcevable que si l'on considère la ligne (ainsi qu'il arrive dans les deux premiers arguments), non comme une longueur continue, mais comme une série de points discrets en nombre infini[1]. L'argument dont il s'agit n'est donc pas aussi sophistique qu'il le paraît. A tout le moins, il ne l'est pas plus que les autres. Il part, comme les autres, de la considération d'un problème philosophique où des penseurs plus récents ont encore trouvé des difficultés sérieuses, et il a, avec le point de vue général de l'auteur, le même rapport que les autres arguments. Du moment que l'unité et la multiplicité sont conçues, à la manière éléatique, comme des contraires absolus, qui s'excluent purement et simplement, l'exté-

---

démonstrations données par Zénon. Sans doute, Simplicius connaissait l'ouvrage de Zénon ; mais SCHLEIERMACHER remarque avec raison (*Ueber Anaximandros*, W. z. *Philos.*, II, 180) que cet auteur, dans les derniers livres de son ouvrage, laisse complétement de côté les sources dont il s'est servi précédemment. J'entends, avec Thémistius et Simplicius, par εἶναι κατὰ τὸ ἴσον : « être dans le même espace » qu'auparavant, ne pas changer de place.

1. ARISTOTE lui-même indique dans sa remarque que tel est, en réalité, le nerf de la preuve (voy. note précédente).

riorité de l'espace et du temps ne peut plus être qu'une multiplicité sans aucune espèce d'unité; l'espace et le temps n'apparaissent plus que comme une collection de points discrets, et tout passage de l'un de ces points à l'autre, tout mouvement est impossible[1].

4. Le vice du point de départ est plus frappant dans le quatrième argument, lequel est fondé sur le rapport de la durée du mouvement à l'espace parcouru. D'après les lois du mouvement, deux corps, animés d'un mouvement égal, doivent dans des temps égaux parcourir des espaces égaux. Or deux corps de même grandeur mettent moitié moins de temps à se rencontrer lorsque tous deux sont animés d'une vitesse égale et de sens contraire, que lorsque l'un des deux est en repos tandis que l'autre passe devant lui avec la même vitesse. Zénon croit pouvoir conclure de ce fait que, pour parcourir le même espace (celui qu'occupe chacun des deux corps), la vitesse restant la même, le temps est, la seconde fois, double de ce qu'il est la première, et que, par conséquent, les faits sont en contradiction avec les lois du mouvement[2].

La fausseté de cette argumentation est évidente. Toutefois nous n'en pouvons conclure que Zénon ne l'ait pas

---

1. La pensée fondamentale de la preuve ci-dessus exposée se trouve également (d'après l'observation de KERN, *Xenoph.*, 26, 74) dans cette proposition, que Diogène (IX, 72) nous donne comme venant de Zénon : τὸ κινούμενον οὔτ' ἐν ᾧ ἐστι τόπῳ κινεῖται οὔτ' ἐν ᾧ μὴ ἔστι; car l'impossibilité où est le mobile de se mouvoir dans l'espace dans lequel il se trouve était fondée précisément sur cette remarque, qu'il est à chaque moment dans le même espace.

2. ARISTOTE (239 b, 33) : τέταρτος δ' ὁ περὶ τῶν ἐν τῷ σταδίῳ κινουμένων ἐξ ἐναντίας ἴσων ὄγκων παρ' ἴσους, τῶν μὲν ἀπὸ τέλους τοῦ σταδίου τῶν δ' ἀπὸ μέσου (sur le sens de cette expression, voy. PRANTL, *ad h. l.*, p. 516 de son édition de la *Phys.*), ἴσῳ τάχει, ἐν ᾧ συμβαίνειν οἴεται, ἴσον εἶναι χρόνον τῷ διπλασίῳ τὸν ἥμισυν. ἔστι δ' ὁ παραλογισμὸς ἐν τῷ τὸ μὲν παρὰ κινούμενον τὸ δὲ παρ' ἠρεμοῦν τὸ ἴσον μέγεθος ἀξιοῦν τῷ ἴσῳ τάχει τὸν ἴσον φέρεσθαι χρόνον· τοῦτο δ' ἐστὶ ψεῦδος. Il n'est pas douteux que la preuve indiquée dans ce passage n'ait, pour le fond, le sens que lui donne notre exposition. Mais comment Zénon a-t-il énoncé sa preuve dans le détail, c'est ce qu'il est difficile de déterminer. Le texte est controversé, et l'addition explicative d'Aristote est trop concise. SIMPLICIUS (p. 237 b, sq.) me paraît donner le meilleur texte et l'explication la plus exacte. Le commentaire de PRANTL, d'ailleurs excellent, doit être complété par celui de Simplicius. D'après lui, Zénon formulait ainsi sa preuve : Soit, dans l'espace DE, trois séries égales de corps

donnée très-sérieusement. Car le paralogisme consiste essentiellement à mesurer l'espace que parcourt un corps par la grandeur des corps devant lesquels il passe, que ces corps soient d'ailleurs en repos ou en mouvement. Or l'illégitimité d'une pareille méthode a fort bien pu échapper au philosophe qui a le premier réfléchi, à un point de vue aussi général, sur les lois du mouvement, surtout si ce philosophe était, comme Zénon, convaincu d'avance que cette analyse devait le mener à des contradictions. Des paralogismes analogues se rencontrent même chez des philosophes modernes, dans leur polémique contre les concepts expérimentaux.

Valeur de ces arguments. — Nous n'avons pas ici à examiner la valeur scientifique des raisonnements de Zénon, les objections d'Aristote, et les jugements des modernes[1] sur Aristote et sur Zénon. Mais, quelle que soit

d'égale grandeur, A1..., B1..., C1..., disposées comme le représente la figure 1. La première série A1.... reste en repos, pendant que les deux autres

[1]
```
    D............E
       A1  A2  A3  A4
  B4  B3  B2  B1
              C1  C2  C3  C4
```

[2]
```
       A1  A2  A3  A4
       B4  B3  B2  B1
       C1  C2  C3  C4
```

se meuvent parallèlement devant elle avec une vitesse égale et en sens contraire. C1 arrivera ainsi en face de A1 et de B1 au même moment où B1 arrive en face de A4 et de C4 (voy. fig. 2). Par conséquent, B1 a passé devant tous les C, et C1 devant tous les B, dans le même temps que chacun d'eux n'a passé que devant la moitié des A. Or, comme Zénon semble s'être exprimé : C1 a passé devant tous les B pendant le même temps qu'a mis B1 pour passer devant la moitié des A, et B1 a passé devant tous les C, pendant le même temps qu'a mis C1 pour passer devant la moitié des A. Or la série A occupe un espace égal à celui qu'occupe chacune des deux autres. Le temps dans lequel C1 a parcouru l'espace entier de la série A est donc le même qu'a mis B1 pour parcourir la moitié de cet espace, la vitesse restant la même, ou réciproquement. D'autre part, comme, la vitesse étant la même, les temps sont entre eux dans le même rapport que les espaces parcourus, le temps employé pour parcourir le second espace doit être moitié moins grand que le temps employé pour parcourir le premier espace. Donc le tout est égal à la moitié.

1. Par exemple : Bayle, Dict. : Zénon d'Élée, Rem. F. Contre lui, voy. Hegel,

la valeur absolue de ces preuves, l'importance historique en est à coup sûr considérable.

D'abord, elles poussent aux dernières limites l'opposition de la doctrine éléatique et de l'opinion commune. Parménide combattait la pluralité et le changement par des raisons générales auxquelles on pouvait opposer d'autres principes généraux. Zénon fait plus : il part des concepts mêmes de pluralité et de changement pour en démontrer l'impossibilité. Après l'argumentation de Parménide, il pouvait sembler encore qu'à côté de l'être unique il restait une place pour le multiple et le changeant : cette apparence même disparaît entièrement chez Zénon [1].

Gesch. d. Phil., I, 290 sq.; HERBART, *Metaph.*, II, § 284 sq.; *Lehrb. z. Einl. in d. Phil.*, § 139; STRÜMPELL, *Gesch. d. theor. Phil. b. d. Gr.*, 53 sq.; COUSIN, *Zénon d'Élée, Fragm. phil.*, I, 65 sq.; GERLING, *l. c.*; WELLMANN, *l. c.*, 12 sqq., 20 sqq.

1. COUSIN (*l. c.*, cf. surtout p. 65, 70 sq.) dit, il est vrai, le contraire. Il affirme que Zénon ne veut pas proprement combattre la pluralité en général, mais la pluralité dépourvue de toute unité. Mais, ni dans les arguments de Zénon, ni dans le début du *Parménide* de Platon, nous ne trouvons trace d'une pareille restriction. Sans doute, pour réfuter la pluralité et le mouvement, Zénon suppose la discrétion absolue, sans continuité, la pluralité absolue, sans aucune espèce d'unité. Mais ce postulat n'est pas ici le point *qui est attaqué*; il est le point *d'où part l'attaque*. Une fois la pluralité admise, dit Zénon, on est conduit nécessairement à supprimer toute unité, et on tombe par là même dans des contradictions de toute espèce. Zénon ne dit pas, comme le veut Cousin : Quand on admet *une pluralité absolument dépourvue d'unité*, tout mouvement, etc..., est impossible. Si telle avait été la pensée des Éléates, Zénon aurait dû tout d'abord distinguer la pluralité sans unité de la pluralité limitée par l'unité. Mais c'est ce qu'il ne fait pas et ce qu'il ne peut pas faire, étant donné le point de vue éléatique. Unité et pluralité, persistance de l'être et mouvement, sont encore, pour les Éléates, des contradictoires qui s'excluent. Platon a le premier reconnu (et exposé dans le *Sophiste* et le *Parménide*, où il combat l'éléatisme) que ces déterminations, contradictoires en apparence, peuvent et doivent être réunies dans un seul et même sujet. Zénon ne songe pas à une pareille doctrine. Toutes ses preuves ont précisément un but opposé. Il veut en finir avec les idées confuses, avec l'habitude de traiter l'un comme multiple, l'être comme soumis au devenir et au changement. Au temps de Zénon, Leucippe tout au plus avait soutenu l'existence de la pluralité dépourvue de toute unité, et encore dans un sens restreint. Or Zénon ne parle nullement de Leucippe. Héraclite, que Cousin considère comme l'objet principal des attaques de Zénon, et à qui pourtant, si je ne me trompe, notre philosophe ne fait jamais allusion, Héraclite est si loin de soutenir la pluralité sans unité, qu'il a affirmé l'unité de l'être de la manière la plus catégorique. — Il s'ensuit que Cousin blâme à tort Aristote, lorsqu'il dit (p. 80) : *Aristote accuse Zénon de mal raisonner, et lui-même ne raisonne guère mieux et n'est pas exempt de paralogisme. Car ses réponses impliquent toujours l'idée de l'unité, quand l'argumen-*

552 De plus, les arguments de Zénon soulèvent de nouveaux problèmes, qui s'imposeront désormais à toute philosophie désireuse de rendre compte des phénomènes. L'impossibilité apparente de résoudre ces problèmes a pu, tout d'abord, fournir un point d'appui commode à la négation sophistique de la science. Mais, dans la suite, la spéculation platonicienne et aristotélicienne a trouvé là un stimulant pour entreprendre des recherches plus profondes. Enfin les métaphysiciens postérieurs eux-mêmes se sont toujours vus forcés de revenir aux problèmes que Zénon avait le premier soulevés. Et ainsi, quelle que soit la valeur que nous accordions aux résultats immédiats de la dialectique de Zénon, nous devons reconnaître qu'elle tient une place considérable dans l'histoire de la science.

§ 5. MÉLISSUS.

SA VIE. SES ÉCRITS. SON RAPPORT AVEC PARMÉNIDE ET AVEC ZÉNON. — Mélissus[1] défend, avec Zénon, la doctrine de

tation de Zénon repose sur *l'hypothèse exclusive de la pluralité.* C'est précisément le caractère exclusif de ce postulat qu'Aristote attaque à juste titre. GROTE (qui n'a pas compris les observations précédentes) partage l'opinion de Cousin (*Plato*, I, 103). Il croit aussi que Zénon énonce l'hypothèse de la pluralité sans unité, non pas en son propre nom, mais en se mettant au point de vue des adversaires. Cela est exact en un certain sens; Zénon veut réfuter ces derniers en tirant de leurs prémisses des conséquences contradictoires. Mais les moyens termes dont il se sert dans ce dessein n'appartiennent pas à ses adversaires : ils appartiennent à lui-même. Ses adversaires se bornent à affirmer qu'il y a une pluralité, un mouvement : il cherche à démontrer que la pluralité, si on l'admet comme telle, doit nécessairement consister en un nombre infini de parties, et que, dans le mouvement, une infinité d'espaces doivent être parcourus.

1. Nous savons peu de chose sur la vie de Mélissus. Son père s'appelait Ithagénes. Il était né à Samos (DIOG., IX, 24). DIOGÈNE (cf. ÉLIEN, *V. H.*, VII, 14) le représente comme un homme d'État qui s'est principalement distingué comme amiral. PLUTARQUE (*Pericl.*, c. 26; *Themist.*, c. 2, m., se référant à Aristote; *Adv. Col.*, 32, 6, p. 1126. Cf. SUID., Μέλισσος Σάμιος) dit que Mélissus commandait la flotte samienne lors de la victoire qu'elle a remportée sur les Athéniens en 442 av. J.-C. (THUC., I. 117). C'est sans doute sur cette circonstance que se fonde le calcul d'APOLLODORE (*ap.* DIOG., *l. c.*), suivant lequel la principale période de la vie de Mélissus tombe dans la 84ᵉ olympiade (444-40 av. J.-C.). Il était, par conséquent, contemporain, sans doute jeune contemporain de Zénon d'Élée. Il est déjà question de sa théorie de l'unité et de l'immutabilité de l'être dans le Ps.-HIPPOCRATE (*Polybus*). *De nat. hom.*, c. 1, *sub fin.*, VI, 34, Littré. Il est possible qu'il ait

Parménide contre l'opinion commune. Mais Zénon suit une méthode indirecte : il réfute les idées reçues, et ainsi pousse aux dernières limites l'opposition des deux conceptions du monde. Mélissus, au contraire, veut montrer directement que l'Être ne peut être conçu que de la manière dont l'a défini Parménide. Or, pour pouvoir convaincre son adversaire par une démonstration directe, il faut prendre pour point de départ des principes admis par les deux parties. Mélissus cherche donc à trouver, chez les représentants mêmes du sens commun, des points d'appui pour la doctrine éléatique[1]. Mais, par là même, il est amené à introduire dans la doctrine éléatique des éléments qui en altèrent quelque peu la pureté.

L'ÊTRE. — Ce qui nous est rapporté sur la théorie de l'Être professée par Mélissus se ramène à quatre points : l'éternité, l'infinité, l'unité, l'immutabilité.

Ce qui est, est sans commencement et sans fin. Car, si l'être avait un commencement, il devrait être sorti soit de l'être, soit du non-être. Or, d'une part, ce qui sort de l'être ne commence pas à être, mais existait déjà auparavant. D'autre part, du non-être rien ne peut sortir, et l'être, au sens absolu du mot, moins encore que quoi que ce soit[2].

été, comme Zénon, le disciple de Parménide ; mais nous n'en trouvons une preuve certaine ni dans DIOGÈNE (*l. c.*) ni dans THÉODORET (*Cur. gr. aff.*, IV, 8, p. 57). L'indication de Diogène suivant laquelle Mélissus a connu Héraclite est peut-être exacte. Mais il est très-invraisemblable que l'attention des Éphésiens ne se soit portée sur Héraclite que par l'intermédiaire de Mélissus. Un ouvrage de Mélissus, le seul certainement qu'il ait composé, est appelé simplement τὸ σύγγραμμα par SIMPLICIUS (*Phys.*, 22 b, au mil.) ; SUIDAS intitule cet écrit : περὶ τοῦ ὄντος ; GALIEN, ad Hippocr. *De nat. hom.*, I, p. 5 ; *De elem. sec. Hipp.*, I. 9, p. 487, Kühn ; SIMPL., *De cælo*, 249 b, 23 ; *Schol. in Arist.*, 509 a, 38 : περὶ φύσεως ; SIMPL., *De cælo*, 249 b, 42 ; *Phys.*, 15 b, au haut : π. φύσεως ἢ π. τοῦ ὄντος. Les fragments importants de Mélissus qui nous ont été conservés ont été rassemblés et expliqués par BRANDIS, *Comm. el.*, 185 sq. ; MULLACH, *Arist. De Melisso*, etc., p. 80 sqq. ; *Fragm. phil.*, I, 259 sqq.

1. SIMPLICIUS (*l. c.*) : τοῖς γὰρ τῶν φυσικῶν ἀξιώμασι χρησάμενος ὁ Μέλισσος περὶ γενέσεως καὶ φθορᾶς ἄρχεται τοῦ συγγράμματος οὕτως. Cf. Fr. 1, les mots : συγχωρεῖται γὰρ καὶ τοῦτο ὑπὸ τῶν φυσικῶν. Le mot : καὶ τοῦτο prouve que déjà dans ce qui précédait Mélissus avait invoqué l'opinion des physiciens.

2. « οὔτε ἐκ μὴ ἐόντος, οἷόν τε γενέσθαι τι, οὔτε ἄλλο μὲν οὐδὲν ἐόν (Mélissus fait

De même, si l'être périssait, il devrait se résoudre soit dans un être, soit dans un non-être. Mais l'être ne peut devenir un non-être : c'est ce dont tout le monde convient; et, d'autre part, si l'être devient un être, il ne périt pas[1].

Si l'être est éternel, il doit aussi, selon Mélissus, être infini. Car ce qui ne comporte ni la naissance ni la mort n'a ni commencement ni fin, et ce qui n'a ni commencement ni fin est infini[2]. Ici Mélissus s'éloigne de Parménide,

---

ici évidemment une pure hypothèse, en se plaçant au point de vue de l'opinion commune), πολλῷ δὲ μᾶλλον τὸ ἁπλῶς ἐόν. »

1. Mel. Fr., 1, ap. SIMPL., l. c. Ce fragment se termine ainsi : οὔτε φθαρήσεται τὸ ἐόν· οὔτε γὰρ ἐς τὸ μὴ ἐὸν οἷόν τε τὸ ἐὸν μεταβάλλειν· συγχωρέεται γὰρ καὶ τοῦτο ὑπὸ τῶν φυσικῶν. οὔτε ἐς ἐόν· μένοι γὰρ ἂν πάλιν οὕτω γε καὶ οὐ φθείροιτο. οὔτε ἄρα γέγονε τὸ ἐὸν οὔτε φθαρήσεται. αἰεὶ ἄρα ἦν τε καὶ ἔσται. Le De Melisso (c. 1) donne cette démonstration d'une manière plus développée : ἀΐδιον εἶναί φησιν εἴ τι ἐστίν, εἴπερ μὴ ἐνδέχεσθαι γενέσθαι μηδὲν ἐκ μηδενός. εἴτε γὰρ ἅπαντα γέγονεν εἴτε μὴ πάντα, δεῖν ἀμφοτέρως ἐξ οὐδενὸς γενέσθαι ἂν αὐτῶν γιγνόμενα (avant γιγν. il faut sans doute, avec BRANDIS, ajouter τα. Cf. MULLACH, ad h. l.). ἁπάντων τε γὰρ γιγνομένων οὐδὲν προϋπάρχειν. εἰ δ' ὄντων τινῶν ἀεὶ ἕτερα προσγίγνοιτο, πλέον ἂν καὶ μεῖζον τὸ ἓν γεγονέναι· ᾧ δὴ πλέον καὶ μεῖζον, τοῦτο γενέσθαι ἂν ἐξ οὐδενός· οὐ γὰρ ἐν τῷ ἐλάττονι τὸ πλέον, οὐδ' ἐν τῷ μικροτέρῳ τὸ μεῖζον ὑπάρχειν. Cette addition vient sans doute d'un chapitre suivant du traité, lequel, comme le remarque avec raison BRANDIS (Comm., 186), expose d'abord brièvement les idées principales et la marche de l'argumentation, puis entre dans les détails. Le fragment 6 paraît appartenir au même chapitre. On a montré (p. 513) combien, dans ce qui précède, Mélissus se rattache étroitement à Parménide.

2. Fr. 2 : ἀλλ' ἐπειδὴ τὸ γενόμενον ἀρχὴν ἔχει, τὸ μὴ γενόμενον ἀρχὴν οὐκ ἔχει, τὸ δ' ἐὸν οὐ γέγονε, οὐκ ἂν ἔχοι ἀρχήν. ἔτι δὲ τὸ φθειρόμενον τελευτὴν ἔχει, εἰ δέ τί ἐστι ἄφθαρτον, τελευτὴν οὐκ ἔχει, τὸ ἐὸν ἄρα ἄφθαρτον ἐὸν τελευτὴν οὐκ ἔχει· τὸ δὲ μήτε ἀρχὴν ἔχον μήτε τελευτὴν ἄπειρον τυγχάνει ἐόν· ἄπειρον ἄρα τὸ ἐόν. La même pensée se retrouve dans le fragment 7, dont les derniers mots : οὐ γὰρ ἀεὶ εἶναι ἀνυστόν ὅ τι μὴ πᾶν ἐστι doivent signifier : Si l'être était limité quant à la grandeur, il ne pourrait être éternel. Pourquoi ne pourrait-il être éternel? Mélissus ne paraît pas en avoir donné d'autre raison que celle que nous avons citée : l'éternel doit être illimité, parce qu'autrement on ne pourrait pas dire qu'il soit sans commencement ni fin. Les fr. 8 et 9 se rapportaient probablement au même ordre d'idées que le fr. 7. Le fr. 8 me paraît renfermer le commencement de cette discussion; il devrait donc être placé avant le fr. 7. ARISTOTE, qui revient souvent à cette démonstration de Mélissus, parle comme s'il avait considéré les mots ἐπειδὴ .... ἔχει au commencement du fr. 2 comme formant le premier membre, et les mots : τὸ μὴ .... οὐκ ἔχει comme formant le second membre de la phrase. Cf. Soph. el., c. 5, 167 b, 13 : οἷον ὁ Μελίσσου λόγος ὅτι ἄπειρον τὸ πᾶν, λαβὼν τὸ μὲν ἅπαν ἀγένητον (ἐκ γὰρ μὴ ὄντος οὐδὲν ἂν γενέσθαι), τὸ δὲ γενόμενον ἐξ ἀρχῆς γενέσθαι· εἰ μὴ οὖν γέγονεν, ἀρχὴν οὐκ ἔχει [— ειν] τὸ πᾶν, ὥστ' ἄπειρον. οὐκ ἀνάγκη δὲ τοῦτο συμβαίνειν· οὐ γὰρ (car il ne s'ensuit pas que) εἰ τὸ γενόμενον ἅπαν ἀρχὴν ἔχει, καὶ εἴ τι ἀρχὴν ἔχει γέγονεν. De même, c. 28, 181 a, 27, Phys., I, 3, 186 a, 10 : ὅτι μὲν οὖν παραλογίζεται Μέλισσος δῆλον· οἴεται γὰρ εἰληφέναι, εἰ τὸ γενόμενον ἔχει ἀρχὴν ἅπαν, ὅτι καὶ τὸ μὴ γενόμενον οὐκ ἔχει. De même EUDÈME, ap. SIMPL., Phys. 23 a, au haut : οὐ γὰρ, εἰ τὸ γενόμενον ἀρχὴν ἔχει, τὸ μὴ γενόμενον ἀρχὴν οὐκ ἔχει, μᾶλλον δὲ τὸ μὴ ἔχον ἀρχὴν οὐκ ἐγένετο. Evi-

et Aristote l'a vivement critiqué sur ce point[1] : il est certain que la thèse de Mélissus n'est satisfaisante ni en elle-même, ni par la manière dont elle est démontrée.

Dans la démonstration, la confusion de l'infinité dans le temps et de l'infinité dans l'espace est évidente. Mélissus a prouvé que l'être doit être sans commencement et sans fin quant au temps, et c'est de là qu'il conclut que l'être ne peut avoir de limites dans l'espace. Il est hors de doute que l'infinité de l'être n'a pas d'autre sens à ses yeux[2]. Il établissait, il est vrai, son affirmation sur cette autre remarque, que l'être ne pouvait être limité que par le vide, et que, comme le vide ne peut exister, l'être, par suite, doit être illimité[3]. Mais si l'étendue limitée que Parménide attribue à l'être est difficilement conciliable avec son indivisibilité, que dire d'une étendue illimitée? Vainement Mélissus se défend-il expressément de considérer l'être comme corporel[4] : on ne peut dénier à Aristote tout droit de dire[5] qu'il paraît le concevoir comme maté-

---

demment, comme le prouve déjà le parallélisme de la phrase suivante (ἔτι δὲ τὸ ὕπαρχ., etc.), les mots τὸ μὴ γιν., etc., appartiennent au premier membre de la phrase : « comme ce qui devient a un commencement, tandis que ce qui ne devient pas n'a pas de commencement, » etc. Ainsi, ou Aristote a mal construit sa phrase, ou il a à tout le moins supposé que Mélissus, pour affirmer que ce qui ne devient pas est sans commencement, s'est appuyé sur ce principe que tout ce qui devient a un commencement. En revanche, Aristote dit avec raison (Soph. el., 6, 168 b, 35): ὡς ἐν τῷ Μελίσσου λόγῳ τὸ αὐτὸ λαμβάνει τὸ γεγονέναι καὶ ἀρχὴν ἔχειν. Le De Melisso s'accorde avec les propres assertions du philosophe. Pour les textes des écrivains postérieurs, voy. Brandis, Comm. el., 200 sq.

1. Metaph., I, 5, 986 b, 25 : οὗτοι μὲν οὖν .... ἀφετέοι πρὸς τὴν νῦν παροῦσαν ζήτησιν, οἱ μὲν δύο καὶ πάμπαν ὡς ὄντες μικρὸν ἀγροικότεροι, Ξενοφάνης καὶ Μέλισσος. Phys., I, 3, comm. : ἀμφότεροι γὰρ ἐριστικῶς συλλογίζονται, καὶ Μέλισσος καὶ Παρμενίδης· καὶ γὰρ ψευδῆ λαμβάνουσι καὶ ἀσυλλόγιστοί εἰσιν αὐτῶν οἱ λόγοι· μᾶλλον δ' ὁ Μελίσσου φορτικὸς καὶ οὐκ ἔχων ἀπορίαν (il ne contient ni difficulté ni rien qui puisse nous arrêter; il est donc facile à réfuter), ἀλλ' ἑνὸς ἀτόπου δοθέντος τἆλλα συμβαίνει· τοῦτο δ' οὐδὲν χαλεπόν.

2. Voy. Aristote (texte cité, inf., 557, 1, et Metaph., I, 5, 986 b, 18; Phys., I, 2, 185 a, 32 b, 16 sqq.). Voy. aussi fr. 8 : ἀλλ' ὥσπερ ἐστὶ ἀεί, οὕτω καὶ τὸ μέγεθος ἄπειρον ἀεὶ χρὴ εἶναι.

3. Voy. infra, p. 557, 1.

4. Fr. 16 : εἰ μὲν ἐὸν ἔστι, δεῖ αὐτὸ ἓν εἶναι· ἓν δὲ ἐὸν δεῖ αὐτὸ σῶμα μὴ ἔχειν. εἰ δὲ ἔχοι πάχος, ἔχοι ἂν μόρια καὶ οὐκέτι ἂν εἴη ἕν.

5. Metaph., l. c., voy. sup., p. 320. Pour apprécier ce jugement, on ne doit pas oublier que le concept d'ὕλη, dans Aristote, a plus d'extension que le concept de σῶμα. Voy. IIᵉ part., b, 243 sq, 2ᵉ éd., texte allem.

riel; et il est probable que la physique ionienne elle-même, que Mélissus combat d'ailleurs si vivement, a exercé sur lui à cet égard une certaine influence, et lui a inspiré une proposition qui ne s'accordait pas avec la doctrine éléatique de l'unité de l'être.

Mélissus, à vrai dire, va de l'illimitation même de l'être à son unité. S'il y avait plusieurs êtres, dit-il, ils seraient limités les uns en face des autres : si l'être est illimité, il est en même temps un[1].

D'ailleurs la pluralité, considérée en elle-même, est, estime-t-il, inconcevable. Pour être multiples, les choses devraient être séparées par le vide. Mais le vide ne peut exister, puisqu'il ne serait autre chose que le non-être. Quand bien même on admettrait que les parties de la matière se touchent immédiatement, sans qu'il y ait rien entre elles, cette supposition n'avancerait à rien : en effet, ou la matière serait absolument divisée, il n'y aurait aucune unité, et alors il n'y aurait non plus aucune pluralité, tout se réduirait à l'espace vide ; ou la matière ne serait divisée qu'en certains points, et alors on ne voit pas pourquoi elle ne le serait pas partout. Elle ne saurait donc être divisée[2].

Enfin Mélissus arrive encore au même résultat par les

---

1. Fr. 3 : εἰ δὲ ἄπειρον, ἕν· εἰ γὰρ δύο εἴη, οὐκ ἂν δύναιτο ἄπειρα εἶναι, ἀλλ᾽ ἔχοι ἂν πέρατα πρὸς ἄλληλα· ἄπειρον δὲ τὸ ἐόν, οὐκ ἄρα πλέω τὰ ἐόντα· ἓν ἄρα τὸ ἐόν. Fr. 10 : εἰ μὴ ἓν εἴη, περανέει πού· ἄλλο. (ARIST., *De Melisso*, 1, 974 a, 9.)

2. ARISTOTE (*Gen. et Corr.*, I, 8, 325 a, 2) : ἐνίοις γὰρ τῶν ἀρχαίων ἔδοξε τὸ ὂν ἐξ ἀνάγκης ἓν εἶναι καὶ ἀκίνητον· τὸ μὲν γὰρ κενὸν οὐκ ὄν, κινηθῆναι δ᾽ οὐκ ἂν δύνασθαι μὴ ὄντος κενοῦ κεχωρισμένου, οὐδ᾽ αὖ πολλὰ εἶναι μὴ ὄντος τοῦ διείργοντος· τοῦτο δ᾽ οὐδὲν διαφέρειν, εἴ τις οἴεται μὴ συνεχὲς εἶναι τὸ πᾶν ἀλλ᾽ ἅπτεσθαι διῃρημένον. τοῦ φάναι πολλὰ καὶ μὴ ἓν εἶναι καὶ κενόν. εἰ μὲν γὰρ πάντῃ διαιρετόν, οὐθὲν εἶναι ἕν, ὥστε οὐδὲ πολλά (ἴδε μέμε Zénon, voy. sup., 541, 1) ἀλλὰ κενὸν τὸ ὅλον· εἰ δὲ τῇ μὲν τῇ δὲ μή, πεπλασμένῳ τινὶ τοῦτ᾽ ἐοικέναι· μέχρι πόσου γὰρ καὶ διὰ τί τὸ μὲν οὕτως ἔχει τοῦ ὅλου καὶ πλῆρές ἐστι, τὸ δὲ διῃρημένον ; ἔτι ὁμοίως ; φάναι ἀναγκαῖον μὴ εἶναι κίνησιν. ἐκ μὲν οὖν τούτων τῶν λόγων, ὑπερβάντες τὴν αἴσθησιν καὶ παριδόντες αὐτὴν ὡς τῷ λόγῳ δέον ἀκολουθεῖν, ἓν καὶ ἀκίνητον τὸ πᾶν εἶναί φασι καὶ ἄπειρον ἔνιοι· τὸ γὰρ πέρας περαίνειν ἂν πρὸς τὸ κενόν. Dans ce passage, Aristote a certainement en vue Mélissus, et non (comme le dit PHILOPON, *ad h. l.*, p. 36 a, au haut, sans doute d'après une conjecture personnelle) Parménide. C'est ce qui ressort de la dernière phrase, laquelle se rapporte évidemment à la doctrine de Mélissus sur l'être illimité. De plus, ce qui est dit ici du mouvement

considérations suivantes. Si les choses que nous considérons comme multiples étaient réellement ce qu'elles nous semblent être, elles ne devraient jamais cesser d'être telles. Mais l'observation nous montre un changement et une dissolution, et en cela elle se réfute elle-même. Elle ne mérite pas davantage notre confiance dans le témoignage qu'elle nous fournit touchant la pluralité des choses[1].

Mais cette remarque, que Mélissus appelle lui-même une preuve accessoire, rentre déjà dans les raisons par lesquelles il conteste la possibilité du mouvement et de tout changement en général.

L'être ne peut se mouvoir, il ne peut subir aucun accroissement, aucun changement d'état, aucune douleur. Car tout

---

s'accorde avec ce que nous citerons plus loin de Mélissus lui-même (559, 1). Enfin cette argumentation tout entière roule sur l'idée de l'espace vide, idée que Parménide, il est vrai, avait déjà réfutée, mais qui, ni chez lui, ni chez Zénon, n'avait tenu une place aussi considérable dans l'appréciation de l'opinion commune. On mesure le peu de valeur de l'indication de Philopon, quand on voit que le lien qui existe entre l'argumentation en question et l'atomistique, lien qu'il reconnaît lui-même, ne l'empêche pas d'attribuer cette argumentation à Parménide.

1. Fr. 17 (ap. SIMPL., De cœlo, 250 a sq.; Schol. in Arist., 509 b, 18, en partie aussi, d'après Aristoclès, ap. EUSÈBE, Pr. ev., XIV, 17. Je suis ici le texte de MULLACH): μέγιστον μὲν ὦν σημεῖον οὗτος ὁ λόγος, ὅτι ἓν μόνον ἐστι. ἀτὰρ καὶ τάδε σημεῖα· εἰ γὰρ ἦν πολλά, τοιαῦτα χρὴν αὐτὰ εἶναι, οἷόν περ ἐγώ φημι τὸ ἓν εἶναι. εἰ γάρ ἐστι γῆ καὶ ὕδωρ καὶ αἴθηρ καὶ χρυσὸς καὶ πῦρ καὶ τὸ μὲν ζῶν τὸ δὲ τεθνηκός· καὶ μέλαν καὶ λευκὸν καὶ τὰ ἄλλα πάντα ὅσα οἱ ἄνθρωποί φασιν εἶναι ἀληθέα, εἰ δὴ ταῦτα ἔστι καὶ ἡμεῖς ὀρθῶς ὁρέομεν καὶ ἀκούομεν, εἶναι χρὴ ἕκαστον τοιοῦτον, οἷόν περ τὸ πρῶτον ἔδοξεν ἡμῖν, καὶ μὴ μεταπίπτειν μηδὲ γίνεσθαι ἑτεροῖον, ἀλλ' αἰεὶ εἶναι ἕκαστον οἷόν περ ἐστίν. νῦν δέ φαμεν ὀρθῶς ὁρῆν καὶ ἀκούειν καὶ συνιέναι· δοκέει δὲ ἡμῖν τό τε θερμὸν ψυχρὸν γίνεσθαι καὶ τὸ ψυχρὸν θερμόν καὶ τὸ σκληρὸν μαλθακὸν καὶ τὸ μαλθακὸν σκληρόν, καὶ τὸ ζῶον ἀποθνήσκειν καὶ ἐκ μὴ ζῶντος γίνεσθαι, καὶ ταῦτα πάντα ἑτεροιοῦσθαι, καὶ ὅ τι ἦν τε καὶ ὃ νῦν ἐστι οὐδὲν ὁμοῖον εἶναι, ἀλλ' ὅ τε σίδηρος σκληρὸς ἐὼν τῷ δακτύλῳ κατατρίβεσθαι ὁμοῦ ῥέων (tel est le texte. MULLACH propose ὁμοῦ ἐὼν, ou plutôt encore : ἐπαρηρὼς; BERGK, De Xen., 30 : ὁμουρέων. Aucune de ces corrections ne me satisfait; peut-être, au lieu d'ὁμοῦ, faut-il lire ἰοῦ) καὶ χρυσὸς καὶ λίθος καὶ ἄλλο ὅ τι ἰσχυρὸν δοκέει εἶναι πᾶν, ἐξ ὕδατός τε γῆ καὶ λίθος γίνεσθαι, ὥστε συμβαίνει μήτε ὁρῆν μήτε τὰ ἐόντα γινώσκειν. οὐ τοίνυν ταῦτα ἀλλήλοις ὁμολογέει· φαμένοις γὰρ εἶναι πολλὰ ἀίδια (peut-être faut-il lire αἰεὶ) καὶ εἴδεά τε καὶ ἰσχὺν ἔχοντα πάντα ἑτεροιοῦσθαι ἡμῖν δοκέει καὶ μεταπίπτειν ἐκ τοῦ ἑκάστοτε ὁρεομένου. δῆλον τοίνυν ὅτι οὐκ ὀρθῶς ὁρέομεν, οὐδὲ ἐκεῖνα πολλὰ ὀρθῶς δοκέει εἶναι. οὐ γὰρ ἂν μετέπιπτε εἰ ἀληθέα ἦν, ἀλλ' ἦν οἷόν περ ἐδόκει ἕκαστον, τοιοῦτον· τοῦ γὰρ ἐόντος ἀληθινοῦ κρεῖσσον οὐδέν. ἢν δὲ μεταπέσῃ, τὸ μὲν ἐὸν ἀπώλετο, τὸ δὲ οὐκ ἐὸν γέγονε. οὕτως ὦν εἰ πολλὰ ἦν τοιαῦτα χρὴν εἶναι οἷόν περ τὸ ἕν.

mouvement est la transition d'un état à un autre, la disparition d'une chose antérieure et l'apparition d'une chose nouvelle. Or l'être est un, en dehors de lui il n'y a rien d'autre; il est éternel, et ainsi il n'y a pour lui ni cessation ni production d'existence : il est donc exempt de changement et toujours semblable à lui-même. Ajoutons que tout changement, même le plus lent, devrait, avec le temps, conduire à une complète disparition de ce qui se modifie[1].

559 En ce qui concerne le mouvement, au sens étroit du mot, c'est-à-dire le mouvement dans l'espace, ce mouvement, selon Mélissus, ne peut être conçu sans un espace vide. Car, pour qu'une chose puisse se porter en un autre lieu, il faut que ce lieu soit vide, sans quoi il ne pourrait la recevoir. D'autre part, pour qu'une chose puisse se contracter, il faut qu'elle puisse devenir plus dense qu'elle n'était auparavant : en d'autres termes elle doit devenir moins vide; car une chose est plus ténue quand elle contient plus d'espace vide, plus dense quand elle en contient moins. Tout mouvement suppose un vide : ce qui peut recevoir autre chose est vide; ce qui ne peut pas recevoir autre chose est plein; ce qui se meut ne peut se mouvoir que dans le vide. Or le vide serait le non-être, et le

---

1. Fr. 4 : ἀλλὰ μὴν εἰ ἕν, καὶ ἀκίνητον· τὸ γὰρ ἓν ἐὸν ὅμοιον αἰεὶ ἑωυτῷ· τὸ δὲ ὅμοιον οὔτ' ἂν ἀπόλοιτο, οὔτ' ἂν μεῖζον γίνοιτο, οὔτε μετακοσμέοιτο, οὔτε ἀλγέοι, οὔτε ἀνιῷτο. εἰ γάρ τι τούτων πάσχοι, οὐκ ἂν ἓν εἴη · τὸ γὰρ ἡντιναοῦν κίνησιν κινεόμενον ἔκ τινος καὶ ἐς ἕτερόν τι μεταβάλλει· οὐδὲν δὲ ἦν ἕτερον παρὰ τὸ ἐόν, οὐκ ἄρα τοῦτο κινήσεται. De même, fr. 11 (ap. SIMPL., Phys., 24 a, au bas. Cf. De cælo, 52 b, 20. Schol., 475 a, 7) : εἰ γάρ τι τούτων πάσχοι, οὐκ ἂν ἔτι ἓν εἴη· εἰ γὰρ ἑτεροιοῦται, ἀνάγκη τὸ ἐὸν μὴ ὅμοιον εἶναι, ἀλλ' ἀπόλλυσθαι τὸ πρόσθεν ἐὸν, τὸ δὲ οὐκ ἐὸν γίνεσθαι. εἰ τοίνυν τρισμυρίοισι ἔτεσι ἑτεροῖον γίνοιτο τὸ πᾶν, ὅλοιτο ἂν ἐν τῷ παντὶ χρόνῳ. Le fragm. 12 prouve la même chose de la μετακόσμησις, par laquelle il faut entendre, d'une manière générale, tout changement se produisant dans l'état d'une chose : ἀλλ' οὐδὲ μετακοσμηθῆναι ἀνυστόν· ὁ γὰρ κόσμος ὁ πρόσθεν ἐὼν οὐκ ἀπόλλυται, οὔτε ὁ μὴ ἐὼν γίνεται, etc. Enfin, le fragm. 13 ajoute cette preuve tout à fait superflue pour nous, que l'être ne peut éprouver aucune douleur et aucune peine : car un être exposé à la douleur ne pourrait être éternel, ne serait pas aussi puissant qu'un être en bonne santé, et devrait nécessairement changer; la douleur, en effet, ne pourrait résulter que d'un changement, elle ne pourrait être que la cessation de la santé et l'apparition de la maladie. Les témoignages des tiers en faveur de l'immobilité de l'être dans Mélissus, tels que les textes d'ARISTOTE (Phys., I, 2, comm., Metaph.; I, 5, 986 b, 10 sqq.), sont superflus.

non-être n'est pas. Donc il n'y a point de vide, et par suite il n'y a pas de mouvement. Ou bien encore : l'être ne peut se mouvoir ni dans un être (un espace plein), car il n'y a point d'être en dehors de lui ; ni dans un non-être (un vide), car le vide n'existe pas [1].

L'indivisibilité de l'être et l'impossibilité du mélange des substances étaient des conséquences naturelles de la négation de la pluralité et du mouvement ; toutefois, sur ces points également, Mélissus avait donné des démonstrations spéciales [2]. En cela il avait certainement eu égard à la doctrine d'Empédocle. Car ce philosophe croyait pouvoir échapper aux objections des Éléates contre la possibilité du devenir en ramenant la création et l'anéantissement au mélange et à la séparation des substances. Mélissus a pu penser en outre à Anaxagore, si l'ouvrage d'Anaxagore était déjà connu de lui. Dans les arguments qu'il dirige contre le mouvement, cette proposition que tout mouvement suppose un vide et que le vide serait un non-être, révèle clairement un philosophe instruit de la doctrine atomistique ; car il n'est pas vraisemblable que ce soient les Atomistes qui aient emprunté à Mélissus cette idée qui pour eux est fondamentale (voy. plus loin). D'autre

---

1. Fr. 5 : καὶ κατ' ἄλλον δὲ τρόπον οὐδέν κενόν ἐστι τοῦ ἐόντος· τὸ γὰρ κενὸν οὐδέν ἐστιν· οὐκ ἂν ὦν εἴη τό γε μηδέν. οὐ κινεῖται ὦν τὸ ἐόν· ὑποχωρῆσαι γὰρ οὐκ ἔχει οὐδαμῇ κενοῦ μὴ ἐόντος. ἀλλ' οὐδὲ ἐς ἑωυτὸ συσταλῆναι δυνατόν· εἴη γὰρ ἂν οὕτως ἀραιότερον ἑωυτοῦ καὶ πυκνότερον· τοῦτο δὲ ἀδύνατον. τὸ γὰρ ἀραιὸν ἀδύνατον ὁμοίως εἶναι πλῆρες τῷ πυκνῷ, ἀλλ' ἤδη τὸ ἀραιόν γε κενώτερον γίνεται τοῦ πυκνοῦ· τὸ δὲ κενὸν οὐκ ἔστι. εἰ δὲ πλῆρές ἐστι τὸ ἐὸν ἢ μή, κρίνειν χρὴ τῷ ἐσδέχεσθαί τι αὐτὸ ἄλλο ἢ μή· εἰ γὰρ μὴ ἐσδέχεται, πλῆρες, εἰ δὲ ἐσδέχοιτό τι, οὐ πλῆρες. εἰ ὦν ἐστι μὴ κενεόν, ἀνάγκη πλῆρες εἶναι· εἰ δὲ τοῦτο, μὴ κινέεσθαι· οὐχ ὅτι μὴ δυνατὸν διὰ πλῆρεος κινέεσθαι, ὡς ἐπὶ τῶν σωμάτων λέγομεν, ἀλλ' ὅτι πᾶν τὸ ἐὸν οὔτε ἐς ἐὸν δύναται κινέεσθαι, οὐ γάρ ἐστι τι παρ' αὐτό, οὔτε ἐς τὸ μὴ ἐόν, οὐ γάρ ἐστι τὸ μὴ ἐόν. On lit la même chose, presque mot pour mot, dans le fr. 14. C'est de ce passage et des passages cités précédemment que vient l'extrait *De Melisso* (c. 1, 974 a, 12 sq.) dans lequel l'auteur fait ressortir ce que Mélissus avait sans doute démontré expressément dans le chapitre perdu, savoir que l'être, en tant qu'un, est ὅμοιον πάντῃ. Aristote dit de même (*Phys.*, IV, 6, 213 b, 12) : Μέλισσος μὲν οὖν καὶ δείκνυσιν ὅτι τὸ πᾶν ἀκίνητον ἐκ τούτων (à cause de l'impossibilité d'un mouvement sans un espace vide), εἰ γὰρ κινήσεται, ἀνάγκη εἶναι (φησὶ) κενόν, τὸ δὲ κενὸν οὐ τῶν ὄντων.

2. Sur le mélange, voy. l'extrait *De Melisso*, l. c., l. 24 sq. ; sur la divisibilité, voy. fr. 15 : εἰ διῄρηται τὸ ἐόν, κινέεται, κινεόμενον δὲ οὐκ ἂν εἴη ἅμα.

part, ce que dit Mélissus contre la possibilité de la raréfaction et de la condensation se rapporte à l'école d'Anaximène. On voit par là combien Mélissus avait égard aux doctrines des physiciens.

En résumé, abstraction faite de cette affirmation que l'être est illimité, nous ne trouvons chez Mélissus rien qui s'écarte de la doctrine de Parménide. Il est vrai qu'il ne développe pas non plus la doctrine du maître; et, s'il s'attache à la défendre contre les physiciens, il ne montre certainement pas dans ses raisonnements la sagacité de Zénon. Toutefois son œuvre n'est pas sans valeur; ses remarques sur le mouvement et le changement en particulier portent les marques de la réflexion, et appellent l'attention sur des difficultés réelles. A côté de Parménide et de Zénon, Mélissus n'est sans doute qu'un philosophe de second ordre; mais il n'en reste pas moins un penseur très-remarquable pour son temps.

La connaissance sensible. — Il s'accorde encore avec Parménide et Zénon, comme on devait s'y attendre, en ce qui concerne la valeur du témoignage des sens : il rejette ce mode de connaissance, qui nous offre le spectacle de la pluralité et du changement[1]. Mais il n'a certainement pas fait une étude approfondie de la faculté de connaître; et nous ne possédons rien de lui qui témoigne d'une telle étude.

Propositions physiques et théologiques. — Quelques auteurs anciens attribuent à Mélissus des propositions relatives à la physique. Selon Philopon, il aurait, comme Parménide, traité d'abord de la nature vraie des choses ou de l'unité de l'être, puis du point de vue des hommes, et, dans le dernier chapitre, il aurait considéré le feu et

---

1. Fr. 17 (sup., 557, 2). Arist., Gen. et Corr., I, 8. Voy. sup., 557, 2. De Melisso, c. 1, 974 b, 2. Aristoclès ap. Eus., Pr. ev., XIV, 17, 1; etc. Cf. 518, 2.

l'eau comme les substances primitives[1]. STOBÉE lui attribue, en commun avec Zénon, la doctrine des quatre éléments et des deux forces motrices d'Empédocle, mais en présentant cette doctrine sous une forme qui révèle une origine récente[2]. Le même auteur affirme que Mélissus a considéré le tout comme illimité, le monde comme limité[3]. Selon ÉPIPHANE, il aurait enseigné que rien n'est permanent, que tout passe[4]. Mais toutes ces indications sont extrêmement suspectes. D'abord ARISTOTE dit expressément que le mérite propre de Parménide, à la différence de Xénophane et de Mélissus, est d'avoir étudié non-seulement l'être, mais encore les raisons des phénomènes[5]; ensuite, chacune de ces indications, prise en elle-même, paraît très-peu digne de foi[6] : nous devons donc les écarter sans scrupule.

On pourrait attribuer plus de valeur au témoignage[7] suivant lequel Mélissus aurait rejeté toute affirmation sur les dieux, parce qu'il est impossible d'en rien savoir. Toutefois l'exactitude de ce témoignage n'est pas suffisamment garantie par le nom de son auteur ; et, quand bien même

---

1. *Phys.*, B, 6 : ὁ Μέλ. ἐν τοῖς πρὸς ἀλήθειαν ἓν εἶναι λέγων τὸ ὄν ἐν τοῖς πρὸς δόξαν δύο φησίν εἶναι τὰς ἀρχὰς τῶν ὄντων, πῦρ καὶ ὕδωρ.
2. Voy. *sup.*, 538.
3. *Ecl.*, I, 440 : Διογένης καὶ Μέλισσος τὸ μὲν πᾶν ἄπειρον, τὸν δὲ κόσμον πεπερασμένον.
4. *Exp. fid.*, 1087 d.
5. *Metaph.*, I, 5, après le passage cité p. 555, 1 : Παρμενίδης δὲ μᾶλλον βλέπων ἔοικέ που λέγειν· παρὰ γὰρ τὸ ὄν, etc. (Voy. *sup.*, 515, 2, 520, 1). Cf. aussi c. 4, 984 b, 1.
6. C'est ce que nous avons déjà établi, p. 538, pour l'indication de STOBÉE, I, 60. Le second texte de Stobée attribue à Mélissus une opinion qui ne peut trouver place dans son système, et qui a été mise en avant pour la première fois par les Stoïciens (voy. IIIme part., a, 174, 1). Comme Mélissus est nommé ici avec Diogène, je suis porté à expliquer le passage de la manière suivante : Diogène le Stoïcien, dans un passage où il exposait cette doctrine, aura peut-être cité l'opinion de Mélissus sur l'essence illimitée de l'être, et aura interprété cette opinion dans le sens de son école. Quant à Philopon, il est, d'une manière générale, peu digne de foi en ce qui concerne les anciens philosophes. Pour le cas qui nous occupe, les titres : τὰ πρὸς ἀλήθειαν, τὰ πρὸς δόξαν trahissent déjà une confusion de Mélissus avec Parménide. L'indication d'Épiphane a peut-être pour origine une fausse interprétation du passage cité p. 557, 1, peut-être aussi la confusion de Mélissus avec un autre philosophe.
7. DIOG., IX, 24.

Mélissus se serait réellement exprimé ainsi, on ne pourrait guère rapporter ces paroles à une conviction philosophique sur l'impossibilité de connaître le divin; car Mélissus devait croire qu'il possédait la connaissance du divin par sa doctrine de l'être. Il est bien plus vraisemblable qu'il voulait, comme Platon dans le *Timée* (40 d), se soustraire à l'explication embarrassante des rapports de sa doctrine avec la foi populaire.

§ 6. PLACE HISTORIQUE ET CARACTÈRE DE LA PHILOSOPHIE ÉLÉATIQUE.

Zénon et Mélissus sont les derniers philosophes de l'école éléatique sur lesquels nous ayons des renseignements précis. L'école éléatique proprement dite s'éteignit, semble-t-il[1], peu de temps après eux; et ce qui en subsista se perdit, soit dans la sophistique[2], que préparait déjà Zénon, soit, par l'intermédiaire de la sophistique, dans la philosophie socratique et mégarique. Par là, comme par les écrits mêmes de Parménide et de Zénon, la philosophie éléatique contribua à rendre possible la philosophie rationaliste de Platon, et ensuite la physique et la métaphysique d'Aristote. Mais auparavant déjà elle avait exercé

---

1. PLATON nomme, il est vrai, au début du *Parménide*, un certain Pythodorus, comme étant un disciple ou un ami de Zénon; et, dans le *Sophiste*, 216 a, 242 d (*sup.*, p. 491, 3), il parle de l'école d'Élée comme si elle avait encore existé à l'époque où ce dialogue est supposé avoir lieu, c'est-à-dire pendant l'âge mûr de Socrate. Mais on ne peut attacher une grande importance à cette indication; car Platon a pu être conduit, par la forme même du dialogue, à faire cette supposition. En tout cas, on ne pourrait rien conclure de là en ce qui concerne l'existence de l'école à une époque postérieure. Un autre philosophe, sorti peut-être de l'école d'Élée, mais exploitant, comme Gorgias, la doctrine éléatique au profit du scepticisme, Xéniade de Corinthe, figurera avec Gorgias dans le chapitre relatif à la sophistique.

2. Comme l'indique PLATON lui-même au début du *Sophiste*; car, après avoir appelé l'étranger éléate ἑταῖρος τῶν ἀμφὶ Παρμενίδην καὶ Ζήνωνα, Socrate demande ironiquement s'il ne serait pas un θεὸς ἐλεγκτικός sous la figure d'un étranger, et Théodore répond qu'il est μετριώτερος τῶν περὶ τὰς ἔριδας ἐσπουδακότων, ce qu'ont dû être, par conséquent, la plupart des Éléates de cette époque.

une influence décisive sur le développement de la philosophie de la nature. Déjà Héraclite semble s'être inspiré, non-seulement des Ioniens, mais encore de Xénophane. L'existence d'un lien historique avec Parménide est plus évidente encore chez Empédocle, les Atomistes et Anaxagore. Tous ces philosophes, en effet, admettent la définition de l'être qu'a donnée Parménide. Tous reconnaissent que le réel véritable est éternel et impérissable. Ils nient, pour cette raison, le changement qualitatif de l'être; et, par là, ils sont conduits à admettre une pluralité de substances primitives immuables, ils sont poussés dans la voie de ce mécanisme, qui, dès lors, domina pour longtemps la physique. Le concept de l'élément et de l'atome, la réduction du changement à l'association ou à la séparation de substances immuables, au sein de l'espace, sont issus de la métaphysique éléatique. La doctrine des Éléates est ainsi le moment décisif de l'histoire de l'ancienne spéculation. Quand une fois Parménide eut amené cette doctrine à son point de perfection, il n'y eut plus de système philosophique qui, dans sa direction même, ne se ressentît profondément de son rapport avec l'école d'Élée.

Cette circonstance doit déjà nous empêcher de séparer la philosophie éléatique de l'ensemble de la philosophie physique contemporaine, en ce qui concerne l'objet qu'elle s'est proposé : nous devons nous garder de substituer au caractère physique de l'éléatisme les traits d'une dialectique ou d'une métaphysique abstraite. Mais de plus, si nous nous reportons à nos recherches sur les différents philosophes de cette école, nous nous convaincrons qu'ils étaient encore loin de professer une philosophie purement rationaliste ou une ontologie. Nous avons vu que Xénophane se donne, en somme, la même tâche que les physiciens, savoir de déterminer le principe des phénomènes naturels, l'essence des choses. Nous avons constaté que Parménide lui-même, et ses disciples se représentent l'être comme situé dans l'espace et étendu. Nous avons vu qu'ARISTOTE dit des Éléates en général[1] que l'être tel qu'ils le conçoivent n'est autre chose que la substance des choses sensibles. Il suit évidemment de là que, pour ces philosophes, il s'agit avant tout de la connaissance de la nature, qu'eux aussi partent de ce qui est donné, et que c'est en recherchant le principe général qu'ils sont arrivés à leurs concepts les plus abstraits.

Ainsi nous devons tenir la doctrine éléatique, quant à sa direction générale, non pour un système dialectique, mais pour un système de philosophie de la nature[2]. Zénon a pu, pour défendre ce système, employer une méthode dialectique ; il a pu, pour cette raison, être appelé par ARISTOTE l'inventeur de la dialectique[3] : il ne s'ensuit pas que l'ensemble même de la philosophie des Éléates soit une dialectique. Pour qu'elle eût ce caractère, il faudrait qu'elle fût dominée par une idée précise sur l'objet et la méthode de la connaissance scientifique ; il faudrait qu'elle donnât pour introduction à ses recherches physiques et métaphysiques une théorie de la connaissance, et que, en ce qui concerne la conception même du monde, elle cherchât son principe régulateur dans la définition et la distinction des concepts. Or ce double caractère fait défaut chez les Éléates.

Ces philosophes distinguent, il est vrai, à partir de Parménide, entre le point de vue sensible et le point de vue intellectuel ; mais cette distinction n'a pas chez eux une autre valeur que chez Héraclite, Empédocle, Anaxagore et Démocrite. Elle n'est pas le principe, elle est le résultat de leurs opinions métaphysiques. Chez Parménide, non plus que chez les autres physiciens, cette distinction n'en-

---

1. Voy. *supra*, 152, 1, 2.
2. Cf. p. 148 sq.
3. Voy. *supra* 539, 2.

gendre une véritable théorie de la connaissance. Quant à la maxime par laquelle Socrate a ouvert à la philosophie une voie nouvelle, savoir que l'étude des concepts doit précéder toute étude des choses elles-mêmes, on n'en trouve aucune trace, ni dans les assertions explicites des Éléates, ni dans leur méthode scientifique. Tout ce que nous savons d'eux donne raison à ARISTOTE, quand il considère Socrate comme le premier fondateur de la philosophie rationaliste, et quand il cherche les rudiments de cette philosophie qui ont pu exister dans la science antérieure, non chez les Éléates, mais chez Démocrite, ou tout au plus chez les Pythagoriciens[1].

De plus, dans le système des Éléates, ce n'est pas l'idée de la science, mais le concept de l'être qui domine toute la spéculation. Ce système lui-même ne s'écarte pas du dogmatisme qui caractérise la philosophie de la nature antérieure à Socrate. Nous devons donc, comme le font déjà plusieurs auteurs anciens[2], ranger, en somme, les Éléates parmi les physiciens, quelle que soit d'ailleurs la distance qui sépare leurs conclusions mêmes de celles des autres philosophes de la nature. La place historique de cette école et son rôle dans le développement de la pensée grecque ont d'ailleurs été déjà déterminés dans notre introduction.

---

1. *Part. anim.*, I, 1 (sup., p. 148, 3); *Metaph.*, XIII, 4, 1078 b, 17 : Σωκράτους δὲ περὶ τὰς ἠθικὰς ἀρετὰς πραγματευομένου, καὶ περὶ τούτων ὁρίζεσθαι καθόλου ζητοῦντος πρώτου (τῶν μὲν γὰρ φυσικῶν ἐπὶ μικρὸν Δημόκριτος ἥψατο μόνον καὶ ὡρίσατό πως τὸ θερμὸν καὶ τὸ ψυχρόν· οἱ δὲ Πυθαγόρειοι πρότερον περί τινων ὀλίγων....) ἐκεῖνος εὐλόγως ἐζήτει τὸ τί ἐστιν... δύο γάρ ἐστιν ἅ τις ἂν ἀποδοίη Σωκράτει δικαίως, τούς τ' ἐπακτικοὺς λόγους καὶ τὸ ὁρίζεσθαι καθόλου. De même, *ibid.*, I, 6, 987 b, 1. Cf. XIII, 9, 1086 b, 2; *Phys.*, II, 2, 194 a, 20, et ce qui a été cité p. 439, 1.

2. PLUTARQUE, *Pericl.*, c. 4; SEXTUS, *Math.*, VII, 5, relativement à Parménide.

CHAPITRE II.

HÉRACLITE, EMPÉDOCLE
LES ATOMISTES, ANAXAGORE.

I

HÉRACLITE[1].

§ 1. LE POINT DE VUE GÉNÉRAL ET LES IDÉES FONDAMENTALES DE LA DOCTRINE D'HÉRACLITE.

Vie et époque. — Tandis que l'école d'Élée déduisait de l'unité de l'être l'impossibilité absolue de la multiplicité et du devenir, il se formait[2], à l'autre extrémité du monde

---

1. Schleiermacher, *Herakleitos der Dunkle*, etc. (*Mus. d. Alterthumsw.*, I, 1807, p. 313 sqq., actuellement : Œuvres de Schleierm., 3ᵗᵉ Abtheil., I, 1 sqq.). Bernays, *Heraclitea*, Bonn, 1848. Le même, *Rhein. Mus.*, N. F., VII, 90 sqq. IX, 241 sqq. Le même, *Die heraklitischen Briefe*, Heil., 1869. Lassalle, *Die Philosophie Herakleitos des Dunkeln*, 1858, 2 vol. Gladisch, *Herakleitos und Zoroaster*, 1859. Schuster, *Heraklit von Ephesus*, 1873. Teichmüller, *Neue Stud. z. Gesch. d. Begriffe*, I. II., *Herakleitos*, 1876.

2. Diogène (IX, 1, sans doute d'après les indications d'Apollodore, qui, de son côté, semble avoir adopté les dates données par Ératosthène), Eusèbe (*Chron.*, Ol. 70) et Syncellus (p. 283 c, Ol. 70, 1) disent qu'Héraclite florissait dans la 69ᵉ olympiade (504-500 av. J.-C.). Les lettres apocryphes (Diog., IX, 13. Cf. Clément, *Strom.*, I, 302 b; Épictète, *Enchirid.*, 21) le désignent également comme un contemporain de Darius Iᵉʳ. Nous y lisons que ce prince l'invita à venir à sa cour et qu'Héraclite refusa l'invitation. Mais d'un autre côté Eusèbe (*ad* Ol. 80, 2; 81, 2) et Syncellus (p. 254 c) placent la période de floraison d'Héraclite dans la 80ᵉ ou la 81ᵉ olympiade. Cette indication semble confirmée par Strabon (XIV, 1, 25, p. 642), dont le témoignage a une valeur bien supérieure à celui de la huitième des lettres faussement attribuées à Héraclite (p. 82, Bern.). Strabon nous dit en effet que l'Éphésien Hermodore (voy. Pline, *H. nat.*, XXXIV, 5, 21; Pomponius, *Digest.*, l. I, tit. 2, l. 2, § 4), qui aida les décemvirs romains

grec, en Asie Mineure, une philosophie que ce même
principe conduisait à une doctrine exactement opposée,

dans la confection des lois des Douze Tables, n'était autre que l'ami d'Héraclite, et que ce philosophe ne pouvait pardonner à ses concitoyens de l'avoir banni (STRABON, *l. c.*: Diog., IX, 2; voy. *inf.*). HERMANN en conclut (*De phil. ionic. actat.*, (p. 10, 22) qu'Héraclite était né vers la 67ᵉ Ol. (510 av. J. C.) et qu'il mourut vers la 82ᵉ Ol. (450 av. J. C.). SCHWEGLER (*Röm. Gesch.*, III, 20) approuva d'abord cette conclusion; plus tard il changea d'avis (*Gesch. d. griech. Phil.*, 20, publiée par Köstlin). Il admet ici (p. 79), à l'exemple de Bernays, que Parménide connaissait les doctrines d'Héraclite, ce qui est inconciliable avec la chronologie d'Hermann. J'ai déjà montré dans mon traité intitulé : *De Hermodoro Ephesio et Hermod. Plat.* (Marb. 1859), p. 9 sqq., que rien n'autorise cette chronologie. L'indication d'Eusèbe reproduite par Syncellus a moins de valeur intrinsèque que celle de Diogène ou plutôt d'Apollodore; et, si Hermann allègue en sa faveur qu'Eusèbe est plus exact qu'Apollodore dans la détermination de l'époque où vivaient Anaxagore et Démocrite, nous verrons plus loin que c'est le contraire qui est vrai. Cette indication perd d'ailleurs toute sa valeur par suite de la contradiction frappante où elle se trouve avec les assertions précédentes des mêmes écrivains. Nous ne savons pas où Eusèbe l'a rencontrée ni sur quoi il l'a appuyée; mais si l'on considère que la période principale de la vie d'Héraclite (et non pas sa mort, comme Hermann le prétend, car il est dit : *clarus habebatur, cognoscebatur*, ἤκμαζε) est placée ici à la même époque que les lois établies par les décemvirs, il paraît vraisemblable que l'indication d'Eusèbe est fondée sur cette supposition qu'Hermodore, l'ami d'Héraclite, est entré en relation avec les décemvirs peu de temps après son bannissement, et que ce bannissement eut lieu dans le temps de l'ἀκμή de notre philosophe. Quant à l'indication de Diogène, il est difficile d'admettre qu'elle soit fondée sur des documents chronologiques bien précis. *A priori* il est plutôt vraisemblable (comme DIELS le reconnaît, *Rh. Mus.*, XXXI, 33 sq.) que Diogène avait simplement sous les yeux cette indication générale, qu'Héraclite aurait été un contemporain de Darius Iᵉʳ, et qu'il a placé, en conséquence, l'époque de floraison de sa vie dans la 69ᵉ olympiade, c'est-à-dire vers le milieu du règne de ce prince (Ol. 64, 3; 73, 4). Mais on peut démontrer par d'autres arguments que cette conjecture est au moins d'une exactitude approximative, et qu'il est impossible d'assigner à la mort d'Héraclite une date postérieure à 470-478. En effet, lors même que nous n'attacherions aucune importance à ce fait que, d'après SOTION (*ap.* Diog., IX, 5), Héraclite était généralement regardé comme un disciple de Xénophane, nous devons admettre que sa doctrine était déjà connue en Sicile vers 470 avant J. C., à cause de la mention qu'en fait Épicharme (voy. p. 462). En outre, dans le passage cité page 443, 2, Xénophane, Pythagore et Hécatée sont les seuls qu'Héraclite mentionne après Hésiode, comme n'étant pas devenus sages par l'érudition. Or ceci peut nous faire supposer qu'il ne connaissait pas encore les philosophes plus récents, et notamment celui qui fut en quelque sorte son antipode, Parménide. Les indications relatives à Hermodore ne nous obligent pas non plus à placer la vie d'Héraclite à une époque plus récente. En effet, l'hypothèse de Strabon, d'après laquelle cet Hermodore (qui a pris part à la confection des lois des décemvirs) et l'ami d'Héraclite auraient été une seule et même personne, repose à la vérité (voy. *l. c.*, p. 15) sur une conjecture vraisemblable, mais non sur des documents authentiques. D'un autre côté, nous n'avons aucun motif d'admettre qu'Hermodore et Héraclite aient été du même âge; le premier peut très-bien avoir été de 20 à 25 ans plus jeune que l'autre; et, s'il en est ainsi, on peut admettre qu'il a contribué à la confection des lois des Douze Tables, sans qu'il soit nécessaire pour cette raison de placer la mort d'Héraclite au milieu du vᵉ siècle. En tout cas, nous ne pouvons placer avant 478 le bannissement d'Hermodore et la composition de l'ouvrage d'Héraclite; car le soulèvement de la dé-

VIE ET ÉPOQUE. 101

consistant à concevoir l'Être un comme étant toujours en
mouvement, comme se modifiant et se particularisant sans
relâche. L'auteur de ce système est Héraclite[1].

mocratie à Éphèse n'était guère possible avant la fin de la domination des Perses.
Il est même probable que cette délivrance en a été la cause. De cette façon on
peut admettre, d'un côté qu'Héraclite mourut vers 475-470, et de l'autre qu'Hermodore assista les décemvirs dans leur œuvre vers 452. D'après Aristote, Héraclite serait mort à l'âge de soixante ans, si toutefois la leçon des manuscrits de
Diogène (VIII, 52) est exacte : Ἀριστοτέλης γὰρ αὐτόν (Empédocle) ἔτι τε Ἡράκλειτον
ἑξήκοντα ἐτῶν φησι τετελευτηκέναι. Sturz a déjà conjecturé qu'il fallait lire :
Ἡρακλείδης, au lieu de Ἡράκλειτον; et Cobet a admis cette substitution dans son
texte, bien qu'elle repose sur une simple conjecture. Pour moi, je ne crois pas cette
correction nécessaire, bien qu'elle ait été approuvée par beaucoup de commentateurs. Aristote a fort bien pu nommer Héraclite à côté d'Empédocle à propos
de l'âge qu'ils ont atteint tous les deux; et le biographe de ce dernier (car,
même après les observations de Diels, *Rh. Mus.*, XXXIII, 38, je doute que
ces mots, aussi bien que le passage précédent, soient tirés d'Apollodore) a pu citer
ce qu'Aristote avait dit d'Héraclite à cette occasion, de même que, dans le § 55,
il nomme Philolaüs à côté d'Empédocle. D'un autre côté, il est très-possible qu'on
ait écrit Ἡράκλειτον au lieu de Ἡρακλείδης. Nous sommes donc obligés de laisser
cette question indécise, ainsi que d'autres concernant la chronologie d'Héraclite.

1. Les anciens citent unanimement Éphèse comme la ville natale d'Héraclite.
Si Justin (*Cohort.*, c. 3) cite Métaponte, cette erreur vient apparemment de la
lecture précipitée de quelque passage où Héraclite se trouvait nommé à côté
du Métapontin Hippase. Car, à partir d'Aristote (*Metaph.*, I, 3, 984 a, 7), on a
coutume de rapprocher ces deux noms. D'après Diogène (IX, 1), son père s'appelait
Blyson; selon d'autres, il s'appelait Héracion; Schuster (p. 362 sq.) suppose que
ce dernier nom était celui de son grand-père. Il appartenait à une famille illustre,
comme le prouve une indication d'Antisthène (*ap.* Diog., IX, 6), d'après laquelle
il aurait renoncé en faveur de son frère cadet à la dignité de βασιλεύς, laquelle
était héréditaire dans la famille d'Androclus, fils de Codrus, fondateur d'Éphèse
(Strabon, XIV, 1, 3, p. 632; Bernays, *Heraclitea*, 31 sq.). Aristocrate déclaré,
il lutta contre les démocrates de sa ville natale (voy. *inf.*); cela explique pourquoi son ami Hermodore fut banni (Diog., IX, 2), et pourquoi il était lui-même si
peu en faveur auprès de ses concitoyens (Démétr., *ibid.*, 15). Des auteurs chrétiens (Justin, *Apolog.*, I, 46; II, 8; Athénagore, *Supplic.*, 31 [27]) prétendent
qu'il fut persécuté pour cause d'athéisme. Cette assertion, fondée peut-être uniquement sur la quatrième lettre héraclitique (voy. Bernays, *Herakl. Briefe*,
p. 35 sq.), est douteuse, d'autant plus que les anciens témoins ne parlent pas de
cette persécution. Nous trouvons dans Diogène (IX, 3 sqq.) et Tatien (*C. Græc.*,
c. 3, etc. Cf. Bernays, *Herakl. Briefe*, p. 55 sq.) des anecdotes peu certaines
et en partie contradictoires sur la dernière maladie et la mort d'Héraclite. Il est
impossible de décider jusqu'à quel point ces anecdotes sont garanties au point
de vue historique; Schuster (p. 247) croit qu'elles sont assez conformes à la
vérité; Lassalle prétend (I, 42) qu'elles ne sont qu'un symbole mythique de
la doctrine de l'identification des contraires. (Cette dernière explication me paraît trop raffinée.) Théophraste dit déjà (*ap.* Diog., IX, 6; cf. Pline, *H. n.*, VII,
19, 80) qu'Héraclite était d'humeur mélancolique, et ce jugement sera confirmé
par les fragments de son ouvrage. Cependant les anecdotes que Diogène
(IX, 3 sq.) nous raconte à propos de sa misanthropie ne méritent aucune créance.
Il en est de même de l'assertion absurde d'après laquelle il pleurait de tout, tandis
que Démocrite riait de tout (Lucien, *Vit. auct.*, c. 13; Hippolyte, *Refut.*, I, 4;
Sén., *De ira*, II, 10, 5; *Tranq. an.*, 15, 2, etc.). — La tradition commune semble

569. IGNORANCE DES HOMMES. — De même que la doctrine des Éléates, celle d'Héraclite¹ s'est développée en opposition

n'avoir rien su des maîtres qu'aurait eus Héraclite. Cette ignorance ressort déjà de ce fait, que les anciens (CLÉMENT, *Strom.*, I, 300 c, sqq.; DIOG., IX, 1, *Procem.*, 13 sqq., de même GALIEN, c. 2) ne savent où le placer dans la série des διαδοχαί. Il est donc évident que SOTION (*ap.* DIOG., IX, 5) a tort de le donner pour un disciple de Xénophane. Une autre indication (*ap.* SUID., Ἡράκλ.), d'après laquelle il serait un disciple d'Hippase, vient probablement d'une fausse interprétation du texte d'ARISTOTE (*Metaph.*, I, 3). De même HIPPOLYTE (*l. c.*) se trompe en le rangeant dans la διαδοχή pythagoricienne. Mais ceux qui lui font dire qu'il a tout appris par lui-même, que jeune il ne savait rien, et que plus tard il a su toutes choses (DIOG., IX, 5; STOB., *Floril.*, 21, 7; PROCL., *in Tim.*, 106 e), semblent se méprendre sur le sens de certaines assertions de son ouvrage.

1. Ce sont les fragments de l'ouvrage d'Héraclite qui sont la source la plus authentique pour la connaissance de sa doctrine. Cet ouvrage était écrit en prose ionienne, et portait (voy. DIOG., IX, 5, 12; CLÉMENT, *Strom.*, V, 571 c) le titre de περὶ φύσεως. D'après DIOGÈNE (IX, 5), il aurait été divisé en trois λόγοι : εἴς τε τὸν περὶ τοῦ παντὸς καὶ τὸν πολιτικὸν καὶ θεολογικόν. Il se peut très-bien (ainsi que le fait remarquer SCHUSTER, 48 sqq., à l'encontre de SCHLEIERMACHER, *W. W. z. Phil.*, II, 25 sqq.) que l'ouvrage ait eu plusieurs parties traitant chacune une question distincte. Cette division ferait comprendre pourquoi il est encore intitulé (*ap.* DIOGÈNE (12) Μοῦσαι, car il s'agirait ici, comme le suppose SCHUSTER (p. 57), des *trois* Muses de la mythologie ancienne. Quelques-uns prétendent trouver deux autres titres dans DIOGÈNE (12), mais ils sont dans l'erreur (cf. BERN., *Heracl.*, p. 8 sq.). Ce titre Μοῦσαι ne vient pas d'Héraclite lui-même, ainsi que SCHUSTER (p. 329, 2) incline à le croire, mais de Platon (*Soph.*, 242 d). De même les dénominations données aux trois divisions selon l'indication de Diogène, viennent des pinacographes alexandrins (SCHUSTER, 54 sq.); mais nous n'avons pas la moindre preuve établissant qu'elles désignaient exactement le contenu essentiel (cf. les sous-titres des dialogues de Platon). Les fragments que nous possédons renferment très-peu de textes qui puissent être assignés à la deuxième partie, et encore moins à la troisième, s'il est vrai que cette dernière traitait principalement des questions politiques, et la précédente des questions théologiques. Nous verrons d'ailleurs que la même observation s'applique aux autres documents relatifs à la doctrine d'Héraclite (cf. SUSEMIHL, *Jahrb. für Philol.*, 1873. II. 10; 11, p. 714 sq.). Je crois qu'il est impossible de rétablir avec quelque certitude le plan de l'ouvrage à l'aide des fragments conservés; la reconstruction tentée par SCHUSTER s'appuie sur des hypothèses généralement incertaines et souvent arbitraires. Il est hors de doute que cet ouvrage fut le seul écrit d'Héraclite. Nous en avons pour garants non-seulement les témoignages indirects d'ARISTOTE (*Rhet.*, III, 5, 1407 b, 16), de DIOGÈNE (IX, 7), de CLÉMENT (*Strom.*, I, 332 b.), qui tous parlent uniquement d'un σύγγραμμα au singulier, et non de συγγράμματα, mais encore ce fait, que les anciens n'en citent et n'en commentent pas d'autre. Dans PLUTARQUE (*adv. Col.*, 14, 2) il faut lire, avec DÜBNER, au lieu de « Ἡρακλείτου δὲ τὸν Ζωροάστρην », Ἡρακλείδου (voy. BERNAYS, *Rh. Mus.*, VII, 93 sq.). Cette correction fait tomber les doutes de SCHLEIERMACHER relativement à l'authenticité de cet écrit et à la véracité de Plutarque sur Héraclite (*l. c.*). Si DAVID (*Schol. in Arist.*, 19 b, 7) et HÉSYCHIUS (*Vir. ill.*, Ἡράκλ.; Bekker, *Schol. in Plat.*, p. 364) parlent des συγγράμματα d'Héraclite, nous ne pouvons voir là qu'une preuve de leur négligence. Il ne peut être question de l'authenticité des lettres d'Héraclite. En ce qui concerne une exposition en vers de la doctrine d'Héraclite, cf. p. 585, *inf.* Il est impossible de savoir si Héraclite a réellement déposé son ouvrage dans le temple d'Artémis, comme DIOGÈNE (IX, 6) et d'autres le prétendent; mais, s'il a fait ce dépôt, ce n'est certes pas pour ne point divulguer ses opinions, comme TATIEN (*C. Gr.*, c. 3) le

directe avec l'opinion commune. Ce philosophe, de quelque côté qu'il se tourne, ne rencontre nulle part la connaissance vraie[1]. Le commun des hommes, dit-il, n'a aucune

suppose. De même, nous ne saurions attribuer, avec Théophraste (*ap.* Diog., 6) et Lucien (*Vit. auct.*, 14), au découragement et au mépris des hommes, cette obscurité proverbiale d'Héraclite (cf. Lucrèce, I, 639), qui lui attira de la part de quelques écrivains postérieurs (Ps.-Arist., *De mundo*, c. 5, 396 b, 20; Clém., *Strom.*, V, 571 c) le surnom de σκοτεινός; et nous refusons de croire, avec Diogène (6), Cicéron (*N. D.*, I, 26, 74; III, 14, 35; *Divin.*, II, 64, 133; *Fin.*, II, 5, 15), Plotin (IV, 8, 1, p. 468) et Chalcidius (*in Tim.*, c. 320), que cette obscurité vienne du désir de cacher son opinion (voy. Schleiermacher, p. 8 sqq.; Krische, *Forschungen*, p. 59). Schuster (p. 54, 72 sq., 75 sqq.) allègue qu'Héraclite avait toute raison de cacher des idées qui pouvaient le faire accuser d'athéisme. C'est là une erreur; et ce qui le prouve, c'est que, dans les fragments, les idées religieuses et politiques les plus propres à exciter le scandale sont exprimées avec la plus grande énergie et la plus grande clarté (voy. p. 661-665), tandis que les propositions où l'obscurité de l'expression nuit à l'intelligence du texte portent sur des objets qui n'auraient pu compromettre le philosophe, lors même qu'il les aurait énoncées avec toute la netteté possible. D'ailleurs aucun ancien ne dit qu'Héraclite ait écrit d'une façon inintelligible dans le dessein d'échapper aux persécutions. Son obscurité semble plutôt résulter de la difficulté qu'on éprouvait généralement alors à exposer des opinions philosophiques, ainsi que du propre caractère du philosophe, qui révélait ses profondes idées des expressions les plus fortes et les plus solennelles, sans s'interdire les figures (cf. Clém., *Strom.*, V, 571 b sq.), parce que ce langage lui paraissait mieux répondre à la profondeur de ses pensées. En outre il était trop avare de mots et inhabile à construire ses phrases, pour échapper à ces vices de syntaxe que constate Aristote (*Rhet.*, III, 5, 1407 b, 14; cf. Démétr., *De elocut.*, c. 192). Héraclite lui-même, dans les fragments 39, 38 (*ap.* Plut., *Pyth. orac.*, c. 6, 21, p 397-404), compare ses propres discours aux paroles graves et simples d'une sibylle inspirée, et aux oracles profonds du dieu de Delphes. (C'est au premier de ces fragments et non à une assertion différente que se rapportent les textes : Clément, *Strom.*, I, 304 c, et Ps.-Jamblique, *De myster.*, III, 8; le texte : *De myster.*, III, 15, se rapporte au second.) Ce ton d'oracle, qui se remarque dans les sentences d'Héraclite, a aussi déterminé le jugement d'Aristote (*Eth. N.*, VII, 4, 1146 b, 29; *M. Mor.*, II, 6, 1201 b, 5) reprochant à ce philosophe d'avoir autant de confiance dans ses *opinions* que d'autres en ont dans leur *science :* quand on se borne à exprimer des résultats dans un style lapidaire, en se dispensant de donner une argumentation en règle, on n'arrive ni à l'expression ni à la conscience de la différence entre les divers degrés de la certitude. La confiance avec laquelle Héraclite exprimait ses convictions est manifeste notamment dans ces paroles (Fr. 137, Olympiod., *in Gorg.*, 87; Jahn's *Jahrb.*, *Suppl.*, XIV, 267; cf. Diog., IX, 16) : ἐγὼ τοῦτο καὶ παρὰ Περσεφόνη ὤν. Voy. aussi p. 572, 2, et p. 575, 2, où il se désigne lui-même comme un de ces hommes qui, à eux seuls, valent plus que des milliers d'autres. Diogène (II, 22; IX, 11 sq.) rapporte une prétendue assertion de Socrate relative au style pénible d'Héraclite. Il cite (IX, 15 sq.) d'anciens commentateurs de l'ouvrage d'Héraclite. Schleiermacher (p. 5) pense que l'Antisthène dont il est question dans ce passage est Antisthène le Socratique; Brandis (*Gr. röm. Phil.*, I, 154) en doute avec raison, et appuie son opinion sur d'autres textes de Diogène (VI, 19; IX, 6). De même Lassalle, I. 3, croit à tort qu'Antisthène le Socratique est appelé (*ap.* Eus., *Pr. ev.*, XV, 13, 6) Ἡρακλείτειος, τις ἀνὴρ τὸ προσώπου, et non Ἡρακλειτιστής. (Cf. 2ᵉ part., a, 261, 4.) Je citerai les Fragments d'après les numéros de Schuster, mais en indiquant en même temps les sources.

[1]. Fr. 13, *ap.* Stob., *Floril.*, 3, 81 : ὁκόσων λόγους ἤκουσα οὐδεὶς ἀφικνεῖται

intelligence de l'éternelle vérité, quelque évidente qu'elle puisse être ; ce que les hommes voient tous les jours leur demeure étranger, ils ignorent où les conduit le chemin même qu'ils suivent, ils oublient ce qu'ils ont fait pendant la veille, comme s'ils l'avaient fait pendant le sommeil¹ ; l'ordre du monde, malgré toute sa splendeur,

(— ἔτται) ἐς τοῦτο ὥστε γινώσκειν, ὅτι σοφόν ἐστι πάντων κεχωρισμένον. Après γινώσκειν les anciennes éditions avaient ajouté : ἢ γὰρ θεὸς ἢ θηρίον, mais cette addition a déjà été supprimée par Gaisford, d'après les manuscrits. Elle vient évidemment d'un glossateur qui, par une fausse réminiscence d'ARISTOTE (*Polit.*, I, 2, 1253 a, 29), a appliqué les mots σοφ. π. κεχωρ. à la vie retirée du sage (cf. LASSALLE, I, 344 sq). Malgré les arguments de SCHUSTER (p. 44), je ne crois pas à l'authenticité de cette addition. Dans le texte ὅτι σοφόν, etc. Lassalle rapporte le mot σοφόν à la sagesse divine, et explique ainsi : « l'absolu est soustrait à toute existence sensible, l'absolu est le négatif. » Quant à moi, je pense qu'il faut traduire : « aucun homme ne parvient à voir que la sagesse est en dehors de tous », c'est-à-dire, doit suivre sa voie propre, éloignée de l'opinion commune. Je ne crois pas, avec SCHUSTER (p. 42), que cette interprétation contredise les mots ἕπεσθαι τῷ ξυνῷ (voy. *inf.*, 607, 2), car le ξυνόν est autre chose que l'opinion de la masse. A l'exemple de HEINZE (*Lehre vom Logos*, p. 32), SCHUSTER traduit, d'une manière qui, selon moi, n'est pas plus conforme à son interprétation du ξυνόν : « la sagesse n'est donnée à personne en partage. » Pour décider avec certitude du sens de ces mots, il faudrait connaître l'ensemble du contexte.

1. Fr. 3, 4, *ap.* ARIST., *Rhet.*, III, 5, 1407 b, 16 ; SEXT., *Math.*, VII, 132 (qui disent tous deux que c'était là le commencement de l'ouvrage d'Héraclite). CLÉM., *Strom.*, V, 602 d ; HIPPOL., *Refut.*, IX, 9 : τοῦ λόγου τοῦδ' ἐόντος (al. : τοῦ ὄντος, ou : τοῦ δέοντος ; cette dernière leçon, qui est la leçon ordinaire dans notre texte d'Aristote, doit être rejetée, parce qu'en l'admettant on ne pourrait guère rattacher αἰεί à ce qui précède, tandis qu'Aristote dit expressément qu'on ne sait pas s'il faut le rattacher à ce qui précède ou à ce qui suit ; il me semble qu'Aristote a lu : τοῦδε ὄντος, et qu'Héraclite avait écrit τοῦδ' ἐόντος ou τοῦδε ἐόντ.) αἰεὶ ἀξύνετοι γίνονται ἄνθρωποι καὶ πρόσθεν ἢ ἀκοῦσαι καὶ ἀκούσαντες τὸ πρῶτον· γινομένων γὰρ πάντων κατὰ τὸν λόγον τόνδε ἀπείροισιν (Sic BERN., MULL., SCHUST.) ἐοίκασι πειρώμενοι ἐπέων καὶ ἔργων τοιούτων ὁκοίων ἐγὼ διηγεῦμαι κατὰ φύσιν διαιρέων ἕκαστον καὶ φράζων ὅκως ἔχει· τοὺς δὲ ἄλλους ἀνθρώπους λανθάνει ὁκόσα ἐγερθέντες ποιοῦσι (— ἐοῦσι) ὅκωσπερ ὁκόσα εὕδοντες ἐπιλανθάνονται. Dans ce fragment, qui a été l'objet de si nombreuses discussions, il faut, selon HEINZE (10, *l. c.*), rattacher αἰεί à ἐόντος. A mon avis, λόγος désigne en premier lieu le discours, mais en même temps aussi le contenu du discours, la vérité qui y est renfermée. C'est là une confusion et une identification d'idées, équivalentes en apparence, mais différentes en réalité, et exprimées par le même mot : défaut de style qui n'a rien d'étonnant chez un écrivain tel qu'Héraclite. Notre philosophe dit donc ici : « Ce discours (la conception du monde exposée dans le présent ouvrage) n'est pas compris par les hommes, quoiqu'il soit (vrai) toujours (c'est-à-dire quoiqu'il contienne l'ordre éternel des choses, la vérité éternelle) ; car, bien que tout ce qui arrive soit conforme à ce qu'il annonce (et qu'ainsi sa vérité soit confirmée par les faits), les hommes se comportent cependant comme s'ils n'en avaient jamais rien entendu, quand ils se trouvent en présence de paroles ou de choses telles que je leur en présente ici » (quand la vérité des opinions exposées ici leur est prouvée par l'enseignement des autres ou par leur propre expérience). SCHUSTER (18 sq.) rapporte le λόγος à « la révélation que la nature nous offre en paroles intelligibles ». Mais en admettant que les propositions γινομένων πάντων, etc., et

IGNORANCE DES HOMMES.

n'existe pas pour eux[1]. La vérité leur paraît incroyable[2], ils sont sourds à sa voix quand elle frappe leurs oreilles[3] :

ἔργων τοιούτων, etc., signifient que tout est conforme au λόγος dont parle Héraclite, il n'en reste pas moins que le λόγος lui-même n'est pas désigné comme le discours de la *nature*. Non-seulement la nature n'est pas nommée à titre de sujet parlant, mais elle n'est pas nommée du tout. Pour pouvoir donner au λόγος cette signification, il faudrait admettre que τοῦδε se rapporte à une détermination précédemment indiquée du λόγος, telle que : λόγος τῆς φύσεως. Mais il est peu vraisemblable qu'il y ait eu dans ce qui précédait une telle détermination, puisque notre texte se trouvait au commencement même de l'ouvrage d'Héraclite ; et quand même les premiers mots en auraient été (selon l'indication d'Hippolyte) τοῦ δὲ λόγου τοῦδε, on ne serait pas forcé de rapporter ce δὲ à autre chose qu'au titre de l'ouvrage, lequel pouvait déjà contenir les termes : λόγος περὶ φύσιος ; il ne serait pas nécessaire de faire précéder (selon la conjecture de Schuster, p. 13 sqq.) ce qu'Héraclite avait dit ἐν τῇ ἀρχῇ τοῦ συγγράμματος, d'après Aristote, ἐναρχόμενος τῶν περὶ φύσεως, d'après Sextus, par une longue introduction, tout à fait en désaccord, selon moi, avec le ton général de l'ouvrage. Mais si la conjecture de Schuster est fondée, le δὲ deux fois répété ne peut se rapporter, de même qu'au commencement de l'histoire d'Hérodote, qu'à l'ouvrage même d'Héraclite. Cf. Fr. 2, Clément, *Strom.*, II, 362 a : οὐ γὰρ φρονέουσι τοιαῦτα πολλοὶ ὁκόσοι (peut-être mieux : ὁκόσοις, cf. le οἱ; ἐγκυροῦσι ap. M. Aur., IV, 46) ἐγκυρεύουσιν, οὐδὲ μαθόντες γινώσκουσι ἑαυτοῖσι δὲ δοκέουσι. Fr. 1, Hippol, *l. c.* : ἐξηπάτηνται οἱ ἄνθρωποι πρὸς τὴν γνῶσιν τῶν φανερῶν, etc., M. Aurel., IV, 46 : ἀεὶ τοῦ Ἡρακλειτείου μεμνῆσθαι ὅτι γῆς θάνατος ὕδωρ γενέσθαι, etc., μεμνῆσθαι δὲ καὶ τοῦ « ἐπιλανθανομένου ᾗ ἡ ὁδὸς ἄγει »· καὶ ὅτι « ᾧ μάλιστα διηνεκῶς ὁμιλοῦσι λόγῳ », τῷ τὰ ὅλα διοικοῦντι, « τούτῳ διαφέρονται, καὶ οἷς καθ' ἡμέραν ἐγκυροῦσι, ταῦτα αὐτοῖς ξένα φαίνεται »· καὶ ὅτι « οὐ δεῖ ὥσπερ καθεύδοντας ποιεῖν καὶ λέγειν »... καὶ ὅτι οὐ δεῖ « παῖδας τοκέων » (sc. λόγους λέγειν ou quelque chose d'analogue), τοῦτ' ἔστι κατὰ ψιλὸν καθότι παρειλήφαμεν. Dans les mots mis entre guillemets je reconnais, avec Bernays (*Rh. Mus.*, VII, 107), des citations d'Héraclite, mais qui sont évidemment de simples réminiscences et non des reproductions littérales. Il faut encore ajouter le texte *ap.* Hippocrate, π. διαιτ. I, 5 (si toutefois il est emprunté à Héraclite) : καὶ τὰ μὲν πρήσσουσι οὐκ οἴδασιν, ἃ (l. οἴδασι, τὰ) δὲ οὐ πρήσσουσι δοκέουσιν εἰδέναι, καὶ τὰ μὲν ὁρῶσιν, οὐ γινώσκουσιν, ἀλλ' ὅμως αὐτοῖσι πάντα γίνεται δι' ἀνάγκην θείην καὶ ἃ βούλονται καὶ ἃ μὴ βούλονται.

1. C'est dans ce sens, c'est-à-dire comme critique de l'opinion commune, que j'entends, du moins à titre de conjecture, les mots incohérents de Théophraste (*Metaph.*, 314, 8; Fr. 12, 15. Winim.) : ὥσπερ σάρξ (Wimmer lit : σωρός, Bernays ap. Schuster, p. 390, σάρον, balayure ; le synonyme σαρός est encore plus vraisemblable) εἰκῇ κεχυμένων ὁ κάλλιστος, φησίν Ἡράκλειτος, κόσμος. Schuster cherche dans ce passage l'opinion propre d'Héraclite ; mais ni l'une ni l'autre des deux explications qu'il propose ne me satisfait.

2. Tel *peut* être du moins le sens du Fr. 37, Clément, *Strom.*, V, 591 a : ἀπιστίῃ γὰρ διαφυγγάνει μὴ γινώσκεσθαι. Les mots βάθη τῆς γνώσεως, dans lesquels on ne peut méconnaître une locution chrétienne (voy. I Cor., 2, 10, cf. Apoc., 2, 24; I Cor., 8. 1, 7; II Cor., 10, 5, etc.), me semblent un motif suffisant pour penser que ce qui précède, *ap.* Clément, ne vient pas d'Héraclite. C'est pour cette raison et pour celles que j'ai mentionnées page 571, que je ne puis être de l'avis de Schuster (p. 72), qui voit ici le conseil de se préserver de la persécution par une prudence défiante.

3. Fr. 5, Théodoret, *Cur. gr. aff.*, 70, p. 13; Clément, *Strom.*, V, 604 a : ἀξύνετοι ἀκούσαντες κωφοῖς ἐοίκασι· φάτις αὐτοῖσι μαρτυρέει (le proverbe dit d'eux) παρεόντας ἀπεῖναι.

l'âne préfère le son à l'or, et le chien aboie à tous ceux qu'il ne connaît pas¹. Également incapables d'entendre et de parler², ce qu'ils pourraient faire de mieux, ce serait de cacher leur ignorance³. Dans leur inintelligence, ils s'attachent au bavardage des poëtes et aux opinions de la foule sans réfléchir que le nombre des hommes de bien est très-restreint, que la plupart des hommes vivent comme le bétail, que les meilleurs seulement d'entre les mortels préfèrent à tout la gloire impérissable⁴, et qu'un seul homme vertueux vaut plus que des milliers d'hommes pervers⁵.

Ceux qui ont acquis un renom de haute sagesse ne sont guère mieux traités par Héraclite. Il leur accorde un vaste savoir plutôt que la vraie science. Il porte les jugements les plus sévères⁶ sur Hésiode et Archiloque,

---

1. Fr. 28, ARISTOTE, *Eth. N.*, X, 5, 1176 a, 6 : Ἡράκλειτός φησιν, ὄνον σύρματ' ἂν ἑλέσθαι μᾶλλον ἢ χρυσόν. Fr. 36, PLUTARQUE, *An seni s. ger. resp.*, 7, p. 787 : κύνες γὰρ καὶ βαΰζουσιν ὧν ἂν μὴ γινώσκωσι καθ' Ἡράκλειτον. Je donne à ces sentences et aux autres du même genre qui nous ont été conservées par fragments la signification qui me paraît la plus vraisemblable sans vouloir en garantir l'exactitude d'une manière absolue.
2. Fr. 32, CLÉM., *Str.*, II, 369 d : ἀκοῦσαι οὐκ ἐπιστάμενοι οὐδ' εἰπεῖν.
3. Fr. 31, STOB., *Floril.*, 3, 82 : κρύπτειν ἀμαθίην κρέσσον (ἢ ἐς τὸ μέσον φέρειν, cette addition semble être postérieure). Voy., avec des expressions un peu différentes, PLUTARQUE, *pass.*; SCHLEIERMACHER, p. 11; MULLACH, 315; SCHUSTER, 71.
4. Fr. 71, selon le texte donné par BERNAYS, *Heracl.*, 32 sqq., cf. SCHUSTER, 68 sq. (préférable au texte de LASSALLE, II, 303) d'après PROCLUS, *in Alcib.*, p. 255, Creuz., III, 115, Cous.; CLÉM., *Strom.*, V, 576 a : τίς γὰρ αὐτῶν (sc. τῶν πολλῶν) νόος ἢ φρήν; δήμων ἀοιδοῖσι ἕπονται καὶ διδασκάλῳ (— Ἰων) χρέονται ὁμίλῳ, οὐκ εἰδότες ὅτι πολλοὶ κακοὶ ὀλίγοι δὲ ἀγαθοί. αἱρεῦνται γὰρ ἓν ἀντία πάντων οἱ ἄριστοι κλέος ἀέναον θνητῶν, οἱ δὲ πολλοὶ κεκόρηνται ὅκωσπερ κτήνεα (le reste est une addition explicative de Clément). Dans la traduction de la dernière proposition je m'écarte de BERNAYS, de LASSALLE (II, 436 sq.) et de SCHUSTER, qui font rapporter θνητῶν à κλέος; Bernays voit dans l'union des mots κλέος ἀέναον θνητῶν une allusion ironique au peu de valeur de ce qu'ambitionnent les meilleurs hommes; LASSALLE y trouve la pensée que la gloire est l'infinité réalisée de l'homme fini.
5. Fr. 30, d'après BERNAYS, *l. c.*, p. 35, ap. THÉODORE PRODR. (Laz., *Miscell.*, p. 20); cf. SYMMAQUE, *Epist.* IX, 115; DIOG., IX, 16 : ὁ εἷς μύριοι κατ' Ἡράκλειτον ἐὰν ἄριστος ᾖ, ap. OLYMPIODORE, *in Gorg.*, p. 81 (JAHN'S *Jahrb., Supplementb.*, XIV, 207) : εἷς ἐμοὶ ἀντὶ πολλῶν. De même SÉNÈQUE (*Ep.* 7, 10) fait dire à Démocrite : *Unus mihi pro populo est et populus pro uno*; et il est possible que Démocrite, chez lequel nous trouverons encore d'autres échos d'Héraclite, ait emprunté cette sentence au philosophe éphésien.
6. Cf. 22 sq. (sup., p. 283, 3; 443, 2); Fr. 25 (p. 581, 2); Fr. 134, DIOG., IX, 1 :

sur Pythagore, Xénophane et Hécatée, mais surtout sur Homère ; il ne témoigne d'estime qu'à ceux qu'on a appelés les Sept Sages[1]. Quelle que puisse être d'ailleurs la différence qui sépare sa doctrine de celle des Éléates, elle n'est pas, comme on le voit, plus voisine de l'opinion commune.

ÉCOULEMENT DE TOUTES CHOSES. — Selon Héraclite, le vice essentiel de l'opinion commune est d'attribuer aux choses une persistance qui leur est étrangère. A dire le vrai, rien dans le monde n'est fixe ou stable, mais tout se meut sans cesse[2], comme un fleuve où des vagues nouvelles poussent toujours les anciennes devant elles[3]. Or, par cette

---

τὸν δ' Ὅμηρον ἔφασκεν ἄξιον ἐκ τῶν ἀγώνων (il s'agit ici tout d'abord des ἀγῶνες μουσικοί) ἐκβάλλεσθαι καὶ ῥαπίζεσθαι καὶ Ἀρχίλοχον ὁμοίως. Fr. 76 (*inf.*, 596, 3) : Héraclite blâmait Homère de maudire la guerre.

1. Notamment Bias (Fr. 18, Diog., I, 88) ; ensuite Thalès (Fr. 9, *ibid.*, 23). L'Héraclite qui parle d'Alcée (*ap.* Diog., I, 76) n'est sans doute pas notre philosophe.

2. Platon, *Theæt.*, 160 d : κατὰ... Ἡράκλειτόν... οἷον ῥεύματα κινεῖσθαι τὰ πάντα. *Ibid.*, 152 d (voy. *inf.*, p. 583, 2) ; *Crat.*, 401 d : καθ' Ἡράκλειτον ἂν ἡγοῖντο τὰ ὄντα ἰέναι τε πάντα καὶ μένειν οὐδέν. *Ibid.*, 402 a : λέγει που Ἡράκ. ὅτι πάντα χωρεῖ καὶ οὐδὲν μένει, καὶ ποταμοῦ ῥοῇ ἀπεικάζων τὰ ὄντα λέγει ὡς δὶς ἐς τὸν αὐτὸν ποταμὸν οὐκ ἂν ἐμβαίης. *Ibid.*, 412 d : τὸ πᾶν εἶναι ἐν πορείᾳ, τὸ... πολὺ αὐτοῦ... τοιοῦτόν τι εἶναι, οἷον οὐδὲν ἄλλο ἢ χωρεῖν. *Soph.*, 242 c, sqq. (Voy. *inf.*, p. 598, 1). Arist., *Metaph.*, IV, 5, 1010 a, 13 (voy. note suiv.). *Ibid.*, I, 6, sub init. : ταῖς Ἡρακλειτείοις δόξαις, ὡς ἁπάντων τῶν αἰσθητῶν ἀεὶ ῥεόντων καὶ ἐπιστήμης περὶ αὐτῶν οὐκ οὔσης. *Ibid.*, XIII, 4, 1078 b, 14 : τοῖς Ἡρακλειτείοις λόγοις ὡς πάντων τῶν αἰσθητῶν ἀεὶ ῥεόντων. *De an.*, I, 2, 405 a, 28 (après la citation, p. 587, 3) ; ἐν κινήσει δ' εἶναι τὰ ὄντα κἀκεῖνος ᾤετο καὶ οἱ πολλοί. *Top.*, I, 11, 104 b, 21 : ὅτι πάντα κινεῖται καθ' Ἡράκλειτον. *Phys.*, VIII, 3, 253 b, 9 (voy. *inf.*, p. 578) ; *De cælo*, III, 1, 298 b, 29 (voy. *inf.*, p. 586). De même des témoins postérieurs, comme Alexandre, in *Top.*, p. 43, *Schol. in Arist.*, 259 b, 9 ; in *Metaph.*, IV, 8, p. 298, 10, Bon. ; Pseudo-Alex., in *Metaph.*, XIII, 4, 9, p. 717, 14 ; 765, 12, Bon. ; Ammonius, *De interpr.*, 9, *Schol. in Ar.*, 98 a, 37 ; Diog., IX, 8 ; Lucien, *V. auct.*, 14 ; Sextus, *Pyrrh.*, III, 115 ; Plut., *Plac.*, I, 23, 6 ; Stob., *Ecl.*, I, 396, 318. Épicharme connaît certainement déjà cette opinion ; voy. *sup.*, p. 460 sqq.

3. Platon, *Crat.*, 402 a, voy. note précéd. Plut., *De ei Delph.*, 18 : ποταμῷ γὰρ οὐκ ἔστιν ἐμβῆναι δὶς τῷ αὐτῷ καθ' Ἡράκλειτον, οὐδὲ θνητῆς οὐσίας δὶς ἅψασθαι κατὰ ἕξιν, ἀλλ' ὀξύτητι καὶ τάχει μεταβολῆς « σκίδνησι καὶ πάλιν συνάγει »... « πρόσεισι καὶ ἄπεισι » (je regarde, avec Schleiermacher, p. 30, les mots mis entre guillemets comme appartenant à Héraclite ; c'est ce qu'indiquent aussi (selon la remarque exacte de Bernays, p. 55 de son édition) ces mots de la 6ᵉ lettre d'Héraclite : [ὁ θεὸς] συνάγει τὰ σκιδνάμενα. Au contraire les mots : οὐδὲ... κ. ἕξιν me semblent une addition explicative de Plutarque : il n'est pas probable qu'Héraclite ait parlé de θνητὴ οὐσία, et dans le κ. ἕξιν, qui présente aussi des difficultés pour Schuster, p. 91, il est impossible de méconnaître une locution d'Aristote et des

577 image, il n'a pas voulu indiquer simplement que tous les êtres individuels sont périssables, mais que toute espèce de persistance dans les choses est une pure illusion. C'est en effet ce que tous les témoins, à partir de Platon et Aristote, et Héraclite lui-même, ont déclaré de la façon la plus précise [1].

[1] Stoïciens, dont nous parlerons, II° part., b, 194, 1; III°, a, 87, 2° éd. all.). La même sentence est citée par PLUTARQUE, *De s. num. vind.*, 15, fin, p. 559; *Qu. nat.*, 2, 3, p. 912; SIMPL., *Phys.*, 17 a, au mil., 308 b, au haut. PLUTARQUE (*Qu. nat.*) ajoute : ἕτερα γὰρ ἐπιρρεῖ ὕδατα. CLÉANTHE (*ap.* Eus., *Pr. ev.*, XV, 20, 1) est plus complet : Ἡράκλ... λέγων οὕτως· ποταμοῖσι τοῖσιν αὐτοῖσιν ἐμβαίνουσιν ἕτερα καὶ ἕτερα ὕδατα ἐπιρρεῖ (le reste ne saurait être attribué à Héraclite). Dans HÉRACLITE (*Alleg. Hom.*, c. 24, p. 51, Mehl.), il est même dit : ποταμοῖς τοῖς αὐτοῖς ἐμβαίνομέν τε καὶ οὐκ ἐμβαίνομεν, εἰμέν τε καὶ οὐκ εἰμέν, ce qu'on pourrait expliquer ainsi : ce n'est qu'en apparence que nous descendons dans le même fleuve, dans un fleuve identique à lui-même; en réalité ce n'est plus le même fleuve, puisqu'il change pendant que nous y descendons; il en est de même de nous; nous sommes et nous ne sommes pas, puisque nous aussi nous changeons continuellement (je trouve peu satisfaisante l'explication de SCHUSTER, p. 88 : « Nous y sommes, et n'y sommes déjà plus »). Toutefois on peut encore expliquer ainsi : « En réalité nous ne descendons pas dans le même fleuve et nous ne sommes pas les mêmes (après εἰμεν, on peut suppléer, d'après ce qui précède : οἱ αὐτοὶ) qu'auparavant. » Cette explication a pour elle le texte d'ARISTOTE (*Metaph.*, IV, 5, 1010 a, 12) : (Κρατύλος) Ἡρακλείτῳ ἐπετίμα εἰπόντι, ὅτι δὶς τῷ αὐτῷ ποταμῷ οὐκ ἔστιν ἐμβῆναι· αὐτὸς γὰρ ᾤετο οὐδ' ἅπαξ (car, si Héraclite eût déjà émis cette dernière proposition, la critique n'eût pas été fondée), et SÉNÈQUE (*Ep.* 58, 23) : *Hoc est, quod ait Heraclitus : in idem flumen bis descendimus et non descendimus.* On pourrait appuyer de ce dernier passage la conjecture de SCHLEIERMACHER (*l. c.*, 143), suivant laquelle il faudrait, dans le texte d'HÉRACLITE (*Alleg. Hom.*, l. c.), ajouter « δὶς » après ποτ. τ. αὐτοῖς. Cependant il me semble plus vraisemblable que le « bis » de Sénèque soit une addition explicative tirée de la proposition fameuse : « On ne peut descendre deux fois dans le même fleuve. » Je n'approuve nullement la manière dont SCHUSTER rétablit (p. 86 sqq.) le texte d'Héraclite d'après les citations précédentes; rien ne prouve que les différentes assertions citées ici soient empruntées à un seul et même passage.

1. SCHUSTER (p. 201) s'est donné beaucoup de peine pour démontrer qu'Héraclite, par les propositions citées plus haut, a simplement voulu dire que « rien dans le monde n'échappe à la destruction finale ». Je ne crois pas que sa démonstration soit concluante. D'abord on peut se demander si l'expression originale de la doctrine d'Héraclite doit être cherchée, comme le pense Schuster (p. 86), précisément dans cette proposition (*Crat.*, 402 a. Voy. note précéd.) : πάντα χωρεῖ καὶ οὐδὲν μένει. D'abord il ne résulte pas clairement du texte de Platon que ce soient là les propres paroles d'Héraclite; en outre il est très-invraisemblable qu'Héraclite ne soit pas maintes fois revenu à son idée fondamentale, et en ce cas il n'a pas dû se servir, pour l'exprimer, d'une seule et même formule. De plus, je ne vois nullement pourquoi l'expression préférée par SCHUSTER serait plus authentique que les autres qui nous ont été transmises, pourquoi la πάντα ῥεῖν qui se trouve dans ARISTOTE (*De cælo*, III, 1 ; *Metaph.*, I, 6, et *De an.*, I, 2. Voy. *inf.*, p. 588, 3) ou la proposition équivalente οἷον ῥεύματα κινεῖσθαι τὰ πάντα, que PLATON (*Theæt.*, 160 d) cite comme l'opinion d'Héraclite, ne reproduirait pas aussi bien les propres paroles de ce philosophe, pourquoi enfin il aurait précisément dit πάντα χωρεῖ, et non pas (selon le *Crat.*, 401 d) ἰέναι τε πάντα καὶ μένειν

Nulle chose ne demeure ce qu'elle est, tout se convertit en son contraire, tout devient tout, tout est tout. Le jour

οὐχί. D'ailleurs qu'Héraclite ait choisi telle ou telle expression, la question principale est celle-ci : qu'a-t-il voulu dire? et, sur cette question, lui-même nous tire de l'incertitude. S'il s'agissait d'établir que tout prendra fin un jour, le fleuve, qui *labitur et labetur in omne volubilis aevum*, ne conviendrait nullement comme exemple, tandis qu'il convient très-bien pour désigner le changement perpétuel des choses. Et telle est bien l'idée qu'Héraclite a en vue, quand il dit : On ne peut descendre deux fois dans le même fleuve. En ce sens il est parfaitement indifférent que le fleuve continue de couler éternellement ou qu'il vienne un jour à tarir. Et, lors même que les propres paroles d'Héraclite seraient moins précises qu'elles ne le sont en réalité, il ne nous resterait qu'à adopter l'interprétation des écrivains qui avaient ces paroles sous les yeux, non à l'état fragmentaire, comme nous-mêmes, mais dans leur ensemble. Or ces écrivains admettent unanimement que le philosophe éphésien a nié toute stabilité des choses. Schuster croit, il est vrai (p. 207 sq.), que Platon a le premier donné cette signification au πάντα χωρεῖ, qu'Aristote, tout en adoptant cette interprétation, semble convenir lui-même (*Phys.*, VIII, 3) qu'il n'a pas trouvé dans l'ouvrage d'Héraclite une déclaration précise à ce sujet. Mais je ne saurais admettre une pareille négligence ou une pareille légèreté dans une assertion de Platon ou d'Aristote, ou même de Plutarque et d'Alexandre, lesquels avaient également entre les mains le livre si répandu de notre philosophe. Donc, même en laissant de côté les propres assertions d'Héraclite, je ne vois pas de quel droit nous pourrions opposer aux affirmations unanimes de ces écrivains une interprétation en faveur de laquelle il est impossible de citer un seul témoignage. Car cette interprétation ne peut pas même s'appuyer du passage *Phys.*, VIII. Aristote dit ici (253 b, 9) : φασί τινες κινεῖσθαι τῶν ὄντων οὐ τὰ μὲν τὰ δ' οὔ, ἀλλὰ πάντα καὶ ἀεί, ἀλλὰ λανθάνειν τὴν ἡμετέραν αἴσθησιν. πρὸς οὓς καίπερ οὐ διορίζοντας ποίαν κίνησιν λέγουσιν, ἢ πάσας, οὐ χαλεπὸν ἀπαντῆσαι. Il attribue donc expressément à Héraclite (dont il s'agit ici tout d'abord) l'opinion que tout change perpétuellement. Seulement il ne trouve pas dans son ouvrage une déclaration explicite relativement à l'espèce de changement qu'Héraclite a voulu désigner. Il montre donc dans le passage suivant qu'aucun changement (ni l'augmentation, ni la diminution, ni la transformation, ni la transposition, *roy.* 2ᵉ part., b, 290, 3ᵉ éd. all.) ne peut se continuer indéfiniment. Quelle conclusion faut-il tirer de là? Pourquoi ne pas admettre avec Aristote qu'Héraclite avait nettement affirmé un changement continuel en toutes choses, qu'il l'avait démontré (ainsi que nous le verrons) par divers exemples, mais qu'il n'avait pas distingué logiquement les différentes espèces de mouvement, et que, pour cette raison, il en serait resté, dans les passages où il exprimait sa proposition d'une façon générale, à l'idée indéterminée du mouvement (ou de l'écoulement) de toutes choses, sans expliquer en quoi consistait ce mouvement, sans dire si c'était la position, ou la grandeur, ou la constitution interne des choses, ou tout cela ensemble, qui changeait perpétuellement? Dans Platon (*Theat.*, 181 b, sqq.), il est dit aussi que le sens propre de la proposition d'Héraclite πάντα πᾶσαν κίνησιν ἀεὶ κινεῖται, est que tout change continuellement de place et de constitution (est soumis, non-seulement à une perpétuelle ἀλλοίωσις, mais encore à une περιφορά perpétuelle). Mais on voit clairement que la distinction de ces deux sortes de mouvements vient de Platon. Schuster croit, il est vrai, que la doctrine du changement continuel de tous les êtres individuels conduirait aux plus grandes difficultés. Si l'on voulait admettre que leur *forme* varie continuellement (personne, que je sache, n'attribue cette opinion à Héraclite), cette hypothèse serait en contradiction avec la durée de la terre, de la mer, du ciel, des âmes après la mort, etc. Si, dans la doctrine d'Héraclite, les êtres individuels devaient continuellement faire un échange réciproque de leur *substance*,

est tantôt plus court, tantôt plus long, de même la nuit; la chaleur et l'humidité se remplacent mutuellement, le soleil est tantôt plus rapproché, tantôt plus éloigné. Ce qui est visible devient invisible, ce qui est invisible devient visible; l'un succède à l'autre, l'un périt par l'autre; le grand se nourrit du petit, le petit du grand. A l'homme aussi la nature enlève certaines parties, et en même temps elle lui en donne d'autres; elle le rend ainsi tantôt plus grand, tantôt plus petit ; et l'un ne va pas sans l'autre[1].

la doctrine ne serait pas applicable à l'époque de la destruction du monde par le feu et à la période suivante, où tout se confond dans la mer (voy. *inf.*, p. 621); la doctrine serait même inadmissible pour la période actuelle du monde. A vrai dire, elle signifierait que toute chose échange à chaque instant toutes ses parties contre de nouveaux éléments, et que le monde disparaît et reparaît à chaque instant comme par enchantement. Or il est impossible de croire que telle ait été l'opinion d'Héraclite. Mais, pour pouvoir réfuter les témoignages relatifs à la doctrine d'Héraclite au moyen de ces conséquences, il faudrait d'abord prouver deux choses : 1° qu'Héraclite, dans le cas où ces témoignages sont exacts, a également dû tirer ces conséquences ; 2° qu'il a dû également les repousser. Je n'admets ni l'une ni l'autre de ces deux hypothèses. Sommes-nous sûrs qu'Héraclite admettait une transformation perpétuelle des substances, et, dans le cas où il l'aurait admise, où voyons-nous qu'il se la représentât comme subite, et non pas comme progressive, tantôt plus rapide, tantôt plus lente ? D'où savons-nous qu'il ait déjà fait cette réflexion : si tout change continuellement, il faut que ce changement ait lieu jusque dans la plus petite molécule ? Enfin quelle preuve avons-nous qu'à son point de vue une pareille transformation absolue des substances fût impossible ? Même dans cette hypothèse, la durée apparente des êtres individuels, dussent-ils exister jusqu'à la fin du monde, restait parfaitement explicable, pourvu qu'on admit qu'ils reçoivent d'un côté ce qu'ils perdent de l'autre. Or il semble qu'Héraclite ait professé effectivement cette dernière opinion (voy. p. 619-620). Cf. SUSEMIHL (*l. c.*, 725 sq.), SIEBECK (*Zeitschr. f. Phil.*, LXVII, 245 sq.), TEICHMÜLLER (*Neue Stud.*, I, 118 sqq.). Ce dernier croit, à la vérité, avec SCHUSTER (p. 229), qu'Héraclite opposa sa doctrine de l'écoulement de toutes choses à l'opinion de Xénophane suivant laquelle Dieu est sans mouvement. Je ne suis pas de cet avis. Xénophane refuse le mouvement à la seule divinité (cf. p. 473, *inf.*, p. 495 sq.), tandis que la proposition d'Héraclite se rapporte aux *choses*, et non à la *divinité* comme telle.

1. Voy. le texte du PSEUDO-HIPPOCRATE π. διαίτης, I, 4 sqq. BERNAYS (*Heracl.*, 10 sqq.) conjecture qu'abstraction faite de plusieurs additions émanant des compilateurs, ce texte est puisé dans un ouvrage d'Héraclite. Peut-être est-il tiré d'un écrit ou des notes d'un disciple de ce philosophe (cf. p. 632 sq.). J'en extrais tout ce qui me semble appartenir à Héraclite, du moins d'après le sens, en indiquant les endroits où il manque des mots. ἔχει δὲ ὅδι· γενέσθαι καὶ ἀπολέσθαι τωυτό, ξυμμιγῆναι καὶ διακριθῆναι τωυτό. (Ces dernières expressions ne sont certainement pas d'Héraclite; la réduction de la naissance et de la mort à la combinaison et à la séparation des substances trahit, comme il sera démontré (*l. c.*), l'influence d'Anaxagore)... ἕκαστον πρὸς πάντα καὶ πάντα πρὸς ἕκαστον τωυτό... χωρεῖ δὲ πάντα καὶ θεῖα καὶ ἀνθρώπινα ἄνω καὶ κάτω ἀμειβόμενα· ἡμέρη καὶ εὐφρόνη ἐπὶ τὸ μήκιστον καὶ ἐλάχιστον... πυρὸς ἔφοδος καὶ ὕδατος· ἥλιος ἐπὶ τὸ μακρότατον καὶ βραχύτατον... φάος Ζηνὶ σκότος

Le jour et la nuit sont une seule et même chose[1]; en d'autres termes, c'est un même être qui est tantôt clair, tantôt sombre[2]. Il n'y a aucune différence entre ce qui est salutaire et ce qui est nuisible[3]; entre le haut et le

Ἀίδη, γάρ· Ἀίδη σκότος Ζηνί. (Cf. p. 625, 1) φοιτᾷ (καὶ μετακινεῖται) κεῖνα ὧδε καὶ τάδε κεῖσε πᾶσαν ὥρην, διαπρησσόμενα κεῖνά τε τὰ τῶνδε, τὰ δέ τ' αὖ τὰ κείνων. (Viennent ensuite les mots : καὶ τὰ μὲν πρήσσουσι, etc., reproduits plus haut, p. 572, 2 fin, mais qui ne s'accordent pas avec l'ensemble du texte.) φοιτεόντων δ' ἐκείνων ὧδε τῶνδέ τε κεῖσε συμμισγομένων πρὸς ἄλληλα, τὴν πεπρωμένην μοῖραν ἕκαστον ἐκπληροῖ καὶ ἐπὶ τὸ μέζον καὶ ἐκὶ τὸ μεῖον. φθορὴ δὲ πᾶσιν ἀπ' ἀλλήλων, τῷ μέζονι ἀπὸ τοῦ μείονος; καὶ τῷ μείονι ἀπὸ τοῦ μέζονος. αὐξάνεται καὶ τὸ μέζον ἀπὸ τοῦ ἐλάσσονος... ἐσέρπει δὲ ἐς ἄνθρωπον μέρεα μερέων, δλα ὅλων..., τὰ μὲν ληψόμενα τὰ δὲ ζώσοντα· καὶ τὰ μὲν λαμβάνοντα πλεῖον ποιέει, τὰ δὲ διδόντα μεῖον. πρίουσιν ἄνθρωποι ξύλον, ὁ μὲν ἕλκει, ὁ δὲ ὠθέει (image qu'Aristophane emploie aussi, Vespæ, 694) τὸ δ' αὐτὸ τοῦτο ποιέουσι (cf. c. 16) μεῖον δὲ ποιέοντες· πλεῖον ποιοῦσι (en rendant le bois plus petit, ils le rendent πλεῖον, c'est-à-dire ils en font un plus grand nombre de morceaux), τὸ δ' αὐτὸ καὶ φύσις ἀνθρώπων· (il en est de même de la nature de l'homme); τὸ μὲν (nominatif) ὠθέει, τὸ δὲ ἕλκει, τὸ μὲν δίδωσι, τὸ δὲ λαμβάνει, καὶ τῷ μὲν δίδωσι τῷ [τοῦ] δὲ λαμβάνει, καὶ τῷ μὲν δίδωσι, τοσούτῳ πλέον (et celui à qui elle donne devient d'autant plus grand), τοῦ δὲ λαμβάνει, τοσούτῳ μεῖον.

1. Fr. 25, Hippol., *Refut.*, IX, 10 : ἡμέρα γὰρ, φησὶ (sc. Ἡράκλ.), καὶ νὺξ ἐστιν ἕν, λέγων ὧδέ πως· διδάσκαλος δὲ πλείστων Ἡσίοδος· τοῦτον ἐπίστανται πλεῖστα εἰδέναι, ὅστις ἡμέρην καὶ εὐφρόνην οὐκ ἐγίνωσκεν, ἔστι γὰρ ἕν.

2. C'est ainsi qu'il faut entendre le ἐστιν ἕν. Schuster (p. 67) traduit : « le jour et la nuit sont la même chose, savoir une division du temps », proposition, dont le sens profond conviendrait, selon moi, à Dionysodore le platonicien ou à un autre sophiste du même genre plutôt qu'à Héraclite. L'idée attachée par ce dernier à l'identité du jour et de la nuit nous est révélée par le Fr. 67 (voy. *inf.*, p. 582, 3). La critique adressée à Hésiode se rapporte au vers 124 de la *Théogonie*, où il est dit que Ἡμέρα est la fille de Νύξ. Si Héraclite a reproché à ce poète d'avoir distingué des jours de bonheur des jours de malheur, alors qu'en réalité un jour est semblable à l'autre (Plut., *Cam.*, 19; Sén., *Ep.* 12, 7), ce reproche a dû se trouver à un autre endroit, car ici il n'en est pas question.

3. Fr. 83, Hippol., *l. c.* : θάλασσά φησιν, ὕδωρ καθαρώτατον καὶ μιαρώτατον (selon la juste observation de Teichmüller (*N. Stud.*, I, 29), Schuster a eu le tort de traduire ce mot par « trouble » ou « sale »; il signifie « excitant le dégoût » et se rapporte au mauvais goût de l'eau de mer et à l'impossibilité où nous sommes de la boire) ἰχθύσι μὲν πότιμον καὶ σωτήριον, ἀνθρώποις δὲ ἄποτον καὶ ὀλέθριον. A la même époque se rattache (*ibid.*, Fr. 81) l'exemple des médecins qui τέμνοντες καίοντες πάντη βασανίζοντες κακῶς τοὺς ἀρρωστοῦντας ἐπαιτιῶνται μηδὲν ἄξιον μισθὸν λαμβάνειν παρὰ τῶν ἀρρωστούντων ταῦτα ἐργαζόμενοι τὰ ἀγαθὰ καὶ τὰς νούσους. On peut traduire les mots ἐπαιτιῶνται, etc., ou bien : ils se plaignent de ne rien recevoir qui corresponde au salaire mérité, ou encore : qu'ils ne reçoivent point de salaire digne d'eux; ils considèrent donc les maux qu'ils causent aux hommes, comme un bien très précieux, comme des ἀγαθά. On obtiendra le même sens, si on lit, avec l'édition d'Hippolyte publiée à Gœttingue, et avec Schuster (p. 246), « μισθὸν », au lieu de μισθῶν· Bernays (*Rhein. Mus.*, IX, 241, *Herakl. Br.*, 141) propose de lire : ἐπαιτιῶνται μηδὲν ἄξιοι μισθῶν λαμβάνειν, etc. : ils réclament un payement des malades, bien qu'ils ne méritent guère de salaire. Dans ce cas, ce n'est pas Héraclite lui-même qui conclut du procédé des médecins que le mal et le bien sont identiques; c'est Hippolyte qui

bas [1], le commencement et la fin [2], le mortel et l'immortel [3]. La maladie et la santé, la faim et le rassasiement, le travail et le repos sont identiques; la divinité est à la fois jour et nuit, été et hiver, guerre et paix, abondance et disette; tout est un, tout devient tout [4]. Ce qui vit meurt, ce qui est mort devient vivant; ce qui est jeune devient vieux, ce qui est vieux devient jeune; ce qui veille s'endort, et ce qui dort se réveille; le courant de la génération et de la mort ne s'arrête jamais, l'argile dont les choses sont faites revêt toujours de nouvelles formes [5].

tire cette conclusion en prenant au sérieux l'ἀγαθὰ ironique d'Héraclite. Je ne conteste pas qu'il ne soit capable d'avoir commis cette erreur. Ce que Schuster (p. 247) est disposé à ajouter au fragment, d'après le texte : *Ep. Heracl.*, VI, 54, ne me semble pas appartenir à Héraclite.

1. Fr. 82, Hippol., *Ref.*, IX, 10 : γραφείῳ φησίν, ὁδὸς εὐθεῖα καὶ σκολιή.... μία ἐστί, φησί, καὶ αὐτή· καὶ τὸ ἄνω καὶ τὸ κάτω ἕν ἐστι καὶ τὸ αὐτό (le haut devient le bas, par exemple quand le ciel tourne, ou quand les éléments se transforment l'un dans l'autre, et *vice versa :* le dessus et le dessous sont donc identiques. Toutefois, est-il bien sûr que les mots καὶ τὸ ἄνω...τὸ αὐτό appartiennent à Héraclite, et n'expriment-ils pas plutôt une conclusion tirée par l'auteur de l'ὁδὸς ἄνω, etc.) ὁδὸς ἄνω κάτω μία καὶ ὡυτή. Pour plus de détails, voy. plus loin.

2. Fr. 58, Porphyre, ap. *Schol. Ven. in Il.*, XIV, 200 : ξυνὸν ἀρχὴ καὶ πέρας ἐπὶ κύκλου περιφερείας· κατὰ Ἡράκλειτον.

3. Cf. Fr. 60, p. 646, 3.

4. Fr. 84, *ap.* Stobée, *Floril.*, III, 84 : νοῦσος ὑγείην ἐποίησεν ἡδὺ καὶ ἀγαθόν, λιμὸς κόρον, κάματος ἀνάπαυσιν. Fr. 67, Hippol., *Reful.*, IX, 10 : ὁ θεὸς ἡμέρη εὐφρόνη, χειμὼν θέρος, πόλεμος εἰρήνη, κόρος λιμός. Philon, *Leg. alleg.*, II, 62 a : Ἡρακλειτείου δόξης ἑταῖρος, κόρον καὶ χρησμοσύνην (cf. p. 641, 1) καὶ ἓν τὸ πᾶν καὶ πάντα ἀμοιβῇ εἰσάγων.

5. Fr. 59, Plut., *Cons. ad Apoll.*, 10, p. 106 : πότε γὰρ ἐν ἡμῖν αὐτοῖς οὐκ ἔστιν ὁ θάνατος; καὶ ᾗ φησιν Ἡράκλειτος, ταυτό τ' ἔνι (Schleiermacher, p. 80, conjecture ταυτό τ' ἐστι, Bernays (*Rh. Mus.*, VII,103), Schuster (p. 174) et d'autres : ταυτῷ τ' ἔνι; il me semble que le sens perd à cette dernière correction, et dans toutes deux le τε me paraît mauvais; je préférerais : ταυτὸ τό) ζῶν καὶ τεθνηκὸς καὶ τὸ ἐγρηγορὸς καὶ τὸ καθεῦδον, καὶ νέον καὶ γηραιόν· τάδε γὰρ μεταπεσόντα ἐκεῖνά ἐστι κἀκεῖνα πάλιν μεταπεσόντα ταῦτα. ὡς γὰρ ἐκ τοῦ αὐτοῦ πηλοῦ δύναταί τις πλάττων ζῷα συγχεῖν καὶ πάλιν πλάττειν καὶ συγχεῖν καὶ τοῦτο ἓν παρ' ἓν ποιεῖν ἀδιαλείπτως· οὕτω καὶ ἡ φύσις ἐκ τῆς αὐτῆς ὕλης πάλαι μὲν τοὺς προγόνους ἡμῶν ἀνέσχεν, εἶτα συνεχεῖς αὐτοῖς ἐγέννησε τοὺς πατέρας, εἶτα ἡμᾶς, εἶτ' ἄλλους ἐπ' ἄλλοις ἀνακυκλήσει. καὶ ὁ τῆς γενέσεως ποταμὸς οὗτος ἐνδελεχῶς ῥέων οὔποτε στήσεται, καὶ πάλιν ἐξ ἐναντίας αὐτῷ ὁ τῆς φθορᾶς· εἴτε Ἀχέρων εἴτε Κωκυτὸς καλούμενος ὑπὸ τῶν ποιητῶν. ἡ πρώτη οὖν αἰτία ἡ δείξασα ἡμῖν τὸ τοῦ ἡλίου φῶς, ἡ αὐτὴ καὶ τὸν ζοφερὸν ἄγει ᾅδην. Je pense (avec Bernays, *l. c.*) que Plutarque a probablement tiré d'Héraclite, non-seulement les mots ταυτὸ—γηραιόν, mais encore le reste du texte, quant à l'essentiel, comme l'image de l'argile et de sa transformation, ainsi que tout ce qui est dit à propos du courant de la naissance et de la mort, de la lumière et de Hadès. Quant au sens de ces mots, Plutarque dit : Héraclite fait la vie identique à la mort, la veille au sommeil, etc., parce que chacune des deux se transforme dans l'autre (de même que l'être vivant, quand il meurt,

C'est sur ce mouvement continuel que reposent la vie et le sentiment de la vie[1], c'est lui seul qui constitue l'existence des choses. Aucune chose n'*est* ceci ou cela : elle le *devient* uniquement, dans le mouvement de la vie de la nature. Les choses ne sont rien de persistant, d'achevé une fois pour toutes : elles sont continuellement créées à nouveau par les forces agissantes dans l'écoulement des phénomènes[2], elles ne sont que les points où se croisent les courants opposés de la vie de la nature[3]. C'est pour-

devient un être mort, de même l'être mort devient un être vivant quand il sert de nourriture à ce dernier; de même que l'être jeune devient vieux avec les années, de même l'être vieux devient un être jeune par la propagation de l'espèce). On ne doit pas dire que ces propositions sont trop vulgaires pour appartenir à un profond philosophe (LASSALLE, I, 160). D'abord la pensée qu'en un certain sens l'être mort redevient vivant et que l'être vieux redevient jeune, n'est pas précisément conforme à l'opinion commune; en outre la conséquence qu'en a tirée Héraclite, à savoir que, pour cette raison, l'être vivant et l'être mort, etc., sont un seul et même être, lui appartiendrait toujours en propre. Il est vrai que ce passage peut encore signifier : le même être est à la fois vivant et mort, parce que la vie est le résultat de la cessation d'une existence antérieure et que la mort est une transition à la vie; le même être dort et veille, parce que toutes les forces ne sont pas en activité pendant la veille, et que pendant le sommeil elles ne sont pas dans un repos complet; l'être jeune est vieux, parce qu'il est formé d'éléments existant depuis très-longtemps déjà, l'être vieux est jeune, parce qu'il ne subsiste que grâce à un rajeunissement continuel. On pourrait même admettre cette interprétation plus abstraite que la vie est en même temps la mort, etc. Cf. PLUT., *De Delph.*, 18, p. 392. A l'identité de la vie et de la mort se rapporte encore le fragment 139 (*Etymol. magn.*, s. v. βίος. EUSTATHE, in *Il.*, p. 31, 6) : τῷ οὖν βιῷ ὄνομα μὲν βίος· ἔργον δὲ θάνατος.

1. De là les assertions : PLAC., I, 23 : Ἡρ. ἠρεμίαν καὶ στάσιν ἐκ τῶν ὅλων ἀνῄρει· ἐστι γὰρ τοῦτο τῶν νεκρῶν. JAMBL., *ap.* STOB, I, 906 : τὸ μὲν τοῖς αὐτοῖς ἐπιμένειν κάματον εἶναι τὸ δὲ μεταβάλλειν φέρειν ἀνάπαυσιν. NUMEN, *ap.* PORPH., *Antr. nymphar.*, 10 : ὅθεν καὶ Ἡράκλειτος (—ον) « ψυχῇσι », φάναι « τέρψιν », μὴ θάνατον, « ὑγρῇσι γενέσθαι », c'est-à-dire l'élément igné désire sa transformation en élément humide (voy. p. 647, 2).

2. PLATON, *Theæt.*, 152 d : ἐγὼ ἐρῶ καὶ μάλ' οὐ φαῦλον λόγον ὡς ἄρα ἓν μὲν αὐτὸ καθ' αὑτὸ οὐδέν ἐστιν, οὐδ' ἄν τι προσείποις ὀρθῶς οὐδ' ὁποιονοῦν τι, ἀλλ', ἐὰν ὡς μέγα προσαγορεύῃς, καὶ σμικρὸν φανεῖται, καὶ ἐὰν βαρύ, κοῦφον, ξύμπαντά τε οὕτως, ὡς μηδενὸς ὄντος ἑνὸς μήτε τινὸς μήτε ὁποιουοῦν· ἐκ δὲ δὴ φορᾶς τε καὶ κινήσεως καὶ κράσεως πρὸς ἄλληλα γίγνεται πάντα ἃ δή φαμεν εἶναι, οὐκ ὀρθῶς προσαγορεύοντες· ἔστι μὲν γὰρ οὐδέποτ' οὐδέν, ἀεὶ δὲ γίγνεται. — 156, E : αὐτὸ μὲν καθ' αὑτὸ μηδὲν εἶναι..., ἐν δὲ τῇ πρὸς ἄλληλα ὁμιλίᾳ πάντα γίγνεσθαι καὶ παντοῖα ἀπὸ τῆς κινήσεως... οὐδὲν εἶναι ἓν αὐτὸ καθ' αὑτό, ἀλλά τινι ἀεὶ γίγνεσθαι, τὸ δ' εἶναι πανταχόθεν ἐξαιρετέον. Dans le premier texte cette opinion est attribuée en commun à Héraclite, Empédocle et Protagoras, en un mot aux anciens philosophes, sauf Parménide; et le τωῒ n'est exact que s'il se rapporte à Protagoras; mais il résulte de ce qui précède comme de ce que nous verrons plus loin que notre citation reproduit fidèlement la doctrine d'Héraclite.

3. Voy. *infra.*

quoi Héraclite compare le monde à une mixture qui a besoin d'être remuée constamment pour ne pas se dissocier[1], et la force organisatrice du monde à un enfant qui en jouant va de côté et d'autre avec les jetons[2].

Ainsi, tandis que Parménide nie le devenir pour maintenir le concept de l'être dans toute sa pureté, Héraclite, au contraire, nie l'être pour conserver dans toute son intégrité la loi du devenir. Tandis que le premier regarde l'idée du changement et du mouvement comme une illusion des sens, le second déclare telle l'idée de l'être persistant. Tandis que l'un trouve absurde l'opinion commune, parce qu'elle admet la naissance et la mort, l'autre aboutit à la même conclusion en partant de l'idée contraire.

LE FEU PRIMORDIAL. — Le principe métaphysique de l'écoulement de toutes choses se transforme immédiatement pour notre philosophe en une théorie physique. Ce qui vit et se meut dans la nature, c'est, selon lui, le feu; si tout se meut et se modifie continuellement, il s'ensuit que tout est du feu; et l'on doit admettre que, chez Héraclite, cette

---

1. Fr. 85, Théophraste, *De vertig.*, 9, p. 138, Wimm. : εἰ δὲ μὴ (cette leçon est exacte ; Bernays, *Heracl.*, 7, lit : εἰ δή), καθάπερ Ἡράκλειτός φησι, καὶ ὁ κυκεὼν δίσταται μὴ κινούμενος (ainsi lit Wimmer d'après Usener et Bernays ; les anciennes éditions suppriment μὴ, mais l'ensemble du texte exige absolument cette négation, malgré l'opinion contraire de Lassalle, I, 75). Cf. Lucien (*Vit. auct.*, 14) : ἔμπεδον οὐδέν, ἀλλά κω; ἐς κυκεῶνα πάντα συνειλέονται, καί ἐστι τωυτὸ τέρψις ἀτερψίη, γνῶσις ἀγνωσίη, μέγα μικρόν, ἄνω κάτω περιχωρέοντα καὶ ἀμειβόμενα ἐν τῇ τοῦ αἰῶνος παιδιῇ. Mais il est très-probable qu'il n'y a pas de rapport entre cette doctrine et l'anecdote de Plutarque (*De garrul.*, 17, p. 511). Le κυκεὼν d'Héraclite est aussi mentionné par Chrysippe, ap. Philodème, *Nat. De.*, col. 7, d'après le texte complété par Petersen ; mais Sauppe propose une autre leçon plus simple. Ap. Diogène, X, 8, Épicure appelle Héraclite κυκητής.

2. Proclus, in *Tim.*, 101 f : ἄλλοι δὲ καὶ τὸν δημιουργὸν ἐν τῷ κοσμουργεῖν παίζειν εἰρήκασι, καθάπερ Ἡράκλειτος. Clément, *Pædag.*, I, 90 c. : τοιαύτην τινὰ παίζειν παιδιὰν τὸν ἑαυτοῦ Δία Ἡράκλειτος λέγει. Fr. 49, Hippol., *Reful.*, IX, 9 : αἰὼν παῖς ἐστι παίζων, πεττεύων· παιδὸς ἡ βασιληίη. Luc, *l. c.* : τί γὰρ ὁ αἰών ἐστι; παῖς παίζων, πεσσεύων, διαφερόμενος (ou mieux avec Bernays : συνδιαφερ. = ἐν τῷ διαφέρεσθαι συμφερόμενος). Bernays (*Rhein. Mus.*, VII, 108 sqq.) explique très-bien ces passages d'après Homère, *Il.*, XV, 360 sqq. Philon, *De incorrupt. mundi*, 950 b (500 M.). Plut., *De ei Delph.*, 21, p. 393, texte où, à vrai dire, il n'est pas question spécialement du trictrac. Au παῖς πεσσεύων se rapporte probablement le πεττευτής ; ap. Platon, *De Legib.*, X, 903 d.

LE FEU PRIMORDIAL. 115

proposition ne découle pas du principe métaphysique, par une réflexion consciente, mais que chez lui l'imagination revêt tout d'abord d'un symbole physique cette loi du changement qu'il a observée partout : par là même sa propre conscience ne sait pas encore distinguer entre l'idée générale et la forme sensible sous laquelle cette idée est exprimée.

C'est en ce sens que nous devons entendre les passages[1] où il est dit qu'Héraclite a regardé le feu comme l'être primordial, comme le principe ou la substance première 586 des choses[2]. « Ce monde, dit-il lui-même, n'a été créé par

1. Aristote, *De cælo*, III, 1, 298 b, 29 : οἱ δὲ τὰ μὲν ἄλλα πάντα γίνεσθαί τέ φασι καὶ ῥεῖν, εἶναι δὲ παγίως· οὐδέν, ἓν δέ τι μόνον ὑπομένειν, ἐξ οὗ ταῦτα πάντα μετασχηματίζεσθαι πέφυκεν· ὅπερ ἐοίκασι βούλεσθαι λέγειν ἄλλοι τε πολλοὶ καὶ Ἡράκλειτος ὁ Ἐφέσιος. *Metaph.*, I, 3, 984 a, 7 : Ἵππασος δὲ πῦρ ὁ Μεταποντῖνος καὶ Ἡράκλειτος ὁ Ἐφέσιος (ἀρχὴν τιθέασι). *Ibid.*, III, 4, 1001 a, 15 : ἕτεροι δὲ πῦρ οἱ δ' ἀέρα φασὶν εἶναι τὸ ἓν τοῦτο καὶ τὸ ὄν, ἐξ οὗ τὰ ὄντα εἶναί τε καὶ γεγονέναι. Pseudo-Alex., *ad Metaph.*, XII, 1, p. 643, 18, Bon. : ὁ μὲν γὰρ Ἡράκλειτος οὐσίαν καὶ ἀρχὴν ἐτίθετο τὸ πῦρ. Diogène, IX, 8 : πῦρ εἶναι στοιχεῖον. Clément, *Cohort.*, 43 a : τὸ πῦρ ὡς ἀρχέγονον σέβοντες, etc. La même pensée est exprimée dans le vers de Stobée, *Ecl.*, I, 282 (cf. Plut., *Plac.*, I, 3, 25) ἐκ πυρὸς γὰρ πάντα καὶ εἰς πῦρ πάντα τελευτᾷ. Certes ce vers, sous cette forme, n'est pas authentique et n'est qu'une imitation de celui de Xénophane (voy. *sup.*, p. 496, 4), mais il résulte du texte de Simplicius (*Phys.*, 111 b, au haut) que le fond en est réellement d'Héraclite. En effet, Simplicius, après avoir indiqué ici comme doctrine d'Héraclite : ἐκ πυρὸς πεπερασμένου πάντα εἶναι καὶ εἰς τοῦτο πάντα ἀναλύεσθαι, ajoute : Ἡράκλειτος « εἰς πῦρ » λέγων « καὶ ἐκ πυρὸς τὰ πάντα ». Si ces mots ont été transformés en un hexamètre ap. Stobée, et si nous rencontrons ailleurs encore (ap. Procl., *in Tim.*, 36 c ; Plut., *Plac.*, II, 21 ; *Quest. Plat.*, VIII, 4, 9, p. 1007. Cf. aussi le πυρὸς ἀμοιβήν, *inf.* 592, 1) des fragments de prétendus vers d'Héraclite, on peut conjecturer qu'un auteur, probablement stoïcien, avait mis en hexamètres la doctrine d'Héraclite, afin qu'elle se gravât plus facilement dans la mémoire. Schuster (p. 354 sq.), qui trouve des fragments de vers dans le texte de Stobée (*Ecl.*, I, 26), suppose que ces hexamètres sont de Scythinus qui, d'après Hiéronyme (ap. Diog., IX, 16), mit en vers l'ouvrage d'Héraclite.

2. Teichmüller (*N. Stud.*, I, 118, sq., voy. aussi p. 135, 143 sq.), tout en me citant à partir des mots : « le principe métaphysique », ajoute l'observation suivante : « Ainsi donc Héraclite a d'abord trouvé la vérité métaphysique, et ensuite il en a tiré les conséquences qui étaient en connexion avec l'observation des choses. » Je croyais avoir dit le contraire d'une façon assez claire pour n'être pas exposé à voir mon opinion ainsi défigurée. Le mot : « principe métaphysique » ne doit pas non plus être entendu dans le sens de « principe *a priori* » ; je veux parler, en effet, de la loi du changement qu'Héraclite aperçoit partout, et j'ai montré (p. 578 et sqq.) les motifs qui l'ont conduit à poser ce principe. Je le fais résulter de l'observation, et je remarque explicitement qu'il n'a pas précédé dans la conscience d'Héraclite l'assertion suivant laquelle tout est feu. En tout cas, je ne pense pas qu'Héraclite ait entendu par ce feu « le feu réel que l'on voit et que l'on entend pétiller ». Quelqu'un a-t-il pu jamais croire, non seu-

aucun des dieux ni par aucun des hommes, mais il a toujours été, il est, et il sera un feu éternellement vivant, s'allumant et s'éteignant selon la loi¹. » Le feu, qui ne se repose jamais, règne partout². Héraclite indique déjà par là pourquoi il dit que le monde est un feu : il veut expri-

---

lement que le monde a été et redeviendra un jour un feu visible et pétillant, mais encore qu'il est constamment et actuellement un feu, dans le sens propre du mot? Or Héraclite ne dit pas simplement du monde : ἦν καὶ ἔσται, mais ἦν ἀεὶ καὶ ἔστι καὶ ἔσται πῦρ ἀείζωον. Je persiste donc à soutenir que cette conception est symbolique. Sans doute je n'ai pas dit que le feu ne soit pour Héraclite « qu'un symbole exprimant la loi du changement »; Teichmüller me fait à tort énoncer cette opinion, tout en ajoutant naïvement, comme preuve à l'appui, ces mots qui le réfutent lui-même, savoir : qu'Héraclite ne distingue pas entre l'acception générale et le mode sensible de cette conception. Mais, si Héraclite, en affirmant que le monde est du feu, n'a pas voulu dire cette chose absurde qu'il est du feu visible, le concept de feu a pour lui une signification qui dépasse l'idée sensible immédiate, et il est à ce titre un concept symbolique.

1. Fr. 46 (CLÉMENT, *Strom.*, V, 599 b; PLUT., *De an. procr.*, 5, 2, p. 1014; SIMPL., *De cælo*, 132 b, 31, 19, *Schol. in Arist.*, 487 b, 46, 33) : κόσμον τόνδε τὸν αὐτὸν ἁπάντων οὔτε τις θεῶν οὔτε ἀνθρώπων ἐποίησεν· ἀλλ' ἦν ἀεὶ καὶ ἔστιν καὶ ἔσται, πῦρ ἀείζωον, ἁπτόμενον μέτρα καὶ ἀποσβεννύμενον μέτρα. Je reviendrai plus tard sur cette dernière proposition. Les mots τὸν αὐτὸν ἁπάντων, qui n'offrent pas un sens clair à SCHLEIERMACHER (p. 91) me paraissent authentiques à cause de cette difficulté même, quoiqu'ils ne se trouvent ni dans Platon ni dans Simplicius. Je fais rapporter le mot ἁπάντων, comme étant au masculin, aux dieux et aux hommes, de sorte que ces mots indiquent la raison pour laquelle aucun d'eux n'est l'auteur du monde; tous en effet, pris dans leur ensemble, n'en constituent qu'une portion. LASSALLE (II, 56 sq.) commente ainsi ce passage : « un seul et même monde, fait de toutes choses, le monde intérieurement identique, composé de tout », mais on ne voit pas ce que vient faire cette addition. Héraclite dit de même dans PLUTARQUE (*De superst.*, 3, voy. *inf.*, p. 615, 3) que le monde est le même *pour tous*. Il est inutile de demander, avec SCHUSTER (p. 128), quel est celui qui a prétendu que le monde a été créé par un homme, ou de répondre à cette question, avec TEICHMÜLLER (*N. Stud.*, I, 86), en citant l'apothéose des princes de l'Orient. Ni en Égypte ni en Perse, on n'a été assez fou pour faire, du premier prince venu, le créateur du monde. « Ni un dieu ni un homme » veut dire (voy. p. 489, 1) : absolument personne. À l'époque d'Héraclite, l'idée de considérer l'un des dieux comme le créateur du monde était presque aussi étrangère aux Grecs que celle d'attribuer cette création à un homme. Nous avons déjà remarqué (p. 379, 2; 499) que l'éternité, attribuée ici au monde par Héraclite, n'est pas contraire à l'assertion d'Aristote, suivant laquelle tous ses prédécesseurs auraient cru que le monde a eu un commencement (voy. aussi p. 629, 1).

2. Fr. 68, HIPPOLYTE, *Réfut.*, IX, 10 : τὰ δὲ πάντα οἰακίζει κεραυνός. HIPPOCRATE, π. διαίτ., I, 10, *sub fin.* (voy. *inf.*, p. 592, mil.). Nous trouvons ce même feu, qui règne sur le monde, désigné également par le mot κεραυνός; dans l'hymne de Cléanthe (STOB., *Ecl.*, I, 30), V, 7 sq. Ce Stoïcien, qui, d'après d'autres indices encore, se rapproche tant d'Héraclite, célèbre Zeus comme celui qui tient entre les mains l'ἀεὶ ζῶντα κεραυνόν (le πῦρ ἀείζωον) : ᾧ σὺ κατευθύνεις κοινὸν λόγον, ὃς διὰ πάντων φοιτᾷ.

mer ainsi, selon la remarque de Simplicius[1] et d'Aristote[2], la vitalité intime de la nature, et faire comprendre le changement incessant des phénomènes. Le feu n'est pas, à ses yeux, une substance immuable qui aurait servi à former les autres choses, mais qui, au point de vue qualitatif, ne subirait aucun changement dans ces combinaisons, comme sont les éléments d'Empédocle ou les principes d'Anaxagore. Il constitue l'essence de tous les éléments, il est le principe nutritif qui circule éternellement dans toutes les parties de l'univers, prend en chacune d'elles une autre forme, engendre et absorbe les objets individuels, et, par sa mobilité absolue, produit le pouls incessant de la nature. Par le feu, le rayon de feu ou l'éclair[3], Héraclite entendait, non-seulement le feu visible, mais d'une manière générale l'élément chaud, le principe de la chaleur, ou

---

1. *Phys.*, 8 a, au bas : καὶ ὅσοι δὲ ἓν ἔθεντο τὸ στοιχεῖον... καὶ τούτων ἕκαστος εἰς τὸ δραστήριον ἀπεῖδε καὶ τὸ πρὸς γένεσιν ἐπιτήδειον ἐκείνου, Θαλῆς μὲν, etc. Ἡράκλειτος δὲ εἰς τὸ ζωογόνον καὶ δημιουργικὸν τοῦ πυρός. *Ibid.*, 6 a, au mil. : τὸ ζωογόνον καὶ δημιουργικὸν καὶ πεπτικὸν καὶ διὰ πάντων χωροῦν καὶ πάντων ἀλλοιωτικὸν τῆς θερμότητος θεασάμενοι ταύτην ἔσχον τὴν δόξαν.

2. *De an.*, I, 2, 405 a, 25 : καὶ Ἡράκλειτος δὲ τὴν ἀρχὴν εἶναί φησι ψυχήν, εἴπερ τὴν ἀναθυμίασιν, ἐξ ἧς τἆλλα συνίστησιν· καὶ ἀσωματώτατόν τε (ainsi écrit Torstrik au lieu de δὴ que donne la Vulgate ; je serais disposé à mettre δὲ, avec le *Cod.* SX) καὶ ῥέον ἀεί· τὸ δὲ κινούμενον κινουμένῳ γινώσκεσθαι (Voy. sur ce passage p. 642, 4). Aristote lui-même dit en termes qui rappellent Héraclite (*Metaph.*, II, 3, 357 b, 32) : τὸ τῶν ῥεόντων ὑδάτων καὶ τὸ τῆς φλογὸς ῥεῦμα. *De vita et m.*, 5, 470 a, 3 : τὸ δὲ πῦρ ἀεὶ διατελεῖ γινόμενον καὶ ῥέον ὥσπερ ποταμός. De même Théophraste, fr. 3 (*De igne*), 3.

3. Nous avons déjà trouvé (p. 587,1) κεραυνός dans un texte où ce mot ne désigne pas spécialement l'éclair, mais le feu comme être créateur du monde. Le mot πρηστήρ a sans doute la même signification générale dans le fr. 47 (Clément, *Strom.*, V, 599 c) : πυρὸς τροπαὶ πρῶτον θάλασσα θαλάσσης δὲ τὸ μὲν ἥμισυ γῆ, τὸ δὲ ἥμισυ πρηστήρ. Cependant nous ne savons pas si Héraclite a, selon l'indication de Stobée (*Ecl.*, I, 594), distingué κεραυνός de πρηστήρ d'après le sens étymologique, ou si ce dernier mot désignait aussi pour lui l'éclair. Lassalle (II, 75 sq.) prétend qu'il existe entre πῦρ et πρηστήρ la différence suivante : πῦρ signifie le feu cosmique élémentaire dans son ensemble, tant celui qui constitue le fond de toutes choses que celui qui est apparent ; πρηστήρ désigne seulement le feu apparent. Mais cette hypothèse ne peut s'appuyer du passage ci-dessus, seul fragment dans lequel Héraclite emploie le mot πρηστήρ. On ne peut non plus attacher une grande importance à ce fait, que πρηστήρ, selon l'assertion de Lassalle « était déjà pour les Orphiques la désignation du feu impur, c'est-à-dire matériel, sensible. » Dans un fragment orphique dans Proclus (*in Tim.*, 137 c), par conséquent dans un poëme antérieur à Héraclite de quelques siècles, on rencontre ces mots : πρηστὴρ ἀμυδροῦ πυρὸς ἄνθος.

encore les vapeurs sèches, selon l'expression des auteurs postérieurs[1]. C'est pourquoi, au lieu du feu, il disait encore tout simplement le *souffle*, ψυχή[2], peut-être aussi l'*éther*[3].

---

1. Si ARISTOTE (*l. c.*, avant-dernière note) dit qu'Héraclite avait cherché l'âme dans l'ἀναθυμίασις ἐξ ἧς τἄλλα συνίστησιν, il est évident que cette ἀναθυμίασις ne peut être distincte du πῦρ que l'on regarde partout comme le principe premier d'Héraclite. SCHUSTER a donc tort de dire (p. 162) qu'on arriverait difficilement à un résultat, si l'on voulait rechercher jusqu'à quel point ces deux mots avaient pour Aristote la même signification. En présence d'une assertion si claire, le doute est sans fondement. Du moment qu'Aristote appelle, tantôt πῦρ, tantôt ἀναθυμίασις, le principe premier de toutes choses selon Héraclite, si l'on ne veut pas lui attribuer une contradiction évidente, il faut admettre que ces deux expressions avaient pour lui la même signification. Aristote dit (cf. p. 591, 1) de l'ἀναθυμίασις exactement ce que dit Platon de l'être qui pénètre tout. PHILOPON (*ad h. l.*, c. 7, au bas) donne donc une interprétation exacte du texte d'Aristote quand il dit : πῦρ δὲ (Ἡρ. ἔλεγεν) οὐ τὴν φλόγα (ὡς γὰρ Ἀριστοτέλης φησίν ἡ φλὲξ ὑπερβολή ἐστι πυρός)· ἀλλὰ πῦρ ἔλεγε τὴν ξηρὰν ἀναθυμίασιν. ἐκ ταύτης οὖν εἶναι καὶ τὴν ψυχήν. L'expression ὑπερβολή πυρὸς pour désigner la flamme ne peut appartenir à Héraclite ; la citation se rapporte, non pas à une assertion d'Aristote relative à ce philosophe, mais à ce qu'il dit en son propre nom (*De general. et corrupt.*, II, 3, 330 b, 25 ; *Meteor.*, I, 3, 340 b, 21). Contre la fausse interprétation de ἀναθυμίασις donnée par LASSALLE (I, 147 sqq., II, 328 sqq.), cf. III° part., b, 23, 3° éd. all.

2. C'est ce qu'Aristote dit explicitement dans le passage dont nous venons de parler ; cf. encore fr. 89, *ap.* CLÉM., *Strom.*, VI, 624 d. PHILON (*Etern. mundi*, 958 c ; cf. PROCL., *in Tim.*, 36 c, et p. 585, 1, *sub fin.* ; JULIEN, *Orat.* V, 165 d, Spanh. OLYMPIODORE, *in Gorg.*, Jahn's *Jahrbb.*, *Supplementb.* XIV, 357, 542) dit : ψυχῆσι θάνατος ὕδωρ (al. : ὑγρῇσι γενέσθαι, ὕδατι δὲ θάνατος γῆν γενέσθαι· ἐκ γῆς δὲ ὕδωρ γίνεται, ἐξ ὕδατος δὲ ψυχή. PS.-PHILON donne ici ψυχή comme synonyme d'ἀήρ, et PLUTARQUE (*De ei Delph.*, 18, p. 392) fait dire à Héraclite que πυρὸς θάνατος ἐστι ἀέρι γένεσις, καὶ ἀέρος θάνατος ὕδατι γένεσις. Cependant, d'après la citation que nous avons donnée ci-dessus et d'après ce que nous dirons (p. 611, sq., 642), il est évident que c'est là une erreur.

3. Sans doute l'éther n'est nommé dans aucun des fragments d'Héraclite, mais ce concept n'a probablement pas été étranger à sa philosophie. Nous n'invoquerons pas à cet égard le texte où il donne à Zeus l'attribut αἴθριος (Fr. 86. Voy. *inf.*, p. 610, 1) ni celui de Platon faisant dériver éther d'ἀεὶ θέω (*Crat.*, 410 b). Nous nous appuierons sur le passage du Ps.-HIPPOCRATE (*De carn.*, I, 425, K) d'après lequel le θερμὸν lui semble être ce que les anciens appelaient éther, et sur ce fait que les Stoïciens ne faisaient aucune différence entre le feu supérieur et l'éther (voy. III° part., 124, 4 ; 129, 2 ; 2° éd. all.). Cependant cette assertion n'est pas certaine. Il se peut que l'idée des Stoïciens procède de la doctrine d'Aristote ; de plus, de leur théorie des éléments ainsi que d'autres indices, on peut conclure que l'ouvrage π. σαρκῶν est postérieur à ce philosophe. La conjecture de LASSALLE (malgré les preuves nombreuses sur lesquelles il cherche à l'appuyer, II, 89 sq.), d'après laquelle notre philosophe aurait regardé l'éther comme le principe supérieur du monde et aurait admis trois degrés de feu de moins en moins pur, savoir l'éther, le πῦρ et le πρηστήρ, ne repose non plus sur aucun fondement solide. Lassalle croit pouvoir expliquer par cette hypothèse l'assertion d'Énésidème, disant qu'Héraclite considère l'air comme un principe. Mais j'ai déjà montré (III° part., b, 23 sq., 2° éd. all.) qu'il n'est pas nécessaire d'avoir recours à cette hypothèse. Il cite en faveur de son opinion le passage d'AMBROISE (in

ÉNÉSIDÈME[1] a donc certainement méconnu la conception 590 propre à notre philosophe, quand il a prétendu que, selon lui, tout procède de l'air (chaud). C'est en prenant le mot dans son sens le plus général qu'Héraclite a pu dire de son feu : il ne périt jamais[2]. L'existence de ce feu, en effet, n'est pas liée, comme celle de la lumière solaire, à un phénomène particulier, et par conséquent variable : le feu 591 est l'essence universelle formant la substance de toutes choses[3].

Hexaëm., I, 6, T. I, 8, Maur.) et le dénombrement des éléments dans le fragm. 1, 4 du Ps.-CENSORINUS le Stoïcien. Dans ces deux documents, dit-il, l'air occupe la partie supérieure à la place du feu, ce qui n'a pu arriver que par une confusion de l'air avec l'éther. Mais ce dénombrement ne présente pas nécessairement un ordre rigoureux, et le Ps.-Censorinus ajoute immédiatement : au-dessus de l'air les Stoïciens placent l'éther, au-dessous ils placent l'eau. Lassalle attache une grande importance à ce texte (*l. c.*) : [*Mundus constat*] *quatuor elementis, terra, aqua, igne, aëre, cujus principalem solem quidam putant, ut Cleanthes.* Mais le *cujus* ne se rapporte pas, comme le croit Lassalle, à *aër*, il se rapporte à *mundus*; pour Cléanthe, le soleil était l'ἡγεμονικὸν τοῦ κόσμου (voy. III° part., *sub init.*, 125, 1; 2° éd. all.). Lassalle s'appuie sur la distinction faite par les Stoïciens entre le feu éthéré et le feu ordinaire (voy., à ce sujet, III° part., *sub init.*, 171, 2° éd. all.). Mais il s'agit précisément de savoir si cette distinction, qui ne concorde nullement avec celle qui est attribuée à Héraclite, entre l'éther et le feu (voy. *ap.* HÉRACLITE, *Alleg. Hom.*, c. 26) est empruntée à ce philosophe. Il croit aussi que *l'apathie* de l'éther (Ps.-CENSORINUS, *l. c.*), qui est en contradiction avec la théorie des Stoïciens, vient nécessairement d'Héraclite. Mais elle est plutôt fondée sur la physique d'Aristote (cf. II° part., b, 331 ; 2° éd. all.). C'est également à cette source qu'il faut faire remonter les thèses d'Ocellus (2, 23) et le fragment du Ps.-PHILOLAÜS (que Lassalle, il est vrai, regarde comme authentique), dont nous avons parlé p. 341, 4 ; cf. *l. c.*, p. 358.

1. *Ap.* SEXTUS, *Math.*, X, 233, IX, 360; cf. TERTULLIEN, *De an.*, 9, 14 ; voy. aussi III° part., b, 23 sq.

2. Fr. 66, CLÉMENT, *Pædag.*, II, 196 c : τὸ μὴ δῦνον πῶς ἄν τις λάθοι; δῦνον se rapporte à πῦρ ou φῶς, comme on le voit par ce qu'ajoute Clément : ἧττεται μὲν γὰρ ἴσως τὸ αἰσθητὸν φῶς τις, τὸ δὲ νοητὸν ἀδύνατόν ἐστιν. Les changements que SCHLEIERMACHER (p. 93 sq.) fait subir au texte ne me semblent pas nécessaires. Héraclite peut très-bien avoir dit que personne ne saurait se cacher du feu divin, même quand Hélios, qui voit tout, a disparu. LASSALLE (II, 28), qui rappelle avec raison le texte de CORNUT., *N. Deor.*, 11, p. 35). SCHUSTER (p. 184) et TEICHMÜLLER (*N. Stud.*, I, 184) défendent le τις. Mais quant à faire rapporter ce mot à Hélios, qui obéit aux lois immanentes au feu, comme le veut Schuster, cela me paraît impossible.

3. Cf. PLATON, *Crat.*, 412 c sqq. Dans l'étymologie plaisante qu'il donne du mot δίκαιον, étymologie probablement empruntée à l'école d'Héraclite, il se montre le vrai disciple de ce philosophe quand il dit : ὅσοι γὰρ ἡγοῦνται τὸ πᾶν εἶναι ἐν πορείᾳ, τὸ μὲν πολὺ αὐτοῦ ὑπολαμβάνουσι τοιοῦτόν τι εἶναι, οἷον οὐδὲν ἄλλο ἢ χωρεῖν, διὰ δὲ τούτου παντὸς εἶναί τι διεξιὸν, δι' οὗ πάντα τὰ γιγνόμενα γίγνεσθαι· εἶναι δὲ τάχιστον τοῦτο καὶ λεπτότατον. Il faut que ce soit l'élément le plus subtil pour qu'il puisse tout pénétrer, et aussi le τάχιστον, ὥστε χρῆσθαι ὥσπερ ἑστῶσι τοῖς ἄλλοις·

D'autre part, on ne peut, avec LASSALLE, le réduire à une abstraction métaphysique. Quand Héraclite parle du feu, il ne pense pas simplement à « l'idée du devenir comme telle », à « l'unité du processus de l'être et du non-être », etc.[1] : il n'indique nulle part qu'il ait voulu désigner par cette expression « l'essence rationnelle et logique du feu », non la substance déterminée qui est perçue dans la sensation de chaleur ; nulle part il n'indique qu'il ait vu, dans le feu dont il parle, un principe absolument immatériel et différent de toute espèce de feu matériel[2]. Ses propres assertions et les témoignages

(ce sont là, comme on voit, les mêmes attributs que ceux qu'Aristote donne à l'ἀναθυμίασις). Ce δίκαιον, est-il dit, est déterminé de différentes manières : ὁ μὲν γάρ τίς φησι τοῦτο εἶναι δίκαιον, τὸν ἥλιον... Un autre, au contraire, ἐρωτᾷ, εἰ οὐδὲν δίκαιον οἶμαι εἶναι ἐν τοῖς ἀνθρώποις ἐπειδὰν ὁ ἥλιος δύῃ (peut-être une allusion au μὴ δῦνον). Celui-ci entend par ce mot le feu : ὁ δὲ οὐκ αὖ τὸ πῦρ φησίν, ἀλλὰ τὸ θερμὸν τὸ ἐν τῷ πυρὶ ἐνόν. Il me semble que ce texte répond déjà à SCHUSTER (p. 159), qui demande des témoignages à l'appui de notre interprétation du feu d'Héraclite. Nous pouvons encore citer la réduction aristotélicienne de πῦρ à ἀναθυμίασις (p. 588, 3) et les propres assertions d'Héraclite (p. 585, 1 ; 586, 2 ; 587, 1). Et quand SCHUSTER avance « que le feu est tout dans le monde, mais qu'il est en grande partie éteint », il dit, au fond, ce qui se trouve dans la proposition même qu'il condamne (le feu est l'être universel, etc.), voy. p. 587 sq.

1. Comme LASSALLE le prétend (I, 361 ; II, 7, 10).
2. *Ibid.*, II, 18, 30. Les développements auxquels se livre LASSALLE pour établir cette assertion ne prouvent pas grand'chose, si on les considère de près. Il allègue d'abord que le feu « a ceci de particulier qu'il n'est pas un être, mais un simple processus ». Mais de cette proposition, d'ailleurs contestable, on ne peut tirer aucune conséquence en ce qui concerne la manière dont Héraclite lui-même concevait le feu. Puis il s'appuie sur le texte du *Cratyle* dont nous venons de parler ; mais les mots : θερμὸν ἐν τῷ πυρὶ ἐνόν, en admettant même que cette explication réponde à la pensée d'Héraclite, sont loin d'exprimer une chose immatérielle : il s'agit ici simplement de la substance qui donne au feu sa puissance calorifique. Et si le texte ajoute que certains auteurs expliquent avec Anaxagore le δίκαιον par le νοῦς, cette explication ne se rapporte pas au feu, mais au δίκαιον, et elle est empruntée à Anaxagore, non à Héraclite. Lassalle s'appuie encore sur deux textes du Ps.-HIPPOCRATE : π. διαίτ., I, 10, et *De carn.*, I, 425, K. Sans doute ces deux textes rappellent Héraclite, du moins quant au fond de la pensée. En effet, dans le *premier*, il est dit du θερμότατον καὶ ἰσχυρότατον πῦρ, ὅπερ πάντων ἐπικρατεῖται διέπον ἅπαντα κατὰ φύσιν, surtout par rapport à l'homme, ce qui suit : πάντα διὰ παντὸς κυβερνᾷ καὶ τάδε καὶ ἐκεῖνα, οὐδέποτε ἀτρεμίζον ; et dans le *second* on lit : δοκέει δέ μοι ὃ καλέομεν θερμὸν ἀθάνατόν τε εἶναι καὶ νοεῖν πάντα καὶ ὁρᾷν καὶ ἀκούειν, καὶ εἰδέναι πάντα καὶ τὰ ὄντα καὶ τὰ μέλλοντα ἔσεσθαι. Mais je ne vois pas quelle conclusion on en peut tirer contre l'identité du feu d'Héraclite et de « la chaleur vitale physique » (le πῦρ τεχνικὸν des Stoïciens). Diogène (voy. *sup.*, 238, 6) dit de l'air à peu près ce que nos disciples

des anciens nous permettent au contraire d'affirmer que
le feu dans lequel il a pensé trouver le fondement et
l'essence de toutes choses est précisément la substance
déterminée qui porte ce nom.

Le feu et ses transformations. — Ce feu primordial
prend les formes les plus diverses, et c'est dans cette transformation que consiste la génération des substances dérivées. Tout se convertit en feu, dit Héraclite, et le feu en tout, comme les marchandises s'échangent contre l'or, et l'or contre les marchandises[1]. Il fait entendre par là que les substances secondaires dérivent de la substance primordiale, non-seulement par voie de combinaison et de séparation, mais encore par transformation, par changement qualitatif; car, dans l'échange des marchandises contre l'or, ce n'est pas la matière, mais la seule valeur, qui reste la même.

D'ailleurs toute autre interprétation serait incompatible avec la doctrine fondamentale de l'écoulement des choses. Si donc quelques-uns de nos témoins affirment que,

---

d'Héraclite disent du πῦρ ou du θερμόν. Lassalle (II, 22) croit trouver dans Marc. Capella (VII, 738) la pure doctrine d'Héraclite, quoique cet auteur ne nomme pas notre philosophe. L'expression *materia informis* (*l. c.*) et les quatre éléments auraient dû l'avertir qu'il avait sous les yeux une exposition stoïco-platonicienne. Dans le livre II, 27, il veut prouver l'immatérialité du feu primitif d'Héraclite par ce texte de Chalcidius (*in Tim.*, c. 323, p. 423, M.) : *Fingamus enim esse hunc ignem sincerum et sine ullius materiæ permixtione, ut putat Heraclitus*. Mais il s'est mépris sur le sens des expressions de ce néo-platonicien, qui d'ailleurs ne serait pas un témoin bien direct. Un *ignis sine materiæ permixtione* n'est pas un « feu immatériel », mais un feu qui n'est souillé par aucun mélange de matière combustible. (Je ne me rappelle avoir trouvé trace de « feu immatériel » chez aucun philosophe de l'antiquité, non pas même chez les néo-platoniciens.) Il en est de même (ainsi que je l'ai déjà remarqué III° part., b, 25, 2° éd. all.) de l'indication de Lassalle (I, 360 ; II, 121) suivant laquelle Sextus (*Math.*, X, 232) dit que, « d'après Héraclite, le premier principe n'est pas un corps ». Je crois inutile d'entrer dans d'autres détails.

1. Fr. 51, Plut., *De el Delph.*, 8, fin, p. 388 : πυρὸς τ'ἀνταμείβεσθαι πάντα, φησὶν ὁ Ἡράκλειτος, καὶ πῦρ ἀπάντων, ὥσπερ χρυσοῦ χρήματα καὶ χρημάτων χρυσός. C'est pourquoi Héraclite dit (*Alleg. Hom.*, c. 43, p. 92) : πυρὸς γὰρ δή, κατὰ τὸν φυσικὸν Ἡράκλειτον, ἀμοιβῇ τὰ πάντα γίνεται; de même Simplicius, *Phys.*, 6 a, et Diogène, IX, 8 : πυρὸς ἀμοιβὴν τὰ πάντα, et Eusèbe (*Præp. ev.*, XIV, 3, 6) : ἀμοιβὴν γὰρ (πυρὸς) εἶναι τὰ πάντα.

selon Héraclite, les choses se forment par la combinaison et la séparation des éléments[1], on doit tenir ces expressions pour inexactes, du moins en tant qu'elles auraient le même sens que chez Empédocle, Anaxagore et Démocrite.

On ne doit pas non plus, avec quelques auteurs[2], avancer que, selon Héraclite, les substances secondaires procèdent du feu et se résolvent en feu par voie de condensation et de dilatation[3]. Sans doute, quand le feu se change

---

1. ARISTOTE n'est pas de ce nombre. Il dit à la vérité (*Metaph.*, I, 8, 988 b, 34) : τῇ μὲν γὰρ ἂν δόξειε στοιχειωδέστατον εἶναι πάντων ἐξ οὗ γίγνονται συγκρίσει πρώτου, τοιοῦτον δὲ τὸ μικρομερέστατον καὶ λεπτότατον ἂν εἴη τῶν σωμάτων, mais il indique seulement par là ce qu'on pourrait dire, à son point de vue, en faveur de l'hypothèse qui fait du feu le premier principe. Il ne prétend pas qu'Héraclite ait appuyé cette hypothèse sur les mêmes motifs. HERMIAS (*Irris.*, c. 6), au contraire, expose certainement la doctrine d'Héraclite quand il dit, dans un langage assez confus : ἀρχὴ τῶν ὅλων τὸ πῦρ. δύο δὲ αὐτοῦ πάθη, ἀραιότης καὶ πυκνότης, ἡ μὲν ποιοῦσα, ἡ δὲ πάσχουσα, ἡ μὲν συγκρίνουσα, ἡ δὲ διακρίνουσα, de même SIMPLICIUS (*Phys.*, 310 a, au bas), quand il dit d'Héraclite et des autres Physiciens : διὰ πυκνώσεως καὶ μανώσεως τὰς γενέσεις καὶ φθορὰς ἀποδιδόασι, σύγκρισις δέ τις ἡ πύκνωσίς ἐστι καὶ διάκρισις ἡ μάνωσις. Dans les vers I, 645 sqq., où il combat la doctrine d'Héraclite, Lucrèce fait sortir les choses du feu par un processus analogue, sans qu'il nous soit possible de tirer de ce passage une conclusion relative à la doctrine d'Héraclite lui-même. D'après les *Placita*, I, 13, et STOBÉE, I, 350, Héraclite aurait même admis la théorie des atomes ; mais, à en juger par ce que dit Stobée, il a été confondu ici avec Héraclide.

2. ARISTOTE dit déjà (*Phys.*, I, 6, 189 b, 8) des philosophes qui admettent une seule substance première : πάντες γε τὸ ἓν τοῦτο τοῖς ἐναντίοις σχηματίζουσιν, οἷον πυκνότητι καὶ μανότητι (Anaximène et Diogène) καὶ τῷ μᾶλλον καὶ ἧττον (Platon). Cependant il n'en résulterait pas qu'Héraclite eût fait naître les choses dérivées par raréfaction et condensation, mais seulement qu'il les faisait sortir de la substance première par le développement des oppositions ; et cela est tout à fait exact. Les écrivains postérieurs sont les seuls qui prêtent à Héraclite la dilatation et la condensation. Ainsi DIOGÈNE, IX, 8 sq. : πυρὸς ἀμοιβὴν τὰ πάντα, ἀραιώσει καὶ πυκνώσει γινόμενα... πυκνούμενον γὰρ τὸ πῦρ ἐξυγραίνεσθαι συνιστάμενόν τε γίνεσθαι ὕδωρ, πηγνύμενον δὲ τὸ ὕδωρ εἰς γῆν τρέπεσθαι, etc. ; PLUTARQUE, *Plac.*, I, 3, 25 (STOB., I, 304) : Ἡράκλειτος... ἀρχὴν τῶν ὅλων τὸ πῦρ... τούτου δὲ κατασβεννυμένου κοσμοποιεῖσθαι τὰ πάντα. πρῶτον μὲν γὰρ τὸ παχυμερέστατον αὐτοῦ εἰς αὑτὸ συστελλόμενον γῆν γίνεσθαι, ἔπειτα ἀναχαλωμένην τὴν γῆν ὑπὸ τοῦ πυρὸς φύσει ὕδωρ ἀποτελεῖσθαι, ἀναθυμιώμενον δὲ ἀέρα γίνεσθαι. SIMPLICIUS, *Phys.*, 6 a, m. : Ἡράκλειτος et Hippaso ἐκ πυρὸς ποιοῦσι τὰ ὄντα πυκνώσει καὶ μανώσει.

3. Ce qui est évidemment le cas pour le passage cité de Simplicius. A l'exemple d'ARISTOTE (*Phys.*, VIII, 7, 10, p. 260 b, 7 ; 265 b, 30), cet écrivain ramène la condensation et la raréfaction à la σύγκρισις et à la διάκρισις, en tant que la condensation consiste en ce que les parties d'un corps se rapprochent les unes des autres et la raréfaction en ce qu'elles s'éloignent les unes des autres. Mais il remarque explicitement que les expressions les plus convenables pour indiquer la formation d'un corps par une seule substance première, sont les termes : *condensation* et *raréfaction*, et que celles qui conviennent le mieux pour dire

en humidité et l'humidité en terre, il y a condensation, de même que, dans le cas contraire, il y a dilatation. Toutefois, dans la pensée d'Héraclite, cette condensation et cette dilatation ne sont pas la cause, mais la conséquence du changement de substance. En effet, selon lui, ce n'est pas le rapprochement des particules du feu qui fait passer l'élément igné à l'état humide, et l'élément humide à l'état solide ou terreux ; mais, si un élément moins dense devient un élément plus dense, c'est que le feu s'est transformé en humidité, et l'humidité en terre. Par là même, pour que le feu renaisse des autres substances, il ne suffit pas que les éléments primitifs de ces substances s'écartent les uns des autres : il faut une nouvelle transformation, un changement qualitatif des parties aussi bien que du tout. C'est ce qu'indiquent clairement les expressions par lesquelles Héraclite désigne le passage d'un élément à un autre. Il ne parle pas de dilatation, de condensation, de combinaison ou de séparation des substances, mais de la transformation, de l'extinction et de l'embrasement du feu, et encore de la vie et de la mort des éléments[1]. Ce sont là des désignations qui ne se retrouvent chez aucun autre physicien. Mais la raison décisive, c'est que toute idée d'une substance première qualitativement invariable est incompatible avec la pensée fondamentale d'Héraclite. Le feu est donc pour lui autre chose que les éléments des physiciens plus récents. Ces éléments sont ce qui persiste au milieu du changement des choses individuelles : le feu d'Héraclite est ce qui produit ce changement par ses transformations incessantes[2].

qu'un corps résulte de plusieurs substances premières, ce sont les termes *combinaison* et *séparation*. Schleiermacher (p. 39) n'a aucune raison pour trouver ces remarques « étranges ».

1. ἀμοιβή (voy. p. 592, 1), τροπή (Fr. 47, voy. sup., 588, 1), σβέννυσθαι et ἅπτεσθαι (sup., p. 586, 2, cf. *Plac.*, I, 3, sup., p. 593, 2), ζωή et θάνατος (p. 589, 1, 573, au bas).

2. Héraclite ne dit pas pourquoi le feu se transforme ainsi perpétuellement ;

LA DISCORDE. — L'écoulement de toutes choses a cette conséquence, que tout réunit en soi des déterminations opposées. Chaque changement est la transition d'un état à un état opposé[1]; si tout change et n'existe que dans ce changement même, tout est un milieu entre deux termes opposés; et quelque point que l'on considère dans le fleuve du devenir, on est toujours en présence de la transition ou de la limite où se touchent deux qualités et deux états contraires. Ainsi, de même que tout, selon Héraclite, est sans cesse en train de changer, de même tout, à chaque instant, renferme en soi son contraire. Chaque chose est et n'est pas, et l'on ne peut rien affirmer d'une chose, que l'on ne puisse en même temps et également énoncer l'affirmation contraire[2]. Toute la vie de la nature est une alternance continuelle d'états et de phénomènes opposés, et chaque objet individuel est ou plutôt devient ce qu'il est uniquement par l'apparition incessante des contraires entre lesquels il se trouve placé[3]. En

---

la seule hypothèse conforme à son opinion, c'est que le feu se transforme, parce qu'il est dans sa nature de se transformer toujours, parce qu'il est l'ἀείζωον. LASSALLE se trompe quand il dit (II, 49) que c'est l'essence logico-dialectique du mouvement, et non sa nature physique, qui constitue le principe de dérivation chez Héraclite. Ce philosophe ne connaît pas de principe logique différent du principe physique. Si maintenant nous nous demandons : d'où a-t-il appris que tout se transforme ? la seule réponse possible, c'est qu'il tient cette idée de l'expérience, telle qu'il l'a interprétée. Cf. p. 586, 1.

1. « Non, dit SCHUSTER (241, 1), mais seulement à un état *différent* du précédent. » Mais l'état postérieur n'est différent de l'état antérieur que parce qu'une partie des déterminations antérieures ont été remplacées par d'autres qui ne peuvent pas exister dans le même sujet en même temps et sous le même rapport; or c'est là ce qu'on nomme des déterminations opposées. Chaque différence constitue une opposition partielle, et chaque changement a lieu entre deux états qui s'excluent réciproquement si on les conçoit comme achevés l'un et l'autre.

2. Cf., à ce sujet, outre les citations p. 576 sq., 1° l'assertion d'ÉNÉSIDÈME, ap. SEXTUS, *Pyrrh.*, I, 210 : Les Sceptiques disent que tout présente des aspects contraires, les disciples d'Héraclite prétendent que les contraires existent effectivement dans les choses; 2° l'assertion correspondante de SEXTUS lui-même : Gorgias enseigne μηδὲν εἶναι, Héraclite πάντα εἶναι (c'est-à-dire tout est tout); Démocrite enseigne que le miel n'est ni doux ni amer, Héraclite qu'il est à la fois l'un et l'autre.

3. Cf. DIOG., IX, 7 sq. : πάντα τε γίνεσθαι καθ' εἱμαρμένην καὶ διὰ τῆς ἐναντιοτροπῆς ἡρμόσθαι τὰ ὄντα... γίνεσθαί τε πάντα κατ' ἐναντιότητα. STOB., *Ecl.*, I, 58 : Ἡράκλ. τὸ περιοδικὸν πῦρ ἀΐδιον, εἱμαρμένην δὲ λόγον ἐκ τῆς ἐναντιοδρομίας

d'autres termes, pour parler avec Héraclite, tout naît de la discorde; la guerre est la mère et la souveraine de toutes choses, elle est le droit et l'ordre du monde[1]; l'inégal s'assemble[2], le haut et le bas doivent se joindre, afin que

δημιουργὸν τῶν ὄντων. Philon (*Quis rer. div. h. sit*, 510, B, 503, M.) établit d'abord par de nombreux exemples la proposition suivante : πάνθ' ὅσα ἐν κόσμῳ σχεδὸν ἐναντία εἶναι πέφυκεν, et il ajoute ensuite : ἐν γὰρ τὸ ἐξ ἀμφοῖν τῶν ἐναντίων, οὗ τμηθέντος γνώριμα τὰ ἐναντία. οὐ τοῦτ' ἔστιν, ὅ φασιν Ἕλληνες τὸν μέγαν καὶ ἀοίδιμον παρ' αὐτοῖς Ἡράκλειτον κεφάλαιον τῆς αὐτοῦ προστησάμενον φιλοσοφίας αὐχεῖν ὡς εὑρέσει καινῇ. Le même (*Quæst. in Gen.*, III, 5, fin. p. 178) : *Hinc Heraclitus libros conscripsit de natura, a theologo nostro mutuatus sententias de contrariis, additis immensis atque laboriosis argumentis.* D'après ces derniers mots, on peut conjecturer qu'Héraclite, de même que le Ps.-Hippocrate (voy. *sup.*, 580, 1) avait déjà démontré sa théorie des contraires par de nombreux exemples.

1. Fr. 75, Hippolyte, *Réfut.*, IX, 9 : πόλεμος πάντων μὲν πατήρ ἐστι πάντων δὲ βασιλεύς, καὶ τοὺς μὲν θεοὺς ἔδειξε τοὺς δὲ ἀνθρώπους, τοὺς μὲν δούλους ἐποίησε τοὺς δὲ ἐλευθέρους. Philodème, π. Εὐσεβείας, col. 7 : Chrysippe disait que Ζεὺς et Πόλεμος sont un seul et même être, et Héraclite enseignait la même doctrine ; cf. *sup.*, p. 582, 2. Plut., *De Iside*, 48, p. 370 : Ἡράκλειτος μὲν γὰρ ἄντικρυς πόλεμον ὀνομάζει πατέρα καὶ βασιλέα καὶ κύριον πάντων. Procl., *in Tim.*, 54 a : Ἡρ... δ ειγε· πόλεμος πατήρ πάντων. Fr. 77, Orig., *C. Cels.*, VI, 42 : εἰ δὲ χρὴ τὸν πόλεμον ἐόντα ξυνὸν καὶ Δίκην ἔριν, καὶ γινόμενα πάντα κατ' ἔριν καὶ χρεώμενα. Les corrections de Schleiermacher : εἰδέναι pour εἰ δὲ, et ἔριν pour ἐρείν sont peut-être moins hardies qu'il ne le suppose lui-même. Je ne sais pas plus que lui comment expliquer le mot χρεώμενα. L'explication de Lassalle (I, 115 sq.) « se mettre en action » ne peut se prouver par l'étymologie ; le σωζόμενα de Branois ne me semble pas conforme au langage d'Héraclite. Je trouve meilleure la conjecture de Schuster, p. 199 : καταχρεώμενα « s'user ». Aristote confirme aussi les mots : γινόμενα, etc. (voy. note suiv.). De là le blâme infligé à Homère, *ap.* Eudème (*Eth.*, VII, 1, 1235 a, 25) : Ἡράκλειτος ἐπιτιμᾷ τῷ ποιήσαντι « ὡς ἔρις ἔκ τε θεῶν καὶ ἀνθρώπων ἀπόλοιτο ». οὐ γὰρ ἂν εἶναι ἁρμονίαν μὴ ὄντος ὀξέος καὶ βαρέος, οὐδὲ τὰ ζῷα ἄνευ θήλεος καὶ ἄρρενος ἐναντίων ὄντων. Plutarque raconte la même chose, *l. c.* (cf. Schuster, p. 197 sq.); de même Chalcidius, *in Tim.*, c. 295 ; *Schol. Venet. ad Il.*, XVIII, 107 ; Simplicius, *in Categ., Schol. in Ar.*, 88 b, 30. Celui-ci a conservé peut-être, dans la raison apportée de ce blâme : αἰρήσεσθαι γάρ φησι πάντα, des expressions de l'écrit d'Héraclite. C'est à cette théorie du πόλεμος que se rapporte aussi le texte de Plutarque, *De sol. an.*, 7, 4, p. 964 ; seulement il a tort de prétendre que notre philosophe blâme la Nature, parce qu'elle est πόλεμος.

2. Aristote, *Eth. N.*, VIII, 2, 1155 b, 4 : καὶ Ἡράκλειτος τὸ ἀντίξουν συμφέρον καὶ ἐκ τῶν διαφερόντων καλλίστην ἁρμονίαν καὶ πάντα κατ' ἔριν γίνεσθαι. Le mot ἀντίξουν doit être compris dans le sens le plus littéral possible, d'après l'esprit même du langage figuré d'Héraclite. Il faut entendre par là deux morceaux de bois, taillés en sens contraire, de façon à pouvoir être joints ou opposés l'un à l'autre. Le mot συμφέρον désignera donc, lui aussi, tout d'abord ce qui se supporte mutuellement ou ce qui contribue à supporter un autre objet. Il est tout à fait conforme à la manière d'Héraclite de réunir, ici comme ailleurs, les différentes idées exprimées par un même mot. Ainsi συμφέρον doit signifier en même temps l'avantageux, et ἀντίξουν le nuisible. Mais je ne voudrais pas (avec Schuster, p. 227) restreindre leur signification à ces deux idées. Cf., *ad h. l.*, Hippocrate, π. διαίτ., I, 643, K : οἰκοδόμοι ἐκ διαφόρων σύμφορον ἐργάζονται, etc., et Alexandre d'Aphrodisias (*ap.* David, *Schol. in Arist.*, 81 b, 33), qui explique la nature des ἀντικείμενα par les παθόντες ξύλα, ἅτινα μετὰ ἀντιθέσεώς τινος σώζει ἀλλήλα.

l'harmonie, faite de mâle et de femelle, se réalise, afin qu'une vie nouvelle se développe[1]. Ce qui se sépare, s'unit[2]; le système du monde repose sur des tensions opposées, de même que celui de l'arc et de la lyre[3]; ce qui

---

1. ARISTOTE, dans les passages qui viennent d'être cités. Ps.-HIPPOCRATE explique avec plus de détails (π. διαίτ., I, 18) que toute harmonie consiste en sons aigus et graves : τὰ πλεῖστα διάφορα μάλιστα ξυμφέρει καὶ τὰ ὀλίγιστα διάφορα ἥκιστα ξυμφέρει, etc. (cf. la καλλίστη ἁρμονία, note préc.). Il continue ainsi : μάγειροι ὄψα σκευάζουσιν ἀνθρώποισι διαφόρων συμφόρων, παντοδαπὰ ξυγκρίνοντες, ἐκ τῶν αὐτῶν οὐ τὰ αὐτά, βρῶσιν καὶ πόσιν ἀνθρώπων, etc.; ce qui est assez conforme aux opinions d'Héraclite. Il peut en être de même de la comparaison entre les oppositions dans le monde et les oppositions des sons dans le langage, comparaison reproduite par HIPPOCRATE (I, 23), ARISTOTE (De mundo, 5, 396 b, 7 sqq.), PLUTARQUE (De tranq. an. 15, p. 473); ce dernier la relie immédiatement à l'exemple des sons aigus et graves. PHILON (voy. sup., 596, 2) nous dit qu'Héraclite a appuyé sa doctrine des oppositions dans le monde sur de nombreux exemples; par conséquent parmi ceux qui sont cités dans HIPPOCRATE (l. c., 15 sqq.), PSEUDO-ARISTOTE (l. c.), PHILON (Quis rer. div. h. sit, 509 d sqq. Hœsch.), etc., un grand nombre peuvent venir de notre philosophe.
2. Fr. 80, HIPPOLYTE, Ref., IX, 9 : οὐ ξυνιᾶσι ὅκως διαφερόμενον ἑωυτῷ ὁμολογέει· παλίντροπος ἁρμονίη ὅκωσπερ τόξου καὶ λύρης. PLATON, Soph., 242 c sqq. : Les uns font de l'être une pluralité, les autres, à la manière des Éléates, une unité ; Ἰάδες δὲ καὶ Σικελικαί τινες ὕστερον Μοῦσαι (Héraclite et Empédocle) ξυννενοήκασιν, ὅτι συμπλέκειν ἀσφαλέστερον ἀμφότερα καὶ λέγειν, ὡς τὸ ὂν πολλά τε καὶ ἓν ἐστιν ἔχθρᾳ δὲ καὶ φιλίᾳ συνέχεται. διαφερόμενον γὰρ ἀεὶ ξυμφέρεται, φασὶν αἱ συντονώτεραι τῶν Μουσῶν, αἱ δὲ μαλακώτεραι τὸ μὲν ἀεὶ ταῦθ' οὕτως· ἔχειν ἐχάλασαν, ἐν μέρει δὲ τοτὲ μὲν ἓν εἶναί φασι τὸ πᾶν καὶ φίλον ὑπ' Ἀφροδίτης, τοτὲ δὲ πολλὰ καὶ πολέμιον αὐτὸ αὑτῷ διὰ νεῖκος· τι. Le même PLATON, Symp., 187 a : τὸ ἓν γάρ φησι (Ἡράκ.) διαφερόμενον αὐτὸ αὑτῷ ξυμφέρεσθαι ὥσπερ ἁρμονίαν τόξου τε καὶ λύρας. Je crois avec SCHUSTER (p. 230) qu'Hippolyte donne le texte le plus authentique de ce fragment (quant à παλίντροπος, cf. la note suiv.). Quant à son explication, la différence entre le texte et les citations de Platon prouve que ni l'ἓν ni l'ὂν n'était le sujet de διαφερόμενον; naturellement ce ne pouvait être non plus le mot κόσμος donné par Plutarque (voy. note suiv.). Le mieux paraît être de prendre διαφερόμενον lui-même comme sujet : « Ils ne comprennent pas comment ce qui se sépare s'unit; c'est une ἁρμονία παλίντροπος (ou bien encore l'harmonie, c'est-à-dire l'harmonie du monde, est παλίντροπος). »
3. Voy. note préc., PLUTARQUE, De Iside, 45, p. 369 : παλίντονος γὰρ ἁρμονίη κόσμου ὅκωσπερ λύρης καὶ τόξου καθ' Ἡράκλειτον. De même en propres termes, sauf la mention d'Héraclite, De tranq. an., 15, p. 473. On lit, au contraire, De an. procr., 27, 2, p. 1026 : Ἡράκλειτος δὲ παλίντροπον ἁρμονίην κόσμου ὅκωσπερ λύρης καὶ τόξου, et dans SIMPLICIUS, Phys., 11 a (au bas) : ὡς Ἡράκλειτος τὸ ἀγαθὸν καὶ τὸ κακὸν εἰς ταὐτὸν λέγων συνιέναι δίκην τόξου καὶ λύρας. PORPHYRE fait allusion au même mot (Antr. nymph., 29) : καὶ διὰ τοῦτο παλίντονος· ἢ ἁρμονία καὶ (al. ἢ) τοξεύει δι' ἐναντίων. Seulement ici le texte est certainement altéré. Je ne crois pas qu'il soit possible de regarder, avec LASSALLE (I, 96 sq., 112) le mot « lancer à travers » comme synonyme de « pénétrer », et je ne puis admettre que Porphyre ou Héraclite aient employé une image aussi incohérente que celle d'une harmonie lançant des flèches. SCHLEIERMACHER (p. 70) lit, au lieu de τοξεύει : τόξου, et, de telle sorte que le sens serait : « l'harmonie est dite tendue en arrière, et nommée harmonie de l'arc, parce qu'elle est produite par des contraires » ; seulement, dans ce cas, au lieu de εἰ δὲ· ἕν., il faudrait qu'il y eût ὅτι δ. τ. ἐ. Peut-être aussi

est entier et ce qui est divisé, ce qui est uni et ce qui est 599
désuni, ce qui est d'accord et ce qui est en désaccord doi-

quelques mots ont-ils été supprimés, et Porphyre a-t-il écrit : x. δ. τ. παλίντ. ἡ ἁρμονία κόσμου ὡς λύρας καὶ τόξου, ὅτι δ. ἐν., ou, selon Schuster (p. 231), simplement : ἡ ἁρμονία λύρας καὶ τόξου εἴπερ δι' ἐν. L'explication de cette proposition a de tout temps paru difficile. Si, à l'exemple de Plutarque et de l'Éryximaque de Platon, on entendait par ἁρμονία λύρης l'harmonie des sons, on ne pouvait trouver de signification correspondante pour ἁρμονία τόξου. Si d'autre part on faisait rapporter cette dernière à la tension de l'arc, on était embarrassé par l'ἁρμονία λύρας. En outre, dans aucune des deux explications, l'attribut παλίντροπος ou παλίντονος ne convenait à l'harmonie. BERNAYS me parait avoir seul trouvé le sens exact (Rhein. Mus., VII, 94). Il dit que le mot ἁρμονία se rapporte à l'agencement ou à la forme de la lyre et de l'arc, c'est-à-dire de l'arc des Scythes et des anciens Grecs. Ce dernier, recourbé aux extrémités, ressemblait tellement à une lyre, que, dans ARISTOTE (Rhet., III, 11, 1412 b, 35), le τόξον est appelé φόρμιγξ ἄχορδος. (SCHUSTER pense comme Bernays; seulement (p. 232) il dit qu'on peut remplacer l'arc des Scythes par l'arc ordinaire; cette dernière explication me paraît moins satisfaisante). C'est précisément cette forme qui est désignée par l'attribut παλίντροπος (courbé en arrière) ou παλίντονος. (Je préfère ce dernier). τόξον παλίντονον signifie donc un arc ayant la forme décrite par WEX (Zeitschr., f. Alterthumsw., 1839, 1161 sqq.), et nous présente une image analogue à celle qui a été mentionnée, sup., p. 597, 1. Il est inutile de s'arrêter à la conjecture de GLADISCH (même Revue, 1846, 961 sqq.; 1848, 217 sqq.). Il prétend avec BAST (Krit. Vers. üb. d. Text d. plat. Gastmahls, 1794, p. 41 sq.) qu'il faut lire, au lieu de λύρης, « βαρέος », et, au lieu de τόξου « ὀξέος ». Cette conjecture paraît beaucoup trop risquée pour l'opposer à un si grand nombre de témoins importants. Le changement plus léger proposé par HERGK (ibid., 1847, 35 sq.) τόξου καὶ νεύρης, doit également être rejeté. HETTIG (Ind. lectt., Berne, 1865) approuve aussi l'explication de Bernays; seulement il prétend que la comparaison d'Héraclite se rapporte, non à la forme, mais à la puissance de l'arc et de la lyre : « De même que les deux moments antagonistes du feu qui s'éteint et qui s'embrase sont la condition du phénomène, de même, l'effort que font les bras de l'arc et de la lyre pour se séparer, est la condition de la tension » (p. 16). Cette interprétation est également d'accord avec le texte et présente un sens convenable. LASSALLE (I, 105 sqq.) contredit Bernays; mais les raisons qu'il lui oppose ne me semblent pas très-solides. Deux des textes sur lesquels il s'appuie (APULÉE, De mundo, 21, et JAMBLIQUE, ap. STOB., Floril., 81, 17) n'ont nullement trait à notre question. L'assertion de Porphyre, dont nous avons parlé plus haut, ne prouverait rien, quand même le texte serait en bon état. Enfin si SYNESIUS (De insomn., 33 a) compare l'harmonie du monde avec celle de la lyre, et explique cette dernière par l'harmonie des sons, cela démontre avec vraisemblance qu'il suit Platon pour l'explication des paroles d'Héraclite; mais la chose est sans importance en ce qui concerne l'opinion propre de notre philosophe. Lassalle lui-même prétend qu'il s'agit dans notre proposition « d'une harmonie de la lyre avec l'arc » (p. 111). Il dit en effet (p. 113) : « L'arc c'est l'unité sortant d'elle-même, par conséquent les différences, la lyre est le mouvement des différences se coordonnant en unité. » C'est là une interprétation allégorique, qui aurait pu agréer à un néo-platonicien, mais que le commentateur le plus habile ne saurait faire concorder avec les paroles d'Héraclite. L'harmonie du monde est *comparée* à celle de la lyre et de l'arc, que l'on suppose par conséquent être une chose connue, donnée par l'expérience ; le pivot de la comparaison est le mot παλίντονος ou παλίντροπος. Mais où trouvons-nous une harmonie de la lyre *avec* l'arc, et que représente, dans l'image inverse, l'harmonie des différences « se changeant en son contraire » ?

vent se combiner, afin que le tout sorte de l'un, comme l'un du tout[1]. En un mot, le monde entier obéit à la loi des contraires.

C'est à cause de ces assertions qu'Aristote et ses commentateurs accusent Héraclite d'avoir nié le principe de contradiction[2]. En revanche, des philosophes modernes le louent d'avoir été le premier à reconnaître l'unité des contraires, l'identité de l'être et du non-être, et d'avoir fait de cette doctrine le fondement de son système[3].

1. Fr. 98, ARISTOTE, *De mundo*, c. 5, 396 b, 19 : συνάψιας οὖλα [καὶ] οὐχὶ οὖλα, συμφερόμενον [καὶ] διαφερόμενον, συνᾷδον [καὶ] διᾷδον· καὶ ἐκ πάντων ἓν καὶ ἐξ ἑνὸς πάντα. Les mots καὶ ἐκ π., etc., que SCHLEIERMACHER (p. 79) sépare de la première citation me semblent y appartenir encore. Les καὶ manquaient probablement dans Héraclite, bien qu'ils existent dans le texte du *De mundo*. Les mots οὖλα οὐχὶ οὖλα, où Schleiermacher voit à tort une difficulté, sont expliqués ainsi par HIPPOCRATE (π. διαίτ., 17) : οἰκοδόμοι ἐκ διαφόρων σύμφορον ἐργάζονται, τὰ μὲν ξηρὰ ὑγραίνοντες τὰ δὲ ὑγρὰ ξηραίνοντες, τὰ μὲν ὅλα διαιρέοντες τὰ δὲ διῃρημένα συντιθέντες. SCHUSTER (p. 285) traduit οὖλος par *laineux, dense, fort*; il pense qu'Héraclite donne ici des exemples empruntés à différents arts, au tissage, à l'architecture et à la musique. Mais l'ensemble du texte π. κόσμου ne justifie pas cette hypothèse. Les mots συμφερόμενον et διαφ. n'indiquent pas d'allusion spéciale à l'architecture, et les mots ἐκ πάντων ἓν, etc., contredisent également cette interprétation. Ces derniers indiquent qu'il faut prendre les expressions dans un sens plus général, puisque dans ces arts l'Un provient ἐκ πολλῶν, non ἐκ πάντων, et réciproquement.

2. ARISTOTE, *Metaph.*, IV, 3, 1005 b, 23 : ἀδύνατον γὰρ ὁντινοῦν ταὐτὸν ὑπολαμβάνειν εἶναι καὶ μὴ εἶναι, καθάπερ τινές οἴονται (voy. p. 483, 1) λέγειν Ἡράκλειτον. *Ibid.*, 4, *sub init.*, où Héraclite n'est pas nommé, mais où l'on parle évidemment de lui. *Ibid.*, 7, *sub finem* : ἔοικε δ' ὁ μὲν Ἡρακλείτου λόγος, λέγων πάντα εἶναι καὶ μὴ εἶναι, ἅπαντα ἀληθῆ ποιεῖν. De même, 8, *sub init.* *Ibid.*, XI, 5, 1062 a, 31 : ταχέως δ' ἄν τις καὶ αὐτὸν τὸν Ἡράκλειτον... ἠνάγκασεν ὁμολογεῖν, μηδέποτε τὰς ἀντικειμένας φάσεις δυνατὸν εἶναι κατὰ τῶν αὐτῶν ἀληθεύεσθαι· νῦν δ' οὐ συνεὶς ἑαυτοῦ τί ποτε λέγει, ταύτην ἔλαβε τὴν δόξαν. *Ibid.*, 6, 1063 b, 24. *Top.*, VIII, 5, 155 b, 30 : ἀγαθὸν καὶ κακὸν εἶναι ταὐτόν, καθάπερ Ἡράκλειτός φησιν. *Phys.*, I, 2, 185 b, 19 : ἀλλὰ μὴν εἰ τῷ λόγῳ ἓν τὰ ὄντα πάντα... τὸν Ἡρακλείτου λόγον συμβαίνει λέγειν αὐτοῖς· ταὐτὸν γὰρ ἔσται ἀγαθῷ καὶ κακῷ εἶναι καὶ μὴ ἀγαθῷ καὶ ἀγαθῷ, ὥστε ταὐτὸν ἔσται ἀγαθὸν καὶ οὐκ ἀγαθὸν καὶ ἄνθρωπος καὶ ἵππος. Les commentateurs s'expriment de même : ALEXANDRE, *ad Metaph.*, 1010 a, 6; 1012 a, 21, 29; 1062 a, 25, 36; b, 2, p. 265, 17; 294, 30; 295, 19; 296, 1; 624 sq.; Bon. THÉMISTIUS, *Phys.*, 16 b, m. (113 sp.). SIMPLICIUS, in *Arist.*, 652 a, au bas, 18, a, m., etc. Cf. LASSALLE, I, 80. ASCLÉPIUS (*Schol.*, in *Arist.*, 652 a, 11 sq.) attribue même à Héraclite cette proposition : ἕνα δρασμὸν εἶναι πάντων τῶν πραγμάτων, mais en ajoutant qu'il s'est exprimé ainsi συμβολικῶς ου γυμναστικῶς. Cependant Simplicius et Aristote lui-même (voy. sup., p. 483, 1) ne peuvent s'empêcher de reconnaître que par là on attribue à notre philosophe une déduction qu'il n'a pas tirée lui-même, et qu'il n'aurait probablement pas admise sous cette forme. Il se peut que ce soit le Cratyle qui en ait fourni l'occasion. PLATON (*Théét.*, 182 c sqq.) désigne cette assertion comme une simple *conséquence* de l'opinion d'Héraclite.

3. HEGEL, *Gesch. der Phil.*, I, 305; LASSALLE, I, 81 sq.

Mais ni l'une ni l'autre de ces deux opinions (que l'on y voie un blâme ou un éloge) n'est entièrement exacte.

On ne pourrait considérer Héraclite comme niant le principe de contradiction, que s'il affirmait que des déterminations opposées peuvent appartenir au même sujet, non-seulement dans le même temps, mais encore sous le même rapport. Or il n'affirme rien de pareil. Il dit bien que le même être admet les formes les plus diverses, et que dans chaque chose sont unis les états et les qualités les plus opposés, entre lesquels la chose se meut et devient ; mais il ne dit pas que ces qualités lui appartiennent *sous le même rapport ;* et, s'il ne le dit pas, c'est sans doute qu'il ne songe pas encore à une question, que Platon et Aristote ont été, selon ce que nous savons, les premiers à envisager expressément[1].

De même, il n'a pas parlé avec une telle généralité de l'unité des contraires, de l'unité de l'être et du non-être, et cette unité d'ailleurs ne saurait se déduire de ses assertions. Autre chose est de dire : le même être est clair et obscur, jour et nuit, le même phénomène est naissance et mort, etc.; autre chose de dire : il n'existe aucune différence entre le jour et la nuit, entre l'être et le non-être considérés en eux-mêmes. En d'autres termes, autre chose est soutenir l'unité des contraires au point de vue concret, ou, au point de vue abstrait, affirmer leur co-existence dans le même sujet, ou leur identité. La première affirmation seule peut être déduite des exemples cités par Héraclite, et il n'avait nulle raison pour aller plus loin ; il n'était pas placé sur le terrain de la logique spéculative, mais sur celui de la physique.

D'un autre côté on n'a pas le droit d'atténuer sa proposition[2] au point de la réduire à cette idée : « que le

---

1. Cf., II, a, 527, 1, 3ᵉ éd.; II, b, 174, 2ᵉ éd. all.
2. Avec Schuster, p. 236, sqq.

même objet montre des qualités très-diverses, soit simultanément, quand on le met en relation avec plusieurs autres objets à la fois, soit successivement, quand on le met en face d'un objet unique, mais variable », et que la coexistence des contraires n'est, pour parler avec Herbart, que le résultat auquel donne lieu un point de vue accidentel. On ne voit nulle trace de cette thèse ni dans les assertions d'Héraclite lui-même ni dans les témoignages postérieurs qui le concernent. Au contraire, Héraclite, parlant, d'une façon générale et sans restriction aucune, des choses en apparence contraires, telles que le jour et la nuit, la guerre et la paix, le haut et le bas, dit qu'elles sont une seule et même chose; et le caractère relativement primitif de sa philosophie apparaît précisément dans ce fait, qu'il n'a pas encore soulevé la question de savoir dans quelles conditions et en quel sens cette coexistence des contraires est possible.

L'HARMONIE. — Mais s'il est nécessaire que tout se dissolve en contraires, il l'est également que les contraires se réunissent dans l'unité : car ils dérivent d'un seul et même être, lequel, dans le cours de ses changements, produit et détruit tour à tour les contraires ; lequel, en toutes choses, s'engendre lui-même et maintient l'unité du tout à travers le conflit des tendances opposées [1]. En se séparant

---

[1]. Fr. 67, HIPPOLYTE, Reful., IX, 10 : ὁ θεὸς ἡμέρη εὐφρόνη, χειμὼν θέρος, πόλεμος εἰρήνη, κόρος λιμός· ἀλλοιοῦται δὲ ὅκωσπερ ὅταν συμμιγῇ θυώμασι ὀνομάζεται καθ' ἡδονὴν ἑκάστου. BERNAYS (Rh. Mus., IX, 245) complète la seconde proposition, évidemment défectueuse, de ce fragment, en plaçant θύωμα avant θυώμασι; SCHUSTER (p. 188), en intercalant « οἶνος » après θυώμασι. Il me semble plus simple de lire, au lieu de ὅκωσπερ : ὅκως ἀήρ. Ce dernier mot ressemble très-fort à πέρ dans l'ancienne écriture. Dans la proposition finale, il ne faut pas traduire, comme Schuster, καθ' ἡδονήν, par « à volonté ». On ne saurait obtenir ainsi un sens satisfaisant, même en dehors de celui que donne Schuster : « chacun y attache une étiquette à son gré ». En effet, les formes que reçoit l'être primitif dans sa métamorphose sont quelque chose d'objectif et ne peuvent être comparées à des désignations arbitraires. On devra plutôt expliquer : « Il (l'air mélangé de parfums) est dénommé d'après l'un ou l'autre d'entre eux »; on ne dit pas : on sent de l'air, mais : on sent de la myrrhe, etc. (voy. 241, 2). De même

de lui-même, il s'unit avec lui-même[1] ; de la lutte procède l'existence, de l'opposition l'union, de l'inégalité l'harmonie. Tout devient un[2], tout se soumet à la divinité pour l'harmonie du tout, l'inégal lui aussi s'unit à elle pour produire l'égalité ; cela même que les hommes considèrent comme un mal est pour eux un bien[3] ; et du tout résulte cette harmonie secrète du monde, à laquelle la beauté des choses visibles ne peut être comparée[4]. Ce prin-

---

les Stoïciens disent (ap. Stob., Ecl., I, 66) du πνεῦμα qui pénètre tout : τὰς δὲ προσηγορίας μεταλαμβάνον διὰ τὰς τῆς ὕλης, δι' ἧς κεχώρηκε, παραλλάξεις : on ne peut songer ici à des dénominations arbitraires. Teichmüller (N. Stud., I, 66 sqq.) croit pouvoir expliquer la phrase en question sans modification de texte ; il donne θεός comme sujet à συμμιγῇ et à ὀνομάζεται, et pense que ce nom désigne le feu. Pour ma part, je ne puis me représenter, même dans la bouche d'Héraclite, un dieu mêlé à des parfums. Teichmüller traduit aussi καθ' ἡδονήν : selon le bon plaisir.

1. Platon, Soph., l. c. (voy. sup., 598, 1. Cf. 252 b), texte selon lequel la différence entre Héraclite et Empédocle consiste en ce que le dernier fait alterner l'état d'union et l'état de séparation, tandis que le premier admet, dans la séparation elle-même, une union simultanée qui se continue.
2. Cf. p. 600, 1 ; 592, 1 ; 586, 2.
3. Schol. Ven. ad Il., IV, 4 : πόλεμοι καὶ μάχαι ἡμῖν δεινὰ δοκεῖ τῷ δὲ θεῷ οὐδὲ ταῦτα δεινά· συντελεῖ γὰρ ἅπαντα ὁ θεὸς πρὸς ἁρμονίαν τῶν [ἄλλων ἢ καὶ — il n'y a là évidemment que l'indication d'une variante] ὅλων οἰκονομῶν τὰ συμφέροντα, ὅπερ καὶ Ἡράκλειτος λέγει, ὡς τῷ μὲν θεῷ καλὰ πάντα καὶ δίκαια, ἄνθρωποι δὲ ἃ μὲν ἄδικα ὑπειλήφασι, ἃ δὲ δίκαια. Cf. Hippocr., π. διαίτ., c. 11 : πάντα γὰρ ὅμοια, ἀνόμοια ἐόντα· καὶ σύμφορα πάντα, διάφορα ἐόντα· διαλεγόμενα οὐ διαλεγόμενα, γνώμην ἔχοντα, ἀγνώμονα (les êtres qui parlent et ceux qui ne parlent pas, les êtres doués de raison et ceux qui en sont privés, comme les deux classes principales de πάντα). ὑπεναντίος ὁ τρόπος ἑκάστων, ὁμολογούμενος... ἃ μὲν οὖν ἄνθρωποι ἔθεσαν, οὐδέκοτε κατὰ τωυτὸ ἔχει οὔτε ὀρθῶς οὔτε μὴ ὀρθῶς· ὁκόσα δὲ θεοὶ ἔθεσαν αἰεὶ ὀρθῶς ἔχει· καὶ τὰ ὀρθὰ καὶ τὰ μὴ ὀρθὰ τοσοῦτον διαφέρει. (Telle est la leçon de Littré ; celle de Bernays (Heracl., 22) est meilleure : ἔχει καὶ τὰ ὀρθῶς καὶ τὰ μὴ ὀρθῶς. τοσ. διαφ.) Cf. p. 597, 1 ; 598, 2, les citations extraites d'Aristote et de Simplicius.
4. Plut., An. procr., 27, 5, p. 1026 : ἁρμονίη γὰρ ἀφανὴς φανερῆς κρείττων καθ' Ἡράκλειτον, ἐν ᾧ τὰς διαφορὰς καὶ τὰς ἑτερότητας ὁ μιγνύων θεὸς ἔκρυψε καὶ κατέδυσεν. Nous trouvons également la première partie de ce fragment dans Hippolyte, IX, 9 : ὅτι δὲ... ἀφανὴς ὁ ἀόρατος... ἐν τούτοις λέγει· ἁρμονία ἀφανὴς φανερῆς κρείττων. ἐπαινεῖ καὶ προθαυμάζει πρὸ τοῦ γινωσκομένου τὸ ἄγνωστον αὐτοῦ καὶ ἀόρατον τῆς δυνάμεως. ὅτι δέ ἐστιν ὁρατὸς ἀνθρώποις... ἐν τούτοις λέγει ὅσων ὄψις ἀκοὴ μάθησις, ταῦτα ἐγὼ προτιμέω, φησί, τουτέστι τὰ ὁρατὰ τῶν ἀοράτων... (c. 10) οὕτως· Ἡράκλειτος ἐν ἴσῃ μοίρᾳ τίθεται καὶ τιμᾷ τὰ ἐμφανῆ τοῖς ἀφανέσιν... ἔστι γάρ, φησίν, ἁρμονίη ἀφανὴς φανερῆς κρείττων... προτιμέω, οὐ τὰ ἀφανῆ προτιμήσας. En se fondant sur cette dernière citation, Schuster (p. 24.
— Teichmüller (N. Stud., p. 154, sqq.) exprime une opinion différente) pense qu'Héraclite a dit : ἐς τί γὰρ ἁρμονίη ἀφανὴς φανερῆς κρείττων, « pourquoi une harmonie invisible serait-elle meilleure qu'une visible ? » Quelque ingénieuse que soit cette conjecture, elle ne s'accorde pas avec l'ensemble du texte d'Hippolyte. Les mots : ἁρμονίη, etc. (c. 9) étant cités sans ἔστι et étant expliqués en ce sens

que l'invisible est meilleur que le visible, il est impossible qu'Hippolyte (comme je l'admettais encore à tort dans la *Jenaer Lit. Zeit.*, 1875, art. 83) ait eu dans son texte d'Héraclite l'expression interrogative ἐς τί; le texte devait donner seulement : ἔστι, ou, selon toute probabilité, ce mot n'y était pas non plus. Et le texte du ch. 10 lui même n'impose pas d'autre conjecture. En effet, Hippolyte ne conclut pas ici, comme on devrait s'y attendre d'après la leçon de Schuster, que le visible était mis par Héraclite au-dessus de l'invisible, mais bien que les deux sont placés sur la même ligne, puisque dans un cas l'ἁρμονία ἀφανής est désignée comme meilleure, et que dans l'autre la préférence est accordée aux choses... ὅσων ὄψις, etc. Il est évident que cette conclusion n'est pas légitime, mais il ne s'ensuit pas que nous ne devions faire aucun usage du texte du ch. 9, à cause de « l'inintelligence » qui s'y manifeste. Malgré l'erreur commise par Hippolyte dans l'interprétation des paroles d'Héraclite, l'usage qu'il en fait montre du moins la manière dont il a lu le passage, et interdit d'admettre qu'il fasse signifier au même texte, dans l'une de deux citations immédiatement consécutives, le contraire de ce qu'il exprimerait dans l'autre. Cette hypothèse paraît d'autant plus risquée que Plutarque est d'accord avec la première citation d'Hippolyte et avec la leçon ἔστι de la seconde. Ici encore je ne puis partager l'opinion de Schuster d'après laquelle « l'explication obscure » de Plutarque (*l. c.*) n'a aucune valeur en présence du « clair témoignage » d'Hippolyte. Ce qui me paraît clair dans Hippolyte, c'est que dans sa citation du ch. 9, il est d'accord avec Plutarque ; mais ce que Schuster appelle le clair témoignage d'Hippolyte, réfutant Plutarque, c'est uniquement sa propre conjecture, laquelle n'est confirmée ni par le manuscrit d'Hippolyte ni par l'ensemble du texte. D'un autre côté, l'assertion de Plutarque relativement à ce qu'il a lu dans Héraclite (et c'est d'elle qu'il s'agit uniquement ici) n'est nullement obscure. Il est tout à fait évident qu'il a trouvé dans ce philosophe la *proposition* : L'harmonie invisible est meilleure que la visible, et non pas la *question* : Pourquoi la première est-elle meilleure que la seconde? Plutarque dit en outre de l'ἁρμονία φανερά, que Dieu y a caché les διαφοραί et les ἑτερότητες. Or il est certain que ces expressions n'appartiennent pas à Héraclite; mais Plutarque ne les donne pas non plus comme telles. Toutefois, en faisant cette addition, il devait avoir en vue un mot d'Héraclite, voisin sans doute du texte relatif à la double harmonie, comme on le voit d'après Philon, *Quest. in Gen.*, IV, 1, p. 237, Auch. : *Arbor est secundum Heraclitum natura nostra, quae se obducere atque abscondere amat.* Schuster traduit (Fr. 74, p. 193) : « La nature aime à se cacher comme un arbre » ; il croit à tort (ainsi que Teichmüller, *N. Stud.*, I, 183) que l'*arbre* figure dans la citation extraite d'Héraclite; ce dernier se rapporte au chêne de Mamré (*Gen.*, 18, 1), dont Philon vient de parler, et qui est transformé en symbole. Si cela ne ressort pas de notre texte latin, la faute en est aux deux traducteurs ou à l'un des deux seulement. (Mon collègue Petermann me dit que le texte arménien peut être rendu littéralement : L'arbre, d'après Héraclite, notre nature aime à se cacher et à se dissimuler). On ne doit regarder comme appartenant à Héraclite que la proposition suivant laquelle la Nature κρύπτεσθαι καὶ καταδύεσθαι φιλεῖ, proposition confirmée par Thémistius (*or.* V, 69 b : φύσις δὲ καθ' Ἡράκλ. κρύπτεσθαι φιλεῖ, de même dans la 2ᵉ recension de *or.* V, *or.* XII, 159 b), par Philon (*De prof.*, 476) et par Julien (*or.* VII, 216 c). Mais ce que Thémistius ajoute (dans les deux passages) : καὶ πρὸ τῆς φύσεως ὁ τῆς φύσεως δημιουργός, ne vient évidemment pas d'Héraclite. Lassalle (I, 24) et Schuster (316, 1) sont d'une opinion contraire; mais, malgré les citations empruntées par ce dernier à des écrits de l'époque stoïcienne et néoplatonicienne, je ne puis partager son avis. De ce que nous venons de dire, il résulte que Schleiermacher (p. 71) a tort de croire que l'harmonie visible désigne les éléments, et l'harmonie invisible les êtres organiques, de même que Lassalle (I, 97 sqq.) se trompe, quand il dit que l'harmonie visible a trait « à l'harmonie secrète, cachée dans l'intérieur du monde » ; si elle est secrète, elle n'est pas visible. Cette dernière explication est surtout loin d'être confirmée par Plutarque. Celui-ci ne dit pas que l'ἁρμ. φανερά soit cachée, comme le prétend Lassalle;

cipe est la loi divine, à laquelle tout obéit[1], la Diké, 606
dont rien au monde ne peut enfreindre les arrêts[2], la destinée ou la nécessité, qui domine tout[3]. Le même ordre

il la désigne au contraire comme la chose *dans laquelle* l'ἁρμ. ἀφανής est cachée. L'harmonie invisible doit être la même chose que la Nature qui se cache, à savoir l'ordre interne de l'être et du devenir; et l'harmonie *visible* désignera, ou bien, d'une façon générale, cet ordre apparaissant à l'extérieur, ou spécialement l'harmonie musicale, de sorte que le sens serait : « L'harmonie intérieure du monde surpasse en magnificence toute harmonie des sons ». — SCHUSTER réunit en un seul fragment la proposition relative à l'harmonie visible et invisible, et le texte cité plus loin par Hippolyte : ὁκόσων ὄψις, etc. Mais la manière dont Hippolyte mentionne les deux assertions n'autorise pas cette réunion; et le sens de la proposition relative à l'harmonie, tel que nous venons de l'établir, la rend impossible.

1. Fr. 123, STOB., *Floril.*, III, 84 : τρέφονται γὰρ πάντες οἱ ἀνθρώπινοι νόμοι ὑπὸ ἑνὸς τοῦ θείου. κρατέει γὰρ τοσοῦτον ὁκόσον ἐθέλει καὶ ἐξαρκέει πᾶσι καὶ περιγίνεται.

2. Fr. 64, PLUT., *De exil.*, 11, p. 604 : ἥλιος γὰρ οὐχ ὑπερβήσεται μέτρα, φησὶν ὁ Ἡράκλειτος· εἰ δὲ μή, Ἐρινύες μιν Δίκης ἐπίκουροι ἐξευρήσουσιν. Le même en termes un peu différents (*De Is.*, 48, p. 370) : ἥλιον δὲ (sc. Ἡράκλειτός φησιν) μὴ ὑπερβήσεσθαι τοὺς προσήκοντας ὅρους· εἰ δὲ μή, γλώττας μιν Δίκης ἐπικούρους ἐξευρήσειν. BERNAYS (*Heracl.*, 15, *Rh. Mus.*, IX, 259, 3) a supposé qu'Héraclite avait employé l'expression : Λύσσαι, au lieu d'Ἐρινύες et de la leçon inintelligible γλῶτται. LASSALLE (I, 351 sqq.) veut maintenir γλῶτται; il s'appuie sur PHILOSTRATE (*Apoll.*, I, 25, 2), d'après lequel quatre images d'oiseaux (ἴυγγες), qui devaient rappeler la rémunération divine, auraient été appelées par les Mages : θεῶν γλῶτται. Il croit avoir démontré par là, non-seulement que les ministres de la Diké étaient appelés chez les Perses « langues », mais encore qu'Héraclite connaissait les doctrines religieuses et les symboles des Mages. C'est là une erreur. En effet, quand bien même les images du torcol auraient été, chez les Perses, le symbole du *respice finem* et auraient été appelées « langues des dieux », il n'en résulterait nullement que les Erinnyes eussent été nommées langues des dieux ou simplement γλῶτται. Il faut renoncer en outre à la conjecture ingénieuse de Bernays. SCHUSTER (p. 184), et avant lui HUBMANN (cf. SCHUSTER, p. 357), a proposé avec plus de raison, au lieu de γλώττας, κλῶθαι; les filandières, les *Moirai*, qui, comme déesses de la mort, sauraient trouver le soleil lui-même, s'il voulait dépasser la limite assignée à son existence. Sur la Diké, voy. encore : ORIGÈNE, *C. Cels.*, VI, 42 (sup., 596, 3), et la citation tirée du *Cratyle* (p. 591, 1); le texte de CLÉMENT, *Strom.*, IV, 478 b : Δίκης ὄνομα οὐκ ἂν ᾔδεσαν, ne me semble pas avoir trait à notre question.

3. PLUT., *Plac.*, I, 27 : Ἡράκ. πάντα καθ' εἱμαρμένην, τὴν δὲ αὐτὴν ὑπάρχειν καὶ ἀνάγκην. De même, THÉODORET, *Cur. Gr. aff.*, VI, 13, p. 87; DIOG., IX, 7; STOB., I, 58 (voy. sup., p. 596, 2). STOBÉE, I, 178 (*Plac.*, 128) : Ἡράκ. οὐσίαν εἱμαρμένης ἀπεφαίνετο λόγον τὸν διὰ οὐσίας τοῦ παντὸς ὡς διήκοντα, αὕτη δ' ἐστὶ τὸ αἰθέριον σῶμα, σπέρμα τῆς τοῦ παντὸς γενέσεως· καὶ περιόδου μέτρον τεταγμένης. πάντα δὲ καθ' εἱμαρμένην, τὴν δ' αὐτὴν ὑπάρχειν ἀνάγκην· γράφει γοῦν· ἔστι γὰρ εἱμαρμένη πάντως. (Ici le texte s'arrête; ce qui est d'autant plus regrettable qu'on allait précisément lire les propres paroles d'Héraclite, tandis que ce qui précède porte une telle empreinte stoïcienne qu'il est assez indifférent de savoir si SCHLEIERMACHER (p. 74) a tort ou raison de prétendre que les mots αὕτη..... γενέσεως sont une interpolation se rapportant à οὐσία. Si le texte est, comme je le crois, en bon état, le sens doit être : Il déclarait que l'εἱμαρμένη est le λόγος qui pénètre la substance du monde, l'αἰθέριον σῶμα, qu'elle est le σπέρμα, etc.). SIMPLICIUS (*Phys.*, 6 a, au mil.) : Ἡράκλειτος δὲ ποιεῖ καὶ (voy. sur cette leçon,

607 universel, conçu comme force agissante, s'appelle la sagesse qui régit l'univers ¹, le Logos ², Zeus, ou la divi-

SCHLEIERMACHER, p. 76) τάξιν τινὰ καὶ χρόνον ὡρισμένον τῆς τοῦ κόσμου μεταβολῆς; κατά τινα εἱμαρμένην ἀνάγκην. Cf. aussi *ap.* PS.-HIPPOCR., π. διαίτ., I, 4 sq. (sup., p. 572, 2 fin, 580, 1) les expressions δι' ἀνάγκην θείην, τὴν πεπρωμένην μοίρην, et PLUT., *An. procr.*, 27, 2, p. 1026 : ἦν εἱμαρμένην οἱ πολλοὶ καλοῦσι... Ἡράκλειτος δὲ παλίντροπον ἁρμονίην κόσμου, etc. Dans le *De el Delph.*, 9, p. 388, il est impossible de déterminer d'une façon précise ce qui est emprunté à Héraclite.
  1. Fr. 24, DIOG., IX, 1 : εἶναι γὰρ ἓν τὸ σοφόν, ἐπίστασθαι γνώμην ᾗτε οἱ ἐγκυβερνήσει πάντα (neutre pluriel) διὰ πάντων. Au lieu de οἱ ἐγκυβ., SCHLEIERMACHER (p. 109, cf. LASSALLE, I, 334 sqq.) conjecture : οἵη κυβερνήσει, BERNAYS (*Rh. Mus.*, IX, 252 sqq.) : δικαίζει, SCHUSTER (p. 66) : οἵη τε κυβερνήσει, ou οἷς (οἵη τε) κυβερνῆσαι. En tout cas, le mot κυβερνᾶν, ainsi accompagné, est une expression favorite d'Héraclite et d'autres philosophes, comme le prouvent Schuster et Lassalle. Fr. 14, ORIG., *C. Cels.*, VI, 12 : ἦθος γὰρ ἀνθρώπειον μὲν οὐκ ἔχει γνώμην, θεῖον δὲ ἔχει. PLUT., *De Is.*, 76 : ἢ δὲ ζῶσα... φύσις ἄλλως τε ἐσπακεν ἀπορροήν καὶ μοῖραν ἐκ τοῦ φρονοῦντος, ὅπως κυβερνᾶται τὸ σύμπαν, καθ' Ἡράκλειτον. Au lieu de ἄλλως τε, SCHLEIERMACHER (p. 118) conjecture ici : ἄλλοθεν, BERNAYS (*Rhein. Mus.*, IX, 255) : ἀμυστί. On ne peut regarder comme appartenant à Héraclite que les mots : τὸ φρονοῦν ὅπως κυβερνᾶται τὸ σύμπαν (ils sont confirmés par des témoignages trop certains pour que je puisse admettre les doutes de Heinze, dont nous parlerons p. 609, 3); les mots ἀπορροή et μοῖρα sont des expressions stoïciennes.
  2. Sur le λόγος d'Héraclite, cf. HEINZE, *Die Lehre vom λόγος in d. gr. Phil.*, 9 sqq.; SCHUSTER, p. 18 sqq. TEICHMÜLLER, *N. Stud.*, I, 167 sqq. A la rigueur, il est impossible de prouver par le fr. 3 (*sup.*, 572, 2) qu'Héraclite ait également appliqué le nom de λόγος à la raison agissante dans le monde; cependant la « vérité dont le monde entier rend témoignage » se rapproche du concept de la raison immanente au monde. Le fr. 7 (*ap.* SEXT., *Math.*, VII, 133) prête moins au doute : διὸ δεῖ ἕπεσθαι τῷ ξυνῷ. τοῦ λόγου δὲ ἐόντος ξυνοῦ ζώουσιν οἱ πολλοὶ ὡς ἰδίαν ἔχοντες φρόνησιν (comme si dans leurs opinions ils avaient une raison particulière pour eux seuls). Le λόγος κοινός, opposé à l'ἰδία φρόνησις, ne peut désigner que la raison en tant qu'elle est l'élément commun à tous les êtres; et elle est précisément commune à tous les êtres, parce qu'elle contient les lois qui régissent le monde entier. SCHUSTER, en entendant par le λόγος « le discours de la Nature », part d'une double hypothèse : la première, c'est que le fragm. 7 est relié immédiatement au fr. 3, dont nous avons parlé page 572, 2; la seconde, c'est que, dans ce fragm. 7, le λόγος désigne « le discours de la Nature ». De ces deux hypothèses la première est indémontrable, et, d'après nos observations (*l. c.*), la seconde est invraisemblable. Le κοινός λόγος doit avoir au fond la même signification dans Héraclite que chez ses successeurs les Stoïciens (Cf. IIIᵉ part., a, 126, 2, 2ᵉ éd. all.). LASSALLE (II, 284) a donc raison de ne pas approuver SEXTUS qui interprète (*l. c.* et VIII, 8) le κοινός λόγος par τὰ κοινῇ φαινόμενα, et SCHUSTER (p. 23) a tort de défendre cette interprétation. Dans un passage précédent (VII, 133), Sextus lui-même déclare que le λόγος est le θεῖος λόγος. De même la raison apparaît comme quelque chose d'objectif et de distinct de la pensée des individus, dans le fr. 79 (HIPPOL., IX, 9), où il est dit : οὐκ ἐμεῦ ἀλλὰ τοῦ λόγου (telle est la leçon de BERNAYS, *Rh. Mus.*, IX, 255, et depuis lors, on a généralement adopté cette leçon au lieu de δόγματος) ἀκούσαντας ὁμολογέειν σοφόν ἐστιν, ἓν πάντα εἰδέναι (voy. p. 609, 3). Cependant on peut aussi admettre ici l'explication suivante : « Écoutant, non pas moi, mais le discours en lui-même, le contenu du discours, les raisons » (cf. SCHUSTER, 83; 228). Au contraire, dans les définitions de l'εἱμαρμένη, extraites de Stobée et citées plus haut, le λόγος appartient sans doute à la terminologie stoïcienne. Chez CLÉMENT (*Strom*, V, 599 c, voy. *inf.*, p. 511. 2), le διοικῶν λόγος καὶ θεός ne figure

nité[1] ; et, en tant que cette sagesse produit la série infinie 608 des périodes du monde et des états qui s'y succèdent, elle 609 s'appelle l'Æon[2] ; tous ces concepts ont, dans Héraclite, une seule et même signification[3] ; et la force organisatrice du monde, en tant que sujet actif, n'est pas distinguée du monde lui-même et de l'ordre du monde[4]. Cette force est

pas, comme le croit LASSALLE (II, 60) dans la citation extraite d'Héraclite, mais dans l'interprétation stoïcienne des paroles de ce philosophe, interprétation inexacte en elle-même, et désignée explicitement par Clément comme une addition personnelle. Clément dit en effet : δυνάμει γάρ λέγει, « le sens de sa proposition est ». De même, dans M. AURÈLE, IV, 46 (voy. p. 573, au bas), c'est le Stoïcien qui ajoute aux mots : ᾧ μάλιστα διηνεκῶς ὁμιλοῦσι λόγῳ, ceux-ci : τῷ τὰ ὅλα διοικοῦντι. A l'origine, les premiers étaient probablement synonymes de l'expression parallèle : οἱ καθ' ἡμέραν ἐγκυροῦσι, ce qui se présente constamment aux yeux des hommes. LASSALLE (II, 63) croit enfin découvrir dans le fr. 48 (voy. p. 628, 3) la préexistence du Logos, mais dans ce fragment λόγος signifie simplement « rapport ». En résumé, nous voyons qu'Héraclite a enseigné que le monde est gouverné par la raison et qu'il a donné à cette raison universelle le nom de Logos, mais il est clair que le concept du Logos est loin d'avoir chez lui l'importance qu'il aura chez les Stoïciens. L'exposition de LASSALLE (I, 322 sqq., 363 sqq.) exige à cet égard de fortes réserves ; ses conjectures sur les rapports de cette doctrine avec le dogme de Zoroastre relatif au verbe de la création et de la loi, ne trouvent aucun point d'appui dans les sentences d'Héraclite (comme HEINZE le reconnaît également, p. 56). Pour l'explication de ces sentences, on n'a besoin d'avoir recours à aucun élément dépassant le vocabulaire des Grecs ou le cercle de leurs idées.

1. Outre les textes cités p. 584, 3 ; 596, 3 ; 602, 2, cf. Fr. 140, CLÉM., Strom., V, 604 a : ἓν τὸ σοφὸν μοῦνον λέγεσθαι ἐθέλει καὶ οὐκ ἐθέλει (ou οὐκ ἐθ. καὶ ἐθ.) Ζηνὸς οὔνομα. Je ne puis discuter ici l'explication de ce texte donnée par BERNAYS (Rh. Mus., IX, 256 sq.), SCHUSTER (345) et d'autres. Voici celle qui me paraît la meilleure : « Un être, le seul sage, veut et ne veut pas être nommé Zeus. » Il veut être nommé ainsi parce qu'il est en vérité ce que l'on adore sous ce nom ; mais, d'un autre côté, il ne veut pas être nommé ainsi parce qu'à ce nom se rattachent des idées qui ne conviennent pas à cet être primitif ; ce nom est, comme tous les autres, une désignation insuffisante. Je crois aussi que la forme Ζηνὸς a été choisie au lieu de Διὸς pour rappeler la racine ζῆν ; cependant je n'attache pas grande importance à ce fait.

2. Cf. les textes cités p. 584, 3. Ce qu'Héraclite dit ici de l'αἰὼν a peut-être induit Énésidème (ou Sextus) à croire que l'assertion (voy. III° part., b, 24) suivant laquelle le temps et le πρῶτον σῶμα sont identiques appartient à ce philosophe.

3. Ainsi le πόλεμος, par exemple, est appelé tantôt Zeus, tantôt Diké ; et l'Æon est considéré comme Ζεὺς et comme δημιουργός.

4. Les auteurs modernes qui se sont occupés de la philosophie d'Héraclite ne sont pas tout à fait d'accord sur la question de savoir comment il se représentait la raison qui gouverne le monde. BERNAYS (Rh. Mus., IX, 248 sqq.) pense qu'il se la représentait comme une intelligence consciente ; LASSALLE (I, 325 ; 335 sqq.) y voit simplement la loi rationnelle objective ; HEINZE Die Lehre vom Logos. 28 sqq.), d'accord avec PEIPERS (Die Erkenntnisstheorie Plato's, I, 8 sq.), arrive au même résultat. TEICHMÜLLER enfin (N. Stud., I. 181 sqq.) pense qu'il est impossible de refuser la conscience à la sagesse qui, selon Héraclite, gouverne le monde. Pour moi, je crois que ce philosophe, non-seulement ne distingue pas encore entre la raison subjective et la raison objective, mais soumet son λόγος à une alternance

610 identique avec la substance primordiale du monde; la divinité ou la loi du monde n'est pas différente du feu primitif[1]; l'être primordial tire tout de lui-même par sa 611 propre force, d'après la loi qui lui est immanente.

de sommeil et de veille, d'actualité tantôt plus faible et tantôt plus forte; et qu'en tout cas il ne songe pas à le personnifier. C'est donc à tort, selon moi, que Teichmüller attribue la conscience à la sagesse qui, dans le système d'Héraclite, gouverne le monde; car, là où il y a conscience, il y a personnalité, que l'on emploie d'ailleurs ce mot ou non, que l'on ait ou non une idée claire des déterminations qui appartiennent au concept de la personnalité. De même l'hypothèse, suivant laquelle Héraclite aurait admis que la conscience du Logos divin s'éteint et se ranime alternativement, ne repose sur aucune preuve; cette conséquence ne résulte pas plus pour Héraclite que pour les Stoïciens des états successifs du monde. S'il s'est réellement représenté la sagesse divine comme une pensée consciente, il a dû admettre aussi que cette conscience est permanente, car il la décrit comme l'ἀείζωον (voy. sup. 586, 2), le μὴ δῦνον (590, 2), la puissance qui domine tout, et qui existe, même dans l'état présent du monde, malgré la transformation partielle du feu primitif en d'autres substances. Mais, pour affirmer ou nier purement et simplement que notre philosophe accordait la conscience à la sagesse qui gouverne le monde, il faudrait savoir avec certitude s'il s'est déjà posé la question. Or rien n'est moins vraisemblable. Sans doute, il parle de la prudence qui gouverne tout, de la sagesse divine (voy. sup., p. 607, 1), du μὴ δῦνον, à qui rien n'est caché; il dit, dans le fr. 79 (voy. p. 608) : ἓν πάντα εἰδέναι. (Nous n'avons aucune raison pour mettre εἶναι à la place d'εἰδέναι, comme le font l'édition d'Hippolyte publiée à Oxford, LASSALLE, I, 339, et HEINZE, p. 28 sq.; car l'expression εἰδέναι ne dit rien de plus que les autres assertions discutées plus haut, ni que le ἓν σοφόν du fr. 140. Voy. p. 608, 1.) Mais, quoique ces concepts puisés dans la conscience humaine contiennent implicitement la marque de la pensée personnelle consciente, il n'en est pas moins impossible d'admettre qu'Héraclite se soit fait des idées nettes sur cette question, et qu'il se soit dit explicitement qu'il faut se représenter comme un *moi* la raison qui gouverne le monde. S'il avait pensé ainsi, il n'aurait jamais pu considérer en même temps cette raison comme la substance dont les transformations produisent toutes choses. Même dans la suite, la philosophie ancienne, qui manque même de terme pour exprimer l'idée de « personnalité », n'a jamais posé sous cette forme la question de la personnalité de l'être primitif. Cette question ne fut introduite que par Carnéade et Plotin, et cela sous une forme tout autre. C'est pourquoi (voy. p. 890, 3; II° partie, a, 600, 662) les anciens attribuent souvent à des êtres qu'il nous est impossible, quant à nous, de nous représenter comme des personnes la pensée, la science, la raison, etc. Héraclite procède ici de la même manière. Il reconnait dans le monde une raison qui dirige et pénètre tout; et il lui prête des attributs que nous ne prêterions qu'à un être personnel. Non-seulement il n'a pas une conception nette de la personnalité, mais il ne sépare pas la raison de la matière. Anaxagore est le premier qui les ait séparées d'une manière nette et radicale; et c'est à cette séparation que se rapporte l'assertion bien connue d'ARISTOTE (*Metaph*., I, 3, 984 b, 15) d'après laquelle il a le premier reconnu dans le νοῦς le principe de l'ordre de la nature. Cette assertion ne peut donc pas servir (selon la juste observation de TEICHMÜLLER, 189 sq.) à prouver qu'Héraclite a dénié la science à la divinité. De même que cette assertion n'a pas trait au Dieu de Xénophane, puisque ce Dieu n'apparaît pas comme principe de l'explication de la nature (αἴτιος τοῦ κόσμου), de même elle n'a pas trait à la γνώμη d'Héraclite, laquelle n'est pas opposée à la matière à titre de principe indépendant.

1. Voy. sup., p. 586, 2; 587, 1; 596, 2, CLÉMENT, *Cohort.*, 42 c : τὸ πῦρ θεόν

Le système d'Héraclite est donc le panthéisme le plus nettement caractérisé[1] : selon ce système, l'être divin, en vertu de la nécessité même de sa nature, traverse sans relâche les formes changeantes du fini, et le fini n'existe que par le divin, lequel est, dans une unité indivisible, la matière, la cause et la loi du monde.

§ 2. LA COSMOLOGIE.

FORMATION DU MONDE. — En ce qui concerne la manière dont s'est opérée, à l'origine de notre monde, la transformation de l'être primitif en êtres dérivés, Héraclite enseignait, nous dit-on, que la raison divine, créatrice du monde, a converti le feu, d'abord en air, puis en humidité; celle-ci a été, en quelque sorte, la semence du monde, et elle a formé la terre et le ciel avec tout ce qu'ils renferment[2]. Sans doute il est impossible de méconnaître

ὑκπλήρατον Ἵππασο;... καὶ... Ἡράκ). HIPPOL., *Refut.*, IX, 10 : λέγει δὲ καὶ φρόνιμον τοῦτο εἶναι τὸ πῦρ καὶ τῆς διοικήσεως τῶν ὅλων αἴτιον· καλεῖ δὲ αὐτὸ χρησμοσύνην καὶ κόρον· χρησμοσύνη δέ ἐστιν ἡ διακόσμησις κατ' αὐτόν, ἡ δὲ ἐκπύρωσις κόσος. SEXT., *Math.*, VII, 127 (voy. p. 644, 5) : Héraclite dit que le περιέχον est doué de raison et que le θεῖος λόγος entre dans l'homme par la respiration. Le Midi, étant le point de départ de la lumière et de la chaleur, s'appelle, à cause de cette identité du feu avec la divinité, le domaine du brillant Zeus, Fr. 86 (STRABON, I, 6, p. 3) : ἠοῦς γὰρ καὶ ἑσπέρας τέρματα ἡ ἄρκτος, καὶ ἀντίον τῆς ἄρκτου οὖρος αἰθρίου Διός. Je ne sais comment donner une explication précise de ce passage. D'après SCHUSTER (257 sq.) οὖρος αἰθρίου Διός indique le pôle sud ; mais TEICHMÜLLER (*N. Stud.*, I, 14 sqq.) affirme avec raison que nous ne pouvons chercher une pareille conception dans Héraclite ; il croit, de son côté, que οὖρος désigne Arcturus, mais la désignation οὖρ. αἰθρ. Δ. serait bizarre en ce cas. Je ne puis non plus m'expliquer comment Arcturus pouvait être cité comme l'un des points de séparation entre l'orient et l'occident. En somme, le texte dit seulement que le Nord et le Sud sont placés entre l'Est et l'Ouest, et οὖρ. αἰθρ. Δ. signifie simplement : la région de la lumière.

1. C'est dans ce sens panthéistique que nous devrons également entendre l'anecdote racontée par ARISTOTE (*Part. an.*, I, 5, 645 a, 16), d'après laquelle Héraclite aurait dit à des étrangers qui hésitaient à lui rendre visite dans sa cuisine : εἰσιέναι θαρροῦντας, εἶναι γὰρ καὶ ἐνταῦθα θεούς. Cf. DIOG., IX, 7 : πάντα ψυχῶν εἶναι καὶ δαιμόνων πλήρη.
2. Selon CLÉMENT (*Strom.*, V, 599 d), le fr. 46 (voy. 586, 2) montre qu'Héraclite enseignait que le monde est sans commencement, mais d'autre part le fr. 47 montre qu'il lui attribuait un commencement : μηνύει τὰ ἐπιφερόμενα (Fr. 47) : « πυρὸς τροπαὶ πρῶτον θάλασσα· θαλάσσης δὲ τὸ μὲν ἥμισυ γῆ τὸ δὲ ἥμισυ

dans cette exposition l'influence de la physique stoïcienne, laquelle, précisément parce qu'elle prétendait être simplement une reproduction et une explication de celle d'Héraclite, altéra et obscurcit la connaissance de cette dernière chez les Grecs postérieurs [1]. Toutefois on doit regarder comme appartenant à Héraclite cette idée que le feu primitif s'est d'abord transformé, au moment de la formation du monde [2], en eau ou en « mer », et que celle-ci par suite d'une seconde transformation, accomplie dans deux directions opposées, a produit, d'une part, l'élément solide, la terre, de l'autre l'élément chaud et volatil, le vent brûlant [3]. De cette façon Héraclite se trouverait, à l'é-

---

πρηστήρ. » δυνάμει γὰρ λέγει (voy. p. 608, au mil.), ὅτι πῦρ ὑπὸ τοῦ διοικοῦντος λόγου καὶ θεοῦ τὰ σύμπαντα δι' ἀέρος τρέπεται εἰς ὑγρὸν τὸ ὡς σπέρμα τῆς διακοσμήσεως, ὁ καλεῖ θάλασσαν, ἐκ δὲ τούτου αὖθις γίνεται γῆ καὶ οὐρανὸς καὶ τὰ ἐμπεριεχόμενα. (Sur le πρηστήρ, voy. p. 588, 1.)

1. Dans l'explication donnée par Clément du passage d'Héraclite on reconnaît la doctrine des Stoïciens ; on reconnaît de même leur terminologie, non-seulement dans le λόγος καὶ θεὸς τὰ σύμπαντα διοικῶν (voy. p. 608, au mil.) et dans le σπέρμα τῆς διακοσμήσεως, mais encore dans l'addition : δι' ἀέρος. Cette dernière expression, qui se rencontre constamment dans les expositions stoïciennes, et qui était requise par la théorie stoïcienne des éléments (cf. III° part., a, 136, 4 ; 137, 2 ; 169, 1, 2° éd. all.), n'a aucune raison d'être dans la proposition d'Héraclite, et contredit, comme nous allons voir, son hypothèse de la transformation des substances l'une dans l'autre. Il est même manifeste que les Stoïciens se sont servis ici d'une ancienne exposition dans laquelle il n'était question, comme dans le fr. 47 d'Héraclite, que de la conversion du feu en eau. En effet, dans la formule stoïcienne : τροπὴ πυρὸς δι' ἀέρος εἰς ὕδωρ, le δι' ἀέρος n'est jamais donné que comme parenthèse ; aucun texte ne dit simplement : le feu se transforme en air et celui-ci en eau.
2. Je reconnais avec SCHUSTER (p. 148, 5), que le fr. 47 traite de la production de la terre par le feu primitif, et non pas, comme on le supposait depuis SCHLEIERMACHER, des transformations successives des éléments dans le monde. Car nous n'avons aucune raison de nous défier de l'assertion de CLÉMENT, selon laquelle le fr. 47 se rapportait à la formation du monde et se reliait au fr. 46 (voy. sup., 586, 2) ; cependant le mot ἐπιφερόμενα ne dit pas qu'il y fût relié immédiatement. Le texte des Placita, cité p. 593, 2, renferme aussi une description, fort peu exacte sans doute, de la formation du monde d'après Héraclite. Selon ce passage, la terre est d'abord sortie du feu par le dégagement des parties les plus grossières ; elle a formé l'eau, qui à son tour a donné naissance à l'air. Dans la seconde partie de cette exposition, la théorie stoïcienne des éléments (III° part., a, 169, 1) apparaît avec évidence ; mais dire que la terre procède immédiatement du feu, c'est se mettre en contradiction avec cette théorie elle-même.
3. Mais cela ne veut pas dire qu'une moitié de la mer se convertisse en terre et l'autre en feu, de sorte qu'il n'en reste plus rien. Les mots : θαλάσσης δὲ, etc., disent seulement que la mer contient (virtuellement) de la terre et du feu en parties égales, de sorte qu'elle est capable de les former tous deux également. Cf. TEICHMÜLLER, N. Stud., I, 54 sq.

gard de la doctrine de Thalès, dans la même situation qu'Anaximandre[1], celui d'entre les anciens Ioniens, auquel il se rattache le plus étroitement. Mais nous n'avons aucun document bien précis sur ses idées relatives à la formation du monde.

Les éléments. — Ces trois mêmes formes, que prend l'être primitif dans la genèse du monde, étaient considérées par notre philosophe comme étant, dans le monde actuel, les limites extrêmes entre lesquelles avaient lieu la transformation de la matière, et l'alternative du devenir et du périr. Selon Diogène[2], Héraclite appelait le changement le chemin vers le haut et vers le bas, et il disait que le monde se forme sur ce chemin; il admettait que le feu se transforme en eau par condensation, et l'eau en terre; la terre, de son côté, redevient liquide et se résout en eau; l'évaporation de cette dernière donne naissance à presque toutes les autres substances. La première transformation était le chemin vers le bas, la seconde, le chemin vers le haut. Ce texte ne peut être rapporté[3], comme le fragment de Clément, à la formation du monde; mais il a trait à la transformation des substances dans le monde actuel[4]. C'est également au monde actuel que pense Platon,

1. Cf. p. 205 sq., et, sur l'opinion analogue de Xénophane, p. 498.
2. IX, 8, après la citation de la p. 641, 1 : καὶ τὴν μεταβολὴν ὁδὸν ἄνω κάτω τόν τε κόσμον γίνεσθαι κατὰ ταύτην. πυκνούμενον γὰρ τὸ πῦρ ἐξυγραίνεσθαι συνιστάμενόν τε γίνεσθαι ὕδωρ, πηγνύμενον δὲ τὸ ὕδωρ εἰς γῆν τρέπεσθαι καὶ ταύτην ὁδὸν ἐπὶ τὸ κάτω εἶναι λέγει. πάλιν τ' αὐτὴν (l. αὖ) τὴν γῆν χεῖσθαι ἐξ ἧς τὸ ὕδωρ γίνεσθαι, ἐκ δὲ τούτου τὰ λοιπά, σχεδὸν πάντα ἐπὶ τὴν ἀναθυμίασιν ἀνάγων τὴν ἀπὸ τῆς θαλάττης. αὕτη δ' ἐστιν ἡ ἐπὶ τὸ ἄνω ὁδός. γίνεσθαι δ' ἀναθυμιάσεις, etc. (p. 616, 2).
3. Ainsi Schuster, 155 sq., 148.
4. D'après Schuster, il résulterait de l'ensemble du texte qu'il s'agit également ici de la formation du monde. Mais les remarques de Diogène à propos de la théorie d'Héraclite sur l'origine et l'embrasement du monde finissent entièrement avec les mots qui précèdent notre citation (voy. 640, 1; 641, 1); avec les mots καὶ τὴν μεταβολὴν, il passe à une autre question. On ne peut non plus invoquer le texte : τὸν κόσμον γίνεσθαι κατὰ ταύτην. 1° D'abord κατα ταύτην se rapporte aussi bien à l'ὁδὸς ἄνω κάτω qu'à l'ὁδὸς κάτω, car dans ce qui précède il n'est question que d'un seul chemin, et non de deux tels qu'un ὁδὸς ἄνω et un ὁδὸς κάτω; d'après Schuster, au contraire, ce qui est dit de l'ὁδὸς κάτω (κυκνούμενον—λέγει) aurait seul trait à la formation du monde, le reste se rappor-

quand il parle du chemin vers le haut et vers le bas [1] ; et il en est de même de tous les écrivains postérieurs qui expliquent le sens de cette expression [2].

D'ailleurs, nous possédons une assertion d'Héraclite lui-même relativement à la rotation de la matière et aux formes qu'elle reçoit, assertion tout à fait conforme à l'indication de Diogène. « Pour les âmes, dit-il, la mort consiste à se transformer en eau ; pour l'eau, à se transformer en terre ; mais de la terre vient l'eau, et de celle-ci vient l'âme [3]. » SCHUSTER prétend que cette proposition se rapporte uniquement aux êtres vivants, dont l'âme est constamment reformée par les éléments aqueux de leur corps dans lesquels elle se résout continuellement, de même que ces derniers sortent des éléments terreux et y rentrent perpétuellement [4]. Mais cette interprétation est en contradiction avec l'affirmation unanime de tous nos témoins [5] ;

---

terait à sa destruction. 2° L'emploi constant du présent (γίνεσθαι, ἐξυγραίνεσθαι, démontre qu'il ne s'agit pas ici d'une chose passée, mais d'un devenir qui dure encore. 3° L'origine du monde serait décrite d'une façon insuffisante par les mots que Schuster dit être consacrés à cette description, car la formation du ciel est passée sous silence (voy. 611, 2). 4° Il est impossible de trouver dans les mots πάλιν τ' αὖ τὴν γῆν, etc., une description de l'ἐκπύρωσις, car il y est dit : De l'eau vient le reste, lequel s'explique presque tout entier par l'évaporation de la terre et de l'eau. Schuster veut donc lire ἐκ δὲ τούτου τὸ πῦρ, τὰ λοιπὰ σχεδόν, etc. Mais cette modification du texte ne serait permise que dans le cas où le texte qui nous a été transmis ne donnerait pas un sens admissible. Or il donne un sens excellent ; seulement ce n'est pas celui que Schuster y cherche. Et, si l'on acceptait celui qu'il propose, on aurait, au lieu de cette pensée simple : De l'eau vient le feu par l'évaporation de l'eau, cette expression contournée et inintelligible : τὰ λοιπὰ σχεδὸν πάντα, etc. Que pourrait indiquer ce λοιπὰ πάντα? Le feu est, en effet, le seul élément qui naisse encore de l'eau lors de l'embrasement du monde.

1. *Phileb.*, 43 a : Les sages prétendent que notre corps ne peut jamais être à l'état de repos, ἀεὶ γὰρ ἅπαντα ἄνω τε καὶ κάτω ῥεῖ. Il ne s'agit pas ici de l'origine et de la destruction du monde, mais uniquement de la transformation des choses du monde.
2. Ainsi le Ps.-PHILON, *De œtern. m.*, 958 a : τὰ στοιχεῖα τοῦ κόσμου... δολιχεύοντα (parcourant un δόλιχος, un chemin qui revient sur lui-même) ἀεὶ καὶ τὴν αὐτὴν ὁδὸν ἄνω καὶ κάτω συνεχῶς ἀμείβοντα, selon l'expression d'Héraclite. MAX. TYR., 41, 4 : μεταβολὴν ὁρᾷς σωμάτων καὶ γενέσεως, ἀλλαγὴν ὁδῶν ἄνω καὶ κάτω κατὰ τὸν Ἡράκλειτον.
3. Fr. 89, *sup.*, p. 583, 1.
4. *L. c.*, 268 sq., 157 ; 165.
5. PHILON (*l. c.*, 958 c) cite notre texte comme une preuve à l'appui de son observation sur la rotation des éléments (voy. *sup.*, 614, 2) ; et CLÉMENT

et ARISTOTE, de son côté, nous apprend qu'Héraclite avait appelé âme le feu qui forme la substance de toutes choses [1]. Nous sommes donc tout à fait fondés à croire qu'Héraclite considérait le feu, l'eau et la terre comme les formes essentielles que traversait la matière dans ses transformations.

Quelques auteurs plus récents voudraient voir ici les quatre éléments, en interprétant « l'âme » d'Héraclite dans le sens de l'air, ou en intercalant cet élément entre le feu et l'eau [2]. Mais, en présence de la déclaration précise d'Héraclite, on ne saurait admettre cette manière de voir, d'autant que c'était, comme on sait, le propre de cette époque, d'interpréter dans des sens nouveaux les doctrines des anciens philosophes, et que cette tendance était favorisée, dans le cas actuel, par le désir qu'avaient les Stoïciens de retrouver leurs propres idées dans la philosophie d'Héraclite [3].

(*Strom.*, VI, 624 a) croit qu'Héraclite imite ici certains vers orphiques qu'il cite, mais qui en réalité sont eux-mêmes une imitation de la proposition d'Héraclite, dans ce passage : De la ψυχή vient l'eau, de celle-ci la terre, et *vice versa*. Au nombre des témoins en question, il faut aussi compter les écrivains cités plus bas, note 2, lesquels rapportent de même aux éléments la proposition qui nous occupe.

1. Cf. p. 587, 3; 588, 2.
2. Par exemple, PLUTARQUE (*De ei*, 18, p. 392), quand il reproduit la proposition que nous venons de citer fr. 89, de la manière suivante : πυρὸς θάνατος ἀέρι γένεσις; καὶ ἀέρος θάνατος· ὕδατι γένεσις; PHILON (*l.c.*), quand il l'explique ainsi : ψυχὴν γὰρ οἰόμενος εἶναι τὸ πνεῦμα τὴν μὲν ἀέρος τελευτὴν γένεσιν ὕδατος, τὴν δ' ὕδατος γῆς πάλιν γένεσιν αἰνίττεται; MAX. DE TYR (41, 4, *sub fin.*, p. 285, R) : ζῇ πῦρ τὸν γῆς θάνατον καὶ ἀὴρ ζῇ τὸν πυρὸς θάνατον· ὕδωρ ζῇ τὸν ἀέρος θάνατον, γῆ τὸν ὕδατος; (ce qui n'est plus attribué explicitement à Héraclite); PLUT., *Plac.*, I, 3 (voy. sup., 593, 2); MAX. DE TYR, *l. c.* Ce dernier n'attribue pas les quatre éléments à Héraclite, mais dit en son propre nom que le feu se convertit en air, celui-ci en eau, l'eau en terre, et la terre de nouveau en feu.
3. SCHUSTER (157 sq.) croit, il est vrai (et TEICHMÜLLER, *N. Stud.*, I, 62 sqq., est en partie de son avis), qu'Héraclite n'a pas non plus oublié l'air dans sa théorie des éléments. Mais cette assertion ne me semble pas démontrée. Sans doute Héraclite a pu quelquefois parler de l'air (ainsi que je le suppose p. 602, 2, à propos du fr. 67), mais il ne s'ensuit pas qu'il l'ait rangé parmi les formes essentielles de la matière, c'est-à-dire au nombre de ses éléments. De même qu'Anaxagore et Démocrite ont vu dans l'air un mélange de matières diverses (voy. *inf.*, p. 897, 4; 786), de même Héraclite a pu le considérer comme quelque chose d'intermédiaire entre l'eau et le feu, comme une forme de transition ou une série de formes de ce genre. Si Plutarque (dans le passage que nous avons examiné p. 589, 1; 615, 4) intercale l'air dans le texte d'Héraclite, cela est sans

616 Pour la même raison nous ne devons attacher aucune importance à ce fait, que certaines expositions récentes parlent d'un passage direct du feu à la terre[1] ou de la terre au feu[2].

617 De même on ne doit pas chercher dans Héraclite le concept de l'*élément* au sens d'Empédocle ou d'Aristote[3]. Son idée, c'est que les trois substances que nous

---

valeur en présence du langage très clair de notre philosophe; et si Énésidème a regardé l'air, et non le feu, comme l'élément primitif d'Héraclite (voy. III° part., b, 23), on peut très-bien expliquer cette assertion sans avoir recours à l'hypothèse d'après laquelle Héraclite aurait attribué à l'air un rôle analogue à celui de la terre, de l'eau et du feu. On ne peut se servir de la fausse interprétation donnée par Énésidème sur la matière primitive d'Héraclite pour prouver l'exactitude de cette hypothèse.

1. PLUTARQUE, *Plac.*, I, 3.
2. MAX. DE TYR (cf. p. 615, 4). On pourrait aussi interpréter dans le même sens le texte de DIOGÈNE, IX, 9 : γίνεσθαι ἀναθυμιάσεις ἀπό τε γῆς καὶ θαλάττης, ἃς μὲν λαμπρὰς καὶ καθαράς, ἃς δὲ σκοτεινάς· αὔξεσθαι δὲ τὸ μὲν πῦρ ὑπὸ τῶν λαμπρῶν, τὸ δὲ ὑγρὸν ὑπὸ τῶν ἑτέρων. Toutefois, cela n'est point nécessaire. En effet, admettons avec TEICHMÜLLER (*N. Stud.*, I, 57) que l'hypothèse de LASSALLE (d'après laquelle les vapeurs pures viendraient seules de la mer, tandis que les vapeurs obscures et brumeuses viendraient de la terre), ainsi que l'hypothèse contraire (d'après laquelle les vapeurs pures et claires viennent de la terre, tandis que les vapeurs obscures viennent de la mer) soient toutes deux fausses, parce que les vapeurs qui s'élèvent de la mer et de la terre sont également troubles; admettons, par conséquent, qu'il soit plus exact de dire que la terre et la mer produisent l'une et l'autre et des vapeurs claires et des vapeurs obscures : il n'en reste pas moins 1° que Diogène ne prétend pas que la terre, à titre de corps élémentaire, se convertisse en vapeurs ignées; γῆ désigne ici le continent opposé à la mer, en y comprenant l'eau des lacs, les fleuves, les marais et le sol humecté par la pluie; 2° que l'on peut se demander si les vapeurs claires et obscures ne montent pas en même temps les unes à côté des autres, et si toutes ne sont pas d'abord sombres et humides, pour se convertir plus tard seulement en vapeurs claires : ces vapeurs obscures serviraient alors d'aliment aux nuages, les vapeurs claires aux étoiles et au ciel brillant. Pour démontrer la conversion directe de la terre en feu, SCHLEIERMACHER (p. 49, sqq.) s'appuie sur Aristote, dont la Météorologie semble reproduire pour le fond les opinions d'Héraclite, et qui parle, non-seulement de vapeurs humides, mais encore de vapeurs sèches, par conséquent d'un embrasement direct de la terre. Mais il est impossible d'établir qu'Aristote dépende d'Héraclite, soit d'une manière générale, soit sur ce point en particulier. Enfin, IDELER (*ad Arist. Meteor.*, I, 351) conjecture qu'Héraclite peut avoir emprunté à des poëmes orphiques sa théorie de la double évaporation; mais cette conjecture ne repose sur aucun fondement; du moins, il est impossible de l'appuyer sur ce que disent PLATON (*Crat.*, 402 b) et CLÉMENT (*Strom.*, VI, 629).

3. Empédocle entend par ce qu'on appelle ses *élémenta* (lui-même, on le sait, n'emploie pas cette dénomination) des principes premiers immuables, qui, à ce titre, ne se transforment pas l'un dans l'autre. Ceux d'Aristote se transforment l'un dans l'autre, mais ne dérivent d'aucune matière ayant existé avant eux, car la πρώτη ὕλη n'a jamais existé comme telle; elle n'est que la base intelligible des éléments, leur essence commune; et elle n'existe que sous ces quatre formes. Le

avons mentionnées sont les formes sous lesquelles l'être primitif apparaît dans sa première transformation, que ce sont les corps auxquels tous les autres peuvent être ramenés, et que ces corps procèdent l'un de l'autre selon l'ordre indiqué[1]. Par cette proposition : « le chemin vers le haut et vers le bas est le même[2], » il donne à entendre 618

feu d'Héraclite, au contraire, existe avant la formation du monde, et ne se convertit en eau et en terre que dans le cours des temps.

1. « Quand Héraclite allumait du bois à son foyer, dit Schuster (166), se disait-il chaque fois que la terre doit d'abord se transformer en mer et ensuite en *prester*, avant de passer à l'état de feu ? » C'est là une question à laquelle l'histoire de la philosophie n'a pas à répondre. Sans doute, il ne lui arrivait pas non plus, chaque fois qu'il regardait le Caystros, de songer que ce n'était plus le même fleuve qu'auparavant ; et il ne se demandait pas, chaque fois qu'il buvait de l'eau, si ce breuvage nuirait à la sécheresse de son âme. La seule question qui ait de l'intérêt pour nous, c'est de savoir comment Héraclite expliquait, d'après ses théories, les phénomènes ordinaires, tels, par exemple, que la combustion du bois. L'absence de documents à cet égard ne nous donne naturellement pas le droit de mettre en doute les théories elles-mêmes. Sans doute, nous ne savons pas *comment* Héraclite expliquait la combustion du bois, nous ne savons même pas s'il a tenté cette explication. Mais, s'il a fait cette tentative, il avait une réponse toute prête. Il n'avait pas besoin, comme Schuster le prétend, de considérer la terre comme étant purement et simplement du bois : il pouvait admettre que c'était un mélange de terre et d'eau, que, pendant la combustion, la partie de la terre qui ne se convertit pas en eau reste à l'état de cendres, et que l'autre se transforme, ainsi que l'eau contenue dans le bois, d'abord en vapeur épaisse, puis en vapeur claire, d'abord en fumée, puis en feu. (D'après Théophraste, *De igne*, fr. III, 3, le feu est, pour Héraclite, de la fumée brûlante, et d'après Aristote, *Meteor*., II, 2, 355 a, 5 et d'autres physiciens, tels que Diogène, v. p. 245, il ne se nourrit que d'humidité.) Il avait là une explication aussi conforme aux apparences que beaucoup d'autres, et qui s'accordait parfaitement avec ses autres hypothèses. Ou bien encore il pouvait entendre par combustion la sortie du feu contenu dans le περιέχον (voy. p. 644 sq.) et la diffusion dans le περιέχον des parties du bois qui brûlent. On ne saurait opposer à des témoignages authentiques sur les hypothèses scientifiques d'un philosophe l'incompatibilité de certains faits avec ces hypothèses, du moment que l'on ignore si ce philosophe a tenté une conciliation et de quelle manière il l'a tentée. Démocrite et Platon ont-ils regardé le bois comme incombustible, parce que d'après leur théorie la terre ne peut se transformer en feu (voy. *inf*., 786, 2; part. II, a, 676, 2) ?

2. Fr. 82, *ap*. Hippocr., *De alim*., II, 24, K ; Tert., *adv. Marc*., II, 28 ; plus complet *ap*. Hippol. (voy. *sup*., p. 581, 3 ; 613, 2 ; 614, 1, 2). Lassalle prétend (I, 128, 173 sqq.) que le chemin vers le haut et le bas ne désigne pas seulement les degrés du processus des éléments, et que l'identité des deux chemins ne se rapporte pas simplement à la parité de ces degrés. D'après lui, la proposition citée plus haut signifie que le monde est une unité constante, une alternance constante des deux moments opposés de l'être et du néant, de ce qui conduit à la *genesis* et de ce qui conduit à l'*ecpyrosis* ou négation. C'est rendre, sans motif et sans nécessité, le philosophe obscur, plus obscur qu'il ne l'est déjà. Il n'y a aucun texte dans Héraclite ou dans ses commentateurs où nous trouvions une raison d'entendre, par ὁδὸς ἄνω καὶ κάτω, autre chose que le chemin de la terre au feu, et *vice versa*. Lassalle donne encore une traduction inexacte quand il prétend que, dans le texte

que la série des phases est analogue des deux côtés. Il nous apprend en outre par là qu'à ses yeux le changement de substance implique un changement de lieu : plus un corps se rapproche de la nature ignée, plus il s'élève ; plus il s'en éloigne, plus il descend, ainsi qu'il est démontré par l'expérience des sens[1].

CIRCULATION DES ÉLÉMENTS. — La matière, dans ses trans-

---

de DIOGÈNE, IX, 8 (cité p. 613, 2 ; 641, 1), μεταβολή indique la transformation *réciproque* du πόλεμος et de l'ὁμολογία, du moment qui conduit de l'être au néant, et de celui qui conduit du néant à l'être (v. aussi, II, 246, et II, 137). Diogène lui-même ne nous laisse pas le moindre doute sur la signification de l'ὁδὸς ἄνω καὶ κάτω. Dire que la parité des degrés de transformation des éléments ne saurait être désignée par ὁδὸς μίη (l. c., 173 sq.) est une objection singulière : le chemin qui conduit du feu, à travers l'eau, vers la terre n'est-il pas le même que celui qui conduit de la terre, à travers l'eau, vers le feu, alors même que la *direction*, suivant laquelle ce chemin est parcouru, est autre ici que là ?

1. D'après LASSALLE (II, 241-260) et BRANDIS (*Gesch. d. Entw.*, I, 68) le ὁδὸς ἄνω καὶ κάτω n'indique pas un changement de lieu. Les preuves données par Lassalle à l'appui de son opinion n'ont guère de valeur. 1° Le mouvement vers le haut et le bas, dit-il, s'opère en ligne droite, tandis que le mouvement d'Héraclite est circulaire. — Mais il n'est circulaire qu'en tant que l'on se représente la transformation des substances sous la *figure* d'une rotation. 2° La mer est située plus bas que la terre (c'est-à-dire que la terre ferme, non que son propre fond), tandis que, si ὁδὸς ἄνω se rapportait à la situation des lieux, elle devrait être située plus haut. — On pourrait prouver de la même façon que Platon et Aristote n'ont rien su de la position naturelle des éléments. 3° Au point de vue des lieux, le haut et le bas, le chemin vers le haut et vers le bas ne sont pas identiques. Voy. à ce sujet la note préc. et p. 581, 3. 4° Platon et Aristote n'auraient pas passé sous silence l'ὁδὸς ἄνω κάτω, si cette expression avait été prise au propre et non au figuré. Pourquoi non ? Ils passent bien sous silence mainte opinion importante au point de vue du système d'Héraclite ; d'ailleurs Platon parle (*Philèbe*, 43 a) de la doctrine selon laquelle tout ἄνω τε καὶ κάτω ῥεῖ ; et dans le *Théétète* (181 b) il dit que, d'après cette doctrine, tout change constamment de lieu et d'éléments. 5° DIOGÈNE (IX, 8 sq.) ne parle pas d'un mouvement différent selon les lieux. — Voy. note précéd. 6° Dans la *Physique*, VIII, 3 (voy. sup., p. 578, au bas), ARISTOTE repousse explicitement toute interprétation de l'ἄνω et du κάτω au point de vue du lieu. — Il ne repousse nullement une telle interprétation, à moins qu'il ne repousse de même explicitement l'hypothèse selon laquelle Héraclite enseignait une transformation constante de la matière. 7° Enfin OCELLUS (I, 12) oppose entre elles la διέξοδος κατὰ τόπον et la διέξοδος κατὰ μεταβολήν — Mais dans le texte en question il ne s'agit nullement d'Héraclite. Lassalle n'a nullement démontré qu'on puisse entendre par ἄνω et κάτω autre chose que le haut et le bas dans l'espace, et les anciens qui citent la proposition d'Héraclite l'ont évidemment tous comprise dans le sens ordinaire. Bien plus, Lassalle lui-même se voit forcé de reconnaître (II, 251) qu'Héraclite a pu appliquer l'ὁδὸς ἄνω au processus des éléments ; or, dans ce processus, il y a évidemment changement de lieu. — Comme le feu d'Héraclite occupe la partie supérieure du monde, STOBÉE (*Ecl.*, I, 500) range Héraclite parmi ceux qui considèrent le ciel comme πύρινος ; cela n'est pas en contradiction avec l'assertion de DIOGÈNE, IX, 9, d'après laquelle il ne s'est pas prononcé sur la nature du περιέχον.

formations, décrit donc en quelque sorte un cercle ; lorsque sa substance élémentaire s'est le plus éloignée de sa forme primitive, en se changeant en terre, elle retourne à son état primordial par les degrés intermédiaires. L'identité et la régularité de ce mouvement sont la seule chose qui persiste dans l'écoulement de la vie du monde. La matière change constamment de nature et de place : par conséquent aucune chose ne demeure jamais, quant à sa composition élémentaire, ce qu'elle était auparavant ; tout se transforme continuellement : par là même tout perd continuellement une partie de ses éléments matériels, et cette perte doit être incessamment réparée par l'afflux d'autres parties qui prennent la place et revêtent la nature des éléments antérieurs dans leur chemin vers le haut et vers le bas. L'apparence de la persistance de l'être tient donc exclusivement à cette circonstance, que les parties qui s'écoulent d'un côté sont remplacées, d'un autre côté, par l'afflux d'autres parties dans la même proportion. L'eau doit recevoir du feu et de la terre autant d'humidité qu'elle en cède elle-même au feu et à la terre, etc. Ce qui persiste dans l'écoulement des choses, ce n'est pas la substance, mais la proportion des substances. Le monde pris dans sa totalité restera le même aussi longtemps que les éléments se transformeront l'un dans l'autre dans la même proportion, et chaque chose individuelle restera la même aussi longtemps que la transformation de la matière aura lieu d'une manière uniforme au point déterminé qu'elle occupe dans l'univers. Chaque chose par conséquent est ce qu'elle est, par cette seule raison que les courants opposés des substances qui vont et viennent se rencontrent en elle dans telle direction et dans telle proportion déterminées[1]. C'est la régularité

620

1. On ne peut, à vrai dire, invoquer, en faveur de cette interprétation de la doctrine d'Héraclite, le fr. 48 (voy. 628, 3), comme un témoignage direct, si ces mots se rapportent, non à la transformation réciproque des éléments, mais à la fin du monde. Mais, si l'on a égard à l'opinion d'Héraclite sur l'écoulement de toutes choses, on ne voit pas comment il aurait pu expliquer d'une autre manière

de cette marche qu'Héraclite appelle l'harmonie, la Diké, le destin, la sagesse qui gouverne le monde, etc., tandis que, d'autre part, de la circulation même de la matière procède l'écoulement de toutes choses, et de l'opposition des voies vers le haut et vers le bas la loi universelle de la guerre.

LE SOLEIL ET LES ASTRES. — Cette doctrine, appliquée avec conséquence à toutes les parties du monde, aurait engendré un système scientifique selon lequel les différentes classes du réel auraient parcouru les mêmes degrés du processus universel de la transformation. Mais il est très-probable qu'Héraclite n'a jamais songé à donner une description complète de la nature. Si, en dehors des idées anthropologiques dont nous parlerons plus tard, nous ne connaissons qu'un petit nombre de propositions d'Héraclite relatives à l'astronomie et à la météorologie[1], cela ne tient certainement pas au manque de documents, mais à ce fait, que lui-même n'a pas traité les questions physiques d'une manière complète.

Ce qu'on cite de lui d'ordinaire et presque uniquement, c'est son opinion bien connue sur la formation quotidienne du soleil. Non-seulement il croyait, avec d'autres physiciens, que le feu de cet astre était entretenu par les vapeurs ascendantes[2], mais il regardait cet astre

---

ce fait que les objets particuliers et l'ensemble du monde conservent pendant un temps plus ou moins long la même apparence. Cette manière de voir est confirmée par l'exemple bien connu du fleuve (p. 576, 2), qu'ARISTOTE emploie aussi dans ce sens (*Meteor.*, II, 3, 357 b, 30 sq.), et par l'indication aristotélicienne (voy. 578, au bas) selon laquelle tout, d'après Héraclite, change constamment sans que nous le remarquions.

1. L'assertion de Philon, elle aussi (*Quest. in Gen.*, III, 5, voy. p. 596, 2), prouve simplement qu'Héraclite a appuyé sa théorie des oppositions de l'être sur une série d'exemples. Il n'est point question de l'indication d'un traité systématique et détaillé de physique, comme LASSALLE se l'imagine (II, 98).

2. ARISTOTE, *Meteor.*, II, 2, 354 a, 33 : διὸ καὶ γελοῖοι πάντες ὅσοι τῶν πρότερον ὑπέλαβον τὸν ἥλιον τρέφεσθαι τῷ ὑγρῷ. On voit par la suite qu'Héraclite est compté parmi ces philosophes. DIOGÈNE (IX, 9) expose les idées d'Héraclite sur les astres : τὸ δὲ περιέχον ὁποῖόν ἐστιν οὐ δηλοῖ· εἶναι μέντοι ἐν αὐτῷ σκάφας ἐπεστραμμένας

lui-même comme une masse de vapeurs ignées [1]; et, comme il admettait que ces vapeurs étaient consumées pendant le jour par la combustion et renaissaient le matin, il arriva à cette proposition : le soleil se renouvelle tous les jours [2].

κατὰ κοῖλον πρὸς ἡμᾶς, ἐν αἷς ἀθροιζομένας τὰς λαμπρὰς ἀναθυμιάσεις ἀποτελεῖν φλόγας, ἅς εἶναι τὰ ἄστρα. Parmi eux le soleil répand plus de lumière et plus de chaleur que les autres, parce que la lune se meut dans une atmosphère moins pure, plus voisine de la terre, et que les autres astres sont trop éloignés : ἐκλείπειν δ' ἥλιον καὶ σελήνην ἄνω στρεφομένων τῶν σκαφῶν· τούς τε κατὰ μῆνα τῆς σελήνης σχηματισμοὺς γίνεσθαι στρεφομένης ἐν αὐτῇ κατὰ μικρὸν τῆς σκάφης. Nous trouvons les mêmes opinions touchant le soleil et la lune dans les *Placita*, II, 22, 27, 28, 29; dans STOBÉE, I, 526, 550, 558; dans les *Schol. in Plat.*, p. 409, Bekk., avec cette restriction que Stobée nomme le soleil, à la façon stoïcienne : ἄναμμα νοερὸν ἐκ τῆς θαλάσσης; ACH. TATIEN (in *Arat.*, p. 139 b) parle aussi de cette forme de nacelle attribuée au soleil. De même Anaximandre, qu'Héraclite suit dans un si grand nombre de questions, fait jaillir le feu sidéral, entretenu par des vapeurs, des gousses qui l'entourent (cf. p. 206 sq.); mais il se représente ces dernières autrement que notre philosophe, qui s'en tient à l'ancienne conception du vaisseau solaire et lunaire. STOBÉE (I, 510) nomme les astres, certainement à tort, πιλήματα πυρός. SCHLEIERMACHER (p. 57) a raison de lire Ἡρακλείδης au lieu de Ἡράκλειτος dans le texte des *Placita*, II, 25, 6 : Ἡράκλειτος (τὴν σελήνην) γῆν ὁμίχλῃ περιειλημμένην. D'après DIOGÈNE, IX, 7; les *Placita*, II, 21; STOBÉE, I, 526; THÉODORET, *Cur. gr. aff.*, I, 97, p. 17, Héraclite aurait attribué au soleil un diamètre d'un pied. Peut-être n'est-ce là qu'une méprise à propos d'une assertion relative à son diamètre apparent, et la question de la grandeur réelle n'a-t-elle pas été examinée par Héraclite. Du moins il est plus naturel de croire qu'il assignait au soleil une grandeur correspondant à l'importance du rôle qu'il lui attribuait (voy. *inf.*, p. 624, 1). Toutefois, il est possible qu'il ait dit : « Le soleil n'a que la largeur d'un pied; néanmoins, sa lumière remplit le monde entier. »

1. ARISTOTE, *Probl.*, XXIII, 30 sub fin. : διὸ καὶ φασί τινες τῶν ἡρακλειτιζόντων, ἐκ μὲν τοῦ ποτίμου ξηραινομένου καὶ πηγνυμένου λίθους γίνεσθαι καὶ γῆν, ἐκ δὲ τῆς θαλάττης τὸν ἥλιον ἀναθυμιᾶσθαι.

2. PLATON, *Rep.*, VI, 498 a : πρὸς δὲ τὸ γῆρας ἐκτὸς δή τινων ὀλίγων ἀποσβέννυνται πολὺ μᾶλλον τοῦ Ἡρακλειτείου ἡλίου, ὅσον αὖθις οὐκ ἐξάπτονται. ARISTOTE, *Meteor.*, II, 2, 355 a, 12 : ἐπεὶ τρεφομένου γε (sc. τοῦ ἡλίου) τὸν αὐτὸν τρόπον, ὥσπερ ἐκεῖνοί φασιν, δῆλον ὅτι καὶ ὁ ἥλιος οὐ μόνον, καθάπερ ὁ Ἡράκλειτός φησι, νέος ἐφ' ἡμέρῃ ἐστίν, ἀλλ' ἀεὶ νέος συνεχῶς, ce qu'ALEXANDRE (ad h. l., p. 93 a, sq.) explique avec raison de la façon suivante : οὐ μόνον, ὡς Ἡράκλειτός φησι, νέος ἐπ' ἡμέρῃ ἂν ἦν, καθ' ἑκάστην ἡμέραν ἄλλος ἐξαπτόμενος, τοῦ πρώτου ἐν τῇ δύσει σβεννυμένου. PROCLUS (in *Tim.*, 334 d) cite aussi comme venant d'Héraclite les mots : νέος ἐφ' ἡμέρῃ ἥλιος. C'est à ces mêmes mots, et non pas, comme le croit Lassalle (II, 103), à un autre passage d'Héraclite, que se rapporte sans doute le texte de PLOTIN, II, 11, 2, p. 97 d : Ἡρακλείτῳ, ὃς ἔφη ἀεὶ καὶ τὸν ἥλιον γίγνεσθαι. D'après une scholie platonicienne (l. c.), le soleil d'Héraclite se plonge dans la mer, s'y éteint, puis se meut sous la terre vers l'est, et là se rallume. On peut relier cette indication aux citations empruntées à Diogène et à d'autres (voy. l'av.-dern. note), et dès lors admettre qu'après l'extinction du feu solaire, c'est-à-dire après sa transformation en eau (car il faut en tout cas substituer cette transformation à l'extinction dans la mer), son support en forme de nacelle se dirige, de la manière indiquée, vers l'orient, pour se remplir de nouveau de vapeurs brûlantes. On objecterait en vain que, d'après cette hypothèse, la lumière solaire seule se renouvellerait tous les jours, tandis que son support demeurerait. Comme la lumière seule frappe notre vue, on pouvait toujours dire, malgré la

148 HÉRACLITE.

623 Dès lors l'apparence même de persistance, que prêtaient aux choses l'afflux et l'écoulement réguliers des substances, n'appartenait au soleil que pour cette courte durée[1].

ARISTOTE nie expressément[2] qu'il ait étendu cette assertion aux autres constellations. Si donc certains auteurs affirment que, selon lui, la lune et les étoiles étaient également nourries par les vapeurs, et que les étoiles étaient des amas de feu[3], il est au moins probable que la première de ces indications n'est qu'une extension de ce qu'il avait dit réellement[4]. A ce qu'il semble, il ne s'était

permanence du support, que le soleil se renouvelle tous les jours. Et même, si Héraclite a réellement admis de tels supports pour la lumière solaire et sidérale (ce que les explications qu'il donne des éclipses et des phases de la lune met à peu près hors de doute), il était plus naturel de les considérer comme solides et durables que de les faire consister également en vapeurs, et de supposer qu'ils disparaissent en même temps que leur contenu. LASSALLE (II, 117) croit que, d'après Héraclite, le feu solaire ne se change pas complètement en humidité pendant le jour, mais que cette transformation complète a seulement lieu pendant la révolution nocturne du soleil autour de l'hémisphère opposé au nôtre (dont il ne devrait jamais être question quand on parle d'Héraclite); il ajoute que cette hypothèse est le fondement de l'indication donnée par le Scholiaste de Platon. Mais telle n'a certainement pas été l'opinion d'Héraclite, telle n'a pas été non plus l'idée des témoins qui lui attribuent purement et simplement l'assertion d'après laquelle le soleil s'éteint en se couchant. De même SCHUSTER (p. 209) est en contradiction avec les témoignages unanimes et les propres paroles de notre philosophe, quand il dit que, si Héraclite regardait Hélios comme un dieu, il entendait par là, non qu'il naissait de nouveau tous les jours, mais seulement que chaque jour il renouvelait sa substance.

1. Le fragment 64 (sup., 606, 2) semble se rapporter à cette durée de leur existence; il peut aussi avoir trait en même temps aux limites de leur carrière, car la vie éphémère du soleil durerait plus longtemps, s'il prolongeait son cours: la mesure de l'espace et celle du temps sont ici identiques.

2. Meteor., l. c., 355 a, 18 : ἄτοπον δὲ καὶ τὸ μόνον φροντίσαι τοῦ ἡλίου, τῶν δ' ἄλλων ἄστρων παριδεῖν αὐτοὺς τὴν σωτηρίαν, τοσούτων καὶ τὸ πλῆθος καὶ τὸ μέγεθος ὄντων. Dans les Problemata (l. c.), le soleil seul est formé par les évaporations de la mer.

3. Voy. p. 621, 2, cf. OLYMPIODORE, in Meteor., f. 6 a, p. 149, Ideler; BERNAYS soutient une autre opinion (Heracl., 12 sq.).

4. On peut encore moins admettre l'indication d'après laquelle Héraclite aurait enseigné que le soleil se nourrit des vapeurs de la mer, la lune de celles des eaux douces, les étoiles de celles de la terre (voy. STOB., Ecl., I, 510; cf. PLUT., Plac., II, 17). On aura sans doute faussement attribué à notre philosophe la doctrine stoïcienne. Lui-même, comme nous venons de le montrer, ne s'est jamais expliqué sur ce qui alimente les étoiles; et il ne pouvait pas non plus admettre une transformation directe de la terre en ces vapeurs dont se nourrit l'élément igné (cf. p. 616). De même les disciples d'Héraclite, dont parlent les Problèmes d'ARISTOTE (voy. p. 622, 1), font une tout autre application de la différence entre les eaux douces et les eaux salées.

guère occupé des étoiles, par cette raison qu'elles n'exercent que peu d'influence sur notre monde ¹. Quant à ses prétendues explications des autres phénomènes célestes, elles nous ont été transmises d'une façon trop incomplète pour que nous en puissions tirer des conséquences importantes relativement à sa philosophie ².

SYSTÈME DU MONDE. PÉRIODES DU MONDE. — Les documents ne nous disent pas explicitement comment Héraclite se représentait la forme et la structure du monde. Mais, comme la marche ascendante des substances avait sa limite dans le feu et la marche descendante dans la terre, et, comme ce changement qualitatif concordait, dans l'opinion de notre philosophe, avec le mouvement ascendant et descendant dans l'espace, il devait y avoir, selon Héraclite, une limite inférieure et supérieure du monde. Nous ne savons pas ³

---

1. Cf. Fr. 50, ap. PLUT. (Aqua an ign. util., 7, 3, p. 957) : εἰ μὴ ἥλιος ἦν, εὐφρόνη ἂν ἦν, ou, selon une autre expression de PLUTARQUE (De fortuna, c. 3, p. 98) : ἡλίου μὴ ὄντος ἕνεκα τῶν ἄλλων ἄστρων εὐφρόνην ἂν ἤγομεν. Cléanthe, lui aussi, celui d'entre les Stoïciens qui s'est le plus rapproché d'Héraclite, assignait au soleil un rôle tellement important, qu'il y plaçait le séjour de la divinité (IIIᵉ part., a, 125, 1). On attribue à l'école d'Héraclite cette proposition (PLATON, Crat., 413 b, l. c., 591, 1) : τὸν ἥλιον διϊόντα καὶ χῶντα ἐπιτροπεύειν τὰ ὄντα. Héraclite, quant à lui, n'est pas allé aussi loin (cf. aussi p. 590, 2), puisque dans ce cas il n'aurait pas enseigné que le soleil s'éteint tous les jours. Les seuls mots qui appartiennent à Héraclite dans PLUTARQUE (Quest. Plat., VIII, 4, 9) sont : ὥρας αἳ πάντα φέρουσι; nous n'avons pas le droit (comme le prétend SCHUSTER, 161) de lui prêter autre chose.

2. Après le texte cité p. 616, 2 ; 621, 2, DIOGÈNE continue ainsi : ἡμέραν τε καὶ νύκτα γίνεσθαι καὶ μῆνας καὶ ὥρας ἐτείους καὶ ἐνιαυτούς· ὑετούς τε καὶ πνεύματα καὶ τὰ τούτοις ὅμοια κατὰ τὰς διαφόρους ἀναθυμιάσεις. τὴν μὲν γὰρ λαμπρὰν ἀναθυμίασιν φλογωθεῖσαν ἐν τῷ κύκλῳ τοῦ ἡλίου ἡμέραν ποιεῖν, τὴν δὲ ἐναντίαν ἐπικρατήσασαν νύκτα ἀποτελεῖν· καὶ ἐκ μὲν τοῦ λαμπροῦ τὸ θερμὸν αὐξανόμενον θέρος ποιεῖν, ἐκ δὲ τοῦ σκοτεινοῦ τὸ ὑγρὸν πλεονάζον χειμῶνα ἀπεργάζεσθαι. ἀκολούθως δὲ τούτοις καὶ περὶ τῶν ἄλλων αἰτιολογεῖ. Héraclite croyait donc que la succession du jour et de la nuit, ainsi que des saisons (voy. Fr. cité p. 602, 2), provenait de la prééminence que prenaient tour à tour l'élément igné et l'élément humide. (La fin de la note précédente prouve qu'il avait parlé aussi des saisons.) STOBÉE (Ecl., I, 594) nous indique l'explication qu'il donnait des autres phénomènes cités plus haut : Ἡρακλ. βροντὴν μὲν κατὰ συστροφὰς ἀνέμων καὶ νεφῶν καὶ ἐμπτώσεις πνευμάτων εἰς τὰ νέφη, ἀστραπὰς δὲ κατὰ τὰς τῶν θυμιωμένων ἐξάψεις, πρηστῆρας δὲ κατὰ νεφῶν ἐμπρήσεις καὶ σβέσεις. Dans l'indication d'OLYMPIODORE (Meteorol., 33 a ; I, 283, Id.), suivant laquelle Héraclite regardait la mer comme une exsudation de la terre, IDELER conjecture avec raison une confusion avec Empédocle, occasionnée par le fragment 48, cité page 628, 3.

3. HIPPOCRATE (π. διαίτ., voy. sup., 580, 1) dit, à la vérité : φάος Ζηνί, σκότος

s'il a attribué au monde une forme sphérique; et, en ce qui concerne la terre, l'hypothèse contraire est plutôt probable[1]. Il est également impossible de trouver chez lui la mention de la rotation diurne du ciel[2]. Il devait, en tout cas, considérer le monde comme un tout homogène, ainsi qu'il le dit nettement lui-même[3] : car un tel monde est nécessaire pour rendre possible ce mouvement circulaire où tout vient de l'un et l'un de tout, et où les oppositions de l'existence se concilient dans une harmonie universelle. Si donc des auteurs postérieurs ont rangé Héraclite parmi les philosophes qui ont enseigné l'unité et l'étendue limitée du monde[4], ils ont eu raison au fond, bien que lui-même sans doute ne se soit pas servi de ces expressions.

Ἄιδη, τίς· Ἄιδη, σκότος Ζηνί. τοιτᾷ κεῖνα ὥδε καὶ τάδε κεῖσε πᾶσαν ὥρην. Mais d'abord on ne saurait déduire avec certitude de ce texte la forme sphérique du monde : en effet, même en admettant un mouvement latéral du ciel autour de la terre supposée cylindrique (conformément à l'opinion des Ioniens antérieurs et postérieurs, voy. sup., 227 sq.), on s'expliquerait que la partie inférieure du monde fût éclairée, du moment que le soleil passerait, dans ce mouvement, sous le plan de l'horizon. Puis nous ne savons pas si l'auteur exprime ici l'opinion d'Héraclite; son assertion est même inconciliable avec l'allégation de ce philosophe relative à l'extinction quotidienne du soleil. Après les observations que nous avons faites page 622, 2, il ne nous est pas possible d'avoir recours, pour lever cette contradiction, à l'hypothèse de Lassalle, d'après laquelle le soleil ne s'éteint pas complètement. D'ailleurs, en ce cas, cette lumière, qui a éclairé le monde supérieur, ne brillerait pas dans l'Hadès.

1. Non seulement Anaximandre et Anaximène, mais Anaxagore, Démocrite et sans doute aussi Diogène, attribuaient encore à la terre la forme d'un cylindre ou d'un disque. Il n'est donc pas vraisemblable qu'Héraclite se la soit représentée sous une autre forme. Jusque vers la fin du ve siècle, les Pythagoriciens et les philosophes qui avaient adopté leur astronomie furent seuls à admettre la forme sphérique.

2. Ses idées relatives à la nacelle du soleil et de la lune, ainsi qu'à l'extinction journalière du soleil, font plutôt penser à un mouvement indépendant appartenant aux différents corps célestes, tel que l'admettait Anaximène (voy. sup., 276 sq.). Héraclite, qui s'occupait si peu des astres et de l'astronomie, ne semble pas avoir réfléchi que le lever et le coucher quotidiens de tous les astres devaient avoir une cause commune.

3. Fr. 46, 98, sup., p. 586, 2; 600, 1.

4. Diogène, IX, 8 : πεπεράσθαι τε τὸ πᾶν καὶ ἕνα εἶναι κόσμον. Théodoret, Cur. gr. aff., IV, 12, p. 58; Simplicius, Phys., 6 a, au mil.; Aristote, Phys., III, 5, 205 a, 26 : οὐθεὶς τὸ ἓν καὶ ἄπειρον πῦρ ἐποίησεν οὐδὲ γῆν τῶν φυσιολόγων. Ce texte n'est pas en contradiction avec notre assertion, car la substance primitive d'Héraclite n'est pas illimitée; Lassalle (II, 154), qui rapporte également cette proposition à Héraclite, n'a pas fait attention à : καὶ ἄπειρον.

EMBRASEMENT DU MONDE. — S'il n'existe qu'un monde unique, ce monde ne doit avoir ni commencement ni fin, car le feu créateur divin ne peut jamais demeurer en repos. C'est dans ce sens qu'Héraclite a dit expressément : le monde a toujours été et sera toujours¹. Toutefois cette doctrine n'exclut pas la possibilité d'un changement dans l'état et l'organisation de l'univers. Ce changement pouvait même paraître impliqué par la loi fondamentale de la mutabilité universelle, bien qu'il ne le fût pas en réalité : car il est parfaitement satisfait à cette loi, si, tandis que le tout se maintient à travers le changement de ses parties, rien d'individuel ne demeure le même. La doctrine de l'alternance des états de l'univers pouvait paraître d'autant plus naturelle à Héraclite qu'elle avait déjà été soutenue par Anaximandre et Anaximène, deux physiciens dont le premier offre avec lui de si nombreuses ressemblances. En fait, les anciens documents s'accordent à lui attribuer cette assertion, que le monde actuel se résoudra un jour en feu, mais que de cet embrasement universel sortira un nouveau monde, et ainsi de suite à l'infini. L'histoire du monde n'est donc qu'une série de créations et de destructions se succédant à des époques fixes².

SCHLEIERMACHER³, puis LASSALLE⁴, ont, de nos jours, contesté énergiquement cette interprétation.

---

1. Cf. p. 586, 2.
2. Pour désigner la destruction du monde, les Stoïciens se servent, comme on sait, de l'expression ἐκπύρωσις. Cette expression n'est pas encore employée par Héraclite; CLÉMENT (*Strom.*, V, 549 d) dit explicitement : ἣν ὕστερον ἐκπύρωσιν ἐκάλεσον οἱ Στωικοί.
3. *L. c.*, 94 sqq. De même, HEGEL (*Gesch. der Phil.*, I, 313) et MARBACH (*Gesch. der Phil.*, I, 68); mais ni l'un ni l'autre n'indique les motifs de leur opinion.
4. II, 126-240. Dans son histoire de la Philosophie gréco-romaine (I, 177 sqq.), BRANDIS soutenait encore, contre Schleiermacher, qu'Héraclite croyait à l'embrasement du monde; mais Lassalle, à ce qu'il paraît, l'a déterminé à renoncer à cette opinion (voy. *Gesch. der Entw.*, I, 69 sq.). Pour expliquer néanmoins les indications des anciens, il conjecture qu'Héraclite distinguait un double mouvement, l'un, exempt d'opposition, qu'il désignait par les noms de paix et de repos, l'autre, participant aux oppositions qui existent dans le monde. Notre philosophe, ajoute-t-il, s'est exprimé sur ces deux mouvements de telle façon

627 Lassalle n'a pas assez distingué entre deux idées qui, sans doute, peuvent être exprimées l'une et l'autre par les termes « embrasement du monde », « destruction du monde, » mais entre lesquelles il existe au fond une grande différence. La question n'est pas de savoir s'il doit se produire un jour un anéantissement du monde dans le sens rigoureux du mot, une destruction absolue de sa substance. Héraclite ne pouvait naturellement admettre un tel anéantissement, puisqu'à ses yeux le monde ne consiste que dans telle forme déterminée de l'existence du feu divin, lequel, par conséquent, en est la substance. D'ailleurs il a déclaré avec toute la netteté possible qu'il n'admettait pas un tel anéantissement. Il s'agit uniquement de savoir si Héraclite pensait que l'état actuel du monde et la répartition des substances élémentaires qui en est la condition nécessaire peuvent se maintenir sans changement dans leur ensemble malgré la transformation incessante de toutes les choses individuelles, ou s'il estimait que l'ensemble des substances particulières doit de temps en temps retourner à la substance primitive, pour recommencer à émaner de cette substance.

628 Il semble résulter des assertions de notre philosophe lui-même que cette dernière solution était la sienne. Sans doute, en s'en tenant à certains textes, on ne pourrait décider si Héraclite admettait simplement une production continue des choses individuelles par le feu et leur retour

---

qu'on pourrait considérer comme temporelle la distinction idéale qu'il établit entre eux ; « il est même possible que lui-même l'ait conçue de cette façon. » Par cette dernière assertion, Brandis revient, en fait, sur sa négation de l'embrasement du monde dans la doctrine d'Héraclite. En effet, dire qu'à la période du mouvement d'un contraire à l'autre succède une période de mouvement sans opposition, c'est proprement dire : à la διακόσμησις succède l'ἐκπύρωσις. On ne peut admettre qu'Héraclite ait enseigné une distinction purement idéale de ces deux mouvements ; mais je conçois encore moins un mouvement sans opposition (ce qui serait en soi une *contradictio in subjecto*) dans la bouche d'Héraclite. Je ne crois cependant pas nécessaire d'entrer dans plus de détails, puisque cette opinion trouvera sa réfutation plus tard. De même, je ne puis suivre ici Lasalle dans ses longs développements.

ultérieur à ce même feu, ou s'il admettait en outre une transformation simultanée du monde entier en feu, suivie d'une formation nouvelle du monde¹. Mais il est d'autres textes dont les termes suggèrent nécessairement l'idée d'un embrasement futur du monde, et, en ce sens, de la fin du monde, idée à laquelle ils ont d'ailleurs été expressément rapportés par les auteurs qui nous les ont transmis. « Le feu viendra partout, dit Héraclite, jugera et saisira tout². » Dans un autre fragment, Héraclite exposait, selon CLÉMENT, comment, avant l'embrasement universel, la terre redevenait mer³.

1. Par exemple : l'ἁπτόμενον μέτρα καὶ ἀποσβεννύμενον μέτρα (voy. sup., p. 586, 2) ; le εἰς πῦρ καὶ ἐκ πυρὸς τὰ πάντα (585, 1), et le passage cité page 592, 1.
2. Fr. 68, *ap* HIPPOL., IX, 10 : πάντα τὸ πῦρ ἐπελθὸν κρινεῖ καὶ καταλήψεται. Ici l'emploi du futur (comme le second verbe est à ce temps, le premier devait y être aussi) indique avec probabilité qu'il ne s'agit pas, comme dans la proposition (au présent) : πάντα οἰακίζει κεραυνός (voy. sup., 587, 1), d'une transformation constante de toute chose en feu, mais d'une transformation unique ayant lieu dans un temps futur. HIPPOLYTE est donc fondé à citer ce passage comme preuve à l'appui de l'ἐκπύρωσις.
3. Fr. 48, CLÉMENT, Strom., V, 599 (voy. aussi Eus., *Pr. ev.*, XIII, 13, 33) : ὅπως δὲ πάλιν ἀναλαμβάνεται (sc. ὁ κόσμος; de même que le monde est de nouveau résorbé dans l'être primitif, c'est une expression stoïcienne, cf. III° part., a, 140, 6, et, au sujet de l'ἀναχωρεῖν correspondant, ibid., 130, 3), καὶ ἐκπυροῦται, σαφῶς διὰ τούτων δηλοῖ· « θάλασσα διαχέεται καὶ μετρέεται εἰς τὸν αὐτὸν λόγον ὁκοῖος πρῶτον (Eus., πρόσθεν) ἦν ἢ γενέσθαι γῆ. » Nous ne pouvons révoquer en doute l'allégation précise de Clément, d'après laquelle ces mots se rapportaient effectivement au retour de la terre à l'état de mer, dont elle est sortie à l'époque de la formation du monde (voy. p. 611 sq.). On ne saurait donc supprimer γῆ avec LASSALLE (II, 61), ou lire γῆν avec SCHUSTER (129, 3). De même qu'à cette époque la plus grande partie de la mer devint terre, de même la terre doit de nouveau se convertir en mer, d'après la loi générale de la transformation de la matière (cf. p. 613 sq.). Diogène, lui aussi (voy. sup., p. 613, 2), désigne cette conversion de la terre en eau par le mot χεῖσθαι. LASSALLE (*l. c.*) traduit les mots : εἰς τὸν αὐτὸν λόγον, par : « d'après la même loi. » Cette traduction tient trop peu de compte de εἰς. Cette locution signifie plutôt : « dans la même mesure, » ou plus exactement (λόγος indiquant le rapport, et dans ce cas un rapport de grandeur) : « de telle sorte que l'étendue de la mer soit, à l'égard de celle qu'elle avait comme terre, dans la même proportion que précédemment, avant qu'elle devint terre. » (De même PEIPERS, *Erk.-theorie Plato's*, 8.) Je ne puis accorder que dans ce cas il fallût lire « ὁκόσο· » au lieu d'ὁκοῖος (HEINZE, *Lehre v. Log.*, 95) : ὁ αὐτὸς οἷος a la même signification que ὁ αὐτὸς ὡς (la même étendue que celle d'autrefois). HEINZE, qui, avec Lassalle, supprime γῆ, explique : « la mer devient le même logos, c'est-à-dire un feu identique à celui qui formait ses parties constitutives avant qu'elle existât comme mer. » Mais, bien que ce soit le même être qui reçoive le nom, tantôt de feu primitif, tantôt de logos, il ne s'ensuit pas que ces concepts aient pu être confondus, et que l'expression désignant cet être par rapport à son intelligence ait pu être employée pour désigner le substratum

629 Aristote est encore plus explicite. Héraclite et Empédocle, dit-il, pensent que le monde, tantôt est dans l'état actuel, tantôt périt pour renaître sous une autre forme, et que les choses continuent ainsi éternellement[1]. Héraclite, remarque-t-il ailleurs[2], dit que tout, un jour, se
630 convertira en feu. Déjà l'expression ἅπαντα[3] nous avertit que cette assertion ne se rapporte pas simplement à la transformation *successive* de tous les corps individuels en feu, mais à un état où l'ensemble des choses prend *simultané-*

matériel lui-même. Un panthéiste peut dire : « Dieu est esprit et matière », mais il ne dira pas pour cela : les substances matérielles dérivées se résolvent dans l'*esprit primitif*; il dira : elles se résolvent dans la *matière primitive*.

1. *De cælo*, I, 10, 279 b, 12 : γενόμενον μὲν οὖν ἅπαντές εἰναί φασιν (sc. τὸν οὐρανὸν), ἀλλὰ γενόμενον οἱ μὲν ἀΐδιον, οἱ δὲ φθαρτὸν ὥσπερ ὁτιοῦν ἄλλο τῶν φύσει συνισταμένων, οἱ δ' ἐναλλὰξ ὁτὲ μὲν οὕτως, ὁτὲ δὲ ἄλλως ἔχειν φθειρόμενον καὶ τοῦτο ἀεὶ διατελεῖν οὕτως, ὥσπερ Ἐμπεδοκλῆς ὁ Ἀκραγαντῖνος καὶ Ἡράκλειτος ὁ Ἐφέσιος. Les mots ὁτὲ—ἄλλως ἔχειν peuvent ici se traduire ou bien : « le monde est tantôt dans tel état, tantôt dans un autre », ou bien : « il est tantôt dans le même état *que maintenant*, tantôt dans un autre. » Ceci est sans importance dans la question dont il s'agit; mais le mot φθειρόμενον appelle la seconde interprétation. Ce dernier mot ne peut être relié (d'après la juste remarque de Prantl) qu'à ἄλλως ἔχειν, de sorte que le sens est le même que s'il y avait : ὁτὲ δὲ, φθειρόμενον, ἄλλως ἔχειν. Mais, si ἄλλως ἔχειν désigne l'état postérieur à la fin du monde, οὕτως ἔχειν désignera l'état contraire, celui qui correspond à l'état actuel. Dans le texte τοῦτο ἀεὶ διατελεῖν οὕτως, τοῦτο se rapporte naturellement au texte entier ὁτὲ μὲν οὕτως ὁτὲ δὲ ἄλλως ἔχειν, et le sens est : « l'alternance des états du monde continue toujours. » Lassalle (II, 173) fait rapporter τοῦτο exclusivement à φθειρόμενον, et il traduit : cette destruction « s'accomplit éternellement », de telle sorte que, d'après sa conclusion, l'alternance dans le temps de l'existence du monde et de sa destruction serait, par notre texte, expressément exclue de la doctrine d'Héraclite (et aussi de celle d'Empédocle). Mais il est évident que les mots en question. même au point de vue de la langue, ne peuvent avoir ce sens. On pourrait s'étonner qu'Aristote attribue ici à Héraclite l'opinion que le monde a eu un commencement, quand ce philosophe dit lui-même d'une façon si nette (voy. sup., 586, 2) que le monde est sans commencement. Mais Aristote ne parle que du monde actuel, du système céleste (οὐρανός); pour le reste il reconnaît (280 a, 11) τὸ ἐναλλὰξ συνιστάναι καὶ διαλύειν αὐτόν (ce qui est encore une réfutation péremptoire de l'explication de Lassalle) οὐδὲν ἀλλοιότερον ποιεῖν ἐστιν, ἢ τὸ κατασκευάζειν αὐτὸν ἀΐδιον ἀλλὰ μεταβάλλοντα τὴν μορφήν. De même, Alexandre (*ap.* Simpl., *De cælo*, 132 b, 32 sqq. *Schol.*, 487 b, 43) dit tout à fait dans le même sens : Si Héraclite appelle le κόσμος éternel, c'est qu'il entend par ce mot οὐ τήνδε τὴν διακόσμησιν, ἀλλὰ καθόλου τὰ ὄντα καὶ τὴν τούτων διάταξιν, καθ' ἥν εἰς ἑκάτερον ἐν μέρει ἡ μεταβολὴ τοῦ παντός, ποτὲ μὲν εἰς πῦρ ποτὲ δὲ εἰς τὸν τοιόνδε κόσμον (cf. aussi p. 498, 3).

2. *Phys.*, III, 5 a, 3 : ὥσπερ Ἡράκλειτός φησιν ἅπαντα γίνεσθαί ποτε πῦρ. Les commentateurs pensent aussi que, dans les *Meteorologica* (I, 14, 342 a, 17, sq.), on attribue à Héraclite l'opinion selon laquelle la mer diminuerait par dessiccation ; mais c'est à Démocrite qu'on prête cette opinion, jamais à notre philosophe (voy. *inf.*, p. 799, 4).

3. Ἅπαντα, et non πάντα.

ment la forme du feu. Mais ceci ressort plus nettement encore de l'ensemble du texte; car ARISTOTE dit au même endroit : Il est impossible que le monde entier consiste dans un seul élément ou se change en un seul élément, comme il arriverait, si tout, comme le veut Héraclite, devenait du feu[1].

L'école stoïcienne, de son côté, n'a jamais compris autrement la doctrine d'Héraclite[2]; et cette interprétation lui a été évidemment suggérée par les propres déclarations du philosophe, et non pas seulement par le langage d'Aristote. Un grand nombre d'autres témoignages concordent avec ces indications[3]; et, quelque peine que l'on

---

1. LASSALLE (II, 163), bien décidé à supprimer dans Aristote toute mention de la doctrine d'Héraclite relative à l'embrasement du monde, a purement et simplement passé le contexte sous silence; toutefois il semble avoir senti l'impossibilité d'un pareil procédé, et alors il a eu recours à son expédient désespéré. La phrase, dit-il, à laquelle notre citation est empruntée (*Phys.*, 205 a, 1-4; *Metaph.*, 1067 a, 2-4), peut avoir été extraite d'abord de la *Métaphysique*, puis avoir été transportée à l'endroit de la *Physique* qui a été plus tard inséré dans la seconde moitié du onzième livre de la *Métaphysique* (laquelle est, comme on sait, une compilation d'extraits de la *Physique*).

2. Nous ne possédons pas de témoignage direct pour prouver cette assertion, mais il est impossible de la mettre en doute. En effet, les premiers maîtres de l'école stoïcienne se sont déjà rattachés à Héraclite pour les questions de physique; Cléanthe et Sphærus ont commenté ce philosophe (voy. DIOG., IX, 15; VII, 174, 178); d'un autre côté, la doctrine de l'ἐκπύρωσις a été enseignée dans l'école stoïcienne dès le début, et notamment par Cléanthe (voy. III⁰ part., a, 139 sq., 2⁰ éd.). C'est le fondateur même de cette école qui a trouvé (comme je l'ai démontré dans l'*Hermes*, XI, 4 ll.) les arguments que les défenseurs d'une formation et d'une destruction alternatives du monde opposaient, déjà du temps de Théophraste (voy. fragm. 30 de cet auteur, *ap.* PHILON, *De ætern. m.*, 959 c sqq., p. 510 sqq., Mang.) à la doctrine d'Aristote sur l'éternité du monde. D'ailleurs, si ces arguments n'émanaient pas de lui-même, il faudrait les dériver, plus directement encore, de l'école d'Héraclite.

3. Cf. DIOG., IX, 8 (p. 640, 1; 641, 1); M. AURÈLE, III, 3 (Ἡράκλ. περὶ τῆς τοῦ κόσμου ἐκπυρώσεως τοσαῦτα φυσιολογήσας); PLUT., *Plac.*, I, 3, 26; ALEX., *Meteorol.*, 90 a, m., p. 260, ld.; LASSALLE (II, 170) a tenté de supprimer de ce passage l'ἐκπύρωσις, mais cette suppression est aussi impossible ici que dans le texte cité p. 629, 2 (voy. à ce sujet BERNAYS, *Heraklit. Briefe*, 121 sq.); SIMPLICIUS, *l. c.*, 132 b, 17; 487 b, 33, et *Phys.*, 6 a, au mil.; 111 b, au haut : 257 b, au bas (Lassalle, il est vrai, estime qu'on ne peut se déclarer plus explicitement contre l'ἐκπύρωσις, que ne fait Simplicius dans ce dernier texte par les mots : ὅσοι ἀεὶ μέν φασιν εἶναι κόσμον, οὐ μὲν τὸν αὐτὸν ἀεί, ἀλλὰ ἄλλοτε ἄλλον γινόμενον κατά τινας χρόνων περιόδους· ὡς Ἀναξιμένης τε καὶ Ἡράκλειτος.); THÉMIST., *Phys.*, 33 b, p. 231, Sp.; OLYMPIODORE, *Meteorol.*, 32 a, p. 279, ld.; EUSÈBE, *Pr. ev.*, XIV, 3, 6; PHILON, *De ætern. m.*, 940 b (489 M.); Héraclite n'est pas nommé dans ce dernier texte, mais il est évidemment désigné; son nom est mentionné dans le texte de CLÉMENT (*Strom.*, V, 599 b), lequel concorde presque littéralement

se soit donnée pour découvrir des assertions contraires, on n'a pu relever, chez tous les auteurs postérieurs à Aristote, un seul témoignage valable déniant à Héraclite la doctrine de l'alternance de la formation et de l'embrasement du monde[1]. On ne trouve aucun témoi-

avec ce qui est dit dans Philon et est emprunté sans aucun doute à la même source. LASSALLE (II, 159) nous donne également ici une interprétation contraire à l'évidence, mais il est inutile de s'y arrêter. Cf. aussi CLÉMENT, *Strom.*, V, 549 c; LUCIEN, *Vit. auct.*, 14. Voy. aussi p. 640, 1.

[1]. LASSALLE (II, 127), après Schleiermacher, s'appuie sur MAXIME DE TYR, XLI, 4, *sub fin.* : μεταβολὴν ὁρᾷ: σωμάτων καὶ γενέσεως, ἀλλαγὴν ὁδῶν ἄνω καὶ κάτω κατὰ τὸν Ἡράκλειτον... διαδοχὴν ὁρᾷ; βίου καὶ μεταβολὴν σωμάτων, καινουργίαν τοῦ ὅλου. Ils concluent tous deux que cet écrivain « n'a eu l'idée que d'un renouvellement *partiel* du monde et non d'un autre mode de renouvellement. » Mais il n'avait aucune raison de parler d'un autre renouvellement du monde en cet endroit; il s'agit uniquement de ce *fait d'expérience*, que la fin d'une chose est le commencement d'une autre : or, l'ἐκπύρωσις ne constitue pas un objet de l'expérience, de l'ὁρᾶν. Lassalle renvoie en outre à M. AURÈLE, X, 7 : ὥστε καὶ ταῦτα ἀναληφθῆναι εἰς τὸν τοῦ ὅλου λόγον, εἴτε κατὰ περίοδον ἐκπυρουμένου εἴτε ἀϊδίοις ἀμοιβαῖς ἀνανεουμένου, et demande, avec Schleiermacher, à qui l'on pourrait rapporter cette dernière opinion opposée à l'ἐκπύρωσις des Stoïciens, si ce n'était à Héraclite. Mais nous avons montré dans la note précédente que Marc-Aurèle attribue l'ἐκπύρωσις précisément à Héraclite. Si donc il parle de philosophes qui substituent au renouvellement périodique du monde un renouvellement constant, il pense probablement aux Stoïciens qui n'admettent pas l'embrasement du monde, ou peut-être aussi à Aristote et à son école. SCHLEIERMACHER (p. 100) et LASSALLE (I, 236; II, 128) trouvent un troisième argument en faveur de leur manière de voir dans le texte de PLUTARQUE (*Def. orac.*, 12, p. 415) : καὶ ὁ Κλεόμβροτος· ἀκούω ταῦτ', ἔφη, πολλῶν καὶ ὁρῶ τὴν Στωϊκὴν ἐκπύρωσιν, ὥσπερ τὰ Ἡρακλείτου καὶ Ὀρφέως ἐπινεμομένην ἔπη, οὕτω καὶ τὰ Ἡσιόδου καὶ συνεξαπατῶσαν. Mais, s'il parait résulter de ce passage que certains adversaires de l'ἐκπύρωσις stoïcienne ont tâché d'enlever à cette doctrine, entre autres autorités, celle d'Héraclite, nous n'y trouvons pas le moindre renseignement sur les raisons qu'ils invoquaient à l'appui de cette tentative, et nous n'y voyons aucun fait qui justifie le reproche adressé aux Stoïciens d'abuser des sentences d'Héraclite. Lassalle (I, 232) se trompe encore davantage quand il cite en-faveur de sa thèse le texte de PHILON, *De vict.*, 839 d (243 M.). S'il est dit ici : ὅπερ οἱ μὲν κόρον καὶ χρησμοσύνην ἐκάλεσαν, οἱ δὲ ἐκπύρωσιν καὶ διακόσμησιν, on voit bien que κόρος et ἐκπύρωσις, χρησμοσύνη et διακόσμησις, sont explicitement donnés comme synonymes. De même, le traité de Philon sur l'éternité du monde, que LASSALLE (II, 135) invoque également, attribue à Héraclite la doctrine de la destruction du monde soutenue par les Stoïciens; cf. p. 631, 1. Nous en dirons autant du texte de DIOGÈNE, IX, 8 (voy. *inf.*, 640, 1). Lassalle (II, 136) est obligé de donner une fausse interprétation de ce texte pour y trouver « une preuve très forte » contre l'embrasement du monde. On ne peut rien conclure du texte de PLOTIN (V, 1, 9, p. 490) : καὶ Ἡράκλειτος δὲ τὸ ἓν οἶδεν ἀΐδιον καὶ νοητόν, car, malgré leur ἐκπύρωσις, les Stoïciens ont reconnu, aussi bien qu'Héraclite, l'éternité de la divinité ou du feu primitif. SIMPLICIUS (*De cælo*, 132 b, 28, *Schol.*, 487 b, 43) est le premier qui soutienne qu'Héraclite δι' αἰνιγμάτων τὴν ἑαυτοῦ σοφίαν ἐκφέρων οὐ ταῦτα, ἅπερ δοκεῖ τοῖς πολλοῖς, σημαίνει, car, ajoute Simplicius, il va jusqu'à écrire : κόσμον τόνδε, etc. (voy. *sup.*, 586, 2); et STOBÉE (*Ecl.*, I, 454) dit, d'accord avec ce texte : Ἡράκλειτος οὐ κατὰ χρόνον εἶναι γεννητὸν τὸν κόσμον, ἀλλὰ κατ' ἐπίνοιαν. Mais que prouvent ces textes? Les Néoplatoniciens voyaient

gnage de ce genre chez les Stoïciens qui ont combattu 632
avec déplaisir qu'Héraclite, au lieu d'enseigner leur propre doctrine de l'éternité du monde, ait enseigné que le monde naît et périt tour à tour, et ils ont eu recours à son égard, comme à l'égard de plusieurs autres, à ce subterfuge que cette proposition ne doit pas être entendue au point de vue du temps, mais au point de vue de l'idée. Mais Simplicius atteste à plusieurs reprises d'une façon 633 explicite et le texte de Stobée présuppose qu'Héraclite avait parlé de cette alternance. LASSALLE (II, 142) croit avoir trouvé un témoignage de la plus haute valeur en faveur de son opinion dans l'écrit pseudo-hippocratique π. διαίτης. Il y est dit (II, 1) que tout est formé par le feu et l'eau, que ces deux éléments sont en lutte constante l'un avec l'autre, mais qu'aucun d'eux ne peut complétement l'emporter sur l'autre, et que, pour cette raison, le monde sera toujours tel qu'il est maintenant. Mais, bien que le π. διαίτης renferme dans le premier livre beaucoup d'idées appartenant à Héraclite, on y rencontre (comme il est généralement reconnu aujourd'hui) tant d'éléments hétérogènes qu'on n'a pas le moindre droit de le regarder comme un document authentique relatif à la physique d'Héraclite. C'est précisément ce qui est évident à propos de la doctrine sur laquelle reposent la physiologie et la psychologie exposées dans cet ouvrage, c'est-à-dire à propos de l'assertion d'après laquelle tout est composé de feu et d'eau. La question relative à l'époque où cet ouvrage a été publié présente donc peu d'intérêt pour nos recherches sur Héraclite; mais TEICHMÜLLER aurait fait une œuvre très importante au point de vue de l'histoire de la philosophie au v° siècle, s'il avait réussi (N. Stud., I, 249 sqq.) à prouver que cet ouvrage remonte à l'époque comprise entre Héraclite et Anaxagore. Je crois, quant à moi, cette date beaucoup trop reculée. Sans doute on ne trouve dans cet écrit aucune trace de l'existence de la philosophie de Platon et d'Aristote. On ne saurait soutenir que l'auteur a connu la théorie aristotélicienne des éléments sous prétexte que, dans le chap. 4 (sub init.), il dit que le feu est chaud et sec, et l'eau froide et humide. Les médecins avaient déjà fait ressortir auparavant ces quatre qualités physiques comme nous le voyons dans PLATON (Symp., 186 d, 188 a; Soph., 242, 2) et dans la citation (p. 456, 3) relative à Alcméon. En outre, Archélaüs (voy. inf., p. 929, 2) semble avoir déjà nommé l'eau τὸ ψυχρὸν et τὸ ὑγρόν. Mais, si ces raisons nous empêchent d'admettre, avec SCHUSTER (p. 99, 110) et BERNAYS (Heracl., 3 sq.), que cet écrit date de l'époque alexandrine, tout contredit l'hypothèse d'après laquelle il remonterait au second tiers du v° siècle. On y trouve un si grand nombre de détails et, précisément en maint endroit du premier livre, tant de particularités diverses dénotant une tendance à rassembler les faits d'expérience d'une manière complète, qu'il est impossible d'y reconnaître la manière des fragments philosophiques appartenant à cette époque. Les fragments mêmes de Diogène et de Démocrite, ainsi que l'écrit de Polybe περὶ φύσιος ἀ-θρώπου qui se trouve parmi les œuvres d'Hippocrate, indiquent, par leur simplicité, une origine plus ancienne. L'auteur lui-même nous dit qu'il appartient à une époque littéraire avancée quand il nous parle, dans le chap. 1, du *grand nombre* de ceux qui ont déjà écrit sur le régime le plus favorable à la santé, et dans le chap. 2, 39, de tous ceux qui ont traité des effets produits par les aliments doux, gras, etc. Il n'est pas vraisemblable qu'il y ait eu dès 634 avant Hippocrate une collection complète d'écrits sur ces matières. TEICHMÜLLER fait observer qu'Héraclite parle, dans le fr. 13 (sup., 572, 1), « des ouvrages anciens qu'il avait étudiés »; mais cette observation est en dehors de la question, car, 1° il parle seulement des λόγοι qu'il a entendus et non pas d'ouvrages qu'il a étudiés, et 2° il ne s'agit pas de savoir s'il existait à cette époque des œuvres quelconques autres que les poèmes d'Homère, d'Hésiode, de Xénophane, etc., mais s'il y avait de nombreux traités portant sur les questions spéciales indiquées plus haut. C'est pourquoi l'on ne saurait non plus invoquer le fragm. 22 d'Héraclite (voy. sup., 283, 3; 300, 1). On fait encore ressortir cette circonstance, que l'auteur ne connaît pas encore les doctrines de l'atomisme, d'Empédocle et d'Anaxa-

dans leur propre école la doctrine de l'embrasement du

gore. Il serait plus exact de dire qu'il n'en a pas *fait mention*, ce qui ne prouverait nullement qu'il ne les a pas connues, et encore moins qu'elles n'existaient pas encore, car il ne cite pas d'ordinaire les opinions d'autrui et il n'en rapporte que ce qu'il s'est approprié. On ne peut même pas dire qu'il n'en a pas fait mention. Dans le chapitre 4, l'auteur expose que rien ne périt et rien ne commence, absolument parlant, mais que tout se transforme, par simple combinaison et séparation; que, par conséquent, s'il parle de commencement, il entend par ce mot ξυμμισγεσθαι, de même que par le mot destruction il entend simplement διακρίνεσθαι. Il est évident que ce n'est pas là la doctrine d'Héraclite; et, si Schuster (p. 274) est d'un autre avis (il n'appuie sa manière de voir, ni sur les fragments d'Héraclite, ni sur d'autres documents), je ne puis m'expliquer ce dissentiment que par son opinion erronée touchant la doctrine de l'écoulement de toutes choses (voy. p. 577, 1) Aucun philosophe avant Empédocle, Leucippe et Anaxagore, n'avait attribué l'origine des choses à la combinaison, et leur destruction à la séparation de substances éternelles et impérissables. Teichmüller (p. 262) demande pourquoi, dans ce cas, on ne rattache pas directement notre auteur à Xénophane (c'est à Parménide qu'il aurait fallu dire, car Xénophane n'a pas encore nié en principe la naissance et la mort), et Anaxagore à notre auteur. La réponse est facile : 1° Anaxagore, Empédocle et Leucippe, sont connus de toute l'antiquité comme les auteurs de systèmes dont le principe commun est cette conception mécaniste de la naissance et de la mort; au contraire, personne ne parle du π. διαίτης, d'où Teichmüller dérive cette doctrine fondamentale ; 2° un compilateur, tel que notre auteur, auquel la pénétration et la logique font entièrement défaut (il confond le πάντα χωρεῖ d'Héraclite avec la doctrine dont nous venons de parler et qui repose sur des hypothèses de l'arménide), ne peut être regardé comme le fondateur de cette doctrine; 3° enfin le style du traité, comme le montre le tableau comparatif ci-dessous, rappelle évidemment des passages d'Anaxagore et d'Empédocle. Cf. en effet, π. διαιτ., c. 4 :

635 οὕτω δὲ τούτων ἐχόντω ,ουλλὰς καὶ παντοδαπὰς ἰδέας δ' οκρίνονται ἀπ' ἀλλήλων καὶ σπερμάτων καὶ ζῴων, οὐδὲν ὁμοίων ἀλλήλοισιν.

Anaxagore, Fr. 3 (cf. 880, 1) : τουτέων δὲ οὕτως ἐχόντων χρὴ δοκέειν ἐνεῖναι πολλά τε καὶ παντοῖα ἐν πᾶσι τοῖς συγκρινομένοις καὶ σπέρματα πάντων χρημάτων καὶ ἰδέας παντοίας ἔχοντα.
Fr. 6 (798, 2) : σπερμάτων... οὐδὲν ἐοικότων ἀλλήλοις.
Fr. 8 (ibid.) ἕτερον δὲ οὐδέν ἐστιν ὅμοιον οὐδενὶ ἄλλῳ.

ἀπόλλυται μὲν οὐδὲν ἀπάντων χρημάτων οὐδὲ γίνεται ὅ τι μὴ καὶ πρόσθεν ἦν· ξυμμισγόμενα δὲ καὶ διακρινόμενα ἀλλοιοῦται· νομίζεται δὲ παρὰ τῶν ἀνθρώπων, etc.

Fr. 22 (793, 1) : τὸ δὲ γίνεσθαι καὶ ἀπόλλυσθαι οὐκ ὀρθῶς νομίζουσιν Ἕλληνες· οὐδὲν γὰρ χρῆμα γίνεται οὐδὲ ἀπόλλυται ἀλλ' ἀπ' ἐόντων χρημάτων συμμίσγεταί τε καὶ διακρίνεται.
Anaxag. ap. Arist. (p. 793, 4) : τὸ γίγνεσθαι καὶ ἀπόλλυσθαι ταὐτὸν καθέστηκε τῷ ἀλλοιοῦσθαι.

νομίζεται δὲ π. τ. ἀνθρ. τὸ μὲν ἐξ Ἀίδου ἐς φάος αὐξηθὲν γενέσθαι.

Empéd., V, 40 (685, 1) : οἱ δ' ὅτε μὲν κατὰ φῶτα μιγέν φάος αἰθέρος ἵκη... τότε μὲν τόδε φασὶ γενέσθαι;

οὔτε εἰ ζῶον ἀποθανεῖν οἷόν τε... ποῦ γὰρ ἀποθανεῖται; οὔτε τὸ μὴ ὂν γενέσθαι, πόθεν γὰρ ἔσται;
ὅ τι δ' ἂν διαλέγωμαι γενέσθαι ἢ ἀπο-

Empéd., 92 (685, 4) : τοῦτο δ' ἐπαυξήσαι τὸ πᾶν τί κε καὶ πόθεν ἐλθόν; πῆ δέ κε καὶ ἀπολοίατ';
Empéd., 44 (685, 1) : νόμῳ δ' ἐπί-

)έσθαι τῶν πολλῶν εἴνεκεν ἑρμη- φημι καὶ αὐτός· (en ce qui concerne
νεύω. l'emploi de γίγνεσθαι, etc.).
 ταῦτα δὲ (le γενέσθαι et l'ἀπολέσθαι Anax., Fr. 22 (793, 1) ; καὶ οὕτως ἂν
mentionnés plus haut) ξυμμίσγεσθαι ὀρθῶς καλοῖεν τό τε γίνεσθαι συμμίσ-
καὶ διακρίνεσθαι δηλῶ... γενέσθαι γεσθαι καὶ τὸ ἀπόλλυσθαι διακρί-
ξυμμιγῆναι τωὐτό, ἀπολέσθαι, μειω- νεσθαι.
θῆναι, διακριθῆναι τωὐτό.
 ὁ νόμος γὰρ τῇ φύσει περὶ τούτων Empéd., V, 44 (voy. sup.). Démocrite
ἐναντίος:. c. 11. νόμος γὰρ καὶ φύσις... οὐχ (voy. inf., 773, 4; 783, 2) : νόμῳ γλυκύ,
ὁμολογέεται ὁμολογεόμενα· νόμον γὰρ νόμῳ πικρόν, etc. ἐτεῇ δὲ ἄτομα καὶ
ἔθεσαν ἄνθρωποι αὐτοὶ ἑωυτοῖσιν, οὐ κενόν. (Au lieu de ἐτεῇ, les documents
γινώσκοντες περὶ ὧν ἔθεσαν· φύσιν δὲ postérieurs donnent φύσει).
πάντων θεοὶ διεκόσμησαν.
 c. 28 : ψυχὴ μὲν οὖν αἰεὶ ὁμοίη καὶ Anaxag., Fr. 8 (804, 1) : νόος δὲ πᾶς
ἐν μέζονι καὶ ἐν ἐλάσσονι. ὅμοιός ἐστι καὶ ὁ μέζων καὶ ὁ ἐλάσσων.

Je ne sais si Teichmüller accusera Anaxagore d'avoir plagié le π. διαίτης; il
me semble, au contraire, que l'auteur de cet ouvrage s'est approprié ici une
proposition tout à fait conforme au principe fondamental de la philosophie d'A-
naxagore et absolument en désaccord avec sa propre doctrine de l'âme composée de feu et d'eau. — Je considère maintenant comme démontré que notre
auteur vient après les physiciens du v⁵ siècle jusqu'à Démocrite ; mais cette
même thèse peut encore être prouvée d'une autre manière. La découverte même
dont l'auteur est le plus fier, l'idée que les êtres vivants, l'âme humaine et
toutes choses en général, sont composés de feu et d'eau (c. IV, 6, 35), ne lui
appartient pas en propre, mais est empruntée au physicien Archélaüs (voy.
inf., p. 929). De même, l'auteur du περὶ διαίτης a puisé dans ce philosophe la
moitié au moins de l'assertion qui attribue au feu le pouvoir de tout mettre en
mouvement et à l'eau celui de tout nourrir : car Archélaüs avait déjà représenté
'élément chaud comme doué de mouvement et l'élément froid comme étant
en repos. D'après tout ce que nous venons de dire, on doit considérer le π.
διαίτης comme l'œuvre d'un médecin qui appartenait à la première moitié du
v⁵ siècle et qui a mis à profit, pour le composer, les théories physiques les plus
répandues alors à Athènes, en première ligne celles d'Archélaüs, et en seconde
ligne celles d'Héraclite, que Cratyle avait fait connaître dans cette ville. Cette
dernière circonstance nous permet aussi de conjecturer que l'ouvrage a été publié
à Athènes, quoique l'auteur soit Ionien. Cette hypothèse relative au lieu et à
l'époque de la publication s'accorde également avec ce qui est dit dans l'ouvrage
(c. 23) : γραμματικὴ τοιόνδε· σχημάτων σύνθεσις, σημήια φωνῆς ἀνθρωπίνης... δι'
ἑπτὰ σχημάτων ἡ γνῶσις· ταῦτα πάντα ἄνθρωπος διαπρήσσεται (prononce les sons
indiqués par les σχήματα) καὶ ὁ ἐπιστάμενος γράμματα καὶ ὁ μὴ ἐπιστάμενος, à
savoir si les sept σχήματα, qui dans ce texte doivent nécessairement désigner
des signes alphabétiques, signifient les sept *voyelles*, lesquelles, à titre de
φωνήεντα, pouvaient être nommées plus spécialement σημήια φωνῆς, car on ne
comptait sept voyelles à Athènes que depuis Euclide (403 av. J.-C.). Nous trouvons un indice encore plus caractéristique de cette date postérieure dans la manière dont l'auteur (c. 11, voy. sup., p. 635, au bas) oppose la φύσις au νόμος.
Cette opposition ne se rencontre qu'à partir des Sophistes, et l'objection de
Teichmüller (p. 262) ne prouve rien. La question n'est pas de savoir si la différence de fait entre l'opinion philosophique et l'opinion traditionnelle a toujours
existé, ou si l'on trouve les expressions νόμος et φύσις prises chacune isolément : il
s'agit de savoir si l'opposition théorique de ces deux termes, ainsi formulée, se
rencontre dans la langue et dans la manière de penser des philosophes antérieurs.
Chez Héraclite, les lois humaines se nourrissent de la loi divine (voy. sup., 606,
1); d'après notre auteur, elles sont par nature en contradiction avec cette
dernière.

monde[1]. A partir d'Aristote, tous les anciens écrivains, ou à peu près tous, s'accordent à dire qu'Héraclite a enseigné que le monde se résoudra un jour en feu et que cet embrasement sera suivi d'une création nouvelle.

On croit pouvoir réfuter cette interprétation par un témoignage plus ancien et plus authentique. PLATON établit la distinction suivante entre la doctrine d'Héraclite et celle d'Empédocle. Le premier, dit-il, soutient que l'être est *constamment* en voie de réunion, en même temps que de séparation; le second admet, au lieu de la simultanéité constante de l'union et de la séparation, une *succession* périodique de ces deux états[2]. Comment, demande-t-on, cette distinction serait-elle possible, si Héraclite avait enseigné, ainsi qu'Empédocle, que l'état de division et d'opposition succède à un état du monde où tout a été réduit en feu et où par conséquent toute différence entre les choses et les substances a été supprimée?

Mais, en premier lieu, Héraclite, tout en enseignant l'embrasement du monde, n'était pas obligé, par là-même, de supposer que toute opposition et tout mouvement cessaient pour un temps avec cet embrasement, comme il arrive dans le sphérus d'Empédocle : il pouvait admettre qu'au moment même où le feu a tout englouti il se produit, grâce à la vitalité même de ce principe, une nouvelle opposition des substances élémentaires, une nouvelle formation du monde. Puis, s'il attribuait une certaine durée à l'état où le feu a tout absorbé, il n'était pas obligé pour cela de prêter à cet état une unité absolue exempte d'oppositions, puisqu'il concevait précisément le feu comme un être toujours vivant et toujours en mouvement, et l'existence de ce feu comme une alternance perpétuelle d'apparition et de disparition des contraires. Admettons pourtant qu'il ne se soit pas expliqué sur la manière dont

1. Cf. IIIe part., 142, 2e édit.
2. Voy. *sup.*, p. 598, 4.

le règne exclusif du feu pendant un certain temps pouvait s'accorder avec l'écoulement de toutes choses, on peut toujours se demander si cela devait empêcher Platon de l'opposer à Empédocle, comme il le fait dans le texte cité. Car la différence fondamentale des deux philosophes est bien celle qu'il a indiquée. Empédocle place à l'origine un état d'unité complète de toutes les substances ; la séparation n'a lieu qu'après la cessation de cet état, et l'unité se rétablit quand la séparation a cessé. Héraclite, au contraire, avait dit que l'union existait déjà dans la séparation et avec elle, que toute séparation est en même temps union, et réciproquement. Il n'a pas eu l'idée de renoncer à ce principe par sa théorie des révolutions du monde ; si cette théorie est incompatible avec le principe, il n'a point remarqué cette contradiction. Est-il dès lors inconcevable que Platon, voulant marquer d'une façon brève et précise le rapport essentiel qui existe entre Empédocle et Héraclite, se soit tenu à leurs principes généraux, et ait laissé de côté la question de savoir si leurs autres doctrines étaient complètement d'accord avec ces principes ? Cette hypothèse du moins n'est-elle pas infiniment plus vraisemblable que celle qui veut qu'Aristote et ses successeurs se soient mépris sur le système d'Héraclite d'une façon aussi grossière qu'il faudrait l'admettre si l'on rejetait leur témoignage touchant la théorie de l'embrasement du monde[1] ?

Certes la doctrine de l'écoulement de toutes choses n'entraînait pas nécessairement, ainsi que nous l'avons déjà remarqué, celle de la révolution des états du monde. Si donc Héraclite a réellement admis qu'après l'embrasement

---

[1]. ARISTOTE (*Phys.*, VIII, 3, 253 b, 9) ne dit-il pas, lui aussi, à propos d'Héraclite, à qui il attribue si nettement la doctrine de l'embrasement du monde : φασί τινες κινεῖσθαι τῶν ὄντων οὐ τὰ μὲν τὰ δ' οὔ, ἀλλὰ πάντα καὶ ἀεί, tandis qu'un peu plus haut (c. 1, 250 b, 26) il avait attribué à Empédocle la proposition : ἐν μέρει κινεῖσθαι καὶ πάλιν ἠρεμεῖν ?

du monde il vient un temps où rien n'existe sauf le feu primordial, et où toutes les oppositions sont supprimées d'une façon absolue, cette idée est en contradiction avec celle de l'action constamment créatrice de ce feu, et avec le principe suivant lequel le réel se sépare continuellement pour se réunir continuellement. Mais il ne s'agit pas ici de savoir quelles seraient les conséquences logiques des principes d'Héraclite. La question à résoudre est celle-ci : dans quelle mesure notre philosophe a-t-il lui-même tiré ces conséquences? Rien ne nous autorise à lui dénier toute hypothèse qui ne découlerait pas, suivant une nécessité logique, de ses principes généraux, ou qui, développée avec rigueur, pourrait se trouver en contradiction avec ces principes.

En fait, l'extinction quotidienne du soleil n'est point une conséquence du principe de l'écoulement de toutes choses ; au contraire, à y regarder de près, cette idée est en contradiction avec une conséquence assez immédiate de certaines propositions émises par Héraclite[1], à savoir que la masse des substances élémentaires (feu, eau et terre) doit rester toujours la même. Or la masse du feu serait considérablement diminuée par cette extinction, sans qu'il y ait compensation immédiate. Mais il n'y a rien là qui nous autorise à contester qu'Héraclite ait admis cette idée. La préexistence des âmes et leur durée après la mort sont, si on les prend à la rigueur, incompatibles avec le changement constant de toutes les choses ; et pourtant nous constaterons que le philosophe a soutenu l'une et l'autre doctrine. Il en est de même pour le cas qui nous occupe. Non-seulement Héraclite aurait pu ne pas admettre l'embrasement du monde, mais il aurait été plus conséquent

---

[1]. Si tous les corps élémentaires se transforment constamment suivant un ordre de succession strictement déterminé, et si, dans ces transformations, une même quantité de l'un produit une même quantité de l'autre (voy. p. 620), il s'ensuit nécessairement que la masse totale de chacun d'eux doit rester constante.

avec ses principales doctrines, s'il avait enseigné, à la manière d'Aristote, l'éternité du monde au milieu du changement constant de ses parties. Mais cette idée est si éloignée de l'opinion commune, qu'il a fallu aussi à la philosophie beaucoup de temps pour s'y élever [1]. Ne voyons-nous pas que, parmi les philosophes anciens, il n'en est pas un qui ait su présenter l'organisation du monde autrement que sous la forme d'une cosmogonie; et Platon lui-même n'a-t-il pas été hors d'état de se passer de cette forme dans son mode d'exposition. C'était déjà beaucoup d'avoir osé soutenir, en face des idées dominantes, comme l'a fait Héraclite, que le monde n'a pas de commencement au point de vue de sa substance. Avant d'aller jusqu'à déclarer que l'univers lui-même est incréé et jusqu'à soutenir l'éternité du monde dans le sens d'Aristote, on essaya de concilier la croyance à la naissance du monde avec l'idée, nouvellement acquise, de l'impossibilité d'un commencement absolu; et l'on admit, dans cette vue, que le monde est, à la vérité, éternel quant à son essence, mais qu'il est soumis de temps en temps à un changement d'état si complet, qu'une nouvelle organisation devient nécessaire. Si cette hypothèse n'était pas la plus logique ni la mieux fondée au point de vue scientifique, c'était du moins celle qui devait se présenter le plus naturellement aux philosophes de cette époque; c'était celle qu'Héraclite trouvait établie chez ses prédécesseurs immédiats de l'ancienne école ionienne, Anaximandre et Anaximène. C'en est assez pour faire tomber les doutes qu'on élève contre la tradition unanime de l'antiquité.

640

PÉRIODES DU MONDE. ANNÉE DU MONDE. — Tout phéno-

[1]. Les Éléates seuls considèrent l'être comme exempt de commencement; mais Parménide et ses successeurs n'entendent pas par cet être le monde lui-même, puisqu'ils nient la pluralité et le changement. Xénophane, de son côté (comme il a été montré p. 498 sq.), admettait de tels changements au sein du monde, que son opinion, elle aussi, diffère beaucoup de celle d'Aristote.

mène étant soumis à une loi fixe, la durée des mondes successifs devait être, elle aussi, selon Héraclite, exactement déterminée [1]. C'est à cette durée que se rapporte sans doute l'indication (dont l'exactitude n'est d'ailleurs nullement prouvée) selon laquelle Héraclite aurait admis une grande année, de 10 800 années solaires, selon les uns, de 18 000, selon les autres [2].

641   Héraclite appelait « guerre » la séparation des contraires ou la formation du monde, il désignait sous le nom de « paix » et de « concorde » l'union des éléments séparés ; il nommait aussi « disette » l'état de l'être divisé, et « abondance » [3], l'unité résultant de l'embrasement. C'est au

---

1. Diog., IX, 8 : γίνεσθαι τ' αὐτὸν [τὸν κόσμον] ἐκ πυρὸς καὶ πάλιν ἐκπυροῦσθαι κατά τινας περιόδους ἐναλλάξ τὸν σύμπαντα αἰῶνα· τοῦτο δὲ γίνεσθαι καθ' εἱμαρμένην. Simpl., *Phys.*, 6 a (voy. sup., 606, 3); de même 257 b, au bas. *De cælo,* 132 b, 17 (*Schol.,* 487 b, 33). Eus., *Præp. evang.,* XIV, 3, 6 : χρόνον τε ὡρίσθαι τῆς τῶν πάντων εἰς τὸ πῦρ ἀναλύσεως καὶ τῆς ἐκ τούτου γενέσεως.

2. Par la grande année, dit Censorinus (*Di. nat.,* 18, 11), on entend le laps de temps après lequel les sept planètes sont toutes dans le même signe où elles étaient auparavant ; d'autres assignent à cette année une autre durée ; Linus et Héraclite l'évaluent à 10 800 années solaires. Stobée, au contraire, dit, *Ecl.,* I, 264 (Plut., *Plac.,* II, 32) : Ἡράκλειτος [τὸν μέγαν ἐνιαυτὸν τίθεται] ἐκ μυρίων ὀκτακισχιλίων ἐνιαυτῶν ἡλιακῶν. Bernays (*Rhein. Mus.,* N. F., VII, 108) croit que ce nombre est tiré, à l'aide de subtilités, des vers d'Hésiode, ap. Plut. (*Def. orac.,* 11, p. 415), mais je ne vois pas comment on s'y serait pris pour arriver à ce résultat. Schuster, au contraire (p. 375 sq.), donne la préférence à l'indication des *Placita,* et conjecture qu'Héraclite a pu assigner au monde une révolution de 30 ans (égale à la vie de l'homme, voy. p. 650, 2), et à chaque année du monde, au lieu de douze mois, douze siècles ; des 36 000 ans que l'on obtient ainsi, il en revient 18 000 à l'ὁδὸς ἄνω et autant à l'ὁδὸς κάτω. Mais cette conjecture me paraît peu fondée ; et le texte des *Placita* donne une indication différente, à moins qu'on n'y ait confondu (comme le prétend Schuster) la durée de la διακόσμησις avec celle de l'année entière du monde. Lassalle (II, 191 sqq.) exprime une autre opinion, conforme d'ailleurs à son hypothèse relative au soleil dont nous avons parlé (p. 622, 2). D'après lui, la grande année d'Héraclite désignerait le temps employé par les atomes du cosmos entier pour parcourir toutes les phases de leur existence et traverser l'état igné. Cette opinion est non seulement différente de tout ce que disent les textes dont nous disposons, mais encore (abstraction faite des atomes, qui sont tout à fait incompatibles avec la physique d'Héraclite), elle est beaucoup trop raffinée et trop subtile pour ce philosophe. Je dirai même qu'elle est, en soi, fort peu naturelle. Chaque année doit commencer et finir à un moment déterminé ; et il en est de même pour « la grande année », si ce mot a conservé le sens qu'il avait toujours eu ; tandis que le commencement et la fin de la grande année de Lassalle pourraient être placés à n'importe quelle date.

3. Diogène, après la citation de l'avant-dernière note : τῶν δ' ἐναντίων τὸ μὲν ἐπὶ τὴν γένεσιν ἄγον καλεῖσθαι πόλεμον καὶ ἔριν, τὸ δ' ἐπὶ τὴν ἐκπύρωσιν ὁμολογίαν καὶ εἰρήνην. Hippol., *Reful.,* IX, 10 (voy. sup., p. 582, 3 ; 610, 1). Philon, *Leg. alleg.,* II, 62 a (voy. sup. 582, 3) ; *De vict.* (voy. p. 632, au mil.). Plutarque

sein de ce contraste que se meut la vie de l'univers, dans les grandes choses comme dans les petites; mais c'est toujours un être unique qui se manifeste dans le changement des formes. Le feu créateur est tout ce qui naît et périt; la divinité est guerre et paix, disette et abondance [1].

§ 3. L'HOMME, SA FACULTÉ DE CONNAITRE ET SON ACTIVITÉ.

ANTHROPOLOGIE. — Comme tout dans le monde, l'homme, en dernière analyse, naît du feu. Mais les deux parties principales de son être sont, à cet égard, très différentes. Le corps, considéré à part, est la partie immobile et inanimée; quand l'âme l'a quitté, il n'est plus, pour Héraclite, qu'un objet de dégoût [2]. Dans l'âme, au contraire, cette partie infinie de l'être humain [3], le feu divin s'est conservé sous une forme plus pure [4]; l'âme est faite de feu, de vapeurs chaudes et sèches [5], qui, pour cette

(De ci Delph., 9, voy. t. III, a, 148, 6, 2ᵉ éd. all.) parle aussi du κόρος et de la χρησμοσύνη, mais Héraclite n'est pas nommé ici, et tout ce que dit Plutarque se rapporte à une interprétation stoïcienne des Mythes. Or les Stoïciens avaient naturellement emprunté les expressions κόρος et χρησμοσύνη à Héraclite : mais cela ne justifie nullement l'hypothèse selon laquelle ce que dit Plutarque dans ce passage sur la durée de ces deux états serait également puisé dans Héraclite, d'autant moins que les Stoïciens eux-mêmes ne semblent nullement avoir été d'accord sur cette question. Ainsi SÉNÈQUE, Epist., 9, 16 (l. c., p. 131, 2) s'exprime de façon à faire croire que l'ἐκπύρωσις n'est qu'une courte période entre les mondes qui se succèdent.
1. Voy. sup., p. 582, 3; 602, 2; 610, 1.
2. Fr. 91 (voy. inf., p. 646, 2). Fr. 54 (PLUT., Quest. conv., IV, 4, 3, 6. ORIG., C. Cels., V, 14; 24, cf. SCHLEIERMACHER, p. 106) : νέκυες κοπρίων ἐκβλητότεροι.
3. Fr. 90 (DIOG., IX, 7; TERT., De an., 2. Cf. SCHUST., 270, 391 sq.) : ψυχῆς πείρατα οὐκ ἄν ἐξεύροιο πᾶσαν ἐπιπορευόμενος ὁδόν· οὕτω βαθὺν λόγον ἔχει. Par πείρατα j'entends, avec Schuster, les limites jusqu'où va l'âme, les limites de son être; mais le changement de texte qu'il propose ne me semble pas nécessaire; je puis encore moins approuver les changements proposés par LASSALLE (II, 357).
4. Ce n'est donc pas sans raison que CHALCIDIUS, in Tim., 249 (voy. LASS., II, 341), a attribué à Héraclite la doctrine stoïcienne, si répandue d'ailleurs dans toute l'antiquité, d'après laquelle l'esprit humain est en relation constante avec l'esprit divin. Seulement, il est impossible de discerner, dans ce témoignage récent, sous quelle forme et avec quel degré de précision il a exposé cette doctrine.
5. Le témoignage le plus décisif en faveur de cette assertion se trouve dans le

643 raison même, sont nommées[1] « âme ». Plus ce feu est pur, plus l'âme est parfaite : « l'âme la plus sèche est la plus sage et la meilleure »[2], elle étincelle, comme on

texte d'Aristote cité p. 587, 3 ; 588, 2, d'après lequel l'ἀναθυμίασις et ce qui ailleurs est appelé πῦρ ont la même signification. Si ce feu est appelé ἀσωματώτατον, il ne faut pas en conclure avec Thémistius (voy. *inf.*) qu'il est ἀσώματον, ni, avec Lassalle (II, 331), qu'il est absolument immatériel. Ἀσωματώτατον désigne simplement la matière la plus subtile, la moins perceptible aux sens, la plus rapprochée de l'incorporéité proprement dite. Que si la qualification d'ἀσώματον est justifiée par cette raison que l'âme doit être mobile pour pouvoir connaître ce qui est en mouvement, nous dirons que c'est là une conjecture d'Aristote, lequel, un peu plus haut (if 4 b,7 sq.), nous donne cette doctrine comme admise généralement. Cf. encore Philop., *De an.*,c. 7 (sup., 588, 2). Thémist., *De an.*, 67 a, au bas (II, 24 Sp.) : καὶ Ἡράκλειτος δὲ ἣν ἀρχὴν τίθεται τῶν ὄντων, ταύτην τίθεται καὶ ψυχήν· πῦρ γὰρ καὶ οὗτος· τὴν γὰρ ἀναθυμίασιν ἐξ ἧς τὰ ἄλλα συνίστησιν (d'après Aristote) οὐκ ἄλλο τι ἢ πῦρ ὑποληπτέον, τοῦτο δὲ καὶ ἀσώματον καὶ ῥέον ἀεί. Arius Did. (*ap.* Eus., *Præp. ev.*, XV, 20, 1) : ἀναθυμίασιν μὲν οὖν ὁμοίως τῷ Ἡρακλείτῳ τὴν ψυχὴν ὑποφαίνει Ζήνων. Tert., *De an.*, c. 5 : *Hippasus et Heraclitus ex igni (animum effingunt)*. Macrob., *Somn.*, I, 14 : *Heraclitus physicus (animam dixit) scintillam stellaris essentiæ* (c'est-à-dire du feu céleste). Némés., *Nat. hom.*, c. 2, p. 28 : Ἡράκλ. δὲ τὴν μὲν τοῦ παντὸς ψυχὴν (ce qui naturellement n'est pas une expression d'Héraclite) ἀναθυμίασιν ἐκ τῶν ὑγρῶν, τὴν δὲ ἐν τοῖς ζῴοις ἀπό τε τῆς ἐκτὸς καὶ τῆς ἐν αὐτοῖς ἀναθυμιάσεως ὁμογενῆ (scil. τῇ τοῦ παντὸς) πεφυκέναι. De même, *ap.* Plut., *Plac.*, IV, 3, 6. Nous avons dit (t. III, b, 23, 26) comment il fallait expliquer l'assertion de Sextus (*Math.*, IX, 360), et de Tertullien (*De an.*, 9, 14), d'après laquelle quelques auteurs ont dit qu'Héraclite considérait l'âme comme faite d'air.

1. Fr. 89 (voy. *sup.*, 589, 1 ; 614 sq.).
2. Fr. 54, 55. Cette proposition est très souvent attribuée à Héraclite, mais avec des versions si différentes, qu'il est difficile de dire quelle est la plus authentique. Stobée (*Floril.*, 5, 120) dit : αὔη ψυχὴ σοφωτάτη καὶ ἀρίστη. Un manuscrit donne cependant αὔη ξηρή, un autre αὐγὴ ξηρή ; de même, dans le fragment de Musonius, les leçons varient entre αὔη sans ξηρή, αὐγὴ ξηρή et αὖ γῆ ξηρή. Au lieu d'αὔη, Porphyre (*Antr. nymph.*, c. 11, fin) met : ξηρὰ ψυχὴ σοφωτάτη ; de même, Glycas (*Annal.*, 74, 116, *ap.* Schleiermacher, p. 130) : ψυχὴ ξηροτέρη σοφωτέρη. De même, Plut. (*v. Hom.*, 28) : αὕτη γὰρ ψυχὴ ξηρή (al. αὔη γὰρ ψ. καὶ ξ.) ἀρίστη καθ' Ἡράκλειτον, ὥσπερ ἀστραπὴ νέφους διαπταμένη, τοῦ σώματος (l'ensemble du texte de Plutarque et le texte de Clément que nous allons citer, prouvent que cette addition appartient aussi à Héraclite). Id. (*Def. orac.*, 41, p. 432) : αὕτη γὰρ ξηρὰ ψυχὴ καθ' Ἡράκλειτον. Nous trouvons au contraire dans le Ps.-Plutarque (*De esu carn.*, I, 6, 4, p. 995) : « αὐγὴ ξηρὴ ψυχὴ σοφωτάτη » κατὰ τὸν Ἡράκλειτον ἔοικεν (sc. λέγειν), où d'après une autre leçon : αὐγῇ ξηρῇ ψυχὴ σοφ. κ. τ. Ἡρ. ἔοικεν. Voy. aussi *ap.* Galien (*Qu. an. mores*, etc., c. 5, t. IV, 786 K) et *ap.* Hermias (in *Phædr.*, p. 73, au haut) : αὐγὴ ξηρὰ ψυχὴ σοφωτάτη. Clément (*Pædag.*, II, 156 c) dit, sans nommer Héraclite : αὐγὴ δὲ ψυχὴ ξηρὰ σοφωτάτη καὶ ἀρίστη... οὐδέ ἐστι κάθυγρος ταῖς ἐκ τοῦ οἴνου ἀναθυμιάσεσι, νεφέλης δίκην σωματοποιουμένη. Philon enfin (*ap.* Eus., *Præp. ev.*, VIII, 14, 53) dit : οὗ γῆ ξηρή, ψυχὴ σοφωτάτη καὶ ἀρίστη. Il ne faut pas lire ici, avec quelques manuscrits, αὐγὴ οὐ αὐγῇ (dans l'un d'eux il y a aussi ξηρῇ ψυχῇ), mais bien οὗ γῆ, comme on le voit d'après le texte de Philon (*De provid.*, II, 109) : *in terra sicca animus est sapiens ac virtutis amans* (pour plus de détails, voy. Schleiermacher, p. 129 sqq.). Celui-ci adopte trois sentences différentes : οὗ γῆ ξηρή, ψυχή, etc. ; αὔη ψυχή, etc. ; αὐγὴ ξηρὰ ψυχή, etc. Mais il est très-invraisemblable que les trois sen-

dit, à travers l'enveloppe corporelle, comme l'éclair à travers les nuages[1]. En revanche, si l'âme est souillée par l'humidité, la raison disparait[2], et c'est ainsi qu'Héraclite expliquait les phénomènes de l'ivresse : l'homme ivre ne se possède plus, parce que son âme est humectée[3]. Mais l'âme est, comme toutes les autres choses, soumise à une transformation continuelle et se renouvelle constamment. Il ne suffit pas que son feu vienne de l'extérieur dans le corps, il faut qu'il se nourrisse du feu extérieur pour se conserver : hypothèse que devait suggérer le phénomène de la respiration, du moment que l'âme était considérée comme identique avec l'air vivifiant[4]. Héraclite admettait donc[5] que la raison ou le calorique nous vient de l'atmo-

---

tences soient d'Héraclite. Il est possible que le premier des trois fragments donnés par Schleiermacher doive être distingué des deux autres, mais ces derniers paraissent avoir été primitivement identiques. Il est impossible de déterminer d'une manière exacte en quels termes la sentence était conçue et comment il faut en expliquer les différentes versions. Je ne crois cependant pas que la proposition « αὐγὴ ξηρὴ ψυχὴ σοφωτάτη », soit d'Héraclite. Le substantif ψυχή, faisant partie de l'attribut est très singulier, et αὐγὴ ξηρά serait un pléonasme bizarre, puisqu'il n'y a pas d'αὐγὴ ὑγρά, l'humidité étant l'extinction du rayon. Si donc le texte d'Héraclite est réellement tel que la fréquence de cette citation le fait supposer, il faut conjecturer que la ponctuation doit être modifiée. Admettez qu'Héraclite a écrit : l'âme humide est retenue par le corps, l'âme sèche, au contraire, διαπταται τοῦ σώματος, ὅκως νέφεος αὐγή· ἔπει ψυχὴ σοφωτάτη καὶ ἀρίστη (et le texte : Plut., V. Rom., 28, semble supposer une leçon de ce genre), et tout s'explique parfaitement. Schuster (p. 140) objecte que l'ἀστραπή de Plutarque conviendrait mieux, dans ce cas, que le mot αὐγή; mais Teichmüller démontre (N. Stud., I, 55) que le mot αὐγή se dit aussi de l'éclair. Hés., Theog., 699. Sophocle, Phil., 1199 : βροντᾶς αὐγαῖς μ' εἰσι φλογίζων. L'explication de Schuster : « c'est quand le gaz est sec que l'âme est douée du plus de sagesse », n'est pas admissible. Sans nous arrêter au mot « gaz », nous avons montré plus haut qu'on ne pourrait parler d'une αὐγὴ ξηρά et considérer comme sage l'αὐγὴ sèche, que dans le cas où il y aurait aussi une αὐγὴ ὑγρά. Dirait-on, par exemple : quand le rayon lumineux est sec, ou bien, quand la flamme est sèche ?

1. Je doute qu'il faille admettre comme authentique la proposition attribuée par Tertullien (De an., 14) à Héraclite ainsi qu'à Énésidème et à Straton, d'après laquelle l'âme in totum corpus diffusa et ubique ipsa, velut flatus in calamo per cavernas, ita per sensualia variis modis emicet.

2. Cf. la proposition citée p. 589, 1, laquelle a sans doute un sens plus général.

3. Fr. 53 (Stob., Floril., 5, 120) : ἀνὴρ ὁκόταν μεθυσθῇ ἄγεται ὑπὸ παιδὸς ἀνήβου σφαλλόμενος, οὐκ ἐπαίων ὅκη βαίνει, ὑγρὴν τὴν ψυχὴν ἔχων. Cf. Plutarque (Quest. conv., III, procem. 2) et Stobée (Floril., 18, 32).

4. Cf. p. 421, 4.

5. Voy. sup., 607, 1 ; 642, 4. Sextus (Math., VII, 127 sqq.) : ἀρέσκει γὰρ τῷ φυσικῷ (Ἡρακλείτῳ) τὸ περιέχον ἡμᾶς λογικόν τε ὂν καὶ φρενῆρες... τοῦτον δὴ τὸν θεῖον λόγον καθ' Ἡράκλειτον δι' ἀναπνοῆς σπάσαντες νοεροὶ γινόμεθα, καὶ ἐν μὲν

sphère¹, en partie par la respiration, en partie par les organes des sens². Ceux-ci se fermant pendant le sommeil, la lumière de la raison s'obscurcit, l'homme se trouve limité dans ses représentations à son propre monde, aux imaginations subjectives du rêve³, encore que, en réalité, il ne puisse se soustraire au mouvement de l'ensemble du monde⁴. Les organes des sens se rouvrant au réveil, le flambeau de la raison se rallume; mais il s'éteint à tout

---

ὕπνοις ληθαῖοι κατὰ δὲ ἔγερσιν πάλιν ἔμφρονες· ἐν γὰρ τοῖς ὕπνοις μυσάντων τῶν αἰσθητικῶν πόρων χωρίζεται τῆς πρὸς τὸ περιέχον συμφυΐας ὁ ἐν ἡμῖν νοῦς, μόνης τῆς κατὰ ἀναπνοὴν προσφύσεως σωζομένης· οἱονεί τινος ῥίζης,... ἐν δὲ ἐγρηγορόσι πάλιν διὰ τῶν αἰσθητικῶν πόρων ὥσπερ διά τινων θυρίδων προκύψας καὶ τῷ περιέχοντι συμβάλλων λογικὴν ἐνδύεται δύναμιν. ὄνπερ οὖν τρόπον οἱ ἄνθρακες πλησιάσαντες τῷ πυρὶ κατ' ἀλλοίωσιν διάπυροι γίνονται, χωρισθέντες δὲ σβέννυνται, οὕτω καὶ ἡ ἐπιξενωθεῖσα τοῖς ἡμετέροις σώμασιν ἀπὸ τοῦ περιέχοντος μοῖρα κατὰ μὲν τὸν χωρισμὸν σχεδὸν ἄλογος γίνεται, κατὰ δὲ τὴν διὰ τῶν πλείστων πόρων σύμφυσιν ὁμοιδὴς τῷ ὅλῳ καθίσταται. Ps.-HIPPOCRATE (π. διαίτ., I, 29) se sert aussi de l'imago des charbons, mais par rapport à autre chose. Il est d'ailleurs évident que Sextus reproduit les idées d'Héraclite dans son langage propre ou dans celui d'Énésidème. Il ne fait que tirer par lui-même une conséquence, quand il dit (VII, 349, cf. TERT., De an., 15) que, d'après Héraclite, l'âme est en dehors du corps. Le même Sextus Math., VIII, 286) prétend qu'Héraclite a déclaré explicitement : μὴ εἶναι λογικὸν τὸν ἄνθρωπον, μόνον δ' ὑπάρχειν φρενῆρες τὸ περιέχον; de même, ap. Ps.-APOLLONIUS de Tyane (Epist. 18) : Ἡράκλ... ἄλογον εἶναι κατὰ φύσιν ἔφησε τὸν ἄνθρωπον.

1. Il résulte avec évidence des paroles de Sextus que περιέχον désigne l'atmosphère; la respiration ne nous met en rapport qu'avec l'air extérieur; les yeux nous mettent en rapport avec la lumière extérieure. Cette conception ne doit pas nous surprendre de la part d'Héraclite : si la raison est identique au feu, il est tout naturel qu'elle entre dans l'homme par la respiration qui nous vivifie et nous réchauffe, et qu'elle soit entretenue par l'air et la lumière. On ne peut être choqué de ce langage que lorsque, avec Lassalle, on transforme le feu primitif d'Héraclite en une abstraction métaphysique. Ainsi, ce savant prétend (I, 305 sqq.) qu'il faut entendre par le περιέχον « le processus général et réel du devenir produit par le Logos » ou (II, 270) « la loi objective qui forme le monde », laquelle est nommée τὸ περιέχον parce qu'elle domine toutes choses. Mais περιέχειν ne signifie pas « dominer », surtout (malgré l'opinion contraire de Lassalle, I, 308) quand il est accompagné d'un complément à l'accusatif; τὸ περιέχον a toujours le sens de « l'environnant. » En tout cas, il ne peut en avoir un autre dans le texte de Sextus. D'ailleurs, je crois, avec Lassalle (I, 307), qu'Héraclite ne s'est jamais servi de l'expression περιέχον.

2. On ne sait pas d'une façon précise s'il estimait que le sang contribue également à former et à nourrir l'âme.

3. PLUTARQUE (De superst., c. 3, sub fin., p. 166) : ὁ Ἡράκλειτός φησι, τοῖς ἐγρηγορόσιν ἕνα καὶ κοινὸν κόσμον εἶναι, τῶν δὲ κοιμωμένων ἕκαστον εἰς ἴδιον ἀποστρέφεσθαι.

4. M. AURÈLE, VI, 42 : καὶ τοὺς καθεύδοντας, οἶμαι, ὁ Ἡράκλειτος ἐργάτας εἶναι λέγει καὶ συνεργοὺς τῶν ἐν τῷ κόσμῳ γινομένων.

jamais quand l'homme cesse d'être en relation avec le monde extérieur par la respiration [1].

LA VIE APRÈS LA MORT. — A ces vues physiques Héraclite rattachait, comme fit plus tard Empédocle (d'une manière différente, il est vrai), certaines idées mythiques sur la vie après la mort, qui, à vrai dire, n'étaient pas appelées par ses doctrines philosophiques.

La seule conclusion à tirer de ces dernières serait que l'âme, comme toutes les autres choses, se recréant indéfiniment dans l'écoulement de la vie universelle, conserve son identité personnelle aussi longtemps que cette création se continue de la même manière et dans les mêmes conditions, mais périt comme être individuel, quand la formation de la matière psychique cesse d'avoir lieu au point où l'âme se trouve; et comme cette matière se compose, selon Héraclite, des vapeurs chaudes qui sont en partie développées par le corps, en partie introduites par la respiration, l'âme ne saurait survivre au corps.

Héraclite semble, quant à lui, s'être contenté de cette idée assez vague, que la vie dure aussi longtemps que le feu divin anime l'homme, et qu'elle cesse quand il le quitte; et comme il personnifie sous forme de dieu cet élément divin, il dit : les hommes sont des dieux mortels, les dieux des hommes immortels; notre vie est la mort des dieux, notre mort leur vie [2]; car aussi longtemps que

---

1. Fr. 91 (*ap.* CLÉM., *Strom.*, IV, 530 d) : ἄνθρωπος ἐν εὐφρόνῃ φάος ἄπτει ἑαυτῷ ἀποθανὼν ἀποσβεσθείς. ζῶν δὲ ἅπτεται τεθνεῶτος· εὕδων· ἀποσβεσθεὶς ὄψεις· ἐγρηγορὼς ἅπτεται εὕδοντος.
2. Fr. 60, dont HIPPOLYTE (*Reful.*, IX, 10) reproduit sans doute le texte original quand il dit : ἀθάνατοι θνητοί, θνητοὶ ἀθάνατοι, ζῶντες τὸν ἐκείνων θάνατον, τὸν δὲ ἐκείνων βίον τεθνεῶτες. SCHLEIERMACHER donne, d'après HÉRACLITE (*Alleg. hom.*, c. 24, p. 51, Mehl.), MAX. DE TYR (*Diss.*, X, 4, *sub fin.*, XLI, 4, *sub fin.*), CLÉM. (*Pédag.*, III, 215, A), HIÉROCL. (*in Carm. aur.*, p. 186), PORPH. (*Antr. nymph.*, c. 10, *sub fin.*), PHILON (*Leg. alleg.*, I, *sub fin.*, p. 60 c; *Quest. in Gen.*, IV, 152, cf. LUT., *V. auct.*, 14) le texte suivant : ἄνθρωποι θεοὶ θνητοί, θεοί τ' ἄνθρωποι ἀθάνατοι, ζῶντες τὸν ἐκείνων θάνατον, θνῄσκοντες τὴν ἐκείνων ζωήν. Cf. encore sur cette question, p. 582, 4, et CLÉMENT (*Strom.*, III, 434 c) : οὐχὶ καὶ Ἡράκλειτος θάνατον τὴν γένεσιν καλεῖ.

l'homme vit, la partie divine de son être reste liée aux matières inférieures dont la mort vient le débarrasser[1]. Les âmes, disait-il, parcourent le chemin qui mène vers le haut et le chemin qui mène vers le bas, elles entrent dans les corps parce qu'elles ont besoin de changement et qu'elles se lassent de demeurer dans le même état[2]. Héraclite trans-

1. C'est pourquoi Sextus (*Pyrrh.*, III, 230), Philon (*L. alleg.*, 60 c) et d'autres exposent l'opinion d'Héraclite dans les mêmes termes que celle de Pythagore et de Platon. Cependant il n'est pas certain que Sextus reproduise les propres paroles d'Héraclite, quand il dit (*l. c.*) : Ἡρ. φησὶν ὅτι καὶ τὸ ζῆν καὶ τὸ ἀποθανεῖν καὶ ἐν τῷ ζῆν ἡμᾶς ἐστι καὶ ἐν τῷ τεθνάναι. Cette proposition ne renferme peut-être qu'une conséquence tirée du passage précédemment cité. On peut encore moins conclure du texte de Platon qu'Héraclite lui-même se soit servi de la comparaison de σῶμα avec σῆμα (*supra*, 418, 4, 5).

2. Jamblique (*ap.* Stob., *Ecl.*, I, 906) : Ἡράκλειτος μὲν γὰρ ἀμοιβὰς ἀναγκαίας τίθεται ἐκ τῶν ἐναντίων ὁδόν τε ἄνω καὶ κάτω διαπορεύεσθαι τὰς ψυχὰς ὑπείληφε, καὶ τὸ μὲν τοῖς αὐτοῖς ἐπιμένειν κάματον εἶναι, τὸ δὲ μεταβάλλειν φέρειν ἀνάπαυσιν. Le même Jamblique (*ibid.*, 896, où il est question des différentes opinions concernant les motifs de la descente des âmes) : καθ' Ἡράκλειτον δὲ τῆς ἐν τῷ μεταβάλλεσθαι ἀναπαύλης... αἰτίας γιγνομένης τῶν καταγωγῶν ἐπιγραμμάτων. Ces indications sont expliquées et confirmées par En. Gaz. (*Theoph.*, p. 5, Boiss.) : ὁ μὲν γὰρ Ἡράκλειτος διαδοχὴν ἀναγκαίαν τιθέμενος ἄνω καὶ κάτω τῆς ψυχῆς τὴν πορείαν ἔφη γίνεσθαι, ἐπεὶ κάματος αὐτῇ τῷ δημιουργῷ συνέπεσθαι καὶ ἄνω μετὰ τοῦ θεοῦ τότε τὸ πᾶν συμπεριπολεῖν καὶ ὑπ' ἐκείνου τετάχθαι καὶ ἄρχεσθαι, διὰ τοῦτο τῇ τοῦ ἡρεμεῖν ἐπιθυμίᾳ καὶ ἀρχῆς (la suprématie sur le corps) ὁπόθε κάτω φησὶ τὴν ψυχὴν φέρεσθαι. Seulement ici la doctrine d'Héraclite est interprétée dans le sens platonicien ; notre philosophe n'a certainement pas parlé du démiurge, et la ressemblance qu'on trouve entre le texte qui nous occupe et le *Phèdre* de Platon peut venir, non de ce que Platon songeait à la doctrine d'Héraclite (comme Lassalle, II, 235 sq., cherche à le démontrer), mais plutôt de ce qu'Énéas avait sous les yeux l'exposition platonicienne. À la p. 7, Énéas dit encore d'Héraclite : ᾧ ἔοικε τῶν πόνων τῆς ψυχῆς ἀνάπαυλαν εἶναι τὴν εἰς τόνδε τὸν βίον φυγήν. Numénius (*ap.* Porph. (*De antro nymph.*, c. 10, voy. *sup.*, 583, 1) exprime la même opinion, quand il cite comme venant d'Héraclite le texte : « ψυχῇσι τέρψιν », μὴ θάνατον (ces deux mots sont, d'après l'opinion de Schuster, une addition de Numénius, et, à vrai dire, une addition contraire à l'idée d'Héraclite, qui considère précisément la τέρψις comme la transformation, le θάνατος de l'âme) « ὑγρῇσι γενέσθαι », τέρψιν δὲ εἶναι αὐταῖς τὴν εἰς τὴν γένεσιν πτῶσιν. Mais c'est Plotin qui reproduit les propositions d'Héraclite de la façon la plus authentique dans le texte IV, 8, 1, indiqué par Lassalle, I, 131 : ὁ μὲν γὰρ Ἡράκλειτος... ἀμοιβάς τε ἀναγκαίας τιθέμενος, ἐκ τῶν ἐναντίων, ὁδόν τε ἄνω καὶ κάτω εἰπών, καὶ « μεταβάλλον ἀναπαύεται » καὶ « κάματός ἐστι τοῖς αὐτοῖς μοχθεῖν καὶ ἄρχεσθαι » (au lieu de ce mot, Lassalle conjecture d'après Creuzer, ἄρχεσθαι, mais le texte d'Énéas confirme, comme il le remarque lui-même, la leçon ἄρχεσθαι) εἰκάζειν ἔδωκεν (à savoir sur les motifs de la descente de l'âme) ἀμείψας· σαφῇ μὲν ποιῆσαι τὸν λόγον. Quand Plutarque (*Sol. anim.*, 7, 4, p. 964) dit à la fois d'Empédocle et d'Héraclite qu'ils blâment la nature (voy. p. 596, 3 fin) ὡς ἀνάγκῃ καὶ πόλεμον οὐδαν... ὅπου καὶ τὴν γένεσιν αὐτὴν ἐξ ἀδικίας συντυγχάνειν λέγουσι τῷ θνητῷ συνεχομένου τοῦ ἀθανάτου, καὶ τέρπεσθαι τὸ γενόμενον παρὰ φύσιν μέλεσι τοῦ γεννήσαντος ἀποσπωμένοις, on peut se demander si la dernière partie de cette assertion, à partir d'ὅπου, est fondée (comme Schuster le suppose, 185, 1) sur des propositions émanant d'Héraclite. Elle rappelle tout d'abord certains passages d'Empédocle (voy. 730, 5 ; 731, 1).

portait donc aux âmes individuelles ce qui, logiquement, ne pouvait être dit que de l'âme universelle, ou du feu divin, créateur des âmes.

D'autres fragments nous montrent encore qu'il attribuait une durée persistante aux âmes délivrées du corps. Dans l'un de ces fragments il dit : la mort réserve aux hommes ce qu'ils n'espèrent ni ne croient[1]. Dans un autre, il promet à ceux qui sont tombés glorieusement qu'ils auront leur récompense[2]. Dans un troisième, il parle de l'état des âmes dans l'Hadès[3]. Dans deux autres, il fait mention des démons[4] et des héros, en assignant aux

---

1. Fr. 69 (ap. Clém., Strom., IV, 532 b, Cohort., 13 d. Théod., Cur. Gr. aff., VIII, 41, p. 118. Stob., Floril., 120, 28, fin) : ἀνθρώπους μένει ἀποθανόντα ἅσσα οὐκ ἔλπονται οὐδὲ δοκέουσι. A la même question se rapporte peut-être le fr. 17 (ap. Clém., Strom., II, 366 b. Théod., I, 88, p. 15) : ἐὰν μὴ ἔλπηται ἀνέλπιστον οὐκ ἐξευρήσει, ἀνεξερεύνητον ἐὸν καὶ ἄπορον. Au lieu d'ἔλπηται et d'ἐξευρήσει, on trouve dans Théodoret : ἐλπίζητε et εὑρήσετε. Schuster (p. 45) conjecture ἔλπηαι.

2. Fr. 120 (ap. Clém., Strom., IV, 494 b. Théod., Cur. Gr. aff., IX, 39, p. 117) : μόροι γὰρ μέζονες μέζονας μοίρας λαγχάνουσι. Cf. fr. 119 (ap. Théod., ibid.) : ἀρηϊφάτους οἱ θεοὶ τιμῶσι καὶ οἱ ἄνθρωποι. Schuster (p. 304) pense que l'un et l'autre doivent être pris dans un sens ironique ; je ne suis pas de son avis.

3. Fr. 70 (Plut., Fac. lun., 28, fin, p. 913) : Ἡράκλ. εἶπεν ὅτι αἱ ψυχαὶ ὀσμῶνται καθ' Ἅιδην. Le sens de ce passage est obscur. Je ne trouve pas satisfaisante l'explication de Schuster : « les âmes aspirent à l'Hadès », tendent avidement vers lui comme vers un lieu de repos (cf. p. 647, 2). Plutarque, en effet, cite cette proposition pour prouver que les âmes peuvent se nourrir de vapeurs dans l'autre monde. C'est à cette même question que se rapporte peut-être le texte d'Aristote (De sensu, c. 5, 443 a, 23) : ὡς εἰ πάντα τὰ ὄντα καπνὸς γένοιτο, ῥῖνες ἂν διαγνοῖεν. Bernays (Rh. Mus., IX, 265) le rapporte, d'une manière forcée, selon moi, à l'embrasement du monde. D'ailleurs, il est difficile de trouver dans ces propositions des renseignements instructifs.

4. Fr. 61 (Hippol., Refut., IX, 10) : Ἐνθάδε ἐόντι (Bern. ἐόντας) ἐπανίστασθαι καὶ φύλακας γίνεσθαι ἐγερτὶ ζώντων (sic Bern., au lieu de ἐγερτιζόντων) καὶ νεκρῶν. Je rapporte ces mots aux démons chargés de veiller sur les hommes ; cf. Hésiode, Ἔργα κ. ἡμ., 120 sqq., 250 sqq. Lassalle (I, 185) y voit la doctrine « d'une résurrection des âmes », mais les expressions ne donnent pas ce sens, car ἐπανίστασθαι ne signifie pas ici « se relever », mais « s'élever », à savoir au rang de gardiens des hommes. Lassalle ajoute (II, 204) qu'Héraclite pourrait avoir parlé également d'une résurrection des corps, mais c'est là une hypothèse tout à fait inadmissible. Sans doute, Lassalle ne pense pas que cette résurrection soit identique à l'ἀνάστασις σαρκός dans le sens chrétien (Hippolyte, l. c.), trouve que cette dernière est enseignée dans le fragment 61 d'une manière évidente, φανερῶς, ainsi qu'il faut probablement lire au lieu de φανερᾶς) ; cette résurrection consiste seulement, d'après lui, en ce que toutes les molécules qui avaient autrefois constitué un corps humain, se retrouvent, dans une période ultérieure du monde, pour reconstituer un corps semblable. Mais non-seulement cette conception est trop subtile pour Héraclite, et ne s'appuie sur aucune preuve : elle est de plus en désaccord avec les principes de ce philosophe. En effet, ces molécules n'existent plus dans la période posté-

640 premiers la garde non-seulement des vivants, mais encore des morts[1]. Il nous est d'ailleurs donné comme ayant enseigné que tout est plein d'âmes et de démons[2].

Il a donc certainement admis que les âmes entrent dans les corps après avoir quitté une existence supérieure, et qu'elles retournent en qualité de démons à une vie plus pure[3], quand elles se sont rendues dignes de cette élé-
650 vation. En revanche, il paraît avoir partagé l'opinion commune sur le sort réservé aux autres âmes dans l'Hadès[4].

Nous ne pouvons savoir d'une façon certaine si Héraclite a étudié le détail de la vie corporelle de l'homme ; les renseignements à cet égard font presque complètement défaut[5]. Mais il nous reste de lui un grand nom-

---

rieure du monde ; elles ont péri complétement, comme telles, dans le fleuve du devenir; elles ont donné naissance à d'autres substances, et si ces dernières peuvent aussi se changer partiellement en éléments constitutifs des corps humains, il n'y a cependant aucune raison pour admettre qu'un nouveau corps est formé plus tard précisément à l'aide des substances provenant de tel corps déterminé, et non pas à l'aide d'autres substances. SCHUSTER (p. 176) propose de lire : [δαίμων ἐθέλει] ἐνθάδε ἐόντι ἐπίστασθαι καὶ φυλακὸς (=φύλαξ) γίνεσθαι ἐγερτὶ ζ. κ. ν. Mais dans cette leçon Hippolyte aurait été, ce semble, plus embarrassé de trouver la résurrection de la chair que dans le texte ordinaire portant ἐπανίστασθαι.

1. Fr. 130 (ORIGÈNE, C. Cels., VII, 62) : οὔτε γιγνώσκων θεοὺς οὔτε ἥρωας οἵτινές εἰσι.
2. DIOGÈNE, IX, 7; cf. p. 61¹, 1.
3. A une existence individuelle, et non pas, comme dit THÉODORET (V, 23, p. 73), à l'âme du monde.
4. Cf. l'eschatologie analogue de Pindare (voy. sup., p. 56).
5. On voit d'après le fr. 62 (ap. PLUT., Def. orac., c. 11 ; Plac., V, 24 ; PHILON, Quest. in Gen., II, 5, sub fin., p. 82, Auch.; CENS., Di. nat., c. 16, cf. BERNAYS, Rh. Mus., VII, 105 sq) qu'il évaluait une génération à 30 années, parce que dans sa 30ᵉ année l'homme peut avoir un fils qui soit père lui-même, et qu'ainsi la nature accomplit son évolution dans ce laps de temps. Je suis porté à croire qu'il n'a touché à cette question que d'une manière accidentelle, pour donner un exemple de la rotation universelle. C'est à cette rotation de la vie humaine que se rapporte aussi le fr. 73 (ap. CLÉM., Strom., III, 432 a) : « ἐπειδὰν (l. ἔπειτα) γενόμενοι ζώειν ἐθέλουσι μόρους τ' ἔχειν », μᾶλλον δὲ ἀναπαύεσθαι « καὶ παῖδας καταλείπουσι μόρους γενέσθαι. » Malgré l'avis contraire de SCHUSTER (p. 193), je pense que les mots μᾶλ. δ. ἀναπαύ. sont, ou une addition de Clément se référant à l'interprétation de la μεταβολή dont nous avons parlé p. 647, 2, ou une protestation du chrétien contre le philosophe qui regarde la mort comme la fin de la vie ; ces mots étaient en désaccord avec le κακίζειν τὴν γένεσιν, que Clément trouve dans notre texte. Mais il n'y a pas lieu d'attacher une grande importance à des remarques de ce genre. Ce qu'HIPPOCRATE dit (π. διαιτ., I, 23 fin) sur les sept sens (ibid., c. 10), sur la partie inférieure du corps et sur les trois évolutions du

bre de propositions où il applique ses doctrines à l'activité morale et intellectuelle de l'homme.

La connaissance. — D'après les principes essentiels de son système, Héraclite ne pouvait assigner d'autre objet à l'activité intellectuelle que de chercher à saisir l'essence éternelle des choses à travers l'écoulement des phénomènes, et de s'affranchir de l'apparence trompeuse qui nous présente comme un être stable ce qui, en réalité, change continuellement. C'est pourquoi il déclare que la sagesse consiste en une seule chose, qui est de connaître cette Raison qui gouverne tout[1]; on doit suivre les idées communes à tous, et non les opinions particulières des individus[2]; pour qu'un discours soit intelligent, il faut qu'il s'appuie sur ce qui est commun à tous ; et cette condition n'est remplie que par la pensée[3].

La connaissance de l'universel par la raison est donc la seule qui puisse avoir du prix à ses yeux; la perception des sens ne fait qu'éveiller sa défiance. Nos sens ne perçoivent que l'apparence fugitive, et non l'être[4]; le feu éternellement vivant leur est caché par une infinité

---

feu dans le corps humain, ne vient probablement pas d'Héraclite. D'ailleurs l'indication (Joh. Sicel., Walz Rhet., VI, 95, voy. Bernays, Heracl., 19) suivant laquelle Héraclite se serait livré à des recherches anatomiques, est plus que douteuse.

1. Voy. sup., p. 607, 1. Cette connaissance elle-même aurait pour condition (d'après Lass., II, 344) « une révolution spontanée de l'objectif et de l'absolu eux-mêmes. » Lassalle s'appuie sur Sextus (M. VIII, 8) disant : Énésidème a défini l'ἀληθές: le μὴ λῆθον τὴν κοινὴν γνώμην, ainsi que sur le fragment cité p. 590, 2. Mais Sextus ne dit pas qu'Énésidème tint cette définition d'Héraclite, et quand même il l'aurait dit, cela ne tirerait guère à conséquence. Le fragment d'Héraclite nomme, à la vérité, le feu le μὴ δῦνον, mais μὴ δῦνον n'est pas μὴ λῆθον. Il est certes possible qu'Héraclite ait dit : tous peuvent connaître le divin ou la raison ; mais on ne saurait prouver qu'il l'ait dit, même abstraction faite de l'interprétation moderne de cette pensée telle qu'on la trouve dans Lassalle.

2. Fr. 7; cf. p. 607, 2.

3. Fr. 123 (Stob., Floril., 3, 84) : ξυνόν ἐστι πᾶσι τὸ φρονεῖν· ξὺν νόῳ λέγοντας ἰσχυρίζεσθαι χρὴ τῷ ξυνῷ πάντων, ὅκωσπερ νόμῳ πόλις καὶ πολὺ ἰσχυροτέρως· τρέφονται γὰρ, etc. Voy. sup., 606, 1. Pour l'intelligence de ce texte, voy. 607, 2.

4. Aristote (Metaph., I, 6, sub init.) : ταῖς Ἡρακλειτείοις δόξαις, ὡς τῶν αἰσθητῶν ἀεὶ ῥεόντων καὶ ἐπιστήμης περὶ αὐτῶν οὐκ οὔσης.

d'enveloppes[1]; ce qu'il y a en réalité de plus vivant et de plus mobile nous est présenté par eux comme mort et immobile[2]. Ou, pour parler conformément à la théorie postérieure de l'école d'Héraclite : la perception naît de la rencontre de deux mouvements ; elle est le produit commun de l'action de l'objet sur l'organe sensible, et de l'activité de l'organe sensible qui subit cette action à sa manière ; elle ne nous montre donc rien qui dure et qui existe par soi-même, mais seulement un phénomène isolé, tel qu'il se présente dans tel cas donné et pour telle perception déterminée[3]. Sans doute l'observation des sens peut toujours nous fournir quelques renseignements en tant qu'elle nous découvre mainte qualité des choses[4], sans doute aussi les

---

1. DIOGÈNE, IX, 7 : τὴν ὄρασιν ψεύδεσθαι (ἔλεγε). LUCRÈCE (De nat. rer., I, 696) : credit enim (Heraclitus) sensus ignem cognoscere vere, cetera non credit, en tant que le feu est le seul phénomène sensible dans lequel la substance des choses se présente telle qu'elle est réellement constituée.

2. Fr. 95, ap. CLÉM., Strom., III, 434 d (dans ce qui précède il faut lire, d'après la juste observation de TEICHMÜLLER, N. St., I, 97 sqq. Πυθαγόρα καὶ, au lieu de : Πυθαγόρᾳ δὲ καὶ) : θάνατός ἐστιν ὁκόσα ἐγερθέντες ὁρέομεν, ὁκόσα δὲ εὕδοντες ὕπνος : « de même que, pendant le sommeil, nous voyons sous forme de rêve, de même, pendant la veille, nous voyons sous forme de mort. » Les premiers mots de ce fragment sont ainsi expliqués par Lassalle (II, 320) : « ce que nous voyons pendant que nous veillons et ce que nous considérons comme la vie n'est en réalité que l'écoulement constant des choses elles-mêmes. » Mais cet écoulement constant, qui constitue précisément la vie dans la doctrine d'Héraclite, ne pouvait guère être appelé par lui du nom de θάνατος, qui enferme une idée de blâme. Pour refuser de voir, ici encore, la dépréciation de la perception sensible, SCHUSTER (274 sq.) explique ce passage d'une manière très raffinée, selon moi, et peu conforme aux doctrines d'Héraclite; TEICHMÜLLER (l. c.) repousse à bon droit cette explication.

3. THÉOPHRASTE (De sensu, I, 1 sq.) : οἱ δὲ περὶ Ἀναξαγόραν καὶ Ἡράκλειτον τῷ ἐναντίῳ (ποιοῦσι τὴν αἴσθησιν); ce qui est expliqué dans la suite : οἱ δὲ τὴν αἴσθησιν ὑπολαμβάνοντες ἐν ἀλλοιώσει γίνεσθαι καὶ τὸ μὲν ὅμοιον ἀπαθὲς ὑπὸ τοῦ ὁμοίου, τὸ δ' ἐναντίον παθητικόν, τούτῳ προσέθεσαν τὴν γνώμην. ἐπιμαρτυρεῖν δ' οἴονται καὶ τὸ περὶ τὴν ἁφὴν συμβαῖνον· τὸ γὰρ ὁμοίως τῇ σαρκὶ θερμὸν ἢ ψυχρὸν οὐ ποιεῖν αἴσθησιν. D'après ce témoignage, confirmé par la doctrine d'Héraclite sur les contrastes dans le monde, nous serons encore plus fondés à rapporter l'exposition qui se trouve dans le Théétète de Platon (156 a, sqq.), non-seulement à Protagoras, mais encore aux Héraclitéens, comme Platon l'indique lui-même (p. 180 c sq.). Sans doute cette théorie n'a été développée que par les philosophes postérieurs, tels que Cratyle et Protagoras ; mais la pensée fondamentale en appartient à Héraclite. Il enseignait déjà que la perception des sens est le produit de la rencontre du mouvement de l'objet et de celui du sens, et n'a par suite aucune vérité objective.

4. Voy. sup., 618, 3 ; 651, 4.

deux sens les plus nobles, et surtout l'œil, doivent être placés au-dessus des autres [1]; mais, en comparaison de la raison, la perception des sens n'a que peu de valeur : les yeux et les oreilles des hommes sont de mauvais témoins quand ils sont au service d'âmes déraisonnables [2]. Or la plupart des hommes écoutent exclusivement ce témoignage. De là ce profond mépris de la foule, que nous avons constaté chez notre philosophe ; de là sa haine de l'opinion capricieuse [3], de la déraison qui n'entend pas la voix de la divinité [4], de l'homme sans jugement, qui se laisse égarer par tous les discours [5], de la légèreté qui se joue indignement de la vérité [6]; de là aussi sa méfiance

---

1. Fr. 8 (HIPPOL., *Refut.*, IX, 9) : ὅσων ὄψις ἀκοὴ μάθησις ταῦτα ἐγὼ προτιμέω· sur la vue en particulier, fr. 91 (voy. *sup.*, 646, 2). Fr. 9 (POLYB., XII, 27) : ὀφθαλμοὶ γὰρ τῶν ὤτων ἀκριβέστεροι μάρτυρες. Malgré les avis contraires de BERNAYS (*Rh. Mus.*, IX, 262), de LASSALLE (II, 323 sq.) et de SCHUSTER (25, 1), je ne vois dans ce fragment que ce qu'HÉRODOTE, par exemple, dit à peu près dans les mêmes termes et ce que Polybe y trouve, à savoir que nous pouvons accorder plus de confiance à notre propre expérience qu'aux assertions des autres.

2. Fr. 11 (SEXT., *Math.*, VII, 126) : κακοὶ μάρτυρες ἀνθρώποισιν ὀφθαλμοὶ καὶ ὦτα βαρβάρους ψυχὰς ἐχόντων (texte à tout le moins plus authentique que celui de STOB., *Floril.*, 4, 56). Au lieu des trois derniers mots, BERNAYS (*Rh. Mus.*, IX, 262 sqq.) conjecture : βορβόρου ψυχὰς ἐχόντων, alléguant que dans la leçon de Sextus le génitif ἐχόντων après ἀνθρώποισιν est très bizarre, et qu'à l'époque d'Héraclite βάρβαρος ne signifiait pas encore « grossier ». Mais il n'est pas nécessaire d'attribuer à βαρβάρους cette signification dans la leçon ordinaire : on obtiendra même un sens plus satisfaisant, si on le prend dans sa signification primitive : un homme qui ne comprend pas ma langue et dont je ne comprends pas la langue. De cette façon, Héraclite dit dans son langage figuré : il ne sert de rien d'entendre, quand l'âme ne comprend pas les paroles que l'oreille perçoit. C'est précisément parce que la proposition complétive se rapporte à ὦτα (bien que certainement d'après le sens, elle se rapporte également aux yeux) que l'auteur a mis le génitif ἐχόντων, qui nous paraît singulier. Cf. SCHUSTER, 26, 2.

3. DIOG., IX, 7 : τὴν οἴησιν ἱερὰν νόσον ἔλεγε. Malgré cette sentence, ARISTOTE (*Eth. N.*, VII, 4, 1146 b, 29 ; *M. Mor.*, II, 6, 1201 b, 5) l'accuse d'avoir eu une confiance exagérée dans ses propres opinions (comme nous l'avons déjà remarqué). SCHLEIERMACHER (p. 138) compare au texte de Diogène ce que dit APOLLONIUS DE TYANE (*Epist.* 18) : ἐγκαλυπτέος ἕκαστος ὁ ματαίως ἐν δόξῃ γενόμενος. Mais Apollonius ne cite pas cette proposition comme émanant d'Héraclite.

4. Fr. 138 (ORIG.; *C. Cels.*, VI, 12) : ἀνὴρ νήπιος ἤκουσε πρὸς δαίμονος ὅκωσπερ παῖς πρὸς ἀνδρός. Il ne me semble pas nécessaire de conjecturer δαήμονος au lieu de δαίμονος (BERNAYS, *Heracl.*, 15). Sur la manière dont SCHUSTER a interprété ce passage, voy. p. 656, 1.

5. Fr. 35 (PLUT., *Aud. poet.*, c. 9, sub fin., p. 28, *De aud.*, c. 7, p. 41) : βλὰξ ἄνθρωπος ὑπὸ παντὸς λόγου ἐπτοῆσθαι φιλεῖ.

6. CLÉM. (*Strom.*, V, 549 c) : δοκεόντων γὰρ ὁ δοκιμώτατος γινώσκει φυλάσσειν· καὶ μέντοι καὶ δίκη καταλήψεται ψευδῶν τέκτονας καὶ μάρτυρας. Ni SCHLEIERMACHER,

654 contre l'érudition, qui, au lieu de faire des recherches originales, veut tout apprendre des autres¹. Quant à lui, il se contentera de trouver peu avec beaucoup de peine, comme les chercheurs d'or²; il ne veut pas juger à la légère des choses les plus graves³; il ne veut pas interroger les autres, mais lui-même⁴, ou plutôt la divinité; car l'âme humaine ne possède pas l'intelligence, laquelle est le privilége de l'être divin⁵; et la sagesse humaine n'est rien

qui lit δοκέοντα et γινώσκειν φυλάσσει, ni LASSALLE (II, 321 sq.), ne donnent une explication satisfaisante de la première moitié de ce fragment. Je n'approuve pas non plus ce que propose SCHUSTER (340, 1) : δοκ. γ. ὁ δοκιμώτατον γίνεται γινώσκει φυλάσσειν. « ainsi un poète se résout à admettre, parmi les choses regardées comme dignes de foi, ce qui est le plus digne de foi. » Dans la seconde moitié, LASSALLE prétend que les mots ψευδῶν τέκτονες désignent les sens; je crois qu'il se trompe, et je pense avec Schuster qu'on doit voir dans ces mots une allusion aux poëtes (voy. p. 575, 3).
1. C'est dans ce sens que nous devons comprendre ce qu'Héraclite dit contre l'érudition (voy. *sup.*, 443, 2 ; 283, 3). GAISFORD a raison d'attribuer à Anaxarque le fragment sur la polymathie *ap.* STOBÉE (*Floril.*, 34, 19).
2. Fr. 19 (CLÉM., *Strom.*, IV, 476 a ; THÉOD., *Cur. Gr. aff.*, I, 88, p. 15) : χρυσὸν οἱ διζήμενοι γῆν πολλὴν ὀρύσσουσι καὶ εὑρίσκουσιν ὀλίγον. On ne dit pas à quoi Héraclite appliquait cet exemple; l'application indiquée dans notre texte me parait la plus naturelle. Cf. fr. 24 et 140 (voy. *sup.*, p. 607, 1 ; 608, 1) et le fr. 21 découvert par LASSALLE (II, 312) *ap.* CLÉM., *Strom.*, V, 615 b : χρὴ γὰρ εὖ μάλα πολλῶν ἵστορας φιλοσόφους ἄνδρας εἶναι καθ' Ἡράκλειτον, où il faut distinguer l'ἱστορία, les recherches personnelles, de la polymathie.
3. D'après DIOG., IX, 73, il aurait dit (ce qui n'est pas tout à fait conforme au langage ordinaire d'Héraclite) : μὴ εἰκῆ περὶ τῶν μεγίστων συμβαλλώμεθα.
4. Fr. 20 (PLUT., *adv. Col.*, 20, 2, p. 1118; SUID., Ποσταῦμος, et ailleurs; cf. LASSALLE, I, 301 sq.) : ἐδιζησάμην ἐμεωυτόν. L'explication exacte de ces mots, dans lesquels Suidas, Plutarque et beaucoup de commentateurs modernes voient une exhortation à la connaissance de soi-même, est donnée par DIOGÈNE, IX, 5 : ἑαυτὸν ἔφη διζήσασθαι καὶ μαθεῖν πάντα παρ' ἑαυτοῦ. Cf. SCHUSTER, 59, 1 ; 62, 1). Je ne sais si PLOTIN (IV, 8, 1, p. 468) attache le même sens à ces expressions. Dans le texte V, 9, 5, p. 559, il admet l'interprétation d'après laquelle ἐμαυτὸν désigne l'objet de nos recherches, quand il dit, à propos d'une dissertation sur l'identité de la pensée et de l'être : ὀρθῶς ἄρα... τὸ ἐμαυτὸν ἐδιζησάμην ὡς ἓν τῶν ὄντων. Naturellement cette interprétation ne suffit pas à déterminer le sens primitif du texte qui nous occupe. Je suis encore moins disposé à admettre l'hypothèse de LASSALLE, d'après laquelle l'addition : ὡς ἓν τ. ὄ. émanerait également d'Héraclite, ce qui donnerait, pour la phrase entière, le sens suivant : « il faut se considérer soi-même comme un des êtres existants, c'est-à-dire comme participant aussi peu à l'être que les choses en général, comme étant entraîné dans le même écoulement. » Je ne vois pas comment on peut tirer ce sens du texte, et je ne crois pas qu'Héraclite ait parlé des ὄντα. Je considère le ὡς ἓν τ. ο. comme une addition de Plotin, destinée à justifier l'application de la proposition d'Héraclite à la chose en question. SCHLEIERMACHER a raison de contester l'authenticité de la phrase insignifiante qu'on lit *ap.* STOBÉE (*Floril.*, 5, 119) : ἀνθρώποισι πᾶσι μέτεστι γινώσκειν ἑαυτοὺς καὶ σωφρονεῖν.
5. Fr. 14, 138 (voy. *sup.*, 607, 1 ; 653, 2).

autre chose que l'imitation de la nature et de la divinité¹.
Celui qui écoute la loi divine, la raison universelle, est le
seul qui trouve la vérité ; pour celui qui suit l'apparence
trompeuse des sens et les opinions incertaines des hommes, la vérité demeure éternellement cachée².

Certes ce n'est point là une théorie scientifique de la
connaissance. Héraclite n'a même pas senti le besoin
d'une pareille théorie. Il n'a pas vu qu'il est nécessaire,
avant de se livrer à l'examen des choses, de se rendre
compte des conditions de la connaissance et de la méthode
à suivre dans ses recherches. Les propositions que nous
avons citées plus haut et les assertions analogues de Parménide³ étaient essentiellement, pour l'un comme pour
l'autre, les conséquences d'une théorie physique tellement
opposée à l'apparence sensible, qu'elle conduisait à considérer les sens comme suspects, si l'on voulait y rester fidèle.

Mais il ne s'ensuit nullement qu'Héraclite se soit proposé
de construire son système suivant une méthode tout *a priori*
et en dehors des données de l'expérience ; car une pareille
intention supposerait des recherches théoriques et méthodologiques qui lui étaient aussi étrangères qu'à toute la
philosophie antésocratique.

---

1. Voy. fr. 123, *sup.*, p. 606, 1. Tel paraît être également le sens des propositions (fr. 15) citées dans l'*Hippias major* de PLATON (289 a sq.) comme émanant d'Héraclite, évidemment dans des termes autres que ceux dont notre philosophe s'était servi : ὡς ἄρα πιθήκων ὁ κάλλιστος· αἰσχρὸς ἀνθρωπείῳ γένει συμβάλλειν..., ὅτι ἀνθρώπων ὁ σοφώτατος πρὸς θεὸν πίθηκος φανεῖται καὶ σοφίᾳ καὶ κάλλει καὶ τοῖς ἄλλοις πᾶσιν. Dans HIPPOCRATE (π. διαιτ., I, c. 12 sqq.), il est démontré par de nombreux exemples, dont le choix n'est pas parfaitement heureux, que tous les arts humains sont nés de l'imitation de certains phénomènes de la nature, bien que les hommes n'en aient pas conscience. Cette pensée, elle aussi, semble empruntée à Héraclite, mais la manière dont elle est exprimée ne lui appartient sans doute que pour une faible partie. Cf. BERNAYS (*Heracl.*, 23 sqq.); SCHUSTER (p. 286 sqq.).

2. SEXTUS (*Math.*, VII, 126, 131) a donc pu jusqu'à un certain point dire d'Héraclite avec raison : τὴν αἴσθησιν... ἄπιστον εἶναι νενόμικε, τὸν δὲ λόγον ὑποτίθεται κριτήριον... τὸν κοινὸν λόγον καὶ θεῖον καὶ οὐ κατὰ μετοχὴν γινόμεθα λογικοὶ κριτήριον ἀληθείας φησίν. Si quelques sceptiques l'ont compté parmi les leurs (DIOG., IX, 73; cf. SEXT., *Pyrrh.*, I, 209 sqq.), ce n'est là qu'un jugement arbitraire comme ceux qui sont familiers à cette école.

3. Voy. p. 518 sq.

Encore moins sommes-nous autorisés, soit par les assertions d'Héraclite, soit par les déclarations des témoins dignes de foi, à considérer le vieil Éphésien comme le premier représentant systématique de l'empirisme, et à voir dans ses écrits des plaidoyers en faveur de l'observation et de l'induction [1]. Ses réflexions se portèrent surtout

[1]. Schuster (p. 19 sqq.) appuie son assertion particulièrement sur les fr. 2, 3, dont nous avons parlé p. 572, 2 ; mais il n'est nullement dit dans le fr. 2 que le λόγος ἀεὶ ὢν soit uniquement perçu par les sens, que l'on doive « observer le monde visible », et « prendre pour point de départ les apparences sensibles », pour étudier les choses ; on y trouve encore moins cette doctrine, que là est l'unique voie qui conduise à la connaissance de la vérité. De même Schuster introduit dans le fr. 2 ce qui ne s'y trouve pas, quand il y découvre un blâme infligé aux hommes, parce qu'ils ne cherchent pas la connaissance en étudiant ce qu'ils voient tous les jours (parce qu'ils ne suivent pas la voie de l'observation pour arriver à la connaissance) : ce fragment les blâme de ce qu'ils ne comprennent pas ce qu'ils voient tous les jours (de ce qu'ils ne réfléchissent pas sur ces objets, ἀξύνετοι), et de ce qu'ils ne cherchent pas à acquérir des connaissances (Héraclite ne dit pas par quelle méthode). Schuster nous renvoie encore au fr. 7 ; mais j'ai montré déjà (voy. p. 604, 1) que son explication de ce fragment est inadmissible. De même, j'ai déjà montré (l. c.) que nous n'avons pas le droit de donner à la proposition concernant l'harmonie visible l'explication admise par Schuster, et de la relier directement à celle qui est citée p. 652, 3 : ὅσων ὄψις, ἀκοή, μάθησις ταῦτα ἐγὼ προτιμέω. Au fond, rien n'y indique que la μάθησις soit obtenue uniquement par la vue et par l'ouïe. Le fragment dit seulement que les plaisirs de la connaissance sont préférables à tous les autres : il ne dit pas quelle est la part de l'observation ou de la réflexion dans l'acquisition des connaissances. Nous avons également prouvé p. 607, 2, que, dans le fr. 7, ξυνὸν ou λόγος ξυνὸν ne signifie pas le discours du monde *visible*, et que ce fragment ne contient pas un blâme contre ceux qui « suivent leurs propres pensées », qui « cherchent chacun une solution particulière de l'énigme du monde dans l'invisible et non dans le visible » (Schust., 23 sq.). Héraclite d'ailleurs, qui a dit εἷς ἐμοὶ μύριοι (voy. sup., 575, 2) suivait certainement sa propre manière de voir et ne reconnaissait pas l'autorité de la κοινὴ γνώμη, à laquelle Schuster et Énésidème (ap. Sext., Math., VIII, 8) font rapporter le ξυνόν. Enfin Schuster (p. 27 sq.) invoque Lucrèce, disant (I, 690 sqq.) que les sens sont le principe *unde omnia credita pendent, unde hic cognitus est ipsi quem nominat ignem;* mais il ne s'aperçoit pas que Lucrèce ne s'appuie pas dans ce texte sur l'opinion d'Héraclite; il se fonde, au contraire, sur ses propres hypothèses pour combattre ce philosophe. Là où il veut reproduire la doctrine de celui-ci, il dit (comme il a été démontré p. 651, 4) : parmi toutes les perceptions des sens, Héraclite ne reconnaît que celle du feu comme véridique (non pas du feu « à travers toutes ses enveloppes et toutes ses transformations », comme le dit Schuster, mais du feu ordinaire, visible). Refuser d'ajouter foi à la deuxième assertion, parce qu'on a mal compris la première, c'est intervertir l'ordre des choses. Donc le prétendu témoignage, loin de confirmer l'opinion de Schuster, l'infirme au contraire positivement. Mais ce qui en montre la complète inexactitude, ce sont les textes cités p. 651, 4, 5; 652, 4, et surtout l'assertion d'Aristote disant (p. 651, 3) que dans sa doctrine ὡς τῶν αἰσθητῶν ἀεὶ ῥεόντων καὶ ἐπιστήμης περὶ αὐτῶν οὐκ οὔσης, Platon suit Héraclite. C'est à tort qu'on a recours à cet expédient « qu'Aristote ne parle ici que de Cratyle et des disciples d'Héraclite, lesquels précisément sur ce

sur le côté objectif de la nature; en fait, son point de départ (comme finalement celui de tout philosophe) a été la perception de la réalité, et c'est en élaborant les données de la perception qu'il est arrivé à ses théories, mais il ne s'est jamais demandé à quelles sources il les avait puisées. Et quand cette voie l'eut conduit à des hypothèses qui se trouvaient en contradiction avec les données de nos sens, il n'a point tenu ces hypothèses pour fausses, comme eût dû le faire un véritable empiriste, mais il a proclamé que les sens étaient trompeurs et que nos seules connaissances certaines nous viennent de la raison. Ni Héraclite ni aucun autre philosophe antérieur à Socrate ne s'est

point pensaient autrement que leur maître » (Sch., 31). Aristote ne dit pas : ταῖς τῶν Ἡρακλειτείων δόξαις, mais il dit : ταῖς Ἡρακλειτείοις δόξαις. Or Ἡρακλείτειος δόξα désigne certainement une opinion d'Héraclite, comme Ἡρακλείτειος θέσις (Phys., I, 2, 185 a, 7) désigne une proposition d'Héraclite, et comme Ἡρακλείτειοι λόγοι, dans le texte correspondant au nôtre (Metaph., XIII, 4, voy. sup., 576, 1), désigne des assertions d'Héraclite. Ἡρακλείτειος signifie précisément : venant d'Héraclite. Peut-être ce mot pouvait-il être appliqué d'une façon impropre à une opinion que ses disciples faisaient dériver de sa doctrine ; mais on ne pouvait, en tout cas, s'en servir pour désigner une opinion contraire à la sienne. Aussi Schuster a-t-il encore recours à l'hypothèse d'après laquelle Aristote attribuerait à Héraclite lui-même des conséquences que Platon seul tirait de la doctrine de ce philosophe. Mais ce soupçon ne serait évidemment autorisé que dans le cas où l'assertion d'Aristote serait en contradiction avec d'autres témoignages plus dignes de foi. Or, en fait, elle est d'accord avec tous les témoignages. De ce que Protagoras savait combiner son sensualisme avec la théorie du devenir universel, on ne peut conclure avec Schuster (31 sq.) qu'Héraclite, lui aussi, ait attribué la prééminence à la perception sensible, surtout si, avec Schuster, on fait d'un philosophe tel que Cratyle un adversaire d'Héraclite, parce qu'il rejette le témoignage des sens. En effet, le sophiste qui ne prétendait nullement reproduire la doctrine même d'Héraclite, devait être plus enclin à s'en écarter qu'un philosophe qui admettait complètement cette doctrine. D'ailleurs Protagoras n'admettait pas, comme on le suppose, « qu'il y a une ἐπιστήμη, identique à l'αἴσθησις et à l'opinion fondée sur l'αἴσθησις. » Protagoras a nié la possibilité de la science (voy. inf., 978 sqq.) à cause de la relativité des perceptions. Si l'on nous dit que cette négation elle-même implique cette hypothèse, que, *s'il y avait une science*, elle ne pourrait procéder que de la perception, nous répondrons que cette proposition énoncée hypothétiquement, qu'il existe une science, est immédiatement contestée, et contestée précisément parce que la perception ne peut procurer aucune science. La seule conclusion qu'il soit permis de tirer de la doctrine de Protagoras à l'égard d'Héraclite, c'est que tous les deux déniaient également à la connaissance sensible toute vérité objective. L'académicien Arcésilas, par exemple, a aussi prouvé l'impossibilité de la science en se fondant uniquement sur les erreurs des perceptions sensibles (cf. 3ᵉ part.; a, 448 sq., texte all.); mais il ne viendra à l'idée de personne d'en conclure que Platon, dont Arcésilas a suivi les traces, en contestant la valeur de la connaissance sensible, n'a pas reconnu d'autre mode de connaissance.

demandé par quel procédé nous arrivons à acquérir cette connaissance rationnelle.

De même, quelques savants modernes lui ont, à tort[1], attribué la doctrine d'après laquelle les noms des choses nous révèlent leur essence. Cette assertion ne peut être établie ni par des témoignages directs[2] ni par une déduction prenant son point de départ dans le *Cratyle* de Platon[3]. Sans doute elle s'accorderait parfaitement avec les doctrines d'Héraclite[4]; mais ni les jeux de mots ni

---

1. LASSALLE (II, 362 sqq.). SCHUSTER (318 sqq.). Contre Lassalle, v. STEINTHAL, *Gesch. d. Sprachwissenschaft*, I, 165 sqq.
2. LASSALLE s'appuie sur PROCLUS (*in Parm.*, I, 12, Cous.). Socrate admire τοῦ Ἡρακλειτείου (διδασκαλείου) τὴν διὰ τῶν ὀνομάτων ἐπὶ τὴν τῶν ὄντων γνῶσιν ὁδόν. Cette assertion, où il n'est pas fait mention d'Héraclite lui-même, mais seulement de son école, est fondée uniquement sur le *Cratyle* de Platon. Il en est de même des textes d'AMMONIUS (*De interpr.*, 24 b; 30 b). Dans le deuxième, il est dit explicitement : Socrate démontre dans le *Cratyle* que les noms ne sont pas οὕτω φύσει, ὡς Ἡράκλειτος ἔλεγεν (Socrate, en réalité, ne l'y nomme pas). De même, le premier se réfère évidemment au dialogue de Platon (428 e), comme Schuster le reconnaît aussi, à en juger d'après cette remarque : quelques-uns regardent les noms comme des φύσεως δημιουργήματα, καθάπερ ἠξίου Κρατύλος καὶ Ἡράκλειτος.
3. Dans le *Cratyle*, l'Héraclitéen de ce nom affirme à la vérité ὀνόματος ὀρθότητα εἶναι ἑκάστῳ τῶν ὄντων φύσει πεφυκυῖαν (383 a; cf. 428 d, sqq.); et il est très-vraisemblable que Cratyle ait réellement émis cette assertion, puisque les conséquences bizarres qu'il tire lui-même de sa proposition (p. 384 b; 429 b, sq.; 436 b, sq.) s'accordent très-bien avec les autres exagérations qu'il fait subir à la doctrine d'Héraclite. Mais il ne s'ensuit nullement qu'Héraclite lui-même ait établi ce principe. Schuster croit qu'une école ayant poussé la doctrine de l'écoulement de toutes choses aussi loin que Cratyle, ne pouvait être la première à poser ce principe. Mais je ne vois pas pourquoi cela lui aurait été impossible, du moment qu'elle s'abstenait d'en tirer les conséquences sceptiques de Protagoras. Lors même d'ailleurs que Cratyle n'aurait pas été le premier à poser ce principe, il n'en résulterait pas qu'Héraclite dût nécessairement en être l'auteur; entre la mort de ce philosophe et l'époque où Platon suivait les leçons de Cratyle, il y a un espace de plus de soixante années. SCHUSTER prétend encore (p. 323 sq.) que le principe en question se trouve également dans l'*rotagoras*, lequel a dû nécessairement le tenir d'Héraclite. Mais il n'en est nullement fait mention dans la seule citation donnée par Schuster, à savoir dans le mythe du *Protagoras* de Platon. Protagoras dit (322 a) : « Grâce à sa parenté avec les dieux, l'homme a acquis de bonne heure l'art de parler. » Mais ce texte ne prouve nullement que toutes les dénominations du langage soient justes. Enfin Schuster croit (p. 531, 2) que Parménide, lui aussi, fait allusion dans les vers cités p. 531, 2, aux recherches d'Héraclite « sur les noms, signes des choses ». Cette conjecture ne me paraît reposer sur aucun fondement.
4. SCHAARSCHMIDT (*Samml. d. plat. Schr.*, 253 sq.) conteste cet accord, parce qu'une exactitude naturelle des mots, une signification précise et stable ne pourrait s'accorder avec l'écoulement de toutes choses. Pour la même raison, SCHUSTER n'admet notre assertion que dans le cas où l'on adopterait son interprétation du

les étymologies¹ qui se trouvent dans ses fragments ne prouvent qu'il ait cherché à justifier théoriquement ces déductions tirées des signes du langage, comme ont fait les philosophes postérieurs.

ÉTHIQUE. — Ce qui est vrai de nos connaissances s'applique à nos actions. Héraclite, qui ne sépare pas encore nettement les deux domaines, établira les mêmes lois pour l'un et l'autre ; il ne portera pas un jugement plus indulgent dans un cas que dans l'autre sur la conduite de la foule.

La plupart des hommes, dit-il, vivent comme le bétail² ; ils se vautrent dans la fange et se nourrissent de terre comme les vermisseaux³ ; ils naissent, procréent des enfants et meurent, sans viser dans leur vie à un but plus élevé⁴. Ce que la foule recherche est pour l'homme raisonnable un objet de mépris, comme dénué de valeur et périssable⁵. L'homme raisonnable se guide, non d'après ses propres idées, mais uniquement d'après la loi

---

πάντα ῥεῖ (voy. p. 577, 1). Mais notre interprétation de l'écoulement de toutes choses, loin d'exclure la persistance de la loi universelle, l'implique au contraire; et comme, pour Héraclite, cette loi est conçue comme étant le Logos, l'interprétation selon laquelle le Logos humain (c'est-à-dire la raison et le langage réunis dans ce concept), à titre de portion du Logos divin, possède la vérité serait assez conforme à son point de vue.

1. βίος et βιός. Voy. sup., p. 582, 4, sub fin., où le nom, à vrai dire, est en contradiction avec la chose désignée ; διαφέρεσθαι et ξυμφέρεσθαι, 598, 1 ; μόροι et μοῖραι 648, 2 ; ξὺν νόῳ et ξυνῷ, 651, 2, peut-être aussi Ζηνός et ζῆν, 608, 1 ; αἰδοίοισιν et ἀναιδέστατα; 665, 3. Quant au rapprochement de σῶμα et σῆμα, il n'appartient pas à Héraclite, cf. 647, 1. J'attache encore moins d'importance à l'emploi d'ὅμομα comme signifiant paraphrase, 608, 1 ; 661, 3.

2. Voy. sup., p. 575, 1.

3. Tel a pu être du moins le sens et la liaison des idées du texte cité par ATHÉNÉE (V, 178, sq.) et par ARISTOTE (De mundo, c. 6, fin). Le premier dit : μήτε « βορβόρῳ χαίρειν » καθ' Ἡράκλειτον, le second : « πᾶν ἑρπετὸν τὴν γῆν νέμεται. » Je n'admets pas la conjecture de BERNAYS (Heracl., p. 25) d'après laquelle le texte primitif aurait été essentiellement différent.

4. Fr. 13 (voy. sup., p. 650, 2). A cause de ses assertions dédaigneuses concernant la masse des hommes, TIMON (ap. DIOG., IX, 6) appelle notre philosophe : κοκκυστὴς ὀχλολοίδορος.

5. C'est du moins ce qu'il peut y avoir au fond des paroles que LUCIEN (V. auct., 14) met dans la bouche d'Héraclite : ἡγέομαι τὰ ἀνθρώπινα πρήγματα ὀϊζυρὰ καὶ δακρυώδεα καὶ οὐδὲν αὐτέων ὅ τι μὴ ἐπικήριον. L'assertion d'après laquelle Héraclite aurait pleuré sur tout (voy. sup., p. 569) permet d'admettre que ce philosophe a exprimé des opinions de ce genre.

générale[1]. Il évite par-dessus tout l'orgueil, la transgression des limites imposées[2] à l'individu et à la nature humaine ; et, en se soumettant ainsi à l'ordre universel, il atteint ce contentement, dont Héraclite a fait, nous dit-on, le but suprême de la vie[3]. Il dépend de l'homme lui-même d'être heureux ; le monde est toujours tel qu'il doit être[4], il ne s'agit que de se conformer à l'ordre du monde. L'esprit de l'homme est son Démon[5].

VUES POLITIQUES ET ÉTHIQUES. — Ce qui est vrai de l'individu l'est également de la communauté. Rien n'est plus nécessaire au salut de l'État que la suprématie de la loi ; les lois humaines sont une émanation du divin, la société repose sur elles, et sans elles il n'y aurait pas de droit[6] :

1. Fr. 7, 123 (voy. sup., p. 607, 2 ; 651, 2). Cf. STOBÉE (*Floril.*, 3, 84) : σωφρονεῖν ἀρετὴ μεγίστη, καὶ σοφίη ἀληθέα λέγειν καὶ ποιεῖν κατὰ φύσιν ἐπαίοντας.
2. Fr. 126 (DIOG., IX, 2) : ὕβριν χρὴ σβεννύειν μᾶλλον ἢ πυρκαϊήν. C'est à une certaine espèce de cette ὕβρις que se rapporte le fr. 128 (ARIST., *Polit.*, V, 11, 1315 a, 30 ; *Eth. N.*, II, 2, 1105 a, 7 ; *Eth. Eud.*, II, 7, 1223 b, 22, etc.) : χαλεπὸν θυμῷ μάχεσθαι, ψυχῆς γὰρ ὠνέεται. Je ne crois pas à l'authenticité des développements de cette proposition ap. PLUTARQUE (*De ira*, 9, p. 457. *Coriol.*, 22). JAMBLIQUE (*Cohort.*, p. 334, K.). Quant au sens, elle me semble (malgré le texte *Eth. N.*, II, 2) se référer plutôt à la lutte contre la passion d'autrui qu'à la lutte contre notre propre passion.
3. THÉOD. (*Cur. Gr. aff.*, XI, 6, p. 152) : Épicure regardait le plaisir comme le souverain bien, Démocrite regardait comme tel l'ἐπιθυμία (l. εὐθυμία). Héraclite enfin ἀντὶ τῆς ἡδονῆς εὐαρέστησιν τέθεικεν. Fr. 84 (STOB., *Floril.*, 3, 83) : ἀνθρώποις γίνεσθαι ὁκόσα θέλουσιν, οὐκ ἄμεινον (les hommes ne seraient pas plus heureux si tous leurs souhaits étaient accomplis).
4. Cf. la citation p. 603, 3.
5. Fr. 92 (ALEX. APHR., *De fato*, c. 6, p. 16, Or. PLUT., *Quest. Plat.*, 1, 1, 3, p. 999. STOB., *Floril.*, 104, 23) : ἦθος ἀνθρώπῳ δαίμων. On veut simplement dire par là, comme dans le texte correspondant d'Épicharme (voy. sup., 462, 2), que le bonheur de l'homme dépend de l'état de son âme. La sentence n'a pas trait à la question de la nécessité et de la liberté, que SCHUSTER soulève à ce propos (272, 2).
6. Fr. 123 (voy. sup., 651, 2 ; 606, 1). Fr. 121 (CLÉM., *Strom.*, IV, 478 b) : δίκης ὄνομα οὐκ ἂν ᾔδεσαν, εἰ ταῦτα (les lois) μὴ ἦν. Cependant, il est impossible de déterminer d'après le texte de Clément le sens exact de cette sentence ; peut-être renferme-t-elle (comme SCHUSTER le suppose p. 304) un blâme dirigé contre la masse des hommes, qui resterait étrangère à l'idée du droit s'il n'y avait pas de lois positives. TEICHMÜLLER fait rapporter ταῦτα aux injustices des hommes, sans lesquelles il n'y aurait pas de lois (*N. Stud.*, I, 131 sq.). Mais cette explication, qui me paraît invraisemblable en elle-même, ne peut guère s'appuyer sur la manière dont Clément applique le mot d'Héraclite, car on sait combien son exégèse est arbitraire. Si elle était exacte, il faudrait entendre par Δίκη spécialement la justice qui punit, la Δίκη πολύποινος.

un peuple doit donc combattre pour sa loi comme pour ses murs[1]. Cette suprématie de la loi est compromise également sous la domination arbitraire d'un seul et sous celle de la multitude. Héraclite est donc un ami de la liberté[2], mais il hait et méprise la démocratie, qui ne sait pas obéir au meilleur et ne peut supporter aucune supériorité[3]. Il exhorte les hommes à la concorde, qui seule soutient les États[4]. Héraclite a émis ainsi un certain nombre d'aphorismes éthiques; mais, à en juger d'après les fragments qui nous restent, il n'a point cherché à déterminer scientifiquement les concepts moraux et politiques.

Parmi les idées et les actions absurdes des hommes, Héraclite devait nécessairement ranger un grand nombre d'idées et d'usages appartenant à la religion populaire.

---

1. Fr. 125 (Diog., IX, 2) : μάχεσθαι χρὴ τὸν δῆμον ὑπὲρ νόμου ὅκως ὑπὲρ τείχεος. Cf. aussi les sentences citées p. 648, 2, qui se rapportent surtout à la mort affrontée pour la patrie.

2. D'après Clément (Strom., I, 302 b), il aurait engagé le tyran Mélancomas à renoncer au pouvoir, et à refuser l'invitation que lui avait faite Darius de se rendre à sa cour. Il est impossible de savoir jusqu'à quel point ces indications sont exactes. Les lettres que Diogène (IX, 12 sqq.) cite à l'appui de la seconde indication démontrent que leur auteur connaissait le fait, mais rien de plus. Les recherches de Bernays (Herakl. Briefe, 13 sqq.) ne font également qu'en démontrer la possibilité.

3. Fr. 40 (ap. Strabon, XIV, 1, 25, p. 642. Diog., IX, 2. Cic., Tusc., V, 36, 105. Cf. Jambl., V. Pyth., 173. Stob., Floril., 40, 9, vol. II, 73, Mein.) : ἄξιον Ἐφεσίοις ἡβηδὸν ἀπάγξασθαι (Diogène a évidemment tort de dire : ἀποθανεῖν) πᾶσι καὶ τοῖς ἀνήβοις τὴν πόλιν καταλιπεῖν (c'est-à-dire ils devraient se pendre et ne pas abandonner la ville à des mineurs ; cf. Bernays, Heraklit. Briefe, 19, 129 sq.) εἴτινες Ἑρμόδωρον ἄνδρα ἑωυτῶν ὀνήϊστον ἐξέβαλον, φάντες· ἡμέων μηδὲ εἷς ὀνήϊστος ἔστω, εἰ δὲ μή (Diog. : εἰ δέ τις τοιοῦτος). Peut-être dans le texte original y avait-il simplement : εἰ δὲ ἄλλῃ τε καὶ μετ' ἄλλων. D'après Jamblique, ces paroles seraient la réponse aux Éphésiens qui lui demandaient de leur donner des lois. Diogène (IX, 2) dit également qu'il refusa d'accéder à cette demande. Cependant, si nous considérons la situation politique qu'il prenait ouvertement, nous trouverons invraisemblable que la majorité démocratique se soit adressée à lui pour un pareil objet; et les paroles en question se trouvaient dans l'écrit d'Héraclite. Sur Hermodore, cf. ma dissertation, De Hermodoro (Marb., 1859). C'est au jugement d'Héraclite sur la démocratie que se rapporte aussi l'anecdote ap. Diog., IX, 3, qui peut également avoir été imaginée à propos d'une sentence de notre philosophe. Il y est dit qu'un jour qu'il jouait avec des enfants il dit à ses concitoyens : « Il est plus prudent de se livrer à ces jeux que de faire de la politique. » Au même jugement se rapporte également le fr. 127 (Clém., Strom., V, 604 a) : νόμος καὶ βουλῇ πείθεσθαι ἑνός. Cf. Timon (sup., p. 660, 3) et le texte : Théodoride, Anthol. gr., VII, 479, qui appelle Héraclite θεῖος ὑλακτητὴς δήμου κύων.

4. Plutarque (Garrul., c. 17, p. 511. Cf. Schleiermacher, p. 82) raconte de lui une action symbolique qui aurait eu cette signification.

Mais il n'a pas songé à entreprendre contre ces idées une lutte systématique, à la manière de Xénophane. Non-seulement il se sert du nom de Zeus pour désigner l'être divin créateur[1], mais il a une prédilection pour les appellations mythologiques[2]. Il parle d'Apollon sur le ton d'un croyant, et reconnaît dans les oracles de la Sibylle une inspiration supérieure[3]. Il fonde la divination en général sur le rapport de l'esprit humain avec l'esprit divin[4]. Dans son aphorisme sur l'identité de Hadès et de Dionysos[5], et sur-

1. Cf. p. 608, 1.
2. Par exemple les Erinyes et la Diké, p. 606, 2.
3. Dans les sentences dont on a déjà parlé, p. 571 (au mil.). Fr. 38 (PLUT., *Pyth. orac.*, 21, p. 404) : ὁ ἄναξ, οὗ τὸ μαντεῖόν ἐστι τὸ ἐν Δελφοῖς, οὔτε λέγει οὔτε κρύπτει, ἀλλὰ σημαίνει, et fr. 39 (*Ibid.*, c. 6, p. 397) : Σίβυλλα δὲ μαινομένῳ στόματι, καθ' Ἡράκλειτον, ἀγέλαστα καὶ ἀκαλλώπιστα καὶ ἀμύριστα φθεγγομένη, χιλίων ἐτῶν ἐξικνεῖται τῇ φωνῇ διὰ τὸν θεόν.
4. CHALCID., in *Tim.*, c. 249 : *Heraclitus vero consentientibus Stoicis rationem nostram cum divina ratione connectit regente ac moderante mundana, propter inseparabilem comitatum* (à cause de son union avec elle) *consciam decreti rationabilis factam quiescentibus animis ope sensuum futura denuntiare. Ex quo fieri, ut appareant imagines ignotorum locorum simulacraque hominum tam viventium quam mortuorum. Idemque asserit divinationis usum et præmoneri meritos instruentibus divinis potestatibus.* Ce texte reproduit surtout des opinions stoïciennes, mais Héraclite a pu en exprimer sous une forme quelconque la pensée principale, savoir que l'âme, en vertu de sa parenté avec les dieux, peut pressentir l'avenir. Les caractères que présente le π. διαίτ. du Ps.-HIPPOCRATE ne nous permettent pas de tirer du texte I, 12 (SCHUSTER, 287 sq.) de cet ouvrage une conclusion quelque peu fondée.
5. Fr. 132 (voy. *inf.*, 665, 3) : ωὑτὸς δὲ Ἀΐδης καὶ Διόνυσος. Dionysos était adoré comme dieu souterrain dans les mystères, et particulièrement dans les mystères orphico-dionysiques. Dans la tradition orphique, il est appelé tantôt fils de Zeus et de Perséphone, tantôt fils de Pluton et de Perséphone. Mais il est impossible de prouver par la théologie ancienne qu'il soit identique avec Pluton lui-même, et l'on peut se demander si ce n'est pas Héraclite qui a le premier émis cette assertion. Aux yeux de ce dernier, la naissance et la mort sont identiques, puisque toute naissance d'un être nouveau est la mort d'un être précédent; c'est pourquoi Dionysos, le dieu de la nature vivante et féconde, est le même qu'Hadès, le dieu de la mort. D'après TEICHMÜLLER (*N. Stud.*, I, 25 sq.), Dionysos est le soleil, lequel est identique avec Hadès, parce qu'il est né de la terre et que la terre à son tour absorbe la lumière. Mais il y a plusieurs objections à faire contre cette interprétation : 1° Hadès est la région souterraine, mais non la terre elle-même; 2° Héraclite n'a pas dit que le soleil ait été formé par la terre : il le considère comme formé par l'élément humide, par les vapeurs, et surtout par celles de la mer (Cf. p. 621, 2; 622, 1; 623, 4); 3° la formation du soleil par la terre et sa transformation en terre seraient autre chose que l'identité de ces deux corps; 4° enfin aucun document ne fournit la preuve qu'Héraclite ou les Orphiques aient admis l'identité de Dionysos et du soleil (voy. p. 51 sq., p. 81 sqq.). Teichmüller dit qu'Hadès est υἱὸς αἰδοῦς, et donne au fragment en question ce sens bizarre : la fête de Dionysos serait impudique, si Dionysos n'était le fils

VUES POLITIQUES ET ÉTHIQUES. 185

tout dans ses assertions touchant l'immortalité et les 664
démons¹, il se rattache aux doctrines des Orphiques². 665
Toutefois la religion régnante et les écrits des poëtes, sur
lesquels cette religion repose principalement, devaient le
choquer à plus d'un égard. Cette opinion, si naturelle au

---

de la pudeur, c'est-à-dire si l'indécent et le décent n'étaient identiques. Mais cette interprétation ne s'appuie sur aucun fondement solide. Teichmüller invoque PLUT., *De Is.*, 29, p. 362 : καὶ γὰρ Πλάτων τὸν Ἄιδην ὡς αἰδοῦς υἱὸν τοῖς παρ' αὐτῷ γινομένοις καὶ προσηνῆ θεὸν ὠνομάσθαι φησι. Je ne vois pas quelle conclusion on pourrait tirer de ces paroles par rapport à Héraclite, si Platon les avait dites réellement. Mais il ne les a pas dites. Il n'y a pas un seul mot de l'αἰδοῦς υἱός, soit dans le *Cratyle*, 403 a sqq. (le seul passage que Plutarque puisse avoir ici en vue), soit dans les autres dialogues. D'ailleurs, tel qu'il est, le texte de Plutarque présente un sens tellement déraisonnable, qu'on ne peut voir là qu'une erreur de copiste dans un manuscrit d'ailleurs rempli de fautes. Au lieu de αἰδοῦς υἱός, il faut sans doute lire (d'après une correction que je dois à HERCHER) πλούσιον, qui ressemble matériellement à ces deux mots, qui se trouve, en fait, dans le texte parallèle de PLUTARQUE (*De superst.*, 13, p. 171), et qui correspond au texte du *Cratyle*, 403 a, c : κατὰ τὴν τοῦ πλούτου δόσιν... ἐπωνομάσθη.... εὐεργέτης τῶν παρ' αὐτῷ. TEICHMÜLLER (p. 32 sqq.) n'a pas mieux réussi à prouver l'hypothèse d'après laquelle Héraclite aurait en vue dans notre fragment le mythe indécent de Dionysos (ap. CLÉMENT, *Cohort.*, 21 d sqq.), qu'il interprète d'ailleurs d'une façon inexacte sur un point auquel il attache une importance particulière (je veux dire le πασχητιᾶν, 22 a). Le texte de Clément ne renferme aucune allusion à Héraclite, le fragment d'Héraclite n'a pas trait à ce mythe; et si Clément, à la fin de son exposition, rattache notre fragment à la mention de l'adoration du phallus, il ne s'ensuit pas qu'Héraclite ait également pensé à ce mythe en énonçant sa proposition, et qu'il ait parlé « de l'écoulement de la semence » de Dionysos dans l'Hadès, dont il n'est même pas question dans ce mythe lui-même.

1. Voy. *sup.*, p. 648 sq.
2. LASSALLE (I, 204-208) cherche à démontrer qu'il existait des liens étroits entre Héraclite et les Orphiques, et que ces derniers ont exercé sur le premier une grande influence. Mais le texte qui constitue son argument principal (PLUT., *D'ei, Delph.* 9, p. 388) ne contient pas, comme il le croit, une exposition de la théologie d'Héraclite : il contient une interprétation stoïcienne des mythes orphiques. Lassalle s'imagine que Plutarque n'aurait pas donné aux Stoïciens les titres honorifiques de θεολόγοι et de σοφώτεροι, mais il oublie 1° que σοφώτεροι (qui signifie ici « avisés » plutôt que « sages ») ne désigne pas les *commentateurs*, mais les *inventeurs* du mythe, c'est-à-dire les Orphiques; 2° que θεολόγοι n'est pas un titre honorifique, et que Plutarque parle ailleurs encore (*De Is.*, 40, p. 367) d'une théologie stoïcienne; 3° enfin, que l'opinion exposée c. 9 est rejetée plus tard, c. 21, comme impie. En outre, il ne résulte nullement du texte de PHILON, *De vict.*, 819 d (voy. *sup.*, p. 632, au mil.) que les expressions κόσος et χρησμοσύνη, dont Plutarque se sert (*l. c.*) aient été étrangères aux Stoïciens, comme le dit Lassalle. Enfin quand même il existerait, entre Héraclite et nos fragments orphiques, plus de points de contact qu'on n'en peut voir en réalité malgré les efforts de LASSALLE (p. 246 sqq.), il en résulterait uniquement (étant donnée l'origine récente des poëmes auxquels ces fragments sont empruntés, voy. p. 85 sqq.) que ces derniers ont été écrits sous l'influence des opinions d'Héraclite et des Stoïciens; mais on n'en pourrait conclure qu'Héraclite ait subi l'influence orphique. Sur la combinaison analogue de Teichmüller, voy. p. 665, 3.

commun des hommes, que la divinité répartit arbitrairement les biens et les maux, ne s'accordait pas avec l'intelligence qu'avait le philosophe du cours régulier de la nature¹. La distinction des jours fastes et des jours néfastes², si répandue dans les religions antiques, venait également à l'encontre de sa doctrine. Héraclite s'élève contre l'indécence des orgies dionysiaques³; il attaque, dans l'adoration des images, l'une des colonnes de la religion grecque⁴;

---

1. LASSALLE (II, 455 sq.) fait remarquer avec finesse que l'assertion relative à Homère et à Archiloque (voy. p. 575, 3, SCHUSTER, 338 sq.) se rapporte à cette opinion. Il montre qu'elle est dirigée contre les vers de l'*Odyssée*, XVIII, 135 et d'ARCHILOQUE, fr. 72 (BERGK, *Lyr. gr.*, 551, 701), qui présentent le même sens, et il la relie à un reproche analogue adressé à Hésiode (voy. note suiv.). Il est moins vraisemblable que notre philosophe (SCHLEIERMACHER, 22 sq. LASSALLE, II, 454) ait accusé Homère d'être un astrologue, et qu'il ait par conséquent rejeté l'astrologie. Sans doute les scholies *ad Il.* XVIII, 251 (p. 495 b, 5, Bekk.) disent qu'à cause de ce vers et d'un autre (*Il.*, VI, 488) Héraclite a nommé Homère ἀστρολόγος, ce qui, d'après l'ensemble du texte, doit nécessairement signifier « astrologue », au sens propre du mot. Mais dans l'ancienne langue, ἀστρολόγος désigne toujours un astronome, jamais un astrologue. Or ces vers ne fournissaient aucune raison pour appliquer à Homère le nom d'astronome, même d'une manière ironique. SCHUSTER (339, 1), il est vrai, raisonne ainsi : Héraclite ayant, d'après Clément (voy. note 3), connu les mages, et μάγοι étant synonyme d'ἀστρολόγοι, il est possible qu'il ait appelé Homère astrologue. Mais quand même Héraclite aurait réellement connu les νυκτιπόλοι, les μάγοι, etc. (ce qui n'est pas tout à fait certain), on ne pourrait tirer de la langue postérieure, dans laquelle les mots : mage et astrologue furent synonymes, la preuve qu'Héraclite avait déjà pris ἀστρολόγος dans ce sens. Il me semble donc plus probable, ou bien que notre Héraclite a appelé, à la vérité, Homère ἀστρολόγος, mais non pas à propos des vers cités plus haut et uniquement dans le sens d'astronome, ou bien qu'un écrivain postérieur ayant le même nom, peut-être l'auteur des Allégories homériques, l'a appelé ἀστρολόγος dans le sens d'astrologue.

2. D'après PLUTARQUE (*Cam.*, 19; cf. SÉNÈQUE, *Ep.* 12, 7), il reprochait à Hésiode sa distinction des ἡμέραι ἀγαθαί et des ἡμέραι φαῦλαι, ὡς ἀγνοοῦντι φύσιν ἁπάσης ἡμέρας μίαν οὖσαν.

3. Fr. 132 (ap. CLÉM., *Cohort.*, 22 b. PLUT., *Is. et Os.*, 28, p. 362) : εἰ μὴ γὰρ Διονύσῳ πομπὴν ἐποιοῦντο καὶ ὕμνεον ᾆσμα αἰδοίοισιν (si Dionysos n'était pas le dieu en l'honneur duquel ils font une procession et dont ils chantent le phallus) ἀναιδέστατα εἴργασται· ὡυτὸς (ὡυτ.) δὲ Ἅιδης καὶ Διόνυσος, ὅτεῳ μαίνονται καὶ ληναΐζουσιν. Ces derniers mots (voy. p. 663, 2) doivent sans doute appeler l'attention des hommes sur l'aveuglement qui leur faisait fêter le dieu de la mort d'une manière si déréglée. Cf. CLÉMENT (*Coh.*, 13 d) : τίσι δὴ μαντεύεται Ἡράκλειτος ὁ Ἐφέσιος; νυκτιπόλοις, μάγοις, βάκχοις, λήναις, μύσταις. τούτοις ἀπειλεῖ τὰ μετὰ θάνατον τούτοις μαντεύεται τὸ πῦρ· τὰ γὰρ νομιζόμενα κατ' ἀνθρώπους μυστήρια ἀνιερωστὶ μυεῦνται. Les mots soulignés semblent (d'après l'hypothèse de SCHUSTER, 337, 1, et d'après BERNAYS, *Herakl. Br.* 134) avoir été empruntés à Héraclite. Mais il est difficile d'admettre qu'il y eût, entre le fr. 69 (voy. sup., 648, 1; cf. SCHUSTER, p. 190) et ce passage, le lien supposé par Clément.

4. Fr. 129 (ap. CLÉM., *Coh.*, 33 b. ORIG., *C. Cels.*, VII, 62, 1, 5) : καὶ ἀγάλμασι τουτέοισι εὔχονται ὁκοῖον εἴ τις δόμοισι λεσχηνεύοιτο, οὔτε γιγνώσκων θεοὺς οὔτε ἥρωας οἵτινές εἰσι.

il a condamné de même en termes très-sévères l'usage des sacrifices[1]. Ces diverses critiques ne sont pas sans portée; mais il ne semble pas qu'Héraclite ait prétendu attaquer la religion populaire dans son ensemble.

§ 4. PLACE HISTORIQUE ET IMPORTANCE D'HÉRACLITE. SON ÉCOLE.

PLACE HISTORIQUE. — Dès l'antiquité, Héraclite était tenu pour l'un des physiciens les plus considérables[2]. Platon surtout, qui a reçu de son école des impulsions si fécondes, lui fait une place à part, en rapportant à ses principes l'une des grandes théories possibles du monde et de la connaissance, celle qui est le plus radicalement opposée à la théorie des Éléates[3]. En fait, c'est là, pour nous-mêmes, le point qui détermine essentiellement le rôle d'Héraclite. En ce qui concerne l'explication des phénomènes particuliers, il n'a rien fait qui puisse être comparé aux découvertes mathématiques et astronomiques des Pythagoriciens ou aux recherches physiques d'un Démocrite ou d'un Diogène. Ses doctrines morales, malgré le lien logique qui les rattache à son concept du monde, ne s'élèvent guère au-dessus de ces principes généraux et vagues, que l'on retrouve ailleurs, en dehors de toute con-

---

1. Fr. 131 (*ap.* ELIAS CRET., ad *Greg. Naz. or.*, XXIII, p. 836) : *purgantur cum cruore polluuntur non secus ac si quis in lutum ingressus luto se abluat;* de même, *ap.* APOLLON. DE TYANE, *Ep.* 27 : μὴ πηλῷ πηλὸν καθαίρειν. Il est évident que ce blâme ne s'adresse pas seulement à la confiance dans l'*opus operatum* des sacrifices; les sacrifices eux-mêmes sont nommés πηλός, et cette dénomination s'accorde parfaitement avec l'assertion d'Héraclite à propos des cadavres (voy. sup., p. 642, 1). JAMBLIQUE (*De myster.*, I, 11, fin) prétend qu'il les a également appelés ἄκεα; s'il en est ainsi, il doit avoir employé ce mot dans un sens ironique.
2. Il est très-souvent appelé φυσικός; le grammairien DIODOTUS (*ap.* DIOG., IX, 15) émet cette opinion singulière que son ouvrage ne traitait pas, à proprement parler, de la nature, mais de l'État, et que les propositions physiques servaient simplement d'exemples pour les questions politiques; mais cette opinion est tout à fait isolée.
3. Cf. les ouvrages cités p. 676, 1; 583, 2; 591, 1; 598, 1.

nexion avec un système philosophique quelconque. Son mérite ne consiste pas à avoir fait certaines recherches particulières, mais à avoir déterminé des points de vue généraux pour l'étude universelle de la nature. Il est le premier qui ait affirmé énergiquement, d'une part la vitalité absolue de la nature, la transformation incessante des substances, la mutabilité et l'instabilité de tout ce qui est individuel; d'autre part, l'uniformité immuable des rapports généraux, l'existence d'une loi raisonnable, absolue, qui régit le cours de toute la nature.

C'est pourquoi Héraclite ne saurait être considéré simplement, ainsi que nous l'avons déjà remarqué plus haut, comme un disciple de l'ancienne physique ionienne : il fut le promoteur d'une direction particulière, encore qu'historiquement il se rattache plus ou moins aux anciennes philosophies ioniennes.

Il partage avec les anciens Ioniens l'hypothèse hylozoïstique d'une substance primordiale qui engendre les choses dérivées par une transformation spontanée. Il admet, avec Anaximandre et Anaximène, que le monde se forme et s'anéantit périodiquement. Il a, quant à sa conception du monde, un prédécesseur dans Anaximandre, dont l'influence, à cet égard, ne peut être méconnue : car, de même qu'Héraclite fait naître et disparaître comme des phénomènes fugitifs tous les êtres particuliers dans l'écoulement de la vie de la nature, de même Anaximandre considère l'existence individuelle comme une injustice qui doit être expiée par la mort.

Mais les idées les plus caractéristiques et les plus importantes de la philosophie d'Héraclite n'ont pu être empruntées aux anciens philosophes ioniens. Aucun d'eux n'a dit qu'il n'est rien de stable dans le monde, que toutes les substances et tous les êtres particuliers sont soumis à un changement constant, incessant; aucun d'eux n'a déclaré que la loi qui régit le cours du monde, ou la Raison qui gouverne le monde, persiste seule au milieu du changement universel ; aucun d'eux n'a ramené cette loi à la séparation et à l'union des contraires, aucun n'a déterminé les trois formes élémentaires fondamentales ni dérivé l'ensemble des phénomènes de l'opposition des deux voies allant, l'une vers le haut, l'autre vers le bas.

Mais de même qu'Héraclite s'éloigne de ses devanciers ioniens, de même il se rapproche des Pythagoriciens et de Xénophane.

Les Pythagoriciens disent, comme lui, que tout naît des contraires, et que, pour cette raison, tout est harmonie. Selon Héraclite, rien ne persiste dans les choses, si ce n'est le rapport de leurs éléments constitutifs : de même les Pythagoriciens regardent la forme mathématique des choses comme leur substance, bien qu'ils soient loin de soutenir que rien n'est stable dans les substances.

Xénophane est le premier représentant philosophique de ce panthéisme qui se retrouve au fond du système d'Héraclite. Par ses propositions sur l'essence pensante de la divinité, laquelle est en même temps la force unifiante de la nature, il a préparé la voie à la doctrine d'Héraclite sur la raison du monde. Les hypothèses de ce dernier relatives à la vie de l'âme en dehors du corps, ses principes éthiques et politiques, nous font penser aux Pythagoriciens, comme sa théorie du soleil a une analogie frappante avec les conceptions astronomiques de Xénophane.

Enfin, si l'on compare notre philosophe avec les Éléates postérieurs, on constate que Parménide et Héraclite, en partant de prémisses opposées, sont arrivés l'un et l'autre à soutenir la supériorité absolue de la connaissance rationnelle sur les perceptions des sens. De même, si Zénon analyse dialectiquement les idées des hommes sur les choses pour justifier sa doctrine de l'unité, on retrouve chez Héraclite cette même dialectique réalisée objectivement dans les choses elles-mêmes, puisque, selon lui, l'unité primordiale renaît constamment de la multiplicité dans la transformation des substances, de même que, d'autre part, elle se résout constamment en multiplicité[1].

Comme, d'ailleurs, Pythagore et Xénophane n'étaient pas inconnus de notre philosophe[2], et que, d'un autre côté, la doctrine d'Héraclite semble avoir été mentionnée par Épicharme[3], et a pu, selon la chronologie communément admise, être déjà connue de Parménide, on est enclin à conjecturer qu'Héraclite a reçu une impulsion philosophique de Pythagore et de Xénophane, et a exercé, à son tour, une certaine influence sur Parménide et sur la jeune école éléatique.

La première de ces hypothèses, à tout le moins, en dépit des jugements sévères d'Héraclite sur ses devanciers, n'est pas invraisemblable, bien qu'il n'ait certainement emprunté à aucun d'eux son principe propre, et que les propositions mêmes où il se rencontre avec eux se présentent chez lui dans un ordre différent et ne soient pas assez caractéristiques pour dénoter avec évidence une dépendance philosophique. Car l'unité de l'être, qui chez les Éléates exclut toute multiplicité et tout changement, apparaît ici au sein même du changement continuel et de la formation du multiple par l'Un[4]; la raison divine est identique avec

---

1. Cf. avec notre texte les observations de HEGEL (*Gesch. d. Phil.*, I, 300, sq.) et de BRANISS (*Gesch. d. Phil.*). Voy. KANT, I, 184 sur les rapports entre Héraclite et les Éléates.
2. Voy. *sup.*, p. 283, 3; 443, 2.
3. Voy. *sup.*, p. 462.
4. Xénophane, à la vérité, n'avait pas encore nié la pluralité et la mutabilité des choses, mais il avait exclu de la façon la plus absolue ces deux déterminations de l'être primitif ou divinité. Héraclite, au contraire, décrit la divinité comme semblable au feu qui prend sans cesse les formes les plus diverses. SCHUSTER (p. 229, 1) trouve probable, et TEICHMÜLLER (*N. Stud.*, I, 127 sq.) trouve incontestable qu'il a soutenu cette opinion en antagonisme direct avec Xénophane. Le fait me paraît possible, mais nullement certain. En effet, la proposition : « Dieu est jour et nuit », etc. (p. 602, 2) et celle de Xénophane : « εἷς θεός », l'assertion suivant laquelle Dieu se transforme en toutes choses, et la négation d'un mouvement de la divinité dans l'espace (voy. 490, 2) ne forment pas un contraste si direct et si prononcé, qu'il soit impossible de les expliquer autrement que les unes par les

l'ordre des phénomènes variables; les contraires, qui, dans Pythagore, étaient primordiaux, naissent ici de la transformation de la substance primitive; l'harmonie qui relie les contraires n'a pas chez Héraclite la signification proprement musicale qu'elle a chez les Pythagoriciens; on ne trouve d'ailleurs chez lui aucune trace de leur théorie des nombres.¹ Il est encore plus difficile de savoir si Héraclite a emprunté aux Pythagoriciens ses idées relatives à l'état de l'homme après la mort, car ces derniers se rattachaient eux-mêmes sur cette question à la doctrine orphique des mystères ; et, s'il se rencontre avec eux dans ses vues éthiques et politiques, cette rencontre se borne à des idées générales qui se retrouvent chez d'autres partisans d'un gouvernement conservateur aristocratique, sans présenter les traits distinctifs du pythagorisme. Ses assertions si connues sur l'extinction du soleil s'expliquent trop facilement par ses autres hypothèses pour que nous puissions attacher une grande importance à la conformité, certainement remarquable, qu'elles ont avec l'opinion de Xénophane. Il est donc, à coup sûr, vraisemblable qu'Héraclite se rattache à Pythagore et à Xénophane par un lien historique, mais il est plus ou moins impossible de convertir cette vraisemblance en certitude.

La conjecture¹ d'après laquelle la polémique de Parménide contre les insensés qui regardent l'être et le non-être comme à la fois identiques et non identiques² se serait précisément rapportée à notre philosophe, repose sur un fondement moins solide encore. Car d'un côté elle se heurte

autres. Je puis encore moins admettre l'hypothèse de SCHUSTER (229, 1), d'après laquelle Xénophane ayant parlé de l'harmonie qui existe dans l'invisible, Héraclite lui aurait opposé la thèse de l'harmonie visible; car, d'une part, nous ne savons pas si Xénophane a réellement exprimé l'opinion que Schuster lui prête ; et, d'autre part, nous savons qu'Héraclite n'a pas dit ce que Schuster lui attribue. Cf. p. 601, 1.

1. BERNAYS (*Rhein. Mus.*, VII, 114 sq.) et déjà STEINHART (*Hall. A. Literaturzeitung*, 1845, Novbr., p. 892 sq. *Platon's Werke*, III, 394, 8), KERN (*Xenoph.*, 14). SCHUSTER (p. 34 sqq. 236).

2. V, 46 sqq. Voy. *sup.* p. 512.

contre la chronologie¹ ; et d'un autre côté, ce n'est point Héraclite, selon ce que nous savons, mais les Atomistes qui admirent les premiers explicitement l'existence du non-être. Parménide a donc, en tout cas, prêté lui-même à ses adversaires l'idée de l'identité de l'être et du non-être ; de plus, la description qu'il fait de ces adversaires semble avoir plutôt trait au vulgaire, avec sa confiance irréfléchie dans les apparences sensibles, qu'au philosophe qui a nié, en se mettant en opposition tranchée avec la foule, la vérité des perceptions sensibles ². D'un autre côté, il est impossible

---

1. Nous avons démontré (voy. p. 566, 2) que, selon toute vraisemblance, l'ouvrage d'Héraclite n'a pas été composé avant 478. L'ouvrage de Parménide peut à peine être postérieur ; il est plutôt un peu antérieur. En admettant même la chronologie de Platon, Zénon, qui avait une quarantaine d'années vers 454-2, aurait composé dans sa jeunesse, par conséquent vers 470-465, un ouvrage pour défendre son maître πρὸς τοὺς ἐπιχειροῦντας αὐτὸν κωμῳδεῖν. Il faudrait donc placer l'ouvrage de Parménide à une date antérieure de quelques années ; et, comme Platon n'attribue pas à Parménide un âge plus avancé, mais lui donne vraisemblablement un âge moins avancé que celui qu'il avait en réalité (cf. p. 509 sq.), nous pouvons déjà, à l'aide de ces données, déterminer assez exactement l'époque où le livre d'Héraclite fut composé. Nous arrivons au même résultat si nous examinons les vers d'Épicharme (Diog., III, 9, voy. sup., 460, 5) où sont placées les paroles suivantes dans la bouche du représentant de la doctrine éléatique : ἀμήχανόν γ' ἀπ' οὔτινος εἶμεν ὅ τι πρᾶτον μόλοι. Xénophane ne fait pas encore cette objection contre le devenir absolu, mais elle est indiquée explicitement dans le Parménide (V, 62 sq., voy. sup., 513, 2). Si Épicharme la lui a empruntée, si par conséquent il a déjà eu entre les mains le poëme de ce philosophe, il est, sinon absolument impossible, du moins peu vraisemblable que Parménide lui-même ait déjà eu en vue également l'ouvrage d'Héraclite mis à profit par Épicharme ; et il est encore plus invraisemblable que Parménide n'ait développé que dans son âge mûr, sous l'influence de cet ouvrage d'Héraclite, une doctrine dont les prémisses lui étaient entièrement fournies par Xénophane.
2. J'ai reproduit dans la présente édition, sans aucune altération essentielle, ce que j'avais dit dans la précédente ; car le traité publié dans l'intervalle par Schuster pour défendre l'hypothèse contraire, ne m'a pas fait changer d'opinion. Nous ne trouvons, semble-t-il, ni dans les doctrines ni dans les expressions de Parménide, des points de contact avec Héraclite, tels que nous ayons lieu de considérer le premier comme ayant eu en vue le dernier dans ses assertions. Parménide combat ceux οἷς τὸ πέλειν τε καὶ οὐκ εἶναι ταὐτόν νενόμισται. Mais Héraclite, comme nous l'avons déjà remarqué, n'avait pas dit que l'être et le non-être fussent identiques ; son εἶμεν τε καὶ οὐκ εἶμεν n'a pas non plus ce sens (voy. p. 576, 2), lequel n'est pas davantage renfermé dans l'allégation d'Aristote (citée par Schuster) d'après laquelle il aurait déclaré que le bien et le mal sont identiques. En effet, sans nous arrêter à la question de savoir si cette allégation est tout à fait exacte (voy. p. 600 sq.), ce n'est pas tout un de dire : le bien et le mal (qui font tous deux partie de l'être) sont identiques, ou de dire : l'être et le non-être sont identiques. C'est donc Parménide qui a employé le premier cette formule pour exprimer la contradiction à laquelle aboutit l'opinion qu'il com-

d'admettre que Parménide, en repoussant le témoignage

bat. Si nous demandons quelle est cette opinion, il nous répond lui-même que c'est celle qui admet : 1° un non-être; 2° un commencement et une fin. Mais, quand même Parménide aurait étendu son blâme à Héraclite, et quand même celui-ci l'aurait mis au nombre de ceux qui ne comprennent pas ce qu'ils ont sous les yeux (voy. p. 572, 2), qui considèrent le feu, toujours vivant, comme une chose morte et immobile, rien ne nous démontrerait que Parménide eût spécialement en vue Héraclite dans les assertions dont il s'agit. Il décrit ses adversaires (*l. c.*) comme des ἄκριτα φῦλα, comme des gens qui vivent en sourds et en aveugles, et il avertit les hommes de ne pas les imiter, mais de se fier au λόγος plutôt qu'aux yeux et aux oreilles. Cette peinture, qui serait peut-être juste à l'égard des sensualistes, parmi lesquels Schuster range Héraclite, ne saurait convenir à ce philosophe. Nous avons vu (p. 650 sq., cf. p. 512, 518) qu'il mettait, comme Parménide, les sens au-dessous de la raison, et que tous les deux se servaient de termes analogues pour exprimer cette doctrine. — On nous dit encore que, dans la seconde partie de son poème, Parménide oppose l'un à l'autre, ainsi qu'Héraclite, le feu, d'une part, et, d'autre part, la nuit ou la terre, comme les deux extrêmes. Je ne suis pas de cet avis. Parménide parle ici de deux éléments, le clair et l'obscur, qu'il appelait aussi le feu et la terre. Pour Héraclite, ces deux éléments ne sont que les « deux extrêmes » parmi les trois ou (d'après Schuster) les quatre formes élémentaires qu'il admettait, et il regarde comme tout aussi essentiel le lien entre les deux éléments, c'est-à-dire l'eau. Parménide, en exposant les δόξαι βρότειαι (voy. *sup.*, 532, 2, 519; 3 sq.), ne parle que de deux μορφαί, lesquelles expliquent tout, sans jamais faire mention d'une troisième; il les désigne, en outre, par les noms de clair et d'obscur, et non par ceux de feu et de terre : rien donc ne permet de supposer que, dans cette exposition, il ait eu en vue spécialement les trois formes élémentaires d'Héraclite. Et, s'il a réellement en vue un système déterminé, ce serait plutôt le système pythagoricien (cf. p. 524, 2), dont les traces sont si visibles dans sa Cosmologie, et auquel l'opposition si frappante de la lumière et des ténèbres n'était certainement pas étrangère, même avant la table des dix oppositions. C'est à lui qu'est empruntée également ἡ δαίμων ἣ πάντα κυβερνᾷ (cf. p. 522, 3; 527 sq.). Schuster prétend que c'est à la γνώμη d'Héraclite, ἥτε οἴη κυβερνῆσαι πάντα (voy. *sup.*, 607, 1), mais ici l'analogie n'existe que dans l'expression πάντα κυβερνᾶν, laquelle ne démontre rien, car elle se retrouve déjà chez Anaximandre (voy. *sup.*, p. 203, 1), et plus tard chez Diogène (238, 6). Héraclite, au contraire, n'offre rien d'analogue au trait qui caractérise l'exposition de Parménide, c'est-à-dire à la δαίμων trônant au centre de toutes les sphères ainsi que l'ἑστία pythagoricienne (voy. *sup.*, 383, 4). De même la ressemblance entre le παλίντροπος κέλευθος de Parménide (V. 51, p. 512) et la παλίντροπος ἁρμονίη d'Héraclite (p. 598, 2) se réduit à l'emploi commun de l'expression, d'ailleurs assez fréquente : παλίντροπος (en admettant même que cette leçon soit préférable à παλίντονος). Encore le sens de cette expression est-il différent chez les deux philosophes. Dans Héraclite, elle signifie : « ce qui est tourné en arrière », ou : « ce qui revient sur soi-même », ce qui retourne de l'état contradictoire à l'unité. Dans Parménide, elle désigne ce qui arrive à être en contradiction avec soi-même en passant de sa direction primordiale à la direction opposée. On peut encore moins tirer une conséquence de ce double fait, qu'Héraclite dit une fois (p. 596, 3) : εἰδέναι χρὴ τὸν πόλεμον, etc., et Parménide (V. 37, 512, 1) : ὡς χρεών ἐστι μὴ εἶναι et (V. 114, 519, 3) τῶν μίαν οὐ χρεών ἐστι. L'assertion : il faut qu'il y ait un non-être, n'est nullement identique à celle-ci : il faut que la guerre existe. Parménide, dans ce langage qui lui est propre, ne fait pas allusion à ce que dit Héraclite ; et il n'y a pas lieu de s'arrêter à l'emploi commun du mot si usuel χρή, que Parménide d'ailleurs remplace deux fois par χρεών ἐστι.

des sens, ait simplement suivi Héraclite, car cette doctrine a une signification toute différente chez les deux philosophes. Parménide s'est défié des sens parce qu'ils nous font croire à tort à la multiplicité et à la transformation des êtres individuels ; Héraclite, au contraire, parce qu'ils nous font croire à leur persistance. Il n'est donc pas vraisemblable que Parménide ait eu connaissance de la doctrine d'Héraclite et qu'il y ait songé en établissant son système.

S'il est impossible de prouver d'une façon certaine qu'Héraclite se rattache aux écoles pythagoricienne et éléatique, cette impossibilité ne modifie en rien l'idée qu'on doit se faire du rôle historique et de l'importance de sa doctrine. Il importe peu de savoir s'il a reçu de ses prédécesseurs une sollicitation tendant à lui faire combattre leurs doctrines, ou si, dans la considération des choses elles-mêmes, son esprit s'est spontanément tourné vers cette face de l'être que l'on avait jusqu'alors négligée, et qu'a même explicitement niée l'école éléatique dans son développement ultérieur. La théorie éléatique de l'unité représente le point culminant de l'ancienne spéculation, dirigée tout d'abord vers le fondement substantiel des choses. Héraclite entre dans une voie opposée. Il est fermement convaincu de la vitalité absolue de la nature et de la transformation incessante de la substance matérielle ; et la force organisatrice du monde, ainsi que la loi de formation qui y est immanente, sont, à ses yeux, la seule chose qui reste égale à elle-même dans les vicissitudes des phénomènes. Mais, si tout est à l'état de devenir, la philosophie est tenue d'expliquer le devenir et le changement. Héraclite assigne donc à la philosophie une nouvelle tâche. Elle ne se demandera plus quelle est la substance des choses, elle recherchera avant tout les causes de la production, de la destruction et du changement. Dès lors, tournée entièrement vers cette nouvelle question, la philosophie naturaliste antésocratique change de caractère[1].

Pour ce qui est d'Héraclite, il n'a répondu à cette question que d'une façon incomplète. Il montre bien que tout est soumis à une transformation continuelle, il détermine dans une certaine mesure cette transformation, en disant qu'elle consiste dans le développement et la combinaison des contraires, il décrit les formes élémentaires par lesquelles elle passe; mais, si nous demandons pourquoi tout est à l'état de devenir et pourquoi on ne trouve nulle part un être persistant, Héraclite se borne à répondre : parce que tout est feu. Il n'y a là, en somme, qu'une expression différente de la mutabilité absolue des choses; rien n'explique comment il se fait que le feu se transforme en humidité et l'humidité en terre, pourquoi la substance primordiale change sa nature ignée contre d'autres formes. Quant aux adeptes postérieurs de la doctrine d'Héraclite, ils semblent n'avoir presque rien fait soit pour résoudre cette question, soit pour donner à leurs opinions un fondement scientifique ou un développement méthodique.

L'ÉCOLE D'HÉRACLITE. — L'école d'Héraclite se maintint longtemps après la mort de son fondateur. PLATON nous atteste qu'au commencement du quatrième siècle, elle comptait encore de nombreux disciples en Ionie et particulièrement à Éphèse[2]; lui-même avait suivi, à Athènes,

---

1. STRÜMPELL (*Gesch. d. theor. Phil. d. Gr.*, p. 40) renverse les rapports en plaçant Héraclite avant les Éléates, et en exposant de la manière suivante la transition du premier aux derniers : la mutabilité de la nature, enseignée par Héraclite, force la pensée à déclarer que les choses individuelles n'existent pas; les Éléates n'admettent pas que cette nature instable puisse être objet de science, et rapportent le savoir à l'être seul. Cette exposition me paraît inexacte. D'abord le fondateur de l'école éléatique est, en tout cas, antérieur à Héraclite; ensuite la doctrine éléatique, prise dans son ensemble, semble indiquer la fin de l'ancienne physique; la doctrine d'Héraclite, au contraire, annonce le commencement de la physique nouvelle, dont l'objet principal est l'explication du devenir.

2. *Theæt.*, 179 d, à propos de la φερομένη οὐσία d'Héraclite : μάχη δ' οὖν περὶ αὐτῆς οὐ φαύλη οὐδ' ὀλίγοις γέγονεν. ΘΕΟΔ. πολλοῦ καὶ δεῖ φαύλη εἶναι, ἀλλὰ περὶ

les leçons de l'héraclitéen CRATYLE[1]; et, environ trente ans auparavant, Protagoras avait appuyé son scepticisme sur les propositions d'Héraclite[2]. C'est peut-être à l'influence de Cratyle que sont dues les traces de la doctrine d'Héraclite qui apparaissent si nettement dans quelques-uns des écrits attribués à tort à Hippocrate[3].

Mais les quelques renseignements que nous possédons sur ces disciples postérieurs d'Héraclite ne sont pas faits pour nous donner une haute idée de leurs travaux scientifiques. PLATON du moins ne trouve pas de termes assez énergiques pour blâmer leurs allures enthousiastes, étrangères à toute méthode, la précipitation inquiète avec laquelle ils passent d'un sujet à un autre, leurs sentences présomptueuses exprimées en style d'oracle, leur vanité d'hommes qui se sont instruits eux-mêmes, et leur mépris pour tous ceux qui ne sont pas de leur école[4]. Dans le *Cratyle*, il s'amuse de leurs étymologies sans fondement, qui dépassaient de beaucoup les jeux de mots d'Héraclite.

Quant à ARISTOTE, il nous raconte que Cratyle blâmait

μὲν τὴν Ἰωνίαν καὶ ἐπιδίδωσι πάμπολυ, οἱ γὰρ τοῦ Ἡρακλείτου ἑταῖροι χορηγοῦσι τούτου τοῦ λόγου μάλα ἐρρωμένως. Cf. note 5.

1. ARIST., *Metaph.*, I, 6; cf. 2ᵉ part., a, 344, 5. D'après PLATON (*Crat.*, 440 d; 429 d), ce philosophe était beaucoup plus jeune que Socrate; *ibid.*, 429 c; cf. 440 e, où il est dit qu'il est né à Athènes et que son père s'appelait Smicrion. DIOGÈNE (VI, 19) parle aussi d'un disciple d'Héraclite nommé Antisthène; c'est lui, paraît-il, et non Antisthène le Cynique, qui a commenté l'ouvrage d'Héraclite (voy. DIOG., IX, 15); mais nous ne savons rien de précis à son sujet.
2. Voy. *infra*, 978 sq.
3. Outre le π. διαίτης dont nous avons parlé p. 633 sq.; 580, 1, il faut citer ici un περὶ τροφῆς. (Cf. BERNAYS, *Herakl. Br.*, 145 sq.)
4. *Theæt.*, 179 e : καὶ γάρ... περὶ τούτων τῶν Ἡρακλειτείων... αὐτοῖς μὲν τοῖς περὶ τὴν Ἔφεσον ὅσοι προσποιοῦνται ἔμπειροι εἶναι οὐδὲν μᾶλλον οἷόν τε διαλεχθῆναι ἢ τοῖς οἰστρῶσιν. ἀτεχνῶς γὰρ κατὰ τὰ συγγράμματα φέρονται, τὸ δ' ἐπιμεῖναι ἐπὶ λόγῳ καὶ ἐρωτήματι καὶ ἡσυχίως ἐν μέρει ἀποκρίνασθαι καὶ ἐρέσθαι ἧττον αὐτοῖς ἔνι ἢ τὸ μηδέν· μᾶλλον δὲ ὑπερβάλλει τὸ οὐδ' οὐδὲν πρὸς τὸ μηδὲ σμικρὸν ἐνεῖναι τοῖς ἀνδράσιν ἡσυχίας. ἀλλ' ἄν τινά τι ἔρῃ, ὥσπερ ἐκ φαρέτρης ῥηματίσκια αἰνιγματώδη ἀνασπῶντες ἀποτοξεύουσι, κἂν τούτου ζητῇς λόγον λαβεῖν, τί εἴρηκεν, ἑτέρῳ πεπλήξει καινῶς μετωνομασμένῳ, περανεῖς δὲ οὐδέποτε οὐδὲν πρὸς οὐδένα αὐτῶν· οὐδέ γε ἐκεῖνοι αὐτοὶ πρὸς ἀλλήλους, ἀλλ' εὖ πάνυ φυλάττουσι τὸ μηδὲν βέβαιον ἐᾶν εἶναι μήτ' ἐν λόγῳ μήτ' ἐν ταῖς αὐτῶν ψυχαῖς. Et plus loin : οὐδὲ γίγνεται τῶν τοιούτων ἕτερος ἑτέρου μαθητής, ἀλλ' αὐτόματοι ἀναφύονται ὁπόθεν ἂν τύχῃ ἕκαστος αὐτῶν ἐνθουσιάσας· καὶ τὸν ἕτερον ὁ ἕτερος οὐδὲν ἡγεῖται εἰδέναι. Cf. *Crat.*, 384 a : τὴν Κρατύλου μαντείαν.

Héraclite de n'avoir pas exprimé assez fortement la mutabilité des choses, et qu'il avait fini par ne plus oser énoncer aucun jugement, sous prétexte que toute proposition contient une affirmation sur un être [1].

L'école d'Héraclite n'en eut pas moins, jusqu'au commencement du quatrième siècle, des adeptes dans son lieu d'origine et même ailleurs, ce qui prouve encore son importance historique; mais la doctrine elle-même ne semble pas avoir reçu de développements dans cette école. Seuls, les philosophes qui s'étaient également instruits de la doctrine de Parménide essayèrent de donner une explication plus profonde du devenir, dont Héraclite avait fait le concept fondamental de son système. Les premiers que nous ayons à considérer à cet égard, sont, comme nous l'avons déjà fait observer, Empédocle et les Atomistes [2].

---

1. ARISTOTE (*Metaph.*, IV, 5, 1010 a, 10) : ἐκ γὰρ ταύτης τῆς ὑπολήψεως ἐξήνθησεν ἡ ἀκροτάτη δόξα τῶν εἰρημένων, ἡ τῶν φασκόντων ἡρακλειτίζειν, καὶ οἵαν Κρατύλος εἶχεν, ὃς τὸ τελευταῖον οὐδὲν ᾤετο δεῖν λέγειν, ἀλλὰ τὸν δάκτυλον ἐκίνει μόνον, καὶ Ἡρακλείτῳ ἐπετίμα εἰπόντι ὅτι δὶς τῷ αὐτῷ ποταμῷ οὐκ ἔστιν ἐμβῆναι. αὐτὸς γὰρ ᾤετο οὐδ' ἅπαξ. ALEXANDRE (*ad h. l.*), PHILOPOMÈNE (*Schol. in Ar.*, 35 a, 33), OLYMPIODORE (*ibid.*, note), répètent la même chose sans y rien ajouter de nouveau.

2. CREUZER avait dit (*Symbolik und Mythol.*, II, 196, 198 sq., 2ᵉ éd., p. 595 sqq., p. 601 sqq. dans l'éd. de 1840), et GLADISCH (voy. *sup.*, 27 sqq.) a répété depuis, que la philosophie d'Héraclite procédait de la doctrine de Zoroastre. Comme cette opinion ne peut guère être suggérée par les documents historiques eux-mêmes, nous ne l'examinerons que par manière de supplément, et nous nous bornerons à en discuter les points principaux. GLADISCH croit (*Heracl. u. Zoroaster. Rel. u. Phil.*, p. 139 sqq., cf. 23 sqq.) que le système de Zoroastre et celui d'Héraclite sont identiques. Mais il y a déjà une grande différence dans leurs principes fondamentaux. L'un des systèmes est un pur dualisme, l'autre un panthéisme hylozoïstique. La doctrine religieuse des Perses reconnaît deux êtres primordiaux, un bon et un mauvais. Car l'hypothèse suivant laquelle ce dualisme n'existe que par suite « de la transformation de l'être primitif, qui, de son essence primordiale, passe à une autre essence », est en contradiction avec les documents les plus authentiques, et repose sur un certain nombre d'interprétations récentes et mal fondées. Héraclite, au contraire, soutient aussi fermement qu'aucun autre philosophe l'unité du monde et de la force active et en mouvement. Les oppositions ne sont, à ses yeux, ni primordiales ni durables; ce qui est primordial, c'est l'Être un, qui, dans son développement, produit et absorbe tour à tour les formes opposées de l'être. Le système persique s'en tient donc à l'opposition du bien et du mal, de la lumière et des ténèbres, comme à une raison dernière et absolue des choses. Ahriman et son empire sont purement et simplement ce qui ne devrait pas être, et ce qui aussi ne s'est introduit dans le monde que dans le cours des temps (cf. SCHUSTER, 225, 3). Pour Héraclite, au contraire, la guerre est

la condition nécessaire de l'existence, le mal est un bien pour la divinité; et un monde de pure lumière sans aucune ombre, semblable à celui qui constitue le commencement et la fin de la cosmologie de Zoroastre, est tout à fait inconcevable; aussi l'opposition se résout-elle constamment dans l'harmonie du monde. Le dualisme d'Empédocle et des Pythagoriciens se rapproche beaucoup plus du dualisme persique que le système d'Héraclite. La doctrine fondamentale de ce dernier, touchant l'écoulement de toutes choses, fait complètement défaut dans la théologie de Zoroastre. Aussi, le culte qu'ils ont tous deux pour le feu a-t-il une signification toute différente. Ce que la religion persique considère tout d'abord dans la lumière et dans la chaleur, c'est qu'elles sont pour l'homme une source de plaisirs et de bienfaits. Héraclite voit dans le feu la cause et le symbole de la vie universelle, des changements auxquels toutes choses sont soumises, la force de la Nature, laquelle est pour l'homme une source de maux autant que de biens. Aussi ne trouve-t-on pas dans la doctrine persique les transformations réciproques des éléments, l'alternance de formation et de destruction du monde, enseignées par Héraclite. Les textes de Dion Chrysostome (or. XXXVI, p. 92 sqq., II) cités par GLADISCH (*Rel. u. Phil.*, 27; *Her. u. Zor.*, 38 sq.) ne sont évidemment qu'une interprétation postérieure, par laquelle le char d'Ormuzd (cf. HÉROD., VII, 40) et le cheval du soleil sont transformés en représentations allégoriques de la cosmologie stoïcienne. De même, la doctrine persique ne connait, ni cette conception du soleil, si caractéristique dans le système grec, ni l'anthropologie d'Héraclite; car la croyance aux *Ferouers*, que Gladisch invoque à cet égard, présente à peine une analogie éloignée avec les idées d'Héraclite. Nous avons déjà fait voir (p. 607, 2 fin) que LASSALLE rattache sans aucune raison le Logos d'Héraclite à l'expression *Honover*. Enfin, quand Gladisch prétend « que les opinions politiques d'Héraclite étaient celles d'un monarchiste imbu des idées de Zoroastre », c'est là une hypothèse plus que risquée. Les assertions d'Héraclite prouvent qu'il avait des opinions conservatrices aristocratiques, mais dans un sens tout hellénique; et la tradition affirme qu'il a expressément refusé l'invitation de venir à la cour de Perse. Dans ces conditions, peut-on rien conclure des ressemblances qu'on signale? Héraclite, dit-on, a appelé la guerre la mère de toutes choses? — Mais ce mot a pour lui une tout autre signification que la lutte du bien et du mal dans la religion de Zoroastre. — Il regarde le feu comme la substance primordiale? — Mais cette opinion a dans son système un sens tout différent de celui que la religion de Zoroastre attache à la nature lumineuse des purs esprits. — Les cadavres lui inspirent de l'horreur? — Mais c'est là une impression naturelle à l'homme. — Une tradition rapporte qu'il a été déchiré par des chiens? — Mais cela ne veut pas dire que son corps ait été livré aux bêtes, à la manière persique, d'autant que, chez les Perses, on ne livrait pas aux bêtes les hommes vivants. — Il blâmait l'adoration des images? — Mais Xénophane et d'autres ont également blâmé cette adoration, inconnue d'ailleurs également des anciens Romains et des Germains. — Il recherchait la connaissance de la vérité et haïssait le mensonge? — Mais un philosophe avait-il besoin des leçons des prêtres étrangers pour avoir de pareilles dispositions? Lors même que l'on découvrirait un grand nombre d'analogies de ce genre, on n'en pourrait déduire une connexion historique entre les deux personnages; et lors même qu'Héraclite aurait été initié à la doctrine religieuse des Perses (ce qui est parfaitement admissible), il n'en resterait pas moins démontré que cette dernière n'a pas eu sur son système une influence essentielle.

II

EMPÉDOCLE ET L'ATOMISME.

A. EMPÉDOCLE[1].

§ 1. LES PRINCIPES GÉNÉRAUX DE LA PHYSIQUE D'EMPÉDOCLE : LA PRODUCTION ET LA DESTRUCTION, LES SUBSTANCES ÉLÉMENTAIRES ET LES FORCES MOTRICES.

SA VIE ET SES ÉCRITS. — CARACTÈRE GÉNÉRAL DE SA DOCTRINE. — Héraclite avait refusé toute stabilité à la substance ; Parménide, au contraire, avait nié la production

---

1. Sur la vie, les écrits et la doctrine d'Empédocle, cf., outre les œuvres d'ensemble, STURZ, *Empedocles Agrig.* (Lpz., 1805), où les documents ont été pour la première fois réunis avec grand soin; KARSTEN, *Empedoclis Agrig. carm. rel.* (Amst., 1838); STEIN, *Empedoclis Agr. fragmenta* (Bonn, 1842); STEINHART dans l'*Allg. Encykl.* d'Ersch et Gruber (Sect. I, vol. 34, p. 83 sqq.) ; RITTER, *Ueber die philos. Lehre des Emped.* (Wolf's *Literar. Analekta.*, vol. II, 1820, fasc. 4, p. 411 sqq.); KRISCHE, *Forsch.*, I, 116 sqq.; PANZERBIETER, *Beiträge z. Kritik u. Erl. d. Emp.* (Mein., 1844) continués dans la *Zeitschrift f. Alterthumsw.* (1845, 883 sqq.); BERGK, *De prœm. Empedoclis* (Berlin, 1839) ; MULLACH, *De Emp.* proœmio (ibid., 1850), *Quæstt. Empedoclearum spec. secund.* (ibid. 1852), *Philosoph. Gr. Fragm.* I, XIV sqq., 15 sqq. L'ouvrage de LOMMATZSCH, *die Weisheit d. Emp.* (Berl., 1830) ne doit être consulté qu'avec une grande circonspection ; RAYNAUD, *De Empedocle* (Strasb., 1848), ne donne rien de nouveau; de même l'ouvrage de GLADISCH reproduit, pour ce qui concerne Empédocle, ce qui a été dit par Karsten. On trouve encore l'indication de quelques autres ouvrages *ap.* UEBERWEG, *Grundr.*, I, § 23.
 On indique généralement Agrigente comme la ville natale d'Empédocle ; l'époque de sa maturité coïncide assez exactement avec le deuxième tiers du cinquième siècle ; mais les indications plus précises sont peu sûres et peu concordantes. DIOGÈNE (VIII, 74) place la période principale de sa vie (d'après Apollodore) dans la 84me Olymp. (444/40 av. J. C.); EUSÈBE (*Chron.*, Olymp. 81 et 86) la place, tantôt dans la 81me (456/2), tantôt dans la 86me (436/2 av. J. C.) ; SYNCELLUS suit la première indication (p. 254 c); AULU-GELLE (XVII, 21, 13 sq.) indique l'époque des Décemvirs romains (450 av. J. C.) et en même temps la bataille du Crémère (476 av. J. C.). L'indication de Diogène se fonde sans aucun doute (comme le prouve DIELS, *Rh. Mus.*, XXXI, 37 sq.) sur le texte de Glaucus que lui-même cite (VIII, 52), d'après Apollodore, et suivant lequel Empédocle aurait visité Thurium immédiatement après la fondation de cette ville (Ol. 83, 4). C'est

679 et la destruction, le mouvement et le changement : Empédocle prend un terme moyen. D'un côté il dit avec Par-

sans doute sur cette indication qu'il appuie la sienne (comme Diels le démontre *Rhein. Mus.*, XXXI, 37 sq.); mais cette visite ne nous fournit pas de date précise, puisqu'il n'est pas dit quel âge avait alors Empédocle. D'après ARISTOTE (*Metaph.*, I, 3, 984 a, 11), il était plus jeune qu'Anaxagore; mais, d'autre part, SIMPLICIUS dit (*Phys.*, 6 b, au haut) qu'il était οὐ πολὺ κατόπιν τοῦ Ἀναξαγόρου γεγονώς. Apollodore (*l. c.*) contredit l'assertion d'après laquelle il aurait pris part à la guerre des Syracusains contre Athènes (années 415 et suivantes. STEINHART, p. 85, et DIELS croient qu'il est question de la guerre de l'an 425; mais alors que signifie cette objection : à cette époque il était déjà mort ou ὑπεργεγηρακώς, que l'on trouve précisément dans la chronologie d'Apollodore ?). ARISTOTE (*ap.* DIOG., VIII, 52, 74) dit qu'il mourut dans sa 60ᵉ année (ainsi qu'Héraclide, cf. p. 568 au mil.); FAVORIN (*ap.* DIOG., VIII, 73), qui le fait vivre 77 ans, est un témoin bien moins sûr. L'assertion (*ibid.*, 74) d'après laquelle il aurait atteint l'âge de 109 années le confond avec Gorgias. Si donc l'on adopte, avec DIELS, l'opinion d'Apollodore, Empédocle aurait vécu entre 484 et 424. J. C. Mais cette date repose sur une base peu solide. Si nous considérons : 1° que, d'après ALCIDAMAS (*ap.* DIOG., VIII, 56), Empédocle écoutait avec Zénon les leçons de Parménide; 2° que 16 années sont une période trop longue pour répondre à l'οὐ πολὺ de Simplicius, et (3°) que Mélissus et Anaxagore semblent avoir déjà fait mention d'Empédocle (voy. p. 620 et 918 sqq.), nous estimerons qu'il est plus plausible de reculer de quelques années en arrière le commencement et la fin de sa vie. — Sur cette vie elle-même nous avons d'ailleurs peu de renseignements. Il appartenait à une famille riche et considérée (cf. DIOG., VIII, 51-53, KARSTEN, p. 5 sqq.). Son grand-père, qui portait le même nom, avait remporté à Olympie (71ᵉ Olympiade) le prix des courses au quadrige (voy. DIOG., *l. c.*). ATHÉNÉE (I, 3 e) à l'exemple de FAVORIN (*ap.* DIOG., *l. c.*), et, d'après DIOGÈNE, SATYRUS et son abréviateur HÉRACLIDE attribuent cette victoire à Empédocle. Son père Méton (tel est le nom que lui donnent la plupart des documents; pour les indications contraires, voy. KARSTEN, p. 3 sq.) contribua, à ce qu'il semble, au bannissement du tyran Thrasidée et à l'établissement d'une constitution démocratique en l'an 470 avant J. C. (voy. DIOD., XI, 53). Il fut dans la suite l'un des hommes les plus influents de la république (voy. DIOG., VIII, 72). Quand, après la mort de Méton, les institutions aristocratiques furent rétablies et que les partisans des tyrans se remuèrent de nouveau, ce fut Empédocle qui aida au triomphe de la démocratie, car il se montra toujours, en paroles et en action, l'ardent ami du peuple. On raconte (DIOG., VIII, 63-67, 72 sq. PLUT., *adv. Col.* 32, 4, p. 1126) qu'on lui offrit le trône et qu'il le refusa. Cependant il éprouva aussi l'inconstance de la faveur populaire : il quitta Agrigente, probablement contre son gré (STEINHART croit que ce fut à cause de sa participation à la lutte entre Syracuse et Athènes; mais, comme nous l'avons déjà fait remarquer, cette participation n'est attestée par aucun document historique), et se réfugia dans le Péloponnèse. C'est là qu'il mourut, car ses ennemis réussirent à empêcher son retour (TIMÉE, *ap.* DIOG., 71 sq.; *ibid.*, 67; dans ce passage, il faut lire au lieu d'οἰκιζομένου « οἰκτιζομένου », et non pas αἰκιζομένου, comme le suppose STEINHART, p. 84). L'indication d'après laquelle il serait mort en Sicile à la suite d'une chute de char (FAVORIN, *ap.* DIOG., 73) est moins digne de foi. L'histoire de sa disparition après un sacrifice (HÉRACLIDE, *ap.* DIOG., 67 sq.) est sans doute, comme l'anecdote correspondante relative à Romulus, un simple mythe, ne reposant sur aucun fait historique déterminé, et inventé pour faire croire à l'apothéose du philosophe. On trouve une interprétation naturelle de ce mythe, donnée dans un dessein opposé, c'est-à-dire pour le représenter comme un fanfaron et un imposteur, dans la célèbre anecdote d'après laquelle il se serait précipité dans l'Et-

ménide : le devenir et le périr, au sens strict, et par suite 680
le changement qualitatif de la substance primordiale, sont

(HIPPOBOTUS et DIODORE, *ap.* DIOG., 69 sq.; HORACE, *Ep. ad Pis.*, 464 sq. et beaucoup d'autres. Voy. STURZ, p. 123 sqq., KARSTEN, p. 36), ainsi que dans l'assertion de Démétrius (*ap.* DIOG., 74), d'après laquelle il se serait pendu. Peut-être l'pseudo-Télaugés (*ap.* DIOG., 74, cf. 53) a-t-il voulu contredire ce bruit en racontant qu'affaibli par l'âge il était tombé à la mer et s'était noyé. D'après toutes les traditions, Empédocle semble avoir été un homme distingué par ses qualités personnelles. Il était d'un caractère sérieux (ARISTOTE, *Probl.*, XXX, 1, 953 a, 26, prétend qu'il était mélancolique); son activité était étonnante et embrassait tout. Nous avons déjà parlé de ses actes politiques. On dit qu'il développa par des moyens artificiels la force de cette éloquence, à laquelle il dut ses succès (TIMON, *ap.* DIOG., VIII, 67, le nomme ἀγοραίων ἠνητής ἐπέων; SATYRUS, *ibid.*, 58, l'appelle ῥήτωρ ἄριστος), et que l'on reconnaît, aujourd'hui encore, dans le style noble et riche en images de ses poésies. Aristote le désignait comme l'auteur de qui la rhétorique avait reçu la première impulsion (SEXT., *Math.*, VII, 6; DIOG., VIII, 57, cf. QUINTILIEN, III, 1, 2), et Gorgias fut, dit-on, son élève dans cet art (QUINTIL., *l. c.*, SATYRUS, *ap.* DIOG., 58). Quant à lui, il semble s'être attribué la vocation de jouer, à l'exemple de Pythagore, d'Épiménide et de plusieurs autres, le rôle d'un prêtre et d'un prophète. Dans le vers 24 (424, 462, MULL.), il se fait promettre le pouvoir de guérir la vieillesse et les maladies, de calmer et de soulever les vents, d'amener la pluie et la sécheresse, et de rappeler les morts à la vie. Au commencement des *Catharmes*, il se vante d'être honoré à l'égal d'un dieu; et il ajoute que, s'il entre dans une ville le front ceint de bandelettes et de fleurs, il se voit immédiatement entouré de gens qui lui demandent des prédictions ou la guérison de quelque maladie. Aussi ce caractère ressort-il fortement dans la partie éthique et anthropologique de sa doctrine. Les anciens parlaient, non seulement de sa magnificence et de sa dignité solennelle (DIOG., VIII, 56, 70, 73. ÉLIEN, *V. H.*, XII, 32. TERTULL., *De pall.*, c. 4. SUID. Ἐμπεδοκλ. KARSTEN, p. 30 sq.), et de la haute vénération dont il était l'objet (DIOG., VIII, 66, 70), mais encore de maintes actions extraordinaires qu'il aurait accomplies, comme un second Pythagore. On raconte qu'il interdit à des vents nuisibles l'accès d'Agrigente (TIMÉE, *ap.* DIOG., VIII, 60. PLUT., *Curios.*, I, p. 515, *Adv. Col.* 32, 4, p. 1126. CLÉMENT, *Strom.*, VI, 630 c. SUID., Ἐμπεδ. δορά. HÉSYCH., κωλυσανέμας, etc., *ap.* KARSTEN, p. 21, cf. PHILOSTR., *V. Apollon.*, VIII, 7, 28). Le fait est raconté différemment par Timée et par Plutarque; mais le récit de Timée est certainement plus conforme à la tradition originale; d'après lui, Empédocle aurait, par magie, recueilli les vents dans des outres semblables à celles de l'Éole d'Homère. Plutarque donne une explication naturelle du miracle, explication à coup sûr moins pauvre que le complément ajouté par LOMMATZSCH (p. 25) et KARSTEN (p. 21), et consistant à dire qu'Empédocle a fermé la gorge à travers laquelle passaient les vents, en tendant des peaux d'âne. On rapporte encore qu'il avait délivré des épidémies les habitants de Sélinus en changeant le cours du fleuve (DIOG., VIII, 70; KARSTEN, 21 sqq.), qu'il rappela à la vie une femme morte en apparence et présentant déjà la rigidité du cadavre (HÉRACLIDE, *ap.* DIOG., VIII, 61, 67; le récit d'HERMIPPE, *ibid.* 69, est plus simple. On trouve d'autres détails ap. KARSTEN, 23 sqq.; sur l'ouvrage d'Héraclide, voy. STEIN, p. 10), enfin qu'au moyen de la musique il empêcha un homme furieux de commettre un assassinat (JAMBL., *V. Pyth.*, 113; voy. KARSTEN, p. 26). Naturellement, il est impossible de savoir ce qu'il peut y avoir d'historique au fond de toutes ces anecdotes; la première et la troisième sont suspectes et doivent leur origine à quelques vers d'Empédocle. Ce qui est dit dans la seconde sur l'amélioration de l'eau du fleuve n'est peut-être qu'une explication de la médaille reproduite dans l'ouvrage de Karsten, et dans

681 choses inconcevables. D'autre part, il ne veut pas renoncer absolument à admettre le changement : il concède que,
682 non seulement les choses individuelles elles-mêmes naissent, périssent et changent, mais encore que les conditions du monde, pris dans sa totalité, sont soumises à une transformation constante. Il est donc conduit à ramener ces phénomènes au mouvement dans l'espace, à la combinaison et à la séparation de substances incréées, impérissables et qualitativement invariables ; mais ces sub-

<small>laquelle, en ce cas, le dieu du fleuve ne serait que le symbole de la ville de Sélinus. Mais les citations empruntées à Empédocle lui-même démontrent qu'il s'attribuait un pouvoir magique ; et, d'après Satyrus (*ap*. Diog., VIII, 59), Gorgias affirmait avoir vu son maître se livrer à des pratiques de magie. De même il est certain, d'après le propre témoignage d'Empédocle (voy. Pline, *H. n.*, XXXVI, 27, 202. Galien, *Therap. meth.*, c. 1, vol. X, 6, Kühn, etc.), qu'il était versé dans l'art de la médecine, laquelle, à cette époque, se confondait souvent avec la magie et la théologie. — Nous parlerons plus loin des renseignements que nous possédons sur les maîtres d'Empédocle. — Les ouvrages qu'on lui attribue traitent de matières très diverses ; pour beaucoup d'entre eux on se demande s'il en est réellement l'auteur. L'indication *ap*. Diog., VIII, 57 sq., d'après laquelle il aurait écrit des tragédies, et même au nombre de 43, est sans doute fondée sur le témoignage d'Hiéronyme et de Néanthès, et non sur celui d'Aristote. Héraclide pensait que les tragédies étaient l'œuvre d'un autre, probablement de son petit-fils qui portait le même nom que lui. (Voy. Suid. Ἐμπεδ.) Stein (p. 8 sq.) refuse de croire à l'authenticité des deux épigrammes citées *ap*. Diog., VIII, 61, 65 ; on peut porter le même jugement sur les vers ou le poème d'où Diogène (VIII, 43) a extrait un discours adressé à Télaugès, fils de Pythagore. Les Πολιτικά, que Diogène (57) lui attribue en même temps que les tragédies, ne forment pas une œuvre particulière, comme le suppose Diogène ; ce sont divers chapitres tirés de ses autres écrits (à moins que ce ne soit un ouvrage inauthentique), de même que la prétendue partie politique de l'écrit d'Héraclite. L'indication (Diog., 77, Suid. — Le texte : Diog., 60 n'a pas de rapport avec la question actuelle) d'après laquelle Empédocle aurait composé des Ἰατρικά, en prose d'après Suidas (καταλογάδην), est fondée, soit sur l'existence d'un écrit supposé, soit sur une méprise à propos d'un texte qui se rapportait originairement à la partie thérapeutique de la physique (voy. Stein, p. 7 sqq. Mullach est d'un avis différent, *De Emped. prooemio*, p. 21 sq., *Fragm.*, I, XXV). Diogène (VIII, 57) raconte, d'après Hiéronyme ou Aristote, que deux poèmes sur Apollon et sur l'expédition de Xerxès ont disparu peu après la mort de l'auteur. Les documents anciens ne nous disent pas si Empédocle a *écrit* des discours ou des préceptes de rhétorique ; voy. Stein, 8 ; Karsten, 61 sq. Il ne nous reste donc que deux ouvrages certainement authentiques, les Φυσικά et les Καθαρμοί (Karsten (p. 70) et d'autres admettent, et Stein (12 sqq.) a prouvé d'une façon convaincante que ce sont bien deux ouvrages distincts). Les *Physica* n'ont été divisés que plus tard en trois livres (voy. Karsten, p. 73) ; cette division ne semble pas venir de l'auteur lui-même. Karsten (p. 74 sqq., 57 sq.) traite des témoignages et des jugements des anciens touchant les poésies d'Empédocle ; Sturz, Karsten, Mullach et Stein ont rassemblé les fragments, et les trois premiers les ont également commentés. — Je cite d'après Stein, mais j'ajoute les numéros des vers d'après Karsten et Mullach.</small>

stances doivent nécessairement être multiples et de nature différente, pour expliquer la variété qui existe dans l'univers. Telles sont les idées fondamentales de la doctrine d'Empédocle au sujet des éléments, telles qu'elles se dégagent soit de ses propres assertions, soit des témoignages des anciens.

La production et la destruction. — Quand on voit un être entrer dans la vie, on croit ordinairement que quelque chose qui n'était pas auparavant a commencé d'exister ; quand on voit un être périr, on s'imagine qu'une existence a pris fin [1]. Selon Empédocle, lequel, sur ce point, suit complètement Parménide, cette manière de penser est absolument contradictoire, il est tout à fait impossible que quelque chose naisse de rien ou retombe dans le néant. En effet, demande-t-il avec son devancier, comment quelque chose pourrait-il être ajouté à l'ensemble du réel ; et où ce qui est pourrait-il aller ? Il n'existe nulle part un vide dans lequel l'être puisse se résoudre, et quoi qu'il devienne, il deviendra toujours *quelque chose* [2].

Combinaison et séparation des substances. — En conséquence, ce qui nous apparaît comme le commencement et la

---

1. 40 (342, 108, M.) sqq., cf. particulièrement v. 45 sqq. :
νήπιοι — οὐ γάρ σφιν δολιχόφρονές εἰσι μέριμναι (ils ne savent pas pen-
οἳ δὴ γίγνεσθαι πάρος οὐκ ἐὸν ἐλπίζουσιν,   (ser loin) —
ἤ τι καταθνήσκειν τε καὶ ἐξόλλυσθαι ἁπάντῃ.

2. V. 48 (81, 102, M.) :
ἐκ τοῦ γὰρ μὴ ἐόντος ἀμήχανόν ἐστι γενέσθαι
τό τ' ἐὸν ἐξόλλυσθαι ἀνήνυστον καὶ ἄπρηκτον (sc. ἐστί).
αἰεὶ γὰρ στήσονται (sc. ἐόντα) ὅπῃ κέ τις αἰὲν ἐρείδῃ.

V. 90 (117, 93, M.) :
εἴτε γὰρ ἐφθείροντο διαμπερές, οὐκέτ' ἂν ἦσαν.

V. 91 (119, K. 166, 94, M.) :
οὐδέ τι τοῦ παντὸς κενεὸν πέλει οὐδὲ περισσόν.
τοῦτο δ' ἐπαυξήσειε τὸ πᾶν τί κε καὶ πόθεν ἐλθόν;
πῇ δέ κε καὶ ἀπολοίατ'; ἐπεὶ τῶνδ' οὐδὲν ἔρημον·
ἀλλ' αὔτ' ἔστιν ταῦτα (elles sont elles-mêmes, elles restent ce qu'elles
γίγνεται ἄλλοθεν ἄλλα διηνεκές, αἰὲν ὁμοῖα. [sont]· δι' ἀλλήλων δὲ θέοντα

V. 51 (350, 116, M.) :
οὐκ ἂν ἀνὴρ τοιαῦτα σοφὸς φρεσὶ μαντεύσαιτο,
ὡς ὄφρα μέν τε βιοῦσι, τὸ δὴ βίοτον καλέουσι,
τόφρα μὲν οὖν εἰσίν καί σφιν πάρα δειλά τε καὶ ἐσθλά,
πρὶν δὲ πάγεν τε βροτοὶ καὶ ἐπεὶ λύθεν, οὐδὲν ἄρ' εἰσίν.

fin d'un être n'est qu'une illusion : en réalité il n'y a là qu'un mélange et une séparation[1] ; ce que nous appelons le commencement d'un être n'est qu'une combinaison, ce que nous appelons la fin n'est qu'une disjonction des substances[2], bien que l'usage donne à ces phénomènes les noms de *commen-*

---

1. V. 36 (77, 98, M.) :

ἄλλο δέ τοι ἐρέω· φύσις οὐδενός ἐστιν ἁπάντων
θνητῶν, οὐδέ τις οὐλομένου θανάτοιο τελευτή,
ἀλλὰ μόνον μίξις τε διάλλαξίς τε μιγέντων
ἐστι, φύσις δ' ἐπὶ τοῖς ὀνομάζεται ἀνθρώποισιν. Cf. Arist. (*Metaph.*, I, 3, 984 a, 8) : Ἐμπεδοκλῆς δὲ τὰ τέτταρα... ταῦτα γὰρ ἀεὶ διαμένειν καὶ οὐ γίγνεσθαι ἀλλ' ἢ πλήθει καὶ ὀλιγότητι συγκρινόμενα καὶ διακρινόμενα εἴς ἕν τε καὶ ἐξ ἑνός. *De gen. et corr.*, II, 6, sub init. Ibid., c. 7, 334 a, 26 : le mélange des éléments dans Empédocle est une σύνθεσις καθάπερ ἐξ πλίνθων καὶ λίθων τοῖχος.

2. Non seulement Empédocle lui-même, mais tous les autres témoins affirment maintes fois que la naissance n'est pour ce philosophe qu'une combinaison, la mort qu'une séparation des substances dont chaque chose est formée. Cf., outre la note précédente et la note suivante :

V. 69 (96, 70, M.) :

οὕτως ᾗ μὲν ἓν ἐκ πλεόνων μεμάθηκε φύεσθαι,
ἠδὲ πάλιν διαφύντος ἑνὸς πλέον' ἐκτελέθουσι,
τῇ μὲν γίγνονταί τε καὶ οὐ σφίσιν ἔμπεδος αἰών (= καὶ ἀπόλλυνται)·
ᾗ δὲ τάδ' ἀλλάσσοντα διαμπερὲς οὐδαμὰ λήγει,

ταύτῃ αἰὲν ἔασιν ἀκινητί κατὰ κύκλον (j'écris ἀκινητί, avec Panzerbieter ; d'autres mettent ἀκίνητα, qui s'éloigne davantage du texte des manuscrits, ou ἀκίνητον, qui convient moins pour le sens. Cependant, on peut se demander si la leçon ἀκίνητοι, que donnent tous les manuscrits d'Aristote et de Simplicius, n'est pas exacte, et s'il ne faut pas sous-entendre οἱ θνητοί comme sujet de la phrase, correspondant au mot βροτοί du v. 54). Ceci est confirmé par la doctrine de l'amour et de la haine (voy. *inf.*) : car c'est de l'amour, lequel a pour effet essentiel la combinaison des substances, qu'Empédocle faisait procéder la naissance, et c'est de la haine qu'il faisait dériver la fin des choses, comme le dit aussi Aristote (*Metaph.*, III, 4, 1000 a, 24 sqq.). Il est donc certain qu'Empédocle considérait la naissance comme une simple μίξις, et la mort comme une διάλλαξις. Dans un passage cependant, il semble attribuer la naissance et la mort aux deux causes agissant à la fois, à la séparation et à la combinaison réunies. V. 61 (87, 62, M.) sqq. :

δίπλ' ἐρέω· τοτὲ μὲν γὰρ ἓν ηὐξήθη μόνον εἶναι
ἐκ πλεόνων, τοτὲ δ' αὖ διέφυ πλέον' ἐξ ἑνὸς εἶναι· (ces vers sont répétés
δοιὴ δὲ θνητῶν γένεσις, δοιὴ δ' ἀπόλειψις. [v. 76 sq.)
τὴν μὲν γὰρ πάντων σύνοδος τίκτει τ' ὀλέκει τε,
65. ἡ δὲ πάλιν διαφυομένων θρεφθεῖσα διέπτη.
καὶ ταῦτ' ἀλλάσσοντα διαμπερὲς οὐδαμὰ λήγει,
ἄλλοτε μὲν φιλότητι συνερχόμεν' εἰς ἓν ἅπαντα,
ἄλλοτε δ' αὖ δίχ' ἕκαστα φορεύμενα νείκεος ἔχθει... (voy. ensuite v. 69 sqq.,

sup.). Je n'admets pas les corrections de Karsten, qui, dans les v. 63 sqq., lit « τοίηδι » au lieu de δοιὴ δέ, « οὔξει » au lieu de ὀλέκει, et, avec Simplicius, « θρυφθεῖσα » au lieu de θρεφθεῖσα ; ces corrections altèrent par trop le texte et en affaiblissent le sens. Mais, d'un autre côté, je ne crois pas que Panzerbieter (*Beitr.*, 7, sq.), Steinhart (p. 94) et Stein (*ad h. l.*) aient raison d'interpréter ce texte de la façon suivante : « Les choses ne naissent pas seulement par suite de la combinaison des substances, mais encore par suite de leur séparation, en

cement et de *fin*[1]. Rien n'est donc soumis à la naissance 685 et à la mort, si ce n'est en tant que l'un sort du multiple ou que le multiple sort de l'un ; mais tout demeure immuable[2]

tant que cette dernière produit de nouvelles combinaisons ; et les choses ne périssent pas seulement par suite de la séparation des substances, mais encore par suite de leur combinaison, parce que chaque nouvelle combinaison de substances est la cessation de la combinaison précédente. « En effet, si acceptable que soit ce sens en lui-même, il irait cependant contre la pensée d'Empédocle, lequel, d'après tout ce que nous avons dit jusqu'ici, explique la production des choses par le seul mélange et la destruction par la seule séparation des éléments primitifs. 1° Empédocle, dans cette hypothèse, dirait que toute combinaison est en même temps une séparation, et réciproquement ; 2° le διαφερόμενον αὐτῷ ξυμφέρεται, qui, d'après PLATON (*Soph.*, 242 d, sq., voy. *sup.*, 598, 1), exprime le caractère particulier de la doctrine d'Héraclite opposée à celle d'Empédocle, pourrait également être appliqué à ce dernier ; 3° ce qu'Aristote (voy. *inf.*, 698, 2) reproche à Empédocle comme une contradiction, à savoir de dire que l'amour, tout en unissant, sépare, et que la haine unit, cesserait d'en être une, puisque les deux opérations répondraient à la nature de chacun des deux principes. Le contexte d'ailleurs semble réclamer une autre interprétation : en effet, les v. 60-62, 66-68 ne se rapportant pas immédiatement aux êtres individuels mais à l'ensemble du monde et à ses conditions, il en résulte que les vers intermédiaires s'y rapportent également. Ce rapport est d'ailleurs indiqué déjà par l'expression πάντων σύνοδος, qui correspond exactement à συνερχόμεν' εἰς ἓν ἅπαντα du v. 67, à συνερχόμεν' εἰς ἕνα κόσμον du v. 110 (142, 151, M.), à πάντα συνέρχεται ἓν μόνον εἶναι du v. 173 (109-193, M.). Le sens des v. 63 sqq. serait donc : Les êtres mortels sont produits par les éléments immortels (voy. *inf.*, 698, 2), tantôt au moment où les choses sortent du Sphérus, tantôt au moment où elles y retournent ; mais, dans les deux cas, ils sont destinés à périr, dans le premier par le progrès de la séparation, dans le second, par le progrès de l'agrégation. — En ce qui concerne les textes des auteurs postérieurs relatifs à la doctrine d'Empédocle sur le mélange et la désagrégation, voy. STURZ, p. 260 sqq., et KARSTEN, 403 sqq. Ces textes, d'ailleurs, ne nous apprennent rien de nouveau.

1. Voy. p. 683, 3 et v. 40 (342, 108, M.) :
οἱ δ' ὅτε μὲν κατὰ φῶτα μιγὲν φάος αἰθέρος ἵκῃ,
(j'admets, pour le texte altéré *ap.* PLUT., *adv. Col.*, 11, 7, p. 1113, la correction indiquée par PANZERBIETER, *Beitr.*, p. 16, et je traduis avec lui : Quand se produit un mélange ayant la forme d'un homme)
ἢὲ κατ' ἀκροτέρων θηρῶν γένος ἢ κατὰ θάμνων
ἢὲ κατ' οἰωνῶν, τότε μὲν τόδε (l'Panz. τόγε) φασὶ γενέσθαι·
εὖτε δ' ἀποκρινθῶσι, τὸ δ' αὖ δυσδαίμονα πότμον
ἢ θέμις; οὐ, (sic Wyttenb.; pour les autres corrections des mots altérés, voy. les différentes éditions) καλέουσι, νόμῳ δ' ἐπίφημι καὶ αὐτός.

2. V. 69 sqq. (voy. p. 684). Le v. 72 admettrait une double explication : « en tant que le changement ne cesse jamais, » ou : « en tant que cela ne cesse jamais d'exister au milieu du changement ». L'ensemble du texte et le sens général semblent confirmer la seconde explication. A propos de cette immutabilité des éléments primitifs, ARISTOTE (*De cælo*, III, 7, *sub init.*), à l'exemple de Démocrite, adresse à Empédocle le reproche suivant : οἱ μὲν οὖν περὶ Ἐμπεδοκλέα καὶ Δημόκριτον λανθάνουσιν αὐτοὶ αὑτοὺς οὐ γένεσιν ἐξ ἀλλήλων ποιοῦντες (sc. τῶν στοιχείων), ἀλλὰ φαινομένην γένεσιν· ἐνυπάρχον γὰρ ἕκαστον ἐκκρίνεσθαί φασιν, ὥσπερ ἐξ ἀγγείου τῆς γενέσεως οὔσης ἀλλ' οὐκ ἔκ τινος ὕλης, οὐδὲ γίγνεσθαι μεταβάλλοντος. Cf. aussi *De Mel.*, c. 2. 975 a, 36 sqq. et la citation p. 683, 3. SIMPLICIUS (*De cælo*, 68 b, mil., Ald.) attribue à Empédocle la proposition d'Héraclite :

à travers la transformation des choses, en tant que, malgré ce changement de lieu, chaque substance persiste dans l'existence et dans sa nature propre.

686 Les quatre éléments. — Les éléments dont toutes choses sont ainsi composées consistent dans quatre substances différentes : la terre, l'eau, l'air et le feu [1]. Empédocle est explicitement désigné comme le premier qui ait posé ces quatre éléments [2], et ce que nous savons de ses 687 prédécesseurs confirme l'exactitude de cette indication. Les philosophes antérieurs parlent sans doute de substances

---

τὸν κόσμον τοῦτον οὔτε τις θεῶν οὔτε τις ἀνθρώπων ἐποίησεν. Le texte authentique (donné pour la première fois *ap.* Peyron, *Emp. et Parm. fragm.*, maintenant p. 132 b, 28, K. *Schol. in Arist.*, 487 b, 43) montre qu'en retraduisant en grec le texte latin de l'édition des Aldes, on a confondu les noms des deux philosophes.

1. V. 33 (55, 159, M.) :

τέσσαρα τῶν πάντων ῥιζώματα πρῶτον ἄκουε·
Ζεὺς ἀργὴς Ἥρη τε φερέσβιος ἠδ' Ἀϊδωνεὺς
Νῆστίς θ' ἣ δακρύοις τέγγει κρούνωμα βρότειον.

On trouve de nombreuses conjectures sur le texte et le sens de ces vers *ap.* Karsten et Mullach, *ad h. l.*, Schneidewin (*Philologus*, VI, 155 sqq.), Van ten Brink (*ibid.*, 731 sqq.). Le feu s'appelle aussi Ἥφαιστος; Nestis, était, dit-on, une naïade sicilienne, identique, d'après Van ten Brink et Heyne, à Proserpine (cf. Krische, *Forsch.*, I, 128). Diogène (VIII, 76), Héraclite (*Alleg. hom.*, 24, p. 52), Probus (*ad Virg. Ecl.*, VI, 3), Athénag. (*Suppl.*, c. 22), Hippol. (*Refut.*, VII, 79, p. 384) prétendent, sans doute à cause de l'adjectif φερέσβιος, qu'Héré désigne la terre. C'est évidemment une erreur. (Dans Stobée, I, 288, cette erreur pourrait être écartée, d'après Krische (I, 126), à l'aide d'une simple transposition de mots). Héré désigne l'air, et il n'est pas nécessaire de faire rapporter, avec Schneidewin, φερέσβιος à Ἀϊδωνεύς; cet attribut convient aussi à l'air. A côté des noms mythiques, on rencontre aussi les désignations propres : v. 78 (105, 60, M.), 333 (321, 378, M.) πῦρ, ὕδωρ, γῆ, αἰθήρ; v. 211 (151, 278 M.) ὕδωρ, γῆ, αἰθήρ, ἥλιος; v. 215 (209, 282 M.), 197 (270, 273, M.) χθών, ὄμβρος, αἰθήρ, πῦρ; v. 96 (124, 120 M.) probablement ἥλιος, αἰθήρ, ὄμβρος, αἶα; v. 377 (16, 32 M.) αἰθήρ, πόντος, χθών, ἥλιος; v. 187 (327, 263 M.) ἠλέκτωρ, χθών, οὐρανός, θάλασσα; quelquefois les deux sortes de désignations réunies, par exemple, v. 198 (211, 211 M.) χθών, Νῆστις, Ἥφαιστος· v. 203 (215, 206 M.) χθών, Ἥφαιστος, ὄμβρος, αἰθήρ. Je ne puis admettre l'hypothèse de Steinhart (*l. c.*, 93), d'après laquelle Empédocle aurait voulu indiquer, par la différence des dénominations, la distinction entre les éléments primordiaux et les éléments perceptibles aux sens. Le vers 89 (116, 92 M.) nous dit que les quatre éléments comprennent toutes les substances et que celles-ci n'augmentent ni ne diminuent : καὶ πρὸς τοῖς οὔτ' ἄλλο τι (telle est la leçon de Mullach, mais le texte est altéré, et les corrections très incertaines) γίγνεται οὐδ' ἀπολήγει.

2. Aristote (*Metaph.*, I, 4, 985 a, 31 ; cf. c. 7, 988 a, 20. *De gen. et corr.*, II, 1, 328 b, 33 sqq.). Karsten (334) en cite d'autres. Il est inutile d'ailleurs de faire remarquer que le nom στοιχεῖον ne vient pas d'Empédocle. C'est Platon, dit-on, qui introduisit ce mot dans le langage scientifique (Eudème, *ap.* Simpl., *Phys.*, 2 a, au bas; Favorin, *ap.* Diog., III, 24); il existait déjà du temps d'Aristote, comme on le voit par l'expression : τὰ καλούμενα στοιχεῖα (cf. 2ᵉ part., b, 336, 1, 2ᵉ éd.).

premières dont tout a été formé; mais à ces substances premières manque la détermination qui seule pourrait en faire des éléments au sens d'Empédocle, je veux dire l'immutabilité qualitative n'admettant qu'une séparation et une juxtaposition dans l'espace. De même, les philosophes antérieurs ont sans doute l'idée de toutes les substances qu'Empédocle considère comme des éléments; mais ils ne les réunissent pas en ce sens, à l'exclusion de toutes les autres substances. La plupart n'admettent qu'une seule substance primordiale; Parménide seul en admet deux, dans la seconde partie de son poème; aucun n'en admet quatre; et, en ce qui concerne les premières substances dérivées, on ne rencontre également, en dehors du dénombrement peu méthodique de Phérécyde et d'Anaximène, que la division par trois d'Héraclite, la division par cinq de Philolaüs, probablement empruntée à Héraclite, et l'opposition du chaud et du froid dans Anaximène.

Sur quoi se fonde cette doctrine de quatre éléments propre à Empédocle? C'est ce que ni les fragments d'Empédocle ni les témoignages des anciens ne nous font savoir. En premier lieu, il semble que ce nombre lui ait été suggéré par l'observation, selon la marche suivie par plusieurs autres physiciens. Cette hypothèse lui paraissait fournir l'explication la plus simple des phénomènes. En second lieu, la philosophie antérieure avait déjà préparé la voie à cette doctrine. On sait quelle valeur les Pythagoriciens attribuaient au nombre quatre; il est vrai qu'il ne faudrait pas exagérer l'influence de ce fait sur Empédocle, car il a fait en général bien peu d'emprunts à la physique pythagoricienne, et l'école pythagoricienne elle-même s'est placée à des points de vue fort différents du sien, en ce qui concerne la théorie des corps élémentaires. Parmi les quatre éléments d'Empédocle, nous en trouvons trois dans les substances premières de Thalès, d'Anaximène et d'Héraclite, et nous trouvons le quatrième, à une autre place, dans Xénophane et dans Parménide. Héraclite compte trois corps élémentaires, et nous verrons plus loin quelle forte influence il a exercée sur Empédocle. Or de ces trois formes fondamentales de la matière pouvaient facilement sortir les quatre éléments d'Empédocle. L'élément liquide et l'élément gazeux, l'eau et l'air, ont été séparés, et l'on a joint à ce dernier les vapeurs sèches qu'Héraclite avait comprises dans l'élément supérieur[1]. Et, comme les trois éléments d'Héraclite, à leur tour, paraissent avoir résulté de l'opposition fondamentale établie par Anaximandre et maintenue ensuite par Parménide entre le froid et le chaud, par l'insertion d'un degré intermédiaire; comme, d'autre part, les cinq corps fondamentaux de Philolaüs représentent une extension des éléments d'Empédocle fondée sur des considérations géométriques et cosmologiques, cette théorie apparaît comme s'étant développée d'une manière constante depuis Anaximandre jusqu'à Philolaüs, le nombre des éléments ayant toujours été en augmentant.

Mais quoique Empédocle ait considéré les quatre éléments comme également primordiaux, en fait il les a ramenés à deux, puisque, d'après ARISTOTE, il plaçait d'un côté le feu, de l'autre l'air, l'eau et la terre réunis, si bien qu'à travers sa division par quatre se retrouve la division par deux de Parménide[2]. Certains écrivains posté-

---

1. ARISTOTE (*De gen. et corr.*, II, 1, 329 a, 1) parle aussi de l'hypothèse de trois éléments, feu, air, terre. PHILOPON (ad h. l., p. 46 b, au haut) rapporte cette indication au poète Ion. En effet, ISOCRATE (π. ἀντιδόσ., 268) dit à propos de ce dernier : Ἴων δ' οὐ πλείω τριῶν (ἔφησεν εἶναι τὰ ὄντα). De même HARPOCRATE, Ἴων. Cette indication peut être très exacte en ce qui concerne Ion, bien que le texte d'Aristote (comme nous le voyons d'après le chap. 3, 330 b, 16 sqq. Cf. BONITZ, *Ind. arist.*, 821 b, 40 et PRANTL, *Arist. Werke*, II, 505) ne se réfère nullement à ce poète, mais aux « divisions » platoniciennes (2ᵉ part., a, 380, 4, 3ᵉ éd.), où l'on place entre le feu et la terre un élément intermédiaire, lequel plus tard fut décomposé en eau et en air. Il se peut qu'on ait emprunté ses trois éléments à Héraclite, mais il ne peut guère avoir exercé une influence sur Empédocle, puisqu'il parait lui avoir été postérieur.

2. *Metaph.*, I, 4, 985 a, 31 : ἔτι δὲ τὰ ὡς ἐν ὕλης εἴδει λεγόμενα στοιχεῖα τέτταρα πρῶτος εἶπεν· οὐ μὴν χρῆταί γε τέτταρσιν, ἀλλ' ὡς δυσὶν οὖσι μόνοις, πυρὶ

rieurs vont plus loin, et disent qu'il est parti de l'opposi- 689
tion du chaud et du froid, ou de celle du ténu et du
dense, ou même du sec et de l'humide[1]; mais ce n'est là
qu'une conséquence tirée par eux-mêmes de certaines
expressions d'Empédocle, lesquelles n'ont point chez lui
cette signification précise. On altère encore plus son opinion, quand on veut que les deux éléments inférieurs
soient la matière, et les deux éléments supérieurs les in-
struments, employés à la formation du monde[2].

Les quatre éléments sont, selon l'idée attachée à ce
nom, tous également primordiaux; ils sont tous incréés
et impérissables, chacun d'eux consiste en parties qualitativement homogènes; et, sans changer eux-mêmes de
nature, ils traversent les différentes combinaisons où ils
sont engagés par la transformation des choses[3]. En outre,

μὲν καθ' αὐτὸ τοῖς δ' ἀντικειμένοις ὡς μιᾷ φύσει, γῇ τε καὶ ἀέρι καὶ ὕδατι. λάθοι
δ' ἄν τις αὐτὸ θεωρῶν ἐκ τῶν ἐπῶν. De gen. el corr., II, 3, 330 b, 19 : ἔνιοι δ' εὐθὺς
τέτταρα λέγουσιν, οἷον Ἐμπεδοκλῆς. συνάγει δὲ καὶ οὗτος εἰς τὰ δύο· τῷ γὰρ πυρὶ
τἄλλα πάντα ἀντιτίθησιν.
1. Voy. les textes extraits d'ALEXANDRE, de THÉMISTIUS, de PHILOPON, de SIM-
PLICIUS et de STOBÉE, qui sont cités ap. KARSTEN, 340 sqq.
2. HIPPOLYTE (Refut., VII, 29, p. 384) : Empédocle admettait six éléments, δύο
μὲν ὑλικά, γῆν καὶ ὕδωρ, δύο δὲ ὄργανα οἷς τὰ ὑλικὰ κοσμεῖται καὶ μεταβάλλεται,
πῦρ καὶ ἀέρα, δύο δὲ τὰ ἐργαζόμενα... νεῖκος καὶ φιλίαν; ce qui est répété plus
loin. Le même auteur (I, 4 — ce texte est reproduit ap. CEDREN., Synops., I,
157 b) défigure encore davantage la doctrine d'Empédocle dans cette indication
qui dénote une source à la fois stoïcienne et néopythagoricienne : τὴν τοῦ παντὸς
ἀρχὴν νεῖκος καὶ φιλίαν ἔφη· καὶ τὸ τῆς μονάδος νοερὸν πῦρ τὸν θεὸν καὶ συνεστάναι
ἐκ πυρὸς τὰ πάντα καὶ εἰς πῦρ ἀναλυθήσεσθαι. Mais KARSTEN a tort de dire (p. 343)
que, d'après Hippolyte, Empédocle aurait opposé l'un à l'autre le feu et l'eau
comme principes actif et passif.
3. V. 87 (114, 88 M.) : ταῦτα γὰρ ἰσά τε πάντα καὶ ἥλικα γένναν ἔασι,
τιμῆς δ' ἄλλης· ἄλλο μέδει πάρα δ' ἦθος ἑκάστῳ. (V. 89,
[voy. p. 686, 1, fin.)]
V. 104 (132, 128) : ἐκ τῶν πάνθ' ὅσα τ' ἦν ὅσα τ' ἐσθ', ὅσα τ' ἔσται ὀπίσσω (texte
δένδρεά τ' ἐβλάστησε καὶ ἀνέρες ἠδὲ γυναῖκες,   [incertain)],
θῆρές τ' οἰωνοί τε καὶ ὑδατοθρέμμονες ἰχθῦς,
καί τε θεοὶ δολιχαίωνες τιμῇσι φέριστοι·
αὐτὰ γὰρ ἔστιν ταῦτα δι' ἀλλήλων δὲ θέοντα
γίγνεται ἀλλοιωπά· διάπτυξις γὰρ ἀμείβει. (Cf. p. 683, 2). Voy.
aussi v. 90 sqq., 69 sqq. (sup., 683, 2, 4). ARIST., Metaph., I, 3 (sup., 683, 3),
III, 4, 1000 b, 17, De gen. et corr., II, I g. E, II, 6, sub init. Ibid., I, 1, 314 a,
24 (cf. De cælo, III, 3, 302 a, 28, et SIMPL., De cælo, 269 b, 38. Schol., 513 b, au
haut). De cælo, III, 7 (sup., 685, 2). De Melisso, c. 2, 975 a, au bas, et d'autres
textes indiqués ap. STURZ, 152 sqq., 176 sqq., 186 sqq., KARSTEN, 336, 403, 406.

ils sont égaux quant à la masse[1], quoique dans les objets particuliers ils se trouvent mélangés en proportions très diverses et ne soient pas contenus tous dans chaque objet[2].

Empédocle ne paraît pas avoir déterminé nettement les caractères particuliers qui les distinguent l'un de l'autre, non plus que leur place dans le système du monde. Il décrit le feu comme chaud et brillant, l'air comme fluide et transparent, l'eau comme sombre et froide, la terre comme lourde et dure[3]; parfois il attribue à la terre un mouvement vers le haut[4], sans toutefois exprimer toujours la même opinion à cet égard[5]. Mais rien dans tout cela ne dépasse les notions les plus communes. Platon et Aristote sont les premiers qui aient déterminé avec précision la nature des éléments, et qui aient assigné à chacun d'eux sa place naturelle.

---

1. Voilà du moins quelle paraît être, dans les vers cités plus haut, la signification des mots : ἴσα πάντα. Au point de vue grammatical, ces deux mots pourraient certainement se rapporter, avec ἡλικα, à γένναν (de même origine). ARISTOTE (De gen. et corr., II, 6, sub init.) demande si cette égalité est une égalité de grandeur ou de force, mais Empédocle n'a sans doute fait aucune distinction de ce genre. Ni ARISTOTE ni SIMPLICIUS (Phys., 34 a, au mil.) ne font rapporter ἴσα πάντα à γένναν.

2. Voy. (outre ce que nous dirons plus loin du mélange des éléments) le v. 119 (154, 134 M. sqq.), où le mélange des substances dans les différents corps est comparé au mélange des couleurs à l'aide duquel le peintre reproduit ces corps dans ses tableaux, ἁρμονίῃ μίξαντε τὰ μὲν πλέω ἄλλα δ' ἐλάσσω. BRANDIS (p. 227) a été induit, par une ponctuation fausse du v. 129 (corrigée par les nouveaux éditeurs), à trouver dans ces vers un sens contraire aux paroles et au point de vue d'Empédocle, à savoir : tout ce qui est périssable a sa raison d'être dans la divinité, comme l'œuvre d'art dans l'esprit de l'artiste.

3. V. 96 (124, 120 M.) et sqq., lesquels nous sont parvenus sous une forme très altérée. Le v. 99, dont le texte n'a pas encore été rétabli d'une façon satisfaisante, commençait probablement ainsi : αἰθέρα δ' ὡς χεῖται. C'est à ce passage qu'a été empruntée l'indication ap. ARISTOTE, De gen. et corr., I, 315 b, 20; PLUTARQUE, De primo frig., 9, 1, p. 948. Dans le texte De respir., c. 14, 477 b, ᾗ (θερμὸν γὰρ εἶναι τὸ ὑγρὸν ἧττον τοῦ ἀέρος), ARISTOTE semble se référer à une partie du poème qui se trouvait à la suite et qui est perdue.

4. Cf. p. 703, 1.

5. Nous en trouverons plus loin des exemples. Cf. PLUTARQUE (Plac., II, 7, 6) et ACH. TATIUS (in Arat., c. 4, fin, p. 128 b). Ils ont peut-être puisé à la même source l'allégation d'après laquelle Empédocle n'assignait aux éléments aucune place déterminée et admettait que chacun d'eux peut prendre celle des autres. De même ARISTOTE (De cælo, IV, 2, 309 a, 19) dit : « Empédocle ne s'explique pas plus qu'Anaxagore sur la pesanteur des corps. »

Mélange des éléments. — Lors même que nous n'aurions pas le témoignage d'Aristote[1], nous pourrions néanmoins affirmer que les quatre éléments d'Empédocle n'ont pas été dérivés d'un autre élément plus primitif. Si donc quelques écrivains postérieurs prétendent que, selon notre philosophe, il existait, antérieurement à ces éléments, des cor-

---

1. *De gen. et corr.*, I, 8, 325 b, 19 : Ἐμπεδοκλεῖ δὲ τὰ μὲν ἄλλα φανερὸν ὅτι μέχρι τῶν στοιχείων ἔχει τὴν γένεσιν καὶ τὴν φθοράν, αὐτῶν δὲ τούτων πῶς γίνεται καὶ φθείρεται τὸ σωρευόμενον μέγεθος οὔτε δῆλον οὔτε ἐνδέχεται λέγειν αὐτῷ μὴ λέγοντι καὶ τοῦ πυρὸς εἶναι στοιχεῖον, ὁμοίως δὲ καὶ τῶν ἄλλων ἁπάντων. (Empédocle n'admettait pas l'existence des atomes; voy. *De cælo*, III, 6, 305 a, au haut, et Lucrèce, I, 746 sqq.) Sans doute, Aristote contredirait lui-même cette assertion précise, s'il avait réellement dit ce que Ritter lui attribue (*Gesch. d. Phil.*, I, 533 sq.) : les quatre éléments procèdent, au fond, d'une seule nature qui est au fond de toutes les différences, et qui est proprement la φιλία. Mais l'indication de Ritter est inexacte. Aristote dit (*De gen. et corr.*, I, 1, 315 a, 3) qu'Empédocle se met en contradiction avec lui-même : ἅμα μὲν γὰρ οὔ φησιν ἕτερον ἐξ ἑτέρου γίνεσθαι τῶν στοιχείων οὐδέν, ἀλλὰ τἆλλα πάντα ἐκ τούτων, ἅμα δ' ὅταν εἰς ἓν συνάγῃ τὴν ἅπασαν φύσιν πλὴν τοῦ νείκους, ἐκ τοῦ ἑνὸς γίγνεσθαι πάλιν ἕκαστον, ce qui signifie simplement ceci : Empédocle lui-même nie à la vérité qu'aucun des quatre éléments procède d'un autre, mais dans sa théorie du Sphérus il affirme, indirectement et à son insu, un processus de ce genre. En effet, si l'on prenait à la lettre l'unité de toutes choses dans le Sphérus, la différence qualitative des éléments y disparaîtrait nécessairement, et ces derniers devraient naître à leur sortie du Sphérus, d'une substance exempte de différence. Aristote n'attribue donc pas ici à Empédocle une affirmation qui serait en contradiction avec ce qu'il dit ailleurs, mais il le réfute au moyen d'une déduction qu'Empédocle n'a pas faite lui-même. De même, il est impossible de prouver d'après le texte *Métaph.*, III, 1, 4 qu'Aristote ait désigné par φιλία l'essence identique, qui a dû donner naissance aux éléments. Dans la *Métaphysique* (III, 1, 996 a, 4), il soulève la question : πότερον τὸ ἓν καὶ τὸ ὄν, καθάπερ οἱ Πυθαγόρειοι καὶ Πλάτων ἔλεγεν, οὐχ ἕτερόν τί ἐστιν ἀλλ' οὐσία τῶν ὄντων, ἢ οὔ, ἀλλ' ἕτερόν τι τὸ ὑποκείμενον, ὥσπερ Ἐμπεδοκλῆς φησι φιλίαν, ἄλλος δέ τις πῦρ, ὁ δὲ ὕδωρ, ὁ δὲ ἀέρα. Il ne s'agit pas ici du rapport entre la substance primitive des quatre éléments et la φιλία; mais la φιλία (qu'Aristote appelle l'Un en tant que principe de l'unité, de même, qu'il appelle πέρας, le principe de la limitation, et εἶδος le principe de la formation) sert d'exemple pour montrer que le concept de l'Un n'est pas seulement employé comme sujet (ainsi qu'il arrive chez Platon et les Pythagoriciens), mais encore comme prédicat. Le texte dit seulement que la φιλία n'est pas l'unité, conçue comme sujet, mais un sujet auquel l'unité appartient d'une manière attributive. La même observation peut être faite à propos du chapitre 4, où il est dit dans le même sens : Platon et les Pythagoriciens considèrent l'unité comme l'essence de l'un, et l'être comme l'essence de l'existant, de sorte que l'existant ne diffère pas de l'être, non plus que l'un de l'unité ; οἱ δὲ περὶ φύσεως οἷον Ἐμπεδοκλῆς· ὡς εἰς γνωριμώτερον ἀνάγων λέγει ὅ τι τὸ ἓν ὄν ἐστιν (il faut écrire ainsi, en liant ensemble ἓν ὄν comme formant un seul concept : « ce qui est un », ou bien il faut lire avec Karsten. *Emp.*, p. 318, Brandis, Bonitz, Schwegler et Bongui, *ad h. l.*, d'après le cod. Ab : ὅ τι ποτὲ τὸ ἓν ἐστιν) δόξειε γὰρ ἂν λέγειν τοῦτο τὴν φιλίαν εἶναι. Les assertions d'Aristote sur ce point ne sont donc pas contradictoires. D'ailleurs, la plupart des nombreuses critiques adressées par Ritter aux témoins qu'il cite à propos d'Empédocle, ne paraissent guère fondées, si on les examine de près.

puscules infiniment petits par lesquels ils ont été constitués¹, c'est là une erreur manifeste². Toutefois la doctrine d'Empédocle présente un côté qui a pu donner lieu à cette fausse opinion. Comme les éléments, selon lui, ne sont soumis à aucun changement qualitatif, ils ne peuvent se combiner que mécaniquement, et les combinaisons chimiques elles-mêmes doivent être ramenées à des combinaisons mécaniques ; le mélange des substances ne s'opère que parce que les parties d'un corps pénètrent dans les interstices qui séparent les parties d'un autre corps. Par conséquent, même dans l'union la plus intime de plusieurs substances, il ne se forme pas autre chose qu'un mélange de particules, dont la constitution élémentaire n'est nullement altérée : il n'y a point fusion réelle de ces particules et formation d'une substance nouvelle³ ; et si un corps donne naissance à un autre, ce n'est pas que l'un se transforme dans l'autre, c'est tout simplement que des substances qui, auparavant déjà, existaient avec leurs caractères actuels, se dégagent de leur mélange avec d'autres substances⁴.

Pores et émanations. — Mais, si tous les changements se réduisent au mélange et à la séparation, il n'y a qu'un moyen d'expliquer l'action d'un corps sur un autre, dans les cas où ces deux corps restent en apparence séparés quant à leur substance, c'est d'admettre que des particules invisibles et infiniment petites se détachent de l'un et

---

1. PLUTARQUE (*Plac.*, I, 13) : Ἐ. πρὸ τῶν τεσσάρων στοιχείων θραύσματα ἐλάχιστα, οἱονεὶ στοιχεῖα πρὸ στοιχείων, ὁμοιομερῆ, ὅπερ ἐστὶ στρογγύλα. Même indication, à l'exception des derniers mots (cf. STURZ, 153 sq.) *ap.* STOBÉE, *Ecl.*, I, 348. De même, *Plac.*, I, 17 (STOB., 368. GALIEN, chap. 10, p. 258, K).
2. D'après tout ce que nous avons dit jusqu'ici, PETERSEN (*Philol. hist. Stud.*, 26) a eu également tort d'admettre que le Sphérus est, à titre d'unité, la substance primitive d'où les éléments ont tiré leur origine.
3. D'après la terminologie ultérieure (voy. part. III, a, 127, 1, 3ᵉ éd.), tout mélange est une παράθεσις, il n'existe pas plus de σύγχυσις que de κρᾶσις δι' ὅλων.
4. ARISTOTE, *De cælo*, III, 7 (voy. *sup.*, 685, 2) ; les observations des commentateurs (*ap.* KARSTEN, 104 sq.) ne contiennent rien de remarquable.

pénètrent dans les pores de l'autre. Plus les pores d'un corps correspondront exactement aux émanations et aux parties d'un autre, plus il subira facilement l'action de ce dernier, et plus il sera disposé à s'unir avec lui[1] ; et comme, selon notre philosophe, ces conditions existent surtout quand deux corps sont semblables, il enseigne qu'il existe une affinité, une *amitié* entre les choses qui se ressemblent et se mélangent facilement, que le semblable désire son semblable, et que deux substances incapables d'être mélangées sont *ennemies* l'une de l'autre[2].

1. ARISTOTE (*De gen. et corr.*, I, 8, *sub in.*) : τοῖς μὲν οὖν δοκεῖ πάσχειν ἕκαστον διά τινων πόρων εἰσιόντος τοῦ ποιοῦντος ἐσχάτου καὶ κυριωτάτου, καὶ τοῦτον τὸν τρόπον καὶ ὁρᾶν καὶ ἀκούειν ἡμᾶς φασι καὶ τὰς ἄλλας αἰσθήσεις αἰσθάνεσθαι πάσας, ἔτι δὲ ὁρᾶσθαι διά τε ἀέρος καὶ ὕδατος καὶ τῶν διαφανῶν διὰ τὸ πόρους ἔχειν ἀοράτους μὲν διὰ μικρότητα, πυκνοὺς δὲ καὶ κατὰ στοῖχον, καὶ μᾶλλον ἔχειν διαφανῆ μᾶλλον. οἱ μὲν οὖν ἐπὶ τινῶν οὕτω διώρισαν, ὥσπερ Ἐμπεδοκλῆς· οὐ μόνον ἐπὶ τῶν ποιούντων καὶ πασχόντων ἀλλὰ καὶ μίγνυσθαί φησιν (c'est ainsi qu'il faut lire, avec le cod. I., au lieu de φασίν) ὅσων οἱ πόροι σύμμετροί εἰσιν· ὀξῷ δὲ μάλιστα καὶ περὶ πάντων ἐπὶ λόγῳ διωρίκασι Λεύκιππος καὶ Δημόκριτος (en tant que ceux-ci, comme la suite l'indique, expliquaient, non seulement certains phénomènes, mais la formation et les changements des corps en général, au moyen des interstices vides). PHILOPON (ad h. l. f., 35 b, au haut, et *De gen. anim.*, 59 a — les deux passages se trouvent également ap. STURZ, p. 344 sq.) n'en dit pas davantage ; car l'assertion (*De gen. anim.*) d'après laquelle Empédocle a nommé le plein ναστά, repose sur une confusion d'Empédocle avec Démocrite (voy. p. 770, 5). L'indication d'Aristote est confirmée d'une manière remarquable par PLATON (*Meno*, 76 c) : Οὐκοῦν λέγετε ἀπορροάς τινας τῶν ὄντων κατ' Ἐμπεδοκλέα ; — Σφόδρα γε. — Καὶ πόρους, εἰς οὓς καὶ δι' ὧν αἱ ἀπορροαὶ πορεύονται ; — Πάνυ γε. — Καὶ τῶν ἀπορροῶν τὰς μὲν ἁρμόττειν ἐνίοις τῶν πόρων, τὰς δὲ ἐλάττους ἢ μείζους εἶναι ; — Ἔστι ταῦτα. En conséquence, la couleur est ensuite définie : ἀπορροὴ σχημάτων ὄψει σύμμετρος καὶ αἰσθητός. Cf. THÉOPHRASTE (*De sensu*, 12) : ὅλως γὰρ ποιεῖ τὴν μίξιν τῇ συμμετρίᾳ τῶν πόρων· διόπερ ἔλαιον μὲν καὶ ὕδωρ οὐ μίγνυσθαι, τὰ δ' ἄλλα ὑγρὰ καὶ περὶ ὅσων δὴ καταριθμεῖται τὰς ἰδίας κράσεις. Parmi les fragments que nous possédons, il faut rattacher à cet ordre d'idées, outre le vers 189 (voy. note suiv.), les vers suivants :

V. 281 (267, 337 M.) : γνῶθ' ὅτι πάντων εἰσὶν ἀπορροαί, ὅσσ' ἐγένοντο.
V. 267 (253, 323 M.) : τοὺς μὲν πῦρ ἀνέπεμπ' ἐθέλον πρὸς ὁμοῖον ἱκέσθαι.
V. 282 (268, 338) : ὡς γλυκὺ μὲν γλυκὺ μάρπτε, πικρὸν δ' ἐπὶ πικρὸν ὄρουσεν,
  ὀξὺ δ' ἐπ' ὀξὺ ἔδη, δαλερὸν δαλερῷ δ' ἐπέχευεν.
V. 284 (272, 340 M.) : οἴνῳ ὕδωρ μὲν μᾶλλον ἐνάρθμιον αὐτὰρ ἐλαίῳ οὐκ ἐθέλει.
V. 286 (274, 342 M.) : βύσσῳ δὲ γλαυκῆ κόκκου καταμίσγεται ἄθος.

2. V. 186 (326, 262 M.) : ἄρθμια μὲν γὰρ πάνθ' αὑτῶν ἐγένοντο μέρεσσιν,
  ἠλέκτωρ τε χθών τε καὶ οὐρανὸς ἠδὲ θάλασσα,
  ὅσσα νυν ἐν θνητοῖσιν ἀποπλαγχθέντα πέφυκεν.
  ὣς δ' αὔτως ὅσα κρᾶσιν ἐπαρτέα μᾶλλον ἔασιν,
  ἀλλήλοις ἔστερκται, ὁμοιωθέντ' Ἀφροδίτῃ.
  ἐχθρὰ δ' ἀπ' ἀλλήλων πλεῖστον διέχουσιν ἄμικτα, etc.

Voy. note préc. ARIST. (*Eth. N.*, VIII, 2, 1155 b, 7) : τὸ γὰρ ὅμοιον τοῦ ὁμοίου ἐφίεσθαι (Ἐμπ. φησι). *Eth. Eud.*, VII, 1, 1235 a, 9 (*M. Mor.*, II, 11, 1208 b, 11) :

694 Sans doute cet ensemble d'idées se rapproche beaucoup de la théorie atomistique. Les particules invisibles tiennent ici la place des atomes, et les pores celle du vide. De même que les atomistes voient dans les corps une masse d'atomes séparés par des interstices vides, de même Empédocle les considère comme une masse de particules élémentaires séparées entre elles par des pores [1]; et de même que les premiers réduisent la transformation chimique des corps au déplacement des atomes, de même Empédocle ramène cette transformation au déplacement de particules élémentaires qui, à travers les différentes combinaisons qu'elles forment, restent qualitativement immuables, ainsi que les atomes [2].

οἱ δὲ φυσιολόγοι καὶ τὴν ὅλην φύσιν διακοσμοῦσιν ἀρχὴν λαβόντες τὸ τὸ ὅμοιον ἰέναι πρὸς τὸ ὅμοιον, διὸ Ἐμπεδοκλῆς καὶ τὴν κύν' ἔφη καθῆσθαι ἐπὶ τῆς κεραμῖδος διὰ τὸ ἔχειν πλεῖστον ὅμοιον. PLATON (Lysis, 214 b) : dans les écrits des philosophes naturalistes on trouve, ὅτι τὸ ὅμοιον τῷ ὁμοίῳ ἀνάγκη ἀεὶ φίλον εἶναι. Empédocle trouvait un exemple de cette affinité élective dans la manière dont le fer se comporte à l'égard de l'aimant. Voici sa théorie sur cette question : après que les effluves de l'aimant ont pénétré dans les pores du fer et chassé l'air dont ceux-ci sont remplis, des effluves sortent à leur tour avec force du fer, et entrent dans les pores symétriques de l'aimant, entraînant et retenant le fer lui-même. ALEXANDRE APHROD., Quæst. nat., II, 23.

1. Empédocle ne semble pas s'être demandé si ces ouvertures étaient complètement vides ou si elles étaient remplies de certaines substances, notamment d'air. PHILOPON (De gen. et corr., 40 a, au bas; b, au bas), qui, pour le distinguer des atomistes, lui attribue la seconde hypothèse, est un témoin peu sûr. Malgré le texte relatif à l'aimant que nous venons de citer, Aristote, si nous nous référons au texte De gen. et corr., I, 8, 326 b, 6, 15, ne trouve pas dans Empédocle une solution nette de cette question, car il réfute en cet endroit la théorie des pores au point de vue des deux hypothèses.

2. ARISTOTE (De gen. et corr., II, 7, 334 a, 26) : ἐκείνοις γὰρ τοῖς λέγουσιν ὥσπερ Ἐμπεδοκλῆς τίς ἔσται τρόπος (τῆς γενέσεως τῶν σωμάτων); ἀνάγκη γὰρ σύνθεσιν εἶναι καθάπερ ἐξ πλίνθων καὶ λίθων τοῖχος· καὶ τὸ μίγμα δὲ τοῦτο ἐκ σωζομένων μὲν ἔσται τῶν στοιχείων, κατὰ μικρὰ δὲ παρ' ἄλληλα συγκειμένων. De cælo, III, 7 (sup., 685, 2). GALIEN (in Hippocr. De nat. hom., I, 2, sub fin., t. XV, 32 K.) : Ἐμπ. ἐξ ἀμεταβλήτων τῶν τεττάρων στοιχείων ἡγεῖτο γίγνεσθαι τὴν τῶν συνθέτων σωμάτων φύσιν, οὕτως ἀναμεμιγμένων ἀλλήλοις τῶν πρώτων, ὡς εἴ τις λειώσας ἀκριβῶς καὶ γνώση ποιήσας ἰὸν καὶ χαλκίτιν καὶ καδμείαν καὶ μισὺ μίξειεν ὡς μηδὲν ἐξ αὐτῶν δύνασθαι μεταχειρίσασθαι χωρὶς ἑτέρου. Ibid., c. 12, sub init., p. 49 : d'après Empédocle, tout aurait été formé à l'aide des quatre éléments, οὐ μὴν κεκραμένων γε δι' ἀλλήλων, ἀλλὰ κατὰ μικρὰ μόρια παρακειμένων τε καὶ ψαυόντων ; c'est Hippocrate qui le premier a enseigné le mélange des éléments. Aristote emploie donc (De gen. et corr., I, 8, 325 b, 19), pour les différents corps élémentaires, l'expression : αὐτῶν τούτων τὸ σωρευόμενον μέγεθος; et dans PLUTARQUE (Plac., I, 24. STOB., I, 414) il est dit à la fois d'Empédocle, d'Anaxagore, de Démocrite et d'Épicure : συγκρίσεις μὲν καὶ διακρίσεις εἰσάγουσι, γενέσεις δὲ καὶ φθορὰς οὐ κυρίως· οὐ γὰρ κατὰ τὸ ποιὸν ἐξ ἀλλοιώσεως, κατὰ δὲ τὸ ποσὸν ἐκ συναθροισμοῦ ταύτας γίγνεσθαι.

Toutefois Empédocle, quant à lui, n'a admis ni espace vide[1] ni atomes[2], bien que sa doctrine dût conduire logiquement à l'hypothèse de l'espace vide et des atomes[3].

Nous n'avons pas non plus de raisons solides pour lui attribuer cette opinion, que les éléments sont composés de particules très petites, susceptibles en elles-mêmes d'être encore divisées, mais ne l'étant jamais en réalité[4]. Sans doute cette opinion semble être une conséquence nécessaire de la théorie de la symétrie des pores, car, si les substances sont divisibles à l'infini, il ne peut y avoir de pores trop petits pour laisser pénétrer une substance donnée ; toutes les substances doivent donc pouvoir se mêler entre elles. Mais Empédocle a pu n'être pas moins inconséquent relativement aux particules que relativement au vide, et puisque Aristote lui-même donne à entendre qu'il ne connaissait pas d'assertion positive de notre philosophe sur cette question, on peut conjecturer qu'il n'a point tourné son attention vers ce point, mais qu'il s'est arrêté à l'idée vague des pores par lesquels les substances pénètrent, sans se livrer à un examen plus approfondi des causes qui produisent les différentes affinités des corps.

LES FORCES MOTRICES : L'AMOUR ET LA HAINE. — Les éléments corporels n'expliquent cependant qu'un côté des choses. Tels phénomènes se produiront quand les substances se combineront de telle manière et dans telles conditions ; mais d'où vient qu'elles se combinent? quelle est, en d'au-

---

1. Voy. v. 91 (sup., 683, 2). ARISTOTE (De cælo, IV, 2, 309 a, 19) : ἔνιοι μὲν οὖν τῶν μὴ φασκόντων εἶναι κενὸν οὐδὲν διώρισαν περὶ κούφου καὶ βαρέος οἷον Ἀναξαγόρας καὶ Ἐμπεδοκλῆς. THÉOPHRASTE, De sensu, 13. LUCRÈCE, I, 742 sqq., sans parler des écrivains postérieurs qui reproduisent ce vers, tels que PLUTARQUE, Plac., I, 18.
2. Cf. les passages cités p. 693, 1.
3. Cf. ARISTOTE (De gen. et corr., I, 8, 325 b, 5) : σχεδὸν δὲ καὶ Ἐμπεδοκλεῖ ἀναγκαῖον λέγειν, ὥσπερ καὶ Λεύκιππός φησιν· εἶναι γὰρ ἄττα στερεά, ἀδιαίρετα δέ, εἰ μὴ πάντη πόροι συνεχεῖς εἰσιν. Ibid., 326 b, 6 sqq.
4. ARISTOTE (De cælo, III, 6, 305 a, 1) : εἰ δὲ στήσεταί που ἡ διάλυσις [τῶν σωμάτων], ἤτοι ἄτομον ἔσται τὸ σῶμα ἐν ᾧ ἵσταται, ἢ διαιρετὸν μὲν οὐ μέντοι διαιρεθησόμενον οὐδέποτε, καθάπερ ἔοικεν Ἐμπεδοκλῆς βούλεσθαι λέγειν.

très termes, la cause motrice ? Empédocle ne peut éluder cette question, car son effort principal tend précisément à faire comprendre le mouvement et le changement ; mais, d'un autre côté, il ne peut plus chercher la cause du mouvement, à la façon des hylozoïstes, dans la substance elle-même. En effet, ayant transporté aux éléments le concept de l'être de Parménide, il ne peut les considérer que comme des substances immuables qui ne modifient pas spontanément leur forme, comme le faisait la substance primordiale d'Héraclite et d'Anaximène ; et, s'il est obligé de leur laisser le mouvement dans l'espace, afin de ne pas rendre tout changement des choses impossible, il ne peut cependant placer en elles-mêmes la tendance à se mouvoir et à former des combinaisons qui ne modifient en rien leur essence propre. Il n'a certainement pas enseigné, comme on le prétend, que les éléments étaient doués d'une âme[1].

Il ne reste donc qu'à établir une distinction entre les forces motrices et la substance, et Empédocle est en effet le premier entre les philosophes[2] qui soit entré dans cette voie.

1. ARISTOTE (*De an.*, I, 2, 404 b, 8) dit : ὅσοι δ' ἐπὶ τὸ γινώσκειν καὶ τὸ αἰσθάνεσθαι τῶν ὄντων (ἀπέβλεψαν), οὗτοι δὲ λέγουσι τὴν ψυχὴν τὰς ἀρχάς, οἱ μὲν πλείους ποιοῦντες οἱ δὲ μίαν ταύτην, ὥσπερ 'Ἐμπεδοκλῆς μὲν ἐκ τῶν στοιχείων πάντων, εἶναι δὲ καὶ ἕκαστον ψυχὴν τούτων. Ce qu'il dit ici relativement à Empédocle n'est qu'une conséquence tirée des vers que l'on connaît ; c'est ce que lui-même donne clairement à entendre, quand il ajoute : λέγων οὕτω· « γαίῃ μὲν γὰρ γαῖαν ὀπώπαμεν », etc. Ces vers ne contiennent évidemment pas l'affirmation que les éléments eux-mêmes sont doués d'une âme, ils disent simplement que les éléments deviennent dans l'homme le fondement de l'activité psychique. Sans doute, à y regarder de près, la première proposition est une conséquence de la seconde. Mais nous n'avons pas le droit d'attribuer à Empédocle lui-même cette déduction, et, avec elle, une thèse qui aurait changé tout le caractère de son système et supprimé la nécessité de ses deux causes efficientes. La remarque d'Aristote contre Empédocle (*De gen. et corr.*, II, 6, sub fin.) ne tire pas non plus à conséquence : ἄτοπον δὲ καὶ εἰ ἡ ψυχὴ ἐκ τῶν στοιχείων ἤ ἕν τι αὐτῶν... εἰ μὲν πῦρ ἡ ψυχή, τὰ πάθη ὑπάρξει αὐτῇ ὅσα πυρί ἤ πῦρ· εἰ δὲ μικτόν, τὰ σωματικά. On aurait également tort de vouloir tirer de la citation, p. 694, 1, la preuve que les éléments sont animés. Enfin, si ces derniers sont appelés dieux (ARIST., *De gen. et corr.*, II, 6, 333 b, 21. STOB., *Ecl.*, I, 60, — sup., p. 538. — CIC., *N. D.*, I, 12, sub init.), il n'y a pas lieu de s'arrêter à cette indication, qui repose sans doute sur leurs dénominations mythiques (voy. sup., p. 686, 1). La même observation peut être faite à propos du δαίμων que l'on trouve v. 254 (239, 310 M.).

2. A savoir, si, d'un côté, nous faisons abstraction des personnages mythiques

Mais une seule force motrice ne lui suffit pas ; il se croit obligé de ramener les deux moments du devenir, la combinaison et la séparation, la génération et la mort, à deux forces différentes[1]. En effet, il persiste ici, comme dans la théorie des éléments, à faire dériver les différentes propriétés et les différents états des choses d'un nombre correspondant de substances primordiales différentes, possédant chacune, conformément au concept de l'être de Parménide, la même nature immuable. Dans son exposition il personnifie ces deux forces sous les noms d'*amour* et de *haine*, et, d'autre part, il les traite comme des substances corporelles mêlées aux choses. Ce double point de vue n'est certainement pas chez lui un simple mode d'exposition, mais son idée de la force est encore si confuse, qu'il ne la distingue nettement ni des êtres personnels de la mythologie ni des éléments corporels. D'ailleurs son objet propre est simplement de représenter la cause des changements qui s'effectuent dans les choses : l'amour est ce qui produit le mélange et la combinaison, la haine ce qui produit la séparation des substances[2]. Sans doute, selon la juste observa-

qui figurent dans les anciennes cosmogonies et dans le poème de Parménide, et si, d'un autre côté, nous admettons que le νοῦς d'Anaxagore est postérieur à la doctrine d'Empédocle.

1. ARISTOTE remarque (*Metaph.*, I, 4, 985 a, 29) qu'il a été le premier à professer cette dualité des causes efficientes.

2. V. 78 (105, 79 M.) : πῦρ καὶ ὕδωρ καὶ γαῖα καὶ αἰθέρος ἤπιον ὕψος·
Νεῖκός τ' οὐλόμενον δίχα τῶν, ἀτάλαντον ἑκάστῳ,
καὶ Φιλότης μετὰ τοῖσιν, ἴση μῆκός τε πλάτος τε. (Il est dit ensuite que celle-ci est identique à ce qui unit les hommes dans un sentiment d'amour, et qu'elle s'appelle γηθοσύνη et Ἀφροδίτη. Empédocle lui-même la nomme tantôt φιλότης, tantôt στοργή, tantôt Ἀφροδίτη, tantôt Κύπρις, tantôt ἁρμονίη.) V. 66 sqq., sup., p. 684. V. 102 (130, 126 M) : ἐν δὲ κότῳ διάμορφα καὶ ἄνδιχα πάντα πέλονται, σὺν δ' ἔβη, ἐν φιλότητι καὶ ἀλλήλοισι ποθεῖται. Voy. encore v. 110 sqq. (p. 704, 1). V. 169 (165, 189 M., *inf.*, p. 710, 2). V. 333 (321, 378 M., *inf.*, p. 723, 3). Les indications des autres témoins concordent avec ces vers ; nous citerons seulement les deux plus anciens et les meilleurs ; PLATON (*Soph.*, 242 d, après le passage cité p. 598, 1) : αἱ δὲ μαλακώτεραι (Emp.) τὸ μὲν ἀεὶ ταῦθ' οὕτως ἔχειν ἐχάλασαν, ἐν μέρει δὲ τοτὲ μὲν ἓν εἶναί φασι τὸ πᾶν καὶ φίλον ὑπ' Ἀφροδίτης, τοτὲ δὲ πολλὰ καὶ πολέμιον αὐτὸ αὑτῷ διὰ νεῖκός τι. ARIST. (*De gen. et corr.*, II, 6, 333 b, 11) : τί οὖν τούτων (la régularité des phénomènes de la nature) αἴτιον ; οὐ γὰρ δὴ πῦρ γε ἢ γῆ· ἀλλὰ μὴν οὐδ' ἡ φιλία καὶ τὸ νεῖκος· συγκρίσεως γὰρ μόνον, τὸ δὲ διακρίσεως αἴτιον.

tion d'Aristote[1], ces deux phénomènes ne peuvent être disjoints dans la réalité, car chaque nouvelle combinaison des substances est la cessation d'une combinaison précédente, et chaque séparation est le commencement d'une combinaison nouvelle; mais il est certain qu'Empédocle n'aperçoit pas encore ce fait, et qu'il considère l'amour comme la seule cause de l'union, la haine comme la seule cause de la séparation.

En tant qu'Empédocle considère l'unité des éléments comme l'état le meilleur et le plus parfait[2], Aristote est en droit de dire qu'il érige dans une certaine mesure le bien et le mal en principes[3]; toutefois Aristote avoue

---

Voy. la suite dans la note 2. Comme la φιλία d'Empédocle est un principe unifiant, Aristote la nomme simplement l'Ἕν (*Metaph.*, III, 1, 4, voy. *sup.*, p. 691, au mil.). Le texte *De gen. et corr.*, I, 1, *sub fin.*, ne se rapporte pas à cette question; là le mot Ἕν ne désigne pas la φιλία, mais le Sphérus. Les objections de Karsten contre l'identification de l'Ἕν et de l'οὐσία ἑνοποιός montrent qu'il connaît mal les concepts aristotéliciens. *Metaph.*, XII, 10, 1075 b, 1 : ἀτόπως δὲ καὶ Ἐμπεδοκλῆς· τὴν γὰρ φιλίαν ποιεῖ τὸ ἀγαθόν, αὕτη δ' ἀρχή καὶ ὡς κινοῦσα (συνάγει γάρ) καὶ ὡς ὕλη· μόριον γὰρ τοῦ μίγματος... ἄτοπον δὲ καὶ τὸ ἄφθαρτον εἶναι τὸ νεῖκος. Les assertions des écrivains postérieurs, réunies par Karsten (346 sqq.) et par Sturz (139 sqq.), ne sont que des répétitions et des explications de celles d'Aristote. Thilo (*Gesch. d. Phil.*, I, 45) prétend qu'Aristote (ainsi que Platon et tous les écrivains postérieurs) s'est mépris sur la véritable opinion d'Empédocle; ce philosophe, dit-il, n'a pas considéré l'amour et la haine comme les causes réelles du mélange et de la désagrégation; mais, dans les textes cités, il n'a voulu que donner une description poétique des conditions du mélange et de la désagrégation. C'est là une thèse inadmissible, en présence de l'accord de tous les témoins indépendants les uns des autres et de la précision avec laquelle Empédocle lui-même s'exprime sur cette question.

1. *Metaph.*, I, 4, 985 a, 21 : καὶ Ἐμπεδοκλῆς ἐπὶ πλέον μὲν τούτου (Ἀναξαγόρου) χρῆται τοῖς αἰτίοις, οὐ μὴν οὔθ' ἱκανῶς οὔτ' ἐν τούτοις εὑρίσκει τὸ ὁμολογούμενον· πολλαχοῦ γοῦν αὐτῷ ἡ μὲν φιλία διακρίνει, τὸ δὲ νεῖκος συγκρίνει. ὅταν μὲν γὰρ εἰς τὰ στοιχεῖα διίστηται τὸ πᾶν ὑπὸ τοῦ νείκους, τό τε πῦρ εἰς ἓν συγκρίνεται καὶ τῶν ἄλλων στοιχείων ἕκαστον. ὅταν δὲ πάλιν πάντα ὑπὸ τῆς φιλίας συνίωσιν εἰς τὸ ἕν, ἀναγκαῖον ἐξ ἑκάστου τὰ μόρια διακρίνεσθαι πάλιν. (De même les commentateurs ; voy. Sturz, 219 sqq.). *Ibid.*, III, 4, 1000 a, 24 : καὶ γὰρ ὅπερ οἰηθείη λέγειν ἄν τις μάλιστα ὁμολογουμένως αὑτῷ, Ἐμπεδοκλῆς, καὶ οὗτος ταὐτόν πέπονθεν· τίθησι μὲν γὰρ ἀρχήν τινα αἰτίαν τῆς φθορᾶς τὸ νεῖκος· δόξειε δ' ἂν οὐδὲν ἧττον καὶ τοῦτο γεννᾶν ἔξω τοῦ ἑνός· ἅπαντα γὰρ ἐκ τούτου τἆλλά ἐστι πλὴν ὁ θεός. *Ibid.*, b, 10 : συμβαίνει αὐτῷ τὸ νεῖκος μηθὲν μᾶλλον φθορᾶς ἢ τοῦ εἶναι αἴτιον. ὁμοίως δ' οὐδ' ἡ φιλότης τοῦ εἶναι· συνάγουσα γὰρ εἰς τὸ ἓν φθείρει τἆλλα. Pour de plus amples détails sur la critique de la doctrine d'Empédocle relativement au devenir, voy. *De gen. et corr.*, I, 1; II, 6.

2. Cela résulte clairement : 1° des épithètes ἠπιόφρων (v. 181), οὐλόμενον (v. 79), ὑγρόν (335), μαινόμενον (382) appliquées, la première à l'amour, les autres à la haine ; 2° de tout ce que nous dirons plus loin relativement au Sphérus et à l'origine du monde.

3. *Metaph.*, I, 4, 984 b, 32 : ἐπεὶ δὲ τἀναντία τοῖς ἀγαθοῖς ἐνόντα ἐφαίνετο ἐν

lui-même que c'est là une conséquence qu'Empédocle n'a pas tirée explicitement, et que son intention première est uniquement de montrer, dans l'amour et la haine, les causes motrices des choses[1]. Ce n'est que chez des écrivains postérieurs que l'on trouve cette assertion, contraire aux textes les plus authentiques et à l'ensemble de la doctrine d'Empédocle, que l'opposition entre l'amour et la haine est identique avec la différence substantielle des éléments[2], et qu'il faut entendre par la haine l'élément igné, par l'amour l'élément humide[3]. Quelques auteurs modernes[4] ont voulu, avec plus d'apparence de raison, attribuer de préférence le feu à l'amour, les autres éléments à la haine, sans établir entre eux une complète identification : cette hypothèse est, elle aussi, difficilement admissible[5]. Mais c'est s'écarter davantage encore

τῇ φύσει, καὶ οὐ μόνον τάξις καὶ τὸ καλὸν ἀλλὰ καὶ ἀταξία καὶ τὸ αἰσχρόν,... οὕτως ἄλλος τις φιλίαν εἰσήνεγκε καὶ νεῖκος, ἑκάτερον ἑκατέρων αἴτιον τούτων. εἰ γάρ τις ἀκολουθοίη καὶ λαμβάνοι πρὸς τὴν διάνοιαν καὶ μή, πρὸς ἃ ψελλίζεται λέγων Ἐμπεδοκλῆς, εὑρήσει τὴν μὲν φιλίαν αἰτίαν οὖσαν τῶν ἀγαθῶν, τὸ δὲ νεῖκος τῶν κακῶν· ὥστ' εἰ τις φαίη τρόπον τινὰ καὶ λέγειν καὶ πρῶτον λέγειν τὸ κακὸν καὶ ἀγαθὸν ἀρχὰς Ἐμπεδοκλέα, τάχ' ἂν λέγοι καλῶς, etc. Ibid., XII, 10, voy. sup., 698, 1. Cf. PLUTARQUE, De Iside, 48, p. 370.

1. Voy. note préc. et Metaph., I, 7, 988 b, 6 : τὸ δ' οὗ ἕνεκα αἱ πράξεις καὶ αἱ μεταβολαὶ καὶ αἱ κινήσεις τρόπον μέν τινα λέγουσιν αἴτιον, οὕτω (aussi explicitement et nettement) δὲ οὐ λέγουσιν, οὐδ' ὅνπερ πέφυκεν. οἱ μὲν γὰρ νοῦν λέγοντες ἢ φιλίαν ὡς ἀγαθὸν μέν τι ταύτας τὰς αἰτίας τιθέασιν οὐ μὴν ὡς ἕνεκά γε τούτων ἢ ὃν ἢ γιγνόμενόν τι τῶν ὄντων, ἀλλ' ὡς ἀπὸ τούτων τὰς κινήσεις οὔσας λέγουσιν... ὥστε λέγειν τε καὶ μὴ λέγειν πως· συμβαίνει αὐτοῖς τἀγαθοῦ αἴτιον· οὐ γὰρ ἁπλῶς, ἀλλὰ κατὰ συμβεβηκός λέγουσιν. On trouve ap. STURZ, 232 sqq. des témoignages analogues exprimés par des écrivains postérieurs.

2. SIMPLICIUS (Phys., 43 a, au haut) : Ἐμπ. γοῦν, καίτοι δύο ἐν τοῖς στοιχείοις ἐναντιώσεις ὑποθέμενος, θερμοῦ καὶ ψυχροῦ καὶ ξηροῦ, εἰς μίαν τὰς δύο συνεχορύφωσε τὴν τοῦ νείκους· καὶ τῆς φιλίας, ὥσπερ καὶ ταύτην εἰς μονάδα τὴν τῆς ἀνάγκης.

3. PLUTARQUE (De primo frig., c. 16, 8, p. 952). BRANDIS (Rhein. Mus., III, 129, gr.-röm. Phil., I, 204) n'aurait pas dû traiter cette assertion comme un témoignage historique.

4. TENNEMANN (Gesch. d. Phil., I, 250); RITTER (Wolf's Analekta, II, 429 sq.; cf. Gesch. d. Phil., I, 550). Dans notre première édition (p. 182) nous avions exprimé la même opinion. WENDT, ad Tennemann, I, 286.

5. Les motifs sur lesquels RITTER appuie son opinion sont les suivants : 1° selon Aristote (voy. sup., 688, 2), Empédocle opposait le feu aux trois autres éléments, et paraissait lui assigner la prééminence, car il regardait le sexe mâle comme doué de plus de chaleur, il attribuait le manque d'intelligence au manque de chaleur dans le sang, et il prétendait que la mort et le sommeil sont produits par la disparition du feu (voy. inf.) ; 2° d'après HIPPOLYTE (Refut., I, 3), Empédocle regardait le feu comme l'essence divine des choses ; 3° lui-même dans le

de la pensée d'Empédocle, que de convertir, avec KARSTEN, les six essences fondamentales de ce philosophe en de simples formes[1] phénoménales d'une force primordiale unique conçue dans le sens panthéistique, ou de considérer, avec quelques autres interprètes, l'amour comme le seul fondement de toutes choses et comme le seul être réel, et la haine, au contraire, comme un simple concept, existant uniquement dans l'esprit des êtres mortels[2]. Le trait

---

v. 215 (209, 282 M.) dit que Cypris accorda la suprématie au feu. La dernière assertion (qui se trouve aussi dans BRANDIS, 205) repose sur une méprise; il est dit : χθόνα θοῷ πυρὶ δῶκε κρατῦναι, « elle livra la terre au feu pour la durcir ». Nous réfuterons plus loin l'assertion d'Hippolyte. Enfin, quant au premier motif de Ritter, qui est le principal, nous dirons qu'Empédocle peut avoir considéré le feu comme supérieur aux autres éléments, et l'amour comme supérieur à la haine, sans avoir pour cela fait du feu le substratum par excellence de l'amour. Lui-même met l'amour et la haine, à titre de principes indépendants, à côté des quatre éléments, et son point de vue l'oblige à leur assigner cette place; toute combinaison de substances, même quand le feu n'y coopère pas, est l'œuvre de l'amour, toute séparation, même quand elle est produite par le feu, est l'œuvre de la haine.

1. P. 388 : *Si vero his involucris Empedoclis rationem exuamus, sententia huc fere redit : unam esse vim eamque divinam mundum continentem; hanc per quatuor elementa quasi Dei membra, ut ipse ea appellat, sparsam esse, eamque cerni potissimum in duplici actione, distractione et contractione, quarum hanc conjunctionis, ordinis, omnis denique boni, illam pugnæ, perturbationis omnisque mali principium esse : harum mutua vi et ordinem mundi et mutationes effici, omnesque res tam divinas quam humanas perpetuo generari, ali, variari.* Cf. SIMPL., p. 700, 1.

2. RITTER, *Gesch. d. Phil.*, I, 544, 558. Cette assertion ne s'accorde guère avec ce que nous avons cité plus haut. Elle est réfutée, aussi bien que celle de KARSTEN, par l'ensemble de notre exposition. RITTER (*l. c.*) appuie son opinion : 1° sur l'assertion d'ARISTOTE (*Metaph.*, III, 1) ; 2° sur cette affirmation que la puissance de la haine ne s'étend que sur la partie de l'être qui se détache elle-même du tout par sa propre faute, et ne dure pas plus longtemps que cette faute elle-même. Nous avons déjà réfuté le premier de ces motifs, p. 691, 1 ; quant au second, il repose sur une liaison inadmissible établie entre deux doctrines qu'Empédocle lui-même n'a pas rattachées l'une à l'autre. Lui-même attribue la désagrégation du Sphérus par la haine, non pas à la faute des êtres individuels, mais à une nécessité universelle (voy. *inf.*). Il ne peut pas ramener cette désagrégation à la faute des êtres individuels; car, avant que la haine n'ait dissous le mélange primordial des éléments, il n'existe pas d'êtres individuels susceptibles de pécher. Il est de même inexact de dire qu'à la fin la haine périt réellement et n'est plus autre chose que la limite du tout. Alors même qu'elle est exclue du Sphérus, elle n'en continue pas moins d'exister; seulement, aussi longtemps que dure l'état de repos, elle ne peut exercer aucune action, parce qu'elle a cessé d'être en rapport avec les autres éléments. (Pendant cette époque, la haine est réduite, selon l'opinion d'Empédocle, au même état que le diable, dans la dogmatique chrétienne, après le jugement dernier ; il existe, mais il ne peut agir.) Plus tard, la haine reprend sa force et devient capable de détruire l'unité du Sphérus, comme elle l'a détruite au commencement du développement du monde : ce qu'elle n'au-

caractéristique de la doctrine d'Empédocle est précisément son impuissance à ramener les différentes forces et substances fondamentales à un seul être primordial[1]. Les raisons de ce phénomène historique ont déjà été indiquées, et ressortiront dans la suite plus nettement encore.

LES LOIS DE LA NATURE ET LE HASARD. — Ces hypothèses 702 sont, à coup sûr, très insuffisantes. La combinaison et la séparation des substances ne pourront donner naissance à un monde déterminé, se formant et se modifiant avec une régularité immuable, que si cette transformation des substances a lieu d'après des lois déterminées, dirigées précisément vers une telle fin[2]. Empédocle, toutefois, a si peu travaillé à combler cette lacune, que nous sommes obligés d'admettre qu'il ne l'a même pas aperçue. Sans doute il appelle *harmonie*[3] la force unifiante, mais cela ne veut pas dire[4] que le mélange ait lieu d'après des quantités déterminées, cela indique seulement d'une façon générale qu'elles sont unies par l'amour. Il mentionne pour quelques objets la proportion des substances qui entrent dans leur composition[5], et ARISTOTE[6] trouve dans ce fait

rait pu faire si, selon Empédocle, elle n'était rien de réel. Cf. aussi BRANDIS (*Rhein. Mus. von Niebuhr und Brandis*, III, 125 sqq.).

1. C'est précisément la dualité des forces motrices du monde qu'ARISTOTE désigne comme la propre doctrine d'Empédocle (*Metaph.*, I, 4; voy. *sup.*, 699, 2; 697, 2; *ibid.*, p. 984 a, 29).
2. Comme ARISTOTE le démontre *De gen. et corr.*, II, 6 (voy. *sup.*, 698, au mil.).
3. V. 202, 137, 394 (214, 59, 25; *ap.* Mull. : 214, 175, 23).
4. Comme le prétend PORPHYRE, raisonnant évidemment sur le v. 202 (*ap.* SIMPL., *Categ. Schol. in* ARIST., 59 b, 45) : Ἐμπεδοκλῆ... ἀπὸ τῆς ἐναρμονίου τῶν στοιχείων μίξεως τὰς ποιότητας ἀναφαίνοντι.
5. V. 198 (211) sur la formation des os :

ἡ δὲ χθὼν ἐπίηρος ἐν εὐστέρνοις χοάνοισι
δοιὼ τῶν ὀκτὼ μερέων λάχε Νήστιδος αἴγλης,
τέσσαρα δ' Ἡφαίστοιο· τὰ δ' ὀστέα λευκὰ γένοντο
ἁρμονίης κόλλῃσιν ἀρηρότα θεσπεσίηθεν.

V. 203 (215) : ἡ δὲ χθὼν τούτοισιν ἴση συνέκυρσε μιγεῖσα
Ἡφαίστῳ τ' ὄμβρῳ τε καὶ αἰθέρι παμφανόωντι,
Κύπριδος ὁρμισθεῖσα τελείοις ἐν λιμένεσσιν,
εἴτ' ὀλίγον μείζων εἴτε πλέον ἐστὶν ἐλάσσων.
ἐκ τῶν αἷμά τε γέντο καὶ ἄλλης εἴδεα σαρκός.

6. *Part. anim.*, I, 1, 624 a, 17 : ἐνιαχοῦ δέ που αὐτῇ [τῇ φύσει] καὶ Ἐμπε-

l'indication de la doctrine qui fait consister l'essence des choses dans leur forme. Mais Aristote reconnaît lui-même qu'Empédocle n'a pas formulé cette pensée d'une manière explicite et qu'elle n'apparaît chez lui que comme un aveu involontaire. Les textes mêmes cités par Aristote démontrent qu'Empédocle n'a pas entendu établir par là un principe général; car, aux différents endroits où Aristote traite cette question, il n'invoque jamais que les vers relatifs à la formation des os; il n'a pu trouver chez Empédocle aucune trace d'une loi générale semblable à celle qu'a établie Héraclite dans ses propositions sur la raison universelle et sur la gradation des transformations élémentaires. En fait, Empédocle ramène un grand nombre de phénomènes à un mouvement des éléments sur lequel il ne s'explique pas et qui, dès lors, apparaît comme fortuit[1]. Il n'enseigne

---

δοχλῆς περιπίπτει, ἀγόμενος ὑπ' αὐτῆς τῆς ἀληθείας, καὶ τὴν οὐσίαν καὶ τὴν φύσιν ἀναγκάζεται φάναι τὸν λόγον εἶναι, οἶον ὀστοῦν ἀποδιδοὺς τί ἐστιν· οὔτε γάρ ἕν τι τῶν στοιχείων λέγει αὐτὸ οὔτε δύο ἢ τρία οὔτε πάντα, ἀλλὰ λόγον τῆς μίξεως αὐτῶν. *De an.*, I, 4, 408 a, 19 : ἕκαστον γὰρ αὐτῶν [τῶν μελῶν] λόγῳ τινί φησιν εἶναι (ὁ Ἐμπ.). *Metaph.*, I, 10 : les anciens ont, à la vérité, introduit les diverses espèces de causes, mais imparfaitement et sans clarté. ψελλιζομένη γὰρ ἔοικεν ἡ πρώτη φιλοσοφία περὶ πάντων, ἄτε νέα τε καὶ κατ' ἀρχὰς οὖσα τὸ πρῶτον, ἐπεὶ καὶ Ἐμπεδοκλῆς· ὀστοῦν τῷ λόγῳ φησὶν εἶναι, τοῦτο δ' ἐστὶ τὸ τί ἦν εἶναι καὶ ἡ οὐσία τοῦ πράγματος.

1. Aristote (*De gen. et corr.*, 6, à la suite de la citation donnée p. 698, 1) : τοῦτο δ' ἐστὶν ἡ οὐσία ἡ ἑκάστου, ἀλλ' οὐ μόνον « μίξις τε διάλλαξίς τε μιγέντων », ὥσπερ ἐκεῖνος φησιν. τύχῃ δ' ἐπὶ τούτων ὀνομάζεται (cf. *Emp.*, v. 39, *sup.*, p. 683, 3) ἀλλ' οὐ λόγος· ἔστι γὰρ μιχθῆναι ὡς ἔτυχεν. *Ibid.*, p. 334 a, 1 (Philopon, *ad h. l.*, 59 b, au haut, n'ajoute rien de nouveau) : διέκρινε μὲν γὰρ τὸ νεῖκος, ἠνέχθη δ' ἄνω ὁ αἰθὴρ οὐχ ὑπὸ τοῦ νείκους, ἀλλ' ὁτὲ μέν φησιν ὥσπερ ἀπὸ τύχης, « οὕτω γὰρ συνέκυρσε θέων τότε, ἄλλοθι δ' ἄλλως », ὁτὲ δὲ φησι πεφυκέναι τὸ πῦρ ἄνω φέρεσθαι (cf. *De an.*, II, 4, 415 b, 28 : Empédocle dit que les plantes croissent κάτω μὲν... διὰ τὸ τὴν γῆν οὕτω φέρεσθαι κατὰ φύσιν, ἄνω δὲ διὰ τὸ πῦρ ὡσαύτως.) ὁ δ' αἰθήρ, φησι, « μακρῇσι κατὰ χθόνα δύετο ῥίζαις ». (Les deux vers sont les v. 166 sqq., St.; 203 sq., K.; 259 sq., M.) *Phys.*, II, 4, 196 a, 19 : Empédocle dit : οὐκ ἀεὶ τὸν ἀέρα ἀνωτάτω ἀποκρίνεσθαι, ἀλλ' ὅπως ἂν τύχῃ — et, pour le prouver, on cite également le texte : οὕτω συνέκυρσε, etc. *Phys.*, VIII, 1, 252 a, 5 (contre Platon) : καὶ γὰρ ἔοικε τὸ οὕτω λέγειν πλάσματι μᾶλλον. ὁμοίως δὲ καὶ τὸ λέγειν ὅτι πέφυκεν οὕτως καὶ ταύτην δεῖ νομίζειν εἶναι ἀρχήν, ὅπερ ἔοικεν Ἐμπεδοκλῆς ἂν εἰπεῖν, ὡς τὸ κρατεῖν καὶ κινεῖν ἐν μέρει τὴν φιλίαν καὶ τὸ νεῖκος ὑπάρχει τοῖς πράγμασιν ἐξ ἀνάγκης, ἠρεμεῖν δὲ τὸν μεταξὺ χρόνον. Id. l., 19 sqq. Cf. aussi Platon (*De legibus*, X, 889). Ce que Ritter dit (*Wolf's Analekta*, II, 4, 438 sq.) ne suffit pas pour défendre Empédocle contre la critique d'Aristote.

pas encore la régularité universelle des phénomènes de la nature[1].

§ 2. LE MONDE ET SES PARTIES.

Phases du monde. — Les quatre éléments sont incréés et impérissables. Les forces motrices sont également éternelles. Mais leurs rapports changent constamment ; l'ensemble du monde est donc soumis au changement, et notre monde actuel a un commencement et une fin. L'amour et la haine sont également primordiaux et également puissants, mais ils ne se maintiennent pas dans un équi-

[1]. Il ne faut pas attacher grande importance à ce fait, qu'Empédocle désigne (v. 369) la transmigration des âmes comme un arrêt de la Nécessité et un décret primordial des dieux, non plus qu'à cet autre fait, qu'il présente v. 139 (66 ; 177 M.) sqq. les périodes alternantes de l'amour et de la haine comme déterminées par un serment ou un contrat inviolable (πλατὺς ὅρκος). Sans doute, ces vers impliquent l'idée que cette transmigration et ces alternances suivent un ordre invariable, mais cet ordre apparaît encore comme un statut positif inexpliqué ; et, à ce titre, il n'est affirmé qu'à l'égard de ces deux cas particuliers, et non sous la forme d'une loi universelle du monde, comme dans Héraclite. On trouve encore sur ce point d'autres textes. Ainsi Cicéron (De fato, c. 17, sub init.) prétend qu'Empédocle enseigne avec d'autres : omnia ita fato fieri, ut id fatum vim necessitatis afferret ; Simplicius (Phys., 106 a, au bas) compte parmi les causes efficientes admises par Empédocle l'ἀνάγκη, à côté de l'amour et de la haine ; Stobée (Ecl., I, 60, voy. sup., p. 538), d'après la leçon et l'interprétation les plus vraisemblables, rapporte qu'Empédocle considérait l'Ananké comme la cause primordiale unique, se décomposant, au point de vue matériel, dans les quatre éléments, et au point de vue de la forme, en amour et en haine ; le même auteur (I, 160, Plut., Plac., I, 26) définit en conséquence l'ἀνάγκη d'Empédocle l'être qui se sert des éléments matériels et des causes motrices ; Plutarque (De an. procr., 27, 2, p. 1026) voit dans l'amour et la haine ce qui ailleurs est nommé la destinée ; Simplicius (voy. sup., p. 700, 1) affirme d'une façon plus précise qu'Empédocle avait réduit toutes les oppositions des éléments à celle de l'amour et de la haine, et ramené cette dernière à l'ἀνάγκη ; enfin Themistius (Phys., 27 b et p. 191 sp.) compte Empédocle parmi ceux qui ont identifié l'ἀνάγκη avec la matière. Mais toutes ces interprétations émanent d'écrivains postérieurs qui ne nous apprennent nullement ce qu'Empédocle a réellement enseigné ; et Ritter (Gesch. d. Phil., I, 544) a eu tort d'ajouter foi à leur témoignage. Toutes ces indications ne reposent certainement que sur le v. 369 sqq., et sur l'analogie de cette proposition avec certaines doctrines stoïciennes, platoniciennes et pythagoriciennes ; mais surtout elles viennent du désir de trouver dans Empédocle un principe unique. Il est possible qu'elles soient fondées sur le texte d'Aristote (Phys., VIII, 1) que nous venons de citer. Mais il est évident que ce texte ne se rapporte également qu'aux v. 139 sqq. d'Empédocle (voy. inf.). Le langage circonspect d'Aristote montre qu'il n'avait pas sous les yeux une déclaration plus précise.

libre constant. Chacun d'eux domine à son tour [1]. Les éléments sont tantôt réunis par l'amour, tantôt séparés violemment par la haine [2]. Tantôt le monde forme une unité, tantôt il est résolu en une multiplicité et en contraires [3]. D'après Empédocle, ces deux processus se continuent jusqu'à ce qu'ils aient amené, d'un côté l'union complète, de l'autre la séparation complète des éléments. Telle est la durée assignée à la vie de la nature. Pendant ce temps les êtres individuels naissent et périssent; mais dès que la limite est atteinte, tout mouvement s'arrête, les éléments cessent de se combiner et de se séparer, parce qu'ils sont séparés d'une façon absolue, et cet état subsistera jusqu'à ce qu'il soit interrompu par une nouvelle impulsion donnée dans une direction opposée. La vie du monde est donc un circulus : unité absolue des substances, puis séparation graduelle, puis séparation absolue, puis enfin retour à l'unité: telles sont les quatre

---

1. V. 110 (138, 145 M.) : καὶ γὰρ καὶ πάρος ἦν τε καὶ ἔσσεται, οὐδέ ποτ', οἴω,
τούτων ἀμφοτέρων κενώσεται ἄσπετος αἰών.
ἐν δὲ μέρει κρατέουσι περιπλομένοιο κύκλοιο,
καὶ φθίνει εἰς ἄλληλα καὶ αὔξεται ἐν μέρει αἴσης. Le sujet est l'amour et la haine, comme on le voit par le mot ἀμφοτέρων (cf. v. 89 sq., sup., p. 686, 1, sub fin.).

2. V. 61 sqq. (voy. p. 684, au mil.). Autrefois (I, A, p. 176) je pensais avec KARSTEN (p. 196 sq.) que ces vers se rapportaient aux êtres individuels, mais maintenant je les rapporte (voy. p. 684), avec PLATON (Soph., 242 d, sq.), ARISTOTE (Phys., VIII, 1, 250 b, 26) et ses commentateurs (voy. KARSTEN, 197; 366 sq.), aux phases de l'univers. (V. 69 sqq. p. 684, 685, 2).

V. 114 (140, 149 M.) : αὐτὰ γὰρ ἔστιν ταῦτα (les éléments), δι' ἀλλήλων δὲ θέοντα
γίγνοντ' ἄνθρωποί τε καὶ ἄλλων ἔθνεα θνητῶν,
ἄλλοτε μὲν φιλότητι συνερχόμεν' εἰς ἕνα κόσμον,
ἄλλοτε δ' αὖ δίχ' ἕκαστα φορεύμενα νείκεος ἔχθει,
εἰσόκεν ἂν συμφύντα τὸ πᾶν ὑπένερθε γένηται. (Le texte et l'interprétation sont ici peu sûrs; on pourrait proposer διαφύντα ou διαρύντ' ἐπὶ πᾶν, mais ce ne serait encore qu'une amélioration partielle. Mullach traduit, sans rien changer au texte : donec quæ concreta fuerunt penitus succubuerint; mais je ne crois pas qu'Empédocle ait exprimé cette idée d'une façon si contournée).

3. PLATON (l. c. sup., p. 698, 1). ARISTOTE (l. c.) : Ἐμπεδοκλῆ; ἐν μέρει κινεῖσθαι καὶ πάλιν ἠρεμεῖν (sc. τὰ ὄντα), κινεῖσθαι μὲν, ὅταν ἡ φιλία ἐκ πολλῶν ποιῇ τὸ ἓν ἢ τὸ νεῖκος πολλὰ ἐξ ἑνός, ἠρεμεῖν δ' ἐν τοῖς μεταξὺ χρόνοις, λέγων οὕτως (v. 69—73). Ibid., p. 252 a, 5 (sup., 703, 1). Ibid., I, 4, 187 a, 24 : ὥσπερ Ἐμπεδοκλῆς καὶ Ἀναξαγόρας· ἐκ τοῦ μίγματος γὰρ καὶ οὗτοι ἐκκρίνουσι τἄλλα. διαφέρουσι δ' ἀλλήλων τῷ τὸν μὲν περίοδον ποιεῖν τούτων τὸν δ' ἅπαξ. De cælo, I, 10, voy. sup., p. 629, 1. Voy. des textes de témoins plus récents, ap. STURZ, p. 256 sqq.

phases qu'elle parcourt dans une répétition sans fin. Dans la seconde et la quatrième de ces phases nous trouvons l'existence individuelle d'êtres composés. Ici seulement une nature est possible. Dans la première phase, au contraire, laquelle ne comporte aucune séparation, et dans la troisième, laquelle ne laisse place à aucune union des substances élémentaires, l'existence individuelle est impossible. Les périodes du mouvement et de la nature vivante alternent donc avec celles où il n'y a ni mouvement[1] ni nature. Mais nous n'avons aucune donnée certaine[2] sur la durée de ces périodes, et nous ne savons même pas si Empédocle a fixé cette durée d'une manière précise.

Le sphérus. — Dans le mélange de toutes les substances, par la description duquel débutait la cosmogonie d'Empédocle[3], aucun des quatre éléments n'apparaissait

1. Voy. Aristote (*Phys.*, VIII, 1). Son indication est confirmée par les vers 60 sqq. si l'on accepte le sens que nous leur avons donné, p. 684, ainsi que par Themistius (*Phys.*, 18 a, au bas, 58 a, au mil., 124, 409, Sp.) et par Simplicius (*Phys.*, 258 b, au haut, 272 b, au mil.). La logique semble également exiger qu'Empédocle admette d'un côté une séparation complète, comme de l'autre il admettait un mélange complet. Eudème a donc tort de rapporter uniquement à l'union des éléments dans le sphérus la phase du repos dont il est parlé *Phys.*, VIII, 1 (Simpl., 272 b, au mil. : Εὔδημος δὲ τὴν ἀκινησίαν ἐν τῇ τῆς φιλίας ἐπικρατείᾳ κατὰ τὸν σφαῖρον ἐκδέχεται, ἐπειδὰν ἅπαντα συγκριθῇ, — la conjecture de Brandis, I, 207, d'après laquelle il faut lire Ἐμπεδοκλῆς au lieu d'Εὔδ., est inadmissible). Empédocle lui-même peut avoir donné lieu à cette interprétation d'Eudème, en ne décrivant que le sphérus d'une manière précise, et en passant légèrement sur l'état opposé de la séparation absolue. — Ritter (I, 551) doute qu'Empédocle ait exprimé le fond de sa pensée dans l'exposition des phases alternantes du monde; mais ni les propres assertions de ce philosophe ni les témoignages d'autres auteurs n'autorisent un pareil doute.
2. Le seul renseignement que nous possédions à cet égard nous est fourni par les vers 369 sqq. Il y est dit que les démons coupables errent dans le monde pendant 30 000 ὧραι. Mais on peut se demander s'il est permis d'en conclure que telle est la durée des périodes du monde, car les démons doivent avoir déjà vécu avant le commencement de leurs pérégrinations et ils continueront de vivre après; en outre, le lien qui existe entre cette doctrine et la physique d'Empédocle n'est pas très étroit. Quant aux τρὶς μυρίαι ὧραι, selon Mullach (*Emp. Proœm.*, 13 sqq., fragm. I, XIX, sqq.), elles désignent 30 000 années; selon Dackhuizen van den Brink (*Var. Lect.*, 31 sqq.) et Krische (*Ueber Platon's Phædrus*, p. 66), elles indiquent 30 000 saisons, c'est-à-dire 10 000 années. Il est assez indifférent d'adopter l'une ou l'autre de ces explications ; la dernière est confirmée par la signification ordinaire du mot ὧραι et par l'analogie de la théorie platonicienne. (Voy. II° l'art., a, 684, 694 sq., 3° éd.)
3. Cf. p. 709 sq.

comme distinct ; ce mélange est de plus représenté comme sphérique et immobile[1] ; et comme l'union parfaite exclut toute influence du principe de séparation, Empédocle dit que la haine n'y est pas comprise[2]. A cause de cette forme ronde, il nomme lui-même le monde à cet état de mélange *sphérus*, et les écrivains postérieurs reproduisent d'ordinaire cette dénomination. ARISTOTE dit : μίγμα[3] et ἕν[4]. Le monde est également appelé *divinité*[5], sans que ce terme signifie un être personnel ; car Empédocle applique le même terme aux éléments, et Platon s'en sert en parlant du monde visible[6]. Les interprétations des écrivains

---

1. V. 134 sqq. (64, 72 sq., 59 sq., K. 170 sqq., M.) : σφαῖρον ἔην.
ἔνθ' οὔτ' ἠελίοιο δεδίσκεται (= δείκνυται) ἀγλαὸν εἶδος
οὐδὲ μὲν οὐδ' αἴης λάσιον μένος οὐδὲ θάλασσα.
οὕτως ἁρμονίης πυκινῷ κύτει (sic Stein; K. : χρύφω, SIMPL., *Phys.*, 272 b,
[au mil. : χρύφα) ἐστήρικται,]
σφαῖρος κυκλοτερὴς μονίῃ περιηγέϊ (du repos qui se répand dans le cercle)
[γαίων.]
Aristote et Eudème (*l. c.*) disent également que le sphérus est en repos ; PHILOPON (*Gen. et corr.*, 5 a, au mil.), se référant aux vers transcrits ci-dessus, le nomme ἀποιος.
2. V. 175 (171, 162, M.) : τῶν δὲ συνερχομένων ἐξ ἔσχατον ἵστατο Νεῖκος.
Il est vrai que ce vers ne se rapporte pas tout d'abord à l'état d'unité complète, mais à celui où l'unité commence ; néanmoins, on a parfaitement le droit de l'appliquer également à l'état d'unité complète : si l'unification commence quand la haine commence à être refoulée, la haine doit être complétement absente dans l'état d'unité complète. ARISTOTE (*Metaph.*, III, 3, voy. *sup.*, 693, 2) a donc raison de s'appuyer sur le vers en question pour prouver que la haine est présente partout, excepté dans le sphérus : ἅπαντα γὰρ ἐκ τούτου τἄλλα ἐστι πλὴν ὁ θεός· λέγει γοῦν (v. 104 sqq., *sup.*, p. 689, 4)... καὶ χωρὶς δὲ τούτων δῆλον· εἰ γὰρ μὴ ἦν τὸ νεῖκος, ἐν τοῖς πράγμασιν, ἓν ἂν ἦν ἅπαντα, ὥς φησιν ὅταν γὰρ συνέλθῃ, τότε δ' — ἔσχατον ἵστατο νεῖκος·» διὸ καὶ, continue Aristote, συμβαίνει αὐτῷ τὸν εὐδαιμονέστατον θεὸν ἧττον φρόνιμον εἶναι τῶν ἄλλων· οὐ γὰρ γνωρίζει τὰ στοιχεῖα πάντα· τὸ γὰρ νεῖκος οὐκ ἔχει, ἡ δὲ γνῶσις τοῦ ὁμοίου τῷ ὁμοίῳ. Cf. XIV, 5, 1092 b, 6, *De gen. et corr.*, I, 1 (*sup.*, p. 691, 1), sans compter les témoignages postérieurs. L'assertion de SIMPLICIUS (*De cælo*, 236 b, 22. *Schol. in Arist.*, 507 a, 2, cf. *Phys.*, 7 b, au mil.), d'après laquelle la haine fait aussi partie du sphérus, repose sur une fausse interprétation. Cf. aussi RITTER (*Gesch. d. Phil.*, I, 546) ; BRANDIS soutient une opinion différente (*Rhein. Mus.*, III, 131).
3. *Metaph.*, XII, 2, 1069 b, 21, c. 10 ; 1075 b, 4 ; XIV, 5, 1092 b, 6 ; *Phys.*, I, 4, 187 a, 22.
4. *Metaph.*, I, 4, 985 a, 27 ; III, 4, 1000 a, 28 b, 11 ; *De gen. et corr.*, I, 1, 315 a, b, 20 ; *Phys.*, I, 4, sub init.
5. Voy. note 1, et Emp., v. 142 (70, 180 M.) :
πάντα γὰρ ἑξείης πελεμίζετο γυῖα θεοῖο.
6. GLADISCH (*Emp. u. d. Aeg.*, 33, cf. *Anaxag. u. d. Isr.*, XXII) émet donc une opinion singulière quand il dit : « Empédocle n'aurait pas pu appeler un simple mélange des quatre éléments *la divinité*. » A son sens, le monde entier n'est qu'un mélange des éléments, es âmes humaines et les dieux ne sont pas autre

postérieurs qui veulent voir, dans le sphérus, tantôt la matière informe [1], tantôt la cause agissante [2], tantôt le feu primitif des Stoïciens [3], tantôt le monde intelligible de Platon [4], sont des méprises que nous croyons inutile de réfuter.

De même nous rejetons l'opinion d'après laquelle le sphérus n'aurait qu'une existence idéale et ne serait qu'une expression figurée pour désigner l'unité et l'harmonie qui est au fond du changement apparent [5], car les assertions précises de Platon et d'Aristote et les propres déclarations d'Empédocle sont tout à fait contraires à cette hypothèse [6] ; en outre, une telle distinction entre l'être idéal des choses et leur apparence dépasse, d'une manière générale, le point de vue de la physique antésocratique.

709

chose. — D'ailleurs, Empédocle n'a pas nommé le sphérus « *la divinité* », il l'a seulement nommé « divinité » ; nous montrerons plus tard que les vers célèbres sur la spiritualité de Dieu ne s'appliquent pas au sphérus. Aristote appelle le sphérus ὁ θεός, mais cela n'implique pas qu'Empédocle lui ait également appliqué ce nom.

1. Philopon, *De gen. et corr.*, p. 5 a, au mil. Ici il ne fait, à proprement parler, que développer les conséquences par lesquelles Aristote (*De gen. et corr.*, I, 1, 315 a) avait déjà réfuté Empédocle. Dans la *Phys.*, II, 13, au bas (ap. Karsten, 323 ; Sturz, 374 sq.), il reconnaît que les substances sont réellement mélangées dans le sphérus. Par une déduction analogue, Aristote (*Metaph.*, XII, 6, 1072 a, 4) et après lui Alexandre (*ad h. l.*) ont conclu de la théorie des forces agissantes que, dans l'opinion d'Empédocle, le réel est antérieur au possible.

2. Thémistius (*Phys.*, 18 a, au bas, 124, Sp.) a émis cette assertion en croyant, mais à tort, se conformer à l'éclaircissement donné par Simplicius (*Phys.*, 33 a, au mil.).

3. Hippolyte, *Refut.*, VII, 29, voy. sup., 689, 2. Cette assertion, qui trahit une connaissance inexacte de la doctrine d'Empédocle, et à laquelle Brandis (I, 295) attache une trop grande valeur, ne peut être considérée comme un témoignage historique. Elle est uniquement fondée sur l'affinité qui existe entre la doctrine d'Héraclite et celle d'Empédocle relativement aux phases du monde. Cette affinité a induit Clément (*Strom.*, V, 599 b) à attribuer à Empédocle l'embrasement du monde.

4. Les Néo-platoniciens, dont Karsten (p. 369 sqq., et aussi 326) expose longuement les opinions ; cf. p. 709, 2. Mais lorsque les *Theol. Arithm.* disent (p. 8 sq.) : Empédocle, Parménide, etc., ont enseigné, à l'exemple des Pythagoriciens : τὴν μοναδικὴν φύσιν Ἑστίας τρόπον ἐν μέσῳ ἱδρύσθαι καὶ διὰ τὸ ἰσόρροπον φυλάσσειν τὴν αὐτὴν ἕδραν, cette assertion semble se rapporter, non pas au sphérus, mais à l'amour, qui se trouve au centre du cercle dans lequel la substance du monde fait son évolution (v. 172 ; voy. inf., p. 710, 2).

5. Steinhart, *l. c.*, p. 91 sqq. ; Fries, I, 188.

6. Cf. p. 710, 1 sq.

FORMATION DU MONDE. — Mais un monde n'a pu naître[1] que lorsque les éléments se sont séparés, ou, pour parler le langage de notre philosophe, lorsque le sphérus a été divisé par la haine[2]. Empédocle expose donc les choses de la manière suivante. Avec le temps, la haine s'est développée dans le sphérus et a séparé les éléments[3]; la séparation

1. Un κόσμος, distinct du sphérus. D'après SIMPLICIUS, Empédocle lui-même avait nettement établi cette distinction (cf. *De cælo*, 139 b, 16, *Schol. in Ar.*, 489 b, 22) : Ἐμπ. διάφορα τῶν παρ' αὐτῷ κόσμων τὰ εἴδη (voy. p. 108, 5) ἔλεγεν, ὡς καὶ ὀνόμασι χρῆσθαι διαφόροις, τὸν μὲν σφαῖρον τὸν δὲ κόσμον κυρίως καλῶν.

2. C'est pourquoi PLATON (voy. *sup.*, p. 698, 1) fait dériver de la haine la pluralité des choses ; et, pour la même raison, Aristote désigne la période actuelle du monde comme celle où la haine domine (*De gen. et corr.*, II, 6, 334 a, 5) : ἅμα δὲ καὶ τὸν κόσμον ὁμοίως ἔχειν φησὶν ἐπὶ τε τοῦ νείκους νῦν καὶ πρότερον ἐπὶ τῆς φιλίας. *De cælo*, III, 2, 301 a, 14, il est dit : Si l'on veut représenter la naissance du monde, on ne peut commencer que par l'état qui a précédé la disjonction et la séparation des substances, c'est-à-dire l'état actuel du monde, ἐκ διεστώτων δὲ καὶ κινουμένων οὐκ εὔλογον εἶναι τὴν γένεσιν (parce que, dans ce cas, il faudrait admettre, selon l'observation faite p. 300 b, 19, un monde avant le monde). διὸ καὶ Ἐμπεδοκλῆς παραλείπει τὴν ἐπὶ τῆς φιλότητος (sc. γένεσιν)· οὐ γὰρ ἂν ἠδύνατο συστῆσαι τὸν οὐρανὸν, ἐκ κεχωρισμένων μὲν κατασκευάζων σύγκρισιν δὲ ποιῶν διὰ τὴν φιλότητα· ἐκ διακεκριμένων γὰρ συνέστηκεν ὁ κόσμος τῶν στοιχείων, ὥστ' ἀναγκαῖον γίνεσθαι ἐξ ἑνὸς καὶ συγκεκριμένου. Conformément à ces assertions, ALEXANDRE (SIMPL., *De cælo*, 236 b, 9, 20, *Schol. in Arist.*, 507 a, 1) considère la haine comme l'auteur immédiat du monde, ou du moins du monde actuel. *Ap.* PHILOPON (*De gen. et corr.*, 59 b, au mil.) il fait, à propos du texte : ARISTOTE, *De gen. et corr.*, II, 6, voy. *sup.*, l'observation suivante : Si par κόσμος on entend simplement l'état dans lequel les éléments sont séparés par la haine ou rapprochés par l'amour, la haine et l'amour sont les seules forces motrices ; mais si l'on entend par κόσμος le corps qui forme la base du sphérus aussi bien que du monde actuel, il faut lui attribuer un mouvement propre. ἢ ὁμοίως, φησί, κόσμος καὶ ταὐτόν ἐστι καὶ κινεῖται ἐπί τε τοῦ νείκους νῦν καὶ ἐπὶ τῆς φιλίας πρότερον· ἐν δὲ τοῖς μεταξὺ διαλείμμασι τῶν ὑπ' ἐκείνων γινομένων κινήσεων, κρότερόν τε ὅτε ἐκ τοῦ νείκους ἐπεκράτησεν ἡ φιλία, καὶ νῦν ὅτε ἐκ τῆς φιλίας τὸ νεῖκος, κόσμος ἐστίν, ἄλλην τινὰ κινούμενος κίνησιν καὶ οὐχ ἃς ἡ φιλία καὶ τὸ νεῖκος κινοῦσιν. La même interprétation se rencontre déjà auparavant; car HERMIAS, qui n'est ici qu'un écho, met les paroles suivantes dans la bouche d'Empédocle (*Irris.*, c. 4) : τὸ νεῖκος ποιεῖ πάντα. D'après SIMPLICIUS (*Phys.*, 7 b, au mil.), les derniers Néo-platoniciens admettaient même généralement que le sphérus était le produit de l'amour, et le monde actuel le produit de la haine. SIMPLICIUS est encore plus précis dans le *De cælo, l. c.*, (cf. *ibid.*, 263 b, 7, *Schol.*, 512 b, 14) : μήποτε δὲ, κἂν ἐπικρατῇ ἐν τούτῳ τὸ νεῖκος ὥσπερ ἐν τῷ σφαίρῳ ἡ φιλία, ἀλλ' ἄμφω ὑπ' ἀμφοῖν λέγονται γίνεσθαι; seulement, au point de vue du sphérus, cette dernière assertion est inexacte. Il n'y a pas lieu d'attacher une grande importance à ce fait, que THÉODORE PRODR. (*De amic.*, V. 52) appelle la haine la créatrice du monde terrestre (par opposition au sphérus).

3. V. 139 (66, 177, M.) : αὐτὰρ ἐπεὶ μέγα Νεῖκος ἐνὶ μελέεσσιν ἐθρέφθη
ἐς τιμάς τ' ἀνόρουσε τελειομένοιο χρόνοιο,
ὅς σφιν ἀμοιβαῖος πλατέος πάρ' ἐλήλαται (al.—το) ὅρκου.

(πάρ' ἐλ., au lieu de παρελήλαται, me paraît encore nécessaire, malgré l'opinion contraire de Mullach). V. 142 (*sup.*, 707, 4). PLUTARQUE (*De facie lun.*, 12,

FORMATION DU MONDE. 229

une fois achevée, l'amour est venu se placer entre les masses séparées : il a d'abord produit en un point un mouvement tourbillonnant en vertu duquel une partie des substances a été mélangée, et la haine (ce qui n'est qu'une autre expression pour dire la même chose) a été exclue du cercle ainsi formé. Comme ce mouvement s'étendait toujours davantage et que la haine était repoussée toujours plus loin, les substances encore séparées ont été attirées vers le mélange, et de cette combinaison est né le monde actuel avec les êtres mortels[1]. Mais, de même que ce monde a commencé, de même il finira un jour, lorsque 711 tout sera revenu à l'état primitif du sphérus par le progrès de l'unification[2]. Quant à l'interprétation suivant laquelle la fin du monde doit être amenée par un embrasement[3], elle provient certainement d'une confusion entre la doctrine d'Empédocle et celle d'Héraclite[4].

5 sq., p. 926) a pu employer certaines expressions venant d'Empédocle dans le passage : χωρὶς τὸ βαρὺ πᾶν καὶ χωρὶς τὸ κοῦφον.

1. C'est dans ce sens qu'il faut comprendre les vers suivants :

171 (167, 191, M.) : ἐπεὶ Νεῖκος μὲν ἐνέρτατον ἵκετο βένθος
δίνης, ἐν δὲ μέσῃ Φιλότης στροφάλιγγι γένηται,
ἐν δ' ἤδη τάδε πάντα συνέρχεται ἓν μόνον εἶναι,
οὐκ ἄφαρ, ἀλλ' ἐθελημὰ συνιστάμεν' ἄλλοθεν ἄλλα.

175.   τῶν δὲ συνερχομένων ἐξ ἔσχατον ἵστατο Νεῖκος.
πολλὰ δ' ἄμιγθ' ἕστηκε κεραιομένοισιν ἐναλλάξ,
ὅσσ' ἔτι Νεῖκος ἔρυκε μετάρσιον· οὐ γὰρ ἀμεμφέως
πάντως ἐξέστηκεν ἐπ' ἔσχατα τέρματα κύκλου,
ἀλλὰ τὰ μέν τ' ἐνέμιμνε μελέων, τὰ δέ τ' ἐξεβεβήκει.

180.   ὅσσον δ' αἰὲν ὑπεκπροθέοι, τόσον αἰὲν ἐπῄει
ἠπιόφρων Φιλότης τε καὶ ἔμπεσεν ἄμβροτος· ὁρμή·
αἶψα δὲ θνήτ' ἐφύοντο τὰ πρὶν μάθον ἀθάνατ' εἶναι,
ζωρά τε τὰ πρὶν ἄκρητα διαλλάξαντα κελεύθους·
τῶν δέ τε μισγομένων χεῖτ' ἔθνεα μυρία θνητῶν,

185.   παντοίαις ἰδέῃσιν ἀρηρότα, θαῦμα ἰδέσθαι.

Les θνητὰ ne sont pas simplement les êtres vivants, mais en général tout ce qui est soumis à la naissance et à la mort.

2. Les preuves à l'appui ont été déjà données p. 704 sqq. Cf. aussi Aristote (Metaph., III, 4, 1000 b, 17) : ἀλλ' ὅμως τοσοῦτόν γε λέγει ὁμολογουμένως (ὁ Ἐμπ.)· οὐ γὰρ τὰ μὲν φθαρτὰ τὰ δὲ ἄφθαρτα ποιεῖ τῶν ὄντων, ἀλλὰ πάντα φθαρτὰ πλὴν τῶν στοιχείων. C'est pourquoi Empédocle, selon la juste observation de Karsten (p. 378), ne dit jamais avec Homère, en parlant des dieux, αἰὲν ἐόντες, mais : δολιχαίωνες, v. 107, 126, 373 (135, 161, 4, K. 131, 141, 5, M.). Quand tout périt, les dieux cessent aussi d'exister.

3. Voy. supra, p. 708, 4.

4. Les témoignages en faveur de cette assertion sont absolument insuffisants,

Cette cosmogonie présente, à vrai dire, une lacune frappante. Si toute existence individuelle repose sur une combinaison particule des éléments, et doit cesser, aussi bien par suite de leur mélange parfait que par suite de leur séparation complète, il devrait se produire des êtres individuels au moment où le sphérus se résout en éléments, aussi bien qu'au moment où les éléments séparés retournent à l'unité ; dans le premier cas, il devrait se former un monde par la séparation des substances mélangées ; dans le second, il devrait s'en former un par la combinaison des substances séparées. En fait, Aristote[1], comme nous l'avons montré plus haut, attribue cette doctrine à Empédocle, et celui-ci, d'une manière générale, s'explique dans ce sens. Mais dans le détail de sa cosmogonie il ne traitait, selon toute vraisemblance, que de la formation du monde qui a suivi la séparation des éléments opérée par la haine. Du moins c'est à cette création que se rapportent tous les fragments et tous les documents que nous possédons[2] ; et les vers cités plus haut (171 sqq.) ne semblent pas non plus laisser de place pour une exposition détaillée de ce qui est arrivé et de ce qui s'est formé au moment où les éléments se sont séparés du sphérus. Il semble toutefois qu'Empédocle n'ait pas pris garde à cette lacune de son exposition.

SYSTÈME DU MONDE. — Voici d'ailleurs comment il se

---

en présence du silence de tous les documents authentiques ; et, d'un autre côté, il est impossible que l'unité de tous les éléments soit le résultat d'une combustion, dans laquelle Empédocle n'aurait pu voir qu'une transformation en un seul élément, transformation impossible à son point de vue.

1. De même Alexandre ; cf. p. 709, 3.
2. BRANDIS (*l. c.*, 201) remarque qu'Empédocle semble avoir attribué la formation des grandes masses, du ciel et de la terre par exemple, à l'action de l'inimitié, celle des êtres organiques à l'action de l'amour. Mais, d'après les témoignages que nous possédons (parmi lesquels il faut citer aussi ARISTOTE, *De cælo*, III, 2 ; voy. *sup.*, p. 709, 3), et d'après la nature même des choses, cette observation doit être ainsi modifiée : l'amour forme les grandes masses et les êtres organiques ; mais, en unissant les éléments séparés par l'inimitié, il a dû nécessairement produire d'abord les grandes masses, dont la composition est plus simple, et c'est ensuite seulement qu'il a formé les êtres organiques.

représentait le processus de la formation du monde¹ : du tourbillon dans lequel les éléments séparés ont été réunis par l'amour s'est dégagé en premier lieu l'air, qui, se condensant à la limite extérieure, a enveloppé le tout sphériquement². Ensuite le feu s'est fait jour et a occupé l'espace supérieur sous la voûte extérieure, tandis que l'air était repoussé sous la terre³. Ainsi se sont produits les deux hémisphères dont la réunion constitue la sphère céleste ; l'un est lumineux et est fait entièrement de feu, l'autre est sombre et est formé d'air, mélangé çà et là de masses ignées ; la pression du feu a imprimé à la sphère céleste un mouvement de rotation ; quand la moitié ignée de la sphère est en haut, il fait jour ; quand la moitié sombre est en haut et que la partie ignée est cachée par le globe terrestre, il fait nuit⁴.

1. Cf. avec ce qui suit PLUTARQUE (*ap.* EUS., *Præp.*, I, 8, 10) : ἐκ πρώτης φησὶ τῆς τῶν στοιχείων κράσεως, ἀποκριθέντα τὸν ἀέρα περιχυθῆναι κύκλῳ· μετὰ δὲ τὸν ἀέρα τὸ πῦρ ἐκδραμὸν καὶ οὐκ ἔχον ἑτέραν χώραν, ἄνω ἐκτρέχειν ὑπὸ τοῦ περὶ τὸν ἀέρα πάγου. *Plac.*, II, 6, 4 : Ἐ. τὸν μὲν αἰθέρα πρῶτον διακριθῆναι, δεύτερον δὲ τὸ πῦρ, ἐφ' ᾧ τὴν γῆν, ἐξ ἧς ἄγαν περισφιγγομένης τῇ ῥύμῃ τῆς περιφορᾶς ἀναβλύσαι τὸ ὕδωρ, ἐξ οὗ θυμιαθῆναι τὸν ἀέρα· καὶ γενέσθαι τὸν μὲν οὐρανὸν ἐκ τοῦ αἰθέρος, τὸν δὲ ἥλιον ἐκ τοῦ πυρός, πιληθῆναι δ' ἐκ τῶν ἄλλων τὰ περίγεια. ARISTOTE, *De gen. et corr.*, II, 6 ; voy. p. 703, 1.

V. 130 (182, 233, M.) : εἰ δ' ἄγε νῦν τοι ἐγὼ λέξω πρῶθ' ἡλίου ἀρχήν,
ἐξ ὧν δὴ ἐγένοντο τὰ νῦν ἐσορώμενα πάντα,
γαῖά τε καὶ πόντος πολυκύμων ἠδ' ὑγρὸς ἀήρ
Τιτὰν ἠδ' αἰθὴρ σφίγγων περὶ (l. πέρι) κύκλον ἅπαντα.

(Τιτάν, l'étendu, n'est pas ici une désignation du soleil, mais un surnom de l'éther ; et αἰθήρ, qui ailleurs dans Empédocle est synonyme d'ἀήρ, désigne l'atmosphère supérieure, sans cependant qu'il soit question de marquer une différence entre la couche supérieure et la couche inférieure). D'après EUSTATHE (*in Od.*, I, 320), Empédocle appelait le feu καρπαλίμως ἀνόκαιον, c'est-à-dire s'élevant rapidement.

2. D'après STOBÉE (*Ecl.*, I, 566), sous la forme ovale lenticulaire ; il dit en effet : Ἐμπ. τοῦ ὕψους τοῦ ἀπὸ τῆς γῆς ἕως οὐρανοῦ... πλείονα εἶναι τὴν κατὰ τὸ πλάτος διάστασιν, κατὰ τοῦτο τοῦ οὐρανοῦ μᾶλλον ἀναπεπταμένου, διὰ τὸ ᾠῷ παραπλησίως τὸν κόσμον κεῖσθαι. Cette hypothèse était d'accord avec l'apparence sensible ; si ARISTOTE (*De cælo*, II, 4) et ses commentateurs la passent sous silence, cela ne prouve rien, car Aristote ne parle pas en cet endroit des opinions de ses devanciers. Mais nous avons vu (voy. p. 713, 2) qu'Empédocle n'admet pas un mouvement latéral du ciel autour de la terre, et que, selon lui, l'hémisphère éclairé du ciel passe au-dessous de la terre pendant la nuit ; si donc l'on admettait l'hypothèse de Stobée, l'espace occupé par le ciel ne suffirait pas pour le mouvement qu'il accomplit. C'est du moins une considération sur laquelle Aristote a insisté plus loin.

3. ARISTOTE et PLUTARQUE, *l. c.*

[4. PLUTARQUE (*ap.* EUS., *l. c.*) continue ainsi : εἶναι δὲ κύκλῳ περὶ τὴν γῆν φερόμενα

714 Des autres substances s'est formée la terre[1], conçue sans doute comme ayant d'abord été humide et vaseuse. La pression résultant de la rotation en a fait sortir l'eau, dont les évaporations ont immédiatement rempli l'atmosphère inférieure[2]. La stabilité de la terre planant au-dessus de l'air est attribuée par Empédocle au mouvement rapide du ciel, qui empêche sa chute[3]; et le philosophe explique de la même manière ce fait que l'univers entier demeure à sa place[4].

LA NATURE INORGANIQUE. — Le soleil était donc, selon lui

δύο ἡμισφαίρια, τὸ μὲν καθόλου πυρὸς, τὸ δὲ μικτὸν ἐξ ἀέρος καὶ ὀλίγου πυρὸς, ὅπερ οἴεται τὴν νύκτα εἶναι. (Empédocle lui-même, v. 160 (197, 251 M.) explique la nuit par l'interposition de la terre, ce qui s'accorde avec l'indication de Plutarque, comme nous l'avons montré plus haut) τὴν δὲ ἀρχὴν τῆς κινήσιως συμβῆναι ἀπὸ τοῦ τετυχηκέναι κατὰ τὸν ἀθροισμὸν ἐπιθρίσαντος τοῦ πυρός. (La dernière proposition, dont le texte est d'ailleurs incertain, ne doit pas être rapportée, avec KARSTEN, p. 331, et STEINHART, p. 95, à la première sortie des éléments hors du sphérus). Plac., II, 11 (STOB., I, 500) : 'Εμπ. στερέμνιον εἶναι τὸν οὐρανὸν ἐξ ἀέρος συμπαγέντος ὑπὸ πυρὸς κρυσταλλοειδῶς (ce qui est confirmé par DIOGÈNE, VIII, 77; ACH. TATIUS, in Arat., c. 5, p. 128, Pet.; LACTANCE, Opif. Dei, c. 17) τὸ πυρῶδες καὶ ἀερῶδες ἐν ἑκαστέρῳ τῶν ἡμισφαιρίων περιέχοντα. Selon PLUTARQUE (Plac., III, 8, parall.), la position réciproque des deux hémisphères servait à expliquer, non-seulement la succession du jour et de la nuit, mais encore la succession des saisons.

1. Voy. sup., p. 712, 2. D'après notre texte, on a raison de ranger Empédocle parmi ceux qui admettaient un monde unique d'une étendue circonscrite (SIMPL., Phys., 38 b, au mil., De cælo, 229 a, 12, Schol. in Arist., 505 a, 15. STOB., Ecl., I, 494, 496. PLUT., Plac., I, 5, 2). Cependant, il n'est pas vraisemblable qu'il ait lui-même émis cette opinion d'une façon explicite. (Le vers 173, — voy. sup., 710, 2, — n'a pas trait à cette question.) Quant à l'assertion (Plac., l. c., parall.) d'après laquelle il ne considérait le monde que comme une petite partie du tout (πᾶν), tenant le reste pour de la matière informe, elle n'est sans doute qu'une interprétation des vers 176 sq. (sup., l. c.) qui se rapportent à une phase antérieure de la formation du monde. On n'a pas le droit d'en conclure (RITTER, Wolf's Anal., II, 445 sqq., Gesch. d. Phil., 556 sq. Cf. BRANDIS, Rh. Mus., III, 130, gr.-röm. Phil., I, 209) que le sphérus ou une partie du sphérus continue d'exister à côté du monde actuel, car le sphérus bienheureux ne pouvait guère être désigné comme étant ἀργὴ ὕλη. De même, nous verrons qu'il est impossible de tirer une pareille conclusion de la doctrine d'Empédocle sur la vie après la mort, puisqu'on ne peut identifier le séjour des bienheureux avec le sphérus, dans lequel toute existence individuelle est impossible. Enfin RITTER croit à tort qu'à côté du monde de l'inimitié il existe nécessairement une région où l'amour seul domine; d'après Empédocle tous deux dominent l'un après l'autre, et non à côté l'un de l'autre; dans le monde actuel lui-même, l'amour exerce une action aussi bien que la haine.
2. Voy. p. 712, 2.
3. ARISTOTE, De cælo, II, 13, 295 a, 16; SIMPLICIUS, ad h. l., 235 b, 40.
4. ARISTOTE, l. c., II, 1, 284 a, 24.

comme selon les Pythagoriciens¹, un corps vitreux à peu près aussi gros que la terre, réunissant, comme un miroir ardent, les rayons de feu répandus dans l'hémisphère brillant qui l'environne, et les réfléchissant². De même, Empédocle pensait que la lune était faite d'une matière cristalline provenant de l'air durci³, et qu'elle avait la forme d'un disque⁴. Il savait qu'elle reçoit sa lumière du soleil⁵, et il conjecturait que la distance qui la séparait de la terre était le tiers de celle qui la séparait du soleil⁶. Avec les Pythagoriciens, il regardait l'espace situé au-dessous de la lune comme le théâtre de tous les maux⁷, et l'opposait

---

1. Voy. *supra*, p. 394, 2.
2. PLUTARQUE, *ap.* Eus., *l. c.* : ὁ δὲ ἥλιος τὴν φύσιν οὐκ ἔστι πῦρ ἀλλὰ τοῦ πυρὸς ἀντανάκλασις, ὁμοία τῇ ἀφ' ὕδατος γινομένῃ. *Pyth. orac.*, c. 12, p. 400 : Ἐμπεδοκλέους...· φάσκοντος τὸν ἥλιον περιαυγῆ ἀνακλάσει φωτὸς οὐρανίου γενόμενον, αὖθις « ἀνταυγεῖν πρὸς Ὀλυμπον ἀταρβήτοισι προσώποις » (v. 151, St. 188, K. 242, M.). Ce texte n'est pas inconciliable avec l'indication de DIOGÈNE (VIII, 77), d'après laquelle le soleil est, selon notre philosophe, πυρὸς ἄθροισμα μέγα, si l'on admet que Diogène, ou du moins le témoin dont il s'inspire, a simplement voulu désigner par cette expression la concentration des rayons dans un foyer unique. Mais les *Placita* (II, 20, 8. STOB., I, 530, parall.) commettent évidemment une méprise en faisant enseigner à Empédocle l'existence de deux soleils, l'un véritable dans l'hémisphère opposé au nôtre, l'autre apparent dans notre hémisphère. Voy. KARSTEN, 428 sq., et sup., 389, 1, 264. STOBÉE (*l. c.*) donne aussi l'indication relative à la grandeur du soleil.
3. PLUTARQUE, *ap.* Eus., *l. c.*, *De facie lun.*, 5, 6, p. 922. STOB., *Ecl.*, I, 552 : il nous paraît sans doute bizarre que cette condensation de l'air soit produite par le feu, tandis que la lune est comparée en même temps à la grêle ou à un nuage congelé.
4. STOBÉE, *l. c.* PLUTARQUE, *Quest. rom.*, 101, fin., p. 288; *Plac.*, II, 27 parall. DIOGÈNE, *l. c.*
5. V. 152-156 (189 sq., 243 sqq., M.). PLUTARQUE, *De facie lun.*, 16, 13, p. 929; ACH. TATIUS, in *Arat.*, c. 16, 21, p. 135 e, 141 a. Si ce dernier dit qu'Empédocle nomme la lune un ἀπόσπασμα ἡλίου, il veut simplement indiquer par là que la lumière de cet astro est une émanation de la lumière solaire. La preuve en est qu'il se réfère au vers 154 d'Empédocle.
6. PLUTARQUE, *Plac.*, II, 31. C'est dans ce sens qu'il faut corriger le texte *ap.* STOBÉE, I, 566, mais il paraît inutile de lire avec KARSTEN (p. 433) dans le texte des *Placita* : διπλάσιον ἀπέχειν τὸν ἥλιον ἀπὸ τῆς γῆς ἥπερ τὴν σελήνην. D'après les *Placita* (II, 1 parall.), Empédocle enseignait que l'écliptique était la limite extrême du monde, ce qui en tout cas ne doit pas être pris au sens strict. Dans les fragments il est simplement dit, v. 150, 154 sq. (187, 189, K. 241, 245 M.) que le soleil circule le long du ciel et que le mouvement de la lune s'accomplit plus près de la terre.
7. HIPPOLYTE, *Refut.*, I, 4. Il n'a sans doute en vue que les plaintes d'Empédocle relatives à la vie terrestre, dont nous parlerons plus loin. L'indication plus précise d'après laquelle la région terrestre s'étend jusqu'à la lune, semble être une addition personnelle faite d'après des doctrines analogues.

en ce sens à la région supérieure. Il pensait que les étoiles fixes étaient attachées à la voûte céleste et que les planètes, au contraire, se mouvaient librement; en ce qui concerne la substance, il tenait les astres pour des feux qui s'étaient séparés de l'air[1]. Les éclipses solaires étaient, selon lui, causées par l'interposition de la lune[2]; l'inclinaison de l'axe terrestre sur l'écliptique, par la pression de l'air que le soleil a repoussé vers le nord[3]; l'écliptique elle-même avait des limites fixes[4]. A l'origine, le mouvement diurne du soleil s'accomplissait plus lentement que maintenant, de telle sorte que la durée d'un jour fut d'abord de neuf mois, puis de sept[5].

Empédocle expliquait la lumière des corps célestes par sa théorie des émanations[6], et soutenait en conséquence que la lumière avait besoin d'un certain temps pour parcourir l'espace compris entre le soleil et la terre[7]. Nous avons peu de documents sur la manière dont il expliquait les phénomènes météorologiques : dans ceux que nous possédons on retrouve des traces de son système propre[8].

---

1. *Plac.*, II, 13, 2, 5 parall. Ach. Tatius, *in Arat.*, c. 11 ; cf. p. 713, 2.§
2. V. 157 (194, 248, M.) sqq., Stobée, I, 530.
3. Plutarque, *Plac.*, II, 8 parall. Karsten (425) relie à ce texte l'indication d'après laquelle Empédocle, selon un usage très-ancien et très-répandu, appelait le côté nord du monde le côté droit. D'ailleurs, on ne voit pas clairement quelle idée Empédocle se faisait de ce phénomène.
4. *Plac.*, II, 23 par. : Ἐμπ. ὑπὸ τῆς περιεχούσης αὐτὸν (τὸν ἥλιον) σφαίρας κωλυόμενον ἄγει παντὸς εὐθυπορεῖν καὶ ὑπὸ τῶν τροπικῶν κύκλων.
5. *Plac.*, V, 18, 1 ; cf. Sturz, p. 328.
6. Philopon, *De an.*, K, 16, au mil. : Ἐμπ. ὅς ἔλεγεν, ἀπορρέον τὸ φῶς σῶμα ὂν ἐκ τοῦ φωτίζοντος σώματος, etc. Cf. p. 693, 1.
7. Aristote, *De an.*, II, 6, 418 b, 20; *De sensu*, c. 6, 446 a, 26, où cette opinion est contestée; Philopon (*l. c.*), et d'autres commentateurs d'Aristote. Voy. Karsten, 431.
8. Nous avons déjà dit (p. 713, 2, fin) comment Empédocle expliquait la succession des saisons, et nous avons montré, d'après Eusèbe, *Præp.*, I, 8, 10, qu'il considérait la grêle comme de l'air congelé (des vapeurs congelées); il parlait aussi de l'origine des vents; d'après Olympiodore (*in Meteor.*, 22 b, 1, 245, Id. cf. 21 b, 1, 239, Id.), il croyait que leur direction oblique (du N.-E. et S.-O.) provenait de ce que les vapeurs montantes sont en partie de nature ignée, en partie de nature terreuse, et de ce que leur mouvement contraire se résout dans une direction oblique. D'après Philopon (*Phys.*, c. 2, au mil., *ap.* Karsten, 404. Cf. Aristote, *De cælo*, III, 7, voy. *sup.*, p. 685, 2, 692, 4), il explique la pluie et les éclairs par cette supposition, qu'au moment de la condensation de l'air,

Il en est de même de ses idées relatives aux produits inorganiques de la terre[1].

LES PLANTES. — Parmi les êtres organiques, au sujet desquels il semble être entré dans de grands détails[2], les plantes[3] seraient sorties les premières de la terre, avant même que celle-ci fût éclairée par le soleil[4]; puis seraient venus les animaux. Plantes et animaux sont par leur nature très-peu éloignés les uns des autres, et nous verrons plus loin qu'Empédocle a attribué aux plantes, non-seulement la vie, mais encore une âme semblable à celle des hommes et des animaux[5]. Il a également remarqué que la

---

l'eau qui y est contenue est poussée vers la terre, et qu'au moment de l'évaporation le feu trouve assez de place pour se faire jour. Les rayons solaires ont amené ce feu dans les nuages, et il s'en échappe avec fracas (voy. Arist., *Meteor.*, II, 9, 369 b, 11. Alex., *ad h. l.*, p. 111 b, au bas, cf. Stob., *Ecl.*, I, 592). Cette opinion était sans doute fondée sur cette observation, que les nuages qui forment les orages s'amoncellent surtout au moment des grandes chaleurs.

1. Il faut citer ici en premier lieu la mer, qu'il regardait comme une exsudation de la terre produite par la chaleur du soleil (Arist., *Meteor.*, II, 3, 357 a, 24; Alex., *Meteor.*, 91 b, I, 268, Id., 96 a, au mil. Plut., *Plac.*, III, 16, 3; la leçon exacte se trouve probablement ap. Eus., *Præp.*, XV, 59, 2]. Cette origine explique le goût salé de la mer (Arist., *l. c.*, c. 1, 353 b, 11. Alex., *l. c.*), car le sel n'est, selon Empédocle, qu'un produit de la chaleur du soleil (Emp., v. 164, 206, K. 257, M.). Cependant, la mer renferme aussi une certaine quantité d'eau douce, qui fait vivre les poissons (Élien, *Hist. an.*, IX, 64). Le feu, dont la présence dans les profondeurs de la terre semble avoir particulièrement attiré son attention, a, non-seulement réchauffé les sources chaudes, mais encore durci les pierres (Emp., v. 162, 207, K. 255, M. Arist., *Probl.*, XXIV, 11. Sen., *Quæst. nat.*, III, 24). Selon lui, c'est encore le feu qui, s'agitant dans l'intérieur de la terre, maintient debout les rochers et les montagnes (Plut., *De primo frig.*, 19, 4, p. 953). — Il a déjà été parlé de l'aimant p. 694, 1.

2. Cf. Hippocr., ἀρχ. ἰατρ., c. 20, I, 620, Littré : καθάπερ Ἐμπεδοκλῆς ἢ ἄλλοι οἱ περὶ φύσιος γεγράφασιν ἐξ ἀρχῆς ὅ τι ἐστὶν ἄνθρωπος καὶ ὅπως ἐγένετο πρῶτον καὶ ὅπως ξυνεπάγη.

3. Meyer (*Gesch. d. Botanik*, I, 46 sqq.) traite des théories d'Empédocle relatives aux plantes, mais, comme il le fait observer lui-même, uniquement d'après les indications fournies par Sturz.

4. Plutarque (*Plac.*, V, 26, 4. Cf. Ps.-Arist., *De plant.*, I, 2, 817 b, 35. Lucrèce, V, 780 sqq. Karsten, 441 sqq., *Plac.*, V, 19, 5) dit explicitement que les plantes sont d'abord sorties par fragments de la terre, ainsi que les animaux.

5. Les *Placita* (V, 26, 1, 4) les appellent donc à juste titre ζῷα. Le Ps.-Arist. (*De pl.*, I, 1, 815 a, 15; b, 16) dit qu'Anaxagore, Démocrite et Empédocle leur attribuent des sensations, des désirs, des perceptions, de l'intelligence, et Simplicius (*De an.*, 19 b, au mil.) remarque que, selon Empédocle, les plantes sont douées d'une âme raisonnable.

fructification ressemblait à la génération des animaux, quoique les plantes n'eussent point de sexe distinct [1]; et il compare les feuilles des arbres aux poils, aux plumes et aux écailles des animaux [2]. Il attribuait la croissance des plantes à la chaleur de la terre qui fait monter les branches vers le ciel, tandis que les éléments terreux des racines faisaient descendre ces dernières dans le sol [3]. D'après ses idées générales sur la combinaison des substances, il devait penser que la nutrition des plantes résultait de l'attraction mutuelle des matières similaires et avait lieu par les pores [4], de même qu'il cherchait la raison de la verdure permanente de certaines plantes, non-seulement dans leur composition élémentaire, mais encore dans la symétrie de leurs pores [5]. Les substances qui ne sont pas indispensables à la nutrition de la plante sont employées à la formation des fruits, dont le goût dépend en conséquence du genre d'aliments propre à chaque plante [6].

LES HOMMES ET LES ANIMAUX. — A l'origine, les différents membres des hommes et des animaux sortirent isolément de la terre [7]; ils furent ensuite réunis par l'action de

---

1. ARISTOTE (*De gen. anim.*, I, 23, *sub init.*) dit en se référant à Empédocle, v. 219 (245, 286, M.) : οὕτω δ' ᾠοτοκεῖ μακρὰ δένδρεα πρῶτον ἐλαίας. Voy. *De plant.*, I, 2, 817 a, 1, 36, c. 1, 815 a, 20 ; mais dans ces textes la doctrine d'Empédocle n'est pas très-exactement exposée. *Plac.*, V, 26, 4.
2. 236 (223, 216, M.) sq.
3. ARISTOTE, *De an.*, II, 4, 415 b, 28, et ses commentateurs, *ad h. l.*, *Plac.*, V, 26, 4. D'après THÉOPHRASTE (*De caus. plant.*, I, 12, 5), les racines des plantes consisteraient (principalement) en terre, les feuilles en éther (air).
4. V. 282 (268, 338) sqq. et PLUT., *Quest. conv.*, IV, 1, 3, 12 ; peu importe si ces vers se rapportent surtout à la nutrition des animaux ; car ce qui est dit de ces derniers s'applique aussi aux plantes ; cf. la note suiv. et PLUT., *l. c.*, VI, 2, 2, 6.
5. Voy. PLUTARQUE, *Quest. conv.*, III, 2, 2, 8, texte qui détermine la signification précise de l'indication des *Placita*, V, 26, 5.
6. *Placita*, V, 26, 5 sq. GALIEN, c. 38, p. 341, Emp., v. 221 (247, 288, M.).
7. V. 244 (232, 307, M.) : ᾗ πολλαὶ μὲν κόρσαι ἀναύχενες ἐβλάστησαν,
γυμνοὶ δ' ἐπλάζοντο βραχίονες εὔνιδες ὤμων,
ὄμματα δ' οἶ' ἐπλανᾶτο πενητεύοντα μετώπων.

ARISTOTE, en citant ce passage (*De cælo*, III, 2, 300 b, 29), dit que cela a eu lieu ἐπὶ τῆς φιλότητος, ce qui ne veut pas dire : dans le domaine de l'amour, dans le sphérus, mais : sous l'influence de l'amour (de même on trouve *ibid.*, 401 a, 15 : τὴν ἐπὶ τῆς φιλότητος γένεσιν) ; le texte *De gen. anim.*, I, 18, 722 b, 19, est plus clair ; il y est dit : καθάπερ Ἐμπ. γεννᾷ, ἐπὶ τῆς φιλότητος λέγων.

l'amour. Mais comme le pur hasard présidait à cette opération, il se produisit d'abord toute sorte de créatures monstrueuses, lesquelles périrent bientôt, jusqu'à ce qu'il se formât enfin des êtres harmoniques et capables de vivre[1]. Les hommes, eux aussi, sont sortis de la terre ; des masses informes, composées de terre et d'eau, furent d'abord projetées par les feux souterrains, et s'organisèrent ensuite[2]. Dans cette doctrine, Empédocle ne fait que

---

1. ARISTOTE (*De an.*, III, 6, *sub init.*) : καθάπερ Ἐμπ. ἔφη, « ᾗ πολλῶν », etc. ἔπειτα συντίθεσθαι τῇ φιλίᾳ. *Phys.*, II, 8, 198 b, 29 (cf. KARSTEN, p. 244) : le hasard ne pourrait-il pas avoir produit ce qui nous semble créé en vue d'un certain but ? ὅπου μὲν οὖν ἅπαντα συνέβη ὥσπερ κἂν εἰ ἕνεκά του ἐγίνετο, ταῦτα μὲν ἐσώθη ἀπὸ τοῦ αὐτομάτου συστάντα ἐπιτηδείως· ὅσα δὲ μὴ οὕτως, ἀπώλετο καὶ ἀπόλλυται, καθάπερ Ἐμπ. λέγει τὰ βουγενῆ ἀνδρόπρῳρα. *Ibid.*, II, 4, 296 a, 23. Empéd., v. 254 (235, 310, M.) : αὐτὰρ ἐπεὶ κατὰ μεῖζον ἐμίσγετο δαίμονι δαίμων (les éléments).

ταῦτά τε συμπίπτεσκον, ὅπῃ συνέκυρσεν ἕκαστα,
ἄλλα τε πρὸς τοῖς πολλὰ διηνεκῆ, (— ἐς) ἐξεγένοντο.

ARISTOTE nous donne (*De part. anim.*, I, 1, 640 a, 19) un exemple de la manière dont les êtres organisés sont sortis, d'après Empédocle, de ces produits primordiaux. Il dit : διόπερ Ἐμπ. οὐκ ὀρθῶς εἴρηκε λέγων ὑπάρχειν πολλὰ τοῖς ζῴοις διὰ τὸ συμβῆναι οὕτως ἐν τῇ γενέσει, οἷον καὶ τὴν ῥάχιν τοιαύτην ἔχειν, ὅτι στραφέντος καταχθῆναι συνέβη. (STEIN a indiqué dans le *Philologus*, XV, 143 sq., ap. CRAMER, *Anecd. Oxon.*, III, 184, les vers auxquels ce passage se rapporte, ainsi que quelques autres vers, relatifs à la formation du bas-ventre et des organes de la respiration).

V. 257 (238, 313, M.) : πολλὰ μὲν ἀμφιπρόσωπα καὶ ἀμφίστερν' ἐφύοντο,
βουγενῆ ἀνδρόπρῳρα, τὰ δ' ἔμπαλιν ἐξανέτελλον
ἀνδροφυῆ βούκρανα, μεμιγμένα τῇ μὲν ἀπ' ἀνδρῶν,
τῇ δὲ γυναικοφυῆ, στείροις ἠσκημένα γυίοις.

C'est probablement en ce sens qu'Empédocle expliquait les mythes des Centaures, des Chimères, des Hermaphrodites, etc. PHILOPON (*Phys.*, II, 13, au bas) fait naître ces monstres ἐν τῇ πρώτῃ διακρίσει τοῦ σφαίρου καὶ τῇ ἀρχῇ τῆς κοσμοποιίας, πρὶν τὸ νεῖκος τελείως ἀπ' ἀλλήλων διακρῖναι τὰ εἴδη. Il résulte cependant des vers que nous avons cités et des assertions d'Aristote (p. 709, 3, 718 b) qu'Empédocle attribuait plutôt leur origine à la combinaison des éléments disjoints par la haine.

2. V. 265 (251, 321, M.) sur l'origine des hommes :

οὐλοφυεῖς μὲν πρῶτα τύποι (cf., à propos de cette expression, STURZ, p. 370, KARSTEN et MULLACH, *ad h. l.*) χθονὸς ἐξανέτελλον,
ἀμφοτέρων ὕδατός τε καὶ οὔδεος αἶσαν ἔχοντες.
τοὺς μὲν πῦρ ἀνέπεμπ' ἐθέλον πρὸς ὁμοῖον ἱκέσθαι,
οὔτε τί πω μελέων ἐρατὸν δέμας ἐμφαίνοντα,
οὔτ' ἐνοπὴν οὔτ' αὖ ἐπιχώριον ἀνδράσι γυῖον.

CENSORIN (*De die nat.*, 4, 8) relie à tort cette exposition à celle dont nous avons parlé précédemment, quand il exprime l'opinion d'Empédocle en ces termes : *Primo membra singula ex terra quasi prægnante passim edita deinde coisse et effecisse solidi hominis materiam igni simul et humore permixtam.* La liaison établie dans les *Placita* (V, 19, 5) entre les différentes assertions d'Empédocle sur l'origine des êtres vivants ne correspond pas non plus à son opinion propre.

720 développer ce que Parménide¹ avait déjà enseigné sur l'origine des hommes en se référant aux anciennes traditions des autochthones et des géants².

Il s'inspire du même philosophe dans son hypothèse sur les sexes qui se distinguent l'un de l'autre par leur chaleur plus ou moins grande. Mais, tandis que Parménide avait attribué la plus grande chaleur aux femmes, Empédocle l'attribue aux hommes³; il pense, contrairement à l'opinion de son prédécesseur, qu'à l'origine les hommes naquirent dans les contrées méridionales et les femmes dans les pays septentrionaux⁴, et qu'actuellement les premiers se forment dans la partie la plus chaude, les secondes dans la partie la plus froide de l'utérus⁵.

Quant à ses autres idées concernant la génération, il admettait que certaines parties du corps de l'enfant sont issues du sperme paternel et d'autres de la semence maternelle, et que l'instinct sexuel provient de la tendance qui pousse ces divers éléments à se réunir⁶. Il avait aussi ima-

---

1. Voy. *supra*, p. 528.
2. C'est à ces traditions que se réfère également le texte des *Placita*, V, 27, où il est dit que les hommes actuels sont, en comparaison des hommes primitifs, comme de petits enfants. Cependant ce texte peut aussi se rapporter à l'âge d'or (voy. *inf.*).
3. Aristote, *De part. anim.*, II, 2, 648 a, 25 sqq.
4. Plutarque, *Plac.*, V, 7.
5. Emp., V. 273-278 (259, 329, M.) sqq. Arist., *De gen. anim.*, IV, 1, 764 a, cf. I, 18, 723 a, 23; Galien, in *Hippocr.*, *Epidem.*, VI, 2, t. XVII, a, 1002 Kühn. D'ailleurs, les indications ne sont pas parfaitement concordantes. Empédocle lui-même parle de différentes parties de l'utérus (Galien, qui cite seulement les vers en question à l'appui de son opinion, dit en termes plus précis qu'Empédocle assignait, comme Parménide, le côté droit aux garçons). Aristote, au contraire, attribue la différence de sexe à la constitution des menstrues; mais on ne voit pas quel peut être le rapport de cette dernière avec la différence de lieu. L'indication de Censorin (*De die nat.*, 6, 7), d'après laquelle les garçons viendraient du testicule droit, les filles du gauche, comme le veut aussi Parménide, contredit ce qu'il rapporte lui-même, immédiatement après, de la manière dont Empédocle expliquait la différence de sexe et la ressemblance des enfants avec leurs parents. L'allégation relative à ces deux points ne mérite pas non plus qu'on s'y arrête. (Voy. Karsten, 472.)
6. Aristote (*l. c.*, I, 18, 722 b, 8, IV, 1, 764 b, 15); Galien (*De sem.*, II, 3, t. IV, 616); celui-ci se réfère au v. 270 (227, 326, M.). Il est impossible de savoir quelles étaient ses idées précises sur cette question. Les allégations de Philopon

giné diverses hypothèses relativement au développement 721 du fœtus[1]. Il chercha à déterminer, du moins dans quelques cas particuliers, d'après des conjectures incertaines et arbitraires, la composition élémentaire de certaines parties du corps ainsi que leurs produits[2], et à en expliquer la formation[3]. Le lieu d'habitation et le genre de vie 722 des différents animaux se règlent, selon lui, sur les élé-

---

(*De gen. an.*, 16 a, au mil., 81 b, au mil., *ap.* STURZ, 392 sqq. KARSTEN, 466 sq.) sont un tissu de contradictions, et ne sont évidemment que de simples conjectures (cf. p. 17 a, au bas). Nous pouvons passer sous silence ce qui est dit *ap.* PLUT. (*Quest. nat.*, 21, 3, p. 917 [Emp., V, 272, 256, 328, M.], *Plac.*, V, 19, 5 ; 12, 2 ; 10, 1) et CENS., 6, 10. Voy. KARSTEN, 464, 471 sq. ; STURZ, 401 sq. D'après ses principes généraux sur la combinaison des substances, Empédocle devait expliquer l'union féconde des semences de l'homme et de la femme par une certaine symétrie des pores. Mais cette symétrie, si elle était trop grande, devenait, à son sens, un obstacle à la conception ; car il attribuait la stérilité des mules à cette circonstance, que la semence du mâle et celle de la femelle se correspondaient trop exactement et par suite se durcissaient (voy. ARIST., *De gen. an.*, II, 8, *sub init.*; cf. PHILOP., *ad h. l.*, p. 57 a, au haut, *ap.* KARSTEN, p. 468, où se trouve aussi une rectification du texte des *Placita*, V, 14, sur cette question).

1. La formation du fœtus a lieu dans les sept premières semaines ou, plus exactement, dans la sixième et la septième semaine (PLUT., *Plac.*, V, 21, 1 ; THÉON, *Math.*, p. 162), la naissance entre le septième et le dixième mois (*Plac.*, V, 18, 1 ; CENSORIN, 7, 5). D'abord se forme le cœur (CENS., 6, 1), en dernier lieu les ongles, lesquels consistent en muscles durcis (ARIST., *De spir.*, c. 6, 484 a, 38, *Plac.*, V, 22, et KARSTEN, 476). La comparaison avec la coagulation du lait pour la préparation du fromage, v. 279 (265, K. 215, M.), pourrait se rapporter à la formation première de l'embryon par la semence humide (cf. ARIST., *De gen. anim.*, IV, 4, 771 b, 18 sqq.). Peut-être se rapporte-t-elle aux larmes sécrétées par le sang ; à propos de cette sécrétion, Empédocle disait (voy. PLUT., *Qu. nat.*, 20, 2) : ὥσπερ γάλακτος ὀρρὸν τοῦ αἵματος ταραχθέντος (ferment) ἐκκρούεσθαι τὸ δάκρυον. Empédocle avait aussi parlé des avortements (voy. *Plac.*, V, 8, et STURZ, 378).

2. D'après Empédocle, les os contiennent deux parties de terre, deux parties d'eau et quatre parties de feu ; la chair et le sang sont un mélange des quatre éléments à parties égales ou à peu près égales (v. 198 sqq., voy. *sup.*, p. 702, 4) ; dans les muscles, une partie de feu et de terre correspond à deux parties d'eau (voy. *Plac.*, V, 22). Naturellement, nous n'attachons aucune importance à ce fait, que les *Placita* déterminent la composition des os autrement qu'Empédocle lui-même, ni à ce fait que PHILOPON (*De an.*, E, 16, au bas) et SIMPLICIUS (*De an.*, p. 18 b, au haut) disent, au lieu de deux parties d'eau, une partie d'eau et une partie d'air. KARSTEN cherche à concilier ces différentes opinions (452), mais ses explications sont en contradiction avec les termes des vers cités.

3. Par exemple, il admettait que la sueur et les larmes résultaient d'une décomposition (τήκεσθαι) du sang (voy. *Plac.*, *l. c.*, dont le texte se trouve, plus complet, *ap.* GALIEN, *H. phil.*, c. 36, p. 338, Kühn ; PLUT., *Quest. nat.*, voy. note 1). D'après le vers 280 (266, 336, M.), il semble avoir attribué la même origine au lait des femmes, et il détermine à sa manière le jour fixe où il se produit. Les vers 215 (209, 282, M.) sqq. décrivent avec quelques détails la formation d'une partie du corps, formation qu'ils comparent à la préparation de vases d'argile, mais on ne voit pas de quelle partie du corps il s'agit.

ments dont ils sont composés ; car chacun, d'après la loi générale de la nature, recherche les objets pour lesquels il a de l'affinité [1]. C'est à la même cause, dit-on, qu'Empédocle rattachait la position respective des diverses parties du corps [2]. La nutrition a lieu chez les animaux, comme chez les végétaux, par l'assimilation des substances similaires [3] ; la croissance est produite par la chaleur, dont la diminution cause la décrépitude de la vieillesse ainsi que le sommeil, et dont la disparition complète amène la mort [4].

723 LA RESPIRATION. — En ce qui concerne les autres fonctions du corps, nous savons spécialement quelles étaient les idées d'Empédocle sur la respiration et la perception des sens. Selon lui, l'entrée et la sortie de l'air n'ont pas seulement lieu par la trachée-artère, mais par le corps entier, par suite du mouvement du sang : quand le sang se retire des parties extérieures, l'air pénètre par les pores

---

1. *Plac.*, V, 19, 6. (Le texte de ce passage est altéré. Au lieu de εἰ; ἀέρα ἀναπνεῖν, il faut sans doute lire : εἰ; ἀέρα. ἄνω βλέπειν, etc. Mais je ne sais comment corriger les mots de la fin : πᾶσι τοῖς θώραξι πεφυνηκέναι. KARSTEN (p. 448 sq.) a probablement bien fait de substituer πεφυκέναι à πεφων., mais il a été moins heureux en mettant περὶ au lieu de πᾶσι et en rapportant le passage entier à chaque membre pris isolément.) Cependant, Empédocle n'est pas toujours resté fidèle à ce principe, car il a dit des animaux aquatiques qu'ils recherchent l'élément humide à cause de leur nature chaude (ARIST., *De respir.*, c. 14, sub init. THÉOPHR., *De caus. plant.*, I, 21, 5). Non-seulement ce que nous venons de citer, mais encore les vers 233-239 (220 sqq., 300 sqq., M.) et 163 (205, 256, M.) nous permettent de conjecturer qu'il a parlé en détail des différentes espèces d'animaux.
2. PHILOP., *De gen. an.*, 49, *l. c.* KARSTEN (448 sq.) suppose que cette indication est un développement arbitraire du texte relatif aux plantes, que nous avons donné, p. 718, 2. Cependant les vers 233 sqq., 220, K., 300, M., cités par Plutarque (*Quest. conv.*, I, 2, 5, 6) ne prouvent rien contre notre hypothèse, et ARISTOTE (*De gen. an.*, II, 4, 740 b, 12) la confirme.
3. PLUTARQUE, *Quest. conv.*, IV, 1, 3, 12, qui se réfère aux vers 282 (268, 338, M.) sqq. Voy. *Plac.*, V, 27.
4. *Plac.*, V, 27, 23, 2, 25, 5 ; KARSTEN, 500 sq. Du reste, il a déjà été observé plus haut, et il est répété dans les vers 247 sqq. (335, 182, M.), à propos des êtres vivants, que la mort consiste, selon Empédocle, dans la séparation des substances qui composent un corps. On peut concilier cette proposition avec les indications des *Placita*, au moyen de l'hypothèse d'après laquelle Empédocle considère la décomposition du corps comme une suite du dégagement de la chaleur vitale.

de la peau ; quand il y revient, l'air est de nouveau expulsé[1].

La sensation. — Il expliquait également la sensation par les pores et les émanations. Pour qu'elle se produise, il faut que les parcelles détachées des objets entrent en contact avec les parties similaires des organes sensoriels, soit que les premières arrivent aux dernières par les pores, soit inversement (comme pour la vue) que les dernières se portent vers les premières par la même voie[2] ; car, selon le principe posé par Empédocle, tout nous est connu par ce qui, en nous, lui est semblable, la terre par la terre, l'eau par l'eau[3], etc.

Parmi les différents sens, c'étaient l'odorat et le goût qui pouvaient le plus facilement être expliqués de cette manière. Selon Empédocle, ils proviennent de ce que des molécules se détachent soit de l'air, soit du liquide, auxquels elles sont mêlées, et entrent dans le nez ou dans la bouche[4]. Pour l'ouïe, il admettait que les sons sont formés dans le tube auditif, comme dans une trompette, par l'air qui y pénètre[5]. Inversement, pour la vue, le

---

1. V. 287 sqq. (275, 313, M.), voy. Karsten; Arist. (Respir., c. 7) ; les scholies ad h. l. (Simpl., De anim., p. 167 b, f.); Plac., IV, 22; V, 15, 3.
2. Voy. sup., p. 692 sq. Théophraste (De sensu, § 7) : Ἐμπ. φησὶ, τῷ ἐναρμόττειν [τὰς ἀπορροὰς] εἰς τοὺς πόρους τοὺς ἑκάστης [αἰσθήσεως] αἰσθάνεσθαι. La différence des sensations spécifiques résulte de la différence des pores; chaque sens ne sent que ce qui est assez symétrique avec ses pores pour y pénétrer et pour produire une impression sur l'organe, tandis que tout le reste, ou n'arrive pas au sens, ou le traverse sans y produire aucune sensation. Id., Plac., IV, 9, 3; cf. Höfer (Zur Lehre von der Sinneswahrnehmung d. Lucrez. Stendal, 1872, p. 5).
3. V. 333 (321, 318, M.) : γαίῃ μὲν γὰρ γαῖαν ὀπώπαμεν, ὕδατι δ' ὕδωρ,
αἰθέρι δ' αἰθέρα δῖον, ἀτὰρ πυρὶ πῦρ ἀΐδηλον,
στοργῇ δὲ στοργήν, νεῖκος δέ τε νείκεϊ λυγρῷ·
ἐκ τούτων γὰρ πάντα πεπήγασιν ἁρμοσθέντα
καὶ τούτοις φρονέουσι καὶ ἥδοντ' ἠδ' ἀνιῶνται.
4. Plac., IV, 17; Arist., De sensu, c. 4, 441 a, 4; Alex. (De sensu, 103 b, au haut); cf. Emp., v. 312 (300, 465 sq.).
5. Théophraste, De sensu, 9; Plutarque, Plac., IV, 16; mais ce dernier a eu tort de voir une cloche au lieu d'une trompette dans le κώδων auquel Empédocle, selon Théophraste, lui aussi, avait comparé l'intérieur de l'oreille.

corps voyant devait sortir de l'œil pour aller se mettre en contact avec les effluves des objets. Empédocle en effet se représente l'œil comme une sorte de lanterne ; la prunelle contient le feu et l'eau enfermés dans des membranes dont les pores, alternativement appropriés au passage de l'une et de l'autre matière, permettent à leurs émanations de se répandre au dehors ; le feu sert à percevoir les substances claires, l'eau à percevoir celles qui sont obscures. Lors donc que les émanations des choses visibles arrivent à l'œil, il sort, à travers les pores, des effluves du feu et de l'eau qui sont à l'intérieur : de la rencontre des deux éléments naît la perception visuelle[1].

725   LA PENSÉE. — La pensée a la même origine. D'après notre philosophe, toutes choses[2] sont douées de l'intelligence et de la faculté de penser, sans qu'on puisse, à cet égard, établir une différence entre l'intellectuel et le

---

1. V. 316 sqq. (302, 220, M.); cf. 240 (227, 218, M.); THÉOPHR., *l. c.*, § 8 sq.; ARIST. (*De sensu*, c. 2, 437 b, 10 sqq., 23 sqq.); ALEX., *ad h. l.*, p. 43, 48 Thurot; PHILOP. (*Gen. anim.*, 105 b. au haut, *ap.* STURZ, 419; KARSTEN, 485); PLUT. (*Plac.*, IV, 13, 2); JOH. DAMASC., *Parall.*, p. I, 17, 11. (Stob. *Floril.*, éd. Mein., IV, 173.) D'après THÉOPHRASTE et PHILOPON (*l. c.*), d'après ARISTOTE (*Probl.*, XIV, 14; *Gen. anim.*, V, 1, 779 b, 15). Empédocle pensait que les yeux clairs contenaient plus de feu, les yeux noirs plus d'humidité ; et il admettait en outre que les premiers voyaient mieux pendant la nuit, les seconds pendant le jour (d'après Théophraste, Empédocle aurait appuyé cette proposition sur des raisons bizarres), mais que les meilleurs yeux étaient ceux où le feu et l'eau se trouvaient mélangés par parties égales. HÖFER (*l. c.*) conteste l'hypothèse d'après laquelle Empédocle faisait sortir par les yeux le feu intérieur; mais cela prouve uniquement qu'il n'a fait attention, ni aux propres déclarations d'Empédocle sur le ζῶς ἔξω διαθρώσκον, ni à l'expression ἐξιόντος τοῦ φωτός, si souvent répétée par Aristote, ni aux éclaircissements tout à fait analogues donnés par Alexandre à propos des vers d'Empédocle. Cette explication de la vue est encore celle de Platon. (Cf. 2ᵉ part., a, 2, 727, 3.) On peut aussi rattacher à ce que nous venons de dire la définition de la couleur comme ἀπόρροια (voy. ARIST., *De sensu*, c. 3, 440 a, 15; STOB., *Ecl.*, I, 364, où l'on nomme quatre couleurs correspondant aux quatre éléments, et la citation, sup., p. 693, 1, 716, 3), ainsi que l'opinion d'Empédocle relative aux corps transparents (ARIST., voy. *sup.*, 693, 1) et aux images dans les miroirs. Il expliquait ces dernières (PLUT., *Plac.*, IV, 14; JOH. DAMASC., *Parall.*, I, 17, 13, STOB., *Floril.*, éd. Mein., IV, 174, cf. ARIST., *l. c.*) par cette hypothèse, que les émanations des objets qui s'arrêtent à la surface du miroir sont ramenées par le feu qui se fait jour à travers ses pores.

2. V. 231 (313, 298, M.) : πάντα γὰρ ἴσθι φρόνησιν ἔχειν καὶ νώματος αἶσαν ; SEXT., *Math.*, VIII, 286 ; STOB., *Ecl.*, I, 790 ; SIMPL., *De an.*, 19 b, au mil.

corporel ; la faculté de penser est donc expliquée, comme toutes les autres fonctions vitales, par le mélange des substances dans le corps : nous pensons chaque élément à l'aide de l'élément correspondant existant dans notre corps¹. C'est particulièrement dans le sang, et notamment dans le sang du cœur², que les éléments sont mélangés de la manière la plus complète : c'est donc là surtout (d'après une hypothèse répandue dans l'antiquité) que la pensée et la conscience ont leur siège ; cependant Empédocle, qui reste ici conséquent avec lui-même, ne voulait pas exclure les autres parties du corps de la participation à la faculté de penser³. Plus le mélange des éléments est homogène, plus, d'une manière générale, les sens et l'esprit sont pénétrants ; là où il n'existe entre les molécules

---

1. V. 333 sqq., voy. sup., p. 723, 3. ARISTOTE (De an., I, 2, 404 b, 8 sqq.) en conclut à sa manière que, selon notre philosophe, l'âme est formée de tous les éléments réunis : ce qui est ensuite répété par ses commentateurs ; voy. STURZ, 443 sqq., 205 sq.; KARSTEN, 494. Mais cette conclusion est inexacte. Empédocle n'a pas dit que l'âme est un composé formé des éléments : il a déclaré que ce que nous nommons activité de l'âme est le résultat de la composition du corps. Il n'a jamais admis une âme distincte du corps. Plus inexacte encore est l'assertion de THÉODORET (Cur. Gr. aff., V, 18, p. 72) d'après laquelle Empédocle considérerait l'âme comme un μῖγμα ἐξ αἰθερώδους καὶ ἀερώδους οὐσίας. De même, il va de soi que la déduction de SEXTUS (Math., VII, 115, 120) d'après laquelle Empédocle admettait six critériums de la vérité appartient entièrement à lui-même et aux témoins qu'il suit.

2. THÉOPHR. (De sensu, § 10), après l'exposition de la doctrine d'Empédocle sur les sens : ὡσαύτω; δὲ λέγει καὶ περὶ φρονήσεως· καὶ ἀγνοίας· τὸ μὲν γὰρ φρονεῖν εἶναι τοῖς ὁμοίοις, τὸ δ' ἀγνοεῖν τοῖς ἀνομοίοις, ὡς ἢ ταὐτὸν ἢ παραπλήσιον ὂν τῇ αἰσθήσει τὴν φρόνησιν. διαριθμησάμενος γὰρ ὡς ἕκαστον ἑκάστῳ γνωρίζομεν, καὶ ἐπὶ τέλει προσέθηκεν ὡς· « ἐκ τούτων », etc. (V. 336 sq.; voy. sup., p. 723, 3) διὸ τῷ αἵματι μάλιστα φρονεῖν ἐν τούτῳ γὰρ μάλιστα κεκρᾶσθαί ἐστι τὰ στοιχεῖα τῶν μερῶν. Emp., v. 327 (315, 372, M.) :

αἵματος ἐν πελάγεσσι τεθραμμένη ἀντιθορόντος,
τῇ τε νόημα μάλιστα κυκλίσκεται ἀνθρώποισιν·

αἷμα γὰρ ἀνθρώποις περικάρδιόν ἐστι νόημα. (Ce dernier vers doit venir également d'Empédocle ; TERTULLIEN (De an., 15) semble dire qu'on l'a trouvé dans un poème orphique ; mais, à ce compte, c'est qu'on l'y a transporté. PHILOPON (De an., C, a, au bas) l'attribue à Critias ; c'est sans doute par suite d'une confusion.) Des écrivains postérieurs répètent cette assertion ou l'interprètent dans le sens de recherches plus récentes sur le siège de l'ἡγεμονικόν ; par exemple CICÉRON (Tusc., I, 9, 19 ; 17, 41) ; PLUTARQUE (ap. EUS., Præp., I, 8, 10) ; GALIEN (De Hipp. et Plat., II, extr. t. V, 283, K.; voy. STURZ, 439 sqq.) ; KARSTEN (495, 498). Cf. p. 721, 1 et PLATON, Phédon, 96 b.

3. Considérez à cet égard le mot μάλιστα du vers 328 et la fin du texte de Théophraste que nous citons plus loin.

qu'une faible cohésion[1], l'intelligence est lente, là où les molécules sont petites et serrées, l'intelligence est vive ; en revanche, dans le premier cas il y a plus de persévérance ; dans le second, plus de mobilité[2]. Si le mélange convenable des éléments est restreint à telle ou telle partie du corps, il produit la faculté intellectuelle correspondante[3].

LA CONNAISSANCE SENSIBLE ET LA CONNAISSANCE RATIONNELLE. — Empédocle admet donc avec Parménide[4] que la nature de la pensée correspond à l'état actuel du corps et change avec cet état[5]. ARISTOTE en conclut que ce philosophe a dû chercher la vérité dans les phénomènes sensibles[6], mais c'est là une déduction qu'Empédocle aurait repoussée aussi

---

1. Ou, selon l'*Interpr. Cruqu. ad* Horace, *Ep. ad Pis.*, 465, *ap.* STURZ, 447 ; KARSTEN, 495 : là où le sang est froid. Mais Empédocle attribuait sans doute ce défaut de chaleur au défaut de liaison entre les parties constitutives.
2. Le premier germe de la théorie des tempéraments.
3. THÉOPHRASTE (*l. c.*, § 11) continue ainsi : ὅσοις μὲν οὖν ἴσα καὶ παραπλήσια μέμικται, καὶ μὴ διὰ πολλοῦ (ici le texte semble altéré ; je serais disposé à conjecturer λίαν πολλὰ) μηδ' αὖ μικρὰ μηδ' ὑπερβάλλοντα τῷ μεγέθει, τούτους φρονιμωτάτους εἶναι καὶ κατὰ τὰς αἰσθήσεις ἀκριβεστάτους· κατὰ λόγον δὲ καὶ τοὺς ἐγγυτάτω τούτων. ὅσοι δ' ἐναντίως, ἀφρονεστάτους· καὶ ὧν μὲν μανὰ καὶ ἀραιὰ κεῖται τὰ στοιχεῖα, νωθροὺς καὶ ἐπιπόνους· ὧν δὲ πυκνὰ καὶ κατὰ μικρὰ τεθραυσμένα, τοὺς δὲ τοιούτους ὀξεῖς· (sic WIMMER, au lieu d'ὀξεῖς καὶ) φερομένους, καὶ πολλὰ ἐπιβαλλομένους ὀλίγα ἐπιτελεῖν διὰ τὴν ὀξύτητα τῆς τοῦ αἵματος φορᾶς. οἷς δὲ καθ' ἕν τι μόριον ἡ μέση κρᾶσίς ἐστι, ταύτῃ σοφοὺς ἑκάστους εἶναι. διὸ τοὺς μὲν ῥήτορας ἀγαθούς, τοὺς δὲ τεχνίτας· ὡς τοῖς μὲν ἐν ταῖς χερσὶ τοῖς δ' ἐν τῇ γλώττῃ τὴν κρᾶσιν οὖσαν. ὁμοίως δ' ἔχειν καὶ κατὰ τὰς ἄλλας δυνάμεις. Voici comment PLUTARQUE (*ap.* Eus., *Præp.*, I, 8, 10) exprime cette dernière idée : τὸ δὲ ἡγεμονικὸν οὔτε ἐν κεφαλῇ οὔτ' ἐν θώρακι, ἀλλ' ἐν αἵματι· ὅθεν καθ' ὅ τι ἂν μέρος τοῦ σώματος πλεῖον ᾖ παρεσπαρμένον τὸ ἡγεμονικόν, οἴεται κατ' ἐκεῖνο προτερεῖν τοὺς ἀνθρώπους.
4. Voy. *supra*, p. 529.
5. V. 330 (318, 375, M.) : πρὸς παρεὸν γὰρ μῆτις ἀέξεται ἀνθρώποισιν. A l'appui de cette proposition, Empédocle citait le phénomène des songes ; c'est à cela que se rapporte, d'après PHILOPON (*De an.*, I', 3, au bas) et SIMPLICIUS (*De an.*, 56 b, au mil.), le v. 331 (319, 376, M.) : ὅσσον τ' ἀλλοῖοι μετέφυν, τόσον ἄρ σφισιν αἰεὶ καὶ φρονέειν ἀλλοῖα παρίστατο. Empédocle faisait aussi remarquer que les causes de la folie se trouvaient dans la constitution du corps, quoiqu'il admît également une folie causée par nos fautes, et enfin la noble folie de l'enthousiasme religieux. CŒL. AUREL., *De morb. chron.*, I, 5, 145.
6. Dans la *Metaph.*, IV, 5, 1009 b, 12, ARISTOTE dit, à propos de Démocrite et d'Empédocle (à propos du dernier, en se fondant sur les vers que nous venons de citer) : ὅλως δὲ διὰ τὸ ὑπολαμβάνειν φρόνησιν μὲν τὴν αἴσθησιν, ταύτην δ' εἶναι ἀλλοίωσιν, τὸ φαινόμενον κατὰ τὴν αἴσθησιν ἐξ ἀνάγκης ἀληθὲς εἶναί φασιν. Il faut relier ἐξ ἀν. à φασί : ils sont forcés d'affirmer.

LA CONNAISSANCE.

bien que Parménide[1] : nous n'avons pas d'ailleurs à nous demander si c'est à tort ou à bon droit. Bien loin d'avoir une confiance absolue dans la perception, il demande que nous ne lui accordions aucune créance, mais que nous cherchions à connaître la nature des choses par l'intelligence[2]; et, si vivement qu'il déplore[3], avec Xénophane, les limites étroites de la science humaine, il compte cependant bien plus sur la raison que sur les sens, pour l'acquisition des connaissances accessibles aux mortels.

Il est à peine nécessaire de faire remarquer qu'il n'a

---

1. RITTER essaie d'expliquer l'assertion d'Aristote (Wolf's *Anal.*, II, 458 sq., cf. *Gesch. d. Phil.*, I, 541) en disant que, d'après Empédocle, le sphérus est connu par la seule raison, tandis que le monde actuel l'est aussi par les sens; mais cette explication ne peut se fonder sur aucune assertion de notre philosophe. Les vers 19 sqq., que nous allons citer, ont un sens tout à fait général et ne renferment rien qui indique qu'ils se rapportent au sphérus seul. Cf. aussi note 4.
2. V. 19 (49, 53, M.) : ἀλλ' ἄγ' ἄθρει πάσῃ παλάμῃ, πῇ δῆλον ἕκαστον,
μήτε τιν' ὄψιν ἔχων πίστει πλέον, ἢ κατ' ἀκουήν,
μήτ' ἀκοὴν ἐρίδουπον ὑπὲρ τρανώματα γλώσσης,
μήτε τι τῶν ἄλλων, ὁπόσων πόρος ἐστὶ νοῆσαι.
γυίων πίστιν ἔρυκε, νόει δ' ᾗ δῆλον ἕκαστον.
Au vers 81 (108, 82, M.) il est dit de la φιλότης : τὴν σὺ νόῳ δέρκευ μηδ' ὄμμασιν ἧσο τεθηπώς. Je ne mentionne pas les écrivains postérieurs tels que LACTANCE (*Inst.*, III, 28), TERTULLIEN (*De an.*, 17).
3. V. 2 (32, 36, M.) : στεινωποὶ μὲν γὰρ παλάμαι κατὰ γυῖα κέχυνται·
πολλὰ δὲ δείλ' ἔμπαια, τά τ' ἀμβλύνουσι μερίμνας.
παῦρον δὲ ζωῆς ἀβίου μέρος ἀθρήσαντες
5. ὠκύμοροι καπνοῖο δίκην ἀρθέντες ἀπέπταν,
αὐτὸ μόνον πεισθέντες, ὅτῳ προσέκυρσεν ἕκαστος
παντόσ' ἐλαυνόμενος, τὸ δ' ὅλον μὰψ εὔχεται εὑρεῖν·
οὕτως οὔτ' ἐπιδερκτὰ τάδ' ἀνδράσιν οὔτ' ἐπακουστὰ
οὔτε νόῳ περιληπτά. σὺ δ' οὖν, ἐπεὶ ᾧδ' ἐλιάσθης,
πεύσεαι οὐ πλέον ἠὲ βροτείη μῆτις ὄρωρεν.
Ce texte, le plus net qui se trouve dans Empédocle, n'exprime en réalité que la pensée suivante : Étant données les limites assignées au savoir humain et la brièveté de la vie humaine, on ne doit pas s'imaginer que, par le moyen d'une expérience accidentelle et partielle, on a embrassé le tout : une telle voie ne peut conduire à la véritable connaissance de la vérité (v. 8 sq.); nous devons donc nous contenter des connaissances que l'homme peut acquérir. De même Empédocle prie les dieux, v. 11 (41, 45, M.), de le préserver de la témérité qui nous en fait dire plus qu'il n'est permis aux mortels, et de lui révéler ὧν θέμις ἐστὶν ἐφημερίοισιν ἀκούειν. Un troisième texte, savoir v. 85 (112, 86, M.), n'a pas trait à cette question; car, s'il y est dit de l'amour : τὴν οὔτις μετ' ὄσσοισιν (comme Panzerbieter et Stein lisent avec raison) ἑλισσομένην δεδάηκε θνητὸς ἀνήρ, cela signifie simplement, d'après le contexte : Tout le monde connaît cette force dans ses manifestations comme amour sexuel, mais personne n'en connaissait jusqu'à présent l'importance générale au point de vue cosmique; cette importance a été révélée pour la première fois par Empédocle (σὺ δ' ἄκουε λόγων στόλον οὐκ ἀπατηλόν).

point pour cela constitué une théorie de la connaissance dans le sens attaché plus tard à ce mot [1]; et il est évident qu'on a moins encore le droit de le ranger parmi les sceptiques [2], en raison de ces plaintes sur les bornes de notre intelligence, si fréquentes chez les philosophes de toutes les écoles. Les fragments que nous possédons ne nous disent pas d'une manière explicite ce qui le rend défiant à l'égard des sens; toutefois, si nous considérons les vues analogues de Parménide, de Démocrite et d'autres physiciens, nous ne pouvons guère douter que, chez lui aussi, la cause de cette défiance ne se trouve dans la contradiction qui existe entre les apparences sensibles et sa théorie physique, et particulièrement dans les difficultés que présentent les concepts du devenir, du périr et du changement qualitatif; de sorte qu'ici encore les principes de la théorie de la connaissance ne sont pas le fondement, mais le résultat, de l'investigation objective.

LES SENTIMENTS ET LE DÉSIR. — Les sentiments, selon Empédocle, naissent de la même manière et dans les mêmes conditions que les représentations : les objets qui ont de l'affinité avec les éléments constitutifs de chaque être produisent en lui, simultanément, et la connaissance, et la sensation de plaisir; ce qui est en opposition avec la nature de l'être sentant produit la sensation du déplaisir [3]. Le désir consiste dans l'aspiration vers les éléments

---

1. Par exemple SEXTUS (*Math.*, VII, 122), qui, en se fondant sur les vers que nous venons de citer, lui attribue la doctrine suivante : Ce ne sont pas les sens qui sont le critérium de la vérité, mais l'ὀρθὸς λόγος; celui-ci participe à la fois de la nature humaine et de la nature divine, mais le λόγος humain seul, et non le divin, peut être communiqué par la parole.
2. Les sceptiques, ap. DIOGÈNE, IX, 73; CICÉRON, *Acad.*, I, 12, 44; dans les *Acad. pri.*, II, 5, 14, cette assertion est contredite.
3. *Emp.*, v. 336 sqq., 186 sqq. (voy. sup., p. 723, 3; 694, 1). THÉOPHRASTE (*De sensu*, 16) dit, en se référant à ces vers : ἀλλὰ μὴν οὐδὲ τὴν ἡδονὴν καὶ λύπην ὁμολογουμένως ἀποδίδωσιν, ἥδεσθαι μὲν ποιῶν τοῖς ὁμοίοις λυπεῖσθαι δὲ τοῖς ἐναντίοις; JOH. DAMASC., *Parall.*, II, 25, 30, 35 (STOB., *Floril.*, éd. Mein., IV, 235 sq.), cf. PLUT., *Plac.*, V, 28, et KARSTEN, 461.

similaires dont un être a besoin : il tend donc, en dernière analyse, vers un mélange des substances conforme à la nature de cet être[1].

§ 3. LES DOCTRINES RELIGIEUSES D'EMPÉDOCLE.

Jusqu'ici nous ne nous sommes occupé que des théories physiques d'Empédocle. Toutes les idées partent des mêmes hypothèses, et, bien que, en les examinant de près, on y découvre mainte conception arbitraire, on ne saurait cependant méconnaître l'effort fait pour tout expliquer d'après les mêmes principes et les mêmes causes ; ces théories apparaissent donc comme des parties d'un système philosophique de la nature, lequel, à la vérité, n'est pas complet, mais a du moins été établi d'après un plan uniforme. Il en est autrement de certaines théories et de certaines prescriptions religieuses, que l'on rencontre, soit dans le troisième livre du poème didactique sur la physique, soit surtout dans les *Catharmes* : elles n'ont aucun lien assignable avec les principes scientifiques du physicien. Dans ces propositions nous ne pouvons voir que des articles de foi venus d'autres sources et ajoutés au système philosophique. Nous ne saurions cependant les passer sous silence.

La transmigration des ames. — Nous commencerons par les idées relatives à la transmigration des âmes et à la vie future. Empédocle nous annonce que, d'après un arrêt immuable du destin, les démons coupables de meurtre ou de parjure sont bannis pendant 30 000 *hores* du séjour des bienheureux, et condamnés à parcourir les sentiers pénibles de la vie sous les diverses formes des êtres

1. Plut., *Plac.*, *l. c.*, cf. *Quæst. conv.*, VI, 2, 6.

mortels[1]. Il admet donc un état primitif de suprême félicité
dont le théâtre doit être nécessairement le ciel, car il se
plaint d'avoir été précipité du séjour des dieux dans cette
caverne qu'on appelle la terre[2]; et il ajoute que les hommes
pieux retourneront près des dieux[3]. Le poète décrit en vers
magnifiques, d'après ses propres souvenirs, nous dit-il[4], les
souffrances des esprits coupables, lesquels, dispersés[5] dans
toutes les parties du monde, ne restent jamais en place; il
décrit la détresse et la douleur de l'âme qui est entrée dans
le séjour des contraires et de la guerre, de la maladie et de
l'instabilité[6], et qui, recouverte d'une enveloppe de chair[7],

---

1. V. 369 (1) : ἔστιν ἀνάγκης χρῆμα, θεῶν ψήφισμα παλαιὸν,
        ἀίδιον, πλατέεσσι κατεσφρηγισμένον ὅρκοις·
        εὖτέ τις ἀμπλακίῃσι φόνῳ φίλα γυῖα μιήνῃ
        αἵματος, ἢ ἐπίορκον ἁμαρτήσας ἐπομόσσῃ
        δαίμων, οἵτε μακραίωνος λελάχασι βίοιο,
        τρίς μιν μυρίας ὥρας ἀπὸ μακάρων ἀλάλησθαι,
        φυόμενον παντοῖα διὰ χρόνου εἴδεα θνητῶν,
        ἀργαλέας βιότοιο μεταλλάσσοντα κελεύθους. Ici et dans ce qui suit, je passe sous silence les témoignages postérieurs, parce qu'ils ne font que répéter et paraphraser ce qui a été dit par Empédocle lui-même. On les trouve ap. STURZ, 448 sqq.
2. V. 381 (7, 9, M.) : τῶν καὶ ἐγὼ νῦν εἰμί, φυγὰς θεόθεν καὶ ἀλήτης,
    νείκεϊ μαινομένῳ πίσυνος.
V. 390 (11, 15, M.) : ἐξ οἵης τιμῆς τε καὶ ὅσσου μήκεος ὄλβου
ὧδε πεσὼν κατὰ γαῖαν ἀναστρέφομαι μετὰ θνητοῖς (le texte de ce vers es très incertain).
392 (31, 29, M.) : ἠλύθομεν τόδ' ὑπ' ἄντρον ὑπόστεγον.
3. V. 449 sq., voy. infra, 731, 7.
4. V. 383 (380, 11, M.) : ἤδη γὰρ ποτ' ἐγὼ γενόμην κοῦρός τε κόρη τε
θάμνος τ' οἰωνός τε καὶ εἰν ἁλὶ ἔλλοπος ἰχθύς.
5. V. 377 (16, 32, M.) : αἰθέριον μὲν γάρ σφε μένος πόντονδε διώκει,
πόντος δ' ἐς χθονὸς οὖδας ἀπέπτυσε, γαῖα δ' ἐς αὐγὰς
ἠελίου ἀκάμαντος, ὁ δ' αἰθέρος ἔμβαλε δίναις·
ἄλλος δ' ἐξ ἄλλου δέχεται στυγέουσι δὲ πάντες. Les vers 400 sq. (14,30, M.) semblent également se rapporter au même état.
6. V. 385 (13, 17, M.) : κλαυσά τε καὶ κώκυσα, ἰδὼν ἀσυνήθεα χῶρον,
386 (21, 19, M.) ἔνθα Φόνος τε Κότος τε καὶ ἄλλων ἔθνεα Κηρῶν,
αὐχμηραί τε νόσοι καὶ σήψιες ἔργα τε ῥευστά.
Cf. v. 393 (24, 22, M.) sqq., l'exposition des oppositions dans le monde terrestre, de Χθονίη et Ἡλιόπη (terre et feu), Δῆρις et Ἁρμονίη (haine et amour), Φυσώ et Φθιμένη (naissance et mort), beauté et laideur, grandeur et petitesse, sommeil et veille, etc. (seulement on ne doit pas adopter l'interprétation de PLUTARQUE, Tranq. an., 15, p. 474, d'après laquelle Empédocle assignerait à chacun de nous, lors de son entrée dans la vie, un cortège de bons et de mauvais génies). Cf. aussi, p. 715, 5.
7. V. 402 (379, 411, M.) : σαρκῶν ἀλλογνῶτι περιστέλλουσα χιτῶνι. Le sujet de la proposition est, d'après STOBÉE (Ecl., I, 1048), ἡ δαίμων.

s'est trouvée transplantée du royaume de la vie dans le royaume de la mort[1]. Dans leur transmigration, les démons réprouvés n'entrent pas seulement dans les corps des hommes et des animaux, mais encore dans ceux des végétaux[2]; toutefois les plus nobles demeures dans chacune de ces classes sont réservées aux moins coupables d'entre eux[3]. Quant à l'état intermédiaire où se trouve l'âme après sa sortie du corps, Empédocle semble se l'être représenté conformément aux opinions régnantes sur l'Hadès[4]. On ne peut dire avec certitude s'il a admis une égale durée pour la migration de toutes les âmes, ni quelle est cette durée[5]. Les meilleures s'élèveront en dernier lieu à la dignité de prophètes, de poètes, de médecins et de princes, pour retourner ensuite parmi les dieux en tant que dieux elles-mêmes[6].

A ces croyances Empédocle relie, outre certaines purifications dont les fragments conservent des traces[7], la défense de manger la chair des animaux et de les tuer. Ces deux actes constituent aux yeux de notre philosophe la plus grande des abominations, un crime aussi grand que

---

V. 404 (378, 416, M.) : ἐκ μὲν γὰρ ζῴων ἐτίθει νεκροειδέ' ἀμείβων.
Voy. p. 730, 3 ; 717, 4.
Cf. v. 438 (382, 448, M.) : ἐν θήρεσσι λέοντες ὀρειλεχέες χαμαιεῦναι
γίγνονται δάφναι δ' ἐνὶ δένδρεσιν ἠϋκόμοισιν.

4. C'est ce que semble indiquer le vers 389 (23, 24, M.), sans qu'on sache cependant d'une façon précise à quoi il se rapporte :

ἄτης ἂν λειμῶνα κατὰ σκότος ἠλάσκουσιν.

5. Car le sens de l'expression τρισμύριοι ὧραι (v. 734) n'est pas certain (voy. sup., 706, 2), et, d'un autre côté, nous trouvons, v. 445 (420, 453, M.) sq., la menace suivante, laquelle, sans nul doute, se rapporte à la transmigration des âmes :

τοιγάρτοι χαλεπῇσιν ἀλύοντες κακότησιν
οὔποτε δειλαίων ἀχέων λωφήσετε θυμόν.

6. V. 447 (387, 457, M.) : εἰς δὲ τέλος μάντεις τε καὶ ὑμνοπόλοι καὶ ἰητροί,
καὶ πρόμοι ἀνθρώποισιν ἐπιχθονίοισι πέλονται,
ἔνθεν ἀναβλαστοῦσι θεοὶ τιμῇσι φέριστοι,
ἀθανάτοις ἄλλοισιν ὁμέστιοι, αὐτοτράπεζοι,
εὐνῆς ἀνδρείων ἀχέων, ἀπόκηροι, ἀτειρεῖς.

Cf. la citation p. 56, 4, extraite de Pindare. Au commencement des καθαρμοί, v. 355 (392, 400, M.), Empédocle dit déjà de lui-même :

ἐγὼ δ' ὕμμιν θεὸς ἄμβροτος, οὐκέτι θνητός.

7. V. 442 (422, 452, M.) : — ἀπορρύπτεσθε
κρηνάων ἄπο πέντ' ἀνιμῶντες ἀτειρεῖ χαλκῷ.

732 celui de tuer des hommes et de se nourrir de leur chair[1]. En effet les corps des animaux renferment aussi des âmes humaines; pourquoi donc le droit universel ne serait-il pas respecté à l'égard des animaux, aussi bien qu'à l'égard de nos semblables[2]? Pour être tout à fait conséquent avec lui-même, Empédocle aurait dû sans doute étendre également ces prescriptions aux végétaux[3]; mais cela était impossible : aussi s'est-il borné à défendre de mutiler et de manger certains végétaux plus spécialement sacrés[4].

Mais, quelque importance qu'il attachât personnellement à cette croyance et à ces prescriptions[5], au fond ces idées ne se rattachent que partiellement à son système philosophique, et, sur certains points, elles le contredisent incontestablement.

Lorsque Empédocle aspire à quitter le monde de la guerre et des contraires pour retourner à la félicité d'un état primitif, où tout était paix et harmonie, il applique évidemment à la vie humaine la même disposition d'esprit et les mêmes principes que nous lui avons vu manifester dans ses considérations sur le monde et ses vicissitudes. Des deux côtés l'état d'unité est regardé comme le meilleur et le plus ancien, l'état de division, d'opposition et de lutte

---

1. V. 430 (410, 442, M.) : μορφὴν δ' ἀλλάξαντα πατὴρ φίλον υἱὸν ἀείρας
σφάζει ἐπευχόμενος, μέγα νήπιος· ὁ δὲ πορεῦται,
λισσόμενος θύοντος·· ὁ δ' ἀνηκουστήσεν ὁμοκλέων
σφάξας δ' ἐν μεγάροισι κακὴν ἀλεγύνατο δαῖτα.
ὡς δ' αὕτως πατέρ' υἱὸς ἑλὼν καὶ μητέρα παῖδες
θυμὸν ἀποῤῥαίσαντε φίλας κατὰ σάρκας ἔδουσιν.

V. 436 (9, 13, M.) : οἴμοι, ὅτ' οὐ πρόσθεν με διώλεσε νηλεὲς ἦμαρ,
πρὶν σχέτλι' ἔργα βορᾶς περὶ χείλεσι μητίσασθαι. V. 428 (416, 440, M.) sq.

2. Arist. (*Rhet.*, I, 13, 1373 b, 14) : ὡς Ἐμπεδοκλῆς λέγει περὶ τοῦ μὴ κτείνειν τὸ ἔμψυχον· τοῦτο μὲν γὰρ οὐ τισὶ μὲν δίκαιον τισὶ δ' οὐ δίκαιον,
ἀλλὰ τὸ μὲν πάντων νόμιμον διά τ' εὐρυμέδοντος
αἰθέρος ἠνεκέως τέταται διά τ' ἀπλέτου αὐγῆς· (V. 425, 403, K., 437, M.).

3. Selon la juste observation de Karsten, 513.

4. La baie de laurier et les fèves V. 440 (418, 450, M.) sq., du moins si le deuxième de ces vers (δειλοὶ πάνδειλοι κυάμων ἀπὸ χεῖρας ἔχεσθε) est réellement d'Empédocle et a réellement cette signification, car il pourrait aussi se rapporter aux votes dans l'assemblée du peuple.

5. Voy. p. 730.

entre les êtres individuels comme le résultat d'un dérangement de l'ordre primitif, d'un abandon de la félicité antérieure. Mais, si analogues que soient, chez Empédocle, la direction des doctrines physiques et celle des doctrines religieuses, le philosophe a cependant négligé d'enchaîner ces doctrines d'une manière scientifique, et même de démontrer leur accord possible. Car, si la vie intellectuelle n'est que le résultat de la combinaison des substances corporelles, elle est subordonnée, en tant qu'existence individuelle, à telle ou telle combinaison des substances; l'âme n'a donc pu exister avant la formation de son corps et ne peut non plus lui survivre. Empédocle a si peu remarqué cette difficulté qu'il n'a pas fait le moindre effort pour l'écarter, comme il n'a d'ailleurs aucunement cherché à rattacher la doctrine de la migration des âmes à ses autres théories ; car ce qu'il dit du mouvement des éléments qui parcourent toutes les formes[1] en entrant dans diverses combinaisons, n'a qu'une analogie éloignée et nullement un rapport direct avec la doctrine de la migration des démons à travers les corps terrestres[2] ; et s'il désigne les éléments eux-mêmes par des noms réservés aux dieux[3] et les appelle démons[4], il ne s'ensuit pas qu'il ait confondu en réalité deux choses aussi distinctes que la migration des âmes et le circulus des éléments, et qu'il ne pense qu'à ces derniers dans ce qu'il dit de la migration des âmes[5].

---

1. Voy. sup., p. 680, 4 ; 683, 2. C'est par l'effet d'une méprise que Karsten (p. 511) et Gladisch (Emp. u. d. Aeg., 61) cherchent dans les vers 51 sqq. (cités p. 683, 2) l'indication de la préexistence et de l'immortalité de l'âme ; ils doivent se rapporter à l'éternité des éléments qui servent à former les êtres périssables (βροτοί).
2. Selon lui, tous les êtres individuels, même les dieux et les démons, sont nés de la combinaison des substances élémentaires, et périssent quand cette combinaison se dissout ; la durée des éléments est donc tout autre chose que la durée des individus, c'est-à-dire de ce qui est composé à l'aide des éléments.
3. Voy. sup., p. 686, 1 ; 696, 1, fin.
4. V. 254; voy. sup., p. 718, 7.
5. Comme l'admettent Sturz (471 sqq.), Ritter (Wolf's Anal., II, 453 sq.,

734 De même nous ne sommes pas autorisés à voir dans la migration des âmes un simple symbole du développement graduel de la vie de la nature[1]. Empédocle lui-même a exposé cette doctrine dans son sens littéral avec la plus grande solennité et avec une netteté parfaite; et il a fondé sur elle des prescriptions morales qui peuvent nous paraître accessoires, mais qui ont incontestablement à ses yeux une haute importance.

Il faut donc admettre qu'il a emprunté la doctrine de la transmigration des âmes et ce qui s'y rattache à la tradition orphico-pythagoricienne, sans relier scientifiquement ces articles de foi à ses convictions philosophiques, exposées elles-mêmes dans une autre partie de ses ouvrages et fondées sur des raisons différentes[2].

L'AGE D'OR. — Il en est de même de la légende de l'âge d'or, qu'Empédocle expose d'une façon qui lui est propre[3],

---

Gesch. d. Phil., I, 563 sq.), SCHLEIERMACHER (*Gesch. d. Phil.*, 41 sq.), WENDT, ad TENNEMANN, I, 312, etc., après IHHOV (*De palingenesia veterum*, Amsterd., 1733, p. 233 sqq).

1. STEINHART (*l. c.*, p. 103 sq.). On ne peut invoquer SEXTUS (*Math.*, IX, 127 sqq.) à l'appui de cette interprétation; car cet écrivain, ou plutôt le Stoïcien qu'il copie, attribue à Empédocle et aux Pythagoriciens la métempsychose au sens littéral; seulement il lui donne comme base la théorie stoïcienne de l'âme du monde.

2. De nombreux exemples prouvent qu'on peut de cette manière soutenir à la fois des idées inconciliables. Combien de philosophes chrétiens ont admis des dogmes théologiques tout à fait contraires aux conséquences logiques de leur système philosophique!

3. Dans les vers 405 sqq. (368, 417, M.), qu'ARISTOTE semble déjà avoir eus en vue (*De gen. et corr.*, II, 6, 334 a, 5):

οὐδέ τις ἦν κείνοισιν Ἄρης θεὸς οὐδὲ Κυδοιμός·
οὐδὲ Ζεὺς βασιλεὺς οὐδὲ Κρόνος οὐδὲ Ποσειδῶν
ἀλλὰ Κύπρις βασίλεια. Cf. V. 421 sqq. (364, 433, M.).

Les vers suivants exposent comment les hommes de cette époque honoraient les dieux par des présents et des sacrifices où le sang n'était pas versé, ils nous montrent les animaux vivant en paix avec les hommes, et les végétaux portant des fruits en abondance. (Au sujet d'ἄγαλμα pris dans la signification de présents, cf. BERNAYS, *Theoph. v. d. Frömmigkeit*, 179. Celui-ci suppose que dans ce qui précède il y avait στακτοῖς ζωροῖσι, au lieu de γραπτοῖς ζῴοισι; mais je ne vois pas la nécessité de ce changement. Empédocle peut avoir prétendu qu'on offrait des ζῶα peints à la place de ζῶα réels, de même qu'on offrit à lui-même (voy. FAVORIN, ap. DIOG., VIII, 53] et à Pythagore [PORPH., V. P. 36] un sacrifice consistant en un taureau de pâte cuite). Cf. aussi *sup.*, p. 720, 2. STEIN

sans que nous puissions aucunement la rattacher à ses autres doctrines. Elle ne peut avoir fait partie de la description du sphérus¹, car celui-ci ne contenait pas encore des êtres individuels, non plus que de la description de l'état céleste primitif, car ceux qui vivaient dans l'âge d'or sont explicitement désignés comme ayant été des hommes, et tout ce qui les entoure apparaît comme terrestre. Il n'y a pas lieu non plus de s'arrêter à cette pensée, suggérée par le passage d'Aristote précédemment cité, que l'âge d'or doit être placé dans la période où les éléments sortis du sphérus venaient de commencer à se séparer. Car Empédocle, comme nous l'avons montré plus haut, ne paraît pas avoir décrit en détail cette forme du monde opposée à l'organisation actuelle². Il semble donc n'avoir eu recours aux mythes de l'âge d'or que pour inculquer aux esprits ses principes sur la sainteté de la vie animale, sans s'inquiéter de savoir si ces mythes s'accordaient avec son propre système.

Idées théologiques. — Un point appelle encore notre attention, en dehors de ces doctrines et de ces mythes, à savoir les idées théologiques professées par notre philosophe. Empédocle parle des dieux de quatre manières.

D'abord il cite, parmi les êtres issus de la combinaison des éléments, les *dieux*, doués d'une longue vie, honorés de tous³. Ces dieux, au fond, ne se distinguent évidemment des divinités du polythéisme qu'en tant que la cosmologie d'Empédocle assigne des limites à la durée de leur existence⁴.

---

et Mullach prétendent que les vers (voy. p. 443, 4) que l'on rapportait dans l'antiquité à Pythagore et à Parménide appartiennent à ce chapitre, mais cette hypothèse me semble très-risquée.
1. A laquelle Ritter (*Gesch. d. Phil.*, I, 543, 546) et Krische (*Forschungen*, I, 123) la rapportent.
2. Voy. *supra*, p. 711.
3. V. 104 sqq. (*sup.*, 689, 4); cf. 119 (154, 134, M.) sqq.
4. Voy. p. 711, 1.

Nous pouvons attribuer la même origine aux *démons*, dont les uns demeurent dès l'origine dans le séjour des bienheureux, et dont les autres y retournent plus tard après les péripéties de la migration des âmes[1].

736   Empédocle se rattache de même à la foi populaire, quand il appelle les éléments et les forces motrices des *démons*, et quand il leur applique certains noms de dieux[2] : toutefois l'enveloppe mythique est ici tellement transparente, que nous ne pouvons voir autre chose qu'une allégorie dans cet emploi des noms des dieux. Selon l'opinion réelle de notre philosophe, les six êtres primordiaux sont sans doute des êtres absolus et éternels, ayant à ce titre plus de droit à l'attribut « divin » que les dieux créés, mais c'est le poète seul qui leur prête, accidentellement, une personnalité. Nous en dirons autant de la divinité du sphérus. Ce mélange de toutes les substances n'est divin que dans ce sens où, d'une manière générale, l'antiquité voit dans le monde l'ensemble des êtres et des forces divines[3].

---

1. Voy. *supra*, p. 729, 3; 730 sq.
2. Voy. *supra*, p. 696, 1, fin; 686, 1; 698, 1.
3 Wirth (*d. Idee Gottes*, 172 sqq.; cf. Gladisch, *Emp. u. d. Aeg.*, 31 sq., 69 sqq.) cherche à démontrer le contraire. Il relie ce qui est dit de la divinité du sphérus (voy. *sup*., 701, 1, 4) à la doctrine de l'amour, rattache l'une et l'autre doctrine aux vers cités plus bas, et arrive ainsi à la théorie suivante : Dieu est un sujet intelligent; son essence est la φιλία; son existence primitive est le sphérus, lequel, pour cette raison, est décrit comme un être personnel, v. 138 (*sup*., 706, 4). Mais cette combinaison ne saurait être appuyée sur des témoignages historiques, ni conciliée avec les principes les plus certains de la doctrine d'Empédocle. L'argument principal de Wirth repose sur le texte d'Aristote (voy.*sup*., 707, 1) où il est dit que l'εὐδαιμονέστατος θεός d'Empédocle (le sphérus) est plus ignorant que tous les autres êtres, parce qu'il ne contient pas la haine, et que par conséquent il ne peut la connaître. Mais il faut être peu familiarisé avec la manière dont Aristote prend au mot ses prédécesseurs, pour conclure de ce texte qu'Empédocle considérait le sphérus comme un sujet intelligent, issu du processus de l'être fini. Son assertion s'explique parfaitement, même en admettant qu'il n'a eu sous les yeux que les vers 138, 142 (voy. *sup*., 706, 4, 707, 4) que nous possédons encore, et dans lesquels le sphérus est désigné comme un dieu et un être bienheureux. Aristote s'empare de ces idées et, y rattachant ce postulat que le semblable est connu par le semblable, il arrive facilement à mettre une absurdité dans la bouche du philosophe d'Agrigente. Mais ce qu'il avance ne prouve nullement qu'Empédocle ait dit lui-même que le sphérus ne connaît pas la haine, ni qu'il ait parlé d'une activité intellectuelle du sphérus. Il se peut fort bien que ces déterminations

IDÉES THÉOLOGIQUES. 255

Enfin nous possédons en outre des vers d'Empédocle où 737
il représente la divinité, selon la conception et presque avec

n'existent que dans la conséquence tirée par Aristote, et il n'est même pas nécessaire d'admettre que le superlatif εὐδαιμονέστατος θεός se soit trouvé dans Empédocle (des raisons de métrique s'y opposent). Ce superlatif peut émaner d'Aristote lui-même, qui a pu s'en servir, soit d'une façon ironique, soit comme conclusion du raisonnement suivant : si l'unité est ce qu'il y a de plus désirable, et si l'inimitié est ce qu'il y a de plus funeste (Emp., v. 79 sqq., 405 sqq., 106 sqq., 368 sqq., K., 80 sqq., 416 sqq., M., etc.), l'être le plus heureux doit être celui dans lequel il n'existe aucune lutte, mais qui est tout unité et amour. Ainsi, la seule chose qui soit démontrée, c'est qu'Empédocle a désigné le sphérus comme une divinité et comme un être heureux. Mais, selon l'observation d'ARISTOTE lui-même (*De gen. et corr.*, II, 6, 333 b, 20), Empédocle appelle également dieux les éléments et les êtres formés par les éléments, les hommes et les démons ; et quand même il ne se serait pas représenté le sphérus comme un être personnel, il aurait pu lui appliquer le nom d'heureux aussi bien que Platon a appliqué ce nom à notre monde visible (cf. 2ᵉ part., a, 689). Supposons même qu'il ait réellement considéré le sphérus comme un être personnel, ou que, malgré sa nature impersonnelle, il lui ait donné, à la façon arbitraire des anciens philosophes, des attributs personnels spéciaux tels que le savoir, il n'en résulterait nullement que le sphérus fût Dieu dans le sens monothéiste, c'est-à-dire l'Esprit suprême dégagé du processus de l'être fini. Car, d'abord, nous ne savons si Empédocle a eu de Dieu cette idée monothéistique, les vers dans lesquels on la cherche se rapportant, d'après Ammonius, à Apollon ; en second lieu, s'il l'avait eue, il n'aurait pu placer le sphérus au même rang que ce Dieu suprême. En effet, tandis que ce dernier doit sortir, selon Wirth, du processus de l'être fini, le sphérus est, quant à lui, tellement engagé dans ce processus, qu'il est divisé dans sa totalité par la haine (voy. p. 707, 4) et qu'il se résout dans le monde également divisé ; et tandis que la divinité est décrite dans ces vers comme un pur esprit, nous avons vu que le sphérus est le mélange de toutes les substances corporelles. On croit à tort pouvoir concilier toutes ces contradictions en remarquant que, au point de vue réaliste des anciens, Dieu peut être considéré comme l'unité des éléments, et que Diogène ainsi que les Éléates se le sont représenté sous cet aspect. Il ne s'agit pas de savoir si l'on pouvait considérer la divinité comme l'unité des éléments, ni si l'on pouvait attribuer la raison et la faculté de penser à un être primordial purement matériel. Les anciens Hylozoïstes ioniens et beaucoup d'autres professaient la première opinion, Diogène, Héraclite et toute l'école stoïcienne soutenaient la seconde. La question se pose ainsi : est-il possible d'admettre que le même philosophe se soit représenté la divinité à la fois comme l'esprit pur (φρὴν ἱερὴ καὶ ἀθέσφατος ἐπλετο μούνον) et comme un mélange de tous les éléments corporels ? L'histoire de la philosophie n'offre rien d'analogue. D'une manière générale, les hypothèses de Wirth sont en contradiction avec les traits essentiels du système d'Empédocle. D'après son exposition (comme aussi d'après GLADISCH, *l. c.*), le premier être aurait été l'unité de tout l'être, la divinité qui contient à la fois la substance de tous les éléments. De cet être unique seraient ensuite sorties toutes les substances particulières. Ainsi, nous aurions un système du monde analogue au panthéisme d'Héraclite. Mais Empédocle lui-même déclare que ce qui a existé tout d'abord et ce qui est incréé, ce sont les quatre éléments et les deux forces motrices. Il désigne à plusieurs reprises et d'une manière explicite le sphérus comme un être dérivé, né de la combinaison des principes primordiaux. Malgré l'ὁ θεός d'Aristote, le sphérus n'a pas donc pu être considéré par lui comme la divinité dans le sens absolu, mais simplement comme *une* divinité. (Cf. p. 708, 1.)

les expressions de Xénophane, comme un être invisible, inaccessible, et élevé bien au-dessus de la forme et de l'imperfection humaines, comme un esprit pur, qui pénètre le monde entier[1]. Mais cette assertion se rapportait tout d'abord à l'une des divinités de la religion populaire[2]. D'ailleurs il est clair qu'un homme qui suppose partout l'existence d'une pluralité de dieux et qui, dans toutes ses œuvres, se présente comme prêtre et prophète, n'a pu prendre, en face des croyances populaires, la position hostile qu'avait prise son devancier éléatique. C'est donc à tort qu'on voit ordinairement dans ces vers la profession d'un monothéisme pur, et il n'est pas non plus permis de les interpréter dans le sens d'un panthéisme philosophique. Non seulement on ne trouve dans Empédocle aucune trace[3] d'un pareil panthéisme, mais cette doctrine serait en contradiction avec un principe fondamental de son système, savoir la multiplicité primordiale des substances et des forces agissantes. Quoi qu'il en soit, ces vers indiquent la préoccupation d'épurer la croyance populaire, et Empédocle lui-même exprime clairement cette intention au commencement du troisième livre de son poème didactique sur la physique. Après avoir célébré la vraie connais-

---

1. V. 344 (356, 389, M.) : οὐκ ἔστιν πελάσασθ' οὔτ' ὀφθαλμοῖσιν ἐφικτὸν
ἡμετέροις ἢ χερσὶ λαβεῖν, ἧπερ τε μεγίστη
πειθοῦς ἀνθρώποισιν ἁμαξιτὸς εἰς φρένα πίπτει.
οὐ μὲν γὰρ βροτέῃ (al. : οὔτε γὰρ ἀνδρομέῃ) κεφαλῇ κατὰ γυῖα κέκασται,
οὐ μὲν ἀπαὶ νώτοιο δύο κλάδοι ἀΐσσονται,
οὐ πόδες, οὐ θοὰ γοῦν', οὐ μήδεα λαχνήεντα,
ἀλλὰ φρὴν ἱερὴ καὶ ἀθέσφατος ἔπλετο μοῦνον,
φροντίσι κόσμον ἅπαντα καταΐσσουσα θοῇσιν.

2. AMMONIUS (*De interpret.*, 199 b., *Schol. in Arist.*, 135 a, 21) : διὰ ταῦτα δὲ ὁ Ἀκραγαντῖνος σοφὸς ἐπιρραπίζων τοὺς περὶ θεῶν ὡς ἀνθρωποειδῶν ὄντων παρὰ τοῖς ποιηταῖς λεγομένους μύθους, ἐπήγαγε προηγουμένως μὲν περὶ Ἀπόλλωνος, περὶ οὗ ἦν αὐτῷ προσεχὴς ὁ λόγος, κατὰ δὲ τὸν αὐτὸν τρόπον καὶ περὶ τοῦ θείου παντὸς ἁπλῶς ἀποφαινόμενος, « οὔτε γὰρ », etc. D'après DIOGÈNE (VIII, 57, voy. sup., p. 682), Empédocle aurait écrit un προοίμιον εἰς Ἀπόλλωνα, qui aurait été brûlé après sa mort. Peut-être s'en est-il conservé une copie.

3. Nous avons déjà (p. 385 sq.) fait les observations nécessaires à propos du texte de SEXTUS qui lui attribue, en même temps qu'aux Pythagoriciens, la doctrine stoïcienne de l'âme du monde.

sance de Dieu et déploré[1] les idées fausses répandues sur les dieux, il invoque la muse[2] pour qu'elle l'aide à bien parler des dieux bienheureux.

Toutefois cette croyance épurée aux dieux n'est pas rattachée d'une manière scientifique à son système philosophique. Sans doute, il existe entre l'une et l'autre un lien indirect : un philosophe si vivement porté vers la recherche des causes naturelles devait avoir peu de goût pour l'anthropomorphisme de la foi populaire. Mais ces déterminations théologiques elles-mêmes ne se relient étroitement, ni aux principes, ni au développement du système d'Empédocle. Le dieu dont la pensée parcourt le monde n'est ni créateur ni organisateur du monde, car l'existence du monde est uniquement fondée sur les quatre éléments et les deux forces motrices. Les principes du système ne permettent pas non plus d'accorder à ce dieu le gouvernement du monde; car, autant qu'on en peut juger d'après les explications si incomplètes de notre philosophe, le cours du monde, lui aussi, dépend uniquement du mélange des éléments et de l'action réciproque de la haine et de l'amour, lesquels, à leur tour, obéissent à une loi immuable de la nature. Nulle part la doctrine d'Empédocle ne laisse de place à l'activité libre de la divinité; et, d'un autre côté, la Nécessité, dans laquelle Ritter[3] prétend voir l'unique force motrice et l'unité de l'amour et de la haine, n'a pas chez lui ce caractère[4]. De même, la divinité à laquelle se rapporte la description mentionnée plus haut ne peut être l'amour, car l'amour n'est que l'une des deux forces agissantes, à laquelle s'oppose l'autre force, la haine, en

---

1. V. 342 (354, 387, M.) : ὄλβιος ὃς θείων πραπίδων ἐκτήσατο πλοῦτον, δειλὸς δ' ᾧ σκοτόεσσα θεῶν πέρι δόξα μέμηλεν.
2. V. 338 (383, M.) : εἰ γὰρ ἐφημερίων ἕνεκέν τί σοι, ἄμβροτε Μοῦσα, ἡμετέρης ἔμελεν μελέτας διὰ φροντίδος ἐλθεῖν, εὐχομένῳ νῦν αὖτε παρίστασο, Καλλιόπεια, ἀμφὶ θεῶν μακάρων ἀγαθὸν λόγον ἐμφαίνοντι.
3. Gesch. d. Phil., I, 544.
4. Voy. sup., p. 701, 1.

tant que douée d'une puissance égale ; et il n'est point considéré par Empédocle comme un esprit gouvernant librement le monde, mais comme l'un des six éléments qui entrent dans la composition des choses [1].

Ainsi la conception spiritualiste de la divinité que nous trouvons chez Empédocle ne se rattache pas aux vues scientifiques du philosophe : il faut donc qu'elle vienne d'autres sources. Elle a son origine, d'abord dans la doctrine de Xénophane, dont l'influence ressort nettement des termes mêmes d'Empédocle [2], ensuite dans ces préoccupations morales et religieuses que nous a déjà manifestées sa tentative de réforme contre les sacrifices sanglants en usage dans la religion régnante. Mais quelque importantes que soient ces questions pour ceux qui veulent se faire une idée exacte de la personnalité et de l'influence d'Empédocle ou déterminer sa place dans l'histoire de la religion, le lien qui les rattache à ses opinions philosophiques est trop faible pour que nous puissions leur attribuer une grande valeur au point de vue de l'histoire de la philosophie.

§ 4. LE CARACTÈRE SCIENTIFIQUE ET LA PLACE HISTORIQUE DE LA DOCTRINE D'EMPÉDOCLE.

JUGEMENTS DIVERS. — Déjà dans l'antiquité les avis étaient partagés sur la valeur de la philosophie d'Empédocle et sur les rapports qui existaient entre elle et les systèmes antérieurs et contemporains. Dans la suite cette diversité des vues a plutôt augmenté que diminué. Parmi ses contemporains, Empédocle jouissait d'une haute considération, qu'il s'était attirée moins sans doute comme philo-

---

1. Voy. p. 698, 1.
2. Cf., avec les vers cités, les passages extraits de Xénophane, p. 490 sqq.

sophe que comme prophète et comme homme populaire [1]; les écrivains postérieurs parlent aussi de lui avec la plus haute estime, bien que se plaçant à des points de vue très-opposés [2]; mais Platon[3] et Aristote[4] semblent faire moins de cas de son mérite philosophique; et si, dans les temps modernes, quelques-uns[5] l'ont loué avec enthousiasme, d'autres lui ont témoigné plus que du dédain[6].

Les opinions diffèrent peut-être davantage encore sur les rapports d'Empédocle avec les écoles antérieures. Platon (*l. c.*) le place à côté d'Héraclite, Aristote le met ordinairement à côté d'Anaxagore, de Leucippe, de Démo-

---

1. Voy. *sup.*, p. 680.
2. D'un côté, les Néo-platoniciens qui remanièrent, comme nous l'avons déjà dit, certaines doctrines d'Empédocle, de l'autre Lucrèce (*de Nat. rer.*, I, 716 sqq.), qui le loue pour son génie poétique et pour ses théories physiques, voisines de l'atomisme :

   Quorum Acragantinus cum primis Empedocles est,
   Insula quem triquetris terrarum gessit in oris,...
   Quæ cum magna modis multis miranda videtur,...
   Nil tamen hoc habuisse viro præclarius in se
   Nec sanctum magis et mirum carumque videtur.
   Carmina quin etiam divini pectoris ejus
   Vociferantur et exponunt præclara reperta,
   Ut vix humana videatur stirpe creatus.

3. *Soph.*, 242 c, où Empédocle est désigné comme μαλακώτερος par opposition à Héraclite.
4. Aristote ne porte nulle part, il est vrai, un jugement d'ensemble sur Empédocle; mais ses assertions éparses permettent de conjecturer qu'il le plaçait comme naturaliste au-dessous de Démocrite, comme philosophe au-dessous de Parménide et d'Anaxagore. Sans doute, en plus d'un endroit la critique qu'il fait des doctrines d'Empédocle (p. ex., *Metaph.*, I, 4, 985 a, 21, III, 4, 1000 a, 24 sqq., XII, 10, 1075 b, des propositions relatives à l'amour et à la haine, *ibid.*, I, 8, 989 b, 19; *Gen. e corr.*, I, 1, 314 b, 15 sqq., II, 6, de la théorie des éléments, *Phys.*, VIII, 1, 252 a, de la doctrine des périodes du monde, *Meteor.*, II, 9, 369 b, 11 sqq. de l'explication des éclairs), ne dépasse pas le ton âpre qu'il prend avec tout le monde. Il n'y a pas lieu de s'arrêter à ce fait, que, dans les *Meteor.*, II, 3, 357 a, 24, il trouve ridicule l'idée de présenter la mer comme une exsudation de la terre. Enfin, s'il blâme le style d'Empédocle, s'il conteste la valeur poétique de ses œuvres (*Rhet.*, III, 5, 1407 a, 34; *Poet.*, 1, 1447 b, 17), cette critique n'atteint pas la philosophie même de notre auteur. (D'ailleurs Diogène, VIII, 57, lui attribue à lui-même un éloge des œuvres d'Empédocle). Mais la comparaison avec Anaxagore que l'on lit, *Metaph.*, I, 3, 984 a, 11, est décidément défavorable à Empédocle; et le ψελλίζεσθαι (*ibid.*, 4, 985 a, 4), même s'il est appliqué (l, 10) à toute la philosophie ancienne, indique toujours qu'Aristote reproche à Empédocle d'être peu clair dans l'expression de ses idées.
5. Lommatsch, dans l'écrit mentionné p. 678, 1.
6. Cf. Hegel, *Gesch. d. Phil.*, I, 337; Marbach, *Gesch. d. Phil.*, I, 75; Fries, *Gesch. d. Phil.*, I, 188.

crite et même des anciens Ioniens[1]. A partir des Alexandrins il est d'usage de le compter au nombre des Pythagoriciens. Les modernes ont presque tous suivi cette tradition [2], sans arriver néanmoins à se mettre complétement d'accord ; car, tandis que les uns le mettent au nombre des Ioniens et admettent que ses doctrines, entièrement ioniennes au fond, ont tout au plus une légère teinte de pythagorisme et d'éléatisme[3], d'autres le considèrent au contraire comme un Éléate[4] ; et une troisième opinion[5] le place, à titre de dualiste, à côté d'Anaxagore. Quoi qu'il en soit de ces différences, on semble être d'accord pour admettre que la doctrine d'Empédocle renferme un mélange d'éléments pythagoriciens, éléatiques et ioniens, surtout éléatiques et ioniens[6], mais on ne s'entend pas sur la question de savoir dans quelle proportion et d'après quelles idées directrices ces éléments sont fondus ensemble, ou même s'ils ne seraient pas simplement rapprochés l'un de l'autre d'une manière éclectique.

743 SES PRÉTENDUS MAITRES ET SES VOYAGES. — Pour décider cette question on pourrait être tout d'abord tenté de consulter les indications des anciens relativement aux maîtres

---

1. P. ex., *Metaph.*, I, 3, 984 a, 8, c. 4, c. 6, fin, c. 7, 988 a, 32; *Phys.*, I, 4; VIII, 1; *De gen. et corr.*, I, 1, 8; *De cælo*, III, 7, etc.
2. LOMMATSCH seul la suit encore sans restriction; WIRTH (*Idee sur Gotth.*, 175) affirme que tout le système d'Empédocle est pénétré de l'esprit du pythagorisme; AST (*Gesch. d. Phil.*, 1, A. S., 86) restreint l'influence pythagoricienne à la philosophie spéculative d'Empédocle, tandis qu'il fait remonter à l'influence ionienne sa philosophie de la nature.
3. TENNEMANN, *Gesch d. Phil.*, I, 211 sqq.; SCHLEIERMACHER, *Gesch. d. Phil.*, 37 sqq.; BRANDIS, *Gr.-röm. Phil.*, I, 188; *Rhein. Mus*, III, 123 sqq.; MARBACH, l. c.
4. RITTER, *l. c.*; BRANISS, voy. sup., p. 130 sq.; PETERSEN, voy. p. 153; GLADISCH, *Noack's Jahrb. f. spek. Phil.*, 1847, 697 sqq.
5. STRÜMPELL, *Gesch. d. theoret. Phil. d. Griechen*, 55 sq.
6. Voy. HEGEL, *l. c.*, 321; WENDT ad TENNEMANN, I, 277 sq., K. F.; HERMANN, *Gesch. u. Syst. d. Plat.*, I, 150; KARSTEN, p. 54, 517; KRISCHE, *Forschungen* I, 116; STEINHART, *l. c.*, p. 105; SCHWEGLER, *Gesch. d. Phil.*, p. 15; HAYM, *Allg. Enc.*, 3** sect., XXIV, 36 sq.; SIGWART, *Gesch. d. Phil.*, I, 75; UEBERWEG, *Grundr.*, I § 22.

d'Empédocle. Mais il est impossible d'arriver par ce moyen à une conclusion certaine.

ALCIDAMAS le désignait, dit-on, comme un disciple de Parménide ayant plus tard quitté son maître pour suivre les leçons d'Anaxagore et de Pythagore [1]. Mais cette indication est si bizarre, qu'il est difficile de la considérer comme provenant réellement du disciple connu de Gorgias. Ou elle est due à un homonyme postérieur, ou le compilateur négligent auquel nous la devons l'aura mal comprise [2]. Et lors même qu'il en serait autrement, il s'ensuivrait simplement qu'Alcidamas, n'ayant aucune information certaine, a déduit une liaison personnelle entre les deux philosophes de l'analogie de leurs opinions. TIMÉE, lui aussi, regarde Empédocle comme un disciple de Pythagore [3]; il ajoute qu'il fut exclu de l'école pythagoricienne pour avoir dérobé des discours (λογοκλοπεία). NÉANTHÈS [4] raconte un fait analogue, mais son témoignage n'est pas un gage de vérité. D'ailleurs l'assertion de ces deux écrivains est inadmissible par la simple raison qu'elle repose sur des hypothèses historiquement inexactes touchant le secret gardé par les Pythagoriciens sur l'enseignement de leur école. D'autres soutiennent qu'Empédocle fut à la vérité disciple de Pythagore, mais non immédiatement [5]; mais quelques-unes de leurs indications sont si vagues,

---

1. DIOGÈNE, VIII, 56 : Ἀλκιδάμας δ' ἐν τῷ φυσικῷ φησι κατὰ τοὺς αὐτοὺς χρόνους Ζήνωνα καὶ Ἐμπεδοκλέα ἀκοῦσαι Παρμενίδου, εἶθ' ὕστερον ἀποχωρῆσαι καὶ τὸν μὲν Ζήνωνα κατ' ἰδίαν φιλοσοφῆσαι, τὸν δ' Ἀναξαγόρου διακοῦσαι καὶ Πυθαγόρου· καὶ τοῦ μὲν τὴν σεμνότητα ζηλῶσαι τοῦ τε βίου καὶ τοῦ σχήματος, τοῦ δὲ τὴν φυσιολογίαν.
2. Telle est l'opinion de Karsten (p. 49), opinion qui me paraît, à moi aussi, très-vraisemblable, soit qu'Alcidamas, selon la conjecture de Karsten, n'ait parlé que de certains Pythagoriciens, dont Empédocle fut le disciple, soit qu'il ait dit simplement qu'Empédocle se rattachait à la doctrine de Pythagore et d'Anaxagore, sans prétendre par là qu'il fût personnellement leur disciple. Dans le premier cas, la méprise a pu venir de l'expression οἱ ἀμφὶ Πυθαγόραν, dans le second, du mot ἀκολουθεῖν ou d'un mot analogue.
3. DIOGÈNE, VIII, 54. Nous pouvons passer sous silence les écrivains postérieurs tels que Tzetzès et Hippolyte (voy. STURZ, p. 14; KARSTEN, p. 50).
4. Ap. DIOG., VIII, 55; voy. sup., 262, au mil.
5. Dans une lettre à Télaugès, fils de Pythagore, dont l'authenticité était déjà contestée par Néanthès et est également rendue douteuse par le texte de Dio-

d'autres sont si visiblement fausses, toutes sont si peu authentiques, qu'on n'y peut ajouter la moindre foi. Enfin beaucoup d'historiens appliquent à Empédocle la désignation générale de pythagoricien [1], sans nous donner aucun détail sur ses maîtres ou sur ses rapports avec l'école pythagoricienne; nous ne pouvons donc savoir si cette désignation est fondée sur une tradition historique précise, ou sur une simple conjecture.

Les assertions d'après lesquelles il aurait eu des relations personnelles avec l'école éléatique, paraissent, d'une manière générale, plus dignes de foi. Sans doute HERMIPPE [2] prétend à tort qu'il avait été le disciple de Xénophane, car il est impossible qu'il ait connu ce philosophe; mais rien ne nous empêche d'admettre qu'il ait eu des rapports personnels avec Parménide [3]. Diogène, toutefois, ne nous dit pas nettement [4] si THÉOPHRASTE le regardait comme un disciple personnel de Parménide, ou le considérait simplement comme ayant connu les œuvres de ce dernier. C'est là un point qu'il nous est impossible de décider.

Quant à prétendre qu'il était disciple d'Anaxagore [5], c'est

GÈNE : VIII, 53, 74, Empédocle était désigné comme le disciple d'Hippase et de Brontinus (DIOG., VIII, 55). De cette lettre provient sans doute le vers renfermant l'apostrophe à Télaugès, cité par DIOGÈNE, VIII, 43 d'après Hippolyte, et elle peut avoir été l'origine de l'assertion (τινὲς, ap. DIOG., l. c.; Eus., Præp., X, 14, 9; THÉODORET, Cur. Gr. aff., II, 23, p. 24; SUID., 'Εμπεδοκλῆς) d'après laquelle Télaugès lui-même (ou, d'après TZETZ., Chil., III, 902, Pythagore et Télaugès) aurait été son maître. SUIDAS ('Ἀρχύτας) prétend qu'Empédocle était le disciple d'Archytas.

1. On trouve des exemples ap. STURZ, 13 sq.; KARSTEN, p. 53. Cf. aussi la note suiv. et PHILOP., De an., C, 1, au mil., où il faut lire, au lieu de Τίμαιος, « Ἐμπεδοκλῆς »; ibid., D, 16, au haut.

2. DIOGÈNE, VIII, 56 : Ἕρμιππος δ' οὐ Παρμενίδου, Ξενοφάνους δὲ γεγονέναι ζηλωτὴν, ᾧ καὶ συνδιατρίψαι καὶ μιμήσασθαι τὴν ἐποποίαν· ὕστερον δὲ τοῖς Πυθαγορικοῖς ἐντυχεῖν. Cf. ap. DIOG., IX, 20 la prétendue réponse de Xénophane à Empédocle.

3. SIMPLICIUS, Phys., 6 b, au haut : Παρμενίδου πλησιαστὴς καὶ ζηλωτὴς καὶ ἔτι μᾶλλον Πυθαγορείων. OLYMPIODORE, in Gorg. prooem., sub fin. (JAHN's Jahrb., Supplément, XIV, 112). SUIDAS ('Ἐμπεδοκλῆς) et PORPHYRE (ibid.). Ce dernier le confond sans doute avec Zénon quand il dit qu'il était le disciple favori de Parménide. ALCIDAMAS (voy. sup., p. 743, 1)

4. VIII, 55 : ὁ δὲ Θεόφραστος Παρμενίδου φησὶ ζηλωτὴν αὐτὸν γενέσθαι καὶ μιμητὴν ἐν τοῖς ποιήμασι καὶ γὰρ ἐκεῖνον ἐν ἔπεσι τὸν περὶ φύσεως λόγον ἐξενεγκεῖν.

5. Voy. sup., p. 743, 1.

avancer un fait incompatible avec les faits et avec la chronologie[1]. Karsten, qui soutient cette thèse, l'appuie sur des hypothèses par trop aventureuses[2].

L'opinion qui attribue à Empédocle des voyages lointains en Orient[3], inconnus même de Diogène, repose sur des fondements encore moins solides. Ceux qui la soutiennent avouent eux-mêmes qu'elle est uniquement fondée sur sa réputation de magicien[4].

1. La preuve sera donnée dans le chapitre concernant Anaxagore.
2. D'après Karsten (p. 49), il serait venu à Athènes environ à la même époque que Parménide, vers la 81ᵉ Ol., et aurait entendu dans cette ville les leçons d'Anaxagore. Mais tout ce qu'on nous dit de son premier voyage en Grèce indique une époque où Empédocle était déjà à l'apogée de sa gloire (cf. Diog., VIII, 66, 53, 63; Athén., I, 3, c. XIV, 620, d; Suidas, Ἄκρων) et où il avait sans doute arrêté depuis longtemps son système philosophique.
3. Pline (*H. nat.*, XXX, 1, 9) parle à la vérité de voyages lointains, qu'Empédocle aurait entrepris comme Pythagore, Démocrite et Platon, afin d'étudier la magie : il ne peut songer ici qu'à des voyages en Orient, tels que ceux que Philostrate (*V. Apoll.*, I, 2, p. 3) semble attribuer à Empédocle, quand il le compte parmi ceux qui ont été en relation avec des mages.
4. Ceci démontre déjà l'invraisemblance des prétendus rapports du système d'Empédocle avec la théologie égyptienne (voy. Gladisch, *Empedokl. und d. Ægypter*, ainsi que d'autres ouvrages cités p. 27, 1). Car il est impossible d'attribuer à Empédocle une connaissance si exacte et une reproduction si complète des conceptions égyptiennes, s'il n'a pas longtemps séjourné en Égypte. Or il n'y a pas séjourné de la sorte, comme le prouve le silence gardé à ce sujet par tous les écrivains et particulièrement par Diogène, qui nous donne tant de détails sur Empédocle précisément d'après des sources alexandrines, et qui a réuni avec tant de soin les documents relatifs à ses maîtres. Ce silence est d'autant plus significatif que l'on sait avec quelle ardeur les Grecs, à partir d'Hérodote, ont recueilli et transmis les indications même les plus fabuleuses reliant leurs sages avec l'Orient et surtout avec l'Égypte. Il faudrait donc que l'affinité entre le système d'Empédocle et les doctrines égyptiennes fût très nettement marquée pour que l'on pût affirmer une relation historique. Malgré toutes les peines qu'il a prises et malgré tout l'esprit qu'il a déployé, Gladisch n'a pu me convaincre de l'existence d'une pareille relation. Si nous faisons abstraction de la croyance à une transmigration des âmes et de l'ascétisme qui s'y rattache, deux principes qui ont été naturalisés en Grèce longtemps avant Empédocle et qui revêtent chez lui une forme essentiellement différente de leur forme égyptienne, si nous laissons de côté ce qui est attribué aux Égyptiens d'après des écrits hermétiques ou d'autres sources également peu sûres et offrant trop peu de traits caractéristiques pour donner lieu à une conclusion de quelque valeur, les rapprochements faits par Gladisch ne nous fournissent que trois points de comparaison d'une certaine importance : le sphérus, les éléments, l'amour et la haine. — En ce qui concerne le sphérus, il a déjà été démontré (p. 736 sq.) qu'il n'est pas, aux yeux d'Empédocle, l'être primordial dont tout est sorti, mais qu'il est un être dérivé, formé des essences, lesquelles seules sont primordiales. C'est pourquoi, lors même qu'on aurait le droit d'admettre (ce que je conteste en tout cas relativement à l'ancienne théologie égyptienne, antérieure à l'école d'Alexandrie) que les Égyptiens concevaient la divinité

746 Ainsi une partie de ce qui nous est raconté au sujet des maîtres d'Empédocle est évidemment un tissu de fables ; le reste, quoique plus vraisemblable, n'est appuyé sur 747 aucune preuve historique. Tous ces récits, en somme, sont impuissants à nous fournir, sur ses relations avec ses devanciers, des renseignements aussi valables que ceux que nous pouvons tirer de l'étude même de ses doctrines.

Rapports avec le pythagorisme. — On peut distinguer dans la doctrine, trois sortes d'éléments constitutifs : des éléments voisins du pythagorisme, des éléments voisins de l'éléatisme, des éléments voisins de l'héraclitisme. Mais ces divers éléments ne jouent pas un rôle également important dans le système philosophique d'Empédocle.

L'influence du pythagorisme ressort nettement de la partie mythique de la doctrine, des assertions relatives

suprême comme ne faisant qu'un avec le monde et qu'ils regardaient le monde comme le corps de la divinité, lors même qu'on prouverait que, selon eux, le monde est un développement de la divinité, on ne pourrait encore établir un lien intime entre leurs doctrines et le système d'Empédocle, parce que ces doctrines manquent précisément chez ce dernier. — Si maintenant nous en venons aux quatre éléments, nous trouvons, non seulement que le concept de l'élément, tel qu'il se trouve dans Empédocle, a été évidemment emprunté à la physique de Parménide, mais en outre que Gladisch n'a pu rencontrer l'idée des quatre substances fondamentales (coïncidence qui, prise en elle-même, ne serait pas encore une preuve décisive) que dans Manéthon et dans des écrivains plus récents, se rattachant plus ou moins à cet écrivain. Lepsius a démontré (*Ueber die Götter d. vier Elemente bei den Ægyptern, Abh. d. Berl. Akad.*, 1856 ; *Hist. phil. Kl.*, p. 181 sqq., cf. p. 196 sq.) et Brugsch a établi de nouveau (*ap.* Gladisch lui-même, *Emp. u. d. Æg.*, 144) que les quatre couples de dieux élémentaires n'apparaissent dans les expositions égyptiennes qu'à partir de Ptolémée IV (222-204 av. J. C.) et jamais auparavant. Il est donc évident que les quatre éléments ne sont pas venus d'Égypte en Grèce, mais de Grèce en Égypte ; et Manéthon les a incontestablement empruntés aux Grecs, comme il a, d'une manière générale, pris les mêmes libertés que prirent les écrivains postérieurs, pour transporter des sentences philosophiques grecques dans la mythologie égyptienne. On reconnaît les traces manifestes de la doctrine stoïcienne précisément dans ce qu'Eusèbe (*Pr. ev.*, III, 2, 8) et Diogène (*Proœm.*, 10) disent au sujet des éléments, d'après Manéthon et son contemporain Hécatée. — Enfin, quand on considère Isis et Typhon comme les prototypes de la φιλία et du νεῖκος, on lire de si loin ce rapprochement, et l'on dénature tellement ces divinités égyptiennes en les concevant comme analogues aux deux forces de la nature admises par Empédocle, que l'on pourrait aussi bien faire découler ces dernières d'un grand nombre d'autres dieux mythologiques, comme Ormuzd et Ahriman.

à la transmigration des âmes et aux démons, ainsi que des règles de conduite qui en dépendent ; mais dans la physique elle n'apparaît en aucune façon, ou elle n'apparaît qu'en quelques points de peu d'importance. En ce qui concerne les doctrines mythiques, on ne peut douter qu'Empédocle ne les ait reçues directement de l'enseignement des Pythagoriciens, bien que ceux-ci les aient puisées peut-être dans les mystères orphiques, et bien qu'Empédocle lui-même en ait fait une application plus rigoureuse que les premiers Pythagoriciens, dans ses préceptes relatifs au droit de tuer les animaux et de se nourrir de leur chair. Il est de même vraisemblable que, dans sa conduite personnelle, il a pris Pythagore comme modèle. Peut-être a-t-il également emprunté aux Pythagoriciens certaines prescriptions religieuses dont, il est vrai, nous ne pouvons plus trouver de traces précises, car il n'est pas certain que la défense de manger des fèves ait réellement existé chez les anciens Pythagoriciens [1].

Mais, en dépit de tous ces emprunts, il serait téméraire de conclure qu'il eût été pythagoricien à tous les points de vue ou qu'il eût appartenu à la société pythagoricienne.

Déjà son caractère politique nous empêcherait d'admettre une pareille conclusion. S'il avait été pythagoricien, il aurait dû être partisan de l'ancienne aristocratie dorienne, tandis qu'il est au contraire à la tête de la démocratie agrigentine.

Il en est de sa philosophie comme de sa politique. Non-seulement il n'existe, comme nous l'avons montré, aucun lien direct entre les doctrines et les prescriptions religieuses qu'il a empruntées aux Pythagoriciens et son système philosophique de la nature ; mais il y a, entre celui-ci et celles-là, une opposition bien tranchée. Il serait

---

1. Cf. p. 292, au bas. D'ailleurs, nous avons déjà montré (p. 732, 4) qu'il n'est pas certain que cette défense soit contenue dans les écrits d'Empédocle.

donc aussi peu logique de le compter au nombre des Pythagoriciens, à cause de ses idées morales et religieuses, que de ranger Descartes parmi les scolastiques, à cause de son catholicisme.

Sa philosophie proprement dite, sa physique, n'est guère conforme aux doctrines pythagoriciennes. On ne trouve chez lui aucune trace de la pensée fondamentale du système pythagoricien, selon laquelle les nombres constituent l'essence des choses. La construction arithmétique des figures et des corps, la déduction géométrique des éléments lui sont tout à fait étrangères. Malgré sa prédilection ordinaire pour les expressions figurées et symboliques, il ignore absolument la symbolique pythagoricienne des nombres. Sans doute il cherche, dans quelques cas isolés, à déterminer numériquement les proportions du mélange des éléments; mais autre chose est de faire des nombres un tel usage, autre chose de dire, avec les Pythagoriciens, que les choses ne sont que des nombres.

Nous avons vu également[1] combien il est invraisemblable que le pythagorisme ait exercé une grande influence sur sa théorie des éléments. D'ailleurs le concept précis de l'élément, ou substance particulière qualitativement immuable, est tout à fait étranger aux Pythagoriciens : c'est Empédocle qui l'a constitué le premier. Ce concept ne peut avoir existé avant lui, par la raison qu'il est entièrement fondé sur les doctrines de Parménide relatives au devenir. Si donc la théorie pythagoricienne des nombres a exercé une influence quelconque sur le système d'Empédocle, cette influence n'a pu être bien grande.

De même Empédocle ne rappelle que d'une manière très-superficielle cette théorie des sons si étroitement unie chez les Pythagoriciens à celle des nombres, quand il donne à l'amour, entre autres noms, celui d'*harmonie*.

---

1. Voy. *sup.*, p. 687. Cf. p. 377 sq.

Quant aux passages où il est question de l'action de l'amour, nulle part l'amour n'y est comparé à l'harmonie des sons ; nulle part on ne trouve la moindre trace de la connaissance du système harmonique, nulle part on ne trouve une mention des rapports harmoniques fondamentaux qui sont si familiers aux Pythagoriciens. Et comme Empédocle soutient explicitement qu'aucun de ses prédécesseurs n'a vu dans l'amour la force universelle de la nature[1], il paraît fort douteux qu'il l'appelle harmonie dans le sens que les Pythagoriciens attachaient à ce mot quand ils disaient que tout est harmonie : il est plus vraisemblable qu'il a pris le mot harmonie dans le sens éthique, comme les Pythagoriciens l'avaient employé dans le sens musical.

En outre, les Pythagoriciens ont établi entre leur théorie arithmétique et musicale d'une part, et leur système astronomique d'autre part, une connexion qui n'existe nullement chez Empédocle. Celui-ci ne connaît pas le feu central et le mouvement de la terre, l'harmonie des sphères, la différence entre l'Ouranos, le Cosmos et l'Olympos[2], l'espace illimité en dehors du monde et l'espace vide au sein de l'univers. Le seul emprunt qu'il ait fait, sous ce rapport, aux Pythagoriciens, c'est cette opinion, que le soleil et la lune sont des corps vitreux et que le soleil lui aussi réfléchit un feu qui lui vient du dehors. Quant à ce fait, qu'il considérait, dit-on, le côté nord du monde comme le côté droit, il n'y faut attacher aucune importance, car

---

1. Voy. *sup.*, p. 727, 4, fin.
2. La seule indication qui pourrait avoir trait à cette distinction est celle d'après laquelle la région située au-dessous de la lune était considérée par lui comme le théâtre du mal. Mais cette indication n'est pas sûre (voy. *sup.*, 715, 5), et elle ne fournirait d'ailleurs qu'une ressemblance très-éloignée. En effet, l'opposition entre le domaine céleste et le domaine terrestre, dont la lune indique la limite en tant qu'elle est le corps céleste le plus voisin de la terre, s'impose déjà à la perception sensible. On ne trouve d'ailleurs pas dans Empédocle une délimitation nette entre les trois régions au vers 150 (187, 241, M.), il emploie οὐρανός et ὄλυμπος comme synonymes.

750 c'est là une opinion qui n'appartient pas en propre aux Pythagoriciens.

Voilà tous les points de ressemblance que l'on constate entre la physique d'Empédocle et celle des Pythagoriciens, et il est impossible d'y voir la preuve d'une influence exercée par l'une sur l'autre. Si donc Empédocle a emprunté aux Pythagoriciens les traits généraux de sa croyance à la transmigration des âmes et les autres principes qui y ont rapport, il a du moins développé d'une façon indépendante du pythagorisme les principaux points de son système scientifique du monde, et il n'a puisé dans le pythagorisme que pour un petit nombre de questions peu importantes.

RAPPORTS AVEC LA DOCTRINE ÉLÉATIQUE. — Les Éléates et surtout Parménide ont contribué pour une part bien autrement large au développement de la philosophie d'Empédocle.

Le premier principe de sa philosophie, décisif pour tout le développement ultérieur du système, je veux dire la négation du devenir et du périr, est emprunté à Parménide ; et, pour ne laisser aucun doute sur son origine, Empédocle l'appuie sur les mêmes preuves que son devancier et se sert en partie des mêmes expressions [1].

En outre, Empédocle conteste, à l'exemple de Parménide, la vérité de la perception des sens, parce que cette dernière nous montre, dans le commencement et la fin des choses, un non-être ; et ici encore les expressions des deux philosophes sont analogues [2]. De ce que tout est être, Parménide conclut que tout est un et que la multiplicité des choses est une simple apparence. Empédocle ne peut admettre ces assertions en ce qui concerne l'état présent du monde, mais

---

1. Cf., avec les vers 46 sqq., 90, 92 d'Empédocle (*sup.*, p. 683, 1, 2), Parménide, v. 47, 62-64, 67, 69 sq., 76 (p. 512 sqq.), et, avec le νόμῳ du vers 44 (p. 685, 1), l'εἶδος πολύπειρον de Parménide, v. 54 (voy. p. 512).

2. Cf. Empédocle, v. 45 sqq., 19 sqq., 81 (p. 683, 1, 727, 3), et Parménide, v. 43 sqq., 53 sqq. (p. 512).

il ne réussit pas à s'affranchir complétement de la conclusion de Parménide : il a donc recours à cet expédient, de considérer les deux mondes du poëme de Parménide, celui de la vérité et celui de l'opinion, comme deux états différents du monde, et de reconnaître à l'un et à l'autre une réalité complète, mais en bornant leur durée à des périodes déterminées.

La description détaillée de ces deux mondes est de même copiée sur celle de Parménide. Le sphérus est sphérique, homogène et immobile comme l'être de Parménide[1]; le monde actuel est formé, comme celui de l'illusion trompeuse de Parménide, d'éléments opposés ; Empédocle admet sans doute quatre éléments, mais dans la suite il les ramène à la dualité de Parménide[2]. Semblable à l'Éros de Parménide et à sa divinité qui régit le monde[3], l'amour produit toutes choses à l'aide de ces éléments par la combinaison des contraires.

Dans sa cosmologie Empédocle se rapproche de son devancier par la forme qu'il attribue à l'ensemble du monde et par l'assertion d'après laquelle il n'y a point d'espace vide[4]. Il admet notamment les hypothèses de Parménide relatives à la physique organique. Malgré certaines différences et certaines additions, il se rattache encore à lui dans ce qu'il dit sur la manière dont les hommes sont

---

1. On se convaincra de l'analogie des deux descriptions, même dans les termes, si l'on compare : Empédocle, v. 134 sqq., particulièrement v. 138 (voy. sup.; p. 706, 4), et Parménide, v. 102 sqq. (515, 1). Il n'y a pas lieu de s'arrêter à ce fait qu'Aristote a nommé le sphérus l'Un (voy. sup., p. 707, 3), puisque cette désignation n'émane certainement pas d'Empédocle, ni à ce fait, qu'il lui attribue un caractère divin (p. 707, 1, 4), puisque Empédocle, à coup sûr, n'a pas appelé le sphérus dieu, dans le sens absolu où Xénophane a appliqué ce nom à l'unité du monde.

2. Voy. sup., p. 688, 2

3. Laquelle, comme la φιλία au moment de la formation du monde, réside au centre du tout, et est aussi appelée Aphrodite, du moins par Plutarque; voy. sup., p. 523, 1, 527,

4. Voy. sup., p. 695, 1, 514, 1. Cf., avec le vers 144 de Parménide sur la lune, Empédocle, v. 154 (190, K., 245, M.). Cependant, je ne crois pas qu'il existe entre l'astronomie de Parménide et celle d'Empédocle un accord aussi complet que le suppose Apelt (Parm. et Emp. doctrina de mundi structura. Iéna, 1857).

sortis du limon de la terre, sur l'origine des sexes et sur le rôle de la chaleur et du froid dans leur production[1].

Mais le point de comparaison le plus frappant nous est fourni par l'opinion des deux philosophes sur la faculté de connaître, qu'ils dérivent tous deux du mélange des éléments corporels, admettant tous deux que chaque élément perçoit ce qui lui est similaire[2]. Ici Empédocle ne se distingue du philosophe d'Élée, sauf la différence dans la détermination des éléments, que par un développement plus précis des hypothèses qui leur sont communes.

L'influence de Xénophane se retrouve encore dans les plaintes sur les limites étroites de la science humaine[3], et surtout dans les vers où Empédocle essaye d'épurer la représentation anthropomorphique des divinités[4]. Mais son système philosophique n'a certainement aucun rapport direct ou scientifique avec cette idée plus pure de Dieu.

Il est donc impossible, d'après ce que nous venons de dire, de contester l'influence de la philosophie éléatique sur Empédocle. Toutefois la tendance générale de sa philosophie nous empêche de le ranger, avec Ritter, parmi les Éléates.

Ritter estime qu'Empédocle admet, entre la physique et la connaissance vraie, les mêmes rapports que Parménide, qu'il est également disposé à regarder un grand nombre de choses comme de pures illusions des sens, et même à traiter à ce point de vue la science entière de la nature. Que si Empédocle s'est néanmoins livré avec prédilection à l'étude de la nature et n'a parlé de l'unité de l'être que d'une manière mythique, dans la description

---

1. Voy. p. 718 sqq., cf. p. 528 sq.
2. Voy. p. 529, 723.
3. Voy. p. 727, 4 ; cf. p. 504, 1.
4. Voy. sup., p. 738.

du sphérus, cela vient, selon Ritter, en partie du caractère négatif de la métaphysique éléatique, en partie de la conviction que la vérité divine est inexprimable et inaccessible à l'intelligence humaine¹.

Mais Empédocle ne dit nulle part que sa physique ne renferme que des opinions incertaines : il soutient même explicitement le contraire. Sans doute il établit une distinction entre la connaissance sensible et celle de la raison ; mais d'autres physiciens, tels qu'Héraclite, Démocrite et Anaxagore, établissent la même distinction. Il oppose à l'imperfection de la science humaine la perfection de la science divine ; mais Xénophane et Héraclite en ont fait autant, sans avoir pour cela, soit contesté la vérité de l'être divisé et variable, soit limité leurs investigations à l'apparence trompeuse². La physique d'Empédocle ne pourrait être placée sur la même ligne que celle de Parménide, que si Empédocle lui-même avait déclaré qu'il se proposait simplement d'y exposer les opinions fausses de la masse des hommes. Mais il est si loin d'avoir fait une pareille déclaration, qu'il assure au contraire, évidemment par allusion à Parménide, que son exposition ne renferme pas des paroles trompeuses³. Nous n'avons donc aucun droit de croire que ses doctrines physiques n'expriment pas son opinion véritable, et nous ne pouvons voir que sa conviction propre dans tout ce qu'il dit sur la multiplicité primordiale des substances et des forces motrices, sur la succession des périodes du monde, sur le commencement et la fin des êtres individuels⁴. Il serait d'ailleurs

---

1. Wolf's *Analekta*, II, 423 sqq., 458 sqq.; *Gesch. d. Phil.*, I, 514 sqq., 551 sqq.
2. Voy. sup., p. 504, 654.
3. V. 86 (113, 87, M.) : οὐ δ' ἄκουε λόγων στόλον οὐκ ἀπατηλόν. Cf. Parm., v. 111 : δόξας δ' ἀπὸ τοῦδε βροτείας μάνθανε, κόσμον ἐμῶν ἐπέων ἀπατηλὸν ἀκούων. Voy. sup., p. 532, 2. L'affirmation d'Empédocle se rapporte tout d'abord à la théorie de l'amour ; mais comme celle-ci est étroitement liée aux autres hypothèses physiques, et particulièrement à la doctrine sur la haine et les éléments, elle doit se référer à sa physique tout entière.
4. Cf. p. 706, 1.

contraire à toute vraisemblance et à toute analogie historique qu'un philosophe se fût appliqué, non-seulement à exposer des opinions qu'il croyait complétement fausses, sans dire en même temps ce qu'il pense être la vérité, mais encore à développer ces opinions comme siennes dans tous leurs détails. Et, en effet, les théories physiques d'Empédocle s'écartent beaucoup de la doctrine éléatique sur l'être. Parménide ne connaît qu'un être sans mouvement, sans changement et sans division; Empédocle admet six êtres primordiaux, qui à la vérité ne sont soumis à aucun changement qualitatif, mais qui se divisent et se meuvent dans l'espace, entrent dans les combinaisons les plus variées, s'unissent et se séparent constamment, se particularisent en êtres individuels et se dégagent ensuite de ces formes particulières, créent et dissolvent un monde changeant et divisé. Vouloir ramener ce système à celui de Parménide, en soutenant que le principe de la particularisation et du mouvement y est présenté comme une chose sans réalité, n'existant qu'à l'état de représentation, c'est une tentative dont nous avons déjà démontré l'impossibilité[1].

Le vrai, c'est qu'Empédocle a fait sans doute beaucoup d'emprunts aux Éléates, et que les doctrines de Parménide notamment ont influé sur ses principes ainsi que sur le développement de son système, mais que néanmoins sa pensée a, dans l'ensemble, suivi une autre direction. En effet, malgré toutes les concessions qu'il fait à son devancier, il se sépare de lui sur le point fondamental : il admet aussi nettement la réalité du mouvement et de l'être divisé, que Parménide l'avait niée. Tandis que celui-ci anéantit toute diversité des phénomènes dans l'idée de la substance unique, Empédocle cherche à montrer comment cette diversité est sortie de l'unité primordiale. Tous ses efforts tendent à expliquer ce que Parménide avait déclaré incon-

1. Voy. p. 701, 1.

cevable, je veux dire la pluralité et le changement, lesquels, dans l'opinion de tous les anciens philosophes, dépendent étroitement l'une de l'autre. De même que les Éléates ont été amenés par leur théorie de l'unité de l'être à contester le devenir et le mouvement, de même les partisans de la doctrine adverse ont admis à la fois l'un et l'autre : les uns, en soutenant avec Héraclite que la multiplicité procède du mouvement éternel de l'être primordial; les autres, en prétendant que le mouvement et le changement ont pour fondement la pluralité des substances et des forces primordiales.

Le système d'Empédocle ne se conçoit que comme un effort pour maintenir la réalité des phénomènes que Parménide avait attaquée. D'une part, il n'a pas d'objection contre l'opinion selon laquelle il est impossible de concevoir le commencement et la fin absolue des choses; d'autre part, il ne peut se décider à nier la multiplicité des choses, la naissance, le changement et la destruction des êtres individuels. Aussi a-t-il recours à l'expédient qui consiste à ramener tous ces phénomènes à l'union et à la séparation de substances qualitativement immuables, parmi lesquelles plusieurs doivent être de nature opposée, pour que, par leur moyen, on puisse expliquer la variété des choses. Mais du moment que les éléments primitifs sont par eux-mêmes invariables, ils ne tendront pas à sortir de l'état où ils se trouvent; la cause de leur mouvement ne peut donc se trouver en eux-mêmes, mais les forces motrices doivent être conçues comme des substances particulières distinctes; et comme tout changement et tout mouvement doivent consister dans l'union et la séparation des substances; comme, d'un autre côté, il pouvait paraître inadmissible, d'après les principes généraux relatifs à l'impossibilité du devenir, que la force qui unit fût aussi la force qui sépare et inversement [1] : Empédocle

[1]. Voy. sup., p. 697.

estime qu'il faut admettre deux forces motrices différentes dans leur nature et dans leurs effets, l'une qui unit et l'autre qui sépare, l'amour et la haine. En ce qui concerne les productions des forces et des substances primitives, il répartit de même l'unité et la pluralité, le repos et le mouvement, dans différents états du monde. L'union et la séparation absolues des substances sont les deux pôles entre lesquels se meut la vie du monde : à ces deux extrémités, le mouvement cesse sous le règne exclusif soit de l'amour, soit de la haine; dans l'intervalle sont les états où se rencontrent l'union et la séparation partielles, l'existence individuelle et le changement, la naissance et la mort. Si, dans cette doctrine, l'unité complète est regardée comme l'état le plus élevé et le plus heureux, il y est admis cependant que l'amour et la haine, la multiplicité et l'unité, le mouvement et le repos se font équilibre; bien plus, le monde actuel est considéré, relativement au sphérus, comme étant surtout le monde des oppositions et du changement; la terre est regardée comme le théâtre du combat et de la souffrance, et la vie terrestre comme une phase de mouvement incessant, comme le triste lieu d'exil où errent les esprits déchus. Empédocle place dans le passé l'unité de l'être, que les Éléates avaient considérée comme réelle et actuelle; et, malgré son vif désir d'y retourner, il admet que dans notre monde règnent au plus haut degré le changement et la division, que Parménide avait considérés comme de pures illusions des sens.

RAPPORTS AVEC HÉRACLITE. — Tous ces traits dénotent une manière de voir qui s'éloigne autant de celle de Parménide qu'elle se rapproche de celle d'Héraclite; et cette ressemblance va si loin, que nous devons nécessairement admettre une influence prépondérante de la doctrine d'Héraclite sur Empédocle et sur son système.

Déjà la direction générale de la physique d'Empédocle

nous rappelle le philosophe d'Éphèse. Comme celui-ci ne voit dans le monde qu'opposition et changement, de même Empédocle ne trouve dans le monde actuel, non sans se répandre en plaintes à ce sujet, que guerre et transformation; et son système tout entier a pour objet de nous expliquer ce phénomène. Sans doute l'unité immuable de l'être est l'hypothèse dont il part et l'idéal qui lui apparaît dans un grand éloignement; mais il porte toutes ses investigations sur le monde divisé et soumis au mouvement, et son effort principal tend à établir une théorie de l'être qui nous fasse comprendre la multiplicité et la variété des phénomènes.

Et s'il a recours pour cet objet à ses quatre éléments et aux deux forces motrices, sans doute il est ici guidé par les recherches de Parménide, mais en même temps l'influence d'Héraclite se fait sentir sur deux points : d'abord les quatre éléments d'Empédocle sont une extension des trois éléments d'Héraclite[1]; ensuite ses deux forces motrices correspondent plus nettement encore aux deux principes dans lesquels Héraclite a vu les moments essentiels du devenir, et auxquels il a également donné les noms de guerre et d'harmonie. Les deux philosophes considèrent la séparation de ce qui est uni et la réunion de ce qui est séparé comme les pivots autour desquels tourne la vie de la nature, et tous deux regardent l'opposition et la séparation comme le pivot principal. Empédocle, il est vrai, maudit la guerre, qu'Héraclite avait célébrée comme la mère de toutes choses; mais lui aussi ne sait expliquer que par l'introduction de la guerre dans le sphérus la production des êtres individuels, et il est dirigé au fond par les mêmes raisons que le philosophe d'Éphèse. En effet, de même que des phénomènes distincts et sépa-

---

1. Cf. p. 687 sq. Les expressions elles-mêmes concordent dans Empédocle et Héraclite; car Empédocle appelle Ζεὺς ἀργής ce qu'Héraclite avait nommé αἴθριος Ζεύς; voy. sup., p. 686, 1 ; 610, 1.

rés ne pourraient être produits par la substance primordiale unique d'Héraclite, si elle ne se transformait en éléments opposés, de même de tels phénomènes ne pourraient être produits par les quatre éléments primitifs d'Empédocle, si ceux-ci demeuraient à l'état de mélange parfait. Selon la juste observation de PLATON[1], Empédocle ne se distingue de son devancier qu'en tant qu'il décompose en phénomènes séparés les moments que celui-ci avait réunis comme simultanés, et en tant que, par suite, il attribue à deux forces motrices ce qu'Héraclite avait considéré comme les deux faces d'une seule et même puissance, immanente à la substance vivante primordiale.

De même, les vues d'Héraclite sur l'alternance de la formation et de la destruction du monde sont transformées par Empédocle en ce sens qu'il interrompt par des intervalles de repos[2] l'écoulement du devenir, qui, chez Héraclite, ne s'arrête jamais; mais cette doctrine elle-même est certainement empruntée au philosophe éphésien et à lui seul. Comme, en outre, le rapport entre l'âge des deux philosophes confirme l'hypothèse suivant laquelle Empédocle a dû connaître l'ouvrage d'Héraclite; comme, de plus, son compatriote Épicharme fait déjà allusion à la doctrine du philosophe d'Éphèse[3], nous ne pouvons douter qu'il n'existe entre les opinions d'Empédocle et d'Héraclite, non seulement une relation intime, mais encore un lien historique. Ce n'est pas uniquement en partant du système de Parménide qu'Empédocle en est arrivé à ces doctrines profondes qui coïncident avec celles d'Héraclite[4]; il a, en réalité, emprunté ces doctrines à son devancier le philosophe d'Éphèse. Quant aux anciens Ioniens, il est impossible de dire d'une façon certaine s'il les a connus et dans quelle mesure il a pu les connaître.

1. Voy. sup., p. 593, 1; 698, 1.
2. Voy. sup., p. 704 sqq.
3. Voy. sup., p. 461; 463, 1.
— 4. Selon l'opinion de GLADISCH (*Emp. u. d. Æg.*, 19 sq.).

Conclusion. — Il résulte de ce qui précède que le système philosophique d'Empédocle a pour objet principal d'expliquer comment la multiplicité et le changement sont sortis de la nature primordiale de l'être, que toutes les parties essentielles de ce système procèdent de certaines doctrines de Parménide combinées avec celles d'Héraclite, ces dernières formant l'élément prépondérant de la combinaison, et que l'intérêt principal du système ne réside pas dans les recherches métaphysiques sur le concept de l'être, mais dans les recherches physiques sur les phénomènes de la nature et sur leurs causes.

Le point de vue qui domine ce système est exprimé dans cette proposition, que les éléments premiers des choses, qualitativement invariables, n'ont ni commencement ni fin, mais peuvent se combiner de mille manières et ensuite se séparer de nouveau. Ce sont les substances issues de ces combinaisons qui naissent et périssent, qui changent de forme et de parties constitutives.

De ce point de vue, Empédocle a tenté une explication, conséquente dans son ensemble, des phénomènes de la nature. Après avoir déterminé les éléments premiers et y avoir ajouté la cause motrice sous la double forme d'une force qui unit et d'une force qui sépare, il fait dériver tout le reste de l'action de ces forces sur les substances, du mélange et de la séparation des éléments. Sans perdre de vue ses principes généraux, il entre dans le détail des phénomènes, comme feront plus tard Diogène et Démocrite.

Si donc on entend par éclectisme une méthode où l'on réunit des éléments dissemblables en se laissant guider par des dispositions et des prédilections subjectives et non par des raisons scientifiques solides, Empédocle ne peut être regardé comme un éclectique quant aux parties essentielles de son système de la nature; et, d'une manière générale, nous ne devons pas nous montrer trop dédaigneux de son mérite scientifique. En se servant des propositions de Parménide relatives à l'être pour expliquer le devenir, il est entré dans une voie où la physique l'a suivi depuis. Non seulement il a établi que les éléments étaient au nombre de quatre, ce qui a été si longtemps regardé presque comme un axiome, mais il a introduit dans les sciences naturelles le concept même de l'élément, et il est devenu ainsi, avec Leucippe, le fondateur de l'explication mécanique de la nature. Enfin, si l'on tient compte de l'état de la science à son époque, il faut lui savoir beaucoup de gré d'avoir tenté une explication particulière de chaque chose au point de vue de ses hypothèses. En particulier, la manière dont il cherche à faire comprendre la formation d'organismes disposés d'une manière propre à la vie offre pour nous le plus haut intérêt, et fait de lui le plus ancien précurseur de Darwin [1].

Toutefois, son système présente bien des lacunes, même abstraction faite des erreurs qu'il partage avec tous ses contemporains. S'il fonde sur des raisons scientifiques son hypothèse des éléments immuables, il ne dit pas pourquoi ces éléments sont au nombre de quatre. Puis il ajoute aux substances les forces motrices, sans expliquer suffisamment pourquoi ces forces ne sont pas immanentes aux substances et pourquoi la même force ne peut pas à la fois unir et séparer : l'immutabilité qualitative des substances, en effet, n'excluait pas une tendance naturelle vers le changement de lieu, changement auquel les substances sont en fait également soumises dans son système. De plus, la différence entre la force qui unit et celle qui sépare n'est pas marquée avec assez de rigueur [2]. C'est pourquoi, selon l'observation déjà faite par ARISTOTE [3], l'action de ces forces paraît s'exercer d'une façon plus ou moins accidentelle. Empédocle n'indique pas non plus pourquoi

---

1. Cf. p. 718.
2. Voy. p. 693.
3. Voy. p. 703, 1.

leur action combinée, telle qu'elle s'exerce dans le monde actuel, est précédée et suivie d'états où l'action isolée de l'une des deux forces produit, tantôt un mélange complet, tantôt une séparation complète des éléments¹. Enfin, dans sa théorie de la migration et de la préexistence des âmes, ainsi que dans sa défense de manger de la viande, Empédocle joint à son système physique des éléments qui, loin de s'y rattacher par un lien scientifique, le contredisent manifestement.

Quelque important donc que soit le rôle d'Empédocle dans l'histoire de la physique grecque, sa philosophie, au point de vue scientifique, présente des défauts qu'il est impossible de méconnaître; les fondements de son système, qui doit nous fournir une explication mécanique de la nature, reposent en partie sur les figures mythiques et l'action obscure de l'amour et de la haine. L'atomisme, qui s'appuie sur les mêmes hypothèses générales, poursuit l'idée d'une explication mécanique de la nature avec plus de rigueur et de logique.

B. L'ATOMISME.

§ 1. DOCTRINES PHYSIQUES FONDAMENTALES : LES ATOMES ET LE VIDE.

LEUCIPPE, DÉMOCRITE. — Leucippe² est le fondateur de la théorie atomistique. Mais les opinions particulières à ce

---

1. Cf. le jugement de Platon, p. 508, 1 ; 608, 1.
2. On ne connaît presque rien de la vie de Leucippe. Quant à l'époque où il vécut, on peut dire d'une façon générale qu'il devait être plus âgé que son disciple Démocrite, et plus jeune que son maître Parménide. Il était donc contemporain d'Anaxagore et d'Empédocle. Nous trouverons dans la suite le moyen d'établir une date plus précise. — On indique comme sa patrie, tantôt Abdère, tantôt Milet, tantôt Élée (DIOG., IX, 30, où il faut sans doute lire Μελίσσος, au lieu de Μήλιος; SIMPL., Phys., 7 a, au haut; CLÉM., Protr., 43 d; GALIEN, H. ph., c. 2, p. 229; ÉPIPH., Exp. fid., 1087 d). Mais on peut se demander si parmi ces indications il y en a une seule qui repose sur une tradition historique. Comme maître de Leucippe, SIMPLICIUS (l. c.) désigne, sans doute d'après Théophraste, Parménide; la plupart des autres écrivains, pour lui faire une place dans la suite traditionnelle des philosophes, désignent Zénon (DIOG., Proœm., 15, IX, 30; GALIEN

philosophe nous ont été transmises d'une façon si incomplète, que nous sommes obligés de les confondre dans notre exposition avec celles de son célèbre disciple Démocrite[1]. Nous verrons cependant, dans le cours de nos déve-

---

et Suidas, *l. c.*; Clém., *Strom.*, I, 301 d; Hippol., *Reful.*, I, 12) ou Mélissus (Tzetz., *Chil.* II, 980; Épiphane (*l. c.*) le place aussi après Zénon et Mélissus, mais il lui applique l'épithète générale d'ἐριστικός, c'est-à-dire d'Éléate). Jamblique (*V. Pythag.*, 104) en fait même un disciple de Pythagore. — Nous ne savons pas non plus d'une façon certaine si Leucippe a consigné ses doctrines par écrit, ni à quel genre appartenaient ses ouvrages. Dans Aristote (*De Melisso*, c. 6, 980 a, 7), nous trouvons l'expression : ἐν τοῖς Λευκίππου καλουμένοις λόγοις, ce qui indiquerait un écrit d'origine douteuse ou une exposition de la doctrine de Leucippe faite par un tiers. Mais quelle conclusion peut-on tirer de cette conjecture? Même dans ce cas, l'auteur du *De Melisso* peut avoir puisé à une source indirecte, alors qu'il en existait une plus directe. Stobée (*Ecl.*, I, 160) cite quelques mots d'un écrit περὶ νοῦ, mais il est possible qu'il y ait là une confusion avec Démocrite (selon l'hypothèse de Mullach, *Democr.*, 357, et de Heeren, *ad h. l.*). D'après Diogène, IX, 46, Théophraste attribuait à Leucippe le μέγας διάκοσμος qui se trouve parmi les œuvres de Démocrite, mais peut-être son assertion ne se référait-elle primitivement qu'aux opinions contenues dans cet écrit. Toutefois, si ces témoignages ne sont pas d'une parfaite authenticité, les assertions d'Aristote et d'autres témoins sur Leucippe démontrent que les écrivains postérieurs avaient entre les mains un écrit de ce philosophe. D'Aristote nous citerons en premier lieu le texte de *Gen. et corr.*, I, 8 (voy. p. 768, 1), où le mot φησίν indique que ce texte est puisé dans un ouvrage de Leucippe; cf. en outre 770, 2; 773, 2; 787, 2; 794, 1; 800, 3; 801, 3; 802, 5; 808, 2, où Aristote, Théophraste, Diogène et Hippolyte emploient constamment le présent dans leurs citations, ainsi que l'observation que nous avons faite p. 249, 2, et qui montre que Diogène d'Apollonie connaissait l'œuvre de Leucippe. Mais il paraît que la plupart des écrivains ont oublié assez vite l'ouvrage et le nom de Leucippe, à cause des ouvrages plus nombreux et plus importants de son disciple. Une cause particulière de cet oubli est peut-être le silence gardé à l'égard de Leucippe par le rénovateur de la théorie atomistique, Épicure, et par la plus grande partie de ses disciples; voy. p. 842 sq.

1. L'ouvrage le plus complet sur la vie, les écrits et la doctrine de Démocrite est : Mullach, *Democriti Abderitæ operum fragmenta*, etc., Berl., 1843 (*Fragm. Philos. gr.*, I, 330 sqq). Cf., outre les ouvrages d'ensemble : Ritter, *Ersch und Gruber's Encykl.*, Art. *Demokritus*; Geffers, *Quæstiones Democriteæ*, Gött., 1829; Papencordt, *De atomicorum doctrina spec.* I, Berl., 1832; Burchard, dans les excellents traités : *Democriti philosophiæ de sensibus fragmenta*, Mind., 1830; *Fragmente d. Moral. d. Demok.*, ibid., 1834; Heimsöth, *Democriti de anima doctrina*. Bonn, 1835; B. Ten Brinck, *Anecdota Epicharmi, Democriti rel.* dans Schneidewin, *Philologus*, VI, 577 sqq. *Democriti de se ipso testimonia*, ibid., 589 sqq., VII, 354 sqq. *Democriti liber π. ἀνθρώπου φύσιος*, ibid., VIII, 414 sqq.; Johnson, *Der Sensualismus d. Demokr.*, etc., Plauen, 1868; Lortzing, *üb. die ethischen Fragmente Demokrit's*, Berl., 1873; Lange, *Gesch. d. Materialismus*, I, 9 sqq.

D'après l'indication presque unanime des anciens (voy. Mullach, p. 1 sq.), la ville natale de Démocrite était Abdère, colonie de Téos, remarquable alors par sa richesse et sa civilisation avancée, et dont les habitants n'ont eu que plus tard (voy. Mullach, 82 sqq.) un renom de simplicité d'esprit. Quelques auteurs ont indiqué, d'après Diogène, IX, 34, Milet, ou, d'après le Scholiaste de Juvénal (*ad Sat.*, X, 50), Mégare, mais cette indication ne mérite aucune considération. — Son père est ap-

loppements, que les bases du système ont déjà été posées par le fondateur de l'école.

pelé tantôt Hegesistratus, tantôt Damasippus, tantôt Athenocritus (Diog., *l. c.* ; voy. Mullach, *l. c.*). — L'année de sa naissance n'est pas connue très exactement, mais on peut la déterminer d'une façon presque certaine. Car, comme il se dit lui-même (Diog., IX, 41) de quarante ans plus jeune qu'Anaxagore, et qu'Anaxagore est né vers 500 av. J.-C., on ne s'écarte pas beaucoup de la vérité en plaçant sa naissance dans la 80° Olympiade (460 sqq.; Apollodore, *ap.* Diog., *l. c.*). Cette date est confirmée par le texte de Diogène (*l. c.*), où Démocrite compte 730 ans à partir de la conquête de Troie jusqu'à la rédaction de son μικρὸς διάκοσμος. si nous admettons (avec B. Ten Brinck, *Phil.*, VI, 589 sq. et Diels, *Rh. Mus.*, XXXI, 30) qu'il fait remonter l'ère troyenne à l'an 1150 (Müller, *Fr. Hist.*, II, 24 indique 1154-1144). Si Thrasylle (*ap.* Diog., 41) place sa naissance dans la 77° Olymp., et le fait plus âgé d'un an que Socrate, et si Eusèbe, dans sa *Chronique*, désigne la 86° Olymp. comme la période principale de sa vie, cela provient peut-être de la différence de dix années qui existe entre la date habituelle (ératosthénienne) de l'ère troyenne et celle qu'admet ce dernier auteur. Ailleurs (ad Ol. 69), Eusèbe place la période principale de la vie de Démocrite, Ol. 69, 3, et le fait mourir dans sa 100° année Ol., 94, 4 (ou 94, 2). Diodore, de son côté, dit (XIV, 11) qu'il est mort à l'âge de 90 ans, Ol. 94, 1 (404-405 av. J.-C.). Cyrille (*C. Julien*, I, 13 a) indique presque simultanément la 70° et la 86° Ol. comme l'époque de sa naissance. La *Chronique* de Passah (p. 274, Dind.) reporte la période principale de sa vie à la 67° Olympiade, tout en disant (p. 317), d'après Apollodore, qu'il mourut à l'âge de 100 ans, Ol. 104, 4 (*ap.* Dindorf, Ol. 105, 2). Toutes ces indications prouvent l'incertitude de la chronologie et la négligence des compilateurs postérieurs. Aulu-Gelle (*N. A.*, XVII, 21, 18) et Pline (*H. N.*, XXX, 1, 10) disent que Démocrite était à la fleur de l'âge au commencement de la guerre du Péloponnèse. Nous ne trouvons pas un point d'appui solide dans ce renseignement, non plus que dans la mention faite par Empédocle, d'Anaxagore, d'Archélaüs, d'OEnopide, de Parménide, de Zénon et de Protogoras (Diog., IX, 41, etc.). Si Aulu-Gelle croit que Socrate était beaucoup plus jeune que Démocrite, cela prouve qu'il suit la chronologie admise par Diodore. D'un autre côté, le texte d'Aristote (*Part. anim.*, I, 1 ; voy. *sup.*, 148. 3) ne prouve pas non plus que Démocrite ait été plus âgé que Socrate : il démontre uniquement que le premier s'est fait connaître par ses écrits avant que le second eût exercé une influence philosophique. Or Aristote, comme nous, ne connaît de Socrate que les dix dernières années de sa vie, c'est-à-dire l'époque où il fut le maître de Platon, de Xénophon et des autres hommes qui ont propagé sa philosophie dans les écoles socratiques. Démocrite naquit donc vers l'an 460 av. J.-C., ou peut-être quelques années plus tôt : il est impossible de fixer d'une manière certaine l'année de sa naissance. — Il l'est encore plus de déterminer l'année de sa mort. De nombreux témoins affirment qu'il atteignit un âge avancé (*matura vetustas*, Lucrèce, III, 1037), mais leurs indications sur cet âge sont très différentes : Diodore (*l. c.*) dit 90 ans, Eusèbe et la *Chronique* de Passah (*l. c.*), 100 ; Antisthène (que Mullach, p. 20, 40, 47 a tort de regarder comme antérieur à Aristote) dit, *ap.* Diogène, IX, 39, « plus de cent » ; Lucien (*Macrobe*, 18) et Phlégon (*Longævi*, c. 2), 104 ; Hipparque (*ap.* Diog., IX, 43), 109 ; Censorin (*Di. nat.*, 15, 10) dit qu'il est devenu aussi vieux que Gorgias, lequel est mort à 108 ans. (Les indications du Pseudo-Soranus dans la vie d'Hippocrate, *Hippocr. Opp.*, ed. Kühn, III, 850, sont tout à fait analogues : Hippocrate naquit Ol. 80, 1, et mourut, selon les uns, à l'âge de 90 ans ; selon d'autres, il atteignit 95, 104, 109 ans, et B. Ten Brinck, *Philol.*, VI, 591, conjecture avec raison qu'on a reporté sur lui l'âge de Démocrite.)

Quoi qu'il en soit de l'anecdote racontée *ap.* Diogène, IX, 36, nous ne ferons pas

764 LE PRINCIPE. — Voici comment ARISTOTE expose l'origine et le point de vue général de la théorie atomistique. Les

difficulté d'admettre que Démocrite ait montré de bonne heure un rare désir de s'instruire. On raconte qu'étant encore enfant il fut instruit dans l'art de la magie; et VALÈRE MAXIME (VIII, 7, ext., 4) dit que son père nourrit l'armée entière de Xerxès. L'exactitude de ce dernier fait, quoique attestée par DIOGÈNE, IX, 34 (cet auteur s'appuie sur Hérodote, qui cependant n'en dit pas un mot, ni VII, 109, ni VIII, 120, ni ailleurs), est inadmissible au point de vue chronologique. LANGE (*Gesch. d. Mater.*, I, 128), pour donner quelque vraisemblance au récit qui fait étudier la magie à Démocrite dans un âge si tendre, réduit l'enseignement régulier des τά τε περὶ θεολογίας καὶ ἀστεολογίας dont parle Diogène à une « influence prépondérante de ces sciences sur l'esprit d'un enfant avide de s'instruire. » Nous ne citerons que pour mémoire LEWES (*Hist. of phil.*, I, 95 sq.), racontant tout d'un trait que Démocrite naquit en 460 av. J.-C. et que Xerxès avait (vingt ans auparavant) laissé à Abdère quelques mages chargés de l'instruire. Toutes ces anecdotes remontent à l'époque où Démocrite lui-même était regardé par les Grecs comme un magicien et comme l'un des premiers propagateurs de la magie. PHILOSTRATE (*v. Soph.*, 10, p. 494) raconte des histoires analogues sur Protagoras. Ce qui nous paraît beaucoup plus digne de foi, c'est que Démocrite connaissait les systèmes des philosophes grecs. PLUTARQUE (*adv. Col.*, 29, 3, p. 1124) dit d'une façon générale qu'il contredit ses prédécesseurs. Parmi les philosophes que Démocrite a ainsi mentionnés, soit pour les louer, soit pour les contredire, on nomme particulièrement Parménide et Zénon (DIOG., IX, 42), dont l'influence sur la théorie atomistique ne peut d'ailleurs être niée; Pythagore (*ibid.*, 38, 46); Anaxagore (*ibid.*, 34 sq.; SEXT., *Math.*, VII, 140), et Protagoras (DIOG., IX, 42; SEXT., *Math.*, VII, 389; PLUT., *Col.*, 4, 2, p. 1109. Selon toutes les probabilités, Leucippe fut son unique maître. Toutefois, le fait n'est pas absolument certain, car le témoignage d'écrivains tels que DIOGÈNE (IX, 34), CLÉMENT (*Strom.*, I, 301 d), HIPPOLYTE (*Refut.*, 12), n'est pas probant; et si ARISTOTE (*Metaph.*, I, 4, 985 b, 4; SIMPL., *Phys.*, 7 a, au haut) nomme Démocrite le compagnon (ἑταῖρος) de Leucippe, on ne sait si cette expression désigne des rapports personnels entre ces deux hommes (ἑταῖρος indique souvent un disciple, voy. MULLACH, p. 9 et ailleurs), ou simplement la ressemblance de leurs doctrines. Cependant la première interprétation est la plus vraisemblable. Quant à l'indication (ap. DIOG., *l. c.*, et SUIDAS) d'après laquelle il aurait été en relation avec Anaxagore, elle est fort peu sûre. FAVORIN, il est vrai, affirme qu'il gardait rancune à Anaxagore parce que celui-ci avait refusé de le recevoir au nombre de ses disciples (*ibid.*); mais cette affirmation ressemble trop à une invention pour que nous puissions y ajouter foi (cf. aussi SEXT., *Math.*, VII, 140). Ailleurs, DIOG. dit inversement (II, 14) qu'Anaxagore devint l'ennemi de Démocrite parce que celui-ci ne voulut pas de lui comme disciple; mais il n'y a là qu'une preuve de la légèreté de cet écrivain. Les témoignages d'après lesquels Démocrite aurait été également en relation avec les Pythagoriciens sont très nombreux. THRASYLLE l'appelle (ap. DIOG., IX, 38) ζηλωτὴς τῶν Πυθαγορικῶν. Si nous en croyons le même texte, GLAUCUS, le contemporain de Démocrite, avait déjà affirmé : πάντως τῶν Πυθαγορικῶν τινος ἀκοῦσαι αὐτόν; et, d'après PORPHYRE (*V. Pyth.*, 3), Duris avait déjà désigné Arimneste, le fils de Pythagore, comme ayant été le maître de Démocrite. Lui-même avait, d'après Thrasylle (ap. DIOG., *l. c.*) intitulé un de ses écrits *Pythagore* et y avait parlé avec admiration du sage de Samos; et, si nous en croyons APOLLODORE (ap. DIOG., *l. c.*), il s'était également rencontré avec Philolaüs. Mais (selon la juste observation de LORTZING, p. 4), l'authenticité du Πυθαγόρης de Démocrite est très douteuse, et, en tout cas, Démocrite ne se serait approprié de la science pythagoricienne que la partie mathématique; car sa philosophie n'a aucun rapport avec celle des Pythagoriciens. — Pour acquérir de nouvelles connaissances,

Éléates, dit-il, niaient la multiplicité et le mouvement, parce qu'on ne peut concevoir ni l'un ni l'autre sans le 765

Démocrite visita les contrées du Sud et de l'Orient. Lui-même se vante, dans le fragment *ap.* CLÉMENT (*Strom.*, I, 304 a; cf. GEFFERS, p. 23; MULLACH, p. 3 sqq.; 18 sqq.; D. TEN BRINCK, *Philol.*, VII, 355 sqq.; THÉOPHRASTE, *ap.* ÉLIEN, *V. H.*, IV, 20) d'avoir fait des voyages plus lointains qu'aucun de ses contemporains; il nomme en particulier l'Égypte comme un pays où il séjourna longtemps. Toutefois, nous ne pouvons faire que des conjectures relativement à la durée de ces voyages ; les 80 années dont parle Clément résultent évidemment d'une erreur grossière ou d'une faute de copiste (PAPENCORDT, *Atom. doctr.*, 10, et MULLACH, *Democr.*, 19, Fr., *Phil.*, I, 330, supposent que π, signifiant πέντε, a été confondu avec π', signe de 80 ; et DIODORE (I, 98) dit en effet que Démocrite a fait un séjour de 5 années en Égypte). Les écrivains postérieurs sont plus affirmatifs. Ils racontent qu'il dépensa tout son riche héritage en voyages, qu'il visita les prêtres égyptiens, les Chaldéens et les Perses, quelques-uns ajoutent les Indes et l'Éthiopie (DIOG., IX, 35; SUIDAS, Δημόκρ.; HESYCH., *Miles.*, Δημόκρ.; ÉLIEN, *l. c.*; CLÉMENT (*l. c.*) parle seulement de Babylone, de la Perse et de l'Égypte ; DIODORE, I, 98, d'un séjour de cinq années en Égypte; STRABON, XV, 1, 38, p. 703, de voyages à travers une grande partie de l'Asie; CICÉRON, *Fin.*, V, 19, 50, parle, d'une manière générale, de voyages lointains entrepris dans le désir de s'instruire). Il est impossible de savoir aujourd'hui jusqu'à quel point ces assertions sont exactes. Démocrite visita certainement l'Égypte, la partie occidentale de l'Asie et la Perse; mais il ressort des passages de Strabon et de Clément, *l. c.*, qu'il n'alla certainement pas jusqu'aux Indes ; cf. GEFFERS, 22 sqq. Dans ces voyages, a plutôt fait des observations sur les hommes et la nature, qu'il ne s'est instruit dans les sciences des Orientaux. L'assertion de Démocrite *ap.* CLÉMENT, d'après laquelle personne, sans en excepter les mathématiciens égyptiens, ne l'a surpassé dans les démonstrations géométriques, indique à la vérité qu'il a eu avec les étrangers des rapports scientifiques, mais permet en même temps de supposer que ceux-ci ne pouvaient pas lui enseigner grand'chose à cet égard (Sur les connaissances mathématiques de Démocrite, cf. aussi CIC., *Fin.*, I, 6, 20; PLUT., *C. not.*, 39, 3, p. 1079). PLINE nous parle de connaissances en magie acquises par Démocrite dans ces voyages (*H. n.*, XXV, 2, 13, XXX, 1, 9 sq., X, 49, 137, XXIX, 4, 72, XXVIII, 8, 112 sqq.; cf. PHILOSTR., *V. Apoll.*, I, 1) ; mais ce qu'il dit s'appuie sur des écrits apocryphes qu'AULU-GELLE a déjà reconnus comme tels (*N. A.*, X, 12); cf. BURCHARD, *Fragm. d. Mor. d. Dem.*, 17; MULLACH, 72 sqq., 156 sqq. Les prétendues relations entre Darius et Démocrite doivent également être regardées comme une fable (JULIEN, *Epist.*, 37, p. 413; Spanh., cf. PLINE, *H. n.*, VII, 55, 189; voy. p. 810, 3, et *ap.* MULLACH, 45, 49). Il n'y a pas lieu non plus de s'arrêter à l'indication (POSIDONIUS, *ap.* STRABON, XVI, 2, 25, p. 757 et SEXT., *Math.*, XI, 363) d'après laquelle Démocrite aurait emprunté sa théorie des atomes à Mochus, philosophe phénicien très ancien. Il est hors de doute qu'il existait un écrit portant le nom de ce Mochus (voy. JOSÈPHE, *Antiquit.*, I, 3, 9; ATHÉN., III, 126 a; DAMASC., *De princ.*, p. 385, Kopp; cf. JAMBL., *V. Pyth.*, 14; DIOG., *Proœm.*, 1); mais si cet écrit renfermait une théorie atomistique semblable à celle de Démocrite, il s'ensuivrait seulement que l'auteur a copié le philosophe d'Abdère ; on ne pourrait en tirer la conclusion opposée, et supposer que le philosophe phénicien a été, non seulement l'inspirateur de Démocrite, mais encore celui de Leucippe. Les racines de la théorie atomistique apparaissent si nettement dans l'ancienne science grecque qu'on ne peut songer à dériver cette théorie d'une source étrangère. Le texte de Damascius montre que l'écrit de Mochus n'existait pas encore à l'époque d'Eudème.

Après son retour, Démocrite semble être resté dans sa ville natale ; peut-être

vide, et que le vide n'est rien. Leucippe accorda à ces philosophes que le mouvement est impossible sans le

faut-il placer à cette date une visite à Athènes (Diog., IX, 36 sq.; Cic., Tusc., V, 36, 104; Valer. Max., VIII, 7 ext., 4). D'ailleurs, aucun document sûr ne confirme cette visite. Appauvri par ses voyages, il aurait remédié aux suites de sa prodigalité par la lecture publique de quelques ouvrages (Philon, Provid., II, 13, p. 52, Auch.; Diog., IX, 39 sq.; Dion Chrysost., Or., 54, 2, p. 280, R.; Athen., IV, 168 b; Interpr. Horat. ad Epist., I, 12); d'autres racontent (ce qui a été dit également de Thalès et d'Anaxagore; voy. sup., p. 170, 2) qu'il avait négligé sa fortune, mais qu'il la releva par des spéculations avec les presses à huile (Cic., Fin., V, 29, 87; Horace, Ep., I, 12, 12, et les Scholies ad h. l.; Pline, H. n., XVIII, 28, 273; Philon, Vit. contempl., 891 c, Hösch.; et Lactance, Instit., III, 23); Valère (l. c.) dit qu'il fit présent à l'État de la plus grande partie de ses immenses richesses, afin de pouvoir se consacrer tout entier à la science. On peut se demander si toutes ces indications reposent sur des fondements solides. On ne connaît pas mieux la source de l'assertion (Antisth., ap. Diog., IX, 38, où Mullach (p. 64) a tort de conjecturer τάφρεαι au lieu de τάφοις, Lucien, Philopseud, c. 32) suivant laquelle il vivait dans des monuments funéraires et des lieux déserts, non plus que de l'anecdote relative à sa cécité volontaire (Aulu-Gelle, N. A., X, 17; Cic., Fin., l. c., Tusc., V, 39, 114; Tertull., Apologet., c. 46; voy. aussi Plut., Curiosit., c. 12, p. 521 sq.). Peut-être cette dernière anecdote vient-elle de ses idées relatives aux erreurs des sens (cf. Cic., Acad., II, 23, 74, où cette opinion est exprimée par les mots excœcare, sensibus orbare). On peut davantage ajouter foi à Petronius (Sat., c. 88, p. 424, Burm.), quand il dit que Démocrite passa sa vie à étudier les sciences naturelles (cf. l'anecdote ap. Plut., Qu. conv., I, 10, 2, 2). On peut admettre aussi que ses concitoyens le vénéraient et lui donnèrent le surnom de σοφία (Clém., Strom., VI, 631 d; Élien, V. H., IV, 20), mais il n'est pas vraisemblable qu'ils lui aient offert le pouvoir suprême (Suid., Δημόκρ.). Nous ne savons pas s'il était marié; une anecdote qui le ferait supposer (ap. Antonius, Mel., 609; Mullach, Fr. mor., 180), n'est pas suffisamment garantie, et il serait téméraire de conclure le contraire de ses assertions sur le mariage (voy. inf., l'allégation si répandue, d'après laquelle il riait de tout (Sotion, ap. Stob., Floril., 20, 53; Horace, Epist., II, 1, 194 sqq.; Juvénal, Sat., X, 33 sqq.; Sen., De ira, II, 10; Lucien, Vit. auct., c. 13; Hippol., Reful., I, 12; Élien, V. H., IV, 20, 29; Suid., Δημόκρ.; le contraire est dit ap. Démocr. Fr. 167) n'est évidemment qu'une invention puérile; il en est de même des anecdotes concernant ses talents de sorcier et ses prophéties (voy. sup., et Pline, H. n., XVIII, 28, 273, 35, 341; Clém., Strom., VI, 631 d; Diog., IX, 42; Philostr., Apoll., VIII, 7, 28). Ses prétendues relations avec Hippocrate ont donné naissance à un grand nombre de fables. Beaucoup d'écrivains ont même soutenu (d'après Cels., De medic. præf.; Ps.-Soran, v. Hippocr., Opp., ed. Kühn, III, 850) que ce dernier était son disciple. On peut déjà reconnaître, ap. Diog., IX, 42; Élien, V. H., IV, 20; Athénag., Suppl., c. 27, les fondements de cette tradition qui a pris plus tard des développements exorbitants dans les prétendues lettres de ces deux personnages (Hippocr. Opp., ed. Kühn, t. III; voy. Mullach, 74 sqq.). Enfin, il n'y a pas lieu d'ajouter foi aux nombreuses indications relatives à la mort de Démocrite, ap. Diog., IX, 43; Athén., II, 46 e; Lucien, Macrob., c. 18; M. Aurèle, III, 3, etc. (voy. Mullach, 89 sqq.). L'assertion de Lucrèce (III, 1037 sqq.), d'après laquelle il aurait mis fin à ses jours pour échapper aux maux de la vieillesse, ne repose sur aucun fondement assuré.

Supérieur à la plupart de ses prédécesseurs et de ses contemporains par la variété de ses connaissances, par la pénétration et la vigueur logique de son esprit, Démocrite a été, grâce à la combinaison si rare de ces deux qua-

vide et que le vide doit être considéré comme un non-être ; mais il crut néanmoins pouvoir sauver la réalité de la production et de la destruction des choses, du mouvement et de la multiplicité, en admettant qu'à côté de l'être ou du plein il y avait aussi le non-être ou le vide. L'être, disait-il, n'est pas une unité, mais consiste dans un nombre infini de corpuscules qui se meuvent dans le vide : c'est de la combinaison et de la séparation de ces corps que résultent la production et la destruction des choses, leurs changements et leur action réciproque[1].

lités, le prédécesseur immédiat d'Aristote, qui le cite fréquemment, reproduit souvent ses opinions, et parle de lui avec une estime évidente. (Nous en trouverons plus loin les preuves ; nous voyons dans PAPENCORDT, *l. c.*, p. 21, que Théophraste et Eudème se sont aussi beaucoup occupés de Démocrite). D'après les titres et les fragments qui nous sont parvenus, ses nombreux ouvrages embrassaient les sujets les plus divers : les mathématiques, les sciences naturelles, l'éthique, l'esthétique, la grammaire et la technique. DIOGÈNE (I, 16) le cite comme l'un des écrivains philosophiques les plus féconds. NIETZSCHE (*Rh. Mus.*, XXV, 220 sq.) prétend qu'il faut lire dans ce texte Démétrius (de Phalère) au lieu de Démocrite ; mais nous sommes d'autant moins fondés à faire cette substitution que, d'après THRASYLLE, le même DIOGÈNE (IX, 45 sqq.) cite 15 tétralogies de Démocrite parmi lesquelles les œuvres de physique occupent la plus grande place. On cite encore beaucoup d'ouvrages apocryphes ; probablement il s'en trouve un certain nombre parmi ceux que l'on prétend être authentiques (SUID., Δημόκρ. ne croit à l'authenticité que de deux écrits) ; du moins, l'autorité de Thrasylle n'est pas une garantie suffisante pour nous permettre d'affirmer le contraire (cf. BURCHARD, *Fragm. d. Mor. d. Dem.*, 16 sq.). ROSE (*De Arist. libr. ord.*, 6 sq.) suppose que dès les temps les plus anciens on a attribué à Démocrite beaucoup d'ouvrages dont il n'était pas l'auteur, et cite particulièrement ceux qui ont trait à la morale comme étant apocryphes. LORTZING (*l. c.*) procède avec plus de circonspection. Il admet l'authenticité de deux écrits éthiques π. εὐθυμίης et ὑποθῆκαι, et les regarde comme la source de la plupart des fragments moraux que nous possédons ; quant aux autres, il doute de leur authenticité ou la nie (voy. *ap.* HEIMSŒTH, p. 41 sq. ; MULLACH, 93 sqq., les indications des anciens relatives aux différents écrits de Démocrite ; cf. aussi le traité de SCHLEIERMACHER, 1815, sur la liste donnée par Diogène. 3e part., III, 193 sqq., œuv. compl.). Mullach a publié les fragments des œuvres de Démocrite ; la plupart sont tirés des œuvres morales, et un grand nombre sont d'authenticité douteuse, ou apocryphes (voy. BURCHARD et LORTZING, *l. c.* ; B. TEN BRINCK, *Philol.*, VI, 577 sqq., VIII, 414 sqq.) ; CICÉRON (*Orat.*, 20, 67 ; *De Orat.*, I, 11, 49) place Démocrite à côté de Platon pour son style élevé et poétique ; il vante (*Divin.*, II, 64, 133) la clarté de son exposition, tandis que PLUTARQUE (*Qu. conv.*, V, 7, 6, 2) en admire la vigueur ; TIMON lui-même (*ap.* DIOG., IX, 40) en parle avec éloge, et DENYS (*De compos. verb.*, c. 24) le cite à côté de Platon et d'Aristote, comme un modèle de style philosophique (cf. aussi PAPENCORDT, p. 19 sq. ; BURCHARD, *Fragm. d. Moral. d. Dem.*, 5 sqq.). Ses écrits, que Sextus avait encore entre les mains, étaient déjà perdus à l'époque de Simplicius (voy. PAPENCORDT, p. 22) ; les extraits de Stobée sont certainement tirés d'anciens recueils.

1. *De gen. et corr.*, I, 8 (voy. sup., 603, 1) : ὅτῳ δὲ μάλιστα καὶ περὶ πάντων

Leucippe et Démocrite reconnaissent avec Parménide et Empédocle que, rigoureusement parlant, les choses ne peuvent ni naître ni périr [1]; ils admettent également, comme conséquence directe de cette proposition [2], que l'être lui-même ne change pas, et que, par suite, la multiplicité ne peut sortir de l'unité ni l'unité de la multiplicité [3]; ils conviennent que la pluralité ne saurait exister

ἑνὶ λόγῳ διωρίκασι Λεύκιππος καὶ Δημόκριτος (cela ne signifie pas : Leucippe et Démocrite étaient d'accord *entre eux* sur toutes les questions, mais : ils ont expliqué tous les phénomènes d'une manière rigoureusement scientifique d'après les mêmes principes), ἀρχὴν ποιησάμενοι κατὰ φύσιν ἥπερ ἐστίν. ἐνίοις γὰρ τῶν ἀρχαίων ἔδοξε τὸ ὂν ἐξ ἀνάγκης ἓν εἶναι καὶ ἀκίνητον, etc. (voy. *sup.*, p. 557, 1)... Λεύκιππος δ' ἔχειν ᾠήθη λόγους οἵ τινες πρὸς τὴν αἴσθησιν ὁμολογούμενα λέγοντες οὐκ ἀναιρήσουσιν οὔτε γένεσιν οὔτε φθορὰν οὔτε κίνησιν καὶ τὸ πλῆθος τῶν ὄντων. ὁμολογήσας δὲ ταῦτα μὲν τοῖς φαινομένοις, τοῖς δὲ τὸ ἓν κατασκευάζουσιν, ὡς οὔτε ἂν κίνησιν οὖσαν ἄνευ κενοῦ τό τε κενὸν μὴ ὄν, καὶ τοῦ ὄντος οὐθὲν μὴ ὂν φησιν εἶναι· τὸ γὰρ κυρίως ὂν παμπληθὲς ὄν· ἀλλ' εἶναι τὸ τοιοῦτον οὐχ ἕν, ἀλλ' ἄπειρα τὸ πλῆθος καὶ ἀόρατα διὰ σμικρότητα τῶν ὄγκων. ταῦτα δ' ἐν τῷ κενῷ φέρεσθαι (κενὸν γὰρ εἶναι), καὶ συνιστάμενα μὲν γένεσιν ποιεῖν, διαλυόμενα δὲ φθοράν. ποιεῖν δὲ καὶ πάσχειν ᾗ τυγχάνουσιν ἁπτόμενα· ταύτῃ γὰρ οὐχ ἓν εἶναι. καὶ συντιθέμενα δὲ καὶ περιπλεκόμενα γεννᾶν· ἐκ δὲ τοῦ κατ' ἀλήθειαν ἑνὸς οὐκ ἂν γενέσθαι πλῆθος, οὐδ' ἐκ τῶν ἀληθῶς πολλῶν ἕν, ἀλλ' εἶναι τοῦτ' ἀδύνατον, ἀλλ' ὥσπερ Ἐμπεδοκλῆς καὶ τῶν ἄλλων τινές φασι πάσχειν διὰ πόρων, οὕτω πᾶσαν ἀλλοίωσιν καὶ πᾶν τὸ πάσχειν τούτον γίνεσθαι τὸν τρόπον, διὰ τοῦ κενοῦ γινομένης τῆς διαλύσεως καὶ τῆς φθορᾶς, ὁμοίως δὲ καὶ τῆς αὐξήσεως, ὑπεισδυομένων στερεῶν. Au lieu des mots : καὶ τοῦ ὄντος, etc., j'avais autrefois conjecturé : καὶ τοῦ ὄντος οὐθὲν ἧσσον τὸ μὴ ὂν φησιν εἶναι. Quoique cette correction convienne mieux au sens général et qu'elle puisse être appuyée sur les passages d'Aristote et de Simplicius cités p. 770, 2, je crois cependant qu'on peut également adopter la leçon ordinaire, si l'on explique les mots καὶ εἶναι de la façon suivante : il convient aussi « qu'aucun être ne peut être un non-être ». Mais le plus simple, c'est de lire, avec le Cod. E, immédiatement auparavant : ὡς οὐκ ἂν κίνουσ., et de commencer la seconde partie de la phrase par : τό τε κενὸν; alors l'explication ne présentera aucune difficulté. Prantl intercale dans son édition, après « τό τε κενὸν μὴ ὄν », les mots : ποιεῖ κενὸν μὴ ὄν, mais cette interpolation s'écarte trop du texte manuscrit et du style habituel d'Aristote. Cf. SIMPL., *l. c.*, qui suit probablement Théophraste; PHILOP., *ad h. l.*, p. 35 b, au mil.; ne dit rien de nouveau.

1. ARIST. (*Phys.*, III, 4, 203 a, 33) : Δημόκριτος δ' οὐδὲν ἕτερον ἐξ ἑτέρου γίγνεσθαι τῶν πρώτων φησίν. ALEXANDRE (*ad Metaph.* IV, 5, 1009 a, 26, p. 260, 24, Bon.) dit de Démocrite : ἡγούμενος δὲ μηδὲν γίνεσθαι ἐκ τοῦ μὴ ὄντος; DIOGÈNE, IX, 44 : μηδέν τ' ἐκ τοῦ μὴ ὄντος γίνεσθαι καὶ εἰς τὸ μὴ ὂν φθείρεσθαι. STOBÉE (*Ecl.*, I, 414) : Δημόκριτος, etc., συγκρίσεις μὲν καὶ διακρίσεις εἰς ἄγουσι, γενέσεις δὲ καὶ φθορὰς οὐ κυρίως· οὐ γὰρ κατὰ τὸ ποιὸν ἐξ ἀλλοιώσεως, κατὰ δὲ τὸ ποσὸν ἐκ συναθροισμοῦ ταύτας γίγνεσθαι.

2. Cf. p. 514, 2 ; 515, 1.

3. Voy. p. 768, 1 et ARISTOTE (*De cælo*, III, 4, 303 a, 5) : φασὶ γὰρ (Λεύκ. καὶ Δημόκρ.) εἶναι τὰ πρῶτα μεγέθη πλήθει μὲν ἄπειρα μεγέθει δὲ ἀδιαίρετα, καὶ οὔτ' ἐξ ἑνὸς πολλὰ γίγνεσθαι οὔτε ἐκ πολλῶν ἕν, ἀλλὰ τῇ τούτων συμπλοκῇ καὶ περιπλέξει πάντα γεννᾶσθαι. *Metaph.*, VII, 13, 1039 a, 9 : ἀδύνατον γὰρ εἶναί φησιν (Δημο-

que si l'être est séparé par le non-être ou le vide [1]; enfin ils remarquent aussi que le mouvement serait inconcevable sans l'hypothèse d'un espace vide [2]. Mais, au lieu d'admettre pour cette raison, avec les Éléates, que la multiplicité et le changement sont une pure apparence, ils font le raisonnement inverse : puisqu'en réalité il existe beaucoup de choses qui naissent et périssent, changent et se meuvent, et puisque tout cela serait impossible sans l'hypothèse du non-être, il faut admettre que le non-être possède aussi de l'être. A ce principe fondamental de Parménide, que le non-être n'*est* à aucun point de vue, ils opposent donc cette proposition hardie, que l'être n'est pas à un autre titre que le non-être [3], que le δέν (selon l'expression de Démocrite) n'est pas à un autre titre que le μηδέν [4]. Mais l'être est, pour eux, ce qu'il avait déjà été

---

crite) ἐκ δύο ἓν ἢ ἐξ ἑνὸς δύο γενέσθαι· τὰ γὰρ μεγέθη τὰ ἄτομα τὰς οὐσίας ποιεῖ. Ps.-Alex. (ad h. l., 495, 4, Bon.) : ὁ Δημόκριτος ἔλεγεν ὅτι ἀδύνατον ἐκ δύο ἀτόμων μίαν γενέσθαι (ἐπαθεὶς γὰρ αὐτὰς ὑπετίθετο) ἢ ἐκ μιᾶς δύο (ἀτμήτους γὰρ αὐτὰς ἔλεγεν). De même, Simplicius, *De cælo*, 271 a, 43 sq., 133 a, 18 sq.; *Schol.*, 514 a, 4, 488 a, 26.

1. Arist., *Gen. et corr.*, l. c.; *Phys.*, I, 3, voy. sup., 543, 2; *Phys.*, IV, 6, 213 a, 31 (contre les expériences par lesquelles Anaxagore voulait réfuter l'hypothèse de l'espace vide) : οὔκουν τοῦτο δεῖ δεικνύναι, ὅτι ἔστι τι ὁ ἀήρ, ἀλλ' ὅτι οὐκ ἔστι διάστημα ἕτερον τῶν σωμάτων, οὔτε χωριστὸν οὔτε ἐνεργείᾳ ὄν, ὃ διαλαμβάνει τὸ πᾶν σῶμα ὥστ' εἶναι μὴ συνεχές, καθάπερ λέγουσι Δημόκριτος καὶ Λεύκιππος καὶ ἕτεροι πολλοὶ τῶν φυσιολόγων. Cf. les citations tirées de Parménide, 514, 1; 515, 1.

2. Arist., *Gen. et corr.*, l. c.; *Phys.*, l. c., 213 b, 5 : λέγουσι δ' ἐν μὲν (en premier lieu) ὅτι κίνησις ἢ κατὰ τόπον οὐκ ἂν εἴη (αὕτη δ' ἐστὶ φορὰ καὶ αὔξησις)· οὐ γὰρ ἂν δοκεῖν εἶναι κίνησιν, εἰ μὴ εἴη κενόν (« il semble que le mouvement ne pourrait pas exister », et non pas, comme traduit Grote, *Platon*, I, 70 : « le mouvement ne pourrait pas paraître exister »). Nous allons voir tout à l'heure les preuves données par Démocrite à l'appui de cette proposition, nous parlerons plus tard des rapports qui existent entre les propositions mixtes relatives au vide et celles de Mélissus.

3. Arist., *Metaph.*, I, 4, 985 b, 4 : Λεύκιππος δὲ καὶ ὁ ἑταῖρος αὐτοῦ Δημόκριτος στοιχεῖα μὲν τὸ πλῆρες καὶ τὸ κενὸν εἶναί φασι, λέγοντες τὸ μὲν ὄν, τὸ δὲ μὴ ὄν, τούτων δὲ τὸ μὲν πλῆρες καὶ στερεὸν τὸ ὄν, τὸ δὲ κενὸν γε καὶ μανὸν τὸ μὴ ὄν (διὸ καὶ οὐθὲν μᾶλλον τὸ ὂν τοῦ μὴ ὄντος εἶναί φασιν ὅτι οὐδὲ τὸ κενὸν σώματος:), (ou mieux peut-être, selon la conjecture de Schwegler : τοῦ κενοῦ τὸ σῶμα ou τὰ σώματα) αἴτια δὲ τῶν ὄντων ταῦτα ὡς ὕλην. Simpl. (*Phys.*, 7 a, au haut), d'après Théophraste : τὴν γὰρ τῶν ἀτόμων οὐσίαν ναστὴν καὶ πλήρη ὑποτιθέμενος ὂν ἔλεγεν εἶναι καὶ ἐν τῷ κενῷ φέρεσθαι, ὅπερ μὴ ὂν ἐκάλει καὶ οὐκ ἔλαττον τοῦ ὄντος εἶναί φησι. Le sujet de la phrase est Leucippe.

4. Plut., *adv. Col.*, 4, 2, p. 1109 : (Δημόκριτος) διορίζεται μὴ μᾶλλον τὸ δὲν ἢ τὸ μηδὲν εἶναι, δὲν μὲν ὀνομάζων τὸ σῶμα μηδὲν δὲ τὸ κενόν, ὡς καὶ τούτου φύσιν

pour les Éléates [1] : le plein ; et le non-être est le vide [2]. La proposition précédente signifie donc que les choses se composent, et de la substance qui remplit l'espace, et de l'espace vide [3].

Mais pour que cet espace vide et cette substance puissent expliquer les phénomènes, il ne faut pas qu'ils soient simplement *à côté* l'un de l'autre : il faut qu'ils soient l'un *dans* l'autre, de telle sorte que, le plein soit divisé par le vide, l'être par le non-être, et que les variations de rapports entre les parties rendent possibles la multiplicité et le changement des choses [4]. Pour prouver que cette

τινὰ καὶ ὑπόστασιν ἰδίαν ἔχοντος. Le mot δέν, devenu plus tard archaïque, comme en allemand l'ancien *Ichts*, se rencontre aussi *ap.* Alcée, fr. 76, Bergk. Dans le texte de Galien, *De elem.*, sec. *Hipp.*, I, 2, t. I, 418, Kühn, la leçon δέν est de même préférable à la leçon ἕν.

1. Voy. *sup.*, 516 sq.
2. Voy. A., 2, 3, 768, 1. Arist. (*Phys.*, I, 5, sub init.) : πάντες δὲ τἀναντία ἀρχὰς ποιοῦσιν... καὶ Δημόκριτος τὸ στερεὸν καὶ κενόν, ὧν τὸ μὲν ὡς ὄν, τὸ δ' ὡς οὐκ ὂν εἶναί φησιν. *Metaph.*, IV, 5, 1009 a, 26 : καὶ Ἀναξαγόρας μεμίχθαι πᾶν ἐν παντὶ φησι καὶ Δημόκριτος· καὶ γὰρ οὗτος τὸ κενὸν καὶ τὸ πλῆρες ὁμοίως καθ' ὁτιοῦν ὑπάρχειν μέρος, καίτοι τὸ μὲν ὂν τούτων εἶναι τὸ δὲ μὴ ὄν. Nous laisserons de côté les témoins postérieurs. D'après Théophraste (note 2), Leucippe semble avoir déjà employé l'expression ναστόν (= στερεόν) pour désigner le plein ; Simplicius (*De cælo*, 133 a, 8 ; *Schol.*, 488 a, 18) atteste plus nettement encore l'emploi de cette expression par Démocrite : Δημόκρ. ἡγεῖται τὴν τῶν ἀϊδίων φύσιν εἶναι μικρὰς οὐσίας, πλῆθος ἀπείρους, ταύταις δὲ τόπον ἄλλον ὑποτίθησιν ἄπειρον τῷ μεγέθει, προσαγορεύει δὲ τὸν μὲν τόπον τοῖσδε τοῖς ὀνόμασι, τῷ τε κενῷ καὶ τῷ οὐδενὶ καὶ τῷ ἀπείρῳ, τῶν δὲ οὐσιῶν ἑκάστην τῷ τῳδὲ καὶ τῷ ναστῷ καὶ τῷ ὄντι. Le même, *ibid.*, 271 a, 43 ; *Schol.*, 514 a, 4, et *inf.*, p. 773, 2 ; Alex. (ad *Metaph.*, 985 b, 4, p. 27, 3, Bon.) : πλῆρες δὲ ἔλεγον τὸ σῶμα τὸ τῶν ἀτόμων διὰ ναστότητά τε καὶ ἀμιξίαν τοῦ κενοῦ. D'après Théodoret (*Cur. Gr. aff.*, IV, 9, p. 57), Démocrite aurait désigné les atomes par le mot ναστά, Métrodore, par le mot ἀδιαίρετα, Épicure, par le mot ἄτομα ; mais nous rencontrerons aussi cette dernière expression dans Démocrite (voy. p. 772, 1 ; 773, 3) ; Stobée (*Ecl.*, I, 306) dit aussi : Δημόκρ. τὰ ναστὰ καὶ κενά, de même, I, 348. Cf. Mullach, p. 142.
3. D'après Aristote (*Phys.*, IV, 6, 213 b), Démocrite appuyait sa théorie de l'espace vide sur les raisons suivantes : 1° Le mouvement dans l'espace ne peut avoir lieu que dans le vide, car dans le plein il ne peut y avoir de place pour un autre corps (cette proposition est confirmée par cette remarque que, si deux corps pouvaient exister dans le même espace, celui-ci pourrait tout aussi bien en renfermer un nombre infini, et le plus petit pourrait contenir le plus grand) ; 2° la dilatation et la contraction ne peuvent être expliquées que par le vide (cf. c. 9, *sub init.*) ; de même (3°) l'unique moyen d'expliquer la croissance, c'est d'admettre que la nourriture pénètre dans les interstices vides des corps ; 4° enfin, Démocrite croyait avoir observé qu'un vase rempli de cendres peut contenir en outre encore autant d'eau que s'il était vide, ce qui prouvait, selon lui, que les cendres disparaissent dans les interstices vides de l'eau.
4. Cf. Arist. *Metaph.*, IV, 5 (p. 770, 5) ; *Phys.*, IV, 6 (p. 769, 4) et Themist., *Phys.*, 40 b, au bas, p. 284, Sp.

division ne peut aller à l'infini et qu'il faut admettre comme derniers éléments des choses des corpuscules indivisibles, Démocrite se servait de cette remarque de Zénon¹, qu'une division à l'infini ne laisserait subsister aucune grandeur, par conséquent absolument rien². D'ailleurs, cette doctrine résultait déjà du concept de l'être tel que les Atomistes l'avaient emprunté aux Éléates; car, d'après ce concept, l'être ne peut être conçu primitivement que comme unité indivisible. Leucippe et Démocrite estiment donc que les corps sont composés de parties indivisibles, et que tout est constitué par les atomes et par le vide³.

LES ATOMES. — Dès lors ils transportent aux atomes tous les caractères que les Éléates avaient attribués à l'être. Les atomes sont sans commencement ni fin, car les élé-

---

1. Voy. sup., p. 540 sq.
2. ARIST., Phys., I, 3 (voy. p. 543, 2); Gen. et corr., I, 2, 316 a, 13 sqq., où la pensée fondamentale de l'argument que nous indiquons appartient certainement à Démocrite, bien que l'exposition dialectique de cet argument doive être attribuée en partie à Aristote. Celui-ci dit dans le texte précédent (passage qui mérite d'être cité comme une preuve de son estime pour Démocrite) que la théorie atomistique de Démocrite et de Leucippe doit être préférée à celle du Timée de Platon : αἴτιον δὲ τοῦ ἐπ' ἔλαττον δύνασθαι τὰ ὁμολογούμενα συνορᾶν (sc. τὸν Πλάτωνα) ἡ ἀπειρία. διὸ ὅσοι ἐνῳκήκασι μᾶλλον ἐν τοῖς φυσικοῖς μᾶλλον δύνανται ὑποτίθεσθαι τοιαύτας ἀρχὰς αἳ ἐπὶ πολὺ δύνανται συνείρειν· οἱ δ' ἐκ τῶν πολλῶν λόγων ἀθεώρητοι τῶν ὑπαρχόντων ὄντες, πρὸς ὀλίγα βλέψαντες ἀποφαίνονται ῥᾷον. ἴδοι δ' ἄν τις καὶ ἐκ τούτων, ὅσον διαφέρουσιν οἱ φυσικῶς καὶ λογικῶς σκοποῦντες· περὶ γὰρ τοῦ ἄτομα εἶναι μεγέθη οἱ μέν φασιν ὅτι τὸ αὐτοτρίγωνον πολλὰ ἔσται, Δημόκριτος δ' ἂν φανείη οἰκείοις καὶ φυσικοῖς λόγοις πεπεῖσθαι. PHILOPON (Gen. et corr., 7 a, au bas, sq.; 8 b, au bas, sq.) ne semble pas avoir d'autre source qu'Aristote.
3. Democr. Fr. phys., 1 (SEXT., Math., VII, 135; Pyrrh., I, 213 sq. PLUT., adv. Col., 8, 2, GALIEN, De elem. sec. Hipp., I, 2; I. 417 K.) : νόμῳ γλυκὺ καὶ (ce καὶ doit sans doute être supprimé) νόμῳ πικρόν, νόμῳ θερμόν, νόμῳ ψυχρόν, νόμῳ χροιή· ἐτεῇ δὲ ἄτομα καὶ κενόν. ἅπερ νομίζεται μὲν εἶναι καὶ δοξάζεται τὰ αἰσθητά, οὐκ ἔστι δὲ κατ' ἀλήθειαν ταῦτα, ἀλλὰ τὰ ἄτομα μόνον καὶ κενόν. Il est superflu de citer d'autres pièces à l'appui. Il résulte, non seulement de ce fragment, mais encore des textes de SIMPLICIUS (Phys., 7 a, au haut, 8 a, au bas), de CICÉRON (Fin., I, 6, 17), de PLUTARQUE (adv. Col., 8, 4 sq., voy. p. 773, 3) que l'expression ἄτομα ou ἄτομοι (οὐσίαι) se trouve déjà dans Démocrite et peut-être aussi dans Leucippe. Ailleurs, on appelle aussi les atomes ἰδέαι ou σχήματα (voy. p. 773, 3; 776, 2) et, par opposition au vide, ναστά (voy. p. 770, 5). SIMPLICIUS prétend (Phys., 310 a, au mil.) qu'on les désigne aussi, à titre de substances premières, par le nom de φύσις, mais c'est là probablement une méprise.

ments premiers de toutes choses ne peuvent être sortis d'un autre élément, et rien ne peut se résoudre dans le néant[1].

Ils sont absolument pleins, sans aucun vide dans leur intérieur[2], et par conséquent indivisibles; car une division et une multiplicité ne sont possibles que là où l'être ou le plein est séparé par le non-être ou le vide; rien ne peut pénétrer dans un corps dépourvu de tout interstice vide, et en séparer les parties[3].

Pour la même raison les atomes ne subissent aucun changement quant à leur état intérieur et à leur constitution. Car l'être comme tel est invariable : donc ce qui ne renferme en soi aucun non-être doit rester absolument égal à soi-même; là où il n'y a ni division ni insterstices vides, les parties ne peuvent changer de place; ce qui ne laisse rien pénétrer en soi ne peut être exposé à aucune transformation, à aucune action extérieure[4].

---

1. Voy. p. 769, 1. Plut., *Plac.*, I, 3, 28. Pour démontrer l'impossibilité que tout ait commencé, Démocrite s'appuyait sur l'éternité du temps (Arist., *Phys.*, VIII, 1, 251 b, 15).

2. Arist. (*Gen. et corr.*, I, 8; voy. sup., 768, 1) : τὸ γὰρ κυρίως ὂν παμπληθές ὄν. Philop. (ad h. l., 36 a, au mil.) : voici comment Leucippe prouvait l'indivisibilité des atomes : ἕκαστον τῶν ὄντων ἐστι κυρίως ὄν· ἐν δὲ τῷ ὄντι οὐδέν ἐστιν οὐκ ὄν, ὥστε οὐδὲ κενόν. εἰ δὲ οὐδὲν κενὸν ἐν αὐτοῖς, τὴν δὲ διαίρεσιν ἄνευ κενοῦ ἀδύνατον γίνεσθαι, ἀδύνατον ἄρα αὐτὰ διαιρεθῆναι.

3. Arist., *Metaph.*, VII, 13; *De cælo*, III, 4; voy. sup., 769, 3, *Gen. et corr.*, I, 8, 325 b, 5 : σχεδὸν δὲ καὶ Ἐμπεδοκλεῖ ἀναγκαῖον λέγειν ὥσπερ καὶ Λεύκιππός φησιν· εἶναι γὰρ ἄττα στερεά, ἀδιαίρετα δὲ εἰ μὴ πάντῃ πόροι συνεχεῖς εἰσιν. De même Philopon (note précédente), dont l'assertion, à vrai dire, ne peut être considérée comme un témoignage indépendant, mais n'est guère qu'une explication personnelle de celle d'Aristote (voy. p. 551, 1). Simpl. (*De cælo*, 109 b, 43; *Schol. in Arist.*, 484 a, 24) : ἔλεγον γὰρ οὗτοι (Leucippe et Démocrite) ἀπείρους εἶναι τῷ πλήθει τὰς ἀρχάς, ἃς καὶ ἀτόμους καὶ ἀδιαιρέτους ἐνόμιζον καὶ ἀπαθεῖς διὰ τὸ ναστὰς εἶναι καὶ ἀμοίρους τοῦ κενοῦ. Cic. (*Fin.*, I, 17) : *Corpora individua propter soliditatem.* Cf. p. 769, 4, 770, 2. Chaque atome est, en tant que grandeur indivisible que n'interrompt ni ne sépare aucun interstice, ἐν ξυνεχές, de même que l'être des Éléates, dont l'identité absolue était aux yeux de Parménide la preuve de son indivisibilité; voy. p. 514, 1, 513, 1.

4. Voy. sup., p. 768, 1, 769, 3. Arist., *De cælo*, III, 7, sup., p. 685, 2; *Gen. et corr.*, I, 8, 325 a, 36 : ἀναγκαῖον ἀπαθὲς τε ἕκαστον λέγειν τῶν ἀδιαιρέτων, οὐ γὰρ οἷόν τε πάσχειν ἀλλ' ἢ διὰ τοῦ κενοῦ. Plut. (*adv. Col.*, 8, 4) : τί γὰρ λέγει Δημόκριτος; οὐσίας ἀπείρους τὸ πλῆθος, ἀτόμους τε καὶ ἀδιαφόρους, ἔτι δ' ἀποίους καὶ ἀπαθεῖς ἐν τῷ κενῷ φέρεσθαι διεσπαρμένας· ὅταν δὲ πελάσωσιν ἀλλήλαις, ἢ συμπέσωσιν, ἢ περιπλακῶσι, φαίνεσθαι τῶν ἀθροιζομένων τὸ μὲν ὕδωρ, τὸ δὲ πῦρ, τὸ δὲ

Enfin les atomes sont, quant à leur substance, absolument simples et semblables l'un à l'autre[1]. Car, d'un côté, leur action réciproque n'est, selon Démocrite, possible qu'à cette condition[1]; de l'autre côté, toute différence est une conséquence du non-être, ainsi que Parménide l'avait déjà démontré[3] : là où existe l'être pur, sans aucun non-être, cet être ne peut être constitué que d'une seule et même manière. Ce sont nos sens seuls qui nous montrent des objets déterminés qualitativement et diversement constitués; nous n'avons le droit d'attribuer aux corps primitifs, aux atomes, aucune de ces qualités particulières;

φυτόν, τὸ δ' ἄνθρωπον· εἶναι δὲ πάντα τὰς ἀτόμους ἰδέας (al. ἰδίως) ὑπ' αὐτοῦ καλουμένας, ἕτερον δὲ μηδέν· ἐκ μὲν γὰρ τοῦ μὴ ὄντος οὐκ εἶναι γίνεσιν, ἐκ δὲ τῶν ὄντων μηδὲν ἂν γενέσθαι τῷ μήτε πάσχειν μήτε μεταβάλλειν τὰς ἀτόμους ὑπὸ στερρότητος, ὅθεν οὔτε χρόαν ἐξ ἀχρώστων, οὔτε φύσιν ἢ ψυχὴν ἐξ ἀποίων καὶ [ἀψύχων] ὑπάρχειν (et pour cette raison ils ne sauraient, étant sans couleur, produire une couleur, étant sans qualités et sans vie, produire une φύσις ou une âme, à savoir en tant que nous considérons l'essence des choses et non leur apparence). GALIEN (De elem. sec. Hipp., I, 2, t. 1, 418 sq. K.) : ἀπαθῆ δ' ὑποτίθενται τὰ σώματα εἶναι τὰ πρῶτα... οὐδ' ἀλλοιοῦσθαι κατά τι δυνάμενα ταύτας δὴ τὰς ἀλλοιώσεις, ἃς ἅπαντες ἄνθρωποι πεπιστεύκασιν εἶναι... οἶον οὔτε θερμαίνεσθαί τί φασιν ἐκείνων οὔτε ψύχεσθαι, etc. (voy. sup., 772, 1) μήτ' ἄλλην τινὰ ὅλως ἐπιδέχεσθαι ποιότητα κατὰ μηδεμίαν μεταβολήν. DIOG., IX, 44 : ἐξ ἀτόμων... ἅπερ εἶναι ἀπαθῆ καὶ ἀναλλοίωτα διὰ τὴν στερρότητα. SIMPL., voy. note précédente.

1. ARIST., Phys., III, 4. PHILOP. et SIMPL., ad h. l. (voy. inf., p. 777, 1). ARIST., De cœlo, I, 7, 275 b, 29 : εἰ δὲ μὴ συνεχὲς τὸ πᾶν, ἀλλ' ὥσπερ λέγει Δημόκριτος καὶ Λεύκιππος διωρισμένα τῷ κενῷ, μίαν ἀναγκαῖον εἶναι πάντων τὴν κίνησιν. διώρισται μὲν γὰρ τοῖς σχήμασιν· τὴν δὲ φύσιν εἶναί φασιν αὐτῶν μίαν, ὥσπερ ἂν εἰ χρυσὸς ἕκαστον εἴη κεχωρισμένον. C'est pourquoi ARISTOTE (Phys., I, 2, 184 b, 21) nomme les atomes τὸ γένος ἕν, σχήματι δὲ ἢ εἴδει διαφερούσας· ἢ καὶ ἐναντίας, SIMPL. (ad h. l., 10 a, au haut) : ὁμογενεῖς καὶ ἐκ τῆς αὐτῆς οὐσίας. Le même (ibid., 35 b, au mil.) : τὸ εἶδος αὐτῶν καὶ τὴν οὐσίαν ἓν καὶ ὡρισμένον. Le même (De cœlo, III a, 5, Schol. in Arist., 484 a, 34) : ἀτόμους ὁμοίας τὴν φύσιν (ὁμοιομερεῖς, Karst.).

2. ARIST., Gen. et corr., I, 7, 323 b, 10 : Δημόκριτος δὲ παρὰ τοὺς ἄλλους ἰδίως ἔλεξε μόνος (touchant le ποιεῖν et le πάσχειν). φησὶ γὰρ τὸ αὐτὸ καὶ ὅμοιον εἶναι τό τε ποιοῦν καὶ πάσχον· οὐ γὰρ ἐγχωρεῖν τὰ ἕτερα καὶ διαφέροντα πάσχειν ὑπ' ἀλλήλων, ἀλλὰ κἂν ἕτερα ὄντα ποιῇ τι εἰς ἄλληλα, οὐχ ᾗ ἕτερα, ἀλλ' ᾗ ταὐτόν τι ὑπάρχει, ταύτῃ τοῦτο συμβαίνειν αὐτοῖς. THÉOPHR., De sensu, 49 : ἀδύνατον δέ φησι [Δημόκρ.] τὸ [l. τὰ] μὴ ταὐτὰ πάσχειν, ἀλλὰ καὶ ἕτερα ὄντα ποιεῖν οὐχ ἕτερα [l. οὐχ ᾗ ἕτ.], ἀλλ' ᾗ [l. ᾗ] ταὐτόν τι πάσχει, τοῖς ὁμοίοις. Il n'est pas dit explicitement, mais il est très vraisemblable, que Démocrite fit de ce principe l'application que nous indiquons. Nous avons trouvé des assertions semblables dans Diogène (p. 237. 2) ; et comme celui-ci (voy. p. 249, 2) avait eu entre les mains l'ouvrage de Leucippe, il est bien possible que cette remarque importante appartienne originairement à Leucippe lui-même.

3. Voy. p. 514. Cf. 769, 4.

nous ne devons leur attribuer que les manières d'être sans lesquelles aucun être, aucun corps en général ne peut être conçu[1].

En d'autres termes, l'être n'est autre chose que la substance remplissant l'espace, la matière en elle-même, et non pas une matière déterminée d'une manière quelconque; car toute détermination est une exclusion, toute matière déterminée n'est pas ce que sont les autres; une telle matière n'est donc pas simplement un être, mais est en même temps un non-être. La seule différence qu'il y ait, sous tous ces rapports, entre la théorie atomistique de l'être et celle des Éléates, c'est que celle-là transporte à la substance particulière multiple ce que Parménide avait dit de la substance unique universelle, ou de l'ensemble du monde.

LES DIFFÉRENCES ATOMIQUES. — Mais quelles que soient la similitude et l'immutabilité des atomes, ces caractères ne peuvent cependant aller jusqu'à rendre impossibles la variété et le changement des choses dérivées. Si donc les philosophes atomistes ne peuvent admettre aucune différence qualitative entre les atomes, ils doivent insister d'autant plus pour qu'on se les représente comme aussi inégaux que possible au point de vue quantitatif, en ce qui concerne leur forme, leur grandeur et leurs rapports réciproques dans l'espace. C'est pourquoi Démocrite a dit que les atomes se distinguent par leur forme, leur ordre et leur situation[2]; il est aussi parlé de différences dans leur grandeur et leur pesanteur.

---

1. Cf. p. 772, 1. SEXT., *Math.* VIII, 6. Démocrite ne considère comme réel que ce qui ne tombe pas sous les sens διὰ τὸ μηδὲν ὑποκεῖσθαι φύσει αἰσθητόν, τῶν τὰ πάντα συγκρινουσῶν ἀτόμων πάσης αἰσθητῆς ποιότητος ἔρημον ἐχουσῶν φύσιν. PLUTARQUE et GALIEN (*l. c.*) appellent les atomes purement et simplement ἄποια, ce qui est moins exact. Pour de plus amples détails sur les qualités qu'il y a lieu de leur accorder ou de leur refuser, voyez plus bas.
2. ARIST. (*Metaph.*, I, 4, après le texte cité p. 770, 2) : καθάπερ οἱ ἓν ποιοῦντες τὴν ὑποκειμένην οὐσίαν τἄλλα τοῖς πάθεσιν αὐτῆς γεννῶσι... τὸν αὐτὸν τρόπον καὶ

La différence de *forme* est la plus importante; aussi est-elle souvent mentionnée seule [1], et les atomes eux-mêmes sont-ils nommés formes [2]. A cet égard la théorie atomistique affirme que non seulement il doit y avoir 776 un nombre infini d'atomes, mais qu'il doit y avoir entre leurs formes une infinité de différences. D'abord, lisons-nous, il n'y a aucune raison pour qu'une forme leur soit attribuée plutôt qu'une autre; ensuite, et surtout, cette hypothèse peut seule nous expliquer pourquoi les choses diffèrent à l'infini, pourquoi elles sont sujettes à tant de changements et nous présentent des apparences si diverses [3].

οὗτοι τὰς διαφορὰς αἰτίας τῶν ἄλλων εἶναί φασιν. ταύτας μέντοι τρεῖς εἶναι λέγουσι, σχῆμά τε καὶ τάξιν καὶ θέσιν. διαφέρειν γάρ φασι τὸ ὂν ῥυσμῷ καὶ διαθιγῇ καὶ τροπῇ μόνον· τούτων δὲ ὁ μὲν ῥυσμὸς σχῆμά ἐστιν, ἡ δὲ διαθιγὴ τάξις, ἡ δὲ τροπὴ θέσις· διαφέρει γὰρ τὸ μὲν Α τοῦ Ν σχήματι, τὸ δὲ ΑΝ τοῦ ΝΑ τάξει, τὸ δὲ Ζ τοῦ Ν θέσει. Les mêmes idées sont exprimées d'une manière plus succincte, *ibid.* VIII, 2, *sub init.* La même distinction entre les atomes est mentionnée *ap.* ARIST., *Phys.*, I, 5, *sub init. Gen. et corr.*, I, 1, 314 a, 21; c. 2, 315 b, 33; c. 9, 327 a, 18. Ces indications sont reproduites par les interprètes : ALEX. (*Metaph.*, 538 b, 15, Bekk., 27, 7, Bon.). SIMPL. (*Phys.*, 7 a, au haut, 8 a, au bas, 68 b, *Schol.*, 488 a, 18). PHILOP. (*De an.*, D, 14, au mil.; *Phys.*, C, 14, au bas; *Gen. et corr.*, 3 b, au mil., 7 a, au haut). Ῥυσμός, désigné par PHILOPON et par SUID. (ῥυσμός) comme une locution abdéritaine, est le même mot que ῥυθμός, mais prononcé différemment. DIOGÈNE (IX, 47) cite des écrits π. τῶν διαφερόντων ῥυσμῶν et π. ἀμειψιρυσμιῶν.

1. Par exemple chez ARIST. *Phys.*, I, 2; *De cælo*, I, 7 (voy. p. 774, 1); *Gen. et corr.*, I, 8, 325 b, 17 : τοῖς μὲν γάρ ἐστιν ἀδιαίρετα τὰ πρῶτα τῶν σωμάτων, σχήματι διαφέροντα μόνον, et plus loin, 326 a, 14 : ἀλλὰ μὴν ἄτοπον καὶ εἰ μηθὲν ὑπάρχει ἀλλ' ἢ μόνον σχῆμα.
2. PLUT., *Adv. Col.*, *l. c.* ARIST., *Phys.*, III, 4, 203 a, 21 : (Δημόκριτος) ἐκ τῆς πανσπερμίας τῶν σχημάτων (ἅπεισα ποιεῖ τὰ στοιχεῖα). *Gen. et corr.*, I, 2, voy. note suiv. et p. 782, 1. *De an.*, I, 2; voy. p. 778 au bas. *De respir.*, c. 4, 472 a, 4, 15. SIMPL., *Phys.*, a, au mil., voy. note 3. Démocrite avait composé un ouvrage spécial sous le titre περὶ ἰδεῶν (SEXT., *Math.*, VII, 137), qui traitait sans doute de la forme des atomes ou simplement des atomes; HESYCHIUS (ἰδέα) dit, sans doute d'après Démocrite, que ce mot signifie aussi τὸ ἐλάχιστον σῶμα. Cf. MULLACH, 135.
3. ARIST., *Gen. et corr.*, I, 2, 315 b, 9 : ἐπεὶ δ' ᾤοντο τἀληθὲς ἐν τῷ φαίνεσθαι, ἐναντία δὲ καὶ ἄπειρα τὰ φαινόμενα, τὰ σχήματα ἄπειρα ἐποίησαν, ὥστε ταῖς μεταβολαῖς τοῦ συγκειμένου τὸ αὐτὸ ἐναντίον δοκεῖν ἄλλῳ καὶ ἄλλῳ καὶ μετακινεῖσθαι μικροῦ ἐμμιγνυμένου καὶ ὅλως ἕτερον φαίνεσθαι ἑνὸς μετακινηθέντος· ἐκ τῶν αὐτῶν γὰρ τραγῳδία καὶ κωμῳδία γίνεται γραμμάτων. *Ibid.*, c. 1, 314 a, 21 : Δημόκριτος δὲ καὶ Λεύκιππος ἐκ σωμάτων ἀδιαιρέτων τἆλλα συγκεῖσθαί φασι, ταῦτα δ' ἄπειρα καὶ τὸ πλῆθος εἶναι καὶ τὰς μορφάς, αὐτὰ δὲ πρὸς αὑτὰ διαφέρειν (ici τἆλλα est de nouveau sujet) τούτοις· ἐξ ὧν εἰσι (les atomes, dont ils sont formés) καὶ θέσει καὶ τάξει τούτων. *Ibid.*, c. 8, 325 b, 27 : (Λεύκιππος) ἀπείροις ὡρίσθαι σχήμασι τῶν ἀδιαιρέτων στερεῶν ἕκαστον. *De cælo*, III, 4, 303 a, 5 (voy. sup., 769, 3). *Ibid.*, 10 : καὶ πρὸς τούτοις ἐπεὶ διαφέρει τὰ σώματα σχήμασιν (ceci est aussi répété Z. 30),

777 Les atomes doivent en outre, selon les Atomistes, se distinguer[1] l'un de l'autre par la *grandeur*; mais nous ne savons pas nettement quel rapport il faut concevoir entre
778 cette différence et celle de la forme[2]. Les atomes, n'étant indivisibles que parce qu'ils ne renferment pas de vide, ne sont pas des points mathématiques : ce sont des corps

ἄπειρα δὲ τὰ σχήματα, ἄπειρα καὶ τὰ ἁπλᾶ σώματά φασιν εἶναι. De an., I, 2, 404 a,
1. Il est très souvent fait mention du nombre infini des atomes, par exemple dans ARIST., *Phys.*, III, 4, 203 a, 19; *Gen. et corr.*, I, 8, 325 a, 30: SIMPL., *Phys.*, 7 a, au haut; PLUT., *Adv. Col.*, 8, 4; Diog, IX, 44 (celui-ci ajoute maladroitement que la grandeur des atomes est également illimitée). En ce qui concerne leurs formes innombrables et infiniment variées, σκαληνά, ἀγκιστρώδη, κοῖλα, κυρτά, etc., cf. THÉOPHR., *De sensu*, 65 sq.; Idem, *Metaph.* (fr. 34) 12, où il blâme Démocrite à cause de l'irrégularité qu'il admet dans les formes de ses atomes; CIC. (*N. D.*, I, 24, 66; voy. 780, 1); ALEXANDRE (ap. PHILOP., *Gen. et corr.*, 3 b, au haut); PLUT. (*Plac.*, I, 3, 30) ces deux derniers notent aussi l'opinion différente d'Épicure sur cette question (cf. III° part., a. 315, 2° éd., t. all.); THÉMIST., *Phys.*, 32 a, au bas : 222 Sp.; PHILOP., *De an.*, B. 14, au mil.; SIMPL., *Phys.*, 7 a, au mil.; celui-ci indique comme raison de cette doctrine, en invoquant les propres assertions des Atomistes, l'idée suivante : τῶν ἐν ταῖς ἀτόμοις σχημάτων ἄπειρον τὸ πλῆθος· ἐατι, διὰ τὸ μηδὲν μᾶλλον τοιοῦτον ἢ τοιοῦτον εἶναι (cf. PLUT., *Col.*, 4, 1 : d'après Colotès, Démocrite soutient, τῶν πραγμάτων ἕκαστον οὐ μᾶλλον τοῖον ἢ τοῖον εἶναι). Dans ce qui précède, SIMPLICIUS dit avec Aristote : τῶν σχημάτων ἕκαστον εἰς ἑτέραν ἐκκοσμούμενον σύγκρισιν ἄλλην ποιεῖν διάθεσιν· ὥστε εὐλόγως ἀπιόντων οὐσῶν τῶν ἀρχῶν πάντα τὰ πάθη καὶ τὰς οὐσίας ἀποδώσειν ἐπηγγέλλοντο ὑφ' οὗ τε γίνεται καὶ πῶς· διὸ καὶ φασὶ μόνοις τοῖς ἄπειρα ποιοῦσι τὰ στοιχεῖα πάντα συμβαίνειν κατὰ λόγον. ID., *De cælo*, 133 a, 24, 271 a, 43; *Schol.*, 488 a, 32, 514 a, 4. Cf. p. 785 sq. 796, 2.

1. ARIST., *Phys.*, III, 4, 203 a, 33 : Δημόκριτος δ' οὐδὲν ἕτερον ἐξ ἑτέρου γίγνεσθαι τῶν πρώτων φησίν· ἀλλ' ὅμως γε αὐτὸ τὸ κοινὸν σῶμα πάντων ἐστὶν ἀρχή, μεγέθει κατὰ μόρια καὶ σχήματι διαφέρον, ce qui est répété par PHILOPON et SIMPLICIUS, ad h. l. (*Schol. in Arist.*, 362 b, 22 sqq.; SIMPL. (*De cælo*, 110 a, 1; 133 a, 13; ibid., 484 a. 27; 488 a, 22) et par d'autres. SIMPL., *Gen. et corr.*, I, 8; voy. p. 780, 1. THÉOPHR., *De sensu*, 60 : Δημόκριτος... τὰ μὲν τοῖς μεγέθεσι, τὰ δὲ τοῖς σχήμασιν, ἔνια δὲ τάξει καὶ θέσει διορίζει, ibid., 61, voy. inf., 779. 1. PLUT., *Plac.*, I, 3, 29; 4, 1. Voy. *infra*.
2. Car d'un côté, comme nous venons de le montrer, on donne d'ordinaire la forme comme distinguant seule les atomes entre eux, et ainsi nous pourrions être disposés à croire que chaque forme suppose une grandeur déterminée (ainsi, PHILOPON, *De an.*, C, 6, au bas, conjecture que Démocrite regarde les atomes sphériques comme les plus petits parce que, de tous les corps, ils sont ceux qui, à masse égale, occupent le moins d'espace); d'un autre côté, parmi les atomes de forme semblable, on en distingue de plus grands et de plus petits, comme nous le verrons plus loin pour les atomes ronds, et inversement on considère des atomes de formes diverses comme constituant un seul et même élément, à cause de leur grandeur égale; ARIST., *De cælo*, III, 4, 303 a, 12 (après le passage cité p. 776, 3) : ποῖον δὲ καὶ τί ἑκάστου τὸ σχῆμα τῶν στοιχείων οὐδὲν ἐπιδιώρισαν, ἀλλὰ μόνον τῷ πυρὶ τὴν σφαῖραν ἀπέδωκαν· ἀέρα δὲ καὶ ὕδωρ καὶ τἆλλα μεγέθει καὶ μικρότητι διεῖλον, ὡς οὖσαν αὐτῶν τὴν φύσιν οἷον πανσπερμίαν πάντων τῶν στοιχείων (car ils admettaient qu'en eux des atomes très différents de forme se trouvaient mélangés).

d'une certaine dimension[1], et ils peuvent être aussi divers à ce point de vue qu'ils le sont au point de vue de la forme. Cependant Démocrite admettait que tous les atomes sont trop petits pour être perçus par nos sens[2], et il était obligé de les concevoir ainsi parce que toute substance perceptible aux sens est divisible, variable et revêtue de qualités déterminées.

Avec la grandeur est immédiatement donnée la *pesan-*

---

1. GALIEN dit, il est vrai (*De elem. sec. Hipp.*, I, 2, t. I, 418 K.), que, selon Épicure, les atomes sont ἄθραυστα ὑπὸ σκληρότητος, et que, selon Leucippe, ils sont ἐξαίρετα ὑπὸ συκρότητος. De même SIMPLICIUS (*Phys.*, 216 a, au bas) affirme que Leucippe et Démocrite déduisent l'indivisibilité des substances premières, non seulement de l'ἀπάθεια, mais encore du σμικρόν καὶ ἀμερές, tandis qu'Épicure les considère, non comme ἀμερῆ, mais comme ἄτομα διὰ τὴν ἀπάθειαν. De même encore SIMPLICIUS (*De caelo*, 271 b, 1; *Schol.*, 514 a, 4) dit qu'ils sont διὰ σμικρότητα καὶ ναστότητα ἄτομα. Mais toutes ces assertions tiennent à une méprise dont les Épicuriens sont peut-être les auteurs. Sans doute, la polémique d'Aristote contre les atomes est dirigée aussi contre l'atome mathématique (*De caelo*, III, 4, 303 a, 20), mais Démocrite et Leucippe eux-mêmes, ainsi que le reconnaît Simplicius (*Phys.*, 18 a) ne tenaient pas les atomes pour mathématiquement indivisibles : ils les tenaient seulement, de même qu'Epicure, pour indivisibles au point de vue physique.

2. SEXT., *Math.*, VII, 139 : λέγει δὲ κατὰ λέξιν· « γνώμης δὲ δύο εἰσὶν ἰδέαι, ἡ μὲν γνησίη ἡ δὲ σκοτίη· καὶ σκοτίης μὲν τάδε ξύμπαντα, ὄψις, ἀκοή, ὀδμή, γεῦσις, ψαῦσις· ἡ δὲ γνησίη ἀποκεκρυμμένη, [ἀποκεκριμένη] δὲ (?) ταύτης ». εἶτα προκρίνων τῆς σκοτίης τὴν γνησίην ἐπιφέρει λέγων· « ὅταν ἡ σκοτίη μηκέτι δύνηται μήτε ὀρῆν ἐπ' ἔλαττον (voir ce qui peut encore se diviser davantage), μήτε ἀκούειν, μήτε ὀσμᾶσθαι, μήτε γεύεσθαι, μήτε ἐν τῇ ψαύσει αἰσθάνεσθαι, ἀ))' ἐπὶ λεπτότερον » — alors (tel doit être le sens) naît la véritable connaissance. ARIST., *Gen. et corr.*, I, 8; voy. sup., 768, 1; SIMPL., *De caelo*, 133 a. 13; *Schol.*, 488 a. 22, etc. PLUTARQUE (*Plac.*, I, 3, 28) et STOBÉE (*Ecl.*, I, 796) ont donc raison d'appeler les atomes λόγῳ θεωρητά, bien que cette expression se trouve pour la première fois dans Épicure; de son côté, ARIST., *Gen. et corr.*, I, 8, 326 a, 24, objecte contre la théorie atomistique : ἄτοπον καὶ τὸ μικρὰ μὲν ἀδιαίρετα εἶναι μεγάλα δὲ μή. DENIS (*ap.* EUSÈBE, *Pr. ev.*, XIV, 23, 3) a donc tort de prétendre qu'Épicure regardait tous les atomes comme absolument petits et imperceptibles aux sens, tandis que Démocrite admettait l'existence de certains atomes à grandes dimensions. De même STOBÉE (*Ecl.*, I, 348) se trompe quand il affirme que Démocrite ne voyait rien d'impossible à ce qu'un atome fût aussi grand qu'un monde. On pourrait plutôt conclure du texte d'ARISTOTE (*De an.*, I, 2, 404 a, 1) que des atomes peuvent devenir visibles dans de certaines circonstances. Aristote dit ici à propos de Démocrite : ἀπείρων γὰρ ὄντων σχημάτων καὶ ἀτόμων τὰ σφαιροειδῆ πῦρ καὶ ψυχὴν λέγει, οἷον ἐν τῷ ἀέρι τὰ καλούμενα ξύσματα, ἃ φαίνεται ἐν ταῖς διὰ τῶν θυρίδων ἀκτίσιν. Ce passage est beaucoup trop précis pour qu'on puisse le voir, avec PHILOPON (*De an.*, B, 14, au mil., *Gen. et corr.*, 9 b, au bas), dans les poussières de soleil qu'un exemple de corps habituellement imperceptibles à nos sens. Tout en admettant, en conformité avec une opinion pythagoricienne (voy. sup., p. 413, 1) que ces poussières étaient formées d'atomes identiques à ceux de l'âme, Démocrite pouvait toujours les regarder comme des agrégations d'atomes dont nous ne saurions distinguer les derniers éléments.

leur, car elle appartient à tout corps comme tel ; et, comme toutes les substances sont similaires, la pesanteur doit, au même titre, appartenir à tous les corps, de telle sorte qu'à masse égale leur poids doit être le même. Le rapport entre les poids des différents corps dépend entièrement du rapport entre leurs masses et y correspond exactement; si un corps volumineux paraît plus léger qu'un plus petit, cela provient uniquement de ce qu'il renferme un plus grand nombre d'interstices vides, et de ce que, en réalité, sa masse est inférieure à celle du corps moins volumineux [1]. Les atomes eux aussi doivent donc avoir un poids : ils doivent avoir le même poids spécifique, et par suite il doit exister entre leurs pesanteurs la même différence qu'entre leurs grandeurs [2]. C'est là une doctrine très importante pour

---

1. Ces propositions si importantes pour la science moderne sont une conséquence immédiate de l'identité qualitative de toutes les substances. Cette conséquence n'avait pas échappé aux Atomistes, comme le prouve le texte d'Aristote, De cælo, IV, 2, 308 b, 35 : τὰ δὲ πρῶτα καὶ ἄτομα τοῖς μὲν ἐπίπεδα λέγουσιν ἐξ ὧν συνέστηκε τὰ βάρος ἔχοντα τῶν σωμάτων (Platon) ἄτοπον τὸ φάναι, τοῖς δὲ στερεὰ μᾶλλον ἐνδέχεται λέγειν τὸ μεῖζον εἶναι βαρύτερον αὐτῶν· (Démocrite a effectivement dit cela, voy. la note suiv.) τῶν δὲ συνθέτων, ἐπειδήπερ οὐ φαίνεται τοῦτον ἔχειν ἕκαστον τὸν τρόπον, ἀλλὰ πολλὰ βαρύτερα ὁρῶμεν ἐλάττω τὸν ὄγκον ὄντα καθάπερ ἐρίου χαλκόν, ἕτερον τὸ αἴτιον οἴονταί τε καὶ λέγουσιν ἔνιοι (les atomistes, et certainement Démocrite). τὸ γὰρ κενὸν ἐμπεριλαμβανόμενον κουφίζειν τὰ σώματά φασι καὶ ποιεῖν ἔστιν ὅτε τὰ μείζω κουφότερα, πλεῖον γὰρ ἔχειν κενόν. διὰ τοῦτο γὰρ καὶ τὸν ὄγκον εἶναι μείζω συγκείμενα πολλάκις ἐξ ἴσων στερεῶν ἢ καὶ ἐλαττόνων. ὅλως δὲ καὶ παντὸς αἴτιον εἶναι τοῦ κουφοτέρου τὸ πλεῖον ἐνυπάρχειν κενόν... διὰ γὰρ τοῦτο καὶ τὸ πῦρ εἶναί φασι κουφότατον, ὅτι πλεῖστον ἔχει κενόν. Théophr., De sensu, 61 : βαρὺ μὲν οὖν καὶ κοῦφον τῷ μεγέθει διαιρεῖ Δημόκριτος, εἰ γὰρ διακριθείη ἓν ἕκαστον (les atomes pris isolément), εἰ καὶ κατὰ σχῆμα διαφέροι (de sorte qu'il serait impossible de les comparer immédiatement les uns aux autres) σταθμὸν ἂν ἐπὶ μεγέθει τὴν κρίσιν (c'est ainsi que je lis, avec Prellen, H. phil. gr. röm., § 8¹, au lieu de φύσιν) ἔχειν. οὐ μὴν ἀλλ' ἐν γε τοῖς μικτοῖς κουφότερον ἂν εἶναι τὸ πλεῖον ἔχον κενόν, βαρύτερον δὲ τὸ ἔλαττον. ἐν ἐνίοις μὲν οὕτω· εἴρηκεν ἐν ἄλλοις δὲ κοῦφον εἶναί φησιν ἁπλῶς· τὸ λεπτόν. Je lis ainsi les mots εἰ γὰρ διακριθ.—σταθμόν, en partie d'après mes propres conjectures, en partie d'après Mullach, p. 214, 346 sq. ; Schneider et Wimmer (voy. leurs éditions), Burchard (Democr. phil. de sens., 15), Philippson ("Ὕλη ἀνθρωπίνη, 134), Papencordt (Atom. doctr., 53), Preller (l. c.), ont également cherché à corriger le texte ordinaire d'après diverses conjectures. Ce texte lui-même est ainsi conçu : εἰ γὰρ διακριθῆ ἓν θεν ἕκαστον, εἰ καὶ κατὰ σχῆμα διαφέροι, διαφέρει σταθμόν, etc. Cf. aussi Simpl. (De cælo, 302 b, 35 ; Schol., 516 b, 1). Alex. (ap. eumd. ibid., 306 b, 28 sq.; Sch., 517 a, 3).

2. Voy. note précédente et Aristote, Gen. et corr., I, 8, 3.6 a, 9 : καίτοι βαρύτερόν γε κατὰ τὴν ὑπεροχήν φησιν εἶναι Δημόκριτος ἕκαστον τῶν ἀδιαιρέτων. Simpl., De cælo, 254 b, 27 ; Schol. in Arist., 510 b, 20. Pour plus amples détails, voy. p. 793 sq.

le système atomistique, et il faut rejeter comme inexacts tous les témoignages qui disent le contraire[1].

En ce qui concerne la *position* et l'*ordre* des atomes, Démocrite semble n'avoir donné aucun développement au principe général que nous avons mentionné; du moins rien ne nous a été transmis à cet égard en dehors de ce qui a été dit plus haut[2].

Le Vide. — Les Atomistes se représentaient le vide comme illimité : cette hypothèse leur était imposée, non seulement par le nombre infini des atomes, mais encore par le concept même de l'espace vide[3]. C'est le vide qui enveloppe les atomes[4], c'est lui qui les sépare[5]; partout où il y a combinaison d'atomes, le vide existe nécessaire-

---

1. Par exemple, Plutarque (*Plac.*, I, 3, 29) dit : Épicure attribue aux atomes la forme, la grandeur et la pesanteur; Δημόκριτος μὲν γὰρ ἔλεγε δύο, μέγεθός τε καὶ σχῆμα· ὁ δ' Ἐπίκουρος τούτοις καὶ τρίτον, τὸ βάρος, ἐπέθηκεν. Stob., I, 348; cf. p. 778, 2 : Δημόκρ. τὰ πρῶτά φησι σώματα, ταῦτα δ' ἦν τὰ ναστά, βάρος μὲν οὐκ ἔχειν, κινεῖσθαι δὲ κατ' ἀλληλοτυπίαν ἐν τῷ ἀπείρῳ. Cic., *De fato*, 20, 46 : Épicure attribue le mouvement des atomes à la pesanteur, Démocrite au choc. Alex. (ad *Metaph.*, I, 4, 985 b, 4) : οὐδὲ γὰρ πόθεν ἡ βαρύτης ἐν ταῖς ἀτόμοις λέγουσι· τὰ γὰρ ἀμερῆ τὰ ἐπισυνούμενα ταῖς ἀτόμοις καὶ μέρη ὄντα αὐτῶν ἀβαρῆ φασιν εἶναι. Alexandre invoque à ce propos le troisième livre d'Aristote π. οὐρανοῦ, mais il a tort de rapporter ce qui est dit dans le chap. Ier contre la construction platonicienne des éléments, à Leucippe et à Démocrite, lesquels n'admettaient point de parties dans les atomes.
2. Aristote indique en son propre nom les différences qui existaient entre les atomes au point de vue de la forme et de la position (*Phys.*, I, 5) ; il ne cite pas ces différences comme établies par Démocrite.
3. Arist., *De calo*, III, 2, 300 b, 8 : Λευκίππῳ καὶ Δημοκρίτῳ τοῖς λέγουσιν ἀεὶ κινεῖσθαι τὰ πρῶτα σώματα ἐν τῷ κενῷ καὶ τῷ ἀπείρῳ, λεκτέον τίνα κίνησιν καὶ τίς ἡ κατὰ φύσιν αὐτῶν κίνησις. Cic., *Fin.*, I, 6; voy. inf.; Simpl., *Phys.*, 144 b, au mil.; *De calo*, 91 b, 36 ; 300 b, 1; *Schol.*, 480 a, 38 ; 516 a, 37. Stob., *Ecl.*, I, 380; Plut., *Plac.*, I, 3, 28. D'après Simplicius (*Phys.*, 133 a, au mil.), Démocrite établissait une différence entre le vide et l'espace. Par ce dernier, il entendait (comme plus tard Épicure, voy. IIIe part., a, 402, 3e éd. t. all.) la distance entre les limites extrêmes de ce qui enveloppe un corps (τὸ διάστημα τὸ μεταξὺ τῶν ἐσχάτων τοῦ περιέχοντος), distance tantôt vide, tantôt remplie par un corps. Cependant il est possible que Démocrite, dont Simplicius confond souvent les propositions avec celles d'Épicure, n'ait pas formulé son opinion d'une manière précise. Simplicius dit, *Phys.*, 124 a, au bas : τὸ γὰρ κενὸν τόπον εἶπεν ὁ Δημόκριτος. De même, 89 b, au mil.
4. Voy. note préc. p. 768, 1.
5. Arist., *De calo*, I, 7, 275 b, 29 : τί δὲ μὴ συνεχὲς τὸ πᾶν, ἀλλ' ὥσπερ λέγει Δημόκριτος καὶ Λεύκιππος, διωρισμένα τῷ κενῷ. *Phys.*, IV, 6 (voy. p. 769, 4), où est rappelée aussi la théorie analogue des Pythagoriciens.

ment : il se trouve, comme le plein, en toute chose [1]. Les auteurs de la théorie atomistique ne poussèrent cependant pas cette doctrine jusqu'à nier tout contact direct entre plusieurs atomes [2] : ils refusèrent seulement d'admettre leur union réelle [3].

LE CHANGEMENT, L'ACTION RÉCIPROQUE ET LES QUALITÉS DES CHOSES. — Dans ces conditions, toutes les qualités des choses doivent être expliquées par la quantité, la grandeur, la forme et la situation réciproque des atomes qui les composent, et tous les changements qu'elles subissent doivent être ramenés à un changement survenu dans la combinaison des atomes [4]. Une chose naît quand des atomes s'unissent, elle périt quand ils se séparent ; elle change quand ils changent de position ou que plusieurs d'entre eux sont remplacés par d'autres ; elle grandit quand de nouveaux atomes viennent se joindre à la collection, elle diminue quand plusieurs s'en séparent [5].

---

1. ARIST., *Metaph.*, IV, 5 ; voy. sup., 770, 5.
2. Cf. ARIST. (*Phys.*, III, 4, 203 a, 19) : ὅσοι δ' ἄπειρα ποιοῦσί τὰ στοιχεῖα, καθάπερ Ἀναξαγόρας καὶ Δημόκριτος,.... τῇ ἀφῇ συνεχὲς τὸ ἄπειρον εἶναί φασιν. *Gen. et corr.*, I, 8 (sup., p. 168, 1) : ποιεῖν δὲ καὶ πάσχειν ᾗ τυγχάνουσιν ἁπτόμενα. *Ibid.*, 325 b, 29 : Platon aussi bien que Leucippe admet des atomes d'une forme déterminée ; ἐκ δὴ τούτων αἱ γενέσεις καὶ αἱ διακρίσεις. Λευκίππῳ μὲν δύο τρόποι ἂν εἶεν (sc. τῆς γενέσεως καὶ διακρίσεως), διά τε τοῦ κενοῦ καὶ διὰ τῆς ἁφῆς (ταύτῃ γὰρ διαιρετὸν ἕκαστον) Πλάτωνι δὲ κατὰ τὴν ἁφὴν μόνον. *Ibid.*, 326 a, 31, on rencontre cette objection contre la théorie atomistique : εἰ μὲν γὰρ μία φύσις ἐστὶν ἁπάντων τί τὸ χωρίσαν ; ἢ διὰ τί οὐ γίγνεται ἀψάμενα ἕν, ὥσπερ ὕδωρ ὕδατος ὅταν θίγῃ ; SIMPL., *De cælo*, 133 a, 18 ; *Schol.*, 488 a, 26. Il n'y a pas contradiction entre ce texte et celui que nous avons cité deux notes plus haut, d'après lequel le monde ne doit pas être συνεχές ; car ce qui se touche simplement peut bien former une masse cohérente dans l'espace et s'appeler pour cette raison συνεχὲς τῇ ἁφῇ ; mais une telle masse n'a point de liaison interne, et n'est point συνεχές, au sens strict du mot. Voy. *Phys.*, VIII, 4, 255 a, 13. SIMPLICIUS (*Phys.*, 195 b, au bas) définit cette expression : τῇ ἀφῇ συνεχιζόμενα ἀλλ' οὐχὶ τῇ ἑνώσει. Cf. 196, 2. Nous n'avons donc aucune raison pour croire, avec PHILOPON (*Gen. et corr.*, 36 a, au bas), que dans les textes d'Aristote le mot *contact* est pris au sens large, et désigne simplement une grande proximité.
3. Cf. note préc. et p. 769, 3.
4. Cf. SIMPLICIUS (*De cælo*, 252 b, 40 ; *Schol.*, 510 a, 41) : Δημόκριτος δέ, ὡς Θεόφραστος ἐν τοῖς Φυσικοῖς ἱστορεῖ, ὡς ἰδιωτικῶς ἀποδιδόντων τῶν κατὰ τὸ θερμὸν καὶ τὸ ψυχρὸν καὶ τὰ τοιαῦτα αἰτιολογούντων, ἐπὶ τὰς ἀτόμους ἀνέβη.
5. ARIST. (*Gen. et corr.*, I, 2, 315 b, 6) : Δημόκριτος δὲ καὶ Λεύκιππος ποιήσαντες τὰ σχήματα τὴν ἀλλοίωσιν καὶ τὴν γένεσιν ἐκ τούτων ποιοῦσι διακρίσει μὲν καὶ

De même, l'action d'une chose sur une autre est de nature purement mécanique, et consiste dans la pression et le choc. Là où nous croyons voir une action dynamique exercée à distance, il faut admettre qu'il y a en réalité une action mécanique produite par le contact. Les Atomistes cherchent, comme Empédocle, à expliquer tous les phénomènes de ce genre par la théorie des émanations[1].

Enfin si les choses semblent posséder des propriétés physiques nombreuses et diverses, ces propriétés doivent, elles aussi, être expliquées d'une manière toute mécanique par les rapports quantitatifs des atomes. En effet, tous les corps sont semblables entre eux quant à leur substance : seules, la forme, la grandeur et l'agglomération de leurs éléments primordiaux sont différentes.

QUALITÉS PRIMAIRES ET QUALITÉS SECONDAIRES. — Toutefois il existe encore une différence essentielle entre ces

συγκρίσει γένεσιν καὶ φθορὰν, τάξει δὲ καὶ θέσει ἀλλοίωσιν, etc. *Ibid.*, c. 8 (voy. p. 768, 1). *Ibid.*, c. 9, 327, 10 : ὁρῶμεν δὲ τὸ αὐτὸ σῶμα συνεχὲς ὃν ὁτὲ μὲν ὑγρόν ὁτὲ δὲ πεπηγός, οὐ διαιρέσει καὶ συνθέσει τοῦτο παθόν, οὐδὲ τροπῇ καὶ διαθιγῇ, καθάπερ λέγει Δημόκριτος. *Metaph.*, I, 4, voy. sup., 775, 2; *Phys.*, VIII, 9, 265 b, 24 : les Atomistes n'admettent dans les substances primordiales que le mouvement dans l'espace : tous les autres mouvements, selon eux, sont particuliers aux corps dérivés : αὐξάνεσθαι γὰρ καὶ φθίνειν καὶ ἀλλοιοῦσθαι συγκρινομένων καὶ διακρινομένων τῶν ἀτόμων σωμάτων φασίν, ce qui est répété par SIMPL., ad h. l., 310 a, au mil. *De cælo*, III, 4, 7 (voy. sup., 769, 3, 685, 2). SIMPL., *Categ. Schol. in Ar.*, 91 a, 36. GALIEN, *De elem. sec. Hipp.*, I, 9, t. I, 483 K., etc.

1. Cf. ARIST. (*Gen. et corr.*, I, 8 ; voy. sup., p. 768, 1) : Leucippe et Démocrite dérivent du contact toute action et toute passion : une chose pâtit sous l'action d'une autre, quand certaines parties de la dernière pénètrent dans les interstices vides de la première. ALEXANDRE APHR. (*Qu. nat.*, II, 23, p. 137 Sp.) est encore plus précis à propos des émanations, quand il dit que Démocrite, à l'exemple d'Empédocle (voy. 694, 1), cherchait à expliquer par cette théorie l'attraction exercée par l'aimant (d'après DIOG., IX, 47 il aurait composé un traité particulier sur cette question). Démocrite admettait que l'aimant et le fer étaient formés d'atomes identiques, mais qu'il y avait une cohésion moindre entre ceux de l'aimant; or, comme d'un côté ce qui se ressemble cherche à s'unir, et que d'un autre côté tout se meut vers le vide, les émanations de l'aimant pénètrent dans le fer et font ainsi sortir une partie de ses atomes, lesquels, de leur côté, cherchent à s'unir à l'aimant et pénètrent dans ses interstices vides. A ce mouvement obéit le fer lui-même, tandis que l'aimant ne se dirige pas vers le fer, parce que celui-ci possède moins de vides pour recevoir les émanations de celui-là. — Dans le chapitre relatif aux sensations, nous trouverons une autre application plus importante de cette doctrine, sur laquelle Démocrite est également d'accord avec Empédocle.

propriétés dérivées elles-mêmes. Quelques-unes, en effet, résultent *immédiatement* du mélange des atomes comme tels, abstraction faite de la manière dont nous les percevons : elles appartiennent donc aux choses mêmes. D'autres, au contraire, résultent *médiatement* de la manière dont nous percevons ce mélange; elles n'expriment donc pas tout d'abord la nature des choses elles-mêmes, mais seulement les sensations que les choses produisent en nous[1]. Les premières sont la pesanteur, la densité et la dureté; parmi les dernières, Démocrite range le chaud et le froid, la saveur et la couleur[2]. Ce qui prouve, selon lui, que ces dernières propriétés ne représentent pas avec pureté la nature objective des choses, c'est la diversité des impressions que les mêmes objets produisent, en ce qui concerne ces propriétés, sur différentes personnes et dans des états différents[3]. On ne peut cependant leur refuser à elles-mêmes un certain fonds objectif, et c'est en ce sens que Démocrite a déterminé la forme et la pro-

---

1. Nous rencontrons ici pour la première fois la distinction entre les qualités primaires et secondaires, établie plus tard par Locke, et si importante pour la théorie de la connaissance.

2. Démocrite, voy. *sup.*, 772, 1. Théophr., *De sensu*, 63, cf. 68, à propos de Démocrite : περὶ μὲν οὖν βαρέος καὶ κούφου καὶ σκληροῦ καὶ μαλακοῦ ἐν τούτοις ἀφορίζει· τῶν δ' ἄλλων αἰσθητῶν οὐδενὸς εἶναι φύσιν, ἀλλὰ πάντα πάθη τῆς αἰσθήσεως ἀλλοιουμένης, ἐξ ἧς γίνεσθαι τὴν φαντασίαν. οὐδὲ γὰρ τοῦ ψυχροῦ καὶ τοῦ θερμοῦ φύσιν ὑπάρχειν, ἀλλὰ τὸ σχῆμα (sc. τῶν ἀτόμων) μεταπίπτον ἐργάζεσθαι καὶ τὴν ἡμετέραν ἀλλοίωσιν· ὅ τι γὰρ ἂν ἁθρόον ᾖ τοῦτ' ἐνισχύειν ἑκάστῳ, τὸ δ' εἰς μικρὰ διανενεμημένον ἀναίσθητον εἶναι (sur ce point voy. *inf.*). Cf. Arist., *De an.*, III, 2, 246 a, 20. Simpl., *Phys.*, 119 b, au haut; *De an.*, 54 a, au mil. Sext., *Math.*, VIII, 6, etc. A ce point se rapporte probablement aussi le texte de Diog., IX, 45, dénué de sens sous sa forme actuelle : ποιότητα δὲ νόμιμα εἶναι, φύσει δ' ἀτόμους καὶ κενόν — il faut lire, d'après Démocrite (l. c.) : ποιότητας δὲ νόμῳ εἶναι, etc.

3. Théophraste continue : σημεῖον δὲ, ὡς οὐκ εἰσὶ φύσει, τὸ μὴ ταὐτὰ πᾶσι φαίνεσθαι τοῖς ζῴοις, ἀλλ' ὃ ἡμῖν γλυκὺ τοῦτ' ἄλλοις πικρὸν, καὶ ἑτέροις ὀξὺ καὶ ἄλλοις δριμύ, τοῖς δὲ στρυφνόν· καὶ τὰ ἄλλα δὲ ὡσαύτως· ἔτι δ' αὐτοὺς (les sujets qui perçoivent) μεταβάλλειν τῇ κράσει (le mélange de leurs éléments corporels change ; d'autres lisent cependant κρίσει) καὶ (l. κατὰ) τὰ πάθη καὶ τὰς ἡλικίας· ᾗ καὶ φανερὸν ὡς ἡ διάθεσις αἰτία τῆς φαντασίας. *Ibid.*, § 67. Arist. (*Metaph.*, IV, 5, 1009 b, 1) mentionne les mêmes causes de l'incertitude de nos perceptions, en paraissant dire qu'elles ont été signalées par Démocrite. Cf. Démocrite, *ap*. Sext. (*Math.*, VII, 136) : ἡμεῖς δὲ τῷ μὲν ἐόντι οὐδὲν ἀτρεκὲς ξυνίεμεν, μεταπίπτον δὲ κατά τε σώματος διαθιγὴν (=τάξιν, voy. p. 775, 2) καὶ τῶν ἐπεισιόντων καὶ τῶν ἀντιστηριζόντων.

portion des atomes qui produisent les sensations de chaleur, de couleur, etc.

Parmi les propriétés primaires des choses, la densité, d'après Démocrite, dépend uniquement de la masse : chaque corps est d'autant plus lourd que sa masse est plus grande, déduction faite des interstices vides; à volume égal, le poids doit donc correspondre à la densité[1]. De même, le degré de dureté dépend de la proportion entre le plein et le vide dans les corps; toutefois, à cet égard, il ne faut pas seulement prendre en considération le nombre et la grandeur des interstices vides, il faut encore considérer la manière dont ces interstices sont répartis : un corps interrompu uniformément par le vide sur beaucoup de points peut être moins dur qu'un autre, ayant de plus grands interstices, mais possédant en revanche de plus grandes parties absolument cohérentes, encore bien que le premier, à tout prendre, renferme, sous un volume égal, moins de vide. Le plomb est plus dense et plus lourd, mais plus mou que le fer[2].

Démocrite dérivait, d'une manière générale, les propriétés secondaires, de la forme, de la grandeur et de l'ordre des atomes. Il admettait qu'un corps produit des sensations différentes selon qu'il met nos sens en contact avec des atomes de telle ou telle forme et de telle ou telle grandeur, serrés ou peu cohérents, symétriques ou dépourvus de symétrie[3]. Selon lui, le même objet nous paraît différent, par exemple plus chaud ou plus froid, selon que

---

1. Voy. sup., p. 779, où il dit que la densité même des atomes est une conséquence de leur cohésion. SIMPL., *Categ.* (Basil. 1551), 68, γ; PHILOP., *Gen. et corr.*, 39 b, au haut. Cf. ARIST., *Gen. et corr.*, I, 8, 326 a, 23.
2. THÉOPHR., *l. c.*, 62.
3. Cela résulte, non seulement de ce qui est dit relativement aux diverses couleurs et aux divers goûts, mais encore du texte d'ARISTOTE, *Gen. et corr.*, I, 2, 316 a, 1 : χροιὰν οὔ φησιν εἶναι (Δημόκρ.) τροπῇ γὰρ χρωματίζεσθαι. THÉOPHR., *l. c.*, 63 (voy. sup., 783, 2) et ibid. 64 : οὐ μὴν ἀλλ' ὥσπερ καὶ τὰ ἄλλα καὶ ταῦτα (chaleur, goût, couleur) ἀνατίθησι τοῖς σχήμασι. Ibid., 67, 72. Id., *Caus. plant.*, VI, 2, 3 : ἄτοπον δὲ κἀκεῖνο τοῖς τὰ σχήματα λέγουσιν (sc. αἴτια τῶν χυμῶν) ἢ τῶν ὁμοίων διαφορὰ κατὰ μικρότητα καὶ μέγεθος εἰ τὸ μὴ τὴν αὐτὴν ἔχειν δύναμιν.

tels ou tels atomes, qui entrent dans sa composition, frappent nos organes assez fortement pour produire une impression sensible[1].

Théophraste[2] nous apprend que Démocrite n'avait parlé avec détail que des qualités perçues par le goût et des couleurs. Ce que nous dit Théophraste[3] est une nouvelle preuve du soin minutieux avec lequel il cherchait à expliquer les phénomènes de la nature d'après ses principes généraux; mais nous ne pouvons rechercher dès maintenant le détail de ces explications.

Les Éléments. — Il nous reste à mentionner ici ce que Démocrite pensait des quatre éléments. Il ne pouvait les regarder comme des éléments proprement dits, car la substance première, à ses yeux, ce sont les atomes. Il ne pouvait non plus les considérer, ainsi que le fit plus tard Platon, comme les principes de tous les autres corps visibles; car, étant données les formes innombrables des atomes, ils auraient dû nécessairement produire plus de quatre

---

1. Voy. les derniers mots du texte cité p. 783, 2, et Théophr., *De sensu*, 67 : ὡσαύτως δὲ καὶ τὰς ἄλλας ἑκάστου δυνάμεις ἀποδίδωσιν, ἀνάγων εἰς τὰ σχήματα· ἁπάντων δὲ τῶν σχημάτων οὐδὲν ἄκρατον εἶναι καὶ ἀμιγὲς τοῖς ἄλλοις, ἀλλ' ἐν ἑκάστῳ (sc. χυλῷ) πολλὰ εἶναι καὶ τὸν αὐτὸν ἔχειν λείου καὶ τραχέος καὶ περιφεροῦς καὶ ὀξέος· καὶ τῶν λοιπῶν ὃ δ' ἂν ἐνῇ πλεῖστον, τοῦτο μάλιστα ἐνισχύειν πρός τε τὴν αἴσθησιν καὶ τὴν δύναμιν. (De même Anaxagore; voy. p. 882). Cf. aussi Arist., *Metaph.*, IV, 5, sup., 770, 5; *De gen. et corr.*, I, 2, 315 b, 9. Philop., *ad h. l.*, 6 a, au mil. Voy., pour plus de détails, le chapitre sur les sens.
2. *De sensu*, 64; Fr. 4 (*De odor.*) 64. Théophraste remarque l'absence de déterminations précises relativement à la forme des atomes qui correspond à chaque couleur en particulier.
3. A propos des sensations de goût correspondant à la forme des atomes qui sont en contact avec la langue, *l. c.*, 65-72. *De caus. Plant.*, VI, 1, 2; 6, c. 6, 1; 7, 2. Fr. 4. *De odor.*, 64; cf. Alex., *De sensu*, 105 b, au mil. (qui rapporte à Démocrite le texte d'Aristote, *De sensu*, c. 4, 441 a, 6), 109 a, au haut; à propos des couleurs, parmi lesquelles le blanc, le noir, le rouge et le vert sont considérés par Démocrite comme les quatre couleurs fondamentales, voy. *De sensu*, 73-82. Cf. Stob., *Ecl.*, I, 364. Arist., *De sensu*, c. 4, 442 b, 11 : τὸ γὰρ λευκὸν καὶ τὸ μέλαν τὸ μὲν τραχύ φησιν εἶναι (Δημόκρ.) τὸ δὲ λεῖον, εἰς δὲ τὰ σχήματα ἀνάγει τοὺς χυμούς. *Ibid.*, c. 3, 440 a, 15 sqq. Alex., *l. c.*, 103 a, au bas, 109 a, au haut. Nous avons déjà parlé, p. 782, 2, à un point de vue général, des effluves auxquels Démocrite ramenait la lumière et les couleurs; quant aux détails, voy. *inf.*, p. 818. 3. Cf. Burchard, *Democr. phil. de sens.*, 16. Prantl, *Arist. üb d. Farben*, 48 sqq.

éléments visibles[1]. Toutefois du moment qu'un autre philosophe avait posé en principe l'existence de ces quatre éléments, il était naturel qu'il leur consacrât une attention particulière, et cherchât à en expliquer les propriétés par les atomes qui entrent dans leur composition. Mais le feu seul avait à ses yeux une importance spéciale. Nous verrons plus tard qu'il le considérait comme le principe moteur et vivifiant de toute la nature, comme l'élément intellectuel proprement dit. Il estimait que le feu, en raison de sa mobilité, devait être formé d'atomes ronds et petits, tandis que les autres éléments étaient un mélange d'atomes de diverses espèces et de différentes grandeurs[2].

D'où vient maintenant que, d'une manière générale, les

---

1. SIMPL. (*Phys.*, 8, au bas) a donc tort de citer Leucippe et Démocrite à côté de Pseudo-Timée, et de dire que tous trois considéraient les quatre éléments comme les principes des corps composés, et qu'ils avaient cherché à les ramener eux-mêmes à des substances plus simples et plus primordiales. L'indication chez DIOGÈNE, IX, 44, d'après laquelle ils regardaient les quatre éléments comme des combinaisons d'atomes, est plus naturelle. Au contraire, l'affirmation de GALIEN (*H. philos.*, c. 5, p. 243), suivant laquelle Démocrite comptait trois principes : la terre, le feu et l'eau, est tout à fait apocryphe. Elle demeurerait inadmissible lors même que l'on admettrait, ce qui n'est pas vraisemblable, que primitivement le texte mentionnait aussi l'air. Il est bien possible que dans l'ouvrage invoqué par l'auteur de cette indication (les Σοφιστικά qui manquent dans le catalogue de Mullach), Démocrite ait parlé de la terre, du feu et de l'eau ; mais, si cet écrit était authentique, Démocrite n'y avait certainement pas désigné ces substances comme les éléments constitutifs de tous les corps.

2. ARIST., *De cælo*, III, 4 ; voy. sup., 777, 2. C'est pourquoi, comme il est dit *ibid.* 303 a, 28, l'eau, l'air et la terre procèdent l'un de l'autre par séparation (cf. c. 7, *sup.*, p. 685, 2). A propos de la chaleur ou du feu, voy. *ibid.* et *De an.*, I, 2. 405 a, 8 sqq., c. 3, 406 b, 20. *De cælo*, III, 8, 306 b, 32. *Gen. et corr.*, I, 8, 326 a, 3 ; cf. *Metaph.*, XIII, 4, 1078 b, 19. Dans plusieurs de ces textes Aristote indique la mobilité comme le fondement de l'hypothèse mentionnée ci-dessus ; dans le *De cælo*, III, 8, il y ajoute, peut-être d'après une conjecture personnelle, la force comburante et pénétrante du feu. THÉOPHR., *De sensu*, 75, dit : la couleur rouge est formée d'atomes semblables à ceux de la chaleur, mais plus grands ; l'éclat d'un objet (par exemple du fer rouge) est proportionnel à la quantité et à la subtilité du feu qui y est contenu, θερμὸν γὰρ τὸ λεπτόν. Cf. § 68 : καὶ τοῦτο πολλάκις λέγοντα διότι τοῦ χυμοῦ (l. θερμοῦ) τὸ σχῆμα σφαιροειδές. SIMPL., *l. c.* : οἱ δὲ περὶ Λεύκιππον καὶ Δημόκριτον... τὰ μὲν θερμὰ γίνεσθαι καὶ πύρεια τῶν σωμάτων ὅσα ἐξ ὀξυτέρων καὶ λεπτομερεστέρων καὶ κατὰ ὁμοίαν θέσιν κειμένων σύγκειται τῶν πρώτων σωμάτων, τὰ δὲ ψυχρὰ καὶ ὑδατώδη ὅσα ἐκ τῶν ἐναντίων, καὶ τὰ μὲν λαμπρὰ καὶ φωτεινά, τὰ δὲ ἀμυδρὰ καὶ σκοτεινά. D'après THÉOPHRASTE (Fr. 3, *De igne*, 52), Démocrite expliquait la forme pyramidale de la flamme par la réfrigération progressive de ses parties externes. Pour plus amples détails, voy. le chapitre sur l'âme.

atomes se réunissent pour former certaines combinaisons déterminées? comment devons-nous nous expliquer l'origine des choses composées, la formation d'un monde? L'examen de cette question fera l'objet du chapitre suivant.

§ 2. LE MOUVEMENT DES ATOMES ; LA FORMATION DU MONDE ET SA STRUCTURE ; LA NATURE INORGANIQUE.

LE MOUVEMENT DES ATOMES CONSÉQUENCE DE LA PESANTEUR. — POINT DE HASARD. — Comme les atomes flottent dans l'espace infini[1], ils sont dans un mouvement perpétuel[2]. Ce mouvement des atomes paraissait aux Atomistes un fait si naturel[3], qu'ils déclarèrent explicitement qu'il

---

1. ARISTOTE compare cet état primitif avec l'ὁμοῦ πάντα d'Anaxagore (*Metaph.*, XII, 2, 1069 b, 22) : καὶ ὡς Δημόκριτός ϕησιν ἦν ὁμοῦ πάντα δυνάμει, ἐνεργείᾳ δ' οὔ. Toutefois Ps.-ALEX. (ad h. l., p. 646, 21, Bon.); PHILOP. (ap. Bonitz, ad h. l.); TRENDELENBURG (ad *Arist. De an.*, 318); HEIMSOTH, p. 43; MULLACH (p. 203, 337. *Fragm.*, I, 358) et LANGE (*Gesch. d. Mater.*, I, 131, 25) ont tort de regarder les mots ἦν—οὔ comme une citation littérale de Démocrite, et d'attribuer ainsi à ce philosophe la distinction de la δύναμις et de l'ἐνέργεια, et par suite les idées fondamentales du système d'Aristote. On doit traduire ce passage de la façon suivante : « D'après l'exposition de Démocrite lui aussi, tout n'était réuni qu'en puissance, non en acte. » En effet, dans le mélange primitif des atomes toutes choses étaient contenues quant à leur substance, mais non quant à leur forme et leur essence déterminée. Cf. BONITZ et SCHWEGLER, ad h. l. D'ailleurs, les Atomistes eux-mêmes n'ont pu admettre cet état primitif qu'avec certaines restrictions, puisqu'il a toujours existé des combinaisons d'atomes, c'est-à-dire des mondes.
2. Voy. p. 188, 2 ; 780, 4 ; 468, 1. ARIST. *Metaph.*, XII, 6, 1071 b, 31 : διὸ ἔνιοι ποιοῦσιν ἀεὶ ἐνέργειαν, οἷον Λεύκιππος καὶ Πλάτων· ἀεὶ γὰρ εἶναι ϕασι κίνησιν. ἀλλὰ διὰ τί καὶ τίνα οὐ λέγουσιν, οὐδὲ ὡδί, οὐδὲ τὴν αἰτίαν. *Ibid.*, 1072 a, 6 : οἱ ἀεὶ λέγοντες κίνησιν εἶναι ὥσπερ Λεύκιππος· GALIEN, *De elem. sec. Hipp.*, I, 2, t. I, 418 K. : τὸ δὲ κενὸν χώρα τις ἐν ᾗ ϕερόμενα ταυτὶ τὰ σώματα ἄνω τε καὶ κάτω σύμπαντα διὰ παντὸς τοῦ αἰῶνος ἢ περιπλέκεταί πως ἀλλήλοις, ἢ προσκρούει, καὶ ἀποπάλλεται, καὶ διακρίνει [—εται] δὲ καὶ συγκρίνει [—εται] πάλιν εἰς ἄλληλα κατὰ τὰς τοιαύτας ὁμιλίας, κἀκ τούτου τά τε ἄλλα συγκρίματα πάντα ποιεῖ καὶ τὰ ἡμέτερα σώματα καὶ τὰ παθήματα αὐτῶν καὶ τὰς αἰσθήσεις.
3. ARIST. (*Phys.*, II, 4, 196 a, 24) : εἰσὶ δέ τινες οἳ καὶ τοὐρανοῦ τοῦδε καὶ τῶν κοσμικῶν πάντων αἰτιῶνται τὸ αὐτόματον· ἀπὸ ταὐτομάτου γὰρ γίγνεσθαι τὴν δίνην καὶ τὴν κίνησιν τὴν διακρίνασαν καὶ καταστήσασαν εἰς ταύτην τὴν τάξιν τὸ πᾶν. SIMPLICIUS a raison de rapporter ce passage aux Atomistes, puisqu'eux seuls attribuent la formation du monde à un mouvement tourbillonnant, sans faire dériver ce mouvement d'une force motrice particulière (*Phys.*, 74 a, au bas ; b, au haut) :

était sans commencement[1]. C'est pourquoi Démocrite refusait d'en indiquer la cause, car on ne peut dériver d'autre chose ce qui est sans commencement et infini[2]. ARISTOTE a pu, pour ce motif, reprocher aux Atomistes de n'avoir pas recherché suffisamment la cause du mouvement[3]; mais c'est aller trop loin que de prétendre qu'ils ont attribué ce mouvement au *hasard*[4]. On ne peut appeler ce mouvement fortuit que si l'on entend par *fortuit* tout ce qui ne dérive pas d'une cause finale[5]; mais si cette

οἱ περὶ Δημόκριτον... τῶν κόσμων ἁπάντων... αἰτιώμενοι τὸ αὐτόματον (ἀπὸ ταυτομάτου γάρ φασι τὴν δίνην καὶ τὴν κίνησιν, etc.) ὅμως· οὐ λέγουσι τί ποτέ ἐστι τὸ αὐτόματον.

1. Cf. note préc. CIC., *Fin.*, I, 6, 17 : *Ille (Democritus) atomos quas appellat, i. e. corpora individua propter soliditatem, censet in infinito inani, in quo nihil nec summum nec infimum nec medium nec ultimum nec extremum sit, ita ferri, ut concursionibus inter se cohærescant ; ex quo efficiantur ea quæ sint quæque cernantur omnia; cumque motum atomorum nullo a principio sed ex æterno tempore intelligi convenire.* Cf. p. 780, 4. HIPPOL., *Refut.*, I, 13 : ἔλεγε δὲ [Δημόκρ.] ὡς ἀεὶ κινουμένων τῶν ὄντων ἐν τῷ κενῷ.

2. ARIST. (*Phys.*, VIII, 1, fin) : ὅλως δὲ τὸ νομίζειν ἀρχὴν εἶναι ταύτην ἱκανήν, ὅτι ἀεὶ ἢ ἔστιν οὕτως ἢ γίγνεται, οὐκ ὀρθῶς ἔχει ὑπολαβεῖν, ἐφ᾽ ὃ Δημόκριτος ἀνάγει τὰς περὶ φύσεως αἰτίας, ὡς οὕτω καὶ τὸ πρότερον ἐγίνετο· τοῦ δὲ ἀεὶ καὶ οὐκ ἀξιοῖ ἀρχὴν ζητεῖν. *Gen. anim.*, II, 6, 742 b, 17 : οὐ καλῶς δὲ λέγουσιν οὐδὲ τοῦ διὰ τί τὴν ἀνάγκην, ὅσοι λέγουσιν, ὅτι οὕτως ἀεὶ γίνεται, καὶ ταύτην εἶναι νομίζουσιν ἀρχὴν ἐν αὐτοῖς, ὥσπερ Δημόκριτος ὁ Ἀβδηρίτης, ὅτι τοῦ μὲν ἀεὶ καὶ ἀπείρου οὐκ ἔστιν ἀρχή, τὸ δὲ διὰ τί ἀρχή, τὸ δ᾽ ἀεὶ ἄπειρον, ὥστε τὸ ἐρωτᾶν τὸ διὰ τί περὶ τῶν τοιούτων τινὸς τὸ ζητεῖν εἶναί φησι τοῦ ἀπείρου ἀρχήν. Cf. 787, 2.

3. ARIST., *De cælo*, III, 2; voy. p. 780, 4; *Metaph.*, I, 4, fin : περὶ δὲ κινήσεως, ὅθεν ἢ πῶς ὑπάρχει τοῖς οὖσι, καὶ οὗτοι παραπλησίως τοῖς ἄλλοις ῥᾳθύμως ἀφεῖσαν. Cf. DIOG., X, 33, qui dit de Leucippe : εἶναι δ᾽ ὥσπερ γενέσεις κόσμου οὕτω καὶ αὐξήσεις καὶ φθίσεις καὶ φθοράς κατά τινα ἀνάγκην, ἣν ὁποία ἐστὶν οὐ διασαφεῖ. La même assertion se trouve, d'après la même source. *ap.* HIPPOLYTE, I, 12.

4. ARISTOTE a déjà induit les commentateurs à cette méprise en employant (*Phys.* II, 4) l'expression αὐτόματον, qui, chez lui, ici comme ailleurs, est synonyme de τύχη, tandis que Démocrite ne se sert pas de cette expression, ou ne l'a sans doute employée que dans un autre sens. Mais c'est surtout CICÉRON qui a répandu cette opinion; cf. *N. D.*, I, 24, 66 : *Ista enim flagitia Democriti, sive etiam ante Leucippi, esse corpuscula quædam lævia, alia aspera, rotunda alia, partim autem angulata, curvata quædam et quasi adunca; ex his effectum esse cælum atque terram, nulla cogente natura, sed concursu quodam fortuito.* Le même *concursus fortuitus* se rencontre aussi c. 37, 93; *Tusc.*, I, 11, 22; 18, 42; *Acad.*, I, 2, 6; Cicéron emploie une expression plus exacte, quand il parle (*Fin.*, I, 6, 20) d'une *concursio turbulenta*. Nous retrouvons la même opinion *ap.* PLUT, *Plac.*, I, 4. 1. PHILOP., *Gen. et corr.*, 24 b, au haut. *Phys.*, 6, 9, au mil. SIMPL., *Phys.*, 73 b, au haut, 74 a, au bas. EUS.; *Pr. ev.*, XIV, 23, 2. LACTANCE, *Inst.*, I, 2, sub init., et peut-être aussi *ap.* EUDÈME. Voy. p. 788, 1, 790, 3.

5. Comme ARISTOTE (*Phys.*, II, 5; 196 b, 17 sqq.), qui peut certainement dire à son propre point de vue que, dans le système des Atomistes, le monde procède du hasard.

expression signifie l'absence de cause naturelle, les Atomistes sont aussi éloignés que possible d'une telle doctrine : ils déclarent, en ce sens, que rien dans le monde n'est le résultat du hasard, mais que tout résulte nécessairement de causes déterminées[1]. Ils disent que, sur l'homme lui-même, le sort n'a que peu d'empire, et que le hasard n'est qu'un mot dont nous nous servons pour pallier nos propres fautes[2]. De même, Aristote et les auteurs postérieurs conviennent que les Atomistes ont constamment soutenu la nécessité de tout ce qui arrive sans exception[3], qu'ils ont ramené à des causes naturelles les faits en apparence accidentels[4], et qu'ils ont poursuivi d'une

---

1. Stob., *Ecl.*, I, 160 (*Democr. Fr. phys.*, 41) : Λευκίππος· πάντα κατ' ἀνάγκην, τὴν δ' αὐτὴν ὑπάρχειν εἱμαρμένην· λέγει γὰρ ἐν τῷ περὶ νοῦ· « οὐδὲν χρῆμα μάτην γίγνεται, ἀλλὰ πάντα ἐκ λόγου τε καὶ ὑπ' ἀνάγκης. » Nous avons déjà remarqué, p. 760, 2, que des critiques modernes ont refusé pour de justes motifs de voir dans le περὶ νοῦ un ouvrage de Leucippe, et qu'ils attribuent à Démocrite le fragment qui nous occupe; mais, pour la question actuelle, cette remarque est sans importance.
2. Démocrite, *Fr. mor.*, 14, ap. Stob. (*Ecl.*, II, 344). Eus., *Pr. ev.*, XIV, 27, 4 : ἄνθρωποι τύχης εἴδωλον ἐπλάσαντο πρόφασιν ἰδίης ἀβουλίης (ou ἀνοίης). βαιὰ γὰρ φρονήσει τύχη μάχεται, τὰ δὲ πλεῖστα ἐν βίῳ εὐξύνετος ὀξυδερκείη κατιθύνει.
3. Arist., *Gen. anim.*, V, 8, 789 b, 2 : Δημόκριτος δὲ τὸ οὗ ἕνεκα ἀφεὶς λέγειν (Aristote lui adresse le même reproche *De respir.*, c. 4, sub init.), πάντα ἀνάγει εἰς ἀνάγκην οἷς χρῆται ἡ φύσις. Cic., *De fato*, 10, 23 : *Democritus... accipere maluit, necessitate omnia fieri, quam a corporibus individuis naturales motus avellere.* De même *ibid.*, 17, 39. Plut. (ap. Eus., *Præp. ev.*, I, 8, 7) : ἐξ ἀπείρου χρόνου προκατέχεσθαι τῇ ἀνάγκῃ πάνθ' ἁπλῶς· τὰ γεγονότα καὶ ὄντα καὶ ἐσόμενα. Sext., *Math.*, IX, 113 : κατ' ἀνάγκην μὲν καὶ ὑπὸ δίνης, ὡς ἔλεγον οἱ περὶ τὸν Δημόκριτον, οὐκ ἂν κινοῖτο ὁ κόσμος. Diog., IX, 45 : πάντα τε κατ' ἀνάγκην γίνεσθαι, τῆς δίνης αἰτίας οὔσης τῆς γενέσεως· πάντων, ἣν ἀνάγκην λέγει. Œnomaüs (ap. Théod., *Cur. gr. aff.*, VI, 15, n° 8, 11, p. 86) et Théodoret lui-même (*ibid.*) disent : Démocrite a nié le libre arbitre et livré le cours entier du monde à la nécessité du destin. Plutarq., *Plac.*, I, 25, 26 parall. : Παρμενίδης καὶ Δημόκριτος πάντα κατ' ἀνάγκην· τὴν αὐτὴν δ' εἶναι καὶ εἱμαρμένην καὶ δίκην καὶ πρόνοιαν καὶ κοσμοποιόν (en ce qui concerne Démocrite, ceci n'est exact qu'en partie), Démocrite plaçant l'essence de l'ἀνάγκη dans l'ἀντιτυπία καὶ φορὰ καὶ πληγὴ τῆς ὕλης. (Pour cette indication et pour le mouvement tourbillonnant, voyez plus bas).
4. Arist. (*Phys.*, II, 4, 195 b, 36) : ἔνιοι γάρ καὶ εἰ ἔστιν [ἡ τύχη καὶ τὸ αὐτόματον] ἢ μὴ ἀποροῦσιν· οὐδὲν γὰρ γίνεσθαι ἀπὸ τύχης φασίν, ἀλλὰ πάντων εἶναί τι αἴτιον ὡρισμένον, ὅσα λέγομεν ἀπ' αὐτομάτου γίγνεσθαι ἢ τύχης, οἷον τοῦ ἐλθεῖν ἀπὸ τύχης εἰς τὴν ἀγορὰν καὶ καταλαβεῖν ὃν ἐβούλετο μὲν οὐκ ᾤετο δέ, αἴτιον τὸ βούλεσθαι ἀγοράσαι ἐλθόντα· ὁμοίως δὲ καὶ ἐπὶ τῶν ἄλλων τῶν ἀπὸ τύχης λεγομένων ἀεί τι εἶναι λαβεῖν τὸ αἴτιον, ἀλλ' οὐ τύχην. Simplicius (*Phys.*, 74 a, au bas, après les mots, qui se réfèrent à la citation précédente : καθάπερ ὁ παλαιὸς λόγος εἶπεν ὁ ἀναιρῶν τὴν τύχην) : πρὸς Δημόκριτον ἔοικεν εἰρῆσθαι. ἐκεῖνος γάρ, κἂν ἐν τῇ

manière plus conséquente que tous les systèmes antérieurs l'explication purement physique de la nature[1]. Sans doute les Atomistes ne pouvaient expliquer les phénomènes de la nature par des causes finales[2] ; la nécessité de la nature était, à leurs yeux, une force aveugle ; leur système ne connaît ni esprit créateur du monde ni providence dans le sens postérieur de ce mot[3]. Mais cela ne vient pas de ce qu'ils croient que le cours du monde est livré au hasard, cela vient au contraire de ce qu'ils le considèrent comme dominé sous tous les rapports par la nécessité.

Ils ont dû de même considérer le mouvement primordial des atomes comme l'effet nécessaire d'une cause naturelle, et cette cause, nous ne pouvons la chercher nulle part ailleurs que dans la pesanteur. D'abord, c'est l'explication qui se présente d'elle-même à notre esprit, quand on nous dit que les plus petits corps doivent nécessairement entrer en mouvement dans l'espace vide (*vid. sup.*), que le vide est la cause du mouvement[4], d'autant que les Atomistes regardaient la pesanteur comme une pro-

κοσμοποιΐα ἐδόκει τῇ τύχῃ χρῆσθαι, ἀλλ' ἐν τοῖς μερικωτέροις οὐδενός φησιν εἶναι τὴν τύχην αἰτίαν, ἀναφέρων εἰς ἄλλα; αἰτίας, οἷον τοῦ θησαυρὸν εὑρεῖν τὸ σκάπτειν ἢ τὴν φυτείαν τῆς ἐλαίας, τοῦ δὲ κατεαγῆναι τοῦ φαλακροῦ τὸ κρανίον τὸν ἀετὸν ῥίψαντα τὴν χελώνην ὅπως τὸ χελώνιον ῥαγῇ. οὕτω γὰρ Εὔδημος ἱστορεῖ. De même, 76 a, au mil., 73 b, au mil. La même assertion est reproduite, mais avec des termes empruntés à la philosophie stoïcienne, dans l'indication de Théodoret, *l. c.*, p. 87, d'après laquelle Démocrite avait déclaré que la τύχη est une ἄδηλος αἰτία ἀνθρωπίνῳ λόγῳ ; cf. 3° part., a, 151, 3 ; 2° éd. all. Or, si Démocrite n'a pas admis le hasard en ce qui concerne les choses particulières, il est évident qu'un penseur aussi conséquent n'a pas non plus considéré le tout comme l'œuvre du hasard.

1. Cf., outre les textes d'Aristote, p. 771, 4, 768, 1, le texte *Gen. et corr.*, I, 2, 315 a, 34 (il s'agit de l'explication du commencement et de la fin des choses, etc.) : διὸ, δὲ παρὰ τὰ ἐπιπολῆς περὶ οὐδενὸς οὐδεὶς ἐπέστησεν ἔξω Δημοκρίτου. οὗτος δ' ἔοικε μὲν περὶ ἁπάντων φροντίσαι, ἤδη δὲ ἐν τῷ πῶς διαφέρει. *De an.*, I, 2, 405 a, 8 : Δημόκρ. δὲ καὶ γλαφυρωτέρῳ· εἴρηκεν, ἀποφηνάμενος διὰ τι τούτων ἑκάτερον.
2. Voy. p. 789, 2.
3. Comme on le reproche souvent à Démocrite ; voy. Cic., *Acad.*, II, 40, 125. Plut., *ap.* Eus., *l. c.*, Plac., II, 3 (Stob., I, 442). Nemes., *Nat. hom.*, c. 44, p. 168, et Lactance, *l. c.* D'après Favorin (ap. Dioc., IX, 34 sq.), Démocrite avait explicitement combattu la doctrine d'Anaxagore sur la formation du monde par le νοῦς. Nous rechercherons plus loin en quel sens il a pu cependant parler d'une raison universelle.
4. Comme le dit Aristote (*Phys.*, VIII, 9, 265 b, 23), quand il désigne les Ato-

priété essentielle de tous les corps et soutenaient pour cette raison qu'elle correspond à la masse corporelle des atomes [1]. Ensuite nous avons un indice certain de la doctrine en question dans cette proposition, que la vitesse du mouvement des atomes doit correspondre à la masse de chaque atome, que les plus grands et les plus lourds doivent tomber avec la plus grande vitesse [2]. Enfin nous possédons des témoignages explicites déclarant que Démocrite attribue, comme Épicure, le mouvement primordial des atomes à leur pesanteur et qu'il explique le mouvement de certains corps vers le haut par la pression qui soulève les atomes plus légers, grâce à la chute d'atomes plus pesants [3]. Aussi nous dit-on que l'hypothèse d'Épicure relative à la déclinaison des atomes est dirigée contre l'opinion de Démocrite, dont Épicure a voulu ainsi éviter le déterminisme [4]; de même que sa polémique et celle de ses disciples contre la chute parfaitement verticale des atomes [5] est uniquement dirigée contre l'ancienne théorie atomistique. On ne saurait d'ailleurs considérer Épicure

---

mistes comme n'admettant aucune cause motrice particulière, διὰ δὲ τὸ κενὸν κινεῖσθαί φασιν. De même, EUDÈME, *ap.* SIMPL., *Phys.*, 124 a, au bas.

1. Voy. *sup.*, p. 779, 1, et THÉOPHR., *De sensu*, 71 : καίτοι τὸ γε βαρὺ κα κοῦφον ὅταν διορίζῃ τοῖς μεγέθεσιν, ἀνάγκη τὰ ἁπλᾶ πάντα τὴν αὐτὴν ἔχειν ὁρμὴν τῆς φορᾶς.
2. Cf. p. 193.
3. SIMPLICIUS (*De cælo*, 254 b, 27 ; *Schol. in Arist.*, 510 b, 30) : οἱ γὰρ περὶ Δημόκριτον καὶ ὕστερον Ἐπίκουρος τὰς ἀτόμους πάσας ὁμοφυεῖς οὔσας βάρος ἔχειν φασί, τῷ δὲ εἶναι τινα βαρύτερα ἐξωθούμενα τὰ κουφότερα ὑπ' αὐτῶν ὑφιζανόντων ἐπὶ τὸ ἄνω φέρεσ'... καὶ οὕτω λέγουσιν οὗτοι δοκεῖν τὰ μὲν κοῦφα εἶναι τὰ δὲ βαρέα. (Ce qui suit ne fait plus partie de l'exposition de la doctrine de Démocrite.) De même, *ibid.*, 314 b, 37 ; 121 b, 42. *Schol.*, 517 b, 21 ; 486 a, 21. Le même (*Phys.*, 310 a, au mil.) : οἱ περὶ Δημόκριτον.... ἔλεγον, κατὰ τὴν ἐν αὐτοῖς βαρύτητα, κινούμενα ταῦτα [τὰ ἄτομα] διὰ τοῦ κενοῦ εἴκοντος καὶ μὴ ἀντιτυποῦντος κατὰ τόπον κινεῖσθαι.... καὶ μόνον πρώτην ἄλλα καὶ μόνην ταύτην οὗτοι κίνησιν τοῖς στοιχείοις ἀποδιδόασι. CIC., voy. note suiv.
4. CIC., *N. D.*, I, 25, 69 : *Epicurus cum videret, si atomi ferrentur in locum inferiorem suopte pondere, nihil fore in nostra potestate, quod esset earum motus certus et necessarius, invenit quomodo necessitatem effugeret, quod videlicet Democritum fugerat; ait atomum, cum pondere et gravitate directa deorsum feratur, declinare paululum.* On conviendra qu'il est présupposé ici que si Démocrite a été conduit à son déterminisme, c'est qu'il avait considéré ses atomes comme suivant exclusivement la loi de la pesanteur.
5. ÉPICURE, *ap.* DIOG., X, 43, 61. LUCR., II, 225 sqq.

comme l'auteur de l'explication purement physique du mouvement et de la formation du monde, puisqu'il affaiblit précisément cette explication par ses hypothèses arbitraires sur la déclinaison des atomes. Par conséquent, chez Leucippe et Démocrite, le mouvement des atomes est tout simplement une conséquence de leur pesanteur; et par suite ₁e mouvement vertical vers le bas est le mouvement primordial [1]. Quant à cette remarque, que dans l'espace infini il n'y a ni haut ni bas [2], elle ne semble pas être venue à l'esprit des Atomistes [3].

1. LEWES (*Hist. of phil.*, I, 101) admet au contraire que Démocrite refuse aux atomes la pesanteur, mais leur attribue une force, et que, selon lui, la pesanteur résulte du choc produit par une force supérieure. Mais cette hypothèse qui ne peut même pas s'appuyer sur les indications données p. 780, 2, contredit les témoignages les plus authentiques.
2. Cic., *Fin.*, I, 6, voy. sup., p. 788, 2. SIMPL. (*De cælo*, 300 a, 45; *Schol.*, 516 a, 37) : ἀντιλέγει μεταξύ πρὸς τοὺς μὴ νομίζοντας εἶναί τι ἐν τῷ κόσμῳ τὸ μὲν ἄνω τὸ δὲ κάτω. ταύτης δὲ γεγόνασι τῆς δόξης Ἀναξίμανδρος μὲν καὶ Δημόκριτος διὰ τὸ ἄπειρον ὑποτίθεσθαι τὸ πᾶν. Dans le texte *De cælo*, IV. 1. 308 a, 17, Aristote ne semble pas avoir en vue les Atomistes, mais dans les textes suivants : *Phys.*, IV, 8, 214 b, 28 sqq. : *De cælo*, I, 7 sub fin.; cf. 2ᵉ part., b, 286 sq., 412, 3ᵉ éd., il leur adresse l'objection ci-dessus mentionnée.
3. ÉPICURE (*ap* DIOG., X, 60) défend, il est vrai, l'hypothèse d'après laquelle il peut y avoir, même dans l'espace infini, un mouvement allant de bas en haut ou de haut en bas, et il fait cette remarque : bien que, en un sens absolu, l'existence d'un haut et d'un bas (ἀνωτάτω et κατωτάτω) soit impossible dans un tel espace, il n'en reste pas moins qu'un mouvement dans la direction de notre tête à nos pieds sera toujours opposé à celui qui va de nos pieds à notre tête, dussent les lignes de ces deux mouvements être prolongées à l'infini. LANGE (*Gesch. d. Mat.*, I, 130) approuve cet expédient et croit pouvoir le faire remonter à Démocrite. Mais Démocrite n'a pas dit simplement qu'*en fait* les atomes se meuvent dans la direction désignée par nous allant de haut en bas; il a soutenu qu'ils doivent *nécessairement* se mouvoir dans cette direction. Il attribuait la cause de leur mouvement à leur pesanteur, et ce n'est qu'en s'appuyant sur cette cause qu'il pouvait formuler une opinion quelconque sur leur direction, car cette direction échappe complètement à notre perception. Et quand il est dit ainsi que les atomes sont entraînés en bas par leur pesanteur, ce *bas* n'est pas seulement l'endroit qui nous paraît tel en raison de notre position sur la terre : il désigne, au contraire, tout endroit placé au-dessous de tout atome en mouvement, quel que soit le lieu où celui-ci se trouve dans l'espace infini. Mais il ne peut exister aucun *bas* de ce genre dans l'espace infini. Il n'y a pas lieu de s'étonner qu'un Épicure n'ait pas fait cette réflexion, et ait cherché à défendre contre les objections d'Aristote la théorie de la chute des atomes telle qu'elle lui avait été transmise, au moyen d'un expédient si peu en harmonie avec les hypothèses primitives de cette théorie. Mais il n'est pas admissible qu'un savant tel que Démocrite, n'ait pas remarqué cette contradiction. Il est donc bien plus probable que lui et Leucippe ont regardé la chute des corps dans le vide comme une chose évidente ; seulement, Démocrite n'a pas réfléchi que la chute est un mouvement naturel vers le bas, et qu'un tel mouvemen est impossible dans l'espace infini.

Tous les atomes, comme tels, devraient donc suivre la même direction dans leur mouvement. Mais comme ils diffèrent en grandeur et en poids, ils tombent, estiment les Atomistes, avec des vitesses inégales : ils se rencontrent donc. Les plus légers sont poussés en haut par les plus lourds[1], et le conflit de ces deux mouvements, le choc et le rebondissement des atomes, engendre un mouvement circulaire ou tourbillonnement[2] qui en-

1. D'après ARISTOTE (*De cælo*, IV, 6, 313 b, 4), Démocrite désignait par le mot ἄνω ce mouvement vers le haut.
2. Cette conception sur l'origine du mouvement circulaire, dont les Atomistes dérivaient la formation du monde (voy. *inf.*), ne ressort pas seulement de l'ensemble de leur doctrine, dont l'enchaînement rationnel exige absolument cette hypothèse : elle est encore parfaitement confirmée par les témoignages historiques. SIMPLICIUS dit explicitement (voy. p. 791, 6) que le mouvement primordial de tous les atomes suit une direction descendante et que ce n'est que par suite de ce mouvement descendant qu'une partie des atomes est poussée vers le haut. Lucrèce, de son côté, dans un passage (II, 225) qui, d'après nos observations précédentes, ne peut se rapporter qu'à Démocrite, contredit l'opinion :

....*graviora potesse*
Corpora, quo citius rectum per inane feruntur,
Incidere ex supero levioribus atque ita plagas (πληγάς, voy. *inf.*)
Gignere, quæ possint genitalis reddere motus.

A l'exemple d'Épicure (voy. 3ᵉ part., a, 407, 3ᵉ éd.), il y oppose la proposition d'Aristote (*ibid.*, II, b, 211, 1 ; 312, 3) d'après laquelle tous les corps tombent dans l'espace vide avec une égale vitesse. En outre, bien que les *Placita*, I, 4 (GALIEN, c. 7, *sub fin.*) reproduisent surtout l'opinion d'Épicure (cf. IIIᵉ part., a, 410, 3ᵉ éd.), celle-ci même nous reporte à la doctrine de Démocrite, comme à la source dont elle dérive ; et de plus, Diogène et Hippolyte prêtent les mêmes assertions à Leucippe. Nous lisons en effet *ap.* DIOG. (IX, 31) : γίνεσθαι δὲ τοὺς κόσμους οὕτω· φέρεσθαι κατ' ἀποτομὴν ἐκ τῆς ἀπείρου πολλὰ σώματα παντοῖα τοῖς σχήμασιν εἰς μέγα κενόν, ἅπερ ἀθροισθέντα δίνην ἀπεργάζεσθαι μίαν, καθ' ἣν προσκρούοντα καὶ παντοδαπῶς κυκλούμενα διακρίνεσθαι χωρὶς τὰ ὅμοια πρὸς τὰ ὅμοια. Ἰσορρόπων δὲ διὰ τὸ πλῆθος μηκέτι δυναμένων περιφέρεσθαι, τὰ μὲν λεπτὰ χωρεῖν εἰς τὸ ἔξω κενόν, ὥσπερ διαττώμενα, τὰ δὲ λοιπὰ συμμένειν καὶ περιπλεκόμενα συγκατατρέχειν ἀλλήλοις καὶ ποιεῖν πρῶτόν τι σύστημα σφαιροειδές. HIPPOLYTE (*Refut.*, I, 12) : κόσμους δὲ (οὕτω) γενέσθαι λέγει ὅταν εἰς μετάκενον (μέγα κενὸν) ἐκ τοῦ περιέχοντος ἀθροισθῇ πολλὰ σώματα καὶ συρρυῇ, προσκρούοντα ἀλλήλοις συμπλέκεσθαι τὰ ὁμοιοσχήμονα καὶ παραπλήσια τὰς μορφάς, καὶ περιπλεχθέντων εἰς ἕτερα (au lieu d'*al*; ἕτερα, il faut probablement lire : ἓν σύστημα) γίνεσθαι. C'est sans doute à la théorie atomistique que pensent ARISTOTE, *De cælo*, I, 8, 277 b, 1 (le feu suit la direction ascendante conformément à sa nature, et non par suite d'une pression extérieure, ὥσπερ τινές φασι τῇ ἐκθλίψει), et peut-être déjà PLATON, *Timée*, 62 c. Il ne nous est pas dit comment les Atomistes se représentaient la production du mouvement circulaire par les deux mouvements en ligne droite vers le haut et vers le bas. Chez DIOGÈNE (X, 61 ; 43 sq.), Épicure parle (sans se référer aux Atomistes) d'un mouvement latéral produit par l'entrechoquement, et d'un choc en retour des atomes. Cette doctrine est également attribuée à Démocrite dans les *Placita*, I, 26 (voy. *sup.*, 190, 1), dans GALIEN (voy.

traîne toutes les parties de la masse d'atomes qui est en jeu [1].

LES MONDES. — Par ce mouvement des atomes, les substances similaires sont réunies; car ce qui a le même poids et la même forme tombera au même endroit ou y sera

---

sup., 787, 2) et dans SIMPLICIUS, *De cælo*, 110 a, 1; *Schol.*, 484 a, 27 : τὰς ἀτόμους.... φέρεσθαι ἐν τῷ κενῷ καὶ ἐπικαταλαμβανούσας ἀλλήλας, συγκρούεσθαι, καὶ τὰς μὲν ἀποπάλλεσθαι, ὅπη ἂν τύχωσι, τὰς δὲ περιπλέκεσθαι ἀλλήλαις κατὰ τὴν τῶν σχημάτων καὶ μεγεθῶν καὶ θέσεων καὶ τάξεων συμμετρίαν, καὶ συμβαίνειν καὶ οὕτω τὴν τῶν συνθέτων γένεσιν ἀποτελεῖσθαι. C'est à la doctrine de Démocrite sur la formation du monde par le mouvement tournoyant que se rapporte l'observation d'Épicure (*ap.* DIOG., X, 90), disant que cette exposition a besoin d'être complétée : οὐ γὰρ ἀθροισμὸν δεῖ μόνον γενέσθαι οὐδὲ δῖνον ἐν ᾧ ἐνδέχεται κόσμον γίνεσθαι κενῷ κατὰ τὸ δοξαζόμενον ἐξ ἀνάγκης, αὔξεσθαί θ' ἕως ἂν ἑτέρῳ προσκρούσῃ, καθάπερ τῶν καλουμένων φυσικῶν φησί τις. Voy. note suiv. KRISCHE (*Forsch.*, I, 161) a raison d'attribuer l'affirmation de SAINT AUGUSTIN (*Epist.*, 118, 28) : *inesse concursioni atomorum vim quamdam animalem et spirabilem*, à une fausse interprétation de CICÉRON (*Tusc.*, I, 18, 42). LANGE (*Gesch. d. Mat.*, I, 130, 22) suppose que Démocrite n'a fait commencer le mouvement tournoyant qu'*après* la formation du système d'atomes qui a produit le monde; mais cette hypothèse ne peut s'appuyer d'aucun document. Bien plus, DIOGÈNE (IX, 31) fait dériver le σύστημα σφαιροειδὲς de la δίνη, et Épicure (*l. c.*) parle également d'un δῖνος dans le vide, ἐν ᾧ ἐνδέχεται κόσμον γίνεσθαι.

1. C'est cette particularité, jointe à la remarque faite p. 788, 3, qui nous explique comment la doctrine de Démocrite est quelquefois exposée de manière à nous faire croire qu'il regardait l'entrechoquement et le tournoiement des atomes comme leur mouvement unique et primordial. Voy. DIOG., IX, 44 : φέρεσθαι δ' ἐν τῷ ὅλῳ δινουμένας (τὰς ἀτόμους). Ib. § 45 (voy. p. 780, 1). SEXTUS, *Math.*, IX, 113; STOBÉE, *Ecl.*, I, 394; *Plac.*, I, 23, 3 : Δημόκριτος ἓν γένος κινήσεως τὸ κατὰ παλμὸν (à moins qu'il ne faille lire πληγήν, d'après le πληγῇ du texte de Plutarque) ἀπεφαίνετο (*ibid.* 348, l'entrechoquement des atomes est même donné comme leur seul mouvement et leur pesanteur est niée; voy. *sup.*, 780, 2). ALEXANDRE (*ad Metaph.*, I, 4, p. 27, 20, Bon.) : οὗτοι γὰρ (Leucippe et Démocrite) λέγουσιν ἀλληλοτυπούσας καὶ κρουομένας πρὸς ἀλλήλας κινεῖσθαι τὰς ἀτόμους, πόθεν μέντοι ἡ ἀρχὴ τῆς κινήσεως τοῖς (τῆς) κατὰ φύσιν, οὐ λέγουσιν· ἡ γὰρ κατὰ τὴν ἀλληλοτυπίαν βίαιός ἐστι κίνησις καὶ οὐ κατὰ φύσιν, ὑστέρα δὲ ἡ βίαιος τῆς κατὰ φύσιν. οὐδὲ γὰρ, etc., voy. p. 780, 2. CICÉRON (*De fato*, 20, 46): *Aliam enim quamdam vim motus habeant* [atomi] *a Democrito impulsionis, quam plagam* (voy. note préc.) *ille appellat, a te, Epicure, gravitatis et ponderis*. SIMPLICIUS (*De cælo*, 260 b. 17; *Schol.*, 511 b, 15) : δέον ἀεὶ κινεῖσθαι τὰ πρῶτα... ἐν τῷ ἀπείρῳ κενῷ βίᾳ. (MULLACH, p. 384, emprunte au même Simplicius, *Phys.*, 96, cette citation : Δημόκριτος φύσει ἀκίνητα λέγων ἄτομα τὰ πληγῇ κινεῖσθαί φησιν; mais ceci ne s'y trouve pas). Pour la même raison, ARISTOTE (*De cælo*, III, 2, 300 b, 8 sqq., II, 13, 294 b, 30 sqq.) pose déjà aux Atomistes la question du mouvement primordial et naturel des atomes, tout mouvement déterminé par la contrainte supposant un mouvement naturel? En posant cette question, Aristote ne tient apparemment pas compte du mouvement vers le bas dans l'espace infini, lequel lui paraît impossible, mais ne l'est pas aux yeux des Atomistes; et il n'en tient pas compte, parce que Démocrite avait simplement présupposé, mais non pas dit explicitement, que ce mouvement est naturel aux atomes.

poussé[1]. En outre, il est naturel qu'il se produise, non seulement des accumulations sans cohérence, mais encore des combinaisons solides d'atomes; car, tandis que les corpuscules de formes diverses sont agités pêle-mêle, un certain nombre d'entre eux doivent rester attachés les uns aux autres ou enchevêtrés les uns dans les autres, s'envelopper et s'arrêter mutuellement[2], au point que certains d'entre eux soient même retenus en un lieu qui n'est pas conforme à leur nature[3]; et ainsi doivent se former

---

1. Cf. les textes cités p. 794, 1. Dans le fragment *ap.* Sext., *Math.*, VII, 116 sqq. (cf. Plut., *Plac.*, IV, 19, 3 et Arist., *Eth.*, N., VIII, 2), Démocrite remarque lui-même que le semblable s'unit au semblable d'après une loi universelle : καὶ γὰρ ζῷα, φησιν, ὁμογενέσι ζῴοισι ξυναγελάζεται ὡς περιστεραὶ περιστερῇσι καὶ γέρανοι γεράνοισι καὶ ἐπὶ τῶν ἄλλων ἀλόγων. Mais la suite démontre qu'il a cherché la raison de cette loi, non dans une tendance immanente aux principes premiers, mais dans le mouvement mécanique, la grandeur et la forme des atomes : ὡσαύτως δὲ καὶ περὶ τῶν ἀψύχων, καθάπερ ὁρῆς πάρεστι ἐπί τε τῶν κοσκινευομένων σπερμάτων καὶ ἐπὶ τῶν παρὰ τῇσι κυματωγῇσι ψηφίδων· ὅκου μὲν γὰρ κατὰ τὸν τοῦ κοσκίνου δῖνον διακριτικῶς φακοὶ μετὰ φακῶν τάσσονται καὶ κριθαὶ μετὰ κριθέων καὶ πυροὶ μετὰ πυρῶν, ὅκου δὲ κατὰ τὴν τοῦ κύματος κίνησιν αἱ μὲν ἐπιμήκεες ψηφίδες εἰς τὸν αὐτὸν τόπον τῇσι ἐπιμήκεσι ὠθέονται, αἱ δὲ περιφερέες τῇσι περιφερέσι. (Ce qui suit semble être une addition personnelle de Sextus). Cf. Alexandre (*Qu. nat.*, II, 23, p. 137 Sp.) : ὁ Δημόκριτός τε καὶ αὐτὸς ἀπορροίας τε γίνεσθαι τίθεται καὶ τὰ ὅμοια φέρεσθαι πρὸς τὰ ὅμοια· ἀλλὰ καὶ εἰς τὸ κοινὸν (*l.* κενὸν) πάντα φέρεσθαι. Simplicius (*Phys.* 7 a, au mil.) : πεφυκέναι γὰρ τὸ ὅμοιον ὑπὸ τοῦ ὁμοίου κινεῖσθαι καὶ φέρεσθαι τὰ συγγενῆ πρὸς ἄλληλα.

2. Arist., *De cælo*, III, 4 (sup., p. 769, 3). *De gen. et corr.*, I, 8 (sup., p. 768, 1) : καὶ συντιθέμενα δὲ καὶ περιπλεκόμενα γεννᾶν. (Philop., *ad h. l.*, 36 a, au bas, ne paraît rien ajouter de nouveau). Hippolyte (*Réfut.*, I, 12, voy. 794, 1); Galien (voy. p. 787, 2); Strabon, *ap.* Cicéron (*Acad.*, II, 38, 121); Simplicius (*De cælo*, 133 a, 18; *Schol.* 488 a, 26) : στασιάζειν δὲ (τὰς ἀτόμους) καὶ φέρεσθαι ἐν τῷ κενῷ διά τε τὴν ἀνομοιότητα καὶ τὰς ἄλλας τὰς εἰρημένας διαφοράς, φερομένας δὲ ἐμπίπτειν καὶ περιπλέκεσθαι περιπλοκὴν τοιαύτην ἣ συμψαύειν μὲν αὐτὰ καὶ πλησίον εἶναι ποιεῖ, φύσιν μέντοι μίαν ἐξ ἐκείνων οὐδ' ἡντινοῦν γεννᾷ... τοῦ δὲ συμμένειν τὰς οὐσίας μετ' ἀλλήλων μέχρι τινὸς αἰτιᾶται τὰς ἐπαλλαγὰς καὶ τὰς ἀντιλήψεις τῶν σωμάτων. τὰ μὲν γὰρ αὐτῶν εἶναι σκαληνά, τὰ δὲ ἀγκιστρώδη (cf. p. 776, 3, 798, 4) τὰ δὲ ἄλλας ἀναρίθμους ἔχοντα διαφοράς. ἐπὶ τοσοῦτον οὖν χρόνον σφῶν αὐτῶν ἀντέχεσθαι νομίζει καὶ συμμένειν, ἕως ἰσχυροτέρα τις ἐκ τοῦ περιέχοντος ἀνάγκη παραγενομένη καὶ διασείσῃ καὶ χωρὶς αὐτὰς διασπείρῃ. *Ibid.*, 271 b, 2 (*Schol.*, 514 a, 6) à propos du passage d'Aristote que nous avons cité : ταύτας δὲ (τὰς ἀτόμους) μόνας ἔλεγον (Leucippe et Démocrite) συνεχεῖς· τὰ γὰρ ἄλλα τὰ δοκοῦντα συνεχῆ ἀρχῆ προσεγγίζειν ἀλλήλοις. διὸ καὶ τὴν τομὴν ἀνήρουν, ἀπόλυσιν τῶν ἀπτομένων λέγοντες τὴν δοκοῦσαν τομήν· καὶ διὰ τοῦτο οὐδ' ἐξ ἑνὸς πολλὰ γίνεσθαι ἔλεγον... οὔτε ἐκ πολλῶν ἓν κατ' ἀλήθειαν συνεχές, ἀλλὰ τῇ συμπλοκῇ τῶν ἀτόμων ἕκαστον ἓν δοκεῖν γίνεσθαι. τὴν δὲ συμπλοκὴν Ἀβδηρῖται ἐπάλλαξιν ἐκάλουν ὥσπερ Δημόκριτος. (Parmi les manuscrits que nous possédons, quelques-uns lisent de même dans le texte d'Aristote « ἐπαλλάξει » au lieu de περιπλέξει.

3. C'est ainsi que Démocrite (voy. Arist., *De cælo*, IV, 6, 313 a, 21 ; cf. Simpl., *d h. l.*, 322 b, 21; *Schol.*, 518 a, 1) expliquait ce phénomène, que des corps

des corps composés, par l'effet de la combinaison des atomes. Chacun de ces touts qui se détachent de la masse des corps primordiaux est le germe d'un monde. Les atomistes croient que ces mondes sont innombrables, car le nombre des atomes étant infini et l'espace vide n'ayant pas de limites, des atomes doivent se rencontrer aux points les plus différents. En outre, comme les atomes diffèrent à l'infini quant à la forme et quant à la grandeur, les mondes qu'ils auront formés offriront la plus grande variété ; toutefois il peut arriver aussi qu'il y ait entre quelques-uns d'entre eux une ressemblance parfaite. De même que les mondes particuliers ont eu un commencement, de même ils sont sujets à devenir plus grands ou plus petits, et enfin à périr : ils s'accroissent aussi longtemps que de nouvelles substances leur viennent du dehors, ils diminuent dans le cas contraire; quand ils périssent, c'est apparemment que deux d'entre eux se rencontrent et que le plus petit est brisé dans le choc par le plus grand[1]. De même l'état in-

---

plats, spécifiquement plus lourds que l'eau, surnagent néanmoins, par cette raison que les matières chaudes qui se dégagent de l'eau ne leur permettent pas de s'enfoncer. De même, *ibid.*, II, 13, 294 b, 13, il se représentait la terre comme un corps plat supporté par l'air. Il admettait donc que, par la rotation, tantôt des corps plus légers sont portés vers un lieu plus profond, tantôt des corps plus lourds sont portés vers un lieu plus élevé.

1. ARISTOTE déjà songe sans nul doute à la théorie atomistique quand il dit (*Phys.*, VIII, 1, 250 b, 18) : ὅσοι μὲν ἀπείρους τε κόσμους εἶναί φασι καὶ τοὺς μὲν γίγνεσθαι τοὺς δὲ φθείρεσθαι τῶν κόσμων, ἀεί φασιν εἶναι γένεσιν. Car les mots τοὺς μὲν γίγν., etc., ne peuvent désigner que des mondes existant l'un à côté de l'autre, comme ceux des Atomistes, et non des mondes successifs, comme ceux d'Anaximandre et d'Héraclite. C'est donc à la théorie atomistique qu'il faut rapporter la réfutation de l'opinion d'après laquelle il peut y avoir plusieurs mondes (*De cælo*, I, 8). Les écrivains postérieurs sont plus précis à cet égard : SIMPLICIUS, *Phys.*, 257 b, au mil. : οἱ μὲν γὰρ ἀπείρους τῷ πλήθει τοὺς κόσμους ὑποθέμενοι, ὡς οἱ περὶ Ἀναξίμανδρον (on a déjà montré, p. 211 sq., que c'est là une erreur) καὶ Λεύκιππον καὶ Δημόκριτον,... γινομένους αὐτοὺς καὶ φθειρομένους ὑπέθεντο ἐπ' ἄπειρον, ἄλλων μὲν ἀεὶ γινομένων, ἄλλων δὲ φθειρομένων. I ». (*De cælo*, 91 b, 36, 139 b, 5; *Schol. in Ar.*, 480 a, 38, 489 b, 13); CICÉRON (*Acad.*, II, 17, 55) : *Ais Democritum dicere, innumerabiles esse mundos, et quidem sic quosdam inter se non solum similes, sed undique perfecte et absolute ita pares, ut inter eos nihil prorsus intersit, et eos quidem innumerabiles : itemque homines.* DIOGÈNE, IX, 31, dit de Leucippe : καὶ στοιχεῖά φησι, κόσμους τ' ἐκ τούτων ἀπείρους· εἶναι καὶ διαλύεσθαι εἰς ταῦτα. *Ibid.*, 44 de Démocrite : ἀπείρους τ' εἶναι κόσμους καὶ γεννητοὺς καὶ φθαρτούς. *Ibid.*, 33; voy. sup., 788, 4. HIPPOLYTE *Refut.*, I, 13) : ἀπείρους δὲ εἶναι κόσμους· (ἔλεγεν ὁ Δημόκρ.) καὶ μεγέθει

798 térieur des mondes est soumis à de perpétuels changements[1].

LA FORMATION DU MONDE. — Les Atomistes expliquent la formation du monde de la façon suivante[2]. Lorsque, à la suite de la rencontre d'un grand nombre d'atomes différents, se fut séparée une masse d'atomes dont les plus légers étaient poussés vers le haut, et que le tout se fut mis à tourbillonner par l'effet des mouvements contraires[3], les corps poussés vers le haut se rangèrent en cercle aux limites extrêmes du tout, et formèrent ainsi autour de lui une sorte d'enveloppe[4]. Cette enveloppe s'amincit peu à peu parce que le mouvement entraîna toujours davantage certaines parties vers le milieu, tandis que, d'un autre côté, 799 la masse du monde en formation augmentait continuellement par l'adjonction de nouveaux atomes. Les substances qui s'étaient précipitées à l'intérieur formèrent la terre, celles qui étaient montées vers le haut formèrent le ciel, le feu et l'air[5]. Une partie de ces dernières se réunit en

---

διαφέροντας, ἔν τισι δὲ μὴ εἶναι ἥλιον μηδὲ σελήνην, ἔν τισι δὲ μείζω (—ους) τῶν παρ' ἡμῖν καὶ ἔν τισι πλείω (—ους). εἶναι δὲ τῶν κόσμων ἄνισα τὰ διαστήματα, καὶ τῇ μὲν πλείους τῇ δὲ ἐλάττους, καὶ τοὺς μὲν αὔξεσθαι τοὺς δὲ ἀκμάζειν τοὺς δὲ φθίνειν, καὶ τῇ μὲν γίνεσθαι τῇ δὲ λείπειν, φθείρεσθαι δὲ αὐτοὺς ἐπ' ἀλλήλων προσπίπτοντας. εἶναι δὲ ἐνίους κόσμους ἐρήμους ζῴων καὶ φυτῶν καὶ παντὸς ὑγροῦ... ἀκμάζειν δὲ κόσμον ἕως ἂν μηκέτι δύνηται ἔξωθέν τι προσλαμβάνειν. STOBÉE, *Ecl.*, I, 418 : Δημόκριτος φθείρεσθαι τὸν κόσμον τοῦ μείζονος τὸν μικρότερον νικῶντος.

1. Cf. p. 799, 4.
2. DIOGÈNE, IX, 32, après la citation p. 794, 1 : τοῦτο δ' οἷον ὑμένα ὑφίστασθαι, περιέχοντ' ἐν ἑαυτῷ παντοῖα σώματα· ὧν κατὰ τὴν τοῦ μέσου ἀντέρεισιν περιδινουμένων, λεπτὸν γίνεσθαι τὸν πέριξ ὑμένα, συρρεόντων ἀεὶ τῶν συνεχῶν κατ' ἐπίψαυσιν τῆς δίνης· καὶ οὕτω μὲν γενέσθαι τὴν γῆν, συμμενόντων τῶν ἐνεχθέντων ἐπὶ τὸ μέσον. αὐτόν τε πάλιν τὸν περιέχοντα οἷον ὑμένα αὔξεσθαι κατὰ τὴν ἐπέκρυσιν τῶν ἔξωθεν σωμάτων· δίνῃ τε φερόμενον αὐτὸν ὧν ἂν ἐπιψαύσῃ ταῦτα ἐπικτᾶσθαι. τούτων δὲ τινα συμπλεκόμενα ποιεῖν σύστημα τὸ μὲν πρῶτον κάθυγρον καὶ πηλῶδες, ξηρανθέντα [δὲ] καὶ περιφερόμενα σὺν τῇ τοῦ ὅλου δίνῃ εἶτ' ἐκπυρωθέντα τὴν τῶν ἀστέρων ἀποτελέσαι φύσιν. Les mêmes assertions sont reproduites *ap.* PLUT.; *Plac.*, I, 4. Voy. p. 799, 3.
3. Voy. p. 794, 1, 799, 3.
4. Cette indication se retrouve *ap.* STOBÉE (*Ecl.*, I, 490), lequel ajoute encore que cette enveloppe est (principalement) formée d'atomes crochus, et *ap.* GALIEN, c. 11, p. 267, K.
5. C'est à ce propos que PLUTARQUE (*Fac. lun.*, 15, 3, p. 928) reproche à

masses plus denses, qui d'abord furent humides et molles; mais, comme l'air qui les entraînait avec lui était poussé par les masses ascendantes, et par suite tourbillonnait avec impétuosité, elles se desséchèrent peu à peu; la rapidité du mouvement les mit en feu; et ainsi se formèrent les astres[1]. De même l'action des vents et l'influence des astres dégagèrent de la terre les parties les plus petites, qui se réunirent dans les profondeurs et formèrent l'eau. La terre s'est ainsi condensée en une masse solide[2], et, selon Démocrite, cette condensation continue aujourd'hui encore[3]. En raison de sa masse et de sa densité toujours plus grande, la terre s'est établie au centre du monde, tandis qu'au commencement, lorsqu'elle était encore petite et légère, elle se mouvait dans tous les sens[4].

SYSTÈME DU MONDE. — Les idées des Atomistes relativement à notre système concordent, dès lors, assez bien

---

Métrodore, disciple de Démocrite, de faire descendre la terre à la place qu'elle occupe au moyen de la pesanteur, de suspendre en haut le soleil comme une outre à cause de sa légèreté, et de faire mouvoir les astres comme les plateaux d'une balance.

1. Voy. à ce sujet, outre la citation précédente et celle de la page 801, I, HIPPOL., I, 13 : τοῦ δὲ παρ' ἡμῖν κόσμου πρότερον τὴν γῆν τῶν ἀστέρων γενέσθαι. DIOG., IX, 30 : τούς τε κόσμους γίνεσθαι σωμάτων εἰς τὸ κενὸν ἐμπιπτόντων καὶ ἀλλήλοις περιπλεκομένων· ἔκ τε τῆς κινήσεως κατὰ τὴν αὔξησιν αὐτῶν γίνεσθαι τὴν τῶν ἀστέρων φύσιν. Ibid., 33 : καὶ πάντα μὲν τὰ ἄστρα διὰ τὸ τάχος τῆς φορᾶς, τὸν δ' ἥλιον ὑπὸ τῶν ἀστέρων ἐκπυροῦσθαι, τὴν δὲ σελήνην τοῦ πυρὸς ὀλίγον μεταλαμβάνειν. THÉOD., Cur. gr. aff., IV, 17, p. 59 : Démocrite, de même qu'Anaxagore, voit dans les étoiles des masses de pierre auxquelles le mouvement du ciel a fait prendre feu.

2. Plac., I, 4 : πολλῆς δὲ ὕλης ἔτι περιειλημμένης ἐν τῇ γῇ, πυκνουμένης τε ταύτης κατὰ τὰς ἀπὸ τῶν πνευμάτων πληγὰς καὶ τὰς ἀπὸ τῶν ἀστέρων αὔρας· (la chaleur du soleil et d'autres phénomènes analogues), προσελίθετο πᾶς ὁ μικρομερὴς σχηματισμὸς ταύτης καὶ τὴν ὑγρὰν φύσιν ἐγέννα· ῥευστικῶς δὲ αὕτη διακειμένη, κατεφέρετο πρὸς τοὺς κοίλους τόπους καὶ δυναμένους χωρῆσαι τε καὶ στέξαι· ἢ καθ' αὑτὸ τὸ ὕδωρ ὑποστὰν ἐκοίλανε τοὺς ὑποκειμένους τόπους. Les idées mêmes contenues dans cette exposition, et aussi les textes que nous allons citer plus loin, permettent de conjecturer que cette exposition, bien qu'elle soit avant tout épicurienne, remonte en dernière analyse jusqu'à Démocrite.

3. D'après ARISTOTE (Meteor., II, 3, 356 b, 9), ALEXANDRE (ad h. l., 93 a, au mil., b, au haut), OLYMPIODORE (ad h. l., I, 278, sq., Id.), il admettait qu'avec le temps l'évaporation ferait tarir la mer.

4. Plac., III, 13, 4 : κατ' ἀρχὰς μὲν πλάζεσθαι τὴν γῆν φησιν ὁ Δημόκριτος διά τε μικρότητα καὶ κουφότητα, πυκνωθεῖσαν δὲ τῷ χρόνῳ καὶ βαρυνθεῖσαν καταστῆναι.

avec l'opinion commune. Enveloppé par une couche sphérique d'atomes étroitement unis les uns aux autres, il est suspendu dans le vide infini[1]; la terre forme le milieu, l'espace compris entre le centre et l'enveloppe solide est rempli par l'air, où se meuvent les astres. De même que certains physiciens anciens, les Atomistes se représentent la terre comme un cylindre plat que sa largeur maintient suspendu au-dessus de l'air[2]. Les astres sont, d'après ce que nous avons vu plus haut, des corps terreux qui ont été enflammés par le mouvement rapide du ciel; Démocrite et Anaxagore ont dit cela particulièrement du soleil et de la lune. Démocrite leur attribuait, à l'exemple de son devancier, une grandeur considérable; il regardait aussi la lune comme une sorte de terre, la figure qu'on y aperçoit étant à ses yeux l'ombre projetée par des montagnes[3].

801 Il est dit encore que, selon les Atomistes, le soleil et la lune ont été primitivement le noyau de mondes indépendants, ainsi que la terre, et que le soleil n'a été rempli de feu qu'ultérieurement, quand son cercle se fut agrandi[4]:

---

1. Du moins on ne nous parle pas d'un mouvement de l'univers entier; les Atomistes semblent avoir pensé que la rotation du monde annulait les effets de la pesanteur. Cf. p. 714, 2, 3.
2. *Plac.*, III, 10 : Λεύκιππος τυμπανοειδῆ [τὴν γῆν]. Δημόκριτος δὲ δισκοειδῆ μὲν τῷ πλάτει, κοίλην δὲ τὸ μέσον. Cette dernière proposition ne signifie pas que la terre soit creuse à l'intérieur, mais qu'elle a une excavation dans son milieu et est relevée sur les bords. Cf. SCHAEFER, *Astron., Geogr. d. Gr.* Flensb., 1873. p. 14. ARISTOTE, *De cælo*, II, 13, 294 b, 13 : Ἀναξιμένης δὲ καὶ Ἀναξαγόρας καὶ Δημόκριτος τὸ πλάτος αἴτιον εἶναι φασι τοῦ μένειν αὐτήν. οὐ γὰρ τέμνειν ἀλλ' ἐπιπωματίζειν τὸν ἀέρα τὸν κάτωθεν... τὸν δ' οὐκ ἔχοντα μεταστῆναι τόπον ἱκανὸν ἀθρόον τῷ κάτωθεν ἠρεμεῖν, ὥσπερ τὸ ἐν ταῖς κλεψύδραις ὕδωρ. Cf p. 797, 1.
3. CICÉRON (*Fin.*, I, 6, 20) : *Sol Democrito magnus videtur*. STOB., *Ecl.*, I, 532 : [τὸν ἥλιον] Δημόκριτος μύδρον ἢ πέτρον διάπυρον, τροπὴν δὲ γίνεσθαι ἐκ τῆς περιφερούσης αὐτὸν δινήσεως. *Ibid.*, 550 : [τὴν σελήνην] Ἀναξαγόρας καὶ Δημόκριτος στερέωμα διάπυρον, ἔχον ἐν ἑαυτῷ πεδία καὶ ὄρη καὶ φάραγγας. (Ces deux idées sont reproduites dans les mêmes termes par THÉODOR., *Cur. gr. aff.*, IV, 21, 23). *Ibid.*, 564, à propos du visage de la lune. Cf. la note suiv., et, sur la lumière de la lune, p. 801, 3 et 799, 2. Quand DIOGÈNE, IX, 44, dit du soleil et de la lune qu'ils sont formés, comme l'âme, d'atomes lisses et ronds, c'est-à-dire de feu, cette assertion ne peut se rapporter qu'au feu qui s'est joint plus tard à leur noyau terreux.
4. PLUTARQUE *ap.* EUSÈBE (*Pr. ev.*, I, 8, 7) : ἡλίου δὲ καὶ σελήνης γένεσίν φησι, κατ' ἰδίαν φέρεσθαι ταῦτα (à savoir, à l'époque de leur naissance) μηδέπω τὸ παράπαν ἔχοντα θερμὴν φύσιν, μηδὲ μὴν καθόλου λαμπροτάτην, τοὐναντίον δὲ ἐξωμοιωμένην

on peut concilier cette idée avec les autres doctrines des Atomistes relatives à la formation du monde, en admettant que le soleil et la lune ont été, à un certain moment de leur formation, entraînés par les masses qui s'agitaient autour du noyau terrestre et englobés ainsi dans notre système[1].

Les indications varient sur l'opinion de Leucippe et de Démocrite relative à l'ordre des astres[2].

Quant à leurs orbites, ils se les représentaient comme

τῇ περὶ τὴν γῆν φύσει· γεγονέναι γὰρ ἑκάτερον τούτων πρότερον ἔτι κατ' ἰδίαν ὑποβολήν τινα κόσμον, ὕστερον δὲ μεγεθοποιουμένου τοῦ περὶ τὸν ἥλιον κύκλου ἐναπομηφθῆναι ἐν αὐτῷ τὸ πῦρ.

1. Il pouvait paraître nécessaire d'attribuer au soleil et à la lune, à cause de leur grandeur, une origine différente de celle des autres astres. Le caractère particulier de leur formation est déjà attesté par l'indication de Diogène citée p. 799. 2, parfaitement conciliable avec celle de Plutarque (voy. note préc.), et d'après laquelle Leucippe enseignait que le soleil avait été allumé par les étoiles.

2. D'après Diog., IX, 33 (à propos de Leucippe), la lune serait placée le plus près de la terre, le soleil le plus loin, et les autres astres entre les deux : ce qui nous rappelle les indications relatives à Parménide (voy. p. 526, 2). D'après Plutarque (*Plac.*, II, 15, 3), en partant de la terre, nous trouverions d'abord la lune, puis Vénus, le soleil, les autres planètes, les étoiles fixes; d'après Galien (*H. phil.*, 11, p. 272; le texte *ap.* Stob., *Ecl.*, I, 508 est moins complet), nous rencontrerions successivement la lune, le soleil, les planètes, les étoiles fixes; d'après Hippolyte (*Refut.*, I, 13, *sub fin.*), la lune, le soleil, les étoiles fixes. Les planètes, dont la distance n'est pas toujours indiquée de la même manière par Démocrite, manquent ici par la faute du copiste. D'après Lucrèce, V, 619 sqq., Démocrite expliquait le changement de direction du soleil après les solstices par ce fait que les astres suivent le mouvement du ciel avec d'autant plus de lenteur qu'ils sont plus rapprochés de la terre,

.... *ideoque relinqui*
Paulatim solem cum posterioribu' signis,
Inferior multo quod sit, quam fervida signa (les lignes du zodiaque dans lesquels le soleil se trouve pendant l'été; cf. v. 640)
Et magis hoc lunam.

C'est ainsi que le soleil et la lune sont d'abord dépassés et plus tard rejoints, le premier par les étoiles fixes, la seconde par toutes les constellations, d'où résulte l'apparence que ces deux astres s'éloignent eux-mêmes des autres dans une direction opposée. Le texte *ap.* Plutarque (*Fac. lun.*, 16, 10, p. 929) :
« κατὰ στάθμην, φησὶ Δημόκριτος, ἱσταμένη τοῦ φωτίζοντος [ἡ σελήνη] ὑπολαμβάνει καὶ δέχεται τὸν ἥλιον » est sans intérêt pour la question actuelle, car κατὰ στάθμην ne veut pas dire : « tout auprès », mais « tout en face », proprement : « situé en droite ligne », comme l'expression qui se trouve *ap.* Simplicius, *De cælo*, 216 a, 20 (Schol., 502 b, 29). Si Sénèque (*Qu. nat.*, VII, 3) dit : *Democritus quoque... suspicari se ait plures esse stellas, quæ currant, sed nec numerum illarum posuit nec nomina, nondum comprehensis quinque siderum cursibus*, il ne s'ensuit pas que Démocrite ignorât encore que l'on comptait cinq

ayant été à l'origine (avant l'inclinaison de l'axe terrestre) parallèles à la surface de la terre. Leur mouvement était par conséquent une rotation latérale[1]; ils devaient se diriger tous également de l'est vers l'ouest[2], et se mouvoir d'autant plus lentement qu'ils étaient plus éloignés de la circonférence du monde. Par conséquent le ciel des étoiles fixes devait, dans son cours, dépasser le soleil et les planètes, et ceux-ci devaient dépasser la lune[3].

Le feu des astres devait être entretenu, selon une opinion qui se rencontre également chez d'autres, par les évaporations de la terre[4].

Nous ne pouvons parler que brièvement des hypothèses des Atomistes relatives à l'inclinaison de l'axe terrestre[5], aux éclipses du soleil et de la lune[6], à la lumière des

---

planètes. Sénèque semble le croire, mais les cinq planètes non seulement étaient connues à cette époque dans les pays orientaux visités par Démocrite, mais encore étaient admises dans le système astronomique des pythagoriciens. Le titre même d'un écrit : περὶ τῶν πλανητῶν (Diog., IX, 46) contredit cette hypothèse. La seule chose que Démocrite ait dite en réalité, c'est qu'outre les cinq (ou peut-être les sept) planètes connues, il pouvait encore en exister d'autres. Sénèque aura appris cela de troisième main et aura mal compris.

1. Leur hypothèse relative à l'inclinaison de la terre, dont nous allons parler tout à l'heure, et les idées correspondantes d'Anaximène, d'Anaxagore et de Diogène, dont les doctrines sur la forme et la position de la terre étaient partagées par les atomistes, montrent que telle était vraisemblablement leur opinion.

2. PLUTARQUE, Plac., II, 16, 1.

3. LUCRÈCE, l. c., voy. p. 801, 3.

4. D'après EUSTATHE (in Od. μ, p. 1713, 14 Rom.), Démocrite pensait que le mets divin, l'ambroisie, signifiait l'alimentation du soleil par les vapeurs.

5. D'après PLUTARQUE (Plac., III, 12), ils admettaient que la terre s'était inclinée vers le sud. Leucippe trouvait la raison de cette inclinaison dans la densité moindre des contrées chaudes, Démocrite dans la faiblesse de la partie méridionale du περιέχον. Sans doute ils pensaient tous deux que la partie chaude de l'espace, remplie d'atomes plus légers et plus mobiles, offre à la pression du disque terrestre une moindre résistance, et qu'en conséquence ce dernier penche de ce côté. Mais il est difficile de dire comment alors toutes les eaux ne se précipitent pas vers le sud et ne submergent pas les pays méridionaux. Cf. les hypothèses d'Anaxagore et de Diogène relatives à la même question (p. 243, 3 et note suiv.).

6. D'après DIOGÈNE (IX, 33), Leucippe aurait enseigné : ἐκλείπειν ἥλιον καὶ σελήνην τῷ κεκλίσθαι τὴν γῆν πρὸς μεσημβρίαν; mais cette proposition n'a pas de sens. Les mots τῷ κεκλίσθαι, etc., ont dû, comme la suite le démontre, avoir primitivement le même contexte que dans le texte des Placita; et les éclipses du soleil et de la lune ont dû être expliquées par d'autres raisons. Il est possible cependant que Diogène lui-même ait déjà causé cette confusion.

étoiles et à la voie lactée¹, aux comètes² et à la grande année³. Sur la plupart de ces points Démocrite suit l'opinion d'Anaxagore.

Il est inutile de nous occuper de quelques autres observations astronomiques que l'on attribue à Démocrite⁴. De même nous pouvons nous contenter d'énumérer brièvement les quelques renseignements qui nous ont encore été transmis sur ses idées relatives à la nature inorganique⁵.

---

1. Démocrite se représentait la voie lactée comme formée de nombreuses petites étoiles, très rapprochées les unes des autres. Pour expliquer la lumière qui leur est particulière, il admettait avec Anaxagore que les autres étoiles sont éclairées par le soleil. Nous ne voyons donc pas leur propre lumière, mais seulement la lumière solaire qu'elles réfléchissent. Les étoiles de la voie lactée, au contraire, sont placées dans l'ombre projetée par la terre et nous envoient uniquement leur propre lumière; ARISTOTE, *Meteor.*, I, 8, 345 a, 25. Son assertion est reproduite par ALEXANDRE (*ad h. l.*, 81 b, au mil.); OLYMPIODORE (*ad h. l.*, p. 15 a, I, 200, Id.); STOBÉE (*Ecl.*, I, 576); PLUTARQUE (*Plac.*, III, 1, 8); MACROBE (*Somn. Scip.*, I, 15), voy. IDELER (*ad Meteorol.*, I, 410, 414).

2. Démocrite les regardait, aussi bien qu'Anaxagore, comme une réunion de plusieurs planètes qui s'étaient tellement rapprochées, que leur lumière s'était fondue ensemble; ARISTOTE, *Meteor.*, I, 6, 342 b, 27; 343 b, 25; ALEXANDRE, *ad h. l.*, p. 78, a, 79 b, au mil.; OLYMPIODORE, *ad h. l.*, I, 177, Id.; PLUTARQUE, *Plac.*, III, 2, 3; cf. SÉNÈQUE, *Qu. nat.*, VII, 11; *Schol. in Arat. Diosem.*, 1091 (359).

3. Démocrite la faisait de 82 années + 28 mois intercalaires (CENS., *Di. nat.*, 18, 8), c'est-à-dire qu'il admettait qu'au bout de cet intervalle l'année solaire finit par concorder avec l'année lunaire, que 82 années solaires sont égales à 1012 mois lunaires (12 × 82 + 28), ce qui donne pour la révolution de la lune un peu moins de 29 jours et demi, l'année solaire étant de 365 jours.

4. *Ap.* MULLACH, 231-235. *Ibid.*, 142 sqq. à propos des écrits astronomiques, mathématiques et géographiques de Démocrite, dont, à vrai dire, nous ne connaissons presque rien en dehors des titres.

5. Il regardait les tremblements de terre comme un effet des courants souterrains d'eau et d'air (ARIST., *Meteor.*, II, 7, 365 b, 1; ce qu'ALEXANDRE répète *ad h. l.*; SÉN., *Qu. nat.*, VI, 20). Quant au tonnerre, à l'éclair et au vent brûlant (πρηστήρ), il cherche à les expliquer, d'une façon assez ingénieuse (*ap.* STOB., I, 594), par la constitution des nuages qui les produisent : il trouve la raison des différents effets de la foudre (*ap.* PLUT., *Qu. conv.*, IV, 2, 4, 3; Démocr., *Fr. phys.*, 11) dans le plus ou moins de résistance que lui opposent les corps; lorsqu'un grand nombre d'atomes est resserré dans un espace étroit de l'atmosphère, il se produit du vent; quand, au contraire, les atomes peuvent se répandre dans l'air sans obstacle, le calme règne. Les inondations du Nil proviennent de ce qu'au moment de la fonte de la neige dans les montagnes du nord, les vapeurs sont transportées vers le sud par les vents septentrionaux de la fin de l'été et viennent se déposer sur les montagnes de l'Éthiopie (DIOD., I, 39; ATHÉN., II, 86 d; PLUT., *Plac.*, IV, 1, 4; *Schol. Apollon. Rhod. in Argon.*, IV, 269); la mer doit contenir, comme Empédocle l'avait déjà supposé, à côté de l'eau salée, de l'eau douce servant de nourriture aux poissons (ÉLIEN, *H. anim.*, IX, 64). Il a déjà été question de l'aimant p. 782, 2. On pourrait citer encore les règles météorologiques qui se trouvent

§ 3. LA NATURE ORGANIQUE;
L'HOMME, SA FACULTÉ DE CONNAITRE ET D'AGIR.

PLANTES ET ANIMAUX. — Parmi les êtres organiques, Démocrite s'était occupé des animaux et même des plantes, mais surtout de l'homme [1]. Son anthropologie seule nous intéresse au point de vue philosophique. D'ailleurs ce que nous connaissons de ses idées sur les plantes [2] et les animaux [3] se borne à quelques observations et à quelques conjectures isolées. Ses hypothèses relatives à la génération

---

ap. MULLACH, 231 sqq., 238 (*Frag. philos.*, I, 368 sq.), si toutefois elles sont authentiques. Quant aux extraits tirés des *Geoponica* (*ibid.*, 238, 239 sq. *Fragm.*, I, 372 sq.), relatifs à la découverte des sources, on ne peut les rapporter à notre philosophe, car les *Geoponica* attribué- à Démocrite sont certainement inauthentiques (voy. MEYER, *Gesch. d. Botanik*, I, 16 sq.).

1. Le catalogue des œuvres de Démocrite (*ap.* DIOG., IX, 46 sq.) cite : αἰτίαι περὶ σπερμάτων καὶ φυτῶν καὶ καρπῶν, αἰτίαι περὶ ζῴων γ', περὶ ἀνθρώπου φύσιος ἢ περὶ σαρκὸς β', περὶ νοῦ, π. αἰσθήσιων ; les traités π. χυμῶν et π. χροῶν se rapportent sans doute aussi en partie à notre sujet. B. T. BRINK a réuni dans le *Philologus*, VIII, 414 sqq. les fragments probables du π. ἀνθρ. φύσιος, d'après une prétendue lettre adressée par Démocrite à Hippocrate π. φύσιος ἀνθρώπου et d'après d'autres sources. C'est dans cet écrit que se trouvaient peut-être aussi les paroles critiquées par SEXTUS (*Math.*, VII 265 ; *Pyrrh.*, II, 23), mais qui naturellement ne prétendaient pas à être une véritable définition : ἄνθρωπός ἐστιν ὃ πάντες ἴδμεν.

2. Les plantes dont les canaux vides suivent la ligne droite poussent plus vite, mais vivent moins longtemps, parce que les sucs nutritifs parviennent plus rapidement à toutes leurs parties, mais disparaissent aussi plus rapidement ; THÉOPHR., *Caus. plant.*, I, 8, 2 ; II, 11, 7. Les assertions relatives à différents végétaux employés en agriculture, que MULLACH (p. 248 sqq ; Fragm., I, 375 sq.) a tirées des *Geoponica*, ne peuvent être rapportées à Démocrite ; cf. la note préc. Sur l'âme des plantes, voyez plus bas.

3. Les textes extraits par MULLACH (226 sqq.; *Fragm.*, I, 366 sq.) de l'histoire des animaux d'Élien concernent les objets suivants : que le lion ne naît pas aveugle, comme les autres animaux ; que les poissons se nourrissent des particules d'eau douce qui sont dans la mer; la fécondité des chiens et des porcs, la stérilité des mules (voy. encore ARIST., *Gen. anim.*, II, 8, 747 a, 25, que PHILOPON paraphrase à sa manière, *ad h. l.*, 58 b, au bas), et l'origine de ces métis; la formation des cornes chez les cerfs ; la différence, au point de vue du corps, des bœufs et les taureaux; l'absence de cornes chez ces animaux. Il faut ajouter encore l'observation *ap.* ARIST. (*De part. anim.*, III, 4, 665 a, 31) relative aux intestins des animaux privés de sang (*De gen. anim.*, V, 8, 788 b, 9 ; PHILOP., *ad h. l.* 119 a, au haut), à la formation des dents (*Hist.*, *anim.*, IX, 39, 623 a, 30), aux toiles des araignées. L'indication relative aux lièvres *ap.* MULLACH, 254, 103 (*Fragm. philos.*, I, 377, 13 d'après les *Geopon.*, XIX, 4) ne concerne certainement pas Démocrite.

et au développement du fœtus[1] ne méritent pas non plus que nous les examinions en détail. Nous dirons seulement 806 que, à l'exemple de plusieurs de ses devanciers, il faisait sortir les hommes et les animaux du limon de la terre[2].

Le corps humain. — Démocrite commence par exprimer la plus haute admiration pour la structure corporelle et la forme de l'homme[3]. Dans sa description du corps humain[4], non seulement il s'efforce d'en faire connaître les

---

1. D'après Plutarque, *Plac.*, il admettait que la semence était sécrétée par toutes les parties du corps (V, 3 b, cf. Arist., *De gen. anim.*, IV, 1, 764 a, 6; I, 17, 721 b, 11; Philop., *De gen. an.*, 81 b, au bas; Censor., *Di. nat.*, c. 5, 2), et que les femmes ont aussi de la semence et un organe pour la former (V, 5, 1). Il semble avoir établi une distinction entre les éléments visibles de la semence et les atomes de feu ou d'âme qui y sont contenus (*Plac.*, V, 4, 1, 3. Sa théorie de l'âme nous fournira des détails plus précis sur cette question). Le séjour du fœtus dans le sein maternel sert à donner à son corps une forme semblable à celui de la mère (Arist., *De gen. anim.*, II, 4, 740 a, 35, dont l'indication est évidemment développée par Philopon [*ad h. l.*, 48 b, au haut], non point d'après Démocrite, mais d'après ses propres idées). La partie du fœtus qui se forme en premier lieu, c'est le nombril, lequel retient le fruit dans l'utérus (*Fr. phys.*, 10, voy. plus bas, 807, 6); le froid de l'air contribue à fermer plus solidement le sein de la mère et à maintenir l'enfant en repos (Élien, *H. anim.*, XII, 17). Les parties extérieures du corps, particulièrement (d'après Censor., *Di. nat.*, 6, 1) la tête et le ventre, sont constituées plus tôt que les parties intérieures (Arist., *l. c.*, 740 a, 13; Philopon interprète ce passage d'une manière tout à fait arbitraire, et sans s'appuyer sur aucune autre source que le texte que nous avons cité, quand il dit : d'après Démocrite μὴ, ἐν τῇ καρδίᾳ εἶναι τὴν θρεπτικὴν καὶ ποιητικὴν δύναμιν, ἀλλ' ἐκτός). Le sexe de l'enfant est différent selon que la partie de la semence paternelle provenant des organes génitaux l'emporte ou non sur la partie correspondante de la semence maternelle. (Aristote, *l. c.*, 764 a, 6, dont les observations sont développées par Philopon, 81 b, au bas, est sans doute plus exact que Cens., *Di. nat.*, 6, 5; nous trouvons une doctrine semblable chez Parménide, voy. p. 528, 4). Les monstres proviennent de la superfétation (Arist., *l. c.*, IV, 4, 769 b, 30; Philop., 90 b, au bas). Déjà dans le sein maternel la nourriture arrive à l'enfant par la bouche : il suce une partie de l'utérus correspondant aux mamelons (*Plac.*, V, 16, 1, cf. Arist., *De gen. an.*, II, 7, 746 a, 19). La dernière hypothèse, que Censorin (*l. c.*, 6, 3) attribue également à Hippon et à Diogène, indique des recherches sur les animaux, car elle se rapporte aux cotylédons qui manquent chez l'homme.

2. En ce qui concerne l'homme, cette explication de son origine est attestée par Censorin (*Di. nat.*, 4, 9), dont l'indication est déjà confirmée par l'analogie de la doctrine épicurienne. La même opinion semble être mentionnée dans le texte mutilé et altéré, *ap.* Galien (*H. phil.*, c. 35, p. 335, au bas).

3. D'après Fulgence (*Myth.*, III, 7) il louait les anciens, en citant Homère (*Il.*, II, 478), de ce qu'ils avaient assigné à des dieux les parties du corps humain, la tête à Jupiter, les yeux à Pallas, etc. D'après David (*Schol.*, *in Arist.*, 14 b, 12), il aurait appelé l'homme un μικρὸς κόσμος.

4. *Ap.* B. Ten Brink, *l. c.*

parties, d'après leur arrangement et leur constitution, avec toute l'exactitude possible dans l'état de la science à son époque, mais encore il fait ressortir leurs fonctions et leur importance pour la vie de l'homme avec tant de prédilection, que, malgré sa tendance habituelle à donner de tous les phénomènes de la nature une explication purement mécanique, il se rapproche lui aussi de la téléologie, laquelle s'est toujours appuyée de préférence sur la considération de la vie organique, et inaugurait à cette époque même, avec Socrate, contre le naturalisme de l'ancienne physique, une lutte d'où elle devait sortir victorieuse. Au cerveau est confiée la garde de la forteresse du corps, il est le souverain maître et il a reçu en partage la puissance intellectuelle ; le cœur s'appelle la reine, la nourrice de la colère ; il est muni d'une cuirasse contre les attaques venant de l'extérieur[1]. En parlant des organes des sens et du langage, Démocrite montre combien la structure des organes est appropriée à leurs fonctions, etc.[2]. Sans doute il ne dit nulle part que les organes aient été disposés en vue d'un but déterminé, avec intention et finalité[3], il ne procède pas d'une manière véritablement téléologique : toutefois, comme il ne ramène pas le résultat à un concours fortuit de circonstances, mais bien à la nature considérée comme unité[4], laquelle ne fait rien sans raison et sans nécessité[5], il se rapproche autant que le permettait son point de vue de cette téléologie[6] pour laquelle il professait tant de dédain.

1. Cf. p. 809, 2.
2. En ce qui concerne les organes des sens, voyez aussi la citation d'Héraclide ap. Porph., in Ptol. Harm. (in Wallisii Op. math., 2ᵉ part.) p. 215 : (ἡ ἀκοή) ἐκδοχεῖον μύθων οὖσα μένει τὴν φωνὴν ἀγγείου δίκην· ἥδε γὰρ εἰσκρίνεται καὶ ἐνρεῖ.
3. Cf. Arist., De respir., 4 (inf., p. 810, 1). Dans le texte π. φύσ. ἀνθρ., l. c., nᵒ 28 : ἡ δὲ ἀσώματος ἐν μυχοῖσι φύσις ἐξέτευξε παντόμορφα σπλάγχνων γένεα, le mot ἀσώματος pourrait bien être de celui qui a remanié ce passage, à moins qu'il ne faille lire simplement ἀόρατος.
4. Voy. note préc. et nᵒ 26 : εὔνητον ἀπὸ φλεβίων τε καὶ νεύρων πλέγμα ...φύσιος ὕπο δεδημιούργηται.
5. Voy. sup., p. 789 sq.
6. Ce caractère néanmoins n'est pas poussé au point de nous faire douter que

L'AME. — Étant donnés les principes de la doctrine atomistique, l'âme ne peut être conçue que comme corporelle ; mais il faut que sa substance corporelle soit de nature à expliquer son essence particulière. Or, d'après Démocrite, cette essence consiste dans la force vivifiante et motrice : l'âme est ce qui produit le mouvement des êtres vivants. Or l'âme ne peut posséder ce pouvoir que si elle est elle-même dans un mouvement constant, car le mouvement mécanique tel que les atomistes le conçoivent ne peut être produit que par ce qui est soi-même en mouvement. Il faut donc que l'âme soit formée de la substance la plus mobile, d'atomes subtils, lisses et ronds, ou, en d'autres termes [1], de feu.

Cette constitution est également requise par la seconde qualité essentielle de l'âme, par celle qui se manifeste à côté de sa force vivifiante, je veux dire la faculté de penser ; car la pensée est, elle aussi, un mouvement [2]. Démocrite

---

la description précédente n'émane réellement de Démocrite. La même tendance téléologique se remarque aussi dans la citation de PLUTARQUE (De am. prol., c. 3, p. 495 ; cf. Fort. Rom., c. 2, p. 317) : ὁ γὰρ ὀμφαλὸς πρῶτον ἐν μήτρῃσι (ὥς φησι Δημόκριτος) ἀγκυρηβόλιον σάλου καὶ πλάνης ἐμφύεται, πεῖσμα καὶ κλῆμα τῷ γινομένῳ καρπῷ καὶ μέλλοντι. De même nous verrons tout à l'heure que Démocrite sait concilier avec son matérialisme la croyance à la spiritualité dans la nature et dans l'homme.

1. Voy. sup., p. 786.
2. ARIST., De an., I, 2, 403 b, 29 : φασὶ γὰρ ἔνιοι καὶ πρώτως ψυχὴν εἶναι τὸ κινοῦν. οἰηθέντες δὲ τὸ μὴ κινούμενον αὐτὸ μὴ ἐνδέχεσθαι κινεῖν ἕτερον, τῶν κινουμένων τι τὴν ψυχὴν ὑπέλαβον εἶναι. ὅθεν Δημόκριτος μὲν πῦρ τι καὶ θερμόν φησιν αὐτὴν εἶναι· ἀπείρων γὰρ ὄντων σχημάτων καὶ ἀτόμων τὰ σφαιροειδῆ πῦρ καὶ ψυχὴν λέγει, οἷον ἐν τῷ ἀέρι τὰ καλούμενα ξύσματα, etc. (voy. p. 778, au bas). ὁμοίως δὲ καὶ Λεύκιππος. τούτων δὲ τὰ σφαιροειδῆ ψυχήν, διὰ τὸ μάλιστα διὰ παντὸς δύνασθαι διαδύνειν τοὺς τοιούτους ῥυσμούς (cette expression, au sujet de laquelle il faut consulter le texte cité p. 175, 2, indique qu'Aristote ne parle pas ici simplement d'après ses propres conjectures, mais d'après Démocrite lui-même), καὶ κινεῖν ἃ λοιπὰ κινούμενα καὶ αὐτά, ὑπολαμβάνοντες τὴν ψυχὴν εἶναι τὸ παρέχον τοῖς ζῴοις τὴν κίνησιν. Ibid., 405 a, 8 : Δημόκριτος δὲ καὶ γλαφυρωτέρως εἴρηκεν ἀποφηνάμενος διὰ τί τούτων [sc. τοῦ κινητικοῦ καὶ γνωριστικοῦ] ἑκάτερον [sc. ἡ ψυχή]· ψυχὴν μὲν γὰρ εἶναι ταὐτὸ καὶ νοῦν, τοῦτο δ' εἶναι τῶν πρώτων καὶ ἀδιαιρέτων σωμάτων, κινητικὸν δὲ διὰ μικρομέρειαν καὶ τὸ σχῆμα· τῶν δὲ σχημάτων εὐκινητότατον τὸ σφαιροειδὲς λέγει· τοιοῦτον [sc. εὐκινητότατον] δ' εἶναι τὸν νοῦν καὶ τὸ πῦρ. Cf. ibid., c. 4, 5, 409 a, 10 b, 7 et les notes suiv., particulièrement p. 810, 1. De nombreux témoins nous disent que l'âme, d'après Démocrite, était formée d'éléments chauds et ignés, ou d'atomes lisses et ronds ; par exemple CIC., Tusc., I, II, 22, 18, 42 ; DIOD., IX, 44 ; PLUT., Plac., IV, 3, 5 (STOB., I, 796, où la même opi-

se montre conséquent avec lui-même en supposant que ces particules de feu sont répandues dans tout le corps, et que le corps est animé dans toutes ses parties, précisément parce qu'il renferme des atomes qui sont dans un mouvement perpétuel et qui communiquent ce mouvement à tout ce qui les entoure [1]; il va même jusqu'à intercaler partout entre deux atomes corporels un atome psychique [2]. Naturellement, il ne s'ensuit pas que le mouvement de ces atomes psychiques soit nécessairement le même dans toutes les parties du corps : Démocrite pense, au contraire, que les différentes opérations de l'âme ont leur siège dans différentes parties du corps, la pensée dans le cerveau, la colère dans le cœur, le désir dans le foie [3]. Lors donc que des écrivains postérieurs nous disent qu'il désigne l'ensemble du corps comme le siège de la partie déraisonnable de l'âme, le cerveau ou le cœur [4] comme celui de

---

nion est attribuée à Leucippe). Si NEMESIUS (*Nat. hom.*, c. 2, p. 28) voit dans les atomes ronds qui constituent l'âme « le feu et l'air », si MACROBE (*Somn.*, I, 14) y voit le *spiritus*, c'est là une interprétation inexacte, provenant, soit de la doctrine épicurienne sur l'âme (voy. 3ᵉ part., a, 386, 2ᵉ éd.), soit peut-être de la conception de Démocrite que nous allons mentionner tout à l'heure.

1. ARISTOTE (*De an.*, I, 3, 406 b, 15) : ἔνιοι δὲ καὶ κινεῖν φασὶ τὴν ψυχὴν τὸ σῶμα ἐν ᾧ ἐστιν ὡς αὐτὴ κινεῖται, οἷον Δημόκριτος... κινουμένας γάρ φησι τὰς ἀδιαιρέτους σφαίρας διὰ τὸ πεφυκέναι μηδέποτε μένειν συνεφέλκειν καὶ κινεῖν τὸ σῶμα πᾶν, ce qu'Aristote compare à l'invention de l'auteur comique Philippe, d'après laquelle Dédale aurait communiqué le mouvement à ses statues en y versant du mercure. C'est pourquoi il est dit, c. 5, *sub init.*, à propos de Démocrite : εἶπε γάρ ἐστιν ἡ ψυχή ἐν παντὶ τῷ αἰσθανομένῳ σώματι. La même chose est répétée, probablement d'après Aristote, par JAMBLIQUE, *ap.* STOB., I, 924, et, d'une manière plus concise par SEXTUS, *Math.*, VII, 349. Cf. MACROBE, *l. c.*

2. LUCRÈCE, III, 370 :

Illud in his rebus nequaquam sumere possis,
Democriti quod sancta viri sententia ponit,
Corporis atque animi primordia, singula privis
Adposita, alternis variare ac nectere membra.

Lucrèce, quant à lui, croit que les atomes corporels sont bien plus nombreux que les atomes psychiques, et que, par suite, ces derniers sont répartis dans le monde à de plus grandes distances les uns des autres que Démocrite ne le supposait.

3. C'est dans ce sens que Démocrite appelle (π. ἀνθρώπου φύσιος, fr. 6), le cerveau φύλακα διανοίης (fr. 15), le cœur βασιλὶς ὀργῆς τιθηνός (fr. 17), le foie ἐπιθυμίης αἴτιον.

4. PLUTARQUE (*Plac.*, IV, 4, 3) : Δημόκριτος, Ἐπίκουρος, διμερῆ τὴν ψυχήν, τὸ μὲν λογικὸν ἔχουσαν ἐν τῷ θώρακι καθιδρυμένον, τὸ δ' ἄλογον καθ' ὅλην τὴν σύγκρισιν

la partie raisonnable, cette assertion n'est sans doute pas entièrement exacte[1], mais elle n'est pas non plus entièrement fausse.

Cependant, étant donné la subtilité et la mobilité des atomes psychiques, n'est-il pas à craindre que ceux-ci ne soient poussés hors du corps par l'air ambiant? La respiration, selon Démocrite, écarte ce danger. Avec l'air, elle amène constamment dans le corps une nouvelle matière ignée et psychique, qui remplace les atomes psychiques disparus[2], et qui surtout, formant un courant en sens contraire, empêche les atomes qui sont dans le corps de sortir, et leur communique la force de résister à la pression de l'air extérieur. Quand la respiration s'arrête et quand la résistance intérieure est vaincue par la pression de l'air, le feu intérieur s'échappe et la mort s'ensuit[3]. Mais comme ces phénomènes ne s'accomplissent pas en

τοῦ σώματος διεσπαρμένον. Théod. (Cur. Gr. aff., V, 22, p. 73) : Ἱπποκράτης μὲν γὰρ καὶ Δημόκριτος καὶ Πλάτων ἐν ἐγκεφάλῳ τοῦτο (τὸ ἡγεμονικόν) ἱδρῦσθαι εἰρήκασιν.

1. Les *Placita* confondent évidemment la doctrine de Démocrite avec celle d'Épicure (voy. III⁰ part., a, 418, 3⁰ éd.); dans Théodoret, le concept de l'ἡγεμονικόν, à tout le moins, est introduit illégitimement.

2. Il résulte du texte d'Aristote, *De an.*, I, 2 (v. note suiv.), que la respiration devait également servir à cet objet, car l'entrée de nouveaux éléments ignés correspond à la sortie des anciens. Le fait est affirmé d'une façon plus précise, mais sans autre fondement sans doute que ce texte d'Aristote, par Philopon, *De an.*, B, 15, au haut; par Simplicius, *De an.*, 6 a, au mil., et par les Scholies *ad* π. ἀναπνοῆς, après Simplicius, *De an.*, 165 b, au mil.

3. Aristote (*De an.*, I, 2) continue ainsi : διὸ καὶ τοῦ ζῆν ὅρον εἶναι τὴν ἀναπνοήν· συνάγοντος γὰρ τοῦ περιέχοντος τὰ σώματα (Philopon, *ad h. l.*, B, 15, au haut, indique comme cause de ce fait, conformément aux théories atomistiques, le froid du περιέχον. Cf. aussi Arist., *De respir.*, c. 4, 472 a, 30) καὶ ἐκθλίβοντος τῶν σχημάτων τὰ παρέχοντα τοῖς ζῴοις τὴν κίνησιν διὰ τὸ μηδ' αὐτὰ ἠρεμεῖν μηδέποτε, βοήθειαν γίγνεσθαι θύραθεν ἐπεισιόντων ἄλλων τοιούτων ἐν τῷ ἀναπνεῖν· κωλύειν γὰρ αὐτὰ καὶ τὰ ἐνυπάρχοντα ἐν τοῖς ζῴοις ἐκκρίνεσθαι, συνανείργοντα τὸ συνάγον καὶ πηγνύον· καὶ ζῆν δὲ ἕως ἂν δύνωνται τοῦτο ποιεῖν. De même, *De respir.*, c. 4 : Δημόκριτος δ' ὅτι μὲν ἐκ τῆς ἀναπνοῆς συμβαίνει τι τοῖς ἀναπνέουσι λέγει, φάσκων κωλύειν ἐκθλίβεσθαι τὴν ψυχήν· οὐ μέντοι γ' ὡς τούτου γ' ἕνεκα ποιήσασαν τὴν φύσιν οὐδὲν εἴρηκεν· ὅλως γὰρ ὥσπερ καὶ οἱ ἄλλοι φυσικοὶ καὶ οὗτος οὐδὲν ἅπτεται τῆς τοιαύτης αἰτίας. λέγει δ' ὡς ἡ ψυχὴ καὶ τὸ θερμὸν ταὐτόν, τὰ πρῶτα σχήματα τῶν σφαιροειδῶν. συγκρινομένων οὖν αὐτῶν ὑπὸ τοῦ περιέχοντος ἐκθλίβοντος βοήθειαν γίνεσθαι τὴν ἀναπνοήν φησιν. ἐν γὰρ τῷ ἀέρι πολὺν ἀριθμὸν εἶναι τῶν τοιούτων, ἃ καλεῖ ἐκεῖνος νοῦν καὶ ψυχήν· ἀναπνέοντος οὖν καὶ εἰσιόντος τοῦ ἀέρος συνεισιόντα ταῦτα καὶ ἀνείργοντα τὴν θλίψιν κωλύειν τὴν ἐνοῦσαν ἐν τοῖς ζῴοις διιέναι ψυχήν· καὶ διὰ τοῦτο ἐν τῷ ἀναπνεῖν καὶ ἐκπνεῖν εἶναι τὸ ζῆν καὶ ἀποθνήσκειν. ὅταν γὰρ κρατῇ τὸ περιέχον συνθλίβον καὶ μηκέτι θύραθεν εἰσιὸν

un instant, il peut aussi arriver que l'activité vitale se rétablisse, après qu'une partie de la matière psychique a disparu. C'est ce qui explique le sommeil : pendant sa durée, il n'y a qu'un petit nombre de particules ignées qui abandonnent le corps[1]. La même déperdition d'atomes, mais un peu plus forte, amène la léthargie[2]. Si la mort est survenue réellement, si les atomes dont l'âme est composée se sont complètement séparés du corps, il ne leur est plus possible d'y rentrer ou de maintenir leur combinaison en dehors du corps[3].

δύνηται ἀνείργειν, μὴ δυναμένου ἀναπνεῖν, τότε συμβαίνειν τὸν θάνατον τοῖς ζώοις· εἶναι γὰρ τὸν θάνατον τὴν τῶν τοιούτων σχημάτων ἐκ τοῦ σώματος ἔξοδον ἐκ τῆς τοῦ περιέχοντος ἐκθλίψεως. Cependant Démocrite ne dit ni pourquoi tous les êtres meurent tôt ou tard, ni quelle est la cause de la respiration.

1. C'est du moins ce qui semble ressortir des propositions des Épicuriens sur le sommeil (LUCRÈCE, IV, 913 sqq.).

2. Cf. le fragment du commentaire de PROCLUS sur le dixième livre de la *République*, publié pour la première fois par ALEXANDRE MORUS (*Ev. Joh.*, 11, 39, p. 341), et corrigé par WYTTENBACH (*ad Plut. de s. num. vind.*, 563, B. — *Animadversiones*, II, 1, 201 sq.) et MULLACH (*Democr.*, 115 sqq.). Sous le titre de περὶ τῶν ἐν ᾅδου, Démocrite avait écrit un ouvrage spécial sur les morts apparentes, question si souvent traitée dans l'antiquité (voy. les auteurs précédents et la citation p. 681 relative aux morts apparentes d'Empédocle). Dans cet ouvrage il recherchait, dit Proclus, πῶς τὸν ἀποθανόντα πάλιν ἀναβιῶναι δυνατόν; mais, d'après le texte cité plus haut, la réponse était simplement que cela n'est possible que si l'homme n'est pas mort réellement. A ces recherches sur la manière de ressusciter les morts semble se rattacher la fable racontée par JULIEN (*Epist.*, 37, p. 413, Spanh.) et reproduite *ap.* MULLACH, 45. Il y est dit que, pour consoler le roi Darius de la mort de sa femme, Démocrite lui promit de la rappeler à la vie à cette seule condition, que le roi ferait inscrire sur le tombeau de sa femme les noms de trois hommes ayant vécu exempts de douleur. (LUCIEN, *Demon.*, 25, raconte de Démonax un trait tout à fait analogue.) PLINE songe peut-être à cette anecdote quand il dit (*H. n.*, VII, 55, 189) : *Reviviscendi promissa a Democrito vanitas, qui non revixit ipse.* Toutefois, il est possible que ces mots se rapportent à un passage des ouvrages de Démocrite sur la magie (ouvrages sur lesquels Pline, avec son esprit dépourvu de critique, sait nous rapporter tant de détails) et que l'anecdote rapportée par JULIEN, qui donne un sens moral à ce prétendu acte de sorcellerie, ait trait également à cette assertion suivant laquelle Démocrite savait rappeler les morts à la vie, ou avait laissé des indications sur l'art de les ressusciter. En tout cas, dans le texte de Pline, il s'agit uniquement d'arts de sorcellerie, tels que l'inintelligence de falsificateurs postérieurs en attribuait à Démocrite. Il n'y est point question d'une croyance à l'immortalité, tout à fait incompatible avec son point de vue; la preuve en est dans les mots : *qui non revixit ipse*, lesquels n'auraient pas de sens, si on les rapportait à une vie future. C'est donc une erreur grossière de la part de Röth (*Gesch. d. abendl. Phil.*, I, 362, 433) de conclure sérieusement de ces mots, à l'exemple de BRUCKER (*Hist. crit. phil.*, I, 1195), que Démocrite a été un prosélyte de la croyance persane à la résurrection.

3. Cela est tellement dans la nature des choses qu'il est inutile d'invoquer le

Rapport de l'ame et du corps. — Néanmoins Démocrite 812 ne veut pas renoncer à distinguer l'âme du corps et à marquer sa prééminence. L'âme est la partie essentielle de l'homme, le corps n'est que le réceptacle de l'âme [1] ; aussi le philosophe nous exhorte-t-il à nous occuper de celle-ci plutôt que de celui-là [2]. Il déclare que la beauté corporelle sans l'intelligence est un avantage qui ne convient qu'aux bêtes [3], il dit que la noblesse des animaux consiste dans la beauté du corps, celle de l'homme dans la supériorité de l'âme [4] ; il place le siège du bonheur dans l'âme, le souverain bien dans la disposition de l'esprit [5] ; il rend l'âme responsable du mal qu'elle fait au corps [6], il oppose les biens de l'âme, qui sont divins, à ceux du corps qui ne sont qu'humains [7]. Il comptait, dit-on, l'intelligence parmi les êtres divins [8]. Cette dernière assertion ne saurait être

---

témoignage de Jamblique (ap. Stob., Ecl., I, 924), de Lactance (Inst., VII, 7), de Théodoret (Cur. Gr. aff., V, 24, p. 73), et des Placita (IV, 7, 3), pour refuser à Démocrite la croyance à l'immortalité. D'ailleurs, on ne trouve aucun texte indiquant que Démocrite se soit écarté d'Épicure sur cette question ; et si l'on considère, d'une part, l'importance attachée par ce dernier à la négation de l'immortalité, d'autre part le respect que lui-même et son école témoignent à Démocrite, on ne peut admettre qu'il y ait eu entre eux une différence d'opinion sur ce point important. Démocrite lui-même dit ap. Stob. (Floril., 120, 20) : ἔνιοι θνητῆς φύσιος διάλυσιν οὐκ εἰδότες ἄνθρωποι, ξυνειδήσι δὲ τῇ ἐν τῷ βίῳ κακοπραγμοσύνῃ, τὸν τῆς βιοτῆς χρόνον ἐν ταραχῇσι καὶ φόβοισι ταλαιπωρέουσι, ψεύδεα περὶ τοῦ μετὰ τὴν τελευτὴν μυθοπλαστέοντες χρόνου. L'indication obscure des Placita, V, 25, 4, d'après laquelle Leucippe dit que le corps seul est sujet à la mort, ne mérite aucune considération.

1. Démocrite emploie fréquemment le mot σκῆνος pour désigner le corps ; Voy. Fr. mor., 6, 22, 127, 128, 210.
2. Fr. mor., 128 : ἀνθρώποισι ἁρμόδιον ψυχῆς μᾶλλον ἢ σώματος ποιεῖσθαι λόγον· ψυχὴ μὲν γὰρ τελεωτάτη σκήνεος μοχθηρίην ὀρθοῖ, σκήνεος δὲ ἰσχὺς ἄνευ λογισμοῦ ψυχὴν οὐδέν τι ἀμείνω τίθησι.
3. Ibid., 129.
4. Ibid., 127.
5. Fr. 1 et ailleurs. Pour plus de détails, voy. plus loin.
6. Plutarque, Utr. an. an corp. s. lib. (Plut., Fragm., 1) c. 2, p. 695, W. : Démocrite dit que, si le corps accusait l'âme d'abuser de sa puissance et de le maltraiter, c'est elle qu'il condamnerait.
7. Ibid., 6 : ὁ τὰ ψυχῆς ἀγαθὰ ἐρεόμενος τὰ θειότερα, ὁ δὲ τὰ σκήνεος, τἀνθρωπήϊα.
8. Cicéron (N. D., I, 12, 29) : Democritus qui tum imagines (voy. plus bas) ...in Deorum numero refert... tum scientiam intelligentiamque nostram. Cette indication est également utile à titre de témoignage historique ; car, bien que Philodème, copié ici par Cicéron, ait l'habitude d'altérer arbitrairement les opinions des anciens penseurs, ses assertions reposent en général sur quelque fait réel : il compte parmi les dieux admis par un philosophe tout ce que celui-ci a

en contradiction avec le matérialisme de la théorie atomistique, pour qui se place au véritable point de vue de Démocrite. L'âme est matérielle comme toutes les autres choses ; mais, comme les substances corporelles diffèrent autant entre elles que la forme et la combinaison des atomes dont elles sont composées, il est possible qu'une substance ait des propriétés absentes chez les autres. De même que la sphère est considérée dans l'atomisme comme la forme la plus parfaite, de même Démocrite peut admettre que ce qui consiste dans une agrégation des atomes sphériques les plus fins, est supérieur à tout le reste. A ses yeux comme à ceux de plusieurs autres matérialistes[1], l'âme est le corps le plus parfait.

L'ÂME RÉPANDUE DANS TOUT L'UNIVERS. — Les idées que nous venons d'exposer nous permettent d'apprécier jusqu'à quel point Démocrite était fondé à dire que toutes les choses renferment de l'âme et de l'esprit, et que la divinité est précisément cette âme répandue dans tout l'univers. Comme il identifie la raison avec l'âme, et l'âme avec la substance chaude et ignée, il doit trouver en toutes choses autant d'âme et de raison qu'il y trouve de vie et de chaleur. Il admet donc que l'air contient beaucoup d'âme et de raison : en effet, comment pourrions-nous, autrement, y puiser la vie et l'âme[2] ; il attribue une vie aux plantes[3], et il veut même que les cadavres aient encore un reste de chaleur vitale et de sensibilité[4].

désigné sous le nom de divin, même dans le sens le plus large ; or il est bien possible que Démocrite ait appelé le νοῦς, θεῖος, et même, en un certain sens, θεός.

1. Par exemple, Héraclite, les Stoïciens et d'autres.
2. ARISTOTE (l. c., De respir., c. 4) : ἐν γὰρ τῷ ἀέρι πολὺν ἀριθμὸν εἶναι τῶν τοιούτων, ἃ καλεῖ ἐκεῖνος νοῦν καὶ ψυχήν. THÉOPHRASTE, De sensu, 53 : ὅσῳ ἐμψυχότερος ὁ ἀήρ.
3. PLUTARQUE, Qu. nat., I, 1, p. 911 : ζῶον γὰρ ἔγγειον τὸ φυτὸν εἶναι οἱ περὶ Πλάτωνα καὶ Ἀναξαγόραν καὶ Δημόκριτον οἴονται. PSEUDO-ARISTOTE (De plant., c. I, 815 b, 16) : ὁ δὲ Ἀναξαγόρας καὶ ὁ Δημόκριτος καὶ ὁ Ἐμπεδοκλῆς καὶ νοῦν καὶ γνῶσιν εἶπον ἔχειν τὰ φυτά.
4. PLUT., Plac., IV, 4, 4 : ὁ δὲ Δημόκριτος πάντα μετέχειν φησὶ ψυχῆς ποιᾶς.

C'est cet élément chaud et psychique répandu dans le monde entier qu'il semble avoir désigné comme l'élément divin en toute chose¹, et c'est ainsi qu'on a pu dire, en termes appartenant à une langue philosophique postérieure, qu'il définit la divinité l'âme et la raison du monde, formée de corpuscules ignés et ronds². Toutefois cette définition est inexacte et sujette à nous induire en erreur. Non seulement Démocrite n'entend pas, par ce qu'il appelle le divin, un être personnel, mais le divin, pour lui, n'est ni un être unique ni une *âme*; cette expression désigne uniquement une *matière psychique*³, des atomes ignés qui engendrent la vie et le mouvement, et qui, là où ils sont accumulés en grande masse, produisent l'intelligence. Ce n'est pas une force qui communique le mouvement à l'ensemble du monde, comme la raison d'Anaxagore ou l'âme universelle de Platon.

Il est donc plus juste de soutenir, comme le font plusieurs autres, que Démocrite n'admettait ni un esprit organisateur du monde ni une divinité qui gouverne le

---

καὶ τὰ νεκρὰ τῶν σωμάτων· διότι δεῖ διαφανῶς τινος θερμοῦ καὶ αἰσθητικοῦ μετέχει, τοῦ πλείονος διαπνεομένου. Joh. Damasc. (*Parall.* II, 25, 40). Stobée (*Floril.*, éd. Mein., IV, 236) : Δημόκρ. τὰ νεκρὰ τῶν σωμάτων αἰσθάνεσθαι. De même Alex., in *Topica*, 13, au bas. (De même Parménide, voy. p. 529.) C'est pourquoi Philippson dans le texte de Théophraste, *De sensu*, 71 : φησὶ [Δημόκρ.] γίνεσθαι μὲν ἕκαστον καὶ εἶναι κατ' ἀλήθειαν, ἰδίως δὲ ἐπὶ μικροῦ μοῖραν ἔχειν συνέσεως, remplace « μικροῦ » par « νεκροῦ ». D'ailleurs la question n'est pas hors de conteste ; Cicéron dit (*Tusc.*, I, 34, 82) : *Num igitur aliquis dolor aut omnino post mortem sensus in corpore est? Nemo id quidem dicit, etsi Democritum insimulat Epicurus : Democritici negant.* Il semble d'après ce passage, ou bien que l'assertion de Démocrite se rapportait uniquement au temps qui s'écoule jusqu'au refroidissement complet du cadavre, ou bien que ce philosophe attribuait bien aux morts une particule d'âme, mais ne leur accordait ni conscience ni sentiment.

1. Cicéron (*N. D.*, I, 43, 120) : *tum principia mentis quæ sunt in eodem universo deos esse dicit.* Ces *principia mentis* sont évidemment la même chose que ce qu'Aristote indique dans le texte cité plus haut, les atomes ronds et subtils. Cf. p. 812, 8; 813, 2.

2. Stobée, *Ecl.*, I, 56; Plutarque, *Plac.*, I, 7, 13 b; Eusèbe, *Pr. ev.*, XIV, 16, 6; Galien, *H. ph.*, c. 8, p. 251 : tous ces textes incomplets sont ramenés avec raison par Krische (*Forschungen*, I, 157) au texte plus complet *ap.* Cyrill., c. *Jul.*, I, 4 : νοῦν μὲν γὰρ εἶναι τὸν θεὸν ἰσχυρίζεται καὶ αὐτός, πλὴν ἐν πυρὶ σφαιροειδεῖ, καὶ αὐτὸν εἶναι τὴν τοῦ κόσμου ψυχήν.

3. *Principia mentis*, selon la juste expression de Cicéron, ἀρχαὶ νοεραί.

monde[1]. L'intellectuel, pour lui, n'est pas l'empire sur toute la matière, mais l'empire sur une partie seulement de la matière. La seule force motrice est la pesanteur, et la seule raison pour laquelle l'âme est la chose mobile par excellence et la cause du mouvement, c'est que les substances qui la constituent sont, en vertu de leurs dimensions et de leur forme, très sensibles à la pression et au choc. La doctrine de l'intelligence ne procède pas ici du besoin général d'un principe plus profond pour expliquer la nature, elle se rapporte tout d'abord à l'activité psychique de l'homme. Que si Démocrite cherche dans le reste de la nature des analogues de l'intelligence humaine, ce qu'il dit de l'intelligence ne s'en distingue pas moins des propositions correspondantes d'Anaxagore, d'Héraclite et même de Diogène. En effet, Démocrite considère l'intelligence non comme la force qui a formé le monde, mais simplement comme une substance semblable aux autres. Malgré les nombreux rapports qui existent entre la théorie de Démocrite et celle d'Empédocle, la nature de l'intelligence est moins relevée dans la première que dans la seconde; car la raison qu'Empédocle attribue à toutes choses est une propriété intime des éléments, tandis que Démocrite n'y voit qu'un phénomène résultant des relations mathématiques de certains atomes à l'égard des autres[2] : la sensibilité et la conscience ne sont qu'une conséquence de la mobilité de ces atomes[3].

---

1. Voy. sup., 191, 2.
2. Je n'ai pas à examiner ici si c'est là un défaut, ou, comme le croit Lange (Gesch. d. Mat., I, 20), une supériorité de la doctrine de Démocrite, ou bien encore peut-être l'un et l'autre à la fois, savoir la conséquence bien déduite d'un principe étroit. Cela est d'autant moins nécessaire que Lange reconnaît la justesse de mon exposition et ajoute cette remarque : « le vice de tout matérialisme consiste à s'arrêter, dans son explication des phénomènes, au point même où les problèmes supérieurs de la philosophie ne font que commencer ».
3. Voilà pourquoi nous ne parlons que maintenant des opinions de Démocrite sur l'élément intellectuel dans la nature; l'explication qu'il donne de la nature n'exige pas ces idées; il n'y a été conduit que par l'observation de l'esprit humain, et c'est en ce sens qu'il faut les considérer pour se les expliquer.

LA CONNAISSANCE. — Parmi les opérations de l'âme, Démocrite semble s'être occupé surtout de la faculté de connaître ; du moins les renseignements que nous possédons ne se rapportent qu'à cette dernière. D'après tout ce que nous avons vu, il devait, d'une manière générale, partir de cette hypothèse que toutes les représentations consistent en phénomènes corporels[1].

Il s'était occupé en détail tant des sensations que de la pensée.

LES SENSATIONS. — En ce qui concerne les sensations, il les ramenait, conformément à ses principes, aux changements que les impressions extérieures produisent en nous[2] ; et, comme le contact[3] est la condition nécessaire de toute action d'un corps sur un autre, on peut dire qu'il réduisait toutes les sensations à un contact et tous les sens à des variétés du toucher[4]. Seulement ce contact n'est pas immédiat : il a lieu plus ou moins par l'intermédiaire des émanations, sans lesquelles il serait impossible d'expliquer l'action réciproque des choses les unes sur les autres. La représentation des choses, la perception provient de ce que les émanations pénètrent dans le corps et se répandent dans toutes ses parties[5]. Mais, pour que la perception se

---

1. STOBÉE, *Exc. e Joh. Damasc.*, II, 25, 12 (STOB., *Floril.*, ed. Mein., IV, 233) : Λεύκιππος, Δημοκράτης (—κριτος) τὰς αἰσθήσεις καὶ τὰς νοήσεις ἑτεροιώσεις εἶναι τοῦ σώματος.
2. ARISTOTE (*Metaph.*, IV, 5, 1009 b, 12) dit de Démocrite et d'autres : τὸ ὑπολαμβάνειν φρόνησιν μὲν τὴν αἴσθησιν, ταύτην δ' εἶναι ἀλλοίωσιν, τὸ φαινόμενον κατὰ τὴν αἴσθησιν ἐξ ἀνάγκης ἀληθὲς εἶναι φασιν. THÉOPHRASTE (*De sensu*, 49) : Δημόκριτος δὲ... τῷ ἀλλοιοῦσθαι ποιεῖ τὸ αἰσθάνεσθαι. A cette assertion Théophraste ajoute l'observation suivante : Démocrite n'a pas répondu à la question de savoir si chaque sens perçoit ce qui lui est semblable ou ce qui lui est dissemblable. Or, d'après ce qui précède, on pourrait la résoudre de deux façons : en tant que la sensation est un changement, elle devrait être produite par quelque chose de dissemblable ; en tant que le semblable seul agit sur le semblable (voy. sup., 774, 2), elle devrait être produite par quelque chose de semblable (cf. p. 817, 3).
3. Voy. sup., p. 782.
4. ARISTOTE, *De sensu*, c. 4, 442 a, 29 : Δημόκριτος δὲ καὶ οἱ πλεῖστοι τῶν φυσιολόγων, ὅσοι λέγουσι περὶ αἰσθήσεως, ἀτοπώτατόν τι ποιοῦσιν· πάντα γὰρ τὰ αἰσθητὰ ἀπτὰ ποιοῦσιν. καίτοι εἰ οὕτω τοῦτ' ἔχει, δῆλον ὡς καὶ τῶν ἄλλων αἰσθήσεων ἑκάστη ἁφή τις ἐστίν.
5. THÉOPHRASTE, *De sensu*, 54 : ἄτοπον δὲ καὶ τὸ μὴ μόνον τοῖς ὄμμασιν ἀλλὰ

817 produise réellement, il faut que l'impression ait un certain degré d'intensité, que les atomes pénètrent en certaine quantité[1], il faut en outre que la constitution matérielle de ces derniers corresponde à celle des organes des sens ; car les semblables pouvant seuls agir les uns sur les autres[2], nos sens ne seront affectés que par ce qui leur ressemble. Selon la théorie déjà enseignée par Empédocle, nous percevons chaque chose par la partie de notre être qui a avec elle de l'affinité[3]. Démocrite ajoutait que bien des choses perceptibles n'étaient pas perçues par nous, parce qu'il n'y avait aucune relation entre elles et nos sens[4], et il admet-

καὶ τῷ ἄλλῳ σώματι μεταδιδόναι τῆς αἰσθήσεως. φησὶ γὰρ διὰ τοῦτο κενότητα κα ὑγρότητα ἔχειν δεῖν τὸν ὀφθαλμόν, ἵν' ἐπιπλέον δέχηται καὶ τῷ ἄλλῳ σώματι παραδιδῷ. § 55 : au moment de l'audition, l'air agité pénètre par le corps entier, mais principalement par les oreilles, ὅταν δὲ ἐντὸς γένηται, σκίδνασθαι διὰ τὸ τάχος. On trouve plus loin d'autres développements de cette proposition. § 57 : ἄτοπον δὲ καὶ δι' ὧν (telle est la leçon du manuscrit. Wimmer conjecture ἄτ. δὲ τὸ ἴδιον ; mieux vaudrait peut-être lire : ἄτ. δὲ καὶ ἴδιον) κατὰ πᾶν τὸ σῶμα τὸν ψόφον εἰσιέναι καὶ ὅταν εἰσέλθῃ διὰ τῆς ἀκοῆς διαχεῖσθαι κατὰ πᾶν, ὥσπερ οὐ ταῖς ἀκοαῖς, ἀλλ' ὅλῳ τῷ σώματι τὴν αἴσθησιν οὖσαν. οὐ γὰρ εἰ καὶ συμπάσχει τι τῇ ἀκοῇ, καὶ οὐ μόνον ταῖς αἰσθήσεσιν, ἀλλὰ καὶ τῇ ψυχῇ. On ne nous dit pas comment il se représentait la production des autres phénomènes sensibles ; tout ce qui résulte de ces textes, c'est que, non seulement dans l'odeur et le goût, mais encore dans les perceptions du toucher, il voyait une introduction d'effluves dans le corps, car la seule explication qu'il sût donner de la sensation, c'était le contact de l'âme entière avec les objets. Cette explication paraît d'ailleurs toute naturelle en ce qui concerne la sensation de chaleur.

1. Voy. sup., 783, 2, 785, 2. THÉOPHRASTE, De sensu, 55 : les sons pénètrent à la vérité par le corps entier, mais en majeure partie cependant par les oreilles, διὸ καὶ κατὰ μὲν τὸ ἄλλο σῶμα οὐκ αἰσθάνεσθαι, ταύτῃ δὲ μόνον.
2. Voy. sup., 774, 2.
3. THÉOPHRASTE, De sensu, 50 : notre vue est d'autant meilleure que les yeux sont humides, que la cornée est mince et solide, que les tissus intérieurs sont peu tendus, que les fibres sont sèches et droites, καὶ ὁμοιοσχημονοῖεν [sc. οἱ ὀφθαλμοί] τοῖς ἀποτυπουμένοις. SEXTUS, Math., VII, 116 : παλαιὰ γάρ τις, ὥς προεῖπον, ἄνωθεν παρὰ τοῖς φυσικοῖς κυλίεται δόξα περὶ τοῦ τὰ ὅμοια τῶν ὁμοίων εἶναι γνωριστικά. καὶ ταύτῃ, ἔδοξε μὲν καὶ Δημόκριτος· κεκομικέναι τὰς παραμυθίας, à savoir dans le passage reproduit p. 796, 1. Voy. en effet PLUTARQUE, Plac., IV, 19, 3, disant : Δημόκριτος καὶ τὸν ἀέρα φησὶν εἰς ὁμοιοσχήμονα θρύπτεσθαι σώματα καὶ συγκαλινδεῖσθαι τοῖς ἐκ τῆς φωνῆς θραύσμασι (voy. p. 819) κολοιὸς γὰρ παρὰ κολοιὸν ἱζάνει, etc. Quant au principe même suivant lequel le semblable est connu par le semblable, voy. ARISTOTE, De an., I, 2, 405 b, 12 : ceux qui placent l'essence de l'âme dans sa faculté de connaître la considèrent comme l'un des éléments ou comme un composé de plusieurs éléments : λέγοντες καταπλησίως ἀλλήλοις πλὴν ἑνὸς (Anaxagore)· φασὶ γὰρ γινώσκεσθαι τὸ ὅμοιον τῷ ὁμοίῳ.
4. STOBÉE, Ecc. e Joh. Damasc., II, 25, 16 (Stob. Floril., ed. Mein., IV, 233) : Δημόκριτος πλείους μὲν εἶναι τὰς αἰσθήσεις τῶν αἰσθητῶν, τῷ δὲ μὴ ἀναλογίζειν τὰ αἰσθητὰ τῷ πλήθει λανθάνειν. Cette indication, si étrange dans le texte actuel,

tait la possibilité que d'autres êtres eussent des sens qui nous manquent[1] : assertions parfaitement conformes d'ailleurs à l'ensemble de ses idées.

En ce qui concerne les différents sens, nous ne connaissons d'assertions particulières de Démocrite que sur la vue et sur l'ouïe ; il s'était également occupé des autres sens, mais si l'on excepte les hypothèses générales indiquées plus haut, il n'a rien enseigné à leur égard d'essentiellement nouveau[2].

Il expliquait les perceptions de la vue comme Empédocle, en admettant qu'il se dégage des objets visibles des émanations qui en conservent la forme ; ces images[3], en se reflétant dans l'œil et en se répandant de là dans tout le corps, produisent la vue. Mais, comme l'espace entre les objets et notre œil est rempli par l'air, les images qui se dégagent des choses ne peuvent arriver directement à nos yeux ; ce qui touche nos yeux, c'est uniquement l'air qui est mis en mouvement par ces images au moment de leur essor et qui en reçoit l'empreinte. C'est pourquoi l'éloi-

---

avait-elle originairement le sens que nous admettons, c'est, à vrai dire, ce qu'on ne peut que conjecturer.

1. PLUTARQUE, *Plac.*, IV, 10, 3 (GALIEN, c. 24, p. 303) : Δημόκριτος, πλείους εἶναι αἰσθήσεις περὶ τὰ ἄλογα ζῷα καὶ (l. ἤ, comme dans le texte de Galien) περὶ τοὺς θεοὺς καὶ σοφούς. Ce texte, tel qu'il existe actuellement, ne peut être à la vérité qu'une conséquence tirée par un adversaire et non une assertion propre à Démocrite, mais on peut clairement y démêler la pensée de Démocrite. Démocrite n'a pu dire que ceci, à savoir que les animaux peuvent avoir des sens qui manquent à d'autres êtres ; un adversaire, probablement Stoïcien, en tire cette conclusion, absurde selon lui, que Démocrite attribue aux êtres privés de raison une connaissance que ne possèdent pas les êtres doués d'une raison supérieure, tels que les dieux et les sages.

2. THÉOPHRASTE, *De sensu*, 49 : περὶ ἑκάστης· δ' ἤδη τῶν ἐν μέρει [αἰσθήσεων] πειρᾶται λέγειν. § 57 : καὶ περὶ μὲν ὄψεως καὶ ἀκοῆς οὕτως ἀποδίδωσι· τὰς δ' ἄλλας αἰσθήσεις σχεδὸν ὁμοίως ποιεῖ τοῖς πλείστοις. Il n'y a non plus rien de particulier dans les courtes indications relatives à l'odorat, *l. c.*, § 82 et *De odor.*, 64. Cf. aussi 785, 1.

3. Εἴδωλα, comme on les appelle ordinairement (DIOGÈNE, IX, 47 cite un ouvrage spécial de Démocrite περὶ εἰδώλων) ; d'après l'*Etymol. Magn.* au mot δείκελα, Démocrite employait aussi, au lieu d'εἴδωλα, le mot δείκελα. Dès lors, il faudrait lire, dans le texte ap. SIMPL. (*Phys.*, 73 b, au haut. Démocr., *Fr. phys.*, 6) : Δημόκριτος ἐν οἷς φησι « δεῖν ἀπὸ παντὸς ἀποκρίνεσθαι παντοίων εἰδῶν », πῶς δὲ καὶ ὑπὸ τίνος αἰτίας μὴ λέγει, ἔοικεν ἀπὸ ταὐτομάτου καὶ τύχης γενᾷν αὐτά, lire, au lieu de δεῖν, non point « δίνῃ », comme le veut MULLACH, mais « δείκελα ». Cette correction s'accorderait avec αὐτά.

gnement nuit à la netteté de la perception. En outre les émanations qui se dégagent simultanément de nos yeux modifient également l'image de l'objet [1]. Il est donc facile d'expliquer pourquoi notre vue ne nous représente pas les choses telles qu'elles sont en réalité [2].

Les phénomènes de l'ouïe et des sons sont expliqués de la même manière [3]. Le son est un courant d'atomes qui part du corps résonnant et qui met en mouvement l'air placé devant ce corps. Conformément à une loi exposée plus haut, les atomes de même forme se réunissent dans ce courant atomique et dans l'air qu'il met en mouvement [4]. Quand ces atomes rejoignent les atomes de l'âme, les sensations

---

1. Cela résulte du texte d'ARISTOTE, *De sensu*, c. 2, 438 a, 5 : Δημόκριτος δ' ὅτι μὲν ὕδωρ εἶναί φησι [τὴν ὄψιν] λέγει καλῶς, ὅτι δ' οἴεται τὸ ὁρᾶν εἶναι τὴν ἔμφασιν (la réflexion des objets dans l'œil), οὐ καλῶς· τοῦτο μὲν γὰρ συμβαίνει, ὅτι τὸ ὄμμα λεῖον, etc. τὸ μὲν οὖν τὴν ὄψιν εἶναι ὕδατος ἀληθὲς μὲν, οὐ μέντοι συμβαίνει τὸ ὁρᾶν ᾗ ὕδωρ, ἀλλ' ᾗ διαφανές. ALEXANDRE (*ad h. l.*, 97 a, au bas). THÉOPHRASTE, *De sensu*, 50 : ὁρᾶν μὲν οὖν ποιεῖ τῇ ἐμφάσει· ταύτην δ' ἰδίως λέγει· τὴν γὰρ ἔμφασιν οὐκ εὐθὺς ἐν τῇ κόρῃ γίνεσθαι, ἀλλὰ τὸν ἀέρα τὸν μεταξὺ τῆς ὄψεως καὶ τοῦ ὁρωμένου τυποῦσθαι, συστελλόμενον ὑπὸ τοῦ ὁρωμένου καὶ τοῦ ὁρῶντος· (ἅπαντος γὰρ ἀεὶ γίνεσθαί τινα ἀπορροήν·) ἔπειτα τούτου στερεὸν ὄντα καὶ ἀλλόχρων ἐμφαίνεσθαι τοῖς ὄμμασιν ὑγροῖς· καὶ τὸ μὲν πυκνὸν οὐ δέχεσθαι τὸ δ' ὑγρὸν διϊέναι. Les mêmes indications sont répétées par Théophraste dans la suite (mais au §51, il faut lire « τυπούμενον » au lieu de πυκνούμενον), quand il juge cette opinion et la complète par le texte cité p. 816, etc. En faveur de son hypothèse relative aux images, Démocrite invoquait l'image de l'objet visible dans l'œil (ALEX., *l. c.*); d'après THÉOPHRASTE, § 55, il expliquait le fait que nous ne voyons rien dans les ténèbres par cette hypothèse, que l'air a besoin d'être condensé par le soleil pour pouvoir fixer les images. L'indication *ap.* ARIST., *De an.*, I, 7, 419 a, 15, explique pourquoi Démocrite faisait entrer dans notre œil, non point ces images elles-mêmes, mais leur reproduction dans l'air : οὐ γὰρ καλῶς τοῦτο λέγει Δημόκριτος, οἰόμενος, εἰ γένοιτο κενὸν τὸ μεταξύ, ὁρᾶσθαι ἂν ἀκριβῶς καὶ εἰ μύρμηξ ἐν τῷ οὐρανῷ εἴη. L'indication *ap.* PLUT., *Plac.*, IV, 13, 1, est moins précise : d'après Leucippe, Démocrite et Épicure, y est-il dit, la vue κατ' εἰδώλων εἰσκρίσεις καὶ κατά τινων ἀκτίνων εἰσκρισιν μετὰ τὴν πρὸς τὸ ὑποκείμενον ἔνστασιν πάλιν ὑποστρεφουσῶν πρὸς τὴν ὄψιν. Les conditions exigées par Démocrite pour la bonne conformation de l'œil ont été indiquées p. 817, 3. PLUTARQUE (*Plac.*, IV, 14, 2 parall.) nous dit qu'il expliquait aussi les images des miroirs par sa théorie des εἰδώλα; cf. LUCRÈCE, IV, 141 sqq.

2. Voy. p. 783 sqq.

3. THÉOPHR., *l. c.*, 55-57, cf. 53. PLUT., *Plac.*, IV, 19. AULU-GELLE, *N. A.*, V, 15, 8. MULLACH, 342 sqq. BURCHARD, *Democr. phil. de sens.*, 12. Cf. p. 816, 1; 817, 3.

4. Voy. p. 796, 1. Par cette hypothèse, Démocrite voulait, semble-t-il, expliquer le rhythme et l'harmonie des sons, dont il aura sans doute parlé dans le traité π. ῥυθμῶν καὶ ἁρμονίης (DIOG., IX, 48). Un son, disait-il apparemment, est d'autant plus clair que les atomes dont le mouvement lui a donné naissance sont plus homogènes, et d'autant plus élevé que ces atomes sont plus petits.

de l'ouïe se produisent. Mais, bien que les sons pénètrent 820 dans tout le corps, nous n'entendons pourtant que par les oreilles : c'est que cet organe est disposé de façon à recevoir la plus grande masse de sons et à leur livrer le passage le plus rapide, tandis que les autres parties du corps en laissent passer un trop petit nombre pour que nous puissions les percevoir[1].

La pensée. — La pensée a la même origine que la perception. Ce qui perçoit et ce qui pense est une seule et même chose[2]. La perception et la pensée sont toutes deux des changements matériels qui se produisent dans la substance psychique[3], et toutes deux sont produites mécaniquement par les impressions extérieures, ainsi que tous les autres changements[4]. Si ce mouvement est de nature

---

1. C'est à ce point de vue que Théophraste (§ 56) examine les conditions physiologiques d'une ouïe fine.
2. Aristote, De an., I, 2, 404 a, 27 : ἐκεῖνος [Δημόκριτος] μὲν γὰρ ἁπλῶς ταὐτὸν ψυχὴν καὶ νοῦν· τὸ γὰρ ἀληθὲς εἶναι τὸ φαινόμενον (voy. p. 822) διὸ καλῶς ποιῆσαι τὸν Ὅμηρον (qui ne dit rien de semblable à propos d'Hector; voy. les commentateurs ad h. l. et ad Metaph., IV, 5, ainsi que Mullach, 346) ὡς· Ἕκτωρ κεῖτ' ἀλλοφρονέων. οὐ δὴ χρῆται τῷ νῷ ὡς δυνάμει τινὶ περὶ τὴν ἀλήθειαν, ἀλλὰ ταὐτὸ λέγει ψυχὴν καὶ νοῦν. Ibid., 405 a, 8 ; voy. sup., 808, 2. Metaph., IV, 5, 1009 b, 28 (voy. inf., 821, 1). Philopon (De an., Λ, 16, au haut. B, 16 au mil.). Jambl., ap. Stob., Ecl., I, 880 : οἱ δὲ περὶ Δημόκριτον πάντα τὰ εἴδη τῶν δυνάμεων εἰς τὴν οὐσίαν αὐτῆς [τῆς ψυχῆς] συνάγουσιν. A cette question se rapporte ce qui est attribué à Démocrite dans le texte de Stobée, Floril., 116, 45; mais ici il faut lire sans nul doute Δημοκήδους, au lieu de Démocrite (voy. Heimsœth, Democr. de an. doctr., p. 3); car les paroles en question se trouvent dans Hérodote (III, 134), lequel les met dans la bouche d'Atossa parlant d'après Démocède.
3. Stobée (voy. sup., 815, 3). Arist., Metaph., IV, 5 (voy. 821, 1). Théophraste, De sensu, 72 : ἀλλὰ περὶ μὲν τούτων ἔοικε (Δημόκρ.) συνηκολουθηκέναι τοῖς ποιοῦσιν ὅλως τὸ φρονεῖν κατὰ τὴν ἀλλοίωσιν, ἥπερ ἐστὶν ἀρχαιοτάτη δόξα. πάντες γὰρ οἱ παλαιοὶ καὶ οἱ ποιηταὶ καὶ σοφοὶ κατὰ τὴν διάθεσιν ἀποδιδόασι τὸ φρονεῖν. Cf. Arist., De an., III, 3, 427 a, 21 : οἵ γε ἀρχαῖοι τὸ φρονεῖν καὶ τὸ αἰσθάνεσθαι ταὐτόν εἶναί φασιν. En faveur de cette proposition, Aristote cite, outre les vers d'Empédocle que nous donnons p. 726, 6, et qui procèdent peut-être de Démocrite, les vers d'Homère, Od., XVIII, 135, avec cette observation : πάντες γὰρ οὗτοι τὸ νοεῖν σωματικὸν ὥσπερ τὸ αἰσθάνεσθαι ὑπολαμβάνουσιν. Cf. les notes suivantes.
4. Cic., Fin., I, 6, 21 : (Democriti sunt) atomi, inane, imagines, quæ idola nominant, quorum incursione non solum videamus, sed etiam cogitemus. Plut., Plac., IV, 8, 3. Stob., Flor., IV, 233, Mein., n° 18, à propos de Leucippe, de Démocrite et d'Epicure : τὴν αἴσθησιν καὶ τὴν νόησιν γίνεσθαι εἰδώλων ἔξωθεν προσιόντων, μηδενὶ γὰρ ἐπιβάλλειν μηδετέραν χωρὶς τοῦ προσπίπτοντος εἰδώλου. Cf. Democr., ap. Sext., Math., VII, 136 (voy. sup., 783, 3).

à mettre l'âme à la température convenable, elle se fait des objets une idée exacte, et la pensée est saine ; mais si le mouvement qui lui est imprimé l'échauffe ou la refroidit outre mesure, elle a des représentations inexactes, et la pensée est morbide [1].

Bien que, dans ce système, il soit difficile de dire en quoi la pensée se distingue encore de la perception des sens [2], Démocrite n'en est pas moins fort éloigné d'attribuer à l'une et à l'autre la même valeur. Il dit que la perception des sens est obscure, que la connaissance par la raison est la seule vraie. La véritable nature des choses est cachée à nos sens ; tout ce qu'ils nous montrent n'est qu'apparence incertaine. Seul, notre entendement scrute ce qui est trop subtil pour les sens, la pure essence des choses, les atomes et le vide [3]. Sans doute nous sommes obligés de

---

1. ΤΗΈΟΡΗR. (*l. c.*, 58) : περὶ δὲ τοῦ φρονεῖν ἐπὶ τοσοῦτον εἴρηκεν, ὅτι γίνεται συμμέτρως ἐχούσης τῆς ψυχῆς μετὰ τὴν κίνησιν· ἐὰν δὲ περίθερμός τις ἢ περίψυχρος γένηται, μεταλλάττειν φησί. διότι καὶ τοὺς παλαιοὺς καλῶς τοῦθ' ὑπολαβεῖν, ὅτι ἐστὶν ἀλλοφρονεῖν. ὥστε φανερὸν ὅτι τῇ κράσει τοῦ σώματος ποιεῖ τὸ φρονεῖν. Au lieu des mots : μετὰ τ. κίνησιν, RITTER (I, 620) conjecture : « κατὰ τὴν κρᾶσιν ». Moi-même j'avais songé à la correction : κατὰ τὴν κίνησιν. Mais je pense aujourd'hui que le texte usuel, conservé par WIMMER, est correct, et que Théophraste veut dire : le φρονεῖν (le jugement juste, opposé à l'ἀλλοφρονεῖν) apparaît quand le mouvement produit dans les organes des sens amène un état symétrique de l'âme. L'indication de Théophraste est expliquée d'abord par le texte cité p. 820, 2, et ensuite par le texte d'ARIST., *Metaph.*, IV, 5, 1009 b, 28 : φασὶ δὲ καὶ τὸν Ὅμηρον ταύτην ἔχοντα φαίνεσθαι τὴν δόξαν (que toutes les représentations sont également vraies), ὅτι ἐποίησε τὸν Ἕκτορα, ὡς ἐξέστη ὑπὸ τῆς πληγῆς, κεῖσθαι ἀλλοφρονέοντα, ὡς φρονοῦντας μὲν καὶ τοὺς παραφρονοῦντας, ἀλλ' οὐ ταὐτά.

2. BRANDIS (*Rhein. Mus.*, v. Niebuhr und Brandis, III, 139. *Gr.-röm. Phil.*, I, 334) parle « d'une perception directe des atomes et du vide », mais on ne voit pas comment les atomes et le vide pourraient, d'après le principe de Démocrite, agir sur notre âme, si ce n'était dans les choses composées, et comment celles-ci pourraient agir sur notre âme autrement que par les sens. Je ne puis non plus comprendre les explications de Johnson (p. 18 sq. du traité cité p. 761, 1). J'accepterais volontiers la conjecture de RITTER (*Gesch. d. Phil.*, I, 620) qui fait dépendre la connaissance lucide ou rationnelle de l'état symétrique de l'âme (voy. note préc.). Seulement, dans ce cas, il faudrait attribuer à Démocrite une idée qui ne lui est attribuée nulle part et qui n'est guère plausible en elle-même, savoir que toute perception des sens dérange la symétrie de l'âme. Ce qui me paraît le plus vraisemblable, c'est que Démocrite n'a pas essayé de démontrer psychologiquement la supériorité de la pensée sur la perception. BRANDIS se range aussi à cet avis (*Gesch. d. Entw.*, I, 145).

3. Les preuves ont déjà été données p. 777, 1 ; 778, 2. Voy. aussi CIC. (*Acad.*, II, 23, 73). Des écrivains postérieurs expriment cette idée en disant que Démo-

partir de ce qui est manifeste, pour arriver à connaître ce qui est caché, mais c'est la pensée seule qui nous procure véritablement cette connaissance [1].

Lors donc qu'il attribue à Démocrite cette opinion que le phénomène sensible est vrai en lui-même [2], Aristote nous donne le résultat de ses propres déductions [3] : comme l'atomisme n'avait pas établi de distinction entre la faculté de percevoir et celle de penser, Aristote en conclut qu'il lui est impossible de distinguer entre les degrés de véracité de ces deux facultés [4]. Mais Démocrite lui-même n'aurait pu tirer une pareille conclusion sans se mettre en contradiction avec les principes fondamentaux de son système ;

---

crite ne considère comme réel que l'intelligible (Sext., *Math.*, VIII, 6), et qu'il nie l'existence des phénomènes sensibles, lesquels, selon lui, n'existent pas dans la réalité, mais seulement dans notre opinion (*ibid.*, VII, 135).

1. Sextus (*Math.*, VII, 140) : Δημοκρίτος δὲ τρία κατ' αὐτὸν ἔλεγεν εἶναι κριτήρια· τῆς μὲν τῶν ἀδήλων καταλήψεως, τὰ φαινόμενα, ὡς φησιν Ἀναξαγόρας, ὃν ἐπὶ τούτῳ Δημόκριτος ἐπαινεῖ· ζητήσεως δὲ τὴν ἔννοιαν· αἱρέσεως δὲ καὶ φυγῆς τὰ πάθη. Naturellement les « *criteria* », ainsi que l'exposition tout entière, appartiennent à Sextus.

2. *Gen. et corr.*, I, 2 (sup., 771, 4). *De an.*, I, 2 (sup., 820, 2). *Metaph.*, IV, 5 (voy. p. 815, 4). On peut aussi citer Théophraste, *De sensu*, 71 (sup., 813, 4) : γίνεσθαι μὲν ἕκαστον καὶ εἶναι κατ' ἀλήθειαν; seulement ce passage est sans doute altéré; le γίνεσθαι μὲν remplace peut-être (τὸ) φαινόμενον, et, au lieu d'ἕκαστον, il faut lire « ἑκάστῳ ».

3. Comme il l'indique lui-même dans le texte de la *Métaphysique*; les mots : ἐξ ἀνάγκης doivent être rattachés à ζωοί et le non à εἶναι, en sorte qu'il faut expliquer ainsi : puisqu'ils considèrent la pensée comme identique à la sensation, il faut nécessairement qu'ils tiennent pour vraie la perception sensible.

4. Il serait facile de montrer par de nombreux exemples qu'une pareille manière de raisonner n'est nullement extraordinaire dans Aristote; il se fonde précisément sur des déductions de ce genre (*Metaph.*, IV, 5), pour reprocher à quelques philosophes naturalistes anciens de nier le principe de contradiction. Nous n'avons donc aucune raison d'admettre (avec l'Apencordt, 60, et Mullach, 415) que Démocrite ait changé d'opinion sur ce point et qu'il ait rejeté plus tard le témoignage des sens auquel il avait d'abord ajouté foi. Quand même il aurait amendé dans la suite quelques-unes de ses théories (Plut., *Virt. mor.*, c. 7, p. 448 a), il ne s'ensuivrait pas qu'il eût eu à différentes époques des opinions contradictoires sur un point qui se rattache si étroitement aux principes fondamentaux du système atomistique. Il est également impossible d'interpréter (avec Johnson, l. c., 24 sq.) l'assertion d'Aristote de la façon suivante : « Démocrite admet que le phénomène existe réellement d'une manière objective, bien qu'il ne corresponde pas à la représentation que nous nous en faisons. » Cette interprétation, contraire à la lettre du texte (τὸ ἀληθές, *De an.* et *Gen. et corr.*), est en outre en désaccord avec le sens général des textes cités. L'opinion qu'Aristote, selon Johnson, prête à Démocrite n'aurait pu être présentée par lui comme une opinion erronée, provenant de la confusion de la pensée avec la sensation.

car si les choses sont en réalité formées d'atomes que nos sens ne perçoivent pas, les sens ne nous font évidemment pas connaître la vraie nature des choses ; et si Démocrite déclare, avec Parménide et Empédocle, qu'il est impossible de concevoir le commencement et la fin des choses, il a dû également admettre la suite du raisonnement de ces philosophes, à savoir que la perception nous trompe en nous présentant l'apparence d'un commencement et d'une fin dans les choses. Il est donc impossible que Démocrite ait émis les assertions contraires, que lui prête Aristote. D'ailleurs il dit lui-même très nettement combien il est éloigné d'une telle manière de voir.

Prétendu scepticisme. — Démocrite n'eût pu davantage admettre cette argumentation ultérieure : comme la perception sensible est vraie en elle-même, toutes les sensations doivent être vraies[1] ; si donc les sens rendent des témoignages opposés sur le même objet chez différentes personnes ou à différents moments, ces témoignages contraires doivent être également vrais, et par suite également faux ; nous ne pouvons donc jamais savoir quelle est la véritable nature des choses[2]. Sans doute Démocrite dit

---

1. Philopon attribue cette proposition à Démocrite lui-même (*De an.*, II, 16, au mil.) : ἄντικρυς γὰρ εἶπεν [ὁ Δημόκριτος]· ὅτι τὸ ἀληθὲς καὶ τὸ φαινόμενον ταὐτόν ἐστι, καὶ οὐδὲν διαφέρειν τὴν ἀλήθειαν καὶ τὸ τῇ αἰσθήσει φαινόμενον, ἀλλὰ τὸ φαινόμενον ἑκάστῳ καὶ τὸ δοκοῦν τοῦτο καὶ εἶναι ἀληθές, ὥσπερ καὶ Πρωταγόρας ἔλεγεν. Mais Philopon ne s'appuie certainement ici que sur les textes d'Aristote, dont il est impossible de tirer cette conclusion ; de même il n'y a pas lieu de s'arrêter à ce fait, qu'Épiphane (*Exp. fid.*, 1087 d) attribue à Leucippe cette théorie : κατὰ φαντασίαν καὶ δόκησιν τὰ πάντα γίνεσθαι καὶ μηδὲν κατὰ ἀλήθειαν.

2. Cf. Arist., *Metaph.*, IV, 5, 1009 a, 38 : ὁμοίως δὲ καὶ ἡ περὶ τὰ φαινόμενα ἀλήθεια (l'hypothèse que toutes les représentations et tous les phénomènes sont conformes à la vérité, cf. le commencement du chap.) ἐνίοις· ἐκ τῶν αἰσθητῶν ἐλήλυθεν. τὸ μὲν γὰρ ἀληθὲς οὐ πλήθει κρίνεσθαι οἴονται προσήκειν οὐδ' ὀλιγότητι, τὸ δ' αὐτὸ τοῖς μὲν γλυκὺ γευομένοις δοκεῖν εἶναι τοῖς δὲ πικρόν. ὥστ' εἰ πάντες ἔκαμνον ἢ πάντες παρεφρόνουν, δύο δ' ἢ τρεῖς ὑγίαινον ἢ νοῦν εἶχον δοκεῖν ἂν τούτους κάμνειν καὶ παραφρονεῖν, τοὺς δ' ἄλλους οὔ. ἔτι δὲ πολλοῖς τῶν ἄλλων ζῴων τἀναντία περὶ τῶν αὐτῶν φαίνεσθαι καὶ ἡμῖν, καὶ αὐτῷ δὲ ἑκάστῳ πρὸς αὐτὸν οὐ ταὐτὰ κατὰ τὴν αἴσθησιν ἀεὶ δοκεῖν. ποῖα οὖν τούτων ἀληθῆ ἢ ψευδῆ ἄδηλον· οὐθὲν γὰρ μᾶλλον τάδε ἢ τάδε ἀληθῆ, ἀλλ' ὁμοίως. (Au fond, ce sont les raisons alléguées par Démocrite contre la vérité des perceptions des sens, voy. sup., 183, 3) διὸ Δημόκριτος γέ

lui-même que toutes les choses contiennent des atomes 824
des formes les plus différentes et que c'est pour cette raison
qu'elles nous apparaissent si diversement¹, mais il ne suit
pas de là que, selon lui, le réel lui-même, l'atome, ait simultanément des propriétés contraires.

Il déplore les limites étroites du savoir humain, il dit
que la vérité est cachée profondément, que nous ne savons
pas comment les choses sont constituées en réalité, que
nos opinions changent selon les impressions extérieures
et les différents états des corps². Enfin il admet que les
noms des choses ont été choisis arbitrairement³, ce qui peut
également être interprété dans le sens du scepticisme. Mais 825
on ne peut dire qu'il ait voulu par là déclarer d'une façon
générale qu'il est impossible de rien savoir. S'il avait eu

φησιν ἤτοι οὐδὲν εἶναι ἀληθὲς ἢ ἡμῖν γ' ἄδηλον. PLUT., *Adv. Col.*, 4, 1, p. 1108 :
ἐγκαλεῖ δ' αὐτῷ (sc. Δημοκρίτῳ ὁ Κολώτης) πρῶτον, ὅτι τῶν πραγμάτων ἕκαστον
εἰπὼν οὐ μᾶλλον τοῖον ἢ τοῖον εἶναι, συγκέχυκε τὸν βίον. SEXTUS, *Pyrrh.*, I, 213 :
la doctrine de Démocrite, elle aussi, a de l'affinité avec le scepticisme : ἀπὸ γὰρ
τοῦ τοῖς μὲν γλυκὺ φαίνεσθαι τὸ μέλι, τοῖς δὲ πικρόν, τὸν Δημόκριτον ἐπιλογίζεσθαί
φασι τὸ μήτε γλυκὺ αὐτὸ εἶναι μήτε πικρόν, καὶ διὰ τοῦτο ἐπιφθέγγεσθαι τὴν « οὐ
μᾶλλον » φωνήν, σκεπτικὴν οὖσαν. JOHNSON (d. *Sensual. d. Demokr.*, 23) n'aurait
pas dû ériger sans preuves cette opinion en témoignage historique.

1. Voy. note précédente et p. 776, 3.
2. Voy., outre le texte cité p. 778, 2, SEXTUS, *Math.*, VII, 135 sqq. : « ἐτεῇ μέν
νυν ὅτι οἷον ἕκαστόν ἐστιν ἢ οὐκ ἔστιν οὐ ξυνίεμεν, πολλαχῇ δεδήλωται ». « γινώσκειν
τε χρὴ ἄνθρωπον τῷδε τῷ κανόνι, ὅτι ἐτεῆς ἀπήλλακται ». « δηλοῖ μὲν δὴ καὶ οὗτος
ὁ λόγος, ὅτι οὐδὲν ἴσμεν περὶ οὐδενός, ἀλλ' ἐπιρρυσμίη ἑκάστοισιν ἡ δόξις ». « καίτοι
δῆλον ἔσται, ὅτι, ἐτεῇ οἷον ἕκαστον, γινώσκειν, ἐν ἀπόρῳ ἐστίν ». Ap. DIOG., IX,
72 : « ἐτεῇ δὲ οὐδὲν ἴσμεν· ἐν βυθῷ γὰρ ἡ ἀλήθεια ». (Cette dernière proposition
se trouve aussi dans CIC., *Acad.*, II, 10, 32). Ce sont sans doute ces textes que
SEXTUS a en vue quand il dit (*Math.*, VIII, 327) que les médecins empiriques
contestent la possibilité de la démonstration, τάχα δὲ καὶ Δημόκριτος, ἰσχυρῶς γὰρ
αὐτῇ διὰ τῶν κανόνων ἀντείρηκεν, à savoir indirectement : autrement le τάχα ne
serait pas nécessaire.
3. PROCLUS affirme (*in Crat.*, 16) que, d'après Démocrite, les ὀνόματα sont
donnés θέσει. Il allègue en faveur de cette opinion le πολύσημον, l'ἰσόρροπον, et
le νώνυμον ; en d'autres termes, il fait valoir que beaucoup de mots ont une signification multiple, beaucoup d'objets des noms multiples, tandis que d'autres, qui,
d'après l'analogie, devraient avoir une désignation propre, n'en ont point ; il paraît aussi s'être appuyé sur le changement des noms de personnes. Il est d'ailleurs
impossible d'attribuer à Démocrite les développements de ces motifs, tels qu'on
les trouve dans Proclus. Cf. STEINTHAL, *Gesch. d. Sprachwissensch. bei Gr. u.
R.*, 76, 131 sqq., mais je ne puis approuver l'explication qu'il donne des expressions citées plus haut ; il me paraît surtout s'être mépris sur le sens de νώνυμον.
DIOGÈNE (IX, 48) cite quelques écrits philologiques de Démocrite ; mais il nous
est impossible aujourd'hui de déterminer jusqu'à quel point ils sont authentiques

cette opinion, il n'aurait pu constituer un système scientifique, ni distinguer entre la vraie science et l'opinion obscure. Nous lisons d'ailleurs qu'il a combattu explicitement et en détail les doctrines sceptiques de Protagoras, dont il aurait dû, suivant l'hypothèse en question, être le partisan [1], et qu'il blâmait sévèrement les sophistes de son époque [2]. Les sceptiques postérieurs appellent eux-mêmes notre attention sur la différence essentielle qui existe entre sa manière de voir et la leur [3], et Aristote atteste — ce qui ne s'accorde guère avec la prétendue négation de toute science — que, parmi les philosophes antésocratiques, c'est lui qui s'est le plus occupé de donner des définitions [4]. Les plaintes de Démocrite sur l'impossibilité de la science ne doivent donc pas être prises dans un sens rigoureux. Tout ce qu'il soutient, c'est que la perception des sens ne constate que des apparences changeantes et ne fournit pas de connaissance vraie; mais il ne songe pas à nier que l'intelligence ne puisse reconnaître, dans les atomes et dans le vide, la véritable essence des choses,

---

1. Plutarque (*l. c.*) : ἀλλὰ τοσοῦτόν γε Δημόκριτος ἀποδεῖ τοῦ νομίζειν, μὴ μᾶλλον εἶναι τοῖον ἢ τοῖον τῶν πραγμάτων ἕκαστον, ὥστε Πρωταγόρᾳ τῷ σοφιστῇ τοῦτο εἰπόντι μεμάχθαι καὶ γεγραφέναι πολλὰ καὶ πιθανὰ πρὸς αὐτόν. Sextus, *Math.*, VII, 389 : πᾶσαν μὲν οὖν φαντασίαν οὐκ εἶποι τις ἀληθῆ διὰ τὴν περιτροπήν, καθὼς ὅ τε Δημόκριτος καὶ ὁ Πλάτων ἀντιλέγοντες τῷ Πρωταγόρᾳ ἐδίδασκον. Cf. *ibid.*, VII, 53.

2. Fr. 145, ap. Plut. (*Qu. conv.*, I, 1, 5, 2). Clément (*Strom.*, I, 3, 279 d) se plaint des ἐξεδίων θηράτορες, ζηλωταὶ τεχνυδρίων, ἐριδάντες; καὶ ἱμαντελίκτεες.

3. Sextus, *Pyrrh.*, I, 213 sq. : διαφόρως μέντοι χρῶνται τῇ « οὐ μᾶλλον » φωνῇ οἵ τε Σκεπτικοὶ καὶ οἱ ἀπὸ τοῦ Δημοκρίτου· ἐκεῖνοι μὲν γὰρ ἐπὶ τοῦ μηδέτερον εἶναι τάττουσι τὴν φωνήν, ἡμεῖς δὲ ἐπὶ τοῦ ἀγνοεῖν πότερον ἀμφότερα ἢ οὐδέτερόν τί ἐστι τῶν φαινομένων. προδηλοτάτη δὲ γίνεται ἡ διάκρισις, ὅταν ὁ Δημόκριτος λέγῃ « ἐτεῇ δὲ ἄτομα καὶ κενόν ». ἐτεῇ μὲν γὰρ λέγει ἀντὶ τοῦ ἀληθείᾳ, κατ' ἀλήθειαν δὲ ὑφεστάναι λέγων τά; τε ἀτόμους; καὶ τὸ κενὸν, ὅτι διενήνοχεν ἡμῶν... περιττὸν οἶμαι λέγειν.

4. *Part. anim.*, I, 1 (voy. sup., 148, 3); *Metaph.*, XIII, 4, 1078 b, 17 : Σωκράτους δὲ περὶ τὰς ἠθικὰς ἀρετὰς πραγματευομένου καὶ περὶ τούτων ὁρίζεσθαι καθόλου ζητοῦντος πρώτου· τῶν μὲν γὰρ φυσικῶν ἐπὶ μικρὸν Δημόκριτος ἥψατο μόνον καὶ ὡρίσατό πως τὸ θερμὸν καὶ τὸ ψυχρόν, etc. (voy. p. 439, 1). *Phys.* (II, 2, 194 a, 18) : εἰς μὲν γὰρ τοὺς ἀρχαίους ἀποβλέψαντι δόξειεν ἂν εἶναι (ἡ φύσις) τῆς ὕλης· ἐπὶ μικρὸν γάρ τι μέρος Ἐμπεδοκλῆς καὶ Δημόκριτος τοῦ εἴδους καὶ τοῦ τί ἦν εἶναι ἥψαντο. D'ailleurs Démocrite est encore loin de satisfaire aux exigences postérieures de la science, comme le prouve la proposition blâmée par Aristote (*Part. an.*, I, 1, 640 b, 29. Sext., *Math.*, VII, 265) : ἄνθρωπός ἐστι ὃ πάντες ἴδμεν.

encore bien qu'il ait conscience des limites étroites assignées à la connaissance humaine et des difficultés qui s'opposent aux recherches approfondies.

Aussi est-il très conséquent avec lui-même lorsque, malgré l'étendue de ses propres connaissances et de ses observations, il nous prémunit, à l'exemple d'Héraclite, contre l'excès de l'érudition, et met la pensée au-dessus du savoir empirique [1], lorsqu'il reconnaît que les hommes n'ont développé que peu à peu leur intelligence, qu'ils ont d'abord appris certains arts des animaux [2], qu'ils ont travaillé au commencement à satisfaire les besoins les plus pressants, et qu'ils n'ont recherché que plus tard les embellissements de la vie [3]; lorsque, pour cette raison même, il insiste pour que l'instruction vienne au secours de la nature et qu'en transformant l'homme elle crée en lui une seconde nature [4]. Toutes ces assertions nous montrent le philosophe qui estime l'effort pour apprendre et qui ne se contente pas de la connaissance de l'apparence extérieure; mais nous n'y découvrons pas le sceptique qui renonce absolument à la science.

Éthique de Démocrite. — Un philosophe qui établit une distinction aussi marquée entre l'apparence sensible et l'être véritable devait placer le but et le bonheur de la vie humaine, non dans l'abdication de l'homme entre les mains du monde extérieur, mais dans la juste disposition de l'intelligence et de l'âme. C'est aussi le caractère que

---

1. *Fr. mor.*, 140-142 : πολλοί πολυμαθέες νόον οὐκ ἔχουσι. — πολυνοίην οὐ πολυμαθίην ἀσκέειν χρή. — μὴ πάντα ἐπίστασθαι προθύμεο, μὴ πάντων ἀμαθὴς γένῃ. J'ai douté jadis que ces fragments fussent réellement de Démocrite, mais j'en admets maintenant l'authenticité, parce que, d'après le texte même que l'on vient de lire, ils sont parfaitement conformes aux doctrines de Démocrite.
2. Plut., *Solert. anim.*, 20, 1, p. 974.
3. Philodème, *De mus.*, IV (Vol. Hercul., I, 335, *ap.* Mullach, p. 237). Cf. Arist., *Metaph.*, I, 2, 982 b, 22.
4. *Fr. mor.*, 133 : ἡ φύσις καὶ ἡ διδαχὴ παραπλήσιόν ἐστι· καὶ γὰρ ἡ διδαχὴ μεταρρυσμοῖ τὸν ἄνθρωπον μεταρρυσμοῦσα δὲ φυσιοποιέει.

présente tout ce qui nous a été transmis sur les opinions et les maximes morales de Démocrite.

Si nombreux et si variés que soient les traités éthiques qui lui ont été attribués (plusieurs à tort, il est vrai[1]), Démocrite ne pouvait songer à composer un ouvrage scientifique sur la morale d'après les principes que Socrate devait poser plus tard. Ses doctrines morales, quant à leur forme, ne dépassent pas les réflexions morales sans base scientifique d'Héraclite et des Pythagoriciens[2]. Nous y trouvons donc des vues précises et générales sur la vie humaine, mais ces vues n'ont point pour principe des recherches étendues sur la nature de l'activité morale; elles n'aboutissent pas à une exposition systématique des actes et des devoirs moraux.

A l'exemple de l'ancienne éthique, Démocrite regarde le bonheur comme le but de notre vie : le plaisir et le déplaisir sont le critérium de l'utile et du nuisible; la perfection pour l'homme, c'est de passer sa vie à se réjouir le plus possible et à s'affliger le moins possible[3]. Mais il ne s'ensuit nullement, selon lui, que les jouissances matérielles soient le but suprême de l'existence. Le bonheur et le malheur ne résident pas dans les troupeaux et dans l'or : c'est l'âme qui est le siège du démon[4]. Ce n'est pas

---

1. Cf. MULLACH, 213 sqq.; LORTZING, dans la dissertation citée p. 761, 1; les fragments moraux (pour abréger, je les désignerai dans la suite par le numéro qu'ils portent dans cette collection) se trouvent ap. MULLACH, Democr., 160 sqq. Fragm. philos., I, 340 sqq.
2. CICÉRON (Fin., V, 29, 87) : Démocrite negligeat administrationem de ses biens quid quærens aliud, nisi beatam vitam? quam si etiam in rerum cognitione ponebat, tamen ex illa investigatione naturæ consequi volebat, ut esset bono animo. Id enim ille summum bonum, εὐθυμίαν et sæpe ἀθαμβίαν appellat, i. e. animum terrore liberum. Sed hæc, etsi præclare, nondum tamen et perpolita, pauca enim, neque ea ipsa enucleate ab hoc de virtute quidem dicta.
3. Fr. mor., 8 : οὖρος ξυμφορέων καὶ ἀξυμφορέων τέρψις καὶ ἀτερψίη. Le fr. 9 est conçu à peu près dans les mêmes termes (cf. LORTZING, p. 21; dans ce fragment on pourrait conjecturer πρηκτέων au lieu de l'inintelligible leçon περιηκμακότων). Fr. 2 : ἄριστον ἀνθρώπῳ τὸν βίον διάγειν ὡς πλεῖστα εὐθυμηθέντι καὶ ἐλάχιστα ἀνιηθέντι, ce que SEXTUS (voy. sup., 822, 2) exprime ainsi : il fait des sensations le critère du désir et de l'aversion.
4. Fr. 1 : εὐδαιμονίη ψυχῆς καὶ κακοδαιμονίη οὐκ ἐν βοσκήμασι οἰκέει οὐδ' ἐν χρυσῷ, ψυχὴ δ' οἰκητήριον δαίμονος.

le corps et la richesse qui rendent heureux, mais la droiture et la raison (Fr. 5); les biens de l'âme sont divins, ceux du corps sont humains [1]; les honneurs et la richesse sans la raison sont une possession incertaine [2], et là où la raison fait défaut, on ne sait ni jouir de la vie ni surmonter la crainte de la mort [3]. Il ne faut donc pas rechercher toutes les jouissances sans distinction, mais seulement la jouissance du beau [4]: il sied à l'homme d'avoir soin de son âme plus que de son corps [5] et d'apprendre à puiser son plaisir en lui-même [6].

En un mot, la félicité consiste essentiellement dans la bonne humeur et la bonne santé, dans la juste disposition et le calme constant de l'âme [7]. L'homme parviendra d'autant plus sûrement et d'autant plus parfaitement à cette félicité, qu'il saura être modéré dans ses désirs et ses jouissances, distinguer ce qui est avantageux de ce qui est nuisible; éviter ce qui est injuste et contraire aux bonnes mœurs, se conformer dans ses actes et dans ses désirs à sa nature et à sa fortune [8]. Contentement de peu, modé-

---

1. Fr. 6, voy. sup., 812, 7.
2. Fr. 58; 60.
3. Fr. 51-56.
4. Fr. 3, conf. 19.
5. Fr. 128, voy. sup., p. 812, 2.
6. Fr. 7 : αὐτὸν ἐξ ἑαυτοῦ τὰς τέρψιας ἐθιζόμενον λαμβάνειν.
7. Cic., voy. sup., p. 827, 2; Théod., Cur. Gr. aff., XI, 6, voy. p. 660, 7; Épiph., Exp. fid., 1088 a; Diog., IX, 45 : τέλος δ' εἶναι τὴν εὐθυμίαν, οὐ τὴν αὐτὴν οὖσαν τῇ ἡδονῇ, ὡς ἔνιοι παρακούσαντες ἐξηγήσαντο, ἀλλὰ καθ' ἣν γαληνῶς καὶ εὐσταθῶς ἡ ψυχὴ διάγει, ὑπὸ μηδενὸς ταραττομένη φόβου ἢ δεισιδαιμονίας ἢ ἄλλου τινὸς πάθους. καλεῖ δ' αὐτὴν καὶ εὐεστὼ καὶ πολλοῖς ἄλλοις ὀνόμασιν. Stob., Ecl., II, 76 : τὴν δ' εὐθυμίαν καὶ εὐεστὼ καὶ ἁρμονίαν συμμετρίαν τε καὶ ἀταραξίαν καλεῖ. συνίστασθαι δ' αὐτὴν ἐκ τοῦ διορισμοῦ καὶ τῆς διακρίσεως τῶν ἡδονῶν· καὶ τοῦτ' εἶναι τὸ κάλλιστόν τε καὶ συμφορώτατον ἀνθρώποις. Clém., Strom., II, 417 a : Δημόκρ. μὲν ἐν τῷ περὶ τέλους τὴν εὐθυμίαν [τέλος εἶναι διδάσκει] ἣν καὶ εὐεστὼ προσηγόρευσιν. Cf. note suiv., Diogène, 46, et Sénèque (Tranqu. an., 2, 3) parlent d'un écrit π. εὐθυμίης; c'est probablement le même que l'εὐεστὼ dont Diogène dit qu'il a été perdu. Strabon (I, 3, 21, p. 61) appelle ἀθαυμαστία, Cicéron (l. c.) ἀθαμβία, ce que Stobée désigne par le mot Ataraxie.
8. Voy. note préc. et fr. 20 : ἀνθρώποισι γὰρ εὐθυμίη γίνεται μετριότητι τέρψιος καὶ βίου ξυμμετρίῃ, τὰ δὲ λείποντα καὶ ὑπερβάλλοντα μεταπίπτειν τε φιλέει καὶ μεγάλας κινήσιας ἐμποιέειν τῇ ψυχῇ, αἱ δ' ἐκ μεγάλων διαστημάτων κινεόμεναι (qui se meuvent entre les deux extrêmes) τῶν ψυχέων οὔτε εὐσταθέες εἰσὶ οὔτε εὔθυμοι. Pour y échapper, Démocrite conseille à l'homme de se comparer, non à ceux

ration, pureté dans les actions et dans les pensées, culture de l'intelligence, voilà ce que Démocrite recommande comme le moyen d'être heureux. Il convient qu'on n'arrive pas au bonheur sans peine, que le malheur frappe l'homme sans que celui-ci l'ait cherché (Fr. 10); mais en même temps il soutient que nous avons entre les mains tous les moyens d'être heureux, et que c'est notre faute si nous en faisons un mauvais usage : tout ce que les dieux donnent aux hommes est bon en soi; c'est notre folie qui change le bien en mal[1]; telle est la conduite de l'homme, telle est aussi sa vie[2].

L'art d'être heureux consiste à profiter de ce qu'on a et à s'en contenter. La vie humaine est courte et exposée à mille vicissitudes; celui qui reconnaît cette vérité se contentera d'une fortune médiocre et ne demandera que le nécessaire pour être heureux (Fr. 41). Ce dont le corps a besoin est facile à acquérir; ce qui ne peut être acquis qu'avec des peines et des difficultés est un besoin imaginaire[3]. Nos besoins augmentent avec nos désirs; l'insatiabilité est pire que l'extrême pauvreté (Fr. 66-68). Celui

dont la situation est plus brillante, mais à ceux dont la situation est pire que la sienne : on arrive ainsi facilement ἐπὶ τοῖσι δυνατοῖσι ἔχειν τὴν γνώμην καὶ τοῖσι παρεοῦσι ἀρκέεσθαι. Fr. 118 : Celui qui entreprend allègrement de bonnes actions est content et exempt de souci; celui qui agit injustement est tourmenté par la peur et par le souvenir de sa conduite. Fr. 92 : τὸν εὐθυμέεσθαι μέλλοντα χρὴ μὴ πολλὰ πρήσσειν μήτε ἰδίῃ μήτε ξυνῇ, μηδὲ ἅσσ' ἂν πρήσσῃ ὑπέρ τε δύναμιν αἱρέεσθαι τὴν ἑωυτοῦ καὶ φύσιν, etc. ἡ γὰρ εὐογκίη ἀσφαλέστερον τῆς μεγαλογκίης. Cf. M. AURÈLE, IV, 24 : « Ὀλίγα πρῆσσε » φησίν (nous ne savons pas qui) « εἰ μέλλεις εὐθυμήσειν ».

1. Fr. 13 : οἱ θεοὶ τοῖσι ἀνθρώποισι διδοῦσι τἀγαθὰ πάντα καὶ πάλαι καὶ νῦν, πλὴν ὁπόσα βλαβερὰ καὶ ἀνωφελέα. τάδε δ' οὐ πάλαι οὔτε νῦν θεοὶ ἀνθρώποισι δωρέονται ἀλλ' αὐτοὶ τοῖσδεσι ἐμπελάζουσι διὰ νόου τυφλότητα καὶ ἀγνωμοσύνην. Fr. 11. Fr. 12 : ἀπ' ὧν ἡμῖν τἀγαθὰ γίνεται, ἀπὸ τῶν αὐτέων καὶ τὰ κακὰ ἐπαυρισκοίμεθ' ἄν· τῶν δὲ κακῶν ἐκτὸς εἴημεν (nous pourrions en rester exempts). Cf. fr. 96 : C'est l'homme lui-même qui est la cause de la plupart de ses maux. Fr. 14, voy. sup., p. 789, 4.

2. Fr. 45 : τοῖσι ὁ τρόπος ἐστὶ εὔτακτος, τουτέοισι καὶ βίος ξυντέτακται.

3. Fr. 22, cf. 23 et 28 : τὸ χρῆζον οἶδε, ὁκόσον (peut-être — ων) χρῄζει, ὁ δὲ χρῄζων οὐ γινώσκει. J'ai fait jadis rapporter le neutre τὸ χρῆζον au corps, et je crois cela possible aujourd'hui encore, mais je dois convenir que l'interprétation de LORTZING (p. 23), d'après laquelle τὸ χρῆζον désigne l'animal et ὁ χρῄζων l'homme, présente un sens satisfaisant.

qui désire peu sera heureux de peu ; celui dont les désirs sont bornés sera riche de peu[1]. Qui veut trop avoir perd même ce qu'il a, comme le chien de la fable (Fr. 24). L'excès change le plaisir en déplaisir (37), tandis que la modération augmente la jouissance (35, 34), et procure un contentement indépendant de la fortune (36). Celui-là est un insensé qui désire ce qui lui manque et dédaigne ce qu'il a à sa disposition (31) : l'homme intelligent se réjouit de ce qu'il a et ne s'afflige pas de ce qu'il n'a pas [2]. Le mieux est donc de rester toujours dans la juste mesure : trop et trop peu sont un mal[3]. Se vaincre soi-même est la plus belle victoire (Fr. 75); celui qui triomphe de ses désirs est aussi vaillant que celui qui triomphe de ses ennemis (76). Combattre la colère est difficile, mais l'homme raisonnable en deviendra le maître (77). Être bien disposé dans le malheur est quelque chose de grand (73), mais la raison peut dominer le chagrin (74).

Les plaisirs des sens sont courts, entraînent beaucoup d'ennuis et ne calment pas nos désirs[4]; les biens de l'âme seuls donnent le vrai bonheur et le contentement intérieur[5]. La richesse acquise par l'injustice est un mal[6]; la culture intellectuelle vaut mieux que la richesse[7]; nulle puissance et nuls trésors ne valent l'accroissement de nos connaissances[8]. Démocrite demande donc que non seule-

---

1. Fr. 24, cf. 26, 27, 35 sq. ; cf. fr. 40, sur les avantages de la pauvreté, qu n'a à redouter ni jalousie ni embûches.
2. Fr. 29, cf. 42.
3. Fr. 25 : καλὸν ἐπὶ παντὶ τὸ ἴσον, ὑπερβολὴ δὲ καὶ ἔλλειψις οὔ μοι δοκέει. Cf. fr. 33.
4. Fr. 47, cf. 46, 48.
5. Voy. sup., 828, 8; 829, 1.
6. Fr. 61, cf 62-64.
7. Fr. 136. LORTZING, 23, rapporte avec assez de vraisemblance à cette pensée le fr. 18 (STOB., Florit., 4, 71), du moins dans le cas où les εἴδωλα ἐσθῆτι (telle est la leçon de MEINEKE, au lieu d'αἰσθητικα) καὶ κόσμῳ διαπρεπέα πρὸς θεωρίην, ἀλλὰ καρδίῃ κενεά désignent le vide réel de l'homme qui brille extérieurement.
8. DIONYS. (ap. EUS., Pr. ev., XIV, 27, 3) : Δημόκριτος γοῦν αὐτός, ὥς φασιν, ἔλεγε βούλεσθαι μᾶλλον μίαν εὑρεῖν αἰτιολογίαν, ἢ τὴν Περσῶν οἱ βασιλείαν γενέσθαι.

ment nos actions et nos paroles¹, mais encore notre volonté² soient pures de toute injustice, que l'on fasse le bien, non par force, mais par conviction (Fr. 135), pour lui-même et non par espoir d'une récompense³, que l'on s'abstienne du mal, non par crainte, mais par sentiment du devoir (117), que l'on rougisse plus devant soi-même que devant tout autre, et que l'on évite tout acte injuste sans se demander si personne ne doit le savoir ou si tout le monde le saura⁴. Il déclare que celui-là seul plaît aux dieux qui hait l'injustice⁵, qu'une bonne conscience donne seule la tranquillité de l'âme (Fr. 111), et que l'on est plus malheureux en faisant le mal qu'en le subissant (224). Il loue la sagesse qui nous procure les trois biens suprêmes : bien penser, bien parler et bien agir⁶. Il regarde l'ignorance comme la source de toutes les fautes⁷. Il recommande l'instruction et l'exercice comme le moyen indispensable du perfectionnement⁸. Il exhorte l'homme à se garder de l'envie et de la jalousie⁹, de l'avarice¹⁰ et des autres défauts.

Ainsi tout ce que Démocrite a écrit sur l'éthique nous

---

1. Fr. 103, 106, 97, 99.
2. Fr. 109 : ἀγαθὸν οὐ τὸ μὴ ἀδικέειν, ἀλλὰ τὸ μηδὲ ἐθέλειν (cf. fr. 110, 171).
3. Fr. 160 : χαριστικὸς (bienfaisant) οὐχ ὁ βλέπων πρὸς τὴν ἀμοιβήν, ἀλλ' ὁ εὖ δρᾶν προῃρημένος.
4. Fr. 98, 100, 101.
5. Fr. 107, cf. 242.
6. D'après Diogène, IX, 46. Suidas; Τριτογ. (cf. Schol. Bekker. in Il., Θ, 39. Eustathe, ad Il., Θ, p. 696, 37 Rom. Tzetz., ad Lycophr., V, 519. Mullach, p. 119 sq.), Démocrite avait composé un ouvrage intitulé Τριτογένεια, dans lequel il disait que la Pallas d'Homère et son surnom indiquaient l'intelligence, ὅτι τρία γίγνεται ἐξ αὐτῆς, ἃ πάντα τὰ ἀνθρώπινα συνέχει, savoir le εὖ λογίζεσθαι, le λέγειν καλῶς, le ὀρθῶς πράττειν. Lortzing (p. 5) pense que cet écrit est apocryphe, ce qui ne me paraît pas impossible; cependant cette interprétation allégorique ne me semble pas dépasser celles qui sont d'ailleurs attribuées à Démocrite et à ses contemporains (cf. p. 802, 4 ; 806, 2, p. 755, 4 et 913 ; III⁰ part., a, 321, 3ᵉ éd.). Son symbolisme diffère de celui des Stoïciens. D'ailleurs cette interprétation allégorique ne constitue pas nécessairement le fond de l'ouvrage ; elle peut avoir simplement servi d'introduction à des considérations morales.
7. Fr. 116 : ἁμαρτίης αἰτίη ἡ ἀμαθίη τοῦ κρέσσονος.
8. Fr. 130-134 ; 115, cf. 85 sq., 235 sq.
9. Fr. 30, 230, 147, 167 sq.
10. Fr. 68-70.

révèle un homme d'une grande expérience, un fin observateur, un moraliste sérieux et professant des principes purs.

Ses assertions relatives à la vie sociale présentent également ces caractères. Il sait, lui aussi, parfaitement apprécier l'amitié, ce sentiment dont l'éthique grecque est si vivement pénétrée. Celui, dit-il, qui n'a pas un honnête homme pour ami n'est pas digne de vivre[1]. L'amitié d'un seul homme raisonnable vaut mieux que celle de tous les insensés (163). Mais, pour être aimé, il faut aimer de son côté (174), et cet amour n'est moral que quand il n'est souillé d'aucune passion défendue[2].

De même Démocrite reconnaît la nécessité de l'existence de l'État. Sans doute, il déclare que le sage doit pouvoir vivre dans tous les pays, que le monde entier est la patrie d'une âme bien trempée[3]; mais il dit en même temps que rien n'est préférable à un bon gouvernement, car le gouvernement embrasse tout : s'il se maintient, tout est maintenu; s'il tombe, tout périt[4]. Il trouve la pénurie de l'État pire que celle des particuliers[5]. Il aime mieux vivre pauvre et libre dans une démocratie, que riche et dépendant dans une oligarchie (Fr. 211). Il reconnaît que la concorde engendre seule de grandes choses (Fr. 199), que la guerre civile est toujours un mal (200). Il voit dans la loi une bienfaitrice des hommes (187); il demande que les meilleurs gouvernent (191-194), que l'on obéisse à

---

1. Fr. 162, cf. 166.
2. Fr. 4 : δίκαιος ἔρως ἀνυβρίστως ἐφίεσθαι τῶν καλῶν, ce que MULLACH me semble avoir mal compris.
3. Fr. 225 : ἀνδρὶ σοφῷ πᾶσα γῆ βατή· ψυχῆς γὰρ ἀγαθῆς πατρὶς ὁ ξύμπας κόσμος.
4. Fr. 212 : τὰ κατὰ τὴν πόλιν χρεὼν τῶν λοιπῶν μέγιστα ἡγεῖσθαι ὅκως ἄξεται εὖ, μήτε φιλονεικέοντα παρὰ τὸ ἐπιεικὲς μήτε ἰσχὺν ἑωυτῷ περιτιθέμενον παρὰ τὸ χρηστὸν τοῦ ξυνοῦ. πόλις γὰρ εὖ ἀγομένη μεγίστη ὄρθωσις ἐστι· καὶ ἐν τούτῳ πάντα ἔνι, καὶ τούτου σωζομένου πάντα σώζεται, καὶ τούτου φθειρομένου τὰ πάντα διαφθείρεται. PLUT., Adv. Col., 32, 2, p. 1126 : Δημόκρ. μὲν παραινεῖ τήν τε πολιτικὴν τέχνην μεγίστην οὖσαν ἐκδιδάσκεσθαι καὶ τοὺς πόνους διώκειν, ἀφ' ὧν τὰ μεγάλα καὶ λαμπρὰ γίνονται τοῖς ἀνθρώποις; cf. LORTZING, p. 16.
5. Fr. 43 : ἀπορίη ξυνὴ τῆς ἑκάστου χαλεπωτέρη· οὐ γὰρ ὑπολείπεται ἐλπὶς ἐπικουρίης.

l'autorité et à la loi (189, sq. 197), que l'on se dévoue au bien public (212), que tous soient prêts à se soutenir les uns les autres (215), et il déplore un état de choses où l'autorité juste n'est pas suffisamment protégée, où les méchants trouvent la facilité d'abuser du pouvoir [1], où la participation aux affaires publiques expose les citoyens à des dangers et des dommages [2].

Sur ces questions Démocrite est d'accord avec les meilleurs esprits de son époque [3]. Ses idées sur le mariage lui sont plus particulières, mais ce qu'elles ont de surprenant n'est pas précisément ce qu'on aurait attendu de son matérialisme et de son apparent eudémonisme. Sans doute, pas plus que ses contemporains, il n'envisage le mariage à un point de vue moral et élevé, mais ce qui le choque dans cette union, ce n'est pas le côté moral, c'est le côté matériel. Il éprouve de la répulsion pour les relations sexuelles, parce que la conscience de soi y est dominée par le plaisir et que l'homme s'y abandonne à une grossière excitation des sens [4]; il tient d'ailleurs le sexe féminin en médiocre estime [5]; enfin il souhaite de n'avoir point d'enfants, parce que leur éducation nous empêche de nous livrer à des travaux plus nécessaires et que le succès de cette éducation est incertain. S'il reconnaît que l'amour

---

1. Fr. 205, où le texte n'est pas parfaitement correct; fr. 214.
2. C'est ainsi que je comprends le fr. 213 : τοῖσι χρηστοῖσι οὐ ξυμφέρον ἀμελέοντα; τοῖσι (τῶν) ἑωυτῶν ἄλλα πρήσσειν, etc.; car s'il fallait prendre ce fragment dans un sens absolu, cette exhortation à s'abstenir de l'activité politique ne concorderait pas avec les autres principes de Démocrite. Cf. aussi le fr. 195.
3. ÉPIPHANE (Exp. fid., 1088 a) se méprend évidemment quand il dit de Démocrite qu'il rejetait le droit positif et ne reconnaissait que le droit naturel; qu'il considérait les lois comme une pernicieuse invention et disait que le sage ne doit pas leur obéir, mais vivre libre. Une exégèse pareille à celle des temps postérieurs a fort bien pu trouver déjà dans la proposition citée p. 772, 1, la doctrine de l'opposition générale de νόμος et de φύσις, encore bien que cette proposition ne se rapporte pas aux lois civiles.
4. Fr. 50 : ξυνουσίη ἀποπληξίη σμικρή· ἐξέσσυται γὰρ ἄνθρωπος ἐξ ἀνθρώπου (à quoi il faut vraisemblablement ajouter : καὶ ἀποσπᾶται πληγῇ τινι μεριζόμενος; cf. LORTZING, 21 sq.). Fr. 49 : ξυόμενοι ἄνθρωποι ἥδονται καί σφι γίνεται ἅπερ τοῖσι ἀφροδισιάζουσι.
. Fr. 175, 177, 179

des enfants est un sentiment général et naturel; il conseille
cependant d'adopter des enfants étrangers, que l'on peut
choisir à sa guise, plutôt que d'en procréer soi-même
sans savoir s'ils réussiront ou non, puisque le hasard seul
en décide[1]. Si nous trouvons ces idées bornées et défectueuses, nous n'avons cependant pas le droit de les invoquer pour élever, contre les principes moraux de Démocrite en général, des reproches que nous n'adressons ni
à Platon, malgré sa théorie de la communauté des femmes,
ni aux défenseurs chrétiens de la vie ascétique.

Une autre question se présente maintenant. Démocrite
a-t-il rattaché son éthique à ses doctrines scientifiques de
telle façon que nous puissions la considérer comme une
partie essentielle de son système ?

A cette question je crois devoir répondre négativement.
Sans doute il existe entre l'éthique et la philosophie scientifique de Démocrite une certaine liaison : la doctrine de la
supériorité de la raison sur la perception des sens devait
disposer ce philosophe à attribuer de même, dans le domaine moral, une valeur médiocre aux apparences extérieures; la croyance à l'ordre immuable du cours de la
nature devait éveiller en lui la conviction que le meilleur
parti à prendre, c'est de se soumettre à cet ordre sans plainte
et sans mécontentement. Mais Démocrite, autant que nous
en sommes informés, n'a fait que peu de chose pour mettre
cette liaison en évidence. Il n'a pas de vues générales sur
l'essence de l'activité morale, il a simplement exposé une
série d'observations particulières et de règles de conduite,
inspirées sans doute par une disposition morale et une
pensée communes, mais non reliées entre elles par des

---

[1]. Fr. 184-188. Théodoret (*Cur. Gr. aff.*, XII, 74) reproche à Démocrite de ne
vouloir entendre parler ni de mariage ni d'enfants, parce que femme et enfants
dérangent son eudémonisme. Mais Théodoret commet ici une méprise : les ἀχθία
que Démocrite redoute se rapportent au chagrin causé par les enfants qui ne
prospèrent pas. Théodoret a puisé son assertion dans Clément (*Strom.*, II,
421 c), lequel ne s'exprime pas d'une façon aussi nette.

concepts scientifiques déterminés. Entre sa physique et ses principes moraux le lien est si faible, que ces derniers auraient pu tout aussi bien être énoncés par un moraliste auquel la théorie atomistique eût été complètement étrangère. C'est pourquoi l'éthique de Démocrite est certes fort remarquable et fort précieuse en elle-même, et nous sommes disposé à y trouver la preuve de ce développement progressif de la réflexion morale, qui se manifeste à la même époque dans la sophistique et dans les doctrines de Socrate; mais nous ne pouvons y voir qu'une œuvre accessoire, laquelle ne peut guère servir à l'appréciation du système philosophique de Démocrite.

IDÉES RELIGIEUSES. — Il en est de même des opinions religieuses de Démocrite[1]. Il est clair qu'il ne pouvait partager les croyances religieuses de sa nation. Le divin, au sens vrai du mot, l'être éternel, dont tout dépend, est, à ses yeux, la nature, ou, pour parler plus exactement, l'ensemble des atomes se mouvant en vertu de leur pesanteur et formant le monde. Si dans le langage populaire on remplace les atomes par les dieux, ce n'est là, pour Démocrite, qu'une question de mots[2]. Démocrite semble avoir en outre, par dérivation, désigné comme divin l'élément psychique et raisonnable subsistant dans le monde et dans l'homme, mais simplement pour signifier que cet élément est la substance la plus parfaite, la source de la vie et de la pensée[3]. Peut-être aussi a-t-il appelé les astres des dieux, parce qu'ils sont le siège principal de ce feu divin[4]; et

---

1. Cf., avec ce qui suit, KRISCHE, *Forschungen*, 146 sqq.
2. *Fr. mor.*, 13 (voy. sup., 829, 2). De même, *Fr. mor.*, 107 : μοῦνοι θεοφιλέες, ὅσοισι ἐχθρὸν τὸ ἀδικέειν. *Fr. mor.*, 250 : θείου νόου τὸ ἀεὶ διαλογίζεσθαι καλόν. Dans la citation faite p. 817, 5, la mention des dieux, comme nous l'avons montré, n'appartient pas à Démocrite lui-même; en tout cas, il aurait toujours pu en parler d'une façon hypothétique.
3. Cf. p. 813 sq.
4. TERTULLIEN, *ad Nat.*, II, 2 : *cum reliquo igni superno Deos ortos Democritus suspicatur*; ce qui paraît devoir être rapporté à l'origine des astres (voy. sup., p. 799); on aurait tort de songer, à ce propos, aux êtres dont nous allons

quand même il leur aurait, pour ce motif, accordé aussi la raison, cette assertion ne serait pas contraire aux données de son système. Mais, dans les dieux de la croyance populaire, il ne pouvait voir que des créations de l'imagination, lesquelles, selon lui, représentaient originairement certains concepts physiques ou moraux. Ainsi Zeus représentait la région supérieure de l'air, Pallas la sagesse, etc. Plus tard ces figures poétiques ont été transformées par erreur en êtres personnels existant réellement[1]. Démocrite trouvait l'origine de ces croyances populaires, soit dans l'impression que les phénomènes extraordinaires de la nature, les orages, les comètes, les éclipses du soleil et de la lune produisent sur l'homme[2], soit aussi dans certains phénomènes réels, mais mal interprétés.

En effet, quelque indépendance qu'il manifeste à l'égard de la foi populaire, il ne peut cependant se résoudre à traiter de simple illusion tout ce que l'on racontait au sujet des apparitions des êtres supérieurs et de leur intervention dans les affaires humaines : d'après sa théorie sensualiste de la connaissance, il lui semblait plus logique de les attribuer à des impressions extérieures réelles. Il admettait donc qu'il existe dans l'air certains êtres[3] qui, sem-

---

parler et qui sont les sources des εἴδωλα. L'interprétation de l'ambroisie que nous avons indiquée, p. 802, 4, montre également que Démocrite traitait les astres des divinités.

1. CLÉMENT, Cohort., 45 b (cf. Strom., V, 598 b, et, en ce qui concerne le texte, MULLACH, 359 ; BURCHARD, Democr. de sens. phil., 9 : PAPENCORDT, 72) : δοιν οὐκ ἀπεικότως ὁ Δημόκριτος τῶν λογίων ἀνθρώπων ὀλίγους φησὶν ἀνατείνοντας τὰς χεῖρας ἐνταῦθα ὃν νῦν ἠέρα καλέομεν οἱ Ἕλληνες πάντα (ceci parait inexact, bien que Clément ait sans doute trouvé cette leçon dans son exemplaire ; peut-être faut-il lire πάντες, ou mieux πατέρα) Δία μυθέεσθαι, καὶ (il semble qu'il faille ici suppléer ὡς ou νομίζειν ὡς) πάντα οὗτος οἶδεν καὶ διδοῖ καὶ ἀφαιρέεται καὶ βασιλεὺς οὗτος τῶν πάντων. Sur Pallas, voy. p. 831, 6.

2. SEXT., Math., IX, 24 : Démocrite est au nombre de ceux qui font dériver la croyance aux dieux des phénomènes extraordinaires de la nature : ὁρῶντες γάρ, φησι, τὰ ἐν τοῖς μετεώροις παθήματα οἱ παλαιοὶ τῶν ἀνθρώπων, καθάπερ βροντὰς καὶ ἀστραπὰς κεραυνούς τε καὶ ἄστρων συνόδους (les comètes, voy. sup., 803, 3, KRISCHE, 147) ἡλίου τε καὶ σελήνης ἐκλείψεις ἐδειματοῦντο, θεοὺς οἰόμενοι τούτων αἰτίους εἶναι.

3. SEXT., Math., IX, 19 : Δημόκριτος δὲ εἴδωλά τινά φησιν ἐμπελάζειν τοῖς ἀνθρώποις καὶ τούτων τὰ μὲν εἶναι ἀγαθοποιά, τὰ δὲ κακοποιά. ἔνθεν καὶ εὔχεται

837 blables aux hommes par la forme, lui sont supérieurs quant à la taille, la force et la durée. Ces êtres se manifestent en tant que les émanations et les images qui se dégagent d'eux se répandant souvent à une grande distance, viennent frapper l'ouïe et la vue des hommes et des animaux. On les a considérés comme des dieux, quoique en réalité ils ne soient ni divins ni immortels; leur existence est seulement plus longue que celle des hommes.

εὐλόγχων (c'est ainsi que je lis avec Krische (p. 154), Burchard (l. c.), etc., au lieu de εὐλόγω, à cause des textes qui vont être cités) τυχεῖν εἰδώλων. εἶναι δὲ ταῦτα μεγάλα τε καὶ ὑπερμεγέθη καὶ δύσφθαρτα μὲν, οὐκ ἄφθαρτα δὲ, προσημαίνειν τε τὰ μέλλοντα τοῖς ἀνθρώποις, θεωρούμενα καὶ φωνὰς ἀφιέντα. (Jusqu'ici les termes sont presque identiques à ceux du commentaire anonyme ad Arist., De divin. p. s. après Simpl., De anima, p. 148, mil., Ald. : Themistius, à propos du même écrit, p. 295 Sp.), s'exprime d'une façon analogue. Tous deux donnent εὐλόγχων au lieu d'εὐλόγων, et suppriment devant ὑπερμεγέθη les mots μεγάλα τε καί, qui probablement sont une simple glose) ὅθεν τούτων αὐτῶν φαντασίαν λαβόντες οἱ παλαιοὶ ὑπενόησαν εἶναι θεὸν μηθινὸς ἄλλου παρὰ ταῦτα ὄντος θεοῦ τοῦ ἄφθαρτον φύσιν ἔχοντος. Cf. § 42 : τὸ δὲ εἴδωλα εἶναι ἐν τῷ περιέχοντι ὑπερφυῆ καὶ ἀνθρωποειδεῖς ἔχοντα μορφὰς, καὶ καθόλου τοιαῦτα ὁποῖα βούλεται αὐτῷ ἀναπλάττειν Δημόκριτος, παντελῶς ἐστι δυσπαράδεκτον. Plut., Æmil. P., c. 1 : Δημόκριτος μὲν γὰρ εὔχεσθαί φησι δεῖν ὅπως εὐλόγχων εἰδώλων τυγχάνωμεν, καὶ τὰ σύμφυλα καὶ τὰ χρηστὰ μᾶλλον ἡμῖν ἐκ τοῦ περιέχοντος, ἢ τὰ φαῦλα καὶ τὰ σκαιὰ, συμφέρηται. Def. orac., c. 7 : ἔτι δὲ Δημόκριτος, εὐχόμενος· εὐλόγχων εἰδώλων τυγχάνειν, δῆλος ἦν ἕτερα δυστράπελα καὶ μοχθηρὰς γινώσκων ἔχοντα προαιρέσεις τινὰς καὶ ὁρμάς. Cicéron (qui mentionne aussi cette opinion, Divin., II, 58, 120) dit (N. D., I, 12, 29) : Democritus, qui tum imagines earumque circuitus in Deorum numero refert, tum illam naturam, quæ imagines fundat ac mittat, tum scientiam intelligentiamque nostram (voy. p. 813 sq.). Ibid., 43, 120 : Tum enim censet imagines divinitate præditas inesse in universitate rerum, tum principia mentis, quæ sunt in eodem universo, Deos esse dicit; tum animantes imagines, quæ vel prodesse nobis soleant vel nocere, tum ingentes quasdam imagines tantasque, ut universum mundum complectantur extrinsecus. (Cette dernière assertion est certainement une altération de la doctrine de Démocrite, altération causée par le περιέχον mentionné également par Sextus et Plutarque; d'ailleurs il ne faut pas oublier que dans les deux textes de Cicéron nous entendons parler un Épicurien qui mêle aux opinions de Démocrite le plus d'absurdités et de contradictions possible, afin de pouvoir les ridiculiser plus facilement). Clément, Strom., V, 590 c : τὰ γὰρ αὐτὰ (Δημόκρ.) πεποίηκεν εἴδωλα τοῖς ἀνθρώποις προσπίπτοντα καὶ τοῖς ἀλόγοις ζῴοις ἀπὸ τῆς θείας οὐσίας, où la θεία οὐσία désigne précisément la natura quæ imagines fundat, les êtres qui sont la source des idoles. Cf. Clém., Cohort., 43 d (les atomes, le vide et les idoles sont les principes de Démocrite) et Krische, 150, 1. Max. de Tyr, Diss., XVII, 5 : d'après Démocrite, la divinité est ὁμοπαθές (sc. ἡμῖν, par conséquent semblable aux hommes). L'assertion de Pline (H. n., II, 7, 14) suivant laquelle Démocrite admettait deux divinités, Pœna et Beneficium, vient d'une méprise relative à ce que disait Démocrite sur la nature bienfaisante ou malfaisante des dieux; peut-être un écrit apocryphe a-t-il également contribué à cette erreur. Irénée (Adv. hær., II, 14, 3) confond même les idoles atomistiques avec les idées de Platon. Cf., à ce sujet, la doctrine d'Épicure (III° part., a, 429 sqq.; 3° éd.).

Démocrite pensait en outre que ces êtres et leurs images étaient, les uns bienfaisants, les autres malfaisants ; c'est pourquoi on raconte qu'il exprima le souhait de rencontrer des idoles favorables. C'est de la même source qu'il dérivait les présages et les prédictions : il croyait que les *idoles* nous instruisent des intentions de ceux dont elles émanent comme de ce qui se passe dans les autres parties du monde[1]. En somme nous retrouvons là les démons de la croyance populaire[2], et Démocrite peut être regardé comme le premier qui, pour concilier la philosophie et la religion populaire, ait eu recours à ce moyen tant employé dans les temps postérieurs, qui consistait à ne plus voir dans les dieux du polythéisme que de simples démons. A côté de cette interprétation physique de la croyance aux dieux, on cite de Démocrite certaines paroles attestant qu'il attache aussi à cette croyance une valeur morale[3]. Il n'eût jamais pu s'attribuer le droit de se mettre en contradiction avec la religion existante et avec l'ordre de choses établi ; et on peut vraisemblablement appliquer à lui-même ce qui est affirmé de ses partisans, peut-être uniquement à cause des Épicuriens, savoir qu'ils prenaient part[4] aux cérémonies traditionnelles du culte. Au point de vue hellénique cette conduite n'a rien d'étrange, même quand on professe les opinions de Démocrite.

PRONOSTICS ET MAGIE. — INSPIRATION. — Nous devons signaler quelques autres idées où Démocrite se conforme de même aux croyances populaires plutôt qu'à son sys-

---

1. Cf. 839, 1.
2. Les démons, eux aussi, étaient regardés comme doués d'une longue vie, mais non comme éternels ; cf., entre autres, PLUTARQUE, *Def. orac.*, c. 11, 16 sq., p. 415, 418 ; et voy. *sup.*, p. 710, 2 ; 729, 3.
3. *Fr. mor.*, 107 ; voy. *sup.*, 835, 2. On peut aussi citer, à ce propos, le fr. 242 : χρὴ τὴν μὲν εὐσέβειαν φανερῶς ἐνδείκνυσθαι, τῆς δὲ ἀληθείας θαρροῦντως προΐστασθαι. Toutefois ce langage, selon l'observation de Lortzing (p. 15), n'est pas précisément celui de Démocrite.
4. ORIGÈNE, *c. Cels.*, VII, 66.

tème scientifique, bien que dans la suite il ait cherché à concilier ces idées avec son système. Indépendamment de ce que nous venons de dire sur les apparitions d'êtres surhumains, Démocrite croit, d'une manière générale, aux songes prophétiques, et il cherche à les expliquer également par la théorie des images. Si les songes, d'une manière générale (c'est ainsi que nous devons comprendre l'opinion de Démocrite), viennent de ce fait que l'on est hanté dans le sommeil par des images émanant de toute espèce de choses, il peut aussi arriver que ces images, semblables en cela aux paroles et aux gestes que nous percevons quand nous sommes éveillés, reflètent les états d'âme, les idées et les intentions d'autres personnes ; et ainsi se produisent des songes qui nous révèlent mainte chose cachée : mais ces songes ne méritent pas une confiance absolue, parce que, d'une part, toutes les images ne sont pas également fortes et nettes, et que, d'autre part, elles sont sujettes à des altérations plus ou moins grandes selon l'état de l'air [1].

De même la théorie des images et des émanations est employée à justifier la superstition, si répandue en Grèce aujourd'hui encore, de l'influence du mauvais œil. Les yeux des gens envieux émettent des images qui, portant avec

---

1. Plut. (*Qu. conv.*, VIII, 10, 2) : φησὶ Δημόκριτος ἐγκαταδύσσουσθαι τὰ εἴδωλα διὰ τῶν πόρων εἰς τὰ σώματα καὶ ποιεῖν τὰς κατὰ τὸν ὕπνον ὄψεις ἐπαναφερόμενα· φοιτᾶν δὲ ταῦτα πανταχόθεν ἀπιόντα καὶ σκευῶν καὶ ἱματίων καὶ φυτῶν μάλιστα δὲ ζῴων ὑπὸ σάλου πολλοῦ καὶ θερμότητος, οὐ μόνον ἔχοντα μορφοειδεῖς τοῦ σώματος ἐκμεμαγμένας ὁμοιότητας... ἀλλὰ καὶ τῶν κατὰ ψυχὴν κινημάτων καὶ βουλευμάτων ἑκάστῳ καὶ ἠθῶν καὶ παθῶν ἐμφάσεις ἀναλαμβάνοντα συνεφέλκεσθαι, καὶ προσπίπτοντα μετὰ τούτων ὥσπερ ἔμψυχα φράζειν καὶ διαστέλλειν τοῖς ὑποδεχομένοις τὰς τῶν μεθιέντων αὐτὰ δόξας καὶ διαλογισμοὺς καὶ ὁρμὰς, ὅταν ἐνάρθρους καὶ ἀσυγχύτους φυλάττοντα προσμίξῃ τὰς εἰκόνας. τοῦτο δὲ μάλιστα ποιεῖ δι' ἀέρος λείου τῆς φορᾶς γινομένης, ἀκωλύτου καὶ ταχείας. ὁ δὲ φθινοπωρινὸς, ἐν ᾧ φυλλορροεῖ τὰ δένδρα, πολλὴν ἀνωμαλίαν ἔχων καὶ τραχύτητα, διαστρέφει καὶ παρατρέπει πολλαχῇ τὰ εἴδωλα καὶ τὸ ἐναργὲς αὐτῶν ἐξίτηλον καὶ ἀσθενὲς ποιεῖ τῇ βραδυτῆτι τῆς πορείας ἀμαυρούμενον, ὥσπερ αὖ πάλιν πρὸς ὀργώντων καὶ διακπιομένων ἐκθρώσκοντα πολλὰ καὶ ταχὺ κομιζόμενα τὰς ἐμφάσεις νοερὰς καὶ σημαντικὰς ἀποδίδωσιν. C'est à ces doctrines que se rapportent les textes : Arist., *De divin.* p. s., c. 2, 464 a, 5; 11; Plut., *Plac.*, V, 2; Cic., *Divin.*, I, 3, 5.

elles quelque chose de leurs sentiments, tourmentent les personnes en qui elles se logent[1].

Démocrite approuvait également l'inspection des entrailles des victimes et justifiait vraisemblablement cette pratique par des raisons encore plus simples[2].

On ne nous dit pas comment il conciliait avec ses autres doctrines sa croyance à une inspiration divine des poètes[3]. Rien d'ailleurs ne l'empêchait d'admettre que certaines âmes mieux organisées absorbent une plus grande quantité d'images, lesquelles leur communiquent un mouvement plus vif, et qu'en cela consistent le don et les dispositions poétiques.

§ 4. PLACE HISTORIQUE ET IMPORTANCE DE LA THÉORIE ATOMISTIQUE. — LES ATOMISTES POSTÉRIEURS.

ÉTAT DE LA QUESTION. — Le caractère et la place historique de la théorie atomistique ont été appréciés très diversement dans l'antiquité et dans les temps modernes.

Dans les listes antiques, on range constamment les Atomistes parmi les Éléates[4]. Aristote les place d'ordinaire à

---

1. PLUT., *Qu. conv.*, V, 7, 6.
2. CIC., *Divin.*, I, 57, 131 : *Democritus autem censet, sapienter instituisse veteres, ut hostiarum immolatarum inspicerentur exta, quorum ex habitu atque ex colore tum salubritatis tum pestilentiae signa percipi, nonnunquam etiam, quae sit vel sterilitas agrorum vel fertilitas futura.* La restriction de la divination à ces cas démontre déjà qu'il s'agit ici de changements produits dans le corps des victimes par des causes naturelles, et Démocrite nous apparaît ici comme plus sensé que Platon dans le *Timée*, 71.
3. Démocrite *ap.* DION CHRYS., *Or.*, 53 *sub init.* : Ὅμηρος φύσιος λαχὼν θεαζούσης ἐπέων κόσμον ἐτεκτήνατο παντοίων. Id., *ap.* CLÉM. (*Strom.*, VI, 698 b) : ποιητὴς δὲ ἅσσα μὲν ἂν γράφῃ μετ' ἐνθουσιασμοῦ καὶ ἱεροῦ πνεύματος (?) καλὰ κάρτα ἐστί. CIC., *Divin.*, I, 37, 80 : *Negat enim sine furore Democritus quemquam poetam magnum esse posse.*
4. Par exemple par Diogène, Pseudo-Galien, Hippolyte, Simplicius, Suidas, Tzetzès, comme cela résulte, chez les trois premiers, de la place assignée aux Atomistes, et, chez tous, des indications relatives aux maîtres de Leucippe et de Démocrite (voy. sup., p. 760, 2 ; 763, au bas). En se plaçant au même point de vue, PLUTARQUE (*ap.* EUS., *Pr. ev.*, I, 8, 7) place Démocrite immédiatement après Parménide et Zénon ; et l'Épicurien de CICÉRON (*N. D.*, I, 12, 29) le nomme à côté d'Empédocle et de Protagoras, après Parménide.

côté d'Empédocle et d'Anaxagore ; de plus, tantôt il les range, avec ces derniers, parmi les physiciens[1], tantôt il signale leurs rapports avec les Éléates[2].

Parmi les savants modernes, un petit nombre seulement a adopté la classification donnée par les anciens et a fait des Atomistes une seconde branche de l'École éléatique, une école de physiciens éléates[3]. D'ordinaire, ou bien on les range parmi les naturalistes ioniens[4], ou bien on les désigne comme représentant une direction particulière parmi les écoles récentes[5]. Même dans ce dernier cas, leurs rapports avec leurs contemporains et leurs devanciers ne sont pas déterminés de la même manière. Car si l'on s'accorde en général à admettre que la philosophie atomistique s'est proposé de concilier les principes des Éléates avec l'expérience, les opinions divergent sur la question de savoir dans quelle mesure d'autres systèmes ont influé sur cette philosophie, et en particulier quels rapports elle soutient avec les systèmes d'Héraclite, d'Anaxagore et d'Empédocle. Tandis que les uns voient dans l'atomisme l'achèvement de la physique mécanique fondée par Anaximandre[6], d'autres le regardent comme un développement du système d'Héraclite[7], ou, pour parler plus exactement, comme une

---

1. *Metaph.*, I, 4, 985 b, 4.
2. Par exemple, *Gen. et corr.*, I, 8. Voy. sup., 768, 1.
3. Ainsi DEGERANDO (*Gesch. d. phil.*, I, 83 sq. de la traduction de Tennemann) ; TIBERGHIEN (*Sur la génération des connaissances humaines*, p. 176) ; de même MULLACH, 373 sq. AST, lui aussi (*Gesch. d. Phil.*, 88), fait rentrer la théorie atomistique dans la catégorie de l'idéalisme italique, bien que d'ailleurs il la caractérise de la même manière que Tiedemann.
4. REINHOLD (*Gesch. d. Phil.*, I, 49, 53) ; BRANDIS (*Rhein. Mus.*, III, 132, 144. *Gr.-röm. Phil.*, I, 294, 301) ; MARBACH (*Gesch. d. Phil.*, I, 87, 95) ; HERMANN (*Gesch. und System d. Plat.*, I, 152 sqq.).
5. TIEDEMANN (*Geist d. spek. Phil.*, I, 224 sq.) ; BUHLE (*Gesch. d. Phil*, I, 324) ; TENNEMANN (*Gesch. d. Phil.*, I, A, I, 256 sqq.) ; FRIES (*Gesch. d. Phil.*, I, 210) ; HEGEL (*Gesch. d. Phil.*, I, 321 ; 324 sq.) ; BRANISS (*Gesch. d. Phil., seit Kant*, I, 135 ; 139 sqq. Voy. sup., p. 134) ; STRÜMPELL (*Gesch. d. theoret. Phil. d. Gr.*, 69 sqq., voy. p. 167, 1) ; HAYM (*Allg. Enc.*, sect. III, vol. XXIV, 38) ; SCHWEGLER (*Gesch. d. Phil.*, p. 16. *Gesch. d. gr. Phil.*, p. 12, 43) ; UEBERWEG (I, p. 25).
6. HERMANN, *l. c.*
7. HEGEL, I, 324 sqq. : Dans la philosophie des Éléates, dit-il, l'être et le non-être apparaissent comme des contraires ; chez Héraclite, ils sont identiques et

combinaison de certains principes d'Héraclite avec ceux des Éléates, comme une explication du devenir d'Héraclite par l'être des Éléates¹. Wirth place l'atomisme à côté d'Héraclite, en tant qu'Héraclite et l'atomisme ont opposé aux Éléates, l'un la réalité du devenir, l'autre la pluralité des choses². Marbach le rattache, non seulement à Héraclite, mais encore à Anaxagore; Reinhold et Brandis, ainsi que Strümpell, prétendent le dériver d'une double opposition, et contre la doctrine éléatique de l'unité, et contre le dualisme d'Anaxagore³. Enfin Braniss le considère comme le chaînon intermédiaire entre Anaxagore et la sophistique. Avant lui, Schleiermacher⁴ et Ritter⁵ avaient déjà rangé explicitement les Atomistes au nombre des sophistes, en considérant leur doctrine comme un produit dégénéré et sans valeur scientifique de la philosophie d'Anaxagore et de celle d'Empédocle. Cette opinion est la première que nous devions examiner, car elle est la négation de tout ce que nous avons dit sur la place historique de l'atomisme, et elle modifie de fond en comble la conception de l'ensemble du système.

L'Atomisme et la sophistique. — Cette dernière interprétation se fonde, et sur le caractère de Démocrite considéré comme écrivain, et sur le contenu de sa doctrine.

Déjà Ritter trouve beaucoup à blâmer dans l'écrivain⁶.

---

existent au même titre; or l'être et le non-être posés comme objets donnent l'opposition du plein et du vide. Parménide pose comme principe l'être ou l'universel abstrait, Héraclite le processus; c'est à Leucippe qu'appartient la détermination de l'être pour soi. Cf. Wendt, ad Tennemann, I, 322.

1. Haym, l. c.; Schwegler (Gesch. d. Phil., 16) cf. notre première édition I, 212; d'autre part, Schwegler (Gesch. d. griech. Phil., 43) considère l'atomisme comme une réaction de la conception mécanique de la nature contre le dualisme d'Anaxagore.
2. Jahrb. d. Gegenwart, 1844, 722 ; Idee d. Gottheit, p. 162.
3. Ou, comme le veut Brandis, d'Anaxagore et d'Empédocle.
4. Gesch. d. Phil., 72, 74 sq.
5. Gesch. d. Phil.; I, 589 sqq.; l'opinion contraire est soutenue par Brandis (Rhein. Mus., III, 132 sqq.).
6. Gesch. d. Phil., I, 594-597.

Le célèbre début d'un de ses ouvrages¹ est, dit-il, plein d'arrogance ; Démocrite parle avec orgueil de ses voyages et de ses connaissances en mathématiques ; son langage trahit une affectation d'enthousiasme. Même cette observation inoffensive, qu'Anaxagore est son aîné de quarante ans, constitue, aux yeux de Ritter, une comparaison vaniteuse que Démocrite fait de lui-même avec ce philosophe.

A vrai dire, tous ces griefs n'atteignent en rien le caractère du *système* lui-même. Démocrite aurait pu être un homme vaniteux sans que sa doctrine fût pour cette raison une sophistique creuse. Cette doctrine, d'ailleurs, appartient-elle à lui seul ? Certainement non : car bien que son nom ait éclipsé celui de son maître² chez les admirateurs comme chez les adversaires de l'atomisme, depuis Épicure et Lucrèce jusqu'à Lange, il est facile de montrer que les traits fondamentaux de la physique atomistique sont empruntés à Leucippe³. Mais il y a plus : ces reproches,

---

1. *Ap.* SEXT., *Math.*, VII, 265 (lequel voit déjà là une preuve d'orgueil). Cic. (*Acad.*, II, 23, 73) : τάδε λέγω περὶ τῶν ξυμπάντων.

2. D'après DIOGÈNE (X, 7), Épicure refusait le nom de philosophe à Leucippe, dont l'ouvrage lui était peut-être resté tout à fait inconnu (ἀλλ' οὐδὲ Λεύκιππόν τινα γεγενῆσθαί φησι φιλόσοφον); son successeur Hermarchus fait de même, tandis que d'autres membres de l'école le désignaient comme le maître de Démocrite. Lucrèce lui aussi passe son nom sous silence. LANGE le mentionne une seule fois dans les dix-huit pages qu'il consacre à la théorie atomistique, et ajoute cette remarque : une tradition incertaine attribue à Leucippe l'opinion que tout ce qui arrive se produit d'une manière nécessaire. D'ailleurs il s'exprime partout de façon à faire croire à celui qui n'est pas au courant de la question que Démocrite est le seul auteur du système atomistique.

3. Par exemple la réduction de la génération et de la destruction à l'union et à la séparation de substances incréées, la doctrine des atomes et du vide (voy. p. 768, 1 ; 770, 2) ; 773, 2 ; le mouvement éternel des atomes (787, 2) que lui aussi a peut-être dérivé déjà de la seule pesanteur ; la collision des atomes, le mouvement tourbillonnant qui a amené la formation du monde (794, 1) ; les propositions relatives à la forme de la terre, modifiées en partie par Démocrite, l'ordre des astres, l'inclinaison de l'axe terrestre (800, 3 ; 801, 3 ; 802, 5), la nature de l'âme (808, 2). Toutes ces théories démontrent que Leucippe s'était déjà appliqué à la cosmologie et à la doctrine des êtres vivants, bien qu'il n'eût sans doute pas étudié ces questions aussi profondément que son disciple. Quoi qu'il en soit, ce sont précisément les pensées fondamentales de la physique atomistique, ce sont les parties auxquelles LANGE attache la plus grande importance, qui appartiennent déjà à Leucippe, dont Lange fait à peine mention. En parlant de ce philosophe comme il aurait dû le faire, il n'aurait guère amoindri le mérite

pris en eux-mêmes, sont souverainement injustes[1]. Nous ignorons comment Démocrite a été amené à parler de l'intervalle de temps qui le sépare d'Anaxagore ; mais de telles indications n'avaient rien d'extraordinaire dans l'antiquité. Le début du livre de Démocrite est une simple table des matières et rien de plus. Héraclite, Parménide, Empédocle, en parlant d'eux-mêmes, ont montré autant et parfois plus d'orgueil que Démocrite[2]. Enfin le langage de Démocrite est sans doute fleuri et plein de verve, mais il n'est ni artificiel ni affecté. Ce qu'il dit de ses voyages et de ses connaissances en géométrie peut avoir été amené naturellement par la suite des idées[3]. D'ailleurs un homme doit-il être traité de sophiste pour cette raison qu'il se décerne à lui-même, à l'occasion, des éloges auxquels il a droit ?

Mais on prétend que la philosophie atomistique elle-même a un caractère absolument antiphilosophique. En premier lieu, nous dit-on[4], l'on constate chez Démocrite une prédominance exagérée de l'empirisme sur la spéculation, une universalité peu philosophique. En second lieu, sa théorie de la connaissance semble avoir pour unique but de nier la possibilité de la vraie science et de ne laisser subsister que la vaine jouissance de l'érudition. En outre, son système physique manque entièrement d'unité et d'idéalité, le hasard est à ses yeux la loi de la

---

de Démocrite, et il aurait rectifié les idées exagérées qui ont cours sur l'originalité et l'importance de ce dernier.

1. Cf. Brandis, *Rhein. Mus.*, III, 133 sq. ; Marbach, *Gesch. d. Phil.*, I, 87.
2. Voy. Parménide, v. 28 (χρεὼ δέ σε πάντα πυθέσθαι, etc.), v. 33 sqq. ; 45 sqq. (p. 512, 1) ; la citation tirée d'Héraclite, p. 572 sqq. ; Empédocle, v. 24 (424, K., 462, M.) sqq., 352 (389, K., 379, M.) voy. sup., p. 680, au bas. Si l'on doit considérer Démocrite comme un sophiste pour une assertion dans laquelle il ne se montre pas plus présomptueux qu'Hérodote au commencement de son histoire, qu'aurait donc dit Ritter, si Démocrite s'était, à l'exemple d'Empédocle, représenté lui-même comme un dieu vivant parmi les mortels ?
3. Voy. sup., p. 764, au bas, 765, au mil.
4. Schleiermacher, *Gesch. d. Phil.*, 75 sq. ; Ritter, p. 597 sq., 601, 614, sqq., 622-627.

nature; il ne reconnaît ni l'existence d'un Dieu ni l'immatérialité de l'âme. Quatrièmement, il s'écarte de l'esprit de la philosophie hellénique en séparant complètement l'élément mythique de l'élément dialectique. Enfin, sa morale trahit une basse conception de la vie, une tendance à la prudence égoïste et à la poursuite de la seule jouissance.

La plupart de ces reproches se trouvent déjà réfutés par notre exposition ou du moins s'y trouvent déjà ramenés à des proportions bien plus restreintes.

Il est possible que, parmi les nombreuses données empiriques rassemblées par Démocrite, il y en eût beaucoup qu'il était incapable d'expliquer scientifiquement, encore que dans l'explication des détails des phénomènes il ait fait preuve de plus de logique et de plus de profondeur que tous ses prédécesseurs. Mais la plupart des anciens philosophes naturalistes se trouvent dans la même situation, à laquelle on ne saurait d'ailleurs échapper quand on joint la spéculation philosophique à une observation étendue. Devons-nous donc, pour cette raison, le blâmer d'avoir cultivé la science expérimentale, et d'avoir fait effort pour appuyer ses opinions sur une réelle connaissance des choses et tirer de cette connaissance l'explication du détail des phénomènes? Est-ce un défaut et n'est-ce pas plutôt une qualité d'avoir embrassé dans ses recherches un domaine plus vaste que tous ses prédécesseurs et de n'avoir, dans sa curiosité scientifique, négligé ni les petites ni les grandes choses?

Cette ardeur à réunir des observations ne diminuerait sa valeur philosophique que si elle l'avait conduit à négliger et même à rejeter complètement la connaissance rationnelle des choses et à tirer une vaine satisfaction de son érudition. Mais tout ce que nous avons dit jusqu'ici montre combien il est éloigné d'un tel sentiment, quelle supériorité marquée il accorde à la pensée sur la perception des sens, et quelle peine il se donne pour expliquer les phénomènes par leurs causes¹. Si dans cette voie il rencontre des principes qui, selon lui, ne peuvent être ramenés à d'autres plus primordiaux², peut-être pouvons-nous voir là une preuve de l'imperfection de sa théorie³, mais nous ne saurions y découvrir l'élimination sophistique de la question des causes premières. De même, quand la difficulté des recherches scientifiques lui arrache des plaintes sur le néant de la science humaine⁴, il a le droit de n'être pas jugé autrement que ceux de ses prédécesseurs qui ont fait entendre des plaintes semblables, et de n'être pas traité de sophiste sceptique pour des assertions qui ont valu à Xénophane et à Parménide, à Anaxagore et à Héraclite l'éloge d'avoir pratiqué la modestie scientifique.

Enfin, quand on lui reproche d'avoir recommandé la mesure dans la recherche scientifique et d'avoir cherché dans la science une jouissance de l'esprit plutôt que la connaissance de la vérité⁵, ce reproche, d'abord, ne s'accorde guère avec celui de trop donner à l'érudition, qu'on vient de lui adresser; en outre, il y a lieu de s'étonner qu'on ait pu interpréter de cette façon une assertion très innocente et pleine de vérité. Mais quand même il aurait dit — ce qu'il ne dit nullement sous cette forme — qu'il faut rechercher la science pour le bonheur qu'elle procure, en quoi cette opinion différerait-elle de ce que les penseurs les plus célèbres de tous les temps ont cent fois répété? Comment s'en prévaloir pour traiter de vil sophiste un homme qui, avec une rare abnégation, a consacré sa

---

1. Voy. p. 821 sqq.
2. Voy. sup., 188, 3.
3. Avec Ritter, p. 601.
4. Voy. p. 824.
5. Ritter, 626, à cause du *Fr. mor.* 142 : μὴ πάντα ἐπίστασθαι προθύμεο, μὴ [d'après l'exposition de Ritter, on devrait s'attendre à ἐπὶ τῇ πολυμαθίῃ ἀνιγθῇς,] mais le texte dit :] πάντων ἀμαθὴς γίνῃ.

vie entière à la science, et qui, nous dit-on, aurait préféré une seule découverte scientifique à l'empire de la Perse[1]?.

Sans doute la théorie scientifique établie par Leucippe et Démocrite est insuffisante et étroite. Leur système est entièrement matérialiste, il est combiné de façon à n'exiger l'existence que d'un seul être, l'être corporel, et d'une seule force, la pesanteur. Démocrite répudie même explicitement le νοῦς d'Anaxagore[2]. Mais la plupart des anciens systèmes sont matérialistes. L'ancienne école ionienne, Héraclite, Empédocle, ne reconnaissent point d'êtres incorporels, l'être des Éléates n'est autre chose que le plein ou le corps, et c'est précisément la conception éléatique de l'être qui forme la base de la métaphysique atomistique. Ce qui distingue les Atomistes de leurs prédécesseurs, c'est la logique rigoureuse avec laquelle ils ont poussé jusqu'au bout l'explication purement matérialiste et mécanique de la nature. On peut d'autant moins leur en faire un reproche qu'ils n'ont fait que tirer les conséquences des prémisses posées par leurs prédécesseurs, et cela, dans un sens absolument conforme au développement philosophique antérieur. Leur signification historique se trouve donc méconnue, si leur système, étroitement uni comme il l'est à toute l'ancienne philosophie naturaliste, est détaché de cet ensemble et banni comme doctrine sophistique du domaine de la science proprement dite.

On se trompe également quand on prétend, à cause de la doctrine de la multiplicité des atomes, que ce système manque entièrement d'unité. Si le principe n'a pas l'unité du nombre, il a l'unité du concept : en essayant de tout expliquer par la seule opposition du plein et du vide, sans recourir à d'autres hypothèses, il apparaît comme le produit d'une pensée conséquente, ten-

---

1. Voy. *sup.*, p. 830, 8.
2. Diog., IX, 34; cf. 46.

dant à l'unité. Aristote a donc raison de louer précisément la logique du système et l'unité de ses principes, et de le préférer en ce sens à la doctrine moins rigoureuse d'Empédocle[1].

Ce que nous disons ici montre déjà combien on a tort de soutenir que l'atomisme a érigé le hasard en principe souverain; nous avons vu d'ailleurs précédemment qu'une pareille idée est étrangère aux Atomistes[2]. Ce qui est vrai, c'est qu'ils ne connaissent ni causes finales, ni intelligence agissant d'après des vues téléologiques. Ce caractère leur est encore commun avec la plupart des systèmes antérieurs. Non seulement les principes des anciens Ioniens, mais la nécessité créatrice de Parménide et d'Empédocle ne sont, pas plus que la nécessité de Démocrite, des causes intelligentes ; et Aristote ne fait aucune différence, à ce point de vue, entre l'atomisme et les autres systèmes[3]. Blâmerons-nous donc les Atomistes de ce qu'ils ont suivi, sous ce rapport, la direction de la philosophie contemporaine, à laquelle d'ailleurs ils ont donné une forme scientifique achevée en la débarrassant des hypothèses sans fondement et des créations mythiques? Est-il juste d'approuver les anciens quand ils disent que la nécessité de Démocrite n'est autre chose que le pur hasard, alors que l'on critique la même assertion portée sur Empédocle, lequel, en réalité, y prêtait davantage[4]?

Quand on parle de l'athéisme du système atomistique, on ne fait qu'employer une expression différente pour exprimer le même reproche. Mais cet athéisme se retrouve dans d'autres doctrines anciennes, et n'a rien du reste qui prouve une direction sophistique. En tout cas, on

---

1. Voy. à ce propos les textes *De gen. et corr.*, I, 8; I, 2; *De an.*, I, 2, cités p. 768, 1; 771, 4; 790, 3.
2. Voy. p. 788, sqq.
3. Voy. *Phys.*, II, 4; *Metaph.*, I, 3, 984 b, 11; sur Empédocle, voy. particulièrement *Phys.*, VIII, 1, 252 a, 5 sqq.; *Gen. et corr.*, II, 6, 333 b, 9; 334 a.
4. Voy. Ritter, p. 605, cf. 534.

843 ne saurait blâmer Démocrite d'avoir nié les dieux populaires ; que si, d'autre part, il refusait de considérer la croyance aux dieux comme une pure illusion, et s'il cherchait quelque chose de réel comme fondement à cette croyance, cette recherche mérite notre estime, quelque défectueuse que puisse nous paraître la solution avancée. Encore ne faut-il pas exagérer ce dernier blâme. Démocrite, en effet, par son hypothèse des *idoles*[1] fait, à sa manière, ce que beaucoup d'autres ont fait après lui : il proclame que les dieux populaires sont des démons ; et, en procédant ainsi, il se montre fidèle aux principes de son système. En outre, s'il a exclu de son exposition tout élément mythologique, il ne faut pas l'en blâmer, comme fait Schleiermacher : c'est là, tout au contraire, un mérite qu'il partage avec Anaxagore et avec Aristote.

Le système atomistique présente un défaut plus grave, je veux parler de l'absence d'une idée claire de Dieu. Mais la sophistique n'est pas la seule philosophie qui encoure ce reproche. L'ancienne physique ionienne, si elle est conséquente avec elle-même, est obligée de parler des dieux dans le même sens que Démocrite. Parménide lui aussi ne mentionne la divinité que d'une façon mythique. Empédocle n'en parle que par l'effet d'une inconséquence, et ses nombreuses divinités démoniques ne sont pas supérieures à celles de Démocrite. Anaxagore est le premier qui ait séparé l'esprit de la matière ; avant que ce pas fût fait, l'idée nette de la divinité ne pouvait trouver place dans aucun système philosophique. Si donc l'on entend par divinité l'esprit incorporel ou la force organisatrice du monde, séparée de la matière, l'ancienne philosophie tout entière est foncièrement athée ; et si, en fait, elle présente, çà et là, quelques traits religieux, c'est inconséquence ou mode d'exposition, ou bien encore c'est affaire de foi per-

---

1. Voy. sup., p. 838.

sonnelle et non de conviction philosophique. Dès lors, ceux-là sont les meilleurs philosophes, au point de vue scientifique, qui aiment mieux écarter complètement l'idée religieuse que de l'adopter sans démonstration philosophique.

Pour ce qui est de la morale de Démocrite, elle se relie, d'une manière générale, trop peu étroitement au système atomistique pour fournir une base à l'appréciation de ce système. Mais les critiques qu'elle rencontre de la part de Ritter sont également injustes. Sans doute, elle est eudémonistique quant à la forme, en tant qu'elle prend le plaisir et le déplaisir pour mesure de la valeur des actions humaines. Mais, dans tous les systèmes anciens, le bonheur est placé au sommet de l'éthique comme le but suprême de la vie : c'est à peine si Platon fait exception ; et si Démocrite confond à tort le bonheur avec le plaisir, cela peut prouver qu'il n'a pas su donner à la morale un fondement vraiment scientifique, mais cela ne démontre pas qu'il ait eu des sentiments égoïstes[1]. Les principes de Démocrite lui-même sont purs et dignes d'estime, et la critique qu'en fait Ritter est sans portée.

On reproche à Démocrite de n'être pas scrupuleux à l'endroit de la véracité ; mais la sentence que l'on interprète dans ce sens a une tout autre signification[2]. On lui reproche encore d'avoir dépouillé l'amour de la patrie de sa valeur morale et de n'avoir pas su voir le caractère moral du mariage et des liens de famille. Les explications que nous avons données plus haut auront montré que cette critique est, ici, dénuée de fondement, là,

---

1. Socrate lui-même ne sait en général fonder les opérations morales que sur des raisons eudémonistiques.
2. Il s'agit du *Fr. mor.* 125 : ἀληθομυθέειν χρεὼν ὅπου λῷον, lequel signifie évidemment : il est souvent meilleur de se taire que de parler ; c'est la même idée qui, dans le fr. 124, est exprimée de la façon suivante : οἰκήϊον ἐλευθερίης παρρησίη· κίνδυνος δὲ ἡ τοῦ καιροῦ διάγνωσις. D'ailleurs Socrate et Platon disent aussi, comme on sait, que dans certaines circonstances il est permis de mentir.

certainement exagérée. En outre, elle atteindrait, tout aussi bien que Démocrite, d'autres philosophes que personne ne compte parmi les sophistes[1]. Enfin, quand, à propos de son souhait de ne rencontrer que des idoles propices, on s'exprime ainsi : « L'abandon complet de la vie à l'action du hasard est le terme de sa doctrine[2], » un pareil jugement ne peut être que l'effet d'une opinion préconçue. Sans doute ce souhait, pour nous, a quelque chose d'étrange; mais, pris en lui-même et considéré au point de vue atomistique, il est aussi naturel que celui d'avoir des songes agréables ou du beau temps. Nous avons fait voir combien Démocrite était loin de faire dépendre du hasard le bonheur intérieur[3].

D'une manière générale, la comparaison de l'atomisme avec la sophistique repose sur une conception fort vague de la sophistique. On appelle ici sophistique toute manière de philosopher dépourvue du véritable esprit scientifique. Mais tel n'est point le caractère historique de la sophistique. Ce caractère consiste à détourner la pensée de toute recherche objective, à la restreindre à une réflexion purement subjective indifférente à la vérité scientifique, à prétendre que l'homme est la mesure de toutes choses, que toutes nos idées sont de simples phénomènes subjectifs, que tous nos concepts et principes moraux sont des statuts arbitraires[4]. Or aucun de ces traits ne se retrouve chez

---

1. C'est ainsi qu'Anaxagore, sans parler d'autres philosophes cités plus haut, est donné lui aussi comme ayant professé un cosmopolitisme analogue à celui de Démocrite.
2. RITTER, I, 627.
3. Voy. p. 789, 4 ; 828, 1; 821, 2.
4. Pour démontrer la parenté de l'atomisme avec la sophistique, BRANISS fait remarquer (p. 135) qu'il « conçoit l'esprit comme purement subjectif par opposition à l'objectif étendu ». Cela n'est pas exact. Sans doute, à l'exemple des autres systèmes physiques, l'atomisme n'admet pas parmi ses principes objectifs un esprit différent de la matière ; mais on n'a pas le droit de convertir cette proposition négative en une proposition affirmative portant que l'esprit réside exclusivement dans le sujet, car l'atomisme ne reconnait pas plus de principe immatériel au dedans qu'au dehors du sujet. BRANISS (p. 143) appuie son assertion sur les observations suivantes : dans la théorie atomistique, on ne trouve, en face de la nature intelligente, que le sujet en tant qu'esprit, avec la joie que lui donne

les Atomistes, que d'ailleurs personne, parmi les anciens, n'a comptés au nombre des sophistes. Les Atomistes sont des philosophes naturalistes, qu'ARISTOTE lui-même a loués pour leur logique[1], et dont les opinions sont pour lui d'un grand poids[2]. Et en effet, le mérite de leur système, ainsi que son défaut, consiste précisément dans ce fait, qu'ils se sont bornés à une explication toute physique et mécanique de la nature. Nous n'avons donc aucune raison pour séparer l'atomisme des autres systèmes naturalistes, et nous ne pourrons déterminer exactement son rôle historique qu'en lui assignant la place qui lui revient parmi ces systèmes mêmes.

RAPPORTS DE L'ATOMISME AVEC LES DOCTRINES ANTÉRIEURES ET CONTEMPORAINES. — Or nous avons déjà indiqué précédemment quelle est cette place. De même que la physique d'Empédocle, l'atomisme essaye d'expliquer la multiplicité et le changement des choses en prenant comme principes les propositions de Parménide relatives à l'impossibilité du devenir et du périr. Il cherche à échapper aux conséquences du système de Parménide, sans cependant porter atteinte aux principes fondamentaux de ce système. Il veut défendre contre Parménide la vérité relative de l'expérience en renonçant à sa vérité absolue. Il tente de concilier les opinions des Éléates avec le sens commun[3]. Parmi les doctrines antérieures, c'est donc à celle de Parménide qu'il se rattache en premier lieu, et cela de deux manières : directe-

l'explication de la nature ; à la vérité se substitue la tendance subjective vers la vérité (vers la *vérité*, c'est-à-dire vers la connaissance réelle des choses) ; la pensée subjective, s'intéressant en apparence aux choses elles-mêmes, ne s'occupe en réalité que d'elle-même, de ses explications et de ses hypothèses, et croit néanmoins parvenir ainsi à la vérité objective, etc. Mais Braniss pouvait en dire autant de tout système matérialiste, et de plus on peut appliquer à sa thèse les objections faites plus haut contre Ritter.
 1. Voy. p. 847, 1.
 2. De tous les philosophes antérieurs à Socrate, c'est Démocrite qui est le plus souvent cité dans les ouvrages scientifiques d'Aristote, précisément parce que, dans ses recherches, il s'attache à la connaissance exacte des détails.
 3. Voy. *sup.*, p. 764 sqq. Cf. p. 781 sq.

ment, en adoptant une partie de ses principes; indirectement, en en rejetant une autre partie et en y opposant des idées qui lui appartiennent en propre. Il emprunte à Parménide le concept de l'être et du non-être, c'est-à-dire du plein et du vide, la négation du devenir et du périr, l'indivisibilité, la simplicité et l'immutabilité qualitative de l'être; il enseigne avec Parménide que la cause de la multiplicité et du mouvement ne peut se trouver que dans le non-être; avec ce philosophe il rejette la perception sensible, pour chercher la vérité dans l'examen des choses par l'intelligence. Mais, contrairement à Parménide, il soutient la multiplicité de l'être, la réalité du mouvement et du changement quantitatif, et par suite (ce qui marque le plus fortement l'opposition des deux points de vue) la réalité du non-être et du vide. Parmi les théories physiques de Démocrite, celle qui, entre autres[1], rappelle plus particulièrement Parménide, c'est la théorie de l'activité psychique dérivée de la substance chaude; mais il était dans la nature même des choses que, de ce côté, l'influence de la doctrine éléatique fût moins prépondérante.

Outre Parménide, Mélissus semble aussi soutenir avec l'atomisme un rapport historique direct; seulement, tandis que Leucippe a incontestablement subi l'influence du premier, il paraît, au contraire, avoir, par sa doctrine, exercé déjà une influence sur le dernier. En effet, si l'on compare les démonstrations de Mélissus avec celles de Parménide et de Zénon, on constate que le concept du vide joue dans celles-là un rôle qu'il n'a pas encore dans celles-ci; que Mélissus prouve, non seulement l'unité de l'être, mais encore l'impossibilité du mouvement, par l'impossibilité de concevoir le vide; enfin qu'il conteste explicitement

---

[1]. Par exemple la conception de l'univers, que Parménide lui aussi, dans la seconde partie de son poème, se représente comme enfermé dans une enveloppe solide; l'idée que les êtres vivants naissent du limon de la terre; l'opinion que le cadavre possède encore une certaine sensibilité.

DOCTRINES ANTÉRIEURES ET CONTEMPORAINES. 369

l'hypothèse de corps divisés, réunis par simple contact[1]. Or, parmi les systèmes physiques, l'atomisme est le seul qui renferme cette hypothèse[2], comme il est aussi le seul qui ait essayé d'expliquer le mouvement par l'espace vide. Faut-il donc admettre que ce concept, si important pour la physique postérieure, a été introduit par Mélissus lui-même, auquel d'ailleurs on n'a jamais attribué une sagacité extraordinaire, et que les Atomistes le lui ont emprunté pour en faire un des fondements de leur système? N'est-il pas, au contraire, beaucoup plus probable que si le philosophe de Samos, versé qu'il était dans toutes les doctrines de la physique contemporaine, a attaché une si grande valeur au concept du vide, c'est uniquement parce que l'importance de ce concept s'était révélée le jour où une théorie physique avait dérivé du vide le mouvement et la pluralité des choses[3]?

Le système d'Héraclite a-t-il contribué à cet antagonisme entre les Atomistes et les Éléates? C'est une question à laquelle il nous est impossible de répondre d'une façon certaine. En ce qui concerne Démocrite, il est vraisemblable *a priori* et confirmé par ses fragments éthiques qu'il a connu l'ouvrage d'Héraclite. Non seulement quelques-unes de ses sentences concordent avec celles du philosophe d'Éphèse[4], mais sa conception entière de la vie ressemble beaucoup

---

1. Voy. sup., p. 557, 1; 559 sq.
2. Voy. p. 781, 2, 4.
3. On ne peut s'appuyer sur ARISTOTE (*Gen. et corr.*, I, 8; voy. sup., p. 768, 1; 557, 1) pour combattre cette assertion. Dans ce texte, Aristote expose, tout d'abord d'après Mélissus, la doctrine des Éléates, et passe ensuite à Leucippe. Mais comme il se propose surtout de faire voir les rapports qui existent entre le système des Éléates et celui des Atomistes, sans entrer dans les détails concernant les différents philosophes de ces deux écoles, on n'a pas le droit de conclure de ce texte qu'il admet une dépendance de Leucippe à l'égard de Mélissus.
4. On peut citer les propositions relatives à la polymathie (voy. sup., p. 826, 1), que l'on peut comparer à celles d'Héraclite sur le même sujet (p. 443, 2; 283, 3); l'assertion que l'âme est la demeure du démon (p. 828, 1, cf. 661, 2); l'hypothèse que tous les arts sont nés de l'imitation de la nature (p. 826, 2, cf. 655, 1); la sentence rapportée p. 575, à propos de laquelle LORTZING cite le texte Ps.-GALIEN ὅρ. ἰατρ., 439, XIX, 419. K., où sont attribuées à Démocrite ces paroles : ἄνθρωποι εἰ; ἔσται καὶ ἄνθρωπος πάντες.

PHILOSOPHIE DES GRECS.　　　　　　　II — 24

à celles d'Héraclite. Tous deux cherchent le vrai bonheur, non dans les biens extérieurs, mais dans les biens de l'âme; tous deux déclarent que le contentement intérieur est le bien suprême; tous deux reconnaissent que la modération dans les désirs, la sagesse, l'acquiescement à l'ordre du monde sont le seul moyen d'arriver à ce repos de l'âme; leurs opinions politiques sont également analogues [1].

On ne peut soutenir avec autant de certitude que Leucippe, lui aussi, ait déjà connu et utilisé la doctrine d'Héraclite. Mais il est clair que toutes les parties de la physique atomistique qui sont contraires à la direction de Parménide sont conformes à celle d'Héraclite. L'atomisme tient pour la réalité du mouvement et de la division de l'être : Héraclite, de son côté, a soutenu avec plus d'énergie que personne que le réel change constamment et se scinde en contraires. L'atomisme dérive toutes choses de l'être et du non-être, et considère cette opposition comme la condition nécessaire de tout mouvement : or Héraclite avait déjà déclaré que la guerre était la mère de toutes choses, que chaque mouvement présuppose une opposition, que chaque chose est et n'est pas ce qu'elle est. L'être et le non-être sont les deux moments du devenir d'Héraclite ; et le principe de l'atomisme d'après lequel le non-être a autant de réalité que l'être pouvait facilement être dérivé des propositions d'Héraclite sur l'écoulement de toutes choses, du moment que l'on remplaçait, conformément aux principes éléatiques, le devenir absolu par un devenir relatif ou devenir ayant sa source dans une substance première immuable. La théorie atomistique reconnaît encore, d'accord avec Héraclite, un ordre invariable dans la nature; car, malgré son matérialisme, elle admet que tout est soumis à une loi intelligente [2]. Elle enseigne aussi avec lui que les mondes parti-

1. Voy. p. 659 sq., 826 sq.
2. Voy. sup., p. 788 sq. cf. p. 691 s.1.

culiers naissent et périssent, tandis que la substance primordiale, dans sa totalité, est éternelle et impérissable. Enfin, si Démocrite trouve la cause de la vie et de la conscience dans les atomes chauds, répandus dans l'ensemble du monde aussi bien que dans le corps des êtres vivants, cette opinion, malgré toutes les différences que présentent les détails, se rapproche beaucoup de la doctrine d'Héraclite sur l'âme et la raison du monde, de même que les deux philosophes expliquent de façon analogue les phénomènes de la vie, du sommeil et de la mort.

Il est donc vraisemblable que la philosophie d'Héraclite a contribué à la formation de l'atomisme, aussi bien que celle des Éléates. Et lors même que l'atomisme se serait développé en dehors de l'influence d'Héraclite, il est en tout cas tellement dominé par l'idée du changement et du mouvement, de la variété et de la division de l'être, que nous avons le droit d'y voir, en fait, une combinaison des théories de ce philosophe avec celles des Éléates, ou, plus exactement, un effort pour expliquer, en partant des doctrines fondamentales des Éléates, le devenir et la multiplicité des choses dérivées par les propriétés inhérentes à l'être primordial [2].

L'atomisme se pose donc, en somme, le même problème que le système d'Empédocle, mais il suit une autre voie pour le résoudre. Tous deux ont pour point de départ le besoin scientifique d'expliquer le commencement et la fin,

1. Voy. p. 807 sq., 813 sq., cf. 642 sq.
2. L'opinion de Wirth (voy sup., 841, 6) me parait moins fondée. Il relie les Atomistes à Héraclite par cette remarque : la doctrine des Éléates est à la fois l'antithèse de l'idée du devenir et de l'idée de la pluralité; de ces deux concepts, le premier, celui du devenir, est érigé en principe par Héraclite; le second, celui de la pluralité, est érigé en principe par les Atomistes. — Mais, d'un côté, les Atomistes, comme le reconnaît Aristote (voy. sup., p. 764 sq.), tiennent autant au changement et au devenir qu'à la pluralité; de l'autre, leur méthode diffère de celle d'Héraclite par ce trait essentiel, qu'ils retournent au concept éléatique de l'être, et cherchent à expliquer les phénomènes en admettant explicitement ce concept, tandis qu'Héraclite, non seulement l'ignore, mais encore le rejette, en fait, de la façon la plus décidée. D'ailleurs il y a un intervalle de plusieurs dizaines d'années entre Héraclite et les Atomistes.

la multiplicité et le changement des choses. Tous deux reconnaissent en outre avec les Éléates que le réel primordial ne peut ni commencer, ni finir, ni se modifier dans son essence. Tous deux ont dès lors recours à cet expédient, de ramener le commencement et la fin des choses à la combinaison et à la séparation de substances immuables. Mais la combinaison et la séparation ne sont possibles, et la diversité des phénomènes n'est explicable, que si ces substances premières sont multiples : c'est pourquoi les deux systèmes divisent la substance primordiale unique des philosophes antérieurs en une pluralité, celui d'Empédocle en quatre éléments, celui des atomistes en atomes innombrables. Tous deux donnent donc de la nature une explication purement mécanique, tous deux ne reconnaissent que des éléments matériels et une agrégation mécanique de ces éléments; et ils se rapprochent tellement l'un de l'autre dans leurs doctrines sur la manière dont les substances s'unissent et agissent les unes sur les autres, qu'on n'a qu'à tirer les conséquences logiques des principes posés par Empédocle pour arriver aux doctrines atomistiques[1]. Tous deux enfin contestent la vérité de la perception sensible, parce qu'elle ne nous montre pas les éléments immuables des choses et qu'elle nous présente l'apparence trompeuse d'un commencement et d'une fin réels. Ce qui distingue les deux théories, c'est uniquement la rigueur avec laquelle l'atomisme développe jusqu'au bout l'idée de la physique mécanique en écartant toute hypothèse étrangère. Tandis qu'Empédocle allie à sa théorie physique des hypothèses mythiques religieuses, l'atomisme nous offre un naturalisme sec et rigoureux; tandis qu'Empédocle institue comme forces motrices les figures mythiques de l'amour et de la haine, l'atomisme explique le mouvement d'une manière toute physique par

---

[1]. Voy. sup., p. 694.

l'action de la pesanteur dans le vide; tandis que le premier attribue aux substances premières des qualités primordiales déterminées, le second, maintenant plus rigoureusement le concept de l'être, ramène toutes les différences qualitatives aux différences quantitatives de la forme et du volume; tandis que le premier admet un nombre déterminé d'éléments qu'il suppose divisibles à l'infini, la théorie atomistique, par une méthode plus conséquente, revient à des substances premières indivisibles, et, pour expliquer la multiplicité des choses, admet que ces substances sont infinies en nombre, infiniment différentes dans leur forme et leur volume; tandis qu'Empédocle admet une succession périodique dans la combinaison et la séparation des substances, l'atomisme explique par le même mouvement éternel des atomes leur combinaison et leur séparation perpétuelles. Les deux systèmes suivent donc la même direction, mais le développement du système atomistique est plus pur et plus conséquent; ce système est donc, au point de vue scientifique, supérieur à celui d'Empédocle.

Toutefois l'influence de l'un sur l'autre n'est pas marquée par des traits assez caractéristiques pour que nous soyons fondés à dériver la doctrine d'Empédocle d'influences atomistiques; les deux systèmes semblent s'être développés simultanément en partant des mêmes principes. Ce n'est que dans les détails de la physique atomistique, dans la théorie des émanations et des images, dans l'explication des perceptions sensibles, dans les hypothèses relatives à l'origine des êtres vivants, que nous rencontrons l'influence manifeste d'Empédocle, lequel jouit d'ailleurs d'une très haute considération auprès des partisans postérieurs de l'atomisme[1]. Mais, selon toute vraisemblance, ce développement ultérieur de la théorie atomis-

---

[1]. Voy. le texte de Lucrèce, cité p. 711, 2.

tique ne date que de Démocrite, lequel a certainement connu les doctrines de son illustre précurseur d'Agrigente.

On n'aperçoit dans le système atomistique aucune trace d'une influence de l'ancienne école ionienne.

Quelques écrivains attribuent à Démocrite[1] la connaissance des doctrines pythagoriciennes, mais nous ne savons pas si Leucippe les a déjà connues. Si réellement il les avait connues, on pourrait rattacher le caractère mathématique du mécanisme atomistique aux enseignements mathématiques des Pythagoriciens, et citer aussi, comme preuves de l'affinité des deux systèmes, l'atomisme pythagoricien d'Ecphante[2], ainsi que le texte d'Aristote[3] où ce philosophe rapproche l'une de l'autre la théorie qui dérive le composé des atomes, et la doctrine pythagoricienne, qui dérive les choses des nombres. Toutefois, en ce qui concerne Ecphante, il est plus naturel d'admettre que ce philosophe est un pythagoricien qui subit l'influence de l'atomisme; et quant à la comparaison des deux doctrines dans Aristote, elle ne saurait prouver leur connexion historique. Nous ne pouvons donc décider la question de savoir si les théories scientifiques des Pythagoriciens ont exercé de l'influence sur l'auteur de l'atomisme.

Il resterait à déterminer les rapports qui existent entre l'atomisme et Anaxagore, mais cet examen supposant une connaissance plus exacte de ce dernier philosophe, nous croyons devoir le différer.

Les successeurs de Démocrite. — Métrodore. — Anaxarque, etc. — Nous n'avons que peu de renseignements sur la fortune et les partisans de la théorie atomistique après Démocrite.

---

1. Voy. p. 764, au mil.
2. Voy. p. 458.
3. *De cælo*, 4 (après le texte cité p. 769, 3) : τρόπον γάρ τινα καὶ οὗτοι πάντα τὰ ὄντα ποιοῦσιν ἀριθμούς· καὶ ἐξ ἀριθμῶν· καὶ γὰρ εἰ μὴ σαφῶς δηλοῦσιν, ὅμως τοῦτο βούλονται λέγειν.

Son disciple Nessus ou Nessas[1] ne nous est connu que de nom.

Métrodore de Chio, qui semble avoir été le plus important de ces Atomistes postérieurs, était un disciple de ce Nessus ou de Démocrite lui-même[2].

Métrodore admet les doctrines fondamentales de Démocrite en ce qui concerne le plein et le vide[3], les atomes[4], l'infinité des substances et de l'espace[5], la pluralité des mondes[6]; il se rattache à lui dans un grand nombre de ses

---

1. Diog., IX, 58. Aristocl., voy. note suiv.
2. Diogène (l. c.) cite les deux opinions; Clément (Strom., I, 301 d) et Aristoclès (ap. Eus., Pr. ev., XIV, 19, 5) citent Protagoras et Métrodore, Suidas (Δημόκρ, cf. Ἵππων), Métrodore comme disciples de Démocrite; Aristoclès dit (ap. Eus., Pr. ev., XIV, 7, 8) que Protagoras et Nessas furent disciples de Démocrite, tandis que Métrodore fut disciple de Nessas. D'après Stobée (Ecl., I, 304), le père de Métrodore s'appelait Théocrite. Ὁ Χῖος est le surnom habituel du Métrodore qui nous occupe, surnom par lequel on le distingue de ses homonymes, particulièrement des deux Métrodore de Lampsaque, dont le plus ancien était disciple d'Anaxagore, et le plus jeune, disciple d'Épicure. Cependant on le confond quelquefois avec eux, par exemple dans Simplicius (Phys., 257 b, au bas), où le Métrodore auquel on attribue, en même temps qu'à Anaxagore et à Archélaüs, le principe de la formation du monde par le νοῦς, est évidemment désigné par erreur comme étant Métrodore de Chio. Les indications des Placita (excepté II, 1, 3, où l'on parle de « Métrodore disciple d'Épicure »), des Eclogæ de Stobée et de Ps.-Galien se rapportent à Métrodore de Chio, celles du Florilegium de Stobée au disciple d'Épicure.
3. Simpl., Phys., 7, a, au mil., d'après Théophraste: καὶ Μητρόδωρος δὲ ὁ Χῖος ἀρχὰς σχεδὸν τὰς αὐτὰς τοῖς περὶ Δημόκριτον ποιεῖ τὸ πλῆρες καὶ τὸ κενὸν τὰς πρώτας αἰτίας ὑποθέμενος, ὧν τὸ μὲν ὂν τὸ δὲ μὴ ὂν εἶναι, περὶ δὲ τῶν ἄλλων ἰδίαν τινὰ ποιεῖται τὴν μέθοδον. De même, Aristoclès (ap. Eus., Pr. ev., XIV, 19, 5): Μétrodore doit avoir suivi les leçons de Démocrite, ἀρχὰς δὲ ἀποφήνασθαι τὸ πλῆρες καὶ τὸ κενόν ὧν τὸ μὲν ὂν τὸ δὲ μὴ ὂν εἶναι.
4. Selon Stobée (Ecl., I, 304) et Théodoret (Cur. Gr. affect., IV, 9, p. 57), il appelait les Atomes ἀναίρετα; sur le vide, voy. Simplicius, l. c., p. 152 a, au haut.
5. Plut., Plac., I, 18, 3; Stob., Ecl., I, 380; Simpl., l. c., 35 a, au bas. Voy. note suiv.
6. Stob., I, 496 (Plut., Plac., I, 5, 5; Galien, c. 7, p. 249, K.): Μητρόδωρος... φησὶν ἄτοπον εἶναι ἐν μεγάλῳ πεδίῳ ἕνα στάχυν γεννηθῆναι καὶ ἕνα κόσμον ἐν τῷ ἀπείρῳ. ὅτι δὲ ἄπειροι κατὰ τὸ πλῆθος, δῆλον ἐκ τοῦ ἄπειρα τὰ αἴτια εἶναι. εἰ γὰρ ὁ κόσμος πεπερασμένος, τὰ δ' αἴτια πάντα ἄπειρα, ἐξ ὧν ὅδε ὁ κόσμος γέγονεν, ἀνάγκη ἀπείρους εἶναι. ὅπου γὰρ τὰ αἴτια πάντα, ἐκεῖ καὶ τὰ ἀποτελέσματα. αἰτία δὲ (ajoute l'historien) ἤτοι αἱ ἄτομοι ἢ τὰ στοιχεῖα. A côté de cela, il est vrai, il est parlé du Tout au singulier dans le texte de Plutarque (ap. Eus., Pr. ev., I, 8, 12): Μητρόδ. ὁ Χῖος ἀΐδιον εἶναί φησι τὸ πᾶν, ὅτι εἰ ἦν γεννητὸν ἐκ τοῦ μὴ ὄντος ἂν ἦν, ἄπειρον δέ, ὅτι ἀΐδιον, οὐ γὰρ ἔχειν ἀρχήν, ὅθεν ἤρξατο, οὐδὲ πέρας οὐδὲ τελευτήν· ἀλλ' οὐδὲ κινήσεως μετέχειν τὸ πᾶν· κινεῖσθαι γὰρ ἀδύνατον μὴ μεθιστάμενον, μεθίστασθαι δὲ ἀναγκαῖον ἤτοι εἰς πλῆρες ἢ εἰς κενόν (mais il faut songer que l'un et l'autre est impossible, puisque le πᾶν, c'est-à-dire l'ensemble des choses,

explications particulières de phénomènes physiques [1]. Cependant il s'en écarte, et comme savant, par certaines hypothèses qui lui sont particulières [2], et comme philo-

contient tout le vide et tout le plein). Cette assertion n'est pas non plus en contradiction avec les principes de l'atomisme, car les atomes et le vide sont éternels, et bien que le mouvement au sein de la masse infinie des atomes n'ait pas eu de commencement et ne doive pas avoir de fin, il est cependant possible que cette masse, considérée comme un Tout (c'est de cela seul qu'il est question) soit immobile, précisément à cause de son infinitude. Métrodore pouvait donc, en ce qui la concerne, s'approprier ce que Mélissus avait dit de l'éternité, de l'étendue illimitée et de l'immobilité de l'être (c'est ce qui arrive ici, comme le montre la comparaison avec les pages 553 sqq.; on retrouve ici jusqu'à la fausse déduction mentionnée p. 554 sq., qui de l'éternité du monde conclut à son étendue illimitée); et nous n'avons pas besoin de recourir à l'hypothèse d'après laquelle l'extrait d'Eusèbe confondrait deux assertions, l'une relative à Mélissus, l'autre relative à Métrodore. Mais il est certain qu'il existe entre le texte cité plus haut et la suite une lacune qui doit être mise à la charge, non de Plutarque lui-même, mais de l'auteur de l'extrait d'Eusèbe.

1. Ainsi, il admettait avec Démocrite que non seulement la lune et les autres planètes, mais encore les étoiles fixes empruntaient leur lumière au soleil (PLUT., Plac., II, 17. 1; STOB., Ecl., I, 518. 558; GALIEN, H. ph., c. 13, p. 273, K.); d'un autre côté il déclarait. à l'encontre de Démocrite, que la voie lactée était le ἡλιακὸς κύκλος, c'est-à-dire un cercle lumineux que le soleil a laissé derrière lui en parcourant le ciel (Plac., III, 1, 5; STOB., 574; GAL., c. 17, p. 285). A l'exemple d'Anaxagore et de Démocrite il appelait le soleil un μύδρος ἢ πέτρος διάπυρος (Plac., II, 20, 5; GAL., 14, 275; STOBÉE (524) dit moins exactement : πύρινον ὑπάρχειν). Démocrite lui a fourni également son explication des tremblements de terre (SÉN., Nat. qu., VI, 19), qu'il attribue à l'entrée de l'air extérieur dans les cavités de l'intérieur de la terre, bien que Démocrite lui-même ait attribué ce phénomène plutôt à l'influence des eaux qu'à celle des courants d'air (voy. sup., 804, 1). Il n'est pas douteux qu'il n'ait eu, en commun avec Démocrite, beaucoup d'autres opinions qui ne nous ont pas été transmises, les compilateurs rapportant de préférence ce qui distingue chaque philosophe des autres.

2. Les idées de Métrodore sur la formation du monde semblent sur plus d'un point lui avoir été personnelles. Sans doute nous ne pouvons voir qu'une modification peu importante des idées de Démocrite (voy. sup., p. 799) dans cette opinion, que la terre est un précipité de l'eau, et le soleil un précipité de l'air (Plac., III, 9, 5); mais l'indication de PLUTARQUE (ap. Eus., I, 8, 12) est plus digne de remarque : πυκνούμενον δὲ τὸν ἀἐρα ποιεῖν νεφέλας, εἶτα ὕδωρ, ὃ καὶ κατιόν ἐπὶ τὸν ἥλιον σβεννύναι αὐτόν, καὶ πάλιν ἀραιούμενον ἐξάπτεσθαι χρόνῳ δὲ πήγνυσθαι τῷ ξηρῷ, τὸν ἥλιον καὶ ποιεῖν ἐκ τοῦ λαμπροῦ ὕδατος ἀστέρας, νύκτα τε καὶ ἡμέραν ἐκ τῆς σβέσεως καὶ ἐξάψεως καὶ καθόλου τὰς ἐκλείψεις ἀποτελεῖν. D'après le sens littéral, il semble que Métrodore ait dit que les étoiles sont formées chaque jour de nouveau par l'eau atmosphérique sous l'influence du soleil; mais quand même cette idée aurait été transportée à tort de sa cosmogonie à sa physique, de telle sorte que Métrodore n'eût expliqué de cette façon que l'origine première des étoiles, il y aurait là néanmoins une divergence remarquable entre lui et Démocrite. Quant à l'opinion suivant laquelle le soleil s'éteint et se rallume chaque jour, elle a plus d'analogie avec celle d'Héraclite qu'avec celle de Démocrite. D'après STOBÉE (510), Métrodore pensait avec Anaximandre que les astres avaient la forme d'une roue; comme Anaximandre, il assignait au soleil d'abord, à la lune ensuite, la place la plus élevée dans l'univers, et ne faisait venir qu'après eux les étoiles fixes et les planètes (Plac., II,

sophe, par les conséquences sceptiques qu'il tire de la doctrine de Démocrite. En effet, non seulement il attaquait la vérité de la perception sensible [1], mais il disait : « Nous ne pouvons rien savoir, pas même si nous savons quelque chose ou rien [2]. » Toutefois, ces propositions ne sauraient indiquer une négation radicale de la possibilité de savoir; car, s'il en était ainsi, il n'aurait pas admis les doctrines fondamentales du système atomistique, et il ne se serait pas livré avec tant d'ardeur à des recherches scientifiques. Nous ne devons voir dans ces propositions que l'expression forcée de sa défiance à l'égard des sens ainsi que du jugement qu'il portait sur l'état réel de la connaissance humaine. Quant à la véracité de la pensée, il ne semble pas l'avoir contestée [3].

ANAXARQUE. — On donne Métrodore, ou encore son dis-

---

15. 6. GAL., c. 13, p. 272). D'après les *Plac.*, III, 15, 6, il expliquait l'immobilité de la terre par cette hypothèse : μηδὲν ἐν τῷ οἰκείῳ τόπῳ σῶμα κινεῖσθαι, εἰ μή τις προώσεις ἢ καθέλκυσεις κατ' ἐνέργειαν. διὸ μηδὲ τὴν γῆν, ἅ τε κινουμένης φυσικῶς, κινεῖσθαι. C'est cette opinion que Platon et Aristote opposaient aux hypothèses atomistiques concernant la pesanteur. En ce qui concerne ses idées relatives aux Dioscures, voy. *Plac.*, II, 18, 2; sur les étoiles filantes, voy. *Plac.*, II, 2, 11; STOB., 510; sur le tonnerre, l'éclair, le vent brûlant, *Plac.*, III, 3, 2; STOB., I, 590 sq.; sur les nuages, PLLT., *ap.* EUS., *l. c.* (il n'y a pas lieu de s'arrêter à ce qui est dit *Plac.*, III, 4, 2); STOB., *Floril.*, éd. Mein., IV, 151; sur l'arc-en-ciel, *Plac.*, III, 5, 12; sur les vents, *Plac.*, III, 7, 3; sur la mer, *Plac.*, III, 16, 5; cf. en outre la note précédente.

1 1. Dans JOH. DAMASC., *Parall.*, voy. II, 25, 23 (STOB., *Floril.*, éd. Mein., IV, 234), on trouve, attribuée à Métrodore, ainsi qu'à Démocrite, Protagoras, etc., la proposition : ψευδεῖς εἶναι τὰς αἰσθήσεις. De même, ÉPIPH., *l. c.* : οὐδὲ ταῖς αἰσθήσεσι δεῖ προσέχειν, δοκήσει γὰρ ἐστὶ τὰ πάντα.

2. ARISTOCL. (*ap.* EUS., *Pr. ev.*, XIV, 19, 5) : au commencement d'un écrit : π. φύσεως, Métrodore dit : οὐδεὶς ἡμῶν οὐδὲν οἶδεν, οὐδ' αὐτὸ τοῦτο πότερον οἴδαμεν ἢ οὐκ οἴδαμεν. La même sentence est citée par SEXTUS, *Math.*, VII, 88, cf. 48, par DIOGÈNE, IX, 58, par ÉPIPHANE, *Exp. fid.*, 1088 a, par CICÉRON, *Acad.*, II, 23, 73); ce dernier confirme l'indication suivant laquelle elle se trouvait *initio libri qui est de natura*.

3. ARISTOCLÈS (*l. c.*) cite de lui la proposition : ὅτι πάντα ἐστίν, ὃ ἄν τις νοήσαι, que l'on pourrait à vrai dire interpréter ainsi : « chaque chose est aux yeux de chacun ce qu'il pense qu'elle est » (cf. *Euthydème*, *inf.*, p. 988, 2); mais il est possible aussi que le sens soit : « chaque chose est ce qu'on peut *penser* à son sujet », de telle sorte que cette proposition exprimerait la valeur de la pensée, opposée à la perception. De même Empédocle, par exemple (voy. *sup.*, 727, 3), oppose le νοεῖν aux sens. Cf. p. 778, 2.

561 ciple *Diogène*[1], comme le maître d'*Anaxarque* d'Abdère[2], le compagnon d'Alexandre[3], célèbre par la fermeté avec laquelle il supporta le dernier supplice[4].

Anaxarque, lui aussi, est compté parmi les précurseurs de l'école sceptique[5]; mais le seul texte que l'on cite à cet égard, c'est une assertion dédaigneuse sur la conduite et les opinions des hommes, assertion qui, en fait, ne renferme rien qui n'ait été dit bien souvent indépendamment de toute théorie sceptique. D'autres textes font de lui un adhérent de la philosophie physique de Démocrite[6]. C'est peut-être aussi à Démocrite qu'il se rattache lorsqu'il dit que le bonheur est le but suprême de nos
562 efforts[7]. Mais il se séparait à deux égards de ce philosophe

---

1. Telle est l'opinion de Diogène, IX, 58. Clément (*Strom.*, I, 301 d) et Aristoclès (*ap.* Eus., *Pr. ev.*, XIV, 17, 8) disent qu'Anaxarque était disciple de Diogène. Ce dernier était né à Smyrne; d'autres prétendent (Épiph., *Exp. fid.*, 1088 a) qu'il était né à Cyrène; d'après Épiphane, qui n'est pas une autorité sûre, sa doctrine n'aurait pas différé de celle de Protagoras.
2. Il est désigné sous le nom d'Abdéritain par Diogène (IX, 58) et par Galien (*H. phil.*, c. 3, p. 234, K., et c. 2, p. 228, où, au lieu d'Ἀναξαγόρας, il faut lire Ἀνάξαρχος, leçon que Diels lui aussi admet aujourd'hui).
3. Voy. Luzac (*Lectiones Atticæ*, 181-193).
4. Il était tombé entre les mains de son ennemi Nicocréon, prince de Chypre, qui le fit broyer dans un mortier; intrépide, il cria au tyran : πτίσσε τὸν Ἀναξάρχου θύλακον, Ἀνάξαρχον οὐ πτίσσεις. Cette mort est souvent mentionnée, et avec des détails divers : voy. Diog., *l. c.*; Plut., *Virt. mor.*, 10, p. 449 ; Clém., *Strom.*, IV, 496 d; Valer. Max., III, 3, ext., 4 ; Pline, *H. nat.*, VIII, 23, 87 ; Tertull., *Apologet.*, 50 ; Ps-Dion Chrys., *or.*, 37, p. 126, R., II, 306, Dind.; Wiedmann (*Philologus*, XXX, 3, 249, 33) cite encore d'autres textes.
5. Ps.-Galien (*H. phil.*, 3, p. 234, K.) le compte parmi les sceptiques ; Sextus (*M.*, VII, 48) le range, avec Métrodore, parmi ceux qui ont rejeté le critérium. Plusieurs, dit-il (*ibid.*, 87 sq.), portent ce jugement sur Métrodore, Anaxarque et Monime ; sur Métrodore, à cause de la proposition discutée ci-dessus, sur Anaxarque et sur Monime : ὅτι σκηνογραφίᾳ ἀπείκασαν τὰ ὄντα, τοῖς δὲ κατὰ ὕπνους ἢ μανίαν προσπίπτουσι ταῦτα ὡμοιῶσθαι ὑπέλαβον.
6. Dans Plutarque (*Tranqu. an.*, 4, p. 466) et Valère Maxime (VIII, 14, ext., 2), il expose à Alexandre la doctrine suivant laquelle le monde est infini, doctrine qui serait aussi déplacée dans la bouche d'un sceptique que l'assertion relative à la πολυμαθίη (ap. Clém., *Strom.*, I, 287 a; Stob., 34, 19), si conforme aux idées de Démocrite (voy. *sup.*, 826, 1). La πολυμαθίη, dit-il, est très utile à l'homme intelligent, mais elle est nuisible à celui qui parle à tort et à travers. Cette assertion se retrouve également, d'après Bernays (*Rh. Mus.*, XXIII, 375), chez le mécaniste Athenaeus (Wescher, *Poliorcétique des Grecs*, p. 4, 202).
7. C'est cette affirmation, et non point son ἀπάθεια καὶ εὐκολία τοῦ βίου (comme le prétend Diogène, IX, 60), qui lui valut le surnom de ὁ Εὐδαιμονικός (Diog. et Clém., *l. c.*; Sext., VII, 48; Athén., VI, 250 sq., Æl., *V. H.*, IX, 37). Cf. Galien (*H. phil.*, 3, p. 230) : Une secte philosophique peut tirer son nom ἐκ τέλους καὶ

dans la manière dont il concevait les devoirs pratiques de la vie, lesquels paraissent avoir été l'objet principal de ses recherches philosophiques. D'une part, il se rapproche du cynisme [1] : il loue l'*adiaphorie* de Pyrrhon [2]; il oppose à la douleur physique cet orgueil méprisant qu'il exprima d'une façon si admirable en recevant les coups de massue de Nicocréon; il prend aussi mainte liberté à l'égard du conquérant [3] macédonien, en même temps qu'il le corrompt [4] par des flatteries débitées avec bonhomie. D'autre part, il contredisait ses principes dans sa vie privée par sa mollesse et sa soif de jouissances [5], comme on le lui

δόγματος, ὥσπερ ἡ εὐδαιμονική. ὁ γὰρ Ἀνάξαρχος τέλος τῆς κατ' αὐτὸν εὐαγωγῆς (lis. ἀγωγῆς) τὴν εὐδαιμονίαν ἔλεγεν. Diogène, *Procem.*, 17 : Parmi les philosophes, quelques-uns ont été dénommés ἀπὸ διαθέσεων, ὡς οἱ Εὐδαιμονικοί. Cléarque, *ap.* Athén., XII, 548 b : τῶν Εὐδαιμονικῶν καλουμένων Ἀνάξαρχω.

1. Ainsi Timon (*ap.* Plut., *Virt. mor.*, 6, p. 446) parle aussi de son θαρσαλέον τε καὶ ἐμμανές, de son κύνεον μένος; et Plutarque (*Alex.*, 52) le nomme ἰδίαν τινὰ πορευόμενος ἐξ ἀρχῆς ὁδὸν ἐν φιλοσοφίᾳ καὶ δόξαν εἰληφὼς ὑπεροψίας καὶ ὀλιγωρίας τῶν συνήθων.

2. Diog., IX, 63 : Anaxarque étant tombé un jour dans un marais, Pyrrhon passa son chemin sans s'inquiéter de lui, il n'en loua pas moins Pyrrhon, pour son ἀδιάφορον καὶ ἄστοργον.

3. Cf. les anecdotes *ap.* Diogène, IX, 60 (qui appelle lui-même l'attention sur les indications divergentes de Plut.), Plutarque (*Qu. conv.*, IX, 1, 2, 5), Ælien (*V. H.*, IX, 37), Athénée (VI, 250 sq. d'après Satyrus). Dans la dernière anecdote je ne vois pas, comme Satyrus, une flatterie, mais une ironie, ainsi qu'on en peut juger par la réponse d'Alexandre.

4. Du moins je ne saurais comprendre autrement sa conduite après le meurtre de Clitus (Plut., *Alex.*, 52. *Ad princ. iner.*, 4, 1, p. 781; Arrien, *Exp. Alex.*, IV, 9, 9). D'après Plutarque, cette conduite lui attira la faveur royale, mais exerça sur le roi une influence très funeste, et nous n'avons aucun motif pour nous défier du récit de Plutarque. Mais il peut être exact que l'exhortation adressée aux Macédoniens d'adorer Alexandre émane, non d'Anaxarque (comme le dit Arrien, *l. c.*, 9, 14, 10, 7, avec la restriction : λόγος κατέχει), mais de Cléon (voy. Curt., *De reb. Alex.*, VIII, 17, 8 sqq.). Plutarque (*Alex. virt.* 10, p. 331) remarque également qu'Alexandre professait la plus haute estime pour τὸ μὲν ἁρμονικὸν (lis. τὸν εὐδαιμονικὸν) Ἀνάξαρχον.

5. Cléarque (*ap.* Athén., XII, 548 b) le dit très voluptueux, et prouve son dire par des exemples concluants; Plutarque (*Alex.*, 52) raconte l'anecdote suivante : comme on discutait un jour la question de savoir s'il faisait plus froid en Grèce ou en Perse, Callisthène dit à Anaxarque : Toi du moins, tu dois trouver que le climat de la Perse est plus froid, puisque tu as remplacé ton tribon par trois couvertures. Timon (*ap.* Plut., *Virt. mor.*, 6, p. 446) dit également qu'il avait été entraîné, malgré lui, par sa φύσις ἡδονοπλήξ. Je ne puis voir dans toutes ces assertions (avec Luzac) un simple tissu de calomnies péripatéticiennes déterminées par l'inimitié qui régnait entre Callisthène et Anaxarque, encore que je ne sois pas disposé à attribuer une trop grande autorité au témoignage de Cléarque.

reproche de divers côtés. Anaxarque fut le maître du sceptique Pyrrhon[1].

A Métrodore paraît aussi se rattacher *indirectement* Nausiphane. Du moins, Nausiphane étant désigné d'une part comme un partisan du scepticisme pyrrhonien, d'autre part comme le maître d'Épicure[2], on peut conjecturer qu'il a, comme Métrodore, allié une physique atomistique à des idées sceptiques sur la connaissance humaine[3].

L'atomisme semble donc avoir pris en général chez les successeurs de Démocrite la direction sceptique qui pouvait facilement résulter de ses principes physiques, sans que ces principes mêmes fussent abandonnés. C'est ainsi, d'ailleurs, que, dès les temps antérieurs et à la même époque, Cratyle et Protagoras tiraient le scepticisme de la physique d'Héraclite, et Gorgias et les Éristiques de la philosophie d'Élée.

Doit-on ranger parmi les disciples de Démocrite le célèbre athée, *Diagoras*, dont le nom est devenu proverbial dans l'antiquité? Je suis disposé à en douter, d'autant qu'il semble avoir été plus âgé ou, à tout le moins, du même âge que ce philosophe, et que nous ne connaissons de lui aucune assertion philosophique[4].

---

1. Diog., IX, 61, 63. 67; Aristocl., ap. Eus., l. c. et 18, 20.
2. Diog., *Proœm.*, 15, où il est question, à côté de lui, d'un philosophe inconnu, Nausycide, comme d'un disciple de Démocrite et d'un maître d'Épicure (X, 7 sq.; 14; IX, 64, 69); Suid., Ἐπικ.; Cic., *N. D.*, I, 26, 73. 33, 93; Sext., *Math.*, I, 2 sq.); Clément, *Strom.*, I, 301 d. D'après Clément (*Strom.*, II, 417 a), il regardait comme le plus grand bien l'ἀκαταπληξία, que Démocrite nommait ἀθαμβία. Sur ses relations avec Épicure, cf. III° part, a, 364 ; 3° éd.; t. all.
3. C'est probablement de cette connexion d'Épicure avec Métrodore, dans laquelle Nausiphane sert d'intermédiaire, que résulte l'assertion de Galien (*H. phil.*, c. 7, p. 249; Stob., *Ecl.*, I, 496), d'après laquelle Métrodore fut le καθηγητής Ἐπικούρου.
4. Cf. Diodore, XIII, 6, fin. Jos. c. *Apion.*, c. 37; Sext., *Math.*, IX, 53; Suidas, s. v. Diagoras; Hesych., *De vir. illustr.*, Διαγορας; Tatien, *Adv. Gr.*, c. 27; Athénag., *Supplic.*, 4; Clément, *Cohort.*, 15, B.; Cyrille, c. *Jul.*, VI, 189, E.; Arnobe, *Adv. gent.*, IV, 29; Athen., XIII, 611 a; Diog., VI, 59. Voici ce qui ressort de ces passages : Diagoras, né à Mélos, était un poète dithyrambique; il avait d'abord été un adorateur des dieux; mais il était devenu athée après avoir

Nous n'avons aucun renseignement sur le Démocritéen *Bion* d'Abdère[1].

... été victime d'une injustice criante (on n'est pas d'accord sur la nature de cette injustice) que les dieux laissèrent impunie : il fut condamné à mort par les Athéniens à cause de ses discours et de ses actes impies, principalement à cause de la divulgation des mystères, et sa tête fut mise à prix ; dans sa fuite, il périt au milieu d'un naufrage. ARISTOPHANE fait allusion à son impiété dans les *Nuées* (Ol. 89, 1) v. 830, et à sa condamnation dans les *Oiseaux* (Ol. 91, 2). v. 1073. Cf. B. TEN BRINK (*Lect. ex hist. phil.*, 41 sqq). DIODORE place également sa condamnation, Olymp., 91, 2 ; les indications de SUIDAS, d'après lesquelles il était à la fleur de l'âge vers la 78ᵐᵉ Olymp. (cette opinion est partagée par EUSÈBE, *Chron. ad Ol.*, 78) et aurait été tiré de captivité par Démocrite, se contredisent mutuellement. Dans les récits relatifs à sa mort, il a peut-être été confondu avec Protagoras. L'écrit dans lequel il divulgua les mystères est cité sous le titre φρύγιοι λόγοι ou ἀποκνογμοντες.

1. DIOG., IV, 58. Ce que l'auteur comique DEMOXÈNE (ap. ATHÉN., III, 102 a) dit de la popularité de la physique de Démocrite se rapporte tout d'abord à la philosophie d'Épicure, et indirectement seulement à celle de Démocrite.

III

ANAXAGORE [1].

§ 1. LES PRINCIPES DU SYSTÈME : LA MATIÈRE ET L'ESPRIT.

ANAXAGORE, SA VIE ET SON OUVRAGE. — Anaxagore, né vers l'an 500 avant J.-C. [2], était contemporain d'Empédocle et

---

1. Sur la vie, les écrits et la doctrine d'Anaxagore, voy. SCHAUBACH : *Anaxagoræ Claz. fragmenta*, etc., Leipzig, 1827, où les indications des anciens sont réunies avec le plus grand soin ; SCHORN, *Anaxagoræ Claz. et Diogenis Apoll. fragmenta*, Bonn, 1829 ; BREIER, *Die Philosophie d. Anaxag.*, Berl., 1840 ; KRISCHE, *Forsch.*, 60 sqq. ; ZÉVORT, *Dissertation sur la vie et la doctrine d'Anaxagore*, Paris, 1843 ; MULLACH, *Fragm. philos.*, I, 243 sqq. Nous citerons encore, parmi les ouvrages modernes, l'ouvrage de GLADISCH mentionné p. 27, et CLEMENS, *De philos. Anax.*, Berl., 1839. Sur les anciennes monographies, particulièrement sur celles de CARUS et de HEMSEN, cf. SCHAUBACH, p. 1, 35 ; BRANDIS, I, 232 ; UEBERWEG, I, § 24.

2. Cette date, généralement adoptée autrefois, a été contestée récemment par MÜLLER (*Fragm. Hist.*, II, 24, III, 504), K. F. HERMANN (*De philos. Jon. atatibus*, 10 sqq.) et SCHWEGLER (*Gesch. d. griech. Phil.*, p. 35 ; cf. *Röm. Gesch.*, III, 20, 2). Ces auteurs font vivre Anaxagore 34 ans plus tôt, de telle sorte que sa naissance devrait être placée Ol. 61, 3 (534 av. J.-C.), sa mort Ol. 79, 3 (462 av. J.-C.), et son séjour à Athènes à peu près entre Ol. 70, 4 et Ol. 78, 2 (497-466). Déjà (1842) BAKHUIZEN VAN DEN BRINK (*Var. lect. de hist. philos. ant.*, 69 sqq.) avait cherché à prouver qu'Anaxagore était né Ol. 65, 4, qu'il était venu à Athènes, Ol. 70, 4, à l'âge de 20 ans, et qu'il avait de nouveau quitté cette ville, Ol. 78, 2. J'ai déjà combattu cette hypothèse dans la 2ᵉ édition du présent ouvrage et p. 10 sqq. de mon traité *De Hermodoro* (Marb., 1859), et mon opinion a été généralement approuvée. Il résulte du texte de DIOGÈNE, II, 7, qu'Apollodore plaçait, probablement d'après DÉMÉTRIUS de Phalère (DIELS, *Rh. Mus.*, XXXI, 28), la naissance d'Anaxagore, Ol. 70 (496-500 av. J.-C.). L'indication donnée *ibid.* (avec le mot λέγεται), suivant laquelle il avait 20 ans au moment où Xerxès envahit la Grèce et atteignit l'âge de 72 ans, est encore une raison plus décisive pour que nous placions sa naissance, Ol. 70, 1 (500 av. J.-C.), et sa mort, Ol. 88, 1 (528/7 av. J.-C.) ; et si, dans le texte de DIOGÈNE qui nous a été transmis, *l. c.*, Apollodore désigne Ol. 78, 1, comme l'année de sa mort, il faut lire (selon la correction de la plupart des critiques) ὀγδοηκοστῆς au lieu de ἑβδομηκοστῆς. La conjecture de BAKHUIZEN V. D. BRINK (p. 72), d'après laquelle il faudrait maintenir le chiffre de l'Olympiade, mais lire ἠρμένος au lieu de τεθνηκέναι, ne repose sur aucun fondement solide. La date généralement admise est encore confirmée par HIPPOLYTE (*Refut.*, I, 8, fin), qui ne place apparemment l'époque principale de la vie du philosophe, Ol. 88, 1, que parce qu'il avait vu cette année indiquée comme

étant celle de sa mort et qu'il la rapporta par erreur à l'époque principale de sa vie. Notre hypothèse est aussi d'accord avec l'indication de DÉMÉTRIUS de Phalère (*ap.* DIOG., *l. c.*) dans sa liste des archontes : ἤρξατο φιλοσοφεῖν Ἀθήνησιν ἐπὶ Καλλίου, ἐτῶν εἴκοσι ὤν, et cela (DIELS, *l. c.*) sans qu'il soit nécessaire de changer Καλλίου en Καλλιάδου, comme le veulent MEURSIUS et d'autres (cf. MÉNAGE, *ad h. l.* BRANDIS, *Gr.-röm. Phil.*, I, 233 ; B. V. D. BRINK, *l. c.*, 79 sq. Cobet), car ces deux noms désignent, sous une forme différente, le même archonte. Un Calliadès était en effet, en 480 av. J.-C., archonte éponyme ; ce qui nous donne l'année 500 pour la naissance d'Anaxagore. Seulement, il faut admettre alors que Diogène ou son témoin se sont mépris sur l'indication de Démétrius, et que celui-ci a dit d'Anaxagore, ou bien : ἤρξατο φιλοσοφεῖν ἐπὶ Καλλίου, ou, plus vraisemblablement : ἤρξ. φιλοσ. Ἀθήνησι ἔρχοντος Καλλίου ; car, dans ce cas, l'expression ἤρξ. φιλοσ. ne pourrait vouloir dire qu'il ouvrit une école (à vingt ans il aurait été trop jeune pour cela), elle signifierait simplement qu'il commença alors à se livrer aux études philosophiques. Mais comment Anaxagore serait-il venu dans ce dessein à Athènes, juste au moment où l'armée de Xerxès s'avançait vers cette ville, qui alors et même pendant les dix années suivantes ne possédait aucun philosophe en renom ? (SCHAUBACH, 14 sq., et ZÉVORT, 10 sq., proposent, tout en maintenant le nom de l'archonte, de lire « τεσσαράκοντα » au lieu de εἴκοσι, c'est-à-dire M au lieu de K, de telle sorte qu'Anaxagore serait venu à Athènes à l'âge de 40 ans, en l'année 456 av. J.-C., pendant laquelle un Callias était archonte). Il est vrai que les dates concernant Démocrite, qui sont fournies par Diodore, Eusèbe et Cyrille, ne s'accordent pas avec les nôtres, car si Démocrite (voy. Diodore, XIV, 11) mourut Ol. 94, 1 (403/4 av. J.-C.) à l'âge de 90 ans, ou s'il naquit (voy. EUSÈBE et CYRILLE, *sup.*, p. 672, au mil.) Ol. 69, 3, peut-être Ol. 70, il faudrait qu'Anaxagore, son aîné de 40 ans (DIOG., IX, 41, voy. *sup.*, p. 762) fût, au commencement du cinquième siècle, âgé de 33 à 41 années. Mais les raisons les plus péremptoires nous empêchent d'admettre cette hypothèse. En premier lieu Apollodore mérite dans toutes les questions chronologiques plus de confiance que Diodore et à plus forte raison qu'Eusèbe et Cyrille, lesquels se contredisent et se trompent si souvent dans leurs indications chronologiques à un point invraisemblable, surtout à propos de Démocrite. Pour Eusèbe, on en trouvera des exemples dans ma dissertation *De Hermodoro*, p. 10 ; cf. aussi *Præp. ev.*, X, 14, 8 sq., XIV, 15, 9, où Xénophane et Pythagore sont désignés comme les contemporains d'Anaxagore, Euripide et Archélaüs comme ses disciples ; pour Cyrille, il suffit de rappeler que, *c. Jul.* 13 b, il indique Ol. 70 et 86 comme l'époque de floraison de Démocrite, en même temps qu'il place Parménide Ol. 86, et qu'il fait d'Anaximène le philosophe, probablement parce qu'il le confond avec le rhéteur de Lampsaque, un contemporain d'Épicure ; de même CEDRENUS, 158 C., le désigne comme le maître d'Alexandre le Grand. HERMANN croit qu'il faut chercher la raison des trois indications relatives à l'époque de Démocrite, celles d'Apollodore, de Thrasylle et de Diodore, dans ce fait que ces trois auteurs avaient fondé leurs calculs sur une indication qui faisait naître Démocrite 723 ans après la destruction de Troie, en prenant chacun pour point de départ l'ère troyenne telle qu'ils la connaissaient (Apollodore 1183, Thrasylle 1193, Diodore, à l'exemple d'Éphore, 1217 av. J.-C.), et qu'ils ont déterminé l'époque d'Anaxagore d'après celle de Démocrite. Lors même que cette hypothèse serait fondée, on n'en pourrait conclure que Diodore eût raison contre les deux autres ; mais cette hypothèse, en elle-même, donne lieu à plusieurs objections. 1° Il est impossible de prouver qu'Éphore a placé la destruction de Troie dans l'année 1217 (B. V. D. BRINK, *Philol.*, VI, 589 sq., donne 1150 avec BÖCKH et WELCKER ; et MÜLLER, *Ctes. et Chronogr. Fragm.* 126, ne me semble pas avoir démontré le contraire) ; tout ce qui ressort de CLÉMENT, *Strom.*, I, 337 a, et de DIODORE, XVI, 76, c'est qu'il plaçait le retour des Héraclides en 1070 ou 1090/1 av. J.-C. ; en outre, il est très invraisemblable qu'Apollodore et son prédécesseur Ératosthène soient arrivés à déterminer l'époque de Démocrite et d'Anaxarque de la manière indiquée par Hermann. Car ils ont dû connaître l'assertion de Démocrite lui-même d'après laquelle il aurait composé le μικρὸς διάκοσμος dans l'année 730 après la destruction de Troie ; bien plus, il semble ressortir de Diog., IX, 41, qu'Apollodore a précisément fondé sur cette assertion ses calculs relatifs à la date de la naissance de Démocrite. D'ailleurs comment auraient-ils pu assigner, pour la naissance de ce philosophe, l'année 723 de la même ère dans l'année 739 de laquelle il avait composé son ouvrage ? Ils n'ont donc pu trouver cette date de sa naissance qu'en rapportant les indications de Démocrite à leur propre ère et non à celle de ce philosophe. Mais pour ce qui concerne Anaxagore, la date qu'ils donnent concorde avec celle que donnent Démétrius de Phalère et d'autres, qui pourtant ne peuvent devoir tous leur opinion à l'application défectueuse d'une seule et même ère troyenne. Il est même difficile de croire qu'Ératosthène, Apollodore et Thrasylle aient procédé d'une façon aussi légère qu'Hermann le suppose. 2° Diodore lui-même, la principale autorité d'Hermann, est d'accord avec les témoignages cités plus haut sur Anaxagore, quand (XII, 38 sq.) il dit, à propos des causes qui ont amené la guerre du Péloponnèse : à l'embarras où se trouvait Périclès par suite de sa mauvaise administration du trésor de la confédération, il faut joindre quelques motifs accessoires, l'accusation intentée à Phidias et l'accusation d'athéisme intentée à Anaxagore. Ce texte place nettement le procès d'Anaxagore dans la seule époque où il pût être placé, dans celle qui précéda immédiatement la guerre du Péloponnèse, et ainsi il reporte la naissance de ce philosophe au commencement du cinquième ou à la fin du sixième siècle. Hermann interprète ainsi ce passage (p. 19) : à l'occasion de la plainte élevée contre Phidias, il fut de nouveau question des anciennes accusations portées contre Anaxagore. Mais cette interprétation est si peu naturelle que personne, sans doute, ne l'admettra. Les ennemis de Périclès, dit Diodore, obtinrent que Phidias fût mis en prison, καὶ αὐτοῦ τοῦ Περικλέους κατηγοροῦν ἱεροσυλίαν, πρὸς δὲ τούτοις Ἀναξαγόραν τὸν σοφιστήν, διδάσκαλον ὄντα Περικλέους ὡς ἀσεβοῦντα εἰς τοὺς θεοὺς ἐσυκοφάντουν. Diodore se fût-il exprimé de cette façon s'il avait voulu parler, non pas des soupçons planant sur Anaxagore encore vivant, mais des accusations intentées, 30 ans auparavant, au philosophe mort depuis longtemps ? Le contraire ressort déjà du présent : διδάσκαλον ὄντα et ἀσεβοῦντα. Plutarque lui aussi (*Péricl.*, 32) place l'accusation élevée contre Anaxagore à la même époque et au milieu des mêmes événements historiques. Il dit en outre (*Nic.*, 23), à propos d'une éclipse de lune qui eut lieu pendant l'expédition de Sicile : Anaxagore, qui le premier a écrit clairement et ouvertement sur les éclipses de lune οὔτ' αὐτὸς ἦν παλαιὸς, οὔτε ὁ λόγος ἔνδοξος (connu de l'opinion publique) ; car, à cause de la défaveur contre laquelle l'explication physique de la nature avait encore à lutter dans Athènes, on ne s'était communiqué ses doctrines que dans un cercle restreint, et cela avec une grande circonspection. Plutarque est donc d'accord avec Diodore pour dire qu'Anaxagore se trouva à Athènes jusqu'au commencement de la guerre du Péloponnèse. Satyrus (*ap.* Diog., II, 12) cite Thucydide (fils de Mélésias) comme l'accusateur d'Anaxagore ; mais cette indication ne peut être prise en considération ; car Sotion (*ibid.*) attribue ce rôle à Cléon, lequel n'arriva à une certaine notoriété que vers la fin de la vie de Périclès (Plut., *Pér.*, 33) ; en outre Plutarque (*Pér.*, 32) dit que le décret contre les athées et contre les professeurs de *métarsiologie* fut rédigé par Diopéithès, dont Aristophane parle encore dans les *Oiseaux* (414 av. J.-C.), v. 988, comme d'un vivant. Brandis (*Gesch. d. Entwick.*, I, 120 sq.) attache à tort une grande importance à cette circonstance que Socrate (*ap.* Platon, *Phédon*, 97 b) dit qu'il a appris à connaître la doctrine d'Anaxagore dans l'ouvrage de ce philosophe et non par des rapports personnels. Platon aurait *pu* sans doute le présenter comme ayant eu des relations personnelles avec Anaxagore, s'il est vrai que celui-ci demeura à Athènes jusqu'en 434, mais on ne peut dire qu'il y *fût obligé*. Une troisième objection contre l'opinion de Hermann, c'est que Xénophon (*Mem.*, IV, 7, 6 sq), ainsi que Platon (*Apol.*, 26 d), parle d'Anaxagore comme d'un physicien dont les doctrines et les écrits étaient généralement connus à Athènes vers la fin du cinquième siècle ; de même Aristophane y fait allusion dans ses

Nuées; s'il avait quitté Athènes depuis plus de 60 années, on ne se serait rappelé ni sa personne ni son procès, et les adversaires de la philosophie auraient dirigé leurs attaques contre des hommes plus jeunes et des doctrines plus récentes. En outre, dans le *Cratyle* (p. 409 a), qui certainement ne remonte pas au delà des dernières décades du cinquième siècle, PLATON (qui suivit les leçons de Cratyle vers 409-407) désigne l'opinion d'Anaxagore sur la lune comme une chose ὃ ἐκεῖνος νεωστὶ ἔλεγεν—3° Euripide (né 480 av. J.-C.) est appelé disciple d'Anaxagore (voy. *inf.*, 871, 5), et lui-même semble trahir cette dépendance (voy. t. II, a, 12, 3° éd.); or cela suppose qu'Anaxagore n'était pas déjà mort en 462 av. J.-C., après avoir quitté Athènes quelques années auparavant. Si l'on m'objectait l'époque relativement récente des écrivains qui attestent les relations d'Euripide avec Anaxagore, j'invoquerais, pour démontrer l'inanité de cet expédient, cette autre circonstance que, d'après ATHÉNÉE (V, 220 b), le *Callias* du socratique Eschine contenait τὴν τοῦ Καλλίου πρὸς τὸν πατέρα διαφορὰν καὶ τὴν Προδίκου καὶ Ἀναξαγόρου τῶν σοφιστῶν διαμώκησιν (persiflage); il avait donc mis Anaxagore et Prodicus en rapport avec Callias, lequel n'était pas encore né à l'époque où, d'après Hermann, Anaxagore aurait quitté Athènes. Hermann se tire de cette difficulté (*De Æsch. Socrat. Reliq.*, 14) en conjecturant que dans Athénée il faut lire Πρωταγόρου au lieu d'Ἀναξαγόρου. Mais c'est là un changement tout à fait arbitraire n'ayant d'autre raison d'être que l'incompatibilité de l'hypothèse d'Hermann avec le texte traditionnel. Ce que nous avons dit, p. 250, 5, montre déjà, et ce que nous dirons, p. 965, 1, confirmera que le nom de sophiste appliqué à Anaxagore était conforme à la langue de l'époque : Hermann d'ailleurs reconnaît explicitement ce fait. Diodore lui-même (voy. *sup.*) l'appelle encore ainsi, et cette désignation n'était nullement prise dans un sens défavorable. Un Socratique comme Eschine devait d'autant moins hésiter à le nommer à côté d'autres sophistes, que Socrate lui-même (*ap.* XÉNOPHON, *Mem.*, II, 1, 21) parle de Prodicus plus favorablement que d'Anaxagore (IV, 7, 6). — Enfin Hermann croit que Callias, ayant encore rempli des fonctions publiques, Ol. 102, 2, 371 av. J.-C. (*ap.* XÉN., *Hellen.*, VI, 3, 2 sq.), n'a pu suivre les leçons d'Anaxagore, et que, son père Hipponique étant mort à Délium en 424 seulement av. J.-C., il n'a pu être représenté avant cette époque comme le protecteur des sophistes. Mais cette opinion n'est pas seulement contraire au témoignage de Platon, qui, dans son *Protagoras*, nous montre Callias recevant chez lui, avant même le commencement de la guerre du Péloponnèse, plusieurs des sophistes les plus considérés : elle est encore réfutée par cette circonstance plus décisive, que Xanthippe, le plus jeune frère consanguin de Callias, était déjà marié avant l'année 429 (PLUT., *Per.*, 24, 36; cf. PLATON, *Protag.*, 314 c). — Si maintenant nous considérons que non seulement Parménide, qui, selon Hermann, aurait été le jeune contemporain d'Anaxagore, a exercé l'influence la plus décisive sur la philosophie de ce dernier, mais même qu'Anaxagore a eu égard aux doctrines d'Empédocle et de Leucippe, nous n'aurons plus aucun doute sur l'exactitude de l'opinion commune touchant l'époque où il vécut. On ne peut nous objecter que, d'après PLUT. (*Themist.*, 2), STÉSIMBROTUS avait prétendu que Thémistocle avait suivi les leçons d'Anaxagore et s'était occupé des doctrines de Mélissus. Sans doute PLUTARQUE (*Cimon*, 4) dit de Stésimbrotus qu'il était περὶ τὸν αὐτὸν ὁμοῦ τι χρόνον τῷ Κίμωνι γεγονώς; mais son témoignage ne saurait avoir plus de valeur relativement à Anaxagore que relativement à Mélissus, qui, d'après le calcul d'Apollodore, était, non plus âgé, mais plutôt un peu plus jeune qu'Anaxagore. Nous avons donc le choix entre deux hypothèses : Thémistocle, pendant son séjour en Asie Mineure (474/0 av. J.-C.) a-t-il été réellement en contact (car il ne peut s'agir d'autre chose) avec Anaxagore, qui demeurait alors à Lampsaque, et avec Mélissus? Ou bien devons-nous penser que l'auteur, dont l'ouvrage a été composé, d'après PLUTARQUE (*Per.*, 36), plus de 40 ans après la mort de Thémistocle, et contre la véracité duquel Plutarque nous fournit tant de preuves (*Per.*, 13, 36; *Themist.*, 24, *fin*), n'a fait, dans ce cas encore, que reproduire un bruit dénué de fondement ou même inventer un fait avec intention? Cette dernière

870 de Leucippe. De Clazomène[1], sa ville natale, ce savant
871 homme[2], qui est cité avec distinction[3] parmi les mathé-

supposition me paraît la plus vraisemblable. Il est de même indifférent qu'Archélaüs, le disciple d'Anaxagore, ait été regardé par Panétius comme l'auteur d'un poème de consolation adressé à Cimon après la mort de sa femme (PLUT., *Cimon*, 4. *sub fin.*); car, d'un côté, c'est là une simple conjecture dont nous ne pouvons vérifier l'exactitude ; de l'autre, lors même que cette conjecture serait fondée, nous ignorons absolument combien de temps avant la mort de Cimon (450) ce poème a été composé, quel âge Archélaüs avait à cette époque, et de combien d'années il était postérieur à Anaxagore : Plutarque, qui place la fuite de ce dernier immédiatement avant la guerre du Péloponnèse, n'en croit pas moins que la chronologie confirme l'assertion de Panétius. Pour les mêmes motifs, l'hypothèse d'après laquelle Socrate aurait été disciple d'Archélaüs ne pourrait, lors même qu'elle serait fondée, nous autoriser à placer le séjour d'Anaxagore à Athènes dans le premier tiers du cinquième siècle (j'ai déjà montré, II° part., a, 47, 3° éd., le peu de solidité de cette hypothèse). — Enfin Hermann s'appuie sur cet argument que sa chronologie est la seule qui montre comment Protagoras a pu être le disciple de Démocrite, et Démocrite celui des Perses que Xerxès amena dans la maison de son père. Mais cet argument est très faible : nous montrerons plus tard à quelle source douteuse on a puisé ce fait que Protagoras avait été le disciple de Démocrite, et nous avons déjà vu (p. 163, au mil.) que les récits concernant les maîtres perses de Démocrite ne méritaient aucune créance.

1. Κλαζομένιος est son surnom habituel. D'après DIOGÈNE (II, 6) et d'autres (cf. SCHAUBACH, p. 7), son père s'appelait Hegesibulus, ou encore Eubulus ; grâce à ses richesses et à sa noble extraction, il occupa une position distinguée.

2. Il est hors de doute qu'Anaxagore était un savant, mais nous ne savons ni où ni comment il a acquis ses connaissances. Dans la série des philosophes on le place ordinairement après Anaximène, et on le désigne ainsi comme le disciple et le successeur de ce philosophe (Cic., *N. D.*, I, 11, 26; DIOG., *Proœm.*, 14, II, 6; STRABON, XIV, 3, 36, p. 645; CLÉM., *Strom.*, I, 301 a; SIMPL., *Phys.*, 6 b, au bas; GALIEN, *H. phil*, chap. 2 et pass. Voy. SCHAUBACH, p. 3 ; KRISCHE, *Forsch.*, 61). C'est évidemment là une combinaison tout à fait contraire à l'histoire, et que ZÉVORT (p. 6 sq.) n'aurait pas dû chercher à défendre. EUSÈBE (*Pr. ev.*, X, 14, 14) et THÉODORET (*Cur. Gr. aff.*, II, 22, p. 24 ; cf. IV, 45, p. 77) semblent admettre la même hypothèse, quand ils font d'Anaxagore un contemporain de Pythagore et de Xénophane, et le premier en particulier, quand il place dans sa *Chronique* (voy. sup.) l'époque de sa jeunesse Ol. 70, 3, et la date de sa mort, 79, 2. On ne peut en aucune façon ajouter foi à ce qu'AMMIEN (XXII, 16, 22), THÉODORET (*Cur. Gr. aff.*, II, 23, p. 24) et CEDREN. (*Hist.*, 94, D.; cf. VALÈRE, VIII, 7, 6) disent d'un voyage qu'Anaxagore fit en Égypte pour s'instruire ; JOSÈPHE (c. *Ap.*, c. 16, p. 482) a également tort de le mettre en rapport avec les Juifs. Les documents les plus dignes de foi ne contiennent aucun renseignement sur ses maîtres ni sur la manière dont il s'est instruit. On raconte que, par amour pour la science, il négligea sa fortune, convertit ses terres en pâturages à moutons, et, finalement, abandonna ses richesses à sa famille (DIOG., II, 6 sq.; PLAT., *Hipp. maj.*, 283 a; PLUT., *Pericl.*, c. 16; *De v. œre al.*, 8, 8, p. 831; CIC., *Tusc.*, V, 39, 115; VALÈRE. MAX., VIII, 7, *ext.*, 6 et pass. Voy. SCHAUBACH, 7 sq.; cf. ARIST., *Eth. N.*, VI, 7, 1141 b, 3); il ne s'occupa nullement, dit-on, des affaires de l'État, prétendant que le ciel était sa patrie et la contemplation des astres sa mission (DIOG., II, 7, 10; EUDÈME, *Eth.*, I, 5, 1216 a, 10; PHILON, *Ætern. m.*, sub init., p. 939 b; JAMBL., *Protrept.*, c. 9, p. 146, Kiessl.; CLÉM., *Strom.*, II, 416 d; LACTANCE, *Instit.*, III, 9, 23; cf. CIC., *De Orat.*, III, 15, 56).

3. Ps.-PLATON, *Interast.*, sub init.; PROCL., *in Euclid.*, 19, au mil., 65 sq.

maticiens et les astronomes les plus anciens de la Grèce, vint à Athènes¹, où il implanta le premier la philosophie². Il eut à lutter, pendant son séjour de plusieurs années dans cette ville, contre la méfiance et les préjugés³ de la majeure partie des habitants; néanmoins, il ne manqua pas d'hommes intelligents pour rechercher sa société instructive⁴. Le grand Périclès, en particulier, fut pour lui 872 un protecteur dont l'amitié pouvait le dédommager⁵ de la

Friedl. (d'après Eudème) : πολλῶν ἐφήψατο κατὰ γεωμετρίαν. PLUT. (De exil., 17, sub fin., p. 607). Plus tard on prétendait encore savoir sur le sommet de quelle montagne (Mimas, dans le voisinage de Chios) Anaxagore avait fait ses observations astronomiques (PHILOSTR., Apoll., II, 5, 3). Aux connaissances mathématiques d'Anaxagore se rattachent aussi les prédictions qu'on lui attribue; la plus célèbre d'entre elles, celle de la chute de la fameuse pierre météorique d'Ægospotamos, se rapporte également à un phénomène céleste et s'accorde avec son opinion relative aux astres. Voy. DIOG., II, 10; ÆL., H. anim., VII, 8; PLINE, H. nat., II, 58, 149; PLUT., Lysand., 12; PHILOSTR., Apollon., I, 2, 2; VIII, 7, 29; AMMIEN, XXII, 16, 22; TZETZ., Chil., II, 892; SUID., Ἀναξαγ.; SCHAUBACH, p. 40 sq.

1. D'après DIOGÈNE, II, 7 (sauf la restriction φασίν), il aurait passé 30 ans dans cette ville. En ce cas, il faudrait placer son arrivée à Athènes vers 463 ou 462 av. J.-C. Pour toutes les autres questions concernant la chronologie, voy. p. 865 sq.

2. Zénon d'Élée, dit-on, demeura quelque temps à Athènes vers la même époque; voy. sup., p. 535, 1.

3. Cf. le texte de PLUT. (Nic., 23) mentionné p. 867, au bas; PLATON, Apol. 26 c, sq., et les Nuées d'ARISTOPHANE. Le surnom de Νοῦς, qu'on prétend lui avoir été donné (PLUT., Pericl., 4; TIMON, ap. DIOG., II, 6, et à leur exemple les écrivains postérieurs cités par SCHAUBACH, p. 36), doit plutôt être considéré comme un sobriquet que comme un témoignage d'estime.

4. Outre Archélaüs et Métrodore, dont nous parlerons plus loin, et outre Périclès, on désigne notamment Euripide comme ayant été disciple d'Anaxagore (DIOG., II, 10, 45; SUID., Εὐρ.π.; DIODORE, I, 7, sub fin.; STRABON, XIV, 1, 36, p. 645; CIC., Tusc., III, 14, 30; A.-GELLE, N. A., XV, 20, 4, 8, et ALEXANDRE AETOLUS, cité par ce dernier; HÉRACLITE, Alleg. Hom., 22, p. 47, M.; DENYS d'Halic., Ars rhet., 10, 11, p. 300, 355, R., etc. Cf. SCHAUBACH, p. 20 sq.). Ce poète semble lui-même faire allusion aussi bien à la personne qu'aux doctrines d'Anaxagore (cf. vol. II, a, 12, 3ᵉ éd.). D'après ANTYLLUS (ap. MARCELLIN, v. Thucyd., p. 3, D.), Thucydide aurait également suivi les leçons d'Anaxagore. Mais on a eu tort de regarder Empédocle comme son disciple (voy. p. 743, cf. 679), et il est impossible qu'il ait été le maître de Démocrite et de Socrate. (Voy. 764, et IIᵉ part., a, 47, 3ᵉ éd.)

5. Sur les relations de Périclès avec Anaxagore, cf. PLUT., Per., 4, 5, 6, 16; PLATON, Phèdre, 270 a; Alcib., I, 118 c; ep., II, 311 a; ISOCR., π. ἀντιδόσ., 235; PS.-DÉMOSTH., Amator., 1414; CIC., Brut., 11, 44; De Orat., III, 34, 138; DIODORE, XII, 39. Voy. sup., p. 867; DIOG., II, 13, et SCHAUBACH, p. 17 sq. Les faiseurs d'anecdotes se sont (tout de suite sans nul doute) emparés de ces relations; parmi leurs inventions oiseuses je citerai l'indication suivante de Plutarque (Per., 16), que B. v. D. BRINK (Var. lect., 79) a faussement interprétée : Périclès ayant été quelque temps sans voir Anaxagore, celui-ci tomba dans une grande détresse; et il était sur le point de se laisser mourir de faim, lorsque son protecteur intervint encore à temps.

défaveur du vulgaire. Mais lorsque, peu de temps avant le commencement de la guerre du Péloponnèse, les adversaires de cet homme d'État se mirent à l'attaquer dans ses amis, Anaxagore fut accusé lui aussi de nier les dieux de l'État, et son puissant ami ne put le protéger complètement contre les suites de cette accusation [1]. Obligé de quitter Athènes [2], il se rendit à Lampsaque, où il mourut [3] vers l'année 428 av. J.-C. Il avait consigné ses idées scientifiques dans un écrit dont il nous reste de précieux fragments [4].

1. Cf., sur ces événements, DIOG., II, 12-15; PLUT., Per., 32; Nic., 23; DIODORE, XII, 39; JOS., c. Ap., II, 37; OLYMPIOD., in Meteorol., 5 a, I, 136, ld. (celui-ci prétend, contrairement à des témoignages plus authentiques, qu'Anaxagore retourna à Athènes); CYRILLE, c. Jul., VI, 189 e; LUCIEN, Timon, 10; PLATON, Apol., 26 d; Lois, XII, 967 c; ARISTIDE Orat., 45, p. 80, Dind.; SCHAUBACH, p. 47 sqq. Les détails du procès sont diversement racontés : la plupart des auteurs s'accordent à dire qu'Anaxagore fut mis en prison; mais, selon les uns, il s'échappa avec le concours de Périclès, selon d'autres, il fut absous, selon d'autres enfin, il fut banni. L'indication de SATYRUS (ap. DIOG., II, 12), d'après laquelle il aurait été accusé, non seulement d'ἀσέβεια, mais encore de μηδισμός, est tout à fait isolée (GLADISCH, Anaxag. u. d. Isr., 97, émet une conjecture tout à fait invraisemblable au sujet du véritable sens de cette indication). Sur l'époque du procès et les noms des accusateurs, voy. p. 867 sq.
2. L'assertion d'EUSÈBE (Pr. ev., X, 14), d'après laquelle Archélaüs aurait été son successeur dans l'école de Lampsaque, n'est pas une preuve bien convaincante qu'Anaxagore ait établi une école philosophique dans cette ville. D'abord son grand âge rend ce fait invraisemblable; ensuite on ne sait pas si l'idée que nous attachons au mot école peut à bon droit être appliquée à lui ou à ses amis.
3. Ces faits sont fournis par DIOGÈNE (II, 7), en partie d'après Apollodore; cf. sup., p. 865, au mil. HIÉRONYME (ap. DIOG., 14) dit également qu'à l'époque de son procès Anaxagore était déjà affaibli par l'âge. L'assertion d'après laquelle il se serait laissé mourir de faim (DIOG., I, 15; SUID., Ἀναξαγ. et ἀποκαρτερῆσαι;) est très suspecte; l'origine semble devoir en être cherchée, soit dans l'anecdote citée p. 872, 1, soit dans l'indication d'HERMIPPE (ap. DIOG., II, 13), d'après laquelle il se serait tué à cause du chagrin que lui causa son procès. Mais l'anecdote est, comme nous l'avons remarqué, peu certaine, et diffère aussi quelque peu de l'assertion dont il s'agit. Quant à l'indication d'Hermippe, elle est incompatible avec le fait du séjour d'Anaxagore à Lampsaque comme avec tout ce qu'on raconte d'ailleurs du calme avec lequel il supporta sa condamnation, son bannissement et ses autres malheurs (ap. DIOG., II, 10 sqq., etc.). Les habitants de Lampsaque honorèrent sa mémoire par des funérailles publiques, par des autels (consacrés d'après Élien au Νοῦς et à Ἀλήθεια) et par une fête qui subsista pendant des siècles (ALCIDAMAS, ap. ARIST., Rhet., II, 23, 1398 b, 15; DIOG., II, 14 sq.; cf. PLUT., Praec. ger. reip., 27, 9, p. 820; ÉLIEN, V. H., VIII, 19).
4. Cet écrit porte, comme la plupart de ces anciens écrits philosophiques, le titre περὶ φύσεως; pour les fragments qui en restent, voy. SCHAUBACH, SCHORN et MULLACH. D'après VITRUVE (VII, Praef., 11), il aurait écrit aussi sur la scénographie; et, d'après PLUTARQUE (De exil., 17 g., E., p. 607), il composa en prison un écrit ou plutôt une figure qui se rapportait à la quadrature du cercle. L'opi-

CARACTÈRE DE SA DOCTRINE. — Le système d'Anaxagore est parent des systèmes contemporains d'Empédocle et de Leucippe. Des deux côtés, on prend pour point de départ les propositions de Parménide sur l'impossibilité de la génération et de la destruction; des deux côtés, on se propose comme fin l'explication des choses données, dont on reconnaît la multiplicité et la mutabilité. Dans cette vue, on admet, de part et d'autre, certaines substances premières immuables qui, par leur réunion et leur séparation dans l'espace, servent à former toutes choses. Mais Anaxagore se sépare des deux autres philosophes dans la manière dont il détermine les substances premières et la cause de leur mouvement. Ceux-ci écartent des substances primordiales les propriétés des substances dérivées : Empédocle les conçoit comme des éléments différant entre eux au point de vue qualitatif, mais limités quant au nombre; Leucippe les conçoit comme des atomes dont le nombre et la forme sont illimités, mais dont les propriétés sont absolument semblables. Anaxagore, au contraire, estime que toutes les qualités et toutes les différences des choses dérivées existent déjà dans la substance primordiale, et il admet, en conséquence, que les principes premiers sont illimités, et quant à l'espèce et quant au nombre. De plus, tandis qu'Empédocle expliquait le mouvement par les figures mythiques de l'amour et de la haine, ce qui revenait à ne point l'expliquer du tout, tandis que les Atomistes le regardaient comme un effet purement mécanique de la pesanteur des atomes, Anaxagore professe qu'il ne s'explique que par l'action d'une force incorporelle, et en consé-

374

---

nion de SCHORN (p. 4), d'après laquelle l'auteur de la scénographie serait un homonyme, est certainement inexacte. On pourrait plutôt admettre avec ZÉVORT (36 sq.) que ce traité sur la scénographie fait partie de l'écrit sur la nature et que ce dernier est son œuvre unique, comme le dit DIOGÈNE (I, 16), certainement d'après des sources plus anciennes. On ne rencontre pas de traces bien nettes d'autres écrits (voy. SCHAUBACH, 57 sq.; RITTER, *Gesch. d. jon. Phil.*, 208). En ce qui concerne les jugements portés par les anciens sur Anaxagore, voy. SCHAUBACH (35 sq.), cf. DIOG., II, 6.

quence il oppose à la matière l'Intelligence, comme la cause du mouvement et de l'ordre. Autour de ces deux points gravitent toutes les théories philosophiques qui lui sont particulières.

GÉNÉRATION ET MORT. — RÉUNION ET SÉPARATION DES SUBSTANCES. — Le premier postulat de son système, c'est, comme nous l'avons remarqué, la proposition relative à l'inconcevabilité d'un devenir absolu. « Les Hellènes, dit-il, parlent mal quand ils disent : *naître* et *périr*. Car rien ne naît ni ne périt, mais des choses déjà existantes se combinent, puis se séparent de nouveau. Pour parler juste, il faudrait donc appeler le commencement des choses une composition, et leur fin une désagrégation[1]. » Ainsi Anaxagore rejette, comme Parménide, l'idée que les choses aient un commencement et une fin dans le sens propre de ces mots; et, de même, il soutient que les choses ne peuvent ni augmenter ni diminuer[2]. Ces mots ne sont que des expressions impropres[3]; en réalité, ce qu'on appelle le commencement des choses nouvelles et la fin des choses anciennes n'est autre chose que le changement de ce qui existait déjà auparavant et continue de subsister; ce changement n'est pas qualitatif, mais mécanique; la substance demeure ce qu'elle était; seul, son mode de composition diffère; la naissance consiste dans la combinaison, la mort dans la désagrégation de certaines substances[4].

---

1. Fr. 22, Schaub., 17, Mull. : τὸ δὲ γίνεσθαι καὶ ἀπόλλυσθαι οὐκ ὀρθῶς νομίζουσιν οἱ Ἕλληνες. οὐδὲν γὰρ χρῆμα γίνεται, οὐδὲ ἀπόλλυται, ἀλλ' ἀπ' ἐόντων χρημάτων συμμίσγεταί τε καὶ διακρίνεται, καὶ οὕτως ἂν ὀρθῶς καλοῖεν τό τε γίνεσθαι συμμίσγεσθαι καὶ τὸ ἀπόλλυσθαι διακρίνεσθαι. Ces propositions ont pu ne pas se trouver au commencement de l'écrit d'Anaxagore; mais cela ne saurait naturellement nous empêcher d'y voir le point de départ de son système.
2. Fr. 14 : τουτέων δὲ οὕτω διακεκριμένων γινώσκειν χρὴ, ὅτι πάντα οὐδὲν ἐλάσσω ἐστὶν οὐδὲ πλέω· οὐ γὰρ ἀνυστὸν πάντων πλέω εἶναι, ἀλλὰ πάντα ἴσα αἰεί.
3. C'est aussi au langage que semble se rapporter, dans le fragment que nous venons de citer, le mot νομίζειν, comme l'indique déjà le mot Ἕλληνες. Ce mot correspond au νόμῳ d'Empédocle et de Démocrite (p. 685, 1, 772, 1) et à ἔθος de Parménide (v. 54, voy. sup., 512, 1); il n'est donc pas exactement traduit par le mot « croire ».
4. ARIST. (*Phys.*, I, 4, 187 a, 26) : ἔοικε δὲ Ἀναξαγόρας ἄπειρα οὕτως οἰηθῆναι

LES SUBSTANCES PREMIÈRES. — Cette théorie implique la pluralité des substances primordiales ; mais tandis qu'Empédocle et les Atomistes tiennent les corps les plus simples pour les plus primitifs, et, par suite, n'attribuent à leurs substances premières, outre les propriétés générales de toute matière, d'autres propriétés que la détermination mathématique de la forme, ou encore les qualités simples des quatre éléments, Anaxagore, au contraire, estime que ce sont les corps déterminés individuellement [1], tels que la

[τὰ στοιχεῖα] διὰ τὸ ὑπολαμβάνειν τὴν κοινὴν δόξαν τῶν φυσικῶν εἶναι ἀληθῆ, ὡς οὐ γινομένου οὐδενὸς ἐκ τοῦ μὴ ὄντος· διὰ τοῦτο γὰρ οὕτω λέγουσιν « ἦν ὁμοῦ τὰ πάντα » καὶ « τὸ γίνεσθαι τοιόνδε καθέστηκεν ἀλλοιοῦσθαι », οἱ δὲ σύγκρισιν καὶ διάκρισιν. ἔτι δ' ἐκ τοῦ γίνεσθαι ἐξ ἀλλήλων τἀναντία· ἐνυπῆρχεν ἄρα, etc. Les mots : τὸ γίν.— ἀλλοιοῦσθαι semblent, comme les précédents, renfermer une citation en discours direct, de sorte qu'il faut traduire : « car pour cette raison ils disent : « tout était réuni », et : « devenir signifie se transformer », ou bien encore ils parlent de combinaison et de séparation ». C'est aussi à ces paroles que paraît se rapporter le texte, *Gen. et corr.*, I, 1, 314 a, 13 : καίτοι Ἀναξαγόρας γε τὴν οἰκείαν φωνὴν ἠγνόησεν· λέγει γοῦν ὡς τὸ γίγνεσθαι καὶ ἀπόλλυσθαι ταὐτὸν καθέστηκε τῷ ἀλλοιοῦσθαι (ce qui est répété par Philop., *ad h. l.*, p. 3, a, au bas) ; en tout cas, ce texte prouve une fois de plus qu'Anaxagore ramenait explicitement le devenir à l'ἀλλοίωσις (cf. aussi 635). Porphyre (*ap.* Simpl., *Phys.*, 34 b, au bas) veut que, dans le texte de la Physique, les mots τὸ γίνεσθαι, etc., se rapportent à Anaximène et non à Anaxagore ; mais il se trompe certainement sur la σύγκρισις et la διάκρισις. Voy. aussi *Metaph.*, I, 3 (note suiv.) et *Gen. an.*, I, 18 (*inf.*, p. 877, 2). Les témoignages postérieurs, qui reproduisent celui d'Aristote, se trouvent *ap.* Schaubach, 77 sq., 136 sq.

1. Arist, *Gen. et corr.*, I, 1, 314 a, 18 : ὁ μὲν γὰρ (Anaxag.) τὰ ὁμοιομερῆ στοιχεῖα τίθησιν οἷον ὀστοῦν καὶ σάρκα καὶ μυελὸν καὶ τῶν ἄλλων ὧν ἑκάστου συνώνυμον (sc. τῷ ὅλῳ, selon la juste explication de Philop., *ad h. l.*, 3, a, au bas) τὸ μέρος ἐστίν... ἐναντίως δὲ φαίνονται λέγοντες οἱ περὶ Ἀναξαγόραν τοῖς περὶ Ἐμπεδοκλέα· ὁ μὲν γάρ φησι πῦρ καὶ ὕδωρ καὶ ἀέρα καὶ γῆν στοιχεῖα τέσσαρα καὶ ἁπλᾶ εἶναι μᾶλλον ἢ σάρκα καὶ ὀστοῦν καὶ τὰ τοιαῦτα τῶν ὁμοιομερῶν, οἱ δὲ ταῦτα μὲν ἁπλᾶ καὶ στοιχεῖα, γῆν δὲ καὶ πῦρ καὶ ὕδωρ καὶ ἀέρα σύνθετα· πανσπερμίαν γὰρ εἶναι τούτων (car ils — les quatre éléments — sont un mélange de ces choses — des corps déterminés). De même, *De cælo*, III, 3, 302 a, 28 : Ἀναξαγόρας δ'Ἐμπεδοκλεῖ ἐναντίως λέγει περὶ τῶν στοιχείων. ὁ μὲν γὰρ πῦρ καὶ γῆν καὶ τὰ σύστοιχα τούτοις στοιχεῖά φησιν εἶναι τῶν σωμάτων καὶ συγκεῖσθαι πάντ' ἐκ τούτων, Ἀναξαγόρας δὲ ἀνάπαλιν. τὰ γὰρ ὁμοιομερῆ, στοιχεῖα (λέγω δ' οἷον σάρκα καὶ ὀστοῦν καὶ τῶν τοιούτων ἕκαστον), ἀέρα δὲ καὶ πῦρ μίγμα τούτων καὶ τῶν ἄλλων σπερμάτων πάντων· εἶναι γὰρ ἑκάτερον αὐτῶν ἐξ ἀοράτων ὁμοιομερῶν πάντων ἠθροισμένων. On trouve la même chose dans Simpl., *ad h. l.* Cf. Théophr., *H. plant.*, III, 1, 4. Le même, *ap.* Simpl., *Phys.*, 6 b (*sup.*, p. 189, 1, 193, 2). Lucrèce, I, 834 sqq.; Alex. Aphr., *De mixt.*, 141 b; cf. 147 b, au haut; Diog., II, 8, etc., voy. p. 877 sq. Aristote semble, il est vrai, se contredire quand il dit (*Metaph.*, I, 3, 984 a, 11) : Ἀναξαγόρας δὲ... ἀπείρους εἶναί φησι τὰς ἀρχάς· σχεδὸν γὰρ ἅπαντα τὰ ὁμοιομερῆ, καθάπερ ὕδωρ ἢ πῦρ, οὕτω γίγνεσθαι καὶ ἀπόλλυσθαι, ἀλλὰ συμένειν ἀΐδια. Mais les mots καθάπερ ὕδωρ ἢ πῦρ peuvent s'entendre de deux façons : ou Aristote les a écrits pour interpréter en son propre nom l'idée de l'ὁμοιομερές;

chair, les os, l'or, etc., qui constituent les substances premières quant aux corps élémentaires, ce sont, selon lui, des mélanges dont l'apparente simplicité résulte uniquement de cette circonstance, que, grâce à la réunion de toute espèce de substance déterminée, on ne perçoit aucune des qualités de ces dernières, mais seulement les qualités qui leur sont communes[1]. Empédocle et les Atomistes pensent que l'organique est formé par l'élémentaire : Anaxagore, au contraire, professe que l'élémentaire est formé par les parties constitutives de l'organique.

Aristote exprime d'ordinaire cette doctrine en disant qu'Anaxagore regarde les corps aux parties semblables (τὰ ὁμοιομερῆ) comme les éléments des choses[2]; et les écri-

tandis que σχεδόν indique qu'Anaxagore ne comptait pas parmi les substances premières tout ce qu'Aristote comprenait sous ces mots (BREIER, *Philos. d. Anaxag.*, 40 sq., d'après Alexandre, *ad h. l.*); ou ils se rapportent à l'opinion d'Empédocle qui vient d'être citée : « car il prétend que tous les corps homœomères ne naissent, ainsi que les éléments d'Empédocle, que de la manière indiquée, c'est-à-dire par combinaison et par séparation » (sic BONITZ, *ad h. l.*). Ainsi ce texte, comme l'a remarqué également SCHWEGLER, dit la même chose que le fragment cité p. 874, 1, et nous n'avons aucune raison de nous défier (comme le fait SCHAUBACH, p. 81) des assertions précises émises par Aristote dans les deux textes cités en premier lieu. Sans doute PHILOPON (*Gen. et corr.*, 3 b, au bas) contredit son indication, et prétend que les éléments, eux aussi, doivent être regardés comme homœomères, mais il n'y a pas lieu de s'arrêter à cette contradiction ; car, à en juger d'après les analogies que présentent les deux textes, PHILOPON a certainement puisé son opinion dans le concept aristotélicien de l'homœomérie. D'ailleurs les idées attribuées par Aristote à Anaxagore s'accordent parfaitement avec l'ensemble de sa doctrine : de même que, dans le mélange primitif de toutes les substances, il estimait qu'aucune propriété perceptible aux sens ne se manifeste, de même il pouvait trouver naturel qu'après une première séparation, encore incomplète, les qualités les plus générales, les qualités élémentaires, devinssent seules perceptibles. D'ailleurs Anaxagore (voy. *inf.*) ne regarde pas les quatre éléments comme également primordiaux ; selon lui, le feu et l'air se dégagèrent les premiers, ensuite ce dernier donna naissance à l'eau et à la lune. HÉRACLITE (*Alleg. Hom.*, 22, p. 46) prête à Anaxagore l'hypothèse, généralement attribuée à Xénophane, d'après laquelle l'eau et la terre sont les éléments de toutes choses (et non pas seulement « de l'homme », comme le prétend GLADISCH, *Anax. u. d. Isr.*, 145); mais cette assertion inintelligible ne peut lui avoir été suggérée que par les vers (cités *ibid.*) du prétendu Anaxagoréen Euripide.

1. De même que du mélange de toutes les lumières colorées résulte la lumière incolore en apparence.
2. Voy., outre la citation de l'avant-dernière note, *Gen. anim.*, I, 18, 723 a, 6 (à propos de cette opinion, que la semence doit contenir des germes de tous les membres) : ὁ αὐτὸς γὰρ λόγος ἔοικεν εἶναι οὗτος τῷ Ἀναξαγόρου, τῷ μηδὲν γίγνεσθαι τῶν ὁμοιομερῶν. *Phys.*, I, 4, 187 a, 25 : ἄπειρα τά τε ὁμοιομερῆ καὶ

LES SUBSTANCES PREMIÈRES. 393

vains postérieurs désignent les substances premières d'Anaxagore par le nom d'homœoméries[1]. Quant à lui, il ne s'est certainement pas servi de ces expressions[2]; 878

τἀναντία (ποιεῖ Ἀναξαγ.). *Ibid.*, III, 4, 203 a, 19 : ὅσοι δ᾽ ἄπειρα ποιοῦσι τὰ στοιχεῖα, καθάπερ Ἀναξαγόρας καὶ Δημόκριτος, ὁ μὲν ἐκ τῶν ὁμοιομερῶν, ὁ δ᾽ ἐκ τῆς πανσπερμίας τῶν σχημάτων, τῷ ἀφῇ συνεχὲς τὸ ἄπειρον εἶναί φασιν. *Metaph.*, I, 7, 988 a, 28 : Ἀναξαγόρας δὲ τὴν τῶν ὁμοιομερῶν ἀπειρίαν [ἀρχὴν λέγει]. *De cælo*, III, 4, *sub init.* : πρῶτον μὲν οὖν ὅτι οὐκ ἔστιν ἄπειρα [τὰ στοιχεῖα]... θεωρητέον, καὶ πρῶτον τοὺς πάντα τὰ ὁμοιομερῆ στοιχεῖα ποιοῦντας, καθάπερ Ἀναξαγόρας. Le texte *Gen. anim.*, II, 4 sq., 740 b, 16; 741 b, 13, n'a pas trait à cette question.

1. Ce mot se trouve pour la première fois dans LUCRÈCE, mais il ne l'emploie pas au pluriel pour désigner les différentes substances premières, il le met au singulier pour indiquer un ensemble de telles substances, de sorte que ἡ ὁμοιομέρεια est synonyme de τὰ ὁμοιομερῆ (telle me paraît être du moins la meilleure interprétation de ses paroles); BREIER (p. 11) leur donne un sens un peu différent. Du reste l'exposition est exacte au fond :

I, 830 :   *Nunc et Anaxagoræ scrutemur homœomeriam,*
           Quam Graii memorant, etc.
834 :   *Principio, rerum quom dicit homœomerian,* (al. *principium*
                                              [*rerum quam d. hom.*]
           Ossa videlicet e pauxillis atque minutis
           Ossibus hic, et de pauxillis atque minutis
           Visceribus viscus gigni, sanguenque creari
           Sanguinis inter se multis coeuntibu' guttis,
           Ex aurique putat micis consistere posse
           Aurum, et de terris terram concrescere parvis,
           Ignibus ex ignis, umorem umoribus esse,
           Cetera consimili fingit ratione putatque.

Le pluriel ὁμοιομέρειαι ne se trouve que chez les écrivains postérieurs : PLUT., *Pericl.*, c. 4 : νοῦν... ἀποκρίνοντα τὰς ὁμοιομερίας. SEXT., *Pyrrh.*, III, 33 : τοῖς περὶ Ἀναξαγόραν πᾶσαν αἰσθητὴν ποιότητα περὶ ταῖς ὁμοιομερείαις ἀπολείπουσιν. *Math.*, X, 25, 2 : οἱ γὰρ ἀτόμους εἰπόντες ἢ ὁμοιομερείας ἢ ὄγκους. De même § 254. DIOG. (II, 8) : ἀρχὰς δὲ τὰς ὁμοιομερείας· καθάπερ γὰρ ἐκ τῶν ψηγμάτων λεγομένων τὸν χρυσὸν συνεστάναι, οὕτως ἐκ τῶν ὁμοιομερῶν μικρῶν σωμάτων τὸ πᾶν συγκεκρίσθαι. SIMPL., *Phys.*, 258 a, au bas : ἐδόκει δὲ λέγειν ὁ Ἀναξ., ὅτι ὁμοῦ πάντων ὄντων χρημάτων καὶ ἠρεμούντων τὸν ἄπειρον πρὸ τοῦ χρόνου, βουληθεὶς ὁ κοσμοποιὸς νοῦς διακρῖναι τὰ εἴδη (les espèces des choses, et non pas, comme on a traduit, les idées. Ce passage semble se rapporter à Anaxagore, Fr. 3) ἅπερ ὁμοιομερείας καλεῖ, κίνησιν αὐταῖς ἐνεποίησεν. ID., *ibid.*, 33, a, au mil., 106, a, au mil., 10, a, au haut, et les auteurs cités par lui, PORPHYRE et THEMISTIUS (*Phys.*, 15, b, au bas, p. 107 sp.); PHILOP. (*Phys.*, A, 10) et ID. (*Gen. et corr.*, 3, b, au bas); PLUT., *Plac.*, I, 3, 8. (STOB., I, 296) : Ἀναξαγ... ἀρχὰς τῶν ὄντων τὰς ὁμοιομερείας ἀπεφήνατο; et, après avoir discuté les fondements de cette hypothèse : ἀπὸ τοῦ οὖν ὅμοια τὰ μέρη εἶναι ἐν τῇ τροφῇ τοῖς γεννωμένοις ὁμοιομερίας αὐτὰς ἐκάλεσε.

2. Cette assertion, émise pour la première fois par SCHLEIERMACHER (*Ueber Diogenes*, Œuv. compl., III, 2, 167; *Gesch. d. Philos.*, 43), a été reproduite ensuite par RITTER (*Ion. Phil.*, 211, 269; *Gesch. d. Phil.*, I, 303); PHILIPPSON (Ὕλη ἀνθρ., 188 sq.); HEGEL (*Gesch. d. Phil.*, I, 359); elle a été plus tard mise hors de doute par BREIER (*Phil. d. Anax.*, 1-54), qui a soumis toute cette doctrine à un examen approfondi. C'est à lui que se rattachent presque tous les auteurs modernes, et c'est lui que nous suivons particulièrement dans notre exposition. L'opinion

car non seulement on ne les trouve nulle part dans les fragments qui nous ont été conservés[1], mais elles n'ont leur sens que dans la langue d'Aristote[2]. Il n'a certainement pas parlé non plus des éléments; car ce sont de même Platon et Aristote qui ont introduit les premiers cette désignation dans le langage philosophique[3], et, d'après ce que nous avons dit plus haut, la différence est grande entre les substances premières d'Anaxagore et les éléments. Son opinion est que les substances qui consti-

---

contraire est soutenue par les auteurs antérieurs et en outre par SCHAUBACH (p. 89); WENDT (ad Tennemann, I, 384); BRANDIS, *l. c.*, 245 (dans sa *Gesch. d. Entw.*, il exprime un avis différent); MARBACH (*Gesch. d. Phil.*; I, 79); ZÉVORT, 53 sq.

1. Là où l'on s'attendrait à trouver le mot *homœoméries*, comme dans les Fr. 1, 3, 6 (4), Anaxagore met σπέρματα, ou aussi le terme moins précis χρήματα. Cf. SIMPL., *De cælo*, 268 b, 37; *Schol.*, 513 a, 39 : Ἀναξαγ. τὰ ὁμοιομερῆ, οἷον σάρκα καὶ ὀστοῦν καὶ τὰ τοιαῦτα, ἅπερ σπέρματα ἐκάλει.

2. Aristote appelle *homœomères* les corps dont toutes les parties sont faites d'une seule et même matière, et sont par conséquent semblables entre elles et au tout (cf. *Gen. et corr.*, I, 1, et PHILOP., *ad h. l.*, sup., p. 876, 1; *ibid.*, I, 10, 328 a, 8 sq. *Part. anim.*, II, 2, 647 b, 17, où ὁμοιομερές et τὸ μέρος ὁμώνυμον τῷ ὅλῳ expriment la même idée; ALEXANDRE, *De mixt.*, 147 b, au haut : ἀνομοιομερῆ μὲν τὰ ἐκ διαφερόντων μερῶν συνεστῶτα ὡς πρόσωπον καὶ χείρ, ὁμοιομερῆ δὲ οἷς τις [τε] καὶ ὀστᾶ, μῦς καὶ αἷμα καὶ φλέψ, ὅλως ὧν τὰ μόρια τοῖς ὅλοις ἐστὶ συνώνυμα); et il distingue de l'homœomère, d'une part l'*élémentaire* (quelquefois cependant celui-ci est regardé comme homœomère, voy. sup., 876, 1, et *De cælo*, III, 4, 302 b, 17), et d'autre part ce qui est appelé *organique* dans un sens restreint; dans la gradation formée par ces trois espèces, l'inférieur apparaît toujours comme l'élément et la condition du supérieur : l'homœomère est constitué par les éléments, l'organique par les substances homœomères; parmi ces dernières on compte la chair, les os, l'or, l'argent, etc.; les substances hétéromères ou organiques sont : le visage, les mains, etc.; voy. *Part. anim.*, II, 1; *De gen. anim.*, I, 1, 715 a, 9; *Meteor.*, IV, 8, 384 a, 30; *De cælo*, III, 4, 302 b, 15 sq.; *Hist. anim.*, I, 1, sub init. : τῶν ἐν τοῖς ζῴοις μορίων τὰ μέν ἐστιν ἀσύνθετα, ὅσα διαιρεῖται εἰς ὁμοιομερῆ, οἷον σάρκες εἰς σάρκας, τὰ δὲ σύνθετα, ὅσα εἰς ἀνομοιομερῆ, οἷον ἡ χεὶρ οὐκ εἰς χεῖρας διαιρεῖται οὐδὲ τὸ πρόσωπον εἰς πρόσωπα. Voy. BREIER, *l. c.*, 16 sq.; IDELER (ad *Meteor.*, l. c., où sont citées des preuves tirées de Théophraste, Galien et Plotin). Avant Aristote, PLATON (*Prot.*, 329 d; 349 c) avait déjà établi une distinction entre l'homœomère et l'hétéromère; l'expression ὁμοιομερή ne se rencontre pas encore dans ces textes, ce qui est une nouvelle preuve de son origine aristotélicienne, mais la distinction elle-même est marquée nettement en ces termes : πάντα δὲ ταῦτα μόρια εἶναι ἀρετῆς, οὐχ ὡς τὰ τοῦ χρυσοῦ μόρια ὅμοιά ἐστιν ἀλλήλοις καὶ τῷ ὅλῳ οὗ μόριά ἐστιν, ἀλλ' ὡς τὰ τοῦ προσώπου μόρια καὶ τῷ ὅλῳ οὗ μόριά ἐστι καὶ ἀλλήλοις ἀνόμοια. Cependant Platon ne songe pas encore à faire de cette distinction l'application étendue qu'en a faite Aristote. D'après ce que nous avons vu plus haut, c'est à tort que les *Placita* (l. c.; SEXT., *Math.*, X, 318; HIPPOL., *Refut.*, X, 7) expliquent les homœoméries par les mots « ὅμοια τοῖς γεννωμένοις ».

3. Cf. p. 686, 2.

LES SUBSTANCES PREMIÈRES.   395

tuent les choses ont toujours existé et existeront toujours telles qu'elles sont déterminées qualitativement. De plus, comme le nombre des choses est infini et qu'aucune d'elles n'est entièrement semblable à l'autre, Anaxagore enseigne que le nombre des germes est infini, qu'aucun ne ressemble à l'autre[1], mais qu'ils diffèrent entre eux, quant à la forme, quant à la couleur, quant au goût[2]. Cette assertion se rapporte-t-elle uniquement aux différentes classes des substances premières et aux choses qui en dérivent, ou bien faut-il encore regarder les différentes particules substantielles d'une même classe comme dissemblables entre elles? Ceci n'est point indiqué, et Anaxagore n'a probablement pas soulevé cette question. De même, nous ne trouvons aucune trace d'une tentative pour rattacher la doctrine de l'infinie variété des substances premières à des considérations métaphysiques générales[3]; il est donc très vraisemblable qu'il la fondait simplement sur la variété

---

1. Fr. 6 (4) : ἡ σύμμιξις πάντων χρημάτων, τοῦ τε διεροῦ καὶ τοῦ ξηροῦ, καὶ τοῦ θερμοῦ καὶ τοῦ ψυχροῦ, καὶ τοῦ λαμπροῦ καὶ τοῦ ζοφεροῦ, καὶ γῆς πολλῆς ἐνούσης καὶ σπερμάτων ἀπείρων πλῆθος οὐδὲν ἐοικότων ἀλλήλοις. οὐδὲ γὰρ τῶν ἄλλων (outre les substances qui viennent d'être énumérées, le θερμόν, etc.) οὐδὲν ἔοικε τῷ ἑτέρῳ τὸ ἕτερον. Fr. 13 (6) : Ἕτερον οὐδὲν (en dehors du νοῦς) ἐστιν ὅμοιον οὐδενὶ ἑτέρῳ ἀπείρων ἐόντων, et de même Fr. 8 : Ἕτερον δὲ οὐδέν ἐστιν ὅμοιον οὐδενὶ ἄλλῳ. Il est souvent question du nombre infini des substances premières, par exemple, Fr. 1 (inf., p. 881, 3); ARISTOTE, Metaph., I, 3, 7; Phys., I, 4; III, 4; De cælo, III, 4 (sup., p. 876, 1, 877, 2); De Melisso, c. 2, 975 b, 17; voy. SCHAUBACH, 71 sq. CICÉRON fait dire à Anaxagore (Acad., II, 37, 118) : Materiam infinitam, sed ex ea particulas similes inter se minutas; mais c'est là une mauvaise traduction de l'ὁμοιομερῆ qu'il avait sans doute sous les yeux dans son texte grec, à moins cependant qu'on ne lise dissimiles, lequel correspondrait à l'οὐδὲν ἐοικότων du fr. 6. On pourrait citer en faveur de cette conjecture AUGUSTIN (Civ. D., VIII, 2) : De particulis inter se dissimilibus, corpora dissimilia (voy. inf., 927, 1).

2. Fr. 3 : τουτέων δὲ οὕτως ἐχόντων χρὴ δοκέειν ἐνεῖναι (cette leçon, fournie par SIMPLICIUS, De cælo, 271 a, 31; Schol., 513 b, 45, a été adoptée avec raison par SCHAUBACH et MULLACH; la leçon ἐν εἶναι, soutenue par BRANDIS, p. 242, et par SCHORN, p. 21, ne donne pas de sens convenable) πολλά τε καὶ παντοῖα ἐν πᾶσι τοῖς συγκρινομένοις (nous reviendrons plus tard sur ce mot) καὶ σπέρματα πάντων χρημάτων καὶ ἰδέας παντοίας ἔχοντα καὶ χροιὰς καὶ ἡδονάς. Sur la signification d'ἡδονή, voy. p. 241, 2; 602, 2. On pourrait traduire ici par « odeur », mais « goût » convient mieux; ce qu'il y a de plus vraisemblable, c'est que le mot ἡδονή, comme l'allemand Schmecken dans quelques dialectes, réunit les deux sens sans les distinguer nettement.

3. Ainsi RITTER (Ion. Phil., 218; Gesch. d. Phil., I, 307) lui prête l'opinion de Leibnitz, d'après laquelle chaque chose tire sa détermination particulière de son rapport avec le tout.

des phénomènes donnée par l'expérience. Parmi les propriétés opposées des choses, Anaxagore fait ressortir particulièrement les déterminations du ténu et du dense, du chaud et du froid, du clair et de l'obscur, de l'humide et du sec [1]; mais comme il considérait les substances particulières comme primordiales, sans les faire dériver d'une substance première, il ne pouvait attacher à la perception de ces oppositions les plus générales la même signification que les physiciens de l'ancienne école ionienne ou que les pythagoriciens.

MÉLANGE PRIMITIF DES SUBSTANCES. — Anaxagore se représente donc tous ces différents corps comme ayant été mélangés à l'origine d'une façon si complète et en parties si ténues, qu'il était impossible de percevoir les qualités propres à chacun d'eux, et que le mélange considéré dans sa totalité ne manifestait aucune des qualités déterminées des choses [1]. Il estime aussi que leur séparation ne saurait

---

1. Fr. 6, p. 880, 1. Fr. 8 (6) : au moment de la séparation des substances, ἀποκρίνεται ἀπό τε τοῦ ἀραιοῦ τὸ πυκνόν, καὶ ἀπό τοῦ ψυχροῦ τὸ θερμόν, καὶ ἀπό τοῦ ζοφεροῦ τὸ λαμπρόν, καὶ ἀπό τοῦ διεροῦ τὸ ξηρόν. Fr. 19 (8) : τὸ μὲν πυκνὸν καὶ διερὸν καὶ ψυχρὸν καὶ ζοφερὸν ἐνθάδε συνεχώρησεν, ἔνθα νῦν ἡ γῆ, τὸ δὲ ἀραιὸν καὶ τὸ θερμὸν καὶ τὸ ξηρὸν ἐξεχώρησεν εἰς τὸ πρόσω τοῦ αἰθέρος. Voy. encore, p. 882, 1. C'est à ces textes ou à des textes analogues que se réfère ARISTOTE quand il appelle (*Phys.*, I, 4 ; voy. *sup.*, 817, 2) les ὁμοιομερῆ des ἐναντία (cf. aussi SIMPLICIUS, *Phys.*, 33 b, au haut. *Ibid.*, 10 a, au haut).
2. Fr. 1 (début de l'écrit d'Anaxagore) : ὁμοῦ πάντα χρήματα ἦν, ἄπειρα καὶ πλῆθος καὶ σμικρότητα, καὶ γὰρ τὸ σμικρὸν ἄπειρον ἦν· καὶ πάντων ὁμοῦ ἐόντων οὐδὲν εὔδηλον (al. ἔνδηλον) ἦν ὑπὸ σμικρότητος. SIMPLICIUS, qui rapporte ce texte dans la *Phys.*, 33 b, au mil., reproduit le premier membre de la phrase, p. 106 a, au mil.; mais ce qu'il ajoute en cet endroit est sa propre explication; et SCHAUBACH (p. 126) a tort d'en faire un fragment spécial. De même, SCHORN (p. 16). KRISCHE (*Forsch.*, 64 sq.) et MULLACH (248) admettent avec raison que son fr. 13 (ap. DIOG., II, 3) ne contient pas une assertion d'Anaxagore lui-même, mais un résumé de sa doctrine qui se relie au début de son écrit. En revanche SIMPLICIUS (*De cælo*, 271 a, 15; *Schol.*, 513 b, 32) a conservé un texte oublié par MULLACH lui-même : « ὥστε τῶν ἀποκρινομένων μὴ εἰδέναι τὸ πλῆθος· μήτε λόγῳ μήτε ἔργῳ. » Fr. 6 (4) : πρὶν δὲ ἀποκριθῆναι ταῦτα, πάντων ὁμοῦ ἐόντων, οὐδὲ χροιὴ εὔδηλος (ἐνδ.) ἦν οὐδεμίη. ἀπεκώλυε γὰρ ἡ σύμμιξις πάντων χρημάτων, etc. (voy. p. 88), 1). Cet ὁμοῦ πάντα, devenu proverbial chez les anciens, est très souvent mentionné, par exemple par PLATON (*Phédon*, 72 c; *Gorg.*, 465 d); ARISTOTE (*Phys.*, I, 4; voy. p. 875, 3; *Metaph.*, IV, 4, 1007 b, 25; X, 6, 1056 b, 28; XII, 2, 1069 b, 20; cf. SCHWEGLER) et par d'autres (voy. SCHAUBACH, 65 sq.; SCHORN, 14 sq.)

être complète dans les choses dérivées, mais que chacune
d'elles doit contenir des parties de tout¹; car comment une
chose pourrait-elle sortir d'une autre, si elle n'y était auparavant contenue ; et comment pourrait-on expliquer la
transformation de toutes les choses, même des plus opposées, l'une dans l'autre, si tout n'était pas dans tout² ? Si

---

1. Fr. 3, voy. p. 880, 2; cf. SCHAUBACH, p. 86. Fr. 5, voy. *inf.*, 884, 3. Fr. 7
5) : ἐν παντὶ παντὸς μοῖρα ἔνεστι πλὴν νόου, ἔστι οἷσι δὲ καὶ νόος ἔνι. Fr. 8, voy.
inf., 886, 1. Fr. 11 (13) : οὐ κεχώρισται τὰ ἐν ἐνὶ κόσμῳ οὐδὲ ἀποκέκοπται πελέκει,
οὔτε τὸ θερμὸν ἀπὸ τοῦ ψυχροῦ οὔτε τὸ ψυχρὸν ἀπὸ τοῦ θερμοῦ. Fr. 12 (6), auquel
se réfère THÉOPHRASTE (*ap.* SIMPL., *Phys.*, 35 b, au mil.) : ἐν παντὶ πάντα οὐδὲ
χωρὶς ἔστιν εἶναι. ἀλλὰ πάντα παντός μοῖραν μετέχει· ὅτε δὲ τοὐλάχιστον μή ἔστιν
εἶναι, οὐκ ἂν δύναιτο χωρισθῆναι, οὐδ' ἂν ἴαν ἀρ' (le Cod. D donne ἐρ', qui vaut
mieux; conf. fr. 8) ἑωυτοῦ γενέσθαι, ἀλλ' ὅπερ (ou ὅκως) περὶ ἀρχήν, εἶναι (ce mot
paraît exact) καὶ νῦν πάντα ὁμοῦ. ἐν πᾶσι δὲ πολλὰ ἔνεστι καὶ τῶν ἀποκρινομένων
ἴσα πλῆθος ἐν τοῖς μείζοσί τε καὶ ἐλάττοσι (« et dans tout, même dans toutes les
choses issues du mélange primordial, c'est-à-dire dans toutes les choses particulières, il y a différentes substances; cela est vrai des plus petites choses, aussi
bien que des plus grandes. » La même pensée est exprimée au début du fragment
dans les termes suivants : ἴσαι μοῖραί εἰσι τοῦ τε μεγάλου καὶ τοῦ σμικροῦ). ARISTOTE atteste souvent cette opinion ; voy. note suiv. ALEXANDRE, *De sensu*, 105 b,
au mil.; LUCRÈCE, I, 875 sqq. et ailleurs; voy. SCHAUBACH, 114 sq., 88, 96.
PHILOPON (*Phys.*, Λ, 10, au bas) et SIMPLICIUS (*Phys.*, 106 a, au mil.) n'expriment pas cette idée d'une manière tout à fait exacte quand ils disent que chaque
homœomérie contient toutes les autres.

2. ARISTOTE, *Phys.*, III, 4, 203 a, 23 : ὁ μὲν (Anaxagore) ὁτιοῦν τῶν μορίων
εἶναι μίγμα ὁμοίως τῷ παντὶ διὰ τὸ ὁρᾶν ὁτιοῦν ἐξ ὁτουοῦν γιγνόμενον· ἐντεῦθεν γὰρ
ἔοικε καὶ ὁμοῦ ποτὲ πάντα χρήματα φάναι εἶναι, οἷον ἥδε ἡ σὰρξ καὶ τόδε τὸ ὀστοῦν
καὶ οὕτως· ὁτιοῦν· καὶ ἅμα πάντα ἄρα. καὶ ἅμα τοίνυν· ἀρχὴ γὰρ οὐ μόνον ἐν ἑκάστῳ ἐστὶ
τῆς διακρίσεως, ἀλλὰ καὶ πάντων, etc., ce que SIMPLICIUS (*ad h. l.*, p. 106, a, au
mil.) explique très bien. *Ibid.*, I, 4 (après la citation donnée p. 875, 3) : εἰ γὰρ πᾶν
μὲν τὸ γινόμενον ἀνάγκη γίνεσθαι ἢ ἐξ ὄντων ἢ ἐκ μὴ ὄντων, τούτων δὲ τὸ μὲν ἐκ μὴ
ὄντων γίνεσθαι ἀδύνατον.... τὸ λοιπόν ἤδη συμβαίνειν ἐξ ἀνάγκης ἐνόμισαν ἐξ ὄντων
μὲν καὶ ἐνυπαρχόντων γίνεσθαι, διὰ μικρότητα δὲ τῶν ὄγκων ἐξ ἀναισθήτων ἡμῖν.
διό φασι πᾶν ἐν παντὶ μεμίχθαι διότι πᾶν ἐκ παντός ἑώρων γινόμενον· φαίνεσθαι δὲ
διαφέροντα καὶ προσαγορεύεσθαι ἕτερα ἀλλήλων ἐκ τοῦ μάλισθ' ὑπερέχοντος· διὰ
πλῆθος· ἐν τῇ μίξει τῶν ἀπείρων· εἰλικρινῶς· μὲν γὰρ ὅλον λευκὸν ἢ μέλαν ἢ γλυκὺ ἢ
σάρκα ἢ ὀστοῦν οὐκ εἶναι, ὅτου δὲ πλεῖστον ἕκαστον ἔχει, τοῦτο δοκεῖν εἶναι τὴν
φύσιν τοῦ πράγματος. Les *Placita* (I, 3, 8) et SIMPLICIUS (*l. c.*) affirment nettement
que la théorie de l'homœomérie dérive de l'observation selon laquelle les différentes substances contenues dans le corps sont formées, dans le processus de la
nutrition, par les aliments analogues. Mais Anaxagore a également tenu compte de
la transformation des matières inorganiques, comme le prouve l'assertion bien
connue que la neige est noire (c'est-à-dire contient de l'obscur à côté du clair),
parce que l'eau, dont elle est formée, est noire (SEXT., *Pyrrh.*, I, 33; CIC., *Acad.*,
II, 23, 72, 31, 100, et d'après lui LACTANCE, *Inst.*, III, 23 ; GALIEN, *De simpl. medic.*,
II, 1, B. XI, 461, Kühn. *Schol. in Iliad.*, II, 161). Nous reviendrons plus tard sur
les propositions sceptiques qu'Aristote déjà déduisait de cette hypothèse d'Anaxagore. RITTER (I, 307) prétend que la proposition : tout est dans tout, veut dire
que l'*action* de tous les éléments primordiaux se trouve dans chacun d'eux; mais
cette interprétation est incompatible avec les témoignages unanimes des anciens
aussi bien qu'avec l'esprit de la doctrine d'Anaxagore.

883 donc un objet nous semble posséder une certaine propriété à l'exclusion des autres, cela provient de ce que la matière correspondante y est contenue dans une proportion plus forte que les autres; mais en réalité chaque chose contient en elle toutes les espèces de substances, bien qu'elle-même soit dénommée d'après celle qui y prédomine[1].

Cette conception, à vrai dire, ne va pas sans difficultés. Si nous entendons le mélange primordial dans un sens rigoureux, les substances mélangées ne peuvent conserver leurs propriétés spéciales, mais elles se combinent en une masse homogène; en ce cas, nous obtenons, au lieu d'un mélange formé d'un nombre infini de substances différentes, une substance première unique à laquelle n'appartiendrait encore aucune des propriétés des substances particulières, et qui serait semblable, soit à l'Infini d'Anaximandre, auquel le mélange d'Anaxagore est ramené par Théophraste[2], soit à la matière de Platon, à laquelle il est ramené par Aristote[3]. D'un autre côté, si la détermi-

884 nation des substances doit être maintenue dans le mélange, un développement plus complet du système amènerait la même conséquence que chez Empédocle : le maintien des qualités ne serait tenu pour possible que si les plus petites parties de chaque substance ne pouvaient, ni être divisées davantage, ni se mélanger avec d'autres; et nous

---

1. Voy. à ce sujet, outre les deux notes précédentes, Aristote, *Metaph.*, I, 9, 991 a, 14, et Alexandre, *ad h. l.* On trouve dans Aristote, *Phys.*, I, 4, une critique de la théorie d'Anaxagore sur l'être de toutes choses présent dans toutes. Naturellement, Anaxagore ne connaissait pas la distinction entre la substance et la qualité que j'ai faite dans le texte pour plus de clarté; voy. Breier, p. 48.
2. Voy. *sup.*, p. 189, 1, 192.
3. *Metaph.*, I, 8, 989 a, 30 (cf. Bonitz, *ad h. l.*) : Ἀναξαγόραν δ' εἴ τις ὑπολάβοι δύο λέγειν στοιχεῖα, μάλιστ' ἂν ὑπολάβοι κατὰ λόγον, ὃν ἐκεῖνος αὐτὸς μὲν οὐ διήρθρωσεν, ἠκολούθησε μέντ' ἂν ἐξ ἀνάγκης τοῖς ἐπάγουσιν αὐτόν... ὅτε γὰρ οὐθὲν ἦν ἀποκεκριμένον, δῆλον ὡς οὐθὲν ἦν ἀληθὲς εἰπεῖν κατὰ τῆς οὐσίας ἐκείνης... οὔτε γὰρ ποιόν τι οἷόν τε αὐτὸ εἶναι οὔτε ποσὸν οὔτε τί. τῶν γὰρ ἐν μέρει τι λεγομένων εἰδῶν ὑπῆρχεν ἂν αὐτῷ, τοῦτο δὲ ἀδύνατον μεμιγμένων γε πάντων· ἤδη γὰρ ἂν ἀπεκέκριτο... ἐκ δὴ τούτων συμβαίνει λέγειν αὐτῷ τὰς ἀρχὰς τό τε ἓν (τοῦτο γὰρ ἁπλοῦν καὶ ἀμιγὲς) καὶ θάτερον, οἷον τίθεμεν τὸ ἀόριστον πρὶν ὁρισθῆναι καὶ μετασχεῖν εἴδους τινός· ὥστε λέγεται μὲν οὔτ' ὀρθῶς οὔτε σαφῶς, βούλεται μέντοι τι παραπλήσιον τοῖς τε ὕστερον λέγουσι καὶ τοῖς νῦν φαινομένοις μᾶλλον.

arriverions ainsi aux corps indivisibles dont certains auteurs disent aussi qu'Anaxagore admettait l'existence[1]. Lui-même cependant non seulement est très éloigné d'admettre une substance primordiale unique[2], mais encore soutient explicitement que la division et l'accroissement des corps vont à l'infini[3]. Ses substances premières se distinguent donc des atomes, non seulement par leur détermination qualitative, mais encore par leur divisibilité. Il ne rejette pas moins la seconde base de la théorie atomistique lorsqu'il combat, par des arguments insuffisants il est vrai, l'hypothèse de l'espace vide[4]. Son opinion est que

---

1. Sans doute cette opinion ne se rencontre nulle part d'une manière explicite; car Simplicius (*Phys.*, 35 b, au bas) dit seulement que les substances premières ne peuvent plus être décomposées chimiquement, non qu'elles ne puissent pas être divisées dans l'espace; dans Stobée, *Ecl.*, I, 356, c'est évidemment par suite d'une confusion de titres que les atomes sont attribués à Anaxagore et les homœoméries à Leucippe. Cependant quelques-uns de nos auteurs semblent se représenter les homœoméries comme les corps les plus petits, par exemple Cicéron dans le texte cité p. 880, 1, et surtout Sextus, qui mentionne plusieurs fois Anaxagore à côté des Atomistes Démocrite, Épicure, Diodore Cronus, Héraclide et Asclépiade, et qui place les homœoméries à côté des ἄτομοι, des ἐλάχιστα καὶ ἀμερῆ σώματα, des ἀνόμοιοι ὄγκοι (*Pyrrh.*, III, 32; *Math.*, IX, 363, X, 318). Ce qui prouve d'ailleurs qu'il suit sur ce point d'anciens témoignages, c'est que le texte *Math.*, X, 318 est littéralement conforme au texte d'Hippolyte, *Refut.*, X, 7, p. 500, D, et que nous lisons, *Math.*, X, 252, dans un extrait tiré d'un écrit pythagoricien, c'est-à-dire néo-pythagoricien : οἱ γὰρ ἀτόμους εἰπόντες ἢ ὁμοιομερείας ἢ ὄγκους ἢ κοινῶς νοητὰ σώματα, et de même, *ibid.*, 254. Parmi les modernes, Ritter (I, 305) est disposé à regarder les germes primitifs comme indivisibles.

2. Cela résulte, indépendamment de beaucoup d'autres témoignages, du texte d'Aristote que nous venons de citer. Nous rappellerons encore le texte *Phys.*, III, 4 (voy. sup., 877, 2) où l'αὔξη désigne précisément l'agrégation mécanique par opposition à la combinaison chimique (μίξις), et l'explication donnée *Gen. et corr.*, I, 10, 327 b, 31 sqq., où il est évident qu'Aristote a constamment en vue la doctrine d'Anaxagore dont il vient de parler. Stobée (*Ecl.*, I, 368) a donc raison de dire : Ἀναξαγ. τὰς κράσεις κατὰ παράθεσιν γίνεσθαι τῶν στοιχείων.

3. Fr. 5 (15) : οὔτε γὰρ τοῦ σμικροῦ γέ ἐστι τό γε ἐλάχιστον, ἀλλ' ἔλασσον ἀεί· τὸ γὰρ ἐὸν οὐκ ἔστι τὸ μὴ οὐκ εἶναι· (lisez τομῇ οὐκ εἶναι, il est impossible que l'être soit anéanti par une division à l'infini, comme quelques-uns le prétendent; voy. sup., 541, 771). ἀλλὰ καὶ τοῦ μεγάλου ἀεί ἐστι μεῖζον καὶ ἴσον ἐστὶ τῷ σμικρῷ πλῆθος; (la grandeur a autant de degrés que la petitesse; littéralement : il y a autant de grand que de petit). πρὸς ἑωυτὸ δὲ ἕκαστόν ἐστι καὶ μέγα καὶ σμικρόν. εἰ γὰρ πᾶν ἐν παντί, καὶ πᾶν ἐκ παντὸς ἐκκρίνεται, καὶ ἀπὸ τοῦ ἐλαχίστου δοκέοντος ἐκκριθήσεταί τι ἔλαττον ἐκείνου, καὶ τὸ μέγιστον δοκέον ἀπό τινος ἐξεκρίθη ἑωυτοῦ μείζονος. Fr. 12 (16) : τοὐλάχιστον μὴ ἔστιν εἶναι.

4. Aristote (*Phys.*, IV, 6, 213 a, 22) : οἱ μὲν οὖν δεικνύναι πειρώμενοι ὅτι οὐκ ἔστιν (κενόν), οὐχ ὃ βούλονται λέγειν οἱ ἄνθρωποι κενόν, τοῦτ' ἐξελέγχουσιν, ἀλλ' ἁμαρτάνοντες λέγουσιν, ὥσπερ Ἀναξαγόρας καὶ οἱ τοῦτον τὸν τρόπον ἐλέγχοντες. ἐπι-

les différentes substances sont mélangées d'une façon absolue, sans devenir pour cela une substance unique, à peu près comme l'avait dit Empédocle relativement au mélange des éléments dans le sphérus : ni l'un ni l'autre philosophe ne s'est aperçu que c'était là une contradiction.

Nature de l'Intelligence. — Mais, pour qu'un monde puisse résulter de ces substances, il faut l'intervention d'une force ordonnatrice et motrice. Or une telle force ne peut se trouver, selon Anaxagore, que dans l'être pensant, dans l'Intelligence[1].

Les motifs de cette hypothèse ne sont pas exprimés à un point de vue général dans les fragments de l'ouvrage d'Anaxagore, mais ils ressortent des caractères par lesquels l'intelligence est distinguée des substances. Ces caractères sont au nombre de trois : la simplicité de l'être, la puissance et la science.

Toutes les autres natures sont mélangées : l'intelligence doit exister séparément; en effet, pour qu'elle puisse tenir toutes choses sous son pouvoir, il faut que rien d'étranger n'y soit mêlé. Elle est la plus subtile et la plus pure de toutes les choses, et, pour cette raison, elle est absolument identique dans tous les êtres. Les autres choses ne peuvent être homogènes, car chacune d'elles est composée de substances différentes combinées d'une façon particulière : l'intelligence, au contraire, ne renferme pas d'éléments constitutifs hétérogènes ; elle sera donc partout

δεικνύουσι γὰρ ὅτι ἔστι τι ὁ ἀὴρ, στρεβλοῦντες τοὺς ἀσκοὺς καὶ δεικνύντες ὡς ἰσχυρὸς ὁ ἀὴρ, καὶ ἐναπολαμβάνοντες ἐν ταῖς κλεψύδραις. (Cf. aussi p. 695, 1.)
Lucrèce, I, 843 :

Nec tamen esse ulla idem (Anaxag.) ex parte in rebus inane
Concedit, neque corporibus finem esse secandis.

1. C'est ainsi (par le mot allemand *Geist*) que je traduis, avec d'autres, le νοῦς d'Anaxagore, quoique les deux expressions n'aient pas absolument la même signification, mais la langue allemande n'a pas de mot qui corresponde exactement au terme d'Anaxagore. D'ailleurs on ne peut acquérir une idée précise du νοῦς qu'en recourant aux propres explications d'Anaxagore.

NATURE DE L'INTELLIGENCE.

identique à elle-même; tel être en aura plus, tel autre moins, mais la nature de l'intelligence sera la même, qu'elle soit en petite ou en grande quantité; les choses se distinguent uniquement par la quantité et non par la qualité de l'intelligence qui leur est immanente [1].

En outre l'intelligence doit avoir un pouvoir absolu sur la matière, à laquelle elle seule peut communiquer le mouvement [2].

---

1. Fr. 8 (6) : τὰ μὲν ἄλλα παντὸς μοῖραν ἔχει, νόος δέ ἐστιν ἄπειρον καὶ αὐτοκρατὲς καὶ μέμικται οὐδενὶ χρήματι, ἀλλὰ μοῦνος αὐτὸς ἐφ' ἑωυτοῦ ἐστιν. εἰ μὴ γὰρ ἐφ' ἑωυτοῦ ἦν, ἀλλά τεῳ ἐμέμικτο ἄλλῳ, μετεῖχεν ἂν ἁπάντων χρημάτων, εἰ ἐμέμικτό τεῳ (ἐν παντὶ γὰρ παντὸς μοῖρα ἔνεστιν, ὥσπερ ἐν τοῖς πρόσθεν μοι λέλεκται) καὶ ἐκώλυεν ἂν αὐτὸν τὰ συμμεμιγμένα, ὥστε μηδενὸς χρήματος κρατέειν ὁμοίως, ὡς καὶ μοῦνον ἐόντα ἐφ' ἑωυτοῦ. ἔστι γὰρ λεπτότατόν τε πάντων χρημάτων καὶ καθαρώτατον... καὶ τάπασι δὲ οὐδὲν ἀποκρίνεται ἕτερον ἀπὸ τοῦ ἑτέρου πλὴν νόου. νόος δὲ πᾶς ὅμοιός ἐστι καὶ ὁ μέζων καὶ ὁ ἐλάσσων. ἕτερον δὲ οὐδὲν ἐστιν ὅμοιον οὐδενὶ ἄλλῳ, ἀλλ' ὅτῳ (telle est la leçon de Preller, *Hist. phil. gr.-rom.*, § 53, et de Mullach, au lieu de l'ὅτῳ qu'on trouve *ap.* Simpl., *Phys.*, 33 b, au bas) πλεῖστα ἔνι, ταῦτα ἐνδηλότατα ἓν ἕκαστον ἐστι καὶ ἦν. La même chose est répétée par les écrivains postérieurs dans leur langage propre; cf. Platon (*Crat.*, 413 c) : εἶναι δὲ τὸ δίκαιον ὃ λέγει Ἀναξαγόρας, νοῦν εἶναι τοῦτο· αὐτοκράτορα γὰρ αὐτὸν ὄντα καὶ οὐδενὶ μεμιγμένον πάντα φησὶν αὐτὸν κοσμεῖν τὰ πράγματα διὰ πάντων ἰόντα. Aristote, *Metaph.*, I, 8 (voy. sup., 883, 3); *Phys.*, VIII, 5, 256 b, 24 : il faut qu'il y ait une force motrice immobile ; διὸ καὶ Ἀναξαγόρας ὀρθῶς λέγει, τὸν νοῦν ἀπαθῆ φάσκων καὶ ἀμιγῆ εἶναι, ἐπειδήπερ κινήσεως ἀρχὴν αὐτὸν ποιεῖ εἶναι· οὕτω γὰρ ἂν μόνος κινοίη ἀκίνητος ὢν καὶ κρατοίη ἀμιγὴς ὤν. *De an.*, I, 2, 405 a, 13 : Ἀναξαγόρας δ'... ἀρχήν γε τὸν νοῦν τίθεται μάλιστα πάντων· μόνον γοῦν φησὶν αὐτὸν τῶν ὄντων ἁπλοῦν εἶναι καὶ ἀμιγῆ τε καὶ καθαρόν. 405 b, 19 : Ἀναξ. δὲ μόνος ἀπαθῆ φησιν εἶναι τὸν νοῦν καὶ κοινὸν οὐθὲν οὐθενὶ τῶν ἄλλων ἔχειν. τοιοῦτος δ' ὢν πῶς γνωριεῖ καὶ διὰ τίν' αἰτίαν, οὔτ' ἐκεῖνος εἴρηκεν, οὔτ' ἐκ τῶν εἰρημένων συμφανές ἐστιν. *Ibid.*, III, 4, 429 a, 18 : ἀνάγκη ἄρα, ἐπεὶ πάντα νοεῖ, ἀμιγῆ εἶναι, ὥσπερ φησὶν Ἀναξαγόρας, ἵνα κρατῇ, τοῦτο δ' ἐστίν, ἵνα γνωρίζῃ· (c'est là l'interprétation propre d'Aristote) παραμφαινόμενον γὰρ κωλύει τὸ ἀλλότριον καὶ ἀντιφράττει. Par l'apathie attribuée à l'esprit dans quelques-uns de ces textes, Aristote entend son immutabilité, car, d'après le texte *Metaph.*, V, 21, il désigne par πάθος une ποιότης καθ' ἣν ἀλλοιοῦσθαι ἐνδέχεται (cf. Breier, 61 sq.). Cette propriété est une conséquence directe de la simplicité de l'esprit ; car, toute transformation consistant, d'après Anaxagore, dans un changement des parties qui composent une chose, le simple est nécessairement immuable. Aristote a donc pu déduire cette détermination du texte d'Anaxagore cité plus haut. Mais peut-être aussi Anaxagore avait-il déjà parlé explicitement à cet égard. Quoi qu'il en soit, cette immutabilité qualitative n'implique pas encore l'absence de mouvement dans l'espace, l'ἀκίνητον, que Simplicius (*Phys.*, 265 a, au mil.) introduit ici à tort, d'après Aristote. Pour les autres témoignages qui reproduisent l'assertion d'Aristote, voy. Schaubach, 104.

2. Après les mots καὶ καθαρώτατον, Anaxagore continue ainsi, fr. 8 : καὶ γνώμην γε περὶ παντὸς πᾶσαν ἴσχει καὶ ἰσχύει μέγιστον. ὅσα τε ψυχὴν ἔχει καὶ τὰ μέζω καὶ τὰ ἐλάσσω πάντων νόος κρατέει. καὶ τῆς περιχωρήσιος τῆς συμπάσης νόος ἐκράτησεν ὥστε περιχωρῆσαι τὴν ἀρχήν. Cf. note 3, 886, 1. L'infinité qui lui est attribuée dans ce dernier texte semble aussi se rapporter particulièrement à la puissance de l'esprit.

Enfin elle doit posséder un savoir illimité[1], car cette omniscience seule la mettra en état de tout ordonner le mieux possible[2].

Le νοῦς doit donc être simple, parce qu'autrement il ne pourrait être ni tout-puissant ni omniscient, et il doit être tout-puissant et omniscient, pour pouvoir être l'ordonnateur du monde. Le trait essentiel de la théorie du νοῦς, celui que les Anciens font ressortir de préférence[3], c'est l'idée de la force organisatrice du monde. Nous devons donc admettre que c'est là au fond le point de départ de la doctrine d'Anaxagore. Il ne trouvait pas le moyen d'expliquer par la matière comme telle le mouvement en général[4], à plus forte raison le mouvement ordonné qui a produit une œuvre aussi belle et aussi bien combinée que le monde; d'autre part, il ne voulait pas recourir à une nécessité inexpliquée ou au hasard[5] : il admit donc l'exis-

---

1. Voy. la note précédente et la suite : καὶ τὰ συμμισγόμενά τε καὶ ἀποκρινόμενα καὶ διακρινόμενα πάντα ἔγνω νόος (ces paroles sont citées aussi par SIMPLICIUS, *De cælo*, 271 b, 20. *Schol.*, 513 b, 36).

2. Anaxagore continue ainsi : καὶ ὁκοῖα ἔμελλεν ἔσεσθαι καὶ ὁκοῖα ἦν καὶ ὅσσα νῦν ἔστι καὶ ὁκοῖα ἔσται, πάντα διεκόσμησε νόος· καὶ τὴν περιχώρησιν ταύτην, ἥν νῦν περιχωρέει τά τε ἄστρα καὶ ὁ ἥλιος καὶ ἡ σελήνη καὶ ὁ ἀὴρ καὶ ὁ αἰθὴρ οἱ ἀποκρινόμενοι. Cf. la citation tirée de Diogène, *sup.*, p. 237, 3.

3. PLATON, *Phédon*, 97 b (voy. *inf.*, 893, 2); *Lois*, XII, 967 b; *Crat.*, 400 a : τί δέ; καὶ τὴν τῶν ἄλλων ἁπάντων φύσιν οὐ πιστεύεις Ἀναξαγόρᾳ νοῦν καὶ ψυχὴν εἶναι τὴν διακοσμοῦσαν καὶ ἔχουσαν; ARISTOTE, *Métaph.*, I, 4, 984 b, 15 : les anciens philosophes ne connaissaient que des causes matérielles; dans la suite on vit qu'il y fallait ajouter une cause motrice; en continuant les recherches on reconnut enfin que les premières et la seconde réunies ne suffisaient pas pour expliquer la beauté et la finalité du système du monde et de sa marche : νοῦν δή τις εἰπὼν ἐνεῖναι καθάπερ ἐν τοῖς ζώοις καὶ ἐν τῇ φύσει τὸν αἴτιον τοῦ κόσμου καὶ τῆς τάξεως πάσης, οἷον νήφων ἐφάνη παρ' εἰκῆ λέγοντας τοὺς πρότερον. PLUTARQUE, *Pericl.*, c. 4 : τοῖς ὅλοις πρῶτος οὐ τύχην οὐδ' ἀνάγκην, διακοσμήσεως ἀρχήν, ἀλλὰ νοῦν ἐπέστησε καθαρὸν καὶ ἄκρατον, ἐμμεμιγμένοις τοῖς ἄλλοις, ἀποκρίνοντα τὰς ὁμοιομερείας. Voy. encore p. 889 sq., et SCHAUBACH, 152 sqq.

4. Cela résulte de la proposition que nous examinerons plus loin, d'après laquelle le mélange primordial était immobile avant que l'esprit n'eût agi sur lui, car c'est dans cet état primitif que l'essence du corporel se présente dans toute sa pureté. Ce qu'ARISTOTE cite, *Phys.*, III, 5, 205 b, 1, à propos du repos de l'infini, n'a pas de rapport avec ce dont nous parlons ici.

5. Sans doute nous n'apprenons que par les écrivains postérieurs qu'il avait explicitement rejeté l'une et l'autre : ALEX. APHR., *De an.*, 161 a, au mil. (*De fato*, c. 2) : λέγει γὰρ (Ἀναξ.) μηδὲν τῶν γινομένων γίνεσθαι καθ' εἱμαρμένην ἀλλ' εἶναι κενὸν τοῦτο τοὔνομα. PLUTARQUE, *Plac.*, I, 29, 5 (STOB., *Ecl.*, I, 218;

tence d'un être incorporel, ayant communiqué aux substances le mouvement et l'ordre.

On ne saurait guère douter qu'Anaxagore n'ait eu réellement en vue un tel objet¹, car l'incorporéité pouvait seule constituer cette supériorité de l'intelligence sur tout le reste de l'univers, qu'Anaxagore proclame si fortement. Que si le concept de l'incorporel² ne ressort pas nettement de la description faite par Anaxagore, la faute, il est vrai, n'en est peut-être pas uniquement à son langage philosophique : il se peut même qu'il se soit, en somme, représenté l'esprit simplement comme une substance plus subtile, pénétrant les choses à la manière d'un fluide étendu³; mais l'intention du philosophe n'en reste pas moins évidente⁴.

Notre expérience, d'ailleurs, ne nous offre pas d'autre exemple de principe incorporel et d'activité déterminée par des causes finales que celui de l'intelligence humaine. Il est donc tout à fait naturel qu'Anaxagore, d'après cette analogie, ait attribué à sa cause motrice la faculté de penser.

Seulement, comme c'est surtout pour expliquer la nature qu'il a besoin de l'intelligence, il ne conçoit pas ce

---

Théodoret, *Gr. aff. cur.*, VI, p. 87) : Ἀναξαγ. καὶ οἱ Στωικοὶ ἄδηλον αἰτίαν ἀνθρωπίνῳ λογισμῷ (τὴν τύχην). Mais cette indication n'a rien d'invraisemblable au fond, encore bien que les termes dont nos témoins se servent n'appartiennent pas à Anaxagore. Quant au textez Tetz., *in Il.*, p. 67, il n'y a pas lieu de le citer ici.

1. Philopon (*De an.*, C, 7, au haut, 9, au bas), et Proclus (*in Parm.*, VI, 217, Cous.) le disent explicitement ; les autres, à partir de Platon, le supposent certainement d'après leur idée du νοῦς; par exemple, Aristote ; cf. p. 886, 1.
2. Voy. *inf.*, et Zévort, p. 84 sqq.
3. Ce qui tendrait à le prouver, ce sont les mots λεπτότατον πάντων χρημάτων (fr. 8, voy. p. 886), et particulièrement les observations que nous allons faire sur la présence de l'esprit dans les choses.
4. De telles conceptions de l'intelligence, encore à demi matérialistes, se rencontrent même chez les philosophes qui admettent comme un principe indiscutable l'opposition entre l'esprit et la matière, par exemple chez Aristote, quand il se représente la sphère du monde comme enveloppée par la divinité. Lors donc que Kern prétend (*Ueb. Xenophanes*, p. 24) qu'il n'y a point de preuve qu'Anaxagore ait enseigné l'existence d'un être immatériel, inétendu dans l'espace, il n'est pas tout à fait dans la question. Sans doute Anaxagore n'a pas énoncé cette doctrine d'une façon parfaitement nette et claire, mais c'est son intention de montrer que le νοῦς se distingue, quant à son essence, de toutes les substances composées.

nouveau principe d'une manière parfaitement pure, et il n'en développe pas le concept d'une manière rigoureuse et conséquente. D'un côté il décrit l'Intelligence comme un être indépendant[1], doué de connaissance ; et l'on pourrait croire qu'il est déjà en possession du concept complet de la personnalité spirituelle, de la subjectivité libre et consciente : d'un autre côté, il nous parle de cette intelligence comme si elle était une substance impersonnelle ou une force impersonnelle ; il la nomme la plus subtile de toutes les choses[2], il dit d'elle que les choses individuelles en renferment des parties[3], et il se sert, pour exprimer la mesure selon laquelle les choses en sont douées, des termes d' « intelligence plus et moins grande[4] », sans faire une différence entre les degrés infimes de la vie et les degrés les plus élevés de la raison[5]. Si ces considérations ne vont pas jusqu'à démontrer qu'Anaxagore se représentait l'intelligence comme un être impersonnel, elles prouvent du moins qu'il n'avait pas encore une conception nette de la personnalité ; car un être dont les parties sont immanentes en tant qu'âmes à d'autres êtres, ne pourrait que très improprement être appelé une personnalité. En outre, si nous considérons que les caractères distinctifs qui constituent précisément la vie personnelle, je veux dire la conscience et le libre arbitre, ne sont nulle part attribués au νοῦς[6],

---

1. Μοῦνος ἐφ' ἑωυτοῦ ἐστι (fr. 8).
2. Voy. p. 888, 5.
3. Fr. 7 (sup., 882, 1), où le deuxième νόος, d'après ce qui précède, ne peut s'entendre que d'une μοῖρα νόου. Aristote, De an., I, 2, 404 b, 1 : Ἀναξαγόρας δ' ἧττον διασαφεῖ περὶ αὐτῶν (sur la nature de l'âme). πολλαχοῦ μὲν γὰρ τὸ αἴτιον τοῦ καλῶς καὶ ὀρθῶς τὸν νοῦν λέγει, ἑτέρωθι δὲ τοῦτον εἶναι τὴν ψυχήν· ἐν ἅπασι γὰρ αὐτὸν ὑπάρχειν τοῖς ζῴοις, καὶ μεγάλοις καὶ μικροῖς καὶ τιμίοις καὶ ἀτιμοτέροις. Cf. la citation tirée de Diogène, p. 237, 3, 238, 6.
4. Fr. 8, voy. p. 886.
5. Voy. A, 3.
6. Car le mot αὐτοκρατές du fr. 8 et les expressions synonymes de nos auteurs (voy. sup., 886, 1) indiquent, comme le texte cité p. 887, 1, la puissance absolue sur la matière, mais non le libre arbitre ; de même la science du νοῦς se rapporte principalement à sa connaissance des substances premières et des corps qu'elles formeront. Anaxagore ne s'est assurément jamais demandé si le νοῦς était un moi conscient et si son action procédait d'une volonté libre ; et cela, précisément parce qu'il n'en avait besoin que comme d'une force organisatrice du monde.

que son « existence pour soi » se rapporte avant tout à la simplicité de son essence, et qu'une telle propriété pourrait aussi bien être affirmée de toute autre substance exempte de mélange[1], enfin que les philosophes anciens attribuent parfois la connaissance à des êtres qu'ils personnifient peut-être d'une façon toute transitoire, sans les regarder sérieusement comme des personnes, comme des individus[2], nous trouvons là de nouveaux motifs pour révoquer en doute la personnalité de l'Intelligence mise en avant par Anaxagore.

1. Comme il résulte clairement du contexte du fr. 8 que nous venons de citer.
2. C'est ainsi qu'Héraclite et plus tard les Stoïciens considèrent le feu comme étant en même temps la raison du monde ; le premier enseigne que l'homme aspire la raison dans l'air ambiant. Parménide regarde la pensée comme un attribut essentiel de l'être, de la substance corporelle universelle; Philolaüs décrit le nombre comme un être pensant (voy. *sup.*, p. 316, 2); et Diogène (voy. *sup.*, 238, 6) croit pouvoir rapporter directement à l'air tout ce qu'Anaxagore avait dit de l'esprit. On peut même citer Platon : sans doute il se représente l'âme du monde d'après l'analogie de l'âme humaine; mais l'âme du monde telle qu'il la conçoit n'a qu'une personnalité très incertaine; et, au commencement du *Critias*, il invoque le dieu engendré, le Cosmos, le priant de donner à celui qui parle la vraie connaissance des choses. WIRTH (*d. Idee Gottes*, 170) objecte contre ces deux premiers rapprochements qu'Héraclite et les Éléates, dans ces doctrines, dépassent leur véritable principe; mais notre exposition aura montré combien cette objection est peu fondée. Wirth trouve également (*ibid.*), dans la manière dont je comprends la doctrine de Diogène, une marque de cette préoccupation d'esprit qui ne veut voir partout que panthéisme (comme si ce n'était pas le meilleur moyen de rendre panthéistique la doctrine de Diogène que d'y considérer la divinité personnelle comme la substance de toutes choses). Quant à moi, je ne saurais dire ce que nous devons entendre par une personne, si l'air de Diogène, la substance qui a tout formé par condensation et par dilatation, peut en être une. Dire que l'air tel que le conçoit Diogène doit nécessairement être une personne parce que, selon lui, « le principe conscient propre à l'homme est de l'air », c'est là une déduction plus que risquée. S'il en était ainsi, l'air d'Anaximène, la vapeur chaude d'Héraclite, les atomes ronds de Démocrite et d'Épicure, l'élément corporel chez Parménide, le sang chez Empédocle, seraient chacun une personnalité consciente. Il ne résulte pas de ce que j'ai dit que Diogène « n'a pas émis sérieusement » cette proposition que l'air a de la connaissance : cette assertion, chez lui, est certainement sérieuse; mais ses idées sur la nature de la connaissance sont si peu claires, qu'il croit pouvoir attribuer cette qualité à la substance impersonnelle, tout aussi bien que la chaleur, l'étendue, etc. Lors même que cette substance se trouverait nécessairement personnifiée par l'attribution de la connaissance, il y aurait toujours une grande différence entre la personnification involontaire de ce qui est impersonnel en soi, et l'admission consciente d'un principe personnel. WIRTH m'objecte encore la personnification mythique des corps de la nature, mais cette objection est également sans valeur : en personnifiant la mer sous le nom d'Océanos, l'air sous le nom d'Héré, on établissait par là même une distinction entre ces dieux revêtus d'une forme humaine et les substances élémentaires; ni Homère ni Hésiode n'ont regardé comme des personnes l'eau et l'air pris en eux-mêmes.

891   Voici donc, en définitive, le plus probable. Anaxagore a déterminé, il est vrai, le concept du νοῦς d'après l'analogie de l'intelligence humaine, et, en lui accordant la pensée, il lui a assigné un attribut qui, à la rigueur, n'appartient qu'à un être personnel ; mais il ne s'est pas encore posé d'une manière réfléchie la question de sa personnalité, et, par suite, il a uni, avec ces traits propres à la personnalité, d'autres traits empruntés à l'analogie de forces et de substances impersonnelles.

C'est pourquoi, lors même qu'il serait exact, ainsi que l'affirment (à tort, selon moi [1]) quelques témoins postérieurs [2], qu'il avait désigné le νοῦς comme la divinité, sa doctrine ne serait déiste que par un côté : par un autre, au contraire, elle est naturaliste ; car ce qui la caractérise, c'est ce fait, que l'intelligence, bien que radicalement dis-
892 tincte du corporel, est néanmoins considérée encore comme une force de la nature, et déterminée par des attributs qui ne peuvent convenir ni à un être personnel ni à un être purement spirituel [3].

---

1. Car non seulement les fragments, mais encore Aristote, Platon et la plupart des témoins à nous connus sont muets sur ce sujet ; et ceux qui donnent cette indication, ne méritent pas grande créance en ces matières. D'ailleurs la question est sans importance, puisqu'au fond le νοῦς correspond en tout cas à la divinité.

2. CICÉRON, Acad., II, 37, 118 : in ordinem adductas (particulas) a mente divina. SEXTUS, Math., IX, 6 : νοῦν, ὅς ἐστι κατ' αὐτὸν θεός; STOBÉE, Ecl., I, 56; THEMISTIUS, Orat., XXVI, 317, C. SCHAUBACH, 152 sq.

3. WIRTH dit (l. c.) que « la doctrine d'Anaxagore renferme un élément théistique », et je ne songe pas à y contredire. Je n'ai pas non plus dit le contraire, comme il le prétend, dans les Jahrb. d. Gegenw., 1844, p. 826. Seulement, j'ai soutenu et je soutiens encore que la rupture de l'esprit avec la nature a été inaugurée, mais non achevée par Anaxagore, qu'il n'a pas encore conçu l'esprit comme entièrement dégagé de la nature. En effet, il nous le représente à la fois comme un être incorporel et pensant, et comme un élément distribué parmi les êtres individuels, agissant à la manière d'une force de la nature. KRISCHE (Forsch., 65 sq.) s'exprime d'une façon tout à fait analogue. Mais GLADISCH (Anax. u. d. Isr., 56, XXI et passim) et HOFFMANN (Ueber die Gottesidee des Anax., Socr. u. Platon, Würzb.; 1860. Der dualistische Theismus des Anax. und der Monotheismus d. Sokr. u. Pl. in Fichte's Ztschr. f. Philos., N. F., XI, 1862, p. 2 sqq.) ont cherché à démontrer que la théodicée d'Anaxagore était un déisme pur. Mais ni l'un ni l'autre de ces savants n'a montré comment il peut concilier, avec le concept pur et conséquent de la personnalité, cette assertion que le νοῦς est réparti entre tous les êtres vivants, et que les différentes classes de ces êtres se distinguent par la quantité, non par la nature de ce νοῦς qui leur est

ACTION DE L'INTELLIGENCE. — Ce fait apparaît plus clairement encore, quand on constate que les assertions relatives à l'action de l'intelligence présentent la même contradiction.

En tant qu'Anaxagore voyait dans l'intelligence un être connaissant, ayant formé le monde grâce à son omniscience et d'après un plan fixé à l'avance[1], il devait nécessairement avoir de la nature une conception théologique, car il devait se représenter l'action du νοῦς, ainsi que le νοῦς lui-même, d'après l'analogie de l'intelligence humaine : son action était, en ce sens, la réalisation de ses pensées à l'aide de la matière, c'est-à-dire une activité déterminée par des causes finales. Mais Anaxagore prend un intérêt trop vif aux questions physiques pour pouvoir se borner, en fait, aux considérations théologiques. Comme l'idée de l'Intelligence lui est imposée surtout par l'insuffisance des

---

immanent. HOFFMANN convient même qu'il y a là incompatibilité (F. *Zeitsch.*, p. 25); mais quand il en tire cette conclusion, que « nous ne pouvons attribuer sérieusement à Anaxagore la doctrine selon laquelle le νοῦς est un être qui a des parties et qui peut être divisé en sorte que ces parties résident dans d'autres êtres comme leur âme », on peut dire qu'il renverse la question. Nous ne pouvons en définitive connaître les doctrines d'Anaxagore que d'après ses propres déclarations, lesquelles, dans le cas actuel, sont parfaitement nettes ; et si ces déclarations sont incompatibles entre elles, nous n'en pouvons conclure qu'une chose, c'est qu'Anaxagore n'a pas eu une idée très claire des conséquences de son principe. Quant à moi, je ne nie pas qu'Anaxagore ne se soit représenté le νοῦς comme un être connaissant et agissant avec finalité; mais je nie qu'il ait conçu cet être comme nous avons l'habitude de concevoir un être personnel et qu'il en ait exclu tous les attributs que nous excluons généralement d'un tel être. Ce qui me porte à conclure qu'il a *pu* procéder de cette façon (et non pas qu'il a *nécessairement* procédé de cette façon, comme le dit HOFFMANN, F. *Zeitsch.*, 26), c'est que d'autres philosophes célèbres ont effectivement procédé ainsi. Il est singulier qu'on vienne reprocher à ma thèse de « rester à moitié chemin » (*l. c.*, 21). Si je dis qu'*Anaxagore* est resté à moitié chemin, ce n'est pas la même chose que si *moi-même* je restais à moitié chemin. Mais mon adversaire n'a pas su distinguer la question historique (comment Anaxagore s'est-il représenté la divinité ou le νοῦς?) de la question dogmatique (comment *devons-nous* nous la représenter ?) Or, en ce qui concerne notre propre concept de la personnalité de Dieu, il nous est absolument indifférent qu'Anaxagore et d'autres philosophes anciens aient été ou non en possession de ce concept, et que ce concept ait existé et se soit développé chez eux plus ou moins purement, plus ou moins complètement.

1. Ce trait est indiqué par les mots (p. 887, 3) : ὁποῖα ἔμελλεν ἔσεσθαι διεκόσμησε νόος. Peut-être Anaxagore a-t-il aussi parlé d'une opération de l'esprit consistant dans la conservation du monde; cf. SUID., Ἀναξαγ. (id. *ap.* HARPOCRATION, Ἀναξαγ.; CEDREN., *Chron.*, 158 c) : νοῦν πάντων φρουρὸν εἶπεν. Cependant il ne s'ensuit pas qu'il se soit servi lui-même de l'expression φρουρός.

opinions communes, il n'y a recours que là où il ne peut découvrir les causes physiques d'un phénomène; dès qu'il pense avoir trouvé une explication matérialiste suffisante, il donne à cette explication la préférence. L'intelligence sépare les substances, mais elle les sépare d'une manière mécanique, par le mouvement en tourbillon qu'elle produit; tout le reste découle de ce premier mouvement d'après des lois mécaniques, et l'intelligence n'intervient que comme un *deus ex machina*, dans les cas où l'explication mécanique fait défaut [1].

---

1. PLATON, *Phédon*, 97 b : ἀλλ' ἀκούσας μέν ποτε ἐκ βιβλίου τινὸς, ὡς ἔφη, Ἀναξαγόρου, ἀναγιγνώσκοντος καὶ λέγοντος, ὡς ἄρα νοῦς ἐστιν ὁ διακοσμῶν τε καὶ πάντων αἴτιος, ταύτῃ δὴ τῇ αἰτίᾳ ἥσθην τε καὶ ἔδοξέ μοι τρόπον τινὰ εὖ ἔχειν τὸ τὸν νοῦν εἶναι πάντων αἴτιον, καὶ ἡγησάμην, εἰ τοῦθ' οὕτως ἔχει, τόν γε νοῦν κοσμοῦντα πάντα καὶ ἕκαστον τιθέναι ταύτῃ ὅπῃ ἂν βέλτιστα ἔχῃ· εἰ οὖν τις βούλοιτο τὴν αἰτίαν εὑρεῖν περὶ ἑκάστου, ὅπῃ γίγνεται ἢ ἀπόλλυται ἢ ἔστι, τοῦτο δεῖν περὶ αὐτοῦ εὑρεῖν, ὅπῃ βέλτιστον αὐτῷ ἐστιν ἢ εἶναι ἢ ἄλλο ὁτιοῦν πάσχειν ἢ ποιεῖν, etc.; mais quand j'eus appris à mieux connaître son écrit (98 b) ἀπὸ δὴ θαυμαστῆς ἐλπίδος, ὦ ἑταῖρε, ᾠχόμην φερόμενος, ἐπειδὴ προϊὼν καὶ ἀναγιγνώσκων ὁρῶ ἄνδρα τῷ μὲν νῷ οὐδὲν χρώμενον οὐδέ τινας αἰτίας ἐπαιτιώμενον εἰς τὸ διακοσμεῖν τὰ πράγματα, ἀέρας δὲ καὶ αἰθέρας καὶ ὕδατα αἰτιώμενον καὶ ἄλλα πολλὰ καὶ ἄτοπα, etc. *Lois*, XII, 967 b : καί τινες ἐτόλμων τοῦτό γε αὐτὸ παρακινδυνεύειν καὶ τότε, λέγοντες ὡς νοῦς εἴη ὁ διακεκοσμηκὼς πάνθ' ὅσα κατ' οὐρανόν. οἱ δὲ αὐτοὶ πάλιν ἁμαρτάνοντες ψυχῆς φύσεως... ἅπανθ' ὡς εἰπεῖν ἔπος ἀνέτρεψαν πάλιν, ἑαυτοὺς δὲ πολὺ μᾶλλον· τὰ γὰρ δὴ πρὸ τῶν ὀμμάτων πάντα αὐτοῖς ἐφάνη τὰ κατ' οὐρανὸν φερόμενα μεστὰ εἶναι λίθων καὶ γῆς· καὶ πολλῶν ἄλλων ἀψύχων σωμάτων διανεμόντων τὰς αἰτίας παντὸς τοῦ κόσμου. Aristote s'exprime d'une façon tout à fait analogue. D'un côté, il reconnaît qu'avec le νοῦς apparaît un principe beaucoup plus relevé, qu'avec lui tout est rapporté au bien ou à la cause finale; mais d'un autre côté il se plaint, en se servant en partie des expressions mêmes du *Phédon*, que, dans le développement du système, les causes mécaniques soient au premier plan, et que l'intelligence n'apparaisse que pour combler un vide. Voy., outre les textes cités p. 887, 4 et 889, 3, *Metaph.*, I, 3, 984 b, 20 : οἱ μὲν οὖν οὕτως ὑπολαμβάνοντες· (Anax.) ἅμα τοῦ καλῶς τὴν αἰτίαν ἀρχὴν εἶναι τῶν ὄντων ἔθεσαν καὶ τὴν τοιαύτην ὅθεν ἡ κίνησις ὑπάρχει τοῖς οὖσιν (cf. c. 6, *sub fin.*), XII, 10, 1075 b, 8 : Ἀναξαγόρας δὲ ὡς κινοῦν τὸ ἀγαθὸν ἀρχήν· ὁ γὰρ νοῦς κινεῖ, ἀλλὰ κινεῖ ἕνεκά τινος. XIV, 4, 1091 b, 10 : τὸ γεννῆσαν πρῶτον ἄριστον τιθέασι... Ἐμπεδοκλῆς τε καὶ Ἀναξαγόρας;. D'un autre côté on lit, I, 4, 985 a, 18 : les anciens philosophes n'ont pas une idée claire de la signification de leurs principes; Ἀναξαγόρας τε γὰρ μηχανῇ χρῆται τῷ νῷ πρὸς τὴν κοσμοποιΐαν, καὶ ὅταν ἀπορήσῃ, διὰ τίν' αἰτίαν ἐξ ἀνάγκης ἐστί, τότε παρέλκει αὐτόν, ἐν δὲ τοῖς ἄλλοις· πάντα μᾶλλον αἰτιᾶται τῶν γιγνομένων ἢ νοῦν. c. 7, 988 b, 6 : τὸ δ' οὗ ἕνεκα αἱ πράξεις; καὶ αἱ μεταβολαὶ καὶ αἱ κινήσεις, τρόπον μέν τινα λέγουσιν αἴτιον, οὕτω (comme cause finale) δ' οὐ λέγουσιν, οὐδ' ὅνπερ πέφυκεν. οἱ μὲν γὰρ νοῦν λέγοντες ἢ φιλίαν ὡς ἀγαθὸν μέν τι ταύτας τὰς αἰτίας τιθέασιν, οὐ μὴν ὡς ἕνεκα γε τούτων ἢ ὂν ἢ γιγνόμενόν τι τῶν ὄντων, ἀλλ' ὡς ἀπὸ τούτων τὰς κινήσεις οὔσας λέγουσιν. SCHAUBACH (p. 105 sq.) cite les auteurs plus récents qui répètent le jugement d'Aristote et de Platon. Il nous suffira ici de mentionner SIMPLICIUS (*Phys.*, 73 b, au mil.) : καὶ Ἀναξ. δὲ τὸν νοῦν ἐάσας, ὥς φησιν Εὔδημος, καὶ αὐτοματίζων τὰ πολλὰ συνίστησι.

Il s'en faut encore davantage qu'Anaxagore assigne au νοῦς un rôle particulier dans le monde, quand une fois celui-ci a été créé. Non seulement Anaxagore ne reconnaît aucune intervention de la divinité dans le cours du monde, mais il n'y a pas trace chez lui de l'idée d'un gouvernement divin des choses [1], de cette croyance à la Providence

---

1. Les *Placita* de Plutarque, I, 7, 5. (V. aussi *ap.* Eus., *Pr. ev.*, XIV, 16, 2) disent à la vérité : ὁ δ' Ἀναξαγόρας φησίν, ὡς εἱστήκει κατ' ἀρχὰς τὰ σώματα νοῦς (δὲ) αὐτὰ διεκόσμησε θεοῦ καὶ τὰς γενέσεις τῶν ὅλων ἐποίησεν, et, après avoir parlé de l'exposition correspondante de Platon (dans le Timée), ils ajoutent : κοινῶς οὖν ἁμαρτάνουσιν ἀμφότεροι, ὅτι τὸν θεὸν ἐποίησαν ἐπιστρεφόμενον τῶν ἀνθρωπίνων, ἢ καὶ τούτου χάριν τὸν κόσμον κατασκευάζοντα· τὸ γὰρ μακάριον καὶ ἄφθαρτον ζῶον... ὅλον ὂν περὶ τὴν συνοχὴν τῆς ἰδίας εὐδαιμονίας καὶ ἀφθαρσίας, ἀνεπίστρεφές ἐστι τῶν ἀνθρωπίνων πραγμάτων· κακοδαίμων δ' ἂν εἴη ἐργάτου δίκην καὶ τέκτονος ἀχθοφορῶν καὶ μεριμνῶν εἰς τὴν τοῦ κόσμου κατασκευήν. Mais pour voir dans ce passage « un témoignage clair et explicite de Plutarque, rendant toute recherche ultérieure superflue » ; pour croire « que Plutarque attribue à Anaxagore l'opinion selon laquelle le νοῦς s'occuperait aussi des affaires humaines, et qu'il lui attribue cette opinion en un sens assez précis pour pouvoir même lui en faire un reproche » (GLADISCH, *Anax. u. d. Isr.*, 123, cf. 165), pour arriver à de semblables résultats, il fallait la précipitation et le parti pris auxquels l'ardent désir de trouver la confirmation d'une opinion favorite entraîne souvent ceux-là mêmes qui ailleurs font preuve d'érudition et de méthode dans les recherches. GLADISCH sait certes aussi bien que nous que les *Placita*, sous leur forme actuelle, sont, non l'œuvre de Plutarque, mais une compilation bien postérieure, formée d'éléments divers dont quelques-uns sont d'une origine douteuse. De plus, il n'est pas si ignorant des idées théologiques de Plutarque qu'il soit nécessaire de lui dire que cet écrivain n'a pu soulever les objections émises ici contre la croyance à la Providence, surtout entendue à la manière platonicienne. Enfin il ne saurait contester que ces reproches ne décèlent à première vue leur origine épicurienne (cf. notre citation, III° part., a, 370, 393, 2° éd. all.) ; et cependant il s'exprime comme s'il s'agissait ici d'un témoignage incontestable de Plutarque. Mais il y a plus : le pseudo-Plutarque n'atteste même pas ce que Gladisch trouve dans ses paroles. Il ne donne comme l'assertion propre d'Anaxagore ce que donnent tous les autres, à savoir que le νοῦς divin a formé le monde. Si pour cette raison il attribue à Anaxagore la croyance à une providence divine dans les affaires humaines, ce n'est là qu'une conséquence, tirée par le disciple d'Épicure, lequel trouve ainsi une occasion d'appliquer à la doctrine d'Anaxagore les objections traditionnelles de l'école contre la croyance à la Providence. Comme témoignage historique, cette déduction n'a pas plus de valeur que n'en peut avoir, par exemple, l'exposition également épicurienne de CICÉRON, *N. D.*, I, 11, 26 (cf. KRISCHE, *Forsch.*, 66), d'après laquelle le νοῦς serait un ζῶον pourvu de sensation et de mouvement. GLADISCH met encore dans la bouche de notre philosophe les propositions suivantes : « Dans la Nature, tout est ordre et raison ; comme ordonnateur de l'univers, le νοῦς est également l'auteur de ce que l'opinion commune regarde comme mauvais. » Mais il serait bien embarrassé de prouver ce qu'il avance. ARISTOTE (*Metaph.*, XII, 10, 1075 b, 10) reproche bien à Anaxagore τὸ ἐναντίον μὴ ποιῆσαι τῷ ἀγαθῷ καὶ τῷ νῷ, mais on ne peut en conclure qu'Anaxagore ramenât le mal lui-même à la causalité du νοῦς. Il se peut qu'il n'ait nullement cherché à en expliquer l'existence, et cette dernière opinion est évidemment confirmée par les textes : *Metaph.*, I, 4, 984 b, 8 sqq., 32 sq. Sans doute ALEXANDRE dit (*ad Metaph.*, 46, 4 Bon., 553 b, 1 Hr.) : Ἀναξαγόρᾳ δὲ ὁ νοῦς τοῦ εὖ τι καὶ καλῶς μόνον ἦν ποιητικὸν αἴτιον, ὡς

qui eut une si grande importance aux yeux de philosophes tels que Socrate, Platon et les Stoïciens. Qu'on blâme ou qu'on loue cette manière de procéder, elle prouve en tout cas qu'Anaxagore n'a pas tiré toutes les conséquences qui résultaient du concept d'un organisateur du monde omniscient et ordonnant les choses d'après des vues téléologiques; et de là nous pouvons conclure qu'il ne se rendait pas un compte exact de ce concept lui-même et de tout ce qu'il renferme.

Ainsi la doctrine d'Anaxagore sur l'Intelligence dépasse d'un côté le réalisme de l'ancienne philosophie naturaliste; mais de l'autre côté elle a encore un pied sur le terrain de ce même réalisme. Anaxagore cherche la raison du devenir naturel et du mouvement, et ce qu'il trouve sur cette voie, c'est l'Intelligence; mais, comme son objet, en cherchant ce principe plus élevé, était tout d'abord l'explication de la nature, il ne sait pas encore en faire tout l'usage qu'il comporte; la conception téléologique de la nature retourne immédiatement à la conception mécanique. Anaxagore, selon l'expression d'Aristote, a entre les mains la cause finale et ne s'en sert que comme d'une force motrice.

§ 2. L'ORIGINE ET LE SYSTÈME DU MONDE.

FORMATION DU MONDE. — Pour former un monde avec le chaos primordial, l'Intelligence a produit d'abord en un point de cette masse un mouvement en tourbillon, lequel,

εἴρηκεν (sc. Ἀριστοτ.); mais c'est là une preuve sans grande valeur; car nous n'avons ici qu'une conséquence tirée des principes d'Anaxagore, conséquence qui d'ailleurs manquerait de rigueur (car Anaxagore aurait pu, aussi bien que Platon, faire remonter le mal à la matière); il est clair (comme GLADISCH lui-même est disposé à l'admettre) qu'au lieu de « κακῶς; » il faut lire « καλῶς; », car ARISTOTE (*Metaph.*, I, 3, 984 b, 10) et ALEXANDRE (p. 25, 22 Bon., 537 a, 30 Br.) avaient désigné le νοῦς d'Anaxagore comme la cause de l'εὖ καὶ καλῶς. THÉMISTIUS, *Phys.*, 58 b (413 Sp.) n'atteste pas davantage « que d'après Anaxagore tout dans la nature est conforme à l'ordre et à la raison »; ce passage est au contraire une objection que, de son propre point de vue, il fait à Anaxagore.

en se propageant, a enveloppé des parties de la masse de plus en plus grandes, et dans la suite en englobera toujours de nouvelles [1].

Par sa rapidité extraordinaire, ce mouvement a fait que les substances se sont divisées, selon les oppositions les plus générales de l'épais et du ténu, du chaud et du froid, du sombre et du clair, de l'humide et du sec [2], en deux grandes masses [3], dont l'action réciproque exerce une influence décisive sur la formation ultérieure des choses. Anaxagore désignait ces deux masses par les noms d'éther et d'air; par le premier, il entendait le chaud, le lumineux et le ténu; par le second, le froid, le sombre et le lourd [4].

Par la rotation, l'épais et l'humide ont été poussés vers le milieu, le ténu et le chaud vers le dehors, comme on

---

1. Fr. 8 (voy. sup., 886, 1) : καὶ τῆς περιχωρήσιος τῆς συμπάσης νοῦς ἐγκράτησεν, ὥστε περιχωρῆσαι τὴν ἀρχήν. καὶ πρῶτον ἀπό τοῦ σμικροῦ ἤρξατο περιχωρῆσαι, ἔπειτε πλέον περιεχώρεε, καὶ περιχωρήσει ἐπὶ πλέον. V. note 3. Anaxagore semble avoir pensé ici tout d'abord à une masse liquide dans laquelle un corps qu'on y jette produit des ondulations de plus en plus étendues; peut-être est-ce une assertion de ce genre qui a été la cause de l'indication erronée de Plotin (Enn., II, 4, 7, sub init.), d'après laquelle le μίγμα serait de l'eau.
2. Car le chaud et le sec sont, à ses yeux, comme à ceux des autres physiciens, identiques au ténu et au léger; cf. note 4.
3. Fr. 18 (7) : ἐπεὶ ἤρξατο ὁ νόος κινέειν, ἀπὸ τοῦ κινεομένου παντὸς ἀπεκρίνετο, καὶ ὅσον ἐκίνησεν ὁ νόος πᾶν τοῦτο διεκρίθη· κινεομένων δὲ καὶ διακρινομένων ἡ περιχώρησις πολλῷ μᾶλλον ἐποίεε διακρίνεσθαι. Fr. 21 (11) : οὕτω τουτέων περιχωρεόντων τε καὶ ἀποκρινομένων ὑπὸ βίης τε καὶ ταχυτῆτος· βίην δὲ ἡ ταχυτὴς ποιέει, ἡ δὲ ταχυτὴς αὐτέων οὐδενὶ ἔοικε χρήματι τὴν ταχυτῆτα τῶν νῦν ἐόντων χρημάτων ἐν ἀνθρώποισι, ἀλλὰ πάντως πολλαπλασίως ταχύ ἐστι. Fr. 8, 19, voy. p. 881, 2.
4. Cette opinion, déjà émise par Ritter (Jon. Phil., 276; Gesch. d. Phil., I, 321) et par Zévort (105 sq.), résulte des textes suivants : Anax., fr. 1 (à la suite de la citation donnée p. 881, 3) : πάντα γὰρ ἀήρ τε καὶ αἰθὴρ κατείχεν, ἀμφότερα ἄπειρα ἐόντα, ταῦτα γὰρ μέγιστα ἔνεστιν ἐν τοῖσι σύμπασι καὶ πλήθει καὶ μεγάθει. Fr. 2 : καὶ γὰρ ὁ ἀήρ καὶ ὁ αἰθήρ ἀποκρίνεται ἀπὸ τοῦ περιέχοντος τοῦ πολλοῦ, καὶ τόγε περιέχον ἄπειρόν ἐστι τὸ πλῆθος ; Aristote (De cælo, III, 3; voy. sup., 876, 1) : ἀέρα δὲ καὶ πῦρ μίγμα τούτων καὶ τῶν ἄλλων σπερμάτων πάντων... διὸ καὶ γίγνεσθαι πάντ' ἐκ τούτων (do l'air et du feu)· τὸ γὰρ πῦρ καὶ τὸν αἰθέρα προσαγορεύει ταὐτό ; Théophraste, De sensu, 59 : ὅτι τὸ μὲν μανόν καὶ λεπτόν θερμόν τὸ δὲ πυκνόν καὶ παχὺ ψυχρόν. ὥσπερ Ἀναξ. διαιρεῖ τὸν ἀέρα καὶ τὸν αἰθέρα. Plusieurs autres textes constatent qu'Anaxagore entendait par l'éther l'élément igné; voy. Arist., De cælo, I, 3, 270 b, 24; Meteor., I, 3, 339 b, 21; II, 9, 369 b, 14; Plut., Plac., II, 13, 3; Simpl., De cælo, 55 a, 8, 268 b, 43 (Schol., 475 b, 32, 515 a, 39); Alex., Meteorol., 73 a, au haut, 111 b, au bas; Olympiodore, Meteorol., 6 a (Arist. Meteor., ed. Id. I, 140); ces auteurs ajoutent qu'Anaxagore faisait dériver αἰθήρ d'αἴθω.

voit d'ailleurs, dans les tourbillons d'eau et d'air, la partie la plus lourde occuper le milieu [1].

Dans la suite des temps l'eau s'est dégagée de la masse inférieure de vapeurs, puis la terre s'est dégagée de l'eau, et par l'effet du froid la terre s'est transformée en roches [2].

Des pierres isolées, détachées de la terre par la violence de la rotation et devenues lumineuses en s'enflammant dans l'éther, éclairent la terre : ce sont les astres, y compris le soleil [3].

La chaleur du soleil a desséché la terre, qui était d'abord à l'état vaseux [4]; et l'eau qui restait est devenue, par suite de l'évaporation, amère et salée [5].

---

1. Fr. 19, voy. sup., 881, 2; cf. ARIST., De cælo, II, 13, 295 a, 9; Meteor., II, 7, sub init.; SIMPL., Phys., 87 b, au bas; De cælo, 235 b, 31 sqq. La doctrine d'Anaxagore est reproduite par HIPPOLYTE, Refut., I, 8, et, moins exactement, par DIOGÈNE, II, 8.]

2. Fr. 20 (9) : ἀπὸ τουτέων ἀποκρινομένων συμπήγνυται γῆ· ἐκ μὲν γὰρ τῶν νεφελῶν ὕδωρ ἀποκρίνεται, ἐκ δὲ τοῦ ὕδατος γῆ· ἐκ δὲ τῆς γῆς λίθοι συμπήγνυνται ὑπὸ τοῦ ψυχροῦ. Ni cette assertion ni les textes d'Aristote cités, p. 876, I ; 877, 2, ne nous permettent de conclure qu'Anaxagore admettait la théorie des quatre éléments; elle aurait d'ailleurs, dans son système, une tout autre signification que dans Empédocle; cf. note précédente, et SIMPL., De cælo, 269 b, 14, 41 (Schol., 513 b, 1), 281 a, 4.

3. PLUTARQUE, Lysand., c. 12 : εἶναι δὲ καὶ τῶν ἄστρων ἕκαστον οὐκ ἐν ᾗ πέφυκε χώρᾳ· λιθώδη γὰρ ὄντα βαρέα λάμπειν μὲν ἀντερείσει καὶ περικλάσει τοῦ αἰθέρος, ἕλκεσθαι δὲ ὑπὸ βίας σφιγγόμενα [—α] δίνῃ καὶ τόνῳ τῆς περιφορᾶς, ὥς που καὶ τὸ πρῶτον ἐκρατήθη μὴ πεσεῖν δεῦρο, τῶν ψυχρῶν καὶ βαρέων ἀποκρινομένων τοῦ παντός. Plac., II, 13, 3 : Ἀναξαγ. τὸν περικείμενον αἰθέρα πύρινον μὲν εἶναι κατὰ τὴν οὐσίαν, τῇ δ' εὐτονίᾳ τῆς περιδινήσεως ἀναρπάζοντα πέτρους ἐκ τῆς γῆς καὶ καταφλέξαντα τούτους ἠστερικέναι. HIPPOLYTE, l. c. : ἥλιον δὲ καὶ σελήνην καὶ πάντα τὰ ἄστρα λίθους εἶναι ἐμπύρους συμπεριληφθέντας ὑπὸ τῆς τοῦ αἰθέρος περιφορᾶς. De nombreux témoignages portent qu'Anaxagore regardait les étoiles comme des pierres, et le soleil, en particulier, comme une masse ignée (λίθος διάπυρος, μύδρος διάπυρος:). Cf., outre un grand nombre de textes cités par SCHAUBACH, p. 139 sqq. et p. 159, PLATON, Apol., 26 d; Lois, XII, 967 c; XÉNOPH., Mem., IV, 7, 6 sq. D'après DIOGÈNE (II, 11 sq.), il aurait appuyé cette opinion sur l'observation de la chute des pierres météoriques. Ce que les Placita disent de l'origine terrestre de ces pierres est confirmé par le texte de Plutarque; et, de plus, à prendre l'ensemble des doctrines d'Anaxagore, on ne peut trouver d'autre lieu où des pierres auraient pu naître selon lui, si ce n'est la terre ou du moins la sphère terrestre. Voy. les deux notes précédentes. Le soleil et la lune se sont formés simultanément (EUDÈME, ap. PROCL., in Tim., 258 c).

4. Voy. note suiv., et TZETZ., in Il., p. 42.

5. DIOGÈNE, II, 8; PLUTARQUE, Plac., III, 16, 2; HIPPOLYTE, Refut., I, 8; ALEXANDRE (Meteor., 91 b, au haut) rapporte à Anaxagore l'indication (ARIST., Meteor., II, 1, 353 b, 13) selon laquelle plusieurs expliquent le goût de l'eau de mer par un mélange d'éléments terreux; seulement ce mélange ne devait pas,

A cette cosmogonie on peut, à vrai dire, adresser la même objection qu'à toutes les tentatives faites pour expliquer la naissance de l'univers. Si la substance du monde et la force organisatrice sont éternelles, comment se fait-il que le monde lui-même ait commencé d'exister à un moment déterminé? Cette objection pourtant ne nous autorise pas à interpréter dans un autre sens les assertions d'Anaxagore d'après lesquelles le mouvement a été produit à un certain moment, et à partager l'opinion de Simplicius[1], disant qu'Anaxagore n'a parlé que pour plus de clarté d'un commencement du mouvement, sans y croire en réalité[2]. Ce qu'il dit du commencement du mouvement et du mélange primordial est exposé sur le même ton que tout le reste; et l'auteur n'indique nulle part que cette exposition doive être entendue dans un autre sens. ARISTOTE[3] et EUDÈME[4] ont compris ainsi la pensée d'Anaxagore; et, de fait, on ne voit pas comment il aurait pu parler d'un accroissement constant du mouvement s'il ne lui avait pas supposé un commencement. Simplicius n'est pas ici un témoin plus direct que là où il interprète le mélange de toutes les substances dans le sens de l'unité néo-platonicienne, et la première séparation des oppositions dans le sens du monde des idées[5]. Il a évidemment pu arriver à Anaxagore comme à d'autres philosophes antérieurs et postérieurs, de ne point apercevoir les difficultés inhérentes à sa doctrine.

selon Anaxagore, avoir eu lieu par infiltration à travers la terre (comme le dit Alexandre, apparemment en interprétant le passage d'Aristote) : il provenait de la constitution primordiale de l'élément liquide, dont certaines parties terreuses avaient demeuré lors de l'évaporation.

1. *Phys.*, 257 b, au mil. et au bas.
2. RITTER, *Jon. Phil.*, 250 sqq.; *Gesch. d. Phil.*, I, 318 sq.; BRANDIS, I, 250, et SCHLEIERMACHER, *Gesch. d. Phil.*, 44.
3. *Phys.*, VIII, 1, 250 b, 24 : φησὶ γὰρ ἐκεῖνος (Ἀναξ.) ὁμοῦ πάντων ὄντων καὶ ἠρεμούντων τὸν ἄπειρον χρόνον, κίνησιν ἐμποιῆσαι τὸν νοῦν καὶ διακρῖναι.
4. SIMPLICIUS (*Phys.*, 273 a, au haut) : ὁ δὲ Εὔδημος μέμφεται τῷ Ἀναξαγόρᾳ οὐ μόνον ὅτι μὴ πρότερον οὖσαν ἄρξασθαί ποτε λέγει τὴν κίνησιν, ἀλλ᾽ ὅτι καὶ περὶ τοῦ διαμένειν ἢ λήξειν ποτὲ παρέλιπεν εἰπεῖν, καίπερ οὐκ ὄντος φανεροῦ.
5. *Phys.*, 8 a, au mil., 33 b, au bas, sq., 105 a, au bas; 257 b, au bas; voy. SCHAUBACH, 91 sq.

On peut se demander avec plus de raison si Anaxagore admettait une cessation ultérieure du mouvement, un retour du monde à l'état primitif[1]. D'après les témoignages les plus authentiques, il ne s'était pas expliqué nettement sur cette question[2]; mais ses assertions sur la propagation continue du mouvement[3] sont loin de marquer qu'il ait pensé à une telle fin du monde, et son système ne fournit aucun point d'appui pour une semblable interprétation : pourquoi, en effet, l'Intelligence ferait-elle retomber le monde dans le chaos, après y avoir établi l'ordre? L'indication de Simplicius à ce sujet provient donc d'une fausse interprétation de ce qu'Anaxagore avait dit de la terre et de ses phases[4].

UNITÉ DU MONDE. — Enfin l'on a cru pouvoir conclure d'un fragment obscur de l'ouvrage d'Anaxagore[5] que l'auteur admettait plusieurs systèmes de mondes semblables au nôtre[6]; mais, quant à moi, je ne puis encore que rejeter cette hypothèse. Lors même que nous n'attacherions

---

1. Comme le prétend STOBÉE (*Ecl.*, I, 416). Celui-ci ayant rapproché à cet égard Anaxagore d'Anaximandre et d'autres philosophes ioniens, nous devons interpréter son indication dans le sens d'une alternative de formation et de destruction du monde.

2. Voy. p. 899, 6; cf. ARIST., *Phys.*, VIII, 1, 252 a, 10. Le texte SIMPLICIUS, *De cælo*, 167 b, 13 (*Schol.*, 491 b, 10 sqq.) ne peut être cité en faveur de l'opinion contraire, car ce texte dit simplement qu'Anaxagore *semble* croire à l'éternité du mouvement du ciel et à l'éternité du repos de la terre au centre; SIMPLICIUS dit avec plus de précision (*Phys.*, 33 a, au bas) qu'Anaxagore enseigne que le monde est impérissable; mais on peut se demander s'il avait réellement sous les yeux une assertion précise du philosophe sur cette question.

3. *Sup.*, 897, 1.

4. Selon DIOGÈNE (II, 10), il prétendait que les montagnes situées autour de Lampsaque seront, dans un avenir lointain, recouvertes par les eaux de la mer. Peut-être cette conjecture lui a-t-elle été suggérée par des observations analogues à celles de Xénophane (voy. p. 198).

5. Fr. 4 (10) : ἀνθρώπους τε συμπαγῆναι καὶ τἆλλα ζῷα ὅσα ψυχὴν ἔχει, καὶ τοῖσί γε ἀνθρώποισιν εἶναι καὶ πόλιας συνῳκημένας καὶ ἔργα κατεσκευασμένα ὥσπερ παρ' ἡμῖν, καὶ ἥλιόν τε αὐτοῖσιν εἶναι καὶ σελήνην καὶ τἆλλα ὥσπερ παρ' ἡμῖν, καὶ τὴν γῆν αὐτοῖσι φύειν πολλά τε καὶ παντοῖα ὧν ἐκεῖνοι τὰ ὀνήιστα συνενεικάμενοι εἰς τὴν οἴκησιν χρέονται. Il n'y a aucune importance à attacher à ce fait que SIMPLICIUS (*Phys.*, 6 b, au bas) se sert, en parlant de lui, du pluriel τοὺς κόσμους.

6. SCHAUBACH, 119 sq.

aucune valeur au témoignage de Stobée¹, d'après lequel Anaxagore a enseigné l'unité du monde, il resterait qu'Anaxagore lui-même a désigné le monde comme étant un ² : il faut donc qu'il l'ait considéré comme un tout dont les parties sont connexes; et ce tout ne peut former qu'un seul système du monde, puisque le mouvement de la masse primordiale part d'un centre unique, et qu'au moment de la séparation des substances celles qui sont similaires se portent vers un seul et même point, le lourd en bas, le léger en haut. Ce fragment ne saurait donc se rapporter à un monde différent du nôtre, mais il se rapporte à une partie du nôtre, vraisemblablement à la lune³.

De l'autre côté du monde s'étend la substance infinie, dont la rotation continue détache constamment de nouvelles parties pour les faire entrer dans le concert de l'univers⁴. C'est de cet infini qu'Anaxagore a dit qu'il repose en lui-même, parce qu'en dehors de lui il n'y a aucun espace dans lequel il puisse se mouvoir⁵.

Système du monde. — Dans ses idées sur le système du monde, Anaxagore se rattachait surtout à l'ancienne physique ionienne.

---

1. *Ecl.*, I, 496.
2. Fr. 11, voy. *sup.*, 882, 1.
3. On pourrait rapporter ces mots, dont le contexte nous est inconnu, soit à une partie de la terre différente de la nôtre, soit à la terre considérée dans un état antérieur, soit encore à un autre corps céleste. Mais la première conjecture n'est pas vraisemblable, car ce n'est pas d'une autre partie de la terre que l'auteur dirait explicitement qu'elle a aussi un soleil et une lune : Anaxagore, avec ses idées sur la forme de la terre, sur le haut et le bas (voy. p. 902, 1), ne peut avoir admis des antipodes comportant cette remarque. La seconde explication est exclue par le présent εἶναι, φύσιν, χρέονται. Il ne reste donc que la troisième, et nous sommes amenés à penser à la lune, qu'Anaxagore, comme nous le savons, déclarait être habitée, et qu'il appelait une terre. Si à la lune elle-même il attribue une autre lune, cela signifie qu'un autre astre se comporte à son égard comme la lune à l'égard de la terre.
4. Voy. *sup.*, 897, 1, 4.
5. Aristote, *Phys.*, III, 5, 205 b, 1 : Ἀναξαγόρας δ' ἀτόπως λέγει περὶ τῆς τοῦ ἀπείρου μονῆς· στηρίζειν γὰρ αὐτὸ αὑτό φησι τὸ ἄπειρον. τοῦτο δὲ ὅτι ἐν αὑτῷ· ἄλλο γὰρ οὐδὲν περιέχει. Cf. la citation de Mélissus, p. 559.

Au milieu de l'univers repose la terre comme un cylindre plat, supporté par l'air grâce à sa largeur[1].

Autour de la terre les astres se sont mus d'abord latéralement, de telle sorte que le pôle visible se trouvait verticalement au-dessus du milieu de la surface terrestre; plus tard seulement la terre prit une position oblique : c'est pourquoi une partie des orbites des astres se trouve au-dessous d'elle[2].

De même que tous les anciens astronomes, Anaxagore, dans la série des astres, plaçait la lune et le soleil le plus près de la terre, mais il croyait en même temps qu'entre la lune et la terre il existe d'autres corps invisibles pour nous; c'est à ces corps qu'il attribuait les éclipses de lune et l'ombre terrestre[3], tandis que les éclipses de soleil provenaient uniquement, selon lui, du passage de la lune entre la terre et le soleil[4].

Il pensait que le soleil est beaucoup plus grand qu'il ne paraît; mais il n'avait encore aucune idée de la grandeur réelle de ce corps céleste[5]. Nous avons déjà fait remarquer qu'il le considérait comme une masse pierreuse en ignition.

Il pensait que la lune avait, comme la terre, des montagnes et des vallées, et qu'elle était habitée par des êtres

---

1. ARISTOTE, *De cælo*, II, 13, voy. sup., 800, 3; *Météor.*, II, 7, 365 a, 26 sqq.; DIOGÈNE, II, 8; HIPPOLYTE, *Réfut.*, I, 8; ALEXANDRE, *Météor.*, 66 b, et d'autres ap. SCHAUBACH, 174 sq. D'après SIMPLICIUS, *De cælo*, 167 b, 13 (*Schol.*, 491 b, 10), il aurait encore assigné comme cause de l'immobilité de la terre la force de la rotation; mais Simplicius semble ici rapporter par erreur à Anaxagore ce qu'Aristote dit d'Empédocle; cf. p. 714, 2, 3.
2. DIOGÈNE, II, 9; PLUT., *Plac.*, II, 8; HIPPOL., I, 8. Cf. p. 243, 3, 802, 1.
3. HIPPOLYTE, *l. c.*, p. 22; STOBÉE, *Ecl.*, I, 560 (d'après Théophraste); DIOGÈNE, II, 11. Cf. p. 394, 1.
4. HIPPOLYTE, *l. c.*; ibid. la remarque : οὗτος ἀφώρισε πρῶτος τὰ περὶ τὰς ἐκλείψεις καὶ φωτισμούς; cf. PLUTARQUE, *Nic.*, c. 23 : ὁ γὰρ πρῶτος σαφέστατόν τε πάντων καὶ θαρραλεώτατον περὶ σελήνης καταυγασμῶν καὶ σκιᾶς λόγον εἰς γραφὴν καταθέμενος Ἀναξαγόρας.
5. Il disait, selon DIOGÈNE, II, 8 et HIPPOLYTE, *l. c.*, que le soleil était plus grand, beaucoup plus grand, selon PLUTARQUE, *Plac.*, II, 21, que le Péloponnèse, tandis que la lune (d'après PLUT., *fac. l.*, 19, 9, p. 932) devait avoir les dimensions de cette péninsule.

vivants¹. C'est parce que la constitution de cet astre ressemble à celle de la terre, que sa propre lumière est terne² (ainsi qu'on le voit dans les éclipses de lune); la lumière plus claire qu'elle répand ordinairement est un reflet du soleil. Sans doute Anaxagore n'a pas fait lui-même cette découverte³; mais il est, en tout cas, l'un des premiers qui l'ait propagée en Grèce⁴.

Nous ne pouvons déterminer sûrement comment il s'expliquait la révolution annuelle du soleil et la révolution mensuelle de la lune⁵.

Les étoiles sont, selon lui, des masses ignées comme le soleil, mais leur éloignement et le milieu plus froid dans lequel elles se meuvent font que nous ne sentons pas leur chaleur⁶. De même que la lune, elles ont, outre leur lumière propre, une autre lumière qu'elles empruntent au soleil, sans qu'il existe à cet égard une différence entre les planètes et les étoiles fixes. La voie lactée est formée par les étoiles que l'ombre de la terre empêche, pendant la nuit, de recevoir la lumière solaire⁷. Dans leur révolution,

---

1. PLATON, *Apol.*, 26 d : τὸν μὲν ἥλιον λίθον φησὶν εἶναι τὴν δὲ σελήνην γῆν. DIOGÈNE, II, 8 ; HIPPOLYTE, *l. c* ; STOBÉE, I, 550 parall. (voy. *sup.*, 800, 4) ; ANAXAGORE, fr. 4 (voy. *sup.*, 900, 6). Il semble résulter du texte de STOBÉE, I, 554, une chose déjà vraisemblable en elle-même, à savoir qu'Anaxagore attribuait à cette constitution terreuse le visage de la lune ; d'après le *Scholiaste* d'APOLLONIUS de RHODES, I, 498 (voy. SCHAUBACH, 161 — cf. PLUTARQUE, *Fac.*, 24, 6), il expliquait la fable du lion de Némée tombé du ciel en conjecturant qu'il avait pu être issu de la lune.

2. STOBÉE, I, 564 ; OLYMPIODORE, *in Meteor.*, 15 b, 1, 200, id.

3. Parménide l'avait exposée avant lui, et Empédocle l'exposa en même temps que lui ; voy. *sup.*, 521, 1 ; 745, 3 ; aussi le premier appelle-t-il la lune (v. 144) νυκτιφαὲς περὶ γαῖαν ἀλώμενον ἀλλότριον φῶς. Mais c'est à tort que cette découverte est attribuée à Thalès (voy. p. 181, 3).

4. PLATON, *Crat.*, 409 a : ὁ ἐκεῖνος [Ἀναξ.] νεωστὶ ἔλεγεν, ὅτι ἡ σελήνη ἀπὸ τοῦ ἡλίου ἔχει τὸ φῶς. PLUTARQUE, *Fac. lun.*, 16, 7, p. 929 ; HIPPOLYTE, *l. c.* ; STOBÉE, I, 558. Cf. p. 898, 3, *sub fin.* D'après PLUTARQUE (*Plac.*, II, 28, 2), le sophiste Antiphon attribuait encore à la lune une lumière propre.

5. Tout ce qui résulte des textes : STOBÉE, *Ecl.*, I, 526 ; HIPPOLYTE, *l. c.*, c'est que, selon Anaxagore, le retour de ces deux astres provenait de la résistance de l'air condensé qu'ils chassaient devant eux, et que la révolution de la lune était plus courte que celle du soleil, parce que ce dernier, chauffant et dilatant l'air par sa chaleur, triomphait plus longtemps de cette résistance. Cf. p. 228, 1.

6. HIPPOLYTE, *l. c.*, et *sup.*, p. 898, 3.

7. ARISTOTE, *Meteor.*, I, 8, 345 a, 25, et ses commentateurs ; DIOGÈNE, II, 9 ; HIPPOLYTE, *l. c.* ; PLUTARQUE, *Plac.*, III, 1, 7 ; cf. p. 893, 2.

904 les étoiles vont exactement d'est en ouest[1]. La réunion de plusieurs planètes produit le phénomène des comètes[2].

Je passe[3] sur la manière dont Anaxagore expliquait les différents phénomènes météorologiques, et j'aborde immédiatement ses idées sur les êtres vivants et particulièrement sur l'homme.

§ 3. LES ÊTRES ORGANISÉS, L'HOMME.

L'AME. — Si Anaxagore a, contrairement à l'opinion commune, réduit les astres à n'être que des masses inertes auxquelles l'intelligence communique le mouvement par la rotation universelle, il reconnaît dans les êtres vivants la présence immédiate de l'intelligence. « Dans tout il y a des parties de tout, si ce n'est de l'intelligence ; mais dans quelques êtres il y a aussi l'intelligence[4]. » « Tous les êtres qui ont une âme, les grands et les petits, sont mus par l'intelligence[5]. »

1. PLUTARQUE, *Plac.*, II, 16. Démocrite avait encore cette opinion.
2. ARISTOTE, *Meteor.*, I, 6, *sub init.* ALEXANDRE et OLYMPIODORE (*ad h. l.*, voy. sup. 803, 3); DIOGÈNE, II, 9; PLUTARQUE, *Plac.*, III, 2, 3. *Schol. in Arat. Diosem.*, 1091 (359).
3. Selon lui, le tonnerre et les éclairs proviennent de ce que le feu de l'éther perce les nuages (ARIST., *Meteor.*, II, 9, 369 b, 12; ALEX., *ad h. l.*, III, b, au bas; PLUT., *Plac.*, III, 3, 3; HIPPOL., *l. c.*; SÉN., *Nat. qu.*, II, 19 ; cf. II, 12; DIOG., II, 9, est en partie inexact); les tempêtes et les vents brûlants (τυφῶν et πρηστήρ, *Plac., l. c.*) ont la même origine; les autres vents sont produits par l'agitation de l'air échauffé par le soleil (HIPPOL., *l. c.*), la grêle par les vapeurs qui, échauffées par le soleil, montent jusqu'à une hauteur où elles se congèlent (ARIST., *Meteor.*, I, 12, 348 b, 12; ALEX., *Meteor.*, 85 b, au haut, 86 a, au mil.; OLYMP., *Meteor.*, 20 b.; PHILOP., *Meteor.*, 106 a, I, 229, 233, Id.); les étoiles filantes sont des étincelles que le feu supérieur fait jaillir dans son mouvement (STOB., *Ecl.*, I, 580; DIOG., II, 9; HIPPOL., *l. c.*); l'arc-en-ciel et les parhélies sont produits par la réfraction des rayons solaires dans les nuages (*Plac.*, III, 5, 11. *Schol. Venet. ad Il.*, P, 547), les tremblements de terre par l'éther qui pénètre dans les cavernes dont la terre est traversée (ARIST., *Meteor.*, II, 7, *sub init.* ALEX., *ad h. l.*, 106 b, au mil.; DIOG., II, 9; HIPPOL., *l. c.*; PLUT., *Plac.*, III, 15, 4; SÉN., *Nat. qu.*, VI, 9; AMMIEN MARC., XVII, 7, 11. Cf. IDELER, *Arist. Metereol.*, I, 587 sq.); les fleuves sont alimentés par la pluie et par les eaux souterraines (HIPPOL., *l. c.*, p. 20); les débordements du Nil sont causés par la fonte de la neige sur les montagnes de l'Éthiopie (DIODORE, I, 38). Voy., sur toutes ces questions, SCHAUBACH, 170 sqq., 176 sqq.
4. Fr. 7; voy. p. 822, 1.
5. Fr. 8; voy. p. 886, 1. Le mot κρατεῖν désigne, comme le démontre la suite immédiate du texte, la force motrice. Cf. ARISTOTE, *sup.*, 889, 3.

Sans doute, Anaxagore ne s'est pas demandé de quelle manière l'intelligence peut exister dans les êtres individuels ; mais il ressort de l'ensemble de son exposition et des expressions qu'il emploie qu'il se la représente, en somme, sous la forme d'une substance étendue¹. Il pense que cette substance est absolument homogène dans toutes ses parties, comme nous l'avons montré plus haut ; et par suite il soutient que l'intelligence d'un être ne se distingue de celle d'un autre que par sa quantité, non par sa nature ; toutes les intelligences sont semblables, mais l'une est plus grande, l'autre plus petite².

Il ne suit nullement de là qu'il ait ramené les différences d'aptitudes intellectuelles à la différence de constitution du corps³. Lui-même parle explicitement d'une mesure spéciale de l'intelligence⁴ ; et, en parlant ainsi, il est tout à fait conséquent avec ses principes. Quand il a dit que l'homme est le plus intelligent de tous les êtres vivants parce qu'il a des mains⁵, il n'a pas voulu refuser à l'homme le privilège d'une nature intellectuelle supérieure : il a simplement exprimé avec énergie l'importance et la nécessité absolue de cet organe⁶.

De même, on ne peut admettre qu'Anaxagore ait regardé l'âme elle-même comme une chose corporelle et lui ait attribué la nature de l'air⁷.

---

1. Voy. sup., 888 sq.
2. Cf. p. 886.
3. Ainsi pensent Tennemann, I, A, I. 326 sq.; Wendt, ad h. l., voy. p. 117 sq.; Ritter (Ion. Phil., 290; Gesch. d. Phil., I, 328); Schaubach, 188. Zévort, 135 sq., et d'autres.
4. Les Placita (V, 20, 3) lui font dire que tous les êtres vivants ont l'intelligence active, mais que tous n'ont pas l'intelligence passive. Mais il n'a pu émettre cette proposition ; car il aurait fallu dire précisément le contraire, pour exprimer la supériorité de l'homme sur les animaux.
5. Aristote, Part. anim., IV, 10, 687 a, 7 : Ἀναξαγόρας μὲν οὖν φησί, διὰ τὸ χεῖρας ἔχειν φρονιμώτατον εἶναι τῶν ζῴων ἄνθρωπον. Cf. le vers (ap. Syncelle, Chron., 149 c) sur lequel des Anaxagoréens s'appuient en cet endroit : χειρῶν ὀλλυμένων ἔρρει πολύμητις Ἀθήνη.
6. C'est ce qu'indique aussi le texte de Plutarque, De fortuna, c. 3, p. 98 en ce qui concerne le corps, les animaux ont sur nous une grande supériorité; ἐμπειρίᾳ δὲ καὶ μνήμῃ καὶ σοφίᾳ καὶ τέχνῃ κατὰ Ἀναξαγόραν σφῶν τε αὐτῶν χρώμεθα καὶ βλίττομεν καὶ ἀμέλγομεν καὶ φέρομεν καὶ ἄγομεν συλλαμβάνοντες.
7. Plac., IV, 3, 2 : οἱ δ' ἀπ' Ἀναξαγόρου ἀεροειδῆ [λέγου] τε καὶ σῶμα [τὴν

En revanche, ARISTOTE a raison de remarquer qu'il n'a pas fait de différence entre l'âme et l'intelligence[1], et, par suite, de rapporter à l'âme ce qu'Anaxagore a dit tout d'abord de l'intelligence, à savoir qu'elle est la force motrice[2]. L'intelligence est toujours et partout ce qui meut la matière; lors même qu'un être se meut lui-même, c'est nécessairement l'intelligence qui produit le mouvement; seulement ce mouvement n'a pas lieu par une impulsion mécanique extérieure, mais par une impulsion intérieure. L'intelligence doit donc résider dans un tel être; en lui elle devient âme[3].

LES PLANTES, LES ANIMAUX ET L'HOMME. — Anaxagore estime que cette action vivifiante de l'intelligence se manifeste déjà dans les plantes, auxquelles il attribue, avec Empédocle et Démocrite, la vie et la sensibilité[4].

Conformément aux principes de son système, il expliquait l'origine des plantes en admettant que leurs germes proviennent de l'air[5], lequel est d'ailleurs, comme les

---

ψυχή]. Cette opinion est attribuée d'une façon plus nette à Anaxagore et à Archélaüs, ap. STOBÉE, Ecl., I, 796; THÉODORET, Cur. Gr. aff., V, 18, p. 72. Cf. TERT., De an., c. 12; SIMPL., De an., 7 b, au mil.; ap. PHILOP., De an., B, 16, au mil. (Anaxagore a tenu l'âme pour un nombre qui se meut lui-même); il faut, avec Brandis (Gr.-röm. Phil., I, 264), lire : Ξενοκράτης. Cf. ibid., C, 5, au haut.

1. De an., I, 2, voy. sup., 889, 3, ibid., 405 a, 13 : Ἀναξαγόρας δ' ἔοικε μὲν ἕτερον λέγειν ψυχήν τε καὶ νοῦν, ὥσπερ εἴπομεν καὶ πρότερον, χρῆται δ' ἀμφοῖν ὡς μιᾷ φύσει, πλὴν ἀρχήν γε, etc., p. 886, 1.

2. L. c., 404 a, 25 : ὁμοίως δὲ καὶ Ἀναξαγόρας ψυχὴν εἶναι λέγει τὴν κινοῦσαν, καὶ εἴ τις ἄλλος εἴρηκεν ὡς τὸ πᾶν ἐκίνησε νοῦς.

3. Cf. p. 904.

4. Voy. PLUTARQUE, Qu. nat., c. I, p. 911; PSEUDO-ARISTOTE, De plant., c. 1, 815 a, 15; b, 16; voy. sup., p. 717, 4, 813, 3, où on lit notamment : ὁ μὲν Ἀναξαγόρας καὶ ζῷα εἶναι [τὰ φυτὰ] καὶ ἥδεσθαι καὶ λυπεῖσθαι εἶπε, τῇ τε ἀπορροῇ τῶν φύλλων καὶ τῇ αὐξήσει τοῦτο ἐκλαμβάνων. D'après le même ouvrage, c. 2, sub init., il attribuait aussi aux plantes une respiration, tandis que, dans ARISTOTE, De respir., 2, 440 b, 30, le πάντα se rapporte seulement aux ζῷα.

5. THÉOPHRASTE, H. plant., III, 1, 4 : Ἀναξαγόρας μὲν τὸν ἀέρα πάντων φάσκων ἔχειν σπέρματα, καὶ ταῦτα συγκαταφερόμενα τῷ ὕδατι γεννᾶν τὰ φυτά. Il n'est pas dit clairement s'il admet que maintenant encore des plantes naissent de cette façon. D'après ARISTOTE (De plant., c. 2, 817 a, 25), Anaxagore nommait le soleil le père et la terre la mère des plantes, mais ces dénominations n'ont aucune importance.

LES PLANTES, LES ANIMAUX ET L'HOMME.   421

autres éléments, un mélange de toutes les semences possibles[1]. Les animaux ont été produits originairement de la même manière[2], la terre vaseuse ayant été fécondée par les germes contenus dans l'éther[3]. Cette doctrine, admise à la même époque par Empédocle, avait été enseignée auparavant par Anaximandre et Parménide, et fut enseignée dans la suite par Démocrite et par Diogène[4].

Anaxagore se rencontre encore avec Empédocle et Parménide dans ses idées relatives à l'origine des sexes[5].

Au reste, en dehors de l'assertion d'après laquelle tous les animaux respirent[6], les documents ne nous apprennent rien de remarquable touchant ses opinions sur les ani-

---

1. Voy. p. 876.
2. Cependant leur nature supérieure semble indiquée par ce fait que leurs semences ne dérivent pas de l'air et de l'humide, mais de l'élément igné, du feu.
3. IRÉNÉE, *Adv. haer.*, II, 14, 2 : *Anaxagoras... dogmatizavit, facta animalia decidentibus e cælo in terram seminibus.* C'est pourquoi EURIPIDE dit (*Chrysippe*, fr. 6-7) : L'âme provient d'une semence éthérée, et, après la mort, elle retourne à l'éther, comme le corps retourne à la terre d'où il provient. Cette assertion est non pas contredite, mais complétée par HIPPOLYTE, *Refut.*, I, 8, p. 22 : ζῶα δὲ τὴν ἀρχὴν ἐν ὑγρῷ γενέσθαι, μετὰ ταῦτα δὲ ἐξ ἀλλήλων, et par DIOGÈNE, II, 9 : ζῶα γενέσθαι ἐξ ὑγροῦ καὶ θερμοῦ καὶ γεώδους· ὕστερον δὲ ἐξ ἀλλήλων. PLUTARQUE (*Plac.*, II, 8) dit que les choses se sont passées ainsi avant l'inclinaison de la surface terrestre (voy. *sup.*, 902, 2); Anaxagore en donnait sans doute cette raison, qu'alors l'action du soleil sur la terre était continue.
4. Voy. *sup.*, 718 sq., 210, 528, 826, 1. 245. Nous pouvons ajouter les disciples d'Anaxagore, Archélaüs (voy. *inf.*) et Euripide, *ap.* DIOGÈNE, I, 7.
5. D'après ARISTOTE, *Gen. anim.*, IV, 1, 763 b, 30; PHILOPON, *Gen. an.*, 81 b, au haut, 83 b, au mil.; DIOGÈNE, II, 9; HIPPOLYTE, *l. c.* (les textes : CENSORIN, *Di. nat* ; 5, 4 ; 6, 6 ; 8; PLUT., *Plac.*, V, 7, 4, présentent quelques différences sans importance), il admettait que l'homme seul fournit la semence, et que la femme fournit le réceptacle, que le sexe des enfants est déterminé par la nature et l'origine de la semence, que les garçons viennent du côté droit de l'utérus, les filles du côté gauche. Cf. p. 528, 4 ; 720, 5. CENSORIN. (c. 6) nous apprend encore que, selon Anaxagore, le cerveau se formait le premier dans le fœtus, parce qu'il est le centre de tous les sens, que le corps était produit par la chaleur éthérée contenue dans la semence (ce qui s'accorde bien avec la citation de la note 3, *sup.*), que la nourriture parvenait à l'enfant par le nombril. Le même CENSORIN nous dit (5, 2) qu'Anaxagore contestait l'opinion de son contemporain Hippon (voy. *sup.*, 233, 6), d'après laquelle la semence était issue de la moelle.
6. ARISTOTE, *De respir.*, 2, 470 b, 30; les scholies *ad h. l.* (après SIMPL., *De an.*, Venet. 1527), p. 164 b, au haut, 167 a, au mil. Cette opinion, que Diogène partageait avec Anaxagore, est conforme aux vues du premier sur la nature de l'âme; mais il n'en est pas de même pour Anaxagore (voy. p. 905, 5); il devait naturellement penser que tout avait besoin, pour vivre, d'aspirer la chaleur vitale (cf. note 1).

maux[1]; et nous pouvons faire la même observation à propos de ce qui nous a été transmis d'Anaxagore sur la vie corporelle de l'homme[2].

L'indication d'après laquelle il fait périr l'âme au moment de sa séparation d'avec le corps est d'une valeur douteuse[3], et il n'est pas probable qu'il se soit jamais expliqué sur cette question. Ce qui résulterait de ses principes généraux, c'est que l'intelligence elle-même est impérissable, comme la matière, mais que l'individualité spirituelle est aussi transitoire que l'individualité corporelle.

LA CONNAISSANCE SENSIBLE. — Parmi les opérations de l'âme, Anaxagore s'était, paraît-il, occupé surtout de la faculté de connaître, de même que la science était à ses yeux le but suprême de la vie. Mais bien qu'il accordât à la pensée une supériorité marquée sur la perception des sens, il semble cependant s'être étendu plus longuement sur la seconde que sur la première.

Contrairement à l'opinion commune, il admettait, avec Héraclite, que la sensation n'était pas produite par le semblable, mais par le contraire. Le semblable, disait-il, n'a point d'action sur le semblable, parce qu'il ne produit en

---

1. Nous n'avons à citer ici que l'indication d'ARISTOTE (Gen. anim., III, 6, sub init.), d'après laquelle il croyait que certains animaux s'accouplent par la bouche, et l'indication d'ATHÉNÉE (II, 57 d), d'après laquelle il appelait l'albumine de l'œuf le lait de l'oiseau.
2. D'après PLUTARQUE, Plac., V, 25, 3, il disait que le corps seul dormait et non pas l'âme; probablement il appuyait son opinion sur l'activité de l'âme dans le rêve; selon ARISTOTE, Part. an., IV, 2, 677 a, 5, Anaxagore (ou seulement ses disciples) attribuait au fiel les maladies fébriles.
3. PLUTARQUE, l. c., sous le titre : πότερον ἐστὶν ὕπνος ἢ θάνατος ψυχῆς ἢ σώματος; continue ainsi : εἶναι δὲ καὶ ψυχῆς θάνατον τὸν διαχωρισμόν. Toutefois l'authenticité de cette indication est d'autant moins certaine que, dans le même texte, on attribue à Leucippe cette proposition : la mort ne concerne pas l'âme, mais seulement le corps, et à Empédocle, au contraire, malgré sa croyance à l'immortalité, cette autre proposition : la mort concerne l'âme et le corps. Il est évident, d'autre part, qu'on ne peut rien conclure de l'assertion de DIOGÈNE, II, 11; CICÉRON, Tusc., I, 43, 104 (voy. inf., 912, 4); les assertions de DIOGÈNE, II, 13, ÉLIEN, V. H., III, 2 (voy. ibid.) prouveraient plutôt, si elles sont historiques, qu'il regardait la mort comme une simple nécessité de la nature, sans songer à une vie ultérieure : cette conclusion cependant est, elle aussi, incertaine.

lui aucun changement; les choses dissemblables seules agissent l'une sur l'autre; c'est pourquoi toute sensation est liée à une certaine souffrance [1].

Il croyait trouver la confirmation de sa doctrine principalement dans l'examen des différents sens. Nous voyons par la réflexion des objets dans la prunelle des yeux; mais cette réflexion a lieu, selon lui, non dans le semblable, mais dans ce qui est autrement coloré; et, comme les yeux sont obscurs, nous voyons pendant le jour, quand les objets sont éclairés; cependant le contraire a lieu chez quelques individus [2]. Il en est de même des sensations de la peau et du goût; l'impression du froid et du chaud ne nous est communiquée que par ce qui est plus chaud ou plus froid que notre corps, nous sentons le doux par l'aigre, le non-salé par ce qui est salé en nous [3]. De même, nous flairons et nous entendons le contraire par le contraire; ainsi, la sensation de l'odorat naît de la respiration, l'audition provient de ce que les sons sont transmis à travers la cavité du crâne jusqu'au cerveau [4].

Pour tous les sens, Anaxagore admettait que les organes

---

[1]. THÉOPHRASTE, *De sensu*, 1 : περὶ δ' αἰσθήσεως οἱ μὲν πολλαὶ καὶ καθόλου δόξαι δύο εἰσίν. οἱ μὲν γὰρ τῷ ὁμοίῳ ποιοῦσιν, οἱ δὲ τῷ ἐναντίῳ. Parménide, Empédocle et Platon doivent être rangés parmi les premiers, Anaxagore et Héraclite parmi les derniers. § 27 : Ἀναξαγόρας δὲ γίνεσθαι μὲν τοῖς ἐναντίοις· τὸ γὰρ ὅμοιον ἀπαθὲς ἀπὸ τοῦ ὁμοίου· καθ' ἑκάστην δὲ πειρᾶται διαριθμεῖν. Après avoir démontré cette assertion, il continue ainsi, § 29 : ἅπασαν δ' αἴσθησιν μετὰ λύπης· (la même proposition se trouve déjà § 17) ὅπερ ἂν δόξειεν ἀκόλουθον εἶναι τῇ ὑποθέσει. πᾶν γὰρ τὸ ἀνόμοιον ἁπτόμενον πόνον παρέχει, comme on le voit clairement dans les impressions sensibles particulièrement fortes ou durables. Cf. p. 652, 1.

[2]. THÉOPHRASTE, *l. c.*, § 27.

[3]. *L. c.*; 28 (cf. 36 sqq.), où cette pensée est exprimée ainsi : la sensation se produit κατὰ τὴν ἔλλειψιν τὴν ἑκάστου· πάντα γὰρ ἐνυπάρχειν ἐν ἡμῖν. Cf., avec cette proposition, les textes d'Anaxagore (p. 881 sq.), d'Empédocle et de Parménide (p. 529, 723, 3).

[4]. *L. c.* D'autres écrivains nous donnent quelques renseignements sur l'ouïe et les sons. D'après PLUTARQUE (*Plac.*, IV, 19, 6), Anaxagore croyait que la voix provenait de ce que le courant d'air sortant de la bouche de celui qui parle se heurte contre de l'air condensé et retourne aux oreilles ; il appliquait aussi cette explication à l'écho; d'après PLUTARQUE (*Qu. conv.*, VIII, 3, 3, 7 sq.) et ARISTOTE (*Probl.*, XI, 33), il admettait que la chaleur du soleil occasionne dans l'air un mouvement tremblotant, comme on le voit par les poussières du soleil ; c'est à cause du bruit ainsi produit que l'on entend moins distinctement pendant le jour que pendant la nuit.

volumineux sont plus propres à percevoir ce qui est grand et éloigné, les petits ce qui est petit et rapproché[1].

Il ne semble pas s'être prononcé d'une façon explicite sur la part de l'intelligence dans la sensation : il paraît cependant admettre que c'est l'intelligence qui perçoit, et que les sens sont de simples organes de la perception[2].

LA CONNAISSANCE RATIONNELLE. — Mais si la perception sensible a sa condition dans la conformation des organes corporels, on ne peut s'attendre à ce qu'elle nous révèle la véritable nature des choses. Tout ce qui est corporel étant un mélange des éléments les plus divers, comment un organe corporel pourrait-il réfléchir les objets dans toute leur pureté? L'intelligence seule est pure et sans mélange, elle seule peut démêler et distinguer les objets, elle seule peut nous procurer une connaissance vraie. Les sens sont trop faibles pour discerner la vérité, comme le démontre principalement ce fait, que nous ne percevons pas les particules de matière mêlées à un corps et les transitions insensibles d'un état à l'état opposé[3].

Nous ne saurions admettre qu'Anaxagore ait, pour cette raison, contesté la possibilité de la science[4], ou qu'il ait reconnu à toutes les représentations le même degré de

---

1. THÉOPHRASTE, *l. c.*, 29 sq.
2. Ceci semble résulter du texte de THÉOPHRASTE, *De sensu*, 38, où il est dit de Clidémus (voy. *inf.*) que, selon lui, les oreilles ne percevaient pas elles-mêmes les objets, mais transmettaient la sensation au νοῦς, οὐχ ὥσπερ Ἀναξαγόρας ἀκοὴν ποιεῖ πάντων τὸν νοῦν.
3. SEXTUS, *Math.*, VII, 90 : Ἀ. ὡς ἀσθενεῖς διαβάλλων τὰς αἰσθήσεις, « ὑπὸ ἀραιότητος αὐτῶν », φησιν, « οὐ δυνατοί ἐσμεν κρίνειν τἀληθές » (fr. 25). τίθησι δὲ πίστιν αὐτῶν τῆς ἀπιστίας τὴν παρὰ μικρὸν τῶν χρωμάτων ἐξαλλαγήν. εἰ γὰρ δύο λάβοιμεν χρώματα, μέλαν καὶ λευκόν, εἶτα ἐκ θατέρου εἰς θάτερον κατὰ σταγόνα παρεγχέοιμεν, οὐ δυνήσεται ἡ ὄψις διακρίνειν τὰς παρὰ μικρὸν μεταβολάς, καίπερ πρὸς τὴν φύσιν ὑποκειμένας. L'autre motif pour lequel les sens ne peuvent distinguer les éléments des choses est énoncé dans les textes cités p. 882, 2 et dans l'indication (*Plac.*, I 3, 9. SIMPL., *De cælo*, 268 b, 40. *Schol.*, 513 a, 42) d'après laquelle les homœomèries ne peuvent être perçues que par la raison et non par les sens.
4. CICÉRON, *Acad.*, I, 12, 44.

vérité¹, car lui-même expose ses doctrines avec une conviction entière et dogmatique.

De même sa théorie du mélange de toutes choses ne nous permet pas de dire, avec Aristote, qu'il a nié le principe de contradiction². Il ne pense pas que des propriétés opposées appartiennent à une seule et même chose, mais il croit que des choses distinctes sont mélangées de telle sorte qu'il est impossible de les distinguer.

On n'a pas le droit de lui attribuer à lui-même des conséquences déduites, à tort ou à raison, de ses principes par un écrivain postérieur. Sans doute, il admet l'insuffisance des sens pour connaître le vrai, il accorde qu'ils ne nous renseignent qu'imparfaitement sur l'essence des choses ; cependant il veut aller des phénomènes à leurs causes cachées³, et c'est en effet de cette façon qu'il est arrivé aux principes de sa théorie : de même que l'intelligence créatrice du monde connaît toutes choses, de même on doit accorder à la partie de l'intelligence qui est dans l'homme une participation à cette connaissance. Si donc on nous dit qu'il regardait la raison comme le critérium⁴, cette assertion, inexacte dans les termes, est vraie au fond. Il est certain d'ailleurs qu'il n'a pas essayé de déterminer d'une manière précise la nature et les caractères spéciaux de la faculté de penser⁵.

---

1. Aristote, *Metaph.*, IV, 5. 1009 b, 25 : Ἀναξαγόρου δὲ καὶ ἀπόφθεγμα μνημονεύεται πρὸς τῶν ἑταίρων τινάς, ὅτι τοιαῦτ' αὐτοῖς ἔσται τὰ ὄντα οἷα ἂν ὑπολάβωσιν ; mais, en admettant qu'Anaxagore eût réellement énoncé ces paroles, elles signifieraient simplement : les choses ont pour *nous* une signification différente selon le point de vue auquel nous les considérons ; le cours du monde répond à nos désirs ou y est contraire, selon que nous avons du monde une conception juste ou erronée. Cf. aussi Ritter, *Ion. phil.*, 295 sq. Il est inutile de réfuter la modification que Gladisch (*Anax. u. d. Isr.*, 46) fait subir aux paroles d'Anaxagore et la manière dont il les explique.

2. *Metaph.*, IV, 4; 5; 17; 1007 b, 25; 1009 a, 22 sqq.; 1012 a, 24 ; XI, 6, 1063 b, 24. Alexandre, *in Metaph.*, p. 295, 1, Bon., 684 a, 9, Br.

3. Voy. sup., 822, 2.

4. Sextus, *Math.*, VII, 91 : Ἀναξ. κοινῶς τὸν λόγον ἔφη κριτήριον εἶναι.

5. C'est la conclusion que nous sommes obligés de tirer du silence des fragments et de tous les témoins; Philopon, *De an.*, C, 1, au haut; 7, au haut, n'attribue pas non plus à Anaxagore lui-même les formules aristotéliciennes :

IDÉES MORALES ET RELIGIEUSES. — Il est très probable qu'Anaxagore n'a pas fait rentrer la vie morale de l'homme dans le cercle de ses recherches scientifiques. On cite bien de lui quelques sentences dans lesquelles il désigne la contemplation de l'univers comme la tâche suprême de l'homme[1] et rejette les idées ordinaires sur la vie, comme superficielles[2]; on raconte de lui certains traits qui manifestent un caractère à la fois sérieux et doux[3], une suprême indifférence à l'égard des biens de la fortune[4], et une résignation tranquille dans le malheur[5]; mais nous ne connaissons de lui aucune doctrine scientifique sur ces

---

« ὁ κυρίως λεγόμενος νοῦς ὁ κατὰ τὴν φρόνησιν », « ὁ νοῦς ἁπλαῖς ἀντιβολαῖς τοῖς πράγμασιν ἀντιβάλλων ἢ ἔγνω ἢ οὐκ ἔγνω »; il ne s'en sert que pour l'explication de ses doctrines.

1. EUDÈME, *Eth.*, I, 5, 1216 a, 10 (voy. aussi *sup.*, p. 870, 2, *sub fin.*) rapporte, en accompagnant son récit du mot φασίν, que, comme on demandait à Anaxagore pourquoi on devait attacher du prix à la vie, il répondit : τοῦ θεωρῆσαι [ἕνεκα] τὸν οὐρανὸν καὶ τὴν περὶ τὸν ὅλον κόσμον τάξιν. DIOGÈNE, II, 7 : πρὸς τὸν εἰπόντα· « οὐδέν σοι μέλει τῆς πατρίδος »; « εὐφήμει, ἔφη, ἐμοὶ γὰρ καὶ σφόδρα μέλει τῆς πατρίδος », δείξας τὸν οὐρανόν. Il nomme le ciel sa patrie, soit parce que le ciel est l'objet de sa pensée et de ses aspirations, soit à cause de l'hypothèse relative à l'origine de l'âme dont nous avons parlé p. 907, 1, soit pour indiquer à la fois que le ciel, dont notre âme est originaire, est aussi l'objet le plus digne de son intérêt.

2. EUDÈME, *l. c.*, c. 4, 1215 b, 6 : « Ἀναξ!... ἐρωτηθεὶς, τίς ὁ εὐδαιμονέστατος; οὐδεὶς, εἶπεν, ὧν σὺ νομίζεις, ἀλλ' ἄτοπος ἄν τίς σοι φανείη. »

3. CICÉRON (*Acad.*, II, 23, 72) vante sa dignité calme; PLUTARQUE (*Per.*, c. 5) attribue la gravité renommée de Périclès à ses relations avec Anaxagore; ÉLIEN (*V. H.*, VIII, 13) raconte qu'on ne l'a jamais vu rire. D'un autre côté, ce que rapportent PLUTARQUE (*Praec. ger. reip.*, 27, 9, p. 820) et DIOGÈNE (II, 14) montre sa bonté d'âme : ils disent que sur son lit de mort il avait demandé pour unique honneur qu'on donnât congé aux écoliers le jour où il mourrait.

4. Cf. la citation, p. 870, 2, relative à la négligence avec laquelle il gérait ses biens. On ne doit nullement ajouter foi à la calomnie mentionnée *ap.* TERTULIEN, *Apologet.*, c. 46. THEMISTIUS (*Orat.*, II, 30 c) se sert des mots δικαιότερος Ἀναξαγόρου comme d'une expression proverbiale.

5. D'après DIOGÈNE (II, 10 sqq.), quand on lui apprit la nouvelle de sa condamnation, il aurait répondu (mais Diogène met la même réponse dans la bouche de Socrate) : « la nature a depuis longtemps condamné les Athéniens à mourir, aussi bien que moi »; comme on lui disait : « ἐστέρησαι Ἀθηναίων », il répondit : « οὐ μὲν οὖν, ἀλλ' ἐκεῖνοι ἐμοῦ »; comme on le plaignait d'être contraint de mourir exilé, « la distance est partout la même jusqu'à l'Hadès », dit-il (ceci se trouve aussi *ap.* CIC., *Tusc.*, I, 43, 104); quand on lui apprit la mort de ses fils : ᾔδειν αὐτοὺς θνητοὺς γεννήσας, répondit-il. Ces dernières paroles sont aussi rapportées par PLUTARQUE (*Cons. ad Apoll.*, 33, p. 118, Panétius, ap. eund. *Coh. ira*, 16, p. 463 e) et par beaucoup d'autres; mais elles sont attribuées, indépendamment d'Anaxagore, à Solon et à Xénophon; voy. SCHAUBACH, p. 54.

IDÉES MORALES ET RELIGIEUSES. 427

questions¹, et les assertions que nous venons de mentionner ne sont pas empruntées à son ouvrage.

Il ne paraît pas non plus être entré bien avant dans l'examen des questions religieuses. S'il a été accusé d'être athée, c'est-à-dire de nier les dieux de l'État², cette accusation était uniquement fondée sur ses idées relatives au soleil et à la lune; et il est même probable qu'il ne s'est pas expliqué nettement sur les rapports de ces doctrines avec les croyances populaires. Nous pouvons sans doute faire la même observation à propos des causes naturelles qu'il assignait aux phénomènes dans lesquels ses contemporains voyaient des miracles et des présages³. Enfin, quand on le désigne comme le premier qui ait interprété dans un sens moral les mythes homériques⁴, on semble lui attribuer à tort ce qui est vrai de ses disciples⁵ et principalement de Métrodore⁶. Non seulement cette interprétation allégorique des poètes est en général dans le goût de

---

1. L'indication de Clément, *Strom.*, II, 416 d (répétée par Théodoret, *Cur. Gr. aff.*, XI, 8, p. 152) : Ἀναξαγόραν... τὴν θεωρίαν φάναι τοῦ βίου τέλος εἶναι καὶ τὴν ἀπὸ ταύτης ἐλευθερίαν, vient certainement de l'*Éthique* d'Eudème (*sup.*, p. 911, 5).
2. Voy. les auteurs cités p. 872, 2. Irénée (II, 14, 2) dit pour cette raison : *Anaxagoras, qui et atheus cognominatus est.*
3. Comme la pierre d'Égos-Potamos dont il est si souvent parlé, *ap.* Diogène, II, 11, et le bélier à une seule corne, *ap.* Plutarque, *Per.*, 6.
4. Diogène, II, 11 : δοκεῖ δὲ πρῶτος, καθά φησι Φαβωρῖνος ἐν παντοδαπῇ ἱστορίᾳ, τὴν Ὁμήρου ποίησιν ἀποφήνασθαι εἶναι περὶ ἀρετῆς καὶ δικαιοσύνης· ἐπὶ πλέον δὲ προστῆναι τοῦ λόγου Μητρόδωρον τὸν Λαμψακηνὸν γνώριμον ὄντα αὐτοῦ, ὃν καὶ πρῶτον σπουδάσαι τοῦ ποιητοῦ περὶ τὴν φυσικὴν πραγματείαν. Le texte : Héraclite, *Alleg. homer.*, c. 22, p. 46, est en dehors de la question.
5. Syncelle, *Chron.*, p. 149 c : ἑρμηνεύουσι δὲ οἱ Ἀναξαγόρειοι τοὺς μυθώδεις θεοὺς, νοῦν μὲν τὸν Δία, τὴν δὲ Ἀθηνᾶν τέχνην, ὅθεν καὶ τὸ χειρῶν, etc., voy. p. 905, 5.
6. Voy. sur ce philosophe (désigné par Alexandre, *Meteorol.*, 91 b, au haut, et Simplicius, *Phys.*, 257 b, au bas, comme le disciple d'Anaxagore, et par Platon, *Ion*, 530 c, comme le célèbre exégète des poèmes d'Homère), outre les citations précédentes, Tatien, c. Græc., c. 21, p. 262 d : καὶ Μητρόδωρος δὲ ὁ Λαμψακηνὸς ἐν τῷ περὶ Ὁμήρου λίαν εὐήθως διείλεκται πάντα εἰς ἀλληγορίαν μετάγων· οὔτε γὰρ Ἥραν οὔτε Δία τοὺς εἶναί φησιν, ὅπερ οἱ τοὺς περιβόλους αὐτοῖς καὶ τὰ τεμένη καθιδρύσαντες νομίζουσι, φύσεως δὲ ὑποστάσεις καὶ στοιχείων διακοσμήσεις. On pourrait aussi bien, ajoute Tatien, déclarer que les héros étaient purement et simplement des personnages symboliques ; et, en fait, selon Hésychius (Ἀγαμέμν.), Métrodore prétendait qu'Agamemnon représentait l'éther. Mais en général, comme le prouve cette objection même de Tatien, il n'a pas dû recourir à l'allégorie pour interpréter l'histoire des personnages humains des poèmes d'Homère.

l'époque sophistique, mais les interprétations morales en particulier ne peuvent guère avoir été le fait d'Anaxagore, qui s'est si peu occupé de l'éthique. Quant à lui, nous avons tout lieu d'admettre qu'il a concentré ses recherches sur le domaine de la physique.

§ 1. RAPPORTS D'ANAXAGORE AVEC SES PRÉDÉCESSEURS. CARACTÈRES ET ORIGINE DE SA DOCTRINE. ÉCOLE D'ANAXAGORE. — ARCHÉLAÜS.

RAPPORTS D'ANAXAGORE AVEC SES PRÉDÉCESSEURS ET SES CONTEMPORAINS. — Nous avons déjà pu voir par Empédocle et Démocrite, par Mélissus et Diogène que, dans le cours du cinquième siècle, les différentes écoles et leurs doctrines commencèrent peu à peu à exercer l'une sur l'autre une action plus forte et à avoir entre elles un plus grand nombre de points de contact. L'exemple d'Anaxagore vient encore confirmer cette observation.

Ce philosophe semble avoir connu la plupart des anciens maîtres et avoir mis leurs enseignements à profit; il n'y a d'exception que pour les Pythagoriciens, dont il est si éloigné, qu'on ne peut admettre ni une action directe de leur doctrine sur celle d'Anaxagore, ni une rencontre fortuite des deux systèmes.

L'influence de l'ancienne physique ionienne sur la sienne se manifeste dans sa théorie des oppositions primordiales[1], dans ses hypothèses astronomiques[2], dans ses idées relatives à la formation de la terre[3] et à l'origine des êtres vivants[4]. Ce qu'il dit du mélange de toutes choses et de la matière infinie rappelle Anaximandre et Anaximène; et si, dans les questions particulières, il n'existe

1. P. 897, cf. 205, 224, 2.
2. P. 902 sq.; cf. 225 sq.
3. P. 898; cf. 209, 208, 1.
4. P. 906 sq.

pas, entre lui et Héraclite, de points de contact aussi frappants[1], en revanche ses doctrines, considérées dans leur ensemble, tendent à l'explication de ces phénomènes, dont la réalité a été soutenue par Héraclite plus fortement que par aucun autre, à l'explication du changement auquel toutes choses sont soumises, et de la variété qui en résulte.

L'influence de la doctrine éléatique est encore plus évidente. Les propositions de Parménide sur l'impossibilité de la génération et de la destruction forment le point de départ de tout son système. Tous deux se défient de la perception des sens, et contestent l'existence de l'espace vide[2]; enfin ils se rencontrent dans un certain nombre d'hypothèses physiques[3].

La seule question douteuse, c'est de savoir si ces doctrines ont été transmises directement à Anaxagore par leurs auteurs mêmes, ou si elles lui sont parvenues par l'intermédiaire d'Empédocle et des Atomistes.

En effet, Anaxagore, comme nous l'avons déjà fait observer, se rattache surtout à ces philosophes, qui furent ses contemporains. Les trois systèmes ont également pour objet d'expliquer la formation du monde, la naissance et la mort des êtres individuels, les changements et la variété des phénomènes, sans admettre pour cela un commencement et une fin absolus ou un changement qualitatif de la substance primordiale, et sans renoncer aux propositions de Parménide relatives à l'impossibilité d'un tel commencement et d'une telle fin. Dans cette vue, ils ont recours tous trois à cet expédient, de ramener la génération à la

---

1. Cependant ses idées sur la perception des sens semblent trahir l'influence d'Héraclite (sup., p. 903).
2. Voy. p. 885, 1. Ritter, I, 306, croit que cette négation n'est pas nécessairement le résultat de l'influence des Éléates et qu'elle pouvait provenir d'une polémique dirigée contre les Atomistes ou les Pythagoriciens. Mais cette hypothèse me paraît invraisemblable en présence de tous les autres points de contact qui existent entre la doctrine d'Anaxagore et celle de Parménide.
3. Cf. p. 907, 1, 3; 909, 2.

combinaison, la destruction à la séparation des substances, lesquelles, dans ce processus, changent de lieu et de situation, non de qualité.

Les trois systèmes ne se séparent qu'au moment où il s'agit de déterminer ces principes d'une manière plus précise, pour rendre intelligible la diversité des choses dérivées. Tous admettent une pluralité de substances primordiales; mais à ces substances Empédocle attribue les propriétés inhérentes aux éléments, Leucippe et Démocrite, les propriétés générales qui appartiennent à tout ce qui est corporel, Anaxagore, les propriétés des corps déterminés. De plus, pour expliquer comment les choses dérivées peuvent présenter des différences innombrables dans leur nature et leur composition, Empédocle professe que les quatre éléments se mélangent dans des proportions infiniment diverses; les Atomistes, que la substance homogène est répartie dans des corps primordiaux dont le nombre et les formes sont infinis; Anaxagore, que les substances, dont le nombre est infini, peuvent former les mélanges les plus divers. Le premier admet donc que les substances sont limitées quant à leur nombre et leurs espèces, mais qu'elles sont divisibles à l'infini; les Atomistes, que leur nombre et leurs espèces sont illimités, mais qu'elles sont indivisibles; Anaxagore, que leur nombre et leurs espèces sont illimités et qu'elles sont divisibles à l'infini. Enfin, pour expliquer le mouvement, qui est la condition indispensable de la production des choses dérivées, Empédocle ajoute aux quatre éléments ses deux forces motrices; mais, comme ces forces ne sont autre chose que des figures toutes mythiques, il ne résout pas par là le problème relatif aux causes naturelles du mouvement. Les Atomistes pensent trouver une cause purement naturelle du mouvement dans la pesanteur; et, pour que celle-ci soit libre dans son action et puisse produire l'infinie variété des mouvements, ils intercalent entre les atomes l'espace vide. Anaxagore se croit obligé d'ajouter à la matière une cause motrice; mais il ne la cherche pas, en dehors de la nature et de la réalité, dans une création mythique : c'est l'intelligence qui, selon lui, domine la matière et la met en mouvement.

Anaxagore se rencontre souvent encore avec Empédocle et Démocrite dans l'application ultérieure de ses principes à l'explication de la nature. Tous trois supposent à l'origine un mélange chaotique des substances primordiales, d'où le monde est sorti par un mouvement en tourbillon qui s'est produit dans cette masse. Anaxagore et Démocrite diffèrent à peine dans leurs idées sur le système du monde. De même que celui-ci regardait les trois éléments inférieurs comme un mélange des atomes les plus divers, de même celui-là ne voyait dans tous les éléments qu'un mélange de toutes les semences[1]. Enfin, les trois philosophes sont d'accord sur certaines questions, telles que l'obliquité de l'écliptique[2], l'âme des plantes[3], la formation des êtres vivants par le limon de la terre[4]; et Empédocle et Anaxagore ont les mêmes idées sur l'origine et le développement du fœtus[5] : or le premier et le dernier de ces traits, à tout le moins, sont si particuliers, qu'il est impossible de voir dans cette rencontre un simple effet du hasard.

Il résulte de ces observations que les opinions des philosophes dont nous venons de parler, non seulement présentent une grande analogie, mais encore ont entre elles un lien historique. Toutefois, il est difficile de déterminer lequel des trois a le premier établi les principes qui leur sont communs. Anaxagore, Empédocle et Leucippe sont

---

1. Cf. p. 777, 2 avec 876, 1. Aristote se sert dans les deux cas de la même expression : πανσπερμία.
2. Voy. p. 715, 8; 802, 5; 902, 2.
3. P. 714, 4 ; 730, 3; 813, 3; 906, 4.
4. Voy. p. 907, 1, 2.
5. Voy. p. 720, 907, 3.

contemporains, et les documents ne nous font pas connaître quel est celui dont le système philosophique s'est formé le premier.

Aristote dit bien, dans un passage connu, à propos d'Anaxagore, que, par sa naissance, il est antérieur à Empédocle, et que, par ses ouvrages, il lui est postérieur[1]. Mais il est impossible de décider si, par cette assertion, il veut dire que sa doctrine est plus récente, ou s'il veut dire qu'elle n'est plus mûre que quant à son contenu, ou si, au contraire, il la caractérise comme étant plus imparfaite que celle d'Empédocle[2].

Si nous voulons résoudre cette question d'après les rapports intrinsèques entre les doctrines, nous sommes entraînés, semble-t-il, dans deux directions opposées.

---

1. *Metaph.*, I, 3, 984 a, 11 : Ἀναξαγόρας δὲ... τῇ μὲν ἡλικίᾳ πρότερος ὢν τούτου, τοῖς δ᾽ ἔργοις ὕστερος.

2. Le texte lui-même autorise les trois interprétations. Sans doute BREIER (*Phil. d. Anax.*, 85) a raison de dire, relativement à la première, que le mot ἔργα pourrait bien ne pas désigner les écrits, les *Opera omnia*; mais cela n'empêche pas de traduire : « ses travaux sont postérieurs ». Or, comme ce qui est postérieur est en général plus mûr, plus avancé, ὕστερος peut aussi avoir ce sens; et ARISTOTE (c. 8, 989 b, 5, 19) dit en effet, en parlant justement d'Anaxagore : Si on tire les conséquences de ses hypothèses, ἴσως ἂν φανείη καινοπρεπεστέρως λέγων... βούλεται μέντοι τι παραπλήσιον τοῖς ὕστερον λέγουσι. Il dit aussi, ce qui se rapporte (*De cælo*, IV, 2, 308 b, 30) plus directement encore à notre texte : καίπερ ὄντες ἀρχαιότεροι τῆς νῦν ἡλικίας καινοτέρως ἐνόησαν περὶ τῶν νῦν λεχθέντων. Mais d'un autre côté le mot ὕστερον désigne également ce qui est inférieur en valeur à une autre chose. Cf. ARISTOTE, *Metaph.*, V, 11, 1018 b, 22 : τὸ γὰρ ὑπερέχον τῇ δυνάμει πρότερον, et THÉOPHRASTE, *ap.* SIMPL., *Phys.*, 6 b, au mil., qui, en parlant de Platon, se sert de l'expression inversement correspondante à celle de notre texte : τούτοις ἐπιγενόμενος Πλάτων, τῇ μὲν δόξῃ καὶ τῇ δυνάμει πρότερος, τοῖς δὲ χρόνοις ὕστερος. C'est ce dernier sens qu'ALEXANDRE (p. 22, 13 Bon., 534 b, 17 Br.) donne aux expressions qui nous occupent. Or, comprises de cette façon, elles ne renferment, à vrai dire, qu'une opposition oratoire et non une opposition logique; car en fait il n'y a pas lieu de s'étonner que l'opinion la plus ancienne fût la plus imparfaite. Mais si Théophraste (*l. c.*) a pu s'exprimer de la façon dont il s'exprime, Aristote a pu, en somme, prendre le mot dans le même sens. Au contraire, si l'on entend par ὕστερος ce qui est plus mûr, il se présente une difficulté qu'Alexandre a déjà fait ressortir, c'est que, dans la question relative aux éléments, question dont il s'agit dans notre texte, Aristote n'a certainement pu mettre la doctrine d'Anaxagore au-dessus de celle d'Empédocle, qu'il adopte lui-même. Maintenant, il se peut que τοῖς ἔργοις ὕστερος se rapporte à l'ensemble de la doctrine d'Anaxagore, dans laquelle Aristote voit un progrès essentiel comparativement aux doctrines précédentes, et que son observation ait simplement pour but d'expliquer pourquoi il place Empédocle avant Anaxagore, bien que ce dernier soit d'une date antérieure.

D'une part, il semble que la doctrine d'Anaxagore, d'après laquelle le mouvement procède de l'intelligence, doive être postérieure à celle d'Empédocle, qui attribue le mouvement à des formes mythiques, ou à celle des Atomistes, qui en donne une explication purement matérialiste. Car non seulement un principe nouveau et plus élevé est introduit dans la philosophie avec l'idée de l'intelligence, mais ce principe est le point de départ du développement philosophique ultérieur; tandis que les forces motrices d'Empédocle se rattachent encore à la cosmogonie mythique, et que les Atomistes ne s'élèvent pas au-dessus du matérialisme antésocratique. D'autre part, les idées d'Empédocle et des Atomistes relatives aux substances premières semblent présenter un caractère plus scientifique que celles d'Anaxagore. En effet, tandis que celui-ci attribue directement aux substances premières les propriétés des choses dérivées, les autres cherchent à expliquer ces propriétés d'après leur composition élémentaire et atomistique; les Atomistes surtout vont plus au fond des choses, puisque, d'une manière générale, ils ne s'en tiennent pas aux substances perceptibles pour les sens, mais font dériver ces substances mêmes, considérées soit dans leur ensemble, soit séparément, d'une substance plus primordiale. Cette circonstance nous disposerait à croire que la théorie atomistique est postérieure, et qu'Empédocle, à tout le moins, n'est pas antérieur à Anaxagore : ce serait précisément l'insuffisance de son explication de la nature qui aurait poussé les Atomistes à répudier de nouveau l'intelligence comme principe séparé distinct de la matière, et à établir une théorie rigoureusement matérialiste[1].

Mais l'opinion contraire a pour elle des arguments plus forts. D'abord nous avons déjà montré[2] qu'Empédocle avait sous les yeux le poème de Parménide, et qu'il

1. Cf. p. 841 sq.
2. P. 750 sq., 719 sq.

y a puisé notamment ce qu'il dit de l'impossibilité de la génération et de la mort. Si nous comparons avec ses assertions celles d'Anaxagore sur le même sujet[1], nous voyons qu'elles concordent avec celles d'Empédocle dans la pensée et dans l'expression, tandis qu'elles ne présentent pas la même ressemblance avec les vers de Parménide. Donc, tandis que les textes d'Empédocle révèlent des emprunts faits à ce dernier philosophe et peuvent être expliqués sans qu'on recoure à Anaxagore, certains textes d'Anaxagore, au contraire, ne se comprennent bien que si l'on connaît le poëme d'Empédocle, et ne contiennent rien d'ailleurs qui dénote une influence directe de Parménide. D'après ce rapport entre les trois expositions, il est très probable qu'Empédocle a le premier puisé, dans la doctrine de Parménide sur l'impossibilité du devenir, la proposition d'après laquelle toute génération est une combinaison, toute mort une séparation des substances, tandis qu'Anaxagore n'a fait qu'emprunter cette assertion à Empédocle. Et notre conjecture est confirmée par cette circonstance que cette opinion, en réalité, s'accorde mieux avec les autres doctrines d'Empédocle qu'avec celles d'Anaxagore. Car l'idée de voir dans la génération un mélange et dans la corruption une désagrégation devait naturellement se présenter à un philosophe qui considérait comme principes premiers les substances élémentaires, dont la combinaison seule peut expliquer la formation de substances particulières, et qui, en conséquence, regardait la force unifiante comme divine et bienfaisante et le mélange universel comme l'état le plus heureux et le plus parfait. Cette identification est au contraire moins naturelle lorsqu'on déclare, avec Anaxagore, que les substances déterminées elles-mêmes sont les principes premiers, que leur mélange primordial est un chaos désordonné, et que la désagréga-

---

1. *Sup.*, 874, 1 ; 875, 1, 2. Cf. Empédocle, V, 36 sqq., 40 sqq., 69 sqq., 82, 92 (p. 683, 1-4; 685, 1).

tion de ce mélange est due à l'action spéciale de l'être 920 spirituel et divin : dans ce cas, il faudrait faire dériver la génération des êtres individuels tout d'abord de la séparation, et en second lieu seulement de la combinaison des substances premières, tandis que la fin de ces êtres s'expliquerait inversement par le retour de ces substances à l'état du mélange élémentaire[1].

Parmi les autres doctrines du philosophe de Clazomène, ce qu'il a dit de la sensibilité notamment semble, d'une part, trahir l'intention de contredire Empédocle, et, d'autre part, révéler l'influence de ce dernier[2].

On peut donc conjecturer que le système d'Empédocle est antérieur à celui d'Anaxagore et que ce dernier l'a mis à profit.

Notre conclusion sera la même en ce qui concerne les rapports d'Anaxagore avec le fondateur de l'école atomistique. Sans doute Démocrite paraît avoir emprunté beaucoup à Anaxagore, notamment ces hypothèses astronomiques qui se rattachent elles-mêmes à l'ancienne théorie d'Anaximandre et d'Anaximène[3]. Mais Anaxagore, selon toute vraisemblance, tient déjà compte des doctrines de Leucippe. Quand il réfute dans le détail l'hypothèse de l'espace vide en s'appuyant sur des expériences physiques, quand il soutient explicitement l'unité du monde et élève des objections contre une séparation des substances premières[4], il ne peut avoir en vue un autre adversaire que

---

1. STEINHART (*Allg. L. Z.*, 1845, novembre, p. 893 sq.) croit au contraire que la doctrine d'après laquelle les êtres individuels sont formés par mélange et séparation est incompatible avec les quatre éléments simples d'Empédocle, et n'a pu rentrer que dans un système pour qui les éléments physiques n'étaient plus ce qu'il y a de plus simple. Mais qu'est ce qu'un mélange, si ce n'est la formation d'un composé à l'aide de ce qui est plus simple? Si donc tout s'est formé par mélange, c'est que les corps les plus simples sont le principe primordial, comme l'ont admis de tout temps tous les physiciens mécanistes, à l'exception d'Anaxagore.
2. Cf. p. 908, 3 ; 909, 2 avec 723, 3.
3. Voy. *sup.*, p. 902, 1. 2 ; 915, 2 ; 800 sqq.
4. Voy. *sup.*, 885, 1. Fr. 11 ; voy. *sup.*, 882, 1.

la philosophie atomistique. En effet, les Pythagoriciens, auxquels nous pourrions songer en cette occasion, sont loin d'attacher une aussi grande importance à l'hypothèse du vide; et les anciens adversaires de cette hypothèse, qui ne connaissaient pas encore la théorie atomistique, ne la jugent pas digne d'une réfutation détaillée. L'atomisme seul paraît avoir provoqué des discussions approfondies sur la possibilité de l'espace vide[1]. C'est également à ce système que se rapporte la remarque[2] d'après laquelle il ne peut y avoir d'infiniment petit parce que l'être n'est pas réduit au néant par la division; car Anaxagore appuie justement son hypothèse des corps indivisibles sur cette considération, que les choses seraient anéanties par la division à l'infini. Zénon, à la vérité, exprime également cette opinion, mais il en fait une application différente. Les objections présentées par Anaxagore contre l'idée d'un destin aveugle[3] ne peuvent être rapportées avec certitude à l'atomisme, mais il n'existe pas d'autre système avec lequel elles cadrent davantage. J'incline donc à admettre que la doctrine de Leucippe a été, elle aussi, antérieure à celle d'Anaxagore, et que celui-ci en a tenu compte dans son ouvrage. Ce qui a été dit plus haut[4] montre que cette conjecture n'est pas contraire à la chronologie[5].

1. Cf. p. 852.
2. Voy. sup., 884, 3. Cf. p. 771, 540.
3. Voy. p. 888, 2 et cf. p. 790 sq.
4. P. 852.
5. On pourrait en trouver une autre confirmation dans le *De Melisso*, c. 2, 976 a, 13. Il y est dit en effet, d'après la leçon la plus vraisemblable, laquelle, il est vrai, repose en partie sur une conjecture : καὶ γὰρ ὅμοιον οὕτω λέγει τὸ πᾶν εἶναι, οὐχὶ ὡς ἀλλ..... τινί (MULLACH complète ainsi ce texte d'après BECK : ἀλλὰ ἑτέρῳ τινί. Quant à moi, je conjecturerais plutôt : ἄλλῳ ὅμοιόν τινι) ὅπερ καὶ Ἀναξαγόρας (BECK a raison de substituer ce nom à Ἀθηναγόρας, que l'on trouve dans le Cod. Lips.) ἐλέγχει, ὅτι ὅμοιον τὸ ἄπειρον τὸ δὲ ὅμοιον ἑτέρῳ ὅμοιον, ὥστε δύο ἢ πλείω ὄντα οὐκ ἂν ἓν οὐδ' ἄπειρον εἶναι. Selon moi, ce texte ne peut vouloir dire autre chose, sinon qu'Anaxagore a contredit l'hypothèse d'après laquelle l'infini est ὅμοιον. L'explication de MULLACH : *quod etiam Anaxagoras ostendit, infinitum sui simile esse* (savoir en tant que, d'après le fr. 8, voy. sup., 886, 1, le νοῦς est à la fois infini et πᾶς ὅμοιος), donne une pensée superflue

CARACTÈRE ET ORIGINE DE SON SYSTÈME. — La véritable si- 922
gnification philosophique du système d'Anaxagore réside
dans la théorie de l'intelligence. Ce qu'Anaxagore dit de
la matière elle-même s'y rattache d'une façon si étroite,
que l'une des deux doctrines porte en soi les raisons de
l'autre. La matière, considérée en elle-même, telle qu'elle
se présente dans l'état primordial avant que l'intelligence
n'entre en action, ne peut être qu'une masse chaotique
sans mouvement; car le mouvement et la séparation procèdent de l'intelligence. Cependant la matière doit déjà
renfermer tous les éléments des choses dérivées; car l'intelligence ne crée rien de nouveau, elle ne fait que séparer
ce qui existe déjà. Mais la réciproque est également vraie.
L'intelligence est nécessaire, parce que la matière, considérée en elle-même, est confuse et immobile; et l'activité
de l'intelligence n'a d'autre fonction que de séparer les
substances, parce que celles-ci renferment déjà en elles-
mêmes leurs qualités déterminées.

Ces deux principes sont liés entre eux si immédiatement, que nous ne saurions même nous demander lequel
est antérieur et lequel est postérieur. Il n'était possible de
concevoir ainsi la matière que si l'on reconnaissait en
dehors d'elle une cause motrice incorporelle agissant de
la manière indiquée; et un tel principe ne pouvait être
institué que si la nature de la matière était conçue de cette
façon et non d'une autre. Les deux idées sont donc également primordiales : elles indiquent purement et simplement les deux faces de l'opposition entre l'intelligence et
la matière, telle qu'Anaxagore la conçoit.

et sans rapport avec l'ensemble du texte; et de plus, cette explication ne peut être
admise, à cause du mot ἐλέγχειν; car, bien que ce mot signifie, non seulement
« réfuter », mais aussi « démontrer », il désigne toujours une démonstration qui
est en même temps la réfutation d'une thèse contraire. Or, comme l'auteur ne dit
pas explicitement qu'Anaxagore ait réfuté l'opinion de Mélissus sur l'homogénéité de l'ἄπειρον, on peut aussi interpréter son assertion de la façon suivante :
Anaxagore, lui aussi, réfute l'opinion qui fait l'ἄπειρον nécessairement homogène; selon lui, la masse infinie de la substance première consiste en parties qui
sont toutes hétérogènes.

Si maintenant l'on se demande comment l'idée de cette opposition est née dans l'esprit d'Anaxagore, la réponse à cette question se trouve déjà dans notre exposition elle-même[1]. L'ancienne physique ne connaissait que des êtres corporels. Anaxagore ne se contente pas de cette substance corporelle, parce qu'elle ne peut expliquer le mouvement de la nature, la beauté et l'ordre qui règnent dans le monde, et aussi parce que Parménide, Empédocle et Leucippe lui ont enseigné que la matière est éternelle et inaltérable, et qu'elle n'est pas mue par une force dynamique interne, mais par une force mécanique externe. Anaxagore distingue donc de la matière l'intelligence comme puissance motrice et ordonnatrice; et, comme il estime que tout ordre a pour condition une séparation de ce qui est à l'état de confusion, et que toute science a pour condition le discernement, il fait consister l'opposition de l'intelligence et de la matière en ceci, que la première est la force séparatrice et discernante et est, pour cette raison, simple et sans mélange, tandis que la seconde est mélangée et composée : ces idées étaient d'ailleurs suggérées au philosophe par les antiques traditions sur le chaos et par les doctrines récentes d'Empédocle et des Atomistes sur l'état primordial des choses. Mais si la matière consiste originairement dans le mélange de toutes choses, et l'action de la force motrice dans la séparation, toutes les choses doivent avoir été déjà contenues, avec leurs qualités déterminées, dans la substance première : les éléments et les atomes sont dès lors remplacés par les homœoméries.

PRÉTENDUS RAPPORTS D'ANAXAGORE AVEC LES ORIENTAUX ET AVEC HERMOTIME. — Les parties essentielles du système d'Anaxagore s'expliquent donc aisément, d'un côté par les doctrines des philosophes antérieurs et contemporains,

---

1. Voy. p. 888.

de l'autre par des considérations qui pouvaient se présenter facilement et naturellement à Anaxagore. Il n'est donc pas besoin de recourir à d'autres origines, comme celles que des anciens déjà ont cherchées dans le thaumaturge mythique Hermotime [1], et dans la sagesse orientale [2].

Ces hypothèses sont en elles-mêmes si peu fondées, qu'il ne peut y avoir le moindre doute sur leur fausseté.

Aucun document dans lequel nous puissions avoir la moindre confiance ne prouve cette influence des doctrines orientales sur Anaxagore, et aucune partie de son système n'en démontre la vraisemblance [3].

---

1. ARISTOTE, *Metaph.*, I, 3, 984 b, 18, après avoir parlé du νοῦς : φανερῶς μὲν οὖν Ἀναξαγόραν ἴσμεν ἁψάμενον τούτων τῶν λόγων, αἰτίαν δ' ἔχει πρότερον Ἑρμότιμος ὁ Κλαζομένιος εἰπεῖν. Cette même assertion se retrouve *ap.* ALEXANDRE entre autres, *ad h. l.* (*Schol. in Ar.*, 536 b); PHILOPON, *ad h. l.*, sq., 2 b; SIMPLICIUS, *Phys.*, 321 a, au mil.; SEXTUS, *Math.*, IX, 7; ÉLIAS, *Cret. in Greg. Naz. orat.*, 37, p. 831 (*ap.* CARUS, *Œuv. posth.*, IV, 311); mais tous ces auteurs puisent exclusivement leur indication dans le texte d'Aristote.

2. Voy., à ce sujet, l'indication citée p. 870, 2, d'après laquelle Anaxagore aurait été en Orient, particulièrement en Égypte, et les hypothèses de GLADISCH (*Die Rel. und die Philosophie. Anaxag. und die Israeliten*) et de quelques auteurs plus anciens, qui ont voulu établir des rapports entre lui et le Judaïsme.

3. L'insuffisance des témoignages relatifs au séjour d'Anaxagore en Égypte a déjà été démontrée p. 870, 2. Aucun d'eux ne remonte au delà des dix dernières années du quatrième siècle de l'ère chrétienne. Valère Maxime lui-même ne parle pas d'un voyage en Égypte, mais seulement d'une *diutina peregrinatio* pendant laquelle les terres d'Anaxagore furent dévastées; et il est possible qu'en alléguant ce fait il ait songé au séjour d'Anaxagore à Athènes : peut-être aussi n'a-t-il songé à aucun événement précis. Mais quand même il aurait désigné l'Égypte comme ayant été le but de ce voyage, son témoignage n'aurait toujours pas une grande valeur; et la sentence relative au tombeau de Mausole, que DIOGÈNE, II, 10, met dans la bouche d'Anaxagore (mort dans la 19ᵐᵉ Olympiade, avant l'érection de ce monument), ne saurait servir à le confirmer. De plus, on sait combien les Grecs, à partir de l'époque même d'Anaxagore, furent enclins à établir des rapports entre leurs savants illustres et l'Égypte; il est donc très invraisemblable qu'on n'eût pas fait mention d'un voyage d'Anaxagore en Égypte, si l'on en avait eu connaissance, et ainsi nous devons conclure, du silence complet de tous les anciens documents sur cette question, qu'on ne savait absolument rien de ce voyage. — Quant à l'hypothèse de GLADISCH, je me suis déjà expliqué, p. 23 sqq., sur les données générales qu'elle suppose et sur les conséquences que Gladisch en tire. Le reproche que je lui ai adressé en cet endroit de travestir les faits dans l'intérêt de combinaisons arbitraires est également applicable au cas actuel. Ainsi d'un côté, il prétend (p. 19 sqq.) que la dogmatique de l'Ancien Testament reconnaît, non seulement une matière préexistante (il cite comme témoignage irrécusable le livre alexandrin de la Sagesse), mais encore les homœomériés d'Anaxagore (p. 48); de l'autre, il attribue à ce philosophe, en s'appuyant sur des preuves tout à fait insuffisantes (voy. p. 895, 1), les idées juives sur le gouvernement du monde. Selon lui, la doctrine de l'Ancien Testa-

Quant à Hermotime, ce n'est évidemment pas un contemporain historique d'Anaxagore ; c'est un personnage fabuleux que l'imagination de quelques érudits postérieurs a mis en relation avec Anaxagore[1].

925 Nous pouvons donc écarter ces hypothèses, et regarder la doctrine d'Anaxagore comme le résultat naturel du développement philosophique antérieur. Elle en est aussi le couronnement naturel. Une fois qu'on a trouvé dans l'intelligence un principe supérieur, sans lequel la nature n'existerait pas, et qui seul peut expliquer le mouvement et l'ordre téléologique du monde, on sent le besoin de con-

---

ment sur la création du monde opérée par les ordres directs de Dieu est « complètement identique » (p. 43) avec la doctrine d'Anaxagore touchant le premier mouvement imprimé à la matière par le νοῦς, lequel a produit toutes choses d'une manière purement mécanique. On comprend qu'il est impossible de discuter, au point de vue historique, un parallélisme établi de cette façon.

1. Les indications des anciens sur Hermotime (recueillies de la manière la plus complète par Carus « Ueber die Sagen von Hermotimus » Œuv. posth., IV, 330 sqq., et insérées autrefois dans les Beiträgen de Fülleborn, 9 St.) contiennent trois allégations. La première vient d'être citée d'après Aristote et d'autres. En second lieu, on raconte d'Hermotime ce fait merveilleux que son âme quittait souvent son corps pendant un long espace de temps, et que, quand elle y était revenue, elle donnait des informations sur des choses éloignées ; mais un jour ses ennemis profitèrent de cet état pour brûler son corps, comme s'il était mort. Voy. Pline, H. n., VII, 52 ; Plutarque, Gen. Socr., c. 22, p. 592 ; Apollon. Dysc., Hist. commentit., c. 3. Ces trois auteurs ont puisé évidemment à la même source (probablement dans Théopompe ; cf. Rohde, Rhein. Mus., XXVI, 558) ; voy. encore Lucien, Musc. enc., c. 7 ; Orig., c. Cels., III, 3 ; Tert., De an., c. 2, 44 ; ce dernier ajoute que les habitants de Clazomène élevèrent un sanctuaire à Hermotime après sa mort. En troisième lieu, Héraclide, ap. Diog., VIII, 4 sq., nomme Hermotime parmi les hommes dans lesquels l'âme de Pythagore avait séjourné pendant ses migrations antérieures, et cette assertion est répétée par Porphyre, V. Pyth., 45 ; Hippolyte, Réfut., I, 2, p. 12 ; Tertullien, De an., 28, 31. Il est certain que cette indication se rapporte à l'Hermotime dont il s'agit ici, bien qu'Hippolyte l'appelle par erreur Samien. Tous ces récits concourent à nous présenter Hermotime comme un personnage fabuleux d'une haute antiquité. Il est évident que l'assertion mentionnée par Aristote est dénuée de tout fondement historique. Que dire de quelques auteurs modernes qui sont allés jusqu'à faire d'Hermotime le maître d'Anaxagore ? (voy. Carus, 334, 362 sq.). Cette assertion n'est sans doute qu'une interprétation subtile de la légende merveilleuse. On cherchait dans la séparation de l'âme d'avec le corps, racontée de l'ancien prophète, l'analogue de la distinction établie par Anaxagore entre l'esprit et la matière. Démocrite fut peut-être l'auteur de cette interprétation ; cf. Diogène, IX, 34. Des légendes analogues existent (voy. Rohde, l. c.) dans les Indes ; et il est possible que ce conte, comme d'autres mythes et une partie de nos contes d'animaux, soit originaire de ce pays, soit que les ancêtres des Hellènes l'aient apporté de leur patrie asiatique, dans les temps primitifs, soit que les habitants de l'Asie occidentale l'aient introduit chez les Ioniens de la côte.

naître réellement, à son tour, ce principe supérieur de la nature : la philosophie de la nature, avec son caractère étroit, est dépassée, et l'investigation scientifique étudie, à côté de la nature et avant la nature, l'intelligence elle-même.

DISCIPLES D'ANAXAGORE. ARCHÉLAÜS. — L'école d'Anaxa- 926 gore lui-même n'entra pas dans cette voie.

La manière dont *Métrodore* interprète les mythes¹ fait déjà penser à la sophistique.

Quant aux autres disciples d'Anaxagore, *Archélaüs*², le seul sur lequel nous possédions quelques détails historiques³, reste fidèle à la tendance physique de son maître,

1. Voy. p. 913, 5.
2. Archélaüs, fils d'Apollodore, ou, selon d'autres, de Myson, est désigné par la plupart des auteurs comme Athénien, par quelques-uns comme Milésien (Diog., II, 16; Sext., *Math.*, VII, 14, IX, 360; Hippol., *Reful.*, I, 9; Clém., *Cohort.*, 43 d; Plut., *Plac.*, I. 3, 12; Justin, *Cohort.*, c. 3, *fin.*; Simpl., *Phys.*, 6 b, au bas). De nombreux témoignages affirment qu'il était disciple d'Anaxagore (cf., outre les écrivains précédemment nommés, Cic., *Tusc.*, V, 4, 10; Strabon, XIV, 3. 36, p. 645; Eus., *Pr. ev.*, X, 14, 8 sq.; August., *Civ. D.*, VIII, 2). D'après Eusèbe, *l. c.*, il aurait succédé à Anaxagore dans l'école de Lampsaque (il est en effet désigné comme son successeur *ap.* Clém., *Strom.*, I, 301 a; Diog., *Proœm.*, 14; Eus., XIV, 15, 9; Aug., *l. c.*), et de là il serait venu à Athènes. C'est cette hypothèse ou une lecture peu attentive du texte où Clément a puisé ses renseignements qui semble avoir donné naissance à l'assertion bizarre (Diog., II, 16; cf. Schaubach, *Anax.*, 22 sq.) d'après laquelle il aurait le premier introduit la physique de l'Ionie dans Athènes. Ces deux indications, la seconde comme la première, ont probablement été déduites d'un ordre de succession des doctrines admis sans aucun contrôle. Cf. p. 872, 3. Le même jugement peut être porté sur l'assertion (Cic., Sext., Diog., Simpl., *l. c.*, Ion, Aristoxène et Dioclès, *ap.* Diog., II, 19, 22. X, 21; Eus., *Pr. ev.*, X, 14, 9; XIV, 15, 9; XV, 62, 8; Hippol., I, 10; Galien, *H. phil.*, 2, etc.) d'après laquelle Socrate aurait été son disciple. Ce n'est pas une tradition reposant sur un fondement historique, mais une simple conjecture, dont l'invraisemblance ressort, non seulement du silence de Xénophon, de Platon et d'Aristote, mais encore de la comparaison entre les doctrines des deux philosophes et du caractère philosophique de Socrate (cf. II° part., a, 47 sq., 3° éd.). Les documents concernant la doctrine d'Archélaüs nous permettent de conjecturer qu'elle était consignée dans un écrit; un livre de Théophraste sur ce philosophe, mentionné par Diogène, V, 42, n'était peut-être qu'un chapitre d'un plus grand ouvrage; Simplicius, *l. c.*, ne semble pas penser à cet écrit, mais à la physique de Théophraste.
3. L'école d'Anaxagore est mentionnée plusieurs fois (Ἀναξαγόρειοι : Platon, *Crat.*, 409 b; Syncelle, *Chron.*, 149 c; et ἀπ' Ἀναξαγόρου : Plut., *Plac.*, IV, 3, 2; l'expression οἱ περὶ Ἀν., dans les textes cités par Schaubach, p. 32, est une simple circonlocution); mais cette mention n'est suivie d'aucun renseignement. Nous avons retrouvé la trace de l'influence de cette école (p. 634 sqq.) dans l'écrit

927 dont il cherche cependant à atténuer le dualisme, et se rapproche, par certains côtés, de l'ancienne physique naturaliste. Mais sur lui aussi nous n'avons que des renseignements incomplets.

Nous lisons qu'il partageait l'opinion d'Anaxagore sur les dernières raisons des choses, qu'il admettait comme lui un nombre infini de corpuscules homœomères, dont résultent les choses par rapprochement et séparation mécaniques, qu'il se représentait ces substances comme mélangées à l'origine, mais qu'à côté de la matière il reconnaissait une intelligence qui la domine [1].

<small>du Pseudo-Hippocrate π. διαίτης. Si un Scholiaste (*Gorgias* de Platon, p. 345. Bekk.) appelle le sophiste Polus disciple d'Anaxagore, cette dénomination lui a été évidemment suggérée par le texte de Platon, p. 465 d, lequel n'autorise rien de semblable. Je doute que PHILIPPSON (*Ὕλη ἀνθρ.*, 197) ait eu raison de compter *Clidémus* parmi les disciples d'Anaxagore, et je ne puis non plus adopter l'opinion d'IBELER (*Arist. Meteorol.*, I, 617 sq.) d'après laquelle il appartiendrait à l'école d'Empédocle. Il semble plutôt que ce savant, qui est cité par THÉOPHRASTE (*H. plant.*, III, 1, 4) après Anaxagore, et par Diogène (*De sensu*, 38) entre ces deux philosophes, et que l'on peut par conséquent regarder comme un contemporain de Diogène et de Démocrite, ne s'est occupé que de questions spéciales sans s'attacher à aucun système philosophique déterminé. ARISTOTE (*Meteor.*, II, 9, 370 a, 10) dit qu'il regardait les éclairs comme un simple phénomène lumineux semblable aux reflets de l'eau agitée ; THÉOPHRASTE (*H. plant.*, l. c.) rapporte que, selon lui, les plantes sont formées des mêmes substances que les animaux, mais que, chez les premières, ces substances sont moins pures et moins chaudes, et (*Caus. plant.*, I, 10. 3) que les plantes les plus froides fleurissent en hiver, les plus chaudes en été; le même Théophraste parle (*ibid.*, III, 23, I, sq.) de l'opinion de Clidémus sur l'époque la plus favorable pour faire les semailles (V, 9, 10), de ses idées sur une maladie de la vigne; enfin il nous apprend, *De sensu*, 38, ce que Clidémus pensait des sensations : αἰσθάνεσθαι γάρ φησι τοῖς ὀφθαλμοῖς μὲν (ainsi lit WIMMER au lieu de μόνον) ὅτι διαφανεῖς· ταῖς δ' ἀκοαῖς ὅτι ἐμπίπτων ὁ ἀὴρ κινεῖ· ταῖς δὲ ῥισὶν ἐφελκομένοις τὸν ἀέρα, τοῦτον γὰρ ἀναμίγνυσθαι τῇ δὲ γλώσσῃ τοὺς χυμοὺς καὶ τὸ θερμὸν καὶ τὸ ψυχρόν, διὰ τὸ σομφὴν εἶναι· τῷ δ' ἄλλῳ σώματι παρὰ μὲν ταῦτ' οὐδέν, αὐτῶν δὲ τούτων καὶ τὸ θερμὸν καὶ τὰ ὑγρὰ καὶ τὰ ἐναντία· μόνον δὲ τὰς ἀκοὰς αὐτὰς μὲν οὐδὲν κρίνειν, εἰς δὲ τὸν νοῦν διαπέμπειν· οὐχ ὥσπερ Ἀναξαγόρας ἀρχὴν ποιεῖ πάντων (de toutes les sensations) τὸν νοῦν. La fin de ce texte démontre que Clidémus ne partageait pas les opinions philosophiques d'Anaxagore; nulle part d'ailleurs on ne cite de lui aucune considération philosophique. KIRCHNER (*Jahrb. f. Philol.*, Suppl. Nouv. série, VII, 501 sq.) montre que le Clidémus dont nous parlons n'est pas le même que l'historien Clidémus ou Clitodémus (MÜLLER, *Hist. gr.*, I, 359 sqq.) avec lequel MEYER, *Gesch. d. Botanik*, I, 23 sqq., et d'autres le confondent.

1. SIMPLICIUS, *Phys.*, 7 a, au haut (d'après Théophraste) : ἐν μὲν τῇ γενέσει τοῦ κόσμου καὶ τοῖς ἄλλοις πειρᾶται τι φέρειν ἴδιον. τὰς ἀρχὰς δὲ τὰς αὐτὰς δίδωσιν ὥσπερ Ἀναξαγόρας. οὗτοι μὲν οὖν ἀπείρους τῷ πλήθει καὶ ἀνομογενεῖς τὰς ἀρχὰς λέγουσι τὰς ὁμοιομερείας τιθέντες ἀρχάς. Cette dernière phrase se trouve encore *De cælo*, 269 b, 1; *Schol. in Ar.*, 513 a, au bas. CLÉMENT, *Cohort.*, 43 d : οἱ μὲν</small>

En même temps, il revenait en partie à la doctrine d'Anaximène et de l'ancienne école ionienne : il admettait que le mélange primordial de toutes les substances est identique à l'air¹, dans lequel Anaxagore déjà avait vu une combinaison des principes les plus divers, mais qui, d'après lui, ne constituait qu'une portion de la masse primordiale². En outre, tandis qu'Anaxagore maintenait rigoureusement la nature simple de l'intelligence, Archélaüs, nous dit-on, considérait la matière comme mêlée à l'intelligence³, de telle sorte qu'il faisait du tout, c'est-à-dire de l'air animé par l'intelligence, un principe analogue, sauf le dualisme de sa nature, à celui d'Anaximène et de Diogène⁴.

Il se rattachait encore à ces philosophes, lorsqu'il caractérisait la première séparation du mélange primitif comme une dilatation et une condensation⁵. Il admettait que, dans cette première séparation, le chaud et le froid s'étaient distingués, ainsi que l'avaient déjà enseigné

αὐτῶν τὸ ἄπειρον καθύμνησαν, ὧν... Ἀναξαγόρας καὶ... Ἀρχέλαος· τούτω μέν γε ἄμφω τὸν νοῦν ἐπιστάτην τῇ ἀπειρίᾳ. HIPPOL., Refut., I, 9 : οὗτος ἔφη τὴν μῖξιν τῆς ὕλης ὁμοίως Ἀναξαγόρᾳ τάς τε ἀρχὰς ὡσαύτως. AUG., Civ. D., VIII, 2 : Etiam ipse de particulis inter se dissimilibus, quibus singula quæque fierent, ita omnia constare putavit, ut inesse etiam mentem diceret, quæ corpora dissimilia, i. e. illas particulas, conjungendo et dissipando ageret omnia. ALEX. APHR., De mixt., 141 b, au mil. : Anaxagore et Archélaüs pensaient ὁμοιομερῆ... τινα ἄπειρα εἶναι σώματα, ἐξ ὧν ἡ τῶν αἰσθητῶν γένεσις σωμάτων, γινομένη κατὰ σύγκρισιν καὶ σύνθεσιν; c'est pourquoi tous les deux sont rangés parmi ceux qui regardent tout mélange comme une réunion de matières séparées substantiellement. PHILOPON, De an., B, 16, au mil. : Archélaüs est du nombre des philosophes ὅσοι εἰρήκασι τὸ πᾶν ὑπὸ τοῦ νοῦ κεκινῆσθαι.

1. Cette interprétation, confirmée d'ailleurs par ce qui va suivre, permet de concilier facilement l'indication d'après laquelle Archélaüs aurait regardé l'air comme la substance première avec les autres indications qui nous sont fournies. Cf. SEXTUS, Math., IX, 360 : Ἀρχ... ἀέρα [θέξει πάντων εἶναι ἀρχὴν καὶ στοιχεῖον]. PLUTARQUE, Plac., I, 3, 12 (reproduit littéralement par JUSTIN, Cohort., c. 3, sub fin.) : Ἀρχ. ἀέρα ἄπειρον [ἀρχὴν ἀπεφήνατο] καὶ τὴν περὶ αὐτὸν πυκνότητα καὶ μάνωσιν· τούτων δὲ τὸ μὲν εἶναι πῦρ τὸ δὲ ὕδωρ.
2. Voy. p. 897, 4.
3. HIPPOLYTE, l. c. : οὗτος δὲ τῷ νῷ ἐνυπάρχειν τι εὐθέως μίγμα.
4. Dans cette mesure, l'indication de STOBÉE, Ecl., I, 56 : Ἀρχ. ἀέρα καὶ νοῦν τὸν θεόν, peut être exacte, c'est-à-dire qu'Archélaüs a pu désigner l'air et l'esprit comme étant l'éternel et le divin.
5. PLUTARQUE, Plac., voy. note 1.

Anaximandre et Anaxagore[1]; mais comme il avait déjà attribué au mélange primitif la nature de l'air, il fit consister, à l'encontre d'Anaxagore, ces deux masses principales de choses dérivées, en feu et en eau[2]. De plus, le feu était pour lui, comme pour son maître, l'élément actif, l'eau, l'élément passif; et comme il cherchait dans leur action combinée une explication purement physique de la formation du monde, on a pu croire qu'il regardait ces deux principes corporels comme les raisons dernières des choses, et qu'il n'assignait dans la création aucun rôle à l'intelligence[3]. Mais il est impossible que telle ait été l'opinion d'Archélaüs : il doit avoir admis, avec Anaxagore, que l'intelligence a produit d'abord un tourbillon dans la masse primordiale infinie, que ce tourbillon a été suivi de la séparation du chaud et du froid, et qu'ensuite tout le reste est sorti de ces deux principes.

Quand les substances se séparèrent, l'eau se rassembla au centre; par l'influence de la chaleur une partie s'évapora et s'éleva sous forme d'air, une autre se condensa en terre; des fragments, qui se détachèrent de cette dernière, formèrent les astres.

La terre, partie très petite de l'univers, est maintenue à sa place par l'air, et l'air par le feu. La surface de la terre doit être concave vers le milieu; car, si elle était horizontale, le soleil se lèverait et se coucherait partout au même moment.

Au commencement les astres tournèrent latéralement autour de la terre, laquelle, pour cette raison, était constamment dans l'ombre derrière ses bords en saillie; la

---

1. Voy. p. 205, 897.
2. *Plac.*, l. c. Diogène, II, 16 : ἔλεγε δὲ δύο αἰτίας εἶναι γενέσεως, θερμὸν καὶ ὑγρόν. Herm., *Irris.*, c. 5 : Ἀρχ. ἀποφαινόμενος τῶν ὅλων ἀρχὰ, θερμὸν καὶ ψυχρόν. Hippolyte, *l. c.* : εἶναι δ' ἀρχὴν τῆς κινήσεως τὸ ἀποκρίνεσθαι (sic Duncker, d'après Röper et Ritter) ἀπ' ἀλλήλων τὸ θερμὸν καὶ τὸ ψυχρόν, καὶ τὸ μὲν θερμὸν κινεῖσθαι, τὸ δὲ ψυχρὸν ἠρεμεῖν. Cf. Platon, *Soph.*, 242 d : δύο δὲ ἕτερος εἰπών, ὑγρὸν καὶ ξηρὸν ἢ θερμὸν καὶ ψυχρόν, συνοικίζει τε αὐτὰ καὶ ἐκδίδωσι. Mais il n'est pas certain que ce texte se rapporte à Archélaüs.
3. Voy. note préc., et Stobée, *l. c.* : οὐ μέντοι κοσμοποιὸν τὸν νοῦν.

lumière et la chaleur du soleil ne purent exercer leur influence sur elle et la dessécher¹ que quand le ciel se fut incliné.

Dans toutes ces opinions, Archélaüs est presque toujours d'accord avec Anaxagore¹.

Il partage aussi les idées de ce philosophe sur les êtres vivants. Chez tous, la partie vivifiante, c'est l'intelligence², qu'Archélaüs se représentait, paraît-il, comme liée à l'air que nous respirons⁴. Les êtres vivants doivent leur origine première à l'influence de la chaleur solaire. Celle-ci fit éclore du limon de la terre différents animaux qui se nourrirent tous de ce limon et vécurent peu de temps. La génération sexuelle n'eut lieu que plus tard, et les hommes s'élevèrent, par l'industrie et par les mœurs, au-dessus des autres créatures⁵.

---

1. Cela résulte du texte d'Hippolyte, *l. c.* (mais ce texte a subi beaucoup d'altérations), et du texte de Diogène, II, 17, dont la leçon usuelle ne donne pas un sens satisfaisant. Voici cette leçon : τηκόμενον ἧκαι τὸ ὕδωρ ὑπὸ τοῦ θερμοῦ, καθὸ μὲν εἰς τὸ πυρῶδες συνίσταται, ποιεῖν γῆν· καθὸ δὲ περιρρεῖ, ἀέρα γεννᾶν. Au lieu de πυρῶδες, Ritter (I, 342) conjecture : τυρῶδες ; peut-être faut-il remplacer ce mot par πηλῶδες, et substituer, à l'inintelligible leçon, περιρρεῖ, « πυρὶ περιρρεῖται » ; car Diogène continue ainsi : ὅθεν ἡ μὲν ὑπὸ τοῦ ἀέρος, ὁ δὲ ὑπὸ τῆς τοῦ πυρὸς περιφορᾶς κρατεῖται. Byk (*Die vorsokrat. Phil.*, I, 247 sq.) veut écarter la difficulté par une transposition : καθὸ μὲν περιρρεῖ ποιεῖν γῆν, καθὸ δὲ εἰς τὸ πυρῶδες συνίσταται ἀέρα γεννᾶν. Mais que signifierait alors περιρρεῖ ? On trouve *ibid.* l'indication suivante : τὴν δὲ θάλατταν ἐν τοῖς κοίλοις διὰ τῆς γῆς ἠθουμένην συνεστάναι. Archélaüs expliquait sans doute par là le goût de l'eau de la mer.

2. Cf. p. 897 sq., 902. Archélaüs adopte aussi (*ap.* Sén., *Qu. n.*, VI, 12) l'explication des tremblements de terre donnée par Anaxagore.

3. Hippolyte, *l. c.* : νοῦν δὲ λέγει πᾶσιν ἐμφύεσθαι ζώοις ὁμοίως. χρήσασθαι γὰρ ἕκαστον καὶ τῶν σωμάτων ὅσῳ τὸ μὲν βραδυτέρῳ, τὸ δὲ ταχυτέρῳ. Au lieu de χρήσασθαι, il faut sans doute lire χρῆσθαι ; et aux mots inintelligibles : τῶν σωμάτων ὅσῳ, il faut, avec Ritter (*Ion. Phil.*, 304), substituer τῷ σώματι ὁμοίως.

4. Cette conjecture m'est suggérée en partie par ses idées générales sur l'intelligence, dont j'ai parlé plus haut, en partie par les témoignages cités p. 905, 7 ; en outre, j'explique ainsi très aisément pourquoi cette opinion a été attribuée à Anaxagore.

5. Hippolyte, *l. c.* : περὶ δὲ ζώων φησίν, ὅτι θερμαινομένης τῆς γῆς τὸ πρῶτον ἐν τῷ κατὰ μέρος [κάτω μέρει], ὅπου τὸ θερμὸν καὶ τὸ ψυχρὸν ἐμίσγετο, ἀνεφαίνετο τά τε ἄλλα ζῷα πολλὰ καὶ ἀνόμοια πάντα τὴν αὐτὴν δίαιταν ἔχοντα ἐκ τῆς ἰλύος τρεφόμενα, ἦν δὲ ὀλιγοχρόνια· ὕστερον δὲ αὐτοῖς καὶ ἡ ἐξ ἀλλήλων γένεσις ἀνέστη, καὶ διεκρίθησαν ἄνθρωποι ἀπὸ τῶν ἄλλων, καὶ ἡγεμόνας καὶ νόμους καὶ τέχνας καὶ πόλεις καὶ τὰ ἄλλα συνέστησαν. Diogène (II, 16) répète en partie la même chose. Cf. p. 907, 1. Une fausse interprétation de ce texte semble avoir donné naissance à l'indication d'Épiphane, *Exp. fid.*, 1087, disant que, d'après Archélaüs, tout sort de la terre, laquelle, selon lui, serait l'ἀρχὴ τῶν ὅλων.

Voilà à peu près tout ce qui nous est rapporté sur ses idées relatives aux hommes et aux animaux ; mais on peut conjecturer que sur le reste il pensait encore comme Anaxagore, et qu'à l'exemple de ce dernier et d'autres prédécesseurs, il a consacré une attention particulière aux opérations des sens[1].

L'assertion d'après laquelle il aurait admis l'existence d'un nombre infini de mondes[2] repose sans doute sur une confusion.

Quelques écrivains prétendent qu'Archélaüs s'était aussi occupé de recherches éthiques et qu'il a été, sous ce rapport, un prédécesseur de Socrate[3]. On dit notamment qu'il a cherché l'origine du juste et de l'injuste, non dans la nature, mais dans l'habitude[4]. Ces indications semblent n'avoir d'autre origine, sinon qu'on ne pouvait se représenter le prétendu maître de Socrate que comme ayant professé une doctrine éthique, et qu'on cherchait la confirmation de cette conjecture dans des textes qui primitivement avaient un autre sens[5]. Le silence d'Aristote, qui ne fait même pas mention d'Archélaüs à ce sujet, indique

---

1. C'est ce qu'indique la courte mention *ap.* Diogène, II, 17 : πρῶτος δὲ εἶπε ζῴης γένεσιν τὴν τοῦ ἀέρος πλῆξιν, mais le mot πρῶτος n'est pas exact, voy. *sup.*, p. 724, 909, 3.
2. Stobée, *Ecl.*, I, 496 ; *vid. sup.*, 215, 5.
3. Sextus, *Math.*, VII, 14 : Ἀρχ... τὸ φυσικὸν καὶ ἠθικὸν [μετήρχετο]. Diogène, II, 16 : ἔοικε δὲ καὶ οὗτος ἅψασθαι τῆς ἠθικῆς. καὶ γὰρ περὶ νόμων πεφιλοσόφηκε καὶ καλῶν καὶ δικαίων· παρ' οὗ Σωκράτης τῷ αὐξῆσαι αὐτὸς εὑρεῖν ὑπελήφθη.
4. Diogène, *l. c.* : ἔλεγε δὲ... τὰ ζῷα ἀπὸ τῆς ἰλύος γεννηθῆναι· καὶ τὸ δίκαιον εἶναι καὶ τὸ αἰσχρὸν οὐ φύσει ἀλλὰ νόμῳ.
5. Chez Diogène du moins la juxtaposition frappante des deux propositions relatives à la naissance des animaux et à l'origine du juste et de l'injuste nous permet de conjecturer que son assertion s'appuie simplement, en dernière analyse, sur le même passage de l'écrit d'Archélaüs que l'assertion d'Hippolyte citée p. 930, 4. Archélaüs aurait donc dit simplement que les hommes n'avaient au commencement ni morale ni loi, et que la morale et la loi furent le fruit du temps. Quelques écrivains postérieurs tirèrent de cette proposition cette conclusion sophistique, que le juste et l'injuste ne sont pas fondés sur la nature. L'interprétation de Ritter, *Gesch. d. Phil.*, I, 314, d'après laquelle : « le bien et le mal dans le monde découlent de la répartition (νόμος) des semences premières dans le monde », me semble impossible ; cette signification de νόμος n'est prouvée par aucune des analogies sur lesquelles Ritter s'appuie. Diogène, quant à lui, prend certainement dans le sens usuel la phrase qu'il cite.

suffisamment que ce philosophe n'a émis aucune théorie morale de quelque importance.

Mais si l'école d'Anaxagore se borna, comme lui-même, à des recherches physiques, le principe nouveau qu'il avait introduit dans l'étude de la nature n'en amena pas moins un changement de direction dans les recherches philosophiques. Aussi Anaxagore marque-t-il le commencement d'une ère nouvelle, où la philosophie ancienne finit et où la pensée scientifique prend une nouvelle forme, l'ère de la sophistique.

CHAPITRE III.

LES SOPHISTES[1].

§ 1. ORIGINES DE LA SOPHISTIQUE.

La philosophie et la vie pratique avant les sophistes.
— Jusqu'au milieu du cinquième siècle, la philosophie était restée confinée dans des cercles étroits, que le goût de la science formait dans certaines villes autour des auteurs et des représentants des théories physiques. Les recherches scientifiques n'avaient pas encore pénétré dans la vie pratique, le besoin d'un enseignement théorique n'était ressenti que par un très petit nombre d'hommes, et aucune tentative importante n'avait encore eu lieu pour faire de la science un bien commun et donner à l'activité morale et politique des principes scientifiques. Le pythagorisme lui-même ne peut être considéré comme une tentative dans ce sens. Car, d'un côté, cette doctrine n'avait d'influence que sur l'éducation des membres de la société pythagoricienne, et, de l'autre, les théories scientifiques

---

[1]. Jac. Geel, *Historia critica Sophistarum, qui Socratis ætate Athenis floruerunt* (Nova acta literaria societat. Rheno-Traject., p. II) Utr., 1823. Hermann, *Plat. Phil.*, p. 179-223, 296-321. Baumhauer, *Disputatio literaria, quam vim Sophistæ habuerint Athenis ad ætatis suæ disciplinam mores ac studia immutanda* (Utr. 1844), travail consciencieux, mais sans résultats importants. Grote, *Hist. of Greece*, VIII, 474-544 ; je reviendrai souvent sur les thèses contenues dans cet ouvrage, à cause de leur importance considérable. Schanz, *Beitr. z. vorsokrat. Phil. aus Plato*, 1re sect. *Die Sophisten.*, Gött., 1867. Siebeck, *Ueb. Sokrates Verh. z. Sophistik*, *Unters. z. Phil. d. Gr.*, 1873, p. 11 sqq. Voy. aussi Ueberweg, *Grundr.*, I, § 27.

qui en faisaient partie n'avaient pas de rapport direct avec la vie pratique : la morale pythagoricienne appartient à la religion populaire, la science pythagoricienne est une physique. Le principe d'après lequel la capacité pratique repose sur l'instruction scientifique était inconnu des temps anciens.

Cependant, dans le cours du cinquième siècle, différentes causes se réunirent pour changer cet état de choses. Le puissant élan que la Grèce avait pris depuis les guerres médiques et la victoire de Gélon sur les Carthaginois devait exercer une action profonde sur le mouvement scientifique de la nation. Ces succès extraordinaires avaient été remportés grâce à un enthousiasme sublime, grâce à un dévouement singulier de tous les citoyens : ils devaient avoir pour conséquence naturelle un noble orgueil, une activité juvénile, un amour passionné pour la liberté, la gloire et la puissance. Le peuple, en s'étendant de tous côtés, se trouva trop à l'étroit dans ses anciennes coutumes; nulle part, sauf à Sparte, les anciennes constitutions ne purent résister à l'esprit nouveau; et, même dans cette ville, les anciennes mœurs durent céder. Les hommes qui avaient risqué leur vie pour l'indépendance de leur pays voulurent avoir leur part dans la direction de ses affaires; et dans la plupart des villes animées d'un vif mouvement intellectuel [1] il s'établit une démocratie qui, avec le temps, n'eut pas de peine à renverser le peu de barrières légales qui subsistaient encore. Athènes surtout, qui par ses actions d'éclat s'était placée à la tête des villes grecques, et qui depuis Périclès réunit dans son sein tous les hommes célèbres par leurs talents et par leur ardeur scientifique, entra brillamment dans cette voie. Il en résulta des progrès singulièrement rapides dans tous les domaines, une vive émulation, un développement libre et

---

[1]. Notamment à Athènes et dans les villes alliées, à Syracuse et dans les autres colonies siciliennes.

heureux de toutes les facultés, développement que la
haute intelligence d'un Périclès dirigea vers les fins les
plus élevées. C'est ainsi que cette ville réussit à atteindre,
dans l'espace d'une génération, un degré de bien-être, de
puissance, de gloire et de développement intellectuel
sans autre exemple dans l'histoire. Or, avec la culture,
les exigences des particuliers durent nécessairement grandir; les moyens traditionnels d'éducation ne furent plus
à la hauteur de la situation nouvelle. Jusqu'alors l'enseignement comprenait, outre quelques connaissances élémentaires, la musique et la gymnastique; tout le reste
était abandonné à la pratique journalière et à l'influence
personnelle des parents et des concitoyens[1]. Même la
science politique et l'art oratoire indispensable à l'homme
politique étaient acquis de cette manière. Certes cet état
de choses avait donné les plus brillants résultats. Les
plus grands héros et les plus grands hommes d'État
étaient sortis de cette école pratique; les œuvres des poètes,
d'un Épicharme et d'un Pindare, d'un Simonide et d'un
Bacchylide, d'un Eschyle et d'un Sophocle renfermaient,
sous la forme la plus parfaite, une foule de règles de sagesse et d'observations sur les hommes, de principes moraux très purs et d'idées religieuses très profondes, dont
tout le monde profita. Mais justement parce qu'on était
arrivé si loin, on trouva nécessaire d'aller plus loin encore.
Si la culture intellectuelle et la perfection du goût étaient
universellement répandues au degré le plus élevé qui pût
être atteint par la voie suivie jusqu'alors, l'homme qui
voulait se distinguer était obligé d'inventer du nouveau.
Si, grâce à l'activité politique et à la multiplicité des relations, tous les citoyens étaient habitués à comprendre vivement, à juger promptement et à agir résolument, il fallait
une supériorité marquée pour dominer les autres. Si tous
avaient l'ouïe exercée pour saisir la beauté du langage et

[1]. Voy. sup., p. 62.

les finesses de l'expression, il fallait dans les discours plus d'art que par le temps passé ; et cette éloquence savante acquérait d'autant plus de prix que tout dépendait, dans ces toutes-puissantes assemblées populaires, du charme du moment et de l'impression immédiate produite par le discours. C'est pour cette raison que l'école d'éloquence de Corax s'éleva en Sicile en dehors même de la sophistique et presque à la même époque. Mais les circonstances nouvelles n'exigeaient pas seulement une direction méthodique pour acquérir le talent de la parole : elles réclamaient, d'une manière générale, un enseignement scientifique sur toutes les questions importantes pour la vie pratique et surtout pour la vie politique. Si un Périclès ne dédaignait pas de rechercher la société d'Anaxagore et de Protagoras pour développer sa haute intelligence déjà si cultivée, des hommes plus jeunes devaient se promettre plus de profit encore de cette culture scientifique, à mesure qu'il devenait plus facile à des esprits déliés de découvrir, après quelques exercices dialectiques, les côtés faibles et les contradictions des opinions communes sur les questions morales, et de se flatter ainsi, même en face des praticiens les plus solides, d'une supériorité imaginaire [1].

RUPTURE AVEC LA PHILOSOPHIE ANTÉRIEURE. — La philosophie, qui jusqu'ici était une étude purement physique, ne pouvait satisfaire ce besoin ; mais elle-même était arrivée à un point où elle devait nécessairement changer de forme.

Elle était partie de la contemplation du monde extérieur, mais déjà Héraclite et Parménide avaient montré que les sens ne nous font pas connaître la véritable essence des choses, et tous les philosophes postérieurs

---

[1]. Cf. l'entretien remarquable entre Périclès et Alcibiade, XÉNOPHON, *Mem.*, I, 2, 40 sqq.

s'étaient rangés à leur avis. Sans doute cela ne les empêchait pas de regarder l'étude de la nature comme leur véritable objet : ils espéraient pouvoir approfondir par l'entendement ce qui est caché aux sens. Mais avaient-ils le droit de nourrir une pareille ambition, alors qu'on n'avait pas encore recherché avec précision les caractères particuliers qui distinguaient la pensée rationnelle et son objet, de la sensation et du phénomène. Si la pensée se règle, comme la perception, sur la nature des corps et de l'impression extérieure [1], on ne voit pas pourquoi elle mériterait plus de confiance que la perception ; et tout ce que les philosophes antérieurs ont dit, à tel ou tel point de vue, contre les sens, peut se dire contre la faculté de connaître en général. S'il n'y a pas d'autre être que l'être corporel, les doutes des Éléates et les principes d'Héraclite s'appliquent nécessairement à toute réalité. Les Éléates avaient contesté la réalité du multiple en s'appuyant sur les contradictions qui résulteraient de sa divisibilité et de son étendue dans l'espace : mais la réalité de l'un pouvait être contestée par des raisons identiques. Héraclite avait dit que rien n'est stable, si ce n'est la raison et la loi de l'univers : mais on était également fondé à soutenir que la loi du monde devait être aussi variable que le feu, sur lequel elle repose, et que notre science est aussi variable que les choses auxquelles elle se rapporte et que l'âme dans laquelle elle réside [2].

En un mot l'ancienne physique portait, dans son matérialisme, le germe de sa propre destruction. S'il n'y a pas d'autre être que l'être corporel, toutes choses peuvent être considérées comme étendues dans l'espace et divisibles, et toutes les représentations naissent de l'action des impres-

---

1. Voy. p. 529, 642 sqq., 725, 820.
2. Nous montrerons, dans le chapitre IV, que ces conséquences ont été effectivement déduites de la doctrine des Éléates et d'Héraclite. D'ailleurs le fait a déjà été prouvé, en ce qui concerne Héraclite, p. 676, 1, et en ce qui concerne l'atomisme, p. 859 sq.

sions extérieures sur le corps, c'est-à-dire de la sensation. Et si l'on renonce à la réalité de l'être divisé et à la vérité du phénomène sensible, il n'y a plus, à ce point de vue, ni vérité ni réalité; tout se réduit à une apparence sensible; et, cessant de croire à la possibilité de connaître les choses, on cesse du même coup de chercher à les connaître.

Mais ce n'est pas seulement d'une façon indirecte que la physique prépara un changement dans la direction de la pensée, elle-même alla au-devant de ce changement. Nous avons vu les physiciens récents, comparés à leurs devanciers, consacrer une attention particulière à l'étude de l'homme; nous avons vu Démocrite, contemporain de la sophistique, fortement occupé de questions éthiques. N'attachât-on aucune importance à ces faits, on ne pourrait du moins s'empêcher de considérer la doctrine d'Anaxagore sur l'intelligence comme une introduction directe à la sophistique, ou, plus exactement, comme le signe manifeste du changement qui s'opérait alors chez les Grecs dans la conception de l'univers. Sans doute le νοῦς d'Anaxagore n'est pas identique à l'intelligence humaine; et si Anaxagore a dit que le νοῦς domine toutes choses, il n'a pas voulu signifier par là que l'homme est, par sa pensée, maître de tout. Néanmoins c'est dans sa propre conscience, et dans elle seule, qu'il avait puisé le concept de l'intelligence; et s'il considérait surtout cette dernière comme une force de la nature, du moins, dans son essence, elle ne différait pas de l'intelligence humaine. Lors donc que d'autres ont rapporté ce qu'Anaxagore disait de l'intelligence en général à l'intelligence humaine, la seule qui soit accessible à notre expérience, ils n'ont fait qu'avancer d'un pas dans la voie qu'il avait ouverte; ils ont ramené le νοῦς d'Anaxagore à son fondement réel, et ils ont écarté une hypothèse qui devait leur paraître insoutenable. Ils convenaient que le monde est l'œuvre de l'être pensant;

mais comme ils finirent par le considérer comme un phénomène subjectif, la conscience créatrice se confondit pour eux avec la conscience humaine, l'homme devint la mesure de toutes choses.

RÉVOLUTION INTELLECTUELLE ET MORALE. — La sophistique, à vrai dire, ne procède pas directement de cette réflexion ; du moins l'apparition de Protagoras n'est guère postérieure au développement de la doctrine d'Anaxagore ; et on ne peut citer aucun sophiste qui s'y rattache directement. Mais cette doctrine montre d'une façon générale qu'il s'est opéré un changement dans la conception du monde extérieur. Tandis qu'auparavant l'homme s'oubliait lui-même au milieu de l'admiration que lui inspirait la grandeur de la nature, il découvre maintenant en soi une force distincte de toute matière corporelle, force qui ordonne et domine le monde des corps. L'intelligence lui apparaît comme quelque chose de supérieur à la nature : il se détourne de l'étude de la nature pour s'occuper de lui-même[1].

On ne pouvait espérer que ce changement s'opérât immédiatement d'une façon correcte. Les progrès et l'éclat du siècle de Périclès furent accompagnés d'un abandon toujours croissant des anciennes mœurs. L'égoïsme manifeste des grands États, leurs violences à l'égard des petits, leurs succès mêmes ébranlèrent la morale publique. Les luttes incessantes à l'intérieur laissaient la carrière libre à la haine et à la vengeance, à l'avidité et à l'ambition. On s'habitua à violer, d'abord le droit public, ensuite le droit privé ; et la malédiction attachée à toute politique conquérante se manifesta précisément dans les villes les plus puissantes, telles qu'Athènes, Sparte, Syracuse. La

---

1. Un rapport analogue à celui qui existe entre Anaxagore et la Sophistique se retrouvera plus tard entre Aristote et la philosophie post-aristotélicienne, caractérisée par un positivisme étroit et une subjectivité abstraite. Cf. III⁰ part., n. 13, 2⁰ éd. all.

déloyauté avec laquelle l'État violait les droits d'autrui détruisit chez ses propres citoyens le respect du droit et de la loi [1]; et, après avoir, pendant quelque temps, mis leur gloire à se dévouer au triomphe de l'égoïsme public, les particuliers commencèrent à appliquer le même principe d'égoïsme dans un sens contraire, et à sacrifier le bien de l'État à leur intérêt propre [2]. Puis, quand la démocratie eut renversé toutes les barrières légales dans la plupart des républiques, on conçut les idées les plus extravagantes sur la souveraineté du peuple et l'égalité civile. Il se développa une licence qui ne connaissait plus aucun frein [3]; et le changement fréquent des lois sembla justifier cette opinion, que leur existence n'était pas fondée sur la nécessité, mais uniquement sur le caprice et l'intérêt des puissants du jour [4].

Enfin les progrès mêmes du développement intellectuel durent nécessairement contribuer à renverser les barrières que les mœurs et les croyances religieuses avaient opposées à l'égoïsme. La foi absolue dans la supériorité des institutions de la patrie, la croyance naïve, si naturelle aux intelligences bornées, que tout doit nécessairement être tel qu'il existe au foyer natal, tout cela ne pouvait manquer de s'évanouir quand le monde et l'histoire seraient mieux connus, quand l'homme serait mieux observé [5]. Celui qui s'était habitué à demander la raison d'être de toutes choses devait nécessairement perdre le respect de la tradition, celui qui se sentait supérieur en intelligence

---

1. Cf. à cet égard, II⁰ part., a, 23, 3⁰ éd. all.
2. La théorie sophistique de l'égoïsme ne pouvait donc présenter d'argument plus fort que celui qu'invoque le Calliclès de Platon (*Gorg.*, 483 d) et que répète plus tard Carnéade à Rome (voy. III⁰ part., a, 467, 2⁰ éd. all.), à savoir que dans la grande politique on agit uniquement d'après ces principes.
3. Athènes peut, ici encore, être citée comme type. Il est inutile de donner des preuves particulières de la chose elle-même; nous nous bornerons à renvoyer au tableau saisissant qui se trouve dans la *République* de Platon, VIII, 557 b sqq., 562 c, sqq.
4. Cf. ce que nous disons plus loin à propos des idées des sophistes sur le droit et la loi.
5. Cf. Hérodote, III, 38.

à la masse du peuple ne pouvait être disposé à voir dans les décrets d'une foule ignorante une loi inviolable. L'ancienne croyance aux dieux ne pouvait non plus résister aux lumières naissantes, car les dieux et les cultes ne sont pas les mêmes chez les différents peuples. Les anciens mythes étaient, sous beaucoup de rapports, incompatibles avec l'élévation nouvelle des idées morales et les progrès de l'intelligence.

L'art même devait contribuer à ébranler la foi. Par leur haute perfection elle-même, les arts plastiques donnaient à entendre que les dieux n'étaient autre chose que l'œuvre de l'intelligence humaine; car ils prouvaient, par des faits, que cette intelligence est capable de produire les types divins et de les dominer à son gré [1].

Mais ce qui surtout devait battre en brèche les idées reçues et la religion, c'était le développement de la poésie, principalement du drame, le plus influent et le plus populaire des genres poétiques. Tout l'effet du drame, comique ou tragique, repose sur la collision des devoirs et des droits, des opinions et des intérêts, sur la contradiction entre la tradition et la loi naturelle, entre la foi et la raison raisonnante, entre l'esprit d'innovation et l'attachement aux coutumes anciennes, entre la prudence habile et la droiture pure et simple, en un mot sur ce qu'on peut appeler la dialectique des relations et des devoirs moraux [2]. Plus le développement de cette dialectique était complet; plus la poésie descendait, de la contemplation imposante de l'ordre moral universel, aux relations de la vie privée; plus elle cherchait sa gloire, à la manière d'Euripide, dans l'observation fine et l'analyse exacte des mouvements de notre âme et des mobiles de nos actions; plus enfin la mesure

---

1. L'art en général, y compris l'art religieux, atteint généralement son plus haut degré de développement aux époques où une croyance commence à devenir chancelante et est sur le point de se transformer : témoin les artistes du quinzième et du seizième siècle.
2. Cf. II⁰ part., a, 4, 3ᵉ él., t. all.

de l'homme était appliquée aux dieux et leurs faiblesses humaines exposées au grand jour : plus aussi il était inévitable que le théâtre contribuât à entretenir le doute moral, à miner les anciennes croyances, à propager des sentences frivoles et dangereuses pour les mœurs, tout aussi bien que des principes purs et élevés[1]. A quoi servait-il de recommander la vertu antique, de s'attaquer aux novateurs, comme le fit Aristophane, quand on avait soi-même abandonné le point de vue des temps anciens, et qu'on se jouait, avec une verve capricieuse et frivole, de tout ce qui jadis avait été sacré? Ce siècle était tout pénétré d'un esprit de révolution et de progrès, et aucune des puissances existantes n'était assez forte pour l'arrêter dans son essor.

Relation de la sophistique avec les philosophies antérieures. — La philosophie elle aussi devait nécessairement s'imprégner de cet esprit, qui déjà se manifestait dans les systèmes des physiciens. Parménide et Héraclite, Empédocle, Anaxagore et Démocrite avaient tous établi une distinction entre la nature et la coutume, entre la vérité et la représentation humaine : il n'y avait qu'à appliquer cette distinction au domaine pratique pour arriver aux idées des sophistes sur les statuts positifs des mœurs et des lois. Plusieurs de ces philosophes avaient déjà parlé avec un vif dédain de la déraison et de la sottise des hommes : il était naturel de penser que les opinions et les lois de cette masse insensée ne pouvaient enchaîner l'homme intelligent. En fait, la philosophie s'était depuis longtemps exprimée dans ce sens à l'égard de la religion. Les attaques hardies de Xénophane avaient porté à la croyance aux dieux un coup dont elle ne s'est jamais relevée. Héraclite travailla dans le même sens par sa cri-

---

1. Nous nous étendrons davantage sur le caractère de la poésie grecque au cinquième siècle dans l'introduction à la II° partie.

tique passionnée des poètes théologiques et de leurs mythes. Même l'école mystique des Pythagoriciens, même un prophète comme Empédocle, adoptèrent ce concept plus pur de la divinité, qui, même en dehors de la philosophie, perce souvent dans les vers de Pindare, d'Eschyle, de Sophocle et d'Épicharme, au milieu de la riche variété des créations mythiques. Les physiciens au sens rigoureux du mot, Anaxagore et Démocrite, sont entièrement indépendants de la croyance populaire ; ils regardent les dieux visibles, le soleil et la lune, comme des masses inertes ; et ils ébranlent également la religion existante, soit qu'ils confient la direction du monde à une nécessité physique aveugle, ou à une intelligence pensante, soit qu'ils suppriment complètement les dieux du peuple, ou qu'ils les transforment en idoles, comme fait Démocrite.

Mais ce qui est le plus important dans cette question, c'est le caractère de la philosophie ancienne considérée dans son ensemble. Toutes les raisons qui contribuèrent au développement du scepticisme intellectuel devaient également profiter au scepticisme moral. Si les illusions des sens et l'écoulement des phénomènes font évanouir à nos yeux la vérité en général, la vérité morale doit également nous échapper ; si l'homme est la mesure de toutes choses, il est aussi la mesure de ce qui est commandé et de ce qui est permis ; et, de même qu'on ne peut s'attendre à ce que toutes les choses nous apparaissent à tous sous le même aspect, de même on ne peut demander que tous les hommes se conforment dans leurs actions à une seule et même loi.

Cette conclusion sceptique ne pouvait être évitée que par l'emploi d'une méthode scientifique capable de résoudre les contradictions en conciliant ce qui est opposé en apparence, capable de distinguer ce qui est essentiel de ce qui ne l'est pas, capable de dégager les lois éternelles à travers les phénomènes changeants et les actes arbitraires des hommes. C'est en suivant cette voie que Socrate s'est tiré lui-même et a tiré la philosophie des dédales de la sophistique; mais c'est justement cette méthode qui a manqué aux philosophes antérieurs. Partant d'observations incomplètes, ils avaient élevé au rang de principe fondamental telle ou telle qualité des choses, à l'exclusion de toutes les autres. Ceux-là mêmes qui cherchaient à concilier les principes opposés de l'unité et de la multiplicité, de l'être et du devenir, Empédocle et les Atomistes, ne s'étaient pas élevés au-dessus d'un système exclusivement physique et matérialiste; et si Anaxagore a comblé la lacune que laissaient les éléments matériels, en introduisant l'intelligence, il n'avait pourtant su voir en elle autre chose qu'une force de la nature.

Par suite de cette méthode exclusive, l'ancienne philosophie n'était pas seulement incapable de résister à une dialectique opposant entre elles les doctrines incomplètes et les détruisant l'une par l'autre : elle devait en outre conduire directement à cette dialectique même, à mesure que la réflexion philosophique se développerait. Si l'on affirmait la multiplicité de l'être, les Éléates montraient que tout se résout dans l'unité; si l'on voulait soutenir l'unité de l'être, on se heurtait contre cette objection qui avait éloigné les physiciens postérieurs de la doctrine des Éléates, à savoir qu'en niant la multiplicité on abolit les qualités concrètes des choses. Si l'on cherchait un être immuable comme objet de la science, Héraclite vous opposait l'expérience universelle de la mutabilité des phénomènes; si l'on voulait s'en tenir au fait du changement, il s'agissait de réfuter les objections des Éléates contre le devenir et le mouvement. Si l'on voulait entreprendre l'étude scientifique de la nature, on en était détourné par la croyance nouvelle à la supériorité de l'intelligence; si l'on s'occupait de déterminer les devoirs moraux, on ne pouvait trouver de point d'appui solide au milieu de la confusion des opinions et des coutumes, et la

loi naturelle semblait ne consister que dans la justification
de ce désordre et dans la suprématie accordée au caprice
et à l'intérêt particuliers.

Socrate seul mit fin à cette fluctuation des convictions
morales et scientifiques, en montrant comment les expériences diverses doivent être considérées dialectiquement,
et comment on peut les concilier dans des concepts généraux qui nous fassent connaître l'essence immuable des
choses, au milieu de l'instabilité des déterminations accidentelles. L'ancienne philosophie, à laquelle la méthode
socratique était inconnue, ne pouvait s'opposer aux progrès du doute, parce que ses théories bornées se renversaient l'une l'autre. La révolution qui s'accomplissait
partout dans la vie publique en Grèce entraîna la science
dans son mouvement : la philosophie se changea en sophistique.

§ 2. HISTOIRE EXTÉRIEURE DE LA SOPHISTIQUE.

PROTAGORAS. — *Protagoras* [1] d'Abdère [2] est désigné [3] 943
comme ayant été le premier qui prit le titre de sophiste et

---

1. On trouve les renseignements les plus complets sur Protagoras dans FREI (*Quæstiones Protagoreæ*, Bonn, 1845, complétées et rectifiées sur quelques points accessoires par WEBER, *Quæstiones Protagoreæ*, Marb., 1850), et dans VITRINGA (*De Prot. vita et philos.*, Gron., 1853). Parmi les ouvrages antérieurs, l'histoire critique de la Sophistique par GEEL (p. 68-120) n'a pas grande valeur; la monographie de HERBST (dans *Petersen's philol.-histor. Studien*, 1832, p. 88-164) fournit beaucoup de matériaux, médiocrement utilisés par l'auteur; GEIST (*De Prot. vita*, Giessen, 1827) se borne à une courte dissertation sur la partie biographique.

2. Tous les écrivains à partir de PLATON (*Prot.*, 309 c; *Rep.*, X, 600 c) l'appellent Abdéritain; si Eupolis (d'après DIOGÈNE, IX, 50, entre autres) fait de lui un Téien, ce n'est là qu'une différence d'expression : les Abdéritains sont appelés Téiens, parce que leur ville est une colonie téienne. *Ap.* GALIEN (*H. philos.*, c. 8, *sub init.*) il faut lire, au lieu de Protagoras d'Élée, Diagoras le Mélien. Le père de Protagoras est appelé tantôt Artémon, tantôt Méandrius, et aussi Méandrus et Ménandre; voy. FREI, 5 sqq., VITRINGA, 19 sq.

3. *Ap.* PLATON, *Prot.*, 316 d, sqq., il dit lui-même que l'art des sophistes est, à la vérité, ancien, mais que ceux qui le représentaient l'ont dissimulé autrefois sous d'autres noms; ἐγὼ οὖν τούτων τὴν ἐναντίαν ἅπασαν ὁδὸν ἐλήλυθα, καὶ ὁμολογῶ τε σοφιστὴς εἶναι καὶ παιδεύειν ἀνθρώπους, etc. Faisant allusion à ces paroles, Socrate dit ensuite, 349 a : οὐ γ' ἀναφανδὸν σεαυτὸν ὑποκηρυξάμενος εἰς πάντας τοὺς

en afficha les prétentions. Sa longue carrière embrasse presque toute la seconde moitié du cinquième siècle. Né vers l'an 480 av. J.-C., ou peut-être un peu plus tôt[1], il parcourut, à partir de sa trentième année[2], les villes de la Grèce, en offrant ses leçons contre payement à tous ceux qui désiraient acquérir une certaine habileté pratique et une haute culture intellectuelle[3]; et il obtint un tel succès

---

Ἕλληνας σοφιστὴν ἐπονομάσας σεαυτὸν ἀπέφηνας παιδεύσεως καὶ ἀρετῆς διδάσκαλον πρῶτος· τούτου μισθὸν ἀξιώσας ἄρνυσθαι. (La même chose est répétée par DIOGÈNE, IX, 52 ; PHILOSTRATE, v. Sophis., I, 10, 2 ; PLATON, Hipp. maj., 282 c, et par d'autres). S'il est question dans le Ménon, 91e, des prédécesseurs de Protagoras, ce texte ne se rapporte pas à des sophistes proprement dits, mais aux philosophes dont parle Protagoras, 316 sq.

1. Les dates concernant la vie de Protagoras sont incertaines, comme pour la plupart des anciens philosophes. APOLLODORE (ap. DIOG., IX, 56) dit qu'il était à la fleur de l'âge dans la 84ᵐᵉ Ol. (444-440 av. J.-C.). Sa naissance doit être placée bien avant celle de Socrate, ainsi qu'il ressort de l'affirmation énoncée ap. PLATON, Prot. 317 c, qu'il n'est aucun des assistants dont il ne puisse être le père au point de vue de l'âge, alors même que cette affirmation ne devrait pas être prise au pied de la lettre. Cela résulte également des textes Prot., 318 b ; Theæt., 171 c. et de cette circonstance, que le Socrate de Platon parle souvent de lui (Theæt.. 164 c, sq., 168 c, d., 171 d. Ménon, 91 c ; cf. Apol., 19 e) comme d'un homme déjà mort, bien qu'il ait à peu près atteint l'âge de 70 ans (Ménon, l. c.). Quant à l'époque de sa mort, le texte du Ménon : (ἐκ τῆς τὴν ἡμέραν ταυτηνὶ εὐδοκιμῶν οὐδὲν πέπαυται) la recule jusque dans un passé lointain ; et si nous admettons comme exacte l'indication de PHILOCHORE (ap. DIOG., IX, 55), d'après laquelle Euripide, qui mourut en 406 ou 407, a fait allusion à cette mort dans l'Ixion, nous ne pouvons guère la placer plus tard qu'en 408 av. J.-C. HERMANN (Zeitschr. f. Alterthumsw., 1834, p. 364), FREI et d'autres ont montré que cette hypothèse n'est pas contredite par les vers de TIMON cités ap. SEXTUS, Math., IX, 57 ; et, d'après l'indication de DIOGÈNE, IX, 54, suivant laquelle son accusateur Pythodore était l'un des Quatre-Cents, il est, sinon certain (cf. les auteurs que nous venons de citer), du moins vraisemblable que son procès eut lieu à l'époque des Quatre-Cents. Une autre source (voy. p. 944, 1) désigne Euathlus comme son accusateur. Les autres textes relatifs à sa persécution par les Quatre-Cents (FREI, 76, WEBER, 19 sq.) n'ont qu'une valeur douteuse. L'assertion d'après laquelle il serait parvenu jusqu'à l'âge de 90 ans (ἔνιοι, ap. DIOG., IX, 55. Schol. ad Plat. Rep., X, 600 c) ne mérite pas d'être prise en considération, étant donné le témoignage de Platon, admis également par Apollodore (ap. DIOG., IX, 56). Ce qui précède démontre que la conjecture (GEIST, 8 sq. ; FREI, 64 ; VITRINGA, 27 sq.) d'après laquelle il serait né en 480 et mort en 411 av. J.-C. ne le fait pas vivre à une époque trop reculée. Peut-être est-il plus exact de placer sa naissance (avec DIELS, Rh. Mus., XXXI, 41) en 481-482. Mais SCHANZ (l. c., 23) remonte trop haut, quand il le fait naître en 490 487 et mourir en 420-417. Cf. FREI, p. 13 sqq., et WEBER, p. 12.

2. D'après PLATON, Ménon, 91 e ; APOLLODORE, ap. DIOGÈNE, IX, 56, il enseigna pendant quarante ans la philosophie sophistique.

3. Voy. p. 943, 3 ; 946, 2. PLATON (Theæt., 161 d, 179 a) ; DIOGÈNE (IX, 50, 52) ; QUINTILIEN (III, 1, 10) et d'autres (FREI, 166) disent que les honoraires exigés pour un cours entier étaient de 100 mines, et AULU-GELLE (V, 3, 7) parle d'une pecunia ingens annua. Cette somme est sans doute exagérée, quoiqu'il résulte

que la jeunesse afflua de tous côtés pour lui offrir son 945
admiration et ses présents [1]. Outre la ville natale de Protagoras [2], on cite particulièrement la Sicile [3] et la Grande-Grèce, mais surtout Athènes [4], comme ayant été le théâtre

aussi du texte (*Protag.*, 310 d) qu'il exigeait une rémunération très forte. D'après PLATON (*Prot.*, 328 b) et ARISTOTE (*Eth. N.*, IX, 1, 1164 a, 24), Protagoras demandait à la vérité une somme déterminée; mais, le cours fini, il laissait l'élève libre d'en fixer lui-même le chiffre, si celle dont on était convenu lui paraissait trop forte. L'anecdote de son procès avec Euathlus (*ap.* AULU-GELLE, V, 10; APUL., *Florid.*, IV, 18, p. 86, Hild.; DIOGÈNE, IX, 56; MARCELLIN, *Rhet. gr.*, éd. Walz, IV, 179 sq.) est d'autant plus invraisemblable que SEXTUS (*Math.*, II, 96 sqq.), les *Proleg. in Hermogen. Rhet.* (éd. Walz, IV, 13 sq.), SOPATER (*in Hermog.*, ibid., V, 6, 65, IV, 154 sq.), MAX. PLAN. (*Proleg.*, ibid., V, 215) et DOXOPATER (*Proleg.*, ibid., VI, 13 sq.) font le même récit à propos de Corax et de Tisias. Le cas admis ici d'une question insoluble semble avoir été un thème favori pour les exercices oratoires des sophistes. Si la δίκη ὑπὲρ μισθοῦ de Protagoras (DIOG., IX, 55) est authentique, on peut admettre que ce thème y était traité et a ainsi donné naissance à l'anecdote; dans le cas contraire, il faudrait admettre la conjecture inverse, d'après laquelle l'anecdote aurait donné lieu à l'insertion de ce thème dans l'ouvrage en question. D'après DIOGÈNE (IX, 54. Cf. CRAMER, *Anecd. Paris.*, I, 172. FREI, 76), Aristote désigne Euathlus comme l'auteur de l'accusation d'athéisme portée contre Protagoras; mais nous n'avons peut-être là que la reproduction erronée d'une assertion qui se rapportait au procès du salaire pour l'enseignement. D'après DIOGÈNE (IX, 59), Protagoras se serait également fait rétribuer par les assistants pour ses conférences particulières.

1. PLATON (*Prot.*, 310 d sqq., 314 e sq.; cf. *Rep.*, X, 600 c; — voy. *inf.* 953, 3, — *Theæt.*, 161 c) fait un tableau saisissant du respect enthousiaste dont il était entouré; dans le *Ménon*, 91 d (cf. *Theæt.*, 161 d), il dit, à propos de ses émoluments, qu'il a tiré de son art plus de profit que Phidias et dix autres statuaires du leur; et ATHÉNÉE (III, 113 e) cite comme proverbial le gain de Gorgias et de Protagoras. FREI (167 sq.) montre que l'assertion contraire de DION CHRYSOSTOME (*Or.*, LIV, 280, R) est sans valeur.

2. D'après ÉLIEN (*V. H.*, IV, 20. Cf. SUID., Πρωταγ. *Schol. ad Platon. Rep.*, X, 600 c), ses concitoyens l'auraient appelé λόγος; si FAVORIN (*ap.* DIOG., IX, 50) dit qu'on le surnomma σοφία, c'est qu'il le confond avec Démocrite (voy. p. 766, en bas).

3. Son séjour en Sicile est mentionné dans l'*Hippias major* de Platon (282 d), lequel, à la vérité, ne mérite pas grande confiance. Si nous ajoutons l'Italie méridionale, c'est en ayant égard à l'indication d'après laquelle il aurait donné des statuts à la colonie athénienne de Thurium (HÉRACLIDE, *ap.* DIOG., IX, 50; FREI, 65 sq.; WEBER, 14 sq.; VITRINGA, 43 sq.); car pour cela, il était nécessaire qu'il accompagnât cette colonie. Il a pu aussi se rendre de la Sicile à Cyrène, et s'y lier d'amitié avec le mathématicien Théodore dont PLATON parle dans son *Théétète*, 161 b, 162 a.

4. Protagoras a été plusieurs fois à Athènes; car PLATON (*Prot.*, 310 e) le fait parler d'un premier séjour dans cette ville, séjour qui a dû avoir lieu longtemps avant le second pendant lequel cette conversation est placée. Ce dernier séjour est censé commencer peu de temps avant le début de la guerre du Péloponnèse: car c'est là, abstraction faite de quelques anachronismes insignifiants, l'époque supposée de la conversation tenue, nous dit-on, le second jour après l'arrivée du sophiste (voy. STEINHART, *Platon's W.*, I, 425 sqq., et ma dissertation sur les anachronismes de Platon, *Abh. der Berl. Akad.* 1873. Phil. hist. Kl.,

de son enseignement. Dans cette dernière ville, sa société fut recherchée, non seulement par Callias, mais encore par Périclès et Euripide[1]. Il nous est impossible de déterminer exactement à quelle époque et pendant combien de temps il séjourna dans ces différentes contrées. Accusé d'athéisme à cause de son ouvrage sur les dieux, il fut obligé de quitter Athènes. Il se noya en allant en Sicile ; son ouvrage fut brûlé par raison d'État[2].

Voilà tout ce que nous savons de sa vie. On ne peut admettre qu'il ait été le disciple de Démocrite[3], malgré

---

p. 83 sq.). Il résulte également du fragment de PLUTARQUE, *Cons. ad Apoll.*, 33, p. 118, et du chap. 36 de la *Vie de Périclès*, que Protagoras se trouvait à cette époque à Athènes. On ne dit pas s'il resta dans cette ville jusqu'à son exil ou s'il continua ses voyages dans l'intervalle ; mais la dernière hypothèse est de beaucoup la plus vraisemblable.

1. Pour ce qui est de Callias, protecteur bien connu des sophistes, lequel, d'après PLATON (*Apol.*, 20 a), avait dépensé pour eux plus d'argent que tous les autres ensemble, nous le savons par PLATON (*Protag.*, 311 d ; 315 d ; *Crat.*, 391 b), par XÉNOPHON (*Symp.*, I, 5) et par d'autres. Pour Euripide, cela ressort de notre citation p. 943, 4, et de l'indication (DIOG., IX, 54) d'après laquelle Protagoras aurait lu son traité *des Dieux* dans la maison de ce poète. Pour Périclès, cela résulte des textes de Plutarque cités dans la note précédente ; car si l'anecdote racontée dans le second texte n'est qu'un commérage insignifiant, ce commérage du moins aurait été impossible si les relations de Périclès avec Protagoras n'avaient pas été chose connue. Sur les autres disciples de Protagoras, voy. FREI, 171 sqq.

2. Ce fait est mis hors de doute par PLATON (*Theæt.*, 171 d), CICÉRON (*N. D.*, I, 23, 63), DIOGÈNE (IX, 51 sq., 54 sqq.), EUSÈBE (*Pr. ev.*, XIV, 19, 10), PHILOSTRATE (*v. Soph.*, I, 10), JOSÈPHE (*c. Ap.*, II, 37), SEXTUS (*Math.*, IX, 56) et d'autres : mais les témoins ne sont pas d'accord sur les détails et particulièrement sur la question de savoir si Protagoras a quitté Athènes à titre de banni ou à titre de fugitif. Voy. FREI, 75 sq. KRISCHE (*Forsch.*, 139 sq.), VITRINGA, 52 sqq. Le fait que VAL. MAXIME (I, 1, ext. 7) écrit « Diagoras » au lieu de Protagoras est naturellement sans importance.

3. Le plus ancien témoignage à l'appui de ce fait est celui d'une lettre d'Épicure (DIOG., IX, 53) : πρῶτος τὴν καλουμένην τύλην, ἐφ᾽ ἧς τὰ φορτία βαστάζουσιν, εὗρεν, ὥς φησιν Ἀριστοτέλης ἐν τῷ περὶ παιδείας· φορμοφόρος γὰρ ἦν, ὡς καὶ Ἐπίκουρός πού φησι, καὶ τοῦτον τὸν τρόπον ἤχθη πρὸς Δημόκριτον, ξύλα δεδεκὼς ὀφθείς. *Ibid.*, X, 8 : Timocrate, qui était disciple d'Épicure, mais qui dans la suite se sépara de son école, lui reprochait d'avoir insulté tous les autres philosophes, d'avoir appelé Platon un vil flatteur de Denys, Aristote un dissipateur, φορμοφόρον τε Πρωταγόραν καὶ γραφέα Δημοκρίτου καὶ ἐν κώμαις γράμματα διδάσκειν. La même chose est répétée par SUIDAS, aux mots Πρωταγόρας, κοτύλη, φορμοφόρος, par le Scholiaste *ad Platon. Rep.*, X, 600 c, et, avec quelques détails, d'après la même lettre d'Épicure, par ATHÉNÉE, VIII, 354 c. AULU-GELLE (V, 3) développe cette histoire, mais sans en changer les traits essentiels. De même PHILOSTRATE (*v. Soph.*, I, 10, 1), CLÉMENT (*Strom.*, I, 301 d) et GALIEN (*H. phil.*, c. 2, *fin.*) font de Protagoras un disciple de Démocrite ; l'ordre adopté par Diogène suppose une opinion analogue.

l'avis contraire de Hermann¹ ; et l'on ne peut non plus ajouter foi à l'indication de Philostrate², d'après laquelle il aurait eu pour maîtres les mêmes mages³ qui, selon d'autres, ont été les précepteurs de Démocrite⁴.

Nous ne possédons qu'un petit nombre de fragments de ses écrits assez nombreux⁵.

---

1. *De philos. Ionic. ætat.*, 17 (cf. *Zeitschr. f. Alterthumsw.*, 1834, 369, *f. Gesch. d. Plat.*, 190). La même opinion est adoptée par Vitringa (p. 30 sq.); Brandis lui aussi (*Gr.-röm. Phil.*, I, 524) ajoute foi à l'assertion d'Épicure, tandis que Mullach (*Democr. Fragm.*, 28 sq.), Frei (9 sq.) et d'autres la contestent.

2. Voici quelles sont mes raisons. D'abord cette indication n'est confirmée par aucun témoignage digne de foi. Parmi nos témoins, Diogène et Athénée citent comme leur source unique la lettre d'Épicure; Suidas et le Scholiaste de Platon ne font que copier Diogène; l'exposition d'Aulu-Gelle n'est que le développement des renseignements puisés par Athénée dans Épicure. Tous ces témoignages nous renvoient donc purement et simplement à l'assertion d'Épicure. Mais quelle valeur pouvons-nous attribuer à cette dernière, quand nous voyons les calomnies que la lettre de ce philosophe renferme contre Platon, Aristote et d'autres ? (Je ne puis tenir compte de la conjecture de Weber (p. 6), qui déclare cette lettre apocryphe en se fondant sur le texte de Diogène, X, 3, 8; et je ne puis attacher aucune importance, pour la solution de cette question, aux paroles de Protagoras rapportées par le Scholiaste dans Cramer's *Anecdota Parisiens.*, I, 171.) L'indication d'Épicure s'expliquerait parfaitement par l'esprit de dénigrement de ce philosophe, que sa vanité poussait à rabaisser tous ses devanciers, lors même qu'il n'aurait eu sous les yeux que le texte d'Aristote cité précédemment. L'indication de Philostrate, de Clément et du Pseudo-Galien peut, en dernière analyse, être dérivée de la même source; en tout cas, elle ne peut mériter plus de confiance que les autres assertions de ces mêmes auteurs relatives à la succession des philosophes. D'ailleurs, non-seulement il est fort douteux que Protagoras ait été le disciple de Démocrite; mais encore, si nous admettons qu'il l'a été, nous nous mettons en contradiction avec les données les plus valables touchant la différence d'âge de ces deux hommes (cf. p. 762, 865 sqq.). Enfin, comme nous verrons que la doctrine de Protagoras ne présente absolument aucune trace de l'influence de Démocrite, nous pouvons admettre avec la plus grande vraisemblance que toutes ces assertions ne sont que des inventions démenties par les faits historiques.

3. *V. Soph.*, I, 10, 1 : Les mages se chargèrent de l'instruction du fils, à cause du gracieux accueil que le père, nommé Méandre, avait fait à Xerxès. Weber (p. 6) prétend que ce récit se trouvait déjà dans Dinon, par cette raison que celui-ci fait mention de Protagoras et de son père dans ses περιτικά ; la chose est possible, mais non certaine. En tout cas, cette indication est contraire à celle d'Épicure. D'après cette dernière, Protagoras était un pauvre journalier, tandis que dans l'indication dont il s'agit il passe pour avoir été le fils d'un homme riche qui s'attira la faveur de Xerxès par des présents et par une hospitalité princière.

4. Cf. p. 763, au mil.

5. Les rares indications des anciens sur ces écrits sont réunies ap. Frei (176 sqq.), et Vitringa, 113 sq., 150 sq.; cf. Bernays : *die Καταβάλλοντες des Prot.* (*Rh. Mus.*, VII, 1850, 464 sqq.). Nous parlerons plus loin de celles qui nous intéressent.

GORGIAS. — *Gorgias* de Léontium[1] fut contemporain de Protagoras; peut-être était-il un peu plus âgé que lui. Il vint, lui aussi, à Athènes, où il parut pour la première fois vers l'an 427 av. J.-C. à la tête d'une ambassade, pour demander du secours contre les Syracusains[2]. Déjà estimé dans sa patrie comme orateur et comme professeur d'éloquence[3], il charma les Athéniens par ses discours élégants et

---

1. Voy. Foss (*De Gorgia Leontino*, Halle, 1828), qui traite de tout ce qui est relatif à ce sophiste d'une manière plus approfondie et plus complète que GEEL (p. 13-67); FREI (*Beiträge z. d. griech. Sophistik* : *Rhein. Mus.*, VII, 1850, 527 sqq., VIII, 268 sqq.). Leontini (Leontium) est désigné par tous les auteurs comme la patrie de Gorgias; mais on n'est pas d'accord sur l'époque où il vécut. D'après PLINE (*H. n.*, XXXIII, 4, 83), il se serait fait élever, dès la 70e Ol., une statue en or massif; cette date est certainement erronée, que l'erreur provienne d'ailleurs de l'auteur ou des copistes. PORPHYRE, *ap.* SUID. : Γοργ., place sa naissance dans la 80me Ol.; Suidas lui-même le fait naître plus tôt. EUSÈBE, dans sa *Chronique*, dit qu'il florissait dans la 86me Ol. D'après PHILOSTRATE (*V. Soph.*, I, 9, 2), il vint à Athènes ἤδη γηράσκων, mais cet auteur mérite peu de confiance. OLYMPIODORE (*in Gorg.*, p. 7. *Jahn's Jahrb. Supplementb.*, XIV, 112) prétend qu'il avait 28 ans de moins que Socrate, mais l'indication sur laquelle il s'appuie, et d'après laquelle Gorgias aurait écrit περὶ φύσεως dans la 84me Ol. (444-440 av. J.-C.), prouverait justement le contraire. Le point d'appui le plus sûr, mais laissant à désirer quant à la précision, nous est fourni par les deux faits suivants : 1° dans la 88e Ol., 2 (427 av. J.-C.) il arriva à Athènes comme ambassadeur de sa ville natale (cette date est indiquée par DIODORE, XII, 53; cf. THUCYD., III, 86); 2° il ne termina sa longue carrière (cf. PLATON, *Phædr..*, 261 b; PLUT., *Def. orac.*, c. 20, p. 420), dont la durée est fixée tantôt à 108 années (PLINE, *H. nat.*, VII, 48, 156. LUCIEN, *Macrob.*, c. 23. CENSOR., *Di. nat.*, 15, 3. PHILOSTR., *V. Sophist.*, 494. *Schol. ad Plat.*, *l. c.*; cf. VAL. MAX., VIII, 13, ext. 2), tantôt à 109 (APOLLODORE, *ap.* DIOG., VIII, 58; QUINTIL., III, 1, 9; OLYMPIOD., *l. c.*; SUID.), tantôt à 107 (CIC., *Cato*, 5, 13), tantôt à 105 (PAUSAN., VI, 17, p. 495), tantôt d'une façon indéterminée (DÉMÉTRIUS, BYZ., *ap.* ATHÉN., XII, 548 d) à plus de 100 ans, qu'après la mort de Socrate, ainsi qu'il résulte du témoignage de QUINTILIEN, *l. c.*, et aussi, selon l'excellente remarque de Foss (p. 8 sq.), des assertions de XÉNOPHON relatives à Proxénus, disciple de Gorgias (*Anabas.*, II, 6, 16 sq.), du texte de PLATON, *Apol.*, 19 e, et de l'indication de PAUSANIAS (VI, 17, p. 495) d'après laquelle Jason de Phères le tenait en haute estime. Ces données sont d'accord avec le texte du PSEUDO-PLUTARQUE (*Vit. X orat.*, I, 9, p. 832; cf. FREI, *l. c.*, 530 sq.) où Antiphon, né vers l'époque des guerres médiques (sans doute de la seconde), est dit avoir été un peu plus jeune que Gorgias. Nous pouvons donc admettre les dates indiquées par FREI (p. 11) et DAYANDER (*De Antiphonte*, 3 sq., Halle, 1838), qui placent sa vie entre l'Ol. 71, 1, et l'Ol. 98, 1. Il se peut aussi qu'il ait vécu plus tard (comme le pense KRÜGER, *ad* Clinton *Fasti Hell.*, p. 388), et que FREI soit dans le vrai quand il place approximativement sa naissance dans l'Ol. 74, 2 (484 av. J.-C.) et sa mort dans l'Ol. 101, 2 (375).

2. Voy., sur cette ambassade, la note précédente; PLATON, *Hipp. maj.*, 282 b; PAUS., *l. c.*; DIONYS., *Jud. Lys.*, c. 3, p. 458; OLYMPIODORE, *in Gorg.*, p. 3. et FOSS, p. 18 sq. On peut aussi consulter PLUTARQUE, *Gen. Socr.*, c. 13, p. 583, quoique ce texte ne soit pas précisément un témoignage historique.

3. Ceci est prouvé par les assertions d'Aristote (*ap.* CIC., *Brut.*, 13, 46) et surtout par l'ambassade à Athènes. Au reste, nous n'avons guère de renseigne-

fleuris[1]; et s'il est vrai que Thucydide et d'autres grands écrivains de cette époque et de l'époque suivante[2] ont été 950 ses imitateurs, il a exercé une influence considérable sur la prose attique et même sur la poésie. Quelque temps après sa première visite[3], Gorgias semble s'être fixé définitivement dans la Grèce proprement dite, qu'il parcourut en qualité de sophiste[4], et où il acquit une grande for-

ments sur les antécédents de Gorgias; car les noms de son père (ap. Paus., VI, 17, p. 494 : Carmantidas, ap. Suidas : Charmantidas), de son frère (Hérodicus, Platon, Gorg., 448 b; 456 b) et de son beau-frère (Déicratès, Paus., l. c.) n'ont pour nous aucun intérêt; d'un autre côté, l'assertion d'après laquelle Empédocle aurait été son maître (voy. Frei, Rh. Mus., VIII, 268 sqq.), assertion émise par Satyrus (ap. Diog., VIII, 8), Quintilien (l. c.), Suidas, et le Scholiaste ad Plat., Gorgias, 465 d, n'est pas suffisamment garantie, et ne peut se déduire de l'indication d'Aristote citée p. 681, au bas. Sans doute on peut admettre que Gorgias a subi l'influence d'Empédocle comme orateur et comme rhéteur, et qu'il s'est approprié quelques-unes de ses idées en matière physique (ce qui ressort aussi des textes : Platon, Ménon, 76 c; Théophr., fr. 3, De igne, 73) ; mais il n'est pas certain pour cela qu'il ait été son disciple, dans le vrai sens du mot. L'assertion de Satyrus, qui se rapporte particulièrement à la rhétorique de Gorgias, repose peut-être sur une simple conjecture, et peut avoir été puisée dans le texte du Ménon. Il en est de même de l'indication des Prolégomènes sur Hermogène (Rhet. gr., éd. Walz, IV, 14), d'après laquelle Protagoras eut pour maître Tisias, dont il fut l'émule à Athènes (voy. Pausan., VI, 17, sub fin.). Les deux textes de Plutarque, De adul., c. 23, p. 64, et Conj. prae., 43, p. 144, nous autorisent d'autant moins à conclure à l'immoralité de Gorgias que l'anecdote racontée dans le deuxième sur sa vie conjugale est contraire au témoignage explicite d'Isocrate (π. ἀντιδόσ., 155), d'après lequel il mourut célibataire.

1. Diodore, l. c.; Platon, Hipp., l. c.; Olympiod., l. c.; Proleg. in Hermog. (Rhet. gr., éd. Walz, IV, 15); Doxopater, ibid., VI, 15, et d'autres; voy. Welcker, Klein. Schr., II, 413.

2. En ce qui concerne Thucydide, voy. Denys, Ep. II, c. 2, p. 792; Jud. de Thuc., c. 24, p. 869; Antyllus, ap. Marcell., V. Thuc., VIII, XI. Dind.; en ce qui concerne Critias, voy. Philostr., V. Sophist., I, 9, 2. Ep., XIII, 919; en ce qui concerne Isocrate, qui entendit Gorgias en Thessalie, voy. Aristote, ap. Quintil., Inst., III, 1, 13; Denys, Jud. de Isocr., c. 1, 535. De vi dic. Demosth., c. 4, 963; Cic., Orator., 52, 176. Cato, 5, 13. Cf. Plut., V. dec. orat. Isocr., 2, 15, p. 836 sq.; Philostr., V. Soph., I, 17, 4, et Frei, l. c., 541 ; en ce qui concerne Agathon, voy. Platon, Symp., 198 c, et le Scholiaste ad init. Symp.; cf. Spengel, Συναγ. Τεχν., 91 sq. ; en ce qui concerne Eschine, voy. Diog., II, 63; Philostr., Ep., XIII, 919; voy. Foss. 69 sqq. Il est évident que Périclès n'a pu l'entendre, et cela est prouvé explicitement par Spengel, p. 64 sqq.

3. Car l'indication (Proleg. in Hermog., Rhet. gr., IV, 15) d'après laquelle il serait resté en Grèce dès son premier voyage est contredite par Diodore, l. c., et par la mission dont il avait été chargé.

4. Dans Platon (Gorg., 449 b), il dit qu'il enseigne οὗ μόνον ἐνθάδε ἀλλὰ καὶ ἄλλοθι; le même fait est confirmé par Socrate (Apol., 19 e, et Theag., 128 a). Dans le Ménon (71 c), Gorgias est absent, mais il est question de son séjour antérieur à Athènes. Cf. Hermippe, ap. Athén., XI, 505 d, où l'on trouve quelques anecdotes insignifiantes et très-incertaines sur Gorgias et Platon (voy.

951 tune[1]. Vers la fin de sa vie nous le trouvons à Larisse[2], en Thessalie, où il paraît être mort dans un âge très-avancé, mais encore en pleine vigueur[3].

Parmi les écrits que l'on cite de lui[4], il en est un qui traite de questions philosophiques. Deux déclamations qui portent son nom[5] sont probablement apocryphes[6].

aussi *ap.* Philostr., *V. Sophist., Procem.*, 6, quelques mots sur Gorgias et Chéréphon). Olympiodore (*in Gorg.*, p. 40) parle d'un voyage de Gorgias à Argos, où il fut, dit-on, interdit d'aller assister à ses leçons. D'après Xénophon (*Anab.*, II, 6, 16), Proxénus paraît l'avoir eu pour maître en Béotie (après 410 av. J.-C.). Parmi les écrits de Gorgias on cite : un discours olympique qu'il prononça à Olympie même (Plut., *Conj. præc.*, c. 43, p. 144. Paus., VI, 17, *sub fin.*; Philostr., *V. Soph.*, I, 9, 2. *Ep.*, XIII, 919), le discours qu'il prononça à Athènes sur les guerriers morts (Philostr., *V. S.*, I, 9, 2, 3), et le discours pythique prononcé à Delphes; ces indications n'auraient pas grande valeur si la chose, en elle-même, n'était tout à fait vraisemblable. D'après Süvern, Gorgias serait désigné dans les *Oiseaux* d'Aristophane sous le nom de Peisthetærus, mais c'est là une conjecture erronée : voy. Foss, 30 sqq.

1. Diodore (XII, 53) et Suidas disent de lui ce que d'autres ont dit de Protagoras et de Zénon d'Élée (voy. p. 944, 1, 535, en bas), savoir qu'il exigeait un salaire de 100 mines. Dans l'*Hippias maj.* de Platon, il est dit qu'il gagna beaucoup d'argent à Athènes (voy. aussi Athén., III, 113 e, et cf. Xénoph., *Symp.*, I, 5. *Anab.*, II, 6, 16). De son côté, Isocrate dit (π. ἀντιδόσ., 155) qu'il avait été à la vérité le plus riche des sophistes qu'il eût connus, mais qu'à sa mort il ne laissa pas plus de 1000 statères. Or, en supposant même qu'il soit ici question de statères en or, cela ne ferait que 18 500 francs environ. La magnificence de ses vêtements correspondait, dit-on, à ses prétendues richesses ; ainsi, d'après Élien (*V. H.*, XII, 32), il avait coutume de se montrer en robe de pourpre ; mais le fait le plus connu est celui de la statue d'or qu'il s'érigea lui-même selon les uns (Paus., *l. c.*, et X, 18, p. 842; Hermipp., *ap.* Athén., XI, 505 d; Pline, *H. n.*, XXXIV, 4, 83), que, selon d'autres, les Grecs lui érigèrent (Cic., *De orat.*, III, 32, 129; Valère Max., VIII, 15, ext. 2, et aussi Philostr., I, 9, 2). Pline et Valère Maxime disent que cette statue était en or massif; Cicéron, Philostrate et le Pseudo-Den. Chrys. (*Or.*, 37, 115, R) qu'elle était en or; Pausanias dit qu'elle était dorée.

2. Platon, *Meno*, sub init.; Aristote, *Polit.*, III, 2, 1275 b, 26 ; Pausanias, VI, 17, 495 ; Isocrate, π. ἀντιδόσ., 155.

3. Sur la durée de sa vie, voy. *sup.*; sur sa vieillesse robuste et sur la modération dont elle était le fruit, voy. Quintil., XII, 11, 21 ; Cic., *Caton*, 5, 13; Valère., VIII, 13, ext. 2 ; Athén., XII, 548 d (Geel conjecture avec raison qu'il faut lire ici γαστέρος au lieu d'ἑτέρου); Lucien, *Macrob.*, c. 23 ; Stobée, *Floril.*, 101, 21 ; Foss, 37 sq. ; Mullach, *Fr. Phil.*, II, 144 sq. D'après Lucien, il se serait laissé mourir de faim. Une de ses dernières paroles nous est rapportée par Élien, *V. H.*, II, 35.

4. Six discours, on dit aussi une rhétorique, et l'écrit π. φύσεως ἢ τοῦ μὴ ὄντος. Voy. l'étude approfondie de Spengel, *Συναγ. Τεχν.*, 81 sqq. ; Foss, p. 62, 109. On trouve chez ces derniers et *ap.* Schönborn (p. 8 de la dissertation que nous allons citer) le fragment du discours sur les guerriers morts que Planude (*in Hermog., Rhet. gr.*, éd. Walz, V, 548) reproduit d'après Denys d'Halicarnasse.

5. La *Défense de Palamède* et l'*Éloge d'Hélène*.

6. Les opinions sont partagées sur cette question. D'après Geel (31 sq., 48 sqq.), le *Palamède* est authentique, l'*Hélène* apocryphe; Schönborn (*De au-*

Prodicus. — *Prodicus*[1] est cité parmi les disciples de 952 Protagoras et de Gorgias[2]; mais tout ce qu'il y a de vrai dans cette indication, c'est que, à en juger par l'époque où il vécut, il aurait pu être leur disciple[3]. Citoyen de la ville de Julis[4], dans la petite île de Céos célèbre par la pureté de mœurs de ses habitants[5], concitoyen des poètes Simonide et Bacchylide, il paraît avoir enseigné la *vertu* dans sa patrie. Lui aussi ne put trouver d'emploi à son talent que dans Athènes, qui était la métropole de Céos[6]. Il s'y rendit souvent, dit-on, pour régler des affaires publiques[7]. Il n'est pas certain qu'il

---

thentia declamationum Gorg., Breslau, 1826) défend l'authenticité des deux : Foss (78 sqq.) et Spengel (*l. c.*, 71 sqq.) n'admettent l'authenticité ni de l'un ni de l'autre; Steinhart (*Plato's W.*, II, 509, 18) et Jahn (*Palamède*, p. 15 sq., Hamb., 1836) sont du même avis. Pour moi, je pense que le *Palamède*, ne fût-ce qu'à cause de la langue, doit être tenu pour apocryphe, et que l'*Hélène* est d'une authenticité très-douteuse; mais je n'admets pas la conjecture de Jahn, d'après laquelle ces deux déclamations seraient de Gorgias le jeune, contemporain de Cicéron. Je crois plutôt que Spengel a raison d'attribuer l'*Éloge d'Hélène* au rhéteur Polycrate, contemporain d'Isocrate.

1. Welcker (*Prodikos von Keos, Vorgänger des Sokrates.*, Klein. Schr., II, 393-541, inséré dans *Rhein. Mus.*, 1833).
2. Les Scholiastes (*ad Platon. Rep.*, X, 600 c; 421, Bekk.), dont l'un le désigne comme le disciple de Gorgias, l'autre comme le disciple de Protagoras et de Gorgias et comme le contemporain de Démocrite. Suidas, Πρωταγ. et Προδ. Voy. aussi Frei, *Quæst. Prot.*, 174.
3. Cela ressort des textes de Platon. Déjà dans le Protagoras (peut-être, il est vrai, un peu trop tôt) Prodicus est désigné comme un sophiste estimé ; d'autre part, il est compris dans l'affirmation (317 c) portant que Protagoras pourrait être le père des personnes présentes, et il est cité (*Apolog.*, 19 e) parmi les sophistes qui vivaient et enseignaient à cette époque : il ne peut donc avoir été ni plus âgé, ni de beaucoup plus jeune que Socrate. En conséquence, on peut placer approximativement sa naissance entre 460 et 465 av. J.-C. Cette date s'accorde avec ce fait qu'il est mentionné par Eupolis, par Aristophane et dans les dialogues de Platon, ainsi qu'avec le renseignement d'après lequel Isocrate aurait été son élève (voy. Welcker, 397 sq.) : toutefois, nous n'avons pas ici les éléments d'une détermination précise. La description de sa personne dans le *Protagoras* (315 c, sq.) nous permet de conjecturer que les traits de caractère relevés dans ce texte, les soins minutieux que le sophiste maladif donne à son corps et sa voix grave étaient connus de Platon par expérience, et étaient encore fraîchement imprimés dans la mémoire de ses lecteurs.
4. C'est ce que dit Suidas, et Platon confirme indirectement ce témoignage (*Prot.*, 339 e) en appelant Simonide son concitoyen. Partout Prodicus est surnommé Κεῖος ou Κῖος (voy., à propos de l'orthographe, Welcker, 393).
5. Voy., à ce sujet, les témoignages tirés par Welcker (441 sq.) de Platon (*Prot.*, 341 e; *Leges*, I, 638 a), d'Athénée (XIII, 610, D), de Plutarque (*Mul. virt.* Κῖαι, p. 249).
6. Welcker, 394.
7. Le Pseudo-Platon (*Hipp. maj.*, 282 c); Philostrate (*V. Soph.*, I, 12).

ait également visité d'autres villes¹, mais cela est vraisemblable. Ainsi que tous les sophistes, il réclamait un salaire pour ses leçons². Comme preuve de l'estime dont il jouit, nous avons, non-seulement les témoignages des anciens³, mais encore les noms illustres de quelques-uns de ses élèves et de ses amis⁴. On sait que Socrate

1. Car le texte de PLATON, *Apol.*, 19 e, ne semble pas décisif; et ce que racontent PHILOSTRATE (*V. Soph.*, I, 12; *Proœm.*, 5), LIBANIUS (*Pro Socr.*, 328, Mor.) et LUCIEN (*Herod.*, c. 3) ne repose peut-être que sur une conjecture non historique.
2. PLATON, *Apol.*, 19 e; *Hipp. maj.*, 282 c; XÉNOPHON, *Symp.*, I, 5, 4, 62; DIOGÈNE, IX, 50. D'après PLATON, *Crat.*, 384 b; ARISTOTE, *Rhet.*, III, 14, 1415 b, 15, on payait 50 drachmes pour assister à son cours sur le juste emploi des mots, et une drachme seulement pour assister à un autre cours, sans doute plus populaire et destiné à un public plus nombreux (p. ex. le cours sur Hercule) ; l'Axiochus du Pseudo-Platon (p. 366 c) parle aussi de leçons à une demi, à deux et à quatre drachmes; mais on ne peut se fier à ce renseignement.
3. Voy. PLATON, *Apol.*, 19 e; *Prot.*, 315 d, et surtout *Rep.*, X, 600 c, où il est dit à la fois de Prodicus et de Protagoras qu'ils savaient persuader à leurs amis ὡς οὔτε οἰκίαν οὔτε πόλιν τὴν αὐτῶν διοικεῖν οἷοί τ' ἔσονται ἐὰν μὴ σφεῖς αὐτῶν ἐπιστατήσωσι τῆς παιδείας, καὶ ἐπὶ ταύτῃ τῇ σοφίᾳ οὕτω σφόδρα φιλοῦνται, ὥστε μόνον οὐκ ἐπὶ ταῖς κεφαλαῖς περιφέρουσιν αὐτοὺς οἱ ἑταῖροι. Il résulte aussi du langage d'Aristophane (cf. WELCKER, p. 403 sq., 508, 516) que Prodicus jouissait d'une haute considération à Athènes et même auprès de ce poète, ennemi acharné de tous les autres sophistes. S'il le compte aussi parfois parmi les « bavards » (Ταχυνισταί, fr. 6), d'un autre côté il célèbre sans ironie, dans les *Nuées* (360 sq.), sa sagesse et sa prudence, par opposition à Socrate ; il semble lui avoir attribué un rôle honorable dans les Ταχυνισταί; et, dans les *Oiseaux* (692), il le cite du moins comme un professeur de sagesse bien connu. Quant au proverbe mentionné *ap.* APOSTOL., XIV, 76 : Προδίκου σοφώτερος (et non Προδίκου τοῦ Κίου, que donne WELCKER, 395), il n'a rien de commun avec le sophiste; il signifie : « plus sage qu'un arbitre »; Apostolius, qui prend πρόδικος pour un nom propre sans cependant songer au philosophe de Céos, n'a pas compris ce proverbe. WELCKER (p. 405) croit trouver le même proverbe au commencement de la treizième lettre socratique, où il est dit : Προδίκου τοῦ Κίου σοφώτερον, mais cette expression ne paraît pas être un proverbe ; elle se rapporte à de prétendues assertions de Simon sur l'Hercule de Prodicus. L'attribut σοφός (XÉN., *Mem.*, II, 1 ; *Symp.*, 4, 62 ; *Axioch.*, 366 c ; *Eryx.*, 397 d) ne prouve rien non plus, car il est synonyme de sophiste, et surtout il n'y a aucune importance à attacher aux expressions ironiques de PLATON : πάσσοφος καὶ θεῖος (*Prot.*, 315 e ; cf. *Euthyd.*, 271 c ; *Lys.*, 216 a).
4. Par exemple, le musicien Damon (PLATON, *Lach.*, 197 d), Théramène, né aussi à Céos (ATHÉN., V, 220, *ap.* Schol. ad Aristoph. *Nubes*, 360. Scno., Θερμ.), Euripide (A. GELLE, XV, 20, 4 ; *Vita Eurip.*, éd. Elmsl. ; cf. ARISTOPH., *Ranæ*, 1188), Isocrate (DENYS, *Jud. Is.*, c. 1, p. 535 ; PLUT., *X orat.*, 4, 2, p. 836, reproduit par PHOT., *Cod.*, 260, p. 486 b, 15 ; voy. WELCKER, 458 sqq.). Quant à Critias, il est vraisemblable qu'il a été aussi son disciple ; mais on ne peut en trouver la preuve dans le texte de PLATON, *Charm.*, 163 d ; de même, le texte du *Protag.*, 338 a, ne prouve pas qu'il ait exercé de l'influence sur le sophiste Hippias (cf. *Phædr.*, 267 b). De Thucydide, AMMIEN MARCELLIN (*V. Thuc.*, p. 8, Bind. et le Schol. *ap.* WELCKER, 460 ; SPENGEL, p. 53) dit seule-

lui-même a mis à profit[1] et recommandé[2] ses leçons; toutefois ni lui ni Platon ne paraissent avoir eu avec Prodicus d'autres rapports qu'avec Protagoras et Gorgias[3].

ment qu'il a pris pour modèle la précision de Prodicus; et SPENGEL (Συν. Τεχν., 53 sqq.) prouve l'exactitude de cette remarque par des citations tirées de Thucydide. D'après XÉNOPHON (Symp., 4, 62, cf. 1, 5), Prodicus fut mis en rapport avec Callias (chez qui nous le trouvons dans le Protagoras) par Antisthène, qu'il faut en conséquence ranger également parmi ses admirateurs.

1. Socrate s'intitule souvent dans PLATON le disciple de Prodicus. Ex. : Meno, 96 d : [κινδυνεύει] αἴ τε Γοργίας οὐχ ἱκανῶς πεπαιδευκέναι καὶ ἐμὲ Πρόδικος. Prot., 341 a : Toi, Protagoras, tu parais ignorant de la valeur exacte des mots, οὐχ ὥσπερ ἐγὼ ἔμπειρος διὰ τὸ μαθητὴς εἶναι Προδίκου τουτουί : car Prodicus le reprend chaque fois qu'il emploie un mot mal à propos. Charm., 163 d : Προδίκου μυρία τινὰ ἀκήκοα περὶ ὀνομάτων διαιροῦντος. Au contraire dans le Cratyle (384 b), il dit qu'il ne sait pas ce qu'il faut penser des noms des choses, puisqu'il n'a pas encore entendu la leçon à 50 drachmes de Prodicus, et qu'il n'a assisté qu'à la leçon à une drachme. Dans l'Hipp. maj. (282 c), Socrate nomme Prodicus son ἑταῖρος. Des dialogues tels que l'Axiochus (366 c, sqq.) et l'Eryxias (397 c, sqq.) ne peuvent être pris en considération pour la question actuelle.

2. Dans XÉNOPHON (Mem., II, 1, 21), il s'approprie le récit d'Hercule au carrefour en le reproduisant intégralement d'après Prodicus; et dans PLATON (Theæ., 151 b), il dit : je renvoie à d'autres maîtres ceux dont l'esprit n'est capable de rien enfanter : ὧν πολλοὺς μὲν δὴ ἐξέδωκα Προδίκῳ, πολλοὺς δὲ ἄλλοις σοφοῖς τε καὶ θεσπεσίοις ἀνδράσι. Au contraire, dans XÉNOPHON (Symp., 4, 62), ce n'est pas Socrate, mais Antisthène, qui met Callias en rapport avec Prodicus.

3. Toutes les assertions du Socrate de Platon relatives aux leçons qu'il a reçues de Prodicus, même celles qu'on lit dans le Ménon, sont exprimées sur un ton évidemment ironique, et le seul renseignement historique qui en ressorte, c'est que Socrate connaissait Prodicus, et qu'il l'avait entendu, comme il avait entendu d'autres sophistes. S'il lui a envoyé quelques disciples, cela ne marque aucune préférence; car, d'après le texte du Théétète, il en envoya également à d'autres sophistes (nous n'avons pas le droit, comme le fait WELCKER. p. 401, de transformer ces autres en un autre, à savoir Évenus); dans XÉNOPHON (Mem., III, 1), il va jusqu'à recommander à un ami le tacticien Dionysodore. Au reste, il se laisse redresser, non-seulement par le sophiste Hippias (dans l'Hippias major, 301 c, 304 c, lequel n'a pas grande valeur à mes yeux), mais encore par Polus dans le Gorgias (461 c), sans se montrer plus ironique qu'à l'égard de Prodicus (Prot., 341 a). Enfin, WELCKER (407) remarque avec exactitude que Platon ne représente nulle part Socrate comme discutant avec Prodicus, et ne cite aucun disciple de ce dernier qui puisse lui faire tort, comme Calliclès fait tort à Gorgias; mais ces deux faits ne prouvent pas grand'chose. En ce qui concerne le dernier, Platon ne nous présente pas non plus de disciples compromettants de Protagoras et d'Hippias, et Calliclès n'est pas désigné spécialement comme le disciple de Gorgias. Quant au premier trait, on peut se demander s'il est un signe d'estime ou de dédain. Si maintenant nous considérons de quelle façon satirique PLATON, Prot., 315 b, fait de Prodicus un Tantale au supplice, quel rôle insignifiant et ridicule il lui fait jouer (ibid. 337 a, sqq., 339 e, sqq.); si nous songeons que, pour le caractériser, il ne cite de lui, et toujours avec ironie, que ses distinctions de mots et une règle oratoire tout à fait triviale (Phèdre, 267 b), enfin qu'il a coutume de le mettre sur la même ligne que Protagoras et d'autres sophistes (Apol., 19 e; Rep., X, 600 c; Euthyd., 277 e, et Protagoras, pass.), nous conclurons qu'il le regarde à la vérité comme l'un des sophistes les moins

955 Nous ne possédons aucun autre détail sur la vie de Prodicus[1]. Les témoignages qui nous le représentent comme un homme dissolu et avide d'argent sont récents et suspects[2]. Sur ses écrits, nous ne possédons que des renseignements incomplets et quelques imitations[3].
956

HIPPIAS. — *Hippias*[4] d'Élis paraît avoir vécu à peu près à la même époque[5] que Prodicus. Il parcourut, lui aussi, les villes grecques à la manière des sophistes, pour gagner de l'argent et acquérir de la gloire par des discours d'apparat et des leçons publiques. Il vint souvent à Athènes, où il
957

---

dangereux, mais qu'il le regarde en même temps comme moins important que Protagoras et Gorgias, et qu'il n'a pas fait de différence radicale entre son enseignement et le leur. Cf. aussi HERMANN (*De Socr. magistr.*, 49 sqq.).

1. D'après SUIDAS et le Scholiaste *ad* Platon. *Rep.*, X. 600 c, les Athéniens l'auraient mis à mort comme corrupteur de la jeunesse en lui faisant boire la ciguë. Mais cette indication est évidemment inexacte (voy. WELCKER, 503 sq., 524); et l'hypothèse d'après laquelle il aurait choisi librement ce genre de mort ne repose sur aucun fondement.

2. Ce sont : la scholie. sur *Nuées*, 360, laquelle, il est vrai, n'est peut-être qu'une répétition faite par inadvertance de celle du vers 354; PHILOSTR., *V. Soph.*, I, 12. d'après lequel il aurait eu à son service des hommes chargés de lui recruter des disciples (peut-être uniquement à cause du texte : XÉN., *Symp.*, 4, 62). Voy. WELCKER, 513 sqq. Mais PLATON (*Prot.*, 315 c) le représente, non-seulement comme maladif, mais encore comme efféminé.

3. Nous connaissons de lui le discours sur Hercule, dont le vrai titre était Ὧραι (*Schol. ad Nubes*, 360 ; SUID., ὧραι. Ἡρα.), dont XÉNOPHON reproduit le contenu *Mem.*, II, 1, 21 sqq. (voy. WELCKER, 406 sqq.), et la leçon περὶ ὀνομάτων ὀρθότητος (PLATON, *Euthyd.*, 277 e; *Crat.*, 384 b, et WELCKER, 452), laquelle, à en juger par les caricatures de Platon, existait encore après la mort de l'auteur. En outre, on peut conjecturer avec certitude qu'il avait composé un éloge de l'agriculture, un discours contre la crainte de la mort et une dissertation sur la valeur et l'emploi de la richesse. L'existence du premier écrit est prouvée par une indication *ap.* THÉMIST., *Or.*, XXX, 349, 6, celle du second par une imitation qui se trouve dans l'Axiochus pseudo-platonicien (366 b, sqq.; WELCKER, 497, sqq.), celle du troisième par le rapport d'Éryxias, 397 c, sqq.

4. MÄHLY, *Hippias von Elis : Rhein. Mus.*, nouv. sér., XV, 514-535 ; XVI, 38-49.

5. Car, à cet égard, il est traité dans le *Protagoras* de la même manière que Prodicus (voy. sup., 952, 3); de même dans l'*Hippias maj.*, 282 c. Nous le voyons à la vérité beaucoup plus jeune que Protagoras, mais en même temps assez vieux pour pouvoir faire concurrence à ce sophiste. XÉNOPHON, *Mem.*, IV, 4, 5, sq., le désigne comme un ancien ami de Socrate qui, après une longue absence est revenu à Athènes à l'époque de cet entretien ; et l'*Apologie* de Platon (19 c) suppose que, dans l'année 399 av. J.-C., il était l'un des sophistes les plus considérés du temps. Le PSEUDO-PLUTARQUE (*V. X. orat.*, IV, 16, 41) dit à la vérité qu'Isocrate épousa dans sa vieillesse la veuve de l'orateur (SUIDAS, Ἀγαθεύς, dit le sophiste) Hippias. Mais en face des témoignages concordants de Xénophon et

HIPPIAS. 473

réunit aussi autour de lui un cercle d'admirateurs [1]. Se distinguant par sa vanité, même parmi les sophistes [2], il aspira surtout au renom d'une science sans bornes, puisant dans son ample provision de connaissances, selon le goût de ses auditeurs, des sujets toujours nouveaux pour les instruire et les amuser [3]. Cette même variété

de Platon, cette indication ne justifie nullement l'hypothèse (MÜLLER, *Fr. Hist.*, II, 59; MÄHLY, *l. c..* XV, 520) d'après laquelle Hippias aurait été seulement un peu plus âgé qu'Isocrate. D'abord nous ne savons pas si l'Hippias en question est le sophiste ou un homonyme, et nous ignorons le rapport d'âge de Platane et de ses deux maris. Si elle était de quelques dizaines d'années plus jeune que le premier, et aussi âgée ou presque aussi âgée que le second, auquel elle ne donna pas d'enfants, la naissance du sophiste (en admettant même qu'il ait été le premier mari) peut toujours être placée vers 460 av. J.-C. — Tous les témoins sont d'accord sur la ville natale d'Hippias. — Son prétendu maître, Hégésidème, est tout à fait inconnu (SUID., Ἱππ.); peut-être ce nom a-t-il été inséré par erreur. GEEL conclut d'un texte d'ATHÉNÉE, XI, 505, sq., qu'Hippias fut le disciple du musicien Lamprus et de l'orateur Antiphon, mais rien n'autorise une pareille conclusion.

1. Voici les renseignements que nous trouvons sur cette question. Hippias offrit, comme d'autres, en divers lieux, son enseignement contre salaire (PLATON, *Apol.*, 19 e, etc.); dans l'*Hipp. maj.*, 282 d, sq., il se vante d'avoir gagné plus d'argent que deux sophistes ensemble. Le même dialogue (*l. c.*, et 281 a) cite comme théâtre de son enseignement la Sicile, et particulièrement Sparte, et dit qu'à cause des nombreuses missions politiques où il fut employé, il vint rarement à Athènes. XÉNOPHON (*Mem.*, IV, 4, 5) ne fait remarquer que dans un seul cas qu'il vint à Athènes après une longue absence et qu'il y rencontra Socrate. L'*Hippias minor* (363 c) rapporte qu'il faisait ordinairement ses cours aux jeux olympiques dans l'enceinte du temple et qu'il répondait alors à toutes les questions qu'on lui adressait. Les deux dialogues (286 b, 363 a) mentionnent des discours épidictiques prononcés à Athènes. (Ces indications sont répétées par PHILOSTRATE, *V. Sophist.*, I, 11.) Enfin dans le *Protagoras* (315 b; 317 d), nous voyons Hippias, ainsi que d'autres sophistes, dans la maison de Callias (avec lequel XÉNOPHON, *Symp.*, 4, 62, le met également en relation); entouré de ses admirateurs, il répond aux questions qu'on lui adresse sur l'histoire naturelle et l'astronomie, et prend ensuite (337 d) part à la discussion par un petit discours. Toutes ces indications ne nous fournissent d'autres renseignements certains que ceux qu'indique notre texte : en effet, parmi les expositions platoniciennes, celles de l'*Hippias major* sont suspectes à cause de l'origine douteuse de ce dialogue (voy. *Zeitschr. f. Alterthumsw.*, 1851, 256, sqq.), et les autres ne sont pas exemptes d'une certaine exagération satirique; quant à Philostrate, il puisait évidemment ses renseignements dans les dialogues de Platon et non dans des sources historiques qui lui auraient été propres. TERTULLIEN (*Apologet.*, 46) dit qu'Hippias périt dans une entreprise où il se rendit coupable de haute trahison; mais cette allégation ne mérite pas plus de créance que les autres accusations intentées par cet auteur à plusieurs des philosophes anciens.

2. On peut citer à ce propos la robe de pourpre dont parle Élien, *V. H.*, XII, 32.

3. Dans l'*Hippias major*, 285 b, sqq., Socrate dit avec une admiration ironique qu'il savait l'astronomie, la géométrie, l'arithmétique, qu'il connaissait les lettres, les syllabes, les rhythmes et les harmonies. Lui-même y ajoute l'histoire

958 superficielle se retrouvait sans doute dans ses écrits [1].

AUTRES SOPHISTES. — Parmi les autres sophistes célèbres 959 il faut citer : *Thrasymaque* [2] de Chalcédoine [3], jeune contem-

des héros, de la fondation des villes et de l'archéologie tout entière, en se vantant en même temps de sa mémoire extraordinaire. Au commencement de l'*Hippias minor*, il est question d'une leçon sur Homère, et, p. 368 b, sqq., le sophiste s'attribue avec orgueil, non-seulement de nombreuses leçons en prose sur divers sujets, mais encore des épopées, des tragédies, des dithyrambes, la connaissance des rhythmes, des harmonies, de l'ὀρθότης γραμμάτων, la mnémotechnie et tous les talents techniques imaginables, tels que la confection des souliers, des vêtements, des objets de parure. Ces indications sont répétées par PHILOSTRATE (*l. c.*), CICÉRON (*De or.*, III, 32, 127), APULÉE (*Flor.*, n° 32), et en partie aussi par THÉMISTIUS (*or.*, XXIX, 345 c, sqq.); elles servent également de fondement à l'écrit faussement attribué à Lucien : Ἱππίας ἢ βαλανεῖον, écrit qui se donne lui-même (c. 3, *sub init.*) pour une production du temps d'Hippias. Cependant il y a lieu de se demander ce qu'il peut y avoir de réel sous cette histoire. D'une part, sans doute, il est difficile de savoir jusqu'à quel point un homme tel qu'Hippias a pu pousser la vanité, mais d'autre part il est fort possible (et la manière dont les faits sont exposés justifie cette conjecture) que le récit de Platon ait eu pour but de parodier en l'exagérant une affirmation fanfaronne qui n'avait pas le même caractère de puérilité, ou, d'une manière générale, l'érudition orgueilleuse du sophiste. Il faut, en tout cas, tenir plus de compte de cette indication du *Protagoras* (315 b, voy. l'avant-dernière note), 318 c, qu'Hippias instruisait ses élèves dans les arts, τέχναι; et ce mot peut comprendre, outre les arts nommés en cet endroit (l'arithmétique, l'astronomie, la géométrie et la musique), des leçons encyclopédiques sur les métiers et les arts plastiques. Nous rappellerons aussi le témoignage des *Memorabilia* (IV, 4, 6), d'après lequel, grâce à sa vaste érudition, il vise toujours à dire quelque chose de nouveau. XÉNOPHON, *Symp.*, 4, 6, parle aussi du μνημονικόν enseigné par Hippias.

1. Le peu de renseignements que nous possédons sur ces écrits et les rares fragments qui nous en restent se trouvent dans GEEL (190 sqq.), OSANN (*der Sophist Hipp. als Archæolog.: Rhein. Mus.*, II, 1843, 495 sqq.), MÜLLER (*Fragm. hist. Gr.*, II, 59 sqq.), MÄHLY (*l. c.*, XV, 529 sqq., XVI, 42 sqq.). Ils nous font connaître avec quelques détails l'ouvrage archéologique auquel se rapporte l'*Hippias major*. Dans un fragment *ap.* CLÉMENT (*Strom.*, VI, 624 a), Hippias dit qu'il espère, en réunissant des extraits de poëtes et de prosateurs anciens, grecs et barbares, faire une œuvre attrayante par la nouveauté et la diversité des matières. L'indication *ap.* ATHÉNÉE, XIII, 609 dérive d'un autre ouvrage, dont le titre, Συναγωγή, était peut-être déterminé par un autre mot plus précis. Dans l'*Hippias major*, il est question d'un discours contenant des conseils de sagesse pratique pour un jeune homme, discours qu'il ne faut pas confondre avec la leçon sur Homère (*Hipp. min.*, sub init. Cf. OSANN, 509, au bas). D'après PLUTARQUE, *Numa*, c. 1, *sub fin.*, Hippias avait dressé la première liste qui ait existé des vainqueurs aux jeux olympiques. Nous ne voyons aucune raison de mettre cette indication en doute, comme le fait OSANN, p. 499. PROCLUS, *in Eucl.*, 19, au mil., (65 fr.) cite, d'après un écrit qu'il ne désigne pas d'une manière précise, une notice sur le mathématicien Améristus, frère de Stésichore. Le texte de PAUSANIAS (V, 25, 1) se rapporte à une élégie qu'Hippias avait composée. Ce que PHILOSTRATE (*V. Soph.*, I, 11) dit de son style n'est peut-être qu'un extrait de Platon.

2. GEEL (201 sqq.); C. F. HERMANN (*De Trasymacho Chalcedonio*, Ind. lect. Götting., 1848-49); SPENGEL (Τέχν. Συν., 93 sqq.), lesquels donnent aussi les indications concernant les écrits de Thrasymaque.

3. Quoiqu'il soit constamment surnommé « le Chalcédonien », il paraît avoir

porain de Socrate¹, qui tient une place importante comme professeur d'éloquence², mais dont Platon parle avec défaveur à cause de sa forfanterie, de son avidité et de ses principes égoïstes³; *Euthydème* et *Dionysodore*, ces maîtres d'escrime éristique dont Platon fait un portrait humoristique, qui n'enseignèrent qu'à un âge avancé l'éristique et la vertu, n'ayant professé jusqu'alors que sur les sciences de la guerre et l'éloquence judiciaire⁴; *Polus* d'Agrigente, disciple de Gorgias⁵, qui, à l'exemple de son maître, ne s'adonna que dans sa vieillesse à l'enseignement exclusif de la rhéto-

passé à Athènes une grande partie de sa vie. D'après l'épitaphe *ap.* Athénée (X, 454 sq.), il est vraisemblable qu'il mourut dans sa ville natale.

1. Cette conjecture repose sur la manière dont ces deux hommes nous sont présentés dans la *République* de Platon; mais on peut déduire avec assez de vraisemblance des textes suivants : Théophr., *ap.* Dionysii *De vi dic. Demosth.*, c. 3, p. 958; Cicéron, *Orat.*, 12, 39 sq., qu'il était sensiblement antérieur à Isocrate, né dans la 86ᵐᵉ Ol., 1 (435 av. J.-C.), et qu'il était plus âgé que Lysias. Denys (*Jud. de Lys.*, c. 6, p. 464) prétend, à l'opposé de Théophraste, qu'il était plus jeune; mais le texte de Platon prouve le contraire. Comme on place l'entretien de la *République* de Platon vers 408 av. J.-C. (cf. p. 86 sqq. de mon traité cité p. 945, 5), Thrasymaque devait vers cette époque avoir atteint l'âge viril.

2. Voy. *inf.*

3. *Rep.*, I. Cf. surtout p. 336 b, 338 c, 341 c, 343 a, sqq., 344 d, 350 c, sqq. Cette description ne paraît pas faite au hasard; elle est d'ailleurs confirmée par Aristote, *Rhet.*, II, 23, 1400 b, 19. Le θρασυμαχειονηγέρματα d'Éphippus *ap.* Athénée, XI, 509 c, est moins probant. Cependant, dans la *République* déjà, Thrasymaque devient peu à peu plus traitable; cf. I, 354 a; II, 358 b; V, 450 a.

4. *Euthyd.*, 271 c, sqq.; 273 c, sq. Ce texte nous apprend en outre que ces deux sophistes étaient frères (ce que nous n'avons nul droit de mettre en doute), qu'ils avaient émigré de Chio, leur patrie, à Thurium (où ils pourraient être entrés en relations avec Protagoras), qu'ayant fui ou ayant été bannis de cette ville, ils séjournèrent particulièrement à Athènes, et qu'ils étaient, ou à peu près, aussi âgés ou un peu plus âgés que Socrate. Xénophon (*Mem.*, III, 1. 1) nous présente également Dionysodore comme un professeur de stratégie. Winckelmann (dans son édition de l'*Euthydème*, p. XXIV sqq.) réunit les indications de Platon et des autres écrivains sur ces deux frères. Lorsque Grote (*Plato*, I, 536, 541) met en doute qu'il y ait eu à Athènes deux sophistes répondant à la description de Platon dans le *Théétète*, le seul point sur lequel il ait raison est que cette description est une exagération satirique. Mais les traits fondamentaux sont confirmés par Aristote et par d'autres (cf. p. 988, 938, 3). Grote prétend en outre *ibid.*, 559) que, dans l'épilogue de l'*Euthydème* (304 c, sqq.), le sophiste de ce nom est traité comme le véritable représentant de la dialectique et de la philosophie; cela prouve simplement que Grote méconnait complètement le but de ce chapitre. Cf. IIᵉ part., a, 416, 3, *sub fin*. Le texte d'*Euthydème*, 305 a, d, ne prouve absolument rien.

5. Il est désigné comme Agrigentin par Pseudo-Platon, *Theag.*, 128 a, par Philostrate, *V. Soph.*, I, 13, et par Suidas, s. v. Il résulte du texte de Platon, *Gorg.*, 463 e, qu'il était beaucoup plus jeune que Socrate. Philostrate le dit riche, et un scholiaste (*ad* Arist. *Rhet.*, II, 23; *ap.* Geel, 173) le nomme

961 rique¹; *Lycophron*², *Protarque*³ et *Alcidamas*⁴, qui appartiennent également à l'école de Gorgias; *Xéniade*⁵ de Corinthe, dont les opinions reflètent celles de Protagoras; *Antimœrus*, disciple de Protagoras⁶; le rhéteur

καὶς τοῦ Γοργίου; mais la première assertion est probablement déduite du prix élevé que Gorgias réclamait pour ses leçons, et la seconde d'un passage mal compris du Gorgias, 461 c. Les textes de PLATON (*Phèdre*, 267 c; *Gorg.*, 448 c; 462 b, sq.), et celui d'ARISTOTE (*Metaph.*, I, 1, 981 a, 3) se rapportent à un écrit de Polus sur la rhétorique, mais GEEL (167) a tort de considérer ce dernier texte comme un extrait de Polus (cf. SPENGEL, *l. c.*, p. 87; SCHANZ, *l. c.*, p. 134 sq.).
1. PLATON, *Menon*, 95 c.
2. Lycophron est appelé sophiste par ARISTOTE (*Polit.*, III, 9, 1280 b, 10), par ALEXANDRE (*in soph. el.*, *Schol.*, 310 a, 12; *in Metaph.*, p. 533, 18, Bon.), et par le PSEUDO-PLUTARQUE (*De nobilit.*, 18, 3). Il est désigné comme disciple de Gorgias dans ce que disent ARISTOTE (*Rhet.*, III, 3) et ALEXANDRE (*Top.*, 209 et 222, au haut) sur sa manière de s'exprimer; les indications dont nous parlerons p. 987, 1016, 2, concordent avec cette assertion. D'autres renseignements de moindre importance se trouvent *ap.* ARISTOTE (*Polit.*, *l. c.*, *Metaph.*, VIII, 6, 1045 b, 9; cf. ALEX., *ad h. l.*). Voy. aussi sur ce sophiste VAHLEN, *Rhein. Mus.*, XVI, 143 sqq.
3. PLATON désigne certainement Protarque, auquel il assigne dans le *Philèbe* le premier rôle après Socrate (*Phileb.*, 58 a), comme un disciple de Gorgias, particulièrement en ce qui concerne la rhétorique; car son éloge de l'art oratoire est cité ici comme une chose que Protarque a souvent entendue de lui. Or, comme Platon ne donne jamais de noms aux personnages fictifs qu'il introduit, il est tout à fait vraisemblable que Gorgias a réellement eu un disciple nommé Protarque. Tout en outre confirme l'hypothèse (voy. HIRZEL, *Hermes*, X, 254 sq.) d'après laquelle ce Protarque est le même que celui dont ARISTOTE (*Phys.*, II, 6, 197 b, 10) cite une parole, probablement extraite d'un discours d'apparat.
4. Alcidamas d'Élée en Éolie fut l'élève de Gorgias, auquel il succéda dans la direction de son école d'éloquence (SUID., Γοργίας; 'Αλκιδ.; TZETZ., *Chil.*, XI, 746; ATHÉN., XIII, 592 c). Rival d'Isocrate, il le combattit avec aigreur (voy. VAHLEN, *D. Rhetor. Alkid. : Sitzungsberichte der Wiener Akad., Hist. phil. Kl.*, 1863, p. 491 sqq. Cf. surtout p. 504 sqq.), non seulement dans le Μουσεῖον, mais encore dans le discours, probablement authentique, que nous avons conservé de lui contre les rédacteurs de discours ou les sophistes. Un autre discours d'apparat qui a été conservé sous son nom, l'accusation portée contre Palamède par Ulysse, n'est pas authentique. VAHLEN donne tous les renseignements qui existent sur ses écrits; les fragments de ses œuvres se trouvent dans les *Orat. attici*, II, 154 sqq. La preuve qu'il vivait encore après la bataille de Mantinée (362 av. J.-C.), c'est que sa messénienne a été écrite après cet événement (VAHLEN, 505 sq.).
5. Le seul écrivain qui le nomme, c'est SEXTUS (*Math.*, VII, 48, 53, 388, 399, VIII, 5; *Pyrrh.*, II, 18). D'après le texte du *Math.*, VII, 53, Démocrite aurait déjà parlé de lui, probablement dans la partie de son ouvrage où il avait combattu Protagoras (voy. sup., 815, 1). Nous parlerons plus loin (voy. p. 987) de ses propositions sceptiques. GROTE (*Plato*, III, 509) rapporte les indications de Sextus au corinthien Xéniade, le maître de Diogène le cynique (voy. DIOG., VI, 30 sqq., 82); ROSE (*Arist. libr. ord.*, 79) les rapporte à un écrit qui lui aurait été faussement attribué; mais en cela il oublie que, d'après Sextus, Démocrite s'était déjà occupé du Xéniade dont nous parlons.
Les seuls renseignements que nous possédions sur ce philosophe se trouvent dans le *Protagoras*, 315 a, où il est dit qu'il était originaire de Mende, en Macé-

et professeur de vertu *Événus* de Paros[1] ; *Antiphon,* sophiste contemporain de Socrate[2], qu'il ne faut pas confondre avec le célèbre orateur. *Critias,* le célèbre chef du parti oligarchique à Athènes, et *Calliclès*[3], doivent également être comptés parmi les représentants de l'école

doine, qu'il était regardé comme le disciple le plus estimé de Protagoras, et qu'il voulait devenir sophiste. Nous pouvons conclure de cette dernière remarque que plus tard il fut réellement un des maîtres de la sophistique. La même observation s'applique à *Archagoras* (Diog., IX, 54). Sur *Euathlus,* voy. p. 944, 1.

1. Platon, *Apologia,* 20 a, sq.; *Phædo,* 60 d ; *Phædrus,* 267 a; cf. Spengel, Συναγ. Τ., 92 sq. Schanz, *l. c.,* 138). D'après ces textes, il devait être plus jeune que Socrate ; il était à la fois poète, rhéteur et maître d'ἀρετή ἀνθρωπίνη τε καὶ πολιτική, et il demandait 5 mines comme honoraires. On trouve des détails sur Événus *ap.* Bergk, *Lyrici gr.,* 476, et dans les auteurs qu'il cite. V. *ibid.,* 474 sq. les fragments de ses poèmes.

2. D'après Athénée, XV, 673 e, Adrantus et Héphestion dans l'antiquité ont parlé de ce sophiste. Voy., pour ce qui le concerne, Sauppe (*Orat. att.,* II, 145 sqq.), Spengel (Συναγ. Τεχνῶν, 114 sq.), Welcker (*Kl. Schr.,* II, 422), Wolff (*Porphyr. de philos. ex orac. haur. rel.,* 59 sq.). Il est désigné comme σοφιστής dans les *Memor.* de Xénophon (I, 6), où nous le voyons cherchant à attirer les disciples de Socrate et soutenant, dans cette vue, trois controverses contre ce dernier. A ce passage se réfèrent, non-seulement le Pseudo-Plutarque, *V. dec. orat.,* I, 2, p. 832, qui l'applique au Rhamnusien, mais encore Aristote, parlant (*ap.* Diog., II, 46) de la jalousie d'Antiphon contre Socrate ; ce même auteur le nomme Ἀντ. ὁ τερατοσκόπος, et cette qualification s'accorde avec le texte d'Hermogène (*De id.,* II, 7. *Rhet. gr.,* III, 385, W., II, 414 sp.) qui, s'appuyant sur le grammairien Didymus, le distingue de son homonyme, l'orateur rhamnusien par la désignation : ὁ καὶ τερατοσκόπος καὶ ὀνειροκρίτης λεγόμενος. Si Suidas (Ἀντιφ.) cite, outre l'orateur, un Antiphon comme τερατοσκοπος καὶ ἐπικοὸς καὶ σοφιστής et un autre comme ὀνειροκρίτης, il a sans doute rapporté par erreur à deux personnes différentes deux indications qui provenaient de sources différentes, mais qui concernaient la même personne. Si Tzetzes (d'après une scholie extraite par Wolff, *l. c.,* de Ruhnken) prend Antiphon le τερατοσκόπος pour un contemporain d'Alexandre, il n'y a pas lieu de s'arrêter à cette opinion qui est en contradiction avec tant de témoignages certains et unanimes, et nous n'avons pas le droit de faire, avec Wolff, une distinction entre le τερατοσκόπος et le sophiste des *Memorabilia.* Hermogène (*l. c.,* p. 386, 387, W.) parle de ses λόγοι περὶ τῆς ἀληθείας ; Suidas (ἀλέκτος) nous donne un petit fragment de l' Ἀλήθεια ; quelques autres discours qui lui sont attribués par le texte actuel d'Hermogène appartiennent au Rhamnusien, comme il ressort, non-seulement des passages suivants d'Hermogène, mais encore de Philostrate (*V. Soph.,* I, 15, sub fin.); s'ils ont été mis sous son nom, la faute en est aux copistes ; cf. Spengel, T. Σ., 115. Dans l'écrit π. τ. ἀληθείας, il avait probablement exposé les théories mathématiques et physiques dont nous parlerons plus tard (p. 990, 4). Wolff (*l. c.*) prétend, sans s'appuyer sur aucun document existant, qu'il avait composé lui-même une physique ; mais les interprétations des songes dont il est fait mention *ap.* Cicéron (*Divin.,* I, 20, 39 ; II, 70, 144), Sénèque (*Controv.,* 9, p. 148, Bip.) et Artémidore (*Oneirocrit.,* II, 14, p. 160, Herch.) se trouvaient vraisemblablement dans une œuvre particulière.

3. L'interlocuteur principal dans la troisième partie du *Gorgias* (à partir de 481 b). Nous savons si peu de chose sur sa personne que son existence historique a été mise en doute. Mais ce doute n'est pas permis en présence de

sophistique, bien qu'ils n'aient été ni l'un ni l'autre des sophistes au sens rigoureux du mot, c'est-à-dire des maîtres attitrés et payés [1], et malgré le ton méprisant avec lequel le Calliclès de Platon, s'exprime, au point de vue de la politique pratique, à l'égard des théoriciens inutiles [2].

Je ne crois pas que l'écrit politique [3] du célèbre architecte de Milet *Hippodamus* [4] soit marqué du caractère distinctif des théories sophistiques sur le droit et sur l'État, quoique la grande variété des ouvrages de cet écrivain [5] rappelle la manière des sophistes [6].

Je serais plutôt disposé à rattacher à la sophistique la théorie communiste du Chalcédonien *Phaléas* [7] : elle est tout à fait empreinte de l'esprit novateur des sophistes, et a très-bien pu être déduite de la proposition relative à la contradiction du droit positif et du droit naturel; mais les ren-

---

la manière dont Platon le mentionne, et de l'indication, si précise et, semble-t-il, tout individuelle, qui se trouve p. 487 c, que cette indication soit d'ailleurs historique ou non. Cf. STEINHART, *Pl. Werke*, II, 352 sq.

[1]. Quelques auteurs ont voulu, pour cette raison, établir une distinction entre le sophiste Critias et l'homme d'État de ce nom (ALEX. *ap.* PHILOP., *De an.*, C, 8 au bas. SIMPL., *De an.*, 8 a. au mil.). Voy. au contraire : SPENGEL, *l. c.*, 120 sq. DENYS (*Jud. de Thuc.*, c. 51) et PHRYNICHUS (*ap.* PHOT., *Cod.*, 158, p. 101 b), comptent Critias parmi les modèles classiques du style attique.

[2]. *Gorg.*, 484 c, sqq.; 487 e; cf. 515 a, et 519 c, où Calliclès est distingué nettement des sophistes comme homme politique.

[3]. ARISTOTE, *Polit.*, II, 8.

[4]. Sur la vie et les œuvres de cet homme, qu'ARISTOTE (*l. c.*, et *Polit.*, VII, 11, 1330 b, 21) désigne déjà comme le premier auteur de plans réguliers pour la construction des villes, nous trouvons *ap.* HERMANN (*De Hippodamo Milesio*, Marb., 1841) les renseignements suivants : à l'âge de 25 ans, vers la 82ᵐᵉ ou 83ᵐᵉ Ol., il fit le plan du Pirée; dans la 84ᵐᵉ Ol., il dirigea la construction de Thurium ; il était déjà avancé dans la soixantaine quand il bâtit Rhodes. L'Hippodamus dont nous parlons est-il (comme le croit HERMANN, p. 33 sqq.) le même que le prétendu pythagoricien de ce nom, dont STOBÉE (*Floril.*, 43, 92-94; 98, 71 ; 103, 26) nous donne des fragments tirés de ses écrits π. πολιτείας et π. εὐδαιμονίας, et a-t-il en réellement des rapports avec les pythagoriciens? C'est une question qui n'est pas encore élucidée.

[5]. ARISTOTE (*Polit.*, II, 8) : γενόμενος καὶ περὶ τὸν ἄλλον βίον περιττότερος διὰ φιλοτιμίαν... λόγιος δὲ καὶ περὶ τὴν ὅλην φύσιν (dans la physique, cf. *Metaph.*, I, 6, 987 b, 1) εἶναι βουλόμενος, πρῶτος τῶν μὴ πολιτευομένων ἐνεχείρησέ τι περὶ πολιτείας εἰπεῖν τῆς ἀρίστης.

[6]. Parmi lesquels HERMANN (18 sqq.) veut qu'on le range.

[7]. ARISTOTE, *Polit.*, II, 7; dans ce texte, il est désigné comme le premier qui ait demandé l'égalité des biens.

seignements que nous possédons sur Phaléas sont trop peu
nombreux pour que nous puissions déterminer quels rapports ont existé entre lui et les sophistes.

Nous avons déjà démontré[1] qu'il est impossible d'assigner un fondement philosophique à l'athéisme de *Diagoras*, et nous pouvons en dire autant des rhéteurs contemporains de la sophistique : leur art ne repose sur aucune théorie éthique ni sur aucune théorie de la connaissance déterminée, qui le relie à la sophistique.

A partir du commencement du quatrième siècle l'importance de la sophistique va toujours en diminuant, quoique le nom de sophiste continue d'être employé pour désigner les professeurs d'éloquence et, d'une manière générale, tous ceux qui donnaient un enseignement scientifique contre rétribution. Dans ses premiers dialogues, PLATON est perpétuellement en lutte avec les sophistes; dans les derniers, ceux-ci ne sont mentionnés que lorsque le sujet appelle spécialement cette mention[2]. Aristote parle de certaines thèses sophistiques du même ton dont il parle des opinions des physiciens, c'est-à-dire comme de doctrines appartenant au passé; l'éristique seule, que les sophistes furent les premiers à mettre en vogue, mais qui ne leur était pas particulière, est traitée par lui comme un fait contemporain. Aucun document ne fait mention de représentants importants de la doctrine sophistique postérieurs à l'époque de Polus et de Thrasymaque.

§ 3. CARACTÈRES GÉNÉRAUX DE LA SOPHISTIQUE.

OPINIONS DES ANCIENS SUR LES SOPHISTES. — Platon déjà se plaint qu'il est difficile de déterminer exactement la

---

1. P. 864, 1.
2. Par exemple dans l'introduction à la *République*, où les sophistes sont de nouveau attaqués à l'occasion des recherches éthiques qui forment la base de l'ouvrage.

nature réelle du sophiste¹. Pour nous, la difficulté réside principalement dans ce fait, que la sophistique ne consiste pas en des doctrines fixes reconnues également par tous ses partisans, mais en une certaine direction scientifique et en une méthode qui, malgré l'air de famille incontestable commun aux différentes branches, présente cependant une grande variété quant aux points de départ et quant aux résultats.

965 Les contemporains désignent en général sous le nom de sophiste un sage², et plus particulièrement un homme qui pratique la sagesse comme une profession et un métier³, qui, non content d'exercer de l'influence sur ses amis et ses contemporains, à l'occasion et sans méthode, fait de l'enseignement sa vocation propre, et va de ville en ville offrir l'instruction à tous ceux qui en ont besoin et qui sont disposés à la payer⁴. Cet ensei-

---

1. *Soph.*, 218 c, sq.; 226 a; 231 b; 236 c, sq.
2. PLATON (*Prot.*, 312 c) : τί ἡγεῖ εἶναι τὸν σοφιστήν; Ἐγὼ μέν, ἦ δ' ὅς, ὥσπερ τοὔνομα λέγει, τοῦτον εἶναι τὸν τῶν σοφῶν ἐπιστήμονα. Dans ce texte, la valeur du témoignage sur le sens ordinaire du mot n'est pas amoindrie par ce fait que les syllabes finales, conformément aux étymologies platoniciennes, sont dérivées d'ἐπιστήμων. DIOGÈNE (I, 12) : οἱ δὲ σοφοὶ καὶ σοφισταὶ ἐκαλοῦντο. C'est dans ce sens qu'HÉRODOTE (I, 29, IV, 95) appelle Solon et Pythagore (II, 49), ainsi que les fondateurs des cultes dionysiaques, des sophistes ; CRATINUS (*ap.* DIOG., I, 12) donne ce nom à Homère et à Hésiode; SOPHOCLE (*Fragm. ap. Schol. Pind. Isthm.*, V, 36 : WAGNER, *Trag. Gr. fragm.*, I, 499, n° 992) le donne à un joueur de cithare; EUPOLIS (d'après le *Schol. Ven. ad Il.*, O, 410; EUSTATHE, *ad h. l.*, p. 1023, 13) à un rhapsode, et HÉSYCHIUS (σοφιστ.) prétend que ce nom était appliqué à tous ceux qui étaient versés dans l'art de la musique. ANDROTION (*ap.* ARISTID., *Quatuorv.*, t. II, 407, Dind.), ARISTARQUE (*ap.* PLUT., *Frat. am.*, I, p. 478) et ISOCRATE (π. ἀντιδός., 235) le donnent aux sept sages; le premier le donne aussi à Socrate (tandis qu'ESCHINE, *Adv. Tim.*, § 173, désigne Socrate comme sophiste dans le sens que ce mot a eu plus tard); DIOGÈNE d'Apoll. *ap.* SIMPL., *Phys.*, 32 b, au mil.), XÉNOPHON (*Mem.*, I, 1, 11), Ps.-HIPPOCR. (π. ἀρχ. ἰατρ., c. 20), ISOCRATE (*l. c.*), l'appliquent aux anciens physiciens, ESCHINE le Socratique, DIODORE (*Anaxagoras*, voy. *sup.*, p. 858, 867), PLATON (*Meno*, 85 b) à ceux qui enseignaient les mathématiques. Inversement les sophistes sont parfois appelés σοφοί (voy. *sup.*, 953, 3 *fin*; 954, 3 ; cf. PLATON, *Apol.*, 20 d). HERMANN (*Plat. Phil.*, I, 308 sq.) a raison, à mon avis, de ne pas vouloir que ce mot soit traduit par *professeur de sagesse*; STEINHART, au contraire, approuve cette interprétation (*Plat. Leben*, 288, 92).
3. PLATON, *Prot.*, 315 a (ce qui explique le texte 312 b) : ἐπὶ τέχνῃ μανθάνειν, ὡς σοφιστὴς ἐσόμενος. *Ibid.* (316 d) : ἐγὼ δὲ τὴν σοφιστικὴν τέχνην φημὶ μὲν εἶναι παλαιάν, etc. L'épitaphe de Thrasymaque, *ap.* ATHÉNÉE, X, 454 sq. : ἡ δὲ τέχνη (*sc.* αὐτοῦ) σοφίη.
4. XÉNOPHON, *Mem.*, I, 6, 13 : καὶ τὴν σοφίαν ὡσαύτως τοὺς μὲν ἀργυρίου τῷ

gnement pouvait embrasser tout ce que les Grecs entendaient par le mot compréhensif de sagesse [1]; et, par suite, l'objet pouvait en être très-diversement entendu. Tandis que des sophistes tels que Protagoras et Prodicus, Euthydème et Événus, se vantaient de former l'intelligence et le caractère de leurs disciples, de leur inculquer la *vertu* domestique et civile [2], Gorgias se moque de cette prétention, pour se borner à l'enseignement de la rhétorique [3]. Tandis qu'Hippias se targue de connaissances de tout genre, de sa science physique et archéologique [4], Protagoras se considère, en qualité de maître de l'art politique, comme étant fort au-dessus de cette érudition de cabinet [5]. L'art politique, à son tour, comprenait bien des parties. Les frères Euthydème et Dionysodore, par exemple, ajoutaient à l'enseignement de la *vertu* des leçons sur la stratégie et l'hoplomachie [6]; et l'on raconte [7] également de Protagoras qu'il a enseigné

βουλομένῳ πωλοῦντας σοφιστὰς ἀποκαλοῦσιν· ὅστις δὲ ὃν ἂν γνῷ εὐφυᾶ ὄντα διδάσκων ὅ τι ἂν ἔχῃ ἀγαθὸν φίλον ποιεῖται, τοῦτον νομίζουσιν ἃ τῷ καλῷ κἀγαθῷ πολίτῃ προσήκει ταῦτα ποιεῖν. Cf. en outre p. 944, 1, 953, 2. Protagoras, *ap.* PLATON, *Prot.*, 316 c : ξένον γὰρ ἄνδρα καὶ ἰόντα εἰς πόλεις μεγάλας καὶ ἐν ταύταις πείθοντα τῶν νέων τοὺς βελτίστους, ἀπολείποντας τὰς τῶν ἄλλων συνουσίας... ἑαυτῷ συνεῖναι ὡς βελτίους ἐσομένους διὰ τὴν ἑαυτοῦ συνουσίαν, etc. (De même, 318 a). *Apol.*, 19 c : παιδεύειν ἀνθρώπους ὥσπερ Γοργίας, etc. τούτων γὰρ ἕκαστος... ἰὼν εἰς ἑκάστην τῶν πόλεων τοὺς νέους, οἷς ἔξεστι τῶν ἑαυτῶν πολιτῶν προῖκα ξυνεῖναι ᾧ ἂν βούλωνται, τούτους πείθουσι τὰς ἐκείνων ξυνουσίας ἀπολιπόντας σφίσι ξυνεῖναι χρήματα διδόντας καὶ χάριν προσειδέναι. De même, *Meno*, 91 b.

1. Cf. ARISTOTE, *Eth. N.*, VI, 7.
2. Note 5; p. 943, 3; 959, 6; 961, 4. Je ne crois pas que le mot de Prodicus (*ap.* PLATON, *Euthyd.*, 305 c : οὓς ἔφη Πρόδικος μεθόρια φιλοσόφου τε ἀνδρὸς καὶ πολιτικοῦ) désigne le rôle que le sophiste s'attribuait à lui-même.
3. PLATON, *Meno*, 95 c; cf.-*Philebus*, 58 a). On peut certainement en dire autant de Polus, Lycophron, Thrasymaque, etc., p. 959, sqq.
4. Voy. *sup.*, p. 957, 3.
5. Le sophiste dit (*Prot.*, 318 d) qu'il n'arrivera pas à ses disciples ce qui arrive à ceux des autres sophistes (Hippias), qui τὰς τέχνας αὐτοὺς πεφευγότας ἄκοντας πάλιν αὖ ἄγοντες ἐμβάλλουσιν εἰς τέχνας, λογισμούς τε καὶ ἀστρονομίαν καὶ γεωμετρίαν καὶ μουσικὴν διδάσκοντες. Chez lui, on ne leur enseignera que ce qu'ils désirent réellement apprendre; τὸ δὲ μάθημά ἐστιν εὐβουλία περί τε τῶν οἰκείων, ὅπως ἂν ἄριστα τὴν αὐτοῦ οἰκίαν διοικοῖ, καὶ περὶ τῶν τῆς πόλεως, ὅπως τὰ τῆς πόλεως δυνατώτατος ἂν εἴη καὶ πράττειν καὶ λέγειν, en un mot donc, la πολιτικὴ τέχνη, la science du gouvernement.
6. Voy. *sup.*, 959, 6.
7. PLATON, *Soph.*, 232 d; DIOGÈNE, IX, 55. Cf. FREI, 191. D'après DIOGÈNE,

967 en détail l'art de la lutte et les autres arts, en expliquant les stratagèmes au moyen desquels on peut contredire les hommes du métier. Lorsque Isocrate, dans son discours contre les sophistes, réunit sous ce nom les maîtres éristiques de vertu et les professeurs d'éloquence, et lorsqu'un adversaire[1] applique le nom de sophiste à Isocrate lui-même, à cause de ses discours écrits et étudiés, ces deux emplois du mot sont conformes à la langue de cette époque.

On appelle sophiste tout maître payé pour enseigner les sciences qui faisaient alors partie de l'éducation supérieure. Ce nom se rapporte donc principalement à l'objet et aux conditions extérieures de l'enseignement : il ne contient en lui-même aucune appréciation sur la valeur ou le caractère scientifique de cet enseignement. Il nous laisse libres de supposer que le maître enseigne la vraie science et la vraie morale, aussi bien que de faire la supposition contraire.

Platon et Aristote furent les premiers qui enfermèrent le concept de la sophistique dans des limites plus étroites, en la distinguant, et de la rhétorique, à titre d'éristique dialectique, et de la philosophie, à titre de science illusoire et fausse, trahissant des tendances perverses.

D'après PLATON, le sophiste est un chasseur qui, sous prétexte d'enseigner la vertu, cherche à attirer les jeunes gens riches; c'est un négociant ou un marchand, qui trafique des sciences; c'est un industriel, pour qui l'éristique est un moyen de gagner de l'argent[2]; c'est un homme que l'on pourrait confondre avec le philosophe, mais à qui l'on témoignerait trop d'honneur, si on lui attribuait la mis-

---

Protagoras aurait écrit un ouvrage spécial περὶ πάλης. FREI conjecture que c'était là simplement un chapitre d'une œuvre étendue sur les arts. Peut-être aussi quelque écrivain postérieur a-t-il transformé en un écrit spécial les dissertations mentionnées par Platon, et peut-être celles-ci se trouvaient-elles en réalité dans l'éristique ou les antilogies.

1. ALCIDAMAS; voy. p. 961, 1.
2. *Soph.*, 221 c; 226 a; cf. *Rep.*, VI, 493 a : ἕκαστος τῶν μισθαρνούντων ἰδιωτῶν, οὓς δὴ οὗτοι σοφιστὰς καλοῦσι, etc.

sion élevée de rendre les hommes meilleurs par l'art de
la dialectique, et de les corriger de la sagesse présomptueuse[1]. La sophistique est un art trompeur : elle enseigne
à l'homme qui n'a aucune connaissance réelle du bien et
du juste, et qui a conscience de son ignorance, l'art de se
donner l'apparence de cette science et de mettre les autres en contradiction avec eux-mêmes dans les conversations[2]. En réalité donc elle n'est pas un art, mais un
semblant d'art destiné à la flatterie, une caricature de la
vraie politique, caricature qui est à l'original ce que la
toilette est à la gymnastique, et qui ne se distingue de
la fausse rhétorique que comme l'exposition des principes se distingue de leur application[3].

ARISTOTE décrit de même la sophistique comme une
science futile[4], comme une sagesse illusoire, ou plutôt
comme l'art de gagner de l'argent par l'apparence de la
sagesse[5].

Ces définitions sont évidemment en partie trop restreintes, en partie trop étendues, pour nous donner des renseignements certains sur le caractère propre du phénomène
dont nous nous occupons. Elles sont trop restreintes, parce
qu'elles introduisent *a priori* dans le concept de la sophistique l'idée d'une sagesse fausse et mensongère, comme
partie intégrante et caractéristique; elles sont trop étendues,
parce qu'elles considèrent la sophistique, non pas telle
qu'elle se présente historiquement, telle qu'elle était à une

1. *Soph.*, 226 b; 231 c.
2. *Ibid.*, 232 a; 236 e; 264 c, sqq. Cf. *Meno*, 96 a.
3. *Gorg.*, 463 a, 465 c. *Rep.*, l. c. Cf. 2ᵉ part., a, 509 sq., 3ᵉ éd.
4. *Metaph.*, VI, 2, 1026 b, 14, XI, 3, 8, 1061 b, 7, 1064 b, 26.
5. *Metaph.*, IV, 2, 1004 b, 17. *Soph. el.*, c. 1, 165 a, 21 : ἔστι γὰρ ἡ σοφιστικὴ φαινομένη σοφία οὖσα δ' οὔ, καὶ ὁ σοφιστὴς χρηματιστὴς ἀπὸ φαινομένης σοφίας ἀλλ' οὐκ οὔσης. *Id.*, c. 11, 171 b, 27; cf. c. 33, 183 b, 36 : οἱ περὶ τοὺς ἐριστικοὺς λόγους μισθαρνοῦντες. Le PSEUDO-XÉNOPHON (*De venatione*, c. 13) s'exprime encore plus énergiquement : οἱ σοφισταὶ δ' ἐπὶ τῷ ἐξαπατᾶν λέγουσι καὶ γράφουσιν ἐπὶ τῷ ἑαυτῶν κέρδει, καὶ οὐδένα οὐδὲν ὠφελοῦσιν· οὐδὲ γὰρ σοφὸς αὐτῶν ἐγένετο οὐδεὶς οὐδ' ἔστιν... οἱ μὲν γὰρ σοφισταὶ πλουσίους καὶ νέους θηρῶνται, οἱ δὲ φιλόσοφοι πᾶσι κοινοὶ καὶ φίλοι· τύχας (les chances de la fortune) δὲ ἀνδρῶν οὔτε τιμῶσιν οὔτε ἀτιμάζουσι.

époque déterminée, mais comme une catégorie générale.

Cette dernière observation s'applique davantage encore à la sophistique entendue au sens ancien du mot. L'expression *enseignement public de la sagesse* ne préjuge ni la matière ni l'esprit de cet enseignement; et la question de savoir s'il a été donné contre payement ou non est à peu près indifférente. Mais si nous considérons les circonstances au milieu desquelles apparurent les sophistes, ainsi que les anciennes coutumes et l'éducation du peuple, nous trouverons dans ces données des éléments propres à nous faire apprécier leur rôle et leur importance.

Les sophistes considérés comme professeurs attitrés. — D'après la méthode d'enseignement et d'éducation suivie chez les Grecs jusqu'à cette époque, il y avait bien des maîtres spéciaux pour certains arts et certaines sciences, tels que l'écriture, le calcul, la musique, la gymnastique; mais la culture générale de l'intelligence se bornait à ce qu'on apprenait dans le commerce de ses parents et de ses amis, et dans la pratique de la vie publique. Sans doute, il arrivait que quelques jeunes gens s'attachaient à un homme particulièrement estimé, pour se faire initier par lui aux affaires [1], ou bien que des maîtres de musique ou de quelque autre art acquéraient un ascendant personnel et politique dans un cercle assez étendu [2]; mais, ni dans l'un ni dans l'autre cas, il ne s'agissait d'un enseignement en règle, d'une initiation à la vie pratique

---

1. Ainsi, d'après Plutarque (*Themist.*, c. 2), Thémistocle recherchait, alors qu'il était encore au commencement de sa carrière publique, la société de Mnésiphilus, qui, d'après le même auteur, ne comptait, ni parmi les orateurs ni parmi les φυσικοὶ φιλόσοφοι, mais qui, conformément à une tradition de famille remontant à Solon, tentait de se distinguer par ce qu'on appelait alors σοφία, par la δεινότης πολιτικὴ καὶ δραστήριος σύνεσις, ἣν οἱ μετὰ ταῦτα δικανικαῖς μίξαντες τέχναις καὶ μεταγαγόντες ἀπὸ τῶν πράξεων τὴν ἄσκησιν ἐπὶ τοὺς λόγους σοφισταὶ προσηγορεύθησαν.
2. Par exemple Damon (voy. Plut., *Per.*, 4; Platon, *Lach.*, 180 d; *Alcib.*, I, 118 c) et Pythoclide (voy. Plut., *l. c.*; Plat., *Prot.*, 316 e; *Alcib.*, I, 118 c).

fondée sur des principes : ce n'était toujours que l'influence qui résulte naturellement de relations libres et personnelles, même en dehors de l'intention expresse de donner un enseignement [1]. La science avait été jusqu'alors traitée de la même manière. Il est avéré que nul des physiciens antésocratiques n'avait ouvert une école proprement dite, ou pratiqué l'enseignement dans le sens attaché plus tard à cette expression. Ces savants se bornaient à communiquer leurs idées philosophiques au cercle restreint de ceux qu'ils connaissaient : leurs élèves étaient leurs amis.

Si Protagoras et ses successeurs ont rompu avec les usages existants, cela prouve qu'il s'est opéré un double changement dans la manière d'envisager la science et l'enseignement scientifique. D'un côté, cet enseignement est maintenant jugé indispensable à tous ceux qui veulent se distinguer dans la vie active. Les exercices pratiques ne suffisent plus pour préparer à agir et à parler : la théorie, la connaissance des règles générales est reconnue nécessaire [2]. Mais, d'un autre côté, la science elle-même,

---

1. PLUTARQUE a parfaitement marqué cette différence dans le texte cité *Themist.*, c. 2, quand il a dit : Ceux-là ont été appelés sophistes, qui ont substitué dans l'éducation politique les discours à l'activité pratique; il ne peut être question de sophistes, dans le sens indiqué p. 965, 3, avant l'époque où les exercices pratiques roulant sur les cas fournis par l'expérience furent remplacés par l'instruction théorique et l'enseignement de règles techniques générales. L'opinion de PLUTARQUE (*Per.*, 4) est moins exacte quand il dit : Damon, en sa qualité d'ἄκρος σοφιστής (ce qui dans ce cas désigne à la fois, comme dans PLATON, *Symp.*, 203 d, le sophiste et le fourbe), cachait l'enseignement politique donné à Périclès sous le masque de l'enseignement musical. C'est ainsi que Protagoras, chez PLATON (*Protag.*, 316 c), prétend que l'art sophistique datait des temps les plus anciens, mais que ses prédécesseurs l'avaient dissimulé, par crainte de la défaveur qui y était attachée, en se présentant, les uns comme poëtes, par exemple Homère, Orphée, Simonide, etc., les autres comme gymnastes, les autres enfin comme musiciens, par exemple Agathoclès et Pythoclide. C'est là reconnaître, au fond, ce qui est dit explicitement *Prot.*, 317 b, et ce qui s'entend de soi de la plupart des sophistes cités plus haut, savoir que le caractère distinctif du sophiste, dans le sens restreint de ce mot, le ὁμολογεῖν σοφιστής εἶναι καὶ παιδεύειν ἀνθρώπους, est encore absent chez ces prédécesseurs de Protagoras. Ce sont des σοφοί, comme les sept sages, mais non des σοφισταί, au sens de l'époque socratique.

2. GROTE (VIII, 485 sq.) omet cette différence radicale entre l'enseignement sophistique et l'enseignement antérieur, purement pratique, quand il soutient

telle que les sophistes la comprennent, a surtout en vue cet objet pratique. On ne cultive plus la science pour elle-même, mais on mesure son prix et son importance à son utilité comme moyen d'action[1]. La sophistique se trouve ainsi sur la frontière commune de la philosophie et de la politique[2]. La pratique doit désormais être appuyée sur la théorie, afin d'être éclairée sur ses objets et sur ses moyens d'action ; mais la théorie, à son tour, se borne à ce rôle d'auxiliaire de la pratique. Renfermée dans ces limites, la science n'est qu'une philosophie pratique et rien de plus.

971 L'ENSEIGNEMENT SALARIÉ. — Ce n'est qu'en se plaçant à ce point de vue que l'on peut juger la question si controversée de l'argent gagné par les sophistes. Tant que la communication des idées et des connaissances scientifiques rentra dans les relations ordinaires entre amis, il ne put être question de rémunération pour l'enseignement philosophique : l'étude comme l'enseignement de la philosophie était, même chez les personnes qui s'y consacraient entièrement, affaire de penchant et de goût. C'est ainsi que Socrate, Platon et Aristote envisageaient encore l'une et l'autre; et c'est pour cette raison qu'ils soutenaient avec énergie que se faire payer pour l'enseignement philosophique est une indignité, une bassesse. D'après le Socrate de Xénophon, la sagesse doit être donnée en présent, comme l'amour, et ne doit pas être vendue[3]. Celui qui enseigne un art, dit PLATON[4], peut exiger un salaire, car il n'a pas la prétention de faire de son disciple un

---

que l'apparition des sophistes n'était pas une nouveauté, et que la seule différence qui existât entre eux et un Damon ou les autres, c'est qu'ils apportaient dans leur enseignement une plus grande somme de connaissances et une habileté supérieure.
1. Cf. aussi p. 965, 3.
2. Voy. sup., 965, 2.
3. *Mém.*, I, 6, 13 ; voy. sup., 965, 3.
4. *Gorg.*, 420 c, sqq., cf. *Soph.*, 223 d, sqq. La même chose se retrouve ap. ISOCRATE, *Adv. Soph.*, 5 sq.

homme juste et vertueux; mais celui qui promet de rendre les autres meilleurs doit pouvoir compter sur leur reconnaissance, et, pour cette raison, s'abstenir de leur demander de l'argent. Aristote s'exprime d'une manière analogue[1]. Entre le maître et le disciple, dit-il, il y a, non des relations d'affaires, mais des rapports moraux et amicaux fondés sur l'estime ; les services rendus par le maître ne peuvent être payés à prix d'argent : ils doivent inspirer une reconnaissance pareille à celle que nous éprouvons pour nos parents et pour les dieux.

Si nous nous plaçons à ce point de vue, nous comprenons très-bien les critiques sévères (voy. p. 967 de l'édit. allem.) que Platon et Aristote adressent aux sophistes parce qu'ils donnent des leçons pour de l'argent. Mais s'il se trouve aujourd'hui encore des historiens pour porter de pareils jugements; si, à une époque où l'enseignement tout entier est distribué par des maîtres salariés et rétribués (lesquels, à ce titre, auraient été des sophistes chez les Grecs), on traite les maîtres du cinquième siècle avant l'ère chrétienne d'hommes vils, égoïstes, avides d'argent, 972 uniquement parce qu'ils se faisaient payer leurs leçons, Grote[1] a raison de dire que c'est là une appréciation singulière et injuste.

Dans tous les pays où le besoin d'un enseignement scientifique est ressenti d'une façon générale, et où il se forme, par là même, une classe spéciale d'hommes voués à l'instruction, il est nécessaire que ces professeurs puissent gagner leur vie par le travail auquel ils consacrent leur temps et leurs forces. Cette nécessité devait également s'imposer en Grèce. Un Socrate, si merveilleusement exempt de besoins, un Platon et un Aristote, placés à un point de vue tout idéal, nourrissant des idées auxquelles les disposait leur fortune person-

1. *Eth. N.*, IX, 1, 1164 a, 32 sqq.
2. *L. c.*, 493 sq.

nelle et qu'entretenait le préjugé hellénique contre toute profession industrielle, de tels hommes pouvaient bien dédaigner toute rémunération pour leur enseignement. La masse des citoyens était de même portée, pour plusieurs motifs, à voir d'un mauvais œil le gain des sophistes, gain que l'on croyait certainement plus considérable qu'il n'était en réalité. D'abord, les ignorants regardent généralement avec défaveur le travail intellectuel, dont ils ne connaissent ni les fatigues ni la valeur; et, ici, il y avait en outre l'antipathie des indigènes contre des étrangers, des démocrates contre les professeurs des classes supérieures, des citoyens attachés aux coutumes anciennes contre les novateurs. Mais, au fond, il n'y avait aucune raison, comme on l'a justement remarqué [1], pour que les sophistes distribuassent gratuitement l'enseignement, surtout dans les villes étrangères, et pourvussent de leur propre bourse à leurs frais d'entretien et de voyages. La rémunération des travaux intellectuels n'était d'ailleurs nullement proscrite par les mœurs grecques. Les peintres, les musiciens et les poëtes, les médecins et les rhéteurs, les gymnasiarques et les professeurs de toute catégorie étaient payés. Les vainqueurs aux jeux olympiques recevaient de leurs États respectifs des récompenses en argent aussi bien que des marques d'honneur; ou bien, le front ceint d'une couronne triomphale, ils recueillaient eux-mêmes des contributions pécuniaires. Même en se plaçant au point de vue idéal de Socrate et de Platon, on ne peut condamner, sans autre forme de procès, la rémunération de l'enseignement philosophique. Il s'en faut en effet que cette rémunération porte nécessairement préjudice au zèle scientifique du maître, ou au lien moral qui l'unit à son disciple. L'amour de la femme pour son mari est-il diminué par l'obligation légale où se trouve

---

1. WELCKER (*Kl. Schr.*, II, 420 sqq.).

celui-ci de pourvoir à son entretien? La reconnaissance du malade qui a été guéri est-elle amoindrie par les honoraires qu'il paye à son médecin? La reconnaissance des enfants pour leurs parents est-elle diminuée par l'obligation que la loi fait aux parents de les nourrir et de les élever?

La rémunération que les sophistes réclamaient de leurs disciples et de leurs auditeurs ne pourrait leur être reprochée que si leurs prétentions avaient été exorbitantes, et s'ils s'étaient montrés cupides ou vils dans l'exercice de leur profession. Mais un tel reproche ne peut être adressé qu'à un certain nombre d'entre eux. Dans l'antiquité déjà on avait certainement une idée exagérée de la rémunération qu'ils demandaient et des richesses qu'ils acquéraient[1]. Isocrate affirme qu'aucun d'eux n'amassa une fortune considérable, et que leurs revenus furent toujours fort modestes[2]. Sans doute quelques-uns d'entre eux, notamment parmi les sophistes récents, ont pu mériter le reproche d'égoïsme et de cupidité[3]; mais il n'est pas sûr qu'on ait le droit d'appliquer à Protagoras ou à Gorgias le portrait du sophiste tel qu'il a été tracé, d'après les sophistes de leur temps, par des hommes qui condamnaient *a priori* toute rémunération comme chose vile et honteuse. Protagoras, du moins, a toujours montré une certaine dignité vis-à-vis de ses disciples[4], puisque, dans les cas douteux, il leur per-

---

1. Voy. les indications p. 944, 1; 945, 1; 950, 4; 953, 2; 957, 1.
2. Π. ἀντιδόσ. 155 : ὅπως μὲν οὖν οὐδεὶς εὑρεθήσεται τῶν καλουμένων σοφιστῶν πολλὰ χρήματα συλλεξάμενος, ἀλλ' οἱ μὲν ἐν ὀλίγοις, οἱ δ' ἐν πάνυ μετρίοις τὸν βίον διαγαγόντες. Voy. à ce sujet le texte cité p. 950, 4, relativement à Gorgias, qui, de tous, a gagné le plus d'argent, et qui n'avait aucune dépense à faire pour l'État ni pour une famille. Il ne faut pas croire, ajoute ce texte, que les sophistes gagnent autant que les acteurs. Dans les temps postérieurs, la somme payée pour un cours semble avoir été de 3 à 5 mines. Évènus (*ap.* Platon, *Apol.*, 20 b) en demande 5. Isocrate, qui, comme les autres rhéteurs, en prenait 10 (Welcker, 480), se moque des éristiques (*Adv. Soph.*, 3), en disant que toutes les vertus pouvaient, chez eux, être obtenues au prix ridicule de 3 à 4 mines, tandis qu'ailleurs (*Hel.*, 6) il les accuse de ne rien faire que pour de l'argent.
3. Cf. p. 959, 5; 967 sq.
4. Comme Grote le fait ressortir avec raison (*Hist. of Gr.*, VIII. 494).

mettait de fixer eux-mêmes la somme qui lui était due[1]. Aristote lui-même indique[2] qu'il y eut, à cet égard, une différence entre les fondateurs de l'enseignement sophistique et leurs successeurs. Si nous apprécions avec impartialité les circonstances au milieu desquelles les sophistes apparurent et les documents qui les concernent, nous nous trouverons mal fondés à les accuser de cupidité.

Nous déchargerons donc ces hommes, ou du moins quelques-uns d'entre eux et justement les plus importants, d'un reproche qui, depuis plus de deux mille ans, a pesé sur leur réputation. Deux choses toutefois sont incontestables.

D'abord, l'institution d'une rétribution pour l'enseignement scientifique, de quelque façon que nous la jugions au point de vue moral, témoigne, en tout cas, du changement d'opinion dont nous avons déjà parlé, touchant la valeur et l'importance de la connaissance scientifique. Cette innovation indique qu'au lieu de la recherche scientifique désintéressée, trouvant sa satisfaction dans la seule connaissance de la vérité, on ne tient désormais pour intéressant et accessible qu'un savoir propre à servir de moyen pour des fins autres que lui-même, un savoir consistant moins dans la culture générale de l'esprit que dans des talents pratiques et spéciaux. Les sophistes se proposent d'enseigner les artifices propres à l'éloquence, à la conduite de la vie, au maniement des hommes ; et c'est avant tout la perspective des bénéfices qui résul-

---

1. Cf. p. 944, 1.
2. Dans le texte de *Eth. N.*, IX, 1, 1164 a, 22 sqq., nous trouvons, après ce qui a été rapporté plus haut de Protagoras, la remarque suivante : Il en est autrement des sophistes (il s'agit de ceux de l'époque d'Aristote). Ceux-ci sont forcés de se faire payer d'avance ; car dès qu'on a appris à connaître leur science, on n'est plus disposé à rien dépenser pour l'acquérir. Le texte de Xénophon (*De venatione*, 13 : nous ne connaissons personne, ὅντιν' οἱ νῦν σοφισταί ἀγαθὸν ἐποίησαν) est moins concluant. Car il s'agit de savoir si l'auteur a entendu par les anciens sophistes, auxquels il oppose ceux de son temps, Protagoras et les autres, ou bien d'autres professeurs de morale, de telle sorte que les νῦν σοφισταί seraient identiques aux σοφισταί καλούμενοι précédemment nommés.

tent de ce genre de science, l'espoir de posséder les secrets de l'art politique et de l'art oratoire, qui les fait considérer par la jeunesse de leur époque comme des guides indispensables[1].

En second lieu l'histoire nous montre que, dans une situation telle qu'était alors celle de la Grèce, il était très-dangereux de remettre l'instruction supérieure et la préparation à la vie publique aux seules mains de maîtres vivant de la rétribution qu'ils recevaient de leurs disciples. La nature de l'homme est ainsi faite qu'une pareille institution a pour conséquence inévitable de rendre l'enseignement scientifique conforme aux désirs de ceux qui sont en état de le payer. Or, aux yeux de ces derniers, la valeur de l'enseignement consistera principalement dans les avantages qu'ils pourront en retirer pour leurs fins personnelles. Le plus petit nombre seulement fera abstraction de l'utilité présente, et attachera du prix à des études qui ne peuvent pas immédiatement être mises à profit. Il faudrait donc qu'un peuple fût fortement pénétré, plus fortement que la Grèce ne l'était à cette époque, de l'importance des recherches scientifiques désintéressées et indépendantes, pour que, dans ces conditions, la science ne se réduisît pas à une simple technique, et pour que,

---

1. La preuve sera donnée plus bas quand nous parlerons de l'enseignement sophistique. Cf. en outre p. 966, 5, et PLATON, *Symp.*, 217 a, sqq., où Alcibiade traite Socrate comme un sophiste, en offrant tout ce qu'il a pour πάντ' ἀκοῦσαι ὅσαπερ οὗτος ᾔδει, tandis que Socrate, faisant ressortir le rapport purement moral qui les unit, fait comprendre la différence qu'il y a entre son enseignement et celui des sophistes. Il est vrai que ceux-ci ne sont pas nommés dans ce texte; mais la manière dont Alcibiade parle, au commencement, de ses rapports avec Socrate témoigne de ce que les hommes comme lui attendaient alors d'un professeur, et de ce qu'ils allaient chercher auprès de lui. La même observation s'applique à la remarque de XÉNOPHON, *Mém.*, I, 2, 14 sq., d'après laquelle Critias et Alcibiade ont recherché la société de Socrate, non pour lui ressembler par le côté moral, mais νομίσαντε, εἰ ὁμιλησαίτην ἐκείνῳ, γενέσθαι ἂν ἱκανωτάτω λέγειν τε καὶ πράττειν. On ne peut nous objecter que les sophistes s'annonçaient comme des professeurs de vertu et des éducateurs, car la question est précisément de savoir en quoi on fait consister la vertu (ou plus exactement : la capacité, ἀρετή) : car l'ἀρετή qu'Euthydème et Dionysodore, par exemple, promettent d'enseigner à leurs disciples plus rapidement qu'aucun autre (PLATON, *Euthyd.*, 273 d) ne ressemble en rien à ce que nous appelons *vertu*.

cet état de choses se continuant, elle ne se bornât pas de plus en plus à fournir à la masse, de la manière la plus rapide et la plus agréable possible, les connaissances et les talents dont celle-ci attend un profit.

L'enseignement sophistique présentait donc en lui-même un grand danger pour les spéculations scientifiques solides et sérieuses. Or le danger était encore accru par cette circonstance, que la plupart des sophistes, n'ayant ni domicile fixe ni aucune part à l'administration de l'État, manquaient de ce frein moral que le titre de citoyen impose à tout homme dans sa vie privée et dans l'exercice de ses fonctions[1].

Et quand nous convenons que les circonstances elles-mêmes devaient amener ce résultat, nous ne disons rien là qui puisse modifier notre jugement sur les sophistes. Sans doute, pour les citoyens instruits et distingués des petits États, les voyages et les leçons publiques étaient, à cette époque, l'unique moyen de faire apprécier leurs services et d'exercer une grande influence ; et les lectures olympiques d'un Gorgias et d'un Hippias ne sont pas en elles-mêmes plus blâmables que les lectures d'un Hérodote. Sans doute aussi, la rétribution de l'enseignement pouvait seule ouvrir la carrière de l'instruction à tous les hommes capables d'y entrer, et réunir en un seul lieu les talents les plus divers. Mais tout cela ne change rien aux effets qu'une telle institution devait nécessairement produire. Si la sophistique était, naturellement déjà, encline à restreindre l'intérêt scientifique au côté utile et pratique des sciences, cette tendance dut être extrêmement fortifiée par l'assujettissement des sophistes aux goûts et aux désirs de leurs auditeurs ; et plus l'enseignement sophistique s'appauvrissait au point de vue scientifique et, bientôt après,

---

1. Cf. PLATON (*Tim.*, 19 e) : τὸ δὲ τῶν σοφιστῶν γένος αὖ πολλῶν μὲν λόγων καὶ καλῶν ἄλλων μάλ' ἔμπειρον ἥγημαι, φοβοῦμαι δὲ, μήπως, ἅ τε πλανητὸν ὂν κατὰ πόλεις οἰκήσεις τε ἰδίας οὐδαμῇ διῳκηκὸς, ἄστοχον ἅμα φιλοσόφων ἀνδρῶν ᾗ καὶ πολιτικῶν (que cette race ne soit incapable de bien comprendre les anciens Athéniens).

au point de vue éthique, plus il était difficile d'éviter qu'il ne dégénérât rapidement en un simple moyen d'acquérir de l'argent et de l'honneur.

Caractère scientifique de la sophistique. — Déjà le dédain de la pure spéculation scientifique suppose en lui-même une disposition sceptique ; mais, de plus, les sophistes les plus éminents ont déclaré explicitement, et les autres ont à tout le moins manifesté par leur méthode générale qu'ils se détachaient de l'ancienne philosophie, et cela par cette raison, qu'ils tenaient pour impossible toute espèce de connaissance scientifique des choses. Quand l'homme a une fois renoncé au désir de connaître, il ne peut plus chercher sa satisfaction que dans l'activité ou dans la jouissance. Quand la pensée a perdu son objet, elle se voit obligée d'en tirer un d'elle-même : sa certitude se change en tension interne, en devoir ; son savoir devient un vouloir [1]. Aussi la philosophie pratique des sophistes a-t-elle de tout point pour fondement le doute sur la vérité de la science. Par cette raison, elle est privée de tout appui solide, soit scientifique, soit moral : elle est obligée de se conformer aux opinions reçues ; ou bien, si elle soumet ces opinions à un examen rigoureux, elle arrive nécessairement à cette conclusion, qu'une loi morale universelle est aussi impossible qu'une vérité reconnue universellement. Elle n'osera donc pas élever la prétention d'instruire les hommes sur l'objet et le terme de leur activité, et de leur donner des prescriptions morales ; mais elle bornera son enseignement à l'indication des moyens par lesquels l'individu peut atteindre les fins qu'il a en vue, de quelque nature que soient d'ailleurs ces fins. Mais pour les Grecs tous ces moyens se résument dans l'art de la parole. C'est donc la rhétorique qui, à titre de

1. On en trouve maint exemple dans l'histoire de la philosophie. Il suffit de rappeler ici la direction pratique de Socrate et des Éclectiques postérieurs tels que Cicéron, etc., la philosophie du XVIII° siècle, la relation qui existe entre la critique de la raison pure de Kant et ses doctrines morales, etc.

technique pratique universelle, va constituer le côté positif de l'enseignement sophistique, en face des doctrines négatives sur la théorie de la connaissance et sur la morale. Mais par là même la sophistique sort du domaine propre où se meut l'histoire de la philosophie.

Examinons maintenant en détail ces diverses faces du phénomène qui nous occupe.

§ 4. LA THÉORIE SOPHISTIQUE DE LA CONNAISSANCE ET L'ÉRISTIQUE.

Théorie de la connaissance. — Déjà on voit les anciens philosophes déplorer les bornes étroites de la connaissance humaine; et, depuis Héraclite et Parménide, l'incertitude de la perception sensible est reconnue par les partisans des systèmes les plus opposés. Mais ce n'est qu'avec la sophistique que ces doutes naissants deviennent un scepticisme universel. Pour établir scientifiquement ce scepticisme, les fondateurs de la sophistique prennent pour point de départ, les uns la doctrine d'Héraclite, les autres celle des Éléates; et, quelle que soit la distance qui les sépare à l'origine, ils aboutissent au même résultat. Il y a là, tout d'abord, une suite de la déduction dialectique elle-même, par laquelle ces thèses exclusives se détruisent l'une l'autre; mais il y a aussi un trait distinctif de la sophistique. La sophistique ne tient nullement à acquérir une notion déterminée de la nature des choses ou de la science : elle ne se propose que d'abolir les recherches objectives et la philosophie de la nature.

Protagoras appuie son scepticisme sur la physique d'Héraclite. A vrai dire, il n'est nullement un véritable sectateur de cette philosophie, considérée dans toute son étendue et dans sa signification primitive. Un sceptique comme lui ne pouvait prendre à son compte ce qu'Héraclite enseignait sur le feu primitif, sur les transformations gra-

THÉORIE DE LA CONNAISSANCE.   495

duelles de ce feu, et, d'une manière générale, sur la constitution objective des choses. Mais il a, à tout le moins, remarqué et fait servir à ses fins les propositions générales d'Héraclite sur la transformation de toutes choses et sur l'antagonisme des mouvements.

PROTAGORAS. — D'après Protagoras, tout est constamment en mouvement[1], mais ce mouvement n'est pas d'une seule espèce. Il y a une infinité de mouvements, lesquels toutefois se ramènent à deux classes, celle des mouvements actifs et celle des mouvements passifs[2]. Ce n'est qu'en tant qu'actifs ou passifs que les objets acquièrent certaines qualités. Comme l'action et la passion ne peuvent appartenir à un objet que par rapport à d'autres objets avec lesquels le mouvement le met en relation, on ne saurait

---

1. PLATON, *Theat.*, 152 d; 157 a sq. (Voy. sup., 583, 2.) Il exprime encore, *ibid.*, 156 a, la même idée en ces termes : ὡς τὸ πᾶν κίνησις ἦν καὶ ἄλλο παρὰ τοῦτο οὐδέν, et il n'entend pas par là un *mouvement pur*, sans objet mû, mais un mouvement dont le sujet même se transforme constamment. Cela ressort des textes 100 d, et 181 c. d : πάντα κινεῖται, τὰ πάντα κινεῖσθαι, πᾶν ἀμφοτέρως κινεῖσθαι, φερόμενόν τε καὶ ἀλλοιούμενον, et ressortait déjà du texte 156 c et sqq. : ταῦτα πάντα μὲν κινεῖται... φέρεται γὰρ καὶ ἐν φορᾷ αὐτῶν ἡ κίνησις πέφυκεν, etc. Les mêmes textes montrent en outre que le mot ἦν ne signifie pas (comme le veut VITRINGA, p. 83) qu'il n'y a eu à l'origine que du mouvement, mais que tout est mouvement *par essence*; cf. SCHANZ, p. 70. Le prétérit ἦν figure ici au même titre que dans la formule aristotélicienne τί ἦν εἶναι. Il n'est donc permis ni d'imputer à Protagoras lui-même ce *mouvement pur* (FREI, 79), ni d'en faire une invention de Platon (WEBER, 23 sqq.) et de rectifier le texte d'après SEXTUS, qui, avec sa terminologie stoïcienne, dit de Protagoras, *Pyrrh.*, I, 217 : φησὶν οὖν ὁ ἀνὴρ τὴν ὕλην ῥευστὴν εἶναι, ῥεούσης δὲ αὐτῆς συνεχῶς προσθέσεις ἀντὶ τῶν ἀποχωρήσεων γίγνεσθαι. Le texte du *Théétète*, 181 b, sqq., dit de plus que le mouvement universel admis par Protagoras ne doit pas être conçu seulement comme φορά, mais aussi comme ἀλλοίωσις; mais il résulte de ce texte lui-même que le sophiste, quant à lui, ne s'était pas expliqué sur ce point.

2. Le texte 156 a du *Théétète* continue ainsi : τῆς δὲ κινήσεως δύο εἴδη, πλήθει μὲν ἄπειρον ἑκάτερον, δύναμιν δὲ τὸ μὲν ποιεῖν ἔχον τὸ δὲ πάσχειν. Ceci est ensuite expliqué, 157 a, de la manière suivante : Ni l'action ni la passion n'appartient à une chose comme telle. Les choses ne deviennent actives ou passives que par leur relation avec d'autres choses, à l'égard desquelles elles se comportent d'une manière active ou passive. La même chose peut donc être active ou passive selon son rapport avec une autre. La terminologie de cette exposition est vraisemblablement surtout platonicienne; mais nous n'avons pas le droit de refuser entièrement à Protagoras la distinction du mouvement actif et du mouvement passif.

attribuer à aucun objet, pris en lui-même, aucune qualité, aucun caractère déterminé. Ce n'est qu'en tant que les objets se meuvent les uns vers les autres, se mêlent, influent les uns sur les autres, qu'ils deviennent quelque chose de déterminé. Donc, on ne peut pas dire qu'ils sont quelque chose, ni même qu'ils sont, mais seulement qu'ils deviennent et qu'ils deviennent quelque chose [1].

980   Les idées que nous nous faisons des choses [2] résultent du concours des deux sortes de mouvements. Quand un objet entre en contact avec l'un de nos sens de telle manière que, dans ce contact, l'objet joue un rôle actif et l'organe des sens un rôle passif, il se produit dans l'organe une impression sensible déterminée, et l'objet paraît pourvu

---

1. *Theæt.*, 152 d, 156 e (voy. *sup.*, 583, 2), 157 b : τὸ δ' οὗ δεῖ, ὡς ὁ τῶν σοφῶν λόγος, οὔτε τι συγχωρεῖν οὔτέ του οὔτ' ἐμοῦ οὔτε τόδε οὔτ' ἐκεῖνο οὔτε ἄλλο οὐδὲν ὄνομα ὅ τι ἂν ἱστῇ, ἀλλὰ κατὰ φύσιν φθέγγεσθαι γιγνόμενα καὶ ποιούμενα καὶ ἀπολλύμενα καὶ ἀλλοιούμενα. Ici encore la forme semble appartenir à Platon. On trouve les mêmes indications (puisées sans doute purement et simplement dans les textes désignés ci-dessus) chez PHILOPON, *Gen. et corr.*, 4 b ; et AMMONIUS (*Categ.*, 81 b, *Schol. in Arist.*, 60 a, 15) attribue de même à Protagoras la proposition : οὐκ εἶναι φύσιν ὡρισμένην οὐδενός (dans laquelle FREI (p. 92) a tort de reconnaître les propres paroles du sophiste). C'est encore le sens exprimé par SEXTUS, *l. c.*, dans le langage de son temps, en des termes qui ne me paraissent bien expliqués, ni par PETERSSEN (*Phil.-hist. Stud.*, 117), ni par BRANDIS (I, 528), ni par HERMANN (*Plat. Phil.*, 297, 142), ni par FREI (p. 92 sq.), ni par WEBER (p. 36 sqq.) : τοὺς λόγους πάντων τῶν φαινομένων ὑποκεῖσθαι ἐν τῇ ὕλῃ. En effet, ces mots ne signifient pas que les causes de tous les phénomènes sont exclusivement dans l'élément *matériel*, mais au contraire que, dans la matière, dans les choses comme telles, abstraction faite de la manière dont nous les concevons, est donné le germe de *tout*, la possibilité égale des phénomènes les plus divers, que chaque chose (ainsi que le dit PLUT., *Adv. Col.*, 4, 2, exprimant cette idée de Protagoras) μὴ μᾶλλον τοῖον ἢ τοῖον. ce que Sextus explique lui-même en ces termes : ὡς δύνασθαι τὴν ὕλην, ὅσον ἐφ' ἑαυτῇ, πάντα εἶναι ὅσα πᾶσι φαίνεται.

2. On ne voit pas nettement si Protagoras assimilait purement et simplement le mouvement actif à celui de l'αἰσθητόν, et le mouvement passif à celui de l'αἴσθησις (comme le croit SCHANZ, p. 72), ou s'il ne considérait le mouvement de l'αἰσθητόν et celui de l'αἴσθησις que comme des variétés du mouvement actif et du mouvement passif. C'est la dernière interprétation qui me paraît, en elle-même, la plus vraisemblable. En effet, si Protagoras attribuait aux choses une existence objective, indépendante de nos représentations (et c'est incontestablement ce qu'il a fait), il devait aussi admettre une action réciproque des choses les unes sur les autres, et non pas seulement une action des choses sur nous. On peut, en outre, en faveur de cette interprétation, invoquer l'observation (157 a. Voy. *sup.*, p. 979, 1) suivant laquelle le même objet qui est actif dans son rapport avec un objet se comporte comme passif dans son rapport avec un autre objet. Par rapport à notre αἴσθησις, l'αἰσθητόν est toujours actif ; il ne peut devenir passif que dans son rapport avec d'autres choses.

de qualités déterminées¹. Mais l'un et l'autre effet n'ont lieu que pendant la durée du contact : l'œil est aveugle tant qu'il n'y a point de couleur qui le frappe, et l'objet est incolore tant qu'il n'y a point d'œil pour le voir. Rien donc n'est ou ne devient en soi et pour soi ce qu'il est ou devient : il ne l'est ou ne le devient que pour le sujet qui perçoit² : et celui-ci voit naturellement l'objet sous des aspects différents, suivant qu'il est lui-même dans tel ou tel état³. Les choses ne sont pour chacun que ce qu'elles lui paraissent, et elles lui apparaissent telles qu'elles doivent lui apparaître, étant donné son propre

---

1. *Theæt.*, 156 a, à la suite du texte cité p. 979, 1 : ἐκ δὲ τῆς τούτων ὁμιλίας τε καὶ τρίψεως πρὸς ἄλληλα γίγνεται ἔκγονα πλήθει μὲν ἄπειρα, δίδυμα δὲ, τὸ μὲν αἰσθητὸν, τὸ δὲ αἴσθησις, ἀεὶ συνεκπίπτουσα καὶ γεννωμένη μετὰ τοῦ αἰσθητοῦ. Les αἰσθήσεις s'appellent ὄψεις, ἀκοαί, ὀσφρήσεις, ψύξεις, καύσεις, ἡδοναί, λῦπαι, ἐπιθυμίαι, φόβοι, etc. ; à l'αἰσθητόν appartiennent les couleurs, les sons, etc. La suite donne le commentaire suivant : ἐπειδὰν οὖν ὄμμα καὶ ἄλλο τι τῶν τούτῳ ξυμμέτρων (un objet qui est propre à agir sur l'œil) πλησιάσαν γεννήσῃ τὴν λευκότητά τε καὶ αἴσθησιν αὐτῇ ξύμφυτον, ἃ οὐκ ἄν ποτε ἐγένετο ἑκατέρου ἐκείνων πρὸς ἄλλο ἐλθόντος, τότε δὴ, μεταξὺ φερομένων τῆς μὲν ὄψεως πρὸς τῶν ὀφθαλμῶν, τῆς δὲ λευκότητος πρὸς τοῦ συναποτίκτοντος τὸ χρῶμα, ὁ μὲν ὀφθαλμὸς ἄρα ὄψεως ἔμπλεως ἐγένετο καὶ ὁρᾷ δὴ τότε καὶ ἐγένετο οὔτι ὄψις· ἀλλὰ ὀφθαλμὸς ὁρῶν, τὸ δὲ ξυγγεννῆσαν τὸ χρῶμα λευκότητος περιεπλήσθη καὶ ἐγένετο οὐ λευκότης αὖ ἀλλὰ λευκόν... καὶ τἆλλα δὴ οὕτω σκληρὸν καὶ θερμὸν καὶ πάντα, τὸν αὐτὸν τρόπον ὑποληπτέον αὐτὸ μὲν καθ' αὑτὸ μηδὲν εἶναι, etc. Protagoras paraît avoir déduit de la vitesse plus ou moins grande du mouvement la diversité d'action des objets sur les sens ; car il est dit, p. 156 c, que certains corps se meuvent lentement et n'atteignent, pour cette raison, que les objets prochains, tandis que d'autres se meuvent rapidement et atteignent les objets éloignés. Cela s'appliquerait par exemple aux perceptions du tact et à celles de la vue.

2. Voy. la note ci-dessus et, *l. c.*, 157 a : ὥστε ἐξ ἁπάντων τούτων ὅπερ ἐξ ἀρχῆς ἐλέγομεν, οὐδὲν εἶναι ἓν αὐτὸ καθ' αὑτό, ἀλλά τινι ἀεὶ γίγνεσθαι, etc. (voy. p. 583, 2 ; 979, 2). 160 b : λείπεται δὴ, οἶμαι, ἡμῖν ἀλλήλοις, εἴτ' ἐσμὲν, εἶναι, εἴτε γιγνόμεθα, γίγνεσθαι, ἐπείπερ ἡμῶν ἡ ἀνάγκη τὴν οὐσίαν συνδεῖ μὲν, συνδεῖ δὲ οὐδενὶ τῶν ἄλλων, οὐδ' αὖ ἡμῖν αὐτοῖς. ἀλλήλοις δὴ λείπεται συνδεδέσθαι, ὥστε εἴτε τις εἶναί τι ὀνομάζει, τινὶ εἶναι ἢ τινὸς ἢ πρός τι ῥητέον αὐτῷ, εἴτε γίγνεσθαι, etc. Cf. *Phædo*, 90 c. De même, Aristote, *Metaph.*, IX, 3, 1047 a, 5 : αἰσθητὸν οὐδὲν ἔσται μὴ αἰσθανόμενον· ὥστε τὸν τοῦ Πρωταγόρου λόγον συμβήσεται λέγειν αὐτοῖς. Alexander *ad h. loc.* et ad p. 1010 b, 30 ; p. 213, 28, Bon. Hermias, *Irris*, c. 4 ; Sextus, *Pyrrh.*, I, 219 : τὰ δὲ μηδενὶ τῶν ἀνθρώπων φαινόμενα οὐδὲ ἔστιν. Par contre, ce n'est pas à Protagoras (comme le croient Philopon *ad O*, 15, au haut, et Vitringa, p. 106), mais à Démocrite, que s'applique, dans Aristote, *De an.*, III, 2, 426 a, 20, le mot le φυσιολόγοι.

3. Platon (157 e, sqq.) allègue à l'appui l'exemple des rêveurs, des malades et des fous : comme ils sont dans d'autres conditions que ceux qui veillent et se portent bien, le contact des choses doit nécessairement engendrer en eux d'autres perceptions. Toutefois Platon lui-même (158 e) ne paraît pas rapporter expressément cette réponse à Protagoras ; il semble la donner uniquement comme

état: « L'homme est la mesure de toutes choses, de celles qui sont, pour ce qui est de savoir comment elles sont, et de celles qui ne sont pas, pour ce qui est de savoir comment elles ne sont pas [1]. » Il n'y a pas de vérité objec-

---

un complément nécessaire de sa théorie. Et il est très-vraisemblable que les indications et développements analogues de Sextus (*Pyrrh.*, I, 217, sq.), d'Ammonius et de Philopon (*ad locos* p. 919, 2 *Lumdat.*), de David (*Schol. in Arist.*, 60 b, 16), ne sont pas tirés de l'ouvrage de Protagoras, mais sont empruntés au *Théétète*, ou résultent d'interprétations individuelles.

1. *Thecet.*, 152 a : φησὶ γάρ που (Πρωτ.) πάντων χρημάτων μέτρον ἄνθρωπον εἶναι, τῶν μὲν ὄντων ὡς ἔστι, τῶν δὲ μὴ ὄντων, ὡς οὐκ ἔστιν. Cet aphorisme est souvent cité avec ou sans le complément : Platon, *Thecet.*, 160 c; *Crat.*, 385 c; Aristote, *Metaph.*, X, 1, 1053 a, 35; XI, 6, *sub init.*; Sextus, *Math.*, VII, 60; *Pyrrh.*, I, 216; Diogène, IX, 51, etc. (voy. Fabi, 94). D'après le *Théétète*, 161 c, Protagoras s'exprimait ainsi au commencement de son traité *de la Vérité*, ἀρχόμενος τῆς Ἀληθείας. Comme il est aussi parlé p. 162 a, 170 e (cf. 155 e, 166 d; *Crat.*, 386 c; 391 c), de l'Ἀλήθεια de Protagoras, on est tenté d'admettre que l'ouvrage où se trouvait cet aphorisme portait (comme l'affirme déjà le scholiaste du *Théétète*, 161 c) le titre d'Ἀλήθεια. Toutefois, il ne paraît pas impossible que ce titre soit de l'invention de Platon. Il suffit pour cela que Protagoras ait déclaré dans ce livre, à plusieurs reprises et avec force, qu'il se proposait de faire connaître la vérité sur les choses, par opposition à l'opinion vulgaire. D'après Sextus (*Math.*, VII, 60), l'aphorisme se trouvait au début des Καταβάλλοντες; et Porphyre (ap. Eusèbe, *Præp. ev.*, X, 3, 25) dit que Protagoras, dans le λόγος περὶ τοῦ ὄντος, avait combattu les Éléates, ce qu'il a dû faire dans l'ouvrage d'où sont tirées les citations données par le *Théétète*. Peut-être Porphyre ne désigne-t-il l'ouvrage que par le véritable titre était-il Καταβάλλοντες (sc. λόγοι) ou encore Ἀλήθεια ἢ Καταβ. Les deux livres des antilogies (ap. Diogène, IX, 55) pourraient n'être qu'une variante pour Καταβάλλοντες. Cf., sur ce point, Fabi, 176 sqq.; Weber, 43 sq.; Bernays, *Rh. Mus.*, VII, 464 sqq.; Vitringa, 115; Schanz, *Beitr. z. vorsokr. Phil.*, I, 29 sqq.; Bethe, *Vers. einer Würd. d. sophist. Redekunst*, 29, sqq. — Le sens de l'aphorisme de Protagoras est souvent aussi exprimé de la manière suivante : οἷα ἂν δοκῇ ἑκάστῳ τοιαῦτα καὶ εἶναι (Platon, *Crat.*, 386 c. De même *Theæt.*, 152 a. Cf. Cicéron, *Acad.*, 46, 142), τὸ δοκοῦν ἑκάστῳ τοῦτο καὶ εἶναι παγίως (Arist., *Metaph.*, XI, 6, *sub init.* Cf. IV, 4, 1007 b, 22, IV, 6, *sub init.*; Alexandre, *ad hos locos* et passim; David, *Schol. in Arist.*, 23 a, 4; mais ce dernier transporte à Protagoras ce qui se trouve dans l'*Euthydème* de Platon, 287 c), πάσας τὰς φαντασίας καὶ τὰς δόξας ἀληθεῖς ὑπάρχειν καὶ τῶν πρός τι εἶναι τὴν ἀλήθειαν (Sext., *Math.*, VII, 60. Cf. *Schol. in Arist.*, 60 b, 16). Mais ici encore, si l'indication est exacte, le sens ne peut être que celui-ci : *pour chacun, ce qui lui paraît être est tel qu'il lui apparaît*, et c'est ce que dit expressément Platon (*Theæt.*, 152 a), que Grote (*Plato*, II, 347, 353, 369) blâme à tort d'avoir omis ce point. Les expressions dont se servent les auteurs mentionnés ci-dessus ne reproduisent pas les propres paroles de Protagoras, comme il ressort en partie des textes eux-mêmes. Il en est de même de la remarque de Platon, suivant laquelle la science, selon Protagoras, consiste uniquement dans la sensation, et aussi de la conclusion d'Aristote (*l. c., Metaph.*, IV) et de son commentateur (Alex., p. 194, 16; 228, 10; 247, 10; 258, 12 Bon.), 637 a, 16, 653 a, 1, 662 a, 4, 667 a, 34, Br.), suivant laquelle, d'après Protagoras, les contradictoires peuvent être vraies en même temps. L'indication que donne Diogène, IX, 51 : ἔλεγέ τε μηδὲν εἶναι ψυχὴν παρὰ τὰς αἰσθήσεις, et pour laquelle il se réfère expressément au *Théétète*, paraît être, ou une conséquence tirée de la proposition suivant laquelle les choses n'existent que dans

tive, mais seulement une apparence subjective de vérité, il n'y a pas de science valable pour tous, mais seulement des opinions[1].

GORGIAS. — *Gorgias* arrive au même résultat en partant du point le plus opposé. Dans son traité *De la nature ou du non-être*[2], il cherchait à démontrer trois proposi-

l'acte de la perception, ou, ce qui me paraît plus vraisemblable, une altération de cette autre proposition que l'ἐπιστήμη n'est rien autre chose que l'αἴσθησις. Ce que dit THÉMISTIUS (*Analyt. post.*, p. 25, Sp. *Schol. in Ar.*, 207 b, 26) sur l'idée que Protagoras se fait de la science est sans doute tiré du texte même d'Aristote, lequel ne se rapporte nullement à Protagoras.

1. GROTE (*Plato*, II, 322, sq.) doute que Protagoras ait fondé sur la théorie d'Héraclite, de la manière indiquée ici, sa proposition que « l'homme est la mesure de toutes choses ». SCHUSTER (*Herakl.*, 29, sqq.) va plus loin encore. Non-seulement il soutient que Protagoras, pas plus qu'Héraclite (V. sup., p. 656, sq.), n'est parti de ses principes métaphysiques pour arriver à sa théorie de la connaissance, mais il croit en outre que Protagoras admettait qu'il y a une science et que cette science coïncide avec l'αἴσθησις et avec l'opinion fondée sur l'αἴσθησις. Mais cette dernière affirmation ne repose sur aucune donnée. Il y a plus : elle est inconciliable avec tous les témoignages que nous possédons sur Protagoras. D'abord, comme SCHUSTER en fait lui-même la remarque, la proposition (*Theæt.*, 151 e, 160 d) : οὐκ ἄλλο τί ἐστιν ἐπιστήμη, ἢ αἴσθησις, n'est pas attribuée directement par Platon à Protagoras. Platon dit au contraire expressément (152 a ; cf. 159 d) qu'il a énoncé la proposition sous une *autre* forme (τρόπον τινὰ ἄλλον), en tant qu'il résulte du πάντων χρημάτων μέτρον ἄνθρωπος ; qu'il ne saurait y avoir de science qui dépasse le phénomène, ni, conséquemment (car φαίνεσθαι = αἰσθάνεσθαι, 152 b), qui dépasse l'αἴσθησις. Ensuite, comme il résulte déjà de ce qui précède, cette proposition, déterminée par le contexte, ne signifie pas : *il y a une science, et cette science consiste dans l'αἴσθησις*, mais bien : *il n'y a pas de science objective, parce qu'il n'y en a pas qui soit autre chose qu'une αἴσθησις, et que l'αἴσθησις est un simple phénomène et rien de plus* : c'est ce qui ressort clairement des textes du *Théétète*, 162 a, sq. ; 161 d, sq. ; 166 a, sqq., etc. Or c'est justement ce que disent tous nos témoins sans exception. Tous exposent que, selon Protagoras, ceci est vrai pour chacun qui lui paraît tel : ce qui est précisément le contraire de la proposition : « il y a une science ou ἐπιστήμη », à moins qu'on ne veuille entendre par ἐπιστήμη une opinion qui n'aurait qu'une vérité purement *subjective*, une pure et simple imagination (φαντασία, *Theæt.*, 152 c). — Ce qui peut davantage faire l'objet d'un doute, c'est la question de savoir si Protagoras avait donné à sa proposition le fondement que Platon lui prête. J'ai déjà dit plusieurs fois que, selon toute apparence, Platon ne se tient pas rigoureusement à la forme d'exposition employée par Protagoras. Mais ce n'est pas une raison pour nier de Protagoras le fond de la théorie que Platon met dans sa bouche, ou pour contester la connexion de la théorie de Protagoras avec la physique d'Héraclite. Le doute resterait illégitime, lors même que SEXTUS (*Pyrrh.*, I, 216, sq. ; *Math.*, VII, 60, sqq.) ne devrait pas être considéré comme source originale, tandis qu'il a certainement ce caractère dans une partie au moins de ses indications. On ne voit pas comment Platon serait arrivé à présenter les choses comme il les présente, si Protagoras lui-même ne lui avait fourni à cet égard des suggestions.

2. SEXTUS (*Math.*, VII, 65-87) nous donne, avec la terminologie qui lui est pro-

tions : 1° il n'y a rien ; 2° s'il y a quelque chose, ce quelque chose est inconnaissable ; 3° à supposer même que ce quelque chose soit connaissable, il n'est point communicable par le discours.

La démonstration de la première proposition s'appuie entièrement sur les principes des Éléates.

S'il y avait quelque chose, dit Gorgias, ce serait nécessairement ou un être, ou un non-être, ou les deux à la fois. Or :

A. Ce ne peut être un *non-être*. En effet, rien ne peut à la fois être et ne pas être. Or le non-être, comme tel, devrait, d'une part, ne pas être ; d'autre part, il devrait être, en tant qu'il *est* un non-être. — En outre, comme l'être et le non-être s'excluent, on ne saurait attribuer l'existence à celui-ci sans la retrancher à celui-là, et l'on ne peut refuser l'existence à l'être[1].

B. Mais ce qui est ne peut davantage être un *être*. En effet l'être devrait être dérivé ou non dérivé, un ou plusieurs.

a. Il ne peut être non dérivé, car ce qui n'est pas dérivé, dit Gorgias avec Mélissus, est sans commencement ; et ce qui est sans commencement est infini. Or l'infini n'est nulle part : car il ne peut être ni dans un autre, parce qu'alors il ne serait pas infini, ni en lui-même, parce que le contenant est autre chose que le contenu. Et ce qui n'est nulle part n'est pas du tout[2]. — Si, d'autre part, l'être était dérivé, il devrait nécessairement être dérivé

---

pre, un long extrait de ce livre. Le Pseudo-Aristote (*De Melisso*, c. 5, 6) nous en donne un moins complet. C'est à Sextus que nous devons le titre : περὶ τοῦ μὴ ὄντος ἢ π. φύσεως. Rose (*Arist. libr. ord.*, 77, sqq.) élève, sur l'authenticité du livre, des doutes qui ne me semblent justifiés ni par le silence d'Aristote sur le scepticisme de Gorgias, ni par ce fait que Gorgias s'est renfermé plus tard dans la rhétorique. Isocrate déjà (*Hel.*, 3 ; π. ἀντιδόσ., 268) prête à son maître Gorgias cette proposition que rien n'existe, et il se reporte expressément, dans le premier de ces deux textes, aux écrits des anciens sophistes.

1. Sextus, 66, sq. ; et, avec quelques différences qui tiennent peut-être en partie à l'état du texte, le *De Melisso*, c. 5, 979 a, 21, sqq.
2. Cf. p. 654, 3, 544, 1.

soit de l'être, soit du non-être. Mais de l'être rien ne peut sortir, car si l'être devenait autre, il ne serait plus l'être. Et il ne peut davantage sortir quelque chose du non-être : car, si le non-être n'est pas, on peut lui appliquer la maxime : « rien ne vient de rien »; et s'il est, on peut lui appliquer tous les raisonnements qui montrent l'impossibilité que quelque chose sorte de l'être [1].

b. De même l'être ne saurait être ni *un* ni *plusieurs*. Il ne saurait être un ; car ce qui est réellement un ne peut avoir de grandeur corporelle, et ce qui n'a pas de grandeur n'est pas [2]. Il ne peut être *plusieurs*, car toute pluralité est un nombre d'unités ; et, s'il n'y a pas d'unité, il n'y a pas davantage de pluralité [3].

c. Si enfin nous ajoutons que l'être ne saurait se *mouvoir*, parce que tout mouvement serait un changement et par là même le devenir d'un non-être, et parce que, de plus, tout mouvement suppose une division, et toute division une abolition de l'être [4], nous conclurons avec évidence que l'être est aussi inconcevable que le non-être.

C. Or, si l'être ne peut être ni un être ni un non-

---

1. Sextus, 68-71; *De Mel.*, 979 b, 20, sqq. Ce dernier ouvrage mentionné expressément Mélissus et Zénon (voy. sup., 553, sq., 544, 1). Sextus donne le raisonnement sous cette forme plus simple : Rien, dit-il, ne peut provenir du non-être, parce que ce qui produit quelque chose doit d'abord être lui-même. Il ajoute que l'être ne peut être en même temps engendré et non engendré, parce que l'un exclut l'autre. Ceci est peut-être une addition. Sextus aime, dans un dilemme dont il a réfuté les deux termes, à montrer encore spécialement que les deux ne peuvent être vrais à la fois.

2. *De Mel.*, 919 b, 36 (texte complété par Mullach) : καὶ ἓν μὲν οὐκ ἂν δύνασθαι εἶναι, ὅτι ἀσώματον ἂν εἴη τὸ ἕν, τὸ γὰρ ἀσώματόν, φησιν, οὐδὲν, ἔχων γνώμην παραπλησίαν τῷ τοῦ Ζήνωνος λόγῳ (voy. sup., 541, 1). Gorgias (ap. Sextus, 73) expose avec plus de détails que l'Un ne peut être ni un συνεχές, ni un μέγεθος, ni un σῶμα.

3. Sextus, 74 ; *De Mel.*, 919 b, 37 (d'après Foss et Müll.). Cf. Zénon, *l. c.*, et Mélissus, *sup.*, 557, 1.

4. *De Melisso*, 980 b, 1 ; cf. *sup.*, p. 558. Cette preuve manque dans Sextus; mais il n'est pas vraisemblable que Gorgias n'ait tiré aucun parti des objections de Zénon et de Mélissus contre le mouvement. Seulement on peut présumer que, selon son habitude, il avait, ici encore, posé un dilemme, et démontré que l'être ne peut ni être mû, ni ne l'être pas. La source que nous possédons semble donc ici présenter une lacune.

être, il ne peut évidemment davantage être les deux à la fois[1].

Ainsi est démontrée, suivant Gorgias, la première proposition : « Rien n'est. »

Les démonstrations des deux autres propositions sont moins complexes.

Y eût-il quelque chose, ce quelque chose serait inconnaissable. En effet, l'être n'est pas une pensée, et une pensée n'est pas un être : autrement tout ce que l'on pense devrait aussi exister réellement, et une idée fausse serait chose impossible. Mais si l'être n'est rien de pensé, il n'est ni pensé ni connu, il est inconnaissable[2].

Enfin l'être fût-il connaissable, il ne pourrait être communiqué par les mots. Comment, en effet, de simples sons pourraient-ils produire les intuitions des choses, quand ce sont au contraire les mots qui naissent des intuitions ? Et puis, comment est-il possible que l'auditeur pense, à propos des mots, la même chose que celui qui parle, puisqu'une seule et même chose ne peut être dans des sujets différents ? Et lors même que la même chose serait dans des sujets différents, ne leur apparaîtrait-elle pas comme différente, puisque ces sujets sont des personnes différentes en des lieux différents[3] ?

Tous ces raisonnements sont en partie de purs sophismes ; cependant ils touchent aussi, surtout en ce qui concerne la troisième proposition, à des difficultés réelles, et l'ensemble pouvait fort bien passer à cette époque pour une démonstration établissant sur une base solide le doute relatif à la possibilité de la science[4].

---

1. Sextus, 75, sq. Cf. la note de la page 985, 2.
2. *De Mel.*, 980 a, 8. Le commencement est altéré et n'a pas été rétabli d'une manière satisfaisante par Mullach. Quant à Sextus (77-82), il met ici beaucoup du sien.
3. Sextus, 83-86. Ici encore il intercale certainement des éclaircissements qui lui sont propres. Le *De Melisso*, 980 a, 19, sqq., est plus complet, mais avec un texte en partie douteux.
4. Grote (*Hist. of Gr.*, VIII, 503 sq.) se laisse entraîner par sa prédilection

Les autres sophistes. — Parmi les autres sophistes, aucun ne paraît, du moins d'après les documents dont nous disposons, s'être appliqué à une justification aussi approfondie du scepticisme. Ils adoptèrent généralement le résultat où se rejoignaient le scepticisme héraclitique et le scepticisme éléatique, savoir la négation de la vérité objective. Si cette opinion ne s'appuyait que chez un petit nombre sur une théorie développée de la connaissance, les sceptiques en général n'en exploitèrent pas moins avec ardeur les motifs de doute que leur offraient Protagoras et Gorgias, Héraclite et Zénon. Ils adoptèrent particulièrement, à ce qu'il semble, la remarque que Gorgias avait peut-être faite le premier d'après Zénon, à savoir que l'un ne peut être en même temps plusieurs, et que, par suite, toute union d'un prédicat avec un sujet est inadmissible [1].

pour les sophistes quand il soutient que l'argumentation de Gorgias se rapporte exclusivement à la chose en soi des Éléates ; que ces derniers n'avaient voulu tenir pour réel que l'être qui est au delà du phénomène, et que Gorgias démontre à bon droit contre eux qu'une telle chose en soi, *ultra-phenomenal Something or Noumenon*, n'existe pas, ne saurait être connue et ne saurait être décrite. Les textes ne contiennent pas la moindre indication d'une pareille restriction. Gorgias démontre d'une manière tout à fait générale et absolue que rien n'existe, que rien ne peut être connu ou exprimé. Les Éléates d'ailleurs n'ont pas distingué du phénomène ce qui est derrière le phénomène : ils ont distingué entre la vraie et la fausse conception des choses. Ce n'est que chez Platon et, en un certain sens, chez Démocrite, que nous rencontrons la dualité de l'être, la distinction du phénomène et de l'être en soi.

[1]. Cf. Platon, *Soph.*, 251 b : ὅθεν γε, οἶμαι, τοῖς τε νέοις καὶ γερόντων τοῖς ὀψιμαθέσι θοίνην παρεσκευάκαμεν· εὐθὺς γὰρ ἀντιλαβέσθαι παντὶ πρόχειρον, ὡς ἀδύνατον τά τε πολλὰ εἶναι, καὶ δή που χαίρουσιν οὐκ ἐῶντες ἀγαθὸν λέγειν ἄνθρωπον, ἀλλὰ τὸ μὲν ἀγαθὸν ἀγαθόν, τὸν δὲ ἄνθρωπον ἄνθρωπον. Sans doute Platon, dans ce texte, a tout d'abord en vue Antisthène et son école, mais son assertion n'est pas limitée à ces philosophes. C'est ce qui ressort du texte du *Philèbe*, 14 c ; 15 d, où il désigne comme un phénomène tout à fait général l'habitude où sont les jeunes gens de résoudre dialectiquement, tantôt la pluralité en unité, tantôt l'unité en pluralité, et de contester la possibilité de la pluralité dans l'unité. Cela ressort avec plus de précision encore du texte : Aristote, *Phys.*, I, 2, 185 b, 25 : ἐθορυβοῦντο δὲ καὶ οἱ ὕστεροι τῶν ἀρχαίων (Héraclite a été nommé plus haut), ὅπως μὴ ἅμα γένηται αὐτοῖς τὸ αὐτὸ ἓν καὶ πολλά. διὸ οἱ μὲν τὸ ἔστιν ἀφεῖλον, ὥσπερ Λυκόφρων, οἱ δὲ τὴν λέξιν μετερρύθμιζον, ὅτι ὁ ἄνθρωπος οὐ λευκός ἐστιν, ἀλλὰ λελεύκωται, etc. Si Lycophron s'est déjà occupé de cette proposition, elle n'a pas dû être mise pour la première fois en circulation par Antisthène, mais elle a vraisemblablement été empruntée par Antisthène à Gorgias son maître, dont Lycophron paraît aussi avoir été le disciple ; cf. p. 960, 3. Damascène (*De princ.*,

988 Aux propositions de Protagoras sur la relativité de nos représentations se rattache l'assertion de Xéniade [1], disant que toutes les opinions des hommes sont fausses ; et lorsque le même Xéniade, à l'encontre d'un principe des physiciens, d'abord implicitement admis, puis expressément adopté à partir de Parménide, voit dans la génération un devenir issu du néant et dans la destruction un anéantissement absolu, il est possible qu'il ait également été induit à cette opinion par la doctrine d'Héraclite sur l'écoulement de toutes choses. Peut-être aussi ne parlait-il qu'hypothétiquement, pour montrer que la génération et la destruction sont aussi inconcevables que le devenir issu du néant et retournant au néant.

D'autres, comme Euthydème, mélangeaient vraisemblablement des éléments éléatiques et des éléments héraclitiques. Euthydème affirmait, d'une part, au sens de Protagoras, que tout convient à tout, en tout temps, au même 989 degré et à la fois [2] ; et, d'autre part, il tirait de certaines

---

o. 126, p. 262) veut que cette assertion ait été avancée déjà indirectement par Protagoras et expressément par Lycophron ; mais cette indication ne repose certainement que sur un souvenir inexact du texte d'Aristote.

1. Cf. p. 961, 2. Ce que nous disons se trouve dans Sextus, *Math.*, VII, 53 : Ξενιάδης δὲ ὁ Κορίνθιος, οὗ καὶ Δημόκριτος μέμνηται, πάντ' εἰκὼν ψευδῆ καὶ πᾶσαν φαντασίαν καὶ δόξαν ψεύδεσθαι, καὶ ἐκ τοῦ μὴ ὄντος πᾶν τὸ γινόμενον γίνεσθαι, καὶ εἰς τὸ μὴ ὂν πᾶν τὸ φθειρόμενον φθείρεσθαι, δυνάμει τῆς αὐτῆς ἔχεται τῷ Ξενοφάνει στάσεως. Le dernier point n'a trait qu'au prétendu scepticisme de Xénophane ; on n'en saurait conclure que Xéniade prenait pour point de départ la doctrine éléatique. L'assertion relative au γίνεσθαι et au φθείρεσθαι ne se concilie avec la précédente que si Xéniade s'en servait pour prouver que, d'une manière générale, tout γίνεσθαι et tout φθείρεσθαι sont impossibles. Sextus mentionne aussi (VII, 388, 399 ; VIII, 5) cette proposition, que toutes les représentations sont fausses ; il range Xéniade parmi ceux qui n'admettaient aucun critérium, *Math.*, VII, 48. *Pyrrh.*, II, 18.

2. Platon (*Crat.*, 386 d), après avoir cité la proposition de Protagoras, à savoir que l'homme est la mesure de toute chose, ajoute : ἀλλὰ μὴν οὐδὲ κατ' Εὐθύδημόν γε, οἶμαι, σοὶ δοκεῖ πᾶσι πάντα ὁμοίως εἶναι καὶ ἀεί. οὐδὲ γὰρ ἂν οὕτως εἶεν οἱ μὲν χρηστοί, οἱ δὲ πονηροί, εἰ ὁμοίως ἅπασι καὶ ἀεὶ ἀρετὴ καὶ κακία εἴη. Sextus lui aussi (*Math.* VII, 64) range à côté de Protagoras Euthydème et Dionysodore : τῶν γὰρ πρός τι καὶ οὗτοι τό τε ὂν καὶ τὸ ἀληθὲς ἀπολελοίπασι, tandis que Proclus (in *Crat.*, § 41), reproduisant les indications de Platon, dit que Protagoras et Euthydème, d'accord sur le résultat, n'ont pas le même point de départ. Ceci d'ailleurs ne peut guère être exact. Comparez, avec la proposition d'Euthydème, ce qui a été cité sur Protagoras, p. 979, 2.

propositions de Parménide [1] cette conséquence, qu'on ne peut errer, ni rien énoncer de faux, et que, pour cette raison, il est impossible de se contredire, parce que le non-être ne peut être ni conçu ni exprimé [2]. Nous retrouvons ailleurs la même affirmation, associée en partie au scepticisme héraclitique et protagoricien [3]; et ainsi nous pouvons admettre d'une manière générale que des observations diverses et issues de différents points de vue furent mises à profit sans préoccupation de rigueur et de conséquence, pour justifier la lassitude qu'on éprouvait à l'endroit des recherches physiques et la disposition sceptique du siècle.

L'Éristique. — L'application pratique de ce scepticisme est l'*Éristique*. Si aucune opinion n'est vraie en soi et pour tous, si chaque opinion n'est vraie que pour ceux à qui elle paraît telle, on peut à toute affirmation en opposer légitimement une autre quelconque; il n'y a point de proposition dont le contraire ne puisse être également vrai. Protagoras avait déjà déduit ce principe de sa théorie de la connaissance [4]; et quant aux autres sophistes, bien que

---

1. Parménide, v. 39, sq.; 64, sq.; 512, 1, 513, 2.
2. *Ap.* Platon, *Euthyd.*, 283 e, sqq., Euthydème explique longuement qu'il n'est pas possible de dire ce qui n'est pas vrai, car celui qui dit quelque chose dit toujours quelque chose qui est, et celui qui dit ce qui est dit la vérité. On ne peut dire ce qui n'est pas, car ce qui n'est pas ne peut être saisi. La même thèse est ainsi résumée, 286 c : ψευδῆ λέγειν οὐκ ἔστι... οὐδὲ δοξάζειν : dans ce qui précède, Dionysodore a expliqué que, puisqu'on ne peut dire ce qui n'est pas, il n'est pas davantage possible que différentes personnes parlent différemment du même objet : si l'une ne parle pas comme l'autre, c'est nécessairement qu'elle ne parle pas du même objet. La même affirmation est citée dans Isocrate, *Hel.*, 1. Mais ici elle semble s'appliquer à Antisthène (voy. sur lui part. II, a, 256, 1, 3ᵉ édition); car aux partisans de cette affirmation sont expressément opposés les anciens sophistes.
3. Cratyle dit de même (voy. *sup.*, 615, sq.), dans le *Cratyle* de Platon, 429 d, qu'on ne peut rien dire de faux, πῶς γὰρ ἄν... λέγων γέ τις τοῦτο, ὃ λέγει, μὴ τὸ ὂν λέγοι; ἢ οὐ τοῦτό ἐστι τὸ ψευδῆ λέγειν, τὸ μὴ τὰ ὄντα λέγειν; et dans l'*Euthydème*, 286 c, il est dit de l'affirmation de Dionysodore : καὶ γὰρ οἱ ἀμφὶ Πρωταγόραν σφόδρα ἐχρῶντο αὐτῷ καὶ οἱ ἔτι παλαιότεροι. (C'est à cela que se rapporte le texte : Diog.; IX, 53.) Cf. Ammon., in *Categ. Schol. in Ar.*, 60 a, 17. Dans le *Sophiste*, 241 a; 260 d, la proposition qu'il n'y a rien de faux est attribuée d'une manière générale aux sophistes, τὸ γὰρ μὴ ὂν οὔτε διανοεῖσθαί τινα οὔτε λέγειν· οὐσίας γὰρ οὐδὲν οὐδαμῇ τὸ μὴ ὂν μετέχειν.
4. Diogène, IX, 51 : πρῶτος ἔφη δύο λόγους εἶναι περὶ παντὸς πράγματος ἀντικει-

nous ne lisions nulle part qu'ils l'aient posé avec une telle généralité, nous voyons du moins que leur manière de procéder le suppose de tout point. Les témoignages n'attribuent à aucun sophiste des recherches sérieuses dans le domaine des sciences de la nature ou de la métaphysique. Hippias aimait bien à faire montre de ses connaissances physiques, mathématiques et astronomiques [1], mais il ne faut attendre de lui aucune recherche approfondie et portant sur les choses elles-mêmes ; et si Antiphon, dans ses deux livres sur la Vérité [2], touchait aussi à des questions physiques, son essai sur la quadrature du cercle [3] suffit à montrer qu'il n'apporta à cette étude aucune compétence spéciale. Ce qui nous est rapporté de lui à cet égard est tantôt emprunté à d'autres, tantôt même au-dessous du niveau des sciences naturelles à son époque [4].

μένους ἀλλήλοις οἷς καὶ συνηρώτα (dont il se servait pour poser des questions dialectiques) πρῶτος τοῦτο πρᾶξας. CLÉMENT, *Strom.*, VI, 647 a : Ἕλληνές φασι Πρωταγόρου προκατάρξαντος, παντὶ λόγῳ λόγον ἀντικείμενον παρεσκευάσθαι. SÉN., *Ep.*, 88, 43 : *Protagoras ait de omni re in utramque partem disputari posse ex æquo et de hac ipsa, an omnis res in utramque partem disputabilis sit.*

1. Cf. p. 957 sq.
2. Voy. p. 961, 5.
3. ARISTOTE (*Phys.*, I, 1, 185 a, 17 ; *Soph. el*., c. 11, 172 a, 2, sqq.) en parle comme d'un essai de dilettante. D'après SIMPLICIUS (*Phys.*, 12 a, au bas), qui semble ici suivre Eudème, cet essai consistait simplement à inscrire un polygone dans un cercle et à en évaluer la surface, en partant de cette idée qu'en donnant au polygone un nombre suffisant de côtés on le ferait coïncider avec le cercle (ALEXANDRE, ad loc. laud. *Soph. el*., confond la solution d'Antiphon avec une autre ; dans le commentaire sur le texte de la *Physique*, il semble, d'après SIMPLICIUS, l'avoir exactement saisie).
4. Les *Placita*, II, 28, 2 (STOB., *Ecl.*, I, 556 ; GALIEN, *H. ph.*, c. 15, p. 281 ; JOH. LYD., *De mens.*, III, 8, p. 39) lui attribuent cette proposition (émise par Anaxagore ; voy. p. 903), que la lune a une lumière propre, et que si l'on ne voit nullement cette lumière ou si on ne la voit qu'incomplètement, cela provient de la lumière du soleil, laquelle offusque celle de la lune. D'après STOBÉE, *Ecl.*, I, 524, il considérait le soleil comme un feu, et il admettait, avec Anaximandre et Diogène (voy. sup. ; 207, 244 sq.), que ce feu se nourrissait des vapeurs répandues dans l'atmosphère, et que sa révolution quotidienne provenait de ce qu'il cherche constamment une nourriture nouvelle en échange de celle qu'il a consommée. D'après le même STOBÉE (I, 558), il expliquait les éclipses de lune (avec Héraclite ; voy. p. 622, 2) par un renversement de la nacelle qui porte le feu de la lune. D'après les *Placita*, III, 16, 4 (GALIEN, *H. ph.*, c. 22, p. 299), il considérait la mer comme une exsudation du corps terrestre, provoquée par la chaleur (cf. Anaxagore. Voy. sup. ; 899, 2) ; GALIEN (in Hippocrat. *Epidem.*, t. XVII, a, 681) cite un texte de l'ouvrage que nous avons mentionné, où est expliqué un phénomène météorologique, sans qu'on sache précisément lequel.

Protagoras ne se bornait pas à s'abstenir personnellement d'enseigner les sciences naturelles : Platon nous le montre s'égayant aux dépens d'Hippias[1] ; et nous apprenons par ARISTOTE, que fidèle à son point de vue sceptique, il attaquait l'astronomie en faisant observer que les lieux et orbites réels des astres ne coïncident pas avec les figures des astronomes[2]. S'il a écrit sur la mathématique[3], son but a sans doute été d'en contester la certitude scientifique et de n'en laisser subsister que les applications pratiques renfermées dans d'étroites limites[4].

Gorgias a pu, à l'occasion, tirer parti de quelques propositions physiques[5], mais son scepticisme devait pareillement le détourner de toute recherche personnelle dans cette branche, et nul témoin ne lui en prête.

Nous ne connaissons rien qui se rapporte aux sciences naturelles[6] dans les ouvrages de Prodicus, de Thrasy-

---

1. Voy. sup., 966, 5. TERTULLIEN (De an., 15, sub fin.) attribue à Protagoras cette opinion que le siège de l'âme est dans la poitrine. Mais cette indication doit s'appuyer sur quelque remarque faite en passant, non sur une théorie anthropologique.

2. Metaph., III, 2, 998 a, 2. ALEXANDRE le répète dans son commentaire ad h. l.; ASCLÉPIUS (Schol. in Ar., 619 b, 3) ajoute des détails dont il est certainement l'auteur. A cette indication se rapporte le texte de SYRIANUS, Metaph., 21 a, sub init., Bagol.

3. Περὶ μαθημάτων. DIOGÈNE, IX, 55. Cf. FREI, 189, sq.

4. Il a fort bien pu admettre cette utilité pratique, et même donner, en ce sens, des indications positives. D'après DIOGÈNE (l. c.) et PLATON (Soph., 232 d; voy. ci-dessous, 992, 2), il avait écrit sur l'art de la lutte ; et, d'après ARISTOTE (voy. sup., 946, 3), il avait inventé un coussinet à l'usage des portefaix.

5. SOPATER, Διαίρ. ζητ., Rhet. gr., VIII, 23 : Γοργ. μύδρον εἶναι λέγων τὸν ἥλιον (mais on confond peut-être ici avec Anaxagore). PLATON, Meno, 76 c : Βούλει οὖν σοι κατὰ Γοργίαν ἀποκρίνωμαι... Οὐκοῦν λέγετε ἀπορροάς τινας τῶν ὄντων κατ' Ἐμπεδοκλέα... καὶ πόρους;, etc. Quant à la définition de la couleur qui vient après, Socrate la donne en son propre nom.

6. GALIEN (De elem., I, 9, t. I, 487, K.; De virt. phys., II, 9, t. II, 130) cite un ouvrage de Prodicus sous le titre de περὶ φύσεως ou π. φύσεως ἀνθρώπου ; et Cicéron dit, De orat., III, 32, 128 : Quid de Prodico Chio? Quid de Thrasymacho Chalcedonio, de Protagora Abderita loquar? Quorum unusquisque plurimum temporibus illis etiam de natura rerum et disseruit et scripsit. Mais le titre ne prouve pas que l'ouvrage de Prodicus ait réellement contenu des recherches d'histoire naturelle. Cicéron (l. c.) ne songe qu'à prouver, d'une manière générale, veteres doctores auctoresque dicendi nullum genus disputationis a se alienum putasse semperque esse in omni orationis ratione versatos; et pour cela, il cite, outre les écrivains qu'il vient de nommer, non-seulement le savant universel, Hippias (voy. sup., 957, 3), mais encore Gorgias, qui se

maque et des autres sophistes renommés. Au lieu de l'intérêt objectif qui s'attache à la connaissance des choses, il ne reste chez eux que l'intérêt subjectif que l'on trouve à faire preuve d'une habileté formelle dans l'art de penser et de parler ; et cette habileté elle-même ne peut trouver à s'exercer que dans la réfutation des opinions adverses, quand on a une fois renoncé pour soi à toute conviction positive. L'éristique était donc donnée avec la sophistique elle-même. Déjà Zénon lui avait frayé la voie ; nous rencontrons chez Gorgias une argumentation d'une nature tout éristique, et dans le même temps Protagoras érige l'éristique en art. Il écrit un traité spécial consacré à cet art [1] ; et, dans la suite, l'éristique devient tellement inséparable de la sophistique, que les contemporains désignent les sophistes par le nom d'éristiques, et définissent la sophistique l'art de tout révoquer en doute et de contredire une affirmation quelconque [2].

---

vantait d'être capable d'improviser sur un sujet quelconque. Il ne s'agit donc pas ici de philosophie de la nature, mais de discours d'apparat. On peut se demander d'ailleurs jusqu'où allaient les lumières propres de Cicéron sur la question, et s'il n'a pas poussé trop loin les conclusions qu'il tirait soit d'un titre tel que περὶ φύσεως, π. τοῦ ὄντος, soit, ce qui est encore plus vraisemblable, d'une remarque plus ou moins vague d'un grammairien sur la différence qui sépare l'éloquence judiciaire de l'éloquence démonstrative (cf. WELCKER, 622, sq.). De même, de ce fait, que Critias (d'après ARISTOTE, De an., I, 2, 405 b, 5, dont les commentateurs reproduisent purement et simplement l'indication) plaçait l'âme dans le sang, en tant que le sang était le siège de la sensation, on ne peut conclure à une étude approfondie des questions naturelles qui aurait été faite par ce sophiste.

1. DIOGÈNE, IX, 52 : καὶ τὴν διάνοιαν ἀφεὶς πρὸς τοὔνομα διελέχθη καὶ τὸ νῦν ἐπιπολάζον γένος τῶν ἐριστικῶν ἐγέννησεν (ces paroles semblent empruntées à un témoin assez ancien), ce qui fait dire de lui par Timon : ἐριζέμεναι εὖ εἰδώς. Diogène, § 55, lui attribue une τέχνη ἐριστικῶν, dont nous pouvons déterminer la nature par le texte d'Aristote que nous rapporterons tout à l'heure (voy. p. 993, 2) ; et PLATON dit (Soph., 232, 2) qu'on peut apprendre dans les écrits des sophistes τὰ περὶ πασῶν τε καὶ κατὰ μίαν ἑκάστην τέχνην, ἃ δεῖ πρὸς ἕκαστον αὐτὸν τὸν δημιουργὸν ἀντειπεῖν... τὰ Πρωταγόρεια περί τε πάλης καὶ τῶν ἄλλων τεχνῶν.

2. PLATON, Soph., 225 c : τὸ δέ γε ἔντεχνον (sc. τοῦ ἀντιλογικοῦ μέρος) καὶ περὶ δικαίων αὐτῶν καὶ ἀδίκων καὶ περὶ τῶν ἄλλων ὅλως ἀμφισβητοῦν ἆρ' οὐκ ἐριστικὸν αὖ λέγειν εἰθίσμεθα. La sophistique consiste dans l'usage de cet art de dispute en vue de gagner de l'argent. Dans le même dialogue, p. 232 b, sqq., la marque la plus générale du sophiste est placée dans le fait d'être ἀντιλογικὸς περὶ πάντων πρὸς ἀμφισβήτησιν. C'est pourquoi il est dit, p. 230 d, sqq., que la sophistique ressemble à l'élenctique (socratique), comme le loup au chien. Cf.

Les professeurs de sophistique procèdent d'ailleurs d'une façon très-peu méthodique. Les divers procédés dont ils faisaient usage sont rassemblés par eux au hasard, à mesure qu'ils se présentent. Aucun des sophistes n'a tenté d'en donner la théorie et de les classer. Ils ne tenaient point à se rendre compte scientifiquement de leurs procédés : ils ne s'occupaient que d'appliquer immédiatement leur routine à chaque cas particulier. Aussi faisaient-ils apprendre par cœur mécaniquement à leurs disciples les questions et les raisonnements captieux qui revenaient le plus souvent[1].

L'*Euthydème* de Platon et le traité d'Aristote sur les raisonnements captieux[2] nous offrent un tableau précis de la polémique des sophistes, telle qu'elle existait dans les derniers temps. Sans doute, nous ne devons pas oublier que Platon écrit une satire traitée avec toute la liberté d'un poète, qu'Aristote construit une théorie générale, où rien ne l'oblige à s'en tenir aux sophistes proprement dits et, d'une manière générale, aux données de l'histoire. Toutefois la concordance des deux descriptions, soit entre elles, soit avec les autres renseignements que nous possé-

---

p. 216 b, où le mot θεὸς ἐλεγκτικός et l'expression τῶν περὶ τὰς ἔριδας ἐσπουδακότων désignent les sophistes, réunis peut-être aux éristiques mégariques et cyniques. De même ISOCRATE désigne les cyniques par les mots : τῶν περὶ τὰς ἔριδας διατριβόντων, τῶν π. τ. ἐρ. καλινδουμένων (ἐ. Soph., 1. 20; cf. Hel., 1), et ARISTOTE (voy. la note suiv.) les appelle : οἱ περὶ τοὺς ἐριστικοὺς λόγους μισθαρνοῦντες (cf. Platon, *sup.*, 967, 2). Démocrite déjà se plaint des disputeurs et de leurs raisonnements captieux; voy. sup., 825, 2.

1. ARISTOTE, Soph. el., 33, 183 b, 15 : dans d'autres branches il n'a eu qu'à compléter ce que les autres avaient commencé. La rhétorique, par exemple, a été peu à peu développée par Tisias, Thrasymaque, Théodore : ταύτης δὲ τῆς πραγματείας οὐ τὸ μὲν ἦν τὸ δ' οὐκ ἦν προεξειργασμένον, ἀλλ' οὐδὲν παντελῶς ὑπῆρχεν. καὶ γὰρ τῶν περὶ τοὺς ἐριστικοὺς λόγους μισθαρνούντων ὁμοία τις ἦν ἡ παίδευσις τῇ Γοργίου πραγματείᾳ. λόγους γὰρ οἱ μὲν ῥητορικοὺς οἱ δὲ ἐρωτητικοὺς ἐδίδοσαν ἐκμανθάνειν, εἰς οὓς πλειστάκις ἐμπίπτειν ᾠήθησαν ἑκάτεροι τοὺς ἀλλήλων λόγους· διόπερ ταχεῖα μὲν ἄτεχνος δ' ἦν ἡ διδασκαλία τοῖς μανθάνουσι παρ' αὐτῶν, οὐ γὰρ τέχνην ἀλλὰ τὰ ἀπὸ τῆς τέχνης διδόντες παιδεύειν ὑπελάμβανον, comme si un cordonnier (ajoute Aristote), au lieu d'enseigner son métier à un apprenti, lui donnait des chaussures toutes faites.

2. Spécialement le neuvième livre des *Topiques*. Voy. WAITZ, *Arist. Org.*, II, 528. Sur le détail des sophismes cités par Aristote, cf. ALEXANDRE dans les *Scholies*, WAITZ dans son commentaire, PRANTL, *Gesch. der Logik*, I, 20, sqq.

dons, nous autorise à en rapporter tous les traits essentiels à la sophistique elle-même. Ces descriptions donnent, à vrai dire, des personnages auxquels elles se rapportent, une idée fort peu favorable.

L'acquisition d'un résultat scientifique est le moindre souci des éristiques. Ils ne visent qu'à embarrasser l'adversaire ou l'interlocuteur, à l'enlacer dans un réseau de difficultés où il reste pris, à donner à toutes les réponses qu'il peut faire une apparence d'inexactitude[1]. Peu leur importe que ce résultat soit obtenu par des déductions rigoureuses ou par de faux raisonnements, que l'adversaire soit réellement réfuté, ou seulement en apparence, qu'il se sente lui-même vaincu ou le paraisse seulement aux auditeurs, parce qu'il est réduit au silence ou ridiculisé[2].

Si une question gêne le sophiste, il se jette à côté[3]. Si 995 l'on exige de lui une réponse, il s'entête à poser des questions[4]. Si l'on veut échapper à des questions équivoques par une définition précise, il exige une réponse par oui et par non[5]. S'il pense qu'on saura lui répondre, il repousse d'avance tout ce que l'on pourra dire[6]. Si on lui signale des contradictions dans son discours, il dit qu'on a recours à des arguments usés depuis longtemps[7]. S'il

---

1. Les ἄφυκτα ἐρωτήματα dont le sophiste tire vanité dans l'*Euthydème*, 275 e; 276 e.

2. Cf. tout l'*Euthydème*, et ΑΡΙΣΤΟΤΕ. *Soph. el.*, c. 1 (voy. c. 8, 169 b, 20), où la preuve sophistique est définie συλλογισμὸς καὶ ἔλεγχος φαινόμενος μὲν οὐκ ὢν δέ.

3. *Soph. el.*, c. 15, 174 b, 28, où Aristote, en se plaçant au point de vue des sophistes, donne cette règle : δεῖ δὲ καὶ ἀφισταμένους τοῦ λόγου τὰ λοιπὰ τῶν ἐπιχειρημάτων ἐπιτέμνειν... ἐπιχειρητέον δ' ἐνίοτε καὶ πρὸς ἄλλο τοῦ εἰρημένου, ἐκεῖνο ἐκλαβόντας, ἐὰν μὴ πρὸς τὸ κείμενον ἔχῃ τις ἐπιχειρεῖν· ὅπερ ὁ Λυκόφρων ἐποίησε, προβληθέντος λύραν ἐγκωμιάζειν. L'*Euthydème* donne des exemples 287 b, sqq.; 297 b; 299 a, et passim.

4. *Euthyd.*, 287 b, sqq.; 295 b, sqq.

5. *Soph. el.*, c. 17. 175 b, 8 : ὅ τ' ἐπιζητοῦσι νῦν μὲν ἧττον πρότερον δὲ μᾶλλον οἱ ἐριστικοί, τὸ ἢ ναὶ ἢ οὒ ἀποκρίνεσθαι. Cf. *Euthyd.*, 295 e, sqq.; 297 d, sqq.

6. C'est le procédé de Thrasymaque dans PLATON (*Rep.*, I, 336 c), quand il somme Socrate de dire ce que c'est que le juste : καὶ ὅπως μοι μὴ ἐρεῖς ὅτι τὸ δέον ἐστὶ μηδ' ὅτι τὸ ὠφέλιμον μηδ' ὅτι τὸ λυσιτελοῦν μηδ' ὅτι τὸ κερδαλέον μηδ' ὅτι τὸ ξυμφέρον, ἀλλὰ σαφῶς μοι καὶ ἀκριβῶς λέγε ὅ τι ἂν λέγῃς· ὡς ἐγὼ οὐκ ἀποδέξομαι ἐὰν ὕθλους τοιούτους λέγῃς. Cf. la réplique de Socrate, 337 a.

7. Par exemple, *Euthydemus*, 287 b : εἶτ', ἔφη, ὦ Σώκρατες, Διονυσόδωρος ὑπολαβὼν, οὕτω; εἰ Κρόνος;, ὥστε ἃ τὸ πρῶτον εἴπομεν νῦν ἀναμιμνήσκει, καὶ εἴ τι

est à bout de raisons, il abasourdit son adversaire par des discours dont l'absurdité coupe court à toute réfutation [1]. L'adversaire est-il timide : il lui fait perdre contenance en le prenant de haut [2]. L'adversaire est-il réfléchi : il cherche à le dérouter par des déductions précipitées [3]. L'adversaire est-il inexpérimenté : il tâche de l'induire à des affirmations bizarres [4], ou à des expressions malheureuses [5].

Il prend dans le sens absolu des assertions qui n'étaient entendues que sous un rapport déterminé et avec une extension limitée. Il transporte au prédicat ce qui n'est dit que du sujet. Il tire d'analogies superficielles les conclusions les plus risquées.

Il démontre de la manière suivante qu'il est impossible

πέρυσιν εἶπον, νῦν ἀναμνησθήσει, τοῖς δ' ἐν τῷ παρόντι λεγομένοις οὐχ ἕξεις ὅ τι χρῇ. De même, dans XÉNOPHON, *Mem.*, IV, 4, 6, Hippias dit à Socrate d'un ton railleur : ἔτι γὰρ σὺ ἐκεῖνα τὰ αὐτὰ λέγεις, ἃ ἐγὼ πάλαι ποτέ σου ἤκουσα, et Socrate répond : ὃ δέ γε τούτου δεινότερον, ὦ Ἱππία, οὐ μόνον ἀεὶ τὰ αὐτὰ λέγω, ἀλλὰ καὶ περὶ τῶν αὐτῶν. σὺ δ' ἴσως διὰ τὸ πολυμαθὴς εἶναι περὶ τῶν αὐτῶν οὐδέποτε τὰ αὐτὰ λέγεις. PLATON (*Gorg.*, 490 e) prête le même langage à Socrate et à Calliclès, et ce langage peut appartenir au Socrate de l'histoire.

1. Par exemple dans l'*Euthydème*, où les sophistes accordent à la fin qu'ils savent et comprennent tout, que, dès leur première enfance, ils savaient compter les étoiles et raccommoder les chaussures, etc. (293 c, sqq.), que les petits chiens et les cochons de lait sont leurs frères (298 d), etc., si bien que l'adversaire dépose les armes et que tout finit par un fou rire, lorsque Ctésippe s'écrie : κυππάξ, ὦ Ἡράκλεις! et que Dionysodore réplique : πότερον οὖν ὁ Ἡρακλῆς κυππάξ ἐστιν ἢ ὁ κυππάξ Ἡρακλῆς.

2. C'est ainsi que Thrasymaque (*Rep.*, 336 c) entre dans la conversation par les paroles suivantes : τίς ὑμᾶς πάλαι φλυαρία ἔχει, ὦ Σώκρατες; καὶ τί εὐηθίζεσθε πρὸς ἀλλήλους ὑποκατακλινόμενοι ὑμῖν αὐτοῖς. Dans l'*Euthydème*, 283 b, Dionysodore débute en ces termes : ὦ Σώκρατές τε καὶ ὑμεῖς οἱ ἄλλοι,... πότερον παίζετε ταῦτα λέγοντες, ἤ... σπουδάζετε ; (de même Calliclès dans le *Gorgias*, 481 b); et après que Socrate a répondu qu'il parle sérieusement, Dionysodore le gourmande encore : σκόπει μήν, ὦ Σώκρατες, ὅπως μὴ ἔξαρνος ἔσει ἃ νῦν λέγεις.

3. *Soph. el.*, c. 15, 174 b, 8 : σφόδρα δὲ καὶ πολλάκις ποιεῖ δοκεῖν ἐληλέγχθαι τὸ μάλιστα σοφιστικὸν συκοφάντημα τῶν ἐρωτώντων, τὸ μηδὲν συλλογισαμένους μὴ ἐρώτημα ποιεῖν τὸ τελευταῖον, ἀλλὰ συμπεραντικῶν εἰπεῖν, ὡς συλλελογισμένους, « οὐκ ἄρα τὸ καὶ τό ».

4. Cf. *Soph. el.*, c. 12, où sont indiqués plusieurs artifices propres à faire tomber l'interlocuteur dans des assertions fausses ou paradoxales.

5. Parmi les procédés sophistiques qu'Aristote énumère figure le solécisme (lequel consiste à faire commettre des fautes de langue à l'adversaire, ou, s'il parle correctement, à lui persuader qu'il en commet), *Soph. el.*, c. 14, 32 ; de même le ποιῆσαι ἀδολεσχεῖν (*ibid.*, c. 13, 31), qui oblige l'adversaire à reproduire dans le prédicat le concept du sujet, par exemple : τὸ σιμὸν κοιλότης ῥινός ἐστιν, ἔστι δὲ ῥίς, σιμή, ἔστιν ἄρα ῥὶς ῥὶς κοίλη.

d'apprendre quelque chose. En effet, dit-il, ce qu'on sait déjà, on ne peut plus l'apprendre; et ce dont on ne sait absolument rien, on ne peut le chercher. L'homme intelligent n'apprend rien, car il sait déjà la chose en question; l'homme inintelligent n'apprend pas non plus, parce qu'il ne comprend pas[1]. Celui qui sait quelque chose sait tout, car on ne peut être à la fois savant et ignorant[2]. Être père ou frère d'un homme, dit encore l'éristique, c'est être père ou frère de tout le monde; car le père ne peut être un non-père, ni le frère un non-frère[3]. Si A n'est pas B, et que B soit un homme, A n'est pas un homme[4]. Si le Maure est noir, il ne peut être blanc, il ne peut donc non plus avoir les dents blanches[5]. Si j'étais assis hier et que je ne sois plus assis aujourd'hui, il est à la fois vrai et faux que je suis assis[6]. Si une bouteille de même médicament fait du bien à un malade, une tonne de ce médicament lui fera plus de bien encore[7]. Le sophiste pose des questions comme celle du voilé[8]; il imagine des cas embarrassants comme le serment de se parjurer[9], etc.

Mais c'étaient surtout les équivoques du langage[10], qui fournissaient aux sophistes une mine inépuisable. Il ne

---

1. Cette argutie, très goûtée des sophistes, paraît-il, est présentée sous différentes formes : dans PLATON, *Meno*, 80 c; *Euthyd.*, 275 d, sq.; 276 d, sq.; dans ARISTOTE, *Soph. el.*, c. 4, 165 b, 30. Cf. *Metaph.*, IX, 8, 1049 b, 33, et PRANTL, *Gesch. d. Log.*, I, 25.
2. *Euthyd.*, 293 b, sqq., où l'on tire de là les conclusions les plus insensées.
3. *Ibid.*, 297 d, sqq, avec la même exagération.
4. *Soph. el.*, c. 5, 166 b, 32.
5. *Ibid.*, 167 a, 7. Cf. PLATON, *Philebus*, 14 d.
6. *Soph. el.*, c. 22, 178 b, 24; c. 4, 165 b, 30 sqq.
7. *Euthyd.*, 299 a, sqq., avec plus d'exemples encore.
8. On montre une personne voilée, et on demande à un ami de cette personne s'il la connaît. S'il dit oui, il ment, car il ne peut savoir qui est caché sous le voile; s'il dit non, il ment encore, car il connaît la personne voilée. ARISTOTE parle de ce sophisme et de quelques autres analogues, *Soph. el.*, c. 24.
9. Quelqu'un s'est engagé par serment à se parjurer. S'il se parjure en effet, est-ce un εὔορκεῖν ou un ἐπιορκεῖν? *Soph. el.*, c. 25, 180 a, 34 sqq.
10. ARISTOTE, *Soph. el.*, c. 1, 165 a, 4 : εἷς τόπος εὐφυέστατός ἐστι καὶ δημοσιώτατος· ὁ διὰ τῶν ὀνομάτων, parce que les mots, en tant que désignations générales, sont nécessairement équivoques. Cf. PLATON, *Rep.*, 454 a, où la dialectique est caractérisée par le διαιρεῖν κατ' εἴδη, et l'éristique par l'habitude de κατ' αὐτὸ τὸ ὄνομα διώκειν τοῦ λεχθέντος τὴν ἐναντίωσιν.

s'agissait pas pour eux d'arriver à une connaissance réelle des choses ; de plus, la grammaire n'avait encore déterminé que médiocrement les formes des mots et des propositions, et la logique n'avait pas encore nettement distingué les différentes catégories : les beaux esprits pouvaient donc se donner carrière sur ce terrain, surtout chez un peuple qui avait la parole si facile et qui était si habitué aux jeux de mots et aux énigmes[1]. Une expression avait-elle plusieurs sens : les sophistes la prenaient en un sens dans la première proposition, en un autre sens dans la seconde[2]. Ils divisent ce qui n'a de sens raisonnable qu'à la condition d'être réuni[3] ; ils réunissent ce qui devrait être divisé[4]. L'irrégularité de la langue dans

998

---

1. Sans invoquer les comiques, on tirerait une foule d'exemples des expressions proverbiales. ARISTOTE (*Soph. el.*, 182 b, 15), à propos des jeux de mots des sophistes, mentionne ces λόγοι γελοῖοι, qui sont tout à fait dans le goût de nos saillies populaires, par exemple : ποτέρα τῶν βοῶν ἔμπροσθεν τέξεται; οὐδετέρα, ἀλλ' ὄπισθεν ἄρχω. Cf. le jeu de mots cité par ARISTOTE, *Rhet.*, II, 24, 1401 a, 12 : σπουδαῖον εἶναι μῦν, car c'est de lui que viennent les μυστήρια.

2. Par exemple : τὰ κακὰ ἀγαθά· τὰ γὰρ δέοντα ἀγαθά, τὰ δὲ κακὰ δέοντα (*Soph. el.*, 4, 165 b, 34). — ἆρα ὃ ὁρᾷ τις, τοῦτο ὁρᾷ; ὁρᾷ δὲ τὸν κίονα, ὥστε ὁρᾷ ὁ κίων. — ἆρα ὃ σὺ φῄς εἶναι, τοῦτο σὺ φῄς εἶναι; φῄς δὲ λίθον εἶναι, σὺ ἄρα φῄς λίθος εἶναι. — ἆρ' ἔστι σιγῶντα λέγειν; etc. — (*Ibid.*, 166 b, 9; de même, c. 22, 178 b, 29, sqq.; les sophismes de l'*Euthydème*, 287 a, d; 300 a—d; 301 c, sq., sont analogues et parfois identiques.) — ἆρα ταῦτα ἡγεῖ σὰ εἶναι, ὧν ἂν ἄρξῃς; καὶ ἐξῇ σοι αὐτοῖς χρῆσθαι ὅ τι ἂν βούλῃ; d'où : ἐπειδὴ σὸν ὁμολογεῖς εἶναι τὸν Δία καὶ τοὺς ἄλλους θεούς, ἆρα ἔξεστί σοι αὐτοὺς ἀποδόσθαι, etc. (*Euthyd.*, 301 c, sqq. De même, *Soph. el.*, c. 17, 176 b, 1 : ὁ ἄνθρωπός ἐστι τῶν ζῴων· ναί. κτῆμα ἄρα ὁ ἄνθρωπος τῶν ζῴων.) — « Ce que quelqu'un a eu et n'a plus, il l'a perdu ; si donc quelqu'un perd un caillou sur dix, il en a perdu dix, car il n'en a plus dix. » « Si quelqu'un qui a plusieurs dés ne m'en donne qu'un, il m'a donné ce qu'il n'avait pas, car il n'en a pas un seulement. » (*Soph. el.*, c. 22, 178 b, 29, sqq.) — τοῦ κακοῦ σπουδαῖον τὸ μάθημα· σπουδαῖον ἄρα μάθημα τὸ κακόν. (Euthydème ap. ARIST., *Soph. el.*, c. 20, 177 b, 16; l'équivoque porte ici sur μάθημα, qui peut aussi bien désigner la science au sens subjectif que l'objet de la science.)

3. Par exemple, *Euthyd.*, 295 a, sqq. : « C'est par le même organe (l'âme) que tu connais toujours tout : donc tu connais toujours tout. » *Soph. el.*, c. 4, 5, 166 a, et 168 a : « Deux et trois sont cinq : donc deux sont cinq, et trois sont cinq. » « A est un homme, et B est un homme : donc celui qui bat A et B n'a battu qu'un homme et non plusieurs, » etc. *Ibid.*, c. 24, 180 a, 8 : τὸ εἶναι τῶν κακῶν τι ἀγαθόν· ἡ γὰρ φρόνησίς ἐστιν ἐπιστήμη τῶν κακῶν, et, en complétant le raisonnement : si la φρόνησις est une ἐπιστήμη τῶν κακῶν, elle est aussi τὶ τῶν κακῶν.

4. Par exemple, *Euthyd.*, 298 a, sq. (cf. *Soph. el.*, c. 24, 179 a, 34) : « Tu as tué un chien, et ce chien a des petits : οὐκοῦν πατὴρ ὢν σός ἐστιν, ὥστε σὺ πατὴρ γίγνεται. » *Soph. el.*, c. 4, 166 a, 23 sqq. : δυνατὸν καθήμενον βαδίζειν καὶ μὴ γράφοντα γράφειν, et ainsi de suite. *Ibid.*, c. 20, 177 b, 12, sqq., où les raisonnements suivants sont cités comme des paralogismes d'Euthydème : ἆρ' οἶδας σὺ

999 les formes des mots est pour eux l'occasion de taquineries mesquines[1], etc.

En tout cela les sophistes ne connaissent ni mesure ni terme. Au contraire, plus l'absurdité est criante, plus l'assertion est ridicule, plus est éclatant le non-sens où s'embarrasse l'interlocuteur ; et plus la plaisanterie leur paraît spirituelle, plus grandit la réputation du gladiateur dialectique, plus se manifeste bruyamment l'approbation de l'auditoire.

Les grands sophistes de la première génération (les portraits de Platon en font foi) ne s'étaient pas ravalés à ce charlatanisme de foire et à ce goût enfantin pour de sottes plaisanteries ; mais, d'après tout ce que nous savons, déjà leurs disciples immédiats tombent dans ces excès, et les maîtres eux-mêmes avaient préparé cette dé-

---

νῦν οὔσας ἐν Πειραιεῖ τριήρεις ἐν Σικελίᾳ ὤν; (« Sais-tu en Sicile qu'il y a des vaisseaux au Pirée ? » ou : « Connais-tu en Sicile les vaisseaux qui sont au Pirée ? » Cette interprétation résulte du texte d'Aristote, *Rhet.*, II, 24, 1401 a, 26. L'explication qu'Alexandre donne du même passage ne me paraît pas exacte.) ἆρ' ἔστιν, ἀγαθὸν ὄντα σκυτέα μοχθηρὸν εἶναι; — ἆρ' ἀληθὲς εἰπεῖν νῦν ὅτι οὐ γέγονας; — οὐ κιθαρίζων ἔχεις δύναμιν τοῦ κιθαρίζειν · κιθαρίσαις ἂν ἄρα οὐ κιθαρίζων. Aristote dérive, dans tous ces cas, le vice de l'argument de la σύνθεσις, c'est-à-dire de la fausse liaison des mots, et cela est parfaitement exact. L'équivoque tient à ce que les mots πατὴρ ὢν ὅς ἐστιν peuvent signifier, d'une part : il est, étant père, tien ; d'autre part : il est celui qui est ton père. Les mots καθήμενον βαδίζειν δύνασθαι signifient : 1° en tant qu'assis, être en état de marcher ; 2° être en état de marcher assis. « ἀγαθὸν ὄντα σκυτέα μοχθηρὸν εἶναι peut signifier : être bon cordonnier et méchant (homme) ou : être à la fois bon et méchant cordonnier. » εἰπεῖν νῦν ὅτι οὐ γέγονας peut signifier : dire en ce moment que tu es venu au monde, et : dire que tu es venu au monde à l'instant », etc.

1. *Soph. el.*, c. 4, 166 b, 10, c. 22, *sub init*. Aristote appelle ce procédé παρὰ τὸ σχῆμα τῆς λέξεως, et donne l'exemple que voici : ἆρ' ἐνδέχεται τὸ αὐτὸ ἅμα ποιεῖν τε καὶ πεποιηκέναι; οὐ. ἀλλὰ μὴν ὁρᾷ γέ τι ἅμα καὶ ἑωρακέναι τὸ αὐτὸ καὶ κατὰ ταὐτὸ ἐνδέχεται. Le sophisme consiste ici à appliquer à ὁρᾶν τι, à cause de la similitude de la forme grammaticale, l'analogie de ποιεῖν τι. A cette catégorie appartiennent les propositions de Protagoras sur le genre des mots dont Aristophane se moque dans les *Nuées*, 651, sqq. : par exemple cette affirmation, qu'on devrait dire, conformément à l'analogie : ὁ μῆνις et ὁ πήληξ. (*Soph. el.*, 14, 173 b, 19.) — Quant à une autre espèce de syllogisme grammatical, consistant à jouer sur les mots qui ne diffèrent que par la prononciation, comme οὖ et οὗ, δίδομεν et διδόμεν (voy. *Soph. el.*, c. 4, 166 b, c. 21), Aristote remarque lui-même qu'il n'en a rencontré aucun exemple, ni dans les écrits des sophistes, ni dans la tradition orale relative aux sophistes, parce que ces jeux de mots se dévoilent d'eux-mêmes dans la langue parlée, en vue de laquelle étaient toujours calculés les artifices sophistiques.

cadence. Ils furent, en effet, incontestablement les fondateurs de l'éristique[1]. Une fois sur la pente d'une dialectique à laquelle la vérité objective est indifférente et qui n'a d'autre objet que de manifester une supériorité personnelle, on ne peut plus s'arrêter à son gré ; l'amour de la dispute et la vanité veulent utiliser tous leurs avantages ; on se permet tout ce que comporte cette manière de voir ; et l'on a pour soi, en agissant ainsi, le droit propre à son principe, tant que ce principe n'a pas été réfuté par un principe supérieur. Les excès éristiques de la sophistique ne sont donc pas plus un effet du hasard que ne le fut plus tard le lourd formalisme de la scholastique ; et tout en faisant, comme il convient, la différence entre les facéties d'un Dionysodore et l'éristique d'un Protagoras, nous ne devons pas oublier que celles-là procèdent de celle-ci en droite ligne.

§ 5. OPINIONS DES SOPHISTES SUR LA VERTU ET LE DROIT, SUR L'ÉTAT ET LA RELIGION. LA RHÉTORIQUE SOPHISTIQUE.

Éthique. — Les précédentes observations s'appliquent aussi à l'éthique des sophistes. Les fondateurs de la sophistique, ou n'ont point encore exprimé la conception de la vie qui répondait à leur point de vue scientifique, ou, s'ils l'ont fait, n'y ont pas mis la brutalité de leurs successeurs ; mais ils ont semé les germes d'où ces opinions devaient nécessairement sortir. Si donc, ici encore, il convient de distinguer entre les commencements et la forme définitive de la doctrine sophistique, on ne doit pas pour cela oublier le lien qui unit les sophistes anciens et nouveaux, et les principes qui leur sont communs.

Les sophistes se proposaient d'être des professeurs de

---

1. Cf. p. 992 sq.

vertu ; et, s'ils considéraient cet enseignement comme leur tâche propre, c'était justement parce qu'ils ne croyaient pas à la possibilité d'une connaissance scientifique des choses et n'avaient pas le sens de la science.

Les premiers sophistes semblent avoir conçu la vertu dans le même sens et avec le même vague que leurs compatriotes contemporains. Ils comprenaient sous ce nom tout ce qui faisait l'homme capable, d'après les idées grecques : d'une part toutes les qualités pratiquement utiles, y compris celles du corps, et particulièrement celles qui sont précieuses dans la vie domestique et politique[1], d'autre part la fermeté et l'honnêteté du caractère. Ces dernières qualités n'étaient certainement pas exclues, et les maîtres sophistes de la première génération étaient fort éloignés de heurter de front systématiquement les opinions morales en vigueur. C'est ce qui résulte avec évidence de tout ce que nous savons de leur doctrine morale.

Dans Platon, Protagoras promet à son disciple que, dans sa société, il deviendra chaque jour meilleur. Il veut faire de lui un bon père de famille et un vaillant citoyen[2]. Il dit que la vertu est ce qu'il y a de plus beau. Il place le bien, non dans n'importe quelle jouissance, mais seulement dans la jouissance du beau, et il n'admet pas que toute douleur soit un mal[3]. Dans le mythe [4] dont Platon a certainement emprunté le fond à l'un des écrits du sophiste[5],

---

1. Cf. p. 966, sq. A cette date apparaissent aussi des essais de théories politiques, par exemple dans l'ouvrage de Protagoras intitulé περὶ πολιτείας (Diog., IX, 55) et dans ceux d'Hippodamus et de Phaléas (cf. p. 963). D'après Aristote, c'est Hippodamus qui ouvre, chez les Grecs, la série des théoriciens politiques. A cet ordre de spéculations se rapporte la célèbre exposition d'Hérodote, III, 80-82, laquelle, un peu plus développée, s'adapterait parfaitement à quelqu'une de ces recherches théoriques indépendantes qu'affectionnaient les sophistes, et qui, sous le voile de l'histoire, portaient sur la valeur des trois formes de gouvernement (voy. p. 1003, 2; 1004, 1). Peut-être même ce passage est-il emprunté à une de ces discussions.
2. *Prot.*, 318 a, c, sq. Voy. sup., 965, 3 ; 966, 5.
3. *Prot.*, 349 c, 351 b, sqq. Ce qui est dit, *ibid.*, 349 b, sq., sur les parties de la vertu ne contient presque rien qui appartienne authentiquement à Protagoras.
4. L. c., 320 c, sqq.
5. STEINHART (*Pl. Werke*, I, 422) en doute, parce que le mythe est parfaitement

Protagoras expose que les animaux ont leurs moyens de défense naturels, et qu'à l'homme les dieux ont donné, pour sa défense, le sens de la justice et l'horreur de l'injustice (δίκη et αἰδώς). Ces qualités sont implantées en chacun de nous naturellement; et l'homme à qui elles manqueraient ne pourrait être toléré dans aucune communauté. C'est pour cette raison même que dans les questions politiques tous ont leur voix; c'est pour cela que tous prennent part à l'éducation morale de la jeunesse par leurs leçons et leurs exhortations. Le droit apparaît ici comme une loi naturelle. La distinction qu'on établira plus tard entre le droit naturel et le droit positif est encore inconnue à l'orateur. L'instruction seule, dit Protagoras, peut amener à leur perfection les dispositions naturelles ; mais, d'autre part, l'instruction n'atteindrait point son but sans le concours de la nature et de la pratique[1].

Gorgias déclinait, à la vérité, le titre et la responsabilité de professeur de vertu : c'est du moins ce qu'il fit dans sa vieillesse[2]; mais cela ne l'empêchait pas de parler sur la vertu. Il ne s'occupait pas de donner une définition générale de son essence; mais il exposait en particulier en quoi consiste la vertu de l'homme et de la femme, du vieillard et du jeune homme, de l'homme

---

digne de Platon. Mais pourquoi serait-il trop bien conçu pour Protagoras? La langue y a une couleur particulière, et les idées et la forme conviennent de tout point au sophiste. Quant à savoir de quel ouvrage il est tiré, cela est impossible. FREI (182, sqq.) admet avec plusieurs qu'il est tiré de l'ouvrage περὶ τῆς ἐν ἀρχῇ καταστάσεως. BERNAYS (*Rh. Mus.*, VII, 466) estime au contraire que ce titre est celui d'un ouvrage de rhétorique. Je pencherais plutôt pour le περὶ πολιτείας.

1. Voyez les propres termes du μέγα λόγος de Protagoras *ap.* CRAMER'S *Anecd.*, *Paris.*, I, 171 (MULLACH, *Fr. Philos.*, II, 131, 9) : φύσεως καὶ ἀσκήσεως διδασκαλία δεῖται· καὶ ἀπὸ νεότητος δὲ ἀρξαμένους δεῖ μανθάνειν. Par là est déjà indiquée la question que Platon pose au commencement du *Ménon* et dont s'est si fort occupée la philosophie antique à partir de Socrate, celle de savoir quel est le rapport de l'enseignement, d'une part avec les dispositions naturelles, d'autre part avec la pratique morale.

2. PLATON, *Meno*, 95 b : τί δαὶ δή; οἱ σοφισταί σοι οὗτοι, οἵπερ μόνοι ἐπαγγέλλονται, δοκοῦσι διδάσκαλοι εἶναι ἀρετῆς; — καὶ Γοργίου μάλιστα, ὦ Σώκρατες, ταῦτα ἄγαμαι, ὅτι οὐκ ἄν ποτε αὐτοῦ τοῦτο ἀκούσαις ὑπισχνουμένου, ἀλλὰ καὶ τῶν ἄλλων καταγελᾷ, ὅταν ἀκούσῃ ὑπισχνουμένων· ἀλλὰ λέγειν οἴεται δεῖν ποιεῖν δεινούς. Cf. *Gorg.*, 449 a; *Phileb.*, 58 a.

libre et de l'esclave, sans s'écarter en cela des idées régnantes[1]. PLATON ne lui impute aucun principe immoral ; il nous le montre même se faisant scrupule d'aller jusqu'aux conséquences que Calliclès tire de ses principes[2].

De même Hippias, dans le discours où il fait donner à Néoptolème par Nestor des règles de conduite[3], ne se met certainement pas en opposition avec les coutumes et les opinions de son peuple[4].

En ce qui concerne Prodicus, on sait combien sa doctrine sur la vertu était favorablement appréciée de ceux-là mêmes qui étaient d'ailleurs très-hostiles à la sophistique. Son Hercule[5], qui lui a valu tant de louanges, dépeignait le prix et le bonheur de la vertu, la misère d'une vie molle, vendue aux plaisirs des sens. Dans un discours sur la ri-

---

1. ARIST., *Polit.*, I, 13, 1260 a, 27 : La tâche morale, est-il dit ici, n'est pas la même pour tous, et on ne peut pas définir la vertu d'une manière générale, comme faisait Socrate ; πολὺ γὰρ ἄμεινον λέγουσιν οἱ ἐξαριθμοῦντες τὰς ἀρετὰς, ὥσπερ Γοργίας. D'après ce témoignage, nous pouvons sans scrupule rapporter à Gorgias ce que PLATON (*Meno*, 71 d, sq.) met dans la bouche du disciple du sophiste en renvoyant expressément au maître : τί φῂς ἀρετὴν εἶναι ; ...ἀλλ' οὐ χαλεπὸν, ὦ Σώκρατες, εἰπεῖν. πρῶτον μὲν, εἰ βούλει ἀνδρὸς ἀρετὴν, ῥᾴδιον, ὅτι αὕτη ἐστὶν ἀνδρὸς ἀρετή, ἱκανὸν εἶναι τὰ τῆς πόλεως πράττειν, καὶ πράττοντα τοὺς μὲν φίλους εὖ ποιεῖν τοὺς δ' ἐχθροὺς κακῶς, καὶ αὐτὸν εὐλαβεῖσθαι μηδὲν τοιοῦτον παθεῖν. (Cf., sur ce principe, WELCKER, *Kl. Schriften*, II, 522, sq.) εἰ δὲ βούλει γυναικὸς ἀρετήν, οὐ χαλεπὸν διελθεῖν, ὅτι δεῖ αὐτὴν τὴν οἰκίαν εὖ οἰκεῖν σῴζουσάν τε τὰ ἔνδον καὶ κατήκοον οὖσαν τοῦ ἀνδρός. καὶ ἄλλη ἐστὶ παιδὸς ἀρετὴ καὶ θηλείας καὶ ἄρρενος, καὶ πρεσβυτέρου ἀνδρὸς, εἰ μὲν βούλει ἐλευθέρου, εἰ δὲ βούλει δούλου. καὶ ἄλλαι πάμπολλαι ἀρεταί εἰσιν, ὥστε οὐκ ἀπορία εἰπεῖν ἀρετῆς· περὶ ὅ τι ἐστιν καθ' ἑκάστην γὰρ τῶν πράξεων καὶ τῶν ἡλικιῶν πρὸς ἕκαστον ἔργον ἑκάστῳ ἡμῶν ἡ ἀρετή ἐστιν, ὡσαύτως δὲ, οἶμαι, ὦ Σώκρατες, καὶ ἡ κακία. Les définitions plus générales qui sont arrachées à Ménon (p. 73 c ; 77 b) ne peuvent être avec certitude imputées à Gorgias, quoiqu'on y ait peut-être utilisé quelques assertions émises par lui accidentellement. PLUTARQUE (*Mul. Virt.*, sub init., p. 242) cite un mot sur la vertu des femmes. Foss (p. 47) a raison de rapporter à la vertu l'apophthegme (*ap.* PROCLUS sur *Hesiod. Opera.*, 340 ; GAISF.) sur l'être et le paraître.

2. *Gorg.*, 459 c, sq. Cf. 482 c ; 456 c, sq. Ce que PLUTARQUE (*De adulat. et am.*, 23, p. 64) cite de lui, à savoir qu'il n'est pas permis de conseiller à ses amis une action injuste, mais qu'on peut bien faire en leur faveur quelque chose d'injuste, ne répugnait sans doute pas aux idées morales courantes, et suppose l'idée du droit en général.

3. On en trouve le sommaire, très-probablement exact, dans l'*Hippias major*, 286 a : Néoptolème demande à Nestor : ποῖά ἐστι καλὰ ἐπιτηδεύματα, ἅ ἄν τις ἐπιτηδεύσας νέος ὢν εὐδοκιμώτατος γένοιτο· μετὰ ταῦτα δὲ λέγων ἐστὶν ὁ Νέστωρ καὶ ὑποτιθέμενος αὐτῷ πάμπολλα νόμιμα καὶ πάγκαλα.

4. Il se vante d'avoir gagné de l'argent à Sparte avec ce discours.

5. *Ap.* XÉN., *Mem.*, II, 1, 21 sqq.

chesse, il paraît avoir exposé que la possession, en elle-
même, n'est pas un bien, que tout dépend de l'usage qu'on
fait des choses, que, pour le débauché et l'intempérant,
c'est un malheur de posséder les moyens de satisfaire ses
passions[1]. On cite enfin de Prodicus un discours sur la
mort, où il traçait le tableau des maux de la vie, où il
faisait l'éloge de la mort qui nous en délivre, et où il combattait la crainte qu'elle nous inspire, en disant qu'elle
ne touche ni les vivants ni les morts, ceux-là parce
qu'ils vivent encore, ceux-ci parce qu'ils ne sont plus[2].

LES CONSÉQUENCES MORALES DE LA SOPHISTIQUE. — Sans
doute il ne faut guère chercher en tout cela des pensées
neuves, et des définitions scientifiques[3]; mais on n'y voit
non plus aucune trace du doute sophistique appliqué aux
principes moraux[4]. Prodicus apparaît comme un panégy-
riste des anciennes coutumes et opinions[5], comme un
homme de l'école des sages pratiques et des poëtes gno-
miques, tels qu'Hésiode et Solon, Simonide et Théognis.
Si donc on voulait juger de la morale sophistique par
l'attitude que prennent les premiers sophistes en face

1. *Eryxias*, 395 c; 396 c, 397 d.
2. *Axiochus*, 366 c-369 c. Je ne trouve pas vraisemblable que la suite, et particulièrement la démonstration de la croyance à l'immortalité (370 c, sqq.), soit également empruntée à Prodicus. L'auteur d'ailleurs ne dit pas un mot qui en témoigne. Mais cette circonstance prouve que l'auteur est digne de foi lorsqu'il renvoie, pour ce qui précède, à notre sophiste.
3. L'*Hercule au carrefour* n'est qu'une version nouvelle des idées exprimées déjà par HÉSIODE dans le passage célèbre sur le sentier de la vertu et du vice, 'E. x. 'Hμ., 285, sqq. WELCKER (p. 493) rapproche avec raison du texte de l'*Eryxias* certaines maximes de Solon (voy. *sup.*, p. 95, 2) et de Théognis (voy. v. 145, sqq.; 230, sqq.; 315, sqq.; 719, sqq.; 1155). WELCKER montre (p. 502, sqq.) que l'euthanasie d'Axiochus a son origine spécialement dans les mœurs et la conception de la vie qui régnaient à Céos; et il fait (p. 434) cette remarque générale : « La sagesse de Prodicus (dans Platon) pouvait être dite plus antique encore que celle de Simonide, du moment qu'elle ne dépassait pas les conceptions primitives des poëtes, et qu'elle n'avait ni la profondeur ni la précision de la philosophie. »
4. Car je dois accorder à WELCKER (p. 532) que les principes à demi eudémonistiques des exhortations morales que contient le discours sur Hercule ne s'écartent pas du point de vue de la morale grecque ordinaire (que PLATON blâme souvent pour cette raison, par exemple dans le *Phédon*, 68 d. sqq.).
5. WELCKER (496, sq.) a raison d'y rattacher encore son éloge de l'agriculture.

des idées de leur nation, on ne trouverait guère de raison de les distinguer des anciens sages.

Mais au fond il en est tout autrement. Sans doute les fondateurs de la sophistique ne se mettaient pas sciemment en contradiction avec les maximes régnantes, mais les principes d'où ils partaient devaient précipiter leurs disciples dans cette voie. La sophistique est en soi un mouvement tendant à s'affranchir de la tradition morale établie. Par cela seul qu'elle existe, elle déclare la tradition insuffisante. Si l'on n'avait qu'à suivre la morale commune, à quoi bon des professeurs spéciaux de vertu? Chacun apprendrait par lui-même ce qu'il doit faire dans son commerce avec ses proches et ses connaissances. Que si la vertu devient l'objet d'un enseignement particulier, on ne peut ni exiger ni s'attendre que cet enseignement se restreigne à la simple transmission de la tradition ou à la communication de maximes pratiques étrangères à la conduite morale. Les professeurs de vertu feront nécessairement ce que les sophistes ont effectivement fait dès le début : ils chercheront ce qui est juste ou injuste, en quoi consiste la vertu, pourquoi elle mérite la préférence sur le vice, etc. Or, à cette question, étant donné le point de vue des sophistes, il n'y avait qu'une réponse conséquente possible. S'il n'y a pas de vérité universellement valable, il ne peut non plus y avoir de loi universellement valable. Si l'homme, dans sa manière de connaître, est la mesure de toutes choses, il l'est aussi dans sa manière d'agir. Si la vérité est pour chacun ce qui lui paraît vrai, le juste et le bien sont aussi pour chacun ce qui lui paraît juste et bon. En d'autres termes, chacun a le droit naturel de suivre son caprice et ses penchants ; et si la loi et la coutume viennent l'en empêcher, c'est là une violation du droit naturel, une contrainte à laquelle personne n'est tenu de se plier, lorsqu'il a la force de la briser ou de la tourner.

LE DROIT. — Ces conséquences ne tardèrent pas à être déduites. Admettons qu'on ne puisse faire fond sur les paroles que PLATON met, à cet égard, dans la bouche de Protagoras[1], et qui vraisemblablement dépassent les propres déclarations du sophiste[2] : du moins sa promesse de faire de la cause la plus faible la cause la plus forte[3] est significative; car, pour que l'orateur se vante de pouvoir faire triompher l'injuste, il faut nécessairement que la croyance à l'inviolabilité du droit soit fort ébranlée. Plus dangereuse encore était la distinction et l'opposition entre le droit naturel et le droit positif, cette thèse favorite des nouveaux sophistes, que nous rencontrons pour la première fois, pleinement développée, dans la bouche d'Hippias. Dans XÉNOPHON, Hippias conteste que les lois, qui changent si souvent, soient obligatoires[4]; et il n'accorde le titre de loi divine ou naturelle qu'à ce qui est partout également admis[5]. Or ses recherches archéologiques lui ont suffisamment démontré combien peu de lois présentent ce caractère. Hippias dit de même dans PLATON[6] que la loi contraint les hommes, comme un despote, à faire beaucoup de choses qui sont contraires à la nature.

Ces principes apparaissent bientôt comme la doctrine générale des sophistes. Chez XÉNOPHON[7], le jeune Alcibiade, ami de la sophistique, se prononce déjà dans le

---

1. *Theæt.*, 167 c : οἷά γ' ἂν ἑκάστῃ πόλει δίκαια καὶ καλὰ δοκῇ ταῦτα καὶ εἶναι αὐτῇ ἕως ἂν αὐτὰ νομίζῃ.
2. Voy. p. 1001.
3. Sur le sens de cette promesse, voy. p. 1017, 2.
4. *Mem.*, IV, 4, 14, après que Socrate a ramené l'idée de la justice à l'idée de la légalité : νόμους δ', ἔφη, ὦ Σώκρατες, πῶς ἄν τις ἡγήσαιτο σπουδαῖον πρᾶγμα εἶναι ἢ τὸ πείθεσθαι αὐτοῖς, οὕς γε πολλάκις αὐτοὶ οἱ θέμενοι ἀποδοκιμάσαντες μετατίθενται;
5. *L. c.*, 19, sqq. Hippias accorde, il est vrai, qu'il y a aussi des lois non écrites qui viennent des dieux ; mais il ne veut ranger dans cette catégorie que celles qui ont cours partout, comme le respect des dieux et des parents ; et il n'y fait pas rentrer, par exemple, l'interdiction des incestes, parce qu'il y a beaucoup de peuples chez qui cette interdiction n'existe pas.
6. *Prot.*, 337 c.
7. *Mem.*, I, 2, 40, sqq.

même sens qu'Hippias ; et Aristote[1] nous donne pour un des lieux communs favoris des sophistes la maxime du Calliclès de Platon[2], que la nature et la coutume se contredisent dans la plupart des cas. A vrai dire, il ne suit pas immédiatement de là que les principes moraux universels sont exclusivement fondés sur la coutume, et non sur la nature. La contradiction pourrait provenir de ce que la loi positive resterait en deçà des prescriptions plus rigoureuses de la loi naturelle. Et, en fait, nous avons quelques exemples de sophistes qui sont amenés par leur réaction contre la coutume à attaquer des institutions où nous ne pouvons voir, quant à nous, qu'un préjugé ou une imperfection du droit de cette époque. Lycophron déclare que la noblesse est un avantage imaginaire[3] ; Alcidamas, que l'opposition de l'esclave et de l'homme libre est inconnue à la nature. D'autres allèrent jusqu'à combattre l'esclavage radicalement[4], comme

---

1. *Soph. el.*, c. 12, 173 a, 7 : πλεῖστος δὲ τόπος ἐστὶ τοῦ ποιεῖν παράδοξα λέγειν ὥσπερ καὶ ὁ Καλλικλῆς ἐν τῷ Γοργίᾳ γέγραπται λέγων, καὶ οἱ ἀρχαῖοι δὲ πάντες ᾤοντο συμβαίνειν, παρὰ τὸ κατὰ φύσιν καὶ κατὰ τὸν νόμον, ἐναντία γὰρ εἶναι φύσιν καὶ νόμον, καὶ τὴν δικαιοσύνην κατὰ νόμον μὲν εἶναι καλὸν κατὰ φύσιν δ' οὐ καλόν. De même, PLATON, *Theæt.*, 172 b : ἐν τοῖς δικαίοις καὶ ἀδίκοις καὶ ὁσίοις καὶ ἀνοσίοις ἐθέλουσιν ἰσχυρίζεσθαι, ὡς οὐκ ἔστι φύσει αὐτῶν οὐδὲν οὐσίαν ἑαυτοῦ ἔχον, ἀλλὰ τὸ κοινῇ δόξαν τοῦτο γίγνεται ἀληθὲς ὅταν δόξῃ καὶ ὅσον ἂν δοκῇ χρόνον· καὶ ὅσοι γε δὴ μὴ παντάπασι τὸν Πρωταγόρου λόγον λέγουσιν ὡδί πως τὴν σοφίαν ἄγουσι.

2. *Gorg.*, 482 c, sqq. Calliclès peut n'être pas un sophiste au sens propre du mot, mais un politique, parlant même avec fort peu d'estime de la stérilité de l'élenctique (voy. sup., p. 963). Mais cela est sans importance, car il est évident que Platon en fait un représentant de l'éducation sophistique, lequel va sans scrupule aux dernières conséquences de principe. C'est encore évidemment aux sophistes et à leurs élèves que Platon pense tout d'abord quand il parle (*Leg.*, 889 d) de gens qui affirment : τὴν νομοθεσίαν πᾶσαν οὐ φύσει, τέχνῃ δέ, ἧς οὐκ ἀληθεῖς εἶναι τὰς θέσεις... τὰ καλὰ φύσει μὲν ἄλλα εἶναι, νόμῳ δὲ ἕτερα, τὰ δὲ δίκαια οὐδ' εἶναι τὸ παράπαν φύσει, ἀλλ' ἀμφισβητοῦντας διατελεῖν ἀλλήλοις καὶ μετατιθεμένους ἀεὶ ταῦτα· ἃ δ' ἂν μετάθωνται καὶ ὅταν, τότε κύρια ἕκαστα εἶναι, γιγνόμενα τέχνῃ καὶ τοῖς νόμοις, ἀλλ' οὐ δή τινι φύσει (c'est exactement la raison que donnait Hippias ; voy. sup., note 1).

3. Ps.-PLUT., *De nobilit.*, 18, 2 : L'εὐγένεια fait-elle partie τῶν τιμίων καὶ σπουδαίων, ἦ καθάπερ Λυκόφρων ὁ σοφιστὴς ἔγραψε κενὸν [κενόν, cf. MEINEKE, ad Stob. *Floril.*, 86, 24] τι πάμπαν ; ἐκεῖνος γὰρ ἀντιπαραβάλλων ἑτέροις ἀγαθοῖς αὐτήν, εὐγενείας μὲν οὖν, φησίν, ἀφανὲς τὸ κάλλος, ἐν λόγῳ δὲ τὸ σεμνόν.

4. ARISTOTE dit dans la *Pol.*, I, 3, 1250 b, 20 : τοῖς δὲ παρὰ φύσιν [δοκεῖ εἶναι] τὸ δεσπόζειν. νόμῳ γὰρ τὸν μὲν δοῦλον εἶναι τὸν δ' ἐλεύθερον, φύσει δ' οὐδὲν διαφέ-

une institution contraire à la nature. Mais, naturellement, les attaques contre le droit positif ne se bornaient pas aux cas de ce genre. La loi et la coutume avaient été jusqu'alors l'unique autorité. Du moment que cette autorité n'était plus reconnue, l'ensemble des obligations morales était mis en question, la croyance à l'inviolabilité de ces obligations était déclarée un préjugé ; et, tant qu'on ne trouvait pas, pour la vie morale, une base nouvelle, on en restait à ce résultat négatif, que toute loi de morale ou de droit est une limitation injuste et contre nature de la liberté humaine.

Déjà Hippias, par l'application qu'il fait de sa thèse, se rapproche beaucoup de ce principe ; d'autres ne se firent aucun scrupule de s'y ranger ouvertement [1].

ρων. ὅπερ οὐδὲ εἰκαιον· βίαιον γάρ. WAHLEN, p. 504, sq. du mémoire cité plus haut (961, 1), prouve par le texte d'ARISTOTE, *Rhet.*, I, 13, 1373 b, 18 (où Aristote invoque, en faveur de la doctrine d'un droit naturel universel, le Μεσσηνιακός d'Alcidamas), qu'Alcidamas s'était prononcé dans le même sens ; et le scholiaste (*Orat. Attici*, II, 154) cite, du Μεσσηνιακός, ce passage, qui paraît avoir aussi figuré primitivement dans le texte d'Aristote : ἐλευθέρους ἀφῆκε πάντας θεός, οὐδένα δοῦλον ἡ φύσις πεποίηκεν. Mais Aristote, dans le texte de la *Politique*, ne paraît pas avoir en vue spécialement Alcidamas. En effet (comme WAHLEN, 504, sqq. l'a démontré d'une façon décisive), le Μεσσηνιακός avait un but déterminé et pratique. Il avait été écrit après la bataille de Mantinée pour travailler à faire reconnaître la restauration de la Messénie. Or les Spartiates ne se souciaient pas d'avoir pour voisins indépendants leurs ilotes mêlés aux Messéniens (cf. ISOCR., *Archid.*, 28, plus 8, 27), et il fallait combattre leurs répugnances. Il était donc tout à fait à propos de rappeler que l'opposition d'esclave à homme libre n'a rien d'absolu, que tous les hommes naissent libres de par la nature. Au contraire, une attaque radicale contre l'institution entière de l'esclavage, comme celle que suppose la politique d'Aristote, la déclaration que cette institution, qui régnait légalement dans la Grèce entière, était contraire au droit, n'aurait pu que nuire à l'effet du discours. Mais ARISTOTE parle aussi (*Polit.*, I, 6, 1255 a, 7) de πολλοὶ τῶν ἐν νόμοις, qui taxent l'esclavage d'injustice ; et, au chap. III, Aristote, ou l'adversaire qu'il a tout d'abord en vue, emprunte (comme le prouve le trimètre : νόμῳ γὰρ ὁ μὲν δοῦλος, ὁ δ' ἐλεύθερος, qui revient au c 6, 1255 b, 5) pour énoncer cette accusation, les paroles d'un tragique, peut-être d'Euripide (ONCKEN, *Staatsl. d. Arist.*, II, 33, sq., a rassemblé des maximes analogues d'Euripide), peut-être aussi d'Agathon, disciple de Gorgias. Mais si le texte de la *Politique* ne se rapporte pas spécialement à Alcidamas, il n'en a pas moins trait à une opinion qui, par l'emploi de la distinction sophistique entre νόμος et φύσις, découvrait le point le plus vulnérable de la société antique. Cette opinion a pu être professée notamment par les Cyniques, qui, tenant à Gorgias par leur fondateur, tranchent les problèmes par cette distinction, encore qu'ils n'en soient pas les premiers représentants (comme je le supposais, part. II, 276, 3, 3ᵉ édition).

1. Cf. p. 1006, 2, 5, 6, ce que nous citons d'Hippias, de Platon et d'Aris-

1009 Le droit naturel, dit Calliclès dans PLATON (*l. c.*), est purement et simplement le droit du plus fort. Si les opinions dominantes et les lois ne reconnaissent pas ce principe, la cause en est uniquement dans la faiblesse de la majorité des hommes. La multitude des faibles a trouvé plus avantageux pour elle de se protéger contre les forts par l'égalité des droits ; mais les natures vigoureuses ne se laisseront pas empêcher par là de suivre la vraie loi de la nature, qui est l'intérêt personnel. A ce point de vue, toutes les lois positives apparaissent comme autant de règles arbitraires, établies par ceux qui en ont la force, dans leur propre intérêt. Les gouvernants, dit Thrasymaque[1], érigent en loi ce qui leur sert ; le droit n'est pas autre chose que l'avantage du plus puissant. Il n'y a que les fous et les faibles qui se croient liés par les lois : l'homme éclairé sait le peu qu'elles valent. L'idéal de la sophistique est le pouvoir absolu, même acquis par les moyens les plus éhontés ; et Polus, dans PLATON[2], vantera comme le plus heureux des hommes le roi des Perses ou le Macédonien Archélaüs, qui s'est élevé au trône à force de trahisons et de meurtres.

Le résultat final est donc le même ici que dans la considération théorique du monde : c'est la subjectivité absolue. Dans le monde moral, comme dans le monde de la nature, les sophistes voient purement et simplement une œuvre de l'homme. L'intelligence de l'homme crée les phénomènes, sa volonté crée les mœurs et les lois ; et pas plus

---

tote. Sans doute il ne faut pas prendre à la lettre le οἱ ἀρχαῖοι πάντες d'Aristote, mais cette façon de parler atteste du moins que c'était une opinion fort répandue. Et comme Aristote avait une connaissance directe des rhéteurs sophistes, son témoignage donne de la consistance aux assertions de Platon.

1. D'après PLATON (*Rep.*, I, 338 c, sqq.), lequel a certainement ses raisons pour mettre ces principes dans la bouche de l'orateur de Chalcédoine. Cela concorde avec notre citation, p. 1011, 2. Thrasymaque accorde que la justice serait un grand bien ; mais il nie qu'elle se rencontre parmi les hommes, précisément parce que toutes les lois sont faites par les puissants dans leur propre intérêt.

2. *Gorg.*, 470 c, sqq. De même, Thrasymaque, *Rep.*, I, 344 a. Cf. *Leges*, II, 661 b ; ISOCR., *Panath.*, 243, sq.

ici que là l'homme n'est lié par la nature et la nécessité¹ de la chose elle-même.

La religion. — Parmi les préjugés et les affirmations 1010 arbitraires, les sophistes devaient ranger en première ligne les croyances religieuses de leur nation. Si, d'une manière générale, il n'y a point de science possible, une science des causes cachées des choses est doublement impossible; et si toutes les institutions et toutes les lois positives sont nées du libre arbitre et du calcul de l'homme, il n'en saurait être autrement du culte des dieux, lequel, chez les Grecs,

1. Ces conclusions ne me paraissent pas ébranlées par le chaleureux plaidoyer de Grote en faveur de l'éthique des sophistes (*Hist. of Gr.*, VIII, 504 sqq. VII, 51, sq. Cf. Lewes, *Hist. of Phil.*, I, 108, sqq.), lequel nous fournit d'ailleurs tant d'observations excellentes pour rectifier les erreurs et les exagérations qui rendaient autrefois impossible une exposition vraiment historique et impartiale de la sophistique. Il y aurait certainement beaucoup de légèreté à imputer aux sophistes en général, sans distinguer entre les individus, des principes dangereux pour les mœurs, et jusqu'à une vie immorale. Mais Grote (VIII, 527, sq.; 532, sq.) et Lewes (*l. c.*) ne montrent pas moins de précipitation quand ils affirment que des principes comme ceux que Platon met dans la bouche de son Calliclès et de son Thrasymaque n'ont jamais pu être avancés par aucun sophiste dans la ville d'Athènes, et cela parce que les auditeurs, dont les sophistes quêtaient avant tout l'approbation, se seraient énergiquement soulevés contre eux. Cet argument démontrerait aussi bien que Protagoras n'a pas exprimé sur l'existence des dieux les doutes qui amenèrent sa condamnation, et que maint autre philosophe n'a jamais pu tenir les propos qui lui ont été reprochés. Mais d'où savons-nous qu'en soutenant les opinions que Platon leur attribue, un Thrasymaque et ses pareils eussent si fort scandalisé ceux qui recherchaient surtout l'enseignement des sophistes, les jeunes politiques ambitieux, la jeunesse aristocratique qui prenait pour modèles Alcibiade et Critias? Il n'en était pas de ces auditeurs comme de la bourgeoisie démocratique attachée aux vieux usages, en religion, en politique, en morale, laquelle était en effet scandalisée au plus haut point. — Grote (VIII, 495, sqq.) défend Protagoras relativement à sa promesse de faire, de la cause la plus faible, la cause la plus forte (voy. p. 1017, 2), en faisant observer que le même principe a été prêté et le même reproche adressé à Socrate, à Isocrate et à d'autres; mais c'est là simplement reculer la question. La proposition dont il s'agit n'était pas imputée faussement à Protagoras. C'est lui-même qui en était l'auteur. Grote allègue que personne ne blâme un avocat de mettre son éloquence au service de l'injuste aussi bien que du juste. Mais cela n'est qu'à moitié vrai. Sans doute l'avocat doit faire valoir, en faveur du coupable, ce qui se peut dire pour lui en conscience; mais s'il fait métier de travailler au triomphe de l'injustice, tout le monde le considérera comme un destructeur de la justice. Et c'est précisément ce qui choque dans la promesse de Protagoras. On ne le blâme pas, et ses contemporains ne le blâmaient pas, d'enseigner un art dont il était possible d'abuser; mais on le blâme d'avoir recommandé cet art, précisément par l'abus qu'on en peut faire. — Grote et Lewes ont complètement omis les dissertations d'Hippias sur la loi et la nature (νόμος et φύσις).

1011 rentrait entièrement dans le droit public. C'est aussi ce qu'ont déclaré sans détour plusieurs représentants importants de la philosophie sophistique. « Je ne sais rien des dieux, dit Protagoras, ni s'ils sont ni s'ils ne sont pas[1]. » Thrasymaque émet, nous est-il dit, des doutes sur la Providence divine[2]. Enfin Critias affirme[3] qu'au commencement les hommes vivaient sans loi et sans ordre, comme les animaux. On établit ensuite des lois pénales, pour se protéger contre les actes de violence. Mais, comme ces lois n'atteignaient que les crimes commis au grand jour, il est survenu un homme habile et ingénieux qui, voulant prévenir les délits secrets, se mit à parler des dieux puissants et immortels qui voient les choses cachées, et à leur assigner le ciel pour demeure, afin de les rendre plus redoutables. Pour prouver cette thèse, les sophistes invo-
1012 quaient aussi la diversité des religions. Si la croyance aux dieux, disaient-ils, avait son fondement dans la nature, tout le monde adorerait les mêmes dieux. La diversité des dieux est la meilleure preuve que leur culte ne provient

---

1. Le célèbre début de cet ouvrage, qui l'obligea à quitter Athènes, est rapporté en ces termes par Diogène, IX, 51 (cf. Platon, *Theæt.*, 162 d) : περὶ μὲν θεῶν οὐκ ἔχω εἰδέναι οὔθ' ὡς εἰσὶν οὔθ' ὡς οὐκ εἰσίν. πολλὰ γὰρ τὰ κωλύοντα εἰδέναι, ἥ τε ἀδηλότης καὶ βραχὺς ὢν ὁ βίος τοῦ ἀνθρώπου. D'autres citent moins exactement la première proposition, sous cette forme : περὶ θεῶν οὔτε εἰ εἰσὶν οὔθ' ὁποῖοί τινές εἰσι δύναμαι λέγειν. Voy. Frei, 96, sq., et particulièrement Krische, *Forsch.*, 132, sqq.

2. Hermias dans le *Phèdre*, p. 192, Ast : (Θρασύμ.) ἔγραψεν ἐν λόγῳ ἑαυτοῦ τοιοῦτόν τι· ὅτι οἱ θεοὶ οὐχ ὁρῶσι τὰ ἀνθρώπινα· οὐ γὰρ τὸ μέγιστον τῶν ἐν ἀνθρώποις ἀγαθῶν παρεῖδον, τὴν δικαιοσύνην· ὁρῶμεν γὰρ τοὺς ἀνθρώπους ταύτῃ μὴ χρωμένους.

3. Dans les vers que Sextus (*Math.*, IX, 54) nous a conservés, et à cause desquels Sextus (*Pyrrh.*) et Plutarque (*De superstit.*, 13, p. 171) font de Critias un athée comme Diagoras. Les mêmes vers sont attribués, dans les *Placita*, I, 7, 2 parall. Cf. *ibid.*, 6, 7, à Euripide, qui les met dans la bouche de Sisyphe (dans le drame de ce nom). Les indications positives d'Élien (*V. H.*, II, 8) ne permettent guère de douter qu'Euripide ait composé un drame portant ce titre ; mais peut-être Critias a-t-il aussi écrit un Sisyphe, et plus tard on ne savait plus avec certitude si ces vers célèbres appartenaient à Critias ou à Euripide. Athénée, (XI, 496 b) parle d'une pièce de théâtre dont la paternité était attribuée tantôt à l'un, tantôt à l'autre. Cf. Fabricius sur Sextus, *Math.*, l. c., Bayle, *Dict.*, art. *Critias*, Rem. H. Quel que soit l'auteur des vers ou le personnage dans la bouche duquel on les place, ils sont en tout cas un témoignage de l'opinion des sophistes sur la religion.

que d'une invention et d'une convention humaines[1]. Ce qui est vrai en général des institutions positives doit l'être aussi de la religion positive. Comme elle varie d'un peuple à l'autre, on ne peut y voir qu'une invention arbitraire.

Prodicus donnait un caractère plus naturel à l'origine de la croyance aux dieux. Les hommes des premiers âges[2], disait-il, ont tenu pour des dieux le soleil et la lune, les fleuves et les sources, et, d'une manière générale, tout ce qui nous est utile, comme font les Égyptiens à l'égard du Nil; et voilà pourquoi on adore le pain sous le nom de Déméter, le vin sous le nom de Dionysos, l'eau sous le nom de Poséidon, le feu sous le nom d'Héphæstos[3]. Mais un tel langage était encore la négation des dieux populaires[4]; et il est indifférent que Prodicus, dans son discours sur Hercule[5], à l'exemple de Protagoras dans son mythe[6], parle de ces dieux dans le style traditionnel. D'autre part, aucun témoignage ne permet d'admettre que Prodicus ait distingué des divinités populaires le Dieu un naturel ou vrai[7].

Hippias, dans XÉNOPHON, conformément à l'opinion régnante, fait remonter aux dieux les lois non écrites[8]; mais cela est sans importance : tout au plus pourrait-on en conclure que ce sophiste était assez inconséquent pour ne pas appliquer à la religion ce qu'il pensait des lois.

---

1. PLATON, Lois, X, 889 c : θεούς, ὦ μακάριε, εἶναι πρῶτόν φασιν οὗτοι [les sophistes] τέχνῃ, οὐ φύσει, ἀλλά τισι νόμοις, καὶ τούτους ἄλλους ἄλλῃ, ὅπῃ ἕκαστοι ἑαυτοῖσι συνωμολόγησαν νομοθετούμενοι. Cf. p. 1006, 2, 5, 6.
2. Ap. SEXT., Math., IX, 18, 51, sq.; CIC., N. D., I, 42, 118, Cf. ÉPIPH., Exp., fid., 1088 c.
3. Prodicus, selon THÉMISTIUS, Or., XXX, 349 b : ἱερουργίαν πᾶσαν ἀνθρώπων καὶ μυστήρια καὶ πανηγύρεις καὶ τελετὰς τῶν γεωργίας καλῶν ἐξάπτει, νομίζων καὶ θεῶν εὔνοιαν (ἐνν.) ἐντεῦθεν ἐς ἀνθρώπους ἐλθεῖν καὶ πᾶσαν εὐσέβειαν ἐγγνώμενος. Ce rôle attribué à l'agriculture dans la naissance de la religion se relie sans doute à ce que nous disons ci-dessus. Prodicus a pu voir notamment, dans les fêtes de la moisson et de l'automne, l'origine des cultes qui devaient se rapporter particulièrement aux productions de la terre : conception qui avait un point de départ dans le culte de Déméter et de Dionysos.
4. C'est pourquoi Cicéron et Sextus (l. c.) rangent Prodicus parmi les athées, au sens antique du mot.
5. XÉN., Mem., II, 1, 28.
6. PLAT. Prot., 320 c; 322 a.
7. Comme Welcker est disposé à l'admettre, l. c., 521.
8. Mem., IV, 4, 19, sqq. Voy. sup., 1005, 2.

En somme, pour être conséquente, la sophistique ne pouvait adopter, en face de la religion populaire, d'autre attitude que celle d'un Protagoras et d'un Critias. Si les choses mêmes que nous voyons ne sont pour nous que ce que nous les faisons, il en doit être ainsi, à plus plus forte raison, des choses que nous ne voyons pas. Ici encore l'objet n'est que le reflet du sujet : l'homme n'est pas la créature, mais le créateur de ses dieux.

La rhétorique sophistique. — La rhétorique des sophistes tient à leur théorie morale, comme leur éristique à leur théorie de la connaissance. A celui qui nie toute science objective, il ne reste que la faculté de paraître savant aux yeux des autres : de même, à qui nie tout droit objectif, il ne reste que la faculté de se donner, auprès des autres, l'apparence du droit et l'art de créer cette apparence. Cet art est la rhétorique [1]. Non-seulement la parole était alors le moyen par excellence d'arriver au pouvoir et à l'influence politiques, mais elle est, d'une manière générale, la marque de la supériorité du lettré sur l'illettré. Quand on attribue à la culture intellectuelle la valeur que lui attribuaient les sophistes et leurs contemporains, on cultive nécessairement l'art de la parole; et, quand cette culture ne repose pas sur une solide base scientifique et morale, non-seulement on exagère la portée de l'éloquence, mais l'éloquence [2] elle-même se rétrécit :

---

1. C'est en cela que le Gorgias de Platon fait consister la tâche de la rhétorique Gorg., 454 b (cf. 452 e) : La rhétorique doit être l'art ταύτης τῆς πειθοῦς, τῆς ἐν τοῖς δικαστηρίοις καὶ τοῖς ἄλλοις ὄχλοις καὶ περὶ τούτων ἃ ἐστι δίκαιά τε καὶ ἄδικα. Sur quoi Socrate (455 a), d'accord avec le sophiste, la définit comme πειθοῦς δημιουργὸς πιστευτικῆς, ἀλλ' οὐ διδασκαλικῆς, περὶ τὸ δίκαιόν τε καὶ ἄδικον. La suite montrera que l'essence de la rhétorique sophistique est ici exactement caractérisée. Doxopater (in Aphthon.; Rhet. gr., ed. Walz, II, 104) attribue cette définition à Gorgias lui-même; mais il n'a certainement d'autre source que celle que nous citons. De là vient aussi la définition, ὅρος ῥητορικῆς κατὰ τὴν ὀργίαν, que l'introduction anonyme aux στάσεις d'Hermogène (ap. Walz, Rhet. gr., VII, 33, Spengel, Συν. T. 35) tire du commentaire du néo-platonicien Plutarque sur le Gorgias.

2. Cf. Platon, Philebus, 58 a, où Protarque affirme qu'il a souvent entendu

elle néglige le fond, pour ne viser qu'au succès du moment et à la forme extérieure. Il arrive ici nécessairement ce qui déjà résultait de l'application exclusive des formes dialectiques à l'éristique. La forme que ne soutient pas un contenu correspondant devient un formalisme mécanique, vide et faux. Plus est grande l'habileté à se servir de ce formalisme, plus doit être prompte la décadence d'une culture qui s'en tient là.

Ces observations rendent compte de la signification et du caractère spécial de la rhétorique des sophistes. Nous savons que la plupart d'entre eux (et nous avons lieu de présumer qu'il en est de même des autres) se sont exercés dans cet art et l'ont enseigné, tantôt établissant des règles générales et des théories, tantôt fournissant des modèles à imiter ou des morceaux tout faits pour l'usage immédiat[1]. Un assez grand nombre faisaient même de

---

dire à Gorgias, ὡς ἡ τοῦ πείθειν πολὺ διαφέροι πασῶν τεχνῶν· πάντα γὰρ ὑφ' αὑτῇ δοῦλα δι' ἑκόντων καὶ οὐ διὰ βίας ποιοῖτο, etc.; de même *Gorg.*, 452 c; 456 a, sqq.

1. Nous connaissons des ouvrages théoriques sur divers sujets de rhétorique, de Protagoras (voy. *inf.*, et FREI, 187, sq.), de Prodicus (voy. *sup.*, 956, 1), d'Hippias (voy. *inf.*, SPENGEL, p. 60), de Thrasymaque (voy. sur ses Ἔλεοι, ARIST., *s. el.*, c. 33, 183 b, 22; *Rhet.*, III, 1, 1404 a, 13; PLATON, *Phèdre*, 267 c; d'après SUIDAS, *s. v.*, et le scholiaste d'Aristophane, *Oiseaux*, v. 881, il avait aussi écrit une τέχνη dont les Ἔλεοι sont peut-être une partie; voy. SPENGEL, 96, sqq.; HERMANN, *De Thras.*, 12; SCHANZ, p. 131, sq.), de Polus (voy. *sup.*, 960, 1), d'Évènus (PLATON, *Phædrus*, 267 a; voy. *sup.*, 961, 4). DIOGÈNE (VIII, 58) et l'auteur de Prolégomènes à Hermogène, cité par SPENGEL, Συναγ. Τεχν., 82, affirment que Gorgias avait laissé une τέχνη; QUINTILIEN (III, 1, 8) le compte aussi parmi les *artium scriptores*; et DENYS dit, dans le fragment que nous a conservé un scholiaste d'Hermogène (ap. SPENGEL, Σ. Τ., 78) : δημηγορικοῖς δὲ ὀλίγοις (Γοργίου περιέτυχον λόγοις) καὶ τισι καὶ τέχναις. Le même DENYS (*De compos. Verb.*, c. 12, p. 68, R) parle d'un traité de Gorgias περὶ καιροῦ, en ajoutant que Gorgias est le premier qui ait écrit sur ce sujet. SPENGEL (*l. c.*, 81, sq.) croit néanmoins devoir nier que Gorgias ait composé un ouvrage didactique sur l'art oratoire : il se fonde sur le texte d'Aristote cité par nous, p. 993, 2, et sur le texte de CIC., *Brut.*, 12, 46. Toutefois, ni l'un ni l'autre de ces deux textes n'est décisif (comme le remarque justement SCHANZ, p. 131). Cicéron nomme, d'après Aristote, Corax et Tisias, comme les premiers qui aient composé des traités en forme sur l'art oratoire, et Protagoras et Gorgias, comme les premiers qui aient composé des discours sur des lieux communs. Mais cela n'empêche pas d'admettre qu'eux aussi aient écrit des traités didactiques. Et de même, s'il paraît résulter du texte du traité contre les sophistes qu'Aristote met Gorgias, pour les services rendus à la rhétorique, au-dessous de Tisias et de Thrasymaque, il ne s'ensuit pas qu'Aristote ne connaissait de lui aucun ouvrage sur la rhétorique. PLATON, tout au contraire (*Phædrus*, 261 b; 267 a), fait nettement allusion à des traités techniques de Gorgias. Seulement, ces traités, selon toute

1015 la rhétorique l'objet principal de leur enseignement ¹. Leurs propres leçons étaient des morceaux oratoires, des pièces d'apparat ². En dehors des discours qu'ils appor-
1016 taient tout composés ³, ils se faisaient un point d'honneur de n'être pas embarrassés pour répondre brillamment, sans préparation, à toutes les questions possibles ⁴. Outre l'abondance oratoire par laquelle ils étendaient à volonté leurs dissertations, ils se vantaient de posséder l'art d'exprimer leur opinion de la manière la plus courte pos-

vraisemblance, ne contenaient pas une théorie complète de l'art oratoire, mais des dissertations sur des questions particulières. C'est du moins ce que semble indiquer l'expression τέχναι τινές dans le fragment cité de Denys. (Tel est aussi l'avis de Welcker, Kl. Schr., II, 456, 176.) — Ce qui avait encore plus d'importance que les écrits didactiques des sophistes, c'était l'exemple et les leçons pratiques des orateurs sophistes (Protagoras, ap. Stob., Floril., 29, 80), condamne également la μελέτη ἄνευ τέχνης et la τέχνη ἄνευ μελέτης), et spécialement leurs discours sur des thèmes généraux (θέσεις ou loci communes, à la différence des cas particuliers, ὑποθέσεις ou causæ, sur lesquels roulaient les plaidoyers judiciaires et les discours politiques; cf. Cic., Top., 21, 79; Quintil., III, 5, 5 et passim; ap. Frei, Quæst. Prot., 150, sqq.: le seul point sur lequel je me sépare de Frei est sa distinction entre theses et loci communes), comme ceux qu'on cite de Protagoras, Gorgias, Thrasymaque, Prodicus; voy. Aristote ap. Cic., Brut., 12, 46; Diog., IX, 53 (Prot. πρῶτος κατέδειξε τὰς πρὸς τὰς θέσεις ἐπιχειρήσεις). Voy. Quintil., III, 1, 12; et, sur Thrasymaque en particulier, Suidas, s. v., qui attribue au philosophe de Chalcédoine des ἀφορμαὶ ῥητορικαί identiques, suivant une conjecture de Welcker (Kl. Schr., II, 457), aux ὑπερβάλλοντες cités par Plutarque, Symp., I, 2, 3, 3 ; voy. aussi Athénée (X, 416 a), qui reproduit des parties de ses Procœmia. Quintilien seul dit que Prodicus a composé des lieux communs : cela donne lieu de penser que Prodicus n'a pas traité, comme les trois autres, des lieux communs dans un dessein d'enseignement, tandis que l'on pouvait, en un sens plus large, considérer comme lieux communs des discours tels que ceux de Prodicus dont il est parlé ci-dessus (p. 1003), ou tels que l'exposition d'Hippias (l. c.). L'emploi de ces lieux communs était, chez Gorgias déjà, très mécanique (voy. sup., 993, 2).

1. Cf., outre ce qui suit, p. 960, 1002, 2.
2. Ἐπίδειξις, ἐπιδείκνυσθαι, sont, comme on sait, les expressions consacrées. Voy., pour les exemples, Platon, Gorg., sub init.; Protag., 320 c; 347 a.
3. Comme l'Héraclès de Prodicus, les discours d'apparat d'Hippias (Prot., 347 a, et sup., 958, 1), les discours de Gorgias (voy. sup., 950, 3, 951, 3), entre autres le fameux discours olympique, etc.
4. Gorgias est signalé comme le premier qui ait fait étalage de son art dans des improvisations de ce genre. Plat., Gorg., 447 c : καὶ γὰρ αὐτῷ ἓν τοῦτ' ἦν τῆς ἐπιδείξεως· ἐκέλευε γοῦν νῦν δὴ ἐρωτᾶν ὅ τι τις βούλοιτο τῶν ἔνδον ὄντων καὶ πρὸς ἅπαντα ἔφη ἀποκρινεῖσθαι. Cic., De orat., I, 22, 103 : quod primum ferunt Leontinum fecisse Gorgiam : qui permagnum quiddam suscipere ac profiteri videbatur, cum se ad omnia, de quibus quisque audire vellet, esse paratum denuntiaret. Ibid., III, 32, 129 (d'où Valer., VIII, 15, ext. 2); Fin., II, 1, 1 Quintil., Inst., II, 21, 21 ; Philostrate (V. Soph., 482) le fait, certainement par méprise, parler ainsi au théâtre d'Athènes ; cf. Foss., 45. Nous avons sur Hippias des renseignements analogues; voy. sup., p. 957, 1.

sible¹. A côté de leurs recherches personnelles, ils considéraient l'explication des poëtes comme une partie de leur tâche². Outre les sujets élevés et importants, ils trouvaient spirituel de traiter aussi, pour varier, des sujets bas, quotidiens et ingrats³. Déjà Protagoras avait dit 1017 que le triomphe de l'art était de se montrer capable de faire de la cause la plus faible la cause la plus forte, et de présenter l'invraisemblable comme vraisemblable⁴; et

1. Par exemple Protagoras *ap.* PLAT., *Prot.*, 329 b; 334 c, sqq., où il est dit de lui : ὅτι οὐ οἷός τ' εἰ καὶ αὐτὸς καὶ ἄλλον διδάξαι περὶ τῶν αὐτῶν καὶ μακρὰ λέγειν ἐὰν βούλῃ, οὕτως, ὥστε τὸν λόγον μηδέποτε ἐπιλιπεῖν, καὶ αὖ βραχέα οὕτως, ὥστε μηδένα σου ἐν βραχυτέροις εἰπεῖν. Le *Phèdre* (267 b) dit la même chose de Gorgias, dans le passage où il est question de lui et de Tisias : συντομίαν τε λόγων καὶ ἄπειρα μήκη περὶ πάντων ἀνεῦρον; et Gorgias dit lui-même, *Gorg.*, 449 c : καὶ γὰρ αὖ καὶ τοῦτο ἕν ἐστιν ὧν φημί, μηδέν' ἂν ἐν βραχυτέροις ἐμοῦ τὰ αὐτὰ εἰπεῖν, sur quoi Socrate le prie d'user envers lui de *brachylogie :* c'est la même prière que Socrate adresse à Protagoras, *Prot.*, 335 a et *passim*. D'après ARISTOTE (*Rhet.*, III, 17, 1418 a, 34) Gorgias n'était pas difficile sur le chapitre de la *macrologie* et bourrait ses discours de tout ce qui tenait de près ou de loin au sujet. De même son disciple Lycophron (*ap.* ARIST., *Soph. el.*, 15, 174 b, 32, et ALEX., ad h. l. *Schol. in Arist.*, 310 a, 12). Hippias, quant à lui, propose, dans le *Protagoras* (337 e, sq.), à Socrate et à Protagoras le compromis suivant : l'un n'exigera pas à l'excès la brièveté du dialogue, et l'autre tiendra son éloquence en bride, de manière que ses discours ne dépassent point la mesure moyenne. Prodicus est raillé dans le *Phèdre* (267 b) de ce que, d'accord avec Hippias, il tire vanité de μόνος αὐτὸς εὑρηκέναι ὧν δεῖ λόγων τέχνην· δεῖν δὲ οὔτε μακρῶν οὔτε βραχέων, ἀλλὰ μετρίων.
2. PLAT., *Prot.*, 338 e : ἡγοῦμαι, ἔφη [Πρωτ.], ὦ Σώκρατες, ἐγὼ ἀνδρὶ παιδείας μέγιστον μέρος εἶναι περὶ ἐπῶν δεινὸν εἶναι· ἔστι δὲ τοῦτο τὰ ὑπὸ τῶν ποιητῶν λεγόμενα οἷόν τ' εἶναι συνιέναι ἅ τε ὀρθῶς καὶ ἃ μή, καὶ ἐπίστασθαι διελεῖν τε καὶ ἐρωτώμενον λόγον δοῦναι, après quoi vient la dissertion célèbre sur le poëme de Simonide. De même, Hippias, au commencement de l'*Hippias minor*, disserte sur Homère et sur d'autres poëtes. ISOCRATE (*Panath.*, 18, 33) entre en campagne contre les sophistes, qui, n'ayant pas d'idées à eux, bavardent sur Homère et Hésiode.
3. PLATON (*Symp.*, 177 b) et ISOCRATE (*Hel.*, 12) citent des éloges du sel et de la chenille du ver à soie. D'après MÉNANDRE (π. ἐπιδεικτ., *Rhet. gr.*, IX, 163 ; TZETZ., *Chil.*, XI, 746, sq.), Alcidamas écrivit un éloge de la mort et un éloge de la pauvreté. Polycrate, dont l'éloquence était certainement voisine de celle des sophistes, a composé, à notre connaissance, des éloges de Busiris et de Clytemnestre, et une accusation contre Socrate (ISOCR., *Bus.*, 4; QUINTIL., II, 17, 4), un éloge des souris (ARIST., *Rhet.*, II, 24, 1401 b, 15), des pots et des cailloux (ALEX., π. ἀφορμ. ῥητ., *Rhet. gr.*, IX, 334, W., III, 3 Sp.). Au même genre appartiennent le *Busiris* d'Isocrate et le discours d'Antiphon sur les paons. (Pour ce dernier, WELCKER (*Kl. Schr.*, II, 427) présume qu'il est du rhéteur dont nous avons parlé p. 961, 5, et non du Rhamnusien, à qui l'attribuent ATHÉNÉE, IX, 397 c, et quelques autres).
4. ARISTOTE (*Rhet.*, II, 24, *sub fin.*) atteste que Protagoras promettait à ses disciples de leur apprendre comment de l'ἥττων λόγος on peut faire le κρείττων. Après avoir en effet parlé des artifices par lesquels on peut rendre l'invraisemblable vraisemblable, il ajoute : καὶ τὸ τὸν ἥττω δὲ λόγον κρείττω ποιεῖν τοῦτ'

1018 PLATON dit, dans le même sens, de Gorgias[1] qu'il avait découvert que l'apparence a plus de poids que la vérité, et qu'il s'entendait à faire paraître, par ses discours, les grandes choses petites et les petites grandes. Plus l'orateur se montrait ainsi indifférent au fond, plus les procédés techniques du langage et de l'exposition acquéraient de valeur. Aussi était-ce sur ces procédés que roulaient presque exclusivement les préceptes de la rhétorique des sophistes, ainsi que le faisaient vers le même temps, indépendamment de toute doctrine philosophique, Corax et Tisias dans l'école d'éloquence de la Sicile[2].

Protagoras et Prodicus s'occupèrent des éléments gram-

ἐστίν. καὶ ἐντεῦθεν δικαίως ἐδυσχέραινον οἱ ἄνθρωποι τὸ Πρωταγόρου ἐπάγγελμα. ψεῦδός τε γάρ ἐστι, καὶ οὐκ ἀληθὲς ἀλλὰ φαινόμενον εἰκός, καὶ ἐν οὐδεμίᾳ τέχνῃ ἀλλ' ἐν ῥητορικῇ καὶ ἐριστικῇ. Il est évident qu'Aristote entend parler ici d'une promesse effective de Protagoras, et qu'il ne se borne pas à exprimer (comme le veut GROTE, *Hist. of Gr.*, VIII, 495) son jugement personnel sur la rhétorique. AULU-GELLE (*N. A.*, V, 3, 7) est donc parfaitement d'accord avec Aristote quand il dit : *Pollicebatur se id docere, quonam verborum industria causa infirmior fieret fortior, quam rem græce ita dicebat :* τὸν ἥττω λόγον κρείττω ποιεῖν. (De même, STEPH. Byz., Ἄβδηρα, s'appuyant sur Eudoxe, et le scholiaste des *Nuées*, au vers 113. Cf. FREI, *Quæst. Prot.*, 142, sq.) Ces textes indiquent en même temps le sens de la promesse : l'ἥττων λόγος est la cause, faible du côté des raisons, par conséquent du côté du droit, dont l'art de l'orateur doit faire la cause la plus forte; et XÉNOPHON (*Œc.*, 11, 25) n'est pas dans le faux quand il explique ainsi la parole de Protagoras : τὸ ψεῦδος ἀληθὲς ποιεῖν; non plus qu'Isocrate, π. ἀντιδόσ., 15, 30 : ψευδόμενον τἀληθῆ λέγοντος ἐπικρατεῖν et : παρὰ τὸ δίκαιον ἐν τοῖς ἀγῶσι πλεονεκτεῖν. ARISTOPHANE même est dans son droit, lorsque, dans les *Nuées*, 112, sqq.; 875, sq.; 882, sqq.; il traduit méchamment l'expression ἥττων λόγος, par celle d'ἄδικος λόγος. Sans doute Protagoras n'annonçait pas en termes exprès qu'il enseignait l'art de donner la victoire à la cause *injuste*; cependant il promettait qu'on pourrait apprendre chez lui à obtenir la victoire pour la première cause venue, fût-ce la plus indigne de l'emporter. Par la suite, la même pratique est imputée à beaucoup d'autres sophistes. Aristophane accuse Socrate, non-seulement de pratiquer la *météorosophie*, mais encore de professer l'art de changer l'ἥττων λόγον en κρείττων. Dans PLATON, Socrate, en se défendant de cette accusation (*Apol.*, 18 b; 19 b), ajoute que c'est un reproche banal que l'on adresse à tous les philosophes (*l. c.*, 23 d) : τὰ κατὰ πάντων τῶν φιλοσοφούντων πρόχειρα ταῦτα λέγουσιν, ὅτι.... τὸν ἥττω λόγον κρείττω ποιεῖν); et ISOCRATE est encore réduit à s'en défendre (*l. c.*). Mais de ce que ce reproche a été adressé injustement à d'autres, on ne peut conclure que Protagoras ne le méritait pas non plus. Grote lui-même ne conclut pas du texte de l'*Apol.*, 26 d, qu'Anaxagore n'a pas enseigné ce qui, dans ce texte, est faussement imputé à Socrate.

1. *Phædrus*, 267 a. Cf. *Gorgias*, 456 a, sqq.; 455 a (voy. *sup.*, 1013, 2). WELCKER (*l. c.*, 450) a raison de n'accorder aucune valeur à un témoignage analogue d'un inconnu sur Prodicus et Hippias, *ap.* SPENGEL, Συναγ. τεχν., 213 (*Rhet. Gr.* de Walz, VII, 9).
2. Voy. SPENGEL, *l. c.*, 22-39.

maticaux et lexicologiques de la langue. Ils sont devenus par là les premiers fondateurs, chez les Grecs, d'une étude scientifique du langage[1].

Protagoras[2] est incontestablement le premier qui ait distingué les trois genres des substantifs[3], les temps des verbes[4], et les diverses espèces de propositions[5]. Il a, d'une manière générale, inauguré la correction dans l'usage de la langue[6].

Prodicus enseignait, dans un cours spécial, contre de gros honoraires, la distinction des synonymes[7]. Les

---

1. Cf., sur ce qui suit, LERSCH, *Die Sprachphilosophie der Alten*, I, 15, sqq.; ALBERTI, *Die Sprachphilosophie vor Platon* (*Philologus*, XI, 1856, p. 681, sqq., 699, sq.).
2. Voy. FREI, 130, sqq.; SPENGEL, 40, sqq.; SCHANZ.
3. ARIST., *Rhet.*, III, 5, 1407 b, 6. Protagoras fait observer que la langue fait masculins beaucoup de noms qui devraient être féminins (ARIST., *Soph. el.*, c. 14, *sub initio*, texte reproduit purement et simplement par ALEXANDRE ad h. loc., *Schol.*, 308 a, 32; voy. *sup.*, 999, 1). ARISTOPHANE, qui, dans les *Nuées*, transporte de Protagoras à Socrate ce trait avec plusieurs autres, tire de là une série de plaisanteries, vers 651, sqq.
4. μέρη χρόνου. DIOG., IX, 52.
5. εὐχωλή, ἐρώτησις, ἀπόκρισις, ἐντολή. DIOG., IX, 53. De ce que QUINTILIEN (*Inst.*, III, 4, 10) mentionne cette division dans la section de son ouvrage relative aux genres de discours (discours politiques, judiciaires, etc.), SPENGEL (p. 44) présume qu'elle ne se rapporte pas à la forme grammaticale des propositions, mais au caractère oratoire des discours et de leurs parties. Mais cette division est surtout grammaticale. Cela ressort du texte d'ARISTOTE, *Poét.*, c. 19, 1456 b, 15, dans lequel il est dit que Protagoras a blâmé Homère d'avoir commencé l'*Iliade* par : μῆνιν ἄειδε, c'est-à-dire par un ordre à la Muse, au lieu d'une prière.
6. PLAT., *Phædrus*, 267 c : Πρωταγόρεια δὲ, ὦ Σώκρατες, οὐκ ἦν μέντοι τοιαῦτ' ἄττα; — ὀρθοέπειά γέ τις, ὦ παῖ, καὶ ἄλλα πολλὰ καὶ καλά. Cf. *Crat.*, 391 c : διδάξαι σε τὴν ὀρθότητα περὶ τῶν τοιούτων (les ὀνόματα, d'une manière générale, la langue) ἣν ἔμαθε παρὰ Πρωταγόρου. De ces textes (auxquels nous pouvons ajouter le texte du *Prot.*, 339 a ; PLUT., *Per.*, c. 36) et du texte d'ARISTOTE, *l. c.*, il est permis de conclure que Protagoras avait coutume de se servir, dans ces recherches, des expressions ὀρθῶς, ὀρθότης. Chez THÉMISTIUS (*Or.*, XXIII, 289 d), l'ὀρθοέπεια et l'ὀρθορρημοσύνη sont attribuées à Prodicus, et non pas (comme le soutient LERSCH, p. 18) à Protagoras.
7. Le cours de cinquante drachmes περὶ ὀνομάτων ὀρθότητος, dont il a déjà été question p. 953, 2. Contrairement à l'opinion de LERSCH (*l. c.*, 16), je crois devoir admettre, avec WELCKER (p. 453) et la plupart des critiques, ne fût-ce qu'à cause du texte de PLATON, *Euthyd.*, 277 e, qu'il ne s'agit pas dans ce discours d'examiner si la langue existe φύσει ou νόμῳ, mais que le sujet du discours est le juste emploi des mots et la différence entre les expressions en apparence synonymes. Les expressions διαιρεῖν περὶ ὀνομάτων (*Charmid.*, 163 d), notamment, ne peuvent s'entendre que de ces distinctions de mots ; et quand même Prodicus aurait fondé ses règles sur la même affirmation que PLATON (*Crat.*, 383 a) attribue à Cratyle : ὀνόματος ὀρθότητα εἶναι ἑκάστῳ τῶν ὄντων φύσει πεφυκυῖαν, nous ne pourrions pourtant placer l'objet essentiel de ce cours (qui renfermait évidemment la

nombreuses plaisanteries de PLATON sur cette découverte [1] font présumer que Prodicus se complaisait dans ses distinctions et définitions, et qu'il les employait souvent hors de propos.

Hippias donna aussi des règles sur le langage [2]; mais peut-être ces règles n'avaient-elles trait qu'à la quantité des syllabes et à l'euphonie.

A en juger par le langage que Platon prête à Protagoras, ses discours, où dominaient la clarté et le tour aisé de l'expression, se recommandaient en outre par une dignité aimable, par une heureuse abondance, et par une légère couleur poétique, non sans présenter assez souvent des longueurs [3].

D'après ce que nous pouvons conclure du récit que donne Xénophon [4], Prodicus usait d'un langage choisi, curieux des plus fines nuances d'expression, mais peu énergique, et plus ou moins entaché des défauts que Platon lui reproche.

Hippias, lui aussi, n'a pas dédaigné la pompe du langage. PLATON du moins, dans le court échantillon [5] qu'il

quintessence de la science du langage propre à Prodicus) que dans les seuls travaux du sophiste mentionnés en ce genre, c'est-à-dire dans la διαίρεσις ὀνομάτων.

1. Cf., sur cette science des mots, que Platon (WELCKER, 454) « ne manque jamais de lui prêter quand il le fait parler », *Prot.*, 337 a, sqq.; 339 e, sqq.; *Meno*, 75 e; *Crat.*, 384 b; *Euthyd.*, 277 e, sqq.; *Charm.*, 163 a, d; *Lach.*, 197 d. Le premier de ces textes en particulier est un persiflage, plein de gaîté dans son exagération, de la manière du sophiste. Cf., en outre, ARIST., *Top.*, II, 6, 112 b, 22; PRANTL, *Gesch. d. Log.*, I, 16.

2. Περὶ ῥυθμῶν καὶ ἁρμονιῶν καὶ γραμμάτων ὀρθότητος, PLAT., *Hipp. min.*, 368 d; π. γραμμάτων δυνάμεως καὶ συλλαβῶν καὶ ῥυθμῶν καὶ ἁρμονιῶν, *Hipp. maj.*, 285 c. Il n'y a rien à conclure du texte de XÉNOPHON, *Mem.*, IV, 4, 7. Ce que MÄHLY (*l. c.*, XVI, 39), ALBERTI (*l. c.*, 701) et d'autres veulent y voir est forcé : la question est simplement de savoir de combien de lettres et de quelles lettres se compose le mot Σωκράτης.

3. PHILOSTRATE, lui aussi [V. *Soph.*, I, 10, *sub fin.* (il ne fait que répéter Platon)], remarque la σεμνότης de son style; HERMIAS (in *Phædr.*, 192 au haut) en remarque la κυριολεξία. D'après le fragment conservé par PLUTARQUE (*Consol. ad Apoll.*, 33), il faisait usage de son dialecte natal, comme Démocrite, Hérodote et Hippocrate.

4. SPENGEL (57, sq.) fait voir que nous en avons le droit, quoique le récit de Xénophon ne soit pas d'une fidélité littérale (*Mem.*, II, 1, 34).

5. *Prot.*, 337 c, sqq. Cf. *Hipp. maj.*, 286 a; cette mimique est d'ailleurs absente chez les deux *Hippias*.

nous donne de sa manière, le caractérise par l'enflure des mots et la profusion des métaphores. Qu'il ait cherché à donner à ses discours un attrait particulier en variant le fond, c'est ce qu'on doit attendre d'un homme si érudit et si fier de la multitude de ses connaissances ; et il devait s'applaudir de sa mnémotechnie, où il trouvait tout d'abord un auxiliaire du discours oratoire[1].

Le plus grand renom à cet égard et la plus forte influence sur le style grec reviennent à Gorgias[2]. Spirituel et ingénieux, il sut transplanter, avec le plus brillant succès, dans la Grèce proprement dite, la richesse d'images et d'ornements, les jeux de mots et de pensées de l'éloquence sicilienne. Mais c'est justement chez lui et dans son école que se révèle avec le plus d'évidence le côté faible de cette rhétorique. La souplesse avec laquelle Gorgias savait approprier ses leçons au sujet et aux circonstances, faire alterner, selon le besoin, le plaisant et le sévère, donner aux choses connues un charme nouveau, et adoucir l'air choquant d'affirmations inattendues[3] ; la grâce et l'éclat qu'il savait répandre sur ses discours par des tournures surprenantes et emphatiques, par des expressions nobles et à demi poétiques, par des figures agréables, par un arrangement de mots rhythmique et par une construction de phrase symétrique[4] : tout cela est concédé

---

1. Sur cet art et sur la multiplicité des connaissances d'Hippias, cf. p. 957, 3 ; sur la mnémonique en particulier, voy. MÄHLY, XVI, 40, sq.

2. Voy. p. 949, sq. — GEEL (62, sqq.) traite du caractère de l'éloquence de Gorgias ; et SCHÖNBORN (De auth. declamat. Gorg., 15, sqq.) en traite encore plus à fond. Voy. SPENGEL, 63, sqq. ; FOSS, 50, sqq.

3. PLATON dit dans le Phèdre (voy. sup., 1018, 1), de lui et de Tisias : τά τε αὖ σμικρὰ μεγάλα καὶ τὰ μεγάλα σμικρὰ φαίνεσθαι ποιοῦσι διὰ ῥώμην λόγου, καινά τε ἀρχαίως τά τ' ἐναντία καινῶς. ARISTOTE (Rhet., III, 18, 1419 b, 3) cite de lui la règle suivante : δεῖν τὴν μὲν σπουδὴν διαφθείρειν τῶν ἐναντίων γέλωτι, τὸν δὲ γέλωτα σπουδῇ ; et, d'après Denys (voy. sup., 1014, 2), il fut le premier qui écrivit que l'orateur doit tenir compte des circonstances (περὶ καιροῦ). Le critique trouve, il est vrai, que ses observations sur ce point ne sont pas satisfaisantes.

4. ARIST., Rhet., III, 1, 1404 a, 25 : ποιητικὴ πρώτη ἐγένετο ἡ λέξις, οἷον ἡ Γοργίου. DENYS, Epist. ad Pomp., 764 : τὸν ὄγκον τῆς ποιητικῆς παρασκευῆς. De vi dic. Demosth., 963 : Θουκυδίδου καὶ Γοργίου τὴν μεγαλοπρέπειαν καὶ σεμνότητα καὶ καλλιλογίαν. Cf. ibid., 968 ; Ep. ad Pomp., 762. DIODORE, XII, 53 : Quand Gorgias

par ceux-là mêmes qui d'ailleurs ne lui sont pas favorables.

1022 En revanche, les critiques postérieurs s'accordent à dire que Gorgias et ses disciples ont fort transgressé les limites du bon goût dans l'emploi de ces moyens accessoires. Leurs expositions étaient surchargées d'expressions insolites, de tropes et de métaphores, d'adjectifs et de synonymes prétentieux, d'antithèses artificielles, de jeux de mots et d'allitérations [1]. Leur style procédait avec une symétrie fatigante, par petites propositions rangées deux par deux. Il n'y avait aucune proportion entre les pensées et la dépense d'effets oratoires; et tout ce

---

vint à Athènes, τῷ ξενίζοντι τῆς λέξεως; ἐξέπληξε τοὺς Ἀθηναίους (de même DENYS, *Jud. de Lys.*, 458).... πρῶτος γὰρ ἐχρήσατο τῆς λέξεως σχηματισμοῖς περιττοτέροις καὶ τῇ φιλοτεχνίᾳ διαφέρουσιν, ἀντιθέτοις καὶ ἰσοκώλοις καὶ παρίσοις καὶ ὁμοιοτελεύτοις καὶ τισιν ἑτέροις τοιούτοις, ἃ τότε μὲν διὰ τὸ ξένον τῆς κατασκευῆς ἀποδοχῆς ἠξιοῦτο, νῦν δὲ περιεργίαν ἔχειν δοκεῖ καὶ φαίνεται καταγέλαστον πλεονάκις καὶ κατακόρως τιθέμενον. PHILOSTR., V. *Soph.*, I, 9, 1 (cf. *ep.* 73 [13], 3) ὁρμῆς τε γὰρ τοῖς σοφισταῖς ἦρξε καὶ παραδοξολογίας καὶ πνεύματος καὶ τοῦ τὰ μεγάλα μεγάλως ἑρμηνεύειν, ἀποστάσεών τε (l'interruption emphatique du discours par une nouvelle proposition; voy. FREI, *Rh. Mus.*, VII, 543, sqq.) καὶ προσβολῶν (apparemment quelque chose du même genre; voy. Foss, 52) ὑφ' ὧν ὁ λόγος ἡδίων ἑαυτοῦ γίνεται καὶ σοβαρώτερος. Aussi Philostrate pousse-t-il l'exagération jusqu'à le comparer à Eschyle. On cite notamment, comme figures de langage inventées par Gorgias, c'est-à-dire employées pour la première fois sciemment et avec intention, les πάρισα ou παρισώσεις (*paria paribus adjuncta*, la répétition des mêmes expressions, la symétrie de la construction syntaxique dans les phrases à deux membres), les ὁμοιοτέλευτα ou παρομοιώσεις (jeux de mots fondés sur des ressemblances de sons, ἰσότελευτα, ὁμοιοκάταρκτα) et les antithèses; cf. Cic., *Orat.*, 12, 38, sqq., 52, 175, 49, 165; DENYS, *Ep.* II *ad Amm.*, p. 792, 868; *Jud. de Thuc.*, 869; *De vi dic. Dem.*, 963, 1014, 1033; ARIST., *Rhet.*, III, 9, 1410 a, 22, sqq. Les figures énumérées par DIODORE (*l. c.*) sont de celles que nous venons de citer. Quant aux ἀποστάσεις et aux προσβολαί que mentionne Philostrate, Gorgias a pu les employer sans en faire l'objet de règles expresses. En tout cas, on ne peut conclure du texte d'ARISTOTE (*l. c.*) que Gorgias ne les a pas connues, car ARISTOTE ne parle que des figures qui résultent du rapport des parties de la proposition. Avec les antithèses nettement tranchées et les propositions symétriques, on possédait l'idée du rhythme, comme le fait observer Cicéron (*l. c.*). — PLATON (*Phaedrus*, 267 c) attribue à Polus des artifices analogues : τὰ δὲ Πώλου πῶς φράσομεν οὐ μουσεῖα λόγων, ὡς διπλασιολογίαν καὶ γνωμολογίαν καὶ εἰκονολογίαν, ὀνομάτων τε Λικυμνίων ἃ ἐκείνῳ ἐδωρήσατο πρὸς ποίησιν εὐεπείας; (Sur ce passage, dont le texte paraît plus ou moins corrompu, et sur le rhéteur Licymnius dont il y est question, voy. SPENGEL, 84, sqq.; SCHANZ, p. 134, sq.) La remarque du *Phèdre*, 267 a sur Évènus trouve sa place ici.

1. C'est ce qui fait dire à ARISTOTE (*Rhet.*, III, 3, 1406 a, 18) d'Alcidamas que chez lui les épithètes sont non un assaisonnement du discours (ἥδυσμα), mais le plat de résistance (ἔδεσμα).

genre, dans son ensemble, ne pouvait produire, sur le goût si fin des écrivains postérieurs, que l'impression de l'affectation et du froid [1].

Thrasymaque entra dans une meilleure voie. Il est loué par Théophraste d'avoir le premier mis en honneur le style tempéré, en relevant par une certaine richesse d'ornements la nudité de la langue vulgaire, sans tomber pour cela dans les excès de l'école de Gorgias [2]. Denys [3] lui reconnaît le même mérite, et nous savons par d'autres témoignages que la rhétorique lui doit des préceptes utiles sur les moyens de toucher et d'émouvoir les auditeurs [4], ainsi que des recherches sur la construction de la phrase [5], sur la quantité des syllabes [6], et sur l'action oratoire [7]. Nous ne saurions toutefois donner tort soit à

---

1. On trouve, de ceci, une ample démonstration, d'abord dans le fragment du discours épitaphique de Gorgias (voy. *sup.*, 951, 3), ensuite dans l'admirable imitation platonicienne de l'éloquence de Gorgias (*Symp.*, 194 c, sqq. Cf. 198 b, sqq.) et dans les nombreux jugements portés par les anciens et tous appuyés sur des exemples. Voy. ce que nous citons p. 1021, 4, puis Plat., *Phædrus*, 267 a, c; *Gorg.*, 467 b (avec les scholies *ap.* Spengel, p. 87); Xénoph., *Conv.*, 2, 26; Arist., *Rhet.*, III, 3 (le chapitre entier). Le même Aristote, *Rhet.*, II, 19, 24, 1392 b, 8, 1402 a, 10; *Eth. N.*, VI, 4, 1140 a, sur Agathon (cf. les fragments *ap.* Athén., V, 185 a, 211 c, XIII, 584 a); Denys, *Jud. de Lys.*, 458; *Jud. de Isæo*, 625; *De vi dic. in Dem.*, 963, 1033; Longin, π. ὑψ., c. 3, 2; Hermog., π. ἰδ., II, 9; *Rhet. gr.*, III, 362 (II, 398, Speng.); Planude, *in Hermog., ibid.*, V, 444, 446, 499, 514, sq.; Démétr., *De interpret.*, c. 12, 15, 29, *ibid.*, IX, 8, 10, 18 (III, 263, 264, 268 Sp. Doxopater, *in Aphth., ibid.*, II, 32, 240; Joseph, *Rhacendyt. Synops.*, c. 15, *sub fin., ibid.*, III, 562, 521; J. Sicél., *in Hermog., ibid.*, VI, 197; Suid., l'ογγ.; Synes., *Ep.*, 82, 133 (τὶ ψυχρὸν καὶ Γοργίαιον); Quintil., IX, 3, 74. Ici se placent aussi les apophthegmes *ap.* Plut., *Aud. po.*, c. 1, p. 15 (*Glor. Ath.*, c. 5); *Cimon*, c. 10; *Mul. virt.*, 1, p. 242 e; *Quæst conv.*, VIII, 7, 2, 4; ce qu'Alexandre [*Top.*, 209, *sub fin.* (*Schol.*, 287 b, 16)] cite de Lycophron, et ce que Philostrate (*Ep.*, 73, 3) cite d'Eschine.
2. *Ap.* Denys, *Jud. Lys.*, 464; *De vi dic. Dem.*, 958. Denys lui-même tient Lysias pour le premier qui ait mis en vogue le style tempéré; mais Spengel (94 sq.) et Hermann (*De Thrasym.*) 10, ont raison de suivre ici Théophraste.
3. *L. c.* et *Jud. de Isæo*, 627. Cependant Denys remarque que le style de Thrasymaque est resté en partie au-dessous de ses prétentions; et Cicéron (*Orat.*, 12, 39) blâme ses phrases courtes qui ressemblent à des vers. Denys (*De Demosth., l. c.*) nous a conservé un long fragment de Thrasymaque, et Clément (*Strom.*, VI, 624 c), un petit fragment.
4. Plat., *Phædrus*, 267 c; sur ses Ἔλεοι, voy. *sup.* p. 1014, 2.
5. Suid., *sub verbo*: πρῶτος περίοδον καὶ κῶλον κατέδειξε.
6. Arist., *Rhet.*, III, 8, 1409 a, 1; Cic., *Orat.*, 52, 175; Quintil., IX, 4, 87.
7. Arist., *Rhet.*, III, 1, 1404 a, 13.

1024 Platon[1], soit à Aristote[2], quand ils se plaignent de ne pas trouver chez lui, plus que chez les autres, une solidité véritable. Thrasymaque, lui aussi, ne s'occupe que de la technique oratoire : il ne songe pas à donner pour bases à son art, comme le veulent avec raison Platon et Aristote, la psychologie et la logique. La sophistique garde ainsi jusqu'au bout son caractère. Du moment qu'elle a détruit toute croyance en une vérité objective et renoncé à la science qui a pour matière les choses elles-mêmes, il ne lui reste, comme fin de son enseignement, qu'une habileté toute formelle, à laquelle elle ne peut donner ni fondement scientifique ni élévation morale.

§ 6. VALEUR ET ROLE HISTORIQUE DE LA SOPHISTIQUE. — SES DIVERSES DIRECTIONS.

Role historique et caractère de la sophistique. — Si nous essayons de porter un jugement d'ensemble sur le caractère et la place historique de la sophistique, nous rencontrons tout d'abord une difficulté. On a donné, à l'origine, le nom de sophistes non-seulement à des maîtres enseignant en différentes branches, mais encore à des hommes d'opinions diverses. Qui nous autorise à distinguer, dans le nombre, certains individus, pour leur appliquer le nom de sophistes à l'exclusion des autres ? Qui nous autorise à parler de la *sophistique* comme d'une doctrine ou d'une tendance d'esprit déterminée, alors qu'il n'existait ni principes ni méthodes communs à tous ceux que nous appelons sophistes ?

Grote[3] a, de nos jours, comme on sait, beaucoup

---

1. *Phædrus*, 267 c; 269 a, d; 271 a.
2. Arist., *Rhet.*, III, 1, 1354 a, 11, sqq. : Thrasymaque n'est pas nommé, mais il est certainement compris dans les observations générales du philosophe sur ses prédécesseurs ; car Aristote parle expressément des parties qui étaient le fort de Thrasymaque : διαβολή, ὀργή, ἔλεος, etc., suivant la juste observation de Spengel, p. 96.
3. *Hist. of Gr.*, VIII, 505, sqq., 483.

insisté sur cette objection. Les sophistes, selon lui, ne formaient pas une école, mais une classe sociale dans laquelle les opinions et les caractères les plus opposés avaient leurs représentants ; et si l'on avait demandé à un Athénien contemporain de la guerre du Péloponnèse quels étaient les plus fameux sophistes de son pays, il n'aurait pas manqué de nommer Socrate en première ligne.

Mais tout ce qui suit immédiatement de cette remarque, c'est que le langage moderne donne au terme de sophiste un sens plus restreint que le sens primitif. Or cette modification ne serait illégitime que si l'on était hors d'état d'indiquer un trait commun correspondant à la signification actuelle du mot. Mais ce trait existe. Si les hommes que nous avons coutume de ranger parmi les sophistes ne sont pas unis entre eux par des principes communs, admis par tous, on ne peut cependant méconnaître la parité de leur caractère. Cette parité se manifeste non-seulement dans leur situation commune de professeur, mais encore dans leur attitude générale en face de la science contemporaine, dans leur aversion pour les études physiques et, d'une manière générale, pour les recherches purement théoriques, dans leur souci exclusif des talents pratiquement utiles, dans le scepticisme dont la plupart et les plus considérables d'entre eux font ouvertement profession, dans l'art de la dispute, où la plupart s'exercent et raffinent, dans leur conception formelle et technique de la rhétorique, dans la libre critique et l'explication naturaliste de la croyance aux dieux, dans ces idées sur le droit et la coutume dont le scepticisme de Protagoras et de Gorgias sème déjà les germes, encore qu'elles ne prennent que plus tard une forme arrêtée. Sans doute, tous les sophistes, pris un à un, ne présentent pas à la fois tous ces caractères ; mais plusieurs de ces caractères se rencontrent en chacun d'eux. La tendance est visiblement la même chez tous ; et, sans fermer les yeux sur les différences individuelles, nous avons le droit de considérer tous ces hommes comme les représentants d'une même forme de culture intellectuelle.

Quel jugement devons-nous maintenant porter sur la valeur, le caractère et la signification historique de la sophistique ?

A considérer tous les côtés choquants et faux de la sophistique, on pourrait être tenté d'adopter l'opinion qui autrefois était universellement admise, et qui n'a pas manqué de partisans même dans les temps modernes[1]. Selon cette opinion, la sophistique ne serait autre chose qu'une dégénération et une déviation de la philosophie, laquelle, ayant perdu tout sérieux scientifique et tout sens de la vérité, se serait abîmée, sous l'influence des motifs les plus bas, dans le vide d'une fausse sagesse et dans une éristique vénale : la sophistique, en un mot, ne serait que l'immoralité et la frivolité mises en système. Mais cette opinion est injuste, et ç'a été, dans ces derniers temps, un progrès incontestable du sens historique que de l'abandonner. Désormais non-seulement nous déchargeons les sophistes des fausses accusations dirigées contre eux, mais encore, là même où leurs idées sont étroites et erronées, nous reconnaissons qu'elles ont une origine légitime et qu'elles sont le produit naturel du développement historique de l'esprit humain[2].

Déjà l'influence considérable que ces hommes ont exer-

1. Par exemple SCHLEIERMACHER, *Gesch. d. Phil.*, 70, sqq.; BRANDIS, I, 516, mais particulièrement RITTER, I, 575, sqq., 628, préface de la seconde édition, XIV, sqq., et BAUMHAUER, dans l'ouvrage cité p. 932, 1. De même encore WADDINGTON, *Séances et travaux de l'Académie des sciences morales*, CV (1876), 105. BRANDIS (*Gesch. d. Entw.*, I, 217, sq.) porte un jugement moins sévère sur la sophistique.
2. Déjà MEINERS (*Gesch. d. Wissensch.*, II, 175, sqq.) avait rendu hommage aux efforts des sophistes pour répandre la culture intellectuelle et les connaissances. Mais ce fut HEGEL (*Gesch. d. Phil.*, II, 3, sqq.) qui le premier eut vraiment une intelligence plus profonde de la sophistique et de la place qui lui appartient dans l'histoire. HERMANN (voy. sup., 932, 1) compléta Hegel par des recherches approfondies et savantes, qui ont mis notamment en lumière le rôle des sophistes dans l'histoire de la culture générale, et leur connexion avec leurs contemporains. Cf., en outre, WENDT, ad *Tennemann*, I, 459, sqq.; MARBACH, *Gesch. d. Phil.*, I,

cée, le tribut d'hommages que plusieurs d'entre eux obtiennent, même de leurs adversaires, devraient nous empêcher de voir en eux les bavards frivoles et les charlatans de philosophie dont on nous parle. On a beau insister sur la perversité d'une époque dégénérée, laquelle, précisément à cause de son manque d'idées et de convictions, a trouvé dans la sophistique l'exacte expression de son état d'esprit : l'homme qui, dans une période quelconque de l'histoire, fût-ce la plus corrompue, prononce le mot de l'époque et prend la tête du mouvement intellectuel, celui-là pourra être mauvais, mais on ne pourra le considérer comme insignifiant. Il s'en faut d'ailleurs que l'âge qui a admiré les sophistes fût exclusivement une période de décadence et de dissolution. Cet âge est aussi l'époque d'une haute civilisation, unique en son genre; c'est le siècle de Périclès et de Thucydide, de Sophocle et de Phidias, d'Euripide et d'Aristophane. Et ce ne sont pas les hommes les plus mauvais ou les moins importants de cette génération, ce sont ses plus grands hommes qui recherchent les chefs de la sophistique et profitent de leur commerce. Si les sophistes n'avaient eu à communiquer qu'une sagesse illusoire et une rhétorique vide, ils n'auraient pas exercé sur leurs contemporains une si puissante influence; ils n'auraient pas servi de point d'appui à cette grande évolution des sentiments et des idées du peuple grec qui se produit à cette époque. L'esprit si grave et si cultivé d'un Périclès ne se serait pas complu dans leur société ; un Euripide ne les aurait pas tenus en estime; un Thucydide ne se serait pas mis à leur école ; un Socrate ne leur aurait pas adressé des

---

152, 157; BRANISS, *Gesch. d. Phil. seit Kant*, I, 144. sqq.; SCHWEGLER, *Gesch. der Phil.*, 21 sqq. (et, avec un peu moins de bienveillance, *Griech. Phil.*, 84, sq.); HAYM, *Allg. Encykl.*, Sect. III, B. XXIV, 39, sq.; UEBERWEG, *Grundr.*, I, § 27. Ce sont GROTE et LEWES qui ont pris le plus résolument en main, dans les ouvrages que nous avons cités, la cause des sophistes, non sans parti pris d'apologie. BETHE, *Versuch einer sittlichen Würdigung d. sophist. Redekunst* (Stad., 1873), se rallie à l'opinion de Grote sans apporter d'arguments nouveaux.

disciples ; ils n'auraient même pu attirer à eux d'une manière durable des contemporains de ces grands hommes, tels que Critias et Alcibiade, qui, pour avoir dégénéré, du moins ne manquaient pas d'esprit. Quelle qu'ait été la raison du charme qu'exerçaient l'enseignement et les discours des sophistes, nous sommes déjà en droit d'en conclure qu'ils apportaient quelque chose de nouveau et de considérable, au moins pour le temps.

En quoi consistait cet élément nouveau? C'est ce qui va ressortir des recherches qui précèdent. Les sophistes sont les émancipateurs de leur temps, les encyclopédistes de la Grèce : ils ont les avantages et les inconvénients de ce rôle. On ne peut le nier : les hautes spéculations, le sérieux moral, l'esprit scientifique qui s'absorbe dans la considération des choses, cet esprit que nous avons si souvent occasion d'admirer chez les philosophes antérieurs ou postérieurs, tout cela fait défaut chez les sophistes. Ils apparaissent comme pleins de prétention et de forfanterie. Leur vie vagabonde, leurs leçons salariées, leur empressement à quêter des élèves et du succès, leurs rivalités mesquines, leur jactance, souvent ridicule, forment un contraste remarquable avec le dévouement à la science d'un Anaxagore et d'un Démocrite, avec la grandeur simple d'un Socrate, avec la noble fierté d'un Platon. Leur doute étouffe en son germe toute tendance scientifique; leur éristique aboutit pour tout résultat à la confusion de l'interlocuteur; leur éloquence, calculée pour l'apparence, est au service de l'injustice aussi bien que de la vérité; leurs idées sur la science sont basses, leurs principes moraux sont dangereux. Même les meilleurs et les plus grands d'entre eux ne sont pas tout à fait exempts de ces défauts. Ni Protagoras ni Gorgias ne prétendaient se mettre en contradiction avec les mœurs régnantes : ils n'en ont pas moins jeté les fondements du scepticisme scientifique, de l'éristique et de la rhétorique sophistiques, et par suite, indirectement, de la négation de toute loi morale universelle. Prodicus a loué la vertu dans un langage éloquent, mais il ressemble trop, dans son ensemble, à Protagoras, à Gorgias et à Hippias, pour que nous puissions le retrancher de la liste des sophistes, ou le citer comme prédécesseur de Socrate en un autre sens que les autres [1]. Chez

---

[1]. Même après les objections de WELCKER (*Klein. Schr.*, II, 528, sqq.), je ne puis revenir sur ce jugement touchant Prodicus, jugement que j'avais déjà porté dans la première édition de cet ouvrage (p. 263, sq.). Non que je veuille appliquer à Prodicus tous les reproches que des auteurs sans critique adressent sans distinction aux sophistes (et que beaucoup de sophistes méritent d'ailleurs réellement), ou que je prétende nier toute parenté entre Prodicus et Socrate. Mais tous les défauts, toutes les vues étroites de la sophistique, ne sont pas non plus réunis chez Protagoras, chez Gorgias, chez Hippias. Eux aussi, ils ont d'abord conçu la vertu qu'ils voulaient enseigner, au sens de l'opinion commune. On n'attribue à aucun d'eux la théorie ultérieure de l'égoïsme, encore que les deux premiers l'aient préparée par leur scepticisme, Protagoras, par sa conception de la rhétorique, Hippias par sa distinction de la loi positive et de la loi naturelle. Ces hommes méritent, eux aussi, d'être considérés en un certain sens comme des précurseurs de Socrate ; et l'importance de Protagoras et de Gorgias est, en ce sens, plus grande que celle de Prodicus. Avant Prodicus, ils ont entrepris de fonder l'état de professeur, de travailler, par l'instruction, à l'amélioration morale des hommes (WELCKER, 535). De même, le contenu de leur morale s'accordait, comme il a été observé, avec la morale de Prodicus et avec les opinions régnantes, et ne s'éloignait pas plus les maximes populaires de Prodicus de ce qu'il y a de particulier et de nouveau dans la morale socratique ; et, dans la manière de traiter ces questions, Gorgias, avec ses études sur les vertus des différentes conditions humaines, approche certainement plus de la précision scientifique que ne fait Prodicus, avec son éloge général et populaire de la vertu. Le mythe que Platon met dans la bouche de Protagoras, avec les observations qui s'y rattachent sur la possibilité d'enseigner la vertu, contient bien plus d'idées que l'apologue de Prodicus. Quant au reste, les distinctions de mots du sage de Céos ont pu exercer quelque influence sur la méthode socratique de la détermination du concept ; elles peuvent avoir contribué pour une part à ces études sur les diverses significations des mots qui prennent tant d'importance par la suite, notamment pour la métaphysique aristotélicienne. Mais, ici encore, Protagoras avait pris les devants sur Prodicus. De plus, ces distinctions de mots, que Platon traite assez dédaigneusement, ne sont pas comparables aux études dialectiques, aux recherches sur la théorie de la connaissance d'un Protagoras et d'un Gorgias. Aussi n'ont-elles pas exercé, soit au temps de Socrate, soit plus tard, une égale influence sur la science. Ce fut le propre de Protagoras et de Gorgias de conduire, par leur scepticisme, à la distinction de l'essence et du phénomène sensible, et de préparer ainsi l'avénement d'une philosophie du concept. Le peu d'étendue des recherches de Prodicus sur les formes du langage et l'importance exagérée qu'il accorde à cet objet montrent qu'il ne s'agit ici que du côté formel et de la rhétorique étroite de la science sophistique. En ce qui concerne la morale de Prodicus, nous accorderons à WELCKER que, pour être fondée sur l'eudémonisme, cette morale n'a pas par cela même un caractère sophistique : mais nous ne saurions oublier qu'il n'y a pas trace, chez Prodicus, du caractère propre de la morale socratique, du grand principe de la connaissance de soi-même, de la réduction de la vertu à la science, de la démonstration des prescriptions morales à l'aide de concepts géné-

d'autres enfin, comme Thrasymaque, Euthydème et Dionysodore, dans toute la foule des disciples et des imitateurs serviles, nous voyons apparaître, dans leur repoussante nudité, les doctrines exclusives et exagérées qui résultaient des principes sophistiques.

Mais il ne faut pas oublier que ces défauts ne sont, avant tout, que la face de derrière ou la forme dégénérée d'une importante et légitime tentative; et l'on ne méconnaît pas moins gravement le caractère propre des sophistes et la valeur des services qu'ils ont rendus, lorsqu'on ne voit en eux que des destructeurs, que lorsqu'on les traite, à la manière de Grote, comme de simples représentants de la conception de la vie en honneur chez les anciens Grecs. L'époque antérieure s'était bornée, pour la conduite de la vie, à la tradition morale et religieuse; pour la science, à la considération de la nature. Tel avait été du moins le caractère dominant, sauf, comme il arrive toujours, quelques exceptions qui annonçaient et préparaient une nouvelle forme de culture. Avec la sophistique se dégage la conscience que ces objets ne suffisent pas, que l'homme ne peut attacher de valeur qu'à ce qui obtient sa conviction personnelle, à ce qui acquiert pour lui un intérêt personnel. C'est, en un mot, le principe de la subjectivité qui se met en avant. L'homme perd le respect que lui inspirait le donné en tant que donné. Il ne veut plus tenir pour vrai que ce qu'il a examiné; il ne veut plus s'occuper

raux. Enfin, ce que nous savons des idées de Prodicus sur les dieux est tout à fait dans l'esprit de la sophistique. Prodicus a donc pu être, comme le veut SPENGEL (59), « le plus inoffensif de tous les sophistes », en ce sens qu'on ne cite de lui aucun principe dangereux pour la morale ou la science; mais entre lui et les sophistes il y a, non-seulement une ressemblance extérieure, mais encore une parenté interne, une conformité de caractère et d'esprit scientifique, qui m'oblige à suivre l'exemple des auteurs anciens, unanimes à le ranger parmi les sophistes (cf. p. 954, 3). On peut être sophiste sans battre en brèche les principes moraux et sans ériger le scepticisme en théorie, quoique l'un et l'autre soient des conséquences plus ou moins prochaines de la sophistique. J'appelle sophiste quiconque affiche la prétention d'enseigner la sagesse, sans s'occuper d'étudier scientifiquement l'objet même qu'il a en vue, mais en se bornant à la culture formelle et pratique du sujet. Or ces caractères se rencontrent chez Prodicus. Cf. SCHANZ, *l. c.*, p. 41, sqq.

de ce qui n'a point d'utilité pour lui. Il veut agir par ses propres lumières, tourner à son profit tout ce qui lui arrive, être partout chez lui, dire oui ou non sur toutes choses. Le désir d'une culture universelle s'éveille en l'homme, et la philosophie se met au service de ce désir.

Mais comme c'est la première fois qu'on entre dans cette voie, on ne réussit pas du premier coup à y marcher avec rectitude. L'homme n'a pas encore discerné en lui le point où il faut se placer pour voir l'univers sous son vrai jour et garder l'équilibre dans sa conduite. La science, telle qu'elle existe, ne suffit plus aux besoins de l'intelligence : on la trouve trop restreinte, on juge ses concepts fondamentaux incertains et contradictoires. Les réflexions par lesquelles les sophistes amenèrent ces idées à la lumière de la conscience ont une incontestable valeur, et l'on ne doit pas notamment rabaisser l'importance du scepticisme de Protagoras pour les questions relatives à la théorie de la connaissance. Mais, au lieu de compléter la physique par une éthique, les sophistes rejettent entièrement la physique; au lieu de se mettre en quête d'une nouvelle méthode scientifique, ils nient la possibilité de la science. Il en est de même dans le domaine moral. Les sophistes remarquent à bon droit que la vérité d'un principe, que le caractère obligatoire d'une loi, ne sont pas suffisamment garantis par l'existence de cette loi dans les faits, que la coutume n'est point, à elle seule, une preuve suffisante de la nécessité de la chose. Mais, au lieu de chercher dans l'essence des opérations et des relations morales les raisons intrinsèques de l'obligation, ils se contentent d'un résultat négatif, consistant à dénier toute valeur aux lois existantes, et à rejeter les mœurs et les opinions traditionnelles; et leur négation ne laisse subsister comme élément positif que l'action fortuite de l'individu, sans loi ni principes généraux pour la régler, c'est-à-dire le caprice et l'intérêt personnels.

Telle est aussi l'attitude des sophistes en face de la religion. Nous ne pouvons leur faire un reproche d'avoir douté des dieux populaires et d'avoir vu en eux des créatures de l'esprit humain ; nous devons même tenir pour considérable l'importance historique de ce doute. Ici encore, leur seul tort est de n'avoir su compléter cette négation par aucune affirmation, d'avoir sacrifié, avec la croyance aux dieux populaires, toute religion en général. Par là, l'œuvre d'émancipation des sophistes est, dans son essence, superficielle et étroite, dépourvue de caractère scientifique, et dangereuse dans ses résultats. Mais tout ce qui nous paraît trivial ne l'était pas pour les contemporains des premiers sophistes ; et beaucoup de fautes dont la gravité a été révélée par l'expérience et par le temps n'étaient pas faciles à éviter au début. La sophistique est le fruit et l'instrument de la plus profonde révolution qui ait eu lieu dans les idées et dans la vie intellectuelle du peuple grec. Ce peuple était au seuil d'une ère nouvelle : il voyait s'ouvrir devant lui la perspective d'une liberté et d'une civilisation inconnues. Avons-nous le droit de nous étonner que ces hommes aient été pris de vertige sur les hauteurs qu'ils avaient si vite gravies, que, dans cet enivrement d'eux-mêmes, ils soient allés trop loin, qu'ils ne se soient plus crus liés par des lois qu'ils voyaient sortir de la volonté humaine, qu'ils aient tenu toutes choses pour des phénomènes subjectifs, par cette raison que nous voyons toutes choses dans le miroir de notre conscience ? La science antérieure apparaissait comme une illusion, et l'on n'avait pas encore trouvé de science nouvelle. Les puissances morales existantes étaient incapables de rendre raison de leur droit, et la loi supérieure qui gît dans l'âme de l'homme n'était pas encore connue. On voulait franchir les bornes de la philosophie de la nature, de la religion de la nature, de la morale de la nature ; et qu'avait-on à mettre à leur place ? Rien que la subjectivité empirique, soumise aux impressions extérieures et aux penchants des sens. C'est ainsi qu'en voulant s'affranchir du donné, on retomba sous la dépendance immédiate de ce même donné ; c'est ainsi qu'une tentative qui était légitime quant à sa tendance générale engendra, par suite de son caractère exclusif, des résultats funestes pour la science et pour la vie[1]. Mais cet exclusivisme était inévitable, et l'histoire de la philosophie n'a pas non plus sujet de s'en plaindre. Si la fermentation de l'époque à laquelle les sophistes appartiennent a fait monter à la surface beaucoup de matières troubles et impures, la pensée devait subir cette fermentation pour devenir la limpide sagesse de Socrate. Il a fallu à l'Allemagne la période dite d'émancipation intellectuelle (*Aufklärung*), pour avoir un Kant : il a fallu aux Grecs la sophistique, pour avoir un Socrate et une philosophie socratique.

DE LA DISTINCTION DE PLUSIEURS ÉCOLES PARMI LES SOPHISTES. — A l'égard de la philosophie antérieure, les sophistes furent sans doute tout d'abord des adversaires, contestant non-seulement les résultats, mais encore la direction tout entière, et, d'une manière générale, la possibilité d'une connaissance scientifique. Mais en même temps ils utilisèrent les points d'appui que leur offrait cette philosophie[1]. Ils fondaient notamment leur scepticisme soit sur

---

1. Il est clair (et j'ai déjà insisté sur ce point, p. 937, sq.) que les sophistes ne sont ni les seuls ni les principaux auteurs de la corruption morale qui envahit la Grèce pendant la guerre du Péloponnèse, et que les écarts de leur éthique sont plutôt un indice qu'une cause de cette corruption. GROTE (VII, 51, sq.; VIII, 544, sq.) a raison d'invoquer à cet égard le témoignage de PLATON, *Rep.*, VI, 492 a, sq. : « Il ne faut pas s'imaginer que ce soient les sophistes qui corrompent la jeunesse. Le grand sophiste c'est le peuple lui-même, qui ne veut être contredit ni dans ses opinions ni dans ses inclinations. Les sophistes ne sont que d'habiles gens, qui savent manier le peuple, le flatter dans ses préjugés et ses désirs, et enseigner leur art à leurs disciples. » Mais il ne s'ensuit pas que GROTE ait encore raison (VIII, 508, sqq.) quand il contredit les assertions les plus nettes de Thucydide (III, 82, sqq.; III, 52) et le témoignage incontestable de l'histoire, en niant qu'il y ait eu à cette époque altération des idées morales, décadence de la vertu politique et du sens de la légalité.

2. Cf. p. 935, sq., 940, sqq.

la physique d'Héraclite, soit sur les arguments dialectiques des Éléates. Toutefois il n'y a pas là une raison suffisante pour distinguer une sophistique éléatique et une sophistique protagorique[1]. Car, au fond, le résultat est le même chez Protagoras et chez Gorgias, à savoir l'impossibilité de la science ; et, en ce qui concerne le côté pratique de la sophistique, c'est-à-dire l'éristique, la morale et la rhétorique, il importe médiocrement que ces résultats soient déduits de prémisses empruntées à Héraclite ou aux Éléates. La plupart des sophistes ne regardent pas à la différence des points de départ scientifiques, et s'inquiètent peu de l'origine des arguments sceptiques qu'ils utilisent suivant les circonstances. Pour plusieurs d'ailleurs des sophistes les plus importants, comme Prodicus, Hippias, Thrasymaque, il serait difficile de dire dans laquelle des deux classes ils se rangent. Et si à ces deux classes on prétendait ajouter l'atomistique, considérée comme une corruption de la physique d'Empédocle et d'Anaxagore[1], nous objecterions ce que nous avons démontré plus haut (p. 842, sqq.), à savoir que l'atomistique, d'une manière générale, ne rentre pas dans les écoles sophistiques. C'est d'ailleurs mal juger la sophistique, c'est méconnaître ce qu'il y a en elle de particulier et de nouveau, que d'y voir une simple corruption de l'une des branches de la philosophie antérieure, ou même de cette philosophie tout entière. On peut faire la même réponse à Ritter, lorsqu'il dit que le nouveau pythagorisme est également une forme de la sophistique. Enfin, lorsque Hermann[3] dis-

---

1. Schleiermacher (*Gesch. d. Phil.*, 71, sq.), qui définit la différence en question par cette formule subtile et presque sophistique : La sophistique de la Grande-Grèce était une ἀσοφία, celle de l'Ionie une prétention à la multiplicité des connaissances, une science tournée vers l'apparence, une σοφολογία (les deux mots sont, en somme, tout à fait synonymes). Ritter, I, 589, sq.; Brandis et Hermann, voy. *infra*. Ast (*Gesch. d. Phil.*, 96, sq.) avait déjà distingué des sophistes d'Ionie et des sophistes d'Italie.
2. Schleiermacher et Ritter, *l. c.*
3. *Zeitschr. f. Alterthumsw.*, 1834, 369, sq. Cf. 295, sq.; *Plat. Phil.*, 190,

tingue une sophistique éléatique, une sophistique héraclitique et une sophistique abdéritaine, et qu'il donne pour représentant à la première Gorgias, à la seconde Euthydème, et à la troisième Protagoras, sa thèse soulève deux objections. D'abord la distribution des sophistes les plus connus dans ces trois catégories manque de clarté. Ensuite cette division même ne correspond pas aux données de l'histoire. En effet, Protagoras n'appuie pas sa théorie de la connaissance sur des principes atomistiques : il la fonde exclusivement sur des principes propres à Héraclite. Euthydème, à son tour, ne se distingue pas de Protagoras par une intelligence plus nette des idées d'Héraclite, mais au contraire par le mélange de ces idées avec des propositions isolées empruntées aux Éléates[1]. Que si Dé-

299, 151; *De philos. Ion. ætat.*, 17. Cf. Petersen (*Philol. histor. Stud.*, 36), lequel ramène la sophistique de Protagoras à l'influence commune d'Héraclite et de Démocrite.

1. Hermann allègue, à l'appui de sa thèse, cette circonstance, que Démocrite, avec Protagoras, place le vrai dans le phénomène. Mais, comme nous l'avons déjà montré p. 882, sq., il n'y a là qu'une conséquence déduite par Aristote du sensualisme de Démocrite, conséquence à laquelle Démocrite lui-même était loin de songer. Hermann ajoute que Démocrite professe que le semblable est connu par le semblable, et que Protagoras affirme de même que le sujet connaissant doit être mû du même mouvement que l'objet de la connaissance, tandis que chez Héraclite le dissemblable est connu par le dissemblable. Mais Hermann confond ici deux choses très-différentes. Théophraste dit d'Héraclite (voy. sup., 652, 1) que (comme fit plus tard Anaxagore) il applique à la *sensation* le principe suivant lequel le contraire est connu par le contraire; exemple : le chaud par le froid, etc. (Il ne s'agit ici que de la sensation; car, pour ce qui est de la raison qui est en dehors de nous, ou du feu primitif, nous le connaissons, d'après le même Héraclite, par le principe raisonnable et igné qui est en nous). Protagoras contredit si peu cette affirmation d'Héraclite, qu'il dérive, avec ce même philosophe, l'impression sensible du concours de mouvements opposés, l'un actif, l'autre passif (voy. sup., 978, sqq. Cf. 651, sq.). Et quant à cette doctrine, que le connaissant et le connu doivent être animés du même mouvement, non-seulement Héraclite ne l'a pas niée, mais c'est précisément lui qui l'a soutenue le premier parmi les anciens physiciens; et, comme nous l'avons démontré (*l. c.*) d'après Platon et d'autres, c'est à lui seul que Protagoras l'a empruntée. Enfin Hermann allègue qu'un disciple d'Héraclite, Cratyle, affirme dans Platon précisément le contraire de la thèse de Protagoras. Quant à moi, je trouve au contraire qu'il y a accord parfait entre le point de vue de Protagoras et les thèses de Cratyle (*Crat.*, 429 b, d), telles que : « La langue est l'œuvre des fabricants de mots, tous les mots sont également justes, on ne peut rien dire de faux. » Proclus (in *Crat.*, 41) oppose la thèse d'Euthydème, à savoir que tout est vrai pour tous, à la célèbre proposition de Protagoras. Pour moi, je ne vois entre les deux aucune différence importante. Cf. les preuves données p. 988, sq. Comme, de plus, tous nos témoins, à commencer par Platon, dérivent tout d'abord la théorie de la connaissance pro-

mocrite dit, comme Protagoras, que les qualités sensibles des choses ne représentent que l'impression qu'elles font sur nous, nous devons expliquer cette concordance, plutôt par une influence de Protagoras sur Démocrite, que par une influence de Démocrite sur Protagoras [1]. Aucune de ces divisions ne paraît donc exacte et suffisante.

fessée par Protagoras de la physique d'Héraclite; comme, d'autre part, on ne rencontre dans Protagoras aucune trace de la doctrine atomistique, laquelle est même impossible dans sa théorie, l'histoire devra continuer à s'en tenir à l'opinion traditionnelle sur le rapport de Protagoras à Héraclite. — FREI se range aussi au jugement ci-dessus énoncé (*Quæst. Prot.*, 105, sqq.; *Rhein. Mus.*, VIII, 273 et *passim*). VITRINGA (*De Prot.*, 188, sqq), pour établir une corrélation entre Protagoras et Démocrite, allègue que Démocrite admet (comme *Prot.*, voy. *sup.*, p. 978, sq.) un mouvement sans commencement, une action et une passion; mais c'est là s'en tenir à des points de comparaison beaucoup trop incertains. La question est de savoir si une théorie qui part de ce principe qu'il n'y a pas d'être immuable, doit être dérivée, non d'un système qui repose justement sur ce principe, mais d'un système qui nie toute mutabilité de l'être primordial, c'est-à-dire, non d'Héraclite, mais de Démocrite. Ce que Vitringa ajoute a peu de valeur.

1. LANGE (*Gesch. d. Mater.*, I, 131, sq.) estime que la méthode subjective de Protagoras dans la théorie de la connaissance, que la réduction de toutes les qualités sensibles à des impressions subjectives ne s'explique pas par l'influence du seul Héraclite; que le νόμῳ γλυκύ, etc., de Démocrite forme la transition naturelle de la physique à la sophistique. A supposer donc que Protagoras ait réellement précédé Démocrite d'une vingtaine d'années, on devrait admettre que Protagoras, primitivement simple orateur et professeur de politique, n'aurait constitué son propre système que plus tard et sous l'influence de Démocrite. Mais on ne voit pas pourquoi cette affirmation, si souvent répétée depuis Héraclite et Parménide, que les sens ne peuvent inspirer aucune confiance, n'aurait pas suffi pour déterminer Protagoras à conclure que, ces mêmes sens étant la seule voie par laquelle nous obtenons quelques lumières sur les choses, nous ne pouvons, d'une manière générale, rien savoir des choses. Et, en ce qui concerne spécialement Héraclite, on ne voit pas pourquoi son affirmation, que tout objet perceptible aux sens n'est qu'un phénomène passager et ce que les sens nous en disent une apparence illusoire (voy. p. 651, sq.) n'aurait pas pu aboutir à la théorie que Platon et Sextus attribuent à Protagoras (cf. p. 978, sq.). Pour y arriver, il suffisait d'appliquer expressément, d'une part, les thèses d'Héraclite sur le flux de toutes choses, sur le flux et le reflux des mouvements, à la question de l'origine des perceptions, afin d'expliquer par là l'incertitude de nos perceptions déjà affirmée par Héraclite, et de faire, d'autre part, abstraction de la connaissance raisonnable, où Héraclite trouvait la vérité (cf. p. 676, 1). Mais (LANGE en fait lui-même la remarque) la seconde opération était indispensable, même dans la doctrine de Démocrite, pour qu'il en sortit un scepticisme pareil à celui de Protagoras ; et, quant à la première, c'est chez Héraclite seul que l'on trouvait les principes auxquels Protagoras s'est rattaché à cet égard, tandis que sa théorie, sous les traits propres qu'elle a dans l'histoire, ne pouvait (comme nous l'avons vu) sortir des principes de l'atomistique. Quand on voit dans les corps des combinaisons de substances immuables, on peut bien reprocher aux sens de ne pas nous montrer les éléments fondamentaux des corps, et, conséquemment, de nous présenter le devenir et le périr du composé comme un devenir et un périr absolus; mais on ne peut faire le procès

De même, les différences intrinsèques qui existent 1036
entre les sophistes pris isolément ne sont pas assez
importantes pour fournir le principe d'une distinction
profonde entre diverses écoles. Ainsi, WENDT[1] partage les 1037
sophistes en deux groupes : ceux qui étaient plutôt orateurs, et ceux qui étaient plutôt professeurs de sagesse et
de vertu. Mais ce mot même, *plutôt*, montre déjà combien
est fragile la base d'une telle division ; et quand on essaye
de distribuer dans l'une et dans l'autre classe les noms
que nous fournit l'histoire, on est bien vite dans l'embarras[2]. D'ordinaire les sophistes ne séparaient pas l'enseignement oratoire des leçons de vertu : l'art oratoire était
justement, à leurs yeux, le principal instrument de la ca-

aux sens, à la manière de Protagoras, en alléguant qu'aux phénomènes qu'ils nous
révèlent ne correspond, d'une manière générale, rien de constant, et que les objets
perçus n'existent que dans le moment même de la perception. Le seul point par
lequel Protagoras fasse songer à Démocrite, c'est cette proposition (p. 980, 2), que
les choses ne sont blanches, chaudes, dures, etc., qu'en tant et aussi longtemps
qu'elles affectent nos sens. Cette proposition a certainement de la ressemblance
avec celle que Théophraste (voy. sup., 183, 2) attribue à Démocrite (laquelle
n'est autre chose que le : νόμῳ γλυκύ, etc. ; voy. 772, 1) : τῶν ἄλλων αἰσθητῶν
(en dehors de la pesanteur, de la dureté, etc.) οὐδενὸς εἶναι φύσιν, ἀλλὰ πάντα
πάθη τῆς αἰσθήσεως ἀλλοιουμένης. Mais eussions-nous là les propres paroles de Démocrite, et non pas seulement (comme il est possible) l'interprétation que leur
donne Théophraste, et nous fût-il interdit de considérer l'accord de Démocrite
avec Protagoras comme un simple hasard, il reste toujours à se demander lequel
des deux a émis le premier sa thèse ; et la priorité semble assurée à Protagoras.
Non-seulement Protagoras est beaucoup plus âgé que Démocrite, mais Démocrite
(voy. p. 825) combat déjà le scepticisme de Protagoras. Quoi qu'en dise LANGE,
le rapport d'âge des deux philosophes est nettement établi ; et, quant à supposer
que Protagoras n'est arrivé qu'après bien des années à sa théorie sceptique et à
sa doctrine de l'homme mesure de toutes choses, cela est très-invraisemblable,
étant données l'importance fondamentale qu'avait pour lui cette doctrine et la liaison visible qu'elle présente avec son éristique, avec son aversion pour la physique, avec son souci exclusif de la pratique.

1. Ad *Tennemann*, I, 461. Tennemann lui-même (*l. c.*) distingue aussi des
sophistes qui étaient en même temps orateurs, et d'autres qui séparaient la
sophistique de la rhétorique ; mais il ne trouve à ranger dans la seconde classe
qu'Euthydème et Dionysodore. Or ceux-ci eux-mêmes, à la rigueur, n'y rentrent
pas ; car eux aussi enseignaient l'éloquence judiciaire, et ils ne l'abandonnèrent
jamais complètement ; PLAT., *Euthyd.*, 271 d, sq.; 273 c, sq.

2. WENDT place dans la première classe, outre Tisias, qui n'était que rhéteur
et non sophiste, Gorgias, Ménon, Polus, Thrasymaque ; dans la seconde, Protagoras, Cratyle, Prodicus, Hippias, Euthydème. Mais l'importance de Gorgias réside
surtout dans son enseignement de la vertu, et plus encore dans ses recherches
sceptiques. Protagoras, Prodicus et Euthydème se sont beaucoup occupés de
rhétorique dans leur enseignement et dans leurs écrits.

pacité en matière politique. De plus le côté théorique de
la sophistique, lequel est le plus important au point de
vue philosophique, se trouve sacrifié dans cette division.

Celle de PETERSEN[1] ne vaut pas mieux. Cet historien
distingue le scepticisme subjectif de Protagoras, le scepticisme objectif de Gorgias, le scepticisme moral de Thrasymaque, et le scepticisme religieux de Critias. Or ce qu'il
considère comme le caractère propre de Thrasymaque et
de Critias leur est commun avec le plus grand nombre des
sophistes, du moins parmi les plus récents. De plus Protagoras et Gorgias sont très-proches l'un de l'autre, et dans
les résultats auxquels ils aboutissent, et dans la tendance
générale qu'ils manifestent. Enfin Hippias et Prodicus
n'ont pas leur place dans cette division.

Il y a aussi beaucoup à redire à la théorie de BRANDIS[2].
Ce savant remarque que la sophistique héraclitique de
Protagoras et la sophistique éléatique de Gorgias se sont
fondues de bonne heure en une école nombreuse, laquelle
se serait ensuite subdivisée en diverses branches. Parmi
ces branches, il en distingue d'abord deux, les sceptiques
dialecticiens et les détracteurs de la morale et de la religion. Parmi les premiers, BRANDIS range Euthydème, Dionysodore et Lycophron ; parmi les seconds, Critias, Polus,
Calliclès, Thrasymaque, Diagoras. Il nomme encore Hippias
et Prodicus : celui-là, comme ayant visé à acquérir une
grande variété de connaissances positives en vue de son
éloquence ; celui-ci, comme ayant, par ses recherches de
linguistique et par ses discours parénétiques, semé les
germes de recherches sérieuses. Cette remarque, que la
sophistique de Protagoras et celle de Gorgias se sont
promptement fondues ensemble, est parfaitement juste ;
mais la distinction d'un scepticisme dialectique et d'un
scepticisme éthique ne fournit pas un bon principe de

---

1. *Philos.-histor. Studien*, 35, sqq.
2. *Gr.-röm. Phil.*, I, 523, 541, 543.

classification, parce que, de leur nature, ces deux scepticismes se tiennent de très-près, et que l'un n'est que l'application immédiate de l'autre. Si donc il arrive que, dans les cas particuliers, ils ne se trouvent pas toujours réunis, cela ne constitue pas une différence essentielle dans la tendance scientifique. D'ailleurs, sur la plupart des sophistes, nous n'en savons pas assez long pour juger avec certitude quel est, à cet égard, leur état d'esprit ; et Brandis lui-même ne sait ranger ni Prodicus ni Hippias dans une catégorie plutôt que dans l'autre.

Vitringa[1] nomme, avec Protagoras et Gorgias, Prodicus et Hippias, comme les chefs des quatre écoles sophistiques qu'il distingue. L'école de Protagoras est, selon lui, sensualiste, celle de Prodicus morale, celle d'Hippias physique, et celle de Gorgias politico-rhétorique. Mais cette classification ne donne pas une idée exacte du caractère spécial et du rapport mutuel de ces quatre personnages[2] ; et l'histoire ne nous autorise pas à répartir entre ces quatre écoles tous les sophistes que nous connaissons[3].

Si un plus grand nombre de leurs ouvrages étaient par-

1. *De Sophistarum scholis, quæ Socratis ætate Athenis floruerunt*, in *Mnemosyne*, II (1853), 223-237.
2. Vitringa appelle la doctrine de Protagoras un *sensualisme absolu*; mais sa théorie de la connaissance est plutôt un scepticisme, lequel, il est vrai, part d'hypothèses sensualistes. Quant à ses opinions éthico-politiques, ce n'est que par un tour de force que Vitringa (*l. c.*, 226) les rattache à ce sensualisme; et sa rhétorique, partie capitale de son œuvre, se relie bien à son scepticisme, mais nullement à son sensualisme. Prodicus n'est pas seulement un moraliste, c'est encore un rhéteur ; dans Platon, ce sont ses recherches sur le langage qui occupent nettement la première place. D'Hippias, il est plus difficile encore de faire un physicien. C'est tout au plus un polygraphe, et il semble même que la plupart de ses discours et de ses écrits traitent d'histoire et de morale. Enfin, si Gorgias, dans ses dernières années, ne voulut plus enseigner que la rhétorique, nous ne devons omettre, pour le caractériser, ni ses expositions sceptiques, ni sa doctrine de la vertu.
3. Vitringa fait rentrer dans l'école de Protagoras Euthydème et Dionysodore, dans celle de Gorgias, Thrasymaque ; mais il a déjà été montré (p. 988, sq.) que les deux premiers n'ont pas Protagoras pour seul maître ; et il n'est attesté nulle part que Thrasymaque appartienne à l'école de Gorgias : le caractère de sa rhétorique (voy. sup., p. 1023) ne donne pas sujet de le croire. En revanche, Agathon, lequel, il est vrai, n'était pas un sophiste, aurait dû être désigné comme élève de Gorgias et non de Prodicus (cf. p. 1022, 2). Platon (*Prot.*, 315 d) lui donne bien Prodicus pour maître, mais cela ne prouve rien.

venus jusqu'à nous, et si leurs idées nous avaient été transmises plus complétement, il serait peut-être possible de rechercher dans le détail le caractère des diverses écoles. Mais les renseignements dont nous disposons sont insuffisants pour autoriser une telle entreprise. De plus, il semble que la sophistique exclut toute délimitation tranchée des écoles, par sa nature même, en tant qu'elle ne vise pas à fournir une science objective, mais uniquement à procurer une habileté intellectuelle et une souplesse de caractère toutes subjectives. Cette forme de culture n'est enchaînée à aucun système et à aucun principe scientifique. Son caractère spécial se montre dans l'aisance même avec laquelle elle va chercher dans les théories les plus diverses ce qui peut lui servir à atteindre tel ou tel but donné par les circonstances. Aussi, pour cette raison même, ne se développe-t-elle pas dans des écoles fermées, mais par un libre recrutement, par une sorte de contagion intellectuelle de mode variable[1]. Sans doute, tel sophiste a pu arriver à ses conclusions en partant des principes éléatiques, tel autre, en partant des hypothèses d'Héraclite; celui-ci a cultivé de préférence l'éristique, celui-là la rhétorique; l'un s'est borné à pratiquer la sophistique, l'autre en a de plus exposé la théorie; l'un a donné plus d'attention aux recherches morales, l'autre aux recherches dialectiques; celui-ci ambitionnait davantage le nom de rhéteur, celui-là le nom de professeur de vertu ou de sophiste. Il se peut aussi qu'en tout cela les disciples aient hérité des tendances spéciales de leurs maîtres respectifs : mais toutes ces différences sont des phénomènes passagers ; elles ne dénotent pas une conception essentiellement différente du principe de la sophistique; elles montrent seulement que chacun a fait de ce principe des applications différentes suivant ses facultés et ses inclinaisons individuelles.

1. Comme le remarque avec raison BRANDIS, p. 542.

Ce qui paraît juste, c'est d'établir une ligne de démarcation entre l'ancienne et la nouvelle sophistique. Les types que Platon met si excellemment en scène dans l'*Euthydème* ne diffèrent guère moins des personnages considérables de Protagoras et de Gorgias, que la vertu d'un Diogène ne diffère de la vertu de Socrate; et, d'une manière générale, les nouveaux sophistes portent la marque visible d'une phase de décadence. Ces maximes morales, notamment, qui ont, à juste titre, causé plus tard tant de scandale, sont inconnues aux sophistes des premiers temps. Seulement il ne faut jamais oublier que la forme ultérieure de la sophistique n'est pas un phénomène fortuit, mais une suite inévitable des principes posés, et que, pour cette raison même, elle s'annonce, dès le début, chez les plus célèbres représentants de cette philosophie. Quand une fois la croyance à une vérité universellement valable a été rejetée, quand une fois toute science s'est réfugiée dans l'éristique et la rhétorique, tout finit par dépendre du caprice et de l'intérêt de l'individu; et l'activité scientifique, elle aussi, au lieu d'être un effort vers la vérité, une recherche prenant les choses mêmes pour objet, n'est plus qu'un instrument au service de l'amour-propre et de la vanité. En général les premiers promoteurs d'une telle doctrine se font encore scrupule d'en tirer rigoureusement les conséquences, parce qu'ils se rattachent encore plus ou moins au passé par leur éducation; mais, chez ceux qui ont grandi sous le nouveau régime et qui ne sont pas retenus par des souvenirs contraires, ces conséquences ne sauraient longtemps se faire attendre; et, à chaque pas qu'ils font dans la voie où l'on est engagé, elles éclatent d'une manière plus choquante. Aristophane préconisa le retour pur et simple aux anciennes croyances et aux anciennes mœurs; mais cela était impossible, et, de plus, cela n'eût pas suffi à des hommes qui avaient une intelligence plus profonde de leur temps. Socrate seul montra la voie par où l'esprit devait franchir la sophistique, en cherchant dans la pensée elle-même, dont la puissance venait de se révéler par la destruction des anciennes idées, une base plus profonde pour la science et la moralité.

FIN DU DEUXIÈME VOLUME.

TABLE DES MATIÈRES

SUITE DU CHAPITRE I DE LA PREMIÈRE PÉRIODE.

III. LES ÉLÉATES 1-97

§ 1. *Les sources : le de Melisso, Xenophane et Gorgia*............ 1-20
Les sources, 1. — Le *de Melisso, Xenophane et Gorgia*, 2. — La première partie, 2. — La seconde partie, 3. — L'ouvrage n'est pas authentique, 17. — Origine de l'ouvrage, 19. — L'ensemble de la philosophie éléatique, 20.

§ 2. *Xénophane*.. 21-42
Sa vie et ses écrits, 21. — Critique du polythéisme, 23. — Unité de l'être en général, 26. — Xénophane ne nie pas le devenir, 29. — Doctrines physiques, 31. — Sentences morales, 37. — Prétendu scepticisme, 37. — Conclusion, 39.

§ 3. *Parménide*... 42-67
Sa vie et ses écrits. Parménide et Xénophane. L'être, 42. — L'être est corporel, 50. — La connaissance rationnelle et l'opinion, 52. — Le domaine de l'opinion : la physique, 53. — L'être et le non-être, le clair et le sombre, 53. — Cosmologie, 58. — Idées anthropologiques, 61. — Valeur de la physique, 64.

§ 4. *Zénon* 67-84
Parménide et ses successeurs, 67. — Vie et écrits de Zénon. Sa doctrine, 68. — Réfutation de l'opinion commune. Dialectique, 71. — Arguments contre la pluralité, 73. — Arguments contre le mouvement, 77. — Valeur de ces arguments, 82.

§ 5. *Mélissus* 84-94
Sa vie, ses écrits. Son rapport à Parménide et à Zénon, 84. — L'être, 85. — La connaissance sensible, 92. — Propositions physiques et théologiques, 92.

§ 6. *Place historique et caractère de la philosophie éléatique*...... 94-97

CHAPITRE II.

HÉRACLITE, EMPÉDOCLE, LES ATOMISTES, ANAXAGORE.

I. HÉRACLITE 99-198

§ 1. *Le point de vue général et les idées fondamentales de la doctrine d'Héraclite* 99-137
Vie et époque, 99. — Ignorance des hommes, 102. — Écoulement de toutes choses, 107. — Le feu et ses transformations, 121. — L'harmonie, 130.

TABLE DES MATIÈRES.

§ 2. *La Cosmologie*... 137-165
Formation du monde, 137. — Les éléments, 139. — Circulation des éléments, 144. — Le soleil et les astres, 146. — Système du monde. Périodes du monde, 149. — Périodes du monde. Année du monde, 163.

§ 3. *L'homme, sa faculté de connaître et son activité*............. 165-187
Anthropologie, 165. — La vie après la mort, 169. — La connaissance, 173. — Éthique, 181. — Vues politiques et éthiques, 182.

§ 4. *Place historique et importance d'Héraclite. Son école*......... 187-198
Position historique, 187. — L'école d'Héraclite, 195.

II. EMPÉDOCLE ET L'ATOMISME 199-381

A. Empédocle.

§ 1. *Les principes généraux de la physique d'Empédocle : la production et la destruction, les substances élémentaires et les forces motrices* 199-223
Sa vie et ses écrits, caractère général de sa doctrine, 199. — La production et la destruction, 203. — Combinaison et séparation des substances, 203. — Les quatre éléments, 206. — Mélange des éléments, 211. — Pores et émanations, 212. — Les forces motrices : l'amour et la haine, 215. — Les lois de la nature et le hasard, 221.

§ 2. *Le monde et ses parties*... 223-247
Phases du monde, 223. — Le sphérus, 225. — Formation du monde, 228. — Système du monde, 230. — La nature inorganique, 232. — Les plantes, 235. — Les hommes et les animaux, 236. — La respiration, 240. — La sensation, 241. — La pensée, 242. — La connaissance sensible et la connaissance rationnelle, 244. — Les sentiments et le désir, 246.

§ 3. *Les doctrines religieuses d'Empédocle*........................... 224-247
La transmigration des âmes, 247. — L'âge d'or, 252. — Idées théologiques, 253.

§ 4. *Le caractère scientifique et la place historique de la doctrine d'Empédocle* 258-279
Jugements divers, 258. — Ses prétendus maîtres et ses voyages, 260. — Rapports avec le pythagorisme, 264. — Rapports avec la doctrine éléatique, 268. — Rapports avec Héraclite, 274.

B. L'Atomisme.

§ 1. *Doctrines physiques fondamentales : les atomes et le vide*..... 279-304
Leucippe, Démocrite, 279. — Le principe, 282. — Les atomes, 289. Les différences atomiques, 292. — Le vide, 297. — Le changement, l'action réciproque et les qualités des choses, 298. — Qualités primaires et secondaires, 299. — Les éléments, 302.

§ 2. *Le mouvement des atomes; la formation du monde et sa structure; la nature inorganique* 304-320
Le mouvement des atomes, conséquence de la pesanteur. Point de hasard, 304. — Les mondes, 311. — La formation du monde, 314. — Système du monde, 315.

§ 3. *La nature organique; l'homme, sa faculté de connaître et d'agir* 320-355
Plantes et animaux, 320. — Le corps humain, 321. — L'âme, 323. — Rapport de l'âme et du corps, 327. — L'âme répandue dans tout

TABLE DES MATIÈRES. 559

l'univers, 328. — La connaissance, 331. — Les sensations, 331. — La pensée, 335. — Prétendu scepticisme, 338. — Éthique de Démocrite, 341. — Idées religieuses, 350. — Pronostics et magie; inspiration, 353.

§ 4. *Place historique et importance de la théorie atomistique; les atomistes postérieurs*.. 355-381
État de la question, 355. — L'atomisme et la sophistique, 357. — Rapports de l'atomisme avec les doctrines antérieures et contemporaines, 367. — Les successeurs de Démocrite, Métrodore, Anaxarque, etc., 374. — Anaxarque, 377.

III. ANAXAGORE... 383-447

§ 1. *Les principes du système : la matière et l'esprit*............ 383-410
Anaxagore, sa vie et son ouvrage, 383. — Génération et mort. Réunion et séparation des substances, 390. — Les substances premières, 391. — Mélange primitif des substances, 396. — Nature de l'intelligence, 400. — Action de l'intelligence, 407.

§ 2. *L'origine et le système du monde*........................... 410-418
Formation du monde, 410. — Unité du monde, 414. — Système du monde, 415.

§ 3. *Les êtres organisés, l'homme*.............................. 418-428
L'âme, 418. — Les plantes, les animaux et l'homme, 420. — La connaissance sensible, 422. — La connaissance rationnelle, 424. — Idées morales et religieuses, 426.

§ 4. *Rapports d'Anaxagore avec ses prédécesseurs. Caractères et origine de sa doctrine. École d'Anaxagore. Archélaüs*......... 428-447
Rapports d'Anaxagore avec ses prédécesseurs et ses contemporains, 428. — Caractère et origine de son système, 437. — Prétendus rapports d'Anaxagore avec les Orientaux et Hermotime, 438. — Disciples d'Anaxagore, Archélaüs, 441.

CHAPITRE III.

LES SOPHISTES.

§ 1. *Origines de la sophistique*................................. 449-461
La philosophie et la vie pratique avant les sophistes, 449. — Rupture avec la philosophie antérieure, 452. — Révolution intellectuelle et morale, 455. — Relation de la sophistique avec les philosophies antérieures, 458.

§ 2. *Histoire extérieure de la sophistique*...................... 461-479
Protagoras, 461. — Gorgias, 466. — Prodicus, 469. — Hippias, 472.

§ 3. *Caractères généraux de la sophistique*..................... 479-494
Opinions des anciens sur les sophistes, 479. — Les sophistes considérés comme professeurs, 484. — L'enseignement salarié, 486.

§ 4. *La théorie sophistique de la connaissance et l'éristique*... 494-515
Théorie de la connaissance, 494. — Protagoras, 495. — Gorgias, 499. — Les autres sophistes, 503. — L'éristique, 505.

§ 5. *Opinions des sophistes sur la vertu et le droit, sur l'État et la religion. La rhétorique sophistique*........................ 515-538

Éthique, 515. — Les conséquences morales de la sophistique, 519. — Le droit, 521. — La religion, 525. — La rhétorique sophistique, 528.

§ 6. *Valeur et rôle historique de la sophistique. Ses diverses directions* 538-556

Rôle historique et caractère de la sophistique, 538. — De la distinction de plusieurs écoles parmi les sophistes, 547.

FIN DE LA TABLE DES MATIÈRES.

24306. — Imprimerie A. Lahure, rue de Fleurus, 9, Paris.

www.ingramcontent.com/pod-product-compliance
Lightning Source LLC
Chambersburg PA
CBHW060800230426
43667CB00010B/1640